Michael Gehler / Andrea Brait (Hrsg.)

Von den Umbrüchen in Mittel- und Osteuropa
bis zum Zerfall der Sowjetunion 1985–1991

Teilband 1

HISTORISCHE EUROPA-STUDIEN
HISTORIC EUROPE STUDIES

Geschichte in Erfahrung, Gegenwart und Zukunft
History in Experience, the Present and the Future

herausgegeben vom
Institut für Geschichte
der Stiftung Universität Hildesheim
unter der Leitung von Michael Gehler

edited by
the Institute of History
University of Hildesheim
directed by Michael Gehler

Band 18.1
Volume 18.1

Michael Gehler / Andrea Brait (Hrsg.)
Von den Umbrüchen in Mittel- und Osteuropa
bis zum Zerfall der Sowjetunion 1985–1991

Teilband 1

Georg Olms Verlag
Hildesheim · Zürich · New York

2023

Michael Gehler / Andrea Brait (Hrsg.)

Von den Umbrüchen in Mittel- und Osteuropa bis zum Zerfall der Sowjetunion 1985–1991

Eine Dokumentation aus der Perspektive der Ballhausplatzdiplomatie

Teilband 1

Georg Olms Verlag
Hildesheim · Zürich · New York

2023

Gefördert mit freundlicher Unterstützung von

Die Deutsche Nationalbibliothek verzeichnet diese Publikation
in der Deutschen Nationalbibliografie; detaillierte bibliografische
Daten sind im Internet über http://dnb.d-nb.de abrufbar.

Die Herausgebenden:
Michael Gehler, Stiftung Universität Hildesheim, Institut für Geschichte
Andrea Brait, Universität Innsbruck, Institut für Zeitgeschichte und Institut für Fachdidaktik

© Georg Olms Verlag AG, Hildesheim 2023
www.olms.de
Alle Rechte vorbehalten
Gedruckt auf säurefreiem und alterungsbeständigem Papier
Umschlagentwurf: Anna Braungart, Tübingen
Herstellung: Mazowieckie Centrum Poligrafii, Marki
Printed in Poland
Print-ISSN 1869-1196
Print-ISBN 978-3-487-16140-2

Inhalt

Michael Gehler

**Vom Machtantritt Gorbatschows bis zum Ende der Sowjetunion.
Die Umbrüche in Mittel- und Osteuropa 1985–1991 aus österreichischer
Sicht**

I. Vorbemerkung

Es liegen schon zahlreiche Dokumentationen und Editionen für die
Umbruchjahre in Europa von 1985 bis 1991 aus verschiedenen
Länderperspektiven vor.[1] Für Österreich und seine Sicht auf die
revolutionären Ereignisse soll nun für diesen Zeitraum erstmals der Versuch
unternommen werden, eine stark klaffende Lücke der Aktendokumentation
auszufüllen, geschlossen ist sie damit noch keineswegs.

---

[1] Auswahlweise: Gerd-Rüdiger Stephan (Hrsg.), „Vorwärts immer, rückwärts nimmer!" Interne
Dokumente zum Zerfall von SED und DDR 1988/89, Berlin 1994; Detlef Nakath/Gerd-Rüdiger
Stephan (Hrsg.), Countdown zur deutschen Einheit. Eine dokumentierte Geschichte der
deutsch-deutschen Beziehungen 1987-1990, Berlin 1996; Hanns Jürgen Küsters/Daniel
Hofmann, Dokumente zur Deutschlandpolitik. Deutsche Einheit. Sonderedition aus den Akten
des Bundeskanzleramtes 1989/90, München 1998; Csaba Békés/Malcolm Byrne/Melinda
Kalmár/Zoltán Ripp/Miklós Vörös (Eds.), Political Transition in Hungary, 1989-1990. A
Compendium of Declassified Documents and Chronology of Events (National Security
Archive, Cold War History Research Center, and 1956 Institute), Washington – Budapest 1999;
Włodzimierz Borodziej (Hrsg.), Polska wobec zjednoczenia Niemiec 1989-1991. Dokumenty
dyplomatyczne, Warschau 2006; Patrick Salmon/Keith Hamilton/Stephen Robert Twigge
(Eds.), Documents on British Policy Overseas III, Vol. 7: German Unification 1989-1990,
London 2009; Ines Lehmann, Die Außenpolitik der DDR 1989/90. Eine dokumentierte
Rekonstruktion, Baden-Baden 2011; Aleksandr Galkin/Anatolij Tschernjajew (Hrsg.), Michail
Gorbatschow und die deutsche Frage. Sowjetische Dokumente 1986-1991. Deutsche Ausgabe,
hrsg. von Helmut Altrichter, Horst Möller und Jürgen Zarusky, kommentiert von Andreas
Hilger (Quellen und Darstellungen zur Zeitgeschichte 83), München 2011; Andreas Hilger
(Hrsg.), Diplomatie für die deutsche Einheit. Dokumente des Auswärtigen Amts zu den
deutsch-sowjetischen Beziehungen 1989/90 (Schriftenreihe der Vierteljahrshefte für
Zeitgeschichte 103), München 2011; Karel Vodička, Die Prager Botschaftsflüchtlinge 1989.
Geschichte und Dokumente (Berichte und Studien 67), Osnabrück 2014; Tim Geiger/Heike
Amos (Bearb.), Die Einheit. Das Auswärtige Amt, das DDR-Außenministerium und der Zwei-
plus Vier-Prozess, hrsg. im Auftrag des Instituts für Zeitgeschichte München – Berlin, hrsg. v.
Horst Möller, Ilse Dorothee Pautsch, Gregor Schöllgen, Hermann Wentker und Andreas
Wirsching, Göttingen 2015; Svetlana Savranskaya/Thomas Blanton (Eds.), The Last
Superpower Summits. Gorbachev, Reagan, and Bush. Conversations that Ended the Cold War,
Budapest/New York 2016; Michael Gehler/Maximilian Graf (Hrsg.), Österreich und die
deutsche Frage 1987-1990. Vom Honecker-Besuch in Bonn bis zur Einheit, Göttingen 2018;
Andreas Schmidt-Schweizer (Hrsg.), Die politisch-diplomatischen Beziehungen in der
Wendezeit 1987-1990, Berlin/Boston 2018; Daniela Taschler/Tim Szatkowski/Christoph
Johannes Franzen (Bearb.), Akten zur Auswärtigen Politik der Bundesrepublik Deutschland
1989, 2 Bde, Berlin – Boston 2020; Michael Gehler/Oliver Dürkop (Hrsg.), Deutsche Einigung
1989/90. Zeitzeugen aus Ost und West im Gespräch, Reinbek 2021.

In diesem zweibändigen Werk wurden 670 Aktenstücke von der umbruchartigen bis zur revolutionsartigen Entwicklung in Mittel- und Osteuropa im Zeitraum von 1985 bis 1991, d.h. vom Machtantritt des neuen Generalsekretärs der Kommunistischen Partei der Sowjetunion (KPdSU), Michail S. Gorbatschow, bis zur Erosion und zur Implosion der UdSSR abgedruckt. Die Dokumente stammen alle aus der Feder österreichischer Diplomaten, die aus Bonn, Budapest, Bukarest, Moskau, Ost-Berlin, Prag und Warschau fortlaufend Berichte[2] an ihre Zentrale, den Ballhausplatz in Wien, einen legendären europäischen Gedächtnisort der Diplomatie, erstatteten, der damals noch Sitz des österreichischen Außenministeriums war.[3]

Demzufolge wird in dieser Einleitung mit dem Ausgangspunkt der umstürzenden Entwicklungen begonnen und mit dem Ablauf der Kettenreaktionen der revolutionären Geschehnisse fortgesetzt. Die Einleitung beginnt mit der Entwicklung in der Sowjetunion, gefolgt von Ereignissen in den mit ihr verbündeten Volksrepubliken Polen und Ungarn sowie der DDR und der Tschechoslowakei bis zum Ende der UdSSR.[4] Damit wird ein Zeitraum des sowjetischen Reformprojekts, eines siebenjährigen politischen Experiments, abgedeckt. Es waren Entwicklungen, die im Zeichen der gescheiterten Umgestaltung des sozialistischen Systems die Welt verändern sollten.[5]

Aufgrund des Umfangs des immensen Quellenmaterials konnte Bulgarien überhaupt nicht, hingegen konnten das Baltikum, Rumänien sowie die Ukraine lediglich zum sehr geringen Teil erfasst und daher nur kursorisch einbezogen werden. Durchgehend in der Berichterstattung und ihrer Aufbereitung wird auch immer wieder die Rolle der Warschauer

---

[2] Die Mehrzahl der Dokumente entstammt den Beständen der Botschaften, die im Außenministerium in Wien lagern und schrittweise ins Österreichische Staatsarchiv abgetreten werden.

[3] Adam Wandruszka/Mariella Reininghaus, Der Ballhausplatz (Wiener Geschichtsbücher 33), Wien 1984; Rudolf Agstner, Abschied vom Ballhausplatz. Österreichs Diplomatie übersiedelte nach 286 Jahren, in: *Wiener Geschichtsblätter* 60 (2005), 1, S. 58-81; Andrea Brait, Das Bundeskanzleramt. Ein Ort der Geschichte der Politik und des Gedächtnisses, Hamburg 2010.

[4] Henrik Bispinck/Jürgen Danyel/Hans Hermann Hertle/Hermann Wentker, Krisen und Aufstände im realen Sozialismus. Einleitung, in: Dies. (Hrsg.), Aufstände im Ostblock. Zur Krisengeschichte des realen Sozialismus, Berlin 2004, S. 9-22; Stephen Kotkin/Jan Gross, Uncivil Society: 1989 and the Implosion of the Communist Establishment, New York 2010; Wolfgang Mueller/Michael Gehler/Arnold Suppan (Eds.), The Revolutions of 1989. A Handbook (Österreichische Akademie der Wissenschaften/Philosophische Historische Klasse/Institut für Neuzeit- und Zeitgeschichtsforschung/Internationale Geschichte/ International History 2), Wien 2015.

[5] Zbigniew Brzezinski, Das gescheiterte Experiment. Der Untergang des kommunistischen Systems, Wien 1989; Archie Brown, Seven Years that changed the World. Perestroika in Perspective, Oxford 2009.

Vertragsorganisation (WVO) bzw. des Warschauer Paktes,[6] des Rates für gegenseitige Wirtschaftshilfe (RGW)[7] und der Konferenz über Sicherheit und Zusammenarbeit in Europa (KSZE)[8] thematisiert. Auf letztere wurde nur punktuell eingegangen. Das Wiener Folgetreffen der KSZE würde eine eigene Edition erforderlich machen, wozu die Herausgeber parallel ein Forschungsprojekt durchführen.[9] Im Unterschied zu den Dokumenten, deren Edition in chronologischer Reihenfolge erfolgt, orientiert sich die Einleitung an einer länderspezifischen bzw. thematischen Struktur.

II. Im Zeichen des Scheiterns von „Glasnost" und „Perestroika": Die UdSSR zwischen Umbruch und Zerfall

Eine Rede des langjährigen Außenministers der UdSSR (1957–1985) und hohen Sowjetpolitikers Andrej Gromyko[10] vom Februar 1985 verdeutlichte die sowjetische Sorge vor einer Fortsetzung des globalen Rüstungswettlaufs, besonders mit Blick auf das vom US-amerikanischen Präsident Ronald Reagan angekündigte US-Weltraum-Programm Strategic Defense Initiative (SDI) oder auch „Krieg der Sterne" genannt.[11] Der Verzicht auf die Erstschlagskraft von Atomwaffen, die komplette Einstellung von

---

[6] Vojtech Mastny/Malcolm Byrne, A Cardboard Castle? An Inside History of the Warsaw Pact 1955-1991, Budapest – New York 2005; Torsten Diedrich/Winfried Heinemann/Christian F. Ostermann (Hrsg.), Der Warschauer Pakt. Von der Gründung bis zum Zusammenbruch. 1955 bis 1991 (Militärgeschichte der DDR 16), Berlin 2009.

[7] Adam Zwass, Der Rat für gegenseitige Wirtschaftshilfe 1949 bis 1987, Wien 1988; Arie Bloed, The External Relations of the Council for Mutual Economic Assistance, Dordrecht – Boston – London 1988.

[8] Victor-Yves Ghebali, La Diplomatie de la Détente. La CSCE, d'Helsinki à Vienne (1973-1989), Brüssel 1989; Wilfried von Bredow, Der KSZE-Prozess. Von der Zähmung zur Auflösung des Ost-West-Konflikts, Darmstadt 1992; Peter Schlotter, Das Ende der Systemkonfrontation 1989/1990. Der Beitrag des KSZE-Prozesses, in: Corinna Hauswedell (Hrsg.), Deeskalation von Gewaltkonflikten seit 1945, Essen 2006, S. 115-128; Helmut Altrichter/Hermann Wentker (Hrsg.), Der KSZE-Prozess. Vom Kalten Krieg zu einem neuen Europa 1975 bis 1990 (Zeitgeschichte im Gespräch 11), München 2011; Wilfried Loth, Der KSZE-Prozess 1975-1990. Eine Bilanz, in: Matthias Peter/Hermann Wentker (Hrsg.), Die KSZE im Ost-West-Konflikt. Internationale Politik und gesellschaftliche Transformation 1975-1990 (Schriftenreihe der Vierteljahrshefte für Zeitgeschichte Sondernummer), München 2012, S. 323-331.

[9] Das D-A-CH Lead Agency-Projekt "The CSCE Follow-up Meeting in Vienna (1986-1989). Struggling for Human Rights and European Security at the End of the Cold War" ist angesiedelt am Graduate Institute of International and Development Studies, Genf, am Institut für Zeitgeschichte, München/Berlin, an der Universität Innsbruck und an der Stiftung Universität Hildesheim.

[10] Andrej Gromyko, Erinnerungen, Düsseldorf – Wien – New York 1989.

[11] Steven E. Miller, The star wars controversy, Princeton – New Jersey 1986; Stephen J. Cimbala, The Technology, Strategy and Politics of SDI, Boulder 1987; Jeffrey D. Boutwell, On the Defensive? The Future of SDI. Aspen Strategy Group, Aspen 1988; Frances Fitzgerald, Way Out There in the Blue. Reagan, Star Wars and the End of the Cold War, New York 2001.

Kernwaffenversuchen, das Einfrieren der nuklearen Rüstung und die Forderung nach einem Vertrag über den wechselseitigen Verzicht auf Anwendung militärischer Gewalt zwischen dem Warschauer Pakt und der North Atlantic Treaty Organization (NATO) verdeutlichten den ernsthaften politischen Willen des Kreml, den in der zweiten Hälfte der 1970er und der ersten Hälfte der 1980er Jahre begonnenen Rüstungswettlauf zu beenden, um die kostenintensiven Anstrengungen zu stoppen und die reformbedürftigen inneren Systemdefizite alsbald zu beheben (Dok. 9).

Am 10. März 1985 starb der nur kurzzeitig amtierende sowjetische Politiker Konstantin Tschernenko, der vom 13. Februar 1984 bis zu seinem Tod gerademal etwas länger als ein Jahr Generalsekretär der KPdSU und als Vorsitzender des Präsidiums des Obersten Sowjets das Staatsoberhaupt der Sowjetunion war. Mit den Trauerfeierlichkeiten hielt sich Michail S. Gorbatschow nicht lange auf. Als relativ junger Politiker, der weder die totalitäre Diktatur Josef Stalins noch die Kriegszeit aus persönlicher Erfahrung kannte, stand nun ein Mann an der Spitze der Partei, dem eine längere Zeit als Generalsekretär des Zentralkomitees (ZK) prophezeit wurde. Hinter seinen geplanten und zu erwartenden Reformen standen jedoch von Beginn an viele Fragezeichen. Welchen Kurs Gorbatschow mit Blick auf Partei und Staatsführung einschlagen und ob die Konsolidierung und Sicherung seiner Machtstellung ausreichen würden, um zu etwas wirklich Neuem in der sowjetischen Gesellschaft und Politik zu führen, waren Fragen, die Österreichs Botschaft in Moskau bewegten, und Antworten, die mit einigen Unwägbarkeiten verbunden waren. Prognostiziert wurde jedenfalls, dass der verbindliche und sich geschickt präsentierende Neo-Politiker auch in außen- und entspannungspolitischer Hinsicht im Sinne eines Wandels der von ihm repräsentierten Supermacht eine größere politische Herausforderung für den Westen[12] darstellen würde als seine Vorgänger Leonid Iljitsch

---

[12] Gail Sheehy, Gorbatschow. Der Mann, der die Welt verändert hat, München 1991; Archie Brown, Der Gorbatschow-Faktor. Wandel einer Weltmacht, Frankfurt/Main – Leipzig 2000; Vladislav Zubok, Soviet foreign policy from détente to Gorbachev. 1975-1985, in: Melvyn P. Leffler/Odd Arne Westad (Eds.), The Cambridge History of the Cold War. Volume III. Endings, Cambridge 2010, pp. 89-111; John W. Young, Western Europe and the end of the Cold War, 1979-1989, in: ebd., pp. 289-310; Vladislav Zubok, Gorbachev and the Road to 1989, in: C. Bogdan Iacob/Vladimir Tismaneanu (Eds.), The End and the Beginning. The Revolutions of 1989 and the Resurgence of History, Budapest – New York 2012, pp. 257-289.

Breschnew,[13] Juri Wladimirowitsch Andropow[14] und Konstantin Tschernenko[15] (Dok. 12).

Bemerkenswert war, dass Michail S. Gorbatschow[16] das schwere Erbe der bisherigen sowjetischen Gesellschafts- und Innenpolitik mit ihren vielen ungelösten Problemen nicht nur antreten wollte, sondern hierbei auch auf außen- und sicherheitspolitischem Feld sozusagen als Absicherung, um dieser innenpolitischen Aufgabe besser gewachsen zu sein, alsbald in die Offensive gehen sollte, wie beim Treffen mit dem US-Vizepräsidenten George H. W. Bush beim Begräbnis von Tschernenkow deutlich wurde (Dok. 13). Erste westliche Kontakte zur neuen Kremlführung ergaben sich mit der traditionell gegenüber Sowjetrussland aufgeschlossenen und geneigten Politik Frankreichs unter Staatspräsident François Mitterrand,[17] doch schien vorerst und weiterhin Paris die „unglückliche Liebe" Moskaus zu bleiben. Tatsächlich gab es in dieser Phase deutsch-französische Initiativen auf dem Sektor der europäischen Sicherheits- und Verteidigungspolitik.[18] Daher war aus

---

[13] Heinz Brahm, Von Breschnew zu Gorbatschow, in: Sowjetpolitik unter Gorbatschow. Die Innen- und Aussenpolitik der UdSSR. 1985-1990 (Veröffentlichung/Göttinger Arbeitskreis Nr. 438), Berlin 1991, S. 7-25; Susanne Schattenberg, Leonid Breschnew. Staatsmann und Schauspieler im Schatten Stalins. Eine Biographie, Köln – Wien – Weimar 2017.

[14] Zu Andropow liegt noch keine deutschsprachige Biografie vor, siehe dafür Lothar Kölm (Hrsg.), Kremlchefs. Politisch-biographische Skizzen von Lenin bis Gorbatschow, Berlin 1991 und Susanne Schattenberg, Von Chruščev zu Gorbačev – Die Sowjetunion zwischen Reform und Zusammenbruch, in: *Neue Politische Literatur* 55 (2010), S. 255-284.

[15] Zu Tschernenkow liegt noch keine deutschsprachige Biografie vor, sondern nur summarische Darstellungen im Rahmen verschiedener Sowjet-Spitzenpolitiker: Dimitri Wolkogonow, Die Sieben Führer, Frankfurt 2001.

[16] Zu Gorbatschow siehe zeitgenössische Darstellungen auswahlweise: Alexander Rahr/Nikolai Poljanski, Gorbatschow – der neue Mann, München 1986; Michail Gorbatschow, Glasnost. Das neue Denken, Berlin 1989; Gerd Ruge, Michail Gorbatschow. Biographie, Frankfurt/Main 1990; Gail Sheehy, Gorbatschow. Der Mann, der die Welt verändert hat, München 1991; und wissenschaftliche Biographien: György Dalos, Gorbatschow. Mensch und Macht. Eine Biographie, München 2011; Klaus-Rüdiger Mai, Michail Gorbatschow. Sein Leben und seine Bedeutung für Russlands Zukunft, Frankfurt/Main – New York 2005; William Taubman, Gorbatschow. Der Mann und seine Zeit. Eine Biographie, München 2018; Ignaz Lozo, Gorbatschow. Der Weltveränderer, Darmstadt 2021.

[17] Frédéric Bozo, Mitterrand, la diplomatie française et la fin de la guerre froide. De Yalta à Maastricht, Paris 2005; Idem, Mitterrand, the End of the Cold War, and German Unification, Oxford – New York 2009; Tilo Schabert, Wie Weltgeschichte gemacht wird. Frankreich und die deutsche Einheit, Stuttgart 2002, S. 354-430, 431-474; Ders., Mitterrand et la réunification allemande. Une histoire secrète (1981-1995), Paris 2005, pp. 432-473, 475-530; Ders., How World Politics is Made. France and the Reunification of Germany, Columbia 2009; Friederike Schotters, Mitterrand's Europe: functions and limits of 'European solidarity' in French policy during the 1980s, in: *European Review History/Revue européenne d'histoire* 24 (December 2017), 6, pp. 973-990; Tilo Schabert, France and the Reunification of Germany. Leadership in the Workshop of World Politics, Cham 2nd edition 2021, pp. 323-357.

[18] Georges Saunier, Le tandem François Mitterrand-Helmut Kohl. Une gouvernance franco-allemande?, in: Wilfried Loth (Ed.), La gouvernance supranationale dans la construction

sowjetischer Sicht die Haltung Frankreichs immer noch zu NATO-konform, um in den zwischenstaatlichen politischen und ökonomischen Beziehungen entscheidend voranzukommen (Dok. 14, 40). Besseren Zugang schien die britische Premierministerin Margaret Thatcher (1979–1990)[19] zum neuen kommunistischen Parteichef zu entwickeln. In Abrüstungsfragen zeichnete sich zwar noch keine Annäherung ab, besonders mit Blick auf das SDI-Programm, Thatcher schätzte aber Gorbatschow als sowjetischen Machthaber, mit dem man sachlich diskutieren konnte (Dok. 15).

Bei der ersten Begegnung mit dem Bundeskanzler der Bundesrepublik Deutschland, Helmut Kohl (1982–1998),[20] am 14. März 1985 in Moskau bat Gorbatschow um ernsthafte Mitwirkung der Bundesrepublik Deutschland an der Erzielung von Abrüstungsfortschritten in den Verhandlungen von Genf, wobei er auf der Grundlage des militärischen Gleichgewichts in Europa argumentierte (Dok. 16). Kohl wies die Kritik Gorbatschows an der bundesdeutschen Haltung zurück, wonach sich diese der Politik der USA ohne Vorbehalte hingebe. Wie Gorbatschow würde auch er nicht „vor irgendjemandem stramm" stehen (Dok. 17).

Östliche Beobachter in Brüssel – wie auch die Vertretung der DDR – bestätigten den neuen außenpolitischen Kurs unter Gorbatschow (Dok. 47), der dazu diente, die Beziehungen der UdSSR zu allen ihren Nachbarn zu verbessern. Neben der Volksrepublik China sollte von sowjetischer Seite aus vor allem den westeuropäischen Staaten besonderes Augenmerk hinsichtlich zukünftiger Kooperationsformen geschenkt werden (Dok. 34).

---

européenne, Bruxelles 2005, pp. 239-254; Idem, A special relationship: Franco-German relations at the time of François Mitterrand and Helmut Kohl, in: Carine Germond/Henning Türk (Eds.), A History of Franco-German Relations in Europe. From „Hereditary Enemies" to Partners, New York 2008, pp. 235-247; Friederike Schotters, European Emancipation within the Atlantic Alliance? Franco-German Initiatives in European Defense, in: Michael Gehler/Wilfried Loth (Eds.), Reshaping Europe: Towards a Political, Economic and Monetary Union, 1984-1989, Baden-Baden 2020, pp. 283-330.

[19] David Cannadine, Margaret Thatcher. A Life and Legacy, Oxford 2017; Detlev Mares, Margaret Thatcher. Die Dramatisierung des Politischen, Gleichen 2. aktualisierte Auflage 2018; Hugo Young, One of Us. A Biography of Margaret Thatcher, London 1989, siehe zu den Aversionen und zum Misstrauen gegenüber Deutschland: Margaret Thatcher, Downing Street No. 10. Die Erinnerungen, Düsseldorf 1993, S. 1094-1096; Hinnerk Meyer, Participation on limited cooperation – Großbritanniens schwierige Rolle im deutschen Einigungsprozess, in: Michael Gehler/Maximilian Graf (Hrsg.), Europa und die deutsche Einheit. Beobachtungen, Entscheidungen und Folgen, Göttingen 2017, S. 141-160, woraus sich eine pro-russische Haltung Thatchers ergab.

[20] Hans Stark, Helmut Kohl. L'Allemagne et l'Europe. La politique d'intégration européenne de la République Fédérale 1982-1998, Paris 2004; Hans Peter Schwarz, Helmut Kohl. Eine politische Biographie, München 2012, S. 527-535.

Im Mai 1985 kam Österreichs Botschafter in Moskau, Helmut Liedermann,[21] zum Ergebnis, dass mit dem Machtantritt Gorbatschows bewusst eine Atmosphäre des Optimismus verbreitet werde, wobei die von der sowjetischen Propaganda erzeugten Hoffnungen den innenpolitischen und innerparteilichen Erfolgszwang erhöhen würden. Bereits in der Frage der Erfolgsaussichten in der Kampagne gegen den Alkoholismus sollte sich zeigen, wie weit sich das neue Regime wieder auf gesellschaftliche Kompromisse einlassen musste. Hier tat sich bereits ein erstes Dilemma der Reformpolitik Gorbatschows auf (Dok. 23, 49).

Anlässlich der Siegesfeiern in Erinnerung an die 40. Wiederkehr der Kapitulation der Deutschen Wehrmacht am 9. Mai 1945 (Moskauer Ortszeit) machten sich die nach wie vor bestehenden ideologischen und propagandistischen Konfrontationsmuster des Kalten Krieges bemerkbar: Offene gegenüber den USA gerichtete Vorwürfe, Kritik am wachsenden „westdeutschen Revanchismus" sowie wehmütige Erinnerungen an die Entspannungspolitik der ersten Hälfte der 1970er Jahre, die es wiederzubeleben gelte, kennzeichneten die Ausführungen Gorbatschows bei den Feierlichkeiten anlässlich des Gedenkens an die Niederringung des Hitler-„Faschismus" (Dok. 24).

Bereits wenige Monate nach Gorbatschows Führungsantritt waren Verschiebungen im Machtgefüge des Kreml erkennbar. Sein Hauptrivale, Grigori Romanow, schien bereits zurückgedrängt worden zu sein, während Jegor Kusmitsch Ligatschow mit Nikolai Ryschkow zu den Gewinnern der neuen Machtverhältnisse gezählt wurden (Dok. 27). Besonders auffällig war die Bestellung des Georgiers Eduard Schewardnadse[22] nicht nur zum Mitglied des Politbüros, sondern auch seine Berufung zum Außenminister der UdSSR (Dok. 32). Mit ihm sollte sich der reformpolitische Kurswechsel unter Gorbatschow, insbesondere in der sowjetischen Außenpolitik, personifizieren.

Erstaunlich ist der Umstand, dass bereits im Juli 1985 die österreichische Botschaft in Moskau von einer „Ära Gorbatschow" sprach, ein Begriff, der an

---

[21] Helmut Liedermann (* 10.8.1926 in Wien; † 29.6.2019 in Wien), war von 22.9.1965 bis 13.3.1971 Generalkonsul in Berlin, leitete die österreichische Delegation in Westberlin, von 1971 bis 1977 die Abteilung Ost-West-Beziehungen, KSZE im Außenministerium und von 1972 bis 1975 die österreichische Delegation bei der KSZE in Genf. Von 1977 bis 1981 war er Botschafter in Belgrad sowie bei der Regierung in Tirana, 1981 bis 1986 Botschafter in Moskau sowie bei der Regierung in Ulaanbaatar/Mongolei akkreditiert. Von 1986 bis 1992 war er Beauftragter der österreichischen Regierung für die Weltkonferenz über Menschenrechte in Wien, siehe auch Helmut Liedermann, Österreichs Rolle beim Zustandekommen der KSZE, in: Oliver Rathkolb/Otto M. Maschke/Stefan A. Lütgenau (Eds.), Mit anderen Augen gesehen, Wien – Köln – Weimar 2002, S. 491-521.

[22] Eduard Ševardnadze, The future belongs to freedom, New York 1991.

sich für eine politische Persönlichkeit mit einer längeren Regierungsperiode benutzt wird und die auch sichtbarabe Spuren hinterlässt, wobei sich die diplomatische Vertretung zu diesem Zeitpunkt alles andere als sicher war, in welche Richtung die Veränderungen seiner Politik gehen würden. Zwar hatte der aufstrebende Sowjetpolitiker bereits außenpolitischen Ballast abzuwerfen versucht, ohne jedoch schon neue Wege zu gehen. Für allfällige Kurskorrekturen waren auch nur Ansätze erkennbar, vor allem durch Personalrochaden, wie die Ablösung des der alten Nomenklatura verpflichteten Langzeitaußenministers Gromyko zeigte (Dok. 34).

Das weitere politische Schicksal Gorbatschows und seine innenpolitische Popularität schienen in erster Linie davon abzuhängen, ob die Versorgung der Bevölkerung in der Sowjetunion mit besseren und insbesondere mehr Konsumgütern gelingen würde (Dok. 37), was die österreichische Botschaft in Moskau prognostizierte.

Bei seinem Besuch in Paris vom 2. bis 5. Oktober 1985 – die erste Auslandsreise als KPdSU-Generalsekretär – standen Abrüstungsfragen, der nach wie vor bestehende regionale Krisenherd Afghanistan (sowjetische Streitkräfte waren 1979 in das Land einmarschiert und hielten es seither besetzt[23]) und die Frage der Gewährung von Menschenrechten sowie Kontakte zwischen den Europäischen Gemeinschaften (EG) und dem Rat für Gegenseitige Wirtschaftshilfe (RGW) im Mittelpunkt. Im Rahmen der bilateralen Beziehungen war Frankreich bestrebt, die negative Handelsbilanz mit der UdSSR auszugleichen. Zur Lösung des Afghanistan-Problems stand intern sogar das Modell des österreichischen Staatsvertrages und der Neutralität zur Debatte, im Bereich der Wirtschaftsbeziehungen wünschte Gorbatschow eine Verbesserung des Verhältnisses zu den EG, wobei er den Ländern des RGW noch keinen eigenen Handlungsspielraum zuzubilligen schien (Dok. 38). Es zeichnete sich für die österreichische Beobachtung bereits frühzeitig ab, dass Gorbatschow möglichst bald einiges an den bestehenden Verhältnissen im sozialistischen Bündnissystem ändern würde, aber noch nicht so recht dazu imstande war.

In Bezug auf die Strategic Defense Initiative (SDI) unter US-Präsident Roland Reagan (1980–1988) signalisierte Mitterrand Frankreichs Ablehnung gegenüber einer weiteren Ausdehnung des Wettrüstens im Weltraum, so dass deutlich wurde, dass der französische Staatspräsident dieses amerikanische Projekt nicht zu favorisieren schien. Auffallend war auch, dass er seine Bereitschaft betonte, weiterhin die Integration der EG zu unterstützen.[24] In

---

[23] Amin Saikal, Islamism, the Iranian revolution, and the Soviet invasion of Afghanistan, in: Melvyn P. Leffler/Odd Arne Westad (Eds.), The Cambridge History of the Cold War, Vol. III: Endings, Cambridge 2010, pp. 112-134.

[24] Carine Germond, Dynamic-German Duos: Giscard-Schmidt and Mitterrand-Kohl, in: Erik

Bezug auf die prekäre Lage der eigenen Streitkräfte in Afghanistan äußerte sich Gorbatschow zurückhaltend, erwähnte die Möglichkeit einer politischen Lösung und wies bereits darauf hin, dass auf Dauer sowjetische Truppen dort nicht stationiert sein würden (Dok. 40).

Die Analyse des Entwurfs des neuen KPdSU-Programms vom 25. Februar 1986 ließ in der Terminologie mehr Sachlichkeit, Wirklichkeitsbezug und Zeitgemäßheit erkennen als in früheren Verlautbarungen, während in der ideologischen Tendenz Kontinuität gewahrt wurde: „Alter Wein in neuen Schläuchen" lautete das Urteil der österreichischen Botschaft in Moskau (Dok. 41). Zehn Monate nach dem Amtsantritt von Gorbatschow erkannte die gleiche Mission, dass er ein ihm genehmes Zentralkomitee formen, die Mehrheit des Politbüros seine Politik tragen und seine dominierende Stellung in der Außenpolitik unumstritten sein würde, ihm in der Innenpolitik jedoch die Hände gebunden wären (Dok. 46, 53). Nichtsdestotrotz war eine stärkere Heranführung des sowjetischen Auswärtigen Dienstes an die neue Parteilinie erkennbar, was darauf hinauslief, die Außenpolitik auf die Einhaltung und Verwirklichung der Gorbatschow'schen Politik einzustellen, worauf die Präsenz von Parteisekretären in allen Abteilungen und Vertretungsbehörden in diese Richtung wies. Auch der KGB sollte stärker in die diplomatischen Auslandsaktivitäten eingebunden werden (Dok. 55).

Es bestand kein Zweifel mehr, dass Gorbatschows weltoffenes Auftreten westlichen Medien mehr als genehm war, nämlich sehr entgegenkam, doch bestanden aus Sicht der NATO-Staaten Zweifel an der Möglichkeit substantieller Konzessionen der Sowjetführung bei den Abrüstungsverhandlungen in Genf. Gorbatschows Stufenplan zur Begrenzung der Nuklearstreitkräfte enthielt zwar neue Elemente im Bereich der europäischen Mittelstreckenraketen, doch waren die Verhandler der UdSSR noch nicht auf Linie des neuen Parteichefs, was auf Widerstände im sowjetischen Außen- und Verteidigungsministerium hindeutete. In NATO-Kreisen reifte dagegen die Überzeugung, dass das zukünftige sowjetische Sicherheitsbedürfnis immer weniger durch die mittelosteuropäischen „Bruderstaaten" zu befriedigen sein würde als vielmehr durch einen globalen Interessenausgleich (Dok. 47).

Erkennbare Widerstände gegen den innenpolitischen Reform- und Wirtschaftskurs der neuen Sowjetführung äußerten sich in den Ausführungen Gorbatschows vor dem ZK-Plenum am 16. Juni 1986. Sein Appell an lokale Parteivertreter, größeren Einsatz bei der Umgestaltung von Gesellschaft und Wirtschaft zu entwickeln, schien noch nicht zu fruchten. Beobachter vor Ort sahen in Gorbatschows Aufrufen ein Ergebnis steigender Frustration über die

---

Jones/Anand Menon/Stephen Weatherill (Eds.), The Oxford Handbook of the European Union, Oxford 2012, pp. 194-205.

Sabotage seiner Politik durch weite Kreise des Partei- und Staatsapparates (Dok. 61).

Im August 1986 beschwor Gorbatschow fast schon prophetisch unter Mobilisierung patriotischer Gefühle in der Erwartung, die Unterstützung orthodoxer Parteikader zu gewinnen, den Umstand, dass Erfolg oder Misserfolg seines Reformkurses von „schicksalhafter Bedeutung" für die Sowjetunion seien. Das dahinterliegende Motiv bestand offenbar in der Sorge, dass bisher eine Qualitätsverbesserung der Produktion nicht eingetreten war, wie die österreichische Botschaft in Moskau konstatierte. Desto lauter Gorbatschows Rufe nach Umgestaltung ertönten, umso schweigsamer verhielten sich die Planwirtschaftsfunktionäre und -theoretiker. Gorbatschow sprach von einer Umgestaltung, die einer „Revolution" gleichkäme, die jedoch unvollendet bleiben müsse, solange die Lösungen nur im Rahmen „unseres sozialistischen Systems" erfolgten und nicht unter Anwendung westlicher Praktiken gefunden werden dürften (Dok. 68).

Wie Österreichs neuer Botschafter in Moskau, Herbert Grubmayr,[25] im Spätsommer 1986 analysierte, hatte sich nicht nur der politische Sprachgebrauch in der Sowjetunion mit „Umbau" bzw. „Umgestaltung" („Perestroika")[26] und „Transparenz" („Glasnost")[27], sondern auch der politische Regierungsstil in der Sowjetunion verändert. Das machte sich auch an folgender Beobachtung fest: In einer Rede in Chabarowsk vom 31. Juli hatte Gorbatschow die „Perestroika" mit einer „echten Revolution" verglichen. Bei Reisen aufs Land praktizierte er nicht selten einen Dialog mit Leuten auf der Straße, den auch der neue Moskauer Parteichef Boris

---

[25] Herbert Grubmayr (* 16.6.1929 in Scheibbs), war von 1955 bis 1958 persönlicher Sekretär von Österreichs Botschafter Norbert Bischoff in Moskau, nahm an den Verhandlungen zum österreichischen Staatsvertrag 1955 teil, war von 1958 bis 1961 Sekretär von Bundeskanzler Julius Raab, von 1965 bis 1970 Botschaftssekretär in Mexiko-Stadt, von 1971 bis 1978 Botschafter in Bogotá und zeitgleich bei den Regierungen in Quito, Panama-Stadt und Port-au-Prince akkreditiert. Von 1979 bis 1983 war er Botschafter in Bagdad, von 1983 bis 1985 Botschafter in Damaskus und von 1985 bis 1990 Botschafter in Moskau. Am 9. Oktober 1990 wurde er zum Botschafter in Bonn ernannt, wo er vom 10. Oktober 1990 bis 23. Januar 1993 akkreditiert war. Er war stellvertretender Staatssekretär für auswärtige Angelegenheiten und wurde 1994 in den Ruhestand versetzt. Von 1995 bis 1996 leitete er die OSZE-Mission in Estland. 1997 leitete er die OSZE-Präsenz in Albanien. 1998 war er Stellvertreter des Leiters der EU-Beobachter-Mission für den Balkan und Sonderbevollmächtigter für den EU-Vorsitz in Albanien.

[26] Michail Gorbatschow, Perestroika. Die zweite russische Revolution. Eine neue Politik für Europa und die Welt, München 1987; Anatoly Adamishin/Richard Schifter, Human Rights, Perestroika, and the End of the Cold War, Washington DC 2009; Archie Brown, Perestroika and the end of the Cold War, in: Steven Casey (Ed.), The Cold War. Critical Concepts in Military, Strategic and Security Studies, Vol. IV: From Détente to the End of the Cold War, London 2013, pp. 351-368.

[27] Michail Gorbatschow, Glasnost. Das neue Denken, Berlin 1989.²

Nikolajewitsch Jelzin als enger Vertrauter Gorbatschows erfolgreich betrieb. Das Mehr an Transparenz wirkte sich auch auf eine Öffnung der sowjetischen Presse bei der Debatte um die Privilegien der Nomenklatura wie auch in der laufenden kulturpolitischen Diskussion aus. Grubmayr kam nicht umhin, bei diesen Schlagwörtern aber lediglich eine neue Verpackung alter Inhalte zu erkennen, denn hinsichtlich der konkreten politischen Veränderungen war das Ergebnis wesentlich dürftiger. Immerhin hatten die neuen Ansätze für eine zaghafte Landwirtschaftsreform offenbar die persönliche Handschrift des früheren Agrarexperten Gorbatschow getragen. Grubmayr ortete bei ihm auch eine Neigung zu Disziplinierungsmaßnahmen als eine durchaus traditionelle russische Methode. „Transparenz" diente ihm als Instrument des Kujonierens mittlerer Parteikader, während „Liberalität" nicht als eine seiner herausragendsten Fähigkeiten erschien. Die Kampagne gegen den Alkoholismus erwies sich aber inzwischen allem Anschein nach als die bisher wirkungsvollste innenpolitische Aktion des KPdSU-Chefs (Dok. 73).

Zwischen Anspruch und Wirklichkeit befand sich laut Grubmayr jedoch der Stand der Debatte um „Demokratie und Sozialismus" (Dok. 74). Mit dem bildhaften Vergleich eines aus der Flasche gelassenen Geistes wurde Gorbatschows Politik der „Offenheit" verglichen, wobei sich die Frage stellte, ob dieser Vorgang einem Spiel mit dem Feuer gleichkomme. An der Basis nutzte man inzwischen die sich bietenden Möglichkeiten der Politik der Offenheit während gleichzeitig beträchtliche Widerstände in den Kadern der Partei aber auch in Teilen der Gesellschaft vorhanden waren. Dabei wurde deutlich, dass die Frage von „Glasnost" zu inhaltlichen Auffassungsunterschieden in verschiedenen Zeitungen beitrug wie auch bei politischen Meinungsdifferenzen instrumentalisiert werden konnte. Klarheit ergab sich, dass bei aller sichtbaren „Offenheit" jene „Transparenz" weiter unter voller Kontrolle der politischen Apparate stehen sollte. Die neuen Möglichkeiten von „Glasnost" wurden durch die sowjetische Führung im Zuge des Gipfels von Reykjavík zwischen Gorbatschow und Reagan vom 11. bis 12. Oktober 1986[28] der internationalen Öffentlichkeit besonders deutlich vor Augen geführt. Gorbatschow hatte binnen 10 Tagen via TV dreimal je eine Stunde über sein Treffen mit Reagan berichtet. So exakt und zeitnah war die russische Öffentlichkeit bislang noch nie über den Ablauf und die Hintergründe internationaler Verhandlungen informiert worden (Dok. 79).

---

[28] Siehe hierzu: Jack F. Matlock Jr., Reagan and Gorbachev. How the Cold War ended, New York 2004; Philipp Gassert/Tim Geiger/Hermann Wentker (Hrsg.), Zweiter Kalter Krieg und Friedensbewegung. Der NATO-Doppelbeschluss in deutsch-deutscher und internationaler Perspektive (Schriftenreihe der Vierteljahrshefte für Zeitgeschichte, Sondernummer), München 2011.

So sehr Gorbatschow auf die Besonderheiten der einzelnen Warschauer Pakt-Mitglieder Bedacht nahm, so war dennoch sein Bestreben unverkennbar, dass sich alle Verbündeten, v.a. auch die widersetzlichen, in Fragen der Rüstungskontrolle auf einer Linie mit Moskau zu bewegen hätten. Der Beratende Ausschuss der Warschauer Vertragsorganisation sollte nach seinem Willen in Zukunft wieder zweimal pro Jahr zusammentreten. Gleichwohl für die poststalinistischen „Bruderstaaten" allzu sensible Fragen der Weltanschauung nicht überstrapaziert werden sollten, galt laut Gorbatschows Ausführungen am 10. Parteitag der Polnischen Vereinten Arbeiterpartei (PVAP) vom 29. Juni bis 3. Juli 1986 nach wie vor die Breschnew-Doktrin (Dok. 62, 85, 90), wonach im Falle „konterrevolutionärer" Vorkommnisse in verbündeten Staaten „Bruderhilfe" zu erfolgen habe, was jedoch auch das Risiko bedeuten konnte, bündnisinterne Krisen zu verschärfen.[29]

Im November 1986 gab es keine erkennbaren Anzeichen von Widerstand sowjetischer Militärs und des Rüstungsestablishments gegen Gorbatschows Innen- und Außenpolitik. Offenbar war es ihm gelungen, die militärische Führung in seine Abrüstungspolitik einzubinden. Seine Einstellung zur Armee und zum Krieg erschien im Unterschied zu jener von Leonid Breschnew nüchterner und realistischer (Dok. 80).

Im Jahre 1986 stand die Politik Gorbatschows nach wie vor im Mittelpunkt der diplomatischen Berichterstattung der westlichen Beobachter wie auch des österreichischen Botschafters. Es ging neuerlich u.a. um die Frage der Gültigkeit der Breschnew-Doktrin, wonach bei Gefährdung des Sozialismus mit einer Militärintervention zu antworten wäre, was entsprechende „konterrevolutionäre" Tendenzen unterbinden sollte (Dok. 90).

Vom 27. bis 28. Januar 1987 fand die Plenartagung des ZK der KPdSU statt, bei der bereits die Reformen Gorbatschows kontrovers debattiert werden sollten und seinem politischen Kurs deutliche Grenzen aufgezeigt wurden (Dok. 93).

Unverkennbar war im Laufe des Jahres 1987 die voll entbrannte Diskussion über die Vergangenheit der Sowjetunion, vor allem die Auseinandersetzung mit dem Stalinismus, wobei es einen geschichtspolitischen Neuanlauf hinsichtlich einer öffentlichen Kritik festzustellen galt (Dok. 94). Die innersowjetische Debatte über die Rolle Stalins und seine Verbrechen hielt dabei weiter an.[30] Es war für das Regime

---

[29] Mark Kramer, Die Sowjetunion, der Warschauer Pakt und blockinterne Krisen während der Brežnev-Ära, in: Torsten Diedrich/Winfried Heinemann/Christian F. Ostermann (Hrsg.), Der Warschauer Pakt. Von der Gründung bis zum Zusammenbruch: 1955 bis 1991 (Militärgeschichte der DDR 16), Berlin, 2009, S. 273-336.

[30] Siehe dazu auch Stephane Courtois/Nicolas Werth/Jean-Louis Panné/Andrzej Paczkowski/Karel Bartosek/Jean-Louis Margolin, The Black Book of Communism. Crimes, Terror, Repression, Cambridge/Mass. 1999.

eine Diskussion mit vielen politisch unkalkulierbaren Unbekannten (Dok. 107). Wieder stand die Erinnerung an die Geschichte Sowjetrusslands im Vordergrund, als Gorbatschow zum 70. Jahrestag der „Oktoberrevolution", dem Putsch der Bolschewiki, im Herbst 1987 in einem Vortrag das Wort ergriff (Dok. 150).

Der Ballhausplatz war nicht nur an den innersowjetischen Verhältnissen, sondern naturgemäß auch an den bilateralen Beziehungen zu Moskau höchst interessiert, wie eine Unterredung des Außenministers und Vizekanzlers Alois Mock (ÖVP) mit dem sowjetischen Botschafter Valentin Falin belegt (Dok. 99).

Die sowjetische Außenpolitik unter Gorbatschow entwickelte sich in der zweiten Hälfte 1987 dergestalt, dass es offenkundig einen immer größeren außen- und innenpolitischen Handlungsspielraum für die sogenannten „Bruderstaaten" geben sollte (Dok. 144). Der neue politische Kurs blieb nicht nur auf die Sowjetunion begrenzt, sondern zeigte alsbald auch relativ zeitnah mehr oder weniger starke Auswirkungen auf die übrigen Länder des Warschauer Paktes (Dok. 145). Die Haltung zu Gorbatschow und seiner Politik wurde zum Indikator für den Willen bzw. den Unwillen einer Reformbereitschaft der sozialistischen „Bruderstaaten", wie sich im ersten Fall positiv am Beispiel Polens und Ungarns und im zweiten Fall gegenteilig bei der DDR und der ČSSR erweisen sollte.

Gegen Jahresende 1987 wurden in der Berichterstattung über die sowjetische Innenpolitik im Zusammenhang mit Gorbatschows Reformen sowohl die Spannungen als auch die Widersprüchlichkeiten zwischen „Perestroika" und „Glasnost" immer deutlicher (Dok. 158).

Ein einschneidendes Ereignis war die Unterzeichnung des Intermediate Nuclear Forces (INF)-Vertrages, der Vereinbarungen zwischen Reagan und Gorbatschow vorsah, eines Vertrags zwischen den USA und der UdSSR über die Beseitigung ihrer Raketen mittlerer und kürzerer Reichweite, der am 8. Dezember 1987 unterzeichnet und seit 1. Juni 1988 in Kraft treten sollte.[31] Gleichwohl diese Regelungen auf die bilateralen Beziehungen zwischen Moskau und Washington beschränkt waren, blieben sie nicht folgenlos für die amerikanische und die sowjetische Westeuropapolitik und zogen auch entsprechende Veränderungen auf Seiten ihrer Verbündeten westlich und östlich des Eisernen Vorhangs nach sich (Dok. 171).

Im ZK der KPdSU wurden am 17. und 18. Februar 1988 Gegensätze zwischen Parteichef Gorbatschow und dem Politbüromitglied Ligatschow

---

[31] Marilena Gala, Fromto SDI. How Helsinki reshaped the transatlantic dimension of European security, in: Leopoldo Nuti (Ed.), The Crisis of Détente in Europe. From Helsinki to Gorbachev 1975-1985 (Cold War history 23), London 2009, pp. 111-123; Philipp Gassert/Tim Geiger/Hermann Wentker (Eds.), TheTreaty of 1987. A Reappraisal, Göttingen 2020.

offenkundig. Während Gorbatschow weiter über die „Umgestaltung" sprach, kritisierte Ligatschow die seiner Ansicht nach viel zu weitgehende „Liberalisierung der sowjetischen Gesellschaft". Die österreichische Botschaft Moskau empfand es als „ungewöhnlich", dass zwei parteipolitische Spitzenvertreter in zwei Hauptvorträgen derart offen „deutlich divergierende Schwerpunkte" setzten. Das Verhältnis der verschiedenen Nationalitäten im russischen Vielvölkerreich war der Hauptgegenstand in Gorbatschows Rede, während Ligatschow und KGB-Chef Wiktor Tschebrikow spontan ablehnend darauf reagierten, zumal sie schon im Herbst 1987 nach Demonstrationen im Baltikum „vor Auswüchsen" der Demokratisierungspolitik Gorbatschows gewarnt hatten (Dok. 172).[32]

Mehr und mehr wurden die gesellschaftlichen und innersowjetischen Probleme im Zusammenhang mit den Minderheitenfragen im multiethnischen Sowjetimperium offenkundig. Es fragte sich die österreichische Botschaft in Moskau, ob die Nationalitätenproblematik einerseits eine Bedrohung, andererseits aber auch eine Perspektive für Gorbatschows Reformen sein konnte (Dok. 178).

Jahrzehntelang galt in der Sowjetunion der Grundsatz von Wladimir Iljitsch Lenin, dass die nationalen Fragen der verschiedenen Ethnien durch „Selbstbestimmung" als gelöst zu betrachten seien. Die österreichische Vertretung in Moskau erkannte jedoch zutreffend, dass die Nationalitätenproblematik in der UdSSR eines der Hauptprobleme der Regierung Gorbatschow sein würde, wobei immer noch offen war, ob es sich um eine Gefahr oder vielleicht doch um eine Chance für die Sowjetunion und ihre Reformen handeln würde. Die These Stalins, wonach die Angehörigen der Völker der UdSSR allmählich zu „Sowjetmenschen" verschmelzen würden, war nicht Wirklichkeit geworden. Allzu weitgehende autonomiepolitische Zugeständnisse gegenüber einer Nationalität konnten die Gefahr in sich bergen, eine Lawine von Forderungen anderer Völkerschaften loszutreten und die Erfüllung von Einzelanliegen zudem die Interessen anderer Nationalitäten zu beeinträchtigen. Gorbatschow war sich dieses, sein Reich schwer belastendes Dilemmas sehr bewusst, nämlich, dass eine Lösung der in der UdSSR bestehenden Fragen der Nationalitäten unausweichlich sein würde und darüber hinaus die Unterdrückung ihrer berechtigten Forderungen für die Stabilität des Vielvölkerreiches im Vergleich zu demokratischen Lösungsversuchen noch „viel bedrohlicher" sein konnten (Dok. 178, 184).

Die Bilanz der bisherigen Regierung des seit 1985 agierenden Generalsekretärs nach drei Jahren Amtszeit, die im Frühjahr 1988 gezogen

---

[32] Siehe hierzu Gerhard Simon, Nationalismus und Nationalitätenpolitik in der Sowjetunion. Von der totalitären Diktatur zur nachstalinistischen Gesellschaft, Baden-Baden 1986; Andreas Kappeler, Rußland als Vielvölkerreich. Entstehung – Geschichte – Zerfall, München 1992.

werden konnte, deutete nicht auf einen Durchbruch seiner Transparenz- und Umgestaltungspolitik hin (Dok. 181). Im März wurde in Wien das Zwischenergebnis zusammengefasst: Die Wirtschaftsreformmaßnahmen würden zwar oft im Geiste der „Perestroika" beschworen, die verordneten Maßnahmen aber einer „hemmenden Administrierung" und einer „zunehmenden Bürokratisierung" unterliegen. Das Verhalten der mittleren Ministerial- und Planungsbürokratie wurde als ein „retardisierendes Element" interpretiert. Hinzu kamen die Verschärfung der Nationalitätenproblematik und die offene Frage der Praxis einer größeren „sozialistischen Demokratie", die sich nicht über das „Stadium von Denkmodellen oder Ankündigungen" hinaus weiterentwickelt hatte. Auf dem Gebiet der Außenpolitik wurden hingegen die am deutlichsten erkennbaren Erfolge Gorbatschows verzeichnet. Die neue Qualität kam durch die zum Abschluss tendierenden Verhandlungen der KSZE,[33] die Verifikation durch den INF-Vertrag[34] betreffend den Abbau nuklearer Mittelstreckensysteme[35] sowie die Initiativen zum Strategic Arms Reduction Treaty (START) zur Verringerung strategischer Waffen zum Ausdruck (Dok. 184).

Gorbatschow besuchte vom 14. bis 18. März 1988 Jugoslawien, was von der österreichischen Diplomatie aufmerksam beobachtet wurde. Nach dem Besuch Breschnews in Belgrad am 11. November 1976 und den Gegenbesuchen Titos in Moskau am 18. August 1977 und am 18. Mai 1979 hatte am 8. Mai 1980 Breschnew am Begräbnis von Josip Broz Tito in Belgrad teilgenommen. Nach der Visite des jugoslawischen Parteichefs Milanko Renovica in Moskau am 10. Dezember 1986 folgte der Besuch des KPdSU-Generalsekretärs im März 1988 in Belgrad. Ausgehend vom historischen Besuch von Nikolai Bulganin und Nikita S. Chruschtschow in Belgrad vom 27. Mai bis 2. Juni 1955 mit dem Ziel einer Verständigung mit Tito nach dessen Bruch mit Stalin 1948 waren ursprünglich die Beziehungen zwischen der Sowjetunion und Jugoslawien auf eine neue Grundlage gestellt und nach außen als „strategisches Bündnis" dargestellt worden. Das hervorstechende Ereignis der Visite Gorbatschows in Belgrad war eine gemeinsame Erklärung über die beiderseitigen Beziehungen wie auch das Verhältnis der KPdSU zum

---

[33] Thomas Fischer, Keeping the Process alive. The N+N and the CSCE Follow-Up from Helsinki to Vienna (1975-1986), Zürich 2012; Andrea Brait/Michael Gehler, The CSCE Vienna Follow-up Meeting and Alois Mock, 1986-1989, in: Michael Gehler/Piotr H. Kosicki/Helmut Wohnout (Eds.), Christian Democracy and the Fall of Communism (Civitas series 1), Leuven 2019, pp. 75-91.
[34] Wilfried Loth, Ost-West-Konflikt und deutsche Frage, München 1989, S. 196-214, hier S. 202.
[35] Beth A. Fischer, Nuclear Abolitionism, the Strategic Defense Initative, and the 1987 Intermediate Nuclear Forces Treaty, in: Gassert/Geiger/Wentker (Eds.), The Treaty of 1987, pp. 43-53.

Bund der Kommunisten Jugoslawiens (BKJ). Am Ballhausplatz fand man es bemerkenswert, dass die Blockfreien-Bewegung nunmehr vom Kreml als „ein unabhängiger und globaler Faktor" anerkannt wurde, der die internationale Zusammenarbeit erweitern und zur Überwindung vorhandener Grenzen, Rivalitäten und Streitigkeiten beitragen würde. Dies war eine Veränderung der bisherigen sowjetischen Position gegenüber den N+N-Staaten und die Abkehr von der traditionellen These, dass die UdSSR ein „natürlicher Verbündeter der Blockfreien" sei (Dok. 182).[36]

In Belgrad stellte man sich die Frage, ob der von Gorbatschow seit 1985 verwendete Begriff „gemeinsames Haus Europa"[37] verwendet bzw. übernommen werden sollte, zumal dies keine jugoslawische Schöpfung und noch völlig unklar war, welchen Inhalt und welche Struktur, vor allem aber welche Ziele Moskau damit verbinden würde. Aus diesen Gründen hatte man in Belgrad den Wunsch der Sowjets abgelehnt, anlässlich des Gorbatschow-Besuchs diesen Begriff in die gemeinsame jugoslawisch-sowjetische Erklärung aufzunehmen. Demgegenüber kamen die wirtschaftspolitischen Zielsetzungen des Gorbatschow-Konzeptes der jugoslawischen Interessenlage wohl am weitesten entgegen. An der westeuropäischen Wirtschaftsintegration wollte man teilhaben, aber ebenso Möglichkeiten für Joint Ventures westlicher Firmen verstärken und den Abbau von COCOM-Restriktionen einleiten (Dok. 223).

Einer der besten Beobachter und Berichterstatter der Entwicklungen in Moskau war Botschafter Grubmayr, der nach wie vor in der Nationalitätenproblematik das größte Problem für den Gorbatschow'schen Reformkurs erblickte. Es war laut Grubmayrs Ansicht nicht „ewig möglich", den Versuch aufrechtzuhalten, „den Deckel fest auf dem brodelnden Kochtopf des Nationalitätenproblems zu halten", ergab sich doch hieraus ein „nicht

---

[36] Hanspeter Neuhold/Stefan Lehne, The Role of the Neutral and Non-Aligned Countries at the Vienna Meeting, in: Arie Bloed/Pieter van Dijk (Eds.), The Human Dimension of the Helsinki Process, Dordrecht – Boston – Norwell 1991, pp. 30-53; siehe dazu generell: Jürgen Dinkel, Die Bewegung bündnisfreier Staaten. Genese, Organisation und Politik (1927-1992), Berlin 2015, S. 243-269.

[37] Siehe hierzu auch Michail Gorbatschow, Das gemeinsame Haus Europa und die Zukunft der Perestroika, Düsseldorf – Wien – New York 1989, als kritische Reflexion dazu siehe Hans Modrow, Die Perestroika wie ich sie sehe. Persönliche Erinnerungen und Analysen eines Jahrzehntes, das die Welt veränderte, Berlin 2. korrigierte Auflage 1998; Andrei Grachev, From the common European home to European confederation. François Mitterrand and Mikhail Gorbachev in search of the road to a greater Europe, in: Frédéric Bozo/Marie-Pierre Rey/Piers N. Ludlow/Leopoldo Nuti (Eds.), Europe and the End of the Cold War. A reappraisal (Cold war history series), London – New York 2009, pp. 207-219; Klaus Gestwa, Von der Perestroika zur Katastroika – Michail Gorbatschow und der Zerfall des Sowjetimperiums (Teil 1), in: Einsichten und Perspektiven 1/2016, S. 16-33, (Teil 2), in: *Einsichten und Perspektiven* 2/2016, S. 4-25.

ungefährlicher kumulativer Prozess", verbunden mit Schwierigkeiten, die den wirtschaftlich-technischen und organisatorischen Umgestaltungsprozess noch weiter belasten würden. Jeder Vielvölkerstaat, auch die UdSSR, bedürfe Korsettstangen, welche „das Imperium zusammenzuhalten" haben würden, was, so Grubmayr, in der österreichisch-ungarischen Monarchie die Armee sowie die Beamtenschaft und die deutsche Sprache für die cisleitanische Reichshälfte gewesen seien. Grubmayr hatte vor allem Armenien und das strittige Gebiet Nagorny-Karabach im Blick, aber auch die nicht unerhebliche Frontstellung zwischen Armenien und der Türkei. Er wollte nicht den Teufel an die Wand malen, aber unzweifelhaft stand für ihn fest, dass die Probleme des sowjetischen Vielvölkerstaates eine „zusätzliche Belastungsprobe für das Erneuerungsexperiment darstellen, welche die Erfolgsaussichten des Globalzieles der Umgestaltung nach dem jetzigen Stand eher negativ als positiv beeinflusst" (Dok. 184).[38]

Im April berichteten Grubmayr und sein Vertreter Martin Vukovich[39] aus Moskau, dass nach Abwehr eines konservativen Putschversuches unter Ligatschow neue Chancen für Gorbatschows Reformprogramm gegeben seien, deren Aussichten jedoch erneut als fraglich interpretiert wurden. Die schwindende Widerstandskraft der nun schweigenden Reformgegner, die man in der Parteibürokratie vermutete und dort über eine Mehrheit zu verfügen schienen, ließen die Aussichten für einen Reformschub mit Blick auf die 19. Parteikonferenz wieder steigen (Dok. 188).

Die österreichische Botschaft in Bonn befasste sich ausgehend von den Diskussionen über das von Gorbatschow aufgebrachte Thema eines „gemeinsamen Hauses Europa" mit den damit zusammenhängenden Implikationen. Während sich von bundesdeutscher Seite der Begriff „europäische Friedensordnung" als terminologisches Alternativkonstrukt

---

[38] Zur Erosion des sowjetischen Imperiums: Hannes Adomeit, Imperial Overstretch. Germany in Soviet Policy from Stalin to Gorbachev, Baden-Baden 1998; David Satter, Age of Delirium. The Decline and Fall of the Soviet Union, New York 2001; Helmut Altrichter, Russland 1989. Der Untergang des sowjetischen Imperiums, München 2009, S. 307-388.

[39] Martin Vukovich (* 20.10.1944 in Eisenstadt), war an der österreichischen Botschaft in Moskau von 1971 bis 1976 Presse- und Politikreferent, 1976 erster Sekretär der österreichischen Botschaft in Kopenhagen, ab 1978 stellvertretender Leiter der Abteilung für europäische Wirtschaftsintegration im Außenministerium, ab 1982 Ministerberater an der österreichischen Botschaft in Washington, D.C, von 1985 bis 1989 bevollmächtigter Minister und stellvertretender Missionschef in Moskau, von 1989 bis 1995 Leiter der Abteilung für die KSZE und gleichzeitig Ständiger Vertreter Österreichs bei der KSZE mit dem Titel eines Botschafters, von 1995 bis 1999 Botschafter in Japan, von 1999 bis 2003 Direktor für internationale Sicherheitsangelegenheiten und gleichzeitig stellvertretender politischer Direktor im österreichischen Außenministerium, von 2001 bis 2003 Mitglied des österreichischen Nationalen Sicherheitsrates, von 2003 bis 2009 österreichischer Botschafter in der Russischen Föderation und seit 2009 tätig für den Think Tank „Dialog-Europa-Russland".

anzubieten schien, um der Sowjetunion nicht das Begriffsprägungsmonopol zu überlassen, erschien Wolfgang Loibl[40] das „gemeinsame Haus Europa"[41] als einprägsamere Metapher besonders ergiebig, weil sie sowohl „Geborgenheit suggerierte wie geheimnisvoll-unbestimmt blieb und damit Jedermann die Gelegenheit zu eigenen Spekulationen und zum Gespräch darüber" bot. Fest stand nach den Eindrücken Loibls, dass an eine „Wiedervereinigung Deutschlands" nicht gedacht war, dass diese weder in Bonn auf der Tagesordnung stand, noch ein derartiges Anliegen war, wie auch die Auflösung der Blöcke nicht vorstellbar schien, geschweige denn intendiert sein sollte (Dok. 196).

Schon im Vorfeld der am 30. Juni 1988 stattfindenden XIX. KPdSU-Konferenz wurde für ausländische Beobachter in Moskau erkennbar, dass sich die innerparteilichen Fronten wieder aufs Neue formierten und mehr und mehr verhärteten (Dok. 199). Nach dem Moskauer Pressekrieg, wie er schon seit Monaten tobte, waren die Richtungskämpfe innerhalb der Partei zwischen „Fortschrittlichen" und „Konservativen" voll im Gange. Letztere waren laut der österreichischen Botschaft „keineswegs von der Bildfläche verschwunden", wenn auch ihre Stimmen in den sowjetischen Medien kaum noch zu vernehmen" waren. Der überwiegend konservative mittlere Parteiapparat hielt, so Grubmayr, noch den entscheidenden Hebel in Händen, wie die Wahlen der Delegierten zur Parteikonferenz verdeutlicht hatten (Dok. 199).

In der Bewertung des sowjetisch-amerikanischen Gipfeltreffens vom 29. Mai bis 3. Juni 1988 in Moskau durch den Ballhausplatz war erkennbar, dass die Normalisierung der Beziehungen zwischen der UdSSR und den USA auf höchster Ebene ein kaum mehr aufzuhaltender Prozess war und der damit in Zusammenhang stehende Dialog ohne Unterbrechung seitens der US-

---

[40] Wolfgang Loibl (* 31.10.1941 in Wien), von 1966 bis 1969 im Außenministerium, Sektion IV/Abteilung IV.2: Pass, Visa Staatsbürgerschaft, von 1969 bis 1973 an der Botschaft Rom als 3. Sekretär; von 1973 bis 1977 an der Botschaft Berlin-Ost/DDR als Botschaftsrat, von 1977 bis 1981 im Außenministerium, Politische Sektion II/Abteilung II.7 KSZE, Rüstungskontrolle; von 1981 bis 1986 an der Botschaft Stockholm, Gesandter-Botschaftsrat, zeitgleich auch von 1984 bis 1986 im Rahmen der Stockholmer Konferenz (KVAE), Botschafter; von 1986 bis 1990 an der Botschaft Bonn, Gesandter; von 1990 bis 1991 im Außenministerium, Leiter Abteilung I.8 Sicherheitsangelegenheiten; von 1991 bis 2003 im Außenministerium, Kabinettschef; von 2003 bis 2006 im Außenministerium, Leiter Administrative Sektion VI. Freundliche Auskunft von Ministerialrat i.R. Dr. Gottfried Loibl, 9.1.2022.
[41] Zu dieser Frage siehe Marie-Pierre Rey, Europe is our Common Home, A Study of Gorbachev's Diplomatic Concept, in: *Cold War History* 4 (2004), 2, pp. 33-66; Idem, Gorbatchev et la Maison commune européenne, une opportunité manquée?, in: *La Lettre de l'Institut François Mitterrand* (2007), 19, pp. 12-17; Deborah Cuccia, The Common European Home: The Soviet Prescription for Reshaping Europe, in: Gehler/Loth (Eds.), Reshaping Europe, pp. 443-459.

Administration weitergeführt werden würde. Folglich ergab sich eine erkennbare Imageverbesserung für beide Supermächte und ihre Repräsentanten. Die damit verbundenen Public Relations-Zuwächse für Gorbatschow waren in den amerikanischen Medien unübersehbar. Er konnte auf der Haben-Seite seiner eigenen Bevölkerung gegenüber ein beeindruckendes Auftreten und, wie die österreichische Diplomatie festhielt, auch eine „klare Überlegenheit über den 20 Jahre älteren Reagan sowie die nunmehr auch erfolgte deutliche öffentliche Anerkennung seines Reformkurses seitens des amerikanischen Präsidenten verbuchen" (Dok. 200).

Der Einfluss von „Perestroika" auf die sowjetische Außenpolitik und die KSZE-Diplomatie[42] wurde am Ballhausplatz nach einem Bericht vom 14. Juni 1988 durchaus positiv gesehen. Eine nüchterne, pragmatische und wenig floskelhafte Sprache sei ihr Ausdruck. Schlagworte wie das „gemeinsame europäische Haus", die „Stärkung der Rolle des Sozialismus in den internationalen Beziehungen" und „Interessenausgleich" würden zwar verwendet, aber nicht näher erläutert. Deutlich wurde Kritik an der sowjetischen Außenpolitik der Vergangenheit artikuliert. Insgesamt bemühe sich Moskau, die UdSSR als vertrauenswürdigen und berechenbaren Partner in den internationalen Beziehungen darzustellen, um ein möglichst positives und weltoffenes Image zu demonstrieren (Dok. 202).

Um von den weiterhin bestehenden erheblichen innenpolitischen Problemen abzulenken, kam Gorbatschow in den Jahren 1987/88 wiederholt auf seine außenpolitische Konzeption des „gemeinsamen europäischen Hauses" zu sprechen, um die sowjetischen Vorstellungen von der Zukunft Europas und das Erfordernis einer europäischen Einbindung der UdSSR entsprechend zu verdeutlichen (Dok. 204).

Die Formel mit dem bildhaften Vergleich vom „gemeinsamen europäischen Haus" war vom KPdSU-Generalsekretär schon anlässlich seines Besuchs in Frankreich und in seiner Rede in Paris am 3. Oktober 1985 geprägt worden. Das dahinter stehende Konzept hatte er in seinem im Herbst 1987 publizierten Buch „Umgestaltung und neues Denken für unser Land und für die ganze Welt" im sechsten Kapitel umrissartig skizziert (Dok. 204).[43]

---

[42] Siehe zu den innersowjetischen Implikationen: Yuliya von Saal, KSZE-Prozess und Perestroika in der Sowjetunion. Demokratisierung, Werteumbruch und Auflösung 1985-1991 (Quellen und Darstellungen zur Zeitgeschichte 100), München 2014.

[43] Michail Gorbatschow, Umgestaltung und neues Denken für unser Land und für die ganze Welt, Berlin 1987; Ders., Glasnost. Das neue Denken, Berlin 1989; William E. Odom, The Sources of „New Thinking" in Soviet Politics, in: Olav Njølstad (Ed.), The last decade of the Cold War. From conflict escalation to conflict transformation (Cass series – Cold War history 5), Portland 2004, pp. 135-158; Jacques Lévesque, The Messianic Character of „New Thinking". Why and What for?, in: Olav Njølstad (Ed.), The last decade of the Cold War. From conflict escalation to conflict transformation (Cass series – Cold War history 5), Portland 2004,

Auf militärischem Gebiet sah es ein atomwaffenfreies Europa und nur auf Verteidigungszwecke hin ausgerichtete konventionelle Militärkapazitäten vor. Auf wirtschaftlich-technischem Gebiet trat Gorbatschow für eine gesamteuropäische Kooperation ein. Zu Menschenrechten und humanitären Fragen[44] nahm er nur allgemein Stellung. Es war von 33 bis 35 Staaten die Rede, wobei offen war, ob auch die Vereinigten Staaten und Kanada als „Mitbewohner" des „Hauses" dazu zählten bzw. ob sie entbehrlich wären. Eine weitere Abschottung zwischen den EG und dem RGW würde ein Störfaktor für die gesamteuropäische Zusammenarbeit sein. Der Deutschlandexperte des ZK-Sekretariats der KPdSU, Nikolaj Portugalow, betonte in einer Veröffentlichung die „Entideologisierung der sowjetischen Außenpolitik", die mit dem Ziel verbunden sei, auf allen Gebieten eine weitgehende Vereinbarkeit zwischen europäischen Staaten unterschiedlicher Gesellschaftsordnungen herbeizuführen. Ein „Neues Denken" in der Sowjetunion habe für die Überwindung der „nihilistischen Einstellung" der sowjetischen Politik- und Geschichtswissenschaft zum Europagedanken geführt, argumentierte der Direktor des Instituts für allgemeine Geschichte der Sowjetischen Akademie der Wissenschaften, Alexandr O. Tschubarjan (Dok. 205).

Im Mai 1988 ereigneten sich einmal mehr politisch und ökonomisch motivierte Unruhen in Polen, die es einerseits angezeigt erscheinen ließen, die wirtschaftlichen Reformbemühungen der Regierung zu verstärken (Dok. 206), andererseits aber auch die Brüchigkeit des sowjetischen Satelliten-Imperiums und die Fraglichkeit seiner Kohäsionsfähigkeit verdeutlichten. Umso mehr schien es notwendiger denn je, nicht nur von einem „gemeinsamen Haus Europa" zu sprechen, sondern es auch zu bauen, um damit zum Zusammenhalt des großrussischen bzw. sowjetischen Reiches beizutragen.

Das von Gorbatschow lancierte Bild wurde besonders in politischen Kreisen der Bundesrepublik Deutschland weiterhin rege diskutiert. Offensichtlich gab es unterschiedliche Einschätzungen. So blieb noch für eine längere Zeit die grundsätzliche Frage offen, was Gorbatschow mit dieser Vorstellung eigentlich bezweckte. War es ein ernstgemeinter und konstruktiver Beitrag der Sowjetunion oder nur ein Versuch, um die Vereinigten Staaten von Amerika aus Europa hinauszudrängen bzw. am Ende

---

pp. 159-176; Marie-Pierre Rey, Gorbachev's New Thinking and Europe (1985-1989), in: Bozo, et al. (Eds.), Europe and the End of the Cold War, pp. 23-35; Andrei Grachev, Gorbachev and the 'New Political Thinking,' in: Wolfgang Mueller/Michael Gehler/Arnold Suppan (Eds.), The Revolutions of 1989. A Handbook (Internationale Geschichte 2), Wien 2015, pp. 33-46.

[44] Siehe hierzu Jeremi Suri, Détente and human rights. American and West European perspectives on international change, in: Steven Casey (Ed.), The Cold War. Critical Concepts in Military, Strategic and Security Studies, Vol. IV: From Détente to the End of the Cold War, London 2013, pp. 139-159.

vielleicht sogar eine Entwicklung zu provozieren, die gar nicht gewollt war und ein unvorhersehbares politisches Eigenleben zur Umgestaltung Europas auslösen würde? (Dok. 209)

Aus einem Bericht der österreichischen Botschaft in Moskau über die 19. Allunionskonferenz der KPdSU vom 28. Juni bis zum 1. Juli 1988, der den Verlauf und die Ergebnisse sowie eine Zusammenfassung und Wertung enthielt, wurde für den Ballhausplatz erkennbar, dass Gorbatschow als ein „Mann der ‚vernünftigen Mitte'" galt, dessen Position gefestigt erschien und die vielfach argwöhnische Gruppe konservativer Parteikreise und Bremser seiner Reformpolitik keine alternative Integrationsfigur aufzubieten vermochte. Die geplante Einführung des Präsidialsystems, die mit einem Machtzuwachs Gorbatschows verbunden sein sollte, stellte im Sinne einer Zusammenlegung der Funktion des Staats- und Parteichefs eine Art Hilfskonstruktion dar. Gorbatschows ursprünglichen Erwartungen zufolge hatte die Parteikonferenz keine personellen Veränderungen im ZK vorgenommen. Die Machtkonstellation an der Spitze blieb somit unverändert, gleichwohl der Generalsekretär bemüht sein musste, durch Ausgleich, Besänftigung aber auch Rücksichtnahme auf Widersacher nur so seinen Kurs einigermaßen fortführen zu können (Dok. 212 sowie auch Dok. 219).

In einem ausführlichen Bericht über die XIX. Parteikonferenz vom 30. Juni 1988 und den Fortgang der „Perestroika" in der Sowjetunion berichtete Grubmayr am 13. Juli, dass große Teile der russischen Bevölkerung mit der Wirtschaftsreform Gorbatschows nicht wirklich mitgehen, solange damit nicht für sie auch Vorteile verbunden sein würden. Die Lebensmittelversorgung und das Konsumgüterangebot waren seit der Amtszeit Gorbatschows nicht reichhaltiger geworden. Im Gegenteil: es gab auf gewissen Sektoren größere Engpässe, wie z.B. bei Fleisch und Zucker. Der „kleine Mann auf der Straße" verband mit der „Perestroika" vor allem Angst vor Preiserhöhungen. Gorbatschow und seine Anhänger würden in der kommenden Zeit immer wieder vor die Alternative gestellt, wie weit sie einer fortgesetzten Dominanz bestehender politischer Machtverhältnisse oder einer materiellen Besserstellung der Bevölkerung den Vorzug geben sollten, ob sie also mehr sowjetische Herrschaftsform oder mehr technologischen Fortschritt haben wollten. Gleichwohl die Machtstellung des KGB trotz der neuen Umstände ungebrochen war, hatte es gewisse Erleichterungen in der Gesellschaft gegeben (Dok. 213), aber die sozioökonomischen Verhältnisse sollten sich nicht spürbar verbessern.[45]

---

[45] Siehe hierzu auch Walter D. Connor, Soviet society, public attitudes, and the perils of Gorbachev's reforms. The social context of the end of the USSR, in: Casey (Ed.), The Cold War, Vol. IV: From Détente to the End of the Cold War, pp. 369-404.

Trotz verschiedener Ausführungen und Erklärungen durch Gorbatschow blieb der Begriff des „gemeinsamen europäischen Hauses" unbestimmt. Dieses Gedankengebäude schien nicht viel mehr als eine Vision oder Utopie, wie der politische Direktor am Ballhausplatz, Ernst Sucharipa,[46] in einer Analyse im August 1988 ausführte. Auffälligste Widersprüche und Ungereimtheiten waren seiner Auffassung nach dreierlei: Erstens die sowjetische Absicht, eine Abkoppelung Westeuropas von den USA nicht betreiben zu wollen, wobei sich die Frage stellte, ob der asiatische Teil der Sowjetunion wirklich vernachlässigt werden könne, gleichwohl die Bindungen Westeuropas an Nordamerika in den nächsten zehn bis zwanzig Jahren entbehrlich sein könnten. Zweitens die Festschreibung des gebietsmäßigen und politischen Status quo in Europa, wobei die deutsche Frage ausgeklammert, gleichzeitig aber behauptet wurde, man könne „über alles sprechen". Drittens schien dieses „gemeinsame europäische Haus" als „scheinbar fertiges Konzept und allgemein verständlicher Begriff" der Aufforderung an alle KSZE-Staaten entgegenzustehen, Ideen einzubringen, um das Haus noch zu errichten. Laut Sucharipa eignete sich der Begriff aber durchaus aus westlicher Sicht dazu, eigene Anliegen einzubringen, vor allem Forderungen im humanitären und sicherheitspolitischen Bereich zu formulieren. Österreich selbst könne sich bei den sich bietenden Gelegenheiten jedenfalls „involvieren" (einbringen), den positiven Grundcharakter des Begriffs betonen und unterstreichen, dass „eine umfassende und weiterzige Verwirklichung und Anwendung der Prinzipien der KSZE-Schlussakte die vorläufig beste Gewähr für die Verstärkung der europäischen Gemeinsamkeiten bieten würde" (Dok. 227).[47]

---

[46] Ernst Sucharipa (* 24.7.1947 in Wien, † 20.6.2005, war von 1976 bis 1980 der Ständigen Vertretung Österreichs bei den Vereinten Nationen in New York zugeteilt, von 1980 bis 1983 an der österreichischen Botschaft in Ost-Berlin, 1984/85 stellvertretender Kabinettschef von Außenminister Leopold Gratz, 1985/86 sein Kabinettsleiter, ab 1987 Leiter der Ostabteilung des österreichischen Außenministeriums, von 1990 bis 1993 Leiter der Politischen Sektion, 1993 UNO-Botschafter, 1994 Vizepräsident der UN-Generalversammlung und 1995 Ko-Vorsitzender der Arbeitsgruppe zur Finanzlage der Vereinten Nationen. Sucharipa war Sonderbotschafter für Restitutionsfragen 2000/01, die im Washingtoner Abkommen verhandelt und abgeschlossen werden konnten, auf dessen Grundlage der Allgemeine Entschädigungsfonds errichtet wurde. 2004 war Sucharipa noch als Botschafter für das Vereinigte Königreich designiert worden, siehe auch Ernst Sucharipa, Österreichs aktive Ostpolitik, in: *Europäische Rundschau* 19 (1991), 4, S. 135-138.

[47] Zu diesem Themenkomplex existiert reichhaltige Literatur und Material: Vojtech Mastny (Ed.), The Helsinki process and the reintegration of Europe, 1986-1991. Analysis and Documentation, New York 1992; Wilfried Loth, Helsinki, 1. August 1975. Entspannung und Abrüstung (20 Tage im 20. Jahrhundert), München 1998, S. 232-278; Thomas Fischer, Neutral Power in the CSCE. The N+N States and the Making of the Helsinki Accords 1975 (Wiener Schriften zur internationalen Politik 12), Baden-Baden 2009, pp. 357-375; Leopoldo Nuti (Ed.), The Crisis of Détente in Europe. From Helsinki to Gorbachev. 1975-1985 (Cold War History

In Frankreich hielt man die Gorbatschow'sche Idee eines „gemeinsamen Hauses Europa" für „gefährlich", wie ein Bericht von Botschafter Wolfgang Schallenberg[48] aus Paris vom 12. August 1988 unterstrich. Diese Idee spiegele die Illusion wider, „dass in Europa alles in Ordnung sei und alle Probleme geregelt" seien. Tatsächlich sei der politische Status quo am Kontinent unbefriedigend. Weiterhin bestehe die Mauer in Berlin. Die osteuropäischen Länder seien von Regimen angeführt, die von den Bevölkerungen abgelehnt würden. Man ziehe daher in Frankreich einen Begriff wie „gemeinsame solidarische Zukunft Europas" vor. Intensive Debatten fanden über dieses Thema auch zwischen London und Paris statt. Der bundesdeutsche Außenminister Hans-Dietrich Genscher war der Auffassung, man solle den von Gorbatschow geprägten Begriff beibehalten, jedoch nach den westlichen Vorstellungen ausgestalten. So hatte sich Genscher auch beim Wiener KSZE-Folgetreffen vernehmen lassen. In Paris war man hingegen der Auffassung, man müsse für die Zukunft des Kontinents ein anderes Bild kreieren, denn der von Gorbatschow stammende Begriff würde Illusionen wecken und existierende Probleme ausklammern. Nach Schallenbergs Auffassung war von Gorbatschows Seite die Ausschaltung der Vereinigten Staaten nicht intendiert. Der beste Hinweis auf seine Absichten sei, dass er im Zusammenhang mit seinem Vorschlag einer europäischen Gipfelkonferenz präzisierte, dabei auch die USA einzuschließen (Dok. 228).

Innerhalb der KPdSU spitzten sich inzwischen die Auffassungsunterschiede auch für die Öffentlichkeit wahrnehmbar zu. (Dok. 232). In einem ausführlichen Bericht der österreichischen Botschaft in Moskau berichtete Vukovich detailliert über den Interpretationsstreit zwischen Jegor Ligatschow und Alexander Jakowlew zu den Reformbeschlüssen der Allunionskonferenz. Ligatschow sprach sich sowohl gegen die Idee eines Mehrparteiensystems als auch gegen die Zulassung einer politischen Opposition aus. Die KPdSU sei regierende Partei, die auch bei

---

23), London 2009; Angela Romano, From Détente in Europe to European Détente. How the West shaped the Helsinki CSCE (Euroclio 44), Bruxelles – New York 2009, Sarah B. Snyder, Human rights activism and the end of the Cold War. A transnational history of the Helsinki network (Human rights in history), New York 2011; Michael Cotey Morgan, The Final Act. The Helsinki Accords and the Transformation of the Cold War, Princeton – Oxford 2018; Daniel C. Thomas, The Helsinki effect. International Norms, Human Rights, and the Demise of Communism, Princeton/New Jersey 2001.

[48] Wolfgang Schallenberg (* 3.6.1930 in Prag), war von 1964 bis 1965 diplomatischer Vertreter in Caracas, Botschafter von 1974 bis 1978 in Neu-Delhi, von 1978 bis 1982 in Madrid, von 1982 bis 1988 in der Zentrale für Kultur zuständig, von 1988 bis 1992 Botschafter in Paris und von 1992 bis 1996 Generalsekretär des Österreichischen Außenministeriums, zuletzt Präsident der Österreichischen Gesellschaft für Außenpolitik und Internationale Beziehungen sowie deren Ehrenpräsident. Sein Sohn Alexander war Außenminister (2019-2021), Kurzzeit-Bundeskanzler (2021) und ist ab 2021 wieder Außenminister.

Stärkung der Sowjets nicht auf ihre führende Rolle verzichten sollte. „Sozialistischen Pluralismus" interpretierte Ligatschow dahingehend, dass Debatten und Meinungspluralitäten nur so lange zulässig seien, bis die Partei einen Beschluss gefasst habe. Er berief sich hierbei wiederholt auf Lenin. Die ideologische Stütze im Politbüro, der enge Berater von Gorbatschow und Initiator seiner Reformpolitik, Jakowlew, verstand im Unterschied zu Ligatschow unter dem Begriff „sozialistischer Pluralismus" einen „Meinungspluralismus". Die sowjetische Gesellschaft habe, so Jakowlew, einen „dringenden Bedarf an einem breiten Spektrum von Meinungen". Deutlicher wurde noch die Position Jakowlews in einer Rede in der litauischen Hauptstadt Vilnius, wo er äußerte, dass die Unifizierung zwar äußerlich alle Völker gleichmache, in Wirklichkeit sie jedoch alle ohne Ausnahme beleidige. In der Auseinandersetzung zwischen Ligatschow und Jakowlew handelte es sich letztlich um Fragen der Allmacht in der Partei und die Gewaltenteilung zwischen Partei und staatlichen Organen auf der einen Seite und das Spannungsfeld zwischen Zentralverwaltungswirtschaft und Marktwirtschaft auf der anderen. Außerdem ging es um den Gegensatz zwischen Uniformität und Pluralität und den Antagonismus zwischen Kollektiv und Individuum (Dok. 232). Angesichts der sich verschärfenden innenpolitischen Lage gab es für die österreichische Botschaft unverkennbare Anzeichen für ein neues militärisches Denken in Führungskreisen der Sowjetunion (Dok. 263).

Hinzu kam noch ein Faktor, der die innenpolitische Lage weiter zuzuspitzen schien: Aufgrund der zunehmenden Engpässe in der sowjetischen Konsumgüterindustrie und Lebensmittelversorgung war es bemerkenswert festzustellen, dass Ende 1988 eine einseitige und damit unilaterale Begrenzung und Reduktion der sowjetischen Streitkräfte erfolgte. Dabei gelang es der österreichischen Botschaft, Präzisierungen bezüglich genauerer Daten zu eruieren (Dok. 275).

Zu Beginn des Jahres 1989 konnte beobachtet werden, dass die Breschnew-Doktrin nicht mehr zu halten und ihre Demontage bereits im Gange war (Dok. 314). Die sozialen Umwälzungen und ökonomischen Veränderungen in der Sowjetunion wurden immer deutlicher im Sinne einer Zunahme desintegrativer Tendenzen in der Gesellschaft sichtbar (Dok. 315). Angesichts der sich verstärkenden innerpolitischen Zerreißprobe wurden die Erfolgsaussichten der „Perestroika" im Sinne einer gesellschaftlichen Umgestaltung durch erfolgreiche Reformen und damit auch die Stabilität des Reformkurses von Gorbatschow zunehmend fragwürdiger (Dok. 369).

Umso mehr war Gorbatschow bemüht, seine Ideen und die vage gebliebenen Konzeptionen über das „gemeinsame europäische Haus" anzupreisen, so im Rahmen einer Rede vor der Parlamentarischen

Versammlung des Europarates am 6. Juli 1989, auf die bereits ein Bericht vom 6. Juli 1989 rekurrierte (Dok. 374).

Die Situation der Verbraucher in der UdSSR wurde immer unerträglicher, wie ein Bericht über „Das Verhältnis des Konsumenten zur Perestroika" verdeutlichte, wobei auch der deprimierende Stand und ein weiteres Mal die relativ geringen Aussichten der Reform von Gorbatschow sowie Anspruch und Wirklichkeit der wirtschaftlichen Konstellationen nach innen und nach außen immer deutlicher auseinanderklafften (Dok. 424).

Angesichts der kläglichen Ergebnisse der Politik Gorbatschows fragte sich, ob die Sowjetbürger nicht längst schon „perestroikamüde" geworden seien, sodass gegen November 1989 bereits gesellschaftliche und politische Zerfallserscheinungen unübersehbar waren (Dok. 432).[49] Die Situation verschärfte sich mehr und mehr, sodass sich schon im Dezember in der österreichischen Botschaft in Moskau die Frage stellte, ob es möglicherweise einen Militärputsch gegen Gorbatschow geben würde (Dok. 460).

Zu Jahresbeginn 1990 verschlechterte sich die gesellschaftliche Lage und radikalisierte sich die politische Stimmung in der Sowjetunion weiter. So gab es am 25. Februar Massendemonstrationen und ebenfalls nach polnischem Vorbild die Etablierung eines so genannten „Runden Tisches",[50] an dem sich Oppositionelle und Regierungsrepräsentanten einfinden konnten (Dok. 484).

Im März 1990 waren die desintegrativen gesellschaftlichen Tendenzen schon so weit fortgeschritten, dass der Oberste Sowjet ein Gesetz über den Austritt Russlands aus der UdSSR verabschiedete und es erste Signale zur Gesprächsbereitschaft zwischen Vilnius und Moskau gab, so dass sich für die Sowjetrepublik im Baltikum die für den Kreml brisante Frage ihrer Emanzipation und Eigenständigkeit vom Sowjetimperium stellte (Dok. 499).[51]

---

[49] Siehe hierzu auch detailliert: Helmut Altrichter, Russland 1989. Der Untergang des sowjetischen Imperiums, München 2009.

[50] Uwe Thaysen, Der Runde Tisch. Oder: Wo blieb das Volk? Der Weg der DDR in die Demokratie, Opladen 1990; Andrew Arato, The Roundtables. Democratic Institutions and the Problems of Justice, in: András Bozóki (Ed.), The Roundtable Talks of 1989. The Genesis of Hungarian Democracy. Analysis and Documents, Budapest – New York 2002, S. 223-235; Jerzy Holzer, Der Runde Tisch. Internationale Geschichte eines politischen Möbels, in: Bernd Florath (Hrsg.), Das Revolutionsjahr 1989. Die demokratische Revolution in Osteuropa als transnationale Zäsur (Analysen und Dokumente. Wissenschaftliche Reihe des Bundesbeauftragten für die Unterlagen des Staatssicherheitsdienstes der ehemaligen Deutschen Demokratischen Republik, BStU 34), Göttingen – Oakville 2011, S. 225-232.

[51] Arvydas Anušauskas (Ed.), The Anti-Soviet Resistance in the Baltic States, Vilnius 1999; Kristina Spohr-Readman, Between Political Rhetoric and „Realpolitik" Calculations. Western Diplomacy and the Baltic Independence in the Cold War Endgame, in: *Cold War History* 6 (2006), 1, pp. 1-42; Idem, International reactions to Soviet disintegration. The case of the Baltic

Die Aussichtslosigkeit bzw. zumindest die Ungewissheit der Reformbemühungen Gorbatschows ließen zunehmend eine eigenständige politische Opposition in Russland mit Blick auf eine zukünftige Perspektive des noch gegebenen Zusammenhalts der Sowjetunion entstehen. Ein deutliches Warnsignal war sichtbar geworden, als sich eine gegenüber Gorbatschow erkennbare politische Konkurrenzfigur profilierte (Dok. 500). Mit der Wahl von Boris Jelzin zum Vorsitzenden des Obersten Sowjet der Russischen Föderation am 29. Mai 1990 war bereits ein Meinungsumschwung gegen Gorbatschow ablesbar (Dok. 523). Eine Neuordnung der Sowjetischen Föderation sollte nun auf der politischen Tagesordnung stehen (Dok. 528). Immer deutlicher wurden Forderungen gegenüber Gorbatschow laut. Ministerpräsident Nikolai Ryschkow geriet unter Druck der sowjetischen Regierung (Dok. 555). Bei den ersten demokratischen russischen Präsidentschaftswahlen wurde Jelzin am 12. Juni 1991 mit klarem Votum zum ersten Präsidenten Russlands gewählt. Am gleichen Tag beschloss Russland seine Souveränität innerhalb der Sowjetunion. Andere Sowjetrepubliken folgten. Konsequenterweise erklärte Jelzin auf dem XXVIII. Parteitag der KPdSU vom 2. bis 13. Juli 1990 am 12. Juli seinen Austritt aus der Kommunistischen Partei. Seine entschiedene Position brachte ihm in der russischen Bevölkerung und unter reformorientierten Kräften große Zustimmung ein.

Der KPdSU-Generalsekretär sah offensichtlich keinen anderen Ausweg mehr, als im Herbst 1990 Sondervollmachten zu beanspruchen, um im Sinne einer Präsidialregierung mit allen möglichen Durchgriffsrechten und relevanten Kompetenzen ausgestattet zu sein, die für politische Ruhe und innere Ordnung sorgen sollten (Dok. 561). Dennoch gestaltete sich die innenpolitische Bestandsaufnahme Ende Oktober 1990 höchst prekär. Die Stellung Gorbatschows blieb trotz seiner neuen umfassenden Zuständigkeiten, die er sich verschafft hatte, außerordentlich fragil (Dok. 574). Die Revolutionsfeierlichkeiten im November in Erinnerung an das Jahr 1917 in Russland waren in ihrer gemischten Gefühlslage quasi ein Spiegelbild der politischen Widersprüche innerhalb der sowjetischen Gesellschaft (Dok. 577).

Im Jahre 1991 wurde mehr und mehr deutlich, dass die Kritiker Gorbatschows weiter an Boden gewannen. So fand eine Oppositionskundgebung in Moskau mit vehementen Vorwürfen und gezielten Attacken gegen den Präsidenten der UdSSR statt. Im Sommer wurde für die Außenwelt erkennbar, dass das Sowjetimperium nur mehr ein Koloss auf

---

states, in: Frédéric Bozo et al. (Eds.), Europe and the End of the Cold War, pp. 220-232; Romuald J. Misiunas/Rein Taagepera, The Baltic States. Years of Dependence 1940-90, London 2006².

tönernen Füßen war (Dok. 586). Innenpolitisch formierte Jelzin einen eigenen Staatsrat im Rahmen der Russischen Föderation (Dok. 615).

Innerparteilich wurden die Veränderungen in der russischen kommunistischen Partei immer deutlicher spürbar (Dok. 616). Im August 1991 trat schließlich das ein, was die westlichen und Österreichs Beobachter in Moskau schon mindestens seit zwei Jahren befürchtet bzw. geahnt oder auch vorhergesehen hatten: Ein Militärputsch gegen Gorbatschow,[52] der auf der Krim urlaubte, machte deutlich, dass seine Amtszeit als Präsident dem Ende zuging.

Als neuer amtsführender Präsident agierte kurzzeitig der Putschist Gennadi Iwanowitsch Janajew, der seine neue Funktion bei einer Pressekonferenz verkündete (Dok. 618). Die Situation verschärfte sich durch Panzereinsatz in der russischen Metropole. Ein Lagebericht gab zu erkennen, dass sich die angespannte Situation auf den Straßen Moskaus in der dritten Augustwoche weiter fortsetzte (Dok. 620). Nachdem die Absetzung Gorbatschows als Präsident erfolgt war, wurde der Ausnahmezustand ausgerufen. Alarmierte und besorgte Reaktionen der verbündeten Staaten, v.a. aber des westlichen Auslands, das unverkennbar noch mit Gorbatschow sympathisierte, konnten nicht ausbleiben (Dok. 619, 621, 622, 625).[53]

Zwei Tage nach dem Umsturzversuch wurde am 21. August von österreichischer Seite die Lage in Moskau treffend analysiert, indem das Scheitern der Putschisten verdeutlicht wurde (Dok. 626). Die politische und wirtschaftliche Entwicklung der Sowjetunion war jedoch nach dem Zusammenbruch des Staatsstreichs vom 19. und 20. August noch ungewisser und unklarer denn je geworden (Dok. 629). Die Perspektive war für sie alles andere als aussichtsreich. Die UdSSR stand vor dem definitiven Ende (Dok. 634). Erkennbar wurde, dass sich die Unionsrepubliken während des Putschversuches bereits in abwartender Stellung verhalten und nur darauf gewartet hatten, ihre konsequenten politischen Schlüsse aus den Vorgängen in Moskau zu ziehen (Dok. 639).

Nach dem Fehlschlag des Putschversuchs der Militärs und dem siegreich hervorgegangenen neuen politischen Führer Jelzin stand aufgrund des sich abzeichnenden Zerfalls der Sowjetunion die Frage nach einer künftigen Wirtschaftsintegrationsform im Mittelpunkt der Überlegungen (Dok. 643). Daneben war in der sowjetischen Innenpolitik bereits die Suche nach einem neuen Selbstverständnis Russlands erkennbar (Dok. 651). Eine Vereinbarung

---

[52] Michail Gorbatschow, Der Staatsstreich, München 1991.
[53] Siehe hierzu Wilfried Loth/Nicolae Păun (Eds.), Disintegration and Integration in East-Central Europe. 1919 – post-1989 (Veröffentlichungen der Historiker-Verbindungsgruppe bei der Europäischen Kommission 16) 2014; Ignaz Lozo, Der Putsch gegen Gorbatschow und das Ende der Sowjetunion, Köln – Weimar – Wien 2014.

über die ökonomische Neuformation der UdSSR zeichnete sich bereits ab (Dok. 653). Gorbatschow stemmte sich zwar noch verzweifelt gegen den drohenden Auflösungsprozess der UdSSR und warnte in dramatischen Worten vor einer völligen gesellschaftlichen, politischen und ökonomischen Desintegration (Dok. 663). Diese war jedoch seit Jahren nicht nur beobachtbar, sondern schon im Gange und nun offensichtlich nicht mehr aufzuhalten.[54]

Nach dem am 25. Dezember 1991 offiziell verkündeten Ende der Sowjetunion musste die Frage der Rechtsnachfolge gegenüber der UdSSR geklärt werden. Russland schien hier der prädestinierteste Kandidat zu sein, um entsprechend die staatsrechtliche Sukzession anzutreten (Dok. 665).[55] Das Ende der Sowjetunion war besiegelt und zwar mit der Folge, dass die Nachfolgerepubliken ihre Eigenstaatlichkeit anstrebten, aber auch die Gemeinschaft Unabhängiger Staaten (GUS)[56] als Auffangbecken und Reserveposition für die Wahrung der wirtschaftlichen Integration geschaffen werden sollte (Dok. 666).

III. Die sozialistischen „Bruderstaaten"
1. Polen als unsicherer Kantonist und ständiger Unruheherd im Sowjetimperium

Spätestens seit der Verhängung des Kriegsrechts am 13. Dezember 1981 stand die Regierung Polens im Mittelpunkt des nach Osten gerichteten Blickfelds der westlichen Staaten, worauf die kommunistische Regierung in Warschau ebenso mit Vorwürfen an die Adresse westlicher Regierungen antwortete und eine propagandistische Gegenoffensive einleitete (Dok. 1).[57] Die

---

[54] Alex Pravda, The collapse of the Soviet Union (1990-1991), in: Melvyn P. Leffler/Odd Arne Westad (Eds.), The Cambridge History of the Cold War, Vol. III: Endings, Cambridge 2010, pp. 356-377.

[55] Serhii Plokhy, The Last Empire. The Final Days of the Soviet Union, London 2015.

[56] Gerhard Simon, Von der Sowjetunion zur „Union Souveräner Staaten", in: *Europäische Rundschau* 19 (1991), 4, S. 13-19; Andrej W. Sagorskij, Variable Geometrie: Grundlagen der Kooperation der Gemeinschaft Unabhängiger Staaten, in: Peter W. Schulze/Hans-Joachim Spanger (Hrsg.), Die Zukunft Russlands. Staat und Gesellschaft nach der Transformationskrise (Studien der Hessischen Stiftung Friedens- und Konfliktforschung 33), Frankfurt/Main 2000, S. 320-344; Ellen Bos, Die GUS-Staaten, in: Siegmar Schmidt/Gunther Hellmann/Reinhard Wolf (Hrsg.), Handbuch zur deutschen Außenpolitik, Wiesbaden 2007, S. 455-467; Martin Aust, Die Schatten des Imperiums. Russland seit 1991, München 2019.

[57] August Pradetto, Technobürokratischer Sozialismus. Polen in der Ära Gierek (1970-1980), Frankfurt/Main – Bern – New York – Paris 1991; Ders., Bürokratische Anarchie. Der Niedergang des polnischen „Realsozialismus", Wien – Köln – Graz 1992; Timothy Garton Ash, The Polish Revolution: Solidarity, 1980-82, London 1983; Jan Kubik, The Power of Symbols against the Symbols of Power. The Rise of Solidarity and the Fall of State Socialism in Poland, University Park/Pennsylvania 1994; Klaus Bachmann, Poland 1989: The Constrained Revolution, in: Mueller/Gehler/Suppan (Eds.), The Revolutions, 47-75.

diplomatische Berichterstattung Österreichs zu Polen wurde zu Beginn des Jahres 1985 dominiert vom Prozess gegen die Mörder des Priesters Jerzy Popiełuszko, der am 19. Oktober 1984 aufgrund seiner Unterstützung der Opposition um die Gewerkschaft Solidarność von Offizieren des polnischen Staatssicherheitsdienstes ermordet worden war. Die Täter wurden in der Folge angeklagt und verurteilt, die Hintermänner gerichtlich zwar nicht weiter verfolgt, jedoch verloren viele ihre politischen Ämter (Dok. 2, 4).

Die hinter diesen Entscheidungen stehenden Motive waren für die österreichische Botschaft in Warschau offengeblieben. Kurz nach Ende des Prozesses wurden führende Funktionäre der Solidarność bei einem Treffen in Danzig verhaftet. Österreichs Diplomatie erwartete im Falle neuerlicher Unruhen Szenarien, die jenen vom Juni 1956 und Dezember 1970 in Polen glichen, als auf Demonstranten geschossen wurde. Um einer solchen Entwicklung entgegenzuwirken, wurde dem Westen empfohlen, die Wirtschaftsboykotte zu beenden und die Sanierung der polnischen Ökonomie zu unterstützen (Dok. 6).

Zur historischen Einordnung sei an dieser Stelle exkursartig zurückgeblendet: Der polnische Aufstand im Jahre 1956 war von einem Arbeiterstreik in Posen ausgegangen, woraus sich blutige Kämpfe mit den Streitkräften entwickelten. Am 28. Juni schlug die Armee die Proteste gewaltsam nieder. Bei den Auseinandersetzungen wurden 57 Personen getötet, ungefähr 600 wurden verletzt. Die polnische Erhebung 1970 war abermals ein Arbeiteraufstand, der vom 14. bis 22. Dezember anhielt. Es fanden Massenkundgebungen, Demonstrationen und Streiks in Danzig, Gdingen, Elbing und Stettin statt. Polen bewegte sich am Rande eines Bürgerkriegs. Der Staat reagierte mit brutalem Militär- und Milizeinsatz, bei dem dutzende Personen ihr Leben verloren und mehr als tausend verletzt wurden. Die Unruhen bedeuteten das Ende der seit 1956 während en Herrschaft von Władysław Gomułka als Vorsitzender des Zentralkomitees der Polnischen Kommunistischen Partei. Die August-Streiks von 1980, die zur Zulassung freier Gewerkschaften führten, bewegten sich in der Kontinuität der Geschehnisse von vor zehn Jahren. Die Errichtung eines Denkmals für die Opfer des Dezember 1970 war eine der Forderung der Streikenden von 1980. Die Verhängung des Kriegsrechts in Polen in der Nacht vom 12. auf den 13. Dezember 1981 unter General Wojciech Jaruzelski verfolgte das Ziel, die aus der Streikbewegung von 1980 entstandene freie Gewerkschaft Solidarność zu zerschlagen. Am 22. Juli 1983 hob die kommunistische Führung Polens das Kriegsrecht offiziell auf. Die Gewerkschaftsorganisation Solidarität blieb jedoch verboten. Die Revolution schien damit missglückt.[58] (Ende des Exkurses)

Anlässlich der 30. Wiederkehr der Unterzeichnung des Warschauer Paktes fand am 14. Mai 1985 ein Gipfeltreffen am gleichen Ort statt. Dabei wurde deutlich, dass sich der Armeegeneral, Vorsitzende der Polnischen Vereinigten Arbeiterpartei (PVAP) (1981–1989), Ministerpräsident der Volksrepublik Polen (1981–1985) und Staatsoberhaupt von Polen (1985–1990), Wojciech Jaruzelski, des Vertrauens Moskaus sicher sein konnte, nachdem die politisch unruhigen Zeiten im Zusammenhang mit der polnischen Gewerkschaftsbewegung Solidarność der Vergangenheit anzugehören schienen. In Bezug auf die zweifelsfrei von Stalins Geheimdienst während des Zweiten Weltkriegs begangenen Massaker an den polnischen Offizieren und Soldaten in den Wäldern von Katyn im April und Mai 1940 hielt sich Jaruzelski an der sowjetischen Leugnungsversion in bedingungsloser ideologisch-politischer Hörigkeit gegenüber dem Kreml. Aufgrund seiner Law-and-Order-Politik wirkte er nur wenig sympathisch und überzeugend auf die polnische Bevölkerung, die anlässlich des neuen Warschauer Pakt-Gipfels Zurückhaltung, um nicht zu sagen sogar ihre negative Haltung zu den versammelten kommunistischen Parteiführern aus den „Bruderstaaten" zum Ausdruck brachte (Dok. 19). Die Behandlung einiger prominenter Oppositioneller aus der Zeit der Solidarität, darunter die Entlassung des Wałęsa-Beraters Bronisław Geremek aus der Polnischen Akademie der Wissenschaften, deutete umso mehr auf eine weitere Verhärtung der Repressionspolitik Jaruzelskis hin (Dok. 20).

Die Erinnerungen an das Ende des Zweiten Weltkrieges mit der bedingungslosen Kapitulation der Wehrmacht am 8. Mai 1945 in Reims dienten zur Bekräftigung der „polnisch-sowjetischen Freundschaft" und der traditionellen Zurückweisung angeblich „revanchistischer" Tendenzen seitens der Bundesrepublik Deutschland. In seiner Botmäßigkeit gegenüber den Machthabern des Kreml erweckte Jaruzelski den Eindruck, als habe allein die Sowjetunion den Krieg gegen Hitler-Deutschland gewonnen, während Gorbatschow in seinen Ausführungen im Zusammenhang mit dem 9. Mai 1945 auch die Alliierten erwähnte (Dok. 21).

Aufgrund der Weigerung der polnischen Regierung, bei westlichen Staatsbesuchen Kontakte zu Oppositionskreisen zu gestatten, drohte die Gefahr der Abschwächung von Beziehungen und eine Einstellung der Kontakte seitens der westeuropäischen Staaten. Auch für den

---

[58] Jadwiga Staniszkis, Poland's Self-Limiting Revolution, Princeton 1984; Andrzej Paczkowski/Malcolm Byrne/Gregory F. Domber/Magdalena Klotzbach (Eds.), From Solidarity to Martial Law: The Polish Crisis of 1980-1981. A Documentary History (National Security Archive Cold War readers), Budapest – New York 2007.

bundesdeutschen Außenminister Hans-Dietrich Genscher bestand vor diesem Hintergrund kein Bedarf mehr, einen schon früher abgesagten Besuch in Polen nachzuholen (Dok. 22, 25).

Der polnische Oppositionspolitiker und katholisch-konservative Publizist Tadeusz Mazowiecki bezweifelte indes, eine Einladung nach Wien zu Vizebürgermeister Erhard Busek (ÖVP) annehmen zu können, zumal die polnischen Behörden ihm keine Reisegenehmigung gestatten würden (Dok. 26).

Das Nachlassen der Verbindungen zum Westen sollte die polnisch-kommunistischen Empfindlichkeiten insbesondere gerade gegenüber der Einladung von Oppositionellen in westliche Botschaften in Warschau nicht verringern (Dok. 25). Im Juli 1985 zeichnete sich keine Veränderung der härter gewordenen innenpolitischen Linie Warschaus ab (Dok. 35).

In der Erkundung der gesellschaftlichen und politischen Verhältnisse in Mittel- und Osteuropa war die österreichische Diplomatie auch um Kontakte zu katholischen Kreisen in Polen bemüht. Das Gesprächsklima zwischen Kirche und Staat hatte schon bessere Zeiten erlebt. Die Weigerung der überwiegenden Mehrheit der Geistlichen, an den Wahlen teilzunehmen, war für das kommunistische Regime befremdlich. Kein einziger Diözesanbischof hatte teilgenommen. Der schon erwähnte Priestermord sowie mangelnde Konzessionen des Regimes bezüglich des Landwirtschaftsfonds der Kirche hatten demotivierend auf die polnische Geistlichkeit gewirkt (Dok. 42).

In der Beurteilung der bisherigen Amtszeit Jaruzelskis kam die österreichische Botschaft in Warschau zum Ergebnis, dass sich die Kommunistische Partei Polens seit ihrem Bestehen in ihrer schwersten Krise befand und nahezu jeden Einfluss im Sinne ihrer gesellschaftlichen Gestaltungsfähigkeit verloren hatte. Hingegen zeigte sich Jaruzelski im Zuge der Verhängung des Kriegsrechts seit Dezember 1981 kompromisslos, unablässig und unversöhnlich, nachdem er sich zu Beginn noch um einen Interessenausgleich zwischen Regime und Solidarność bemüht hatte. Diese und ihr Wirken wurden seitens der österreichischen Botschaft als „entscheidende Zäsur" in der Nachkriegsgeschichte Polens bewertet, zumal sie es schaffte, dem KP-Regime erhebliche demokratiepolitische Zugeständnisse abzuringen. Zwar hatte Jaruzelski mit der Verhängung des Kriegsrechts äußerlich besehen wieder Ruhe und Ordnung hergestellt, doch war nur ein minimaler Teil der Bevölkerung auf seiner Seite und die wirtschaftlichen Probleme waren ungelöst geblieben (Dok. 43).

Der überraschende Kurzbesuch Jaruzelskis beim französischen Staatspräsidenten Mitterrand am 4. Dezember 1985 löste heftige Kritik in konservativen Medien und Kreisen der bürgerlichen Opposition Frankreichs aus, weil der polnische Potentat als „Pinochet des Ostens" betrachtet wurde.

Der vorausgegangene Besuch Gorbatschows am 3. Oktober 1985 in Paris, das Gipfeltreffen Reagan-Gorbatschow in Genf am 19. und 20. November (das erste Treffen zwischen dem 74jährigen US-Präsidenten Ronald Reagan und dem um 20 Jahre jüngeren Generalsekretär des Zentralkomitees der KPdSU Michail Gorbatschow), Mitterrands gaullistisch anmutende Europapolitik, die Normalisierung der Beziehungen der westeuropäischen Staaten zu Polen sowie die Verbesserung der soziöökonomischen Lage im Land selbst sollten diese Visite Jaruzelskis motivieren, gleichwohl diese eher im polnischen als im französischen Interesse lag (Dok. 44).

Der US-amerikanischen Seite war durch ihre Botschaft in Warschau der geplante Militärputsch Jaruzelskis vom Dezember spätestens im November 1981 bekannt geworden, allerdings war der genaue Zeitpunkt der Einführung des Kriegsrechts unbekannt geblieben. Das gerüchteweise Aufkommen dieser Information durch einen im Generalstab tätigen Spion, der sich bereits in den USA aufgehalten hatte, diente den polnischen Behörden als Grund, im Verhältnis zwischen der Solidarność und der US-Vertretung sowie in deren Beziehungen und Kontakte einen Keil hineinzutreiben, um sie entsprechend zu konterkarieren und zu torpedieren (Dok. 60).[59]

Beim 10. Parteitag der polnischen KP vom 29. Juni bis 3. Juli 1986 anerkannte Gorbatschow in einer Rede die geglückte „Normalisierung" und die Überwindung der Krise des Sozialismus in Polen. Das übermäßige Lob für Jaruzelski erregte selbst in Moskau Aufsehen. In der Frage der Abrüstung gebe es hingegen noch „keinen Millimeter" Fortschritt, ließ der KPdSU-Generalsekretär durchblicken. Washington würde lediglich bremsen und Westeuropa dem Druck der USA stets nachgeben. In den Wirtschaftsbeziehungen zum Westen sprach sich Gorbatschow für eine „rationale Nutzung" aus, die allzu starke Abhängigkeiten vermeiden und die Kooperation im RGW unterstreichen sollte (Dok. 62).

Der 10. Parteikongress der Polnischen Vereinten Arbeiter Partei (PVAP) zeigte einen Jaruzelski am Höhepunkt seiner Macht, wie Österreichs Botschafter Richard Wotava[60] urteilte, was die fortwährende Bedeutung der Präsenz der Militärs und ihre Unverzichtbarkeit für die Aufrechterhaltung der Kontrolle der Innenpolitik verdeutlichten. Die Machtfülle des Generals fand demonstrative Zustimmung seitens Gorbatschows (Dok. 63). Aufgrund oder

---

[59] Siehe hierzu auch Gregory F. Domber, Rumblings in Eastern Europe. Western pressure on Poland's moves towards democratic transformation, in: Bozo et al. (Eds.), Europe and the End of the Cold War, London – New York 2009, pp. 51-63.

[60] Richard Wotava (* 18.2.1933), war von 1977 bis 1982 Botschafter in Caracas, von 1982 bis 1987 in Warschau, von 1987 bis 1994 Ständiger Vertreter Österreichs bei den Vereinten Nationen in Wien sowie bei der UNIDO, von 1994 bis 1999 Botschafter in Madrid, von 2001 bis 2005 Generalsekretär des Österreichischen Versöhnungsfonds und von 2006 bis 2011 erster Generalsekretär des Zukunftsfonds.

trotz der ständig bekundeten Verbundenheit Polens mit der Sowjetunion schien der KPdSU-Generalsekretär dem Land die Beschreitung eines eigenen Wegs des Sozialismus zu erlauben, wobei er die historische Besonderheit und die politische Sensibilität der polnischen Verhältnisse zutreffend einzuschätzen wusste.

Jaruzelski betonte in seinen Ausführungen am X. Parteikongress die Vorteilhaftigkeit eines Dialogs zwischen Staat und Kirche und kündigte eine Amnestie für politische Häftlinge an. Am Zenit der Macht bot sich für ihn die Chance, mit Rückendeckung Gorbatschows, in Kombination Demokratie- und Wirtschaftsreformen gleichzeitig in Angriff zu nehmen. Diese schienen auch notwendig, zumal es durch die machtvolle Stellung der Kirche zu einer „ideologischen Besetzung" Polens durch den Kommunismus nicht kommen würde, wie der Papst gegenüber Botschafter Wotava in einer Privataudienz zum Ausdruck brachte (Dok. 65).

Hatte Jaruzelski ursprünglich intendiert, Repräsentanten der Kirche Mandatssitze im Sejm zu übertragen, was von katholischer Seite jedoch abgelehnt wurde, sollte nunmehr durch Einbindung von Geistlichen in ein Beratungsgremium beim Staatsrat ihre Integration in den Staat auf diese Weise gelingen. Die Wahrscheinlichkeit eines Erfolges für das kommunistische System wurde jedoch als gering eingestuft (Dok. 66).

Die labile politische und wirtschaftliche Lage in Polen steigerten den Stellenwert der DDR im RGW. Der ostdeutsche sozialistische Staat war damit indes zum wichtigsten Partner Moskaus in diesem Rahmen aufgestiegen, gleichwohl Moskau seinen diesbezüglichen Bezugspunkt aufgrund der Empfindlichkeiten der übrigen mittelosteuropäischen „Bruderstaaten" und ihrer Vorbehalte gegenüber den ostdeutschen Kommunisten herunterzuspielen bemüht war (Dok. 74).

Trotz erkennbarer Entspannungselemente in der polnischen Innenpolitik, insbesondere hinsichtlich der inzwischen erfolgten spektakulären Freilassung politischer Häftlinge, reagierten die westlichen Staaten zur Enttäuschung des polnischen Regimes nicht mit mehr Besuchskontakten. Die Freisetzung der politischen Gefangenen war u.a. eine conditio sine qua non, sodass es zu einem Arbeitsbesuch Jaruzelskis in Rom vom 12. bis 14. Januar 1987 kommen konnte. Dabei war auch eine Zusammenkunft mit dem Papst geplant und dies im Hinblick auf den in Vorbereitung befindlichen dritten Besuch von Johannes Paul II. in Polen vom 8. bis zum 14. Juni 1987 (Dok. 76).[61]

Die Liberalisierungstendenzen in Polen hielten sich in Grenzen, wie an der Verweigerung von Ausreisegenehmigungen für Oppositionsführer Lech

---

[61] Andreas Englisch, Johannes Paul II. Das Geheimnis des Karol Wojtyła, München – Berlin 2003; Piotr H. Kosicki, Vatican II and Poland, in: Ders., Vatican II behind the Iron Curtain, Washington 2016, pp. 127-198.

Wałęsa nach Italien und in die USA erkennbar wurde (Dok. 78).[62] Trotz solcher entspannungspolitischer Rückschläge gab es tendenziell eine Verbesserung der Beziehungen Polens zur westlichen Staatenwelt, gleichwohl es diesen noch erheblich an Substanz mangeln sollte (Dok. 81).

Im Zuge der Freilassung von Regimegegnern im September 1986 in Polen war eine neue Lage entstanden, die von der österreichischen Botschaft in Warschau als Auftakt einer Entwicklung hin zum inneren „Burgfrieden" gesehen wurde. Mit dieser unvorhergesehenen Entwicklung überraschte das Regime die Opposition, wobei die maßgeblichen Führer der Untergrund-Solidarität freimütig wissen ließen, nunmehr nur noch legal zu wirken. Ein „provisorischer Rat der Solidarität" wurde begründet und eine Delegation der „Patriotischen Bewegung zur Nationalen Wiedergeburt" (PRON) zum Studium der österreichischen Volksanwaltschaft nach Wien geschickt. Trotz dieser Neuerungen erschien ein wirklich gutes Einvernehmen zwischen Regime und Bevölkerung in Polen – im Unterschied zu Ungarn – eher unwahrscheinlich. Diese wenig zuversichtliche Beurteilung der österreichischen Botschaft in Warschau basierte auf Informationen über Unruhen in der Bevölkerung und auf Befunden, sich ihrerseits nicht mit der scheinbaren Unveränderlichkeit der kommunistischen Herrschaft abfinden oder gar zufriedengeben zu wollen (Dok. 82).

Nach der Entlassung politisch Gefangener in Polen setzte der diplomatisch versierte und sehr elanvoll auftretende Vizeaußenminister Andrzej Olechowski neue Akzente in der Vertretung eines liberaleren und offeneren Landes, sodass die Beziehungen zur westlichen Welt intensiviert werden konnten. Diese lagen aus der Sicht der österreichischen Botschaft in Warschau nicht nur im Interesse beider Seiten, sondern waren auch als Beitrag zur politischen Stabilität in Europa zu sehen. Der Ressortleiter Marian Orzechowski fand im KSZE- und UNO-Rahmen inzwischen eine für sein Land aufgeschlossenere und entspanntere Atmosphäre vor (Dok. 86).

Entgegen der kritischen westlichen Wahrnehmung von General Jaruzelski trieb dieser laut österreichischer Diplomatie die politischen Reformbewegungen in Polen voran und trat auch für mehr Kritik an den bestehenden Verhältnissen in der Öffentlichkeit ein, sodass sich eine deutliche Unterstützung der Gorbatschow'schen Pläne auch mit seiner Person verbinden sollte (Dok. 92).

Die seit der Verhängung des Kriegsrechts in Polen vom 12. auf den 13. Dezember 1981 nach wie vor verbotene Gewerkschaftsbewegung „Solidarität" stand vor der Frage, wie sie mit ihrer Vergangenheit umgehen

---

[62] Reinhold Vetter, Polens eigensinniger Held. Wie Lech Wałęsa die Kommunisten überlistete, Berlin 2010.

sollte, aber noch viel mehr, wie die gegenwärtigen und zukünftigen politischen Verhältnisse im eigenen Lande zu beurteilen wären (Dok. 117).

Jaruzelski befand sich 1988 in einer Zwangslage, insbesondere mit Blick auf die problematische Frage, warum er mit der Gewerkschaftsbewegung nicht verhandeln wollte und konnte (Dok. 137). Dennoch war angesichts der massenhaften Anhängerschaft der Solidarität die Frage ungeklärt, welche Möglichkeiten der freien Betätigung, aber auch welche Grenzen sich dabei nach sieben Jahren Verbot und Illegalität für sie ergaben (Dok. 156).

Für die österreichische Vertretung in Warschau war am 14. März 1988 unverkennbar, dass es einen Zusammenhang, ja eine parallele Entwicklung zwischen der „Glasnost"-Politik in der UdSSR und der einsetzenden Reformpolitik in Polen gab.[63] Bemerkenswert war dabei, dass schon von einer „Gorbatschow-Epoche" gesprochen wurde (Dok. 176), obwohl er erst seit drei Jahren als Generalsekretär der KPdSU amtierte. Dass es einen Zusammenhang zwischen der Reformpolitik des neuen Kremlherrn und entsprechenden Geschehnissen in den verbündeten Staaten gab, ist evident. Dass die dort stattfindenden Veränderungen und Umwälzungen auch Rückwirkungen auf die Sowjetunion zeitigten und zu ihrer eigenen Schwächung beitrugen, ist von der Forschung bereits erkannt worden.[64]

In Polen war der von der Regierung Jaruzelski verkündete Prozess der „nationalen Verständigung" noch nicht greifbar, indes waren jedoch Anzeichen vorhanden, dass sowohl auf Seiten der Herrschenden wie auch jener der Opposition sich zunehmend „vernünftige Ansichten" durchzusetzen begannen. Beide Lager schienen offensichtlich bemüht, „von bisher verhärteten Standpunkten abzurücken". Drückend blieb allerdings die polnische Staatsverschuldung, die sich im April 1988 auf 37 Mrd. US-Dollar belief (Dok. 186).

Im Mai 1988 war jedoch eine Beruhigung der politischen Lage in Polen nicht festzustellen. Neuerliche soziale Unruhen kamen auf. In Warschau hatten angeblich 240.000 und in Krakau 100.000 Menschen demonstriert. Polizeieinsätze mit Schlagstöcken und Verhaftungen waren an der Tagesordnung. Eine differenzierte Interpretation war aus Beobachterperspektive zu vernehmen, wonach keineswegs „Polen in Flammen stehe", wie dies von Oppositionellen dargetan worden war: Die

---

[63] Siehe hierzu auch Ella Zadorozhyuk, The USSR and the Revolutions of 1989-90. Questions of Causality, in: Mueller/Gehler/Suppan (Eds.), The Revolutions of 1989, pp. 271-281.

[64] Mark Kramer, The Collapse of East European Communism and the Repercussions within the Soviet Union, in: *Journal of Cold War Studies* 5 (Fall 2003), 4, pp. 178-256 (Part 1); 6, 4 (Fall 2004), pp. 3-64 (Part 2); and 7, 1 (Winter 2005), pp. 3-96 (Part 3); Idem, The Demise of the Soviet Bloc, in: Mark Kramer/Vít Smetana (Eds.), Imposing, Maintaining, and Tearing Open the Iron Curtain. The Cold War and East-Central Europe. 1945-1989 (The Harvard Cold War studies book series), Lanham – Plymouth 2014, pp. 369-433.

Solidarność habe nicht in allen streikenden und streikbereiten Betrieben die Führungsposition inne. Wałęsa wolle sich zwar als der Arbeiterführer Polens darstellen, wobei sich hinter ihm aber nicht so viel Macht befinde wie es den Anschein hätte. Er gab „pausenlos Interviews" und zwar „häufig über sein privates Telefon". Dabei würden sich jedoch, so die österreichische Botschaft, Widersprüche auftun, die darauf hindeuteten, dass es in der Solidarność-Führung weit mehr Streit denn je gäbe. Es blieb beim Stand der Dinge, wonach die Regierung unter General Jaruzelski mit Solidarność-Führer Wałęsa keinesfalls Verhandlungen aufnehmen wollte (Dok. 192).

Die erwähnten sozialen Unruhen gingen weit über das Spektrum der Gewerkschaftsbewegung Solidarność hinaus, zumal besonders auf Großbetriebe und dort streikende Arbeiter in Nowa Huta bei Krakau und auf der Lenin-Werft in Danzig verwiesen wurde. Die Streikwellen hatten aber noch nicht das gesamte Land erfasst. Vor einer Übertreibung der Entwicklung wurde seitens der österreichischen Botschaft in Warschau ausdrücklich gewarnt. Die sich ausprägende Pluralität der politischen Opposition in Polen kam durch die geplante Gründung eines „Komitees zur Beachtung der Menschenrechte" (KOR) zum Ausdruck, wie die diplomatische Vertretung in Warschau am 9. Mai 1988 berichtete (Dok. 193).

Einmal mehr äußerte sich die Botschaft kritisch zu neuerlichen Streikunruhen in Polen im Mai 1988: Wałęsa habe die Streikbereitschaft der polnischen Bevölkerung wie auch sein eigenes Charisma überschätzt. Widersprüchliche Äußerungen hätten seine Glaubwürdigkeit beeinträchtigt. Weit über die Anliegen der streikenden Arbeiter hinausgehende Erwartungen, wie die europäische Nachkriegsordnung von Jalta zu hinterfragen, stellten für Österreichs neuen Botschafter in Warschau, Andreas Somogyi[65] „ein gefährliches Unterfangen" dar. Unbestritten war für ihn, dass die Vereinigten Staaten sehr einseitig auf die Solidarność-Bewegung gesetzt hätten. Wałęsa sei wöchentlich von US-Diplomaten besucht und wohl auch beeinflusst worden. In der Zwischenzeit hätte Washington eingesehen, die Streikbereitschaft der Polen und den Einfluss von Solidarność überbewertet zu haben. Klar schien außerdem, dass „ein brodelndes instabiles Polen den USA vor dem bevorstehenden Moskauer Gipfel vom 29. Mai bis 3. Juni 1988 zupass gekommen wäre". Somogyi neigte ebenfalls zur Auffassung, dass Vorhersagen über die weitere Entwicklung der Streikbewegung „unmöglich seien bei diesem leicht reizbaren, aufwallenden, zur Dramatisierung neigenden und romantischen Volk". Die Initiative der in Polen so mächtigen wie gesellschaftspolitisch einflussreichen katholischen Kirche, als Vermittler

---

[65] Andreas Somogyi (* Budapest 16.10.1938), diplomatischer Vertreter Österreichs von 1976 bis 1979 in Rio de Janeiro, von 1979 bis 1983 Botschafter in Bukarest, von 1987 bis 1989 Botschafter in Warschau und von 1990-1994 Botschafter in Brasilien.

zwischen den streikenden Arbeitern und der Regierung aufzutreten, sei von Regierungsseite positiv aufgenommen worden (Dok. 195).

Am 7. Juni 1988 fragte sich Somogyi, was nun geschehen sollte, nachdem die Streiks in Polen abgeklungen waren. Als das für ihn einzig wahrscheinlich positive Ereignis der Mai-Unruhen sei das stärkere Aufeinanderzugehen zwischen polnischem Staat und katholischer Kirche zu werten. So war es am 24. Mai noch zu einer Begegnung zwischen Zdzisław Sadowski, dem stellvertretenden Ministerpräsidenten und Vorsitzenden des Regierungskomitees zur Durchführung der Wirtschaftsreform, und dem polnischen Kardinal-Primas Józef Glemp gekommen, bei der gesprochen wurde über die Liberalisierung der Ökonomie, die Ausweitung der Privatwirtschaft, die Dezentralisierung und Autonomie des Genossenschaftswesens sowie die Verbesserung des Lebensmittelangebots, die Bildung autonomer Vereinigungen, die Entpolitisierung des wirtschaftlichen Entscheidungsprozesses in den Betrieben sowie den gewerkschaftlichen Pluralismus und die Schaffung eines Konsultativ-Rates auf Basis der von den genannten autonomen Organisationen frei gewählten und von diesen auch zu entsendenden Vertretern. Die Solidarność unter Führung von Wałęsa wurde von der Regierung weiterhin abgelehnt. Der kommunistische Staat, die Polnische Vereinte Arbeiterpartei (PVAP) und die katholische Kirche waren jedoch nähergerückt. Aus Regierungssicht schien ein Zusammengehen mit der katholischen Kirche im Vergleich zur Solidarność mit Wałęsa das geringere politische Übel. Glemp, der die Konkurrenz mit der Kirche hinsichtlich der Beeinflussung der polnischen Bevölkerung durch die Gewerkschaftsbewegung Solidarność mit scheelen Augen sehe, könne diese Annäherung an die Regierung nur recht sein (Dok. 201, 206).

In einem Bericht vom 16. Juni 1988 über die nach wie vor – so die österreichische Botschaft – verbotene Gewerkschaft Solidarność konnte sich der Verfasser nach den Mai-Unruhen des Eindrucks nicht erwehren, dass die „sogenannte 'Solidarität'" weder über ein Konzept noch über eine ausformulierte Strategie verfügte: Man versuche sich dauernd durch gesellschaftspolitische Aktivitäten in Erinnerung zu rufen, um auf die Regierung Druck auszuüben und auf die Einladung zur „nationalen Versöhnung" seitens der kommunistischen Herrscher zu warten. Als Haupthindernis für einen Dialog wurden psychologische Barrieren der Führungspersönlichkeiten und Obsessionen auf beiden Seiten genannt. Mittelsmänner hätten bisher ohne Erfolg einen Brückenschlag versucht. Die Persönlichkeit Wałęsas wurde von der österreichischen Botschaft in Warschau leidenschaftslos und nüchtern beurteilt, seine Stärke vor allem in seinem symbolischen Wert gesehen und in seiner Fähigkeit, im Falle einer

Krise, der Regierung eine Hilfe zu sein! Als rede- und sprachgewandt galt er nicht, was sich auch in seinen Erklärungen widerspiegelte, die mitunter missverständlich und entstellt wiedergegeben würden. Dagegen erschien Jaruzelski als „redlicher Soldat", der, so ein Gewerkschaftsvertreter der Solidarność, „ehrlich der Auffassung sei, nur über die Partei und vor allem über die Zusammenarbeit mit der Sowjetunion Polen einen Dienst erweisen zu können". Offen blieb bei allem, ob Jaruzelski als „polnischer Patriot" bezeichnet werden könne. Der österreichischen Vertretung in Warschau war nicht entgangen, dass die führenden Berater der Solidarność von der Gewerkschaftsorganisation als Hauptaktionsfeld abgerückt waren und zum Teil ihre Aktivitäten in andere Organisationen verlagert hatten, wie z.B. in den Klub der katholischen Intelligenz (KIK) oder in halbstaatliche Wirtschaftsorganisationen wie Beratungs- und Forschungsorgane oder den Konsultativrat beim Staatsrat (Dok. 203).

Wenngleich die offizielle Zahl der politischen Häftlinge sich als relativ gering darstellte, war deutlich geworden, dass nach wie vor eine gezielte Politik der polnischen Behörden darin bestand, Repressalien auf missliebig gewordene politisch aktive Oppositionelle auszuüben. So fanden viele Beschlagnahmungen und zahlreiche Konfiszierungen von Wohnungseinrichtungsgegenständen oder Fahrzeugen statt, bei denen von den Behörden „alles, was nicht niet- und nagelfest sei", mitgenommen wurde (Dok. 207).

In Gesprächen der Vertretung der österreichischen Botschaft in Warschau mit Weihbischof Bronisław Dąbrowski, einem Vertrauten von Glemp, wurde deutlich, dass die wiederholt sich widersprechenden Feststellungen von Wałęsa dazu führten, dass er weder ein ernsthafter Gesprächspartner der Regierung Jaruzelski noch ein solcher für die katholische Kirche war. Dąbrowski gab zu erkennen, dass der Demokratisierungsprozess in Polen nur in kleinen Schritten erfolgen könne, widrigenfalls man in ein politisches Chaos abgleiten würde. Während der Streikunruhen 1988 war demnach zur großen Überraschung zum Ausdruck gekommen, dass die Gewerkschaftsbewegung Solidarność gar nicht über den Rückhalt in der Bevölkerung verfügte, der allgemein angenommen wurde (Dok. 210).

Was die Ausrichtung der polnischen Bevölkerung im sozialistischen Sinne anging, war man an der österreichischen Botschaft am 12. Juli 1988 der Auffassung, dass die Wirtschaftsreform der Regierung nur Erfolgsaussichten hat, wenn diese auch mit gesellschaftspolitischen Neuerungen Hand in Hand gehen würde. Nach einer der Botschaft vorliegenden Einschätzung des Politbüros der PVAP waren im Sommer 1988 lediglich 5% der Bevölkerung bereit, die Kommunisten zu unterstützen. Der nach wie vor verbotenen Solidarność sollten hingegen nicht mehr als 17% folgen und das Gros des polnischen Volkes mit ca. knapp 80% mehr oder weniger stark der katholischen Kirche nahestehen (Dok. 211).[66]

Bei seinem Besuch in Polen vom 11. bis 14. Juli 1988 ging Gorbatschow zwar in seinen öffentlichen Verlautbarungen auf die Opfer der Geschichte ein, vermied jedoch zur Enttäuschung vieler Oppositioneller Hinweise auf den Mord an den über zehntausend von polnischen Offizieren und Soldaten in den Wäldern von Katyn bei Smolensk vom 3. April bis 11. Mai 1940 während des Zweiten Weltkriegs, die Jahrzehnte zuvor schon und bis zuletzt der deutschen Seite angelastet, aber von der sowjetischen NKWD begangen worden waren. Die Unterlassung der Erwähnung dieses Massenmordes war umso bemerkenswerter, als die polnische Bevölkerung – laut österreichischer Botschaft – bekannterweise dies als eine offene Wunde empfand. Für den österreichischen Botschafter Somogyi stand jedoch noch nicht eindeutig fest, ob Stalin oder Hitler an der massenhaften Ermordung polnischer Militärs Schuld war, doch vermochte er die Leidenschaft im polnischen Volk zu erkennen, den Sowjets, die man wesentlich mehr hassen würde als die Deutschen, die Schuld an diesem Verbrechen zuzuschreiben. Es sei jedoch von polnischer Seite „naiv" gewesen, so Somogyi, anzunehmen, dass Gorbatschow eine sowjetische Schuld auf polnischem Boden zugeben würde. Mehrfach hatte er die „Perestroika" in seinen Reden erläutert, war auf die Fragen der Abrüstung in den Ost-West-Beziehungen eingegangen, wiewohl er in seinen Ausführungen mit keinem Wort die Gewerkschaftsbewegung Solidarność erwähnt, jedoch die Politik Jaruzelskis hinsichtlich der Zusammenarbeit mit der katholischen Kirche wohlwollend im Urteil bedacht hatte. Sechsmal erwähnte Gorbatschow die Zugehörigkeit der polnischen Westgebiete zu Polen, besonders die Stadt Stettin. Während seines Polenaufenthaltes machte er keine unmissverständliche Äußerung zur Frage der Beibehaltung der Breschnew-Doktrin, sodass diese Frage weiter offenbleiben musste. Sein Besuch diente nach Ansicht der österreichischen Botschaft primär der wechselseitigen Versicherung von Unterstützung bei Reformen und der Betonung der exzellenten offiziellen Beziehungen zwischen Moskau und Warschau (Dok. 214, 215).

Die von polnischer Seite propagierte „Europäisierung Europas" wurde indes von sowjetischer Seite zurückgewiesen, weil diese Vorstellung den Eindruck erwecken würde, dass eine Abkoppelung von den USA und Kanada beabsichtigt sei. Moskau wiederholte offiziell zuletzt mehrfach, dass keine solche Absicht verfolgt werde. Das „gemeinsame Haus Europa" wurde in Wien weiterhin als eine typische (gemeint unausgegorene) Gorbatschow-Idee

---

[66] Siehe hierzu auch Bernd Schäfer, The Catholic Church and the Cold War's End in Europe. Vatican Ostpolitik and Pope John Paul II. 1985-1989, in: Bozo, et al. (Eds.), Europe and the End of the Cold War, pp. 64-77.

aufgefasst, weil diese nach wie vor weder definiert noch elaboriert erschien. Es sei eine Aufforderung an die ehemaligen Alliierten, ein solches Haus zu entwickeln. Solche Empfehlungen waren mehrfach an den Westen ergangen. Laut dem zuständigen Abteilungsleiter des polnischen Außenministeriums würde die KSZE die Basis des „gemeinsamen europäischen Hauses" bilden, was auch so bleiben sollte. Zusätzlich könnten noch geregelte Kooperationen zwischen NATO und Warschauer Pakt sowie dem Council of Mutual Economic Cooperation (COMECON) und der EG bzw. der European Free Trade Association (EFTA) hinzutreten. Während seines Polenbesuchs hatte Gorbatschow öfter das Konzept des „gemeinsamen europäischen Hauses" angesprochen. Der sowjetische KSZE-Experte Lew Mendelewitsch hatte zudem angeregt, dass Polen diese Idee weiterentwickeln solle. Feststand jedenfalls für die Botschaft, dass das von Chruschtschow entwickelte Konzept des kollektiven europäischen Sicherheitssystems, welches in Folge von Breschnew immer wieder thematisiert worden sei, schon seit Jahren politisch „tot" und „kaum wiederbelebt" worden war (Dok. 217).

Die polnische Regierung äußerte sich über den Juli-Besuch Gorbatschows „äußerst zufrieden". Ein neues Kapitel in den zwischenstaatlichen Beziehungen wäre damit aufgeschlagen worden. Eine solche Visite habe bisher in Polen noch nicht stattgefunden. Dem „kontaktfreudigen Generalsekretär" wurde ein Empfang bereitet „wie noch nie einem Ausländer in Polen", berichtete Botschafter Somogyi. Zufriedenheit bestand insofern, als erstmals offiziell über das Schicksal der in der UdSSR lebenden sowjetischen Staatsbürger polnischer Nationalität gesprochen worden war und Maßnahmen für deren weitere Behandlung im Sinne von Eigenständigkeit getroffen werden sollten (Dok. 220).

Der zwischenzeitlich bekanntgewordene Mordfall des Solidarność-Beraters Jan Strzelecki warf indes die beklemmend wirkende Frage auf, ob es sich um einen zweiten „Fall Popiełuszko" handeln würde. Der Warschauer Weihbischof Władysław Miziołek, der die Grabrede für Strzelecki gehalten hatte, brachte dabei zum Ausdruck, dass die grausame Ermordung keinen zweiten „Fall Popiełuszko" darstelle, was die Botschaft als ominös und möglicherweise auch unverantwortlich bezeichnete. Die Solidarność gestaltete die Beisetzung Strzeleckis zu einer Machtmanifestation. Somogyi hielt es für unvorstellbar, dass die polnischen Machthaber die „Beseitigung" Strzeleckis angeordnet hätten, doch Übergriffe der Exekutivorgane gegen seine Person konnte er nicht ausschließen (Dok. 221).

Die Botschaft beschäftigte sich weiter aufgeschlossen und interessiert mit den neuerlichen Versuchen der polnischen Regierung, im Bereich der Innenpolitik Befriedungsmaßnahmen zu ergreifen. Das Warschauer Regime hatte in der ersten Jahreshälfte 1988 indes führende Repräsentanten der

verbotenen Gewerkschaft Solidarność für einen Anti-Krisen-Pakt zu
gewinnen versucht. Mit der geplanten Einführung eines Vereinsgesetzes, wie
mit dem Konzept der „reformorientierten Koalition", hatte die polnische
Regierung Schritte unternommen, die innenpolitische Situation zu befrieden
und zu entschärfen. Doch Botschaftsrat Michael Weninger[67] von der Botschaft
in Warschau hielt fest, dass ohne Einbeziehung der Solidarność und Wałęsas
der Erfolg dieser Unternehmungen fraglich sei (Dok. 224).

Das Verhältnis Polens zur Sowjetunion, die Einsetzung einer
gemeinsamen Historikerkommission und wie diese durch den polnischen
stellvertretenden Vorsitzenden gewertet wurde, beschäftigten die Botschaft
im August 1988. Der Ko-Vorsitzende der gemeinsamen
Historikerkommission Jarema Maciszewski sah allein den Umstand des
Bestehens einer solchen Einrichtung als „sensationell" an, zumal es noch vor
nicht allzu langer Zeit komplett ausgeschlossen gewesen sei, die sogenannten
„weißen Flecken, die zu den schmerzhaftesten polnischen Wunden in der
gemeinsamen Geschichte zählen" würden, durch eine wissenschaftliche
Einrichtung aufzuarbeiten. Dazu zählten die Geschehnisse im Zeitraum von
1917 bis 1945, insbesondere Ursache, Verlauf und Folgen des russisch-
polnischen Krieges von 1920, die Beseitigung der Kommunistischen Partei

---

[67] Michael Heinrich Weninger (* 18.2.1951 in Wiener Neustadt), von 1977 bis 1979
Studienassistent am Institut für Dogmatik der Universität Innsbruck und am Bischöflichen
Ordinariat Innsbruck, von 1980 bis 1982 Besuch der Diplomatischen Akademie Wien, von
1984 bis 1986 Attaché an der Österreichischen Botschaft Moskau, von 1984 bis 1986 Erster
Botschaftssekretär an der Botschaft in Madrid, von 1986 bis 1991 Botschaftsrat an der
Botschaft in Warschau und an der Botschaft in Moskau (1991), von 1991 bis 1992 Leiter des
neuerrichteten Österreichischen Generalkonsulates (Generalkonsul) und Leiter der neu
errichteten Botschaft in der Ukraine in Kiew (Ständiger Vertreter), von 1993 bis 1997 Leiter
der Österreichischen Botschaft in Belgrad als Ständiger Vertreter und nach der
völkerrechtlichen Anerkennung von Serbien und Montenegro als außerordentlicher und
bevollmächtigter Botschafter, von 1997 bis 2001 im Außenministerium Stellvertretender Leiter
der Abteilung für EU-Erweiterung sowie Außenwirtschaftsbeziehungen zu Zentral-, Ost- und
Südosteuropa und Leiter der Unterabteilung für Auf- und Wiederaufbau in Südosteuropa tätig,
von 2001 bis 2007 erster Österreicher als Politischer Berater der Präsidenten der Europäischen
Kommission (Romano Prodi/Group of Policy Advisors [GOPA] und Jose Manuel
Barroso/Bureau of European Policy Advisors [BEPA]) zuständig für den Dialog mit den
Religionen, Kirchen und Weltanschauungen sowie außenpolitisch für die Staaten Süd-Ost-
Europas, von 2007 bis 2008 im Bundesministerium für europäische und internationale
Angelegenheiten (Abteilung für Asien, Australien, Neuseeland, Ozeanien; ASEM und
regionale Zusammenschlüsse wie ASEAN, SAARC und ARF), 2008 Sondergesandter des
Bundesministeriums für europäische und internationale Angelegenheiten in Ndjamena/Tschad,
2008/09 Leiter der Botschaft in Sarajevo. 2009 Leitung der Abteilung für wissenschaftliche
Zusammenarbeit und Dialog der Kulturen und Religionen im Bundesministerium für
europäische und internationale Angelegenheiten in Wien (Interkultureller und interreligiöser
Dialog, Task Force „Dialog der Kulturen", multilaterale und bilaterale universitäre
Zusammenarbeit), 2011 als erster österreichischer Diplomat Empfang der Priesterweihe
(Erzdiözese Wien).

Polens, das Leid der nach dem Einmarsch der Roten Armee am 17. September 1939 in Ostpolen zwangsdeportierten und der nach dem Zweiten Weltkrieg verschleppten und westverschobenen polnischen Bevölkerung, die Entwicklung und das Schicksal der polnischen Untergrundarmee Armia Krajowa sowie die deutsche Niederschlagung des Warschauer Ghettoaufstands vom 1. August 1944 und das mögliche, aber nicht erfolgte Eingreifen der Sowjetarmee. Maciszewski beschrieb die Hauptprobleme jener psychologisch bedingten unterschiedlichen Auffassungen auf sowjetischer wie polnischer Seite, die miserable Quellenlage, die vielfach kryptisch und lückenhaft sei, aber auch die politische Situation, die zwischen Warschau und Moskau noch nie so günstig gewesen wäre, um entsprechend agieren zu können (Dok. 225).

Die Wirtschaftsreform in Polen war mit einem harten Durchgreifen der Regierung verbunden. Wie am 12. August 1988 berichtet wurde, waren die Ursachen für den Rückgang des Warenangebots Mängel bei Rohmaterialien, ihre schlechte Verarbeitung, die enorme Vergeudung von Produktionsmitteln und die Unzulänglichkeit der Distributionen. Die Regierung musste die dramatische Verschlechterung auf dem Gebiet der öffentlichen Versorgung mit Grundnahrungsmitteln und sonstigen Verbrauchsgütern zugeben. Allein von 28 Warengruppen des alltäglichen Bedarfs blieben 15 weit unter den schlechten Produktionsresultaten von 1987 zurück (Dok. 229).

Die polnische Gewerkschaftsbewegung Solidarität war immer noch verboten während der Offizielle Polnisch-Nationale Verband der Gewerkschaften (OPZZ) nach wie vor an einem eklatanten Mangel an Mitgliedern und gewerkschaftspolitischer Relevanz für die polnischen Werktätigen litt (Dok. 233).

Im August 1988 wurde eine Stiftung der verbotenen Gewerkschaft Solidarność in der Volksrepublik Polen zugelassen. Sie stand unter organisatorischer Leitung von Wałęsa und hatte bereits verbotenerweise seit 1987 gearbeitet. Ihr Hauptanliegen bestand in der medizinischen Betreuung von Arbeitern. Wie die Botschaft ermittelte, waren der Stiftung bisher 3 Mio. US-Dollar als Gabe des amerikanischen Kongresses zugeflossen (Dok. 231).

Die Debatte über mögliche Demokratisierungsbemühungen ging hingegen unablässig weiter. Offener Streitpunkt war die Forderung der Kirche, dass es für polnische Staatsbürger, welche einer neu gegründeten Organisation beitreten wollten oder nicht, zu keinen gesellschaftlichen Nachteilen kommen dürfe. Das Recht auf Freiheit sollte gesetzlich verankert werden und für keine Organisation eine Monopolstellung gewährleistet sein, sodass keine Vereinigung in Warschau oder im gesamten Land einen Ausschließlichkeitsanspruch für sich erheben sollte. Konkurrenz müsse gewährleistet bleiben. Sollte das neue Vereinsgesetz in der von einer gemischten Kommission ausgearbeiteten Form verabschiedet werden, würde sich eine geradezu sensationelle Entwicklung in Polen anbahnen, so die Botschaft am 19. August 1988. Es wäre der erste Reformschritt, welcher das politische System selbst betreffen würde (Dok. 234) und neue Erwartungen weckte.

In Polen hielt umso mehr eine weitere Streikwelle an. Es handelte sich hauptsächlich um junge Arbeiter zwischen 18 und 23 Jahren, welche nicht der verbotenen Gewerkschaft Solidarność angehörten. Ihre Forderungen waren wirtschaftlicher Natur, z.B. Lohnanhebungen sowie die Verbesserung des Warenangebots von Grundnahrungsmitteln und der Sozialleistungen. Ihr Hauptanliegen bestand in der Wiederzulassung der verbotenen Gewerkschaft Solidarność. Die katholische Kirche hatte sich zur Streikwelle nicht direkt geäußert. Im Hintergrund waren verschiedene der Kirche nahestehenden Personen vermittelnd tätig. Bereits am 12. August folgte eine Begegnung zwischen Kardinal Glemp und dem Staatsratsvorsitzenden Jaruzelski (Dok. 237).

Die anhaltende Streikwelle sollte nicht zur Beruhigung der politischen Situation beitragen, wodurch der Partei- und Staatsführung mehr und mehr klar wurde, dass ihr „das Wasser bis zum Halse stehe" und es erforderlich wäre, die Arbeiterschaft stärker einzubinden. Die Frage der Zulassung der Solidarität hatte sich weiter zugespitzt. Die Bauernschaft verfügte trotz ihrer ökonomischen Relevanz nur über einen geringen politischen Einfluss, da sie im Gegensatz zur Arbeiterschaft nicht auf bedeutende Streikpotentiale zurückgreifen konnte. Jaruzelski war zwar nach wie vor nicht beliebt, aber „ungewöhnlich geachtet", wie die österreichische Botschaft Bonn ermittelte. Es gebe soweit auch Anzeichen, dass der General „der täglichen Geschäfte müde sei und sich aus der Partei in Richtung Staatspräsidentschaft bewegen" wolle. Geeignete Nachfolger waren noch nicht genannt, bisher auftauchende Namen würden „wenig Gutes erwarten" lassen (Dok. 239).

Hinsichtlich der sich entwickelnden gewerkschaftlichen Vielfalt in Polen fanden Gespräche zur Vorbereitung des sogenannten „Runden Tisches" statt, der Vertreter einer breit gestreuten Opposition mit den führenden Vertretern der kommunistischen Partei zusammenführen sollte. Dieses Vorhaben wurde für Mitte September 1988 in Aussicht genommen und das Hauptthema war der gewerkschaftliche Pluralismus (Dok. 240).

Mitte September 1988 berichtete die Botschaft vom Rücktritt der polnischen Regierung. Die anhaltend unbefriedigende Wirtschaftslage war bestimmend dafür, dass Jaruzelski der allgemeinen Unzufriedenheit Rechnung tragend sich entschlossen hatte, Premierminister Zbigniew Messner fallen zu lassen. Unmut weiter Parteikreise gab es jedoch auch aufgrund des autokratischen Führungsstils von Jaruzelski. Zudem hatte er, wie kritisiert wurde, nun der Aufnahme von Verhandlungen mit dem bisher zur politischen Unperson abgestempelten Wałęsa zugestimmt und nur die militärischen Mitglieder des Politbüros entsprechend davon in Kenntnis gesetzt. Keinesfalls schien jedoch Jaruzelski bereit, wie man zu berichten wusste, der Solidarność ein Eigenleben als völlig unabhängige Organisation zu gestatten. Sie könne nur als Fraktion im Allpolnischen Gewerkschaftsbund (OPZZ) eine Rolle spielen (Dok. 241).

Nach dem Rücktritt Messners (Dok. 245) wurde mit der Regierungsbetrauung von Mieczysław Rakowski gerechnet. Wie Botschafter Somogyi am 20. September 1988 berichtete, war die angebliche Unbeliebtheit Rakowskis in der Bevölkerung und beim Klerus, die „möglicherweise auch etwas mit seiner angeblich jüdischen Abstammung zu tun" habe, ein Hinweis darauf, dass Jaruzelski gegenüber eigenen Gefolgsleuten ein Zeichen setzen wollte, keineswegs gewillt zu sein, voll und ganz auf die Linie der Opposition einzuschwenken (Dok. 243).

In einem ausführlichen Bericht vom 21. September 1988 gab die Botschaft einen Überblick und eine Wertung der polnischen Opposition ab. Allein zwölf verschiedene Organisationsformen und Vereinigungen wurden in Polen aufgezählt. Zweifelhaft war dabei, ob alle regimegegnerischen Gruppen und ihre Vertreter grundsätzlich eine westliche Demokratie anstreben würden. Vielen Oppositionellen sei das, was eine westliche Demokratie eben darstelle, „eigentlich gar nicht bekannt", außerdem dem polnischen Volk „ein gewisser anarchistischer Zug nicht fremd, d.h. zerstören und dann wird man weitersehen" (Dok. 244).

Mit einer Übergangsregierung Rakowski zu rechnen, schien der Botschaft nicht sehr wahrscheinlich. Sollte sie aber materielle Erfolge erreichen können, wäre die Bildung einer neuen Regierung wiederum unter dessen Führung im Jahre 1990 denkbar. Sollte die Wahl auf Rakowski fallen, war bereits bekannt, dass er zu Jaruzelski ein ausgezeichnetes Verhältnis besaß und der General daher noch für einige Zeit die Geschicke Polens weiter leiten würde (Dok. 245, 246).

Die politische Entwicklung nahm seit 1988 und zu Beginn des Jahres 1989 eine derartige Dynamik an, dass sich fragte, wie weit sich die Volksrepublik Polen eigentlich schon von der Sowjetunion entfernt hatte oder sogar als unabhängig von ihr angesehen werden konnte (Dok. 285). Nicht zu übersehen waren die daraufhin einsetzenden wechselseitigen Wahrnehmungen in den noch bestehenden sozialistischen Volksrepubliken im Sowjetverbund. So wurden der Umgang der kommunistischen Regierung in der Tschechoslowakei mit dem Dissidenten und Schriftsteller Václav Havel und seine Verurteilung (Dok. 302) sehr aufmerksam in Polen registriert sowie von der politisch engagierten und interessierten Öffentlichkeit auch verurteilt (Dok. 303).

Wie in keinem anderen sozialistischen Staat gab es in Polen anhaltende Streiks und Unruhen über die 1970er und 1980er Jahre hinausgehend mit entsprechender politischer Signalwirkung und Strahlkraft auf die in den sozialistischen „Bruderstaaten" lebenden Menschen und Sympathisanten der Politik Gorbatschows. Die breitgefächerte Opposition hatte in Polen einen derartigen Zulauf, dass die kommunistische Regierung gezwungen war, einen „Runden Tisch" zu etablieren, der zum Muster für Reformbewegungen und Konzessionen der Regierung gegenüber der Opposition in weiteren sozialistischen Staaten wurde. Die positiven Ergebnisse der Verhandlungen vom Frühjahr 1989 hatten eine Beispielfunktion für Reformbestrebungen in Ungarn und um ein halbes Jahr verzögert schließlich auch in der DDR und der Tschechoslowakei (Dok. 324, 344).

Im April 1989 war die Realisierung der Verhandlungsergebnisse des „Runden Tisches" in Polen für alle Welt erkennbar. Sie bedeuteten im Grunde den politischen Durchbruch zur Teil-Emanzipation von der kommunistischen Herrschaft (Dok. 334).

Das Land war allein schon aufgrund seiner Größe und der prekären geopolitischen Konstellation für Moskau wiederholt ein Fall von besonderer außen-, bündnis- und sicherheitspolitischer Brisanz. Sehr wohl wusste man in der Metropole der Sowjetunion über die belastete Geschichte zwischen Polen und Russland im Laufe der Jahrhunderte. Die Stimmung in der polnischen Volksrepublik war durch die starke Präsenz der römisch-katholischen Kirche und den ersten polnischen Papst der Geschichte, Johannes Paul II. (Karol Wojtyla), sowohl von einer antirussischen und antisowjetischen als auch von einer antikommunistischen Stimmung geprägt (Dok. 354).

Das endgültige Ergebnis der Parlaments- und Senatswahlen in Polen vom 4. und vom 18. Juni 1989 sollte ein deutliches Signal für Aufbruch und Veränderung wie auch gleichzeitig eine Niederlage für alle Gegner eines Reformkommunismus bzw. Befürworter des Festhaltens an starren poststalinistisch-sozialistischen Strukturen werden (Dok. 371, 504). Die westlichen Missionschefs kamen zu einer Unterredung mit Rakowski am 16. Juni 1989 zusammen, um über die innenpolitische Lage in Polen zu konferieren. Schließlich folgten die ersten freien Wahlen in einer noch bestehenden sozialistischen Volksrepublik, die letztlich einen deutlichen Sieg des katholisch-liberal-konservativen Oppositionellen Tadeuz Mazowieki bewirkten (Dok. 358).

Der Sieg der Oppositionellen war aber nicht voll auszukosten, weil nur ein Teil des polnischen Parlaments nachzubesetzen war. Die Herrschaft blieb geteilt zwischen Neuem und Altem. Einerseits wurde Mazowieki

Ministerpräsident, andererseits blieb General Jaruzelski Staatspräsident der Volksrepublik Polen (Dok. 380). Die revolutionären Umwälzungen waren aber trotz Beibehaltung seiner Position nicht mehr aufzuhalten. So wurde im Juli 1989 ein freier Markt für Lebensmittel eingeführt (Dok. 385).

Trotz aller Fortschritte und Veränderungen im politischen System bestanden jedoch noch Gefährdungspotentiale für den laufenden Demokratisierungsprozesses (Dok. 399), die es aus der Sicht der Kritiker der Einparteien-Diktatur zu beseitigen galt. In dieser Hinsicht sollte die Gewerkschaft Solidarność eine Schlüsselrolle einnehmen, was sich aus einem Gespräch mit ihrem Führer Wałęsa ergab (Dok. 427).

In der zweiten Jahreshälfte 1989 sandte die polnische Regierung zukunftsorientierte Signale an die Staaten Westeuropas und die USA (Dok. 389). Durch diese erkennbare Westorientierung der Regierung Mazowieki zeichnete sich auch Polens Perspektive in das gemeinschaftlich-institutionalisierte Europa ab (Dok. 390). Durch die weit fortgeschrittene Demokratisierungsentwicklung lag es nahe, die Gewerkschaftsbewegung „Solidarität" auch als ein Gewerkschaftsmodell für ganz Mittel- und Osteuropa anzusehen (Dok. 394).[68]

Gegen Jahresende 1989 zeigte der Abschlussbericht der Botschaft auf, dass die Demokratieentwicklung in der inzwischen schon nicht mehr als „Volksrepublik", sondern praktisch als „Republik" zu bezeichnenden polnischen Staatlichkeit von allen vormaligen realexistierenden sozialistischen Ländern am weitesten fortgeschritten war (Dok. 462).

Aufgrund der parteipolitischen Dynamik und systempolitischen Öffnung der neuen republikanischen Staatsform wurde 1991 die Sehnsucht der Menschen nach Zugehörigkeit zu Europa befördert, womit gleichzeitig Identitätsprobleme offenkundig wurden: Mit dem polnisch-römischen Katholizismus und dem polnischen Nationalismus waren relativ deutlich ausgeprägte Identitäten als kulturelle Selbstverständnisse des Landes vorhanden, die sich in Zukunft mit dem gemeinschaftlichen Europa als nicht leicht verträglich bzw. problemlos vereinbar erweisen sollten (Dok. 657).

Im Frühjahr 1990 war bereits die Entwicklung hin zu einer parlamentarischen Demokratie in der nunmehr so bezeichneten „Republik Polen" ein unumkehrbarer Prozess (Dok. 504) und im Herbst der Fortgang der Reformpolitik unaufhaltsam (Dok. 587). Bei aller Fortschrittlichkeit war jedoch erkennbar, dass sich die herausbildende neue Parteienlandschaft immer stärker diversifizierte und zersplitterte, wodurch die Gefahr eines politischen

---

[68] Siehe hierzu auch Andrzej Paczkowski, Playground of Superpowers, Poland 1980-89. A View from Inside, in: Olav Njølstad (Ed.), The last decade of the Cold War. From conflict escalation to conflict transformation (Cass series – Cold War history 5), Portland 2004, pp. 372-401.

Lähmungszustandes bestand (Dok. 605). So fragte die Forschung auch, ob der Untergang des Kommunismus in Polen eine inszenierte Evolution oder eine gescheiterte Revolution war.[69]

2. Gewaltverzicht und Machtteilung:
Ungarns „schleichende" Transformation und vereinbarte Revolution

Die revolutionären Vorgänge in Polen gingen allen umbruchartigen Entwicklungen in den ausklingenden 1980er Jahren in Mitteleuropa voraus. Sie waren so anregend, inspirierend und motivierend wie leitend, so dass die Ungarn als nächste folgten.[70]

Nach dem Ableben von KPdSU-Generalsekretär Konstantin Tschernenko am 10. März 1985 richtete sich der Blick der veröffentlichten Meinung Ungarns rasch auf seinen Nachfolger Gorbatschow, über dessen Wahl allenthalben Zufriedenheit und Zuversicht in der ungarischen Öffentlichkeit geäußert wurden. Im Sinne der Demokratisierung der Politik und der Modernisierung der Wirtschaft sollte sich Ungarn in die gleiche Richtung wie die reformorientierte Sowjetunion bewegen (Dok. 11).

Der XIII. Parteitag der Ungarischen Sozialistischen Arbeiterpartei (USAP) vom 25. bis 28. März 1985 erfreute sich besonders großen westlichen Medieninteresses. Zur Lage der Gesellschaft und der Lebensbedingungen äußerten sich Parteisekretär János Kádár wie auch andere politische Redner öffentlich, ohne die Verhältnisse zu beschönigen. Untererreichte Zielvorgaben wurden offen zugegeben. Konzediert wurde, zu viel versprochen und sich dabei übernommen zu haben. Die Führung räumte ein, dass die

---

[69] Tom Junes, The demise of communism in Poland. A staged evolution or failed revolution?, in: Kevin McDermott/Matthew Stibbe (Eds.), The 1989 Revolutions in Central and Eastern Europe. From Communism to Pluralism, Manchester 2016, pp. 96-112.

[70] Rudolf L. Tökés, Hungary's Negotiated Revolution: Economic Reform, Social Change, and Political Succession 1957-1990, Cambridge: Cambridge University Press 1996; Andreas Oplatka, Der Eiserne Vorhang reißt. Ungarn als Wegbereiter, Zürich 1990; Ders., Hungary 1989: Renunciation of Power and Power-Sharing, in: Mueller/Gehler/Suppan (Eds.), The Revolutions, 77-91; Andreas Schmidt-Schweizer, Die politischen Auseinandersetzungen am 'Nationalen Runden Tisch.' Systemtransformation auf dem 'Verhandlungsweg'?, in: *Südosteuropa* 46 (1997), 1/2, 37-64; Ders., Die Öffnung der ungarischen Westgrenze für die DDR-Bürger im Sommer 1989. Vorgeschichte, Hintergründe und Schlussfolgerungen, in: *Südosteuropa Mitteilungen* 37 (1997), 1, 33-53; Ders., Motive im Vorfeld der Demontage des 'Eisernen Vorhangs' 1987-1989, in: Peter Haslinger (Hrsg.), Grenze im Kopf, Frankfurt/Main – Berlin – Bern 1999, 127-139; Ders., Vom Reformsozialismus zur Systemtransformation. Politische Veränderungsbestrebungen innerhalb der Ungarischen Sozialistischen Arbeiterpartei (MSZMP) von 1986 bis 1989, Frankfurt am Main – Berlin – Bern 2000); Ders., Politische Geschichte Ungarns 1985-2002. Von der liberalisierten Einparteienherrschaft zur Demokratie in der Konsolidierungsphase (Südosteuropäische Arbeiten 132), München 2007; Andreas Oplatka, Der erste Riss in der Mauer: September 1989 – Ungarn öffnet die Grenze, Wien 2009; Odd Arne Westad, Der Kalte Krieg. Eine Weltgeschichte, Stuttgart 2019, S. 645-684.

weltwirtschaftlichen Veränderungen zu zögerlich erkannt worden seien. Innerhalb der Partei hatte bereits ein heftiges Tauziehen zwischen Konservativen und Reformern eingesetzt, wobei die Reformanhänger die Oberhand behielten. Trotz der Eingeständnisse wollte die Parteileitung noch am bisherigen und herkömmlichen Kurs festhalten, wie auch ein klares Bekenntnis zum neuen Generalsekretär Gorbatschow fehlte (Dok. 18). Im Laufe des folgenden Jahres zeichneten sich jedoch Änderungen ab.

Die ungarische Reaktion auf den 27. Parteitag der KPdSU vom 25. Februar bis 6. März 1986 zeigte, wie vorsichtig und zögerlich Kádár auf die Reformfrage reagierte, während er sein Einverständnis mit der Außenpolitik Gorbatschows zu verstehen gab. Die bisherigen ungarischen Maßnahmen selbst hatten noch nicht die wirtschaftlichen Versprechen einlösen können. Abgesehen von Kádárs Zurückhaltung wurde die Politik Gorbatschows als Bestätigung der bisherigen ungarischen Liberalisierungsmaßnahmen gewertet. Das Ausmaß der sowjetischen Reformen erschien weniger weitreichend, insbesondere was die Lenkungswirtschaft und Privatinitiativen anging (Dok. 50).

Der „Freundschaftsbesuch" von Gorbatschow in Budapest am 8./9. Juni 1986, offiziell ein Staatsbesuch, brachte sein Interesse am ungarischen Wirtschaftskurs wie auch das Bemühen zum Ausdruck, die bilateralen Beziehungen in demonstrativer Übereinstimmung der Auffassungen in allen Grundsatzfragen zu dokumentieren. Die Visite diente dem Versuch der Imageaufbesserung nach dem verheerenden Reaktorunfall in Tschernobyl vom 26. April. Zwischen beiden Parteichefs schien ein gutes Verhältnis zu bestehen. An Ungarns Reformpolitik äußerte Gorbatschow keine Kritik, sondern zollte Anerkennung. (Dok. 57).

Die Neubewertung vorrevolutionärer Ereignisse machte auch in Ungarn nicht Halt. Die Aufstände vom Oktober und November 1956 wurden im Zeichen der Wiederkehr des 30jährigen Gedenkens an ihre blutige Niederschlagung durch die sowjetischen Panzer neu interpretiert und umgedeutet. Von nun an war kaum mehr von einer „Konterrevolution", sondern von einem „Freiheitskampf" die Rede, was den historischen Tatsachen auch mehr entsprach (Dok. 84).

Um die Jahreswende 1986/87 war die Stimmung in der Bevölkerung der Volksrepublik Ungarn sehr gemischt. Es gab Enttäuschungen in Bezug auf die gestiegenen und noch nicht in Erfüllung gegangenen Erwartungen der Systemtransformation, aber auch Gerüchte insbesondere mit Blick auf personelle Veränderungen in der Führungsriege der Kommunistischen Partei (Dok. 91).

Es stand für die kommunistischen Spitzenfunktionäre Ungarns nunmehr außer Diskussion, die sowjetischen Reformbestrebungen wie auch die

Erklärungen Gorbatschows auf dem Friedensforum in Moskau vom 14. bis 16. Februar 1987 voll und ganz zu billigen und entsprechend zu unterstützen (Dok. 96).

Die Kontakte zwischen Budapest und Wien intensivierten sich seit 1987/88, wie ein politischer Meinungsaustausch des Generalsekretärs des österreichischen Außenministeriums mit dem ungarischen Außenminister Gyula Horn am 30. Oktober 1987 belegte. Gesprächsinhalte waren der sowjetische Reformkurs wie auch die Reformbestrebungen innerhalb des RGW (Dok. 147). Der Austausch fand bereits zuvor seinen Ausdruck, als es um die Diskussion internationaler Fragen ging (Dok. 146).[71]

Bereits im September 1987 hatte in Ungarn eine erste Begegnung von Vertretern des „Demokratischen Forums" stattgefunden. Im Jahr darauf hatten sich die Proponenten ein Statut erarbeitet und in Lakitelek eine Gründungsversammlung abgehalten. Das Forum verstand sich als „demokratisch geistig politische Bewegung" und unabhängige soziale Organisation. Es wollte nicht als oppositionelle Kraft gelten, gleichwohl auch nicht als regierungsnah (Dok. 238).

Indes ging der wirtschaftliche Reformprozess in Ungarn unaufhaltsam weiter, wobei die Parteiführung es in Kauf nahm, dass es zu einer Interessenskollision mit Teilen der Bevölkerung oder Betrieben kommen würde. Seit praktisch vier Jahrzehnten wurde erstmalig wieder eine Landesparteikonferenz der Ungarischen Sozialistischen Arbeiterpartei (USAP) für den 20. Mai 1988 einberufen, ein Instrumentarium, welches höchst selten benutzt worden war. Dieses unterschied sich von den üblichen Parteiveranstaltungen hinsichtlich der Wahl der Delegierten. Während diese bei Parteitagen von der Basis entsandt wurden, beschloss das ZK der USAP nun, dass die Parteikomitees der Hauptstadt, der Komitate und die Komitees mit Komitatskompetenz auf jeweils 1.000 Mitglieder einen Delegierten für die Parteikonferenz zu wählen hatten (Dok. 185).

Anlässlich des Besuchs des sowjetischen Ministerpräsidenten Nikolai Ryschkow (1985–1991) in der ungarischen Volksrepublik vom 18. bis 20. April 1988 wurde gemeinsam mit dem ungarischen Ministerpräsidenten Károly Grósz der „radikalen Erneuerung der Arbeit des RGW" einvernehmlich Priorität eingeräumt. Dafür erschienen Strukturanpassungen notwendig. Bis diese in Angriff zu nehmen waren, sollten auf bilateraler Ebene zwischen der Sowjetunion und Ungarn Fortschritte angestrebt werden. Der INF-Vertrag, die Abrüstungsverhandlungen und das Wiener KSZE-

---

[71] Siehe hierzu auch Oliver Rathkolb, Die Österreichische „Ostpolitik" gegenüber Ungarn, in: István Majoros/Zoltán Maruzsa/Oliver Rathkolb (Hrsg.), Österreich und Ungarn im Kalten Krieg, Wien – Budapest 2010, S. 211-226.

Folgetreffen wurden ausdrücklich im Sinne der Weiterführung dieser Maßnahmen begrüßt (Dok. 189).

Die vom 20. bis 22. Mai 1988 abgehaltene Landesparteikonferenz der USAP legte einen Machtkampf an der Parteispitze sowie eine öffentlich geführte Programmdiskussion offen, was für kommunistische Verhältnisse ungewöhnlich war. Zentrale Ergebnisse waren die Erneuerung der Parteiführung und ein wirtschaftspolitisches Reformprogramm. Der neue Generalsekretär, Ministerpräsident Grósz, galt als „dynamische Persönlichkeit mit großer Arbeitskapazität". Sein Hauptaugenmerk galt der Ökonomie, wobei er eine pragmatische Kursrichtung verfolgte und tiefgreifende Reformen anstrebte. Auch innerhalb des Politbüros war der Erfolg der Reformbefürworter erkennbar. Bedeutsam erschien die Wahl des Generalsekretärs der Patriotischen Volksfront, Imre Pozsgay, sowie des „geistigen Vaters der Wirtschaftsreformen", Rezö Nyers, und des jungen, erst 40jährigen ZK-Sekretärs Miklós Németh (Dok. 198).

Bemerkenswert war im Herbst 1988 auch eine Intensivierung von Demokratisierungsbestrebungen, verbunden mit einer Neuordnung des Vereins- und Versammlungswesens (Dok. 254). Was sich im Laufe des Jahres schon angedeutet hatte, wurde zu Beginn 1989 immer offenkundiger, nämlich der einsetzende breite und viele Themen umfassende Informationsaustausch zwischen den kommunistischen Machthabern und der sehr facettenreichen Opposition (Dok. 289) im Rahmen eines „Nationalen Runden Tisches".[72]

Im Zeichen des vom kommunistischen Regime als „Dialog" bezeichneten Meinungsaustausches taten sich sehr bald Kontroversen und Konflikte um die Deutung der revolutionären Ereignisse vom Oktober und November 1956 auf. Dabei ging es um die Frage, ob es sich letztlich um das vorgegebene verordnete Bild von einer „Konterrevolution" oder um die von der Opposition geforderte Deutung eines „Freiheitsaufstandes" handelte (Dok. 290).

Die Diskussion um eine Neubewertung der revolutionären Ereignisse des Herbstes 1956 führte auch zu einer Rehabilitierung des seinerzeitigen

---

[72] Andreas Schmidt-Schweizer, Die politischen Auseinandersetzungen am „Nationalen Runden Tisch". Systemtransformation auf dem „Verhandlungsweg"?, in: *Südosteuropa* 46 (1997) Heft 1/2, S. 37-64; Fricz Tamás, Democratisation, the party system and the electorate in Hungary, in: Mária Schmidt/László Tóth (Eds.), From totalitarian to democratic Hungary. Evolution and transformation 1990-2000 (Atlantic studies on society in change No. 116), Boulder/Colorado – Highland Lakes/New Jersey 2000, pp. 106-146; András Bozóki (Ed.), The Roundtable Talks of 1989. The Genesis of Hungarian Democracy. Analysis and Documents, Budapest – New York 2002, pp. XV-XXXI; Zoltán Ripp, Unity and Division. The Opposition Roundtable and Its Relationship to the Communist Party, in: András Bozóki (Ed.), The Roundtable Talks of 1989. The Genesis of Hungarian Democracy. Analysis and Documents, Budapest – New York 2002, pp. 3-39; Erzsébet Ripp, Chronology of the Hungarian Roundtable Talks. January 1989 – April 1990, in: ebd., pp. 366-383; Andreas Oplatka, Hungary 1989. Renunciation of Power and Power-Sharing, in: Mueller/Gehler/Suppan (Eds.), The Revolutions of 1989, pp. 77-91.

ungarischen Ministerpräsidenten Imre Nagy (1953–1955, 1956).[73] Die Exhumierung seiner Leiche und die Umbettung im Sinne einer neuen Begräbnisgedenkfeier machten am 16. Juni 1989,[74] exakt an dem Tag seiner Hinrichtung im Jahre 1958, deutlich, dass eine Zeitenwende auch in den Beziehungen zwischen der Sowjetunion und Ungarn eingesetzt hatte. Die russisch-sowjetischen Einschätzungen zu Nagy und den Ereignissen von 1956 zeigten, dass auch aus der Sicht der Sowjetführung von einer Zustimmung zu dieser Neuinterpretation auszugehen war (Dok. 357).

Aufschlussreich waren ebenso die sehr unterschiedlichen Reaktionen der sozialistischen „Bruderstaaten" Mittel- und Osteuropas auf das Begräbnis von Nagy. Während das reformorientierte und sich transformierende Regime in Polen aufgeschlossen und verständnisvoll reagierte, fielen die Reaktionen der starrsinnigen SED-Führung und der kommunistischen Führung der Tschechoslowakei kühl abwartend bis strikt ablehnend aus (Dok. 360).

So kam dieser Trauerfeier für Nagy als Opfer der Geschehnisse von 1956 eine wichtige Signalfunktion hinsichtlich der Auswirkungen auf die sozialistisch-verbündeten Staaten zu (Dok. 363). Eine Duplizität der Ereignisse bestand darin, dass während der Umbettung Nagys der jahrzehntelange Kommunistenführer Ungarns, János Kádár, in einem dahinsiechenden Zustand in einem Budapester Spital lag. Er wurde in Folge seines Ablebens am 6. Juli 1989 in Budapest ohne größeres Aufsehen beerdigt (Dok. 378).

Der Beitritt Ungarns zur Genfer Flüchtlingskonvention von 1951 samt ihrem Zusatzprotokoll von 1967 am 12. Juni 1989 – angekündigt bereits am 17. März durch den United Nations High Commissioner for Refugees (UNHCR) – als erstes sozialistisches Land überhaupt und die konsequente innerstaatliche Durchführung von Asylverfahren waren unüberhörbare Signale mit Blick auf die Bereitschaft der Führung in Budapest, sich gegenüber den ostdeutschen Flüchtlingen im eigenen Lande unter Beachtung des internationalen Flüchtlingsrechts korrekt, d.h. untersützend, wohlwollend und verständnisvoll zu verhalten – ganz anders als die übrigen sozialistischen Staaten es taten (Dok. 356, 403).

Im Laufe des Sommers 1989 zeigte sich dann auch die konziliante und zunehmend offenere Haltung der reformkommunistischen Partei Ungarns mit Blick auf ausreisewillige DDR-Urlauber am Plattensee (Balaton). Sie erhielten bereits die notwendigen Papiere und Stempel, um die Ausreise und damit ihre Absetzbewegung und Flucht aus der DDR im Laufe des Juli,

---

[73] Levente Sipos, Imre Nagy and the Patriotic Popular Front, in: István Feitl/Balázs Sipos (Eds.), Regimes and transformations. Hungary in the twentieth century, Budapest 2005, pp. 227-259.
[74] Karl P. Benziger, The Funeral of Imre Nagy. Contested History and the Power of Memory Culture, in: *History and Memory* 12 (Fall/Winter 2000), 2, pp. 142-164.

August und September 1989 zu ermöglichen (Dok. 384, 386). Einen ersten symbolhaften Durchbruch stellte am 19. August das sogenannte Paneuropa-Picknick dar, als es hunderten von DDR-Bürgerinnen und -Bürgern, die ihren Urlaub in Ungarn verbrachten, gelang, die ungarisch-österreichische Grenze zu überschreiten.[75]

Der Trend zur Neubewertung der gewaltsamen Aufstände und vorrevolutionären Ereignisse im sowjetischen Herrschaftsbereich nahm im Laufe des Sommers 1989 weitere Ausmaße an, indem auch die Erinnerung an die Militärintervention des Warschauer Paktes zur Niederschlagung des sogenannten „Prager Frühling" ab dem 21. August 1968[76] in anderen mittelosteuropäischen Staaten entsprechende Rückwirkungen zeitigte und Stellungnahmen provozierte, die noch mehr oder weniger sowjetkonform ausfielen. So gestalteten sich auch die ungarischen Stellungnahmen zur Militärintervention des Warschauer Paktes in der ČSSR im Jahre 1968 sehr positiv im Sinne der Uminterpretation für die tschechoslowakischen Reformsozialisten (Dok. 391) – dagegen ließ sich die SED-Führung in Ost-Berlin dazu nicht vernehmen.

Einmal mehr deutlich wurde der unumkehrbare Trend der ostdeutschen Absetzbewegung in Richtung Westen in der Nacht vom 10. auf den 11. September 1989 durch die regierungsoffiziell positive ungarische Haltung bei der Grenzöffnung für Ausreisewillige und Flüchtlinge aus der DDR (Dok. 408).[77] Jene ostdeutschen Emigranten, die über Ungarn nach Österreich und weiter nach Bayern in die Bundesrepublik reisten, wurden von einer teils abwartend-distanzierten, teils duldend-wohlwollenden Haltung der Führung der Sowjetunion begleitet und kommentiert (Dok. 409). Diese Bürgerinnen und Bürger aus der DDR brachten durch ihre Handlungen demonstrativ und

---

[75] Norman Naimark, „Ich will hier raus." Emigration and the Collapse of the German Democratic Republic, in: Ivo Banac (Ed.), Eastern Europe in Revolution, Ithaka 1993, pp. 72-116, siehe mehr zu den Hintergründen: Maximilian Graf, Das Paneuropäische Picknick im Kontext. Wie Österreich zum Tor in die Freiheit werden konnte und welche Folgen dies hatte, in: Stefan Karner/Philipp Lesiak (Hrsg.), Der erste Stein aus der Berliner Mauer. Das paneuropäische Picknick 1989 (Veröffentlichungen des Ludwig-Boltzmann Instituts für Kriegsfolgenforschung, Graz – Wien – Raabs 30), Graz 2019, S. 33-59.

[76] Jan Pauer, Prag 1968. Der Einmarsch des Warschauer Paktes. Hintergrunde, Planung, Durchführung, Bremen 1995; Stefan Karner/Natalja Tomilina/Alexander Tschubarjan/Viktor Vladimirovich Iščenko/Michail Prozumenščikow/Peter Ruggenthaler/Oldřich Tůma/Manfred Wilke (Hrsg.), Prager Frühling. Das internationale Krisenjahr 1968, 2 Bde, Köln – Weimar – Wien 2008.

[77] Siehe hierzu Michael Gehler, Bonn – Budapest – Wien. Das deutsch-österreichisch-ungarische Zusammenspiel als Katalysator für die Erosion des SED-Regimes 1989/90, in: Andrea Brait/Michael Gehler (Hrsg.), Grenzöffnung 1989. Innen- und Außenperspektiven und die Folgen für Österreich (Schriftenreihe des Forschungsinstitutes für politisch-historische Studien der Dr.-Wilfried-Haslauer-Bibliothek Salzburg 49), Wien – Köln – Weimar 2014, S. 135-162.

durch die entsprechende TV-mediale Verbreitung ihres Handelns die sozialistische Einparteien-Diktatur des SED-Systems mehr und mehr ins Wanken.

Die Wahlen am 25. März 1990 fielen in Ungarn in deutlicher Weise für den Systemwechsel aus: Der Christdemokrat József Antall[78] war Sieger einer zukünftigen christlich-demokratisch-bürgerlich-liberaldemokratischen Regierung (Dok. 502). Sehr genau wurde das Programm des neuen ungarischen Ministerpräsidenten analysiert. Es deutete in Richtung eines historischen Paradigmenwechsels durch den Reformpolitiker, der selbst auch Historiker war (Dok. 524).

Das, was sich viele Ungarn schon im Jahr 1956 wünschten, folgte schließlich ab Herbst des Jahres 1990: der einsetzende Abzug der sowjetischen Truppen. Dabei handelte es sich auch um Ausgleichsmaßnahmen und Kompensationszahlungen zwischen Budapest und Moskau (Dok. 535). Ungarn war als erstes Land des Warschauer Paktes frei von sowjetischen Truppen. Am 19. Juni 1991 verließ der letzte Sowjetsoldat das Land. Damit war das Zeitalter der Sowjetbesetzung Ungarns und somit auch die Epoche des Kalten Krieges für Ungarn beendet.[79]

3. Reformblockade und Systemerstarrung in der DDR

In Ostdeutschland hatte sich ein ökonomischer Abwärtstrend in den 1980er Jahren bemerkbar gemacht. Dank umfangreicher Milliarden-Kredite v.a. von Banken der Bundesrepublik, aber auch durch Milliarden-Hilfe aus Österreich,[80] folgte ein leichter Anstieg der Wirtschaftsentwicklung. Dieser konnte jedoch nicht mehr darüber hinwegtäuschen, dass die DDR zu diesem Zeitpunkt weit über ihre Verhältnisse lebte.[81]

---

[78] András Gergely, József Antall. Prime Minister of the change of régime, in: Mária Schmidt/László Tóth (Eds.), From totalitarian to democratic Hungary. Evolution and transformation 1990-2000 (Atlantic studies on society in change No. 116), Boulder/Colorado – Highland Lakes/New Jersey 2000, pp. 147-162; siehe die Rede vom 23. 3. 1990 „On the Eve of the Election": József Antall, Prime Minister of Hungary. Selected Sppeches and Interview (1989-1993), Budapest 2008, pp. 100-110.

[79] Krisztián Ungváry, Ungarn und das Ende des Kalten Krieges, in: Katharina Hochmuth (Hrsg.), Krieg der Welten. Zur Geschichte des Kalten Krieges, Berlin 2017, S. 287-300.

[80] Maximilian Graf, Before Strauß: The East German Struggle to Avoid Bankruptcy During the Debt Crisis Revisited, in: *The International History Review* (2019). OnlineFirst: https://www.tandfonline.com/doi/full/10. 1080/07075332.2019.1641542 (Abruf 15.1.2022).

[81] Günter Kusch/Rolf Montag/Günter Specht, Schlußbilanz – DDR. Fazit einer verfehlten Wirtschafts- und Sozialpolitik, Berlin 1991; Maria Haendcke-Hoppe-Arndt, Der ökonomische Niedergang der DDR, in: *Deutschland Archiv* (1995), 6, S. 588-602; Albert Ritschl, Aufstieg und Niedergang der Wirtschaft der DDR. Ein Zahlenbild 1945-1989, in: *Jahrbuch für Wirtschaftsgeschichte* (1995) 2, S. 11-46; Jeffrey Kopstein, The Politics of Economic Decline in East Germany 1945-1989, Chapel Hill 1997; A. Steiner, Zwischen Konsumversprechen und Innovationszwang. Zum wirtschaftlichen Niedergang der DDR, in: Konrad H. Jarausch/Martin

Wie weit das „neue politische Denken", wie es von Gorbatschow und seinen Beratern apostrophiert und propagiert wurde, auch Auswirkungen auf den ostdeutschen sozialistischen Staat in der Endphase der Ära Erich Honecker (1971–1989),[82] also noch vor seinem viel beachteten Besuch vom 7. bis 11. September 1987 in der Bundesrepublik hatte, beschäftigte auch die österreichische Diplomatie. Es war jedoch im Zeitraum von 1985 bis 1989 kein Anzeichen erkennbar, dass sich der Chef der Sozialistischen Einheitspartei Deutschlands (SED) bereit- und freiwillig sowie entschlossen und offen für Gorbatschows Reformkurs in der DDR einsetzen und ihn auch umsetzen würde (Dok. 103). Ganz im Gegenteil und im Gegensatz zur Parole „Von der Sowjetunion lernen, heißt siegen lernen"[83] schien alles darauf hinzudeuten, dass Honecker diesen neuen Trend in der UdSSR entschieden ablehnte und sich ihm kategorisch entgegenstellte.

Die Auswirkungen der Reformpolitik Gorbatschows trafen alle Einparteien-Systeme im sogenannten Ostblock.[84] Die Folgen für den ostdeutschen Quasi-Einparteienstaat wurden nach dem Besuch Honeckers in Bonn weiterhin aufmerksam vom Ballhausplatz beobachtet. Wenngleich „Glasnost" und „Perestroika" die SED-Führung völlig unbeeindruckt ließen, waren die Reaktionen in Teilen der Gesellschaft und der Öffentlichkeit der DDR unübersehbar, denn es deuteten sich bereits zunehmend unverhohlene Sympathien und nahezu kollektive Zuwendungen zu Gorbatschows Reformkurs an, die politisch einiges in Bewegung und den diktatorisch geführten SED-Staat in Bedrängnis bringen sollten (Dok. 141).

Trotz aller nach außen bekundeter und äußerlicher „Freundschaft" und „Solidarität" im gemeinsamen „Klassenkampf" im Jargon der sozialistischen Phraseologie waren beim Arbeitsbesuch des Generalsekretärs der SED und dem Vorsitzenden des Staatsrates der DDR in der Sowjetunion vom 27. bis 29. September 1988 keine Anzeichen erkennbar, dass der ostdeutsche Potentat dem von Gorbatschow eingeschlagenen reformpolitischen Weg folgen würde

---

Sabrow (Hrsg.), Weg in den Untergang. Der innere Zerfall der DDR, Göttingen 1999, S. 153-192.

[82] Norbert F. Pötzl, Erich Honecker. Eine deutsche Biographie, Stuttgart – München 2002; Martin Sabrow, Der führende Repräsentant. Erich Honecker in generationsbiographischer Perspektive, in: *Zeithistorische Forschungen*. Band 10, 2013, S. 61-88; Martin Sabrow, Erich Honecker. Das Leben davor. 1912-1945, München 2016.

[83] https://www.hdg.de/lemo/bestand/objekt/plakat-von-den-sowjetmenschen-lernen.html (Abruf 15.1.2022); zur Desillusionierung und zum Glaubensverfall der SED-Kader als Voraussetzung für die friedliche Revolution 1989 siehe Manfred Wilke, Die DDR als sowjetischer Satellitenstaat (Wissenschaftliche Veröffentlichungen des Ludwig Boltzmann Instituts für Kriegsfolgenforschung, Graz – Wien – Raabs, Sonderband 26), Berlin 2021, S. 155-169.

[84] Stathis N. Kalyvas, The Decay and Breakdown of Communist One-Party Systems, in: *Annual Review of Political Scienc*e (1999), 2, pp. 323-343.

(Dok. 249). Die Partei hatte zeitweise bis zu 3,5 Millionen Mitglieder. Dadurch und dank der ihr angeschlossenen „Massenorganisationen" schien die gesellschaftliche Einheitlichkeit gesichert und die politische Stabilität gewährleistet. Der österreichische Botschafter in Ost-Berlin sah die DDR von 1988 bis 1989 daher noch als ungefährdet an.[85]

Eine Zuspitzung der sich scheinbar nicht verändernden politischen Lage im Quasi-Einparteien-Staat entstand durch den für alle Welt sichtbaren Wunsch der ostdeutschen Urlauber in Ungarn, im Sommer 1989 über Österreich in den freien Westen zu gelangen. Die Einstellung der ungarischen reformkommunistischen Führung zu diesem Thema, die sich mehr und mehr den bundesdeutschen Interessen zur Förderung der deutschen Einigungsbewegung und letztlich zur Wiederherstellung der deutschen Einheit näherte, wurde zur Schlüsselfrage für die Fortexistenz des SED-Systems (Dok. 405, 407, 408).

Die Gestattung der Weiterreise der Ostdeutschen durch Österreich nach der offiziellen Grenzöffnung Ungarns in der Nacht vom 10. auf den 11. September 1989 ab 0 Uhr war der erste Riss in der Mauer, wie es der ungarische Publizist Andreas Oplatka[86] metaphorisch genannt hatte. Gleichwohl hat zuvor bereits der Historiker Andreas Schmidt-Schweizer[87] auf die reformsozialistischen Transformationsprozesse schon vor dem Revolutionsjahr aufmerksam gemacht wie auch auf die Signalfunktion der Grenzöffnung im Spätsommer 1989 hingewiesen (Dok. 407, 408, 409). Zudem fragte sich, ob nicht die umwälzenden Vorgänge im Polen der 1980er

---

[85] Michael Gehler, Österreich, die DDR und die Einheit Deutschlands 1989/90, in: *Zeitschrift für Geschichtswissenschaft* 57 (2009), 5, S. 427-452; Ders., Austria, the Revolutions and the Unification of Germany, in: Mueller/Gehler/Suppan (Eds.), The Revolutions of 1989, pp. 437-466; siehe zur Gesellschafts- und Diktaturkrise: Ilko-Sascha Kowalczuk, Endspiel. Die Revolution von 1989 in der DDR, München 2009, S. 301-404.

[86] Andreas Oplatka, Der erste Riss in der Mauer. September 1989 – Ungarn öffnet die Grenze, Wien 2009.

[87] Andreas Schmidt-Schweizer, Die Öffnung der ungarischen Westgrenze für die DDR-Bürger im Sommer 1989. Vorgeschichte, Hintergründe und Schlußfolgerungen, in: *Südosteuropa-Mitteilungen* 37 (1997), 1, S. 33-53; Ders., Motive im Vorfeld der Demontage des „Eisernen Vorhangs" 1987-1989, in: Peter Haslinger (Hrsg.), Grenze im Kopf, Frankfurt/Main – Berlin – Bern 1999, S. 127-139; Helmut Wohnout, Vom Durchschneiden des Eisernen Vorhangs bis zur Anerkennung Sloweniens und Kroatiens. Österreichs Außenminister Alois Mock und die europäischen Umbrüche 1989-1992, in: Brait/Gehler (Hrsg.), Grenzöffnung 1989, S. 185-219; Ders., Die Umbrüche 1989 aus der Perspektive der österreichischen Außenpolitik unter besonderer Berücksichtigung des bilateralen Verhältnisses zu Ungarn, in: Csaba Szabó, Österreich und Ungarn im 20. Jahrhundert (Publikationen der Ungarischen Geschichtsforschung in Wien Bd. IX), Wien 2014, S. 325-342.

Jahre bereits den ersten Riss in der Mauer bewirkten,[88] dem dann ein weiterer durch Ungarn folgte.

Die abwartende, aber nicht negative Haltung des Kremls in der Frage des Transfers der DDR-Flüchtlinge von Ungarn über Österreich in die Bundesrepublik (Dok. 409) war wie schon das „Paneuropa-Picknick" am 19. August im grenznahen Raum von Österreich und Ungarn von Klingenbach/Sopron ein weiterer unübersehbarer Indikator für die sich abzeichnenden politischen Umwälzungen in Mittel- und Osteuropa.[89]

Das zukünftige Schicksal der DDR war mit diesem Dammbruch vom 11. September 1989 an der ungarisch-österreichischen Grenze, der die größte Fluchtbewegung von Ostdeutschen seit dem Bau der Berliner Mauer vom 13. August 1961 darstellte, von immenser öffentlicher Bedeutung. Darüber war sich der bundesdeutsche Botschafter in Wien, Dietrich Graf v. Brühl, voll und ganz im Klaren, der, gemeinsam mit seiner Gattin Octavia, alle Hände voll zu tun hatte, um die DDR-Flüchtlinge auf ihrer Durchreise durch Österreich zu versorgen.[90]

Neue Parteien und demokratische Organisationen schossen inzwischen in Ostdeutschland wie Pilze aus dem Boden: das „Neue Forum" am 10. September, „Demokratie jetzt" am 12. September, die Sozialdemokratische Partei am 7. Oktober und der „Demokratische Aufbruch" am 29. Oktober 1989.[91] Bestärkt durch Gorbatschow und die Veränderungen in den

---

[88] Frank Hadler, The Polish 1989. The First Break in the Wall after a Decade of Struggle for the State of Solidarity, in: Ulf Engel/Frank Hadler/Matthias Middell (Eds.), 1989 in a Global Perspective (Global history and international studies XI), Leipzig 2015, pp. 63-79.

[89] Maximilian Graf, Die Welt blickt auf das Burgenland – Die Grenze wird zum Abbild der Veränderung, in: Ders./Alexander Lass/Karlo Ruzicic-Kessler (Hrsg.), Das Burgenland als internationale Grenzregion im 20. und 21. Jahrhundert, Wien 2012, S. 135-179.

[90] Siehe hierzu auch die Zeitzeugengespräche in: Michael Gehler/Andrea Brait, Erweiterte Diplomatiegeschichte durch Oral History im Zeichen von Internationaler Geschichte, in: Michael Gehler/Andrea Brait (Hrsg.), Am Ort des Geschehens in Zeiten des Umbruchs. Lebensgeschichtliche Erinnerungen aus Politik und Ballhausplatzdiplomatie vor und nach 1989 (Historische Europa-Studien 17/Teilband 3), Hildesheim – Zürich – New York 2017, S. 9-77; zu den Flüchtlingen in den westdeutschen Botschaften siehe Katarzyna Stokłosa, Die letzte Fluchtwelle aus der DDR im Jahr 1989. Aus den Berichten der westdeutschen Botschaften in Budapest, Prag und Warschau, in: *Zeitschrift für Ostmitteleuropa-Forschung* 64 (2015), 1, S. 40-81.

[91] Wolfgang Ullmann, Demokratie – jetzt oder nie! Perspektiven der Gerechtigkeit, München 1990; Christiane Lemke, Christiane, Die Ursachen des Umbruchs 1989. Politische Sozialisation in der ehemaligen DDR, Darmstadt 1991, S. 276-278; Ehrhart Neubert, Geschichte der Opposition in der DDR 1949-1989, Berlin 1997; Ders., Unsere Revolution. Die Geschichte der Jahre 1989/90, München – Zürich 2008, S. 111-215; Irena Kukutz, Chronik der Bürgerbewegung Neues Forum 1989-1990, hrsg. v. d. Robert-Havemann-Gesellschaft e. V., Berlin 2009; Mut. Frauen in der DDR – mit Fotos und Dokumenten , München 2005; Peter Gohle, Von der SDP-Gründung zur gesamtdeutschen SPD. Die Sozialdemokratie in der DDR und die Deutsche Einheit 1989/90, Bonn 2014.

sozialistischen Nachbarstaaten führten die anhaltenden und immer massenhafter werdenden Demonstrationen zur Verschärfung der ostdeutschen Staatskrise und letztlich zur völligen Demontage der SED-Herrschaft, die sich größtenteils durch eine schleichende Selbstaufgabe vollzog. Vorentscheidend für die sich abzeichnende „Wende", wie das zunehmend geflügelte Wort in der ostdeutschen Bevölkerung lauten sollte, war der Massenexodus zehntausender DDR-Flüchtlinge zunächst über Ungarn und dann über die ČSSR, die von dort ihre Ausreise in die Bundesrepublik erzwangen. Flankiert wurden diese Vorgänge durch den disziplinierten Massenprotest bei den Montagsdemonstrationen in Leipzig im Oktober und November sowie in anderen größeren Städten der DDR. Die Welle der Protestbewegung war vom sächsischen Plauen ausgegangen und über Dresden weiter nach Leipzig getragen worden, bis sie letztendlich auch Ost-Berlin erreichte.[92] Der „Urlaubsrevolution" außerhalb in Ungarn folgte eine „Feierabend-Revolution" innerhalb der DDR.[93]

Die Feierlichkeiten zum 40. Jahrestag der Staatsgründung der DDR am 7., 8. und 9. Oktober 1989 waren begleitet von sich steigernden sowie immer mutiger und vehementer werdenden Protestaktionen unter Einhaltung der Demonstrationsdisziplin – allerdings bei einem sich entgegenstellenden brutalen Polizeieinsatz.[94] Der SED-Führung fiel nichts anderes ein, als im Wesentlichen stur zu sein sowie nur hinhaltend und zögerlich an einer neuen Reiseverordnung zu arbeiten. Der starrsinnig bleibende Honecker musste aufgrund wachsender Kritik in der Parteiführung am 18. Oktober widerwillig

---

[92] Uwe Schwabe, Der Herbst '89 in Zahlen – Demonstrationen und Kundgebungen vom August 1989 bis zum April 1990, in: Eberhard Kuhrt u.a. (Hrsg.), Opposition in der DDR von den 70er Jahren bis zum Zusammenbruch der SED-Herrschaft, Opladen 1999, S. 719-735.

[93] Ludger Kühnhardt, Revolutionszeiten. Das Umbruchjahr 1989 im geschichtlichen Zusammenhang, München 1994, S. 260; Richard Schröder, Repräsentationsauffassungen und Parlamentarisierung in der DDR: Quellen, Formen und Folgen, in: Uwe Thaysen/Hans Michael Kloth (Hrsg.), Wandel durch Repräsentation – Repräsentation durch Wandel. Entstehung und Ausformung der parlamentarischen Demokratie in Ungarn, Polen, der Tschechoslowakei und der ehemaligen DDR, Baden-Baden 1992, S. 145-161, hier S. 146; Karlheinz Blaschke, Die „sächsische" Revolution von 1989 – ein städtisches Ereignis, in: Bernhard Kirchgässner/Hans-Peter Becht (Hrsg.), Stadt und Revolution (Stadt in der Geschichte 27), Stuttgart 2001, S. 109-123; Hans-Hermann Hertle, The October Revolution in East Germany, in: Mueller/Gehler/Suppan (Eds.), The Revolutions, pp. 113-135; Janusz Sawczuk, Turbulentes 1989. Genese der deutschen Einheit (Nationalisms across the Globe 6), Oxford – Bern – Berlin – Bruxelles – Frankfurt am Main – New York – Wien 2011.

[94] Schröder, Repräsentationsauffassungen, S. 146-147; Martin Sabrow, 1989 und die Rolle der Gewalt, Göttingen 2012.

zurücktreten.[95] Sein Nachfolger Egon Krenz kündigte die „Wende"[96] an. Es gelang jedoch keine Beruhigung und Stabilisierung der politischen Verhältnisse. Am 21. Oktober demonstrierten in Leipzig 250.000 Menschen und am 4. November 500.000 auf dem Alexanderplatz in Berlin, bei der Krenz schon keine öffentliche Präsenz mehr zeigte. Der Staatssicherheitsdienst war nicht mehr in der Lage, die unüberschaubar gewordenen Proteste einzufangen und einzudämmen. Am 7. November trat die Regierung Willi Stoph zurück. Die vorzeitig und für alle Welt völlig überraschend durch Günther Schabowski am 9. November 1989 auf einer Pressekonferenz auch vor westlichen Journalisten verkündete neue Reiseregelung, die praktisch auf eine Öffnung der Grenzübergangstellen (GÜSt) an den Ostsektoren Berlins hinauslief, bedeutete die „unbeabsichtigte Selbstauflösung des SED-Staates"[97] sowie die „wirklich entscheidende Niederlage"[98] für die DDR-Regierung und ihr Ende,[99] gleichwohl diese Handlung zu ihrer Rettung gedacht war.[100] Die Menschen hatten die Botschaft verstanden, bewegten sich zu den GÜSt und erzwangen gegenüber den instruktionslosen und überforderten Grenzbeamten die Sektoren-Grenzöffnung. Der „Fall der Mauer" war nicht ausgehend vom Westen erfolgt.[101] Die Mauer wurde von

---

[95] Hans-Hermann Hertle, Der Sturz Erich Honeckers. Zur Rekonstruktion eines innerparteilichen Machtkampfes, in: Klaus-Dietmar Henke/Peter Steinbach/Johannes Tuchel (Hrsg.), Widerstand und Opposition in der DDR, Köln – Weimar – Wien 1999, S. 327-346.

[96] Honecker-Nachfolger Egon Krenz benutzte den Begriff „Wende", hat ihn aber nicht erfunden, siehe https://www.lvz.de/Leipzig/Lokales/Wende-Stammt-der-Begriff-wirklich-von-Egon-Krenz2; der Begriff wurde von dem Schriftsteller Volker Braun geprägt. Der Kulturhistoriker und Soziologe Bernd Lindner hat dies entdeckt und nachgewiesen.

[97] Hermann H. Hertle, Der Fall der Mauer. Die unbeabsichtigte Selbstauflösung des SED-Staates, Opladen –Wiesbaden 2. Auflage 1999; Mary Elise Sarotte, The Collapse. The Accidental Opening of the Berlin Wall, New York 2015.

[98] Ben Fowkes, Aufstieg und Niedergang des Kommunismus in Osteuropa, Mainz 1994, S. 199-200.

[99] Michael Gehler, The End of the Communist Regime in the GDR, in: Florin Abraham (Ed.), Annus Mirabilis. Three decades After. Desires, Achievements, Future, Bucureşti 2020, pp. 165-190.

[100] Siehe hierzu Hans-Hermann Hertle/Theo Pirker/Rainer Weinert (Hrsg.), „Der Honecker muss weg!" Protokoll eines Gesprächs mit Günter Schabowski am 24. April 1990 in Berlin-West (Berliner Arbeitshefte und Berichte zur sozialwissenschaftlichen Forschung 35), Berlin 1990 und den Vortrag und das Gesprächsdokument mit Günter Schabowski, „Am 9. November 1989 begannen wir mit dem Mauerabriss, um die DDR nicht mehr zu stabilisieren, sondern schlicht zu retten!", in der mit über 50 befragten Zeitzeugen publizierten Dokumentation von Oliver Dürkop/Michael Gehler (Hrsg.) Deutsche Einigung 1989/90. Zeitzeugen aus Ost und West, Reinbek 2021, S. 1671-1690.

[101] Andreas Wirsching, Die Mauer fällt. Das Ende des doppelten Deutschland, in: Udo Wengst/Hermann Wentker (Hrsg.), Das doppelte Deutschland. 40 Jahre Systemkonkurrenz, Berlin 2008, S. 357-374; Ders., Der Preis der Freiheit. Geschichte Europas in unserer Zeit, München 2012, S. 54-77; Svetlana Savranskaya, The Fall of the Wall, Eastern Europe, and Gorbachev's Vision of Europe after the Cold War, in: Mark Kramer/Vít Smetana (Eds.),

der SED-Führung selbst zur Disposition gestellt und von den Ostdeutschen eingedrückt.

Die zahlreichen menschlichen Begegnungen in Berlin vom 9. auf den 10. November führten zwar zu einer kurzfristigen Entlastung des massiv unter Druck geratenen SED-Systems, nahmen aber gleichzeitig die später folgende staatliche Einheit vorweg. Zunächst war es der Ruf nach mehr Bürgerrechten und freien Wahlen sowie die Forderung nach Auflösung des SED-Regimes („Wir sind das Volk"[102]). Nach dem 9. November folgten dann jedoch vermehrt leitende Sprechchöre wie „Deutschland einig Vaterland"[103] und „Wir sind ein Volk".[104] Die gesellschaftspolitischen Freiheitsforderungen wurden von nationalen Motiven überlagert und abgelöst – eine Parallele zum Geschehen vom 16. auf den 17. Juni 1953 in der DDR.[105]

Beginnend ab dem 9. Oktober mit dem Ausbleiben eines behördlich-staatlichen Eingreifens gegen die massenhaft demonstrierenden Leipziger und spätestens am 9. November[106] mit der vorzeitigen Preisgabe des Mauer-Pfands in Berlin gab nicht nur die SED-Führung das Heft aus der Hand und ihre eigentliche Lebensversicherung auf, sondern es geriet auch der ahnungslose und nicht-konsultierte Kreml in die deutschlandpolitische Defensive. Er verlor das Momentum in der Gestaltung und Regelung der deutschen Frage und konnte nur mehr reagieren.[107]

Imposing, Maintaining, and Tearing Open the Iron Curtain. The Cold War and East-Central Europe. 1945-1989 (The Harvard Cold War studies book series), Lanham – Plymouth 2014, pp. 335-353; Michael Gehler, 1989. Ambivalent Revolutions with different Backgrounds and Consequences, in: Mueller/Gehler/Suppan (Eds.), The Revolutions of 1989, pp. 587-604; Ders., The Fall of the Iron Curtain. Causes, Structures, Timelines and Effects, in: Heinz Fischer/Andreas Huber/Stephan Neuhäuser (Eds.), The Republic of Austria, 1918-2018: Milestones and Turning Points, Wien 2018, pp. 185-200.

[102] Detlef Pollack, „Wir sind das Volk!" Sozialstrukturelle und ereignisgeschichtliche Bedingungen des friedlichen Massenprotests, in: Klaus-Dietmar Henke (Hrsg.), Revolution und Vereinigung 1989/90, München 2009, S. 178-197; Michael Gehler, „Friedliche Revolution" und Wiedervereinigung Deutschlands. Interne und externe Faktoren im Zusammenspiel 1989/90, in: Hans-Joachim Veen/Franz-Josef Schlichting (Hrsg.), Von der Urkatastrophe Europas bis zur Wiedervereinigung Deutschlands. Etappen deutscher Zeitgeschichte 1914 bis 1990, Weimar 2014, S. 111-144.

[103] Andreas Rödder, Deutschland einig Vaterland. Die Geschichte der Wiedervereinigung, München 2009, S. 118-127.

[104] Neubert, Unsere Revolution, S. 237-252.

[105] Siehe die Chronologie in: Michael Gehler/Rolf Steininger, 17. Juni 1953. Der unterdrückte Volksaufstand. Seine Vor- und Nachgeschichte, Reinbek/Hamburg 2018, S. 402-405.

[106] Hans-Hermann Hertle/Kathrin Elsner (Hrsg.), Der Tag, an dem die Mauer fiel, Berlin 2009.

[107] Fred Oldenburg, Sowjetische Deutschland-Politik nach der Oktober-Revolution in der DDR. in: *Deutschland-Archiv* 23 (Januar 1990), 1, S. 68-76; Wolfgang Mueller, The USSR and the Reunification of Germany, 1989-90, in: Ders./Gehler/Suppan (Eds.), The Revolutions of 1989, pp. 321-353; Ders., „Die Lage gleitet uns aus den Händen". Motive und Faktoren in Gorbatschows Entscheidungsprozess zur Wiedervereinigung Deutschlands, in: *Zeitschrift des*

Weder das seit dem 13. November amtierende DDR-Übergangsregime unter dem Reformsozialisten Hans Modrow noch die zunächst noch abwartend und vorsichtig agierende Regierung in Bonn unter Helmut Kohl konnten sich der nationaldemokratischen Sogwirkung aus Ostdeutschland entziehen. Der Bundeskanzler schlug in einer mit den Alliierten und dem FDP-Koalitionspartner unabgestimmten Bundestagsrede in Bonn am 28. November in einem „Zehn-Punkte-Plan" eine Konföderation vor, die in zehn bis 15 Jahren die Wiedervereinigung ermöglichen sollte.[108]

Der zunehmende Druck von der Straße und der „Mauerfall" vom 9. November bewirkten die Öffnung des Tors zur Einheit. Die Ursache bestand im zerfallenden SED-Staat. Die Initiative zum Todesstoß gegen das DDR-Regime ging von den Menschen im Osten Deutschlands aus. Die politische Umsetzung erfolgte im Wesentlichen schließlich durch Politik im Westen: Der zur Einheit entschlossene Kohl sollte in den folgenden von Dramatik und Ungewissheiten nicht freien Monaten im ersten Halbjahr 1990 die Chance zur raschen Vereinigung der über vierzig Jahre getrennten Deutschen nutzen.[109]

Am 3. Dezember 1989 trat das ZK der SED geschlossen zurück. Zwölf Mitglieder (u.a. Honecker und Stoph) wurden ausgeschlossen und vier wegen Amtsmissbrauch verhaftet. Drei Tage später erklärte Egon Krenz seinen Rücktritt als Staatsratsvorsitzender. Die „Blockparteien" beendeten ihre Mitarbeit in der „Nationalen Front". Auf einem Sonderparteitag der Ost-CDU vom 15. bis 17. Dezember sprach sich ihr Vorsitzender Lothar de Maizière gegen den Sozialismus und für die deutsche Einheit aus. Zeitgleich benannte sich die SED unter ihrem neuen Vorsitzenden Gregor Gysi zur „Partei des Demokratischen Sozialismus" (PDS) um. Der seit Dezember nach polnischem Vorbild tagende „Zentrale Runde Tisch" in Berlin förderte unter großem öffentlichen Interesse mit TV-Live-Übertragungen und Moderation der

---

Forschungsverbundes SED-Staat 39 (2016), S. 3-28; Stefan Karner/Mark Kramer/Peter Ruggenthaler/Manfred Wilke/Alexander Bezborodov/Viktor Iščenko/Olga Pavlenka/Efim Pivovar/Michail Prozumenščikov/Natalja Tomilina/Alexander Tschubarjan, Die Sowjetunion und Osteuropa 1989. Zur Einleitung, in: Dies. (Hrsg.), Der Kreml und die „Wende" 1989. Interne Analysen der sowjetischen Führung zum Fall der kommunistischen Regime. Dokumente (Veröffentlichungen des Ludwig-Boltzmann-Instituts für Kriegsfolgen-Forschung. Sonderband 15), Innsbruck – Wien – Bozen 2014, S. 13-68.

[108] Kühnhardt, Revolutionszeiten, S. 261; Horst Teltschik, 329 Tage. Innenansichten der Einigung, Berlin 1991, S. 54-58; Werner Weidenfeld, Außenpolitik für die deutsche Einheit. Die Entscheidungsjahre 1989/90 (Geschichte der Deutschen Einheit in vier Bänden, Band 4), Stuttgart 1998; Karl-Rudolf Korte, Deutschlandpolitik in Helmut Kohls Kanzlerschaft. Regierungsstil und Entscheidungen 1982-1989 (Geschichte der Deutschen Einheit in vier Bänden, Bd. 1), Stuttgart 1998; kritisch zur 10-Punkte Rede von Kohl vom 28. 11. 1990: Hanns Jürgen Küsters, Das Ringen um die deutsche Einheit. Die Regierung Helmut Kohl im Brennpunkt der Entscheidungen 1989/90, Freiburg/Breisgau – Basel – Wien 2009, S. 85-107;

[109] Helmut Kohl (unter Mitarbeit von Kai Diekmann und Ralf Georg Reuth), Ich wollte Deutschlands Einheit, Berlin 1996, 2010.

evangelisch-lutherischen und der katholischen Kirche den friedlichen Übergang, machte neue demokratische Regierungspraktiken erlebbar, legte eine Fülle von Gesetzesentwürfen vor und lieferte zahlreiche Entscheidungsvorlagen für die Volkskammer,[110] ermöglichte aber auch unbewusst und ungewollt Ablenkungsmanöver und Verdunkelungspraktiken, indem belastendes Stasi-Material beiseite geschafft oder vernichtet werden konnte. Mit der „Wende" setzte auch eine grundsätzliche Veränderung der Verfassungs- und Rechtsordnung ein. Die führende Rolle der SED wurde gestrichen, das Verbot von Privateigentum an ausgewählten Produktionsmitteln und die „Nationale Front" aufgehoben sowie ein Bündel von Gesetzen zur Demokratisierung und Einführung freier Wahlen erlassen, die zur ersten frei gewählten Volkskammer führten und den raschen Beitritt der DDR zum Geltungsbereich des Grundgesetzes und damit schließlich zur Bundesrepublik gestatteten. Die Urnengänge vom 18. März 1990 zeugten vom massiven Wahldurchbruch der bundesdeutschen Parteien in der DDR und brachten einen überraschend klaren Sieg der konservativen „Allianz für Deutschland" aus CDU, DSU und „Demokratischer Aufbruch" mit 48,1%, während die SPD lediglich 21,8% und die PDS nur 16,3% erzielten. Die neue Koalitionsregierung unter Ministerpräsident Lothar de Maizière verfolgte das Ziel eines föderativen Staatsaufbaus und der Einheit auf Basis von Artikel 23 des Grundgesetzes[111] und betrieb damit ganz willentlich und wissentlich die Selbstauflösung der DDR.[112]

Die am 1. Juli in Kraft getretene Währungs-, Wirtschafts- und Sozialunion laut Staatsvertrag vom 18. Mai 1990 war der erste Schritt zur Implementierung der Marktwirtschaft und der politischen Einigung.[113] Die Volkskammer erklärte sich am 23. August zum Geltungsbereich des Grundgesetzes zugehörig, was im Einigungsvertrag vom 31. August festgelegt wurde (in Kraft durch die Zustimmung beider deutscher Parlamente am 23. September 1990). Am 3. Oktober vollzog sich auf der politischen Ebene die staatliche Einheit.[114] Die anfängliche Ablehnung und Zurückhaltung der Staats- und Regierungschefs der übrigen Mitglieder der Europäischen Gemeinschaften

---

[110] Rolf-Dieter Günther, Die Öffentlichkeitsfunktion des Zentralen Runden Tisches der DDR, in: Thaysen/Kloth, Wandel durch Repräsentation, S. 162-169, hier S. 165-167.

[111] Schröder, Repräsentationsauffassungen, S. 149.

[112] Ed Stuhler, Die letzten Monate der DDR. Die Regierung de Maizière und ihr Weg zur deutschen Einheit, Berlin 2010; zum Untergang der SED-Diktatur siehe Kowalczuk, Endspiel, S. 407-548.

[113] Dieter Grosser, Das Wagnis der Währungs-, Wirtschafts- und Sozialunion. Politische Zwänge im Konflikt mit ökonomischen Regeln (Geschichte der Deutschen Einheit in vier Bänden, Bd. 2), Stuttgart 1998, S. 279-329.

[114] Kritisch hierzu: Ilko-Sascha Kowalczuk, Die Übernahme. Wie Ostdeutschland Teil der Bundesrepublik wurde, München 2. Auflage 2019, S. 110-192.

wich einer allmählichen Akzeptanz, die auch ihren Ausdruck im „Zwei-Plus-Vier"-Vertrag „über die abschließende Regelung in Bezug auf Deutschland" am 12. September 1990 (in Kraft 15. März 1991) fand.[115]

Die UdSSR, die noch im Frühjahr die Neutralität eines geeinten Deutschlands angestrebt hatte, gab ihren Widerstand gegen die Einbeziehung eines zu vereinigenden Deutschlands und damit des ehemaligen DDR-Territoriums in den NATO-Geltungsbereich auf, gleichwohl dort keine (nicht-deutschen) NATO-Truppenverbände stationiert sein sollten.[116] Es folgten die Suspendierungserklärung der Alliierten bezüglich Berlin und Deutschland als Ganzes vom 1. Oktober 1990 und der deutsch-polnische Grenzvertrag vom 14. November 1990. Der äußeren Einigung im Kontext der europäischen Integration stand der weit beschwerlichere Weg zur inneren Einigung gegenüber. Erst nach 1989/90 wurde deutlich, wie stark die Spaltung unter den Deutschen vorangeschritten war.[117] In der öffentlichen Debatte überwogen die „Kosten der Einheit" bei weitem ihre Vorteile.

Das Geschehen, angefangen vom Honecker-Besuch in der Bundesrepublik vom 7. bis 11. September 1987 über den 9. November 1989 bis zum am 3. Oktober 1990, wurde zuletzt in einer detaillierten und umfassenden Akten- und Zeitzeugenedition aufbereitet und musste daher in dieser Dokumentation nicht mehr durch weitere Aktennachweise ausgebreitet werden.[118]

---

[115] Wilhelm Bruns, Die Regelung der äußeren Aspekte der deutschen Einigung, in: *Deutschland-Archiv* 23 (November 1990), Heft 11, S. 1726-1732; Hanns Jürgen Küsters, Der Integrationsfriede. Viermächte-Verhandlungen über die Friedensregelung mit Deutschland 1945-1990 (Dokumente zur Deutschlandpolitik Studien 9), München 2000, S. 827-876; Stefan Karner/Mark Kramer/Peter Ruggenthaler/Manfred Wilke/Alexander Bezborodov/Viktor Iščenko/Olga Pavlenka/Efim Pivovar/Michail Prozumenščikov/Natalja Tomilina/Alexander Tschubarjan, in: Der Kreml und der deutsche Vereinigungsprozess 1989/90, in: Dies. (Hrsg.), Der Kreml und die deutsche Wiedervereinigung 1990. Interne sowjetische Analysen. Dokumente (Veröffentlichungen des Ludwig Boltzmann-Instituts für Kriegsfolgen-Forschung, Graz – Wien – Raabs Sonderband 16), Berlin 2015, S. 13-110; Tim Geiger/Heike Amos (Bearb.), Die Einheit. Das Auswärtige Amt, das DDR-Außenministerium und der Zwei-plus Vier-Prozess, hrsg. im Auftrag des Instituts für Zeitgeschichte München – Berlin, hrsg. v. Horst Möller, Ilse Dorothee Pautsch, Gregor Schöllgen, Hermann Wentker und Andreas Wirsching, Göttingen 2015, S. 7-56; Francesca Zilio, Divisione e Riunificazione. Itinerari storici nella Berlino della Guerra fredda, Loveno di Menaggio 2020, pp. 105-132.

[116] Valentin Falin, Politische Erinnerungen, München 1993, S. 482-500; Joachim Scholtyseck, Die Außenpolitik der DDR, München 2003, S. 128-134.

[117] Michael Gehler, Deutschland. Von der geteilten Nation zur gespaltenen Gesellschaft 1945 bis heute, Wien – Köln – Weimar 2020, S. 275-340.

[118] Siehe die 180 erfassten Dokumente in der Aktenedition von Michael Gehler/Maximilian Graf (Hrsg.), Österreich und die deutsche Frage. Vom Honecker-Besuch in Bonn bis zur deutschen Einheit 1987-1990, Göttingen 2018 sowie die Einleitung Ders., Österreich und die deutsche Frage 1945-1990, in: ebd., S. 7-101, hier S. 63-95.

4. Das Ende von Obstruktion und Repression: Die „samtene Revolution" in der Tschechoslowakei

Die Beziehungen zwischen Österreich und der ČSSR waren schon bedingt durch Entwicklungen in der Zwischenkriegszeit, besonders aber nach 1945 aufgrund verschiedener Faktoren sehr belastet, die einen hohen Klärungs- und Lösungsbedarf erzeugten, v.a. im Kontext der Liberalisierung des gesellschaftlichen Lebens in der Mitte und im Osten Europas. Die Belastungsfaktoren bestanden in strittigen Grenzfragen, dem Visumzwang, als unsicher eingestufte Atomanlagen in Grenznähe, der Behinderung von Journalisten sowie offener vermögensrechtlicher Fragen bezüglich des Auslandseigentums von Österreichern. Von österreichischer Seite wurde das Bestreben signalisiert, einen Normalisierungsprozess zu entwickeln.

In Bezug auf das Verhältnis zwischen Prag und Moskau wurde im Zeichen der krisenhaften Zuspitzung der Entwicklung des Sozialismus seitens der kommunistischen Führungskader der ČSSR eine noch stärkere Anbindung an die UdSSR erwogen, wobei – zutreffenderweise – angenommen wurde, dass ohne die Sowjetmacht kaum mehr ein anderer Rückhalt für das eigene sozialistische Gesellschaftssystem gegeben sei. Für das erzkommunistische Regime in Prag wurde keine andere Alternative als eine verstärkte Moskau-Ostorientierung gesehen, was zur Enttäuschung der gebildeten Bevölkerungskreise nicht zur Lockerung, sondern zur weiteren Einschränkung der freien Meinungsäußerung führte, gleichwohl der Lebensstandard höher war als in manch anderen mittel- und osteuropäischen Staaten. Dieser lag jedoch immer noch unter dem westlicher Gesellschaftssysteme, wobei die attraktive Beispielwirkung des direkten Nachbarn Österreich nicht minder stark wirkte (Dok. 10).

Bemerkenswert an der Erklärung von Außenminister Bohuslav Chňoupek war das Bekenntnis zur Entspannung und zum KSZE-Nachfolgeprozess, wobei er v.a. die Friedensbewegung in Westeuropa hervorzuheben verstand. Die beginnenden Genfer Abrüstungsverhandlungen zwischen der Sowjetunion und den USA wurden auch in diesem Sinne gedeutet (Dok. 30). Chňoupek erwartete deshalb aber keine gravierenden Veränderungen im Verhältnis zwischen der UdSSR und der ČSSR (Dok. 33).

Beim kurzen Freundschaftsbesuch des Partei- und Staatschefs der ČSSR, Gustáv Husák, in Warschau am 28. Mai 1986 war von einer geschwächten Hoffnung mit Blick auf den vom 19. und 20. November 1985 abgehaltenen Genfer Abrüstungsgipfel zwischen der UdSSR und den USA die Rede. Das SDI-Programm schien auf eine „Militarisierung des Weltraums" hinauszulaufen. Neben den USA war eine Reihe von NATO-Verbündeten nicht nur beteiligt, sondern wirkte von diesem Programm auch überzeugt (Dok. 56).

Mit großer Spannung wurde im Frühjahr 1987 der Besuch von KPdSU-Generalsekretär Gorbatschow in Prag vom 10. bis 13. April 1987 registriert. Die Repräsentanten der Dissidentenbewegung der „Charta 77" fühlten sich angesprochen und wie selbstverständlich aufgerufen, sich zu Wort zu melden und taten dies mit dem Verfassen und Überreichen offener Briefe an den Sowjetführer (Dok. 109).[119]

Der Besuch des mächtigsten Manns der Sowjetunion in der Wenzel-Stadt bedeutete eine Wende in seiner Politik gegenüber den verbündeten Staaten. Am 10. April 1987 deutete sich erstmals eine Positionsveränderung an, als er in einer Rede in Prag erklärte:

„Wir sind weit davon entfernt, von jedem zu erwarten, uns zu kopieren. Jedes sozialistische Land hat seine spezielle Gestalt, und jede Bruderpartei entscheidet vor dem Hintergrund der jeweiligen nationalen Bedingungen selbst über ihre politische Linie. [...] Niemand hat das Recht, einen Sonderstatus in der sozialistischen Welt für sich zu beanspruchen. Die Unabhängigkeit jeder Partei, ihre Verantwortung für ihr Volk, und das Recht, die Probleme der Entwicklung ihres Landes auf souveräne Weise zu lösen — das sind für uns unumstößliche Prinzipien."[120]

Bei den Feierlichkeiten zum 70. Jahrestag der Oktoberrevolution am 2. November 1987 machte Gorbatschow klar, Einheit bedeute „weder Identität noch Einförmigkeit". Bei seinem Besuch in Belgrad im März 1988 wurde im Abschlusskommuniqué explizit „Respekt für verschiedene Wege zum Sozialismus" bekundet und das Recht aller Länder auf „ungehinderte Unabhängigkeit" hervorgehoben.[121]

Ähnlich wie in Ungarn hatte auch in der ČSSR spätestens 1988 eine Debatte über das Jahr des Reformsozialismus, unter dem Stichwort „Prager Frühling" von 1968, und die nachher einsetzende sogenannte „Normalisierung" eingesetzt. All das spielte auch mit Blick auf die geplanten Wünsche der Umgestaltung der gesellschaftlichen Verhältnisse in der Tschechoslowakei eine große Rolle (Dok. 113). Die innenpolitische Situation

---

[119] Siehe hierzu Blanka Císařovská/Vilém Prečan, Charta 77. Dokumenty 1977-1989, 2 Bde, Praha 2007.

[120] Manfred Görtemaker, Die demokratische Revolution in Osteuropa. Die neue sowjetische Osteuropa-Politik unter Gorbatschow ermutigte die demokratischen Reformbewegungen in Osteuropa. Dies führte letztendlich zum Zerfall des Sowjetimperiums und zur Einigung Deutschlands, https://www.bpb.de/izpb/10355/die-demokratische-revolution-in-osteuropa?p=2 (Abruf 15.1.2022).

[121] Ebd.; siehe hierzu auch Alex Pravda, Moscow and Eastern Europe, 1988-1989. A Policy of Optimism and Caution, in: Mark Kramer/Vít Smetana (Eds.), Imposing, Maintaining, and Tearing Open the Iron Curtain. The Cold War and East-Central Europe. 1945-1989 (The Harvard Cold War studies book series), Lanham – Plymouth 2014, pp. 305-334.

zur Jahreswende 1987/88 ließ jedoch noch wenig durchschlagende Reformveränderungen erkennen (Dok. 164).

Die österreichische Botschaft in Prag bewertete Anfang März 1988 die tschechoslowakische Friedensinitiative des Generalsekretärs der Kommunistischen Partei der Tschechoslowakei (KPČ) Miloš Jakeš vom 24. Februar, der in seinen Überlegungen von einer stufenweisen Verdünnung der militärischen Präsenz zur Bildung einer entmilitarisierten und atomwaffenfreien Zone in Mitteleuropa ausgegangen war (Dok. 173, 174) und einen historischen Vorläufer mit dem Plan seitens des polnischen Außenministers Adam Rapacki aus dem Jahr 1957 hatte.[122] Die Jakeš-Initiative wurde den verschiedenen europäischen Botschaftern in Prag durch Außenminister Chňoupek erläutert. Er betonte die Bedeutung der aktiven Rolle der neutralen und nicht paktgebundenen N+N-Staaten im gesamteuropäischen Prozess, wie sie sich bereits seit der Schlussakte von Helsinki vom 1. August 1975 und auf den KSZE-Folgekonferenzen[123] immer wieder gezeigt habe. Er brachte seine Hochschätzung dafür zum Ausdruck. In territorialer Hinsicht bezog sich der Vorschlag von Jakeš nicht nur auf Mitteleuropa, sondern – im Unterschied zum Rapacki-Plan – auf den gesamten Bereich des Warschauer Paktes. Daneben gab es Perspektiven im wirtschaftlichen Bereich, wie auch Jakeš einen zweiten Vorstoß anlässlich des Gedenkens an Jan Amos Komenský (Comenius) hinsichtlich einer internationalen Pädagogenkonferenz in Prag über die Erziehung der Menschheit im 21. Jahrhundert unternahm (Dok. 174).

Die Besuchsabstattung von Jakeš bei Honecker am 10. März 1988 in Berlin-Ost brachte übereinstimmende Auffassungen im Sinne der Fortführung von Abrüstungsmaßnahmen zum Ausdruck, v.a. hinsichtlich der Halbierung der strategischen Offensivwaffen sowohl der Sowjetunion als auch der Vereinigten Staaten von Amerika unter Einhaltung des Vertrags über die Begrenzung von antiballistischen Raketenabwehrsystemen (ABM). Beide kommunistischen Politiker sprachen sich für eine Weiterentwicklung der „sozialistischen Demokratie" aus. Bemerkenswert war jedoch der Umstand,

---

[122] David Stefancic, The Rapacki-Plan. A case study of East European Diplomacy, in: *East European Quarterly* 21 (1987), 4, pp. 401-412; Michael Gehler, Rapacki-Plan, in: Michael Behnen (Hrsg.), Lexikon der Deutschen Geschichte 1945-1990. Ereignisse – Institutionen – Personen im geteilten Deutschland, Stuttgart 2002, S. 480.

[123] Arie Bloed (Ed.), The Conference on Security and Co-operation in Europe. Analysis and basic documents (1972-1993), Dordrecht – Boston – London 1993; Ders./Pieter van Dijk (Eds.), The Human Dimension of the Helsinki Process. The Vienna Follow-up meeting and its Aftermath, Dordrecht – Boston – Norwell 1991; Matthias Peter/Hermann Wentker, „Helsinki-Mythos" oder „Helsinki-Effekt"? Der KSZE-Prozess zwischen internationaler Politik und gesellschaftlicher Transformation. Zur Einleitung, in: Peter/Wentker (Hrsg.), Die KSZE im Ost-West-Konflikt, S. 1-14.

dass Honecker herausstrich, die DDR verfüge über alle erforderlichen Voraussetzungen, um die Aufgaben für den „sozialistischen Aufbau" im Verbund von SED und Werktätigen zu lösen, um gleichzeitig vor einer Übertragung des Konzepts von Gorbatschow zur Absicherung wirtschaftlicher Reformen auf dem Wege über eine größere demokratische Mitbestimmung bezogen auf die DDR zu warnen, zumal dies seiner Auffassung nach „ein außerordentlich riskantes Unterfangen" sei (Dok. 179).

In der Bewertung der Reaktionen auf die tschechoslowakische Friedensinitiative des Jakeš-Plans vom 24. Februar durch den Ballhausplatz vom 6. Mai 1988 wurde deutlich, dass diese kaum neue Impulse für die Abrüstungsdebatte bringen würde. Der Vorstoß wurde als Versuch interpretiert, die Eigenständigkeit von nationalen Sicherheitsinteressen hervorzukehren. Die Dislozierung von Truppenkontingenten beider Supermächte aus einer derart militärisch verdünnten Zone sollte zwar die Präsenz von Sowjettruppen auf dem Territorium der ČSSR verringern, die Initiative ließ aber auch die Intention erkennen, Themen der zukünftigen KSZE fortan ohne die USA und Kanada zu behandeln (Dok. 180), was im Westen abträglich beschieden wurde.

Anlässlich einer Demonstration tschechoslowakischer Katholiken in Bratislava am 25. März 1988 war es zur Verhaftung österreichischer Pressevertreter gekommen. Dabei waren einschlägige KSZE-Bestimmungen missachtet worden, worauf die politisch Verantwortlichen der ČSSR den festen Wunsch zum Ausdruck brachten, weiter an der Entwicklung guter Beziehungen zu Österreich arbeiten zu wollen und den dadurch entstandenen Schaden „möglichst klein zu halten" (Dok. 183).

Ausführlich meldete sich Österreichs Botschafter Karl Peterlik[124] am 14. April 1988 aus Prag zu den Beschlüssen des ZK-Plenums der KPČ vom 8. und 9. April 1988 zu Wort. Was die personell-sachlich-programmatischen Aspekte anging, sprach Peterlik von einem „auf der Stelle treten mit einem leichten Driften zur Reform, allerdings verbunden mit wenig Elan" (Dok. 187).

Bei der Erklärung der neuen tschechoslowakischen Regierung unter Lubomír Štrougal war eine persönlich gehaltene Diktion für das ausdrückliche Offenlegen von Fehlleistungen bemerkenswert. Der Ministerpräsident der ČSSR hatte Kritik an der eigenen Regierung geübt und damit einiges Aufsehen erregt. Unter den Problemen wurden die unbefriedigende Produktionsqualität, die niedrige Bewertung tschechoslowakischer Güter auf

---

[124] Karl Peterlik (* 10.9.1932) war von 1972 bis 1976 österreichischer Generalkonsul in Hongkong, von 1976 bis 1981 österreichischer Botschafter in Thailand, von 1981 bis 1986 Leiter der Presseabteilung im Außenministerium in Wien, von 1986 bis 1992 Botschafter in der Tschechoslowakei und von 1992 bis 1997 Botschafter in Indien.

dem Weltmarkt sowie die zu geringe Innovationstätigkeit und die hinter den Erwartungen zurückgebliebenen Devisenerlöse im Außenhandel mit dem westlichen Ausland erwähnt. Štrougal hob die Bedeutung der Einzelinitiative von Bürgern hervor, gelobte Erleichterung für Auslandsreisebestimmungen sowie verbesserte Informationen über die Tätigkeit der Regierung. Im Zusammenhang mit der Kirche gab er die Zustimmung seiner Regierung zur Besetzung von drei Bischofssitzen bekannt (Dok. 194).

Während die Jakeš-Initiative von westeuropäischen Staaten und Vertretern abwartend, skeptisch bis ablehnend beurteilt wurde, war sie inzwischen aus österreichischer Sicht durchaus würdigenswert. Sie diene einer Intensivierung des Nachbarschaftsverhältnisses, insbesondere zwischen Österreich und der ČSSR mit traditionell belasteten Beziehungen, weshalb der Ballhausplatz nun eine positive Haltung zu diesem Vorstoß einnahm. Von Prager Seite war die Jakeš-Initiative zunächst als Auftakt einer Serie verschiedener zwischenstaatlicher Abkommen gedacht, aus denen sich im weiteren Stadium eine multilaterale Struktur der Beziehungen unter europäischen Staaten ergeben sollte, die im Wege von Konferenzen einzelner Subregionen Nord- und Mitteleuropas sowie des Balkans entstehen würde (Dok. 208).

Beim offiziellen Besuch des Politbüromitglieds der KPdSU und des Ministerratsvorsitzenden der Sowjetunion, Nikolaj Ryschkow, in Prag im Juli 1988 wurden Fragen der wirtschaftlichen und wissenschaftlich-technischen Kooperation zwischen der ČSSR und der UdSSR erörtert, u.a. der Stand der Reformbestrebungen und Fragen der Zusammenarbeit auf dem Sektor der Nuklearenergie. Der Jakeš-Plan wurde von der Sowjetunion „hoch eingeschätzt", wie Ryschkow in Übereinstimmung mit der Führung der ČSSR betonte. Die Beziehungen zwischen Prag und Moskau erfuhren als Beurteilung ein „traditionell gut". Mit Blick auf eine Neubewertung der Ereignisse um die Niederschlagung des „Prager Frühlings" im Jahr 1968 in der ČSSR erklärte Ryschkow, die KPdSU teile die Bewertung durch die KPČ, denn wie man auch immer die Rolle Alexander Dubčeks einschätze, sei eine innere Angelegenheit der Tschechoslowakei. Auf die Frage nach der Anwesenheit russischer Truppen in der ČSSR reagierte Ryschkow ausweichend, verwies allerdings auf einen Vorschlag der UdSSR, der aufhorchen ließ, wonach alle militärischen Einheiten aus fremden Staaten abgezogen werden sollten (Dok. 214).[125]

„Přestavba", die tschechoslowakische Variante der „Perestroika", war bisher schon im wirtschaftlichen Bereich in Angriff genommen worden. Doch bestand unter reformorientierten Kreisen Klarheit, dass rein ökonomische

---

[125] Siehe hierzu auch: Kieran Williams, The Russian View(s) of the Prague Spring, in: *Journal of Cold War Studies* 14 (2012), 2, pp. 128-141.

Reformen mit Aussicht auf Erfolg ohne ebenso notwendig gewordene politisch-gesellschaftliche Erneuerungen nicht greifen konnten. Mit Blick auf die Niederwerfung des „Prager Frühlings" durch Truppen des Warschauer Paktes im Jahr 1968 hatten bereits Debatten begonnen, die erkennen ließen, dass kein Land auf Dauer seine eigene Geschichte offiziell in einseitig-tendenziöser Eigeninterpretation vertreten konnte. Die Debatte um den damaligen Reformprozess hinsichtlich eines Sozialismus „mit menschlichem Antlitz" war bereits voll entbrannt. Der bevorstehende 20. Jahrestag der Militärintervention vom 21. August 1968 sollte Möglichkeiten zu Umdeutungen der historischen Realitäten und entsprechenden öffentlichen Raum dafür schaffen (Dok. 222).

Anlässlich des 20. Jahrestages der Niederschlagung des „Prager Frühling" durch die Warschauer Pakt-Staaten in der ČSSR wurden verschiedene Aspekte in der öffentlichen Debatte deutlich, nämlich Ansätze zu einer vorsichtigen Neubewertung, Fragen über die Haltung der Sowjetunion, die Rehabilitierung der im historischen Geschehen engagierten Persönlichkeiten und eine eingehendere Befassung in Bezug auf die Geschehnisse und Demonstrationen am 20. und 21. August 1968, verbunden mit der sich 1977 etablierenden Bürgerrechtsbewegung „Charta 1977", die einen Kranz in Prag in Erinnerung an die Selbstverbrennung von Jan Palach am 19. Januar 1969 niederlegte. Während man in der ČSSR geschichtspolitische Themen diskutierte, wie der neue Umgang mit dem „Prager Frühling" verdeutlichte, der gleichsam auch Kritik am kommunistischen Regime der ČSSR deutlich werden ließ, stufte die KPČ-Führung tatsächlich in einem an die Öffentlichkeit gelangten internen Rundschreiben die Vertreter der „Charta 77" als „gefährlichste innere und äußere Feinde des Sozialismus" ein. Ebenso wurden die 1968 aus der Partei ausgeschlossenen Personen bewertet. Auf die am 21. August 1988 aufgetretene neue Kategorie von Regimekritikern sollte die Parteiführung jedoch nicht mehr gut genug vorbereitet sein (Dok. 236).

Die Begehung des 20. Jahrestages des Einmarsches der Warschauer Pakt-Staaten in die ČSSR am 21. August 1988 lösten eine entstehende Bewegung, lebhafte Debatte und zunehmende Unruhe innerhalb der tschechischen Gesellschaft aus (Dok. 236). Dazu trug auch ein allseits beobachteter Umstand bei: Eine deutliche Truppenreduzierung der Sowjetarmee hatte in der Tschechoslowakei bereits stattgefunden (Dok. 287). Umso mehr wurde die fortgesetzte kommunistische Repression gegenüber der Bürgerrechtsbewegung und insbesondere die nochmalige Verurteilung des Schriftstellers Václav Havels unter jenen reformorientierten Kräften in Prag sehr negativ aufgenommen. Sie rief wiederum unterschiedliche Reaktionen anderer sozialistischer Staaten zu Jahresbeginn 1989 hervor (Dok. 303, 304). Während dem Literaten Havel in Prag der Prozess gemacht wurde, waren die ausländischen Reaktionen auf diesen Vorgang alles andere als befürwortend und positiv (Dok. 308).

Der eintägige Arbeitsbesuch von SED-Generalsekretär Honecker in der ČSSR am 3. Mai 1989 führte zu einer Bekräftigung der reformkritischen und -gegnerischen Kräfte in beiden sozialistischen Bruderstaaten. Doch war die Beschwörung gegenseitiger Verbundenheit im Grunde Ausdruck von Fehleinschätzung und Realitätsverweigerung, denn die revolutionären Gesamtveränderungen sowohl in der Sowjetunion als auch im Bündnissystem der sozialistischen Staaten waren bereits unaufhaltsam im Gange (Dok. 341). So war der Eindruck, dass es zwischen DDR und ČSSR einen Besuch unter ‚guten Freunden' gegeben habe, trügerisch (Dok. 343). Mit der Freilassung von Havel aus der Haft musste das kommunistische Regime in Prag im Juni 1989 eine Konzession an die bürgerrechtliche Opposition machen (Dok. 346).

Beim Besuch von Gorbatschow in der Bundesrepublik vom 12. bis 15. Juni 1989 war die gemeinsame von Bonn und Moskau verabschiedete Grundsatzerklärung vom 13. Juni betreffend die Bereitschaft zur Anerkennung der Selbstbestimmung für die Deutschen ein weiteres Signal, um nicht zu sagen ein Fanal mit Blick auf die Freiheitsbestrebungen der mittel- und osteuropäischen Bevölkerungen (Dok. 353).

Aufmerksamkeit erregte im Juli 1989 die Gründung einer „Gesellschaft zur Bestätigung des demokratischen Sozialismus" in der ČSSR. Diese schien an die reformsozialistischen Bestrebungen des „Prager Frühlings" anzuknüpfen (Dok. 373). So nahm es nicht wunder, dass sich im gleichen Monat die aktive Opposition mehr und mehr entfaltete und ihre Tätigkeiten intensivierte (Dok. 383).

Die Anzeichen politischer Veränderungen in der ČSSR wurden von österreichischer Seite weiter aufmerksam verfolgt und mitunter auch unterstützt. So kam es zu einer Diskussion mit dem Wiener Stadtrat Günther Engelmayer zur innenpolitischen Lage der Tschechoslowakei aus Sicht der Opposition (Dok. 406). Längst schon waren auch jene am Schlusskommuniqué der KSZE-Nachfolgekonferenz in Wien orientierten Bürgerrechtsgruppen wie die Internationale Helsinkiföderation (IHF) im Rahmen einer Reise als Delegation in der Tschechoslowakei vom 18. bis 20. Oktober 1989 präsent (Dok. 422).

Beim offiziellen Besuch des tschechoslowakischen Ministerpräsidenten Ladislav Adamec vom 24. bis 25. Oktober 1989 in Wien präsentierte sich dieser noch als Repräsentant eines relativ stabilen sozialistischen Systems. Doch sollten sich die weiteren Entwicklungen im November und Dezember

1989 ganz anders gestalten (Dok. 426) und dem Prager kommunistischen Regime den Anfang seines Endes bereiten.[126]

Mögliche politische Reformen in der ČSSR wurden aus slowakischer Sicht durchaus für begründet und sinnvoll erachtet, womit auch der traditionelle Spannungszustand zwischen tschechischen und slowakischen Interessen im Rahmen dieses föderativen sozialistischen Staates berührt war (Dok. 434, 437).

Nach wie vor waren im Frühherbst 1989 aus Wiener Sicht staatliche Beeinträchtigungen, wenn nicht sogar Repressionen und Unterdrückung der Demokratiebewegung in der Tschechoslowakei gegeben. Ablehnend-kritische Reaktionen ließen nicht lange auf sich warten (Dok. 440).

Die politische Wende in der Tschechoslowakei wurde dann jedoch ab Mitte November 1989 offenkundig (Dok. 444). Zwar wurden am 17. November Massendemonstrationen, v.a. getragen von Studenten, die mit ihren Schlüsselbeuteln klingelten, niedergeknüppelt, doch bewirkte diese Überreaktion der Polizeikräfte das Gegenteil und die Proteste bekamen immer mehr Zulauf und Auftrieb. So stellte sich bereits die Frage, wie die zukünftige politische Kräfteverteilung angelegt sein würde, d.h. wie viele Kommunisten oder auch Reformkommunisten sich zukünftig überhaupt noch in der Regierung halten könnten bzw. hinzugezogen werden müssten (Dok. 447). Das zeigte bereits ein aufschlussreicher Situationsbericht aus der Slowakei (Dok. 453). Wie in Ungarn für das Jahr 1956 erfolgte auch in der ČSSR relativ konsequent eine schrittweise Umbewertung der historischen Ereignisse des Jahres 1968 (Dok. 454).

Václav Havel war einer der herausragenden Exponenten der von Literaten, Studenten und Künstlern getragenen „samtenen Revolution",[127] indem er zum führenden Vertreter der am 19. November 1989 gegründeten Bürger-

---

[126] Siehe hierzu Tomáš Vilímek, Die Ursachen des Zusammenbruchs des kommunistischen Regimes in der ČSSR im Jahre 1989, in: Florath (Hrsg.), Das Revolutionsjahr 1989, S. 105-121; Oldřich Tůma, External Factors Influencing the Fall of the Communist Regime in Czechoslovakia, in: Ulf Engel/Frank Hadler/Matthias Middell (Eds.), 1989 in a Global Perspective (Global history and international studies XI), Leipzig 2015, pp. 119-128; Jiří Suk, Czechoslovakia in 1989. Causes, Results, and Conceptual Changes, in: Mueller/Gehler/Suppan (Eds.), The Revolutions of 1989, pp. 137-160; Michal Pullmann, The demise of the communist regime in Czechoslovakia (1987-89). A socio-economic perspective, in: Kevin McDermott/Matthew Stibbe (Eds.), The 1989 Revolutions in Central and Eastern Europe. From Communism to Pluralism, Manchester 2016, pp. 136-153.

[127] Siehe hierzu Milan Otáhal, Die „samtene" Revolution – ohne Alternative, in: Thaysen/Kloth (Hrsg.), Wandel durch Repräsentation, S. 125-130; Benjamin Müller, Von der Konfrontation zum Dialog. Charta 77, Menschenrechte und „Samtene Revolution" in der Tschechoslowakei 1975-1989, in: Altrichter/Wentker (Hrsg.), Der KSZE-Prozess, S. 99-110; siehe hierzu auch den Band von Wolfgang Mueller (Hrsg.), 1989. Die Samtenen Revolutionen, Österreich und die Transformation in Europa, Wien 2017.

Sammlungsbewegung „Občanské Fórum" (OF) avancierte. Die Revolution war politisch vollzogen, als er als Kandidat des OF am 29. Dezember 1989 von den bisher kommunistischen Vertretern der Föderalversammlung zum Staatspräsidenten gewählt wurde. Die erste Pressekonferenz des neuen tschechoslowakischen Außenministers Jiří Dienstbier signalisierte den politischen Systemwechsel im vormalig sozialistischen tschechoslowakischen Herrschaftsbereich (Dok. 463). Die Neujahrsansprache des neuen Staatspräsidenten Havel und die Verkündung einer politischen Amnestie für politisch Verfolgte machten um den Jahreswechsel 1989/90 die politischen Veränderungen in der ČSSR irreversibel (Dok. 469).[128]

Alsbald kam es zur Annäherung zwischen den Reformkommunisten in Prag und Warschau durch den Besuch von Außenminister Jiří Dienstbier in Polen (Dok. 472). Die KPČ befand sich in einem Erosionsprozess. Große Beunruhigung herrschte über den Parteiaustritt des Ministerpräsidenten Marián Čalfa (Dok. 475). Gleich wie in Ungarn stellte sich auch in der Tschechoslowakei die Frage nach einem zu erwartenden vollständigen sowjetischen Truppenabzug (Dok. 480).[129]

Die Erinnerung an die Herrschaftszeit des Kommunismus in der Tschechoslowakei orientierte sich nicht nur an 1968, sondern in einer Art doppelten politischen Gedächtniskonfiguration auch an 1948, als im Februar diesen Jahres die kommunistische Machtübernahme in der Tschechoslowakei durch den Kommunisten Klement Gottwald und die Entmachtung von Edvard Beneš erfolgt war. So spielte das Gedenken an den Februar 1948 in der Tschechoslowakei auch im Februar 1990 eine nicht unwichtige erinnerungspolitische Rolle (Dok. 489).

Anfang des Jahres wurde bereits ein parlamentarischer Untersuchungsbericht des tschechoslowakischen Nationalrats über die brutale und gewaltsame Niederschlagung der Prager Demonstration vom 17. November 1989 vorgelegt, der zeigte, wie das kommunistische Regime zu diesem Zeitpunkt noch mit aller Härte und allen ihm zur Verfügung stehenden Mitteln gegen die aufbegehrenden Demonstranten vorgegangen war (Dok. 514). Aufschlussreich waren diesbezüglich auch Angaben des

---

[128] Siehe hierzu auch James Krapfl, Revolúcia s ľudskou tvárou. Politika, kultúra a spoločenstvo v Československu po 17. novembri 1989, Bratislava 2009; Idem, Revolution with a Human Face. Politics, Culture, and Community in Czechoslovakia 1989-1992, Ithaca – New York 2013.

[129] Siehe hierzu Svetlana Savranskaya, In the name of Europe. Soviet withdrawal from Eastern Europe, in: Frédéric Bozo, et al. (Eds.), Europe and the End of the Cold War. A reappraisal (Cold war history series), London – New York 2009, pp. 36-48; Idem, The Logic of 1989. The Soviet Peaceful Withdrawal from Eastern Europe, in: Svetlana Savranskaya/Thomas S. Blanton/Vladislav Zubok (Eds.), Masterpieces of History, Budapest – New York 2010, pp. 1-47.

Pressesprechers des Präsidenten Havel über die Hintergründe des Umsturzes in der ČSSR in diesem Monat (Dok. 516).

Intellektuelle, wie z.B. Historiker, äußerten sich indes über die noch bestehenden Perspektiven des Sozialismus im mitteleuropäischen Raum. Ein Geschichtsforscher des Kalten Krieges wie Vojtech Mastny artikulierte sich in einer durchaus optimistischen Weise über die Zukunft der Demokratie in der Tschechoslowakei (Dok. 520). Dabei war die zukünftige außenpolitische Ausrichtung der ČSSR noch weitgehend offen. So äußerte der Vorsitzende der tschechoslowakischen Volkspartei, Josef Bartončík, dass die ČSSR eine zukünftige Politik der Neutralität verfolgen sollte. Einen ähnlichen Kurs steuerte in den Jahren 1989/90 noch Staatspräsident Havel, der das Land am 5. Juli 1990 zu freien Wahlen führen sollte. Das neue Parlament bestätigte ihn als parteilosen Präsidenten. Am 29. März 1990 erfolgte die Umbenennung von einer Volksrepublik in die Tschechoslowakische Föderative Republik, die wiederum schon am 23. April in Tschechische und Slowakische Föderative Republik (tschechisch Česká a Slovenská Federativní Republika, slowakisch Česká a Slovenská Federatívna Republika, in der Kurzform ČSFR) umgewandelt wurde (Dok. 522).

Für die neuen Regierungen an der Moldau und der Donau gab es ein entsprechendes Vertrauensvotum, wobei die politische Situation trotz der Föderalisierung aufgrund weiterer slowakischer und tschechischer Autonomie- bzw. Separationstendenzen im Verhältnis zwischen dem Führungspersonal in Bratislava und Prag prekär blieb (Dok. 536). Die sich intensivierende Föderalismusdebatte in der ČSFR wurde im Laufe des Jahres 1990 konkreter (Dok. 545).

Gedenkfeiern zum 22. Jahrestag der militärischen Invasion der Warschauer Pakt-Staaten im August 1990 machten einmal mehr auf den diskursiven, geschichtspolitischen und identitätsspezifischen Änderungs- und Nachholbedarf aufmerksam. Anlässlich dieser Gelegenheit traten bei einer gemeinsamen Erinnerungsveranstaltung Staatspräsident Havel, Parlamentspräsident Alexander Dubček und der sowjetische Botschafter in Prag, Boris Pankin, auf (Dok. 547).

Nationalistische und separatistische Tendenzen wurden vermehrt auf der Ebene der politischen Eliten – im Unterschied zu jener der Bevölkerung – in der Slowakei im Spätsommer 1990 immer deutlicher spürbar (Dok. 553).[130] Bereits im September war das Anwachsen dieser Strömungen unübersehbar geworden (Dok. 563). Ein Alarmsignal mit Blick auf die forcierte Sezessionstendenz unter den Führungseliten der Slowakei war die Entscheidung über die Einführung der slowakischen Sprache als Amtssprache

---

[130] Jindřich Pecka, Odsun sovětských vojsk z Československa (1989-1991), Prague 1996.

in der slowakischen Teilrepublik der ČSFR (Dok. 571). Die Verfassungskrise eskalierte in Folge (Dok. 583).[131] Überlagert von einem sich entzündenden Führungsstreit war eine Kontroverse zwischen Prag und Bratislava auf der einen und Moskau auf der anderen Seite im Zusammenhang mit einem Kriegerdenkmal in der Moldau-Stadt (Dok. 589).

Im Frühjahr 1991 stellte sich die Frage, ob sich die noch existierende ČSFR in einem sicherheitspolitischen Vakuum befinde. So gab es vor dem Besuch von Staatspräsident Havel im Hauptquartier der NATO in Brüssel am 21. März eine entsprechende Standortbestimmung, die letztlich zu einer stärkeren Annäherung der ČSFR an das atlantische Bündnis und zu einer Kehrtwende von Havels vorheriger neutralitätspolitischer Präferenz hin zu einer stärkeren Priorität für die transatlantische Allianz führte (Dok. 598). Wie in Ungarn erfolgte nun auch etwas verspätet der Abzug der sowjetischen Truppen aus der ČSFR. Es fanden entsprechende Feierlichkeiten statt, die ohne aufsehenerregende Zwischenfälle vonstattengingen (Dok. 611).

Eine Bestandsaufnahme der Innenpolitik seitens der österreichischen Botschaft in Prag sprach im September 1991 von den Unwägbarkeiten eines noch möglichen aber immer unwahrscheinlicheren Zusammenhaltes der beiden Teilrepubliken (Dok. 645). Immer stärker spitzte sich die Debatte um die Frage zu, ob die ČSFR eine Föderation bleiben oder eine Konföderation werden solle und letzten Endes sogar vor einem Zerfall stehe. Nur eine eher theoretische Debatte kam über ein mögliches tschechisch-slowakisches Referendum auf. Eine solche Volksabstimmung sollte aber gar nicht erst stattfinden. Es war eine Entscheidung der jeweiligen politischen Führungen, d.h. der Regierungschefs Václáv Klaus auf der einen Seite und Vladimir Mečiar auf der anderen Seite, die sich dazu entschlossen, getrennte Wege zu gehen, also zwei eigenständige neue Staaten zu gründen, so dass die Bildung einer tschechischen und einer slowakischen Republik die Folge sein sollte (Dok. 649). Die Debatte über Föderation, Konföderation oder Zerfall und damit über die Neuordnung des tschechisch-slowakischen Verhältnisses nahm Formen an, dass die politischen Entscheidungsträger reagieren mussten und sich im Sinne der Beibehaltung ihrer Positionen schließlich für die Sezession entschieden (Dok. 654).

In dieser gespaltenen Lage stellte sich für die Beobachter aus Österreich im November 1991 nicht mehr die Frage, ob die ČSFR in einer Sackgasse stecken würde. Ihr Ende war so gut wie beschlossen und besiegelt (Dok. 656). Es gab immerhin noch Bemühungen, die Trennung zu verhindern. Staatspräsident Havel unterbreitete am 17. November 1991 Vorschläge zur

---

[131] Eric Stein, Czecho/Slovakia: Ethnic Conflict – Constitutional Fissure – Negotiated Breakup, Michigan 1997; Jan Rychlík, Rozpad Československa: Česko-slovenské vztahy 1989-1992, Bratislava 2002.

Lösung der Verfassungskrise, doch die Separation war nicht mehr abzuwenden. Am 31. Dezember 1992 folgte die Auflösung der ČSFR.

Während sich in Deutschland die Vereinigung von Bundesrepublik und DDR am 3. Oktober 1990 als eine Folge der revolutionären Ereignisse in Ost-Deutschland vollzog, fand in der Tschechoslowakei das Gegenteil statt. Als Folge der revolutionären Ereignisse vom 17. November 1989 kam es nur zu einer kurzzeitigen Föderalisierung in Form der ČSFR, letztlich aber zur Spaltung und Sezession in zwei eigenständige Republiken und Staaten (Dok. 660).

5. Kein Ansatz zu einer Reformbewegung: Der Fall Ceaușescus in Rumänien 1989

Äußerst deprimierend las sich für die Zentrale der österreichischen Diplomatie, am Ballhausplatz in Wien, der Lagebericht über die Situation in Rumänien im Jahre 1988, der „vom Aufbruch zum Abbruch" betitelt worden war. Die von Staatspräsident Nicolae Ceaușescu betriebene gigantomanische Maßlosigkeit seiner Herrschafts- und Repräsentationspolitik sei ein selbst Byzanz übertreffender Personenkult. Die Despotie und nicht zuletzt seine das Volk „zermürbende, ja vernichtende Sparpolitik" und Systematisierungsideen hinsichtlich von Dorferneuerungen würden das Land „an den Rand des Abgrundes" treiben. Österreichs Botschafter in Bukarest, Andreas Berlakovich, zitierte Ceaușescu als „Europas Pol Pot", „roten Cäsar" und „tyrannischen Despot", indem er auf die internationalen Massenmedien rekurrierte. „Solange Ceaușescu und sein Clan Rumänien beherrschen würden, werde mit keinen grundlegenden Reformen zu rechnen sein: Korruption, Misswirtschaft, starrer Zentralismus und eine ausgeklügelte Unterdrückungspolitik, verbunden mit einer weitgehenden Teilnahmslosigkeit der Bevölkerung werden mit der Ära Ceaușescu verbunden bleiben […]" (Dok. 242), lautete das vernichtende Urteil.

Im Zuge der Umsturzbewegungen in Mittel- und Osteuropa lösten die von der ungarischen Minderheit getragenen und blutig erstickten Aufstände in Temesvar und Arad am 16. und 17. Dezember 1989 eine Massenerhebung in Rumänien aus. Der Staatspräsident wurde bei einer inszenierten Kundgebung von einer großen Menschenmenge vor seinem Präsidentenpalast in Bukarest gnadenlos ausgepfiffen und mit offenem Aufruhr bedroht. Große Teile der Armee stellten sich auf die Seite der Protestierenden. Am 21. Dezember kam es in der rumänischen Hauptstadt zu blutigen Straßenkämpfen mit der rumänischen Geheimpolizei Securitate. Tagsdarauf wurde Ceaușescu von einer parteiinternen Gegenelite im Zuge einer Palastrevolte gestürzt, mit seiner Frau Elena am 23. Dezember auf der Flucht verhaftet und am 25. Dezember in Târgoviște von einem Militärgericht kurzerhand verurteilt und zusammen mit seiner Frau hingerichtet. Die Opfer der Aufstände beliefen sich auf über 1.000 Personen.

Als neue Regierung fungierte eine „Front der Nationalen Rettung" (FSN), die am 26. Dezember den Putschistenführer und Reformkommunisten Ion Iliescu zum provisorischen Staatspräsidenten ernannte. Iliescu hob die Umsiedlungsgesetze auf und kündigte freie Wahlen an. Der Staat hieß fortan „Republik". Ende 1989 wurde die Nationale Bauernpartei-Christdemokraten (PNTCD) neubegründet. In Folge entstanden bis zu 150 Parteien. Massenproteste und eine Resolution des „Runden Tisches", bestehend aus FSN und Opposition, führten zur Einsetzung eines „Provisorischen Rats der Nationalen Einheit" mit 30 Parteien und Gruppierungen. Politischer Wandel vollzog sich jedoch nur ansatzweise. Blutige Kämpfe in Siebenbürgen zwischen Rumänen und Rumänen-Ungarn im März sowie antikommunistische Demonstrationen und der Einsatz von Sicherheitskräften im Juni 1990 verdeutlichten die anhaltend explosive Lage. Am 20. Mai war Iliescu als Kandidat der FSN mit 85,5% zum Staatspräsidenten gewählt worden und die FSN stärkste Fraktion im Parlament geworden. Die neue Verfassung von 1991 bedeutete zwar die formelle Beseitigung der Diktatur. Politik und Ökonomie blieben aber weiter in Händen ex-kommunistischer Eliten, während die im Bündnis „Demokratische Konvention" zusammengeschlossene Bürgeropposition unterdrückt wurde. Der schnelle Wechsel von Ministerpräsident (1990–1991) Petre Roman auf Theodor Stolojan (1991–1992) verdeutlichte die instabile Situation, die durch ökonomische Misere, politische Gegensätze, ideologische Spannungen und ethnische Konflikte gekennzeichnet blieb.

6. Die ambivalente und gespannte Lage im Baltikum und in der Ukraine

Im Rahmen dieser umfassenden Dokumentation der österreichischen Diplomatie und Politik und ihrer Haltung zu den politischen Ereignissen jenseits des „Eisernen Vorhangs" von 1985 bis 1991 ist es bemerkenswert, dass dem revolutionären und nach Unabhängigkeit strebenden Baltikum[132] seitens der Ballhausplatz-Diplomaten tendenziell weniger Aufmerksamkeit zuteil wurde als den näheren und unmittelbaren mittel- und osteuropäischen Nachbarn. Dass dieser Raum mit den drei 1989/90 noch existierenden

---

[132] Walter C. Clemens, Baltic Independence and Russian Empire, Basingstoke 1991, Idem, The Baltic Transformed. Complexity Theory and European Security, Lanham 2001; Anatol Lieven, The Baltic Revolution. Estonia, Latvia, Lithuania and the Path to Independence, New Haven – London 1993; Arvydas Anušauskas (Ed.), The Anti-Soviet Resistance in the Baltic States, Vilnius 1999.

Sowjetrepubliken Estland,[133] Lettland[134] und Litauen[135] für Moskau eben an der Nord-West-Flanke des sowjetischen Imperiums ein besonders sensibles Thema war, ist unstrittig. Das wurde klar, als sich Gorbatschow verstärkt um die fortgesetzte Einbindung der baltischen Sowjetrepubliken bemühte – auch mit militärischen Mitteln.

Recht aufmerksam wurde die Anfang 1987 erfolgte Reise des KPdSU-Generalsekretärs in das Baltikum verfolgt. Mit seiner Politik wurde auch in diesen Sowjetrepubliken eine gesellschaftliche und wirtschaftliche Umgestaltung durch mehr Demokratie erhofft (Dok. 97). Wie schwer jedoch die Geschichte der politischen Entscheidungen betreffend das Baltikum in der ersten Hälfte des 20. Jahrhunderts auf den Beziehungen zwischen Tallinn, Riga und Vilnius einerseits und Moskau andererseits lasteten, wurde sehr deutlich, als es Kundgebungen im August und September 1987 im Baltikum im Gedenken an den Jahrestag des Molotow-Ribbentrop-Paktes (Hitler-Stalin-„Nichtangriffspakt") vom 23. August 1939 geben sollte.[136] Dieser im eigentlichen Sinne deutsch-sowjetische Angriffspakt auf Polen hatte nicht nur zur Aufteilung des Landes unter Zuschlag des Löwenanteils polnischen Territoriums an die Sowjetunion, sondern auch zur teils Aneignung, teils Einverleibung der drei baltischen Staaten in das sowjetische Herrschaftsterritorium geführt. Die Kundgebungen anlässlich der 50jährigen

---

[133] Toivo U. Raun, The Re-establishment of Estonian Independence, in: *Journal of Baltic Studies* 22 (1991), 3, pp. 251-258; Idem, National Identity in Finland and Estonia, 1905-1917, in: Norbert Angermann/Michael Garleff/Wilhelm Lenz (Eds.), *Ostseeprovinzen, Baltische Staaten und das Nationale. Festschrift für Gert von Pistohlkors zum 70. Geburtstag,* Münster 2005, pp. 343-356; Peeter Tulviste, History Taught at School Versus History Discovered at Home. The Case of Estonia, in: *European Journal of Psychology of Education* 9 (1994), 2, pp. 121-126; Peeter Vihalemm/Marju Lauristin/Ivar Tallo, Development of Political Culture in Estonia, in: Marju Lauristin/Peeter Vihalemm (Eds.), Return to the Western World. Cultural and Political Perspectives on the Estonian Post-Communist Transition, Tartu 1997, pp. 197-210; Heiko Pääbo, The Role of Non-Violent Resistance in Proclaiming Independence in Estonia, in: Talavs Jundzis (Ed.), Development of Democracy. Experience in the Baltic States and Taiwan, Riga 2006, pp. 126-136.

[134] Andrejs Penikis, The Third Awakening Begins. The Birth of the Latvian Popular Front, June 1988 to August 1988, in: *Journal of Baltic Studies* 27 (1996), 4, pp. 261-290.

[135] Stanley V. Vardys, Litauen unter der Sowjetherrschaft und auf dem Wege zur Unabhängigkeit, in: Boris Meissner (Hrsg.), Die baltischen Nationen. Estland. Lettland. Litauen, Köln 1991, S. 223-268; Alfred Erich Senn, Lithuania's Path to Independence, in: *Journal of Baltic Studies* 22 (1991), 3, pp. 245-250; Jan A. Trapans (Ed.), Toward Independence. The Baltic Popular Movements, Boulder 1991.

[136] Siehe hierzu auch Gert von Pistohlkors, Der Hitler-Stalin-Pakt und die Baltischen Staaten, in: Erwin Oberländer (Hrsg.), Der Hitler-Stalin-Pakt 1939. Das Ende Ostmitteleuropas?, Frankfurt/Main 1989, S. 75-97; Heino Arumäe, Noch einmal zum sowjetisch-deutschen Nichtangriffspakt, in: Erwin Oberländer (Hrsg.), Der Hitler-Stalin-Pakt 1939. Das Ende Ostmitteleuropas?, Frankfurt/Main 1989, S. 114-124; Stefan Troebst, Der 23. August 1939 – Ein europäischer lieu de mémoire?, in: *Osteuropa* 59 (2009), 7-8, S. 249-256.

Wiederkehr des Hitler-Stalin-Paktes waren mit der Frage verbunden, ob Gorbatschows „neues Denken" auch für die Nationalitätenfrage des sowjetischen Herrschaftsbereichs gelte (Dok. 131).

Ein deutliches Signal der Veränderung ging vom Kreml im März 1990 aus, als der Oberste Sowjet ein Gesetz über den möglichen Austritt aus der UdSSR verabschiedete. Das wiederum ermöglichte erste Gesprächsbereitschaft zwischen Vilnius und Moskau (Dok. 498). Dass sich die Situation im Baltikum, besonders in Litauen, im Zuge der „singenden Revolution"[137] politisch zuspitzen würde, war im Übergang des Jahres 1990/91 schon erkennbar. Schließlich sollte Moskau – ganz im Unterschied zu den mittelosteuropäischen Staaten, die ja 1989 noch „Volksrepubliken" waren – nicht davor zurückschrecken, in den Sowjetrepubliken Lettland und Litauen militärisch einzugreifen.[138] Für den Westen, besonders die Bundesrepublik und die USA, war die Frage, wie zu reagieren sei, ein besonders heikles Thema, v.a. in Bezug auf den Umgang mit dem aus ihrer Sicht zu schonenden Reformkommunisten in Moskau. Man hielt sich mit Protestbekundungen und Unmutsäußerungen gegenüber der sowjetischen Militärintervention zurück wie auch mit Solidaritätserklärungen hinsichtlich der betroffenen Letten und Litauer. Zu wichtig war sowohl für Bundeskanzler Kohl als auch für den US-amerikanischen Präsidenten Bush in der Kontinuität zur Politik von Reagan die weitere uneingeschränkte Unterstützung des Reformkurses von Gorbatschow in der Sowjetunion und seine insgesamt fortwährend duldende und wohlwollende Haltung gegenüber den revolutionären Veränderungen in den Volksrepubliken gewesen. So sehr der Westen die Freiheitsbestrebungen der Balten begrüßt und auch gewünscht hatte, konnte und wollte er nicht zu den Einwirkungen und Unterdrückungsmaßnahmen seitens der Sowjetunion kritisch Stellung beziehen.[139]

Der Putschversuch gegen Gorbatschow in Moskau im August 1991 und der gescheiterte Umsturz in der Sowjetunion seitens der Generäle ließen nicht nur die Frage der Fortsetzung der Reformbestrebungen fraglich erscheinen, sondern auch jene der Anerkennung der baltischen Staaten virulent werden. Der einmalige ökonomische Schwächezustand der UdSSR, der seit 1989

---

[137] Karsten Brüggemann, „One Day We Will Anyway". The „Singing Revolution" in the Soviet Baltic Republics, in: Mueller/Gehler/Suppan (Eds.), The Revolutions of 1989, pp. 221-246.

[138] Ainius Lasas, Bloody Sunday. What did Gorbachev know about the January 1991 events in Vilnius and Riga?, in: *Journal of Baltic Studies* 38 (2007), 2, pp. 179-194.

[139] Siehe hierzu Kristina Spohr-Readman, Germany and the Baltic Problem after the Cold War. The Development of a New Ostpolitik 1989-2000, London 2004; Thomas Blanton, Ronald Reagan, George H. W. Bush, and the Revolutions of 1989. American Myths Versus the Primary Sources, in: Mark Kramer/Vít Smetana (Eds.), Imposing, Maintaining, and Tearing Open the Iron Curtain. The Cold War and East-Central Europe. 1945-1989 (The Harvard Cold War studies book series), Lanham – Plymouth 2014, pp. 279-304.

offenkundig war und auch politisch durch Zerfall seit 1991 in aller Deutlichkeit erkennbar wurde, machte den Weg frei zur Unabhängigkeit, Selbständigkeit und Souveränität von Estland, Lettland und Litauen (Dok. 637).

Nach der ukrainischen Unabhängigkeitserklärung vom 24. August 1991 gehörte Österreich zu den ersten Staaten, die sogenannte „pro forma"-Beziehungen zur Ukraine aufnahmen: Außenminister Alois Mock unterzeichnete am 26. September 1991 einen Konsularvertrag. Nach dem Unabhängigkeitsreferendum vom 1. Dezember reagierte Österreich jedoch zögerlich. Einerseits wollte man ein mit den Europäischen Gemeinschaften synchrones Vorgehen und andererseits verzögerte die regierungsinterne Debatte um Aufnahme von Beziehungen mit Kroatien und Slowenien, die von der SPÖ-Führung lange abgelehnt und von der ÖVP-Spitze gefordert wurde, das Agieren in Bezug auf die Ukraine, da die ÖVP keine Anerkennung der neuen Republiken auf dem Gebiet der UdSSR akzeptieren wollte, wenn nicht gleichzeitig auch die südosteuropäischen Staaten anerkannt werden. Am 15. Januar 1992 wurde schließlich in einer Sondersitzung des Ministerrates die Anerkennung der Ukraine und der übrigen GUS-Staaten (außer Georgien) gleichzeitig mit jener Kroatiens und Sloweniens beschlossen, nachdem die Anerkennung der beiden Balkanrepubliken durch die EG-Staaten erfolgt war. Am 24. Januar 1992 wurden schließlich offizielle diplomatische Beziehungen zur Ukraine aufgenommen.[140]

IV. Die Rolle der internationalen Organisationen
1. Der Warschauer Pakt: Vom unbestrittenen Faktum zur unvermeidlichen Auflösung 1985–1991

Im Zuge der Diskussion um Abrüstungsverhandlungen im Rahmen der KSZE-Nachfolgekonferenz in Wien (1986–1989) stellte sich auch die Frage des Fortbestandes der WVO, zumal ihre Geltungsdauer nach Ablauf von 30 Jahren ihres Bestehens (14. Mai 1955) verlängert werden musste (Dok. 59).

Im Anschluss an den Freundschaftsbesuch Gorbatschows vom 8. und 9. Juni 1986 in Budapest (Dok. 57, 58) tagten die Warschauer Pakt-Staaten in der ungarischen Hauptstadt, wo man Bereitschaft zur Flexibilität in der Frage der Reduzierung amerikanischer und sowjetischer Mittelstreckenraketen in Europa demonstrierte, eine radikale Kürzung im Bereich der konventionellen Rüstung und der Streitkräfte diskutierte sowie eine Einbindung von neutralen und blockfreien Staaten zur Kooperation und Sicherung internationaler

---

[140] Andrea Brait, Wien-Moskau und Wien-Kiew. Der Zusammenbruch der UdSSR und die neue Unabhängigkeit der Ukraine aus der Wiener Perspektive, in: Ihor Zhaloba/Oleh Kupczyk/Ljubov Spakovski (Hrsg.), Österreich und die Ukraine an historischen Kreuzungen, Kiew 2016, S. 39-74.

Standards bei der Kernenergieentwicklung überlegte. Die Kritik an den USA fiel vergleichsweise milde aus. Mit Blick auf ein künftiges Gipfeltreffen zwischen Gorbatschow und Reagan sollte eine günstige propagandistische Ausgangslage geschaffen werden. Die österreichische Botschaft in Budapest erkundete, dass ein Vertreter der WVO die Überprüfung der eigenen Positionen forderte und nach dessen Ansicht die Ursachen für die Auffassungsunterschiede bei den Abrüstungsfragen nicht nur beim Westen zu suchen seien (Dok. 59).

In einer Analyse der Mitgliederbeziehungen im Warschauer Pakt konnte für den Ballhausplatz ermittelt werden, dass Gorbatschow in Abrüstungs- und Wirtschaftsfragen eine stärkere Kooperation forderte. Dabei wurde eine Mischung aus konstruktivem Dialog und sanftem Druck praktiziert. Laut Einschätzung in Wien stellte sich nach wie vor die viel relevantere Frage der Durchsetzbarkeit der Reformen auf ökonomischem Sektor. Gleichwohl sich die Tonlage zwischen Moskau und den übrigen WVO-Mitgliedern geändert hatte, bestand im Jahre 1986 noch nicht der geringste Zweifel an der fortgesetzten Aufrechterhaltung der sogenannten Breschnew-Doktrin (Dok. 69, 90).

Im Januar 1987 waren die Reaktionen in den verschiedenen Warschauer Vertragsstaaten auf Gorbatschows „Perestroika" im Anschluss an die Plenartagung des Zentralkomitees der KPdSU sehr unterschiedlich ausgefallen. Der Warschauer Pakt, der v.a. in Reaktion auf den NATO-Beitritt der Bundesrepublik am 9. Mai 1955 begründet worden war, stand 1988 nicht zur Disposition. Das sollte sich für die Außenwelt erst später wahrnehmbar verändern (Dok. 102).

In der zweiten Jahreshälfte 1987 hatte sich jedoch für aufmerksame Beobachter und kritische Berichterstatter bereits die Frage gestellt, ob die veränderte sowjetische Außenpolitik unter Gorbatschow unter neuen Vorzeichen, nämlich v.a. bezüglich der Abrüstungsbestrebungen, auch neue Bewegungsfreiheiten und Handlungsspielräume für die WVO-Staaten zur Folge haben würde (Dok. 162).

Die Frage der Weiterentwicklung des Warschauer Paktes war eng verknüpft mit der Frage des Fortbestands und der weiteren Gültigkeit der sogenannten Breschnew-Doktrin. Die nach dem ehemaligen Sowjetpolitiker benannte Lehre besagte, dass die Sowjetunion im Falle von Abweichungen oder Gefährdungen des Sozialismus in den sogenannten „Bruderstaaten" ihren Verbündeten militärisch zur Hilfe eilen würde, um eine „Konterrevolution" niederzuschlagen. Diese Doktrin schien unter Gorbatschow eine allmähliche Aufweichung zu erfahren und letztendlich zur Disposition zu stehen. Eine solche Entscheidung zeichnete sich immer deutlicher ab, wiewohl auch die WVO in Abweichung von offensiv angelegten Verteidigungsoperationen stärker in Richtung einer Verteidigungsstrategie überzugehen bereit war (Dok. 216).

Österreichs Botschafter in Warschau, Andreas Somogyi, hakte in dieser wichtigen sicherheitspolitischen Frage für Europa nach und berichtete am 21. Juli 1988 zur Frage des Fortbestandes der Breschnew-Doktrin, dass Fachleute und hochrangige Vertreter die Weiterbildung dieser Doktrin verneinten und immer wieder auf die Politik von Gorbatschow und die neuen Beziehungen unter den sozialistischen Staaten verwiesen. Auf die bewusst provozierend angelegte Frage, wie denn die Sowjetunion reagieren würde, sollte Polen seinen Austritt aus dem Warschauer Pakt erklären, war unter den Gesprächspartnern wiederholt „betretenes Schweigen oder krampfhaftes Lächeln" zu beobachten (Dok. 217).

So scheinbar unverändert sich die Lage im östlichen Militärbündnis in den Jahren von 1985 bis 1987 dargestellt hatte, so fragte die österreichische Diplomatie schon im Oktober 1988, ob dieser für Europa auch geopolitisch relevante Raum im Wandel begriffen sei, denn es gab erkennbar innenpolitische Bewegungen sowohl in den WVO-Staaten als auch in Jugoslawien (Dok. 265).

Die sich immer offener gestaltende Entwicklung innerhalb und zwischen den einzelnen Warschauer Pakt-Partnern wurde bei der Tagung ihrer Außenminister in Berlin-Ost am 11. und 12. April 1989 allzu offensichtlich (Dok. 330). Das Treffen der WVO beim Gipfel von Bukarest am 7. und 8. Juli 1989 machte dann schließlich überdeutlich, dass eine immer stärkere Auseinanderentwicklung der verschiedenen Interessen der WVO-Mitgliedsstaaten existierte (Dok. 375).

Sehr abweichend gestalteten sich bereits die Beurteilungen der einzelnen Warschauer Pakt-Staaten bezüglich der blutigen Niederschlagung der studentischen Protestbewegung am Platz des Himmlischen Friedens in Peking am 4. Juni 1989.[141] Aber auch die Reaktionen auf das Begräbnis von Imre

---

[141] Zu den wechselseitigen Wahrnehmungen und Zusammenhängen siehe Robert G. Sutter, Changes in Eastern Europe and the Soviet Union. The effects on China, in: *Journal of Northeast Asian Studies* 9 (Summer 1990), 2, pp. 33-45; Jeanne L. Wilson, „The Polish Lesson:" China and Poland 1980-1990, in: *Studies in Comparative Communism* 23 (Autumn-Winter 1990), 3-4, pp. 259-279; Czeslaw Tubilewicz, 1989 in Sino-East Central European Relations Revisited, in: Frank Columbus (Ed.), Central and Eastern Europe in Transition, Vol. 1, New York 1998, pp. 145-161; Jean-Philippe Béja/Merle Goldman, The Impact of the June 4th Massacre on the pro-Democracy Movement, in: *China Perspectives* (2009), 2, pp. 18-28; Michel Bonnin, The Chinese Communist Party and June 4th. Or how to get out of it and get away with it, in: *China Perspectives* (2009), 2, pp. 52-61; Peter Vámos, The Tiananmen Square „Incident" in China and the East Central European Revolutions, in: Mueller/Gehler/Suppan (Eds.), The Revolutions of 1989, pp. 93-112; Martin Dimitrov, European Lessons for China. Tiananmen 1989 and Beyond, in: Piotr H. Kosicki/Kyrill Kunakhovich (Eds.), The Long 1989. Decades of Global Revolution, Budapest 2019, pp. 61-88.

Nagy – die Umbettung fand im Rahmen einer Rehabilitationsfeier am 16. Juni 1989 in Budapest statt – diente als Indikator für die verschiedenen Auffassungen innerhalb der WVO und gleichzeitig auch als Gradmesser für die Entwicklung der sich immer stärker ausgestaltenden Diversifizierung und Diffusion im sogenannten „Ostblock" (Dok. 378), der so homogen und geschlossen, wie im Westen immer wieder behauptet, nie in seiner Geschichte bestanden hatte. Spürbar wurde auch der Wandel der östlichen Militärorganisation von einer militärstrategischen zu einer stärker militärpolitischen Organisation (Dok. 377).

Noch deutlicher war das Auseinanderdriften der verschiedenen Mitglieder der WVO beim Treffen des Komitees der Außenminister am 26. und 27. Oktober 1989 in Warschau, nachdem bereits die ersten freien Wahlen in Polen stattgefunden hatten (Dok. 436).

Relativ geschlossen und einheitlich war die kritische Haltung der Warschauer-Pakt-Staaten in Bezug auf die mit großem Interesse verfolgte Vereinigung der beiden deutschen Staaten. Angesichts des sich abzeichnenden verstärkten sicherheitspolitischen Potentials für die westdeutsche Republik durch die Vergrößerung ihres Staatsgebietes war dies auch eine eminent wichtige militärstrategische Frage. Die übereinstimmende Position führte aber nicht zu einer Stärkung der östlichen Verteidigungsorganisation (Dok. 465). Beim Treffen der Außenminister der WVO in Prag am 17. März 1990 war bereits für aufmerksame Beobachter der internationalen Beziehungen unverkennbar, dass diese Militärorganisation in absehbarer Zeit vor der Auflösung stand (Dok. 494).

Die militärischen Strukturen des Bündnisses wurden ein Jahr darauf am 31. März 1991 und die WVO am 1. Juli 1991 offiziell aufgelöst. Die in Polen, der Tschechoslowakei und Ungarn stationierten sowjetischen Verbände wurden, wenn nicht vorher schon schrittweise geschehen, nun gänzlich abgezogen. Auf ehemaligem DDR-Gebiet blieben die sowjetischen (ab 22. Dezember 1991 nun russischen Truppen) allerdings noch bis Ende Oktober 1994 stationiert.

2. Zwischen Agonie und Erosion:
Der COMECON oder Rat für gegenseitige Wirtschaftshilfe (RGW) 1986–1991

Das Arbeitstreffen der Generalsekretäre der kommunistischen Parteien der RGW-Staaten in Moskau vom 10. bis 11. November 1986 ließ noch keine offensichtlichen Anzeichen einer Desintegration und Erosion dieses sozialistischen Wirtschaftsverbundes erkennen (Dok. 88). Ganz anders stellte sich das Szenario eineinhalb Jahre später dar, als sich der RGW für Mitglieder wie Außenstehende offenkundig in einer Krise befand, wie seine 44. ordentliche Tagung in Prag vom 5. bis 7. Juli 1988 zeigte (Dok. 226).

Bisher unternommene grundlegende RGW-Reformen waren vor allem am Widerstand der DDR und Rumäniens gescheitert. Ob der zuletzt wiederholt geäußerte Gedanke eines „Europa der zwei Geschwindigkeiten" auch im Zeichen der Einheitlichen Europäischen Akte (EEA) von 1986 (in Kraft 1987) der Europäischen Gemeinschaften (EG) des in ihrem Rahmen zu schaffenden Binnenmarktes mit der Zielrichtung 1992 in der Mitte und im Osten des Kontinents als „Rute im Fenster" den Staaten im RGW gegenüber wirksam sein würde, sollte noch offen bleiben. Bemerkenswert war in jedem Fall die in Prag geäußerte Absicht, im gemeinsamen Kommuniqué sukzessive Möglichkeiten für den freien Verkehr von Waren und Dienstleitungen mit dem Ziel eines vereinigten Marktes im COMECON anzustreben. Das schien auf den Versuch einer Kopie oder auf eine Nachahmung des EG-Binnenmarkt-Projekts[142] hinauszulaufen. Mit Ausnahme Bukarests hatten sich alle RGW-Staaten dieser Zielsetzung angeschlossen (Dok. 227).

Vom 9. bis 10. Januar 1990 war auf der RGW-Konferenz in Sofia bereits unübersehbar geworden, wie dies auch aus Berichten des DDR-Ministerpräsidenten Hans Modrow bekannt wurde,[143] dass ein Zusammenhalt des sozialistischen Wirtschaftsverbundes der mittel- und osteuropäischen Staaten unter sowjetischer Führung nicht mehr von Dauer sein würde. Die unübersehbaren Erosionstendenzen zeigten sich auch daran, dass Ungarn und die Tschechoslowakei engere Kontakte sowohl zur Europäischen Freihandelsassoziation bzw. der European Free Trade Association (EFTA) in Genf und noch verstärkter zu den Europäischen Gemeinschaften anstrebten (Dok. 508), ja selbst die DDR noch unter Führung von Erich Honecker und dann gefolgt von Egon Krenz befand sich auf dieser Linie.[144] Der RGW erlitt jedoch das gleiche Schicksal wie der Warschauer Pakt und stand im Jahre 1991 praktisch vor der Selbstauflösung.

---

[142] Gilles Grin, The Battle of the Single European Market. Achievements and Economics 1945-2000, London – New York – Bahrain 2003.

[143] Oliver Dürkop/Michael Gehler (Hrsg.), In Verantwortung. Hans Modrow und der deutsche Umbruch 1989/90, Innsbruck – Wien – Bozen 2018, S. 11, 49, 81, 301, 311, 325, 340-341, 379, 527 ff.

[144] Beate Kohler-Koch, Die Politik der Integration der DDR in die EG, in: Dies. (Hrsg.), Die Osterweiterung der EG. Die Einbeziehung der ehemaligen DDR in die Gemeinschaft, Baden-Baden 1991, S. 7-21; Bernd Hölzer, Probleme und Perspektiven der Einbindung der DDR in die EG aus Sicht der DDR, in: ebd., S. 67-79.

3. Auffangbecken zur Wahrung vor- und nachrevolutionärer Stabilität Mitteleuropas: Die Konferenz über Sicherheit und Zusammenarbeit in Europa in Wien 1986–1989

In den diese Dokumentation betreffenden Jahren spielte die Thematik „Mitteleuropa" auch als geostrategischer, geopolitischer und geoökonomischer Raum eine nicht unerhebliche Rolle sowohl hinsichtlich der Beobachtung als auch in der Beschreibung der revolutionären Umstürze durch die österreichische Diplomatie. Berichtet wurde u.a. über neue Möglichkeiten der Schaffung einer nuklearwaffenfreien Zone, eine Art atomwaffenfreien Korridor in Mitteleuropa (Dok. 128). Sie gingen v.a. von der Tschechoslowakei aus.

Die in dieser Edition nicht eingehend berücksichtige Thematik des KSZE-Nachfolgeprozesses fand in einem Gespräch von Außenminister Alois Mock mit seinem tschechoslowakischen Amtskollegen Bohuslav Chňoupek insofern seinen Ausdruck, als dass von Chňoupek das Wiener Folgetreffen (1986–1989) schon im November 1986 als eine der wichtigsten Etappen der internationalen Beziehungen seit der KSZE-Schlussakte von Helsinki vom 1. August 1975 beurteilt wurde. Laut seiner Einschätzung war beim KSZE-Nachfolgetreffen in Belgrad (1977–1979) noch zu wenig Erfahrung vorhanden und zu viel Konfrontation im Spiel, während die KSZE-Treffen in Madrid (1980–1983) durch Ereignisse wie den sowjetischen Einmarsch in Afghanistan, den Kambodscha-Konflikt und den Abschuss eines südkoreanischen Flugzeuges überschattet gewesen waren. In Wien würden nun erstmalig „normale Bedingungen für normale Arbeit" vorhanden sein. Moskau sei entschieden für Abrüstung und Kooperation. Die neutralen und blockfreien Staaten könnten noch eine entscheidendere Rolle einnehmen als zuvor (Dok. 83).

Unter den N+N-Staaten bestand besonders starkes Interesse daran, den im Zuge der gestiegenen Konfrontation zwischen Ost und West seit Ende der 1970er und Anfang der 1980er Jahre drohenden Zusammenbruch des KSZE-Prozesses zu verhindern. In zunehmendem Maße wurde seitens der mittel- und osteuropäischen Staaten auch Österreich als ein Mittler zwischen den Blöcken im KSZE-Rahmen wahrgenommen, was die reformkommunistische ungarische Regierung zu würdigen verstand (Dok. 3). In diplomatischen Kreisen Bulgariens schien man das ähnlich zu sehen.

Aus Sicht Sofias sei zu bedenken, dass man sich bezüglich des Gorbatschow'schen Begriffs des „gemeinsamen Hauses Europa" laut des Leiters der KSZE-Abteilung im bulgarischen Außenministerium, Botschafter Stefan Todorov, den Versuchungen widersetzen sollte, diese Worte zu missbrauchen. Man müsse vom Grundsatz des gegenseitigen Vertrauens ausgehen, wenn man von diesem „gemeinsamen europäischen Haus" spreche.

Ansonsten würde man rasch zum Ergebnis gelangen, dass der Begriff keine geringen Gefahren einer Konfrontation in sich bergen würde. Er nannte als hypothetischen Fall die Fragestellung nach dem Platz, den in etwa die Berliner Mauer im „europäischen Haus" einnehmen würde. Laut Todorov sei der Begriff „Haus" nicht auf andere Kontinente, sondern lediglich auf Europa anwendbar, da nur dort kulturelle Identität und historisch gewachsene Schicksalsvorstellungen gegeben seien und sich daher eine derartige Bezeichnung rechtfertigen würde. Keinesfalls wolle er das „gemeinsame europäische Haus" im Sinne einer Verdrängung der beiden „Bewohner", gemeint waren die USA und Kanada, verstehen, an deren volle Teilhabe für ihn kein Zweifel bestünde. Was die europäische Integration anlange, würde ihre Fortentwicklung die Architektur dieses Hauses zweifelsohne auch prägen (Dok. 218).[145]

Die weitere Ausgestaltung des mitteleuropäischen Raumes hing ganz wesentlich von der Frage der Fortexistenz des Warschauer Paktes ab. Dieser war bis 1989 der militärische und sicherheitspolitische Faktor Nummer eins in dieser Region. Sobald sich jedoch Auflösungs- und Erosionserscheinungen abzeichnen sollten, war die sicherheitspolitische Frage als Alternative zum östlichen Militär- und Verteidigungssystem wieder auf der Agenda. Dass die geopolitischen Karten neu gemischt werden könnten, zeichnete sich durch die aktuelle Lagebeurteilung in Mittel- und Osteuropa aus der Perspektive der Ballhausplatz Diplomatie spätestens im Laufe des ersten Halbjahres 1989 schon ab (Dok. 265). In bereits zugespitzter Form wurde dies schließlich in der zweiten Jahreshälfte 1989 durch eine neuerliche Lagebeurteilung von Mittel- und Osteuropa durch die österreichischen Beobachter ablesbar (Dok. 401).

Letztlich war spätestens im Jahr 1990 für damit befasste Beobachter und professionelle Experten klar geworden, dass nun die Zeit für Überlegungen zur Neuordnung nicht nur für Mitteleuropa, sondern auch für Gesamteuropa gekommen war. Erste Weichenstellungen schienen im Nachgang zum Wiener KSZE-Folgetreffen von 1986 bis 1989 beim nächsten KSZE-Gipfel möglich (Dok. 476).[146]

---

[145] Siehe zur Rolle Bulgariens im Kontext von 1989: John A. Bristow, The Bulgarian Economy in Transition, Cheltenham 1996; Ulf Brunnbauer, Die sozialistische Lebensweise. Ideologie, Politik und Alltag in Bulgarien (1944-1989), Wien – Köln – Weimar 2007; Ders., The End of Communist Rule in Bulgaria. The Crisis of Legitimacy and Political Change, in: Mueller/Gehler/Suppan (Eds.), The Revolutions of 1989, pp. 177-197; Elena Simeonova, A revolution in two stages. The curiosity of the Bulgarian case, in: Kevin McDermott/Matthew Stibbe (Eds.), The 1989 Revolutions in Central and Eastern Europe. From Communism to Pluralism, Manchester 2016, pp. 174-191.

[146] Siehe hierzu Wilhelm Bruns, Mehr Substanz in Ost-West-Beziehungen. Zur dritten KSZE-Folgekonferenz in Wien, in: *Aus Politik und Zeitgeschichte* B12 (1989), S. 3-9; Michael Groth,

Es war der französische Staatspräsident Mitterrand, der schon 1989 mit dem Vorschlag zur Schaffung einer europäischen Staatenkonföderation aufwartete und dieses Konzept im Frühjahr 1990 weiter – allerdings erfolglos – zu lancieren versuchte.[147] Seine abwartende und zögerliche, wenn nicht sogar bremsende und blockierende Haltung in der Frage der deutschen Einigung in der Phase zwischen November 1989 und Januar 1990 war auch damit begründet, dass er die deutsche „Wende" nicht so rasch und wie selbstverständlich hinnehmen wollte, wenn dann aber nur im Zeichen eines europäischen Staatenbundes als festeren Rahmen (Dok. 487).[148] Später sollte es die Wirtschafts- und Währungsunion (WWU) der Europäischen Union (EU) als Kompensationsobjekt für Mitterrand geben.

Die „Charta für ein neues Europa" bildete dann das grundlegende Dokument für ein internationales Abkommen über die Schaffung einer friedlichen Ordnung in Europa nach der Einheit Deutschlands und der Einstellung der Ost-West-Konfrontation. Sie wurde am 21. November 1990 in Paris als Schlussdokument der KSZE-Sondergipfelkonferenz von 32 europäischen Ländern sowie den USA und Kanada unterschrieben.[149]

Fortschritte im KSZE-Prozeß. Das dritte Folgetreffen in Wien, in: *Europa Archiv* (1989), S. 95-102 und zuletzt: Hermann Wentker, Die KSZE als Ordnungsfaktor. Höhenflug und Bedeutungsverlust einer Idealvorstellung europäischer Politik (1989-1991), in: Tim Geiger/Jürgen Lillteicher/Hermann Wentker (Hrsg.), Zwei Plus Vier. Die internationale Gründungsgeschichte der Berliner Republik (Schriftenreihe der Vierteljahrshefte für Zeitgeschichte 123), Berlin – Boston 2021, S. 125-141.

[147] Frédéric Bozo, The Failure of a Grand Design. Mitterrand's European Confederation (1989-1991), in: *Contemporary European History* 17 (2008), 3, pp. 391-412.

[148] Unterschiedliche Auffassungen über Mitterrand und die deutsche Wiedervereinigung bestehen zwischen Ulrich Lappenküper, Mitterrand und Deutschland. Die enträtselte Sphinx (Quellen und Darstellungen zur Zeitgeschichte Bd. 89), München 2011 (kritisch-ablehnend), S. 259-302; Tilo Schabert, Mitterrand et la réunification allemande. Une histoire secrète (1981-1995), Paris 2005, pp. 432-473, 475-530; Idem, France and the Reunification of Germany. Leadership in the Workshop of World Politics, Cham 2021 (beide Male befürwortend); Ulrich Pfeil, Bremser oder Wegbereiter? Frankreich und die deutsche Einheit 1989/90, in: *Geschichte in Wissenschaft und Unterricht* 67 (2016), Heft 1/2, S. 23-38.

[149] Stefan Lehne, Vom Prozeß zur Institution. Zur aktuellen Debatte über die Weiterentwicklung des KSZE-Prozesses, in: *Europa Archiv* 45 (1990), 16, S. 499-506; Ders., The Vienna Meeting of the Conference on Security and Cooperation in Europe, 1986-1989. A Turning Point in East-West relations, Boulder – San Francisco – Oxford 1991; Michael Gehler, Zeitenwende in Mitteleuropa. Die Umbrüche 1989/90 – Ursachen und Folgen, in: Matthias Rößler (Hrsg.), Mitteleuropa: Ansichten. Einsichten. Aussichten (Forum Mitteleuropa beim Sächsischen Landtag), Dresden 2019, S. 29-44; Kristina Spohr, Wendezeit. Die Neuordnung der Welt nach 1989, München 2019; Reconstructing Europe, 45 Years After Yalta. The Charter of Paris (1990). Preface by Jean-Yves Le Drian/Minister for Europe and Foreign Affairs. Under the direction of Nicolas Badalassi and Jean-Philippe Dumas. With the participation of Frédéric Bozo and Pierre Grosser, Paris 2020.

Die Organisation für Sicherheit und Zusammenarbeit in Europa bzw. Organisation for Security and Co-operation in Europe (OSZE/OSCE[150]) bildete fortan eine Staatenkonferenz zur Friedenssicherung. Am 1. Januar 1995 ging sie aus der KSZE hervor, welche am 1. August 1975 mit der Schlussakte von Helsinki gebildet worden war.

Die veränderte Ausgangslage sowie die damit in Zusammenhang stehende und sich wandelnde sicherheitspolitische Lage in Mittel- und Osteuropa warf auch die Frage auf, welche Rolle Österreich mit seinem außenpolitischen Status als permanent neutraler Staat in Zukunft einnehmen sollte[151] (Dok. 604) und dies umso mehr, als man seit dem 17. Juli 1989 ein Beitrittsgesuch bei den Europäischen Gemeinschaften in Brüssel eingebracht hatte. Erst die umstürzenden Ereignisse in Mittel- und Osteuropa von 1989 bis 1991 sollten die Chance für Österreich eröffnen, Jahre später der neugebildeten Europäischen Union am 1. Januar 1995 beizutreten.[152]

V. Beurteilung der österreichischen Diplomatie in Umbruchzeiten 1985–1991

Die österreichische Botschaft in Moskau bemerkte frühzeitig die Ambivalenz und Ungewissheit der Reformpolitik von Michail S. Gorbatschow. Sie zeigte die Dilemmata von Perestroika und Glasnost auf, die für sich besehen auch Unvereinbarkeiten und Widersprüchlichkeiten beinhalteten. Deutlich erkannten die diplomatischen Vertreter die Wirkmächtigkeit der jüngeren Geschichte hinsichtlich des noch stark spürbaren und nicht verarbeiteten stalinistischen Erbes und seiner Rückwirkungen auf den öffentlichen und veröffentlichten Diskurs trotz eines nach wie vor lebendigen Triumphgefühls über den Sieg der Sowjetarmee gegen den „Hitler-Faschismus" und des dadurch erworbenen antifaschistischen Bonus. Ebenso wirkten die Erinnerungen der vorrevolutionären Ereignisse von 1956 in Ungarn, 1968 in der Tschechoslowakei und 1981 in Polen in den verbündeten Staaten der UdSSR auf die nun einsetzende Infragestellung der dort propagandistisch nicht mehr haltbaren offiziellen prokommunistischen Deutung nach. Die beginnende kritische Auseinandersetzung mit dem Stalin-Kult in der

---

[150] Kurt Tudyka, Die OSZE – In Sorge um Europas Sicherheit. Kooperation statt Konfrontation, Hamburg 2007.
[151] Martin Malek, Österreich und der Auflösungsprozess des Warschauer Paktes (1989-1991), in: Manfried Rauchensteiner (Hrsg.), Zwischen den Blöcken. NATO, Warschauer Pakt und Österreich (Schriftenreihe des Forschungsinstitutes für Politisch-Historische Studien der Dr.-Wilfried-Haslauer-Bibliothek, Salzburg 36), Wien – Köln – Weimar 2010, S. 557-614.
[152] Michael Gehler, From St. Germain to Lisbon. Austria's Long Road from Disintegrated to United Europe 1919-2009 (Österreichische Akademie der Wissenschaften/Philosophisch Historische Klasse, Internationale Geschichte/International History 5), Wien 2020, pp. 544-564.

Sowjetunion sollte auch Wirkungen auf die „Bruderländer" zeitigen. Als wichtig für das Gelingen der Reformpolitik von Gorbatschow wurde die Versorgung der Bevölkerung mit Konsumgütern genannt, was Österreichs Botschaft in Moskau zutreffend beurteilte. Bereits 1986 bestanden erhebliche Zweifel am Erfolgskurs seiner Umgestaltungspolitik. Die Breschnew-Doktrin wurde allmählich auf den Prüfstand gestellt und mehr und mehr in Zweifel gezogen, bestand doch ein von Österreichs Beobachtern richtigerweise erkannter Zusammenhang zwischen engerer, innerer und weiterer, äußerer Ebene der Politik des sowjetischen Imperiums.

Auf außenpolitischem Feld konnten für Gorbatschow Erfolge registriert werden, wie der INF-Vertrag, der 1987 mit den USA erzielt wurde. Bereits im gleichen Jahr sollte sich aber das Baltikum mit den Sowjetrepubliken an der nordwestlichen Peripherie des Sowjetimperiums als seine Achillesferse erweisen. Abgesehen davon warfen sich seit 1987/88 weitere unübersehbar wahrnehmbare ungelöste innere Nationalitätenfragen aus der stalinistischen Vergangenheit auf, die Gorbatschows Politik alle Aufmerksamkeit und Energie abnötigten. Sie wurden von den österreichischen Diplomaten als Belastungsprobe für sein politisches Erneuerungsprojekt interpretiert. Das von Gorbatschow wiederholt propagierte Bild vom „gemeinsamen europäischen Haus" wurde am Ballhausplatz nicht verworfen, aber kritisch analysiert und letztlich von Ernst Sucharipa konstruktiv beurteilt. Er empfahl Österreich, sich bei dessen Ausgestaltung aktiv einzubringen.

In weiterer Folge konnte im Jahre 1988 ein neues militärisches Denken in Führungskreisen der UdSSR diagnostiziert werden. Gegen November 1989 wurden gesellschaftliche und politische Zerfallserscheinungen unübersehbar. Die Profilierung einer politischen Alternative zu Gorbatschow mit Boris Jelzin wurde rechtzeitig erkannt und dessen zukünftige Karriereaussichten zutreffend eingeschätzt. Der Zerfall der UdSSR war für den Ballhausplatz letztlich keine Überraschung mehr.

Die Entwicklung Polens als permanentem Unruheherd im sowjetischen Machtbereich wurde von Österreichs Beobachtern in Warschau genau in den Blick genommen und kritisch beurteilt. Zutreffend eingeschätzt wurde der relativ ungebrochene gesellschaftspolitische Einfluss der katholischen Kirche mit einem politisch höchst aktiven polnischen Papst im römischen Hintergrund. Dagegen waren Jaruzelski und die kommunistische Partei alles andere beliebt in der Bevölkerung, während Gorbatschow dem Armeegeneral die Stange hielt. Die Integration der polnischen Geistlichkeit in das kommunistisch geprägte Staatssystem sollte nicht gelingen, wie richtig erkannt wurde. Die österreichische Botschaft in Warschau konzedierte Jaruzelski aber auch Reformbereitschaft und erkannte seine Unterstützung der Gorbatschow'schen Politik. Die Rolle Wałęsas und der Solidarność wurde von österreichischer Seite weit kritischer, nüchterner und weniger euphorisch beurteilt als es in westlichen Medien und durch westliche Politik der Fall war. Beobachtet wurde ferner ab dem Frühjahr 1988 eine Tendenz zur Annäherung von Kirche und Partei, während die Gewerkschaft Solidarität weiterhin offiziell verboten blieb, aber im Verborgenen weiter wirkte. Nach Ansicht der österreichischen Botschaft besaß sie aber weder ein Konzept noch eine Strategie zur politischen Veränderung des Landes. Laut der Einschätzung der Ballhausplatz-Diplomaten verfügte die Gewerkschaftsorganisation gar nicht über den Rückhalt in der Bevölkerung wie gemeinhin angenommen werde. Viel stärker waren der Einfluss und der Rückhalt der Kirche in der polnischen Gesellschaft. Das „Fenster Gorbatschow" ermöglichte auch die Etablierung einer polnisch-sowjetischen Historikerkommission zur Aufarbeitung der äußerst dunklen und schmerzhaftesten Kapitel der gemeinsamen Geschichte, die von russischen Repressionen und sowjetischen Unterdrückungen sowie der Zerschlagung Polens gemeinsam mit Hitler-Deutschland im Jahre 1939 gekennzeichnet war.

Im Spätsommer 1988 zeichnete sich für die österreichische Botschaft in Warschau bereits eine „sensationelle Entwicklung" der politischen Liberalisierung des öffentlichen Lebens in Polen ab, während die wirtschaftliche Lage im Lande äußerst unbefriedigend blieb. Der „Runde Tisch", der Opposition und Regierung zusammenführte, wurde zum Vorbild für alle anderen reformorientierten sozialistischen Staaten zur Vorbereitung von freien Wahlen. Polen hatte die erste freigewählte Regierung im Juni 1989, zeitlich vor allen anderen noch realsozialistisch regierten bzw. schon existierenden Transformationsstaaten, was die Ballhausplatz-Diplomatie anzuerkennen und zu würdigen wusste.

Die Entwicklung in Ungarn wurde von Österreichs Diplomatie ebenfalls genau verfolgt und gründlich analysiert. Zutreffend war die Beurteilung, dass Gorbatschows Reformpolitik den bereits vorhandenen Liberalisierungtrend im Lande der Stephanskrone bestärkte, während János Kádár noch zögerlich wirkte, sich aber mit dem KPdSU-Generalsekretär gut zu stellen versuchte. Der „Runde Tisch" in Budapest beförderte sodann die verhandelte Revolution und die vereinbarte Transformation weiter. Im Sommer 1989 spielte Ungarn eine Schlüsselrolle für die Öffnung des Tors zum Westen für zehntausende urlaubende DDR-Bürgrinnen und Bürger über die Grenze nach Österreich in die Bundesrepublik.

Wie in Ungarn hatte auch in der ČSSR eine Debatte über die Geschichte, nämlich die Niederwerfung des Prager Frühlings im Jahre 1968, eingesetzt. Eine echte politische Wende setzte erst seit Mitte November 1989 ein. Bis dato herrschten Repression und Unterdrückung in der Tschecholowakei, was die österreichische Botschaft in Prag genau registrierte. Sie sah dann auch die Entwicklung der Sezession der ČSFR zutreffend voraus.

Im Baltikum und seinen Staaten war die Geschichte des Hitler-Stalin-Paktes noch äußerst wirkmächtig, denn damit war das Ende ihrer Selbstständigkeit verbunden, gleichwohl auch dort Diktaturen geherrscht hatten. Der Westen versagte sich hierbei einer Unterstützung im Jahre 1939 wie auch in den Jahren 1990/91 und zwar im letzten Fall in Rücksichtnahme auf den Reformer Gorbatschow, der aber längst keiner mehr war. Für die österreichische Diplomatie standen die Umbrüche im Baltikum weit weniger im Fokus als jene in Mitteleuropa, was auch damit zu tun hatte, dass in diesen Sowjetrepubliken keine eigenen Botschaften bestanden. Der Zerfall der UdSSR machte dann für die baltischen Länder den Weg frei zu Freiheit, Souveränität und Unabhängigkeit.

Summa summarum lässt sich konstatieren, dass die österreichische Diplomatie im Kontext der Umbrüche in Mittel- und Osteuropa ihre genaue Beobachtungs-, gute Einschätzungs- und zutreffende Beurteilungsfähigkeit unter Beweis gestellt hat. Beim Studium der Berichte ist noch ein Hauch von der alten klassischen Ballhausplatz-Diplomatie von Kaunitz und Metternich zu verspüren. Als Vertreter eines allianzfreien, bündnislosen und neutralen Staates wurden die Entwicklungen der revolutionären Ereignisse und politischen Umbrüche in den Jahren von 1985 bis 1991 nicht durch eine bündnisgebundene, ideologische und nordatlantisch-westliche Brille biased, einseitig, parteiisch und verzerrt wahrgenommen. Das macht auch den Wert dieser Dokumentation aus, weil sie recht interessensungebundene sowie relativ objektive und unbefangene Berichte liefert.

VI. Editorische Hinweise

Die im Rahmen dieser beiden Bände abgedruckten Dokumente wurden so originalgetreu wie möglich wiedergegeben, wobei jedoch kleinere Rechtschreib- und Grammatikfehler ohne Kommentierung zu korrigieren waren. Die alte Rechtschreibung wurde beibehalten, sofern sie im Akt korrekt umgesetzt war. Personen- und Ortsnamen sowie Begriffe, wie beispielsweise Parteinamen, wurden korrigiert, wobei insbesondere Sonderzeichen ergänzt wurden, deren Fehlen sich vermutlich mit der Verwendung der Schreibmaschinen zu dieser Zeit erklären lässt (während also beispielsweise in den Dokumenten durchgängig „Kadar" zu lesen ist, wird der Name in der Edition korrekt „Kádár" geschrieben). Außerdem wurden unterschiedliche Schreibweisen von Namen zugunsten der auch vom Duden verwendeten Transkription des kyrillischen Alphabets vereinheitlicht (also beispielsweise Gorbatschow statt Gorbachev oder Gorbačëv). Begriffe des österreichischen Deutsch (z.B. „Feber") und der österreichischen Beamtensprache (z.B.

„hiebei") wurden nicht verändert, sofern sie in klassischen Wörterbüchern (z.B. Österreichisches Wörterbuch) verzeichnet sind. Abkürzungen wurden belassen und sind im Abkürzungsverzeichnis aufgelöst. Unterstreichungen im Text wurden in der Edition übernommen. Eingriffe in den Text wurden mit eckigen Klammern gekennzeichnet.

Eine Chronologie am Ende der Dokumentation dient der historischen Einordnung und Kontextualisierung der Berichte. Zentrale Begriffe und historische Ereignisse, die in den Dokumenten erwähnt und dort nicht näher ausgeführt werden, werden in einem Glossar kurz erläutert. Wichtige Personen werden im Personenregister kurz erklärt (mit einem Fokus auf ihre Funktionen in den Jahren 1985–1991). Da in einigen Fällen nur Nachnamen ohne weitere Hinweise erwähnt wurden, konnten allerdings nicht alle kompletten Personennamen recherchiert werden.

Um die Akten im Österreichischen Staatsarchiv (ÖStA) wieder auffinden zu können, wurden die Original-Betreffzeilen beibehalten. Unter der Betreffzeile finden sich die Geschäftszahlen. Außerdem wurden, sofern möglich, die Provenienz, das Datum und der Autor angeführt.

Dank

Die Arbeit an dieser Dokumentensammlung erstreckte sich über ein Jahrzehnt. Damit befasst waren in verschiedenen Phasen zahlreiche Personen, ohne die dieses Projekt nicht denkbar gewesen wäre und denen die Herausgeber für ihre wertvolle Arbeit an dieser Stelle herzlich danken:

- Ministerialrat Dr. Gottfried Loibl für das gezeigte Entgegenkommen für die Arbeits- und Recherchemöglichkeiten im Zwischenarchiv des Bundesministeriums für europäische und internationale Angelegenheiten,
- Theresia Egger für das Transkribieren der Dokumente,
- Frank Binkowski, Christina Stoll und Thomas Stockinger für zahlreiche Korrekturen des Dokumententeils,
- Roland Laimer und Patrick Plaschg für die Recherchen zum Glossar,
- Frank Binkowski, Eva Löw und Theresia Egger für die Recherchen der Biographien für das Personenregister,
- Frank Binkowski und Roland Laimer für die Erstellung des Abkürzungsverzeichnisses,
- Roland Laimer für Ergänzungen der Chronologie,
- Kay-Sarah Alsleben für die Übertragung von Korrekturen in das Manuskript,
- Maria Baldemair für die Korrektur der Einleitung und Ergänzungen der Literaturübersicht sowie
- Roland Laimer für zahlreiche und überaus wertvolle Korrekturen und Vereinheitlichungen an den verschiedenen Teilen des Bandes.

Für die Finanzierung des Projektes „Offene Grenzen, neue Barrieren und gewandelte Identitäten. Österreich, seine Nachbarn und die Transformationsprozesse in Politik, Wirtschaft und Kultur seit 1989", im Rahmen dessen die wesentlichen Vorarbeiten für diese Publikation geleistet wurden, sowie der Drucklegung des Bandes ist dem Zukunftsfonds der Republik Österreich zu danken und für die Finanzierung von Stellen als Studentische Mitarbeiter dem Dekanat der Philosophisch-Historischen Fakultät der Universität Innsbruck und der Richard & Emmy Bahr-Stiftung.

Letztlich danken die Herausgeberin und der Herausgeber Paul Heinemann ganz herzlich für die Arbeiten am Personenregister und die Gesamtbetreuung des Bandes.

Rudolf Agstner (†)

Eine kurze Geschichte der österreichischen Diplomatie mit dem Schwerpunkt 1985–1991

Vor der im Juli 1959 erfolgten Errichtung des Bundesministeriums für Auswärtige Angelegenheiten war dieses seit Dezember 1945 eine Sektion im Bundeskanzleramt unter der Leitung eines Bundesministers für die Auswärtigen Angelegenheiten (Dr. Karl Gruber 1945–1953, Ing. Leopold Figl 1953–1959) gewesen.[1] Seine Kompetenzen wurden dem wieder erstandenen Außenministerium durch das „Bundesgesetz über die Errichtung eines Bundesministeriums für Auswärtige Angelegenheiten" vom 22. Juli 1959, BGBl. Nr. 172, zugewiesen. Dessen § 2 (1) bestimmte, daß das neue Ministerium nach Maßgabe dieses Bundesgesetzes aus dem Wirkungsbereich des Bundeskanzleramtes alle Angelegenheiten, die bisher auf dem Gebiete der auswärtigen Angelegenheiten zu dessen Zuständigkeit gehört haben. Mit der Angelobung von Dr. Bruno Kreisky als Bundesminister für Auswärtige Angelegenheiten und von Dr. Franz Gschnitzer als Staatssekretär nahm das Bundesministerium für Auswärtige Angelegenheiten am 31. Juli 1959 seine Tätigkeit auf.

Das neue – und historisch doch mit einer sehr langen Tradition behaftete – Außenministerium bestand damals in der Zentrale aus einem Generalsekretär mit dem Titel „Botschafter", 11 Gesandten, 15 Legationsräten, 15 Legationssekretären und 8 Attachés. Im Ausland unterstanden ihm 24 Botschaften, 16 Gesandtschaften, 8 Generalkonsulate sowie die Delegation in Berlin (West), die Vertretungen bei den Vereinten Nationen in New York und Genf, beim Europarat in Straßburg und der Hohen Behörde der EGKS in Luxemburg.

Das Bundesministerium für Auswärtige Angelegenheiten war bis 1964 in lediglich drei Sektionen gegliedert: Administration (I); Pol (II) und WPol (III); im Sommer 1964 wurde eine Rechtssektion (IV) und eine Kultursektion

---

[1] Das eigene Außenamt war von der Republik Österreich 1923 im Zuge der Genfer Sanierungsprogramme aufgegeben worden und wurde per Verordnung vom 9. April 1923 dem Bundeskanzleramt direkt unterstellt. Nach dem Ende des Zweiten Weltkrieges wurde die Außenpolitik zunächst von Karl Renner geleitet; sein Amt trug die Bezeichnung „Staatskanzlei – Amt für Auswärtige Angelegenheiten". Nach der ersten Länderkonferenz vom 24. September 1945 wurde ein „Unterstaatssekretär für Äußeres" bestellt und nach den Wahlen im November ein „Bundesminister für Auswärtige Angelegenheiten". Nach den Wahlen von 1959 war eine Änderung der Zusammensetzung der Koalitionsregierung nötig. Die SPÖ erhob Anspruch auf ein weiteres Ministerium, weshalb in weiterer Folge aus der Sektion des Bundeskanzleramtes ein eigenes Außenministerium entstand, mit dessen Leitung Kreisky betraut wurde. Vgl. hierzu: Andrea Brait, Das Bundeskanzleramt in Wien. Ein österreichischer Gedächtnisort, Hamburg 2010, S. 114 f.

(V) errichtet – für letztere wurde nie ein Leiter bestellt und diese musste 1966 fast alle ihre Kompetenzen an das Bundesministerium für Unterricht abgeben;[2] am 1. September 1970 wurde sie neu errichtet.[3]

Nach der gemäß § 7 und 16 des Bundesministeriengesetzes 1973 mit Wirkung vom 1.1.1975 durchgeführten Neugliederung der Geschäftseinteilung bestand das Außenministerium aus 6 Sektionen, die im Wesentlichen bis heute besteht:

I – Zentrale Angelegenheiten (seither unter Leitung des Generalsekretärs),

II – Pol,

III – WPol,

IV – Recht,

V – Kultur,

VI – Administration; diese Gliederung besteht im Wesentlichen auch 50 Jahre später noch.

Mit 1. Januar 1985 übernahm das Außenministerium die Entwicklungshilfe-Agenden vom Bundeskanzleramt, das die in der Sektion IV des Bundeskanzleramtes bestehende Gruppe A „Entwicklungshilfe" an das Bundesministerium für auswärtige Angelegenheiten abgab; zusammen mit der im Außenministerium bestehenden Entwicklungshilfe-Abteilung III.4 wurde daraus die Sektion VII – „Entwicklungszusammenarbeit". Diese Kompetenzerweiterung führte zu einer Ausweitung des Budgets des Außenministeriums, das auf 2.228.959.000 Schilling (umgerechnet rund 162.000.000 EUR) anstieg und dank Übernahme des Entwicklungshilfe-Budgets nun 0,481 % des Gesamtbudgets ausmachte. 11 A-Beamte des Bundeskanzleramtes wurden in die neue Sektion VII des Bundesministeriums für Auswärtige Angelegenheiten übernommen. In Seoul (Republik Korea) wurde 1985 eine Botschaft neu errichtet – die einzige in diesen Jahren bis nach der Wende, die in Österreichs Diplomatie von Einsparungen gekennzeichnet waren (so wurde etwa Ende 1985 das Kulturinstituts Kairo geschlossen). Die Wirtschaftskammer Österreich fuhr damals hingegen einen Expansionskurs und errichtete Außenhandelsstellen in Riyadh (1985), Straßburg (1985), EU-Brüssel (1989), Auckland (1989, bis 1993), Osaka (1990, bis 2001).

1986 hatte das Netzwerk der österreichischen Diplomatie mit 101 Vertretungsbehörden – 69 Botschaften, 5 Ständigen Vertretungen, 16 Generalkonsulaten, 1 Delegation in Berlin-West und 10 Kulturinstituten – einen Höhepunkt erreicht; vom damaligen, kurzzeitigen Außenminister Dr.

---

[2] Vgl.: Errichtung eines Bundesministeriums für Bauten und Technik und Neuordnung des Wirkungsbereiches einiger Bundesministerien, BGBl. 70/1966.

[3] Vgl.: § 7 Abs. 1 Bundesgesetz: Errichtung eines Bundesministeriums für Wissenschaft und Forschung und Neuordnung des Wirkungsbereiches einiger Bundesministerien, BGBl. 205/1970.

Peter Jankowitsch war auch die Errichtung von Generalkonsulaten in Frankfurt, Marseille und Barcelona angedacht worden, doch nur das in Frankfurt sollte 1988 errichtet – und 1997 wieder geschlossen werden.

Für Österreichs Diplomatie war der 21. Januar 1987 ein entscheidendes Datum: Bundeskanzler Dr. Franz Vranitzky verzichtete – zum Leidwesen des Altbundeskanzlers und von 1959 bis 1966 ersten Leiters des eigenständigen Bundesministeriums für Auswärtige Angelegenheiten der Zweiten Republik Dr. Bruno Kreisky – für die SPÖ auf das Außenministerium, das von 1970 bis 1983 immer von parteilosen Ministern (Kirchschläger, Bielka, Pahr) und nur von 1983 bis 1987 von SPÖ-Politikern (Lanc, Gratz, Jankowitsch) geleitet worden war. Seit 1987, d.h. seit nunmehr 28 Jahren, wird Österreichs Diplomatie von Ministern geleitet, die von der ÖVP, in der Regel vom ÖAAB, gestellt werden. Seit 1987 lautet die Bezeichnung des Ministeriums „auswärtige" Angelegenheiten – ein Ergebnis der Angleichung an das damals geschaffene Bundesministerium für wirtschaftliche Angelegenheiten. Das Außenministerium wollte seinen Platz unmittelbar hinter dem Bundeskanzleramt behaupten, und dieser richtete sich nach der Großschreibung der Namensbestandteile der Ministerien. „Auswärtige" wäre demnach nach „wirtschaftliche Angelegenheiten" gekommen, und so änderte man die Bezeichnung auf „auswärtige Angelegenheiten" um Rang 1 unter den Ministerien nicht zu verlieren.[4]

Dem Außenpolitischen Bericht 1990 zufolge hatte Außenminister Dr. Mock „den Auftrag erteilt, einen ‚Entwurf für ein umfassendes Gesetz über den österreichischen Auswärtigen Dienst' (Statut)" zu erstellen. 1991 findet sich im Außenpolitischen Bericht die Aussage daß „das Anforderungsprofil des österreichischen Auswärtigen Dienstes sich grundsätzlich geändert hat. Lange Zeit war es wichtigste Aufgabe des Diplomaten, seinen Staat offiziell zu vertreten. Demgegenüber hat der Auswärtige Dienst nun auch als Serviceorganisation für Staatsbürger, für die Wirtschaft, für andere staatliche Stellen, für verschiedene öffentliche Interessenvertretungen, für Kultur und Wissenschaft zur Verfügung zu stehen […]."

1991/92 war Österreich zum zweiten Mal nach 1973/74 nichtständiges Mitglied im Sicherheitsrat der Vereinten Nationen. Am 31. Januar 1991 gab das Außenministerium die Zuständigkeit für die Entwicklungszusammenarbeit wieder an das Bundeskanzleramt ab wurde damit wieder auf sechs Sektionen reduziert – am 1. Januar 1995 kehrte die Entwicklungszusammenarbeit wieder ins Außenministerium zurück.

---

[4] Diese Reihung hat freilich keine rechtliche Grundlage: In der österreichischen Bundesverfassung wird das Außenministerium nicht gesondert erwähnt wird. Vgl. Art. 69 Abs. 1 B-VG.

Seit dem Beitritt Österreichs zur EU 1995 galt in Österreichs Diplomatie das Dogma, in jedem Mitgliedstaat und allen Beitrittskandidaten der EU Botschaften unterhalten zu müssen – so kam es zur Errichtung von kaum ausgelasteten Botschaften in den drei baltischen Staaten 1997, auf Malta und Zypern; diese Epoche kam am 31.10.2015 mit der Schließung der Botschaft Valletta/Malta ihr Ende, die drei baltischen Botschaften werden bis 2018 geschlossen.

Ein weiteres Schlüsseldatum in Österreich Diplomatie war der Februar 2005 – damals erfolgte die Übersiedlung des Bundesministeriums für auswärtige Angelegenheiten aus den bisherigen 6 Standorten (Ballhausplatz 2, Hofburg, Palais Dietrichstein, Palais Liechtenstein, Neues Amtsgebäude Minoritenplatz 9, Neue Hofburg) in den neuen Amtssitz Minoritenplatz 8/Herrengasse 11 und Herrengasse 13, wo heute 700 Arbeitsplätze, Konferenzräume, Medien- und Empfangsräume zur Verfügung stehen. 82 Jahre nach der 1923 erfolgten Auflösung des Bundesministeriums für Äußeres und dessen Integration als eine Sektion in das Bundeskanzleramt hatte dieses Österreichs Diplomatie nach fast 300 Jahrhunderten endgültig von der historischen Adresse Ballhausplatz 2 verdrängt.[5]

Die letzte wichtige Änderung fand 2014 statt – mit 1. März 2014 wurden die Agenden für Integration vom Bundesministerium für Inneres an das nunmehrige „Bundesministerium für Europa, Integration und Äußeres" abgegeben, in welchem eine neue Sektion VIII „Integration" eingerichtet wurde.

Die Auswirkungen des Umbruchsjahres auf das Netz der Vertretungsbehörden seit 1989

Das Umbruchsjahr 1989 wirkte sich – zuerst aufgrund des Willens zur Erweiterung vor allem im kulturellen Bereich und dann durch den Zerfall der Sowjetunion, der ČSSR und Jugoslawiens ab 1991 – bald auf das Netz an Vertretungsbehörden aus. Um die für die Errichtung von Vertretungsbehörden in den Nachfolgestaaten der Sowjetunion bzw. Jugoslawiens erforderlichen Planstellen zu gewinnen, wurden andernorts Vertretungsbehörden geschlossen, nicht immer nach klar erkennbarem Muster. So wurde z.B. am 31. Dezember 1995 das seit 1959 bestehende Kulturinstitut Kairo – das einzige in der arabischen Welt und in Afrika – geschlossen, da die A- und B-Planstelle in Sarajewo und Bratislava benötigt wurden. Geradezu dezimiert wurde nach der Wiedervereinigung das Netz der Generalkonsulate in Deutschland, auch wurde die Präsenz im Afrika südlich der Sahara reduziert. Wie z.B. in den Fällen Frankfurt bzw. Guatemala City ist ein klares Konzept

---

[5] Brait, Bundeskanzleramt, S. 94.

nicht unbedingt erkennbar. Wo in Jugoslawien früher eine Botschaft in Belgrad sowie zwei Generalkonsulate in Ljubljana/Laibach und Zagreb/Agram sowie ein Kulturinstitut in Zagreb/Agram ausreichten, unterhält Österreich in dessen Nachfolgestaaten sieben Botschaften und drei Kulturforen (Stand: 2015).

AS: Außenstelle, B: Botschaft, GK: Generalkonsulat, GT: Geschäftsträger, HK: Honorarkonsulat, ID: Informationsdienst, K: Konsulat, KI: Kulturinstitut, NEU: Neueröffnung, SCH: Schließung

1985	B Seoul (Republik Korea) NEU
1986	--------
1987	--------
1988	StV UNESCO Paris – SCH
1989	GK Berlin, BRD NEU
	GK Frankfurt, BRD NEU
	B Muskat, Oman NEU
	B (GT) Kabul, Afghanistan – vorübergehende SCH
	B Lusaka , Sambia – SCH
1990	B Berlin-Ost, DDR SCH
	Delegation Berlin-West, SCH
1991	B Bagdad, Irak – vorübergehende SCH
	GK Krakau, Polen NEU
	B Windhoek, Namibia NEU – geplant, nicht durchgeführt

Der Politische Bericht in der österreichischen Diplomatie

Eine der wesentlichen Aufgaben jedes Auswärtigen Dienstes ist das eigene Außenministerium über wichtige politische Ereignisse im Empfangsstaat umfassend zu informieren und Analysen zu liefern. Für die österreichische Diplomatie war die Materie im „Handbuch für den Österreichischen Auswärtigen Dienst" geregelt, dessen erster Teil 1949 erschien. Das Handbuch 1949 teilte in seinem § 81 (3) die Berichte der „Vertretungsbehörden an das Außenamt in

a) die Berichte in administrativen Angelegenheiten (A-Berichte);

b) die vertraulichen und geheimen Berichte in administrativen Angelegenheiten (A/Res.-Berichte) und

c) die Berichte in politischen Angelegenheiten (P-Berichte) ein.

„Gegenstand der politischen Berichterstattung" nach § 87 (1) waren „alle Wahrnehmungen, die sich auf das politische Verhältnis zwischen Österreich und dem betreffenden Aufenthaltsstaate sowie auf dessen innen- und außenpolitische Lage beziehen oder sonst wie für die österreichische

Staatsführung von Interesse sein können". Der § 82 (1) h des Handbuches 1949 regelte die „Signifikation" und unterschied zwischen: Vertraulich, Streng Vertraulich, Geheim, Streng Geheim.

Ab Juli 1959 besagte § 87 „Äußere Form der politischen Berichte":

„1) Politische Berichte werden stets in persönlicher Form abgefasst, so daß der Amtsleiter als Berichterstatter auftritt. Sie werden ausschließlich an den Bundesminister für die Auswärtigen Angelegenheiten gerichtet. [...]

3) Politische Berichte sind in einer Urschrift (Original) mit zwei Durchschlägen zu erstatten; aus Gründen der Kontrolle ist die Zahl dieser Berichtskopien auf der ersten Seite unterhalb der Gegenstandsbezeichnung unbedingt anzugeben. [...]

4) Der Bericht ist mit der Höflichkeitsformel: „Genehmigen Sie, Herr Bundesminister [...] den Ausdruck meiner vollkommenen Ergebenheit" abzuschließen und unmittelbar darunter die leserliche Unterschrift ohne jeden Titel beizufügen. In der linken unteren Ecke der ersten Seite ist über die Angabe der Beförderungsart die Anschrift des Bundesministers [...] mit Anführung seines Namens zu setzen.

5) Politische Berichte dürfen nur an den Bundesminister für die Auswärtigen Angelegenheiten, keinesfalls aber an andere Kabinettsmitglieder oder sonstige Funktionäre gerichtet oder auch nur in Abschrift übermittelt werden; ebenso wenig sollen Abschriften solcher Berichte an andere Vertretungsbehörden gesandt werden. Das Außenamt behält sich vielmehr vor, jeweils zu entscheiden, ob ein politischer Bericht auch anderen österreichischen Vertretungsbehörden zugänglich gemacht werden soll."[6]

Bei administrativen Berichten galt gemäß § 84 Punkt 4 – von wenigen, eigens geregelten Ausnahmen abgesehen, daß diese in unpersönlicher Form zu verfassen waren. § 88 regelte den „Gegenstand der politischen Berichterstattung". Gemäß Punkt 1) waren dies „alle Wahrnehmungen, die sich auf das politische Verhältnis zwischen Österreich und dem betreffenden Aufenthaltsstaate sowie auf dessen inner- und außenpolitische Lage beziehen oder sonst wie für die österreichische Staatsführung politisch von Interesse sein können. Ebenso ist den Verhältnissen der angrenzenden Länder, falls dort keine eigene Vertretungsbehörde besteht, ein sorgfältiges Augenmerk zu widmen."

§ 89 legte fest, welche „Quellen der politischen Berichterstattung" heranzuziehen waren. Nach Punkt 1) waren dies „der persönliche Verkehr mit dem Auswärtigen Amte des Residenzstaates und den lokalen Regierungsbehörden, der Meinungsaustausch mit den fremden Kollegen, mit Politikern, prominenten Persönlichkeiten der Industrie, der Banken- und

---

[6] Handbuch für den Österreichischen Auswärtigen Dienst, I. Teil, teilweise Neufassung, Wien 1955/1959.

Handelskreise, der Gesellschaft, die Presse des Residenzstaates usw.", wobei laut 2) „die Berichterstattung grundsätzlich auf verlässlichen Informationen beruhen" sollte. War die „Verlässlichkeit der Nachrichten zu bezweifeln, muss dies ausdrücklich angegeben werden".

Diese Regelungen halten auch in den 1980er-Jahren noch. Heutige österreichische Diplomaten verfassen keine politischen Berichte mehr – diese wurden ebenso wie die A- und die RES-Berichte mit 1. Oktober 1994 abgeschafft.[7]

Österreichs Außenministerium 1985–1991

	Budget in Schilling	%-Anteil des Gesamt-budgets	Planstellen	davon Höherer Auswärtiger Dienst („Diplomaten")	davon %-Anteil Frauen	+ Neueröffnungen - Schließungen
1985	2,228.959.000	0,481	1421	373	12,6	+ B Seoul - KI Kairo
1986	2,448.460.000	0,497	1423	388	12,6	
1987	2,340.235.000	0,459	1430	393	13,2	+ ID New York
1988	2,226.465.000	0,430	1431	383	14	+ GK Frankfurt + StV UNESCO
1989	2,355.010.000	0,445	1452	386	16	+ B Maskat - B Lusaka
1990	2,623.740.000	0,42	1495	399	15	+ GK Krakau + GK Berlin - B Berlin Ost - D Berlin West
1991	2.176.470.000	0,36	1521	406	16	+ GK Kiew

Bundesminister für Auswärtige, ab 21.1.1987 auswärtige Angelegenheiten:

Mag. Leopold Gratz   SPÖ   10.9.1984   15.6.1986

* Wien 4.11.1929

† Wien 2.3.2006

Mitglied des Bundesrates 1963–1966, Abgeordneter zum Nationalrat 1966–1973, 1984–1989, Bundesminister für Unterricht und Kunst 1970–1971, Bürgermeister von Wien 1973–1984,

---

[7] BMfaA GZ 379.03/5-VI.1/94 vom 10.8.1994 betreffend „Berichterstattung der Vertretungen im Ausland; kanzleimäßige Neuordnung per 1. Oktober 1994".

Bundesminister für auswärtige Angelegenheiten 1984–1986, Präsident des Nationalrates 1986–1989

Dr. Peter Jankowitsch SPÖ 16.6.1986 20.1.1987
* Wien 10.7.1933

Senegal 1964–1966, UNO/New York 1972–1978, OECD/Paris 1978–1982, Zentrale/Kabinettschef 1982–1983, Abgeordneter zum Nationalrat 1983–1986, 1987–1990, 1992–1993, Bundesminister 1986–1987, Staatssekretär im Bundeskanzleramt (EU-Fragen) 1990–1992, OECD/Paris 1993–1998

Dr. Alois Mock ÖVP 21.1.1987 8.5.1995
* Euratsfeld / NÖ 10.6.1934
† Wien 1.6.2917

Bundesminister für Unterricht 1969–1970, Abgeordneter zum Nationalrat 1970–1987, 1995–1999, Bundesminister für auswärtige Angelegenheiten 1987–1995, Vizekanzler 1987–1989

Generalsekretär für Auswärtige/auswärtige Angelegenheiten

DDr. Gerald Hinteregger 1.7.1981 31.3.1987
* Weiz / Steiermark 12.11.1928
† Wien 17.2.2013

Zentrale/Kabinettschef 1970–1975, Spanien 1975–1978, UdSSR 1978–1981, Zentrale/Generalsekretär 1981–1987, Generalsekretär der UN Economic Commission for Europe (ECE) Genf 1987–1993

Dr. Thomas Klestil 25.5.1987 7.2.1992
* Wien 4.11.1932
† Wien 6.7.2004

USA/GK Los Angeles 1969–1974, UNO/New York 1978–1982, USA 1982–1987, Zentrale/Generalsekretär 1987–1992, Bundespräsident 1992–2004

Leiter Politische Sektion II

Dr. Friedrich Bauer 1.8.1979 17.1.1986
* Wien 23.10.1930

DDR 1973–1977, Zentrale/Politischer Direktor 1979–1986, BR Deutschland 1986–1990, UdSSR/Russland 1990–1995

Dr. Heribert Tschofen 20.1.1986 19.4. 1987
* Bregenz 21.6.1934
† Wien 19.4.1987

Ägypten 1976–1979, Zentrale/Politischer Direktor 1986–1987

Dr. Erich Maximilian Schmid 1.11.1987 3.12.1990
* Wien 18.9.1929
Peru 1971–1974, Indonesien 1974–1979, Indien 1983–1987, Zentrale/Politischer Direktor 1987–
1990, Japan 1991–1994

Dr. Ernst Sucharipa 15.11.1990 3.9.1993
* Wien 24.7.1947
† Wien 21.6.2005
Zentrale/Kabinettschef 1985–1987, Zentrale/Politischer Direktor 1990–1993, UNO/New York
1993–1999, Diplomatische Akademie Wien 1999–2005, Großbritannien 2005 (nicht überreicht)

Leiter Abteilung II.1 (Westeuropa)

Dr. Ingo Mussi 1.5.1983 14.8.1985
* Darmstadt / Deutschland 28.8.1935
† Wien 31.3.2012
Israel 1976–1981, Schweden 1985–1990, Italien/GK Triest 1992–1997

Dr. Emil Staffelmayr 20.9.1985 20.1.1987
* Linz 31.3.1933
† Steinerkirchen an der Traun/OÖ 5.8.2002
Frankreich/Straßburg 1970–1976, Marokko 1981–1985, Zentrale/Kabinettschef 1987–1991, Italien
1991–1997

Dr. Johann Plattner 20.3.1987 10.2.1993
* Steinach am Brenner / Tirol 30.7.1932
Iran 1979–1983, Südafrika 1983–1986, Türkei 1993–1997

Leiter Abteilung II.3 (Osteuropa)

Dr. Andreas Somogyi 1.7.1983 15.2.1987
* Budapest 16.10.1938
† Wien 10.11.2010
Brasilien/GK Rio de Janeiro 1976–1979, Rumänien 1979–1983, Polen 1987–1989, Brasilien
1990–1994

Dr. Ernst Sucharipa 16.2.1987 14.11.1990

Dr. Albert Rohan   15.11.1990   31.12.1995
* Melk / NÖ 9.5.1936
† Wien 4.6.2019
Argentinien 1985–1990, Zentrale/Generalsekretär 1996–2001

Diplomatische und konsularische Vertretungsbehörden und Kulturinstitute in der BR Deutschland, DDR, ČSSR, Polen, Sowjetunion/Russland, Ukraine und Ungarn und deren Leiter bzw. 1. Zugeteilte[8]

(links – Dienstantritt, Mitte – Überreichung des Beglaubigungsschreiben, rechts – Dienstende)

Bundesrepublik Deutschland

Berlin – Österreichische Delegation

Dr. Alexander Christiani   GK   7.8.1981   27.6.1986
* Wien 31.5.1940
Deutschland/Ltr Del Berlin 1981–1986, Südafrika 1986–1990, Niederlande 1996–2000, Großbritannien 2000–2005

Dr. Gabriele Matzner-Holzer   GK   7.7.1986   30.10.1990
* Kitzbühel/Tirol 10.8.1945
Deutschland/Berlin 1986–1992, Slowakei 1997–2001, Tunesien 2002–2005, Großbritannien 2005–2010

Berlin – Österreichisches Generalkonsulat

Dr. Gabriele Matzner-Holzer   GK   31.10.1990   24.7.1992

Zugeteilter:

Mag. Werner Brandstetter   K   16.10.1990
* Rastenfeld / NÖ 25.5.1953
USA/GK Los Angeles 1995–2000, Brasilien 2004–2008, Kanada 2008–2012

---

[8] Erhoben nach dem Grünheft vom Oktober 1989.

Bonn – Österreichische Botschaft

Botschafter:

Dr. Willibald Pahr	17.8.1983	30.8.1983	31.12.1985

* Wien 5.6.1930

Bundeskanzleramt, Verfassungsdienst .... – 1976, Bundesminister 1976–1983, Deutschland 1983–1985

Dr. Friedrich Bauer	22.1.1986	30.1.1986	5.10.1990

Dr. Herbert Grubmayr	9.10.1990	11.10.1990	23.1.1993

* Scheibbs/NÖ 16.6.1929

Kolumbien 1970–1976, Irak 1976–1980, Syrien 1983–1985, UdSSR 1985–1990, Deutschland 1990–1993, Zentrale/Recht 1993–1994

Erster Zugeteilter:

Mag. Artur Schuschnigg	Ges-BR	21.6.1982	24.7.1986

* Wien 2.6.1935

Kolumbien 1986–1990, Peru 1994–1997, Italien/Triest 1997–2000

Dr. Wolfgang Loibl	Ges	30.9.1986	13.8.1990

* Wien 31.10.1941

Zentrale/Kabinettschef 1991–2003, Zentrale/Verwaltung 2003–2006

Dr. Alfons Kloss	Ges	16.7.1990	10.8.1994

* Graz 19.9.1953

Italien/Mailand 1994–1997, Italien 2001–2007, Heiliger Stuhl 2011–

Düsseldorf – Österreichisches Generalkonsulat[9]

Dr. Heinrich Winter	GK	4.7.1982	31.5.1988

* Linz 25.10.1930

† Wien 15.11.2006

Saudi–Arabien 1972–1977, Deutschland/Düsseldorf 1982–1988, Deutschland/GK Frankfurt 1989–1993

---

[9] Geschlossen 31.7.2000.

| Dr. Robert Karas | GK | 10.8.1988 | 13.11.1992 |

* Graz 26.7.1938

Deutschland/Düsseldorf 1988–1992, Syrien 1992–1996, Libyen 1999–2003

Frankfurt – Österreichisches Generalkonsulat[10]

| Dr. Heinrich Winter | GK | 17.11.1989 | 21.3.1993 |

Hamburg – Österreichisches Generalkonsulat

| Dr. Wolfgang Seifert | GK | 13.3.1984 | 28.10.1988 |

* Wien 31.12.1931

† Maria Enzersdorf (?) 26.12.2010

Italien/GK Mailand 1974–1977, Deutschland/GK Hamburg 1984–1988

| Dr. Jörg Schubert | GK | 15.11.1988 | 14.1.1992 |

* Wien 7.10.1931

† Wien 9.4.2004

Tunesien 1984–1988, Deutschland/GK Hamburg 1988–1992

München – Österreichisches Generalkonsulat

| Dr. Hans Walser | GK | 3.10.1983 | 10.1.1989 |

* Dietersdorf bei Graz 27.7.1929

Libanon 1974–1977, DDR 1978–1981, Deutschland/GK München 1983–1989, Pakistan 1989–
1994

| Dr. Anton Segur-Cabanac | GK | 22.1.1989 | 12.8.1994 |

* Wien 12.5.1929

† Wien 1.8.2011

Chile 1974–1976, Schweiz/GK Zürich 1980–1983, Deutschland/GK München 1989–1994

---

[10] Zuvor Konsulat in der US-Besatzungszone 1948–1956, Honorarkonsulat 1956–1988,
geschlossen 31.10.1997, Honorarkonsulat seit 1999.

Deutsche Demokratische Republik

Berlin Ost – Österreichische Botschaft

Dr. Hellmuth Strasser   Bot   6.7.1981   9.7.1981   3.9.1985
* Sierning / OÖ 5.4.1934
DDR 1981–1985, Griechenland 1985–1990, Leiter des Sekretariats der Donaukommission in Budapest (1990–1999) und dessen Präsident (1999–2002).

Dr. Franz Wunderbaldinger   Bot   17.9.1985   26.9.1985   15.1.1990
* Kartitsch / Tirol 1.8.1927
Türkei/Istanbul 1968–1971, Rumänien 1975–1979, Türkei 1979–1982, DDR 1985–1990, Dänemark 1990–1992

Dr. Erich Binder   Bot   16.1.1990   24.1.1990   2.10.
(30.11.)
1990

* Wien 3.7.1928
Tunesien 1975–1978, Finnland 1978–1982, DDR 1990, Thailand 1991–1993

Erster Zugeteilter:

Dr. Gerhard Deiss   1. BS/BR   10.2.1983   27.4.1986
* Wien 30.12.1950
Marokko 2003–2007, Senegal 2010–2015

Dr. Lorenz Graf   Ges-BR   23.9.1985   11.7.1990
* Großpetersdorf / Burgenland 12.10.1946
Finnland 2005–2008, Norwegen 2008–2011

Mag. Werner Brandstetter   Ges-BR   16.7.1990   15.10.1990

Polen

Warschau – Österreichische Botschaft

Dr. Richard Wotava   Bot   5.3.1982   11.3.1982   24.2.1987
* Wien 18.2.1933
Venezuela 1977–1982, Polen 1982–1987, Spanien 1994–1999

| Dr. Andreas Somogyi | Bot | 26.2.1987 | 6.3.1987 | 15.12.1989 |

| Dr. Gerhard Wagner | Bot | 18.12.1989 | 5.1.1990 | 1.11.1994 |

* Grein / OÖ 23.8.1938
† Wien 26.5.2011
Polen 1989–1994, Slowenien 1994–2000

Erster Zugeteilter:

| Dr. Felix Mikl | Ges-BR | | 22.9.1980 | 14.5.1985 |

* Klagenfurt 26.6.1941
Süd-Korea 1989–1993, Simbabwe 1993–1997

| Dr. Günter Gallowitsch | Ges-BR | | 11.4.1985 | 23.8.1986 |

* Graz 18.9.1944
Philippinen 1990–1994, China/GK Hongkong 1994–1997, Pakistan 2002–2006

| Dr. Michael Weninger | 1. BS/BR | | 12.9.1986 | 13.4.1991 |

* Wiener Neustadt/NÖ 18.2.1951
Ukraine/GK Kiew 1991–1992, GTai Ukraine 1992, Jugoslawien 1993–1997

| Dr. Helmut Böck | BR | | 25.3.1991 | 27.8.1993 |

* Innsbruck 14.4.1956
China/GK Hongkong 1997–2001, Süd-Korea 2001–2005, St V UNO Wien 2008– 2012, Australien 2012–

Krakau – Österreichisches Generalkonsulat

| Dr. Emil Brix | GK | | 12.11.1990 | 27.6.1995 |

* Wien 16.12.1956
Polen/GK Krakau 1990–1995, Großbritannien/KI London 1995–1999, Zentrale/Kultur 2002–2010, Großbritannien 2010–2015, Russland 2015–2017

Warschau – Österreichisches Kulturinstitut

| Dr. Richard Sickinger | Dir | | 9.3.1977 | 30.1.1986 |

* Wien 25.10.1925
USA/KI New York 1970–1975, Polen/KI Warschau 1977–1986, Ägypten/KI Kairo 1987–1990

Dr. Georg Jankovic   Dir   21.3.1986   15.8.1990
* Wien 3.2.1939
Polen/KI Warschau 1986–1990, Frankreich/KI Paris 1994–2001

Dipl. Dolm. Helga Schmid   Dir   27.8.1990   26.7.1999
* Klagenfurt 3.3.1939
Polen/KI Warschau 1990–1999

Tschechoslowakei

Prag – Österreichische Botschaft

Dr. Paul Ullmann   Bot   6.7.1983   3.8.1983   30.1.1987
* Wien 26.2.1932
Congo 1972–1977, Tschechoslowakei 1983–1987, China 1987–1990, Rumänien 1994–1997

Dr. Karl Peterlik   Bot   1.2.1987   27.2.1987   28.4.1993
* Prag 10.9.1932
China/Hongkong 1972–1976, Thailand 1976–1981, Tschechoslowakei 1987–1993, Tschechische
Republik 1993, Indien 1993–1997

Erster Zugeteilter:

Dr. Heinrich Querner   Ges-BR   29.6.1984   9.11.1987
* Wien 4.2.1941
China/GK Hongkong 1990–1994, Ägypten 1994–1999, Jordanien 2002–2006

Dr. Wolfgang Paul   Ges-BR   11.12.1987   24.1.1991
* Wien 18.8.1947
Israel 1997–2002, Niederlande 2008–2012

Mag. Werner Brandstetter   Ges-BR   15.2.1991   10.8.1995

Preßburg – Österreichisches Generalkonsulat

Mag. Otto Roch   GK   18.4.1983   28.4.1988
* Wien 25.1.1928
Tschechoslowakei/GK Preßburg 1983–1988

Walter Swatosch	GK		30.5.1988	27.11.1992

* Wien 5.5.1929
† Wien 26.5.2011
Tschechoslowakei/GK Preßburg 1988–1992

Union der Sozialistischen Sowjet-Republiken / Russland

Moskau – Österreichische Botschaft

Dr. Helmut Liedermann	Bot	1.10.1981	15.10.1981		25.11.1985

* Wien 10.8.1926
† Wien 29.6.2019
Deutschland/Leiter Delegation West-Berlin 1965–1971, Jugoslawien 1977–1981, UdSSR 1981–1985, Beauftragtr der österreichischen Regierung für die Weltkonferenz der Menschenrechte in Wien 1986–1992

Dr. Herbert Grubmayr	Bot	27.11.1985	18.12.1985	29.9.1990

Dr. Friedrich Bauer	Bot	15.10.1990	15.11.1990	31.7.1995

Erster Zugeteilter:

Dr. James Preuschen	Ges		22.2.1982	29.6.1985

* Allentsteig / NÖ 26.2.1936
Australien 1985–1989

Dr. Martin Vukovich	Ges		23.6.1985	31.3.1989

* Eisenstadt 20.10.1944
Japan 1995–1999, Russland 2003–2009

Dr. Martin Sajdik	Ges		12.6.1989	14.4.1991

* Wien 14.1.1949
Zentrale/Wpol 2003–2007, China 2007–2012, UNO New York 2012–2015, OSZE-Sonderbeauftragter für die Ukraine 2015–2020

Dr. Michael Stigelbauer	Ges		6.3.1991	15.1.1993

* Wien 2.4.1946
Jordanien 1993–1997, Iran 2001–2006, Pakistan 2006–2010

Ukraine

Kiew – Österreichisches Generalkonsulat

| Dr. Michael Weninger | GK | 1.12.1991 | |
| | GTai | 24.1.1992 | 30.12.1992 |

Ungarn

Budapest – Österreichische Botschaft

| Dr. Arthur Agstner | Bot | 22.9.1982 | 26.9.1982 | 31.12.1987 |

* Bozen / Italien 14.9.1922
† Wien 5.2.1991
Israel 1968–1972, Bulgarien 1972–1975, Zentrale/Recht 1978–1982, Ungarn 1982–1987

| Dr. Franz Schmid | Bot | 29.2.1988 | 3.3.1988 | 21.12.1992 |

* Lochau / Vorarlberg 27.7.1930
Saudi-Arabien 1977–1983, Zentrale/Entwicklungszusammenarbeit 1985–1988, Ungarn 1988–1992,
Dänemark 1993–1995

Erster Zugeteilter:

| Dr. Peter Wilfling | Ges-BR | | 26.9.1983 | 30.10.1986 |

* Brünn (Brno, Tschechische Republik) 8.4.1943
Deutschland/GK Frankfurt 1993–1997, Chile 1997–2002

| Dr. Gerald Kriechbaum | Ges | | 17.11.1986 | 5.9.1991 |

* Wien 7.10.1939
Ungarn/KI Budapest 1986–1994

Budapest – Österreichisches Kulturinstitut

| Dr. Karl Schramek | int. L. | | 7.7.1983 | 31.1.1984 |
| | Dir | | 1.2.1984 | 12.12.1985 |

* Wien 27.8.1949
Ungarn/KI Budapest 1983–1985, OECD/Paris 1998–2003, Syrien 2004–2008, Belgien 2008–2014

| Dr. Gertrude Kothanek | Dir | | 14.1.1986 | 13.2.1994 |

* Wien 7.10.1939
Ungarn/KI Budapest 1986–1994

Dokumentenverzeichnis

118

120

124

126

128

130

132

134

136

138

142

144

146

Dokumententeil

Polen kritisiert in zunehmendem Maße innenpolitische Vorgänge in westlichen Staaten

GZ 166.02.02/1-II.3/85, Zl. 33-RES/85, ÖB Warschau (Wotava), 24. Jänner 1985

Polen war, wie nicht näher ausgeführt zu werden braucht, seit Ausrufung des Kriegsrechtes im Dezember 1981 vor allem wegen der bekannten innenpolitischen Ereignisse in Polen Gegenstand heftiger Attacken der westlichen Regierungen und Massenmedien. Obwohl sich die Beziehungen Polens zu den meisten westlichen Staaten deutlich entspannt haben, fehlt es auch derzeit nicht an immer wiederkehrenden Angriffen gegen die polnische Führung von westlicher Seite. Polen hat diese westlichen Attacken immer als Eingriffe in die innerpolnischen Angelegenheiten zurückgewiesen und die westlichen Regierungen und Massenmedien wegen dieser Anmaßung stets schärfstens gerügt.

Seit einiger Zeit trägt das polnische Regime jedoch überdies Attacken gegen westliche Staaten wegen innenpolitischen Ereignissen vor, wobei die diesbezüglichen Anschüsse in erster Linie von Pressesprecher Urban vorgetragen und entsprechend seiner Gewohnheit in meistens ätzender Weise formuliert werden. Herr Urban gibt immer wieder der großen Entrüstung der polnischen Regierung und der hiesigen „öffentlichen Meinung" wegen dieser Vorgänge in westlichen Staaten Ausdruck. Beispiele aus der jüngsten Pressekonferenz Urbans waren Angriffe gegen die USA wegen der angeblichen Verhaftung von 16 Priestern in den Vereinigten Staaten, die politischen Flüchtlingen aus zentralamerikanischen Staaten, die um politisches Asyl in den USA ansuchen hätten wollen, in ihren Kirchen Unterschlupf gewährt hätten und denen nunmehr angeblich eine Verschwörung gegen die US-Regierung zur Last gelegt werde.

Der französischen Regierung warf Urban die Verhängung des Ausnahmezustandes in Neukaledonien vor, um die dortige lokale Bevölkerung, die sich gegen die französische Kolonialherrschaft wehre, entsprechend bekämpfen zu können. In Polen erinnere man sich nur zu gut der französischen Stellungnahme zur Ausrufung des Kriegsrechtes, obwohl diese Maßnahme im Gegensatz zu Frankreich, das den Ausnahmezustand in einem Kolonialgebiet dekretiert habe, auf seinem eigenen Territorium angeordnet habe.

Vor einiger Zeit hatte Urban der Empörung der polnischen Regierung und Bevölkerung über die Behandlung der streikenden britischen Bergleute durch die britische Regierung Ausdruck gegeben.

Diese Vorwürfe an die Adresse der westlichen Regierungen sind offensichtlich als Gegenoffensive und als eine Art von Retourkutsche gegen die von dieser Seite seit Jahren gegen Polen vorgetragenen Angriffe gedacht. Urban liefert zwar den aus West und Ost stammenden Auslandskorrespondenten bei seinen wöchentlichen Pressekonferenzen mit diesen Angriffen gegen die westlichen Staaten zweifellos

Schreibstoff, [der] die von ihm so oft zitierte polnische Empörung gegenüber diesen Vorgängen in westlichen Staaten bekundet, vermag aber der Pressesprecher sicherlich in keiner Weise zu beeindrucken. […]

Dokument 2
Weitere Opfer des polnischen Geheimdienstes?

GZ 166.04.20/6-II.3/85, Zl. 48-RES/85, ÖB Warschau (Wotava), 1. Februar 1985

Im Zusammenhang mit dem Mord an dem Priester Popiełuszko wurde von Seiten der Solidarität und anderer oppositioneller Vertreter auf einige unter höchst mysteriösen Umständen erfolgte Todesfälle gerade in der Gegend um Bydgoszcz (Bromberg) und Toruń, wo auch Popiełuszko entführt wurde, hingewiesen. Unter diesen Fällen befindet sich auch der im Februar 1984 erfolgte Mord von Piotr Bartoszcze, einem führenden Vertreter der früheren Landsolidarität, der im Jahre 1981 zusammen mit seinem Bruder eine Reihe von Streiks organisiert hatte und seither [dafür] von den Sicherheitsbehörden mit zahlreichen Schikanen verfolgt wurde.

Von Seiten der Opposition wurde schon kurz nach dem Tod von Bartoszcze auf eine Reihe von Ungereimtheiten und merkwürdigen Umständen hingewiesen, wie die von offizieller Seite behauptete Feststellung, B. sei ohne Fremdeinwirkung [wegen] übermäßigen Alkoholgenusses gestürzt und in einer Drainageanlage im Schlamm erstickt. Die Familienangehörigen hätten jedoch erhebliche Verletzungen im Nacken des Toten festgestellt.

Dieser Tage unterhielt ich mich mit dem Generalvikar der Erzdiözese von Gnesen, Weihbischof Dr. Michalski (ein ehemaliger Professor von Primas Glemp), der mir erzählte, er habe praktisch seit Jahrzehnten immer wieder in den Pfarrgemeinden um Bydgoszcz und Torun, die zur Erzdiözese Gnesen gehören (deren Diözesanbischof Primas Glemp selbst sei), zu tun und kenne daher sehr viele Gläubige persönlich. Aufgrund seiner prominenten Stellung innerhalb der Landsolidarität habe er B. und seine Familienangehörigen besonders gut gekannt. Aus all den Details, die ihm über den Tod des Genannten zur Kenntnis gebracht worden seien, habe er den Schluß ziehen müssen, daß B. nicht eines natürlichen Todes gestorben, sondern ermordet worden sei. Vor allem sei er ihm als ein Mann bekannt gewesen, der nie Alkohol zu sich genommen habe, sodaß die von offizieller Stelle getroffene Behauptung, im Körper des toten B. hätte ein überdurchschnittlich großer Alkoholgehalt festgestellt werden können, einfach unglaubwürdig sei. Aufgrund des Herganges der Entführung und Ermordung von Popiełuszko und der bei dem Prozeß aufgedeckten Geheimdienstpraktiken bei solchen Verbrechen könne man daher nur den Schluß ziehen, daß auch B. vom polnischen Geheimdienst ermordet worden sei, woran er schon seit geraumer Zeit eigentlich keinen Zweifel gehabt habe. Er, Bischof Michalski, hatte sich nicht gescheut, dies in seinen Predigten, insbesonders beim Begräbnis von B., klar zum Ausdruck zu bringen. […]

Dokument 3

Offizieller Besuch des ungarischen Ministerpräsidenten György Lázár in Österreich, 21./22. Feber 1985; Ost-West-Beziehungen

GZ 222.18.01/21-II.3/85, BMaA Wien, 11. Februar 1985

1. Die Beziehungen zwischen den beiden Blöcken sind gekennzeichnet durch eine Dominanz des Verhältnisses der Supermächte zueinander. Gegenstand des mit dem Treffen Shultz-Gromyko wiederaufgenommenen Dialogs sind vor allem die militärisch-strategischen Elemente des Ost-West-Kräfteverhältnisses, welches durch interne Entwicklungen in den Vereinigten Staaten wie auch in der Sowjetunion entscheidend beeinflusst wird.

2. Den Vereinigten Staaten, die das Trauma des Vietnamkrieges nun endgültig überwunden haben und Präsident Reagans Konzept eines starken Amerikas verfolgen, steht die Sowjetunion, behindert durch fortdauernde Führungskrisen und grundlegende Schwächen des sowjetischen Gesellschaftssystems, gegenüber.

3. Neben den beiden Hauptakteuren USA und Sowjetunion sind die übrigen Bündnispartner der beiden Supermächte in den Hintergrund gedrängt worden. Andererseits war ihnen im Osten wie im Westen ein gewisses Maß von Unabhängigkeit in der Gestaltung der Außenbeziehungen belassen worden, weshalb selbst im Zustand erhöhter Spannung zwischen den beiden Supermächten bedeutende Elemente der Politik der Détente auf innereuropäischer Ebene erhalten werden konnten.

4. Die verminderte ideologische Anziehungskraft der Sowjetunion in Verbindung mit der starken Verlangsamung des Wirtschaftswachstums und der zunehmend als Bürde empfundenen wirtschaftlichen Beziehungen zu den Ostblockstaaten, haben zu einer vorsichtig zurückhaltenden Haltung der Sowjetunion im außereuropäischen Bereich geführt.

5. Im Verhältnis zu China gelang es allerdings der Sowjetunion, ihre Beziehungen weitgehend zu normalisieren, sodaß die VR China heute in die früher von den Vereinigten Staaten eingenommene Drehscheibenposition gelangt ist, in der sie zu den beiden Supermächten bessere Beziehungen unterhält als diese untereinander.

6. Österreich und die übrigen neutralen und nichtpaktgebundenen Staaten Europas bemühen sich, durch eine konstruktive Politik zu beiden Blöcken zur Entspannung und zur Zusammenarbeit beizutragen.

7. Der KSZE kommt in dieser Konstellation nach wie vor ein hoher Stellenwert als multilaterales Ost-West-Verhandlungsforum zu. Das für das derzeitige Ost-West-Verhältnis charakteristische Vorherrschen sicherheitspolitischer Fragen (KVAE) hat zu einer gesteigerten Einflußnahme der beiden Supermächte auf Verhandlungsverlauf und -ergebnis geführt. Den N+N-Staaten kommt unter diesen Bedingungen im KSZE-Prozeß eine weiterhin große Bedeutung als Vermittler zwischen den beiden Blöcken und im Ausformulieren eines gesamteuropäischen Interesses zu. Die KSZE bietet die einmalige Gelegenheit, im Rahmen eines umfassenden Verhandlungsprozesses aller

europäischen Staaten <u>gesamteuropäische</u> Konzepte in den Vordergrund des politischen Bewußtseins zu rücken. [...]

Dokument 4

Polen nach dem Prozeß gegen die Priestermörder

GZ 166.04.20/8-II.3/85, Zl. 1-POL/85, ÖB Warschau, 11. Februar 1985

<u>Der sensationellste Prozeß, der wohl je in einem kommunistischen Land stattgefunden hat</u>, gegen den Mörder des Priesters Popiełuszko, ist in erster Instanz mit der Verurteilung der Angeklagten zu langen Freiheitsstrafen zu Ende gegangen. Polen, das seit jeher das liberalste Regime im Ostblock aufgewiesen hat, hat mit der Durchführung eines in aller Öffentlichkeit [abgehaltenen] Prozesses gegen vier Angehörige des Geheimdienstes neue im Ostblock bisher unbekannte Maßstäbe gesetzt. Daran können auch die <u>offensichtlichen Mängel, die dem Verfahren angehaftet haben</u> (wie das offenkundige Bestreben des Gerichtes und der Staatsanwälte, jede „Panne" in der Beweisführung, die zur Aufdeckung der zweifellos vorhandenen Hintermänner des Verbrechens geführt hätte, zu vermeiden bzw. die vom Gericht geduldeten skandalösen Tiraden der angeklagten Mörder, der Staatsanwälte und einiger Verteidiger gegen den ermordeten Priester bzw. gegen gewisse Teile der katholischen Kirche in Polen), nicht das Geringste ändern.

Jaruzelski und seine Gefolgsleute sind mit der raschen Aufklärung des Verbrechens und der Zulassung des unter Beiziehung in- und ausländischer Beobachter erfolgten Gerichtsverfahrens gegen Angehörige des bisher als unantastbar geltenden Geheimdienstes ein <u>erhebliches Risiko</u> eingegangen: da sich das Jaruzelski-Regime bisher immer nur auf die Armee und den Sicherheitsdienst abstützen konnte, während ihm die Unterstützung auch nur eines Teiles der Bevölkerung versagt blieb, sägte sich das Regime durch die Bloßstellung des Geheimdienstes und seiner Methoden in einem langen Gerichtsverfahren gewissermaßen einen Pfeiler an, auf den es unbedingt angewiesen ist. Jaruzelski und seine Anhänger versuchten jedoch, die Flucht nach vorne anzutreten, um durch die Abhaltung dieses Prozesses die über den Priestermord aufgebrachte öffentliche Meinung einigermaßen zu beruhigen bzw. in der Bevölkerung und auch bei der Kirche Pluspunkte zu sammeln.

Letzteres ist allerdings nicht gelungen, da sich entschiedener Widerstand der orthodoxen Parteielemente, vermutlich mit Unterstützung durch die Sowjetunion und andere Ostblock-Regime, gegen die Vorgangsweise von Jaruzelski zu formieren begann und auf diese Weise die wahrscheinlich ursprünglich bestandene Absicht von Jaruzelski und insbesonders auch von Innenminister Kiszczak (wofür es Indizien gibt), auch die <u>Hintermänner des Verbrechens</u> in das Licht der Öffentlichkeit zu zerren, verhindert wurde. Die Empörung der orthodoxen Kräfte vermochte überdies, <u>den Prozeß auch gegen den Ermordeten und einen Teil des hohen und niedrigen Klerus umzufunktionieren</u>, ohne daß das Gericht gegen diesen offensichtlichen Mißbrauch des Gerichtsverfahrens, das lediglich über die Mörder des Priesters zu befinden hatte, eingeschritten wäre. Die Jaruzelski-Anhänger können auf diese Weise gegenüber den Orthodoxen und den übrigen Ostblockstaaten darauf hinweisen, daß mit dem gegenständlichen Prozeß <u>nicht nur das Prestige des Geheimdienstes entscheidend geschmälert, sondern auch dem angeblichen politischen Mißbrauch mancher Teile der Kirche ein Schauprozeß im wahrsten Sinne des Wortes gemacht wurde.</u>

Das Gericht hat in seiner überaus bemüht wirkenden Urteilsbegründung sich bemüßigt gefunden, die Angriffe, die beim Prozeß in einer seit langem nicht mehr stattgefundenen Form gegen die Kirche vorgetragen wurden, zu rechtfertigen und zu argumentieren, daß die „Gesellschaft das Recht habe, zu allen Problemen von allgemeiner Bedeutung" Stellung zu nehmen, [womit] die politisierenden Aktivitäten einiger Mitglieder des hohen und niedrigen Klerus gemeint waren. Das Gericht nahm auch ohne weiteres als erwiesen an, daß Popiełuszko Aktivitäten entfaltet habe, die „in haßerfüllter Form" gegen den Staat und die gesellschaftliche Ordnung in Polen gerichtet gewesen seien, ohne natürlich ein Wort darüber zu verlieren, daß sich Popiełuszko in erster Linie für die sozialen Anliegen der Bevölkerung und insbesondere der Arbeiterschaft eingesetzt hat. Das Gericht schritt nicht einmal ein, als ein Verteidiger in seinem Plädoyer historische Exkurse unternahm, um vermeintliche Verfehlungen „mancher Kirchenvertreter gegen die Interessen Polens im Laufe der letzten Jahrhunderte (!)" aufzuzeigen.

<u>Gleichzeitig und parallel zum Prozeß lief in den Massenmedien eine ebenfalls seit langem nicht mehr registrierte Hetzkampagne gegen die Kirche</u>, offensichtlich um die Öffentlichkeit von dem im Gerichtssaal dargelegten brutalen Mordgeschehen und den Geheimdienstmethoden abzulenken. Abgelenkt werden sollten hiedurch aber auch die orthodoxen Parteivertreter und die übrigen Ostblockstaaten, denen die Genugtuung bereitet wurde, die polnische Kirche ebenfalls auf der Anklagebank zu sehen. Auch der sowjetischen „Prawda" wurde auf diese Weise Schreibstoff geliefert und sie konnte sich nach der Urteilsverkündung auf diesen Aspekt des Gerichtsverfahrens stürzen.

Die im Gerichtssaal und außerhalb desselben gegen die Kirche geführte Hetzjagd hat natürlich vor allem den <u>Episkopat verstimmt</u>, der nach der Ermordung Popiełuszkos die Bevölkerung zur Besonnenheit aufforderte und damit einen entscheidenden Beitrag geliefert hatte, daß es zu keinerlei gewalttätigen Kurzschlußreaktionen der Bevölkerung gekommen war. Wie ich von einem Mitglied des Episkopats hörte, wird eine in wenigen Tagen stattfindende Bischofskonferenz wegen der im Gerichtssaal und außerhalb desselben betriebenen Kampagne gegen die Kirche dem Regime eine harte und entschiedene Antwort geben. Das Sekretariat der Bischofskonferenz hat bereits in einem scharfen Schreiben gegen die manipulierte Fernseh-Berichterstattung protestiert, bei der fast nur mehr die gegen die Kirche vorgetragenen Angriffe im Prozeß ausgestrahlt wurden.

Ansonsten nimmt die Kirche die gegen sie erfolgten Angriffe von staatlicher Seite nicht allzu tragisch und ist überzeugt, daß sie nach einiger Zeit wieder abflauen werden. In einigen Monaten wird vielmehr, wie mir ein sehr enger Mitarbeiter von Primas Glemp sagte, das Regime bei der Kirche wieder „höflich anklopfen", um deren

Neutralität bei den bevorstehenden Parlamentswahlen sicherzustellen. Auch wird das Regime die Unterstützung der Kirche sicherzustellen trachten, wenn es gilt, den wegen der immer schlechter werdenden Lebensbedingungen zu erwartenden Unmut der Bevölkerung in Grenzen zu halten.

Ich halte es aber nicht für ausgeschlossen, daß das Regime in Hinkunft auf Druck der orthodoxen Parteivertreter und des Kremls eine etwas härtere Gangart gegen die Kirche einzuschlagen genötigt sein könnte, wobei von staatlicher Seite insbesondere mit schärferen Maßnahmen gegen sogenannte politisierende Priester zu rechnen sein dürfte.

Trotz aller negativen Begleitumstände des Prozesses muß aber eine herausragende positive Seite des Gerichtsverfahrens entsprechend herausgestrichen werden: Nach diesem Prozeß werden es sich jene antistalinistischen Elemente des Geheimdienstes, die vor keinem Verbrechen zur angeblichen Wahrung der nationalen Interessen zurückschreckten, gründlich überlegen, Verbrechen wie einen Mord zu begehen, ohne eindeutig von „oben" sanktionierte Instruktionen erhalten zu haben. Der Prozeß, in dem die Mörder letztlich von ihren Drahtziehern im Regen stehengelassen wurden, wird somit dem Geheimdienst als eine nicht zu überhörende Warnung für die Zukunft dienen.

Nach dem Priestermord hat dem Vernehmen nach auch eine noch lange nicht abgeschlossene Säuberung im Innenministerium und im Geheimdienst eingesetzt, die Beachtung verdient; es sollen hunderte Mitarbeiter des Geheimdienstes gesäubert worden sein, und selbst Änderungen auf dem Niveau der Vizeminister hatte es wegen deren offensichtlichen Verwicklungen in den Mord gegeben. Wenn diese Maßnahmen zu Arbeitsweisen des Geheimdienstes führen, die in Hinkunft brutale Verbrechen ausschließen, dann hat der Prozeß eine wichtige Funktion erfüllt.

Der Verlauf des Prozesses hat niemanden zufriedengestellt und die Lage des Jaruzelski-Regimes zweifellos komplizierter gemacht: Die mit der Abhaltung des Prozesses gegen die Mörder aus dem gehassten Sicherheitsdienst von Jaruzelski angestrebte Absicht, sich bei der Bevölkerung und auch bei der Kirche Pluspunkte zu verschaffen, ist durch die geschmacklosen Angriffe gegen den Ermordeten und die Kirche bzw. durch die Verschleierung der Hintermänner des Verbrechens letztlich nicht erfolgt. Jaruzelski und seine Anhänger haben sich andererseits mit der raschen Aufdeckung des Verbrechens und der Zulassung des spektakulären Gerichtsverfahrens gegenüber den orthodoxen Parteirepräsentanten eine schwere Hypothek aufgehalst. Es könnte durchaus sein, daß Jaruzelski und seine Gefolgsleute, wie es mir unlängst ein wohlinformierter polnischer Gewährsmann sagte, in der Partei vielleicht schon eine Minderheit bilden, bei der die Mehrheit seitens des „großen Bruders" bisher nur die Erlaubnis erhalten hat, gegen Jaruzelski „wohl zu bellen, aber nicht zu beißen". Die Frage ist nur, ob die Kreml-Herren die Zulassung des Prozesses gegen den bisher als tabu angesehenen Geheimdienst durch Jaruzelski nicht als so gravierend ansehen, daß sie mit der Zeit dieser Mehrheit auch das Beißen gestatten werden. Wenn Jaruzelski nämlich der Beweis gelungen ist, daß er [sich] in der Innenpolitik […] den sowjetischen Wünschen mitunter nicht beugt und sich eine diesbezügliche unabhängige Linie bewahrt hat, dann ist ihm dies mit diesem Prozeß, der gegen alle Prinzipien und Praktiken eines kommunistischen Regimes verstößt, geglückt. Es gibt bezeichnenderweise unter den hiesigen politischen Beobachtern immer mehr Pessimisten, zu denen ich allerdings nicht gehöre, die dem Jaruzelski-Regime nur mehr eine bemessene Funktionsperiode einräumen. […]

Dokument 5

Sowjetunion; Russische Föderation; Sorgenkind der Sowjetwirtschaft

GZ 225.22.00/2-II.3/85, Zl. 73-RES/85, ÖB Moskau (Liedermann), 11. Februar 1985

Die tägliche sowjetische Praxis kennt nur wenige Anlässe, im Zuge derer die obersten sowjetischen Politiker ihre Politik dem Volk zu erklären bereit sind. Dies geschieht regelmäßig vor den Wahlen in die Obersten Sowjets der Union bzw. – wie nunmehr – [der] Unionsrepubliken. Als „Kandidaten" halten also die Angehörigen der Kreml-Führung „Wahlreden" in ihren „Wahlkreisen".

Der Ministerpräsident der Russischen Föderation und Politbüromitglied, W.I. Worotnikow, benützte die Gelegenheit, ausgewählten Vertretern seiner Wähler in Wolgograd Daten über die Wirtschaftsentwicklung dieser größten Sowjetrepublik zu präsentieren. Danach wuchs in den letzten 5 Jahren das Realeinkommen pro Kopf der Bevölkerung der Russischen Föderation um 13 %. Zum Vergleich sei erwähnt, daß Breschnew einen Zuwachs von 13 % als Minimalsatz für das Jahrfünft 81 bis 85 in seiner Rede vor dem 26. Parteitag ankündigte. Inwieweit inflationäre Tendenzen, die es auch in der Sowjetunion gibt, die von Worotnikow offiziell verkündete Ziffer unter die 13 %-Hürde drückten, bleibt offen.

Besser als den Russen geht es unzweifelhaft in der Sowjetunion den Georgiern. In seiner „Wahlrede" berühmte sich der KP-Chef Georgiens Schewardnadse mit einem Einkommenszuwachs von 17,7 % in seiner Republik im gleichen Zeitraum. Mit anderen Worten: Die vergleichsweise ohnehin schon wohlbestallten Georgier werden immer reicher, die Russen hinken hinten nach.

Daß sich wenig in Rußland geändert hat, geht auch daraus hervor, daß die anläßlich des 26. Parteitags vom damaligen Ministerpräsidenten der Russischen Föderation Solomenzew gemachten Versprechungen, die Engpässe bei der Fleisch-, Butter- und Milchversorgung zu bereinigen, nach 4 Jahren noch nicht erfüllt wurden. Auch jetzt erhält man in Irkutsk zum Beispiel nur 700 Gramm Butter pro Monat und Milch gibt es nur auf ärztliches Rezept. Die Fleischregale in den Geschäften sind gähnend leer. Auch in Moskau trat eine graduelle Verschlechterung der Versorgungslage im Vergleich zu den beiden letzten Wintern ein.

Zu den Problemen bei der Lebensmittelversorgung gesellten sich aufgrund des landesweiten harten diesjährigen Winters Versorgungsschwierigkeiten auf dem Energiesektor. Selbst das Politbüro-Mitglied W.I. Dolgich kam nicht umhin, „die bekannten Schwierigkeiten" im Bereich der Energieversorgung bei seiner „Wahlrede" am 6. d.M. in Lipezk einzugestehen. Dieses „Einbekenntnis" untermauert die am

26. v.M. in den SU-Zentralzeitungen veröffentlichten Daten über die Planerfüllung im Jahr 84. Danach gingen Öl- und Kohleförderung gegenüber 1983 zurück. Schon aus klimatischen Gründen treffen Engpässe bei der Energieversorgung am meisten die russischen Regionen der UdSSR.

Seit langem scheinen sich die sowjetischen Machthaber der politischen Gefährlichkeit der Disparitäten in der Entwicklung der Russischen Föderation im Vergleich zu den anderen Sowjetrepubliken bewußt zu sein. Deshalb schenkte man auch der Entwicklung des Nichtschwarzerde-Gebietes Rußlands (Zentral- und Nordrußland sowie Sibirien) vermehrte Aufmerksamkeit. Spürbare Erfolge dieser Politik zeichnen sich anscheinend aber nicht ab. […]

Dokument 6

Die innenpolitische Szene Polens bleibt bewegt; hartes Durchgreifen des Regimes gegen führende Solidaritätsfunktionäre

GZ 166.03.00/2-II.3/85, Zl. 2-POL/85, ÖB Warschau (Wotava), 18. Februar 1985

Mit einer Überraschung wurde eine Reihe von Maßnahmen registriert, die das Regime in letzter Zeit insbesonders gegen führende Solidaritätsfunktionäre ergriffen hat. So wurde vor wenigen Tagen in Danzig ein von Wałęsa einberufenes Treffen von führenden Solidaritätsfunktionären seitens der Sicherheitsorgane ausgehoben, wobei mit Ausnahme von Wałęsa alle übrigen Teilnehmer dieses Treffens verhaftet wurden. Wałęsa wurde zum Staatsanwalt zu einem Verhör geladen. Da bei diesem geplatzten Treffen offensichtlich auch ein Kurzstreik am 28.2., der seitens der Solidaritätsführung wegen der geplanten Preiserhöhungen ausgerufen wurde, besprochen wurde, beabsichtigten die Behörden offensichtlich, gegen die Teilnehmer dieses Treffens ein Verfahren einzuleiten. Wałęsa stellte sich vor die Verhafteten und erklärte dem Staatsanwalt, aber auch in der Öffentlichkeit, er trage für das Treffen die Verantwortung und man solle daher auch ihn verhaften. Überdies trat er entschieden für die Abhaltung des Streiks ein. Vor einer Verhaftung schreckt aber bisher das Regime zurück, weil die innen- und vor allem die außenpolitischen Rückwirkungen einer Verhaftung Wałęsas vom Regime mit Recht gefürchtet werden. Eine Verhaftung Wałęsas könnte die Öffnung zu den westlichen Staaten ernstlich gefährden, die Polen seit einigen Monaten geschafft hat und die in diesem Jahr mit dem geplanten Besuch einer Reihe westlicher Außenminister eindrucksvoll dokumentiert werden soll.

Was hat das Regime veranlasst, so knapp nach dem Prozeß gegen die Mörder von Popiełuszko einen so harten Schlag gegen die führenden Solidaritätsfunktionäre zu führen, die seitens der Arbeiterschaft und der Bevölkerung noch immer als ihre wahren und legitimen Vertreter angesehen werden? Wäre nicht eher anzunehmen gewesen, daß das Regime nach dem Mordprozeß und nach den unqualifizierten Angriffen gegen die Kirche gegenüber der öffentlichen Meinung eher in Deckung geht, als die Bevölkerung durch die Verhaftung der nach wie vor populären Spitzenfunktionäre der Solidarität neuerlich vor den Kopf zu stoßen?

Das Vorgehen des Regimes gegen die Solidarität steht in engem Zusammenhang mit dem Prozeß gegen die aus dem Geheimdienst stammenden Mörder von Popiełuszko. Der Prozeß hat – wie die Botschaft des öfteren bereits dargestellt hat – im Innenministerium und im Geheimdienst, sondern darüber hinaus auch zu einer starken Verunsicherung innerhalb des Sicherheitsapparates geführt. Aus dieser Verunsicherung heraus und um die aufgebrachten orthodoxen Parteielemente einigermaßen zu beruhigen, wurde auch der Prozeß in seiner späteren Phase umfunktioniert und zu einem Tribunal gegen die Kirche gemacht. Die wie ein Blitz aus dem heiteren Himmel gegen die Kirche vorgetragenen, zum Großteil vollkommen unberechtigten Angriffe und die gegen die Kirche geführte Hetzkampagne können aber nicht von Dauer sein; das Regime braucht die Kirche angesichts der labilen innenpolitischen und prekären wirtschaftlichen Situation viel zu sehr, um sich einen lange anhaltenden Feldzug gegen sie leisten zu können. Trotz der Empörung des Episkopats über die unberechtigten Attacken waren die Kirchenvertreter auch nicht übermäßig über diese Kampagne beunruhigt und haben diese als nur von vorübergehender Natur betrachtet.

Diese Vermutung hat mittlerweile an Wahrscheinlichkeit gewonnen. Wie mir zwei polnische Gewährsleute, die aufgrund ihrer früheren hohen Regierungsfunktionen nach wie vor über hervorragende Informationen verfügen, vor kurzem sagten, passe Jaruzelski und seinen Gefolgsleuten die Hetzkampagne gegen die Kirche in keiner Weise in ihr Konzept. Die Kampagne gegen die Kirche werde daher rasch abflauen, doch müsse man die orthodoxen Parteivertreter irgendwie bei Laune halten und den Sicherheitsapparat wieder motivieren. Diese Motivation wolle das Regime nunmehr auf die Weise erreichen, daß es grünes Licht für ein hartes Durchgreifen gegen die Opposition gegeben hat. Da große Teile des Parteiapparates und ein erheblicher Prozentsatz des Sicherheitsapparates seit langem der Meinung sind, daß die Regierung der Opposition einen viel zu großen Spielraum gibt (der Mörder des Priesters, Hauptmann Piotrowski, hat z.B. solche Beschuldigungen während des Prozesses gegen die Regierung Jaruzelski erhoben und damit sicherlich die Meinung vieler Geheimdienstkollegen artikuliert), kommt die Regierung mit den Schlägen gegen die Solidaritätsfunktionäre den Wünschen des orthodoxen Parteiflügels entgegen. Dem Sicherheitsapparat wird damit aber auch das Gefühl vermittelt, zur Stabilisierung der innenpolitischen Lage einen wichtigen Beitrag zu leisten und wieder über eine solide Daseinsberechtigung zu verfügen.

Der kommende Monat März muß auch eine Entscheidung über die beabsichtigten Preiserhöhungen bringen. Das Regime hat bereits seit einiger Zeit „Konsultationen" mit der Bevölkerung im Wege der neuen Gewerkschaft gepflogen. Dabei sollen nicht unerhebliche Meinungsunterschiede aufgetreten sein. Der März ist der späteste Zeitpunkt, zu dem das Regime Preiserhöhungen über die Bühne bringen kann. Später wäre es deshalb nicht opportun, weil im April die von Menschenmassen besuchten Ostergottesdienste leicht zu Demonstrationen gegen die Preiserhöhungen benützt werden könnten. Außerdem rückt dann der 1. Mai zu sehr in die Nähe, als daß man die Arbeiter mit Preiserhöhungen „beglücken" könnte. Noch später kommen diese unpopulären Maßnahmen wegen der heuer noch stattfindenden Parlamentswahlen nicht in Betracht, will das Regime nicht einen zu hohen Prozentsatz von Wahlenthaltung riskieren. Der seitens der verhafteten Solidaritätsfunktionäre geplante Streikaufruf für den 28.2., somit knapp vor dem Datum der tatsächlichen Preiserhöhung, mußte daher vom Regime mit einiger Besorgnis verfolgt werden. Zu dieser Sorge ist für das Regime deshalb berechtigter Anlaß, weil der Brotkorb für die polnische Bevölkerung angesichts des unglaublich hohen Preisniveaus, der andauernden Inflation und der von der Regierung seit geraumer Zeit verfolgten Austerity-Politik ohnehin schon hoch genug hängt und die wirtschaftliche Belastbarkeit der Bevölkerung ihre Grenzen seit einiger Zeit erreicht hat.

Alle Unruhen in Polen haben seit Bestehen des kommunistischen Regimes ohne Ausnahme zunächst wirtschaftliche Gründe gehabt, ehe sie, wie das am anschaulichsten während der Solidaritätsepoche demonstriert wurde, gesellschaftspolitische Dimensionen annahmen, in eine politische Krise mündeten und selbst das kommunistische Regime in Gefahr brachten. Die seitens der Regierung verfolgte Austerity-Politik birgt natürlich ebenfalls den Keim einer künftigen Explosion des Unmuts der Bevölkerung, insbesonders der Arbeiterschaft, in sich. Allerdings ist eine Neuauflage der Solidaritäts-Ära mit Sicherheit auszuschließen. Die künftige Konsequenz neuerlicher Unruhen wird nicht die Bildung von pluralistischen Gewerkschaften sein, die das innenpolitische Geschehen des Landes, wie das die Solidarität zustande gebracht hat, für einige Zeit beherrschen, sondern vermutlich viel mehr dem Szenario von 1956 und 1970 gleichen, als das Regime ohne langwierige Diskussionen mit der Arbeiterschaft in die aufgebrachten und demonstrierenden Arbeiter mit einem damit verbundenen großen Blutzoll hineinschießen ließ.

Es stellt sich die Frage, auf welche Weise die westlichen Staaten mithelfen können, einer solchen höchst tragischen, für den Frieden in Europa und in der Welt aber auch sehr gefährlichen Entwicklung vorzubeugen. Es erschiene sehr zweckmäßig, die westliche Boykottpolitik, die ohnehin bereits im Abbröckeln begriffen ist, rascher abzubauen, um auf diese Weise die Wirtschaftskrise in Polen sanieren zu helfen und damit eine neuerliche gefährliche Konfrontation zwischen Regierung und der Bevölkerung hintanzustellen. […]

Dokument 7

UdSSR; Persönlichkeitsbild Michail GORBATSCHOWs

GZ 225.01.04/3-II.3/85, BMAA Wien, 19. Februar 1985

Der kürzlich absolvierte Besuch des zweiten Mannes in der sowjetischen Hierarchie und wahrscheinlichen Nachfolgers von TSCHERNENKO als Partei- und Staatschef, Michail GORBATSCHOW, in Großbritannien hat eine Reihe von Pressekommentaren ausgelöst, in denen GORBATSCHOW als „kluger Intellektueller mit einer entschlossenen Haltung gegenüber dem Westen" beschrieben wurde; als „Mann mit Selbstvertrauen, kein Apparatschik"; als „junger Reformer" und „Pragmatiker". Derartige Berichte erinnern sehr stark an die Medienberichte, die sich im November 1982 nach dem Tode BRESCHNEWs mit der Person Juri ANDROPOWs und dessen politischer Karriere befaßten.

Da sich ANDROPOW nicht als der liberale und kluge Intellektuelle oder als der entschlossene Reformer, als den ihn die Presse darzustellen versuchte, erwies, wäre den Beobachtern der sowjetischen Szenerie zu raten, sich durch westliche Presseberichte nicht zu einer Selbsttäuschung hinreißen zu lassen. Die westliche Presse hat nämlich die [Gewohnheit anzunehmen, daß jeder neue Generalsekretär die sowjetische Gesellschaft liberalisieren und das Ost-West-Verhältnis verbessern wird].

Das Problem der objektiven Einschätzung jeder sowjetischen Führungspersönlichkeit liegt in der fast paranoiden Geheimhaltung ihres Privatlebens und in der Flut von Gerüchten, die in Moskau in dieser Hinsicht ununterbrochen die Runde machen, sowie in der Absenz harter Fakten.

Deshalb präsentieren wir hier hinsichtlich der Person GORBATSCHOWs eine Sammlung bekannter Fakten.

GORBATSCHOW ist mit 53 Jahren das jüngste Mitglied des für die sowjetische Grundsatzpolitik richtungsweisenden Politbüros der KPdSU. Wie in der Presse wiederholt erwähnt, gehört GORBATSCHOW einer Generation an, die weder mit den Säuberungen der Stalin-Ära in Zusammenhang gebracht werden noch auf eine gemeinsame Erfahrung mit den Veteranen des Zweiten Weltkrieges zurückblicken kann. Dennoch sollten wir uns darüber im Klaren sein, daß sein Aufstieg in einem politischen System vor sich ging, das sich auf Zwangsarbeit, psychiatrische Zwangsbehandlung und auf eine totale Kontrolle der Medien stützt.

Falls GORBATSCHOW Nachfolger TSCHERNENKOs werden sollte, dann wäre sicher mit ihm seit Lenin der bestausgebildete Spitzenfunktionär in der höchsten Funktion des Staates. Er ist ausgebildeter Anwalt, während seine anderen Politbürokollegen zumeist Ingenieure oder Techniker sind. Die Anwälte in der UdSSR sind allerdings nicht mit westlichen Maßstäben zu messen; ihre Tätigkeit besteht hauptsächlich darin, sicherzustellen, daß die Formalitäten des sowjetischen Rechts genau eingehalten werden. Was seine Ausbildung betrifft, so entsprich diese allerdings auch nicht dem westlichen Standard.

GORBATSCHOW kam in der zwischen Kaspischem Meer und Schwarzen Meer gelegenen Region von Stawropol zur Welt und begann dort auch seine politische Laufbahn. Diese günstige Fügung brachte ihn mit den führenden Männern der Regionalregierung zusammen, darunter auch mit Fedor KULAKOV, der von 1964 bis zu seinem Tode im Jahre 1978 ZK-Sekretär für Landwirtschaftsfragen war und als 1. Sekretär der Region Stawropol GORBATSCHOWs frühe Laufbahn förderte. Was aber noch wichtiger scheint ist die Tatsache, daß SUSLOV, früher KP-Sekretär von Stawropol und ebenfalls bis zu seinem Tode ZK-Sekretär für Ideologie, GORBATSCHOW bereits als jungen Funktionär kennenlernte und ihn mit wichtigen Aufgaben betraute, u.a. mit der des 1. Sekretärs für Stawropol (mit 39 Jahren) und im Jahre 1978 als Nachfolger KULAKOVs mit dem Zentralsekretariat für Landwirtschaftsangelegenheiten.

ANDROPOW verbrachte seine Urlaube regelmäßig in der Region Stawropol und hat dort sicher GORBATSCHOW persönlich kennengelernt. ANDROPOWs und SUSLOVs gemeinsame Arbeit reichte bis in die 50er Jahre zurück.

KULAKOV, SUSLOV und ANDROPOW förderten GORBATSCHOWs rapiden Aufstieg zum Parteisekretär der Region Stawropol, sodann zum ZK-Sekretär für Landwirtschaftsangelegenheiten und schließlich zum Vollmitglied des Politbüros. Der Umstand, daß sich auch BRESCHNEW für Landwirtschaftsfragen interessierte, tat der Karriere GORBATSCHOWs keinen Abbruch. Während seiner relativ kurzen Amtszeit, insbesondere während der Zeit seiner schweren Erkrankung, die im Feber 1983 ein kritisches Stadium erreicht hatte, hat sich ANDROPOW weitgehend auf GORBATSCHOW gestützt. So spielte er bei ANDROPOWs Bemühungen um die Verjüngung der lokalen Parteiführungen eine wichtige Rolle, woraus der Schluß gezogen werden kann, daß er auch in Kaderangelegenheiten entscheidend eingegriffen hat. Er empfing während dieser Zeit einige hochrangige ausländische Delegationen, und man sprach davon, daß er die Angelegenheiten der Landwirtschaft aufgeben und sich mit anderen Fragen, wahrscheinlich Ideologiefragen, befassen werde.

Seit ANDROPOWs Tod wird GORBATSCHOW nach TSCHERNENKO als zweiter Mann der sowjetischen Parteihierarchie genannt. Tatsächlich befaßt er sich nicht mehr mit Fragen der Landwirtschaft, sondern hat das ZK-Sekretariat für Ideologiefragen übernommen. Diese Funktion haben auch ANDROPOW und TSCHERNENKO ausgeübt, ehe sie die Funktion des Ersten Sekretärs der KPdSU übernahmen. Dennoch ist es nicht ganz sicher, ob GORBATSCHOW tatsächlich die Nachfolge TSCHERNENKOs antreten wird. Er und TSCHERNENKO liegen in Ideologiefragen nicht auf derselben Linie, auch scheint es keine persönlichen Beziehungen zwischen ihnen zu geben.

Außerdem gibt es noch andere sowjetische Politiker, die die Nachfolge TSCHERNENKOs antreten möchten, unter ihnen Grigorij ROMANOV, der möglicherweise im Dezember nur deshalb nicht zum Verteidigungsminister ernannt wurde, damit er weiterhin im Rennen um den Posten des Ersten Sekretärs der Partei bleiben kann.

Obwohl GORBATSCHOW 6 Jahre lang als Sekretär für Landwirtschaftsfragen schlechte Ernteerträge zu verzeichnen hatte, wird er häufig als „Wirtschaftsreformer" bezeichnet.

Nach sowjetischer Auffassung kann es eine Reform nur innerhalb des Systems geben. Wer das System als solches reformieren will, wird als Dissident behandelt. Jene, die für eine interne Reform eintreten, sind in zwei Kategorien unterteilt:

Die eine Kategorie ist für eine Reform der Organisation und der Bürokratie; die andere ist für eine Reform der Wirtschaft und der Durchsetzungsmethoden. TSCHERNENKO gehört der ersten Gruppe an, welche die sowjetische Politik zumindest seit CHRUSTSCHEWs Sturz, wenn nicht sogar seit STALINs Zeit, bestimmt hat. Sie strebt die Reform durch Straffung des bürokratischen Apparats, durch eine Mobilisierung der Reserven, durch personelle Veränderungen und durch eine Stärkung der Parteiaktivitäten an.

GORBATSCHOW gehört der zweiten Gruppe an, die eine Reform durch Leistungsanreiz, durch Stimulierung der Eigeninitiativen, durch den Abbau des Einflußes von Partei und Bürokratie und durch den vernünftigen Einsatz wirtschaftsfördernder Maßnahmen anstrebt. Er ist, so gesehen, eher ein Technokrat als ein Apparatschik. Wenn GORBATSCHOW an die Macht kommen sollte, dann würde er als erster Politiker dieser Kategorie in die Geschichte der Sowjetunion eingehen, dem es gelang, das höchste Amt im Staate zu erreichen. Auf dem Gebiete der Außenpolitik ist GORBATSCHOW bisher treu der Linie der Partei gefolgt und hat nie erkennen lassen, daß er in irgendeiner Sache anderer Meinung gewesen wäre.

So hat er z.B. den vietnamesischen Einfall in Kambodscha und Laos begrüßt, hat die sowjetische Invasion Afghanistans verteidigt und hat die Kritiken an den Menschenrechtsverletzungen in der Sowjetunion entschieden zurückgewiesen. Sollte er Nachfolger TSCHERNENKOs werden, dann wird sich in der gegenwärtigen Außenpolitik der Sowjetunion kaum etwas ändern. Jene Kriterien, die die UdSSR vom Westen unterscheiden, werden weiterhin vorherrschen: Anstiftung nationaler Rivalitäten, sowjetimperialistische Ambitionen und Verbreitung des Gefühls der Unsicherheit. Sollte es GORBATSCHOW gelingen, eine Reform der sowjetischen Wirtschaft durchzusetzen, dann würde mit einer auf technokratischem Wege gestärkten Sowjetunion nicht unbedingt leichter zu leben sein als mit der gegenwärtigen militanten. GORBATSCHOW ist nicht der langerwartete Held, der die UdSSR verwandeln wird; er ist auch nicht ein neuer Politikertyp. Er vollzog in diesem System unter zwei harten Männern, nämlich SUSLOV und ANDROPOW, seinen Aufstieg, und der Erfolg einer technokratischen Reform wird nicht primär davon abhängen, ob es ihm gelingt, die ideologischen Verkrustungen zu beseitigen oder nicht. Die kommunistische Ideologie spielt in der Welt nicht mehr die Rolle, die sie einst gespielt hat. Sein Erfolg wird daher davon abhängen, ob es ihm gelingt, die Bürokratie zu überwinden. Der Marxismus-Leninismus mag wohl Zerfallserscheinungen aufweisen, aber die von ihm geschaffene Bürokratie gibt nach wie vor kräftige Lebenszeichen von sich und hat bisher alle Reformversuche erfolgreich abgewehrt. GORBATSCHOW wird, um Erfolg haben zu können, zu harten Maßnahmen greifen und sich auf harte Disziplin stützen müssen. Trotzdem würde sich die Sowjetunion unter GORBATSCHOWs Führung zu keiner offenen Gesellschaft wandeln. Um die Regeln der Nomenklatura weiterhin einhalten zu können, wird es aber notwendig sein, jeden Widerspruch so wie bisher, wenn nicht noch mehr, zu unterdrücken. Die Wirtschaft wird weiterhin zentralistisch gelenkt werden, selbst wenn man ein Leistungsprinzip einführen sollte.

Grundsätzlich muß die Partei weiterhin die führende und entscheidende Kraft bleiben. […]

Dokument 8
Besuch des Außenminister Chňoupek in Moskau vom 31. Jänner bis 2. Februar 1985

GZ 35.18.01/1-II.3/85, Zl. 57-RES/85, ÖB Prag (Ullmann), 19. Februar 1985

Auf Grundlage des nach dem Besuch von Außenminister Chňoupek in Moskau veröffentlichten Kommuniqués fand kürzlich im hiesigen Außenministerium ein Gespräch des Erstzugeteilten mit dem Leiter der Abteilung für politische Planung über den Besuch und insbesondere zu den nachfolgend dargelegten Fragen statt. Der Gesprächspartner begleitete Außenminister Chňoupek nach Moskau und nimmt sonst auch an zahlreichen wichtigen, insbesondere Europa betreffenden Besuchen und Konferenzen teil.

Bei dem Besuch handelt es sich um eines der jährlich stattfindenden Treffen der beiden Außenminister. Bilaterale Fragen werden dabei kaum berührt, da es für diese zahlreiche andere gegenseitige Besuche von Fachministern und Delegationen bis hinunter zur mittleren Ebene gibt. Die Treffen der Außenminister dienen daher vornehmlich einem Gedankenaustausch bzw. einem Briefing über internationale Fragen.

1) Treffen der Außenminister Shultz und Gromyko in Genf

Ein Hauptpunkt der Gespräche war offensichtlich eine ausführliche Information über den Verlauf und [das] Ergebnis der Gespräche der Außenminister in Genf. Wenige Tage vorher hatten zwei Mitglieder der US-Delegation in Genf Prag besucht und die tschechoslowakische Seite über diese Gespräche informiert.

Außenminister Chňoupek erhielt eine detaillierte Information über den Verlauf der Gespräche in Genf und die Schwierigkeiten, die zu überwinden waren, um eine Grundlage für die kommenden Verhandlungen zu schaffen. Wie bereits bekannt, ist es für die sowjetische Seite unverzichtbar, daß Fortschritten bezüglich der strategischen und Mittelstreckenraketen auch amerikanische Konzessionen bezüglich Weltraumwaffen gegenüberstehen. Die Entwicklung dieses neuen Waffensystems könne nicht isoliert von seiner etwaigen Installierung betrachtet werden und müßte zu entsprechenden Gegenmaßnahmen führen. Der Gesprächspartner betonte auch, daß diese zukünftigen Weltraumwaffen zumindest in der ersten Phase auch nuklear ausgerüstet wären und somit in diesem Zusammenhang zu sehen sind. Weiters wären die Kosten derartig gigantisch, daß man alles unternehmen müsse, um diese weitere Drehung der Rüstungsspirale zu vermeiden. Letztlich wäre auch ihre Effizienz in Frage zu stellen, insbesondere was nicht-landgestützte Raketenbasen betrifft.

2) Verlängerung des Warschauer Paktes

Im veröffentlichten Kommuniqué wird auch die Verlängerung des WP erwähnt. Dazu wurde mitgeteilt, daß dieser nicht Gegenstand der Gespräche gewesen wäre. Über die Verlängerung an sich bestünden überhaupt keine unterschiedlichen Ansichten, bezüglich der weiteren Vertragsdauer wäre überhaupt noch nicht gesprochen worden. Auch der rumänische Vorschlag, eine Bestimmung in den Vertrag aufzunehmen, wonach der WP gleichzeitig mit der NATO aufgelöst werden würde, sei bisher in keinen offiziellen Verhandlungen berührt worden. Im Übrigen würde dies gar kein Problem darstellen, da sich die Länder des WP von jeher dazu bekannt haben. Im Kommuniqué ist auch ein knapper Hinweis auf politische Dimensionen des WP enthalten. Dazu wurde ausgeführt, daß schon seit etwa 1976 politische Mechanismen funktionieren würden und dies somit keine Neuerung mit sich brächte.

Zu allen diesen Punkten wurde grundsätzlich wiederholt, daß sie noch nicht Gegenstand von Verhandlungen waren. Dies hätte möglicherweise bei dem abgesagten Gipfeltreffen in Sofia geschehen können. Wann und wo dieses Treffen nachgeholt wird, ist bislang offengeblieben.

3) VAE-Konferenz in Stockholm

Bei dem bilateralen Gedankenaustausch wurde auch der Fortgang der KVAE-Konferenz in Stockholm berührt. Außenminister Gromyko hat die Grundzüge für einen Vertrag über Nichtanwendung militärischer Gewalt und Aufrechterhaltung friedlicher Beziehungen dargelegt. Tschechoslowakischerseits wird dieser Vorschlag selbstverständlich unterstützt. Auf die Frage des Vertreters der Botschaft, was der Zusatz im Titel des Vertrages „Aufrechterhaltung friedlicher Beziehungen" zum Ausdruck bringen soll, wurde erklärt, daß es nicht allein genüge, die Anwendung militärischer Gewalt zu verhindern, sondern daß darüber hinaus als aktives Element die Aufrechterhaltung friedlicher Beziehungen gefördert werden soll. Darauf, was darunter zu verstehen wäre, wollte nicht näher eingegangen werden. Die Einschränkung auf militärische Gewalt dient dem Zweck, diese Hauptgefahr zu bannen. Wenn die östliche Seite bisher keine konkreten Formulierungen vorgelegt hat, so in der Absicht, die westlichen Länder nicht dadurch irgendwie unter Druck zu setzen oder präjudizieren zu wollen. Die ersten Reaktionen auf den sowjetischen Vorschlag wären positiver gewesen als die Stellungnahmen, die man in jüngster Zeit dazu erhielte, worüber eine gewisse Enttäuschung nicht verborgen wird.

4) Abrüstungsverhandlungen in Wien

Der jüngste östliche Vorschlag bezüglich Truppenreduktion wiederhole im Wesentlichen bereits früher gemachte Vorschläge. Seitens der UdSSR sind im vorangegangenen Jahr bereits 20.000 Mann zurückgenommen worden. Der Vorschlag sieht einen zusätzlichen Abbau um 20.000 Mann gegen eine amerikanische Reduzierung von 13.000 Mann vor. In dem Gespräch wurde hervorgehoben, daß nicht nur die Truppenstärke, sondern auch der Bestand an Waffen und Ausrüstungen Gegenstand der Verhandlungen sein müsse, was zumindest in der Presse in den westlichen Ländern keine entsprechende Beachtung fände.

5) Weltkonferenz der kommunistischen Parteien

Obwohl dies im Kommuniqué nicht erwähnt wurde, nahm das Gespräch auch auf diese Frage Bezug. In erster Linie wären die kommunistischen Parteien dafür zuständig, die dafür auch geeignete Kanäle untereinander hätten. Tschechoslowakischerseits ist man dazu grundsätzlich positiv eingestellt, glaubt jedoch, daß die Zeit dafür nicht reif ist. Eine derartige Konferenz kann nur nach entsprechender Vorbereitung erfolgreich werden.

6) Konferenz von Jalta und Potsdam

Nicht nur in dem gegenständlichen Kommuniqué, sondern auch zuletzt in der tschechoslowakischen Presse werden die Ergebnisse der Konferenzen von Jalta und Potsdam hervorgehoben. Die Tschechoslowakei ist in diesem Zusammenhang nicht, was ihre Grenzen anlangt, betroffen, hingegen würden die verstärkt vertretenen Ansprüche der Vertriebenen Grund zu Besorgnis darstellen. Dem Gesprächspartner zufolge bilde sich in der BRD in jüngster Zeit ein enormes, besorgniserregendes militärisches Potential heraus.

Es erscheint dadurch glaubhaft, daß bei dem Gespräch zwischen den beiden Außenministern in erster Linie multilaterale Fragen behandelt wurden und es sich im Wesentlichen um einen Gedankenaustausch bzw. um eine Darlegung der sowjetischen Vorstellung handelte. Eine Darlegung tschechoslowakischer Ansichten zu diesen Fragen ist im Hinblick auf die von vornherein weitestgehend gegebene Übereinstimmung so gut wie hinfällig. […]

Dokument 9
Wahlrede Gromykos

GZ 225.03.00/3-II.3/85, Zl. 107-RES/85, ÖB Moskau (Liedermann), 25. Februar 1985

Am 24. d.M. fanden in der Sowjetunion „Wahlen" in die Sowjets der Unionsrepubliken statt.

Gromyko nannte in seiner Wahlrede am 19.2. l.J. drei Säulen, auf denen das Bündnis zwischen den sozialistischen Staaten beruht:

– Warschauer Vertrag

– Rat für Gegenseitige Wirtschaftshilfe

– Das für den Frieden wirkende System bilateraler Verträge über Freundschaft, Zusammenarbeit und gegenseitigen Beistand. […]

Das ZK der KPdSU, sein Politbüro, sind nach wie vor überzeugt, daß es keine internationalen Fragen gibt, die am Verhandlungstisch nicht gelöst werden können.

Es würde die heutige Gefahr nicht geben, wenn die USA den von der Sowjetunion bereits im Jahre 1946 eingebrachten Vorschlag akzeptiert hätten, die Kernwaffen auf ewig zu ächten.

Nicht gesagt hat Gromyko, daß die UdSSR im gleichen Jahr (1946) den amerikanischen Vorschlag auf internationale Kontrolle der Atomenergie und Verbot des Atomwaffeneinsatzes abgelehnt hat; zu einer Zeit, als die USA noch über das Kernwaffenmonopol verfügten.

Besonders kritisch befaßte sich Gromyko mit amerikanischen Plänen zur Militarisierung des Weltraums. Versuche, sie als „defensiv" zu tarnen, sollten niemanden irreführen.

Die Sowjetunion habe die USA-Administration unmißverständlich gewarnt:

Die Realisierung ihrer Weltraumpläne würde bedeuten, daß von einer Reduzierung der Kernwaffen keine Rede sein könnte, ganz zu schweigen von deren Liquidierung. Mehr noch: Dies würde dem weiteren Wettrüsten in allen Richtungen Tür und Tor öffnen und die internationale Sicherheit unterhöhlen.

Von einem „Abbruch" der Verhandlungen, falls die USA mit Erprobungen ihrer Weltraumwaffen beginnen sollten, wie dies der Leiter der sowjetischen Delegation Viktor Israelijan beim CD in Genf erklärt haben soll, hat Gromyko nicht gesprochen. Man hört und liest hier nur, daß die Fortsetzung des Forschungsprogramms den Verlauf der Genfer Verhandlungen beeinträchtigen würde.

Wieder betonte Gromyko das „Prinzip der Gleichheit und gleichen Sicherheit", das um die Jahreswende 1984/85 durch die Verwendung anderer Formulierungen schon in den Hintergrund getreten ist.

Falls die amerikanische Seite keine künstlichen Schwierigkeiten schafft und die nötige Zurückhaltung an den Tag legt, können in Genf positive Ergebnisse erreicht werden. Äußerungen ranghoher Staatsmänner in den USA lassen aber eine unnachgiebige Haltung erwarten, beklagte Gromyko des Langen und Breiten.

Zur Erlangung einer günstigen Atmosphäre für die Genfer Verhandlungen empfahl Gromyko folgende vorrangige Schritte:

– Verzicht auf den Ersteinsatz von Atomwaffen

– Wiederaufnahme der Verhandlungen über die vollständige Einstellung von Kernwaffenversuchen

– Einfrieren der nuklearen Rüstungen

– Abschluß eines Vertrages über den gegenseitigen Verzicht auf die Anwendung militärischer Gewalt zwischen den Staaten des WP und der NATO.

„Mancherorts" erheben Kräfte das Haupt, welche die Hoffnung auf Revision der europäischen Grenzen nicht aufgegeben haben, wie sie nach dem 2. Weltkrieg entstanden sind. Diese seien aber festgeschrieben durch:

– Abkommen der Alliierten über die Nachkriegsordnung

– bilaterale Verträge zwischen mehreren Staaten

– Schlußakte von Helsinki (die aber nur von der „Unverletzlichkeit" der Grenzen spricht).

Niemand dürfe die Abkommen von Potsdam und Jalta antasten. […]

Dokument 10
Grundbericht ČSSR; Vorlage 1985

GZ 35-16-01/1-II.3/85, Zl. 62-RES/85, ÖB Prag (Ullmann), 4. März 1985

[…]Die österreichisch-csl. Beziehungen

Die österr.-csl. Beziehungen waren von Anfang an, auch bereits in der 1. Republik, abgesehen von kurzen Perioden, ressentiment- und problembeladen. Nicht nur galt es nach 1918, die zahlreichen staats- und verwaltungsrechtlichen, wirtschaftlichen und finanziellen Fragen zu klären, die mit dem Zerfall der Donaumonarchie und der ersten Entstehung der csl. Republik aufgetreten sind. Die Beziehungen waren noch zusätzlich insofern belastet, als die ČSR gleichermaßen als Sieger aus dem 1. Weltkrieg hervorgegangen ist, während die junge Republik Österreich als Verlierer behandelt wurde. Die deutschsprechende Minderheit in der neu entstandenen Republik Tschechoslowakei, die lieber zu Österreich gehören wollte, was den neuen csl. Nationalstaat zerstückelt bzw. überhaupt unrealisierbar gemacht hätte, bildete einen weiteren belastenden Faktor. Zwar traf Staatskanzler Renner mit Beneš 1919 zusammen. Dabei konnten die Grundlagen für die bilateralen Beziehungen gelegt werden. Auch der hochangesehene österreichische Gesandte Marek (akkreditiert von 1919-1938) in Prag trug im Rahmen seiner Möglichkeit zur Verbesserung der Beziehungen bei. Ab 1932 verfolgte die ČSR mit Mißtrauen die innen- und außenpolitische Entwicklung Österreichs. Die Asylgewährung und die Aktivitäten geflohener österreichischer Sozialdemokraten in Prag wiederum wurden von Wien aus nur ungern zur Kenntnis genommen.

Auch nach Wiederherstellung der beiden Staaten nach dem 2. Weltkrieg blieben die Beziehungen problematisch, zusätzlich belastet noch durch die Ereignisse des Krieges und die 1945/46 stattgefundene Vertreibung der deutschsprachigen Bevölkerung aus der Tschechoslowakei, von der auch ein erheblicher Teil nach Österreich gelangte. Die 1948 erfolgte Machtübernahme durch die Kommunisten und Eingliederung in den kommunistischen Machtbereich bewirkte ein Übriges. Auch nach Abschluß des österreichischen Staatsvertrages, dem die ČSSR beigetreten ist, und trotz österreichischer Bemühungen um die Verbesserung der bilateralen Beziehungen, initiiert insbesondere vom damaligen Außenminister Dr. Kreisky, blieben die Beziehungen weiterhin distanziert und wurden durch nicht seltene Vorfälle am Eisernen Vorhang zusätzlich belastet. Die ungelöste Vermögensfrage tat ein Übriges. Lediglich während der kurzen Periode des Prager Frühlings entwickelten sich gutnachbarschaftliche Beziehungen.

Nach der militärischen Intervention flohen weit mehr als 100.000 Menschen aus der ČSSR nach Österreich. Die immer noch ungelöste Frage der Entschädigung für österreichisches Vermögen, die unbefriedigende Abwicklung der Ein- und Ausreise, Schwierigkeiten im Zusammenhang mit Familienzusammenführung, Eheschließungen, Besuchsreisen und Grenzverletzungen seitens Grenzorganen der ČSSR charakterisieren die Zeit bis 1974, als es gelang, die langwierigen Verhandlungen über den Vermögensvertrag zum Abschluß zu bringen und diesen zu unterzeichnen. Auch wenn die Entschädigung die Globalsumme von einer Milliarde Schilling betrug, war der Abschluß nur dadurch möglich geworden, indem Österreich darauf verzichtete, daß auch für größere Vermögen adäquate Kompensation geleistet wurde. Seit diesem Zeitpunkt setzte ein Normalisierungsprozeß ein, der, wenn auch vielfach unterbrochen, bis in die Gegenwart führt. Dem ersten offiziellen Besuch eines csl. Außenministers nach dem 2. Weltkrieg im Jahre 1974 (zur Unterzeichnung des Vermögensvertrages) folgte 1975 der österreichische Gegenbesuch, der erste Besuch eines österreichischen Regierungschefs 1976 wurde tschechoslowakischerseits 1977 erwidert. Nach dem Besuch des österreichischen Parlamentspräsidenten in der ČSSR 1978 brachte das Jahr 1979 neben der Erwiderung dieses Besuches durch das Arbeitstreffen der beiden Regierungschefs in Židlochovice und vor allem durch den ersten offiziellen Staatsbesuch eines österreichischen Bundespräsidenten in der ČSSR einen absoluten Höhepunkt in der Besuchsdiplomatie.

Parallel mit dieser Entwicklung ging die Erhebung der österreichischen bzw. csl. Gesandtschaften in Prag und Wien in den Rang von Botschaften (1975), der Abschluß einer Reihe von Verträgen (Konsularvertrag, Kulturabkommen, Doppelbesteuerungsabkommen etc.) und die Schaffung einer Reihe von Gemischten Kommissionen (allgemeine Gemischte Kommission, Gemischte Kommission für industrielle und wirtschaftliche Zusammenarbeit, Gemischte Kommission zur Untersuchung von Vorfällen an der gemeinsamen Staatsgrenze, Grenzgewässerkommission etc.), die durch ihre Tätigkeit viele Fragen, die vorher zu Problemen auswuchsen, auf technischer Ebene einvernehmlich lösen konnten.

Die spezifische Sensibilität der österreichisch-csl. Beziehungen bewirkte freilich auch in diesen Jahren, daß die insgesamt positive Entwicklung immer wieder durch schwere Rückschläge unterbrochen wurde. Anlässe dazu waren etwa die Abhaltung des sudetendeutschen Tages in Österreich, die Berichterstattung der österreichischen Medien, die Verleihung des österreichischen Staatspreises an dissidierende csl. Literaten etc.

Die Verschärfung des politischen Klimas in der ČSSR, mit der die Prager Führung über Betreiben der orthodoxen Kräfte auf die Ereignisse in Polen reagierte, bewirkte 1980/81 neben einer Eskalation der inneren Repression auch eine verstärkte Abkapselung zum Westen hin und eine deutliche Verhärtung gegenüber Österreich. Die Affäre Hodic (Spionage im österreichischen Innenministerium) brachte dann den Eklat. Der für Herbst 1981 vorgesehen gewesene Gegenbesuch von Präsident Husák musste angesichts der nunmehr auch in Österreich bewirkten Klimaverschlechterung einvernehmlich verschoben werden. Die csl. Emigration in Österreich und deren Eintreten für die Chartisten 1977 und andere Dissidenten, die freie und schonungslose Berichterstattung der österreichischen Medien über die Vorgänge in der ČSSR stellten weitere belastende, wenn auch in den demokratischen Verhältnissen in Österreich begründete Faktoren dar.

Nach diesem Rückschlag haben sich die österreichisch-csl. Beziehungen im Geiste eines fortschreitenden nachbarschaftlichen Normalisierungsprozeßes wieder normalisiert, nachdem die csl. Seite in einer Reihe von Sachfragen die Bereitschaft zur Verbesserung der Beziehungen zum Ausdruck gebracht hat. Ein Besuchsaustausch auf der Ebene Vizekanzler, Außenminister und Fachminister wurde neuerlich aufgenommen. Schließlich konnte im November 1982 der Staatsbesuch Präsident Dr. Gustáv Husák in Österreich stattfinden. Dies war der erste offizielle Besuch eine csl. Staatsoberhauptes in Österreich seit 1920. Bei diesem Besuch wurden insgesamt 5 Verträge unterzeichnet, darunter über die Rechtshilfe in Strafsachen, über Auslieferung, und über die Regelung von Fragen gemeinsamen Interesses im Zusammenhang mit Kernanlagen, einem besonderen österreichischen Anliegen. Letzterer Vertrag ist bereits in Kraft getreten (1.6.1984), die seitens der Tschechoslowakei notwendige Erklärung, daß die grenznahe Kernkraftanlage Dukovany unter diesen Vertrag fällt, ist jedoch noch ausständig. Im Frühjahr 1984 besuchte der österreichische Bundesminister für Auswärtige Angelegenheiten, Erwin Lanc, die ČSSR. Obwohl die Gespräche erfolgreich und positiv verliefen, erhielt dieser Besuch zum Abschluß einen Mißton, als die separat das Land verlassende österreichische Journalistendelegation einer schikanösen Grenzbehandlung unterzogen wurde. Kurz darauf kam es auch zu Presseangriffen der ČSSR, namentlich gegen den österreichischen Bundeskanzler und den österreichischen Außenminister sowie zu unerfreulichen Erklärungen mit Bezug auf die österreichische Neutralität.

Am 30. Oktober schossen csl. Grenzsoldaten auf österreichischem Territorium auf einen Flüchtling, der einige Tage danach seinen Verletzungen erlag, ohne vorher aufgefunden worden zu sein. Die sich daraus entwickelnde schwere Krise führte zu einer zeitweiligen Abberufung der csl. Botschafter in Wien und einem Einfrieren der politischen Beziehungen durch Österreich. Im Jänner 1985 drückte der csl. Botschafter in Wien in einem Gespräch mit dem Herrn Bundespräsidenten offiziell das Bedauern über den Vorfall und die csl. Absicht aus, alles zu unternehmen, derartige Vorfälle in Hinkunft zu vermeiden. Damit war die Grundvoraussetzung zur Wiederherstellung der früheren positiven Beziehungen gelegt.

Tschechoslowakischerseits wurden in öffentlichen Presseberichten, vor der Donaukommission sowie in einem Memorandum, schwere Bedenken gegen das Projekt Hainburg geäußert und Schadenersatzansprüche gemeldet. Gleichzeitig wurde der alte Plan eines Gemeinschaftskraftwerkes bei Wolfsthal neu zur Diskussion gestellt. Über alle mit den in Bau befindlichen oder projektierten Donaukraftwerken im Zusammenhang stehenden technischen Fragen wird in einer Expertengruppe verhandelt.

Bei einer längerfristigen Beurteilung der bilateralen Beziehungen ist festzuhalten, daß die Zusammenarbeit in vielen Einzelbereichen – vor allem technischer Natur –, wie die Tätigkeit der verschiedenen Gemischten Kommissionen zeigt, weitgehend problemfrei vor sich geht. Bei anderen gewichtigen österreichischen Anliegen und in Bereichen, in die Sicherheitsaspekte bzw. ideologische Unterschiede hereinspielen, können oft nur geringe substantielle Fortschritte erreicht werden:

1. Nach wie vor steht die csl. Seite der Regelung diverser Grenzfragen, insbesondere Abschaffung des Visumzwanges und Einführung des kleinen Grenzverkehrs, ablehnend gegenüber. Auch die Praxis der gegenwärtigen Grenzabfertigung wird,

wenngleich Verbesserungen nicht in Abrede gestellt werden sollen, nach wie vor als unbefriedigend und gelegentlich als schikanös empfunden.

2. Die freien österreichischen Medien sind immer wieder Anlaß zu Irritationen, auch wenn grundsätzlich seitens der ČSSR die anders geartete Funktion der österreichischen Medien zur Kenntnis genommen wird und festgestellt wird, daß die politischen Beziehungen nicht durch die Berichterstattung in Medien beeinträchtigt werden sollten. Auf diesen Grundsatz bezieht sich gelegentlich auch die csl. Seite, wenn Österreich Einwände gegen csl. Presse- oder Rundfunkkommentare hat.

3. Die Akkreditierung österreichischer Journalisten, insbesondere des ORF, ist nach wie vor unbefriedigend, insbesondere dann, wenn die Berichterstattung in Österreich nicht den csl. Vorstellungen entsprochen hat (betrifft insbesondere die ORF-Korrespondentin Frau Coudenhove-Kalergi und den Leiter des ORF-Osteuropabüros, Professor Paul Lendvai, die keine Einreiseerlaubnis erhalten).

4. Humanitäre Fragen mit und ohne österreichischen Anknüpfungspunkt sind ständige Anliegen, wobei auch langjährige Bemühungen oft ohne Erfolg bleiben. Selbst österreichische Ansuchen um Begnadigungen oder vorzeitige Entlassungen um nur wenige Monate werden nicht positiv behandelt.

5. Die Nutzung des hydroenergetischen Potentials des gemeinsamen Donauabschnittes wirft zahlreiche technische, wirtschaftliche sowie ökologische Probleme auf, über die eine Abstimmung der Interessen nicht leicht sein wird. Die über österreichische Initiative zustande gekommenen Expertengespräche werden jedoch fortgeführt.

Auch in Fragen betreffend den Umweltschutz, insbesondere hinsichtlich der Luftverunreinigung, ist es bis jetzt noch zu keinen konkreten Vereinbarungen oder Expertenverhandlungen gekommen. Die Absicht dazu wurde von beiden Seiten jedoch geäußert.

Grundsätzlich besteht österreichischerseits das Bestreben, den Normalisierungsprozeß zum nördlichen Nachbarn weiterzuführen und die beiderseitigen Beziehungen auf allen Gebieten unter Berücksichtigung der unterschiedlichen gesellschaftlichen Ordnungen zu entwickeln.

Die csl. Seite selbst versteht ihre Beziehungen zu Österreich nach Definition ihres Außenministers als einen konsequent geführten Prozeß der Normalisierung in Richtung guter Nachbarschaft, der wohl immer wieder von Rückschlägen unterbrochen, langfristig und gesamthaft gesehen jedoch positiv verläuft. Die ČSSR hat ohne Zweifel an positiven Kontakten zum neutralen Österreich Interesse, zumal dies durchaus auch dem globalen Konzept der UdSSR entsprechen dürfte. Die grundsätzlich positive Einstellung der csl. Führung gegenüber Österreich findet jedoch dort überall ihre Grenzen, wo auch nur geringste Risiken für die innere Stabilität und ideologische Ausrichtung in der ČSSR vermutet werden könnten.

Weitere Fortschritte im bilateralen Verhältnis werden daher nur in sehr kleinen Schritten möglich sein.

Sowjetunion

Basierend auf dem noch von der csl. Exilregierung am 12.11.1943 abgeschlossenen Bündnisvertrag mit der UdSSR und insbesondere seit der Machtergreifung der KPČ im Jahre 1948, entwickelten sich äußerst enge politische Beziehungen zwischen den beiden Staaten, die lediglich durch die Ereignisse des Jahres 1968 kurzfristig, wenn auch mit tiefgehenden Wirkungen, in Frage gestellt wurden. Diese unter der Bezeichnung „Prager Frühling" bekannte reformkommunistische Bewegung stellte jedoch die Beziehungen zur Sowjetunion und die Mitgliedschaft im Warschauer Pakt nie in Frage, auch die kommunistische Gesellschafts- und Staatsordnung stand in den offiziellen Gremien nie in Diskussion. Die ideologischen Abweichungen alleine haben genügt, die Invasion sowjetischer und anderer Truppen der WP-Staaten im August 1968 auszulösen. Seither ist eine alle Bereiche des öffentlichen Lebens umfassende Gleichstellung eingetreten, die durch folgende Faktoren abgesichert wird:

1. Präsenz sowjetischer Truppen in der ČSSR und Mitgliedschaft der ČSSR im WP;

2. Enge wirtschaftliche Verflechtung und Abhängigkeit von der UdSSR, Mitgliedschaft im COMECON;

3. Verpflichtung der ČSSR aus Freundschaftsvertrag zur Anerkennung der Führungsrolle der sowjetisch-kommunistischen Partei, was zur Abhängigkeit der csl. politischen Führung vom Wohlwollen Moskaus führt.

Im Einzelnen kann näher ausgeführt werden:

ad 1)

Seit der Niederschlagung des Prager Frühlings am 21.8.1968 und sanktioniert durch einen Stationierungsvertrag vom 16.10.1968 halten sich 60.000 bis 70.000 Mann sowjetischer Truppen auf dem Territorium der ČSSR auf. Die Garnisonen befinden sich in mittleren und kleineren Städten, in Prag und anderen Großstädten ist die Präsenz nicht augenfällig. Der Sowjetunion ist es damit gleichzeitig gelungen, ihre Truppen näher an der Grenze zur NATO zu stationieren. Die Bevölkerung hat sich resignierend mit dieser Tatsache abgefunden.

Seit Oktober 1983 wurden in der ČSSR sowjetische Mittelstreckenraketen stationiert. Soweit erkennbar, steht die Bevölkerung dem ablehnend gegenüber, die Regierung stellt diese Maßnahme als Antwort auf den NATO-Nachrüstungsbeschluß dar.

Die im sowjetisch-tschechoslowakischen Freundschaftsvertrag von 1970 festgelegte Beistandspflicht im Falle eines bewaffneten Angriffs auf einen Vertragsstaat ist – zum Unterschied zum WP – nicht auf Europa beschränkt.

ad 2)

Ende 1984 betrug der Außenhandel mit der Sowjetunion etwa 42 % des gesamten csl. Außenhandelsvolumens. Die UdSSR ist bei weitem der erste Handelspartner bei Rohstoffen und Energie, auch bei manchen höheren Technologien (Kernkraftwerke) ist die ČSSR weitestgehend auf sowjetische Lieferungen und Know-how angewiesen. Es besteht eine Gemischte Kommission für wirtschaftliche und technologische Kooperation, sowie ein langfristiges Spezialisierungs- und Kooperationsabkommen gültig bis 1990. Die Abstimmung der Wirtschaftspläne aufeinander trägt zu dieser weitgehenden Abhängigkeit bei.

Obwohl die Verschuldung der ČSSR gegenüber westlichen Ländern vergleichsweise gering und seit etwa 1983 abnehmend ist, wird eine noch weitergehende Integration mit den Partnern des COMECON und in erster Linie mit der UdSSR betrieben. Im Gegensatz zu einigen anderen Ländern Osteuropas zeigt die ČSSR bisher wenig Bestrebungen, sich durch eine differenzierte Wirtschaftspolitik einen gewissen außenhandelspolitischen Handlungsspielraum zu bewahren. Die negativen Beispiele der Westverschuldung Polens und Rumäniens unterstützen diese Tendenz.

ad 3)

Der am 6.5.1970 abgeschlossene sowjetisch-tschechoslowakische Freundschaftsvertrag hat die Lage nach der Invasion 1968 formell beendet und weitgehende Verpflichtungen und Bindungen für die ČSSR mit sich gebracht. Auf außenpolitischem Gebiet besteht eine Konsultations- und Informationspflicht; höhere csl. Funktionäre und Diplomaten ebenso wie Militärs erhalten einen wesentlichen Teil ihrer Ausbildung in der UdSSR. Gesellschafts- und innenpolitisch ist die ČSSR verhalten, „mit unerschütterlicher Entschlossenheit den Aufbau des Kommunismus und Sozialismus fortzusetzen und notwenige Maßnahmen zum Schutz der sozialistischen Errungenschaften des Volkes zu ergreifen", womit die Möglichkeiten für einen eigenen kommunistischen Weg äußerst eingeschränkt sind. Die Führungsrolle der KP der UdSSR wird in keiner Weise in Frage gestellt, ebensowenig wie das Recht auf militärische Intervention (Breschnew-Doktrin, in der hiesigen Diktion sozialistischer Internationalismus genannt). Im Wirtschaftsbereich sind die „internationale sozialistische Arbeitsteilung" und die „sozialistische Wirtschaftsintegration" festgelegt. Ein intensiver Besuchsaustausch auf allen Ebenen unterstreicht die enge Bindung. Die seit 1968 weitgehend unveränderte csl. politische Führung wird sich seit diesen Ereignissen bewusst sein, wie eng infolge von sowjetischer Truppenpräsenz und wirtschaftspolitischer Verflechtung ihr politischer Handlungsspielraum ist. Sie muß sich, sowie nebstbei die DDR, vor Augen halten, daß einem Frontstaat gegenüber der NATO seitens der UdSSR so gut wie kein Spielraum für eigene politische Aktivitäten gewährt werden kann.

Zusammenfassung:

Wenn auch in der Vergangenheit stets in der Bevölkerung im emotionalen Bereich Sympathien für das Slawentum und für den stärksten slawischen Staat, nämlich die UdSSR, vorhanden waren, so dürfte heute im weiten Kreis eine tiefe Enttäuschung über die Ereignisse der Ostorientierung der ČSSR eingetreten sein. Diese hat nicht nur zu starken Einschränkungen in der freien Meinungsäußerung geführt, die von einer verhältnismäßig gebildeten und intelligenten Bevölkerung im Zentrum Europas, wie sie die ČSSR besitzt, besonders schwer ertragen wird. Auch der Lebensstandard, obwohl im Vergleich zu anderen osteuropäischen Staaten verhältnismäßig hoch, liegt deutlich unter dem anderer zentraleuropäischer Staaten mit westlichem Gesellschaftssystem. Hier ist die Beispielwirkung Österreichs besonders stark.

Man muß annehmen, daß ohne die Macht der Sowjetunion als Rückhalt das kommunistische Gesellschaftssystem in seiner gegenwärtigen Ausformung kaum dauerhaften Bestand haben könnte. Dies führt viele Angehörige der kommunistischen Führungsschicht dazu, das Land möglichst eng an die Sowjetunion zu binden. Zweifellos hat die ČSSR unter den gegenwärtigen Machtverhältnissen in Europa keine andere Möglichkeit, als eine ostorientierte Politik zu führen. Sehr bezweifelt werden muß allerdings, ob diese nur in der völlig unbedingten Anpassung möglich ist, wie sie derzeit gehandhabt wird. Es wäre nicht ausgeschlossen, daß eine neue Generation kommunistischer Funktionäre auch diese Frage zur Diskussion stellen könnte, vorausgesetzt, daß die internationale politische Lage dem dann nicht entgegensteht. Ob man bis dahin die Erfahrungen des Jahres 1968 verarbeitet hat und eine überlegtere Vorgangsweise wählt, kann entscheidende Bedeutung gewinnen. Prognosen hierüber wären zur Zeit verfrüht. […]

Dokument 11

Zum Tode TSCHERNENKOs und zur Wahl Michail GORBATSCHOWs als neuer Generalsekretär der KPdSU

GZ 225.01.04/27-II.3/85, Zl. 45-RES/85, ÖB Budapest (Agstner), 18. März 1985

1. Die Ära (von einer Epoche kann man ja kaum sprechen) TSCHERNENKO wird in Ungarn – wie wahrscheinlich wohl ganz allgemein – keine tiefen Spuren hinterlassen. Schon bei seinem Amtsantritt hatte man nur von einer Übergangsfigur gesprochen […]. Der 13. März war zum Staatstrauertag erklärt worden, öffentliche Unterhaltungsveranstaltungen wurden abgesagt. Die Anteilnahmen am Tode TSCHERNENKOs beschränkten sich auf die offiziellen und obligatorischen Bekundungen. Anläßlich des Todes von ANDROPOW sprach die offizielle Beileidsdepesche der Partei- und Staatsführung vom Verlust eines geschätzten und aufrichtigen Freundes und die Zeitungen berichteten über seine Beziehungen zu Ungarn. In der Beileidsdepesche zum Tode TSCHERNENKOs fehlt ein solcher Hinweis und es bestätigt sich auch nachträglich, daß das Verhältnis Ungarns zu diesen beiden sowjetischen Parteichefs unterschiedlich war. Einige Zeitungen bescheinigten dem Verstorbenen, daß er Gefühle der Freundschaft für Ungarn gehabt sowie Kontinuität in der Amtsführung und Realität an den Tag gelegt habe. Davon abgesehen hat TSCHERNENKO den ungarischen Erwartungen bzw. Hoffnungen dahingehend entsprochen, daß er dem ungarischen Wirtschaftsreformkurs – zumindest nicht sichtbar – nicht in die Quere gekommen ist. Von Seiten eines prominenten Journalisten war zu hören, unter ANDROPOW wäre es wahrscheinlich schneller zur Wiederaufnahme des Dialogs USA – Sowjetunion als unter TSCHERNENKO gekommen.

2. Der Umstand, daß die offizielle Todesnachricht und die Meldungen über die Wahl des Nachfolgers von TSCHERNENKO in den Zeitungsausgaben vom 12. März d.J. gleichzeitig erschienen, hatte zur Folge, daß schon auf den Titelseiten der neue Mann stark in den Vordergrund gerückt wurde. Das Parteiorgan „Népszabadság" brachte die

Glückwunschdepesche an Mihail GORBATSCHOW auf der ersten Seite, die Beileidsdepesche zum Tode TSCHERNENKOs hingegen nur auf der zweiten Seite. War im Vorjahr beim Führungswechsel in Moskau eine gewisse Unsicherheit […]oder besser gesagt Irritation festzustellen, so ist diesmal das Gegenteil der Fall. Rein äußerlich unterscheidet sich die Glückwunschdepesche an GORBATSCHOW von der seinerzeitigen an TSCHERNENKO dadurch, daß erstere um sechs Zeilen länger ist, was sicher kein reiner Zufall ist. Heute kann man von informierter Seite hören, die damalige Irritation sei auf die Unzufriedenheit und Verärgerung darüber zurückzuführen gewesen, daß man sich in Moskau nicht zu einer Verjüngung an der Spitze der Führung habe entschließen können.

3. Nicht nur in der ungarischen Presse, auch von offizieller Seite und im Gespräch mit Regierungs- und Parteifunktionären kommt große Befriedigung über die Wahl GORBATSCHOWs zum Ausdruck. Die Zeitungen bedienen sich zum Teil der Wertungen in der westlichen Presse, vor allem in Zusammenhang mit dem Besuch GORBATSCHOWs in Großbritannien im Herbst 1984. Sie heben hiebei besonders seine aufgeschlossene Einstellung zur Modernisierung der Wirtschaft und zur „Demokratisierung" hervor, gleichsam um aufzuzeigen, daß Ungarn noch lange dabei sei, diese Postulate zu verwirklichen und sich nunmehr die Sowjetunion in die gleiche Richtung bewege. Daß darüber große Befriedigung und Genugtuung herrscht, versteht sich von selbst. Mit Sicherheit ist damit zu rechnen, daß Erster Parteisekretär KÁDÁR am 13. Parteikongreß der USAP, der am 25. März d.J. beginnt, die Wahl GORBATSCHOW's und seinen neuen Kurs gebührend würdigen wird.

Der Staatssekretär in einem Schlüsselministerium, der bis vor kurzem stellvertretender Abteilungsleiter im Zentralkomitee war, GORBATSCHOW im Herbst 1983 bei dessen Besuch in Ungarn kennengelernt hatte und von ihm sehr beeindruckt ist, meinte gesprächsweise, die Wirtschaftsreform der Sowjetunion, wie sie GORBATSCHOW durchzuführen gedenke, werde sicher dazu beitragen, daß das, was in Ungarn bisher geschehen sei und noch geschehen werde, auch bei den anderen sozialistischen Staaten (mehr) Anerkennung finden werde.

Fast könnte man von einer Euphorie sprechen, zumindest in den ersten Tagen, über den beginnenden Generationenwechsel in der Sowjetunion. Man weiß hier aber sehr gut, daß erst die kommenden Wochen und Monate und der Einfluß, den GORBATSCHOW auf die Beschlüsse des 27. Parteitages der KPdSU wird ausüben können, zeigen werden, ob und was sich ändern wird. […]

Dokument 12

Von Andropow zu Gorbatschow

GZ 225.01.04/34-II.3/85, Zl. 2-POL/85, ÖB Moskau (Liedermann), 19. März 1985

Nach dem Tod L.I. Breschnews am 10. November 1982, der selbst schon einige Zeit vorher kaum aktionsfähig war, folgte ein alter und kranker Mann auf den anderen. Andropow hat immerhin noch einige Spuren hinterlassen, wenn auch sein Ruf nach Fleiß und Disziplin, sein Kampf gegen die nahezu systemimmanente Korruption parallel zu seinem immer schlechteren Gesundheitszustand langsam verebbten, aber doch als etwas Positives im Bewußtsein der Bevölkerung verbleiben.

Breschnews Nachfolger war nicht sein langjähriger Intimus K.U. Tschernenko, sondern J. W. Andropow, der das Unbehagen über die Erstarrung der Gegebenheiten in der Sowjetunion zu personifizieren schien und gut zu artikulieren wußte.

Als Andropow nach wenig mehr als einem Jahr verstarb – einen freiwilligen Rücktritt hat es noch nie gegeben – verstanden es die Traditionalisten, Tschernenko auf den Schild zu heben, weil anscheinend die Zeit für einen Generationswechsel noch nicht reif war. Der von Andropow favorisierte M.S. Gorbatschow wurde zum zweiten Mann. Vermutlich konnte man sich im Politbüro noch nicht auf einen Jüngeren einigen, von dem anzunehmen ist, daß er im Laufe der Zeit eine beträchtliche Machtfülle auf sich vereinigt. Nicht überraschend also, daß Tschernenko viel weniger bedeutsame Spuren hinterließ als sein Vorgänger Andropow. Die Disziplinkampagne verlor an Schwung. Die nicht mehr „Neue" Klasse (s. bei Milovan Djilas) wurde wieder pfleglich behandelt. Im Wesentlichen blieb alles beim Alten: Stagnation im Inneren und mangelnde Flexibilität in der Außenpolitik, die es Reagan ermöglichte, die Sowjetunion in die Defensive zu manövrieren. Auffällig war ein gewisses Zurückdrängen der Militärs. Nach dem Tode Marschall Ustinows am 20. Dezember 1984 folgte ihm mit Marschall S.L. Sokolow kein Apparatschik in Uniform, sondern ein Soldat, von dem man nicht den Eindruck gewann, daß er große politische Ambitionen hat. Vielleicht hängt es damit zusammen, daß Tschernenko den Faden der Genfer Verhandlungen mit den USA, welchen Moskau im Herbst 1983 selbst abgeschnitten hat, jetzt als solchen „neuen Charakters" wieder aufnahm. Ganz abgesehen davon, daß man in Moskau die Überlegenheit der nächsten Generation amerikanischer sophisticated arms, insbesondere das SDI-Projekt, zu fürchten scheint.

Einige der kleineren europäischen Warschauer-Pakt-Staaten werden die Ära Tschernenko nicht in bester Erinnerung behalten. Die DDR und auch Ungarn wurden in ihre Schranken verwiesen, als sie ihre Interessen für den Moskauer Geschmack zu stark nach Bonn ausrichten wollten. Man konnte an diesen Beispielen ablesen, daß die Sowjetunion ihre Bruderstaaten nach wie vor im Zaum halten kann, wenn dies auch schwerer fällt als früher.

Die durchaus konservative, nicht zuletzt ideologisch bedingte Politik Tschernenkos äußerte sich auch in seiner Innen- und Wirtschaftspolitik. Von Reformen sprach er nicht und gab der Nomenklatura und ihrem Anhang das Gefühl, ihrer Privilegien weiter halbwegs sicher sein zu können.

Denkanstöße ließ er in allen seinen Publikationen vermissen. Ein farbloser Apparatschik ohne Format, hörte man hier.

Die wenigen öffentlichen Auftritte des immer mehr an Atembeschwerden leidenden Tschernenko wirkten von Mal zu Mal beklemmender; vermutlich [ist das] mit ein Grund, warum man den vitalen US-Präsidenten Reagan nie auf den sowjetischen Bildschirmen zu sehen bekam.

Als Tschernenko am 10.3.1985 nach nicht ganz 13 Monaten Amtszeit starb, konnte man bei der Bevölkerung ebenso wie bei seinen beiden Vorgängern keine Anteilnahme feststellen.

Offenbar um die ungestörte Kontinuität der Staatsgeschäfte zu demonstrieren, dauerte es nur Stunden, bis die durch ein außerordentliches ZK-Plenum erfolgte Wahl Gorbatschows zum Generalsekretär des ZK der KPdSU bekanntgegeben wurde. Vermutlich war man sich schon zu Lebzeiten Tschernenkos über die Nachfolge einig. Die Wahl erfolgte auf Vorschlag Gromykos, dem nachgesagt wird, daß er sich von Fraktionsbildungen fernhält.

Am Tag nach dem Tod Tschernenkos brachten die sowjetischen Zeitungen auf Seite 1 ein Bild Gorbatschows, auf Seite 2 ein etwas kleineres des Verstorbenen, der auch ansonsten gegenüber seinem Nachfolger sogleich in den Hintergrund gedrängt wurde. Gorbatschow widmete ihm nicht viele Worte, sondern betonte den kollektiven Charakter der Aktivitäten von ZK und Politbüro. Als er vom 26. Parteitag der KPdSU sprach, blieb Breschnew unerwähnt, obwohl er damals Generalsekretär war.

Mit den Trauerfeierlichkeiten hielt sich Gorbatschow nicht lange auf. Die Beisetzung erfolgte schon am Mittwoch, 13.3.1985.

Nach einer dreifachen Agonie, die unverkennbare Parallelen aufwies, ist mit M.S. Gorbatschow ein Mann an die Spitze gelangt, der mit seinen 54 Jahren weder die Schreckensherrschaft Stalins noch die Leiden des Krieges aus persönlichen Erfahrungen kennt.

Als Tschernenko mehr und mehr aktionsunfähig wurde, trat Gorbatschow immer stärker als zweiter Mann in den Vordergrund und konnte seine Position entsprechend ausbauen, weil er im Politbüro neben dem Agrarwesen, dem Sorgenkind der Sowjetwirtschaft, die wichtigen Bereiche der Kaderangelegenheiten sowie Ideologie übernahm und sich auch mit außenpolitischen Fragen beschäftigte. Schon unter Tschernenko befürwortete er eine Fortsetzung der Politik Andropows und warb für das „Neue und Fortschrittliche". Wegen des allgemein vorhandenen Beharrungsvermögens wird er es aber dabei nicht leicht haben.

Gorbatschow ist ein relativ junger Mann im Vollbesitz seiner Schaffenskraft, der voraussichtlich längere Zeit seine Funktion als Generalsekretär des ZK der KPdSU ausüben und vermutlich auch zum Vorsitzenden des Präsidiums des Obersten Sowjets der UdSSR gewählt werden wird. Welche Reformen erwartet man von ihm, welche lassen sich durchsetzen und woran denkt er überhaupt? Es bleiben da viele Fragezeichen. Riskante Unternehmen wird er – das Schicksal Chruschtschows noch immer vor Augen – kaum im Sinne haben. Auch ist er nicht Alleinherrscher und muß mit den vorsichtigen Traditionalisten und den Militärs rechnen. Schon einmal hatte er mit seinen Reformideen keinen Erfolg; das im Mai 1982 vom ZK beschlossene „Lebensmittelprogramm" läßt sie vermissen; darin steckt eher noch mehr Planifikation. Strukturwandlungen der Landwirtschaft als einzig erfolgversprechendes Rezept sind dem Regime viel zu riskant. Man zieht es vor, weiterhin Dollarmilliarden für Getreideimporte auszugeben.

Wie dem auch sei: In seiner ersten Rede vor dem ZK nach seiner Wahl am 11.3.1985 äußerte sich Gorbatschow zurückhaltender als in seiner ideologischen Grundsatzrede im Dezember 1984; er sprach nicht mehr von „tiefgreifenden Umgestaltungen", sondern nur mehr von einer „Vervollkommnung" des Systems der wirtschaftlichen und sozialen Verhältnisse. Auch in Zukunft werden „entschiedene Maßnahmen für mehr Disziplin, Ordnung und eine Reinigung unseres Lebens von fremden Erscheinungen" ergriffen werden – so dem Sinne nach schon Andropow. Daß aber Gorbatschow den ideologischen Rahmen sprengen wird, ist von einem Jünger Suslows und insbesondere von einem Mann nicht zu erwarten, der um das Erfordernis der „Stabilität" Bescheid weiß.

Einen Ausgleich zu finden zwischen den Dogmen und Hütern der Ideologie, den Traditionalisten, den Militärs und der progressiven Intelligenz, den Technokraten und der nach echten Reformen, Hebung des Lebensstandards und in einiger Zeit vielleicht sogar noch mehr bürgerlichen Freiheiten rufenden Bevölkerung ist schwer. Liberalisierung und Demokratisierung, die zu gefährlichen Auflösungserscheinungen führen könnten, wird es nicht geben. Der revolutionäre Elan ist schon Jahrzehnte erstarrt – was verblieb, ist eine um ihre Macht und Privilegien besorgte kommunistische Oligarchie.

Von großer Bedeutung für Gorbatschow wird die Vorbereitung des inoffiziell für November/Dezember 1985 programmierten 27. Parteitag der KPdSU sein. Es wird sich zeigen, ob er stark genug ist, insbesondere das auf 10 Mitglieder geschrumpfte Politbüro bzw. die anderen führenden Parteikader mit seinen Gefolgsleuten zu besetzen. Ein Generationswechsel auf breiter Front kann noch Jahre auf sich warten lassen. Gorbatschow sieht sich also schwierigen Aufgaben gegenüber. Er weiß zweifellos, daß die Parteiführer kommen und gehen, der Apparat aber bleibt, mit dem er sich vorerst arrangieren muß. Die Traditionalisten sind nach wie vor da; vielleicht haben sie Gorbatschow sogar einige Versprechungen abgenommen.

Auch auf außenpolitischem Gebiet tritt Gorbatschow ein schweres Erbe an, mit vielen ungelösten Problemen; Moskau ist in die Defensive geraten. Gromyko blieben spektakuläre Erfolgserlebnisse schon längere Zeit versagt. Neue Konturen ließen Gorbatschows erste Schritte im außenpolitische Bereich – für den er schon vor dem Tod Tschernenkos als Politbüromitglied mitbestimmend war – nicht erkennen; solche Erwartungen wären wohl verfrüht.

Alles in allem empfiehlt sich für den politischen Beobachter vorsichtiges Abwarten, damit nicht Illusionen von heute zu Enttäuschungen von morgen werden.

Es fällt auf, daß im Rahmen der Beisetzungszeremonie weder Verteidigungsminister Marschall Sokolow noch ein anderer Militär inmitten der Spitzenfunktionäre auf der Tribüne des Leninmausoleums zu sehen war. Die Marschälle standen eine Etage tiefer. Nur deshalb, weil Marschall Sokolow nicht Mitglied des Politbüros ist?

Welchem Kurs Gorbatschow folgt, ob die Partei- und Staatsführung ihre Erstarrung überwinden wird und eine Machtkonsolidierung zu etwas Neuem führt, ist eine Frage, die heute noch nicht beantwortet werden kann. Gut Ding braucht Weile.

Die Staatsmänner, welche Gorbatschow nach der Beisetzung Tschernenkos gesprochen hat, waren von seiner Persönlichkeit sichtlich beeindruckt.

Für den Westen wird der von der Presse mit Vorschußlorbeeren bedachte, umgängliche und sich geschickt präsentierende Gorbatschow voraussichtlich eine größere Herausforderung bedeuten als seine beiden Vorgänger.

Dokument 13
SU/US-Beziehungen; Bush-Gorbatschow-Treffen

GZ 225.01.01/31-II.3/85, Zl. 161-RES/85, ÖB Moskau (Liedermann), 19. März 1985

Am Abend nach dem Tschernenko-Begräbnis führte Vizepräsident Bush, begleitet von AM Shultz und US-Botschafter Hartman, mit dem neuen KPdSU-GS Gorbatschow, der von AM Gromyko und dem außenpolitischen Berater des nunmehr 4. KPdSU-GS hintereinander, Aleksandrow-Agentow, flankiert wurde, ein fast eineinhalbstündiges Gespräch. Laut US-Darstellung sprach Gorbatschow fast allein. Gromyko machte manchmal – wie es heißt – insubstantielle Einwürfe und nickte beifällig zu Gorbatschows Ausführungen, der sich in der Materie bewandert zeigte.

1. Gorbatschows Ausführungen:

Der neue KPdSU-GS hob die Kontinuität der sowjetischen Außenpolitik hervor, die er als konstruktiv bezeichnete. In einem historischen Rückblick verwies er auf Zeiten der sowjetisch-amerikanischen Kooperation im 2. Weltkrieg und in den 70er Jahren. Die Sowjetführung habe gegenüber den USA keine feindliche Einstellung, sie wolle keinen Krieg, jedoch müsse die SU, wie jede Großmacht, ihre Interessen vertreten. Ferner unterstrich er das sowjetische Interesse an Frieden und Zusammenarbeit mit den USA, auch in der gegenwärtigen Phase der internationalen Beziehungen.

Nach Ansicht Gorbatschows sollte ein „new beginning" – bei Vorhandensein des entsprechenden Willens auf beiden Seiten – möglich sein.

2. Bushs Ausführungen:

Der US-Vizepräsident nahm Bezug auf die Reagan-Rede vom Jänner 1984 zu den amerikanisch-sowjetischen Beziehungen. Darin sei die grundsätzliche US-Haltung formuliert worden. Präsident Reagan sei laut Bush ein Realist, der an Stärke glaube, aber für einen Dialog zwischen den Großmächten eintrete.

Er übergab Gorbatschow einen Brief von Präsident Reagan, dessen Inhalt bekanntzugeben aber seitens der ho. US-Botschaft abgelehnt wurde. Man ließ durchblicken, daß Präsident Reagan darin zum Ausdruck bringen wollte, daß er selbst aktiv zur Problemlösung beitragen wolle.

Im Rahmen einer Pressekonferenz ließ sich AM Shultz wie folgt zum Briefinhalt vernehmen:

„Well, I think that the President would be glad to see Mr. GORBATSCHOW here in the United States at his convenience; but where beyond that stands, I don´t have anything further to add. But I think it would be a constructive thing for them to meet."

Soweit bekannt, hat Gorbatschow darauf zurückhaltend reagiert.

Ferner ging Bush auf die US-Haltung zu folgenden Fragen ein:

- Abrüstungsbereich (Kurzdarstellung der bekannten US-Position)
- regionale Probleme (Afghanistan, Zentralamerika und als positives Beispiel für Zusammenarbeit zwischen SU und USA – laut US-Einschätzung – Äthiopien; nicht berührt wurde jedoch der Nahe Osten)
- Menschenrechte (Bush konzentrierte sich ausschließlich auf die „Jewish cases", z.B. Schtscharansky, Begun)
- bilaterale Fragen (nur sehr kursorisch behandelt).

3. AM Shultz, der Reagan noch nach Tschernenkos Tod getroffen hatte, übermittelte persönlich die Einschätzung des Weißen Hauses über die derzeitige internationale Situation und stellte fest, daß man von einem historischen Moment sprechen könne. In der SU sei eine neue Führung an die Macht gekommen, während in den USA Präsident Reagan auf Grund des Wahlergebnisses einen „strong second term" haben werde. Beide Großmächte erklärten sich auch bereit, in Genf Abrüstungsverhandlungen zu führen. Daher glaube man auch seitens der USA, daß die Voraussetzungen für ein „new beginning" gegeben sind.

Gorbatschow erklärte ausdrücklich, daß er mit der mit Bush geführten Diskussion zufrieden gewesen sei und daß er hoffe, daß es zu einem ehrlichen und fruchtbaren Dialog kommen werde.

Vizepräsident Bush hatte in seinen, vor dem Treffen mit Gorbatschow abgehaltenen Meetings mit BK Kohl, PM Thatcher und MP Nakasone eine gemeinsame Position in bezug auf die Frage der Weltraumwaffen abgestimmt. [...]

Dokument 14

„UdSSR-Frankreich; Besuch des franz. AM in Moskau (10.–13.3.1985); Treffen Mitterrand-Gorbatschow

GZ 225.01.04/36-II.3/85, Zl. 195-RES/85, ÖB Moskau (Liedermann), 19. März 1985

1. Dumas-Besuch:

AM Roland Dumas kam am 10. d. M. kurz nach dem Tod Tschernenkos, der laut ZK-Aussendung um 19.20 Uhr erfolgt ist, in Moskau an und wurde von AM Gromyko am Flughafen abgeholt. Seine Gespräche standen im Zeichen des Machtwechsels im Kreml. So mußten seine Unterredungen mit Gromyko auf den 11. konzentriert werden, sein Termin mit Gorbatschow, der im Besuchs-Programm vorgesehen war, wurde annulliert. Ein Empfang bei Tschernenko war schon in der Woche vor Dumas' Eintreffen mit dem Hinweis auf seine Krankheit gar nicht ins Programm aufgenommen worden.

Neben Gromyko traf Dumas ferner mit MP Tichonow zusammen.

Sowjetischerseits war man trotz der sich für Gromyko und Tichonow aus Anlaß des Todes Tschernenkos ergebenden Verpflichtungen (vor allem ZK-Sitzungen zur

Bestellung des neuen GS der KPdSU; Nominierung Gorbatschows durch Gromyko) bestrebt, die Substanz des Besuches beizubehalten. Dumas kam seinen sowjetischen Gesprächspartner insoferne entgegen, als er sich in seiner Unterredung mit Tichonow auf bilaterale Fragen beschränkte, während er sich mit Gromyko auf allgemeine außenpolitische Themen konzentrierte.

a) Tichonow – Dumas:

Unter Bezugnahme auf die für Ende März/Anfang April d. J. vorgesehene Tagung der Gemischten Kommission teilte Dumas Tichonow die Unzufriedenheit Frankreichs über das Ungleichgewicht der Wirtschaftsbeziehungen mit. Das französische Handelsdefizit konnte im Vorjahr nicht reduziert werden und läuft Gefahr, auf Grund der französischen Gaskäufe in der SU weiter anzusteigen. Dumas drängte daher auf sowjet. Bezüge von französischen Ausrüstungsgütern.

Lediglich der Export landwirtschaftlicher und chemischer Produkte sei angestiegen, womit man sich jedoch französischerseits nicht begnüge.

Laut französischer Darstellung konnten in der Frage der Kreditkonditionen der französischen Banken für den französisch-sowjetischen Handel keine Fortschritte erzielt werden. […] Die SU lehnte nicht nur Fremdwährungskredite, sondern auch die französische Idee, der SU Konditionen in ECU einzuräumen, ab.

Erhoffte Großaufträge (Ausrüstung des Moskwitsch-Werkes durch Renault sowie Gas- und Schwefelanlagen bei Astrachan) erhielten französische Unternehmen bisher nicht.

Die Unterredung mit Tichonow blieb ohne konkrete Ergebnisse.

b) Gromyko – Dumas:

1) Weltraumrüstung

Dumas verwies auf das im Juni v.J. im Rahmen des Genfer CD deponierte französische Memorandum. Nach französischer Ansicht können Anti-Raketensysteme auf längere Sicht noch nicht die nukleare Abschreckung ersetzen. Forschung und Versuche auf diesem Waffensektor bedeuten noch nicht den Übergang zum Einsatz derartiger neuer Systeme. Wesentlich sei eine Kontrolle der Forschung.

Frankreich trete für ein Kräftegleichgewicht auf möglichst niedrigem Niveau ein. Die Reduktion der Nukleararsenale der SU und der USA sei notwendig. Die französische Politik werde von der Maxime der Bewahrung der nationalen Unabhängigkeit auf dem Rüstungsgebiet determiniert (INF!).

Laut Gromyko seien Weltraum- und Nuklearwaffen untrennbar verbunden. Die USA widerspreche mit ihrer Fortsetzung des Forschungsprogrammes für Weltraumwaffen ihrer mit der Genfer Deklaration eingenommenen Position, in der sie sich verpflichteten, auf eine volle Abrüstung hinzuarbeiten. Das Forschungsstadium bei Entwicklung von Waffen sei, so Gromyko, auf Grund seiner finanziellen Aspekte (ca. 90 % der Kosten der Forschung, 10 % Realisierung und Stationierung) das wichtigste. Im Weiteren wies der sowjetische Außenminister US-Vorwürfe bezüglich der Verletzung des ABM-Vertrages durch die SU zurück. Dumas konterte, daß das

178

sowjetische Luftabwehrsystem nicht nur Flugzeuge, sondern auch Raketen zum Ziele habe.

Der sowjetische Außenminister verwies auf die Bedeutung des „Prinzips der Gleichheit und der gleichen Sicherheit" und der „interdependence" der Waffengattungen. Zur Erzielung von Vertrauensbildung wären Abkommen über Atomstopp, Erstschlagsverzicht, Freeze und/oder Stationierungsstopp notwendig.

Auffällig ist, daß laut französischer Darstellung Gromyko auf die Raketensysteme von Drittstaaten (französische und britische) nicht zu sprechen kam. Dies erklärt man sich damit, daß die französische Position der SU hiezu wohlbekannt ist. Mitterrand legte sie in unzweideutiger Form während seiner Gespräche im Juni v.J. und in seinem Trinkspruch dar [...]. Ferner konzentriere sich das sowjetische Interesse derzeit nur auf die Frage der Weltraumrüstung.

ii) Sicherheit in Europa/KVAE:

Laut Dumas kommen bei den SU/US-Abrüstungsverhandlungen in Genf nicht alle jene Fragen zur Sprache, welche die Sicherheit in Europa als Ganzes betreffen. Man müsse auch noch Fragen der konventionellen und chemischen Bewaffnung unter dem Aspekt der Sicherheit in Europa sehen. Eine Verminderung der Spannung in Europa könne nach französischer Ansicht z.B. durch eine strikte Anwendung der KSZE-Schlußakte erreicht werden. Dumas machte Gromyko mit den französischen Motiven für die Ablehnung d. sowjetischen Vorschlages eines Gewaltverzichtsvertrages bekannt. Er sei mit der französischen Verteidigungsdoktrin inkompatibel, da er indirekt auch einen Erstschlagsverzicht vorsehe [...]. Frankreich erhoffe jedoch eine positive Reaktion auf den Sechservorschlag in Stockholm, dies würde es ermöglichen, dem Prinzip des Gewaltverzichts näherzukommen.

Gromyko wandte sich gegen eine bloße Repetierung der Bestimmungen der UN-Charta und übte die bekannte Kritik an den US-Vorschlägen bei der KVAE, welche im Wesentlichen nur eine Spionage auf bzw. über sowjetischem Territorium darstellen würde. [...]

iv) Menschenrechte:

Dumas übergab Gromyko in einem tête-a-tête eine nur bilaterale Fälle betreffende, humanitäre Liste.

v) Zensur der Dumas-Tischrede:

Der Toast des französischen Außenministers [...] wurde an verschiedenen Stellen seitens der TASS unliebsamer Passagen „bereinigt". Diese betreffen die Menschenrechtsfragen, u.a. das Ottawa-Treffen, die Aspekte der EG-Kooperation sowie die französische Haltung in der Abrüstungsfrage.

2. Unterredung mit Gorbatschow

Präsident Mitterrand, der zur Teilnahme an der Beisetzung Tschernenkos nach Moskau kam, traf, begleitet von AM Dumas, am 13. d.M. abends zu einem ca. 45-minütigen Gespräch mit Gorbatschow, dem Gromyko und Aleksandrow-Agentow zur Seite saßen, zusammen.

Gorbatschow, der ohne Unterlagen sprach und von Gromyko in seinen Ausführungen nicht unterbrochen wurde, hob hervor, daß der Besuch des französischen Staatspräsidenten im Juni v.J. […] nützlich gewesen sei. Ferner verwies der neue KPdSU-GS auf die in den 70er Jahren unterzeichneten bilateralen Dokumente und brachte die Meinung zum Ausdruck, daß ein „retour à la détente" möglich sei.

([…] AM Gromyko sprach auffälligerweise zu Dumas nicht von der Möglichkeit eines „retour à la détente".)

Auch Präsident Mitterrand erinnerte an seinen vorjährigen Besuch und die aus diesem Anlaß ausgesprochene Einladung, die er gegenüber Gorbatschow erneuerte. Gorbatschow nahm, wie Mitterrand in einer Pressekonferenz vor seinem Abflug unterstrich, die Einladung an. Laut ho. französischer Botschaft kamen bei der Mitterrand/Gorbatschow-Unterredung Rüstungsfragen nicht zur Sprache.

Mitterrand zeigte sich, so ho. französische Gesprächspartner, zufrieden über sein Treffen mit dem neuen Sowjetführer.

3. Wertung

Auch der Dumas-Besuch führte zu keiner Renaissance der Sonderbeziehungen zwischen der SU und Frankreich. Paris bleibt die unglückliche Liebe der Sowjets. Moskau mußte erneut erkennen, daß der Westen in vielen Fragen gleiche Positionen eingenommen hat. Die kongruente Haltung der großen NATO-Staaten und Frankreichs erstreckt sich nunmehr auch weitgehend auf Fragen der Weltraumrüstung. Letzteres wird Moskau sicherlich mit einiger Verärgerung zur Kenntnis nehmen.

Sozusagen also als „Revanche" für seine NATO-konforme Haltung tritt Frankreich in die bilateralen Wirtschaftsbeziehungen mit der SU auf der Stelle. Wenig konkrete Fortschritte scheinen sich ferner in bilateralen humanitären Fällen abzuzeichnen.

Moskau und Paris beschränken sich somit im Wesentlichen darauf, einen regelmäßigen Gesprächskontakt aufrechtzuerhalten. […]

Dokument 15

Sowjetunion-Großbritannien; Gespräch Gorbatschow-Thatcher gelegentlich der Trauerfeierlichkeiten für K.U. Tschernenko

GZ 225.01.04/35-II.3/85, Zl. 176-RES/85, ÖB Moskau, 20. März 1985

Im Anschluß an die Trauerfeierlichkeiten für Vorsitzenden Tschernenko empfing der neugewählte Generalsekretär des ZK der KPdSU, Michail Gorbatschow, noch am Nachmittag des 13.3. l.J. außer einer Anzahl weiterer ausländischer Staats- und Regierungschefs den britischen Premierminister, Frau Thatcher, spätabends zu einer etwa 55-minütigen Unterredung. Dem Gespräch wohnte auf sowjetischer Seite Außenminister Gromyko und der persönliche Berater des Generalsekretärs, Alexandrow, und auf britischer Seite neben Außenminister Howe lediglich der eine oder andere hohe Funktionär der Begleitung der britischen Regierungschefin, jedoch kein Vertreter der ho. britischen Botschaft bei. Im Wege letzterer war daher zum

Gesprächsinhalt bisher im Wesentlichen nur das zu erfahren, was Frau Thatcher auf Fragen von Pressevertretern zwischen Gesprächsende und ihrer kurz darauf erfolgten Abreise wissen ließ:

Die Gespräche zwischen den beiden Politikern hätten unmittelbar und ohne gegenseitiges Abtasten dort wieder angeknüpft werden können, wo man sich in der 2. Dezemberhälfte des Vorjahres getrennt hatte, als Gorbatschow als Leiter einer sowjetischen Parlamentarierdelegation in London Gelegenheit zu einem mehrstündigen Meinungsaustausch mit Premierminister Thatcher hatte.

Gorbatschow eröffnete mit einer frei vorgetragenen Erklärung von etwa 20 Minuten. Unter den darin und im weiteren Verlauf berührten Themen nahmen unter den Ost-West-Fragen die sowjetisch-amerikanischen Abrüstungsverhandlungen in Genf und die amerikanische Space [sic!] Defence Initiative (SDI) den weitaus größten Teil der Zeit ein. Frau Thatcher habe Gorbatschow unter Hinweis auf ihre beiden letzten in relativ kurzen Abständen mit Präsident Reagan geführten Gespräche von der Aufrichtigkeit der amerikanischen Absichten in Bezug auf beide Fragenkomplexe zu überzeugen versucht. Sie habe insbesondere unterstrichen, daß SDI zunächst auf den unter dem ABM-Vertrag zulässigen Forschungsbereich beschränkt bleiben solle. Die Anmerkung Gorbatschows, daß eine Beteiligung der Verbündeten der USA an SDI negative Auswirkungen auf die Genfer Verhandlungen haben würde, bestärkt die Annahme, daß die Frage der Verhinderung der Aufrüstung des Weltraumes weiterhin im Mittelpunkt der Meinungsunterschiede bei den Genfer Verhandlungen bleiben und von den Sowjets als Ansatzpunkt für Meinungsdifferenzen innerhalb des westlichen Bündnisses angesehen wird.

Im Zuge der Erörterung bilateraler Fragen sei eine weitere Belebung der Wirtschaftsbeziehungen mit dem Ziel der Minderung des traditionellen britischen Handelsbilanzdefizits im Vordergrund gestanden, welches sich aus den umfangreichen britischen Rohmaterialimporten aus der Sowjetunion ergibt.

Premierminister Thatcher habe auch durch Erwähnung, daß man einem Besuch Außenminister Gromykos in England in den Sommermonaten dieses Jahres mit Interesse entgegensehen würde, die sowjetische Seite auf keine präzise Aussage über den Zeitpunkt der Realisierung der prinzipiell angenommenen Einladung festlegen können.

Von Journalisten über den von ihrem Gesprächspartner gewonnenen Eindruck befragt, habe sie ihre Aussage vom Dezember v.J. wiederholt. Gorbatschow sei ein Mann, den sie schätze und mit dem man zur Sache sprechen könne. [...]

Dokument 16

SU-BRD; Gespräch Gorbatschow-Kohl gelegentlich der Trauerfeierlichkeiten für Tschernenko

GZ 225.01.04/33II.1/85, Zl. 173-RES/85, ÖB Moskau, 20. März 1985

Im Zuge der […] Begräbnisfeierlichkeiten […] empfing Gorbatschow am 14.3. auch Bundeskanzler Kohl zu einer ca. 40-minütigen Aussprache. Dabei wurden die bilateralen Beziehungen sowie die Themen militärischer Sicherheit und Abrüstung sowie Ost-West-Beziehungen berührt. Das Niveau der Gesprächspartner und der begrenzte zeitliche Rahmen, bringt man die Dolmetscherzeit in Abzug, ließ für eine Vertiefung in einzelnen Fragen keinen Raum. Da Genscher und Gromyko, der bei dem Gespräch zugegen war, erst zehn Tage zuvor Gelegenheit gehabt hatten, einander die Positionen ihrer Regierungen detailliert zu erläutern […], bestand hierfür auch keine Notwendigkeit, zumal sich in der Zwischenzeit grundsätzliche Änderungen auf keiner Seite ergeben hatten.

Die von beiden Politikern gebrauchte Sprache wurde deutscherseits als „nicht unfreundlich" bis „sehr offen" qualifiziert. Gorbatschow, der, wie in fast allen Gesprächen, von vor ihm liegenden Notizen keinen Gebrauch machte, unterstrich, daß eine Konstante der sowjetischen Außenpolitik die Entwicklung gutnachbarlicher Beziehungen und wechselseitigen Vertrauens sei. Hiefür liege ein großes Potential in einer vermehrten Zusammenarbeit auf allen Gebieten zum beiderseitigen Nutzen. Dieses sei im Verhältnis zur BRD allerdings nur „auf der Grundlage der Achtung des Moskauer Vertrags und der bestehenden territorialen und politischen Realitäten" möglich. Die Sowjetunion sei bereit, in jeder Richtung sehr weit zu gehen, jedoch unter der Voraussetzung, daß ihre militärischen Sicherheitsinteressen und jene ihrer Verbündeten respektiert würden. Die Stationierung von amerikanischen Nuklearraketen auf bundesdeutschem Territorium entspräche dieser Bedingung nicht. Auch sei die Sowjetunion über den WEU-Beschluß, Beschränkungen für die Produktion bestimmter Waffen durch die BRD aufzuheben, „nicht unbesorgt". Man müsse sich die Frage stellen, wohin die Politik des Bundeskanzlers drifte.

Auf die Feststellung Bundeskanzler Kohls, daß er eine große Chance für eine Entspannung der internationalen Lage in einem persönlichen Zusammentreffen zwischen Gorbatschow und Präsident Reagan sehe, konterte Gorbatschow, indem er unter Bezugnahme auf die begonnenen sowjetisch-amerikanischen Abrüstungsverhandlungen in Genf die rhetorische Frage stellte, was von einer amerikanischen Politik zu halten sei, die diese Verhandlungen als „Rauchschleier" für verstärkte Rüstungsanstrengungen u.a. im Weltall benütze, die Produktion weiterer MX-Raketen anstrebe und das Kernwaffenarsenal qualitativ verbessern wolle, in Genf aber keine realistischen Vorschläge unterbreite. Zu all dem „stünden die Verbündeten der USA stramm". Er bat Bundeskanzler Kohl um ernste Mitwirkung an Fortschritten in Genf, welche die weitere bilaterale Zusammenarbeit erleichtern würde. Voraussetzung für einen Erfolg in Genf sei in jedem Fall die Erhaltung des militärischen Gleichgewichts.

Die von TASS veröffentlichte kurze Meldung über das Treffen ist angeschlossen. Auch darin ist die sowjetische Absicht erkenntlich gemacht, die Entwicklung der bilateralen Beziehungen mit der Beachtung der territorialen und politischen Realitäten und der Sicherheitsinteressen zu verknüpfen. Vergleichbares findet sich in den analogen Presseverlautbarungen über die Gespräche mit dem italienischen Staatspräsidenten, dem britischen Premier oder gar etwa dem französischen Präsidenten nicht. Obzwar sich dieser Unterschied bisher in der faktischen Dichte namentlich der wirtschaftlichen und kulturellen sowjetisch-bundesdeutschen Beziehungen kaum niedergeschlagen hat, wurde damit neuerlich die sowjetische Absicht verdeutlicht, zwischen der BRD und den übrigen – zumindest was England und Frankreich betrifft sogar über eigene Kernwaffen verfügenden – großen europäischen Partnern der atlantischen Allianz zu differenzieren.

Bundeskanzler Kohl hat Generalsekretär Gorbatschow zu einem Besuch der BRD eingeladen. Im Gegensatz zu einigen westlichen Pressemeldungen, die von einer grundsätzlichen Annahme der Einladung sprachen, sei die Reaktion Gorbatschows nach hiesigen verläßlichen Quellen rezeptiv gewesen. […]

Dokument 17

Gespräche am Rande des Tschernenko-Begräbnisses

GZ 225.01.04/37-II.7/85, ÖB Bonn (Pahr), 22. März 1985

Die deutsche Bundesregierung kann sich in letzter Zeit nicht über Mangel an Kontakten mit der östlichen Führungsmacht beklagen. Sagladin und Simjanin (letzterer aufgrund der äußeren Umstände nur für 24 Stunden) waren in der BRD, der Bundesaußenminister konnte vor kurzem ein ausführliches Gespräch mit seinem sowjetischen Kollegen in Moskau führen, Kohl und Gorbatschow hatten bei einem knapp einstündigen Gespräch Gelegenheit, sich kennenzulernen. Daneben traf der Bundeskanzler in Moskau eine Reihe westlicher Staatsmänner sowie die Herren Honecker, Jaruzelski und Husák.

Insbesonders über den politisch bedeutsamsten dieser Kontakte, nämlich Gorbatschow, ließ sich von den zuständigen Ost-Abteilungsleitern im Auswärtigen Amt und im Bundeskanzleramt folgendes erfahren:

Bundeskanzler Kohl sei doch recht beeindruckt von Gorbatschow gewesen, den er als zupackend und in der Art des Diskutierens ebenso sachlich wie energisch darstellte. Seine Fragen sollen sehr direkt gewesen, zwar anhand eines Konzepts aber doch in freier Diskussion gestellt worden sein, und zwar praktisch ohne Einschaltung des gleichfalls anwesenden Gromyko – ein wesentlicher Unterschied zu dem vor einem Jahr bei ähnlicher Gelegenheit mit Tschernenko geführten Gespräch.

Der Beginn der Unterhaltung sei von herkömmlichen, bekannten Positionen beherrscht gewesen. Die Abkühlung der bilateralen Beziehungen wurde einmal öfter mit der deutschen Nachrüstung begründet, wobei man den Vorwürfen Gorbatschows deutscherseits ebenso Strafcharakter gegenüber Bonn wie Disziplinierungscharakter gegenüber den eigenen Verbündeten beimißt, vielleicht mit einer gewissen Sorge um die Acquis der Nachkriegszeit verbunden, und sicherlich mit dem Bestreben um Wahrung des Gesichts, wenn man nun doch an den deutsch-sowjetischen Verhandlungstisch zurückkehrt: Denn das scheint wohl beabsichtigt, wenn Gorbatschow die Beziehungen als in hohem Maße ausbaufähig darstellt, dabei die Bereiche Wirtschaft, Wissenschaft-Technologie und Kultur eigens hervorhebend, wenn auch ohne weiter ins Detail zu gehen.

Zu den pendenten Sicherheitsfragen sei Gorbatschow sehr rasch auf die SDI zu sprechen gekommen und auf die Stärkung der konventionellen Verteidigung im Rahmen der NATO. Den Vorwurf an den Bundeskanzler, sich den Wünschen der USA allzu kritiklos zu beugen, habe Kohl energisch zurückgewiesen: „Der deutsche Bundeskanzler steht ebensowenig wie der Generalsekretär der KPdSU vor irgendjemandem stramm".

Im Auswärtigen Amt sieht man die Auffassung bestätigt, daß Moskau weiterhin versuchen wird, die Entwicklung der bilateralen Beziehungen von der Haltung Bonns zu Sicherheitsfragen abhängig zu machen. Andererseits dürfe man bei dieser Betrachtung nicht außer Acht lassen, daß der UdSSR auch nicht daran gelegen sein könne, die Bundesrepublik durch allzu deutliche Entfremdung noch stärker in den Westen einzubinden. Als Folge dieser Erkenntnis sieht das Auswärtige Amt Anzeichen, die in letzter Zeit zumindest darauf deuten, daß die Abkühlungsphase ihren Tiefpunkt überschritten hat. Ganz offenbar trug dazu nach Auffassung der Mitredner im Auswärtigen Amt und Bundeskanzleramt der Besuch Genschers in Moskau bei, mit dem es gelang, zu einem wichtigen Zeitpunkt den politischen Dialog wieder aufzunehmen. Natürlich sei auch bei diesem Versuch deutlich geworden, Sicherheitsfragen, wie man sie in Moskau versteht, mit der Entwicklung der bilateralen Beziehungen zu verknüpfen. Man kann das aber auch, vermeint man im Auswärtigen Amt, insofern umgekehrt sehen, als die Qualität der Beziehungen sich auch auf die deutsche Einschätzung sicherheitspolitischer Zusammenhänge auswirken könnte. Hierzu, wie überhaupt, wurde von beiden Gesprächspartnern auf einen Namensartikel Genschers in „Der Bundesminister des Auswärtigen informiert" vom 18. März 1985 verwiesen […].

Genscher habe jedenfalls auch Gromyko klar gemacht, daß die BRD nicht bereit sei, sich in essentiellen Fragen ihrer Sicherheit unter Druck setzen zu lassen, weder 1983 noch heute noch irgendwann. Zur SDI habe Genscher – hier von Gromyko nicht widersprochen – auf die einschlägigen sowjetischen Forschungen verwiesen. Die deutsche Haltung im Einzelnen sei noch nicht festgelegt und bedürfe genauere Abstimmung mit den anderen Europäern. Schließlich aber werde diese Einstellung ausschließlich von deutschen Interessen bestimmt sein. Im Übrigen siehe auch zu SDI den obzitierten Namenstitel.

Der Mitredner im Auswärtigen Amt legte einmal öfter Wert darauf zu verweisen, wie sehr Bonn an Verhandlungserfolgen in allen Bereichen interessiert sei. Auch die SDI könne nur dann erfolgreich sein, wenn sie einen wirklichen Schutz für Europa biete. Die bis heute gültige Auffassung, daß die Doktrin der Abschreckung unter gegebenen

Umständen noch immer die einzig gültige ist, könne nur unter der Voraussetzung durch eine andere Doktrin abgelöst werden, daß diese zumindest den gleichen Schutz bietet.

Insgesamt vermeint man in Bonn zur Substanz des künftigen Kurses Moskaus noch nicht viel sagen zu können, insbesondere dann nicht, wenn es richtig ist, daß Gorbatschow nicht ganz einstimmig gewählt wurde und daher zumindest mittelfristig gewisse Rücksichten nehmen muß.

Er würde seine Prioritäten wohl zunächst auch in der Wirtschaft und Innenpolitik setzen und in der Außenpolitik sich auf die enorme Erfahrung und Autorität Gromykos abstützen, der zweifellos nach dem Generalsekretär die wichtigste Persönlichkeit in der sowjetischen Führung bleibe. Das bedeutet aber auch, daß das Auswärtige Amt in der sowjetischen Außenpolitik fürs erste keine größere Änderung erwartet. Man entnimmt das auch der Tatsache, daß Gorbatschow in seiner Rede nach seiner Wahl zum Generalsekretär der KPdSU keine eigene Prägung erkennen ließ. Zumindest aber rechnet man damit, daß der neue Herr im Kreml zunächst ausloten wird, wie weit der Westen zu gehen bereit ist. Soweit man ihn einstweilen beurteilt, würde es aber nicht überraschen, wenn er in diesem Zusammenhang fühlbaren, energischen und überzeugten Widerstand dann auch akzeptiere. […]

Dokument 18
XIII. Parteitag der USAP

GZ 222.03.00/5-II/85, Zl. 47-RES/85, ÖB Budapest, 3. April 1985

Der XIII. Parteitag der USAP fand in der Zeit vom 25. bis 28. März 1985 statt. Die Österreichische Presse, Radio und Fernsehen haben aufgrund eigener nach Budapest entsandter Berichterstatter hierüber jeweils rasch berichtet (einzelne Berichte von Paul LENDVAI und Peter MARTOS wurden von ungarischer Seite als überspitzt und als ihrer Phantasie entsprungen empfunden). Überhaupt scheint das Interesse der ausländischen – westlichen – Medien und deren Berichterstattung diesmal besonders groß gewesen zu sein – im ungarischen Außenministerium hat man dies mit spürbarer Genugtuung und Selbstbewusstsein registrieren können. Der Parteitag war die erste größere Veranstaltung in dem von einer österreichischen Firma erbauten Kongresszentrum. Da mehr Raum zur Verfügung stand, konnten rund 200 Delegierte mehr als bei früheren Parteitagen daran teilnehmen, nämlich insgesamt 935. […]

Über Außenpolitik sprach Herr KÁDÁR nur wenig. Vorbereitungsbericht, Rechenschaftsbericht und Schlussresolution befassen sich damit viel ausführlicher. In den beiden Berichten wird erwähnt, daß sich die Beziehungen zur VR China in ähnlicher Weise entwickelt haben wie die Beziehungen anderer sozialistischer Staaten zu China. Im Gegensatz dazu war im Jahre 1980 heftige Kritik an China geübt worden. KÁDÁR sprach vom Streben der USA und der NATO nach Kräfteüberlegenheit. Er bekannte sich zur friedlichen Koexistenz und zur Entwicklung gegenseitiger vorteilhafter Beziehungen zwischen Ländern mit unterschiedlicher Gesellschaftsordnung. Ein Export der Revolution sei unmöglich und auch nicht nötig.

Angesichts der gegenwärtigen Weltlage müssten die WP-Staaten für ihre Verteidigung sorgen und dementsprechend halte auch Ungarn seine Verteidigungskräfte auf entsprechendem Niveau (womit die Modernisierung der Streitkräfte gemeint sein dürfte). Ungarn spreche sich für die Verlängerung des WP aus und sei zur Unterzeichnung eines diesbezüglichen Dokuments bereit (Anm.: In der Frage der Vertragsdauer dürfte Ungarn sehr flexibel sein, jedenfalls im Gegensatz zum rumänischen Standpunkt). […]

Lage der Gesellschaft und Lebensbedingungen

Nicht nur Parteisekretär KÁDÁR, sondern auch eine Reihe anderer gewichtiger Redner unterließen jedes Wort der Beschönigung. Es wurde offen zugegeben, daß nicht sämtliche Ziele erreicht werden konnten, doch sei der eingeschlagene politische Kurs gut und habe sich bewährt. Trotz zahlreicher Probleme und Schwierigkeiten sei die Stabilität der Gesellschaft gewahrt geblieben. Natürlich kamen auch die positiven Ergebnisse entsprechend zur Geltung. Schonungslos aufgezeigt wurden die Schwächen der Wirtschaft, die zu niedrigen Renten, die Preiserhöhungen, das Absinken der Reallöhne um 6–7 % gegenüber 1980, der Wohnungsmangel, das Problem der Alten und Jungen, doch waren die Akzente der verschiedenen Hauptredner durchaus verschieden.

Im politischen Kampf mit den bürgerlichen Parteien habe man nach dem Kriege zu viel versprochen und sich darin überboten. Man habe Rechte und Zuwendungen deklariert, die man gar nicht habe gewährleisten können. Um eine Besserung der Situation herbeizuführen, müsse man zuerst die materiellen Grundlagen schaffen und erst dann verteilen und nicht umgekehrt.

Es war das Bemühen KÁDÁRs, im Besonderen die Jugend und die Parteilosen anzusprechen. In der „Bündnispolitik" spielt das Verhältnis zwischen Kirche und Staat eine wichtige Rolle. Die Zusammenarbeit zwischen beiden beruht, so stellt der Rechenschaftsbericht des ZK fest, auf der Verantwortung für das Schicksal des Vaterlandes.

Vielfältige Kritik gab es an der Arbeit der Verwaltung und Parteikörperschaften wegen seelenloser Erledigung der Angelegenheiten und zu viel Bürokratie. Es müsse gegen den Glauben an die Allmacht der juristisch-administrativen Lösung aufgetreten werden und die Öffentlichkeit müsse mehr Einblick in die Verwaltung erhalten.

Wirtschaftsprobleme

Die Parteiführung gab zu, daß man den dauerhaften Charakter der Veränderungen in der Weltwirtschaft mit Verzögerung erkannt habe. Das Exportvolumen sei in den letzten vier Jahren um 28 % und jenes des Imports um 4 % gestiegen. Das Wirtschaftswachstum habe nicht das im 6. Fünfjahresplan vorgesehene Wachstum erreicht (beim Nationaleinkommen statt der geplanten 14–17 % voraussichtlich nur 11 % Steigerung). Die Verbesserung des Gleichgewichts habe nur durch eine 3%ige Drosselung des Inlandsverbrauches erreicht werden können. Die beim heutigen Niveau der Wirtschaft zur Verfügung stehenden Reserven seien bald erschöpft. Für den nächsten Fünfjahresplan wird ein Anstieg des Nationaleinkommens um 14–17 % veranschlagt.

Wiederholt kam zum Ausdruck, daß die Konfrontation von Interessen zugenommen hat und das Volk politisch anspruchsvoller und kritischer geworden sei. Einen breiten Raum nahmen die neuen Formen der Betriebslenkung und die Gewährleistung der Selbständigkeit der Betriebe ein. Es zeigte und bestätigte sich, daß es hierüber ein heftiges internes Tauziehen zwischen Konservativen und Reformern gegeben hat und die Anhänger der Reform eindeutig die Oberhand behalten haben. LÁZÁR sprach davon, es habe Befürchtungen gegeben, man würde zu einer überholten Praxis zurückkehren. […]

Unter den prominenten Rednern stach der neue Erste Parteisekretär von Budapest, Károly GRÓSZ, hervor. […] Er sprach davon, es sei in den letzten Jahren zu einem politische Spannungen auslösenden Faktor geworden, daß in Budapest in großer Zahl Rentner leben, die keine Möglichkeit haben, die steigenden Lebenshaltungskosten abzuwälzen oder durch zusätzliche Einkommensquellen zu ergänzen. Die politische Toleranz habe sich vermindert, es gebe Angst und Unsicherheit vor der Zukunft. Die Stimmung in der Bevölkerung der Hauptstadt sei widersprüchlich. Auch seine sonstigen Ausführungen erweckten Aufmerksamkeit. Diese Art entspreche seinem Temperament, meinten ungarische Gesprächspartner, aber es ist daran wohl auch ein Profilierungsbestreben eines Mannes zu sehen, mit dem man in Zukunft rechnen muss. Er setzte sich sehr für eine Verbesserung der materiellen Lage der technischen Intelligenz ein und stellte die Frage, warum auch in den 80er-Jahren die Schließung eines Betriebes als Sensation gelte; man müsse sich den eventuellen politischen Konflikten stellen. […]

Schlusswort des Generalsekretärs der USAP, János KÁDÁR

Die entscheidende Feststellung im Schlusswort des Generalsekretärs der Partei […] ist, daß die Partei auf dem eingeschlagenen Weg weiter voranschreiten wolle, KÁDÁR war bestrebt, Optimismus zu verbreiten. Das System der Wirtschaftslenkung müsse man mit den notwendigen Korrekturen und [der notwendigen] Weiterentwicklung stabilisieren und der Wunsch nach möglichst stabilen Reglern (d.h. nicht ständige Änderungen, die nur Unsicherheit schaffen) sei berechtigt. Er sprach davon, daß vor drei oder vier Jahren einige Besserwisser die wirtschaftlichen Schwierigkeiten aufbauschten „und es kam vor, daß keiner im Saal diese Ansichten zurückwies, die extremen Ansichten wurden nur auf den Korridoren beanstandet und verurteilt". Mit diesem Hinweis wollte und will KÁDÁR zweifellos Heckenschützen aus dem Hinterhalt keine Chance bieten. Und auch er kam zum Abschluss nochmals auf die ungarischen Minderheiten im Ausland zurück: „Seien wir mit redlicher Arbeit auch dafür tätig, daß außerhalb unserer Landesgrenzen lebende Menschen ungarischer Abstammung, die ungarischen Nationalitäten, erhobenen Hauptes zuhören können, wenn von Ungarn die Rede ist".

Zusammenfassung und Wertung

Mit jedem Parteitag werden neue Hoffnungen verknüpft. In voraussehbarer Zeit am Ende seines Lebenswerkes angelangt, will KÁDÁR sicher konsequenter als bisher für die Umsetzung der Parteitagsbeschlüsse sorgen, um die Weichen für die Zukunft zu stellen. Als er davon sprach, daß der bisherige Kurs noch lange gehalten werde, schlug ihm brausender Beifall entgegen. Dies zeugt von Sicherheit und Selbstbewusstsein. Zur Sicherung und Durchführung seines Weges ist er in Partei und Regierung von einem Personenkreis umgeben, der ihm vertraut und dem er vertraut. Eine Garantie für die Beibehaltung des Kurses liegt darin, daß sich die Bevölkerung an die Verhältnisse gewöhnt hat und jedwede einschneidende Änderung Rückwirkungen auslösen würde; echte Garantien gibt es aber bekanntlich nirgends. […]

Dokument 19

Jaruzelski persona grata bei der Sowjet-Führung

GZ 166.17.02/2-II.3/85, Zl. 3-POL/85, ÖB Warschau (Wotava), 30. April 1985

Wenn es noch eines Beweises bedurft hätte, daß das Jaruzelski-Regime und sein innen- und außenpolitischer Kurs von der Sowjetführung gutgeheißen wird, dann ist es die Tatsache, daß nach 30 Jahren (nach der Unterzeichnung des Warschauer Paktes im Jahr 1955) wieder ein Gipfeltreffen des Warschauer Paktes in Warschau stattgefunden hat. Jaruzelski ist damit gelungen, was anderen polnischen Parteiführern vor ihm wie Ochab, Gomułka, Gierek usw. versagt geblieben ist. Natürlich könnte man dagegen argumentieren, daß sich schließlich die Verlängerung des Warschauer Paktes, wo der Vertrag ursprünglich unterzeichnet worden war, in Warschau zwingend angeboten hat. Dem ist jedoch entgegenzuhalten, daß bei einer allfälligen Unzufriedenheit der Kreml-Führung mit dem polnischen Regime dieses sicherlich nicht mit der Durchführung des Gipfeltreffens beauftragt worden wäre, sondern die Unterzeichnung der Verlängerung des Paktes in einem solchen Fall eben in Moskau oder notfalls auch in einem anderen Satellitenstaat stattgefunden hätte.

Darüber hinaus hat der neue Sowjet-Führer Gorbatschow den polnischen Regierungs- und Parteichef Jaruzelski auch dadurch ausgezeichnet, daß er im Gegensatz zu den anderen Ostblockführern einen Tag länger in Warschau blieb, um mit Jaruzelski eingehende Beratungen zu pflegen. Der Anwesenheit Gorbatschows in Warschau kam insofern noch erhöhtes Gewicht zu, als es sich um die erste Auslandsreise Gorbatschows nach seiner Ernennung zum sowjetischen Parteichef gehandelt hat. Auch die Gespräche zwischen Gorbatschow und Jaruzelski selbst, die über vier Stunden und unter vier Augen stattgefunden haben, dürften in einer sehr freundschaftlichen Weise über die Bühne gegangen sein, wie die nachher abgegebene Erklärung des sowjetischen Parteichefs schließen lässt. Es kann kaum ein Zweifel bestehen, daß sich Jaruzelski des Vertrauens des Kremlchefs erfreut. Jaruzelski dürfte sich mit dieser starken Rückendeckung durch den sowjetischen Parteichef vermutlich gegen seine orthodoxen Kritiker innerhalb der PVAP wirksam abgesichert haben, die sich nunmehr mit ihren bisher gegen Jaruzelski gerichteten Kritiken und parteiinternen Intrigen zurückhalten werden müssen.

Jaruzelski konnte nunmehr auf sichtbarste Weise die Früchte seiner fast 4-jährigen Bemühungen ernten [und] nach den Wirren der Solidaritäts-Epoche das Vertrauen im Kreml wiedergewinnen. Er hat durch die generalstabsmäßig glänzend organisierte Durchführung des Kriegszustandes die Sowjetunion von einer großen Bürde, allenfalls selbst in Polen intervenieren zu müssen, befreit, durch die Abschaffung der meisten in der Solidaritäts-Epoche errungenen demokratischen Freiheiten, die Ausschaltung der Solidarität und sonstiger freier, nach demokratischen Grundsätzen aufgebauten Verbände und die weitestgehende Herstellung der inneren Ruhe sich große Verdienste in den Augen der Sowjetführung erworben. Diese war daher offensichtlich geneigt, ihm auch die Eigenheiten des innenpolitischen Kurses der polnischen Führung (intensiver Dialog mit der katholischen Kirche, kein allzu hartes Durchgreifen gegenüber der Opposition, keine allzu rigorose Handhabung der Zensur, Zulassung des Prozesses gegen die Mörder von Popiełuszko usw.) in der offenkundigen Erkenntnis nach[zu]sehen, daß in Polen eben andere Verhältnisse wie in den übrigen Ostblockstaaten herrschen und diese polnischen Eigenheiten irgendwie zu berücksichtigen sind. Die im Kommuniqué über das Gespräch zwischen Gorbatschow und Jaruzelski enthaltene Passage, daß die sowjetische Seite ihre unveränderte Solidarität beim Kampf der PVAP und der arbeitenden Bevölkerung Polens für die volle Überwindung der Krise, für die Stabilität und die Stärkung der Position des Sozialismus zum Ausdruck gebracht habe, dürfte darauf hindeuten, daß sich der innenpolitische Kurs Jaruzelskis, so wie dieser schon im letzten Jahr teilweise erkennbar war, etwas verhärten dürfte.

Die oppositionellen Kritiker Jaruzelskis haben in ihm immer schon ein Werkzeug der Sowjetunion gesehen und [werfen] sich durch das in den letzten eineinhalb Jahren unübersehbar gewordene Anziehen der innenpolitischen Zügel sowie durch die Vertrauensbeweise der Sowjetunion gegenüber Jaruzelski insbesonders vor, die Zeit relativ schwacher Kremlführungen, wozu auch schon die letzte Zeit der Breschnew-Ära zu rechnen war, nicht entsprechend dafür ausgenützt zu haben, Polen einen wesentlich größeren innenpolitischen Freiraum zu erkämpfen. Hiezu wäre Jaruzelski auf Grund seiner Verdienste um die Wiederherstellung der Ordnung und Ruhe im Land nicht nur in der Lage gewesen, sondern hätte dies unter Berücksichtigung einschlägiger historischer Erfahrungen im polnisch-sowjetischen Verhältnis vor allem auch wagen können. Es ist zum Beispiel bekannt, daß Chruschtschow seinerzeit die Wahl Gomułkas zum polnischen Parteichef vergeblich hatte verhindern wollen und das erste Zusammentreffen der beiden von schwersten Auseinandersetzungen gekennzeichnet war, weil Gomułka polnische Interessen mit größtem Nachdruck vertreten hat und die Sowjetführung darin revisionistische Tendenzen erblickte. In der Folge hätten aber Chruschtschow und nach seinem Sturz auch die übrigen Kremlpotentaten Gomułka als einen verläßlichen, aufrichtigen Kommunisten schätzen gelernt, an dessen Loyalität und Einhaltung der aus dem Warschauer Pakt sich ergebenden Verpflichtungen nicht der geringste Zweifel bestehen konnte.

Da auch an einer solchen Einstellung Jaruzelskis nicht gezweifelt werden kann, hätte dieser daher, insbesondere auch ohne im Lichte der epochalen Vorgänge der Solidaritäts-Ära, durchaus mit Erfolg versuchen können, Polen einen entsprechenden Spielraum auf innenpolitischem Gebiet zu erkämpfen. Es mag sein, daß dies nicht dem Temperament Jaruzelskis entspricht, es kann aber auch sein, wie ihm seine Kritiker vorwerfen, daß dies als Moskau-treuer Verbündeter nicht seiner innersten Überzeugung entsprochen hätte.

In diesem Zusammenhang verdient die Aufstellung eines Denkmals für die in Katyn ermordeten Tausenden polnischen Offiziere erwähnt zu werden. Es gibt schon seit langem keinen Zweifel, daß dieses scheußliche Verbrechen an der polnischen Nation durch den Geheimdienst Stalins im Jahre 1940 verübt worden ist. Die bisherigen polnischen Führungen haben sich diesem Dilemma zumindest dadurch entzogen, daß sie diesen Massenmord stets mit Schweigen übergingen und das Stichwort Katyn im offiziellen Polen tabu war (ebenso wie der Molotov-Ribbentrop-Pakt). Nunmehr wurde in aller Heimlichkeit ein Denkmal errichtet, in dem ausdrücklich die Aufschrift angebracht ist, daß die polnischen Offiziere Opfer des Nationalsozialismus geworden seien, was insofern schon ein Unsinn ist, weil im Jahre 1940 die Gestapo oder SS keine Gelegenheit gehabt hätte, in Katyn, das sich unter sowjetischer Herrschaft befand, einen Massenmord zu verüben. Auf polnischer Seite wurde zwar angesichts des innenpolitischen Sprengstoffes eines solchen Vorganges von der feierlichen Eröffnung des Denkmals abgesehen (welcher Umstand bereits für ein schlechtes Gewissen der Behörden spricht), doch hat sich in der Bevölkerung wie eine Lauffeuer herumgesprochen, daß ausgerechnet unter dem Jaruzelski-Regime auf dem Denkmal die von den Sowjets stets verbreitete Geschichtslüge, daß die polnischen Offiziere durch die Nazis ermordet worden seien, in Stein gemeißelt wurde. Zu Recht oder zu Unrecht wird dies als ein weiterer Beweis für die bedingungslose Hörigkeit Jaruzelskis gegenüber den Sowjets seitens der kritisch eingestellten Öffentlichkeit angesehen. In Wahrheit dürfte es sich wahrscheinlich wieder um eine gegen Jaruzelski gerichtete Provokation der orthodoxen Betonköpfe in der Partei gehandelt haben, die offensichtlich in der richtigen Annahme handelten, daß es sich Jaruzelski nicht leisten könne, den Auftrag zur Entfernung der inkriminierten Aufschrift zu geben.

Mit der Wiederherstellung der Ordnung und inneren Ruhe im Land, wie dies Jaruzelski in Polen geglückt ist, macht sich selbstverständlich jeder kommunistische Machthaber bei der Sowjetunion beliebt und wird als kommunistischer Führer seines Landes in den sowjetischen Augen besonders glaubhaft. Dieser Umstand trägt auch im wesentlichen Maße zum Prestige Jaruzelskis, das dieser in der Sowjetführung derzeit genießt, in starkem Maße bei, wobei die Sowjets offenbar auch bereit sind, über die Tatsache großzügig hinwegzusehen, daß sich zur Erreichung und Erhaltung dieses Zieles Jaruzelski im großen Maße des Militärapparates bedienen mußte und bedienen muß. Es war zweifellos eine Geste gegenüber dem besuchenden sowjetischen Parteichef, daß sich Jaruzelski entgegen seiner sonstigen Gepflogenheiten immer nur in Zivilkleidung präsentierte, um nicht auch noch in optischer Hinsicht (vor allem für das sowjetische Fernsehen) auf das andauernde Engagement der polnischen Militärs im öffentlichen Leben Polens hinzuweisen.

Die Aufrechterhaltung der Ruhe im Land als Hauptziel eines Regierungsprogramms ist allerdings viel zu wenig, um in den Augen der Öffentlichkeit überzeugend zu wirken. Gerade die mit der Wiederherstellung der inneren Ruhe verbundene Abschaffung der demokratischen Errungenschaften aus der Solidaritäts-Epoche hat eine geradezu unüberbrückbare Kluft zwischen Regime und Bevölkerung aufgetan, die sicherlich nicht in absehbarer Zukunft zu überwinden ist. Wie mir ein ehemaliger engster Mitarbeiter von Gomułka, der an Jaruzelskis innenpolitischem Kurs kein gutes

Haar läßt, schon des Öfteren sagte, müßte sich ein polnischer Partei- und Regierungschef wesentlich mehr an Sachpolitik einfallen lassen, um zumindest Teile der Bevölkerung von der Richtigkeit seiner Politik zu überzeugen, als die Bevölkerung und die Opposition nur mit Polizei- und Militärgewalt zur Einhaltung der Ruhe zu zwingen.

Die Abhaltung des Warschauer Pakt-Gipfels in Warschau brachte wieder einen anschaulichen Beweis für die vollkommen negative Einstellung der polnischen Bevölkerung gegenüber der versammelten kommunistischen Prominenz. Am Abend des Eintreffens aller kommunistischen Größen sah man zwar unzählige Polizisten, Militärs und Einsatzfahrzeuge, aber kaum normale Passanten und Privatautos auf den Straßen. Man hatte fast den Eindruck, daß die Bevölkerung absichtlich rasch nach Haus zu kommen trachtete, um ja nicht durch ihre zufällige Anwesenheit auf der Straße den vom Flughafen in ihre Quartiere beförderten kommunistischen Führern den Eindruck zu geben, sie seien etwa ihretwegen noch im Freien. Menschenleere Straßen, die nur von Sicherheitskräften abgesichert sind, dürften aber ohnehin das den Machthabern der kommunistischen Welt gewohnte Bild sein, die ihre Sicherheit dann am besten gewährleistet sehen, wenn sie vom Volk möglichst ferngehalten bleiben. Diesen Erwartungen kamen polnische Stellen, die, das sei ausdrücklich betont, ihren eigenen Führern entsprechend der hiesigen Übung nur einen relativ bescheidenen Sicherheitsschutz angedeihen lassen, auch dadurch entgegen, daß sie Sicherheitsmaßnahmen ergreifen, die ohne Beispiel in Polen waren und die manchmal ob ihrer Absurdität und Überflüssigkeit mitunter geradezu der Lächerlichkeit preisgegeben waren. Wenn die Warschauer Bevölkerung am Tag des Gipfeltreffens und am Tag danach bei den Besprechungen zwischen Jaruzelski und Gorbatschow von diesen Vorgängen etwas merkte, dann war dies lediglich in Form von hermetisch abgeriegelten Stadtvierteln und für den Verkehr gesperrten Straßenzügen. Ansonsten dürfte kaum ein Pole auch nur einen flüchtigen Blick auf einen der kommunistischen Potentaten geworfen haben können, was ohnehin weder von diesen noch von der Bevölkerung angestrebt wird. So hat in Warschau ein historisches Gipfeltreffen des Warschauer Paktes stattgefunden, das einer großen Sportveranstaltung mit Spitzenakteuren ohne Zuschauer ähnelte, und bei dem der publizistische Aufwand im krassesten Gegensatz zur Teilnahmslosigkeit bzw. zu den überaus negativen Kommentaren und Gefühlen der polnischen Bevölkerung stand.

Dokument 20

Entlassung eines prominenten Oppositionellen

GZ 166.03.05/6-II.3/85, Zl. 147-RES/85, ÖB Warschau (Wotava), 3. Mai 1985

Einer der prominentesten Vertreter aus der Solidaritätszeit und ein enger Berater von Lech Wałęsa, der Historiker Professor Bronisław Geremek, wurde vor wenigen Tagen von seinem Posten in der polnischen Akademie der Wissenschaft entlassen. Professor Geremek war zusammen mit einer Reihe anderer prominenter Solidaritätsrepräsentanten im letzten Jahr immer wieder in das Schußfeld des Regimes geraten, ohne daß er besonders intensive oppositionelle Aktivitäten entfaltet hätte. Allein die Tatsache, daß er seitens der offiziell in Polen weilenden westlichen Außenminister wie Andreotti und Howe zusammen mit einer Reihe anderer Oppositioneller als Gesprächspartner gefragt war, hat ihn in den Augen des Regimes als besonders suspekt und gefährlich erscheinen lassen. Seitens der Behörden wurde ihm auch angekreidet, daß er nach der Ermordung von Popiełuszko zusammen mit einer Reihe von anderen ehemaligen Solidaritäts-Funktionären in verstärktem Maße wieder in das Licht der Öffentlichkeit gerückt war.

Die Entlassung [aus] der Akademie der Wissenschaften verfügte nicht etwa der Präsident dieser Institution, sondern ein sogenannter von der Partei bestellter und die Funktion eines Politruks ausübender Administrator, der, ohne auch nur den Präsidenten der Akademie konsultieren zu müssen, in eigenmächtiger Weise personelle Maßnahmen wie die gegenständliche Entlassung ergreifen kann und im vorliegenden Fall auch ergriffen hat. Einem solchen Schicksal sind die in den staatlichen Universitäten tätigen und zum Regime in Opposition stehenden Professoren, Dozenten und Assistenten bisher weitestgehend entgangen, weil eine Entlassung von der Universität die Zustimmung des ordentlichen Professors, des Dekans und Rektors bedarf. So sind durch die in der Solidaritätsepoche geschaffene, sehr weitreichende Hochschulautonomie auf diese Weise mehrere Barrieren eingebaut, die es dem Regime bisher nicht möglich machen, ihm unliebsam gewordene Mitglieder des Lehrkörpers von den Universitäten zu entfernen. So konnte der gleichfalls sehr prominente ehemalige Sprecher der Solidarität, Dozent Onyszkiewicz, bisher von seiner Funktion an der Warschauer Universität nicht entfernt werden, weil die für seine allfällige Entlassung notwendige Zustimmung von seinem Ordinarius, dem Dekan und vermutlich auch dem neuen Rektor nicht zu erreichen wäre.

Aus diesem Grund, aber auch um die Universitäten, die nach wie vor weitestgehend ein Zentrum zumindest der kritischen Distanziertheit zum Regime darstellen, besser unter Kontrolle zu bekommen, hat das Regime einen Gesetzesentwurf in Umlauf gebracht, der die Hochschulautonomie in beträchtlichem Maße beschneiden soll […].

Die Entlassung von Prof. Geremek ist ein weiteres Indiz für ein Anziehen der innenpolitischen Zügel, das seit einem Jahr an Hand einer Reihe von Gegebenheiten erkennbar ist. Vor allem dürfte der bisher im Vergleich zu anderen Ostblockstaaten relativ weitreichende Spielraum der Opposition nunmehr eingeengt werden. […]

Dokument 21

Polnische Veranstaltungen anläßlich der 40jährigen Wiederkehr des Endes des 2. Weltkrieges

GZ 166.03.00/6-II:3/85, Zl. 162-RES/85, ÖB Warschau (Wotava), 10. Mai 1985

Die in Polen organisierten Feiern anläßlich der 40jährigen Wiederkehr des Kriegsendes standen im Zeichen der polnisch-sowjetischen Freundschaft und Waffenbrüderschaft, der Rückgewinnung der historischen polnischen Westgebiete

(„Länder der Piasten") und der Zurückweisung der in der BRD mitunter laut gewordenen „revanchistischen" und „revisionistischen" Tendenzen. Vor allem wurde in den bei diesen Veranstaltungen von polnischen Regimevertretern gehaltenen Reden, allen voran durch Ministerpräsident JARUZELSKI, der Eindruck zu erwecken versucht, als habe die Sowjetunion allein den Krieg gegen Hitler-Deutschland gewonnen und als habe es keine anderen Sieger-Nationen gegeben. So wurde, soweit der Botschaft bisher bekannt wurde, in diesen Reden, einschließlich jener, die der Staatsratsvorsitzende JABŁOŃSKI bei einem Empfang am 9.5., zu dem auch das diplomatische Corps eingeladen war, kein einziges Mal Bezug auf die übrigen gegen Hitler-Deutschland kriegführenden Nationen Bezug genommen. Im Gegensatz dazu soll der sowjetische Parteichef GORBATSCHOW bei seiner Rede am 9.5. sehr wohl die Alliierten zumindestens erwähnt haben.

Die geradezu penetrante Herausstreichung der Rolle der Sowjetunion bei der Niederwerfung Nazi-Deutschlands durch die polnischen Regimevertreter paßt ganz in das übliche Bild der gegenüber der Sowjetunion von polnischer Seite ununterbrochen vorgebrachten Lobhudeleien, die mitunter das erträgliche Maß bereits deutlich überschreiten und häufig, selbst für einen westlichen Beobachter, peinlich berühren, ganz zu schweigen von der negativen Aufnahme, die solche übertriebenen pro-sowjetischen Klänge bei der polnischen Bevölkerung üblicherweise finden.

Auf die Nichterwähnung der Alliierten und deren Rolle bei der Niederwerfung Hitler-Deutschlands angesprochen, erklärte mir der Leiter der internationalen Abteilung der PVAP, NATORF, vielleicht lasse sich diese Tatsache dadurch erklären, daß bei ähnlichen Feiern, die in westlichen Staaten stattgefunden hätten, die polnischen Militärs in den Reihen westeuropäischer Staaten wie Frankreich und Großbritannien oft ebenfalls keine Erwähnung gefunden haben.

Erwähnenswert ist auch, daß im Vokabular des polnischen Regimes und wohl auch aller übrigen Ostblockstaaten der Begriff „Nationalsozialismus" nicht existiert, sondern immer von Hitler-„Faschismus" die Rede ist. Offensichtlich soll dadurch der Begriff „Sozialismus" in Zusammenhang mit Hitler in den Ostblockstaaten, die sich doch mit so großer Vorliebe „sozialistisch" nennen, nicht verunreinigt werden.

Dokument 22
Abschwächung der westlichen Kontakte auf politischer Ebene?
GZ 166.18.00/2-II.3/85, Zl. 171-RES/85, ÖB Warschau, 24. Mai 1985

Nach der Absage des geplanten offiziellen Besuches des belgischen Außenministers Tindemans haben sich die Aussichten, daß weitere westliche Außenminister offiziell nach Polen kommen, etwas vermindert. Aufgrund der von polnischer Seite nicht akzeptierten Bedingungen, während eines offiziellen Besuches keinerlei Kontakte zu oppositionellen Kreisen zu pflegen, könnten sich einige westliche Außenminister veranlaßt sehen, einen ins Auge gefaßten Besuch in Polen wieder fallen zu lassen. So hat der dänische Außenminister, der sich ebenfalls für dieses Jahr angesagt hatte, bereits seinen Reiseplan nach Polen zurückgestellt, der spanische Außenminister soll ebenfalls einer allfälligen Visite in Polen nunmehr reserviert gegenüberstehen. Da der BRD-Außenminister Genscher vor wenigen Wochen zu einem inoffiziellen Besuch in Polen weilte, dürfte auch für ihn keine Dringlichkeit bestehen, den seinerzeit abgesagten offiziellen Besuch in Bälde nachzuholen.

Zu diesem Zögern der westlichen Außenminister, nach Polen zu kommen, trägt natürlich auch der Umstand entscheidend bei, daß das polnische Regime in den letzten Monaten im vermehrten Maße Oppositionelle, insbesonders Spitzenfunktionäre der Solidarität, verhaftet und neuerlich zu Gefängnisstrafen verurteilt hat. Auch die seit einigen Monaten zu beobachtende Verhärtung des innenpolitischen Kurses und weiter zunehmende repressive Kulturpolitik (einschließlich der vermehrten Angriffe gegen die Intelligentsia) heben nicht gerade die Reiselust der westlichen Besucher, nach Polen zu kommen.

Als ein Achtungserfolg für die polnische Außenpolitik gegenüber dem Westen kann jedoch die Tatsache gewertet werden, daß der polnische Vizeaußenminister Kucza vor wenigen Tagen zu einem offiziellen Besuch in Frankreich weilte. Es war dies seit mehreren Jahren der ranghöchste diplomatische Kontakt zwischen den beiden Ländern, deren Beziehungen seit dem Kriegsrecht einen nie zu verzeichnenden Tiefpunkt erreicht haben.

Um nicht neuerlich in eine Isolierung gegenüber den westlichen Staaten zu geraten, ist die polnische Regierung bemüht, nunmehr anstehende Gegenbesuche von Außenminister Olszowski unter Dach und Fach zu bringen. So hat das polnische Außenministerium die italienischen Stellen förmlich, wie mir von italienischer Seite mitgeteilt wurde, bedrängt, noch im Juni d.J. einem Gegenbesuch von AM Olszowski in Rom zuzustimmen.

Dieser Besuch ist für die polnische Regierung auch wegen des damit zu verbindenden Besuches von Außenminister Olszowski beim Papst von besonderer Bedeutung, da das Regime vor den Sejm-Wahlen im Oktober d.J. der polnischen Öffentlichkeit einen intakten Dialog zwischen der Regierung und dem Heiligen Stuhl vor Augen führen will.

In diesem Zusammenhang kommt der polnischen Diplomatie auch der für Juni d.J. angesetzte Gegenbesuch von AM Olszowski in Österreich sehr zu recht. Es ist auch nicht weiters verwunderlich, daß die polnische Seite größtes Interesse an einem Zustandekommen des offiziellen Besuches des Herrn Bundeskanzlers in Polen hat […].

P.S.: Als ein Erfolg für die polnische Außenpolitik muß der in aller Stille und offensichtlich erst vor kurzem anberaumte inoffizielle Besuch des italienischen Ministerpräsidenten Craxi in Warschau v. 28.5.1985 angesehen werden […].

Dokument 23
Sowjetunion; neue Akzente Gorbatschows?

GZ 225.01.04/44-II.3/85, Zl. 308-RES/85, ÖB Moskau (Liedermann), 29. Mai 1985

Wohl kaum ein politisch halbwegs interessierter Sowjetbürger würde bestreiten, daß der neue KPdSU-GS innerhalb von 2 1/2 Monaten seit seinem Amtsantritt die sowjetische politische Szene kräftig in Bewegung setzte. Gorbatschow ist in aller Munde. Er sorgte für ein, auch unter Andropow nicht gekanntes Klima der Zuversicht sowohl „unter der breiten Masse des Volkes" als auch unter der den ausländischen Beobachtern in der Sowjetunion viel leichter zugänglichen Intelligenz.

1) Atmosphäre des Optimismus

Gorbatschow verzichtete bisher auf die Verkündung neuer Heilsbotschaften. Seine Reden enthalten keine Momente, welche man nicht schon von seinen drei Amtsvorgängern – Breschnew mitgezählt – vernommen hat. […] Dennoch sieht man sich in Gesprächen mit wohlinformierten Sowjetbürgern mit dem Glauben konfrontiert, eine neue Ära sei angebrochen.

Eine neue Ära also mit altbekannten Inhalten?

Grundsätzlich wäre diese – selbstgestellte – Frage zu bejahen. Gorbatschow vermittelt seinen Untertanen – vorläufig erfolgreich – den Eindruck, nun werde auf „die Einheit von Wort und Tat als Grundlage des Erfolgs" – so übrigens betitelt die Prawda vom 18. d.M. die Berichterstattung über Gorbatschows Leningrad-Aufenthalt – Wert gelegt. Das der leeren Worte und Versprechungen müde Sowjetvolk scheint dazu zu neigen, Gorbatschow Glauben zu schenken.

Die Propagandisten des neuen Parteichefs gehen bei der Kreation dieser Atmosphäre des Optimismus bisher in der Sowjetunion nicht gekannte Wege. Gorbatschow wird – überspitzt formuliert – als TV-Star präsentiert. Mit seinen wohlgefeilten Reden, die er im Gegensatz zu seinen Vorgängern nicht langweilig vom Konzept abliest, sondern frei hält, mit dem angenehmen Timbre seiner Stimme, das nicht von Schnaufen oder Hüsteln – wie bei Breschnew und Tschernenko – überdeckt wird, zieht er das Publikum in Bann. Niemand weiß nach Gorbatschows Auftritten, was er eigentlich verkündete, die Reden werden in den Zeitungen nicht nachgedruckt. Was zählt, ist der Eindruck, den er vermittelt. Von Gorbatschow glaubt man, daß er kompetent sei, über Durchsetzungsvermögen verfüge, die wahre Situation im Lande kenne und – wie es im Russischen heißt – „an die Sache herangehen werde".

Geschickt dosierten die Propagandisten auch Gorbatschows TV-Auftritte. Nicht unter dem Druck des „news-value" stehend, sendet man seine Leningrader Ansprachen auch erst 4 Tage, nachdem sie stattfanden. Spekulationen über parteiinterne Auseinandersetzungen, welche eine zeitgerechte Ausstrahlung verhinderten, weil der „alten Garde" Gorbatschows Stil nicht behagt, stehen diese „propagandistisch orientierten" Interpretationen gegenüber.

„Hängt viel von einem Menschen ab?", beginnt die Prawda am 25. d.M. einen Leitartikel und setzt fort: „Ja, viel, wenn prinzipien- und parteitreu die gerechte Sache und unsere gemeinsamen Interessen verteidigt werden…".

Der Sowjetpropaganda gelang es binnen kurzer Zeit, unter dem Sowjetvolk viel Hoffnung zu kreieren, die aber in Zukunft auch in Erfolgszwang umschlagen kann.

Gorbatschow geht via TV „direkt zum Volk" und umgeht damit teilweise den Partei- und Regierungsapparat. Manche ho. Beobachter interpretieren dies als Versuch, mittels der „Volksmeinung" sich der noch immer weitgehend herrschenden Gerontokratie entledigen zu wollen. Ein nicht ungefährliches Unterfangen.

Die Sowjetmenschen werden den Erfolg des neuen KPdSU-GS vornehmlich an den Resultaten der Regierungsarbeit messen. In dieser Hinsicht verdienen daher derzeit in Moskau kursierende Gerüchte Aufmerksamkeit, Gorbatschow strebe nicht die Positionen des Vorsitzenden des Präsidiums des Obersten Sowjets der UdSSR an, sondern die Nachfolge Tichonows als Ministerpräsidenten (?).

2) Alkoholismuskampagne […]

Die Beschlüsse sind als Kompromiß zu bezeichnen. Einerseits mußten Schritte zur Eindämmung dieses, vor allem in ländlichen Gebieten der Sowjetunion und nicht nur Rußlands immer mehr um sich greifenden Übels gesetzt werden. Andererseits sollte der Staat trotz der negativen Auswirkungen des Alkoholismus auf die Volkswirtschaft nicht in seinen lukrativen Einkünften aus dem Verkauf von Alkoholika allzu sehr beschnitten werden. […]

3) XII. Fünfjahresplan

Laut der Aussendung vom 24. d.M. beschäftigte sich das Politbüro in seiner jüngsten Sitzung mit den Grundzügen des kommenden Fünfjahresplans. Das oberste Parteigremium verabschiedete jedoch dieses Dokument nicht, sondern beschloß dessen Vervollkommnung unter gleichzeitiger Befassung der lokalen Instanzen sowie der Unternehmungen selbst (!), wo die Vorbereitung der entsprechenden Fünfjahrespläne zu organisieren wäre.

Die zitierte Formulierung des Politbüro-Kommuniqués erscheint absichtlich vage gehalten. Sie läßt jedoch die Interpretation zu, daß die Eigenverantwortung der Unternehmen, bisher von Gorbatschow stets advoziert, bei der Plangestaltung nunmehr in die Tat umgesetzt werden könnte.

Schon […] [in einem früheren] Bericht […] wurde die Forderung des ehemaligen ersten Parteisekretärs von Swerdlowsk, Jelzin, wiedergegeben, der bei der im Dezember v.J. abgehaltenen Ideologie-Konferenz (Hauptredner: Gorbatschow) eine Plangestaltung „von unten her" und „nicht von oben herab" gefordert hatte. Jelzin wurde inzwischen in den zentralen ZK-Apparat nach Moskau geholt und steht nunmehr der ZK-Bauabteilung mit nicht näher bekannten Kompetenzen vor. Veränderungen in der Prozedur der Plangestaltung unter Jelzins Einfluß sind daher nicht auszuschließen. […]

Dokument 24
Sowjetische Siegesfeiern am 8. und 9. Mai 1985

GZ 225.03.00/15-II.3/85, Zl. 315-RES/85, ÖB Moskau (Liedermann), 31. Mai 1985

Im deutlichen Gegensatz zur Philosophie der westlichen Siegermächte, die das Gedenken an den 40. Jahrestag der Beendigung des Zweiten Weltkrieges geprägt hat – Mahnung und Versöhnung –, waren die sowjetischen Siegesfeiern nicht gegenwarts- und zukunftsorientiert, sondern vergangenheitsbezogen.

Daß die überall in der Sowjetunion veranstalteten Siegesfeiern diesmal mit viel größerer Lautstärke und wesentlich aufwendiger vor sich gingen als vor 10 Jahren, hat innen- und außenpolitische Gründe.

Zunächst war man sich hier bewußt, daß der jungen Generation die Schrecken des Zweiten Weltkrieges nur mehr vom Hörensagen bekannt sind, was es der Sowjetführung anscheinend opportun erscheinen ließ, das alte Feindbild wieder aufleben zu lassen. Die an einem höheren Lebensstandard interessierte Jugend soll von der Notwendigkeit eines Konsumverzichtes im Interesse der Stärkung der Wehrkraft des Landes überzeugt werden.

Kritisch wurde seitens der ehemaligen Alliierten der Sowjetunion vermerkt, daß ihr Beitrag zum Sieg über den Hitler-Faschismus in der Sowjetunion kaum eine Erwähnung fand. Vielmehr wurde ihnen vorgeworfen, sie hätten in der Hoffnung zu spät eingegriffen, die Sowjetunion werde sich in diesem Krieg verbluten. Immerhin hat die „Iswestija" einen offenen Brief des amerikanischen Botschafters in Moskau veröffentlicht […], in welchem dieser die Hoffnung ausspricht, eine fruchtbare Zusammenarbeit zwischen Ost und West möge sich in den kommenden Jahren wieder aufbauen lassen. […]

Die sowjetischen Medien gaben sich durchgehend weniger versöhnlich. Der westliche Imperialismus sei mit Hitler keineswegs ausgerottet worden – seine Rolle als Gegenspieler Moskaus habe Washington übernommen. Niemals wieder dürfe aber das sowjetische Volk unvorbereitet von einem Aggressor überrascht werden können. Mit diesem Argument rechtfertigt man die enormen Ausgaben für Rüstung und den nach wie vor sehr fühlbaren Mangel an Konsumgütern, von deren schlechter Qualität ganz abgesehen.

Dem „Sieg des Sozialismus" sei es zu verdanken, daß das versklavte Mittel- und Südosteuropa „befreit" wurde und daß die Entkolonialisierung einsetzen konnte. Auch das Entstehen der Blockfreien-Bewegung sei ein Verdienst der Sowjetunion.

Am 9. Mai l.J. wurde nach längerer Zeit erstmals wieder eine große Militärparade als Demonstration der Stärke abgehalten, bei welcher unter anderem erstmals die nukleare Kurzstreckenrakete SS-21 vorgeführt worden ist, die im Rahmen der „Gegenmaßnahmen" auf die NATO-Nachrüstung in der DDR und ČSSR stationiert wurde. Eröffnet wurde die Parade von hochdekorierten Veteranen und ordensübersäten Partisanen in Zivil, gefolgt von einem großen Aufgebot aller

Waffengattungen, einer Abordnung junger Soldaten in Uniformen des Zweiten Weltkrieges, legendären T-34-Panzern und Stalinorgeln. […]

Gorbatschow ließ keine Flexibilität in der sowjetischen Haltung zu den Schlüsselfragen der sowjetischen Außenpolitik erkennen, wiederholte seit langem bekannte Anschuldigungen gegenüber den USA und vermied es, Perspektiven für die Zukunft erkennen zu lassen.

Im Rahmen eines historischen Rückblicks wurde der „Monopol-Kapitalismus" beschuldigt, den Aufstieg Hitlers ermöglicht und den nazistischen Expansionsdrang Richtung Osten manipuliert zu haben. Das Münchner Abkommen bedeute ewige Schande. Mit einigen Worten hat Gorbatschow die „materielle Hilfe" gewürdigt, welche der UdSSR seitens der westlichen Alliierten im Krieg zuteilwurde. Immerhin findet sich darin das Zugeständnis, daß die Eröffnung einer zweiten Front in Europa – obwohl zu spät – ein substantieller Beitrag im gemeinsamen Kampf war.

Heftig kritisierte Gorbatschow den wachsenden „west-deutschen Revanchismus", in welchem die amerikanische Führung so tief verstrickt sei.

Wehmütig gedachte er der Entspannungspolitik der 70er Jahre, die es zu restaurieren gelte.

Mit keinem Wort ging Gorbatschow auf die am gleichen Tage gehaltene Straßburger Rede Reagans ein, welche Moskau auf diplomatischem Wege schon früher zur Kenntnis gebracht wurde.

Entgegen anderslautenden Vermutungen, die davon ausgingen, daß im Rahmen der Siegesfeiern die Persönlichkeit Stalins entsprechend gewürdigt werden müsse, ist dies hier kaum zu beobachten gewesen, wenn auch der offiziell mit Ehren überhäufte Film „Pobjeda" (Sieg) Stalin die Hauptrolle zugewiesen hat, in der er als weiser Politiker und leutseliger Mensch charakterisiert wird, der Truman und Churchill in Potsdam haushoch überlegen war. Als Gorbatschow in einem wertfreien Satz Stalin als damaligen Generalsekretär des ZK der KPdSU und Vorsitzenden des Verteidigungsrates erwähnte, setzte ein Applaus ein, der Gorbatschow beinahe zu einer Unterbrechung seiner Ausführungen zwang. Eine breit angelegte Verherrlichung der Persönlichkeit Stalins war im Rahmen der Siegesfeiern jedoch nicht zu beobachten. […]

Dokument 25
Polnische Empfindlichkeiten gegenüber Einladung der Oppositionellen durch hiesige Botschaften

GZ 166.03.00/11-II.3/85, Zl. 199-RES/85, ÖB Warschau (Wotava), 4. Juni 1985

Wie sensibel die polnischen Regierungsstellen auf Einladungen bzw. Kontakte mit hiesigen Oppositionellen seit einigen Monaten reagieren, konnte neuerlich beim Empfang des italienischen Botschafters v. 3.6. anläßlich des italienischen Nationalfeiertages beobachtet werden. Die italienische Botschaft hatte das polnische Außenministerium vorher davon in Kenntnis gesetzt, daß sie zum gegenständlichen

Empfang auch einige Oppositionelle, die traditionellerweise hiezu in den vergangenen Jahren eingeladen worden waren, auch dieses Mal einladen werde. Aufgrund dieser Information war die polnische Regierung zunächst nur durch VAM Kucza und Regierungssprecher Urban vertreten, die allerdings nahezu fluchtartig den Empfang verließen, als sie des ersten Oppositionellen ansichtig wurden.

Ein Novum ergab sich im hiesigen diplomatischen Leben beim italienischen Empfang insofern, als auch die Missionschefs der Ostblockstaaten angesichts der eingeladenen Oppositionellen zum ersten Mal einen demonstrativen Exodus, offensichtlich in Solidarität zu den polnischen Regierungsstellen, vollzogen.

Die Reaktion der polnischen Stellen in diesem Falle ist umso bemerkenswerter, als Italien unter den NATO-Staaten, von Griechenland abgesehen, in Polen eine gewisse privilegierte Position einnimmt, weil mit Andreotti immerhin der erste NATO-Außenminister zu einem offiziellen Besuch und erst vor wenigen Tagen Ministerpräsident Craxi zu einem inoffiziellen Besuch nach Polen gekommen waren. Zudem wird auch AM Olszowski in der zweiten Junihälfte zu einem offiziellen Gegenbesuch in Rom erwartet. Die kompromisslose Haltung der polnischen Regierungsstellen auch im Fall Italiens beweist, daß sie unter keinen Umständen mehr „Parallelkontakte" zu den offiziellen Stellen und zur Opposition im Rahmen von offiziellen Einladungen und Besuchen dulden.

In diesem Zusammenhang verdient auch die Tatsache hervorgehoben zu werden, daß der niederländische Botschafter nach seinem Empfang anläßlich des Geburtstages der Königin in das Außenministerium zitiert wurde, wo ihm Vorhaltungen gemacht wurden, daß er mit Regierungsvertretern gleichzeitig auch Oppositionelle zu diesem Anlaß eingeladen habe. Er wurde „verwarnt", daß bei Fortsetzung dieser Praxis bei offiziellen Einladungen alle Regierungsvertreter in Hinkunft boykottiert würden.

Dokument 26

Unterredung mit dem Oppositionellen Tadeusz MAZOWIECKI

GZ 266.03.05/8-II.3/85, Zl. 203-Res/85, ÖB Warschau (Wotava), 7. Juni 1985

Am 5.6.1985 traf ich bei einer gesellschaftlichen Veranstaltung mit Tadeusz MAZOWIECKI, ehemaliger Herausgeber der katholischen Wochenzeitschrift „Więź", ehemaliger Abgeordneter und einer jener Oppositionellen zu einer der Unterredungen zusammen, die derzeit für das polnische Regime stets ein Stein des Anstoßes bilden und die nicht nur zum Nichterscheinen oder zum Exodus von Regierungsmitgliedern von diplomatischen Empfängen führen, sondern auch die Absage von offiziellen Besuchen von westeuropäischen Außenministern (Belgien, Dänemark und Irland) auslösten.

Herr Mazowiecki sagte mir, er verstehe die Hysterie der polnischen Regierung wegen einiger (noch in Freiheit befindlicher) Oppositioneller nicht, denn weder er noch der (vor kurzem von der Akademie der Wissenschaften fristlos entlassene) Prof. Geremek oder Universitätsdozent Dr. Onyszkiewicz (ehemaliger Pressesprecher der

Solidarität) hätten sich in letzter Zeit anders verhalten als seit ihrer Enthaftung vor ca. zwei Jahren. Er könne sogar sagen, daß sie sich in letzter Zeit mehr zurückgehalten hätten als sonst. Es sei seiner Meinung nach schlicht unverantwortlich, wenn die polnische Regierung wegen des Wunsches westlicher Außenminister, mit Oppositionellen im Rahmen eines Empfanges kurz zusammenzukommen, deren geplante offizielle Besuche in Polen platzen ließe und sich dadurch um die Chance eines Ausbaus der Beziehungen zwischen Polen und diesen Staaten brachte. Offensichtlich sei es jedoch, setzte Mazowiecki ironisch fort, der polnischen Regierung wichtiger, die Beziehungen zu für Polen so „wichtigen" Staaten wie Afghanistan, Nicaragua, Mongolei, Vietnam und Kuba weiter auszubauen, als die traditionellen Beziehungen zu Westeuropa zu pflegen. Auch das Verhalten der Regierungsmitglieder, jeweils die Nationalfeiertages-Empfänge der Botschaften demonstrativ zu verlassen, grenze ans Lächerliche und setze die polnische Regierung dem Gespött der westlichen Welt aus.

Die Linie des Jaruzelski-Regimes sei ihm überhaupt rätselhaft, weil sich dieses fast krampfhaft zu bemühen scheine, mit allen wesentlichen gesellschaftstragenden Schichten in Polen in Unfrieden zu leben. Wen wundere es daher, daß sich Jaruzelski auf niemand in der Gesellschaft stützen könne? Nach dem Verbot der Solidarität, das von der überwältigenden Mehrheit der polnischen Bevölkerung verurteilt werde, habe das Regime in letzter Zeit gegen die Kirche, gegen die Intelligentsia, gegen die Hochschulen und die Künstler wie wild ausgeschlagen und diese noch mehr vergrämt, als sie es ohnehin schon gewesen seien. Auch der gegen führende Solidaritätsfunktionäre gerade in Gang befindliche skandalöse Prozeß in Danzig werfe ein bezeichnendes Licht auf das Regime, das es allerdings bisher nicht gewagt habe, Wałęsa ebenfalls zu verhaften und vor Gericht zu stellen.

Er vermöge nicht zu beurteilen, ob diese Verhärtung der innenpolitischen Situation auf sowjetischen Einfluß zurückzuführen oder, was auch sein könne, eine „Eigenproduktion" des Jaruzelski-Regimes sei.

Abschließend erwähnte Herr Mazowiecki, daß er eine Einladung von Vizebürgermeister Dr. Busek zu einem Besuch in Wien habe, der er vielleicht in einigen Monaten nachzukommen beabsichtige. Er halte es allerdings für sehr fraglich, daß ihm die polnischen Stellen angesichts der gegen die Opposition und auch ihn persönlich entfachten Hetzkampagne einen Paß geben werden. [...]

Dokument 27

KPdSU; Romanow; Absteiger? Ligatschow: Aufsteiger?

GZ 225.03.00/16-II.3/85, Zl. 320-RES/85, ÖB Moskau (Liedermann), 12. Juni 1985

Kaum drei Monate ist Gorbatschow im Amt und schon gelang es, seinen angeblichen Hauptrivalen um die Position des KPdSU-GS – nach Tschernenkos Tod –, den ZK-Sekretär und ehemaligen Parteichef Leningrads, Romanow, in den Geruch entscheidenden Machtverlustes geraten zu lassen. Seit April glänzt Romanow auf der sowjetischen politischen Bühne durch Abwesenheit. Nahm man zuerst an, er befinde sich auf Urlaub, so zwingt sein Nichtauftreten bei der Sitzung der obersten sowjetischen Partei – und Wirtschaftsführer über Fragen des wissenschaftlich-technischen Fortschritts am 11. und 12. d.M. zur Annahme, daß Romanows Stern an Glanz verloren hat.

Lediglich das Anführen seines Namens unter den „trauernden Hinterbliebenen" in in letzter Zeit nicht häufigen Nekrologen läßt darauf schließen, daß er nicht ganz in Versenkung geriet. Seine Unterschrift unter den Nachruf auf den im Mai verstorbenen bekannten Flugzeugkonstrukteur Mikulin darf dahin gedeutet werden, daß Romanow weiterhin für Militär- und Sicherheitsfragen verantwortlich ist. Seine Abwesenheit bei der oz. Sitzung über Wissenschaft und Technik wiegt aber in Anbetracht dieser Zuständigkeit umso schwerer.

Romanows Fehlen machte sich bereits während Gorbatschows Leningrad-Reise bemerkbar, als er den neuen Parteichef nicht in sein ehemaliges „Herrschaftsgebiet" begleitete. Während der Besuche Husáks und Schiwkows in Moskau (30./31.5. bzw. 9./10.6) befand sich Romanow nicht unter den KPdSU-Führungsmitgliedern, welche an den feierlichen Unterzeichnungen der langfristigen Programme zwischen der Sowjetunion und der ČSSR bzw. Bulgarien teilnahmen […].

Moskaus Gerüchtebörse will nun wissen, Romanow befinde sich auf einer Entziehungskur. So verlautet, daß sich die ungarische Parteiführung in Moskau über Romanows Alkoholexzesse während des jüngsten USAP-Parteitages […] beschwert haben soll. […]

Laut Darstellung des sowjetischen Regimekritikers Roi Medwedjew soll Gorbatschow in einer seiner zahlreichen nicht veröffentlichten Ansprachen in Leningrad verkündet haben, es werde die Zeit aufhören, daß sich sowjetische Parteiführer schlimmer aufführen als die Zaren. Romanow hat mit der letzten Zarenfamilie nicht nur den Familiennamen gemeinsam. Er benützte auch deren, nunmehr in der Eremitage befindliche, Porzellangeschirr während der pompösen Hochzeit seiner Tochter, im Zuge derer es auch getreu den altrussischen Sitten stilgerecht zerschlagen wurde. […]

Jegor Kusmitsch Ligatschow (64), im April d.J. gemeinsam mit Ryschkow direkt zum Politbüro-Mitglied aufgestiegen […], gilt – im Gegensatz zu Romanow – als der „winner" der bisherigen Gorbatschow-Regierungszeit. Verschiedene Anzeichen deuten darauf hin, daß er nunmehr für Ideologiefragen zuständig ist, traditionell die „Nr. 2-Position" in der Parteihierarchie. Von seiner direkten Verantwortung für die Agenden der Organisationsabteilung des ZKs wurde er durch die Bestellung des ehemaligen ersten Sekretärs der Gebietskomitees von Krasnodar, Rasumowski, zu deren neuen Leiter befreit. Ligatschow kann sich damit auf andere Themen (Ideologie?) in seiner Tätigkeit konzentrieren. Bei der oz. Sitzung über Wissenschaftsfragen saß er rechts von Gorbatschow und erteilte seinem Parteichef das Wort. […]

Dokument 28

Unterredung zwischen dem Herrn Bundespräsidenten und dem polnischen Außenminister Olszowski vom 13.6. anläßlich dessen offiziellen Besuches in Österreich

GZ 166.18.02/34-II.3/85, Zl. 211-RES/85, ÖB Warschau (Wotava), 17. Juni 1985

Außenminister Olszowski überbringt dem Herrn Bundespräsidenten die Grüße des polnischen Staatsratsvorsitzenden Jabłoński und informiert den Herrn Bundespräsidenten über den Verlauf seines Besuches in Österreich. AM Olszowski mißt seinem Besuch durch die Fortsetzung des politischen Dialogs auf Außenministerebene, der mit dem offiziellen Besuch des Herrn Bundesministers in Polen im Oktober 1984 wieder aufgenommen worden sei, und seinen Unterredungen mit dem Herrn Bundeskanzler und dem Herrn Bundespräsidenten große Bedeutung bei. Dieser politische Dialog sei angesichts der bedrohlichen internationalen Situation von besonderer Wichtigkeit. AM Olszowski beurteilt die Genfer Abrüstungsgespräche pessimistisch und kommt ebenso wie bei seinen Unterredungen mit dem Herrn Bundeskanzler und dem Herrn Bundesminister auf die Bedrohung der internationalen Situation durch die SDI der USA ausführlich zu sprechen. Es sei bei der SDI schwer festzustellen, wo das friedliche Programm aufhöre und das militärische beginne. Trotzdem sollten kleinere Staaten wie Österreich und Polen keinen fatalistischen Standpunkt einnehmen, sondern durch die Entfaltung geeigneter Initiativen zum Abbau der Spannungen beitragen. Diesbezügliche Aktivitäten könnten bei den bevorstehenden Treffen anläßlich der 10-jährigen Wiederkehr der Unterzeichnung der Helsinki-Schlußakte in Helsinki und bei der 40-jährigen Jubiläumsfeier in New York entfaltet werden. […]

Staaten wie Polen und Österreich müßten für die Supermächte bei ihrem Trapezakt auf dem Seil ein Schutznetz errichten. Die diesbezüglichen Aktivitäten sollten nicht überschätzt, aber auch nicht unterschätzt werden. Was wir zum Abbau der Spannungen unternehmen, sei auf der internationalen Bühne sicherlich nicht gleichgültig.

Auf die Situation in Polen übergehend erklärt der Herr Bundespräsident, daß sich die Haltung der westlichen Staaten gegenüber Polen geändert habe. Polen sei eine Art Kriegsschauplatz in der Auseinandersetzung zwischen West und Ost, wobei jedoch zum Teil Polen selbst zu dieser Situation beigetragen habe; zum Teil seien jedoch zweifellos Faktoren im Spiel gewesen, die außerhalb Polens zu suchen seien. Der Herr Bundespräsident drückt sodann den Wunsch nach einer Wiederherstellung der innen- und außenpolitischen Normalisierung Polens aus, die jedoch noch einige Zeit in Anspruch nehmen werde. Die gegenseitigen Besuche von Außenminister Olszowski in Österreich und des Herrn Bundesministers in Polen seien politische Demonstrationen, die über die bilaterale Bedeutung hinausgehen. Es sei wünschenswert, daß Polen seine frühere politische und wirtschaftliche Bedeutung wiedergewinne, wovon auch Österreich Nutzen ziehen würde. Es habe sich erwiesen, daß in Phasen der Stabilität und Détente der Wirkungsgrad der österreichischen

Neutralität am größten sei, und nicht, wie am Beginn der österreichischen Neutralität angenommen worden sei, dann, wenn es beinahe zu einem Krisenfall komme.

Die These, daß die kommunistischen Regime durch wirtschaftliche Pressionen und militärischen Druck verhindert oder beeinträchtigt werden könnten, habe sich als falsch erwiesen. Es sei vielmehr eine Auseinandersetzung der Ideen vonnöten, wie dies dem Grundsatz der friedlichen Koexistenz entspreche.

Er habe seine besondere Wertschätzung für Polen und die im Zuge der Geschichte erduldeten Leiden seines Volkes seinerzeit dadurch zum Ausdruck gebracht, daß er nach der Schweiz seinen zweiten offiziellen Auslandsbesuch als Außenminister und seinen ersten offiziellen Besuch als Bundespräsident in Polen absolviert habe.

Außenminister Olszowski gibt zu, daß Polen selbst die Hauptschuld an seiner Krise treffe. Unter dem früheren Parteisekretär Gierek habe Polen eine große Öffnung gegenüber dem Westen vollzogen und er habe selbst daran mitgewirkt, was ihm damals den Ruf eines Liberalen eingetragen habe. Es sei ihm jedoch mit der Zeit, insbesondere angesichts der sich abzeichnenden Rezession im Westen, klar geworden, daß Polen zu große westliche Kredite aufgenommen habe. Er sei daher für eine Einschränkung der Westkredite eingetreten, was ihn in einen Auffassungsgegensatz zu Gierek gebracht habe. Die Wirtschaftsexperten hätten sich seiner Olszowskis-Meinung nicht angeschlossen. Als die wirtschaftlichen Zügel dann angezogen hätten werden müssen, habe dies zu negativen Reaktionen und zur einer schweren Krise in Polen geführt. Er sei in die DDR als Botschafter abgeschoben worden. Nach seiner Rückkehr nach Polen habe er zwar den gleichen Standpunkt eingenommen, was ihm dann allerdings den Ruf, ein Dogmatiker zu sein, eingetragen habe.

Die Verhängung des Kriegsrechtes sei die einzige Möglichkeit gewesen, mit eigenen Mitteln eine Katastrophe abzuwenden. Im Westen hätten viele geradezu sehnsüchtig eine sowjetische Intervention erwartet. Die derzeit in der Regierung befindlichen Politiker hätten mit ihrer eingeschlagenen Politik die Schuld der früheren Politiker, die zur schweren Krise in seinem Land geführt hätte, ausgelöscht. In Österreich habe man das polnische Drama, zwischen einem größeren und kleineren Übel zu wählen, wohl verstanden.

Der Herr Bundespräsident erklärt, daß Österreich die von polnischer Seite zur Abwendung der Katastrophe ergriffenen Maßnahmen als das kleinere Übel angesehen habe. Man müsse sich die Frage vorlegen, was alles hätte passieren können, wenn ein anderer Weg gewählt worden wäre. Die öffentliche Meinung in Österreich und andere Regierungen hätten dies vielleicht nicht immer ebenso gesehen. In Österreich seien jedoch die Vorgänge in Ungarn von 1956 und in der ČSSR von 1968 noch in lebhafter Erinnerung; es habe kein Interesse, daß sich solche Ereignisse in seiner unmittelbaren Nachbarschaft wiederholten.

Abschließend bittet der Herr Bundespräsident, Staatsratsvorsitzenden Jabłoński und seiner Gattin seine und seiner Frau beste Grüße zu übermitteln. […]

Dokument 29

Besuch des Ministers für Auswärtige Angelegenheiten der VR Polen, beim HBM am 12.6.1985

GZ 166.18.02/32-II.3/85, BMAA Wien, 18. Juni 1985

Résuméprotokoll

[…] Bei der Erörterung der internationalen Lage kam AM OLSZOWSKI zunächst auf den sowjetisch-amerikanischen Dialog zu sprechen. In der letzten Zeit sei die Spannung auf der internationalen Eben angestiegen. Die Genfer Gespräche, die Polen nach der gemeinsamen amerikanisch-sowjetischen Erklärung vom 8. Jänner d.J. mit großem Optimismus verfolgt habe, würden ständig an Bedeutung gewinnen. Der Optimismus sei jedoch bereits in der ersten Verhandlungsrunde gedämpft worden. Polen befürchte, daß es in der nächsten Zeit zu keiner ernsthaften Einigung kommen werde. Es sehe so aus, als ob die Amerikaner weiterhin bestrebt wären, ein Übergewicht gegenüber der Sowjetunion zu erreichen. Dies hätte weitere Spannungen zur Folge. Ein besonders schwieriges Problem sei die Militarisierung des Weltalls. Polnischerseits habe man den Eindruck, daß das amerikanische SDI-Programm in der internationalen Politik ständig mehr Bedeutung erlange. Wenn SDI auch im Augenblick noch keine direkte Bedrohung darstelle, so doch in naher Zukunft. Die Beziehung der einzelnen Staaten zu SDI sei sehr unterschiedlich gewesen. Am Anfang habe kein besonderes Interesse daran bestanden. Im Hinblick auf die große Anzahl von Forschungsprojekten sei jedoch das Interesse an SDI enorm gestiegen. Wie Gespräche in der letzten Zeit gezeigt hätten, gehe der Westen in sehr verschiedenartiger Weise an das Problem heran. Die Franzosen arbeiteten an „EUREKA", einem Konkurrenzprogramm, das sich auf die wissenschaftliche Forschung beschränke. Die BRD scheine das SDI-Programm zu unterstützen, wobei man jedoch in Polen den Eindruck habe, daß Westdeutschland größeres Interesse an der wissenschaftlichen Forschung dieses Programmes habe als an der mit SDI verknüpften Militarisierung des Weltraumes. Die Japaner unterstützten im Grunde dieses Programm, wenn sie sich auch die Beobachtung vorbehalten haben, ob SDI hauptsächlich wissenschaftlichen Zwecken und einer Liquidierung der Atomwaffen diene oder ob es sich um ein neues Rüstungsproduktionsprogramm handle. Auf internationaler Ebene bestehe keine Klarheit darüber, welche Haltung man gegenüber dem SDI-Programm einnehmen sollte. Es stelle sich bei SDI die Frage, ob sie nicht eine neue aggressive Doktrin darstelle. Es sei äußerst zweifelhaft anzunehmen, daß SDI die Kernwaffen eliminieren werde, denn bei Einführung dieses Programmes sei die Sowjetunion gezwungen, die Anzahl der eigenen Atomwaffen zu vergrößern. Es stelle sich auch die Frage, ob ein technologischer Fortschritt gewollt werde oder ein qualitativ neues Programm im Rüstungswettlauf, das zu großen Ausgaben auf beiden Seiten führen werde. Für Japan sei es schwierig abzugrenzen, wie weit der wissenschaftliche Teil reiche und wie weit der militärische. Polnischerseits habe man den Eindruck, daß SDI die Abschreckungsdoktrin liquidiere, die derzeit noch zur Erhaltung des Friedens in der Welt beitrage. SDI sei auch mit dem ABM-Vertrag von 1972 nicht vereinbar. Die Sowjetunion habe ein Moratorium bei der

Raketenaufstellung vorgeschlagen. Die Chance sei jedoch von den USA nicht genützt worden. Zusammenfassend drückte AM OLSZOWSKI seine Sorge darüber aus, daß die Welt an der Schwelle einer neuen Phase des Rüstungswettlaufes stehe. Es stelle sich die Frage, was man tun könne, um diese Entwicklung zu stoppen. Der Weg dazu führe über Genf und eventuell über direkte Gespräche zwischen GORBATSCHOW und REAGAN, was aber derzeit nicht sehr wahrscheinlich sei. Weiters bestehe in Polen Sorge über die Destabilisierung Europas im Zusammenhang mit Versuchen, die Beschlüsse von Jalta zu untergraben. Vor allem der Charakter der Feierlichkeiten zum 40. Jahrestag [des Sieges] über den Faschismus ebenso wie der Besuch Präsident REAGANs auf dem Bitburger Friedhof gebe Anlass zur Beunruhigung. Große Bedeutung sei den österreichischen Initiativen beigemessen worden. Die Feiern zum 30. Jahrestag der Unterzeichnung des Staatsvertrages hätten die große politische Rolle Wiens zum Ausdruck gebracht. Gelegenheit zu Gesprächen gebe es auch in Stockholm. Eine Beseitigung der Konfrontationselemente beim Treffen der Menschenrechtsexperten in Ottawa ebenso wie ein konstruktiver Verlauf des KSZE-Kulturforums in Budapest würden sich positiv auf die internationale Lage auswirken. In Genf dränge Polen auf eine Eliminierung der chemischen Waffen. Große Bedeutung komme auch dem 10. Jahrestag der Unterzeichnung der Schlussakte von Helsinki zu. Die anlässlich dieses Ereignisses stattfindenden Feierlichkeiten sollten zu einem Forum für neue Vorschläge werden und nicht zu neuer Konfrontation führen. Bei den Feiern anlässlich des 40-jährigen Bestandes der UNO denke man an die Möglichkeit einer Teilnahme von General JARUZELSKI. Über seine Teilnahme und gegebenenfalls über den Zeitpunkt seiner Anwesenheit sei jedoch noch keine Entscheidung gefallen.

In der Folge erläuterte AM OLSZOWSKI die bilateralen Beziehungen Polens zu den einzelnen Staaten. Dem Besuch des HBM in Warschau sei eine Reihe weiterer politischer Kontakte mit Großbritannien, Finnland und Italien gefolgt. Demnächst werde auch der spanische AM kommen. Die Politik einer Isolation Polens gehöre immer mehr der Vergangenheit an. Gegenüber der BRD seien zwei Erscheinungen bemerkbar. Einerseits bestünden Schwierigkeiten im Zusammenhang mit Revanchismustendenzen, andererseits machen sich aber auch positive Tatsachen bemerkbar: das Treffen JARUZELSKI-KOHL in Moskau, der Arbeitsbesuch von AM GENSCHER in Warschau und das Zusammentreffen zwischen dem polnischen Außenminister und Ministerpräsident SPÄTH von Baden-Württemberg. Es bestehe die Absicht, gegen Ende d.J. die deutschen Politiker BRANDT und SCHEEL nach Polen einzuladen, da sie den Vertrag vom 7. Dezember 1970 mitunterschrieben hätten. Man bemerke immer mehr Realismus in der BRD, was sich in Äußerungen von GENSCHER, KOHL und WEIZSÄCKER zeige. In den Beziehungen Polen-USA haben man den toten Punkt noch nicht überwunden, obwohl es auch hiefür bereits Anzeichen gebe, die jedoch noch zu gering seien, um von einer Normalisierung sprechen zu können. Polen dränge auf eine Abschaffung der Wirtschaftsrestriktionen, auch wenn man verstehe, daß dies nur langsam erfolgen könne. […]

Zu den Verhandlungen zwischen der Sowjetunion und den USA führte der HBM aus, daß die Erklärung vom 8. Jänner d.J. in Genf nach ihrer Formulierung eine

Verpflichtung für beide Seiten enthalte, auf allen Gebieten eine Einigung zu erzielen. Es handle sich hiebei um mehr als einen bloßen Themenkatalog. Österreich sei der Ansicht, daß zwar beide Seiten eine Einigung anstrebten, daß aber das gegenseitige Mißtrauen eine solche ungeheuer erschwere. Österreichischerseits sehe man ein Problem darin, daß man in Genf zu früh in detaillierte Expertengespräche einsteige und beginne, Raketen zu zählen, bevor man sich über den politischen Willen geeinigt habe. Österreich sei immer gegen eine Weltraumrüstung gewesen und sei froh, daß dieses Thema in Genf behandelt werde. SDI zeige, wie etwas, das ursprünglich nicht als Hauptpunkt gedacht war, plötzlich in den Mittelpunkt gerückt wird. SDI habe mit der Erwähnung auf einer halben Seite in einer langen Rede von Präsident Reagan begonnen. Bei SDI gehe es mehr um die Aushandlung der politischen Absicht als um den detaillierten Inhalt. SDI habe mehrere Zielrichtungen. Dies erkläre auch die Haltung der übrigen westlichen Staaten, die sich nicht von der wissenschaftlichen Forschung abkoppeln wollten. Österreich habe die französische „Eureka" -Initiative sehr positiv beurteilt, denn dadurch sei es möglich, an einem Forschungsprogramm ohne militärische Komponente teilzunehmen. Österreich hoffe, daß die Frage der Militarisierung des Weltraumes in Genf zu einer Einigung geführt werde, da es ansonsten zu einer riesigen Steigerung der Rüstungsausgaben auf beiden Seiten kommen werde. Auch Österreich wolle nicht von der europäischen Forschung abgekoppelt werden. Gerade der Bereich der nichtmilitärischen wissenschaftlichen Forschung wäre ein Bereich, in dem man beweisen könnte, daß eine gemeinsame Forschung zwischen Ost und West möglich sein und somit zu einer Verringerung des Mißtrauens beitragen könnte.

Was die Infragestellung der Nachkriegsordnung in Europa betreffe, sei Österreich der Überzeugung, daß der deutsche Bundespräsident WEIZSÄCKER die Meinung der Regierung und der Mehrheit der deutschen Bevölkerung ausgedrückt habe und nicht nur aus seiner Funktion heraus gesprochen habe. Außenminister GENSCHER habe in einer vertraulichen Sitzung des Europarates Ende Jänner d.J. eine leidenschaftliche Rede für Polen gehalten. Das Bekenntnis zur bestehenden Ordnung in Europa sei in allen europäischen Staaten vorhanden. Gegenläufige Tendenzen solle man nicht überbewerten.

Auf den KSZE-Prozeß eingehend drückte der HBM das Bedauern über die nicht sehr positive Resonanz auf den finnischen Vorschlag, sich wenigstens auf zwei bis drei gemeinsame Sätze zum Abschluss der Feierlichkeiten des 10. Jahrestages der Unterzeichnung der Schlussakte von Helsinki zu einigen, aus. Es gehe nicht um ein neues Schlussdokument, und Österreich sei der Ansicht, daß es günstig wäre, wenn ein grundsätzliches Bekenntnis zur weiteren Zusammenarbeit in Europa zum Ausdruck gebracht würde und hoffe, daß dies zumindest in den Reden enthalten sein werde. Das Menschenrechtsexpertentreffen in Ottawa und die Vorbereitungskonferenz für das KSZE-Kulturforum in Budapest wären zwar gut, aber man dürfe wegen Detailfragen die politische Zielsetzung nicht außer Acht lassen. Die N+N-Staaten würden im Herbst d.J. den Entwurf für ein Schlussdokument für Stockholm vorlegen. Man habe in Stockholm das Gefühl, daß alle Seiten zu einem Ergebnis kommen wollten. Außerdem hoffe man, daß in Ottawa eine Einigung über ein gemeinsames Schlussdokument erzielt werden kann. Budapest sei besonders wichtig, da die dortigen Verhandlungen in Wirklichkeit über den KSZE-Prozeß hinausgingen. Seitens der EG bestehe die von Österreich nicht sehr geschätzte Tendenz, als Repräsentant der europäischen Kultur aufzutreten. Österreich wende sich gegen eine EG-, EFTA- oder WP-Kultur. Positive Ergebnisse in Budapest sollten dazu beitragen, eine solche Aufspaltung zu vermeiden. Bei der kommenden Konferenz in Wien solle man den Bereich der Kooperation nicht außer Acht lassen, denn Expertengespräche hätten in diesem Bereich in der Zwischenzeit nicht stattgefunden. Im Gesamtzusammenhang gesehen, seien die österreichisch-polnischen Beziehungen als beispielhaft zu werten. Besonders der politische Wille zur Fortsetzung der Kooperation sei wichtig. An der Feierlichkeit anlässlich des 40. Jahrestages des Bestandes der UNO wird der Herr Bundeskanzler teilnehmen. Auch Präsident Reagan plane eine Teilnahme an diesen Feiern.

Österreich sei froh, daß die Isolationstendenz gegenüber Polen zurückgehe. Diese Auffassung sei auch durch die jüngsten Gespräche mit den Außenministern in Wien zum Ausdruck gekommen. […]

AM OLSZOWSKI nahm die Ausführungen mit großem Interesse zur Kenntnis. Beim KSZE-Treffen in Helsinki hätte Polen nichts gegen ein kurzes meritorisches Kommuniqué einzuwenden, in dem die Bereitschaft zur Fortsetzung des KSZE-Prozesses dargelegt würde.

Der HBM erwiderte, daß die Außenminister SHULTZ und GROMYKO in Wien skeptisch gegenüber der finnischen Initiative gewesen seien.

AM OLSZOWSKI sprach eine Einladung an den HBM zu einem Gegenbesuch in Polen aus. […]

Dokument 30
Außenpolitische Erklärung AM Chňoupeks vor dem ZK der KPČ

GZ 35.02.02/2-II.3/85, Zl.160-RES /85, ÖB Prag, 1. Juli 1985

[…] Die Erklärung ist als Sprachregelung für die Funktionäre der KPČ aufzufassen und ist daher eine für propagandistische Zwecke bearbeitete Analyse der internationalen Lage.

1) Bemerkenswert ist, daß Chňoupek die Situation als relativ entspannt darstellt. Die Kriegsgefahr, die noch vor zwei oder drei Jahren im Vordergrund der Diskussion stand, sei in den Hintergrund getreten. Allerdings sei kein Ost-Westproblem gelöst und „der Revanchismus präsentiere seine Ansprüche mit steigender Arroganz".

2) Die Pershing-Stationierung in Europa wird als westlicher Misserfolg dargestellt; die Gegenmaßnahmen der UdSSR und ihrer Verbündeten hätten klar gezeigt, daß die Warschauer-Pakt-Staaten der NATO nicht gestatten werden, ein militärisches Übergewicht zu erreichen. Die Friedens- und Antiraketenbewegung sei ein wichtiger politischer und gesellschaftlicher Faktor in den Staaten Westeuropas geworden. Der Westen stehe daher jetzt positiver zur Entspannung und der KSZE, wie dies zuletzt

auch in den Beschlüssen des NATO-Paktes von Lissabon zum Ausdruck kam. Auch der Umstand, daß die Genfer Verhandlungen zwischen den USA und der UdSSR beginnen konnten, wird in diesem Sinne erklärt.

3) Als Erfolg der ČSSR wird die Intensivierung der Besuchsdiplomatie mit dem Westen gewertet, insbesondere weil die NATO-Staaten sogar noch vor zwei Jahren eine neue Runde der internationalen Isolierung der ČSSR einleiten wollten. Besonders hervorgehoben werden Besuche der AM Großbritanniens, Frankreichs und Schwedens, die zum ersten Mal nach 20 Jahren in die ČSSR kamen.

Die Erklärung schließt mit der Versicherung, daß die ČSSR ihre Sicherheit in der wachsenden Stärke der UdSSR und in der Festigung der Einheit des WP finde.

4) Insgesamt handelt es sich um eine maßvolle Erklärung, allerdings mit beträchtlichen Verzeichnungen der Realität. Der Misserfolg des Ostens in der Frage der Raketenstationierung in Europa wird in einen Erfolg umgedeutet. Die zweifellos vorhandenen Erfolge der ČSSR in der Besuchsdiplomatie mit dem Westen werden stark herausgestrichen. Aber auch hier werden die Realitäten deformiert. So wird die Behauptung aufgestellt, noch vor zwei Jahren wäre eine neue Runde in den Isolierungsbemühungen geplant worden, was kaum durch Tatsachen zu belegen ist. Andererseits wird das Faktum des intensivierten Besuchsaustausches so dargeboten, daß auch auf entsprechende substantielle Änderungen im Verhältnis der ČSSR zu den genannten westlichen Staaten geschlossen werden könnte, was zumindest in größerem Ausmaß nicht der Fall ist.

Positiv erscheint jedenfalls das Bekenntnis zur Entspannung und zum KSZE-Prozeß. […]

Dokument 31
Die ČSSR vor dem 17. Kongress der KPČ (März 1986)

GZ 35.03.00/2-II.3/85, Zl. 159-RES/85, ÖB Prag (Ullmann), 1. Juli 1985

[…] Die Führungstagung des ZK hat erwartungsgemäß beschlossen, den 17. Kongress der KPČ für den 24.3.1986 einzuberufen. […]

Personelle Stabilität bedeutet […], daß sich im Grunde an der Politik der KPČ nichts wirklich wesentliches ändern wird. Selbstverständlich folgt man der Linie Moskaus und spricht jetzt auch in der ČSSR viel über effektiveres Wirtschaften, mehr Verantwortlichkeit auf allen Ebenen und über mehr Disziplin; das System, so wie es ist, soll besser funktionieren. Wie alle ähnlichen Bestrebungen in der Vergangenheit kann auch diese Aktion sicher nicht die große Wende bringen. Dazu wäre viel mehr erforderlich.

[…] In sachlicher Hinsicht wird das Hauptthema des Parteikongresses der neue Fünfjahresplan sein. Als eine bedrohliche Perspektive, die nicht mehr völlig undenkbar sei, bezeichnete Potáč die Möglichkeit, daß die Sperre der fortgeschrittenen westlichen Technologie für kommunistische Staaten die Notwendigkeit von Eigenentwicklungen innerhalb des RGW so verstärkt und die

Wirtschaftskraft auch der ČSSR im RGW so stark beansprucht, daß kaum mehr Möglichkeiten für den Westhandel verblieben. Damit hat er meiner Meinung die Befürchtung durchklingen lassen, daß die ČSSR und alle anderen RGW-Staaten unter Gorbachov noch mehr als bisher für die Deckung der Bedürfnisse der UdSSR werden Opfer bringen müssen. […]

Dokument 32
Sowjetunion; personelle Veränderungen
GZ 225.03.02/1-II.3/85, Zl. 370-RES/85, ÖB Moskau, 3. Juli 1985

Im Laufe des ZK-Plenums am 1. d.M. und der Tagung des Obersten Sowjets am 2. d.M. wurden folgende bedeutende Personalentscheidungen getroffen:

a) ZK-Plenum:

- Ausscheiden G. Romanows „aus gesundheitlichen Gründen" aus dem Politbüro
- Ernennung des bisherigen Parteichef Georgiens, Schewardnadse, zum Vollmitglied des Politbüros
- Bestellung zweier neuer ZK-Sekretäre: Jelzin und Saikow

b) Tagung des Obersten Sowjets:

- Wahl A. Gromykos zum Vorsitzenden des Präsidiums des Obersten Sowjets der UdSSR
- Bestellung Gorbatschows zum Mitglied des Präsidiums des Obersten Sowjets der UdSSR
- Ernennung Schewardnadses zum neuen SU-Außenminister
- Wahl Ligatschows zum neuen Vorsitzenden der Kommission für auswärtige Angelegenheiten des Unionssowjets sowie Ryschkows zum Vorsitzenden des Rechtsausschusses des Unionssowjets.

KOMMENTAR:

1. Zum Rücktritt Romanows:

[…] Zum Zeitpunkt des Ablebens Tschernenkos am 10.3. l.J. waren nur Romanow und Gorbatschow potentielle Nachfolge-Kandidaten, da nur diese beiden zugleich ZK-Sekretäre und Vollmitglieder des Politbüros waren, jene Grundvoraussetzung entsprechend der Parteitradition, um zum KPdSU-GS bestellt zu werden. Romanow war somit direkter Rivale Gorbatschows. Sein Ausscheiden 3 1/2 Monate nach der Wahl Gorbatschows zum Parteichef „aus gesundheitlichen Gründen" muß als Eingeständnis einer persönlichen Niederlage und gleichzeitig als Sieg Gorbatschows gewertet werden, dem es gelang, sich eines Gegners zu entledigen, der theoretisch die Rolle der „Nummer 2" der Partei hätte einnehmen sollen. Romanow als „Chefideologe" war offensichtlich für Gorbatschow und für die hinter ihm stehenden Kräfte des Parteiapparates undenkbar. […]

2. Zum Aufstieg Schewardnadses:

War die Bestellung Schewardnadses zum Vollmitglied des Politbüros aufgrund seiner erfolgreichen Arbeit als Parteichef Georgiens noch vorhersehbar gewesen, so rief seine Ernennung zum SU-Außenminister allseits Erstaunen hervor.

Schewardnadse hatte seit seiner 1972 erfolgten Wahl Georgien in ein Experimentierlabor für Partei und Wirtschaft verwandelt, welches in der Folge von der Moskauer Parteizentrale nicht nur offiziell hervorgehoben, sondern auch als beispielhaft angesehen wurde.

Tiflis entwickelte sich regelrecht zum „Wallfahrtsort" für Neuerungen aufgeschlossene Parteibürokraten, welche aus den georgischen Erfahrungen lernen wollten. Schewardnadse stand zweifelsohne in der Gunst Breschnews und Tschernenkos und verdankte ihnen seinen raschen Aufstieg zum ZK-Mitglied (1976) und zum Kandidaten des Politbüros (1978).

Schewardnadse bemühte sich vor allem um eine Transparenz der Parteibürokratie und der Verwaltung. Mehrfach gab er verschiedenen sowjetischen Zeitungen Interviews über die Arbeit der KP Georgiens und scheute sich auch nicht vor Fernsehauftritten mit verhältnismäßig offenen Gesprächen mit ausgesuchten „Durchschnittsbürgern" über Probleme des täglichen Lebens in Georgien. […]

Sein Auftreten muß zweifellos als gewinnend bezeichnet werden. Er ist intelligent, vermittelt den Eindruck von Weltoffenheit und gilt als geduldiger Zuhörer. Schewardnadse wird die Sowjetunion durch sein Gehaben nach außen vom Klischee der „Njetpolitik" Gromykos befreien, ohne daß von ihm vorerst neue Inhalte der sowjetischen Außenpolitik zu erwarten sind. Anders gesagt: Schewardnadse wird die sowjetische Großmachtpolitik nach außen „sympathischer" vertreten, aber vermutlich auch bald neue Akzente setzen. […]

3. Zur Wahl Gromykos zum Vorsitzenden des Obersten Sowjets:

Gerüchte über die Bestellung Gromykos zum Vorsitzenden des Obersten Sowjets der UdSSR gab es schon nach der Wahl Andropows zum Parteichef im November 1983. Andropow wurde nachgesagt, er wolle sich ganz auf die Parteiarbeit konzentrieren und die Repräsentation nach außen dem international so erfahrenen Gromyko überlassen. Entsprechend diesen Gerüchten soll Gromyko selbst diese Position angestrebt haben, um aufgrund seines fortgeschrittenen Alters von der aufreibenden täglichen Arbeit im SU-Außenministerium befreit zu werden. Aus bisher nicht wirklich klar gewordenen Gründen wurde Andropow aber im Juni 1983 doch zum Vorsitzenden des Präsidiums des Obersten Sowjets gewählt und die Personalunion „Partei- und Staatschef" beibehalten.

Nach ho. Ansicht muß die Bestellung Gromykos zum Staatschef nicht unbedingt als „capitis diminutio" des ehemaligen Außenministers angesehen werden. Gromyko bleibt Vollmitglied des Politbüros und wird bei den internen Beratungen dieses Organs sicherlich sein ungeheures Wissen über internationale Beziehungen einbringen. […]

Gleichzeitig gelang es Gorbatschow, die sowjetische Außenpolitik von dem mit Gromyko verbundenen Image der Unflexibilität zu befreien. Gorbatschow selbst kann sich entsprechend seinem Vorbild Andropow im Wesentlichen auf internationale Fragen konzentrieren. Durch seine Ernennung zum Mitglied des Obersten Sowjets kann er auch formell sein Land immer nach außen vertreten.

Ho. Beobachter weisen derzeit nicht von der Hand, daß Gorbatschow unter Umständen noch vor dem Parteitag die Nachfolge Tichonows als Ministerpräsident antreten wird, um seine Wirtschaftsvorstellungen im Wege der Ministerialbürokratie in die Tat umzusetzen. […]

Dokument 33

AM Chňoupek zur Person des neuen sowjetischen Außenministers und zu den Änderungen in der Führung der Sowjetunion; Verhältnis UdSSR und ČSSR

GZ 225.03.02/2-II.3/85, Zl. 177-RES/85, ÖB Prag (Ullmann), 15. Juli 1985

AM Chňoupek erzählte mir vor kurzem, er kenne Schewardnadse noch aus der Zeit, als er selbst vor etwa 20 Jahren als Korrespondent in Moskau tätig war. Er habe damals an einer Publikation über Georgien gearbeitet und sei bei seinen lokalen Recherchen auch mit Schewardnadse zusammengetroffen. Schewardnadse sei ein Mann, der gerne viel und spontan spricht. Gorbatschow und Schewardnadse wären miteinander schon aus ihren früheren Funktionen, jeder war sozusagen an einem anderen Abhang des Kaukasus tätig, gut bekannt und besäßen viele Ähnlichkeiten in ihrem Wesen.

Chňoupek rechnet damit, daß Schewardnadse alle leitenden Funktionäre des Außenministeriums austauschen und durch Leute ersetzen wird, die sein Vertrauen besitzen. Auf meine Frage, ob dies auch zu Änderungen in der Außenpolitik selbst führen wird, meinte Chňoupek, er erwarte ein stärkeres Interesse der Sowjetunion für die Staaten der Dritten Welt. AM Gromyko sei fast ausschließlich auf die USA fixiert gewesen.

Ich habe versucht, am Beispiel der nicht immer erfolgreichen Bemühungen der UdSSR in den vergangenen Jahren und Jahrzehnten in der Dritten Welt vor allem in Afrika und im Nahen Osten zu explorieren, ob man mit einer Änderung der Methoden rechnen könne. Ferner gab ich zu bedenken, daß viele objektive Gegebenheiten auch für die neuen Männer unverändert bestehen bleiben. AM Chňoupek schien dazu keine sehr konkreten Ansichten zu besitzen. Im allgemeinen schien er aber der Meinung zuzuneigen, daß sehr drastische Veränderungen eher unwahrscheinlich seien. […]

Irgendwelche Veränderungen im Verhältnis zwischen der UdSSR und der ČSSR erwartet Chňoupek nicht. Einem Botschafter, der ihn auf den bekannten Prawda-Artikel vom 21.6. betreffend die kleineren Verbündeten angesprochen hatte, erwiderte er, dieser Artikel enthalte keine Kritik an der ČSSR. Generalsekretär Gorbatschow hätte Präsident Husák bei dessen kürzlichem Besuch in Moskau sogar ausdrücklich bestätigt, daß er die Politik der ČSSR, einschließlich der Außenpolitik, ohne jede Einschränkung gutheiße.

Ich habe den Eindruck, daß die csl. Führung derzeit alle Vorgänge in Moskau sehr aufmerksam verfolgt. Offensichtlich ist man der Meinung, daß der bisherige Kurs der möglichst engen Bindung an die UdSSR und des weitgehenden Verzichts auf autonome Bestrebungen in der Innen-, Wirtschafts- und Außenpolitik weiterverfolgt werden soll. Hinweise für irgendwelche personellen Konsequenzen der Veränderungen in Moskau auf die csl. Führung fehlen. […]

Dokument 34
Ära Gorbatschow – wohin?
GZ 225.03.00/20-II.3/85, Zl. 3-POL/85, ÖB Moskau, 22. Juli 1985

Fünf Monate nach der Bestellung Gorbatschows zum neuen sowjetischen Parteichef ist es sicherlich noch zu früh, eine klare Aussage über dessen politischen Kurs zu treffen. Gorbatschow hat bisher eher im innen- als im außenpolitischen Bereich neue Akzente zu setzen versucht. In der Wirtschaftspolitik, wo am dringendsten ein Umdenken erforderlich wäre, ist in den vergangenen Monaten ein landesweiter Diskussionsprozeß in Gang geraten, von dem man vorläufig nicht weiß, ob er tatsächlich einen Aufbruch zu neuen Ufern bedeutet oder doch eher eine Kampagne zur Wiederbelebung des seit Jahrzehnten erstarrten zentralverwalteten Wirtschaftssystems darstellt. Das dem russischen Menschen inhärente Trägheitsmoment trägt dazu bei, daß sich Kampagnen hierzulande recht schnell totlaufen.

Vorläufig hat es Gorbatschow verstanden, seine personelle Machtbasis im Partei- und Regierungsapparat in atemberaubendem Tempo auszubauen. Der erst vor sieben Jahren aus der Provinz in das ZK-Sekretariat nach Moskau übersiedelte Gorbatschow verfügt auf Grund der beim heurigen April- und Juliplenum des ZK erfolgten personellen Veränderungen über eine klare Mehrheit im Politbüro (8:5). Ferner ist es ihm gelungen, seit seinem Amtsantritt als KPdSU-Generalsekretär nicht weniger als 30 seiner Gebietssekretäre zu bestellen und eine Umgliederung des ZK-Sekretariats in die Wege zu leiten. Dabei sollen hochrangige Parteifunktionäre wie Samjatin (Leiter der ZK-Abteilung für internationale Information) und Rachmanin (stv. Leiter der ZK-Abteilung für die Beziehungen zu den kommunistischen Staaten) aus ihren bisherigen Positionen ausscheiden. In der Regierung wurden Schlüsselministerien in den Bereichen Wirtschaft und Kultur (bisher 6 Ministerien) neu besetzt. Gerüchte besagen, daß in diesem Sommer viele Ministerialbeamte auf ihren Sommerurlaub verzichten, da sie fürchten, bei etwaigen Revirements in ihrem Ressort ihren Posten zu verlieren. Viele der in letzter Zeit abgesetzten Minister, wie etwa der seit 31 Jahren mit fürstlichem Gehabe waltende Unterrichtsminister Jeljutin, hatten sich trotz seit Jahren andauernder Kritik unter früheren Parteichefs halten können. Jetzt plötzlich weht ein rauerer Wind. Noch viele andere ältere Herren im Regierungsapparat scheinen mit ihrer Zwangspensionierung zu rechnen. Beim Versuch, einen

Gesprächstermin für Vizekanzler Steger bei Staatsplan-Chef Baibakow Anfang Oktober d.J. zu erhalten, wurde von einem Protokollbeamten die lakonische Antwort erteilt: „Niemand wisse, was in zwei Monaten sein werde".

Auch in der Armeeführung sollen Umbesetzungen unmittelbar bevorstehen. Der stv. Verteidigungsminister und Oberkommandierende der Warschauer Pakt-Truppen, Kulikow, soll durch den unter Tschernenko offensichtlich in Ungnade gefallenen General Lisitschew, abgelöst werden. Die angebliche Rückkehr Ogarkows in eine Spitzenposition im sowjetischen Militärapparat ließe sich dadurch erklären, daß Gorbatschow ebenso wie Andropow ein Naheverhältnis zu jenen sowjetischen Militärs suche, die um die Bedeutung einer gesunden Wirtschaft und eines beschleunigten wissenschaftlich-technischen Fortschrittes für die Macht des Sowjetstaates Bescheid wissen.

Definitive Schlußfolgerungen lassen sich aber umso weniger ziehen, als ein Comeback von Ogarkow bisher hier in Abrede gestellt wird.

Wohin werden Gorbatschow und seine neue Mannschaft die UdSSR führen? Wenn auch im Westen häufig über eine Reformfreudigkeit Gorbatschows im wirtschaftlichen Bereich spekuliert wird, so ist aus hiesiger Sicht festzustellen, daß das Wort „Reform" bisher in den sowjetischen Medien tabu geblieben ist. Über die von Andropow beschlossenen „begrenzten Experimente" in einigen Wirtschaftszweigen hat sich auch Gorbatschow bisher nicht hinausgewagt. Weder von Dezentralisierung der Wirtschaftslenkung noch von einer Einführung marktwirtschaftlicher Elemente ist bisher in Gorbatschows Reden etwas zu hören gewesen. Nach dem von ihm Gesagten dürfte es ihm lediglich darum gehen, das in der UdSSR bestehende Wirtschaftssystem durch eine Bekämpfung des Schlendrians und anderer wirtschaftsschädigender Traditionen des russischen Volkes (Alkoholismus) sowie durch eine schnellere praktische Anwendung neuer wissenschaftlich-technischer Entwicklungen effizienter zu gestalten. Anscheinend schwebt Gorbatschow das zentral verwaltete Wirtschaftssystem der DDR und nicht der marktwirtschaftliche Sozialismus ungarischer Prägung als Modell für die sowjetische Wirtschaft vor. In privaten Gesprächen wird häufig die Ansicht vertreten, daß die UdSSR zu groß sei, als daß ein dezentralisiertes Wirtschaftssystem mit marktwirtschaftlichen Elementen funktionieren könnte. Damit wird zu verstehen gegeben, daß der Parteiapparat nicht gewillt ist, auf seine Kontrollfunktion im Wirtschaftsbereich und damit auf einen beachtlichen Teil seiner Machtfülle zu verzichten.

In der Frage der künftigen Gestaltung des sowjetischen Wirtschaftssystems ist eine umfassende parteiinterne Diskussion im Gange, bei der sicher verschiedene Meinungen zutage kommen und bei der das letzte Wort noch lange nicht gesprochen sein dürfte. Gorbatschow rüttelt nicht an wesentlichen Säulen des Systems, sondern will es nur funktionieren machen.

Es steht außer Zweifel, daß sämtliche Änderungsbestrebungen von Teilen der mittleren und höheren Parteikader, deren persönliche Interessen dadurch negativ berührt würden, heftig bekämpft werden. Bei der Überwindung dieser Widerstände stützt sich Gorbatschow auf die Parteibasis und auf breite Schichten der sowjetischen Bevölkerung, die mit ihm einer Meinung sind, daß es so wie bisher nicht weitergehen könne. Sicherlich muß Gorbatschow bei Änderungen im politischen Bereich noch behutsamer agieren und kann noch nicht so handeln, wie er vielleicht möchte. Seine massive Kritik an Mißständen in einer Reihe von Industriesektoren trifft auch Politbüromitglieder, die eine Regierungsfunktion ausüben.

Aber was wäre von Gorbatschow innenpolitisch zu erwarten, wenn er freie Hand hätte? Manche meinen, daß die Persönlichkeit des von Gorbatschow vermutlich persönlich ausgewählten neuen Außenministers Schewardnadse Rückschlüsse auf die Vorstellungen und Ziele des neuen sowjetischen Parteichefs zuläßt, wenn auch nicht erkennbar ist, warum gerade er Außenminister wurde. Schewardnadse hat in Georgien die in dieser südlichen Unionsrepublik weitverbreitete Korruption sowie andere Mißstände mit eiserner Hand bekämpft. Andererseits soll Schewardnadse als georgischer Parteichef Experimente und Reformen sehr aufgeschlossen gegenübergestanden sein. Unter anderem hat er es verstanden, ungarische Erfahrungen im agro-industriellen Bereich für Georgien nutzbar zu machen. Ähnlich wie Gorbatschow ist Schewardnadse ein Politiker, der gerne die Meinung des Volkes hört und daher große Sympathien bei der Bevölkerung besitzt. Sich in Parteigremien auf Kritik und Wünsche zu berufen, die aus dem Volk kommen, ist in der UdSSR ein absolutes Novum. Früher war in den hiesigen Medien stets nur zu lesen, welche begeisterte Zustimmung die Politik des Sowjetstaates bei der Bevölkerung finde. Die Ermunterung der Öffentlichkeit zu kritischem politischen Denken kann allerdings eine Dynamik auslösen, die nicht mehr leicht zu bremsen sein wird.

Die sowjetische Öffentlichkeit setzt in den neuen sowjetischen Parteichef ähnlich wie szt. in Andropow große und wahrscheinlich unerfüllbare Erwartungen. Sollten diese Erwartungen enttäuscht werden, so könnte Gorbatschow die Unterstützung seitens der Basis bald wieder verlieren und vom Parteiapparat, der ihn zur Zeit einigermaßen gewähren läßt, in die Schranken verwiesen werden. Angesichts der gegenwärtigen Gorbatschow-Euphorie muß daran erinnert werden, daß dieser als ZK-Sekretär für Landwirtschaft in der Zeit von 1976 bis 1985 kläglich gescheitert ist.

Auf außenpolitischem Gebiet sind seit der Bestellung Gorbatschows zum sowjetischen Parteichef im März d.J. relativ wenig substantielle Änderungen feststellbar. Gorbatschow setzt im Großen und Ganzen die Bemühungen seiner beiden Vorgänger um eine Schließung der Reihen innerhalb des Ostblocks, um eine Normalisierung der Beziehungen zu China sowie um eine Wiederbelebung der Entspannungspolitik im Verhältnis zu Westeuropa konsequent fort. Im militärstrategischen Bereich sind zweifellos die USA das wichtigste Gegenüber; die Beziehungen zu Westeuropa und China werden daher von der UdSSR weitgehend als Mittel benützt, um auf die USA einzuwirken. Gorbatschow scheint sich darauf einzustellen, daß der wiederaufgenommene Dialog mit Washington keine wesentlichen Ergebnisse in den Schlüsselbereichen der amerikanisch-sowjetischen Beziehungen bringen wird und die politische Konfrontation noch längere Zeit andauern könnte.

Innerhalb des Ostblocks wird die Integration der Volkswirtschaften der RGW-Staaten durch Koordinierung der nächsten Fünfjahres-Pläne und den Abschluß langfristiger Lieferabkommen vorangetrieben. Einige RGW-Länder, insbesondere Ungarn und die DDR, sind wenig davon angetan, daß sie für stagnierende sowjetische Rohstoff- und Energielieferungen ihre besten Industrie- und Agrarprodukte in die UdSSR exportieren müssen, statt sie für Hartwährung im Westen verkaufen zu können. Mitte Juni d.J. wurde in einem aufsehenerregenden „Prawda"-Artikel ein Frontalangriff gegen kleinere und mittlere kommunistische Staaten Osteuropas unternommen, in denen Russophobie herrsche und die vermeinen, eine Vermittlerrolle zwischen Ost und West spielen zu können. Ein sichtlich zufriedener Mitarbeiter der hiesigen tschechoslowakischen Botschaft erklärte noch vor zwei Wochen, daß dieser Artikel eine offene Kritik am wirtschaftspolitischen Kurs Ungarns darstelle. Mittlerweile kursieren jedoch Gerüchte, wonach der vermutliche Verfasser dieses mit einem „nom de plume" gezeichneten Artikels seine Position als stv. Leiter der ZK-Abteilung für Beziehungen zu den kommunistischen Staaten verloren habe und der ggstdl. Artikel möglicherweise nicht die Meinung Gorbatschows in dieser Frage widerspiegle. Dies ist nur ein Beispiel für die zahllosen Gerüchte, die zur Zeit in Moskau die Runde machen und die Ausdruck der umfassenden innerparteilichen Diskussion sowie eines Kräftemessens zwischen diversen innerparteilichen Fraktionen sind.

Das Interesse der UdSSR an einer Normalisierung der Beziehungen zu China hat unter Gorbatschow weiter zugenommen. In Gorbatschows Reden findet sich keinerlei Kritik mehr an China. Wenngleich sich die Wirtschaftsbeziehungen und der Kulturaustausch zwischen den beiden Großmächten kontinuierlich intensiviert, so ist eine politische Normalisierung zwischen der UdSSR und China bis auf weiteres durch drei Hindernisse (Kambodscha, Afghanistan und sowjetische Truppen an der Nordgrenze Chinas) blockiert. Chinesischerseits meint man, daß sich Gorbatschow in diesen Fragen noch nicht festgelegt habe; gleichzeitig ist man sich aber bewußt, daß sowjetische Konzessionen in Kambodscha und Afghanistan nicht nur gegenüber China, sondern auch gegenüber den USA wirken würden und deshalb nur im Rahmen eines amerikanisch-sowjetischen Ausgleichs über regionale Probleme vorstellbar wären.

Merklich zugenommen hat seit etwa einem Jahr das sowjetische Interesse an Westeuropa. Ein besonderer Stellenwert kommt neuerdings wieder Frankreich zu, nicht zuletzt wegen dessen entschiedener Ablehnung des amerikanischen SDI-Programmes. Die Tatsache, daß Gorbatschow seinen ersten Staatsbesuch im Westen (knapp vor seinem Treffen mit Reagan) Frankreich abstatten wird, ist ein Zeichen dafür, daß die sowjetische Führung durch eine Intensivierung der Beziehungen zu Frankreich und zu Westeuropa insgesamt und [durch] die Förderung von Spannungen in der westlichen Allianz ihre politische Position gegenüber den USA zu stärken versucht. Eine vermehrte wirtschaftliche Kooperation zwischen der UdSSR und Westeuropa würde auch den Druck der amerikanischen Industrie auf die Reagan-Administration erhöhen, eine Verständigung mit Moskau zu suchen.

Die sowjetisch-amerikanischen Beziehungen stehen gegenwärtig völlig im Schatten der SDI. Bei den im November 1983 abgebrochenen Genfer Verhandlungen standen die nuklearen Mittelstreckenraketen (INF) im Mittelpunkt, an denen die Sowjets anscheinend kein großes Interesse mehr hatten, weil bereits eine genügend große Anzahl ihrer SS-20 im europäischen Teil der Sowjetunion stationiert war, mit denen jedes beliebige Ziel in Westeuropa erreicht werden kann. In den Mittelpunkt ihres Interesses ist eine Verhinderung des amerikanischen SDI-Programmes gerückt, da man in Moskau auf längere Sicht die Überlegenheit der amerikanischen Technologie zu fürchten scheint. Der Kreml vertritt den Standpunkt, daß eine Fortsetzung des SDI-Forschungsprogrammes gegen den ABM-Vertrag verstoße und im Widerspruch zu der von den Außenministern Gromyko und Shultz am 8. Jänner d.J. getroffenen Vereinbarung über die Ziele der Genfer Abrüstungsverhandlungen stehe. Die UdSSR hat in diesem Zusammenhang erklärt, daß eine Fortsetzung des SDI-Programmes eine Reduzierung der Mittelstrecken- und strategischen Raketensysteme ausschließe und eine „reale Bedrohung" der UdSSR aus dem Weltraum sowjetischerseits durch entsprechende Gegenmaßnahmen beantwortet werden würde. Bei den ersten beiden Runden der Genfer Verhandlungen ist die UdSSR im INF- und START-Bereich hinter ihre im Herbst 1983 vertretenen Positionen zurückgegangen. Hiesige westliche Beobachter glauben allerdings, daß die UdSSR in Rüstungskontrollfragen, insbesondere in der Frage des SDI-Forschungsprogrammes, eine so negative Haltung bezogen hat, daß es ihr leichtfallen würde, ohne Terrainverlust Konzessionen zu machen. Würde die UdSSR zu ihrer ursprünglich eher restriktiven Interpretation der Verbotsbestimmungen des ABM-Vertrages zurückkehren, so könnte eine Verständigung der UdSSR und der USA in der Frage der Zulässigkeit der Forschung im strategischen Defensivbereich erreicht werden. Voraussetzung wäre allerdings, daß beide Supermächte am ABM-Vertrag in seiner derzeitigen Fassung tatsächlich festzuhalten beabsichtigen.

Im Rahmen der Vorbereitung des amerikanisch-sowjetischen Gipfeltreffens im November d.J. sollen sämtliche Bereiche der bilateralen Beziehungen nach Möglichkeiten für Fortschritte bzw. Vereinbarungen überprüft werden. Ob die UdSSR und die USA bei regionalen Problemen wie Afghanistan, Kambodscha, dem Nahen Osten, Zentralamerika und dem südlichen Afrika zu mehr bereit sein werden als bloß miteinander zu reden, bleibt abzuwarten. Gerüchte über eine Paktregelung Afghanistan-Zentralamerika waren bereits wenige Wochen nach dem Vorrücken Gorbatschows an die Spitze der Kremlführung aufgetaucht, die aber bisher keine Bestätigung fanden. Um in der Nahost-Frage ihre Mitsprachemöglichkeit zu verbessern, scheint die UdSSR eine Wiederaufnahme diplomatischer Beziehungen mit Israel ins Auge zu fassen.

Konklusionen

Vorläufig hat Gorbatschow in der Außenpolitik nur unnötigen Ballast abgeworfen, ohne jedoch wirklich neue Wege zu beschreiten. Einiges ist in Bewegung geraten, wobei aber nur Ansätze für denkbare Kurskorrekturen sichtbar geworden sind. Die Ablöse Gromykos, der in den letzten Jahren kaum Erfolge aufzuweisen hatte, läßt neben anderen Indizien darauf schließen, daß man da und dort über Kurskorrekturen nachdenkt, aber noch nicht mehr.

Es wird sich erweisen, obschon von der Begegnung des neuen sowjetischen Außenministers Schewardnadse mit Staatssekretär Shultz in Helsinki einige nähere Aufschlüsse zu erwarten sind. […]

Dokument 35
Verschärfung der innenpolitischen Gangart – außenpolitische Auswirkungen

GZ 166.02.02/6-II.3/85, Zl. 4-POL/85, ÖB Warschau (Wotava), 26. Juli 1985

Seit einiger Zeit werden deutlich die innenpolitischen Zügel unter dem Jaruzelski-Regime angezogen. Dies äußert sich in einem verschärften Kampf gegen die Opposition, wobei diese durch die Inhaftierung bzw. die Verhängung drakonischer Haftstrafen führender Oppositioneller wegen vergleichsweise geringfügiger Delikte auch in ihrer Führungsgarnitur entscheidend geschwächt werden soll. Ein Musterbeispiel dieser Kampfansage an die Opposition war der im Juni d.J. in Danzig abgewickelte Prozeß gegen die führenden Oppositionellen Frasyniuk, Lis und Michnik, die wegen der noch dazu mißglückten Vorbereitung zu einem 15-minütigen Warnstreik zu der unglaublich hohen Haftstrafe von 2 1/2 bis 3 1/2 Jahren verurteilt wurden. Der Kampf gegen die Opposition geht sogar so weit, daß seit einiger Zeit Vertreter der Regierung die diplomatischen Empfänge unverzüglich verlassen, wenn einer der führenden Oppositionellen, soweit sich diese noch auf freiem Fuß befinden, hiebei anwesend ist.

Gegen die Kirche wurde seitens des Regimes bis heute kein offener Kampf geführt, obwohl [mit] dem Popiełuszko-Prozess und der dabei zum ersten Mal sichtbar gewordenen Kampagne gegen die Kirche auch das bis dahin sehr gute Klima zwischen Staat und Kirche gestört wird. Das Regime schreckte selbst nicht davor zurück, Priester vor Gericht zu stellen, die nach seiner Meinung zu intensive und gegen den Staat gerichtete politische Aktivitäten entfaltet haben.

Selbst Angriffe in den Massenmedien gegen den Papst – ein Novum in Polen – sind in letzter Zeit vorgekommen. Das Projekt des polnischen Episkopats zur Errichtung eines Landwirtschaftsfonds wird ebenfalls von staatlicher Seite durch wenig überzeugende Vorwände künstlich verschleppt und die verbalen Angriffe und „Ermahnungen" von Seiten der Regierungsstellen an die Adresse der Kirche reißen nicht ab.

Die Kirche kam auch wegen ihrer verstärkten kulturellen Aktivitäten in das Schußfeld der Regierung, die befürchtet, daß die Kirche immer einflußreicher wird und sich (siehe auch Landwirtschaftsfonds) immer mehr staatliche Agenden zu arrogieren versucht. Da sich insbesondere zahlreiche Intellektuelle und Kulturschaffende wegen des politischen Druckes von den staatlichen kulturellen Einrichtungen abgewendet haben, haben sie in den kirchlichen Institutionen ersatzweise eine kulturelle Heimstätte gefunden, die zu immer intensiveren und interessanteren kulturellen und intellektuellen Aktivitäten innerhalb der Kirche führen (was auch zu einer kulturellen und geistigen Bereicherung und einem erweiterten Wirkungsfeld der Kirche führt, die bis vor relativ kurzer Zeit als eher konservative Institution den Ruf hatte, allen neuen kulturellen und wissenschaftlichen Errungenschaften zumindest reserviert gegenüberzustehen, falls diese sich nicht leicht in ihr religiöses Spektrum einordnen ließen).

Wie mir der politisch überaus erfahrene und einflußreiche Sekretär der polnischen Bischofskonferenz, Erzbischof Dąbrowski, vor kurzem versicherte, würde sich die Kirche gerne einzig und allein auf religiöse Belange zurückziehen, wenn sie nicht durch die in Polen seit Jahren obwaltende Krise gezwungen wäre, auch andere Rollen, insbesonders auch die Vertretung der Interessen der Gesellschaft gegenüber dem Staat angesichts des Fehlens eines diesbezüglichen Dialoges, zu übernehmen. Die Kirche sei zwar bisher über die gegen sie vorgetragenen verbalen Attacken nicht übermäßig besorgt, weil bis dato keinerlei essentielle Interessen der Kirche betroffen seien, überdies die auf sehr hoher Ebene regelmäßig stattfindenden Kontakte zwischen Staat und Kirche noch hervorragend funktionierten, die Kirche sei aber angesichts historischer Erfahrungen auf der Hut.

Angesichts des verschärften innenpolitischen Kurses des Regimes und der doch immer größer werdenden politischen und wirtschaftlichen Abhängigkeit Polens von seinem sowjetischen Nachbarn kommt der Kirche im vermehrten Maße ihre historische Rolle als Wahrerin der polnischen Identität und Dazugehörigkeit des Landes zum westlichen Kulturkreis zu, eine Aufgabe, für [die] die polnische Kirche insbesondere unter dem früheren Primas Wyszyński einen jahrzehntelangen, sehr harten, letztlich aber erfolgreichen Kampf führte.

Das Kapitel der Eliminierung aller in der Solidaritäts-Epoche errungenen demokratischen Freiheiten wurde am 25. Juli im Sejm, als dort wie üblich mit überwältigender Mehrheit die Hochschul-Autonomie entscheidend eingeengt wurde, abgeschlossen. Durch dieses Gesetz wurden dem Wissenschaftsminister umfangreiche Vollmachten zur Kontrolle der Universitäten eingeräumt, um im Sinne des Regimes „regulierend" einzugreifen. Den Professoren wird es zur Pflicht gemacht, in ihrer Arbeit „die Prinzipien eines sozialistischen Staates" zu berücksichtigen. Mit Recht wird von universitären Kreisen durch diese umfassenden Eingriffsmöglichkeiten der Regierung in das Hochschulwesen mit der Zeit ein erheblicher Rückgang der wissenschaftlichen Leistungen befürchtet. Hauptzweck dieses Gesetzes war es natürlich, die Universitäten und das dort herrschende politische Klima durch die Möglichkeit der Entfernung der überwiegend regimekritisch eingestellten Professoren und sonstigen Angehörigen des Lehrkörpers gewissermaßen „in den Griff zu bekommen".

Bezeichnend ist in diesem Zusammenhang, daß selbst viele Parteimitglieder unter den Professoren und Rektoren sich vehement gegen die Verabschiedung dieses Gesetzes wandten, weil ihnen das wissenschaftliche Niveau der Universität wichtiger erschien als eine Disziplinierungsmöglichkeit regimekritischer Professoren durch die Regierung.

Es liegt auf der Hand, daß alle diese Maßnahmen und Entwicklungen alles andere als dazu geeignet sind, das Vertrauen der Bevölkerung in das Regime zu entwickeln oder gar aufzubauen. Im Gegenteil, eine weitere Entfremdung der Bevölkerung gegenüber dem Regime ist die Folge. Dabei wäre zur Überwindung der Krise in Polen nichts wichtiger als die Herstellung eines Dialoges und zumindest in Ansätzen einer Vertrauensbildung zwischen Regime und Bevölkerung. Die politische und wirtschaftliche Krise in Polen wird dadurch prolongiert, weil es einfach an Anreizen für die Bevölkerung fehlt, vermehrte Arbeitsleistungen zu erbringen. Zentraler Programmpunkt der Regierung ist nach wie vor die Aufrechterhaltung der Ruhe im Lande, obwohl nicht einmal diese entgegen den anderslautenden Erklärungen der Regierung perfekt ist. Für die Aufrechterhaltung der innerpolitischen Ruhe dürfte das Jaruzelski-Regime jeden Preis zu zahlen bereit sein, wie die einschlägigen Erfahrungen zeigen.

Die polnische Regierung trug sich nach Durchbrechung der außenpolitischen Isolierung ab Herbst vorigen Jahres, die mit dem offiziellen Besuch des Herrn Bundesministers eingeleitet wurde, und der Durchführung einer Reihe von Visiten hochrangiger westlicher Besucher offensichtlich mit der Hoffnung, nunmehr die innenpolitischen Zügel anziehen zu können, ohne die Kontakte zum Westen zu gefährden. Diese Hoffnung hat allerdings durch die Absage oder Verschiebung von nunmehr 5 westlichen Außenminister-Besuchen (Belgien, Irland, Spanien, Dänemark und Türkei) einen argen Dämpfer erhalten. Einige der Außenminister, deren Besuch entfallen ist, wollten sich von polnischer Seite vor allem nicht vorschreiben lassen, daß sie selbst außerhalb des offiziellen Besuchsprogrammes unter keinen Umständen mit Oppositionellen zusammentreffen dürften.

Da trotz aller Abhängigkeit von der Sowjetunion Polen auf die Beziehungen zu den westlichen Staaten aus vielen Gründen nicht verzichten kann, werden sicherlich von polnischer Seite in Hinkunft vermehrte Anstrengungen unternommen werden, diese Beziehungen zum Westen wieder ins Lot zu bringen. Wahrscheinlich wird das Regime auch in marginalen Angelegenheiten Konzessionsbereitschaft hinsichtlich [seiner] innenpolitischen Gangart andeuten. Hiebei ist insbesonders an die Verminderung der Haftstrafen der im skandalösen Danziger Prozess verurteilten Oppositionellen oder die Begnadigung von Oppositionellen zu denken. Im Wesentlichen wird das Regime aber an seiner härteren innenpolitischen Linie festhalten, offensichtlich schon deshalb, weil die neue Kreml-Führung unter Gorbatschow, zumindest in der Anfangsphase, in ihrer politischen Gesamtstrategie gegenüber dem Westen ein möglichst geschlossenes Bild des Ostblocks herzeigen möchte und keine größeren Unruheherde in seinem Imperium dulden wird. […]

Dokument 36
SU; Generationsablöse in Partei und Verwaltung
GZ 225.03.00/24-II.3/85, Zl. 509-RES/85, ÖB Moskau, 23. September 1985

[…] Gorbatschow und seine Mannen scheinen bei der Ablösung altgedienter Kader klug und feinfühlig, aber konsequent vorzugehen. Vielen führenden Mitarbeitern von Partei und Administration, aber auch von wissenschaftlichen Instituten versüßt man den Übergang in den Ruhestand mit dem Recht auf Beibehaltung von Wagen mit Chauffeur und Datscha und ernennt sie zum „persönlichen Pensionisten auf Unionsrang", wodurch die Rente um einiges über den kümmerlichen sowjetischen Durchschnittspensionen (80–130 Rubel, je nach Dienstjahren und Position) liegt.

Gorbatschows „großzügige Pensionsregelung" ist zweifellos ein Novum. Die bisherige allsowjetische „Sesselkleberei" bedingte vor allem die Furcht, in der Pension der Privilegien verlustig zu werden und somit gewaltige Einbußen im Lebensstandard – neben dem Amtsverlust – hinnehmen zu müssen. Nun wird den Pensionsreifen eine goldene Brücke in den Ruhestand gebaut, sofern sie einsichtsvoll selbst den Hut nehmen. […]

Dokument 37
Sowjetunion; Ist Gorbatschow populär?

GZ 225.03.00/26-II.3/85, Zl. 524-RES/85, ÖB Moskau (Vukovich), 30. September 1985

[…] Befindet sich die UdSSR wieder an der Schwelle zu einem neuen Personenkult?

Diese Frage stellt man sich immer mehr in den westlichen Kreisen. Das westliche Journalisten-Corps schließt sogar schon Wetten darüber ab, wann der Zenit des Personenkultes erreicht sein wird.

Auch bei nüchterner Betrachtung sieht sich der westliche Beobachter der derzeitigen sowjetischen innenpolitischen Szene mit einer Popularität Gorbatschows in breitesten Bevölkerungskreisen konfrontiert, die sich angesichts der allgemeinen politischen Apathie der letzten Jahre und der geringen politischen Mobilisationsbereitschaft der Sowjetmenschen nicht vermuten ließ. Ein Mitarbeiter der sowjetischen Propagandamaschinerie formuliert es drastisch so:

„Gorbatschows Popularität ist katastrophal hoch."

Katastrophal deshalb, weil Gorbatschow Hoffnungen auf eine Wende in der Bevölkerung weckte, welche sich, dessen ist man sich bewußt, in den nächsten Jahren im angestrebten Ausmaß nicht realisieren läßt. Offen spricht man die Befürchtung aus, daß angesichts dieser mit der Person Gorbatschows verbundenen „Zukunftsträume" in Anbetracht der auch in ein paar Jahren gegebenen Realitäten das Pendel scharf in die andere Richtung – Kritik und Unzufriedenheit – ausschwingen könnte. Tatsächlich ist ein Paradoxon im politischen Bewußtsein der Sowjetöffentlichkeit nicht zu leugnen: Gorbatschow verspricht nichts, er selbst ist aber ein Versprechen.

Regelmäßig weist der neue GS der KPdSU in seinen Reden die Sowjetbevölkerung darauf hin, daß sie selbst durch mehr und bessere Arbeit, durch größere Identifikation mit dem Geleisteten ihre Situation verändern könne. Durch strukturelle und organisatorische Maßnahmen gedenken Gorbatschow und seine Parteigänger die Voraussetzungen hiefür zu schaffen.

Gorbatschow personifiziert die Sehnsucht nach Wandel in der Sowjetgesellschaft. Dabei verdrängt die sowjetische Bevölkerung die Tatsache, daß Gorbatschow selbst, immerhin seit 1978 in führender Position im zentralen Apparat, am sowjetischen (Nicht-)Entscheidungsprozeß in den letzten Jahren maßgeblich teilhatte. Darüber wird geflissentlich hinweggesehen.

Die Popularität des neuen Parteiführers litt nicht einmal unter der schon unter seiner Regentschaft verordneten Einschränkung des Alkoholverkaufs und -konsums. Nach zwei Monaten Amtszeit wagte er es […] das Trinken einzudämmen. […]

Gorbatschow scheint mit dem Volk gegen einen Teil des Apparats zu regieren. Er wird aus diesem Kampf – optisch – wahrscheinlich als Sieger hervorgehen. Ob er sich langfristig hierüber aber freuen kann, bleibt angesichts der Verantwortung, die er auf sich lastet, mehr als dahingestellt. Das wird nicht zuletzt davon abhängen, ob es ihm gelingt, die Bevölkerung mit mehr und besseren Konsumgütern zu versorgen, also kurz gesagt, den Lebensstandard fühlbar zu heben. Im Hinblick auf die schwerfällige Wirtschaftsstruktur und die in der Mentalität der Massen begründete geringe Arbeitsproduktivität sowohl in quantitativer als auch in qualitativer Hinsicht ist dies ein schwieriges Unterfangen. […]

Dokument 38

Offizieller Besuch M. Gorbatschows in Frankreich, 2.–5. Oktober 1985

GZ 225.18.16/2-II.3/85, Zl.299Res/85, ÖB Paris, 14. Oktober 1985

Zur nicht geringen Genugtuung seiner Gastgeber hat der sowjetische Parteichef, M. Gorbatschow, seinen ersten offiziellen Auslandsbesuch in Frankreich absolviert. Die französischen Gastgeber waren daher bemüht, diese Visite in entsprechendem Rahmen ablaufen zu lassen und empfingen den Gast mit allen sonst nur einem Staatsoberhaupt vorbehaltenen Ehren, eine Tradition, die auf eine Anweisung de Gaulles anlässlich eines Besuches Chruschtschows zurückgeht. Dennoch darf die Tatsache, daß Präsident Mitterrand Moskau erst im Jahre 1984 besucht hatte und eine Einladung Gorbatschows erst für 1986 bereits angenommen hat, nicht dazu verleiten, in diesem regen Besuchsaustausch eine Renaissance früherer Sonderbeziehungen oder eine Institutionalisierung des Besuchsaustausches auf höchstem Rang zu sehen. Dazu waren die Meinungsunterschiede zu groß, der Dialog zu mühsam und die Ergebnisse zu unbedeutend:

1.) Abrüstungsfragen

Über die diesbezüglichen Vorschläge Gorbatschows haben die Medien ausführliche Meldungen gebracht und auch die Botschaft hat in ihrem Bezugsfernschreiben ergänzend berichtet, so daß nachstehend nur Reaktionen aus französischen Expertenkreisen wiedergegeben werden sollen.

Dieser Beurteilung zufolge verfolgte Gorbatschow mit seinen Vorschlägen primär folgende Zwecke:

– Mobilisierung der öffentlichen Meinung in den USA und den übrigen Staaten Europas – vor allem in der BRD, den Niederlanden und Belgien – gegen SDI und Nachrüstung

- Versuch, zwischen die USA und [ihre] europäischen Verbündeten einen Keil zu treiben und

- eine Modernisierung des westlichen Militärpotentials zu verhindern.

Der Pferdefuß der sowjetischen Vorschläge wird hier vor allem in der Tatsache gesehen, daß Moskau zwar die in Europa stationierten Cruise-Missiles und Pershing 2 zu den „strategischen" Waffen rechnet, seine auf Westeuropa gerichteten SS-20 aber davon ausnimmt. Die Hauptschwierigkeit für einen vernünftigen Dialog liegt daher weiterhin bei der Festlegung gemeinsamer Definitionsformeln. Im französischen Außenministerium glaubt man nach einer ersten eingehenden Analyse, daß die auf den ersten Blick spektakulär anmutenden Vorschläge in Wirklichkeit eine Verhärtung der sowjetischen Haltung auf dem Abrüstungssektor darstellen.

Die Anregung von Direktgesprächen mit Frankreich und Großbritannien, im Besonderen aber die von sowjetischer Seite gegebene Begründung für die Zweckmäßigkeit solcher Gespräche waren hingegen geeignet, den Gastgebern zu schmeicheln, bedeuten sie doch die Anerkennung der unabhängigen französischen nuklearen Abschreckung und die Richtigkeit der diesbezüglichen französischen Politik. Die Konsequenz dieser politischen Linie ließ aber keinen Zweifel daran, daß Präsident Mitterrand diesen Vorschlag rundweg ablehnen musste. In diesem Zusammenhang wird hier hervorgehoben, daß die französische Zurückweisung erheblich deutlicher als die britische ausfiel (eine Koordinierung zwischen beiden Regierungen war vor der Absage nicht erfolgt). Der von Mitterrand zugestandene Meinungs- und Gedankenaustausch bedeutet hingegen aus französischer Sicht keinerlei Änderung in der schon bisher gepflogenen Praxis, anlässlich bilateraler Kontakte über dieses Thema zu sprechen.

Auch der Vorschlag einer chemiewaffenfreien Zone in Mitteleuropa war für die französische Seite ohne Interesse, weil sie nur an einer umfassenden Lösung interessiert ist.

2.) Regionale Krisenherde

Obwohl der diesbezügliche Meinungsaustausch in Arbeitsgruppen vorbereitet worden war, ergaben sich keine neuen Aspekte. Hervorgehoben soll demnach nur werden, daß Präsident Mitterrand bei Erörterung der Frage Afghanistan eine Lösung auf Basis der Neutralität des Landes vorschlug, worauf Gorbatschow aber nicht eingegangen sei, sondern nur die bekannten Schlagworte von der ausländischen Einmischung wiederholt haben soll. Erwähnenswert ist in diesem Zusammenhang ein im „Figaro" erschienener Artikel des ehemaligen Staatsekretärs im französischen Außenministerium und Außenhandelsminister unter Raymond Barre, Jean-François Deniau, der unter den „versäumten Gelegenheiten" dieses Besuches auch eine zielstrebige französische Initiative für die Neutralität Afghanistans anführt und hinzufügt, daß hiefür ja ein genau zutreffender Präzedenzfall, nämlich das Modell des österreichischen Staatsvertrags (sic!) existiere.

3.) Menschenrechte

Die Frage der Respektierung der Menschenrechte in der Sowjetunion und das Schicksal einzelner Dissidenten, darunter Sacharow, Schtscharansky und Ida Nudel, wurde von französischer Seite bei mehreren Gelegenheiten sehr nachdrücklich vorgebracht, darunter insbesondere auch vom Pariser Bürgermeister Chirac anlässlich des traditionellen Empfangs im Rathaus […]. Die kühle Reaktion Gorbatschows lässt für die nähere Zukunft keine diesbezüglichen Zugeständnisse erwarten. Das einzige, indirekte Ergebnis auf diesem Gebiet war die seit 1968 betriebene und im Juli d.J. zustande gekommene Rückführung eines Doppelstaatsbürgers.

4.) Kontakte EG – COMECON

Mit großer Deutlichkeit bekundete Gorbatschow den Wunsch Moskaus, die Kontakte zwischen den EG und dem COMECON auf eine breitere Grundlage zu stellen. Dieser an sich nicht neue Wunsch hat aus französischer Sicht den positiven Aspekt, daß Moskau die EG damit auch als juristisch-politische Einheit anerkennt. Negativ wurde hingegen die daraus erkennbare Absicht vermerkt, die Handlungsfreiheit der einzelnen COMECON-Mitglieder in ihren Beziehungen zur EG einzuschränken. Die französische Antwort an Gorbatschow fiel daher vorerst rezeptiv aus, das weitere Vorgehen wird noch mit den Vertragspartnern abzustimmen sein. […]

Der persönliche Eindruck, den M. Gorbatschow bei seinem französischen Gastgeber hinterließ, ist der eines zwar umgänglichen, in Sachfragen aber harten Verhandlungspartners, der es darüber hinaus vortrefflich versteht, auf dem Instrument der Medien zu spielen. Ohne Präsident Reagan Verhandlungsschwäche unterstellen zu wollen, glaubt man hier doch, daß der bevorstehende Genfer Gipfel für ihn angesichts der Persönlichkeit Gorbatschows nicht leicht werden wird. Auf Grund der soeben gemachten Erfahrungen und der aus dem Besuch gewonnenen Erkenntnisse ist man hier auch skeptisch hinsichtlich der Erfolgsaussichten dieses Treffens. […]

Dokument 39
GS János KÁDÁR – freundschaftlicher Arbeitsbesuch

GZ 222.18.12/2-II.3/85, Zl.202-Res/85, ÖB Budapest (Agstner), 16. Oktober 1985

Generalsekretär János KÁDÁR traf im Rahmen eines 24-stündigen „freundschaftlichen Arbeitsbesuches" in Moskau am 25.9.1985 mit Generalsekretär GORBATSCHOW zusammen. Dieser Besuch leitete weitere Begegnungen KÁDÁRs mit Parteiführern anderer WP-Staaten ein. Kurz nach der Rückkehr von Moskau besuchte Herr KÁDÁR den tschechoslowakischen Staats- und Parteichef HUSÁK, in Kürze wird eine Begegnung mit General JARUZELSKY stattfinden, und DDR-Staats- und Parteichef HONECKER kommt am 29.10. zu einem eintägigen Aufenthalt nach Budapest. Lediglich mit Staatschef CEAUȘESCU steht eine Begegnung – die letzte hatte 1977 stattgefunden – nicht in Sicht.

Zum Abschluss der Begegnung wurde das beiliegende Kommuniqué herausgegeben. Man kann daraus das Bestreben nach einer Straffung der Beziehungen ersehen, die sowjetische Handschrift ist vor allem im Bereich der Weltpolitik deutlich erkenntlich. Hingegen sollen im Wirtschaftsbereich und bei der „vollkommenen Entfaltung der gesellschaftlichen Errungenschaften" die gemeinsamen Erfahrungen und nationalen Besonderheiten beachtet werden. Für Ungarn bedeutet dies eine allgemein gehaltene Bestätigung, Anerkennung und Absicherung seines Wirtschaftsreformkurses (dessen Erfolge vorerst auf sich warten lassen, weshalb man die weitere Entwicklung abwarten muss). […]

Herr KÓTAI versicherte mir, im Verhältnis Ungarn – Sowjetunion habe sich nichts verändert. Der Spielraum scheint zwar der gleiche geblieben zu sein, erweitert hat er sich ganz gewiss keinesfalls und Ungarn wird froh sein müssen, diesen Spielraum wahren zu können.

Zur Frage, wie er im Lichte der Moskauer Besprechungen die Aussichten der Begegnung REAGAN – GORBATSCHOW beurteilte, meinte KÓTAI, GORBATSCHOW sei ein sehr realistischer Mann, er sei vor allem ein Europäer (also offenbar mehr als seine Vorgänger). GORBATSCHOW mache sich keine Illusionen, er sei sich dessen bewusst, daß man nur mit kleinen Schritten beginnen und nicht sogleich bedeutende Ergebnisse erwarten könne. Herr KÓTAI zeigte sich durchaus hoffnungsvoll, weil die Pariser Vorschläge GORBATSCHOWs neue Elemente enthielten, an denen Präsident REAGAN kaum vorbei könne und die einen Ansatzpunkt für weitere ernste Verhandlungen bieten würden. Präsident REAGAN gestand er zu, ebenso Realist und an einem Erfolg interessiert zu sein. […]

Dokument 40
Gorbatschow in Paris
GZ 225,18,16/6-II.3/85, Zl. 4-POL/85, ÖB Moskau, 18. Oktober 1985

Der offizielle Besuch Gorbatschows in Paris (2.–5.10.1985) war die erste Auslandsreise, die er seit Übernahme der Funktion als Generalsekretär des ZK der KPdSU (11.3.1985) unternommen hat. Es ist nicht weiter verwunderlich, daß er zuerst nach Paris gekommen ist, weil er anscheinend vor dem Gipfeltreffen in Genf Westeuropa und insbesondere Frankreich auf seine besondere Rolle bei der Abrüstung hinweisen und versuchen wollte, vor seiner Begegnung mit Reagan eine gewisse Rückendeckung für die sowjetischen Vorschläge zu erreichen. Schon während der Vorbereitung des Besuches haben die sowjetischen Medien alle Register gezogen und auf die historischen Beziehungen zwischen den beiden Ländern sowie auf die traditionell eigenständige Politik Frankreichs hingewiesen. Auch wurde auf sowjetischer Seite von Anfang an zu verstehen gegeben, daß die Sowjetunion die Rolle Frankreichs in der Welt voll einzuschätzen wisse. Aber nur scheinbar bot Paris in den Augen des Kremls in mancherlei Hinsicht gute Voraussetzungen für eine solche Propagandaaktion.

Der Besuch habe einen erfolgreichen Verlauf genommen, heißt es in der Moskauer französischen Botschaft, aber doch einige schwierige Aspekte aufgewiesen, was nicht zuletzt auf den bevorstehenden sowjetisch-amerikanischen Gipfel in Genf zurückzuführen war.

Auch in Paris scheint die Zeit der Überraschung über einen nach hiesigen Begriffen jugendlichen, geistig beweglicheren und sogar charmanten Kreml-Gewaltigen vorbei zu sein; wenn man mit der gebotenen Nüchternheit nach Veränderungen in der Substanz Ausschau hält, ist das Ergebnis doch wesentlich bescheidener, als einem die Moskauer Propaganda-Maschinerie glauben machen will, welche die Sowjetbürger mit einer ungewöhnlichen Nachrichtenfülle bedacht hat, wobei eine flexiblere Informationspolitik zu beobachten war. Geradezu sensationell wirkte das Fernseh-Interview Gorbatschows mit französischen Journalisten vor der Abreise und die gemeinsame Pressekonferenz mit Präsident Mitterrand in Paris, bei der Gorbatschow frei sprach, gelöst wirkte und auch auf schwierige Fragen antwortete, insbesondere im Bereich der Menschenrechte; Fragen, die unter seinen Vorgängern sicherlich gar nicht gestellt hätten werden dürfen. Dem sowjetischen Gast und seiner Delegation wurden verschiedene, nach Kategorien geordnete Listen überreicht: betreffend Dissidenten, Juden, Familienzusammenführungen etc. Weder zu Schtscharanskij noch zu Sacharow hat sich Gorbatschow direkt geäußert, sondern nur verlauten lassen, daß bei Familienzusammenführungen „konstruktive und humanitäre Lösungen möglich sein sollten". Außerdem deutete er vage an, daß Träger von Staatsgeheimnissen erst nach längerer Zeit mit einer allfälligen Genehmigung der Ausreise rechnen können.

In Bezug auf SDI zog Gorbatschow alle Register: in seiner Tischrede anläßlich des ihm zu Ehren offerierten Abendessens sparte er sogar nicht mit Drohungen und sagte, wenn die Initiatoren dieses absurden Einfalls darauf bestehen sollten, ihren gefährlichen Weg fortzusetzen, stehen der Welt wahrhaftig harte Zeiten bevor.

Mitterrand erklärte im Verlaufe der Gespräche zu SDI, daß Frankreich prinzipiell gegen die Ausdehnung des Wettrüstens auf den Weltraum eingestellt ist und SDI daher nicht unterstütze. Dabei vermied es aber Mitterrand mit Rücksicht auf das NATO-Bündnis, das amerikanische SDI-Projekt einer direkten Kritik zu unterziehen.

Zur KVAE in Stockholm hat Mitterrand erneut den französischen Standpunkt vertreten, wonach man sich bemühen sollte, die erste Konferenzphase vor dem Wiener Follow-up-Treffen (KSZE) abzuschließen. Dazu äußerte sich Gorbatschow vorsichtig optimistisch, aber vage und unverbindlich.

Bemerkenswert erscheint, daß Mitterrand gegenüber Gorbatschow sein Bestreben betonte, die Europäische Gemeinschaft zu unterstützen.

Die Beziehungen der EG zum COMECON wurden nur sehr allgemein erörtert.

Aufgefallen ist, daß sich Gorbatschow bei seinen Gesprächen der Erörterung keines der zur Diskussion gestellten Themen entzogen hat. Auch die jeweiligen Tischreden wurden entgegen der sonstigen Gewohnheiten der sowjetischen Medien ungekürzt wiedergegeben […].

Afghanistan blieb von den Gesprächen nicht ausgespart. Gorbatschow erging sich gegenüber den „Rebellen" nicht in aggressiven Tönen, sprach vage über eine politische Lösung und sagte, daß sich die sowjetischen Truppen nicht für immer und ewig in Afghanistan befinden. Im Großen und Ganzen waren seine Ausführungen zu diesem Thema nur sehr allgemein.

Gorbatschow hat sich in Paris als außergewöhnlich guter Gesprächspartner erwiesen, der sich seiner Sache sicher ist und frei diskutiert. […]

Ob sich Gorbatschow von seinem Besuch in Paris mehr versprochen hat oder nicht, muß dahingestellt bleiben. Auch sein geschicktes Auftreten hat den klaren Blick Mitterrands für die Realitäten allem Anschein nach nicht getrübt. Paris bleibt die unglückliche Liebe der Sowjets. […]

Dokument 41

Neues KPdSU-Parteiprogramm; Analyse

GZ 225.03.00/29-II.3/85, Zl. 594-RERS/85, ÖB Moskau, 4. November 1985

Der vor kurzem veröffentlichte Entwurf eines neuen Programms der kommunistischen Partei der Sowjetunion, welches vom XXVII. Parteitag der KPdSU im Februar 1986 beschlossen werden soll und das seit 1961 in Kraft stehende 3. Parteiprogramm ersetzen wird, ist durch die sozio-ökonomischen Probleme geprägt, denen sich die UdSSR seit Ende der 70er Jahre gegenübersieht. („Die Partei berücksichtigt, daß in den 70er Jahren und Anfang der 80er Jahre in der Entwicklung des Landes neben den erreichten unbestreitbaren Erfolgen bestimmte ungünstige Tendenzen und Schwierigkeiten auftraten".) Gleichzeitig wird darin aber auch die eher auf Dogmen als auf objektiven Gründen beruhende Überzeugung zum Ausdruck gebracht, daß es gelingen werde, die gegenwärtigen Schwierigkeiten zu überwinden und dem marxistisch-leninistischen Endstadium der gesellschaftlichen Entwicklung, dem Kommunismus, näher zu kommen.

Zum Unterschied von dem die „voluntaristische" Handschrift Chruschtschows tragenden 3. Parteiprogramm wird im Entwurf des 4. Parteiprogramms vorsichtshalber kein Termin genannt, bis zu dem die sowjetische Gesellschaft jenen paradiesischen Zustand erreicht haben soll, in dem

– die Staatsgewalt durch gesellschaftliche Selbstverwaltung ersetzt sein wird,

– der Unterschied zwischen körperlicher und geistiger Arbeit sowie den einzelnen Schichten der Sowjetbevölkerung beseitig sein wird („klassenlose Gesellschaft") und

– jeder Sowjetbürger nicht mehr nach seinen Leistungen, sondern nach seinen Bedürfnissen entlohnt werden wird.

Nunmehr ist im Entwurf des 4. Programms zu lesen, daß es keine „scharfe Grenze" zwischen der sozialistischen und der kommunistischen Phase gebe und die Weiterentwicklung des Sozialismus ein langsames Hineinwachsen in den Kommunismus bedeute. Dies kommt einer asymptotischen Annäherung an ein wohl nie erreichbares Ziel gleich. Daß die materiellen Voraussetzungen für eine Anwendung des kommunistischen Prinzips „einer vollen Befriedigung aller vernünftigen Bedürfnisse" in der UdSSR noch lange nicht gegeben sind, hat

Gorbatschow mit seiner in den letzten Monaten wiederholt erhobenen Forderung zum Ausdruck gebracht, daß das sozialistische Prinzip „jedem nach seinen Leistungen" in Zukunft noch stärker als bisher angewandt werden müsse (stärkere Abstufung der Löhne und Preise nach der Qualität der Arbeit bzw. der Produkte).

Insgesamt zeichnet sich der Entwurf des neuen Parteiprogramms, wenn man von ideologischen Pflichtübungen absieht, durch eine realistischere Einschätzung der derzeitigen Lage und der künftigen Möglichkeiten aus, als dies in früheren Dokumenten dieser Art der Fall war. Neben einigen ambitionierten und wahrscheinlich unrealistischen Zielsetzungen, vor allem im wirtschaftlichen Bereich (Verdoppelung des Nationaleinkommens bis zum Jahr 2000), finden sich häufig zu einzelnen Fragen zwei im dialektischen Gegensatz stehende Thesen, wobei die Synthese offen gelassen wird.

[…] Entwicklung des politischen Systems der sowjetischen Gesellschaft:

Die KPdSU fördere einen Ausbau und eine Anreicherung der sozialen, wirtschaftlichen, politischen und persönlichen Rechte und Freiheiten der Sowjetbürger. Es gebe jedoch keine Rechte ohne Pflichten. Jedem Sowjetbürger werde das Verständnis für den integralen Zusammenhang seiner Rechte, Freiheiten und Pflichten anerzogen.

Der sowjetische Staatsapparat diene dem Volk: Bürokratismus und Formalismus müßten unterbunden, inkompetente Funktionäre und solche, die keine Initiative zeigen, müßten entlassen und Amtsmißbrauch, persönliche Bereicherung und Protektionismus müßten bestraft werden. […]

5) Internationale Ziele:

a) Die KPdSU tritt für eine wirksame Zusammenarbeit der Staaten der sozialistischen Gemeinschaft im internationalen Bereich ein; dabei müsse sowohl den Interessen der einzelnen sozialistischen Staaten als auch jenen der sozialistischen Gemeinschaft Rechnung getragen werden. Der wirtschaftlichen Integration im Rahmen des RGW werde besondere Bedeutung beigemessen. Wenngleich eine gleichberechtigte und gegenseitig vorteilhafte wirtschaftliche Zusammenarbeit von sozialistischen und kapitalistischen Staaten als natürlich und nützlich angesehen werde, so gehe die KPdSU gleichzeitig davon aus, daß die Entwicklung der sozialistischen Integration stärker dazu beitragen müsse, die Gemeinschaft in technischer und ökonomischer Hinsicht gegenüber feindlichen Aktionen des Imperialismus, den Einflüssen von Wirtschaftskrisen sowie anderen negativen, dem Kapitalismus innewohnenden Prozessen unverwundbar zu machen.

Um die internationale Position des Sozialismus [nicht] zu schwächen, [müssen] die Beziehungen der einzelnen sozialistischen Staaten […] daher bestrebt sein, in allen „prinzipiellen Fragen" ihre Aktionen abzustimmen. Das, was die sozialistischen Länder eint, sei unermesslich mehr, als das, was sie trennen könnte. […]

c) Nachdem zunächst einmal darauf hingewiesen wird, daß es sozialistische Revolutionen als Ergebnis der gesellschaftlichen Entwicklung innerhalb von Staaten auch in Zukunft geben werde und jedem Versuch imperialistischer Kräfte, den Lauf der Geschichte gewaltsam aufzuhalten, von der UdSSR Widerstand geleistet werde, wird die Gültigkeit des „Lenin'schen Prinzips der friedlichen Koexistenz" als Grundlage der Beziehungen zu den kapitalistischen Staaten bekräftigt. Die KPdSU hält die Übertragung ideologischer Gegensätze auf die zwischenstaatlichen Beziehungen für unzulässig. (Die UdSSR selbst agiert jedoch zweigleisig, indem sie neben den zwischenstaatlichen Beziehungen die ideologische Auseinandersetzung mit dem Westen mittels kommunistischer Parteien und anderer Helfer führt.) Die internationale Entspannung wird als Etappe auf dem Weg zur Schaffung eines umfassenden Sicherheitssystems bezeichnet.

Die KPdSU tritt für normale und stabile Beziehungen zwischen der UdSSR und den USA ein. „Es bestehen objektive Voraussetzungen, eine fruchtbringende, gegenseitige, vorteilhafte sowjetisch-amerikanische Zusammenarbeit auf den verschiedenen Gebieten in Gang zu bringen". Auch der weiteren Entwicklung der friedlichen Nachbarschaft und Zusammenarbeit mit den Staaten Westeuropas wird große Bedeutung beigemessen.

Ferner finden sich in dem Programmentwurf die bekannten sowjetischen Abrüstungsvorschläge mit der Forderung nach einer „Verhinderung der Militarisierung des Weltraums" an der Spitze.

d) Außerhalb des sozialistischen Weltsystems hat sich die KPdSU mit der Diversität von Ansichten in der Kommunistischen Bewegung offenbar weitgehend abgefunden. Die vielfältigen Formen ihrer Tätigkeit ermöglichen es den kommunistischen Parteien in den nichtkommunistischen Staaten, nationalen Besonderheiten, konkreten historischen Situationen und den Interessen verschiedener sozialer Gruppen besser Rechnung zu tragen. Die KPdSU habe Verständnis für die Bemühungen dieser kommunistischen Parteien, ihre Strategien und Taktiken zu vervollkommnen. Das Bestehen von Meinungsverschiedenheiten in einzelnen Fragen dürfe jedoch die internationale Zusammenarbeit der kommunistischen Parteien nicht stören. Differenzen müßten besprochen und ein Modus Vivendi gefunden werden. Den eigenen Wegen sind jedoch Grenzen gesetzt: wenn es um den revolutionären Kern des Marxismus-Leninismus gehe, werde die KPdSU weiterhin Opportunismus und Reformismus, Dogmatismus und Sektierertum eine Abfuhr erteilen.

Die KPdSU spricht sich ferner für die Entwicklung der Beziehungen zu sozialistischen, sozialdemokratischen und Labourparteien aus. Die Zusammenarbeit mit diesen Parteien könne insbesondere bei der Verhinderung eines Atomkriegs eine bedeutende Rolle spielen. Wie tief auch immer die Differenzen zwischen den einzelnen Strömungen der Arbeiterbewegungen sein mögen, so sei dies kein Hindernis für einen fruchtbaren und systematischen Meinungsaustausch, für parallele oder gemeinsame Aktionen gegen Kriegsgefahr, für eine Gesundung der internationalen Lage, für eine Beseitigung der Überreste des Kolonialismus und für die Stärkung der Rechte der Werktätigen. […]

Schlußfolgerungen:

Der veröffentlichte Text des vierten Programms der KPdSU steht nur als Entwurf zur Diskussion, was demokratisches Verfahren simulieren soll, aber als Beweis dafür gewertet werden kann, daß Chruschtschows Version von 1961 endgültig zur Makulatur geworden ist. Die von Chruschtschow eingeleitete Phase des sogen. entwickelten Sozialismus soll andauern, aber die von ihm damals verkündete kommunistische Herrlichkeit ist von dem hiefür vorgesehen gewesenen Jahr 1980 in nebelhafte Ferne gerückt. Übereilte Erwartungen werden mit bescheideneren Aussichten gebremst, wenn auch die bis zum Jahre 2000 angestrebte Erhöhung der Arbeitsproduktivität um das 2 1/2-fache voraussichtlich unrealistisch sein wird. Alles in allem könnte auch für Gorbatschow eines Tages die Stunde der Wahrheit kommen.

Der Nachholbedarf, der dennoch beschleunigt verwirklicht werden soll, hält sich in mehr oder weniger pragmatischen Grenzen. Niemand spricht mehr von der obsolet gewordenen Verheißung des Überholens der USA. Dennoch beharrt der neue Entwurf auf schon wiederholt angekündigten Abhilfen für systemimmanente wirtschaftliche Fehlleistungen. Wenn sich im Westen jemand der Illusion von echten bzw. strukturellen Reformen der sowjetischen Wirtschaftsordnung hingegeben hat, sind solche Erwartungen jetzt mehr oder weniger gegenstandslos. Von einer „durchgreifenden Wende", wie sie Gorbatschow kürzlich beschworen hat, ist nichts zu bemerken. Man bleibt Gefangener des eigenen Systems. Aber gerade das sollte man Gorbatschow zugutehalten. Er kann nur versuchen, nach Mitteln und Wegen Ausschau zu halten, die geeignet sind, die sich in diesem Rahmen bietenden Möglichkeiten voll auszunützen.

In seiner Form gibt sich der neue Entwurf zeitgemäßer und dem heutigen Bemühen um Sachlichkeit und Wirklichkeitsbezug entsprechend angemessener als früher. In seiner ideologischen Grundausrichtung ist man aber sicherlich um Kontinuität bemüht – alter Wein in neuen Schläuchen.

Die unerfüllten Versprechen von 1961 werden verschwiegen. Kein Wort darüber, daß schon heute die sowjetische Bevölkerung in Überholung der USA den höchsten Lebensstandard haben, jeder Sowjetbürger in einer kostenlosen Wohnung leben sollte und weder für Energie noch für lokale öffentliche Verkehrsmittel oder am Ferienort für seinen Aufenthalt im Sanatorium aufkommen müßte; nicht daran zu denken, heute weniger als sechs Stunden am Tag zu arbeiten; die Ernteresultate haben sich keineswegs verdoppelt, wie im Jahr 1961 in Aussicht gestellt wurde.

Aber dennoch wird man im Entwurf die kritischen Bemerkungen nicht übersehen können, welche an die Adresse der ungenannten Vorgänger Gorbatschows gerichtet wurden: der Personenkult Stalins, die Fehler Chruschtschows subjektivistischen und voluntaristischen Charakters sowie ungünstige Tendenzen in den 70er-Jahren und Anfang der 80er-Jahre unter Breschnew. Vorsichtshalber verzichtet der Entwurf mit wenigen Ausnahmen auf detaillierte Aussagen, welche paradiesischen Verhältnisse das kommunistische Endziel aufweisen soll.

Bemerkenswert erscheint ferner, daß im internationalen Teil das Bestehen von Divergenzen innerhalb der kommunistischen Weltbewegung offen zugegeben wird. Die Möglichkeit abweichender Meinungen sogar innerhalb der sozialistischen Staatengemeinschaft – solange es sich nicht um „prinzipielle Fragen" handelt – ist ein

Novum für ein KPdSU-Parteiprogramm. Die KPdSU hat gelernt, mit den diesbezüglichen Realitäten zu leben.

Im Kulturteil schließlich finden sich dieselben dogmatischen Formulierungen, aufgrund derer sowjetischen Kulturschaffenden die Zwangsjacke des sozialistischen Realismus verpaßt wird. […]

Dokument 42

Unterredung mit dem Erzbischof von Krakau, Kardinal MACHARSKI

GZ 166.04.20/18-II.3/85, Zl. 377-RES/85, ÖB Warschau (Wotava), 7. November 1985

Anläßlich einer Einladung zu einem Abendessen zu zweit am 5.11. hatte ich Gelegenheit zu einer längeren Unterredung mit Kardinal MACHARSKI, von der folgendes berichtenswert ist:

Vorausgeschickt werden darf, daß Kardinal Macharski die Delegation des polnischen Episkopats anführt, die in regelmäßigen Abständen sich mit einer hochrangigen Delegation des polnischen Regimes unter der Führung des Politbüromitgliedes BARCIKOWSKI zur Erörterung gemeinsam interessierender Fragen trifft.

Über das derzeitige <u>Verhältnis Kirche-Staat</u> befragt, erklärt der Kardinal, daß das Gesprächsklima zwischen den Vertretern der Kirche und des Staates schon besser gewesen sei, als es derzeit der Fall sei. Das Regime sei insbesonders über die Tatsache, daß die überwältigende Mehrzahl der Bischöfe (kein einziger Diözesanbischof hat an den Wahlen teilgenommen) und Priester nicht an den Wahlen teilgenommen habe, sehr enttäuscht sei, obwohl das Regime aufgrund der Haltung der Kirche bei den letzten Wahlen vom Jahre 1980 natürlich keine Wahlempfehlung habe erwarten können. Das Regime sei auch darüber enttäuscht, daß die Kirche auf die Avancen der Regierung, doch kirchliche Kandidaten für den Sejm zu nominieren, aus naheliegenden Gründen nicht eingegangen sei. Der Mord an dem Priester Popiełuszko und die wenig entgegenkommende Haltung der Regierung zum Projekt des Landwirtschaftsfonds des Episkopats habe natürlich auch nicht gerade ermunternd auf die Priester gewirkt, sich an den Wahlen zu beteiligen.

Die kirchliche Delegation versuche bei den Gesprächen mit den Vertretern des Regimes nie, dem Regime gegenüber unzumutbare Forderungen aufzustellen, beharre aber auf gewissen religiösen und moralischen Prinzipien und wichtigen sozialpolitischen Anliegen der Gesellschaft, von denen sie nicht abrücken könne. […]

Dokument 43

Bilanz der Regierung Jaruzelski

GZ 166.03.00/26-II.3/85, Zl. 5-POL/85, ÖB Warschau (Wotava), 18. November 1985

Fast fünf Jahre, und zwar vom Februar 1981 bis November 1985, stand General Jaruzelski an der Spitze der polnischen Regierung (ab Oktober 1981 wurde General

Jaruzelski zudem Erster Parteisekretär, eine Position, die er vermutlich noch lange Zeit innehaben wird). Ohne Übertreibung kann gesagt werden, daß kein polnischer Regierungschef in seiner Amtszeit mit derart schwierigen innenpolitischen Problemen, einer derart schwierigen innenpolitischen und wirtschaftlichen Krise befaßt und kein Regierungschef so hart am Abgrund des totalen Zusammenbruchs des Regimes gestanden war wie er. Über keinen polnischen Politiker des kommunistischen Systems in Polen gibt es so kontroverselle Ansichten wie über General Jaruzelski, und vermutlich wird es noch geraume Zeit dauern, bis die Historiker, insbesonders jene aus dem Westen, sich ein objektives Bild von der Regierung Jaruzelski werden machen können.

Wenn schon in diesen einleitenden Sätzen wieder einmal zum Ausdruck gebracht wird, daß das Schicksal Polens in der Zeit der Ära Jaruzelski tatsächlich in den Händen der Regierung und nicht, wie in den übrigen Ostblockstaaten, in jenen der Partei lag, so ist diese Feststellung in jeder Hinsicht gerechtfertigt, denn die Partei steckte, von den anfänglichen Monaten der Regierung Jaruzelskis allenfalls abgesehen, <u>in der schwersten Krise seit ihrem Bestehen und hatte praktisch jeden Einfluß auf die Gestaltung innerpolitischer Vorgänge verloren</u>. Es war die Regierung mit General Jaruzelski an der Spitze, gestärkt durch die als Institution auch in den schwersten Krisenjahren intakt gebliebenen Armee, die die Macht in Händen hielt; und dieses Zentrum der Macht blieb in der Regierung oder genauer gesagt bei Jaruzelski und einer kleinen Gruppe insbesonders dem Militärstand angehörender enger Vertrauensleute um Jaruzelski bis zum Ende der Regierung des von der Bevölkerung so wenig beliebten Generals. Es ist anzunehmen, daß sich mit dem Ausscheiden Jaruzelskis aus der Regierung das Machtzentrum nunmehr zur Partei verlagern wird, wie dies dem üblichen Ostblockschema entspricht und wie dies, vermutlich auf sowjetischen Wunsch, nunmehr auch in Polen wieder der Fall sein wird.

Erschien Jaruzelski der polnischen Öffentlichkeit in den ersten Monaten seiner Ministerpräsidentschaft bis zur Ausrufung des Kriegsrechtes am 13.12.1981 als überwiegend kompromiß- und verhandlungsbereiter Partner der immer mächtiger, aber durch die imponierenden Anfangserfolge auch übermütiger gewordenen Solidaritätsbewegung, <u>so zeigte er sich in der ersten Etappe des Kriegsrechtes als harter und kompromißloser starker Mann des Regimes</u>, dem die Ordnung und innere Ruhe oberste Maxime waren und der diesem Ziel alle gesellschaftlichen und demokratischen Ambitionen und Errungenschaften der polnischen Bevölkerung bedenkenlos zu Fall brachte. Seine zahlreichen Gegner in der Opposition werfen Jaruzelski in diesem Zusammenhang Doppelbödigkeit seines Verhaltens vor, weil er zweifellos zum Zeitpunkt von Verhandlungen mit der Solidarität schon insgeheim seine Vorbereitungen für den Militärcoup traf. Die Opposition wirft Jaruzelski sogar vor, gewisse exzessive Streikbewegungen der letzten Monate vor dem Kriegsrecht durch agents provocateurs bewußt inszeniert haben zu lassen. Die historische Wahrheit, wie es damals wirklich war, wird sicherlich nicht so bald an das Licht der Öffentlichkeit kommen. Objektive politische Beobachter, denen keineswegs Regimetreue vorzuwerfen ist, geben aber offen zu, daß Jaruzelski <u>am Beginn seiner</u>

Amtszeit als Regierungschef sehr wahrscheinlich um einen Ausgleich der Interessengegensätze zwischen Regime und Solidaritäts-Bewegung echt bemüht gewesen war, obwohl angesichts der drohenden Nähe des östlichen übermächtigen Nachbarn dies einem stets sehr gefährlichen innen- und außenpolitischen Trapezakt gleichgekommen ist. Jaruzelski dürfte erst dann mit den Vorbereitungen für seinen Militärcoup begonnen haben, als er und seine Vertrauensleute zur Ansicht gekommen waren, daß mit der außerhalb jeder Kontrolle der gemäßigten Elemente geratenen Solidarität kein realistisches Übereinkommen auf die Dauer zu erzielen sein würde; und im Sog der radikalen Kräfte, wie dies beim Solidaritäts-Kongress in Radom vom November 1981 bereits offen von Kongressdelegierten formuliert wurde, die Solidarität über kurz oder lang einen Ausbruch Polens aus dem kommunistischen Lager angepeilt hätte.

Wie immer die Geschichtsschreibung die Rolle Jaruzelskis in der Zukunft bewerten wird, eines kann Jaruzelski sicher schon jetzt als sein historisches Verdienst für sich in Anspruch nehmen: daß er durch den präventiven Militärcoup Polen ein riesiges Blutbad erspart hat, das sich angesichts der ausgeprägten bis fanatischen anti-sowjetischen Stimmung der polnischen Bevölkerung bei einer Intervention durch die Sowjetunion unweigerlich ergeben hätte.

So entschlossen und hart nach Ausrufung des Kriegsrechtes Jaruzelski [die] Opposition oder vermeintliche Oppositionelle durch willkürliche Verhaftungen, Verurteilungen und später von der Opposition inszenierte Demonstrationen bekämpfte und niederschlagen ließ, muß ihm dennoch zugutegehalten werden, daß das Kriegsrecht im Vergleich zu Militärregimen in anderen Staaten verhältnismäßig viel weniger rigoros gehandhabt wurde. Auch die Zahl der Todesopfer, so beklagenswert natürlich jeder einzelne Tote ist, konnte relativ gering gehalten werden. Jaruzelski signalisierte insbesonders gegenüber der Opposition und auch gegenüber den inhaftierten führenden Solidaritätsfunktionären schon wenige Monate nach Ausrufung des Kriegsrechtes wieder Kontaktbereitschaft, doch hat die Solidarität diese Fühler, die das Jaruzelski-Regime in Richtung Opposition zur Befriedigung der innerpolitischen Situation ausgestreckt hatte, nicht aufgegriffen. Als die Solidarität viel später Verhandlungsbereitschaft in Richtung Regime zu erkennen gab und derzeit noch immer zu erkennen gibt, war der Zug der Geschichte über die Solidaritäts-Bewegung bereits darübergefahren, und das Regime konnte oder wollte nicht mehr mit den Exponenten der zunächst suspendierten, dann aber gesetzlich verbotenen Gewerkschaft Verhandlungen wiederaufnehmen.

In der polnischen Öffentlichkeit wird General Jaruzelski als jener Mann bewertet, der die in atemberaubendem Tempo gewonnenen demokratischen Errungenschaften der Solidaritäts-Epoche wieder eliminierte. Neben der 10 Millionen Mitglieder umfassenden Solidaritäts-Bewegung löschte das Jaruzelski-Regime auch alle anderen auf demokratischen Grundsätzen aufgebauten Verbände der Freischaffenden aus, und schließlich wurde 1985 in einer der letzten Sitzungen des vergangenen Parlaments auch noch die weitgehende Hochschulautonomie praktisch auf Null reduziert.

Als großer taktisch-politischer Fehler wird Jaruzelski von seinen kritischen Gegner angelastet, daß er den doch großen innenpolitischen Spielraum, der sich durch die schwachen Kremlführer (Ende der Breschnew-Ära, Andropow und Tschernenko) für Polen zwangsläufig ergeben hätte, nicht im Sinne von „polnischer Lösung" ausnützte, wie dies selbst Gomułka einige Male getan hatte. Zudem sei ihm die jeweilige Sowjetführung schon deswegen sehr verpflichtet gewesen, weil Jaruzelski durch die Verhängung des Kriegsrechtes die Sowjets von dem Dilemma, selbst in Polen intervenieren zu müssen, befreit hatte. Deswegen hätte nach Ansicht der Opposition Jaruzelski auch nicht alle Errungenschaften der Solidaritätsepoche so blindlings über Bord werfen müssen, wie es sein Regime getan hatte. Viele Oppositionelle werfen ihm jedoch vor, daß das Eliminieren der Errungenschaften der Solidaritätsepoche jedoch seiner persönlichen Einstellung, seinen kommunistischen Prinzipien und seiner sowjethörigen Mentalität entsprochen hätte.

An diesem Punkt stellt sich notgedrungen erneut die Frage: Ist Jaruzelski in erster Linie ein polnischer Patriot oder in erster Linie ein moskauhöriger kommunistischer Machthaber? Jaruzelski hat es wie kein zweiter verstanden, seine wahren Gedanken und Absichten auch gegenüber Polen, die ihn seit Jahrzehnten kennen, zu verbergen. Was er wirklich denkt, weiß kaum jemand. Viele neigen aber doch zur Ansicht – und ich gehöre auch zu ihnen –, in Jaruzelski vor allem einen Machthaber zu sehen, der die polnischen Interessen zuallererst im Auge hat. Dabei kann es an seiner Pakttreue gegenüber der Sowjetunion natürlich nicht die geringsten Zweifel geben.

Wie sehr sein polnischer Patriotismus angezweifelt wird, ist daraus zu ersehen, daß <u>es Jaruzelski trotz aller Bemühungen nicht gelungen ist, auch nur einen geringfügigen Teil der polnischen Bevölkerung auf seine Seite zu ziehen</u> und von der Lauterkeit seiner Absichten zu überzeugen. Jaruzelski ist es zwar gelungen, die Strukturen der Opposition und der Solidarität weitestgehend zu zerschlagen, es ist ihm aber nicht gelungen und wird auch seinen künftigen Nachfolgern nicht gelingen, die tief in der Bevölkerung verwurzelten Ideen der Solidarität aus der Welt zu schaffen. <u>Die Solidaritäts-Epoche hat wie eine entscheidende Zäsur in der Nachkriegsgeschichte Polens gewirkt</u>; das Volk, insbesonders die Arbeiterschaft, hat das Gefühl erlangt, <u>auch einem kommunistischen Regime beträchtliche demokratische Konzessionen abtrotzen zu können</u>; und von diesem Erfolgsgefühl und wenn auch nur kurzen Höhenflug der von Freiheit, echter Unabhängigkeit und Demokratie träumenden Bevölkerung wird sich letztlich kein kommunistisches Regime in Polen lösen können; der Traum und die Ambitionen der Bevölkerung, dem kommunistischen Regime wieder einmal, wenn auch vielleicht erst nach Jahren wieder, entscheidende Zugeständnisse abkämpfen zu können, wird in Polen zweifellos weitergehen.

Der Popiełuszko-Mord und der von Jaruzelski mutig zugelassene Prozeß gegen die Mörder des Priesters mit seinen Enthüllungen von Geheimdienstpraktiken in Polen hätte Jaruzelski potentiell in die Lage versetzen können, einen erheblichen Teil der Bevölkerung mit einem Schlag auf seine Seite zu ziehen. Das Ablenken von den Hintermännern des Mordfalles und die bei dem Prozeß gegen die Kirche entfachte Haßkampagne hat aber diese Absicht, falls eine solche je bestanden haben sollte, in Nichts zerrinnen lassen.

Seit dem Popiełuszko-Prozeß hat sich auch das bis dahin fast als sehr gut zu bezeichnende Verhältnis zwischen Staat und Kirche merklich abgekühlt und hat sich von dieser Abkühlung, auch wenn sich hochrangige beiderseitige Delegationen regelmäßig treffen und es auch immer wieder zu Gipfeltreffen zwischen General Jaruzelski und Primas Glemp kommt, nicht mehr erholt.

Die Verhängung des Kriegsrechtes stürzte Polen auch in eine außenpolitische Isolierung gegenüber dem Westen, wie es Polen, von den stalinistischen Jahren vielleicht abgesehen, noch nie erlebt hatte. Die mühsam gelungene Durchbrechung dieser außenpolitischen Isolierung durch verschiedene westliche Außenminister-Besuche hat in letzter Zeit durch das Anziehen der innenpolitischen Zügel in Polen wieder einen Rückschlag erlitten, wenn auch der politische Dialog mit den westlichen Staaten, wenn auch auf niedrigerer Ebene, nicht mehr abreißen dürfte.

Jaruzelski betrachtete seine Aufgabe als Regierungschef im Sinne der Wiederherstellung der weitgehenden innenpolitischen Ruhe und Ordnung als erfüllt. (Daß die Lösung der gesellschaftspolitischen Probleme nicht einmal in Ansätzen erfolgt ist, dürfte auch Jaruzelski selbst vollkommen klar sein.) Die Übergabe der Regierungsgeschäfte an einen Wirtschaftstechnokraten in der Person des derzeitigen Ministerpräsidenten Prof. Messner sollte Polen, aber auch der internationalen Staatengemeinschaft signalisieren, daß die bevorstehenden Probleme Polens nicht mehr innenpolitischer, sondern vorwiegend wirtschaftlicher Natur sind. Die Regierung Jaruzelski ist abgetreten, die Ära des Generals Jaruzelski und seiner Rolle als starker Mann Polens wird jedoch fortgesetzt (hierüber darf sich die Botschaft einen weiteren Bericht vorbehalten). […]

Dokument 44
Die Kurzvisite General Jaruzelskis bei Präsident Mitterrand

GZ 166-01-01/15-II.1/85, Zl. 277-Res/85, ÖB Paris (Nettel), 10. Dezember 1985

Der polnische Staats- und Regierungschef Jaruzelski ist am 4. Dezember 1985 zu einem etwa 80-minütigen Gespräch mit Präsident Mitterrand im Élysée-Palast zusammengetroffen. Diese Visite war erst zwei Tage vorher offensichtlich durch eine Indiskretion publik geworden und hat umgehend heftige Kritik in den Medien und bei der bürgerlichen Opposition hervorgerufen; auch innerhalb der sozialistischen Regierungspartei machte sich deutliches Unbehagen über den Besuch des „Pinochet des Ostens" bemerkbar. Selbst Premierminister Fabius distanzierte sich vorsichtig von der Entscheidung Mitterrands, Jaruzelski zu treffen, indem er öffentlich vor dem Parlament erklärte, hievon „persönlich beunruhigt" zu sein. Nun werden Spekulationen darüber angestellt, welche Beweggründe ihn zu dieser Äußerung veranlaßt haben könnten; jedenfalls ist er damit in den Reihen seiner eigenen Partei auf wenig Verständnis gestoßen, da die Solidarität innerhalb der Führungsspitze nur drei Monate vor den Parlamentswahlen wichtiger erscheint als die Einhaltung der bisher geltenden Prinzipien in den Beziehungen zur polnischen Regierung. Ob Fabius in der Folge Präsident Mitterrand tatsächlich seinen Rücktritt angeboten hat, wurde bisher nicht bestätigt und von letzterem ausdrücklich dementiert; Tatsache ist aber, daß Fabius in dieser Affäre zunehmend in Isolation geriet.

Für einen Beobachter muss der Schritt Mitterrands jedenfalls als Kehrtwendung in der bisherigen Regierungspolitik gesehen werden, auch wenn dies in Kreisen der Mehrheitspartei nach der formellen Beilegung des inneren Konflikts bestritten wird. Ob dieser Konflikt allerdings wirklich beigelegt ist und welche Auswirkungen er auf die zukünftigen Beziehungen zwischen Élysée und Matignon haben wird, kann aus heutiger Sicht noch nicht beurteilt werden.

Die traditionell guten Beziehungen zwischen Frankreich und Polen, die zur Zeit des „Warschauer Frühlings" besonders intensiv und von der vollen Unterstützung der französischen Öffentlichkeit für die polnische Gewerkschaftsbewegung getragen waren, hatten jedenfalls mit der Ausrufung des Kriegsrechts am 13. Dezember 1981 ein abruptes Ende gefunden. Die französische Regierung zählte von diesem Moment an zu den schärfsten Kritikern der polnischen Militärregierung, was auch diese zu entsprechenden Repliken veranlasste, so daß sich die politischen Beziehungen kontinuierlich verschlechterten. Auch das Handelsvolumen verringerte sich erheblich, und nur die kulturellen Kontakte konnten einigermaßen aufrechterhalten werden. Eine Normalisierung wurde von der französischen Seite von der Aufhebung des Kriegsrechts, der Beachtung der Menschenrechte und der Wiederzulassung freier Gewerkschaften abhängig gemacht. Da auch der Besuch des polnischen Vizeaußenministers Kuczak im Frühjahr d.J. in Paris zu keiner Aufweichung dieser französischen Haltung geführt hatte, galt Frankreich als jenes westeuropäische Land, dessen Beziehungen zur polnischen Regierung am wenigsten entwickelt waren.

Es fragt sich daher, weshalb die polnische Seite in dieser Situation und auf die Gefahr hin, abgewiesen zu werden, ein direktes Zusammentreffen der beiden Staatsoberhäupter gesucht hat. Laut hiesiger polnischer Botschaft waren hiefür insbesondere die folgenden Überlegungen maßgebend:

- Der sowohl vom Klima als auch vom Ergebnis her als gelungen zu beurteilende Besuch Gorbatschows in Paris,
- das Gipfeltreffen Reagan – Gorbatschow in Genf und die daraus resultierende Hoffnung auf konkrete Entspannungsschritte in Europa,
- Mitterrands in zunehmendem Maße gaullistische Züge annehmende Europakonzeption,
- das Beispiel anderer europäischer Staaten, die ihre Beziehungen zu Polen bereits weitgehend normalisiert haben, wobei namentlich die BRD, Italien, Großbritannien und Österreich genannt wurden,
- die Besserung der wirtschaftlichen und sozialen Situation in Polen selbst.

[…] Hauptzweck des Besuchs aus polnischer Sicht war es, die Normalisierung der bilateralen Beziehungen einzuleiten und damit auch einen Beitrag zur Entspannung in Europa zu leisten. Indirekt erwartet man sich auf Grund des im Großen und Ganzen positiven Gesprächsklimas eine Ausweitung des Warenverkehrs und jedenfalls ein besseres Klima für die im Jänner 1986 stattfindende Tagung der Gemischten

Kommission. Polnischerseits wird der Besuch jedenfalls als erfolgreich bezeichnet, wenn auch eingeräumt wird, daß sich erst im Laufe der Zukunft zeigen wird, ob sich die Erwartungen wirklich erfüllen werden, nämlich ob es gelungen ist, das Eis der bilateralen Beziehungen dauerhaft zu brechen. Diesbezüglich ist man an der hiesigen polnischen Botschaft aber optimistisch, weil man glaubt, daß nach der Begegnung auf höchster Ebene nunmehr auch die französischen Regierungsmitglieder ihre bisherige Zurückhaltung gegenüber Kontakten mit ihren polnischen Homologen aufgeben werden.

Während die polnischen Motive für diesen Besuch einleuchtend sind, bleiben die wirklichen Überlegungen Präsident Mitterrands bisher Spekulationen vorbehalten. Mitterrand musste jedenfalls damit rechnen, daß nicht nur aus den Reihen der Opposition (mit der die polnische Führung übrigens in den letzten vier Jahren bessere Beziehungen gepflogen hatte als mit der Regierung), sondern vor allem auch aus der eigenen Partei dagegen Stellung genommen werden [würde], es sich also um eine innenpolitisch umstrittene Entscheidung handeln würde. Wahrscheinlich ist – und die Reaktion von Premierminister Fabius deutet darauf hin, daß er sie ohne Befassung der Regierung getroffen hat und ohne Rücksicht auf die zu erwartenden innenpolitischen Auswirkungen im Bewusstsein seiner Prärogative als Präsident, um so zu zeigen, daß Fragen der Entspannung im Ost-Westverhältnis nicht den beiden Supermächten vorbehalten sind, sondern auch Frankreich auf seinem Niveau eine wesentliche Rolle zukommt. Er selbst begründet es damit, daß er dem polnischen Volk helfen, die Interessen Frankreichs fördern, die Menschenrechte verteidigen und den europäischen Dialog aufrechterhalten wolle.

Zu erwähnen ist in diesem Zusammenhang auch, daß der frühere französische Außenminister Cheysson ein besonders heftiger Kritiker des polnischen Militärregimes war und seine Ablösung durch Roland Dumas die Öffnung zweifelsohne erleichtert hat.

Die Botschaft ist deshalb auf die äußeren Begleitumstände dieses überraschenden Besuchs relativ ausführlich eingegangen, weil sie glaubt, daß diese in den Auswirkungen bedeutsamer sind als der Inhalt des Gesprächs selbst. So weit bisher zu erwarten war, hat General Jaruzelski die innere Entwicklung Polens ausführlich dargelegt und ist auch von sich aus auf die Menschenrechtssituation in seinem Land zu sprechen gekommen. Daneben wurden die Ost-Westbeziehungen in eher allgemeiner Form erörtert. Konkrete Schritte über die zukünftige Gestaltung der bilateralen Beziehungen kamen nicht zur Sprache; auch die vereinzelt aufgestellte Vermutung, Jaruzelski könnte eine Botschaft Kadhafis den Tschad betreffend überbracht haben, soll nicht zutreffend sein.

Angesichts des von der polnischen Seite in offensichtlich richtiger Einschätzung der Lage selbstgewählten privaten Charakters des Besuches verlief dieser mit einem Minimum an Protokoll, so daß Jaruzelski u.a. den Élysée-Palast buchstäblich durch die Hintertür betreten musste; dies nur als Illustration, um zu zeigen, welche Behandlung die polnische Seite auf sich zu nehmen bereit war, um die Begegnung zustande zu bringen.

Wenn man von einem Besuch sagen kann, seine Bedeutung habe darin bestanden, daß er überhaupt stattgefunden hat, so war es dieser. […]

Dokument 45

Offizieller Besuch des polnischen Außenministers Marian Orzechowski in der UdSSR

GZ 166.18.06/1-II.3/85, Zl. 676-RES/85, ÖB Moskau (Grubmayr), 11. Dezember 1985

Der neue polnische Außenminister Marian Orzechowski hat seinem sowjetischen Kollegen E.A. Schewardnadse am 5. und 6. Dezember l.J. einen offiziellen Antrittsbesuch abgestattet, der laut Kommuniqué […] in einer „Atmosphäre der brüderlichen Freundschaft, des vollkommenen gegenseitigen Verständnisses und der Übereinstimmung der Ansichten in allen behandelten Fragen" verlaufen ist. Eine etwas andere Bewertung gab der polnische Außenminister den von ihm geführten Gesprächen [als] durch „Brüderlichkeit, vollkommenes gegenseitiges Verständnis, Aufrichtigkeit, Sachlichkeit und Konkretheit" gekennzeichnet.

Wie der Botschaft von hiesigen polnischen Diplomaten bestätigt wurde, waren sich die beiden Außenminister in allen politischen Fragen einig. „Gegenseitiges Verständnis" für die unterschiedlichen Interessen, d.h. im Klartext Meinungsdifferenzen, gab es hingegen auf wirtschaftlichem Gebiet.

Über den Stand der bilateralen Beziehungen zeigten sich beide Seiten „befriedigt"; diese würde sich auf allen Gebieten in aufsteigender Linie entwickeln. Die Mitte Mai d.J. in Warschau stattgefundenen Gespräche zwischen Generalsekretär Gorbatschow und General Jaruzelski hätten günstige Bedingungen für eine weitere Vertiefung der sowjetisch-polnischen Zusammenarbeit geschaffen. Wie Schewardnadse in einer zu Ehren seines polnischen Gastes gehaltenen Tischrede ausführte, würden die Sowjetmenschen mit großer Genugtuung den Prozeß der Normalisierung der Lage in Polen sowie der Festigung der Position des Sozialismus in diesem Land verfolgen. „Jeder neue Schritt, den sie in diese Richtung machen, freut uns", erklärte der sowjetische Außenminister und fügte hinzu, daß die polnischen Kommunisten in ihrem Kampf um die Überwindung der Folgen der Krise entschlossene Unterstützung und Hilfe seitens der UdSSR erhalten. […]

Um allen osteuropäischen Verbündeten klar zu machen, daß das Treffen Gorbatschow – Reagan nicht als „grünes Licht" für einen selbständigen Ausbau ihrer Westbeziehungen angesehen werden dürfe, war in der sowjetischen Presse dieser Tage im Zusammenhang mit der Reise von US-Außenminister Shultz nach Ungarn und Rumänien zu lesen, daß die sozialistische Gemeinschaft ein festes Bündnis freier Staaten sei. Mit welchen Erklärungen auch immer Vertreter der US-Regierung die Einheit dieser Staatengemeinschaft zu stören versuchten, so sei dies ein hoffnungsloses Unterfangen. […]

Dokument 46
Zehn Monate Ära Gorbatschow
GZ 225.03.00/1-II.3/86, Zl. 2-RES/86, ÖB Moskau (Grubmayr), 6. Jänner 1986

Aufgrund der seit Beginn der Gorbatschow-Ära erfolgten personellen Veränderungen in der Leitung von Gebietsparteikomitees und in sonstigen wichtigen Partei- und Regierungsfunktionen, die mit einem Sitz im ZK der KPdSU verbunden sind, gehen hiesige westliche Experten davon aus, daß das ZK auf dem bevorstehenden XXVII. Parteitag mehr als zur Hälfte erneuert werden dürfte und somit Gorbatschow ein ihm genehmes ZK erhalten werde.

Das ZK der KPdSU hat allerdings seit der Vereitelung des Versuches einer „parteifeindlichen Gruppe" im Jahre 1957, Chruschtschow als Parteichef zu stürzen, keine politische Macht mehr ausgeübt, da seither alle wesentlichen Entscheidungen im Politbüro getroffen wurden. Nur wenn im Politbüro Patt-Stellung herrscht, kommt dem ZK entscheidende Bedeutung zu. Daß Gorbatschow von einer deutlichen Mehrheit im Politbüro getragen wird (was jedoch nicht bedeutet, daß er in allen Fragen seine Vorstellungen durchsetzen kann), wird von niemandem bezweifelt. Nach der Absetzung Grischins als Stadtparteichef von Moskau (Gorbatschow hat an der am 24. Dezember v.J. stattgefundenen Tagung des Moskauer Stadtparteikomitees persönlich teilgenommen!) wird nun erwartet, daß beim nächsten, spätestens vor Beginn des XXVII. Parteitages stattfindenden ZK-Plenum der „Führer der alten Garde", Grischin, – aber möglicherweise nicht nur dieser – die Mitgliedschaft im Politbüro verlieren wird. Auf der „Abschußliste" stehen die übrigens gleichzeitig mit Grischin im Jahre 1972 in das Politbüro gewählten Parteichefs von Kasachstan, Kunajew, und der Ukraine, Schtscherbizki. Von den Kandidaten des Politbüros könnte ferner demnächst der 1. Stv. Vorsitzende des Präsidiums des Obersten Sowjets der UdSSR, der 84-jährige Kusnezow, aus der Politik ausscheiden. Als künftiger 1. Stellvertreter Gromykos ist der derzeitige Kulturminister und Politbürokandidat, Demitschew, im Gespräch.

An dieser Stelle soll kurz versucht werden, die gegenwärtige Stellung von Staatspräsident Gromyko abzugrenzen, da mir vor meiner Abreise aus Wien in der zuständigen Abteilung ein entsprechender Auftrag mitgegeben wurde. Vorauszuschicken wäre, daß Gromyko auf der hiesigen Gerüchtebörse in letzter Zeit nicht mehr im Zusammenhang mit den anderen obgenannten „Abschußkandidaten" genannt worden ist. Er erfüllt weiterhin seine Aufgabe als Staatsoberhaupt (Unterzeichnung entsprechender Dekrete etc.) und arbeitet auch „operativ", wie z.B. kürzlich als Delegationsleiter und Gastgeber bei den Verhandlungen mit dem irakischen Staatspräsidenten [Saddam Hussein] und andererseits bei einer Aussprache mit einer Abordnung des Bundestags der BRD, die unter Führung des Bundestagspräsidenten [Philipp Jenninger] stand.

Auf dem Neujahrsempfang für das CD stand er als Zweiter neben Generalsekretär Gorbatschow; im Gespräch mit den vorbeidefilierenden Diplomaten gab er sich heiter-gelassen. Er soll sich auch vor einiger Zeit in einer gewissen Selbstironie als

„Protokollchef des Politbüros" bezeichnet haben; vorläufig übt er seine Funktion nach den äußeren Anzeichen zu schließen doch noch in einer etwas substantielleren Weise aus, als diese Bemerkung signalisiert. Andererseits gibt es unverkennbare Zeichen, daß er sich auch in außenpolitischen Fragen eindeutig dem Generalsekretär unterordnet – wie etwa die fast devoten Formulierungen in seiner kürzlichen Rede für den irakischen Präsidenten, wo er eindeutig klarstellte, daß die von Herrn Gorbatschow gegenüber dem Gast abgegebenen Erklärungen die entscheidenden für die bilateralen Beziehungen seien. Manchmal wirkt er bei Fernsehauftritten etwas gebrechlich – nicht so jedoch beim Neujahrsempfang. Wenn er sich intern ebenso der neuen Linie unterordnet, wie er dies nach außen zur Schau trägt, könnte man ihm noch – bei aller Fragilität kremlologischer Voraussagen – eine gewisse politische Lebensdauer zubilligen, vorausgesetzt, daß er physisch weiterhin imstande bleibt, seine Funktion zu erfüllen.

Trotz unterschiedlicher Beurteilung der Perspektive der sowjetisch-amerikanischen Beziehungen innerhalb der sowjetischen Führung – dies wurde unmittelbar nach dem Genfer Gipfeltreffen in Reden des Politbüromitglieds Schtscherbizki und Generalstabchef Achromejews sowie auch in Pressekommentaren der letzen 2 Wochen sichtbar – dürfte Gorbatschows dominierende Stellung in Fragen der Außenpolitik unumstritten sein. Die Entschließung des Obersten Sowjets vom 27.11.1985, in welcher Gorbatschows Gespräche und Vereinbarungen mit Präsident Reagan voll und ganz gebilligt wurden, soll vom 2. Mann im Politbüro, Ideologiechef Ligatschow, der auch Vorsitzender des Außenpolitischen Ausschusses des Unionsrates des Obersten Sowjets ist, vorbereitet worden sein. Kritische Worte des vom Sturz bedrohten Schtscherbizki können Gorbatschow kaum etwas anhaben. Auch der Einfluß des Militärs auf den politischen Entscheidungsprozeß scheint unter Gorbatschow abgenommen zu haben. Aufmerksame Beobachter wollen bemerkt haben, daß Verteidigungsminister und Politbürokandidat Sokolow bei offiziellen Auftritten von Gorbatschow nur „flüchtig" gegrüßt wird.

Stärker als in der Außenpolitik dürften Gorbatschow in innenpolitischen Fragen die Hände gebunden sein. Als Indiz für Differenzen innerhalb der sowjetischen Führung über den künftigen wirtschaftspolitischen Kurs wird von hiesigen Beobachtern die noch immer nicht erfolgte Nachbesetzung des seit der Ernennung Ryschkows zum Regierungschef der UdSSR im Frühherbst v.J. verwaisten Postens des ZK-Sekretärs für allgemeine Wirtschaftsfragen [gewertet]. Gorbatschow ist im Laufe seiner nun fast 10-monatigen Amtszeit als KPdSU-Generalsekretär in seinen Erklärungen über die künftige sowjetische Wirtschaftspolitik zunehmend vorsichtiger geworden. Obwohl Gorbatschow nach [seiner] Bestellung zum Parteichef eine Überarbeitung des noch unter Tschernenko redigierten 1. Entwurfs für ein neues KPdSU-Parteiprogramm angeordnet hatte, ist der im Herbst v.J. veröffentlichte Entwurf in der Frage allfälliger Änderungen des Wirtschaftsmechanismus viel vager als Gorbatschow in seinen im Frühsommer 1985 in Leningrad, Kiew und Minsk gehaltenen Reden. Der über eine Reform des sowjetischen Wirtschaftssystems theoretisierende sowjetische Wirtschaftswissenschaftler Aganbegjan soll gegenüber einem schwedischen Diplomaten unlängst die Ansicht vertreten haben, daß die in nächster Zeit zu erwartenden Veränderungen des sowjetischen Wirtschaftsmechanismus hinter jenen des Jahres 1965 zurückbleiben dürften. In der Tat sind außer der Festlegung neuer, möglicherweise aussagekräftigerer Wirtschaftsindikatoren für Unternehmen und der Ersetzung alter Bürokratien durch neue, noch größere und unüberschaubarere, bisher wenig Änderungen festzustellen. Eine Bereitschaft der politischen Führung zur Zulassung privatwirtschaftlicher Nischen in der Sowjetwirtschaft, etwa im Dienstleistungsbereich, ist bisher nicht erkennbar, obwohl nach westlichen Schätzungen 20 Millionen Sowjetbürger „de facto" privatwirtschaftlich tätig sind, und es sich somit bloß um eine Legalisierung von für die Versorgung der sowjetischen Bevölkerung unerläßlichen Tätigkeiten handeln würde.

Zu anderen innenpolitischen Fragen, so etwa zur Kulturpolitik, hat sich Gorbatschow bisher noch gar nicht zu Wort gemeldet. Die kritische Rede des üblicherweise eher vorsichtigen Jewgenij Jewtuschenkos auf der kürzlich stattgefundenen Tagung des Schriftstellerverbandes der RSFSR (s. beil. Übersetzung des Redetextes) könnte jedoch darauf hindeuten, daß der Genannte die Zeit für günstig erachtet, um auch über die Notwendigkeit eines frischen Windes im sowjetischen Kulturleben zu sprechen. Ideologiechef Ligatschow hat übrigens vor einigen Wochen erklärt, daß die sowjetischen Medien ihren „sozialistischen Informationsgehalt" attraktiver präsentieren müßten.

Aufschluß über allfällige weitere innenpolitische Kurskorrekturen könne das Grundsatzreferat Gorbatschows auf dem XXVII. KPdSU-Parteitag geben. […]

Dokument 47
Zur West-Politik GORBATSCHOWs aus NATO-Sicht

GZ 225.02.02/5-II1/86, Zl. 2-RES/86, ÖB Brüssel, 17. Februar 1986

Das weltoffene, mediengerechte Auftreten des sowjetischen Parteivorsitzenden GORBATSCHOW und seiner Frau, schon bevor er die Nachfolge TSCHERNENKOs angetreten hatte, ließ in der westlichen Presse, aber auch bei westlichen Politikern und Diplomaten den Eindruck aufkommen, sie hätten es mit einem weltgewandten Mann zu tun, der die Interessen der Sowjetunion genau kenne und in richtiger Einschätzung dieser Interessen früher oder später Abmachungen mit dem Westen anstreben werde. Man stufte GORBATSCHOW als potentiell konzessionsbereit, ja sogar als „liberal" ein und hielt es für ein großes Glück, nach den Jahren der Erstarrung unter BRESCHNEW, ANDROPOW und TSCHERNENKO jetzt endlich einen jungen, agilen und modernen „Counterpart" bei der östlichen Führungsmacht zu haben.

Inzwischen ist diesem Wunschdenken Ernüchterung gefolgt: Als agil und dynamisch hat sich GORBATSCHOW zwar erwiesen, wobei besonders die Schnelligkeit seiner Machtkonsolidierung und seiner Übernahme der sowjetischen Außenpolitik überrascht. Aber bis zu seinen Vorschlägen am 15. Jänner 1986 hat GORBATSCHOW nach Einschätzung hiesiger NATO-Kreise nur die „Megaphondiplomatie" seiner Vorgänger, allerdings wesentlich geschickter und medienwirksamer, fortgesetzt. Substantielle Konzessionen am Verhandlungstisch, vor allem in Genf, waren bisher nicht zu erkennen.

Sein Abrüstungsstufenplan vom 15. Jänner 1986 ist intelligent aufgebaut, dreht wie in einem Judo-Kampf amerikanische Thesen in sowjetische um und enthält auch erstmals interessante neue Elemente im INF-Bereich. Die Haltung der sowjetischen Verhandler in Genf hingegen soll sich bisher noch nicht geändert haben: Botschafter KAMPELMAN habe bei der NATO anfangs Februar in Brüssel erklärt, die sowjetische Delegation in Genf agiere so, als ob die GORBATSCHOW-Vorschläge vom 15. Jänner nicht existierten.

Bei manchen westlichen Gesprächspartnern ist die Meinung zu hören, man werde sich noch nach den Zeiten der versteinerten Sterilität der Moskauer Führung vor GORBATSCHOW zurücksehnen, als ein sturer und geistig unbeweglicher GROMYKO der NATO ihre Ostpolitik einschließlich Nachrüstung erleichtert hatte. Ähnlich werden die Dinge im Übrigen auch von östlichen Spitzendiplomaten gesehen, wie z.B. dem DDR-Botschafter in Brüssel, HOFFMANN, der dem Gefertigten gegenüber ausdrücklich erklärte, die Periode ANDROPOW und TSCHERNENKO sei eine Tragödie (!) gewesen. Anscheinend hat die Demontage der Außenpolitik GROMYKOs innerhalb des Warschauer Paktes eingesetzt und manchen im Westen dämmert es, daß dies das Leben mit dem kommunistischen Lager nicht unbedingt erleichtern wird.

Gewisse Grundannahmen, so wie sie seitens des früheren ständigen BRD-Vertreters bei der NATO, Botschafter WIECK, dem Gefertigten gegenüber vor zwei Jahren geäußert wurden, bleiben aufrecht: Man ist bei der NATO auch heute überzeugt, daß die Sowjetunion ihr Sicherheitsbedürfnis in der Zukunft immer weniger auf ein militärisch uninteressanter und politisch unsicherer werdendes „Glacis" osteuropäischer Satellitenstaaten abstützen kann und immer mehr auf einen globalen Interessenausgleich, vor allem mit den USA, angewiesen sein wird. Es erscheint aber unsicher, ob es in der vorhersehbaren Zukunft zu der dafür nötigen grundlegenden Änderung der sowjetischen Politik, vor allem der Bereitschaft zu echten Konzessionen im Rüstungs- und Menschenrechtsbereich, kommen wird. Vom sowjetischen Standpunkt scheint derzeit für eine solche Änderung auch noch keine zwingende Notwendigkeit zu bestehen, solange die US-Ost- und Rüstungspolitik so sprunghaft und erratisch bleibt wie in den Amtsperioden CARTERs und REAGANs: Wenn der umfassende globale Interessenvergleich mit der anderen Supermacht noch auf sich warten lässt, so fallen mit Hilfe klug konzipierter und auf optimale Wirkung abgestimmter GORBATSCHOW-Initiativen für die Sowjetunion doch weiterhin durchaus nennenswerte politische Gewinne ab, ohne daß sie dafür mit substantiellen Konzessionen bezahlen muss.

Sind die GORBATSCHOW-Vorschläge mit 15.1. primär für die Galerie gemacht, so enthalten sie im Bereich der europäischen Mittelstreckenwaffen (INF) doch einige bemerkenswerte Elemente, die unter Umständen zu einer vorgezogenen INF-Einigung führen, zumindest aber den Westen in arge Verlegenheit bringen könnten: Wenn die angebotene Vernichtung aller europäischen SS-20 (plus SS-21 und -23)

Raketen bei gleichzeitigem Rückzug der amerikanischen Pershing II und „Cruise-Missiles", von geeigneten „on-site" Inspektionen begleitet, ernst gemeint ist, dann könnten die USA wirklich unter Abschlussdruck geraten. Dies allerdings nur, wenn sowjetischerseits noch einige wesentliche Konzessionen nachgeschoben werden.

– Die Sowjetunion müsste auf das verlangte Einfrieren der britischen und französischen Nuklearstreitkräfte, einschließlich des Transferverbotes für amerikanische „Trident"-Raketen an Großbritannien als Bedingung für eine INF-Einigung verzichten. Völlig ausgeschlossen erscheint dies nicht: Sowjetischerseits könnte man ein solches Verlangen auf die zweite Phase des GORBATSCHOW-Planes – Halbierung der strategischen Waffen – verschieben und auf die unwiderstehliche Dynamik einer vorgezogenen INF-Einigung setzen. Der Artikel von Senator Edward KENNEDY in der N.Y. Herald Tribune vom 17. 2. 1986 deutet in diese Richtung:

– Die Sowjetunion müsste wohl auch einen Teil ihrer in Asien stationierten SS-20 abbauen.

– Auch ein SDI-Verzicht der Amerikaner dürfte nicht zur Vorbedingung für eine INF-Lösung gemacht werden (dies scheint nach den Gesprächen Edward KENNEDYs in Moskau bereits der Fall zu sein).

Die schon genannten Konzessionen würden der sowjetischen Seite bestimmt nicht leicht fallen. Es kann mit ihnen nicht gerechnet werden. Würden sie aber gemacht, dann würde eine grundlegend neue Situation gegeben: Auf amerikanischer Seite wäre vermutlich die Bereitschaft darauf einzugehen grösser als bei den europäischen Verbündeten. Besonders die BRD hat die NATO-Nachrüstung nicht nur verdaut, sondern würde vermutlich einem Abbau der amerikanischen Mittelstreckenwaffen – eine militärische und politisch-psychologische „Abkoppelung" amerikanischer Sicherheitsinteressen von Europa – mit größten Bedenken begegnen. Die Westeuropäer hatten Angst vor der Nachrüstung. Sie hätten letztlich auch Angst vor der Abrüstung.

Es könnte sich somit die paradoxe Situation ergeben, daß dieselben Westeuropäer, die seit Jahren den Amerikanern mit Ermahnungen zur Verhandlungsbereitschaft im INF-Bereich in den Ohren liegen, diejenigen sein werden, die letztlich die USA an einem INF-Abkommen mit der UdSSR hindern.

Obiges ist spekulativ. Vor allem ist keineswegs sicher, ob GORBATSCHOW mit den nötigen Konzessionen den Weg zu einer echten Einigungschance im INF-Bereich frei macht. Die zweite und vor allem dritte Stufe seines Planes – die völlige Beseitigung der nuklearen Waffen – ist Utopie, die nicht einmal dann reale Chancen hätte, wenn sich in Ost und West keine feindlichen ideologischen Systeme gegenüberstünden. Wie die Dinge liegen, wird der Westen auf Kernwaffen schon wegen der geopolitischen Disparitäten in Europa nicht verzichten. […]

Dokument 48

Offizieller Freundschaftsbesuch des polnischen Ministerpräsidenten Z. Messner in der Sowjetunion

GZ 166.18.02/2–II.3/86, Zl. 58-RES/86, ÖB Warschau, 5. März 1986

Seitens Vertreter westlicher hiesiger Botschaften wurde das Kommuniqué des gegenständlichen Besuches […] als relativ gemäßigt beurteilt. Es kam zu keiner Verurteilung der Gesamthaltung eines westlichen Staates. Ferner wurde zwar der Revisionismus in der BRD verurteilt, die bundesdeutsche Regierung entgegen der hierzulande üblichen Praxis aber nicht erwähnt.

Hervorzuheben wäre noch, daß polnischerseits ursprünglich geplant war, den Besuch von Ministerpräsident MESSNER im Jänner durchzuführen. Zur Verschiebung des Besuchstermines kam es dann, weil es zu diesem Termin nicht zu einem Treffen GORBATSCHOWs mit MESSNER gekommen wäre, da der sowjetische Parteigeneralsekretär verhindert gewesen wäre. Auf ausdrückliches polnisches Insistieren kam es sodann so kurz vor dem 27. Parteitag der KPdSU zur Begegnung, an dem Ministerpräsident MESSNER als Mitglied der Delegation der PVAP sowieso teilnahm. Der polnischen Seite war es aber sehr daran gelegen, das Treffen nicht in einem internationalen Rahmen zu arrangieren; man wollte vor allem das bilaterale Element und hier das besondere Naheverhältnis der beiden Staaten auch öffentlich dokumentieren. Hiezu vermeinen auch die westlichen Quellen, daß der gegenständliche Freundschaftsbesuch auch als Hinweis darauf zu werten sei, daß Ministerpräsident MESSNER nicht mehr nur als Protegé von JARUZELSKI angesehen, sondern bereits als Machtfaktor sui generis gewertet werden wollte. Tatsächlich stand in der polnischen Medienberichterstattung über den sowjetischen Parteitag das besonders herzliche Verhältnis zwischen General JARUZELSKI und GORBATSCHOW im Vordergrund. So zeigte das polnische Fernsehen mehrmals täglich, wie der polnische und der sowjetische Parteichef, nebeneinander unter den Delegierten sitzend, angeregt miteinander plauderten und wie GORBATSCHOW besonders intensiv JARUZELSKI nach dessen Rede vor dem sowjetischen Parteiplenum beglückwünschte. Wie weiteres seitens des polnischen Außenministeriums angedeutet wurde, seien auch die Unterzeichnung der im Vorbericht erwähnten Abkommen nicht bloße Formalakte gewesen, sondern MESSNER habe sich hiefür gegenüber dem großen sowjetischen Bruder mit Erfolg „durchsetzen" müssen. Vor allem das erwähnte Moratorium zur Kredit- und Zinsenrückzahlung soll vorerst auf sowjetischen Widerspruch gestoßen sein. Laut Auskunft der hiesigen amerikanischen Botschaft soll dies auch zumindest in gewisser Weise auch stimmen; zumindest hatten Quellen aus Moskau so berichtet. […]

Dokument 49

XVII. Parteitag der KPdSU und Stellung des Generalsekretärs Gorbatschow; Versuch einer vorläufigen Wertung

GZ 225.03.00/20-II 3/86, Zl. 151-RES/86, ÖB Moskau, 12. März 1986

Der Parteitag ist vorbei, die Delegierten abgereist und übergeblieben ist ein Wust von Reden, Programmen, Resolutionen, Ernennungen und Gerüchten.

Es sind sich ziemlich alle Beobachter einig, daß die Frage nach dem echten Ausmaß an Novität sowie an Erfolgsaussichten hinsichtlich der am Parteitag dargelegten Zielfestsetzungen derzeit noch nicht umfassend beantwortet werden kann. Solche Texte wie jetzt, mit ihren Kritiken, neuen Lösungsmodellen, Disziplinierungsappellen und erhöhten Produktivitätsforderungen gab es mutatis mutandis auch bei früheren Gelegenheiten. Manche Parallelen drängen sich auf zwischen dem 20. Parteitag 1956, der einen neuen Aufbruch nach dem harten, sturen Regime Stalins darstellen sollte, und dem jetzigen, der die Stagnation und die Ossifizierung [sic!] der späteren Breschnew-Ära mit einem Sprung nach vorwärts überwinden will. Was bedeutet die von Gorbatschow geforderte „radikale Reform"?

Man kommt bei der Beschäftigung mit diesen Fragen immer wieder zu den Grundproblemen dieses Regimes und seiner Ideologie zurück: Kann man mit den systemimmanenten Mitteln und Symptomtherapien die wirtschaftlichen und sozialen Schwierigkeiten beseitigen? Die Erfahrung lehrt, daß dies nur durch die Schaffung eines neuen Menschentyps möglich wäre, der Gemeinnutz vor Eigennutz stellt und an den Marxismus-Leninismus als eine Heilslehre, der er bereit ist, seinen eigenen Vorteil und Profit zu opfern, glaubt.

Oder man glaubt nicht an die Möglichkeit einer so weitgehenden seelisch-geistigen Ummodelung des Sowjetmenschen in großem Maßstab – so muß man entweder das Mittel der Disziplinierung anwenden, um die Stagnation zu überwinden (Neostalinismus?), oder aber marktwirtschaftlichen Prinzipien in größerem Maße Zutritt gewähren, um die Initiativfreudigkeit des Individuums auf dem Umweg über sein angeborenes und dann infolge der auch hier gegebenen einschlägigen Umweltanreize noch verstärktes Profitstreben zu größerer Entfaltung zu bringen.

Das Programm des Generalsekretärs zeigt Ansätze zu einem gewissen Eklektizismus, wenn man die obigen Alternativen einzeln als Prinzipien betrachtet. Ein westlicher Radiokommentator hat in diesem Zusammenhang heute von einem „tinkering with the economic system" gesprochen. Viele Betrachter der sowjetischen Szene glauben, Herr Gorbatschow werde eine Weile „tinkern", und falls dies keine greifbaren Resultate bringt, eine wesentlich schärfere Gangart einschlagen. Aber in welche der aufgezeigten Richtungen? Missionschefs, welche infolge ihrer eigenen Staatsstrukturen über Zugang in innere Kreise der sowjetischen Führungsschicht verfügen, berichten, es gäbe bei manchen Parteileuten eine Angst vor einer Art Kulturrevolution à la Mao, in Form eines immer schneller werdenden Kreises an personellen Änderungen sowie von Infragestellungen eingefahrener Einrichtungen und Prozeduren, wobei diese Leute dem Ingangsetzer eines solchen Prozesses die

Auffassung unterschieben, nur ein vollkommener Bruch mit der Vergangenheit und die gewaltsame Einführung neuer Betrachtungsweisen könne die sowjetische Gesellschaft aus ihrer Lethargie reißen. – Andere Befürchtungen gehen dahin, daß ein Ausbleiben eines Erfolges in kürzerer oder mittlerer Frist zu immer härteren Zwangsmaßnahmen führen könnten.

Aber auch die andere als möglich angesehene Eventualität, daß trotz aller verbalen Verneinungen vor den Prinzipien des Staatssozialismus die Tore zur Marktwirtschaft weiter geöffnet werden, falls das Initialinstrumentarium, wie es in den jetzigen Wirtschaftsplänen ansatzweise skizziert worden ist, nicht das gewünschte Resultat bringt, ist mit schwerwiegenden Imponderabilien belastet. Es gibt jetzt schon eine „freie" Schattenwirtschaft (russische Schabaschka genannt), die vor allem auf dem Dienstleistungssektor funktioniert und zu starken Einkommensakkumulationen bei gewissen Randschichten beiträgt.

Auch in der Landwirtschaft gibt es diese Erscheinungen schon – meist in Verbindung mit dem Handelssinn orientalischer (oder orientalisierter) Minderheiten –, was neben anderem gewisse ethnische Spannungen mit sich bringt. Eine Ausdehnung dieser Freiwirtschaft auf dem Agrarsektor und deren Einführung, wie andeutungsweise in Aussicht gestellt wurde, in der Industrie wären geeignet, nicht nur materielle, sondern auch geistige Umstellungen hervorzurufen, die allerdings weg von den Idealen des traditionellen Marxismus-Leninismus führen würden.

Ein wesentliches Charakteristikum des sowjetischen Systems war bisher der Primat der Politik über die Wirtschaft.

In welche Richtung Generalsekretär Gorbatschow in dieser Hinsicht wirklich gehen will, wieweit er versuchen wird, an seinem Cocktail an sich widersprüchlicher Verbesserungsmodelle festzuhalten und welche Widerstände er auf dieser Gratwanderung antreffen wird, läßt sich heute noch schwer voraussagen. Es soll ja durch ZK und Ministerrat laut Parteitagsresolution vom 5. März ein Maßnahmenkatalog für das wirtschaftliche Management ausgearbeitet werden. Dieser wird vielleicht genauere Hinweise auf die tatsächlichen Durchführungsmodalitäten geben. Aber hier trifft man auf das im sowjetischen System stets wiederkehrende Modell der ineinandersteckenden russischen Puppen (Matrjoschka): In jedem Projekt stecken übereinandergeschichtet mehr und mehr detaillierte Pläne, und dieser oft praxisferne Papierberg tendiert dazu, den schließlichen Destinatar mehr zu bedrücken als zu schöpferischer Arbeit anzuspornen.

Vor allem auch die etwas nebulos angekündigten Änderungen bei den Preisfestsetzungen und die Frage, wieweit hier einem Mechanismus ohne ständige Eingriffe von oben Raum gegeben werden soll, müssen noch genauer ausgearbeitet werden. Die Aussicht, daß es hier angesichts der bisherigen unrealistischen Preisfixierungen erst einmal zu kräftigen Preissteigerungen kommen könnte, bevor sich das Warenangebot für den Konsumenten qualitativ und quantitativ verbessert, dürfte die Führung zu großer Vorsicht bei Experimenten hinsichtlich der Einführung kostendeckender Preise veranlassen.

Bilden die gemachten Hinweise und Reserven eine zu negativ-pessimistische Einschätzung der sowjetischen Realität? Dazu muß man sich bewußt sein, daß das sowjetische System auf seine Weise ja funktioniert und große quantitative (hingegen weniger qualitative) Fortschritte in den fast 70 Jahren seines Bestehens gemacht hat. Die negative Seite liegt – wenn man von den schwer quantifizierbaren Nachteilen, die es nach unserer Auffassung auf geistig-moralischem Gebiet aufweist – abstrahiert in der eher größer werdenden Lücke des materiellen Standards gegenüber dem Westen. Die Frage engt sich also dahingehend ein, wie beurteilt man die Entwicklung der sowjetischen Wirtschaft und die Assimilierung der technisch-wissenschaftlichen Errungenschaften durch diese im Verhältnis zu hochentwickelten Vertretern des kapitalistischen Systems? Freilich taucht hier auch wieder die Frage der geistigen Freiheit, wenn man die heute so entscheidenden Perspektiven der wissenschaftlich-technischen Entwicklung mit einbezieht, in dominierender Form auf; wie es der sowjetische Dichter Jewtuschenko erst kürzlich beim Schriftstellerkongreß in Moskau gesagt hat: „Die Beschleunigung des wissenschaftlich-technischen Fortschritts ist undenkbar ohne geistigen Fortschritt".

Hier wird viel von der Persönlichkeit Gorbatschows und deren weiteren Entwicklung abhängen. Dissidenten wie Michail Woslenski (bei dem man sich allerdings immer fragen muß, wann er ein solcher geworden ist und ob er überhaupt einer ist) reden eher schlecht von ihm […]:

„Gorbatschow ist ein kleinlicher Karrierist, … der nicht in der Lage sein wird, entscheidende Veränderungen im Sowjetsystem … herbeizuführen…" Eine im Dunstkreis Herrn Woslenskis erscheinende russische Emigrantenzeitschrift, „Land und Welt", nennt ihn „einen sehr durchschnittlichen Menschen, der die Dinge aus der Krähwinkelperspektive eines Bezirksparteisekretärs sieht, …ausnehmend ehrgeizig ist und seinen Minderwertigkeitskomplex nur durch Kraftdemonstrationen überwinden kann …"

Seweryn Bialer, ein bekannter amerikanischer Sowjetologe, billigt ihm „Intelligenz, Vorsicht und politische Schlauheit" zu.

Herr Gorbatschow ist heute gerade ein Jahr im Amt, wohl zu kurz, um ein abschließendes Urteil über ihn zu fällen. Er hat sicherlich bis jetzt weniger Charisma, als dies Lenin, trotz seiner unvorstellbaren Grausamkeit auch Stalin und dann in seiner originellen und unkonventionellen Art Chruschtschow, innegehabt hatte. Aber er ist relativ jung und offensichtlich auch physisch fit, er hat auf dem oberen Niveau eine weitgehende personelle Umbesetzung in seinem Sinn zustande gebracht und – bis jetzt – die Antialkoholkampagne mit beträchtlichem Erfolg geführt. Dieser Feldzug, über dessen negative Auswirkungen für die Stellung Gorbatschows viel gedeutet wird, ist objektiv gesehen angesichts der früher hier herrschenden Verhältnisse im Großen und Ganzen als positiver Schritt zu bewerten. Ob er damit sowie mit angedrohtem Privilegienabbau und Härte auf dem Personalsektor allmählich eine Fronde gegen sich aufbaut, wie dies während Chruschtschow-Ära passiert ist und wo dieses Element dann wesentlich zum Sturz des damaligen Ersten Sekretärs beitrug, wird von seiner staatsmännischen Kunst abhängen, von der Fähigkeit, aus den Fehlern der Vergangenheit auch um den Preis ideologischen Schattenspringens zu lernen.

Um allseits anerkannte Erfolge zu erringen, wird er nicht nur mediengerechtes Lächeln und Geschick bei der Kaderauswahl benötigen, sondern Einfallsreichtum, Entschlossenheit und ideologische Elastizität in der Staats- und Wirtschaftsführung; er muß Politkader, Armee und KGB in Botmäßigkeit halten und außenpolitisch erfolgreich agieren, vor allem auf dem Rüstungssektor, um die nötigen Mittel für eine intensivere und produktivere wirtschaftliche Entfaltung freizumachen, die letzten Endes das Hauptkriterium seines Erfolges oder Mißerfolges darstellen wird. Der Vergleich von der Quadratur des Kreises, von der gegenseitigen Neutralisierung der Kräfte drängt sich auf; die Gefahr, daß sicherlich zu verzeichnende Anfangserfolge in der traditionellen Trägheit des Systems versinken, ist groß.

Chruschtschow hat schon einmal einen solchen Versuch gemacht, er ist schließlich gescheitert. Ein sowjetischer Bekannter, mit dem ich kürzlich über die Gründe hiefür sprach, sagte mir dazu in klassischer Einfachheit: „Jemy ne dali – man hat ihn sein Werk nicht zu Ende führen lassen." Wird Gorbatschow ein besseres Los widerfahren? trotz einiger jetzt sichtbarer positiver Indikatoren wird erst nach einer gewissen Laufzeit seines Programmes sichtbar werden, wie tief es greift und ob es seinen Erfinder am Ruder läßt.

Zum Schluß eine Schlußfolgerung aus obigem für das bilaterale österreichisch-sowjetische Verhältnis: das starke Engagement mit den wirtschaftlichen und sozialen Problemen des Landes und die außenpolitische Konzentrierung auf die Atommächte wegen der auch innenpolitisch (und wirtschaftlich) erforderlichen Rüstungskontrolle dürfte eine kritische Vorgangsweise oder die Ausübung von Druck gegen die europäischen Kleinstaaten eher unwahrscheinlich werden lassen. Man möchte unter den gegebenen Umständen wohl alles vermeiden, was den USA oder der NATO Vorwände für die Behauptung eines sowjetischen Expansionismus oder von „Finnlandisierungsbestrebungen" liefern könnte. So scheint (lt. hiesiger schwedischer Botschaft) die sowjetische „U-Boot-Aufklärung" in schwedischen Gewässern drastisch zurückgegangen zu sein. In unserem Fall hat man sowjetischerseits abgesehen von einigen Zeitungsartikeln bisher – zumindest hier in Moskau – keines der möglichen „Reiz"-Themen berührt (EG-Diskussion, Löhrgedenktafel, Ermacora-Bericht etc.). Man kann annehmen, daß unter den gegebenen Umständen auch für die absehbare Zukunft mit einer deutlichen sowjetischen Zurückhaltung in diesen Fragen gerechnet werden kann. […]

Dokument 50

27. Parteitag der KPdSU; ungarische Reaktion

GZ 222.03.00/6-II.3/86, Zl. 85-RES/86, ÖB Budapest (Agstner), 13. März 1986

[…] Die Ergebnisse des Kongresses werden in ihrer Gesamtheit als Schritt nach vorne begrüßt. Aus der ungarischen Stellungnahme ist Befriedigung und Genugtuung darüber zu verspüren, daß die Sowjetunion nunmehr einen Weg beschreitet, den

Ungarn in Fragen der Wirtschaftsreform, der Landwirtschaft, der erhöhten Arbeitsdisziplin, der verstärkten Rolle von Finanzen und Krediten sowie eines flexiblen Preissystems und nicht zuletzt in punkto internationale Arbeitsteilung schon seit langem – und besonders intensiv seit den letzten Jahren – geht. Ungarn sieht darin nicht nur eine Anerkennung und Bestätigung seines Weges, sondern es sieht vor allem seinen Rücken sowohl im Inneren als auch gegenüber den anderen RGW-Parteien gestärkt. Im Besonderen hat man dabei die ČSSR im Auge, und es wird in diesem Zusammenhang von ungarischen Gesprächspartnern vor allem der Name BIĽAK genannt.

Ungarn kann aufgrund des jetzt von der Sowjetunion verfolgten Kurses für die nächste Zeit sicher einen etwas ruhigeren, d.h. einen weniger der Kritik ausgesetzten Kurs steuern. Das Ausmaß der Reform in der Sowjetunion scheint aber, verglichen mit Ungarn, viel weniger weitgehend zu sein, vor allem was die zentrale Lenkung und privatwirtschaftlichen Möglichkeiten betrifft. Ungarische Zeitungen heben hervor, daß von der Entwicklung einer Art Marktwirtschaft in der Sowjetunion nach wie vor nicht die Rede ist und auch das Wort Reform in der sowjetischen Presse kaum verwendet worden sei.

Die Entwicklung in der Sowjetunion, wie sie vom Parteikongreß gebilligt wurde, wurde – etwas anderes war ja auch kaum zu erwarten – vielfach so positiv vorgezeichnet, daß man sich fragen muß, ob damit nicht Illusionen über rasche Änderungen und Auswirkungen genährt werden. Wahrscheinlich war dies aber – bei ansonsten nüchterner Berichterstattung – durchaus Absicht, denn im gemeinten kommunistischen Machtbereich werden die Menschen seit Jahrzehnten mit Hoffnungen und Versprechungen gefüttert. Gerade die beiden letzten Jahre zeigten aber den Ungarn, wie schwer es ist und wie langsam es geht, Reformen nicht nur zu beschließen, sondern sie bei den breiten Massen und angesichts der herrschenden Bürokratie und eines noch immer vorhandenen Konservativismus auch tatsächlich weiterzubringen.

KÁDÁR war vorsichtig

Parteichef KÁDÁR hat auf dem Parteikongreß das Wort ergriffen. […] Seine Ausführungen […] wurden als „sehr vorsichtig" empfunden, und sie reihten sich mehr oder weniger in die allgemeinen Routinereden der anderen Führer der Ostblockstaaten ein. Er vermied es offensichtlich, auf die ungarischen Reformen hinzuweisen und Ungarn damit besonders hervorzuheben. Ein ungarischer Gesprächspartner meinte dazu, hiefür bestehe auch keinerlei Anlaß, denn diese Reformen hätten bisher nicht erbracht, was versprochen worden sei.

In einer Rede anläßlich eines Fabrikbesuches hat KÁDÁR den kühnen Satz ausgesprochen, der Sozialismus habe die Kraft, die entwickelten kapitalistischen Länder hinter sich zu lassen.

KÁDÁR brachte vor allem auch das Einverständnis mit der von Generalsekretär GORBATSCHOW vertretenen außenpolitischen Konzeption zum Ausdruck.

Ministerpräsident LÁZÁR ging in einer Rede in Uljanowsk etwas mehr aus sich heraus, indem er auf die spezifischen nationalen Züge der ungarischen Reform hinwies.

Nach Ansicht des Parteiorgans „Népszabadság" liegt der Hauptwendepunkt in der sowjetischen Innenpolitik im wirtschaftlichen Bereich, und dies vor allem deshalb, weil die Modernisierung der Wirtschaft eine sichere Grundlage für die Verwirklichung der Friedensstrategie der KPdSU sei. [...]

Dokument 51

Der Gorbatschow-Kurs und der Sowjetmensch

GZ 225.03.00/21-II 3/86, Zl. 201-RES/86, ÖB Moskau (Grubmayr), 25. März 1986

Kürzlich hatte ich Gelegenheit, mit einem rangmäßig am unteren Rand der Nomenklatura angesiedelten sowjetischen KP-Mitglied zu sprechen. Ich kenne ihn schon aus früheren Zeiten, und er spricht relativ offen zu mir. Auf die Folgen des Parteitages und des neuen Gorbatschow-Kurses im Allgemeinen eingehend sagte er mir, es gäbe nun einen ungeheuer scharfen Ehren- und Moralkodex für Parteimitglieder. Am spektakulärsten wirke sich dies beim Alkoholkonsum aus. Es sei einem Parteimitglied praktisch verboten, in einem öffentlichen Lokal Alkohol zu trinken, desgleichen gelte es als unehrenhaft, sich in einem der öffentlichen Alkoholgeschäfte anzustellen. Die Sondergeschäfte für die Nomenklatura (abgesehen wahrscheinlich von den höchsten Spitzen) scheinen nach den Worten meines Mitredners den Alkoholverkauf eingestellt zu haben. Und nach den mir gemachten Andeutungen dürfte es Überwachungen zur Erzwingung dieser Regelung geben, wie sie seit Stalins Zeiten (wenn auch damals für andere „Delikte"!) nicht mehr bestanden haben.

Weiters sei für Parteimitglieder jedes Fremdgehen im amourösen Bereich mit schweren Sanktionen belegt worden. Auch sonst sei nun untadeliges Benehmen eine Pflicht, deren Verletzung unnachsichtig geahndet wird. Überhebliches Verhalten gegenüber Untergebenen, Studenten etc. sei verpönt. Jedes KP-Mitglied in verantwortlicher Stellung müsse sich eingehend und sorgfältig mit Anregungen, Einwänden etc. auseinandersetzen (die Sünden gegen dieses Gebot dürften in der Breschnew-Zeit allerdings besonders eingerissen sein).

So will man also jetzt – wieder einmal – aus dem Stand der KP-Mitglieder eine Art hochmoralischer Ordenstruppe machen, welche der übrigen Bevölkerung als leuchtendes Beispiel vorangeht. Sosehr die Abstellung gewisser Mißbräuche objektiv gerechtfertigt erscheint – und der „Teufel Alkohol" ist nicht einer der geringsten davon –, so erheben sich Zweifel, ob die Maßnahmen in dieser rigorosen Form aufrechterhalten werden können, ohne eine vorerst auch nur stille Opposition wachsen zu lassen. Ein Beispiel: Bei einem offiziellen Essen der hiesigen Handelskammer für Präsident Sallinger wurde kürzlich gelblich-grüner und roter Saft auf den Tisch gestellt, als ob es Weiß- oder Rotwein wäre, und die Toasts wurden in korrekter Reihenfolge – zuerst „Weißwein", dann „Rotwein" mit todernstem Gesicht gemacht;

dem ganzen hing ein Hauch von Parodie an, und die Stimmung blieb – ganz im Gegensatz zu den mir von früher her in Erinnerung gebliebenen fröhlichen Tafelrunden mit sowjetischen Offiziellen – während des Mahles gedrückt.

Die Grundfrage bleibt: wenn man eine Elite vieler ihrer bisherigen Grundfreuden beraubt und die Disziplin so stark hervorstreicht, wie kann man sie gleichzeitig zu höherer materieller und geistiger Leistung anspornen? Die Erfahrung lehrt, daß dies meist immer nur auf kürzere Zeiträume möglich ist; dann sinkt entweder die Leistung ab oder die Disziplin muß mit immer drakonischeren Maßnahmen erzwungen werden. Aber insbesondere auf dem Gebiet des wissenschaftlich-technischen Fortschritts bringt auch dies eher einen Abfall. Die weitere Variante, mehr Freiheit, Liberalität und Kommunikation mit dem Ausland, Abbau der bürokratischen Hemmnisse für das Individuum – dieser Weg ist bisher noch kaum sichtbar, wenn man von einigen Problem-Theaterstücken absieht, die sich die Moskauer ansehen können (und die auch immer ausverkauft sind).

Eine der menschlichen Natur, deren Wandlungsfähigkeit erfahrungsgemäß begrenzt ist, entsprechende Lösung des Problems der „Staatsmoral" wird für Erfolg oder Mißerfolg des Gorbatschow-Programms von ausschlaggebender Bedeutung sein. […]

Dokument 52

Freundschaftlicher Arbeitsbesuch von Generalsekretär János KÁDÁR in Polen am 28. März 1986

GZ 222.18.03/1-II.3/86, Zl. 166.34/71-A/86, ÖB Warschau, 2. April 1986

Naturgemäß gibt es zwischen Polen und Ungarn eine recht intensive Besuchsdiplomatie auf höchster Ebene, JARUZELSKI besuchte Ungarn im April 1982, im Oktober 1983 kam eine Partei- und Regierungsdelegation unter der Leitung von J. KÁDÁR nach Warschau, und im November 1984 trafen sich die beiden führenden Staatsmänner in Budapest.

Sichtbarstes Ergebnis des gegenständlichen Besuches war die Unterzeichnung eines Handelsübereinkommens für die Jahre 1986–1990. Das Kommuniqué hält weiters betreffend den wirtschaftlichen Bereich fest, daß die beiden Parteichefs erklärt hätten, die letzten Jahre hätten einen beachtlichen Fortschritt der polnisch-ungarischen Zusammenarbeit gebracht. Die Koordinierung der Pläne der beiden Volkswirtschaften sei vervollständigt worden. Staats- und Parteichef JARUZELSKI und der Generalsekretär KÁDÁR hätten sich für eine weitere umfassende Entwicklung der polnisch-ungarischen Beziehungen in allen Bereichen ausgesprochen.

Beide Seiten hätten den Wunsch hervorgehoben, die gemeinsame außenpolitische Linie zu verfolgen, über die beim Treffen des Politischen Konsultationskomitees des Warschauer Paktes in Sofia Einigung erzielt worden sei. Polen und Ungarn unterstützten die entscheidenden Vorschläge der Sowjetunion betreffend die Eindämmung des Wettrüstens und der vollständigen Beseitigung der Atomwaffen bis zum Ende dieses Jahrhunderts, wie der Genfer Gipfel gezeigt habe, gäbe es Möglichkeiten, zu Détente und Zusammenarbeit in den Ost-Westbeziehungen zurückzukehren. Beide Seiten unterstützten den sowjetischen Vorschlag vom 26. März d.J., das Mittelmeer in eine Friedenszone zu verwandeln. […]

Dokument 53

Wer führt die sowjetische Außenpolitik?

GZ 225.02.02/9-II3/86, Zl. 238-RES/86, ÖB Moskau, 14. April 1986

Seit Mitte der 1970er Jahre, als GS Breschnew physisch immer mehr verfiel und Gromyko, seit 1957 Außenminister, ins Politbüro gewählt war, wurde die Leitung der Außenpolitik immer klar bei letzterem konzentriert. Dies setzte sich mehr oder minder auch während der kurzen Administration Andropow und Tschernenko fort. GS Gorbatschow ließ aber schon bald erkennen, daß er sich künftig selbst um diese Materie intensiv kümmern werde und anfangs Juli v.J. wurde Gromyko durch den bisher im Ausland weitgehend unbekannten georgischen Parteisekretär Schewardnadse ersetzt. Gromyko selbst, zum Staatspräsidenten hinaufbefördert, verlor nach Trennung von seinem Apparat rasch den Einfluß und ist heute bei Kontakten mit ausländischen Vertretern nicht mehr viel anderes als „His Masters Voice".

Unter Gromyko dominierte der Apparat des Ministeriums weitgehend die Beziehungen zu der internationalen Staatengemeinschaft. Die für Außenbeziehungen zuständigen ZK-Sekretäre Ponomarjow (nicht-kommunistische Welt) und Rusakow (sozialistische Länder) waren hauptsächlich auf Kontakte mit den Bruderparteien in West und Ost beschränkt. Dieser Zustand änderte sich auch kaum bis zum 27. Parteitag, als die beiden schon zwischen 70 und 80 Jahre alten Außen-ZK-Sekretäre hintereinander abgesetzt wurden.

Die Kompetenzen der ZK-Sekretäre werden offiziell nie bekanntgegeben, aber vor kurzem bestätigte mir Vizeaußenminister Loginow, daß Herr Dobrynin nunmehr die Stelle Ponomarjows einnimmt und Medwedew (bisher Abteilungsleiter im ZK für Wissenschaft und Universität) Rusakow ersetzt hat. Die Rolle eines dritten Fachmannes auf außenpolitischem Gebiet, der nun ebenfalls ZK-Sekretär geworden ist, Jakowlew, ist nicht genau definiert; er ist (auch) für Propaganda zuständig, tritt aber ebenso bei außenpolitischen Gelegenheiten auf.

Die neue Stellung Dobrynins gab den westlichen Beobachtern von Anfang an Rätsel auf. Niemand glaubte, daß er sich mit der Aufrechterhaltung der Kontakte zu den westlichen kommunistischen Parteien begnügen würde. Dann kursierte die Nachricht, er sei als Sekretär für eine Art von National Security Council vorgesehen. Eine Bestätigung dieses Gerüchtes war allerdings bisher nicht zu erlangen.

In den letzten Wochen fiel auf, daß beim Empfang ausländischer Staats- und Regierungschefs fast immer neben Außenminister Schewardnadse auch Herr Dobrynin zu sehen war; und zwar keineswegs als ein im 2. Glied stehender „deputy" des Ministers, sondern diesen eher mit seiner stärkeren Figur und Persönlichkeit überstrahlenden – wie ein zweiter Außenminister „in his own right". Weder Ponomarjow noch Rusakow waren je in solcher Weise sichtbar gewesen. […]

Westliche Beobachter neigen überwiegend der Ansicht zu, daß angesichts der internen Machtkämpfe der Komplex des außenpolitischen Apparates und Führungsstils noch nicht abgeklärt ist und über den Ausgang dieses Ringens derzeit noch nichts Endgültiges gesagt werden kann. Das Problem kompliziert sich noch weiters durch den Umstand, daß es eine ziemliche personelle Verzahnung zwischen Außendienst und ZK gibt. So lernte ich vor kurzem den Österreichreferenten der Internationalen Abteilung des ZK, Herrn Koschelew, kennen, der mehrere Jahre an der sowjetischen Botschaft in Wien arbeitete und sich bei dem Gespräch durchaus als „Kollege" gebärdete. […]

Dokument 54
Offizieller Besuch des polnischen Ministerpräsidenten Zbigniew MESSNER in der ČSSR

GZ 166.18.07/2–II.3/86, Zl. 166.03.09/5-A/86, ÖB Warschau (Wotava), 18. April 1986

[…] Die beiden Ministerpräsidenten unterstrichen weites ihre unbedingte Unterstützung der sowjetischen Friedensinitiativen und bezeichneten die Resolution des 27. Parteitages der KPdSU als „Quelle der Kraft und Inspiration" für die Parteikongresse der jeweiligen Bruderparteien. Der Warschauer Pakt als Bewahrer des Friedens in Europa und der Welt und als Garant bei der Verteidigung des Sozialismus wurde ebenso hervorgehoben wie das unilateral verkündete Atomstoppmoratorium der Sowjetunion.

Polen und die ČSSR begrüßten jede Initiative, die zu atomfreien Zonen in Nord-Europa und im Balkan führten; ein atom- und ABC-Waffen-freier Korridor als Trennlinie zwischen den beiden Militärbündnissen wird gefordert. Die Initiative der sozialistischen Staaten, eine ABC-Waffen-freie Zone in Zentraleuropa und dem Balkan zu schaffen, wird besonders begrüßt.

[…] Beide Länder verurteilten die Gefahr revanchistischer Kräfte, besonders jene, die in der Bundesrepublik existieren. Die Unverletzlichkeit der existierenden Grenzen in Europa wird betont.

[…] Sowohl Polen als auch die ČSSR betrachten den gegenwärtigen Dialog zwischen RGW und EG-Staaten ebenso wie die Bereitschaft der RGW-Staaten, offizielle Beziehungen zwischen den beiden Staatengruppierungen aufzunehmen, als positiven Beitrag in der Anwendung der Schlußakte von Helsinki.

[…] Beide Premierminister riefen zu einer Reorganisation der Weltwirtschaftsordnung auf. Polen und die Tschechoslowakei unterstrichen ihre volle Unterstützung für die Einberufung eines globalen Kongresses für wirtschaftliche Sicherheit, eine Idee, die bekanntlich der sowjetische Parteichef anläßlich des 27. Parteitages der KPdSU lancierte. […]

Dokument 55

Auswärtiger Dienst der UdSSR; stärkere Heranführung an die Parteilinie

Zl. 410-RES/86, ÖB Moskau (Grubmayr), 27. Mai 1986

Am vorigen Freitag (23.5.) begann hier eine Botschafterkonferenz unter dem offiziellen Titel „Über die Aufgaben des zentralen Apparates und der Außenstellen des Außenministeriums der UdSSR hinsichtlich der Durchführung der Beschlüsse des XXVII. Parteitages der KPdSU auf dem Gebiet der Außenpolitik". Diese Konferenz wurde durch Reden von GS Gorbatschow und Außenminister Schewardnadse eingeleitet. Teilnehmer sind neben den Missionschefs und Amtsleitern im Ausland laut Reihung in der hiesigen Presse die ZK-Sekretäre Dobrynin (Westen), Medwedjew (sozialistische Länder), Jakowlew (Propaganda) sowie der Abteilungsleiter im ZK Tscherwonenko (zuständig für Kader im Ausland). Weiters wurden als Teilnehmer erwähnt der Vorsitzende des Staatskomitees für Wissenschaft und Technik, der Außenhandels- und Finanzminister und der Vorsitzende des Staatskomitees für Wirtschaftsbeziehungen mit dem Ausland (u.a. zuständig für Waffenlieferungen in die Staaten der Dritten Welt). Ohne Namensnennung wurde die Anwesenheit der stellvertretenden Außenminister und der Stellvertreter anderer Minister sowie der Sekretäre des Parteikomitees des Außenamtes genannt.

Die Ansprache des Generalsekretärs wird in dem Kommuniqué über die Konferenz wörtlich als „große Rede" bezeichnet. Herr Gorbatschow gab demnach eine detaillierte Charakteristik der Bedingungen, unter denen sich die Tätigkeit der sowjetischen Diplomatie abzuwickeln habe; ferner analysierte er deren grundlegende Zielrichtungen in organischer Verbindung mit den internen Aufgaben der Partei auf allen Gebieten (wobei auch extra der „moralische" Sektor genannt wurde).

Ein Hauptgegenstand der Ansprache sei eine kritische und auf Parteigrundsätzen fußende Auseinandersetzung mit den Erfahrungen gewesen, welche die sowjetische Diplomatie in den letzten Jahren gemacht habe. Weiters hätte Herr Gorbatschow Maßnahmen definiert, welche darauf abzielen, die Praxis des diplomatischen Wirkens im Sinne der strategischen Linie des XXVII. Parteitages zu vervollkommnen.

Im Klartext übersetzt kann das nur bedeuten, daß der Außendienst in stärkerem Maß als bisher auf die Einhaltung und Realisierung der neuen Gorbatschow-Linie vergattert und mit dem Parteiapparat kurzgeschlossen werden soll. Die Anwesenheit der Parteisekretäre (es gibt in jeder Abteilung des Außenministeriums und in jeder Vertretungsbehörde ein Parteikomitee) weist auch in diese Richtung.

Dies stimmt mit Informationen überein, die der Botschaft schon früher zugekommen sind und in den oz. Berichten verwertet wurden. Der Umstand, daß Herr Dobrynin unter den Teilnehmern an erster Stelle aufgezählt wird, ist ein weiteres Indiz dafür, daß ihm bei der Gestaltung der sowjetischen Außenpolitik offenbar eine überragende Stellung eingeräumt wird, welche sein formeller Vorgänger Ponomarjow nie innehatte. Herr Dobrynin dürfte vor allem für die politische Planung im globalen Ost-West-Verhältnis zuständig sein. Dafür spricht auch der bereits einberichtete Zustand, daß Herr Korniyenko von seinem Posten als Erster Stellvertretender Außenminister nunmehr auf die Stelle des Ersten Stellvertretenden Leiters der Internationalen Abteilung des ZK übergewechselt ist (Herr Dobrynin ist in Personalunion ZK-Sekretär und Leiter dieser Abteilung). Kornienko hat seinerzeit GS Gorbatschow zum Gipfel nach Genf begleitet, und man sagt, daß er weitgehend die sowjetische Abrüstungsinitiative vom 15.1. d.J. ausgearbeitet habe. Die Internationale Abteilung des ZK scheint somit zu einem Angelpunkt der sowjetischen außenpolitischen Planung ausgebaut zu werden.

Die bringt naturgemäß eine Gewichtsverlagerung im Verhältnis zwischen ZK und Außenministerium mit sich. Herr Dobrynin hat ja schon in Washington gegenüber Präsident Reagan erklärt, er mache in Zukunft die Außenpolitik gegenüber dem Westen.

Andererseits hört man in allerletzter Zeit, daß das Außenministerium mit gewissen wirtschaftspolitischen Funktionen angereichert werden soll, welche bisher das Außenhandelsministerium weitgehend in eigener Kompetenz wahrgenommen hat. Dies entspricht vielleicht einer gewissen Notwendigkeit, in Zeiten fallender Devisenerlöse und zunehmenden Importbedarfs auf dem Technologiesektor außenpolitische und außenwirtschaftliche Aspekte mehr zu koordinieren. Angesichts der Akribie, mit welcher offizielle Kommuniqués in der Sowjetunion verfasst werden, könnte man den Umstand, daß Außenhandelsminister Aristow relativ weit hinten bei der Aufzählung der Teilnehmer genannt wird, mit einer gewissen Gewichtsverschiebung zwischen seinem Ressort und dem Außenministerium zugunsten des letzteren in Verbindung bringen.

Eine offiziell selbstredend unerwähnt gebliebene Frage betrifft die Rolle des KGB bei der Neuorientierung des Auswärtigen Dienstes; die Vertreter des Staatssicherheitsdienstes arbeiten auf allen sowjetischen Vertretungsbehörden und arbeiten in vieler Hinsicht kontaktfreudiger und operativer als ihre „echt" diplomatischen Kollegen. Manche westliche Beobachter halten es nicht für unmöglich, daß man angesichts der mit den Schlagworten „Beschleunigung" und „Effektivitätssteigerung" operierenden Gorbatschow-Linie das KGB-Element stärker in die eigentliche diplomatische Aktivität im Ausland einbinden wird, was sicherlich Unruhe und Mißbehagen in hiesigen Außenamtskreisen erzeugen würde.

Jedenfalls ist ein größerer „shake up" im außenpolitischen Instrumentarium eingeleitet, und Herr Gorbatschow wird angesichts seines persönlichen starken Engagements in der Außenpolitik darauf sehen, daß er auch in seinem Sinne durchgezogen wird. […]

Dokument 56

**Der tschechische Parteichef und Präsident Gustáv HUSÁK auf
Kurzbesuch in Warschau**

GZ 35.01.01/2-II.3/86, Zl. 177-RES/86, ÖB Warschau (Wotava), 2. Juni 1986

Der tschechoslowakische Staats- und Parteichef Gustáv Husák absolvierte auf Einladung seines polnischen Partei- und Amtskollegen General Wojciech JARUZELSKI am 28. Mai 1986 einen eintägigen Arbeitsbesuch in Warschau.

Diese Kurzvisite ist im Rahmen des ständigen Stromes von offiziellen und parteiamtlichen Besuchern aus den verbündeten osteuropäischen Staaten, wie auch besonders aus der Sowjetunion, zu sehen, die seit der immer noch nicht beendeten weitgehenden außenpolitischen Isolierung Polens von den meisten westlichen Staaten in verstärktem Maße stattfinden. Aus der Sicht der polnischen Parteiführung sind die Beziehungen Polens zu seinen sozialistischen Nachbarn ein wesentlicher Beitrag zur Festigung des Sozialismus in Mitteleuropa. Dieser Gedanke beherrscht auch das […] äußerst ausführliche Kommuniqué. Hiebei wird bereits einleitend die Bedeutung des bevorstehenden 10. Parteitages der Polnischen Vereinigten Arbeiterpartei und die Implementierung des vor kurzem zu Ende gegangenen 17. Parteitages der tschechoslowakischen KP gewürdigt.

Die Zusammenarbeit der beiden Bruderparteien sowohl durch Kontakte auf zentraler Ebene wie auch in regelmäßigen Arbeitskontakten der Parteileitungen auf Woiwodschaftsebene und auf Basis der Bezirke nehme, wie es weiters im Kommuniqué heißt, ständig zu, und die daraus gewonnenen Erfahrungen seien zum Ausbau der Erfahrungen bei der Tätigkeit beider Parteien beim Ausbau des Sozialismus, der Probleme der internationalen kommunistischen Arbeiterbewegung sowie der Probleme der weiteren Entwicklung der gegenseitigen Beziehungen äußerst nützlich. Neben der konsequenten Fortsetzung der Kontakte der Bürger beider Länder spielen die wissenschaftliche Zusammenarbeit und der Austausch von Wissenschaftern eine wichtige Rolle im Prozeß der Annäherung. Besonders der in den letzten Jahren begonnene Ferienaustausch von Kindern und Jugendlichen sei ein erfolgreicher Versuch, das Verständnis zwischen den Völkern zu fördern. Man werde mit einem Projekt eines Urlauberaustausches auf Gewerkschaftsebene diesen einmal eingeschlagenen Weg fortsetzen.

Weiters unterstreichen sowohl General JARUZELSKI wie Präsident HUSÁK mit Befriedigung die Fortschritte, die die vergangenen letzten Jahre auf den Gebieten der wirtschaftlichen, technischen und technologischen Zusammenarbeit gebracht hätten. Dies sei vor allem auf den Gebieten der Metallurgie, des Bergbaus, der Kraftstromerzeugung und der chemischen Industrie bedeutsam. Zum Bereich der internationalen Politik übergehend, betonten beide Politiker, daß die imperialistische Konfrontationspolitik den Hauptgrund für die existierende Spannung in der Welt darstelle.

Die Hoffnung, die der Genfer Gipfel kurz erweckt hätte, sei durch amerikanische Aktionen, die darauf abzielten, einen militär-strategischen Vorteil zu erlangen, echt geschwächt worden. Die SDI-Initiative der USA bedeute die Militarisierung des Weltraums; einige NATO-Verbündete seien in diesem Programm involviert und beteiligten sich mit Überzeugung.

Abschließend gaben beide Staatsmänner dennoch ihrer Hoffnung Ausdruck, daß diese Bedrohung des Friedens und der Sicherheit in der Welt überwunden und der <u>Prozeß der Détente wiederhergestellt</u> werden könnte.

In diesem Zusammenhang komme der Zusammenarbeit mit der koordinierten Aktion mit den sozialistischen Bruderländern, vor allem aber mit der UdSSR, vordergründige Bedeutung zu.

Die Friedensvorschläge der sowjetischen Parteichefs, die Michail GORBATSCHEW anlässlich des 27. Parteikongresses formuliert habe, genössen die volle Unterstützung Polens und der ČSSR.

Dieser Besuch des tschechoslowakischen Parteichefs, der, wie bereits einleitend erwähnt, an sich eine Routinevisite war, zeigte neuerlich, den nicht vorhandenen außenpolitischen Spielraum Polens gegenüber dem mächtigen sowjetischen Nachbarn.

Die verstärkten politischen, aber auch wirtschaftlichen Abhängigkeiten, die seit 1981 besonders stark einsetzten, und die trotz zaghafter Versuche Polens, Kontakte mit dem Westen aufzunehmen, als Realität bestehen, lassen der polnischen Regierung gar keine andere Wahl, als strikt die Außenpolitik der UdSSR voll und ganz mitzumachen. Die verstärkte wirtschaftspolitische Verzahnung Polens mit den COMECON-Staaten zeigt außerdem bereits jetzt seine deutlichen Auswirkungen im täglichen Anschauungsunterricht.

Auch Gespräche mit den dieser Entwicklung besonders kritisch eingestellten polnischen „Normalbürgern" ergaben eine Urangst, daß eine weitere politische und auch wirtschaftliche Abkapselung vom Westen zu einem noch niedrigeren und primitiveren Lebensstandard der Bevölkerung führen muß.

Weiters fürchtet der „Mann von der Straße" instinktiv, daß eine Fortsetzung dieser Politik unter Umständen bereits jetzt einen Grad erreicht haben könnte, der für die Zukunft bereits irreversibel sein, und damit zu einer Lösung der traditionellen sozio-kulturellen Westfreundlichkeit Polens führen müßte. […]

Dokument 57
Freundschaftsbesuch Gorbatschows in Ungarn

GZ 225.18.10/2-II.3/86, Zl. 451-RES/86, ÖB Moskau (Vukovich), 11. Juni 1986

Der am 8. und 9. Juni d.J., unmittelbar vor Beginn der Budapester Tagung des Politischen Beratenden Ausschusses des Warschauer Paktes stattgefundene Freundschaftsbesuch von GS Gorbatschow in Ungarn hat großes Echo in den sowjetischen Medien gefunden. Die Reise nach Budapest, wo der Warschauer Pakt in Konkretisierung des Gorbatschow-Vorschlags vom 18. April d.J. neue Vorschläge zur konventionellen Abrüstung in Europa zu veröffentlichen beabsichtigt, war für den sowjetischen Parteichef sicherlich ein willkommener Anlaß, um sein durch den Reaktorunfall in Tschernobyl im In- und Ausland angekratztes Image wieder etwas aufzupolieren.

Nach hier vorliegenden Informationen war das bilaterale Treffen zwischen Gorbatschow und Kádár (der ungarische Parteichef hatte sich im September 1985 zu einem Besuch in Moskau aufgehalten) durch die sowjetische Forderung nach noch größerer außenpolitischer Blockdisziplin und wirtschaftlicher Integration im Rahmen des RGW bei gleichzeitiger Anerkennung des eigenen wirtschaftspolitischen Kurses Ungarns gekennzeichnet.

1. In den politischen Beziehungen zwischen der UdSSR und Ungarn haben Gorbatschow und Kádár eine „volle Übereinstimmung der Ansichten in allen grundlegenden Fragen der gesellschaftlichen Entwicklung und der Außenpolitik festgestellt". Ein hiesiger DDR-Diplomat hat gegenüber dem Gefertigten darauf hingewiesen, daß diese Formulierung einen gewissen Raum für eigenständige politische Positionen Ungarns läßt. Gleichzeitig heißt es allerdings in der TASS-Verlautbarung über das Arbeitsgespräch zwischen Gorbatschow und Kádár […], daß beide Seiten voll entschlossen seien, auch weiterhin auf Einheit und Geschlossenheit der sozialistischen Gemeinschaft, auf eine wirksame Abstimmung der Interessen der Bruderstaaten sowie auf eine Erneuerung der Mittel und Methoden der politischen und wirtschaftlichen Zusammenarbeit hinzuwirken. Im Interesse des Friedens seien abgestimmte aktive Aktionen der sozialistischen Staaten auf internationaler Ebene erforderlich. Die Budapester Tagung des Politischen Beratenden Ausschusses des WP soll zur Festigung der Einheit des Bündnisses und zu einer Aktivierung der koordinierten außenpolitischen Tätigkeit der Paktstaaten beitragen.

2.A. Was die Beziehung zwischen der KPdSU und der USAP betrifft, so wurde diese in der TASS-Verlautbarung als „traditionell aufrichtig und kameradschaftlich" (nicht freundschaftlich) charakterisiert. Beide Parteien wollen die Zusammenarbeit vervollkommnen. Das Studium und die Nutzung der Erfahrungen des anderen würde zu Fortschritten beim sozialistischen Aufbau beitragen.

2.B. Zur kommunistischen Weltbewegung heißt es in der ggstdl. TASS-Verlautbarung, daß die KPdSU und die UAP für internationale Solidarität und gleichberechtigte Zusammenarbeit zwischen den kommunistischen Parteien eintreten. Sie begrüßen den „schöpferischen, offenen und kameradschaftlichen Meinungsaustausch" im Interesse eines besseren wechselseitigen Verständnisses und einer Festigung der Bande zwischen den Bruderparteien.

2.C. Auch die Fortsetzung der Zusammenarbeit mit sozialdemokratischen Parteien in Fragen des Friedens und der Sicherheit wurde bekräftigt.

3. Besondere Aufmerksamkeit wurde von Gorbatschow und Kádár der „stabilen Entwicklung" der sowjetisch-ungarischen Zusammenarbeit auf wirtschaftlichem und wissenschaftlich-technischem Gebiet gewidmet. Im laufenden Planjahrfünft soll diese Zusammenarbeit „unter Berücksichtigung der Möglichkeiten und Erfordernisse" erfolgen. Dabei würde zu neuen fortschrittlichen Formen der wirtschaftlichen Kooperation, wie die Herstellung von Direktkontakten zwischen sowjetischen und

ungarischen Betrieben sowie die Schaffung gemeinsamer Wirtschaftsunternehmen übergegangen werden. Diesbezüglich hat der Gefertigte von DDR-Seite erfahren, daß die UdSSR auf die Gründung eines ersten multinationalen Industrieunternehmens dränge, jedoch mit diesem Wunsch bisher noch bei keinem RGW-Partner auf Gegenliebe gestoßen sei.

Als besonders aktuelle Aufgabe wurde in der TASS-Verlautbarung die konsequente Verwirklichung des RGW-Komplexprogrammes über wissenschaftlich-technischen Fortschritt bis zum Jahr 2000 hervorgehoben. Auch diese Kooperation soll dem Vernehmen nach wesentlich lustloser anlaufen, als dies von der UdSSR gewünscht wird.

In einer Tischrede hat Gorbatschow während seines Freundschaftsbesuches in Ungarn erklärt [...], daß die KPdSU „mit Aufmerksamkeit und Respekt" die Lösung schwieriger politischer und gesellschaftlicher Aufgaben in Ungarn und anderen sozialistischen Staaten verfolge. Die UdSSR freue sich über die Erfolge ihrer Freunde und versuche alles Nützliche, was sich auf sowjetische Verhältnisse übertragen lasse, zu übernehmen. Neben diesem positiven Kommentar zum ökonomischen Kurs Ungarns finden sich in der Rede Gorbatschow ein offenes Einbekenntnis, daß die sowjetische Führung dreieinhalb Monate nach dem KPdSU-Parteitag noch immer keine klaren Vorstellungen habe, wie der seit mehr als einem Jahr proklamierte neue wirtschaftliche Kurs der UdSSR in der Praxis verwirklicht werden soll. („Der Kurs ist klar. Die Taktik, Methoden und Formen seiner Verwirklichung müssen jedoch noch ausgearbeitet und präzisiert werden, wobei auf Erfahrungen der UdSSR und ihrer Bruderstaaten aufgebaut wird.")

4. Der Reaktorunfall in Tschernobyl war offenbar ein wichtiges Thema der Gespräche zwischen Gorbatschow und Kádár. Als Reaktion auf ungarische Bedenken hat Gorbatschow in der ggstdl. Tischrede u.a. erklärt, daß nun bei allen bestehenden und im Bau befindlichen sowjetischen Atomkraftwerken erhöhte Sicherheitsvorkehrungen getroffen würden. Weiters betonte Gorbatschow das sowjetische Interesse an internationaler Zusammenarbeit (im Rahmen der IAEO) bei der Entwicklung eines ökonomischeren und sichereren Reaktortyps. Ferner ging Gorbatschow auf die Frage des materiellen und moralisch-psychologischen Schadens infolge von Reaktorunfällen ein und sprach in diesem Zusammenhang von der Notwendigkeit der Schaffung rechtlicher Normen, durch welche Staaten zur Gewährung medizinischer Hilfe und anderer materieller Unterstützung bei einem Reaktorunfall verpflichtet werden. Offenbar denkt Gorbatschow daran, daß jenem Land, in dem es einen Reaktorunfall gegeben hat, geholfen werden müsse. Von einer Schadenersatzleistung des „Umweltverschmutzers" an seine Nachbarn will Gorbatschow offensichtlich nichts wissen. Schließlich trat der sowjetische Parteichef für die Schaffung eines verläßlichen Systems zur Verhinderung des atomaren Terrorismus in jeglicher Erscheinungsform (Entwendung von Nuklearmaterial aus Kernanlagen) ein.

Bewertung: Der Freundschaftsbesuch Gorbatschow in Ungarn ist Ausdruck des Interesses des sowjetischen Parteichefs am wirtschaftlichen Kurs Ungarns sowie der

Bedeutung, der sowjetischerseits der wirtschaftlichen und wissenschaftlich-technischen Zusammenarbeit mit Ungarn beigemessen wird. Sowohl der bilaterale Besuch Gorbatschows als auch die Abhaltung eines wichtigen Warschauer Pakt-Gipfels in Budapest sind aus sowjetischer Sicht dem politischen Prestige Ungarns zweifellos förderlich. […]

Dokument 58

Freundschaftsbesuch von Generalsekretär GORBATSCHOW in Ungarn am 8. und 9. Juni 1986

GZ 225.18.10/4-I 3/86, Zl. 180-RES/86, ÖB Budapest, 12. Juni 1986

Generalsekretär GORBATSCHOW traf am Sonntag, 8. Juni 1989 mittags zu einem 1 ½ tägigen Freundschaftsbesuch in Ungarn ein. Der Aufenthalt des sowjetischen Generalsekretärs in Budapest am 10. und 11. Juni stand in Zusammenhang mit der Tagung des Politischen Beratenden Ausschusses des Warschauer Paktes. […]

Die Besprechungen fanden im engsten Kreis statt, auf ungarischer Seite waren lediglich Generalsekretär KÁDÁR, ZK-Sekretär SZŰRÖS und sein Mitarbeiter KÓTAI sowie ein Dolmetsch anwesend, auf sowjetischer Seite das entsprechende Gegenüber. Es war also weder Außenminister VÁRKONYI noch Staatssekretär HORN dabei, und es besteht daher im Außenministerium ein Informationsmanko. Die vorliegende ho. Berichterstattung kann daher einen Tag nach der Abreise von GORBATSCHOW nicht umfassend sein und beruht daher vorerst im Wesentlichen auf dem offiziellen Kommuniqué, den Reden von KÁDÁR und GORBATSCHOW in den Csepel-Werken sowie einer Analyse von Erklärungen bzw. Zeitungskommentaren. Eine Gesprächsmöglichkeit mit einem der beiden erwähnten Funktionäre wird gesucht.

Generell lässt sich sagen, daß eine gelockerte und gutgelaunte Atmosphäre zu herrschen schien. GORBATSCHOWs selbstsicheres und gelassenes Auftreten hat beeindruckt.

Bei einem Besuch in den Csepel-Werken hielten beide Parteiführer Reden (s. Blg. I). KÁDÁR wies auf die Übereinstimmung der Ansichten betreffend den sozialistischen Aufbau und [die] weltpolitischen Fragen sowie die gemeinsame Absicht der Weiterentwicklung der gegenseitigen Beziehungen hin. Er habe Generalsekretär GORBATSCHOW von den – mehr als notwendig – bestehenden Problemen informiert, die Verwirklichung des 7. Fünfjahresplanes habe begonnen, aber recht langsam und bisher ohne zufriedenstellende Ergebnisse. Die Arbeit werde auch durch ungünstige äußere Bedingungen behindert, auf welche Ungarn keine Einflussmöglichkeiten habe. KÁDÁR hielt nicht mit Kritik an der Arbeit leitender Behörden zurück und er wies auf die Vorteile der Zusammenarbeit mit der Sowjetunion hin.

G O R B A T S C H O V bezeichnete eine radikale Erneuerung und eine psychologische Transformation einiger Bereiche im Leben der sowjetischen

Gesellschaft als eine Kernfrage. Die sowjetische Bruderpartei verfolge mit Aufmerksamkeit und Respekt die Anstrengungen in Ungarn und anderen sozialistischen Staaten, sie freue sich über deren Erfolge und strebe die Übernahme von allem an, was für die Sowjetunion nützlich sei. Im besonderen interessierte er sich für die Erfahrungen der Csepelwerke mit der neuen Führungsform der „Räte". Es ging ihm auch um die Frage, wie die Kooperation, Produktionsspezialisation und die Bildung gemeinsamer Gesellschaften verwirklicht werden könne.

Zur Außenpolitik sagte GORBATSCHOW, die gegenwärtige Aufgabe bestehe darin, die internationalen Beziehungen umzugestalten. Er bezeichnete den Unfall von Tschernobyl als schockierendes Ereignis. Man werde die notwendigen Schlussfolgerungen ziehen und alles tun, um solche Unfälle in Zukunft zu verhindern, die Sicherheitsmaßnahmen seien in allen Atomkraftwerken – auch bei den im Bau befindlichen – erhöht worden.

GORBATSCHOW äußerte sich ebenso zur Außenpolitik (Seite 4 und 5 der Blg. I) und ließ auch schon durchblicken, worüber auf der Tagung des Warschauer Paktes gesprochen werden würde.

Über das Arbeitsgespräch der beiden Parteichefs wurde ein Kommuniqué herausgegeben (Blg. II). Die Bekräftigung der Übereinstimmung in allen grundsätzlichen Fragen konnte von vornherein als selbstverständlich angesehen werden. Das Hauptschwergewicht lag bei wirtschaftlichen Fragen und der Verstärkung der Zusammenarbeit sowohl bilateral als auch multilateral innerhalb des RGW, im besonderen zur Erfüllung des wissenschaftlich-technischen Komplexprogrammes bis zum Jahre 2000.

Zur Außenpolitik wird u.a. festgestellt, beide Parteiführer erwarteten sich von der Tagung des WP eine Stärkung der Einheit der Allianzpartner. Es wurde der Sorge um die Politik extremer Kreise der USA und der NATO Ausdruck verliehen, wenn die USA eine wirkliche Bereitschaft zu einem Übereinkommen zeigten, sei es möglich, die strittigen Angelegenheiten zu lösen und die internationalen Beziehungen zu verbessern. Das Kommuniqué hebt ausdrücklich hervor, die KPdSU schätze die konstruktiven Anstrengungen der USAP zur Förderung des Helsinki-Prozesses. Die kommunistischen Parteien beider Staaten würden weiterhin mit sozialistischen und sozialdemokratischen Parteien und anderen Bewegungen zusammenarbeiten. Die Gespräche hätten in einer herzlichen Atmosphäre und im Geiste der Freundschaft beider Parteien, Staaten und Völker stattgefunden und spiegelten die volle Identität der Ansichten in allen Funktionen wider.

Bei einem Spaziergang in der Innenstadt Budapests sagte GORBATSCHOW auf die Frage eines Journalisten, es habe in den Beziehungen beider Parteien, Länder und Völker einen neuen Beginn gegeben und die neuen Probleme hätten im Mittelpunkt der Gespräche gestanden. Er freue sich über seinen Aufenthalt in Budapest als ein Freund KÁDÁRs, den er seit Jahren als Freund der Sowjetunion schätze. Nichts habe ihre herzlichen und aufrichtigen Beziehungen überschattet, sie basierten auf völligem gegenseitigem Vertrauen, Aufrichtigkeit und Offenheit. Von Ungarn habe er sehr gute Eindrücke, das ungarische Volk habe große Erfolge erzielt. Die Realität schließe sowohl Erfolge als Probleme ein, Probleme werde es geben, solange es Fortschritte gebe, sie mögen schwierig sein, sie würden jedoch gelöst werden.

Bei dem Spaziergang blieb GORBATSCHOW in der Váci utca vor dem von einer österreichischen Firma gebauten Hotel „Taverna" stehen. Laut Zeitungsberichten hat er das Design und die Ausführung des Baues gelobt.

Zusammenfassend lässt sich über das Ereignis des Besuches vorerst folgendes sagen:

Zwischen den beiden Parteichefs herrscht sichtbar ein persönliches, gutes Verhältnis. Parteichef KÁDÁR erweist sich dadurch weiterhin als unentbehrlicher Faktor. Es wurden die Weichen für eine konsequente wirtschaftliche Zusammenarbeit gestellt. Einzelheiten sind nicht bekannt und man muss auch davon ausgehen, daß Ungarn Wünsche auf Unterstützung oder Entgegenkommen wegen der schlechten terms of trade und möglicherweise auch im Zusammenhang mit Tschernobyl vorgebracht hat. Der Trend zu engerer wirtschaftlicher Zusammenarbeit ist schon seit einiger Zeit unübersehbar, und er ergibt sich zum Teil notgedrungen aus der Lage Ungarns, weil der Absatz vieler Produkte im Westen, u.a. bedingt auch durch Zollprobleme, auf Schwierigkeiten stößt. Allerdings stehen Absichtserklärungen und Realitäten der Verwirklichung oft nicht in Übereinstimmung.

Es gab keinerlei Kritik an Ungarns Reformkurs oder Außenpolitik, GORBATSCHOW äußerte sich im Gegenteil anerkennend. Ein politischer Druck scheint sohin nicht gegeben, wenigstens nicht direkt. Die Frage stellt sich, ob nicht auf dem Umweg über die von der Sowjetunion forcierte, verstärkte wirtschaftliche Zusammenarbeit das erreicht werden soll, was, wenn es politisch direkt versucht werden würde, nicht oder wenigstens nicht so leicht möglich sein würde. Wenn der erwähnte Trend wirklich zum Tragen kommt, ist laut einem Gewährsmann damit zu rechnen, daß sich der Anteil des ungarischen Außenhandels mit den RGW-Partnern von derzeit 53 % in 10–15 Jahren auf 55–60 % erhöht. […]

Dokument 59
Tagung des Politischen Beratenden Ausschusses des Warschauer Paktes in Budapest am 10. Juni 1986

ÖStA, AdR, NL Agstner, E-1746-K54, Zl. 183-RES/86, ÖB Budapest, 13. Juni 1986

Der Politische Beratende Ausschuss des Warschauer Paktes hielt am 10. und 11. Juni 1986 in Budapest seine diesjährige Sitzung ab. Sie fand im Anschluss an einen zweitägigen Freundschaftsbesuch von Generalsekretär GORBATSCHOW statt. Seit der Gründung des Warschauer Paktes vor 31 Jahren war dies die zweite derartige Veranstaltung in Budapest; die erste ging im Jahre 1969 über die Bühne, damals wurde als Ergebnis den europäischen Staaten der Vorschlag zur Einberufung einer gesamteuropäischen Konferenz zur Verbesserung der Zusammenarbeit unterbreitet.

An der Spitze jeder Delegation standen die Generalsekretäre bzw. die Ersten Sekretäre der kommunistischen Parteien der sieben Teilnehmerstaaten, die mit Ausnahme von GORBATSCHOW und KÁDÁR auch die Funktion eines Staatsoberhauptes ausüben.

Den Delegationen gehörten jeweils die Ministerpräsidenten, die ZK-Sekretäre für Internationale Angelegenheiten sowie die Außen- und Verteidigungsminister an. Auch der Vorsitzende des Präsidiums des Obersten Sowjets der UdSSR, Andrej GROMYKO, war Mitglied der sowjetischen Delegation, der tschechoslowakischen Delegation gehörten u.a. Herr BIĽAK an.

Da der von der Tagung am 11. Juni beschlossene Appell von den diplomatischen Vertretern Ungarns den westlichen Regierungen – auch dem Bundesministerium für Auswärtige Angelegenheiten – bereits am 12. Juni zusammen mit dem gemeinsamen Kommuniqué überreicht wurde, sind die Beschlüsse bzw. Vorschläge bereits bekannt

Ungarische Zeitungen brachten noch vor Konferenzbeginn zum Ausdruck, daß der Beratende Ausschuss im Zeichen der Vorbereitung des sowjetisch-amerikanischen Gipfeltreffens zusammentritt und es würden wahrscheinlich zu den bisherigen Initiativen der Sowjetunion und des Warschauer Paktes neue Vorschläge dazukommen. In der Ausgabe vom 10. Juni schrieb das Parteiorgan „NEPSABADSAG":

Wenn Washington entscheidet, die gegenseitig festgelegten Limite zu überschreiten, einschließlich SALT II, würde dies Konsequenzen nach sich ziehen, die schwer vorstellbar sind. Eine Veränderung des gegenwärtigen Kräftegleichgewichts kann nicht toleriert werden. Alle Schritte der sozialistischen Staaten zeigen, daß die Warschauer-Pakt-Staaten zu einem wirklich echten Dialog bereit sind".

An dieser Stelle sei folgendes eingefügt: Bei dem Gespräch von Bundesminister Dr. FISCHER am 30. Mai d.J. in Budapest mit ZK-Sekretär SZŰRÖS bemerkte Letzterer, daß sich die USA sehr stark machte und fühlte, die Sowjetunion könne dies nicht einfach hinnehmen. Diese Bemerkung lässt wohl die Annahme zu, daß Ungarn, das ja ansonsten hinter den Kulissen ausgleichend einzuwirken versucht, in dieser Frage den sowjetischen Standpunkt offiziell deckt. Zu den Aussichten eines neuen Gipfeltreffens REAGAN-GORBATSCHOW hatte SZŰRÖS gemeint, es sei ein ständiges Auf und Ab, er war sich darüber offenbar selbst nicht im klaren.

Die jetzige Budapester Tagung des Warschauer Paktes war darauf abgestimmt, sich flexibel zu zeigen und die Tür offenzulassen, ohne von einer Schuldzuweisung vor allem an die USA abzusehen, diese aber doch in gemäßigten Tönen zu halten. Durch eine starke Öffentlichkeitsarbeit im Rahmen eines Pressezentrums im Hilton Hotel – eine solche solle es bei früheren gleichen Tagungen nicht gegeben haben – wurde versucht, den eigenen Standpunkt so gut als möglich unter die westlichen Journalisten zu bringen. Eine gute propagandistische Ausgangslage war wohl überhaupt eines der wesentlichen Ziele der Tagung. [Zu] einem neuen Gipfeltreffen REAGAN-GORBATSCHOW [wurde] bereits am 9. Juni bei einer Rede in den Csepel-Werken eine Reihe von Punkten angeschnitten und vorweggenommen […].

Sechs neue Elemente scheinen, soweit es hier übersehen werden kann, in den Budapester Beschlüssen auf:

– Eine größere Bereitschaft in der Frage der Inspektionen, auch vor Ort. Generaloberst CHERNOV, Gruppenchef des Generalstabs der sowjetischen Streitkräfte, stellte in einem Interview aber gleichzeitig klar, daß es sich nicht um absolute Kontrolle handeln könne […]. Zur Frage einer sowjetischen Reaktion auf eine Kündigung des SALT II Abkommens bemerkte CHERNOV, die beinahe 300 schwere sowjetischen Raketen könnten bis zu 14–16 „warheads" anstatt der in SALT II festgelegten 10 tragen.

– Größere Flexibilität in der Frage des Abbaues amerikanischer und sowjetischer Mittelstreckenraketen in Europa und Bereitschaft zu Verhandlungen mit London und Paris […].

– Radikale Kürzungen im Bereich von Streitkräften und konventioneller Rüstung auf globaler und regionaler Ebene

– Reduzierung im Bereich der taktischen Luftstreitkräfte

– Teilweise Einbindung von Neutralen und Blockfreien

– Zusammenarbeit zwischen allen Staaten bei der Schaffung eines internationalen Regimes der sicheren Entwicklung der Kernenergie

Dem Vernehmen nach machte der Vertreter eines WP-Staates – es kann sich nur um CEAUȘESCU gehandelt haben – geltend, daß die Ursache für die Ost-West-Spannungen und die Differenzen in den Abrüstungsfragen nicht nur bei einer Seite zu suchen seien, sondern daß man auch die eigene Haltung überprüfen müsse. Näheres über das Echo und die Wirkung dieser Intervention war bisher nicht zu erfahren.

Nicht im Rahmen der Tagung des Warschauer Paktes, sondern bei einem Treffen der Generalsekretäre der kommunistischen Parteien der Teilnehmerstaaten bei einem „Tee" gab Generalsekretär GORBATSCHOW einen Überblick über die Entwicklung in Tschernobyl und die in Aussicht genommenen Maßnahmen. Darüber soll eine sehr offene Diskussion in Gang gekommen sein, in deren Verlauf die Generalsekretäre der einzelnen Staaten über die ihren Ländern erwachsenen Schäden gesprochen hätten. Schadenersatzansprüche sollen hiebei nicht gestellt worden sein.

In Abschnitt IV des Kommuniqués ist von der Festigung der Einheit und Geschlossenheit der Teilnehmerstaaten des Warschauer Paktes die Rede. […]

Von ungarischer Seite wird die Tagung als großes Ereignis gewertet. Man gibt sich der Erwartung hin, dieser zweite „Appell" von Budapest werde ebenso in die Geschichte eingehen wie der erste Appell des Jahres 1969, der schließlich in die Schlussakte von Helsinki gemündet habe. […]

Dokument 60

Poln. Regime versucht, Keil zwischen die Solidarität und die US-Administration zu treiben

GZ 166.03.05/10-II.3/86, Zl. 198-RES/86, Warschau (Wotava), 16. Juni 1986

Dem polnischen Regime ist mit der Verhaftung des Führers der Untergrundsolidarität BUJAK ein entscheidender Schlag gegen die Untergrundorganisation gelungen […], der ausgerechnet beim Warschauer Parteitreffen vom 31.5.1986 unter dem Jubel der Parteifunktionäre von einem hochrangigen Sicherheitsorgan und zudem zu einem

Zeitpunkt bekanntgegeben wurde, an dem die polnische Öffentlichkeit durch die Eröffnung der Fußballweltmeisterschaft weitgehend abgelenkt war. Es ist somit nicht von der Hand zu weisen, daß die Sicherheitsbehörden seit einiger Zeit von den Unterschlupfmöglichkeiten BUJAKS Bescheid wußten und lediglich einen dem Regime besonders genehmen Zeitpunkt abgewartet haben, ehe sie die Verhaftung des meist gesuchten Mannes in Polen vornahmen.

Vor dem Ende Juni beginnenden Parteikongreß, der der polnischen, aber auch der internationalen Öffentlichkeit die vollständige „Normalisierung" des Landes vor Augen führen soll, setzte das Regime aber noch andere Aktionen, die einer weiteren Zertrümmerung der Solidarität und der totalen Erschütterung der Opposition im Glauben an ihre amerikanischen Verbündeten dienen sollen:

Vor wenigen Tagen, und zwar kurz hintereinander, hat zunächst Pressesprecher URBAN und dann Innenminister General KISZCZAK in langen Interviews der Öffentlichkeit dargelegt, daß die US-Regierung spätestens Anfang November 1981 durch den hochrangigen und im Generalstab tätigen Spion Oberst KUKLINSKI über die Pläne des polnischen Regimes, das Kriegsrecht über Polen zu verhängen, genau Bescheid gewusst hätte. Obwohl sich der Spion mit seiner Familie am 8.11. bereits in den USA befunden hätte und somit in Sicherheit war, hätten die USA von ihrem Wissen keinen Gebrauch gemacht, obwohl sie durch eine rechtzeitige Warnung der Solidarität und der polnischen Öffentlichkeit die Anwendung des Kriegsrechtes verhindern hätten können. Der US-Administration sei vielmehr in Erwartung einer gewalttätigen Reaktion der Solidaritätsanhänger gegen das Kriegsrecht daran gelegen gewesen, aus Polen einen gefährlichen Brandherd zu machen, um ihren imperialistischen Plänen der Zerstörung des Warschauer Paktes einen großen Schritt näherzukommen. Durch die Verheimlichung ihres Wissens um das zu verhängende Kriegsrecht hätte die US-Regierung, insbesondere Präsident Reagan, bewiesen, daß es ihnen nicht um das Wohl der Solidaritätsanhänger gegangen sei, sondern nur um die Förderung der imperialistischen Ziele der USA. Das polnische Regime habe zunächst erwartet, daß die US-Administration die polnische und internationale Öffentlichkeit vor der drohenden Verhängung des Kriegsrechtes warnen würde, da dies aber nicht geschehen sei, hätten die polnischen Stellen die Vorbereitungen für die Verhängung des Kriegsrechtes vorangetrieben und letztlich auch in die Praxis umgesetzt.

Seit langer Zeit gab es hier Gerüchte, daß die US-Administration vom Militärputsch Jaruzelskis einige Zeit vorher informiert gewesen sei, was mittlerweile, soweit hier feststellbar, von amerikanischer Seite, allerdings mit der Einschränkung zugegeben wurde, daß den amerikanischen Stellen der Zeitpunkt der Einführung des Kriegsrechts unbekannt gewesen sei.

Wenn das polnische Regime sich nunmehr entschloß, die Tätigkeit des hochrangigen polnischen Militärspions im Generalstab zuzugeben, so dient diese Aktion eindeutig dem Zweck, die noch immer teils offen, teils im Untergrund tätigen Solidaritätsanhänger der US-Administration zu entfremden, die der Solidarität noch immer zumindest moralische Unterstützung angedeihen läßt.

Den Solidaritätsanhängern soll nunmehr das vernichtende Gefühl gegeben werden, daß ihre Hoffnungen auf die US-Administration buchstäblich auf Sand gebaut gewesen seien und die Solidarität nichts anderes als ein Ball im Spiel der Mächtigen gewesen ist.

Die von URBAN und KISZCZAK aufgestellten Behauptungen würden auch bedeuten, daß die US-Administration vermutlich auch im Besitz der vom polnischen Regime aufgestellten Listen der anläßlich der Ausrufung des Kriegsrechtes zu verhaftenden Personen war und es unterlassen hat, die hievon betroffenen Personen rechtzeitig zu warnen.

WAŁĘSA erklärte zu den Enthüllungen des polnischen Regimes, daß diese nunmehr den Beweis erbracht hätten, daß der Militärputsch von langer Zeit vorbereitet und nicht, wie vom Regime durch Jahre hindurch behauptet worden sei, infolge der Intransigenz der Solidarität spontan mit relativ kurzer Vorbereitungszeit durchgeführt worden sei. Andere Reaktionen von Oppositionellen sind mir derzeit nicht bekannt. Sollten die Ausführungen von URBAN und KISZCZAK aber in den Augen der Solidarität einen wahrscheinlichen Wahrheitsgehalt haben, könnte dies in der Tat zu dem vom Regime anvisierten distanzierteren Verhältnis zwischen Solidarität und US-Administration führen. […]

Dokument 61

Gorbatschows Rede vor ZK-Plenum; Zeichen wachsender Frustration und Ungeduld

GZ 225.03.00/36-II.3/86, Zl. 461-RES/86, ÖB Moskau (Vukovich), 18. Juni 1986

Am 16. Juni d.J. hat eine Plenartagung des ZK der KPdSU stattgefunden, auf der aktuelle Fragen der sowjet. Innen- und Außenpolitik behandelt wurden.

GS Gorbatschow nahm in seinem Referat zur innenpolitischen Entwicklung in der UdSSR seit dem XXVII. KPdSU-Parteitag Stellung, wobei er über zu langsame Fortschritte bei der Verwirklichung des neuen Wirtschaftskurses klagte. Bei der Umgestaltung der sowjet. Wirtschaft gebe es nicht nur positive Tendenzen, sondern auch retardierende Faktoren. Manche Funktionäre hätten das Wesen der politischen Veränderungen noch nicht begriffen oder würden nicht an die Erfolge der von der KPdSU beschlossenen politischen und wirtschaftlichen Wende glauben (!). Die Umgestaltung gehe nur langsam vor sich; die Wende hin zu mehr Qualität, Effektivität und neuen Methoden der Wirtschaftslenkung vollziehe sich „schwerfällig und schmerzhaft". Das Tempo der wirtschaftlichen Erneuerung werde durch einen aufgeblähten und ineffektiven Verwaltungsapparat beeinträchtigt. Der „blinde Glaube an die Allmacht des Apparats" führe dazu, daß noch immer Wünsche nach Schaffung neuer Verwaltungsorgane vorgebracht würden. Die schöpferische Kraft des Volkes könne jedoch nicht durch Verwaltungsdirektiven ersetzt werden. Die Umgestaltung erfordere eine Förderung der Initiativkraft und der Selbstständigkeit der Arbeitskollektive. Eine Lösung sämtlicher Fragen durch einen zentralen Verwaltungsapparat sei unter den heutigen Bedingungen nicht mehr möglich.

Gorbatschow kündigte an, daß alle, die den Prozeß der Umgestaltung behindern, mit Entschlossenheit bekämpft würden.

Die Auswechslung von Führungskadern werde fortgesetzt werden. Eine Umgestaltung der Gesellschaft sei ohne Änderung des Stils und der Methode der Parteiarbeit auf allen Ebenen nicht möglich.

Nach diesen kritischen Ausführungen erklärte jedoch der sowjet. Parteichef, daß Tendenzen zu einer Beschleunigung des Tempos der wirtschaftlichen Entwicklung dennoch festzustellen seien. Als Entschuldigung für das offenbar recht mäßige Tempo führte Gorbatschow an, daß es naiv wäre zu erwarten, daß der Rückstand und die Mängel, die im Laufe vieler Jahre zustande gekommen seien, in wenigen Monaten überwunden werden könnten.

Hiesige Beobachter – auch aus kommunistischen Staaten – sehen in den Ausführungen Gorbatschows zur derzeitigen innenpolitischen Lage in der UdSSR einen Ausdruck wachsender Frustration über – wie sich ein chinesischer Kollege ausdrückte – die Sabotierung des neuen Wirtschaftskurses durch weite Kreise des sowjet. Partei- und Staatsapparates. Gorbatschows Appell an lokale Parteifunktionäre zu größerem Elan bei der Umgestaltung der Wirtschaft und Gesellschaft muß ins Leere gehen, solange die Moskauer Zentralstellen den Inhalt der neuen Wirtschaftspolitik noch immer nicht präzisiert haben. Bei seinem Besuch in Ungarn am 8. und 9. Juni d.J. hat der sowjet. Parteichef offen zugegeben, daß derzeit nur die Grundzüge des wirtschaftspolitischen Kurses der UdSSR feststehen würden, die Methoden und Formen der Verwirklichung dieses neuen Kurses jedoch noch ausgearbeitet und präzisiert werden müßten […].

Der außenpolitische Teil der jüngsten ZK-Rede Gorbatschows war praktisch ausschließlich den sowjet.-amerikan. Beziehungen gewidmet, wodurch neuerlich bestätigt wurde, daß der sowjet. Parteichef der Fortsetzung des Dialogs mit Washington prioritäre Bedeutung beimißt. Die internationale Lage wurde von Gorbatschow als weiterhin kompliziert bezeichnet; für eine Verminderung der Spannungen gebe es vorläufig keine Anzeichen. Der KPdSU-Chef wiederholte die zahlreichen sowjet. Abrüstungsinitiativen der letzten Zeit und gab nähere Einzelheiten des in der Vorwoche bei den sowjet.-amerikan. Abrüstungsverhandlungen in Genf eingebrachten sowjet. Vorschlages betreffend eine 40%ige Reduzierung der strategischen Offensivsysteme bei gleichzeitiger Bekräftigung des ABM-Vertrages bekannt. Statt einer 50%igen Reduzierung der strategischen Offensivwaffen hat die UdSSR in Genf „als Ausdruck der sowjetischen Bemühungen um gegenseitig akzeptable Vereinbarungen" folgende Interimslösung vorgeschlagen:

–   Festhaltung am ABM-Vertrag für zumindest weitere 15 Jahre und Begrenzung der SDI auf Laboratoriumsforschung.

–   Gleicher Plafond für strategische Offensivwaffen (ICBM, SLBM und schwere Bomber). Für Mittelstreckenraketen und landgestützte long range cruise missiles wird eine separate Regelung vorgeschlagen.

Gorbatschow erklärte in diesem Zusammenhang, daß im Falle eines Ignorierens auch dieser jüngsten sowjetischen Initiative durch die USA offenkundig würde, daß die gegenwärtige US-Administration „ein unwürdiges Spiel mit einer überaus ernsten Frage" treibe. Konsequenzen drohte jedoch der sowjet. Parteichef auch für diesen Fall keine an.

Die hiesige US-Botschaft sieht in der von sowjet. Seite vorgeschlagenen Verlängerung des ABM-Vertrages um zumindest 15 Jahre eine Bestätigung der amerikanischen Annahme, daß auch die UdSSR an der Schaffung eines strategischen Verteidigungssystems arbeite, allerdings mit dem Tempo der SDI nicht mithalten könne und deshalb eine Verlangsamung der Verwirklichung dieses Programms verlange.

Gorbatschow nahm in seiner jüngsten ZK-Rede auch zur Frage des nächsten sowjet.-amerikan. Gipfeltreffens Stellung. In Abweichung von der bisherigen sowjetischen Formel, wonach ein solches Treffen bei Vorliegen einer entsprechenden politischen Atmosphäre und bei konkreten Aussichten auf ein bis zwei Vereinbarungen in zentralen Fragen der militärischen Sicherheit stattfinden könne, verlangte der sowjet. Parteichef diesmal nur eine entsprechende Atmosphäre, durch die Perspektiven für konkrete Vereinbarungen eröffnet würden. Demnach würde es anscheinend genügen, daß der Kreml eine Verbesserung der Atmosphäre in den Beziehungen zu den USA feststellt; konkrete Vereinbarungen im Abrüstungsbereich könnten irgendwann später folgen. Die hiesige US-Botschaft sieht in dieser Erklärung Gorbatschows ein weiteres Anzeichen für dessen großes Interesse an einem Treffen mit Präsident Reagan möglichst noch vor Ende 1986. Die Vorbereitung des nächsten Gipfeltreffens könnte anläßlich der Begegnung der Außenminister Schewardnadse und Shultz beim Abschluß der KVAE in Stockholm, am Rande der nächsten GV der VN sowie bei der Eröffnung des Wiener KSZE-Folgetreffens erfolgen. […]

Dokument 62

Parteitag der polnischen KP; Rede GS Gorbatschows; Außenpolitik, das „Problem" Polen, Wirtschaftsbeziehungen zum Westen, Tschernobyl

GZ 166.03.00/15-II.3/86, Zl. 490-Res/86, ÖB Moskau (Grubmayr), 2. Juli 1986

Zur Rede Generalsekretär Gorbatschows vor dem X. Parteitag der polnischen KP wären aus Moskauer Sicht nachfolgende Anmerkungen zu machen:

1. Gorbatschow hat im außenpolitischen Teil seiner Ausführungen keine neuen konkreten Ideen vorgetragen. Er erinnerte vielmehr an die zahlreichen – bereits vorliegenden – sowjetischen Vorschläge und ließ deutliche Resignation über die amerikanische Haltung erkennen. Im Abrüstungsbereich habe es – so der sowjetische Parteichef – bislang „keinen Millimeter" an Fortschritten gegeben. Washington sei vielmehr dabei, die letzten „Bremsen", die – wie etwa SALT II – den Rüstungswettlauf noch aufhielten, loszuwerden.

Gorbatschow unterstrich hierbei nachdrücklich die Mitverantwortung der europäischen NATO-Partner, die in Worten zwar auf die Gefährlichkeit der amerikanischen Politik hinwiesen, im Endeffekt aber doch immer dem Druck

Amerikas nachgäben. (Diese Bemerkungen wirkten wie eine indirekte Antwort Gorbatschows auf den SPD-Kanzlerkandidaten RAU; dieser hatte anläßlich seines kürzlichen Moskau-Besuchs die Bonner Regierung vor dem sowjetischen Vorwurf in Schutz genommen, bei SALT II eine zu weiche Haltung einzunehmen.)

Der sowjetische Parteichef betonte jedenfalls, daß die Sowjetunion „weiter für den Dialog" eintrete, der aber zu konkreten Resultaten führen müsse. (Vizeaußenminister PETROWSKIJ ließ bekanntlich die sowjetische Bereitschaft erkennen, in Vorbereitungsarbeiten für ein Außenministertreffen UdSSR/USA einzutreten [...]. Gorbatschow selbst hat in seiner Rede vor Warschauer Arbeitern am 1.7.1986 bestätigt, daß er Präsident Reagan einen Brief mit Abrüstungsvorschlägen übermittelt habe – er ging allerdings nicht auf Details ein.)

2. Hinsichtlich der innenpolitischen Lage Polens anerkannte Gorbatschow, daß die „Normalisierung" geglückt und die „Krise, welche sogar die Existenz des Sozialismus in Polen in Frage gestellt habe", überwunden sei. Das massive Lob Gorbatschows für den polnischen Parteichef Jaruzelski, den „hervorragenden Führer, der sich durch Energie und politische Scharfsichtigkeit" auszeichne, hat auch in Moskau einiges Aufsehen erregt.

Aus hiesiger Sicht war aber vor allem interessant, daß Gorbatschow einige Bezüge zwischen der „polnischen Krise" und innersowjetischen Schwächeerscheinungen in der Breschnew-Ära herstellte. Die Krise Polens „zu Ende der 70-er und Anfang der 80-er Jahre" (übrigens auch ein sowjetisches Kürzel für die kritisierten Phasen der Breschnew-Ära) habe ganz allgemein Probleme aufgezeigt, mit denen der Sozialismus in einer äußerst schwierigen und entscheidenden Etappe seiner Entwicklung zu kämpfen habe. Hieraus hätten nicht nur die polnischen Kommunisten wichtige Lehren zu ziehen.

Der sowjetische Parteichef mußte – aus ideologischen Gründen – aber auch klarstellen, daß die Krise Polens „kein Protest der Arbeiter gegen den Sozialismus" gewesen sei. Es habe sich nur um eine „Ablehnung von Entartungen des Sozialismus in der Praxis" gehandelt. Auch hier zog er schließlich eine Parallele zur UdSSR: Die KPdSU habe im Zuge des XXVII. Parteitags gezeigt, daß man die notwendigen Schlußfolgerungen aus den Fehlern und Fehlschlägen der Vergangenheit ziehen müsse.

3. Bei allem Lob über die bisher erreichte Normalisierung hat Gorbatschow aber auch den politischen Spielraum Polens für die Zukunft klar abgegrenzt. Deutlich wurde dies in seiner Aussage, daß jeder Angriff auf die sozialistische Ordnung sowie jeder Versuch, „das eine oder andere Land aus der sozialistischen Gemeinschaft herauszubrechen", einen „Angriff auf die ganze Nachkriegsordnung" und somit letzten Endes auch den Frieden bedeuten müßte.

Deutliche Grenzen hat Gorbatschow aber insbesondere hinsichtlich des Handels Polens mit dem Westen abgesteckt. Man habe in der Vergangenheit – so Gorbatschow – zu spät erkannt, welche „Fallen" es im Westhandel gebe. Nicht nur Polen, sondern auch die anderen sozialistischen Staaten seien davon betroffen worden. Der Schaden war durch die Idee entstanden, es sei einfacher, am kapitalistischen Markt einzukaufen als etwas Eigenes zu schaffen. „Zu Hause" (also in der Sowjetunion) würden diese Einstellungen jetzt überwunden. Es gehe natürlich nicht um die Aufkündigung der Wirtschaftsbeziehungen zum Westen, es sei aber eine „rationelle Nutzung dieser Beziehungen" notwendig, um Abhängigkeiten zu vermeiden. In diesem Zusammenhang unterstrich der sowjetische Gast die Bedeutung der Zusammenarbeit im RGW.

(Heute führte ich über diese Fragen ein längeres Gespräch mit dem stv. Außenhandelsminister Alexej Manschulo, der Österreich kennt und normalerweise auch eine sehr positive Haltung zu unserem Land einnimmt. Er zitierte mir fast wörtlich die Ausführungen des Generalsekretärs in Warschau und erklärte, eine enge Kooperation auf technologischem Gebiet, eine Produktionskooperation zum gegenseitigen Vorteil und die Zusammenarbeit auf Drittmärkten sei die neue Devise bei den Wirtschaftsbeziehungen mit dem Westen. Das habe der Generalsekretär mit der „rationellen Nutzung der Beziehungen" gemeint. Er verwies dabei auf die schon bestehenden aussichtsreichen Ansätze auf diesem Gebiet im Verhältnis zwischen Österreich und der Sowjetunion. Praktisch bedeutet dies einen eher einseitigen Technologiefluß aus Österreich in die Sowjetunion, wobei die nur vage formulierte Gegenleistung in der Weiterführung der Importe im bisherigen Ausmaß besteht. Allerdings jedoch zeigen sich hier in letzter Zeit zunehmende Tendenzen, westliche Technologie im Zuge der Abhaltung einschlägiger Symposien sozusagen „gratis zu requirieren"; dies ist vom sowjetischen Standpunkt sicher „rationell"! Jedenfalls bedeutet die neue Gorbatschow-Linie sicherlich eine Erschwernis des Osthandels für die meisten westlichen Handelspartner, nicht nur wegen der COCOM-Bestimmungen, sondern auch durch die Erfordernis eines stärkeren Einsatzes von hochqualifiziertem Personal.)

4. Insgesamt brachte Gorbatschow die Führungsrolle der KPdSU somit jedenfalls sehr deutlich zum Ausdruck.

Besonders augenfällig wurde die Rolle des „großen Bruders" bei Gorbatschows Anmerkungen zum Thema Tschernobyl. Er dankte Polen für die „gegenüber der Sowjetunion aus Anlaß dieses Unglücksfalles erwiesene „Solidarität". Diese werde von sowjetischer Seite schon deshalb besonders geschätzt, weil Tschernobyl auch Polen „am Rande betroffen" habe.

Letztere Darstellung der Ereignisse dürfte von polnischer Seite fast schon als Hohn verstanden worden sein. Bemerkenswerterweise ist es aber auch das erste Mal, daß die sowjetische Führung – soweit ha. bekannt – überhaupt eingestanden hat, daß der Reaktorunfall außerhalb des sowjetischen Territoriums irgendwelche schädlichen Konsequenzen gehabt habe. […]

Dokument 63
Nach dem X. Parteikongress der polnischen Kommunistischen Partei; Jaruzelski auf dem Höhepunkt seiner Macht

GZ 166.03.00/14-II.3/86, Zl. 3-POL/86, ÖB Warschau (Wotava), 7. Juli 1986

Nach den Wirren der polnischen Krise und dem IX. Parteikongress im Juli 1981, bei dem General JARUZELSKI zwar bereits Ministerpräsident, der als liberal geltende KANIA jedoch 1. Parteisekretär war, handelte es sich bei dem vom 29.6. bis 3.7.1986 dauernden X. Parteikongress in erster Linie um die Legitimierung des Jaruzelski-Regimes, das dem Land vor allem seit Verhängung des Kriegsrechtes im Dezember 1981 seinen Stempel aufdrückte. Wenn auch das Jaruzelski-Regime seit seinem Bestehen vielen sachlichen und personellen Wandlungen unterworfen war, blieb doch eine seiner Komponenten unveränderlich: General Jaruzelski hat nicht nur nichts von seiner Machtfülle eingebüßt, sondern ist durch den vergangenen Parteikongress zum unumstrittenen alleinigen Machthaber aufgestiegen, der zudem nunmehr nach seinen Vorstellungen personell zusammengesetzte Parteispitzengremien um sich hat.

Hatte das Machtzentrum des Regimes bis zum November 1985, als Jaruzelski nach den Parlamentswahlen den Posten des Ministerpräsidenten abgab, um sich vorwiegend der Parteiarbeit widmen zu können, bei der Regierung gelegen, verlagerte sich mit seinem Ausscheiden aus der Regierung zusehends dieses Machtzentrum auf die Partei. Diese Entwicklung hätte während des Parteikongresses durch nichts anschaulicher verdeutlicht werden können, als daß er seine engsten Vertrauensleute aus dem Militärbereich nunmehr in der Parteihierarchie hinaufsteigen ließ:

Sein engster Vertrauensmann und Freund, Innenminister General KISZCZAK, weiters seine auf das engste mit ihm verbundenen Militärkameraden, Verteidigungsminister General SIWICKI, und der für die Administration und Organisation in der Partei zuständige ZK-Sekretär, General BARIEA, schafften während des Parteikongresses den Sprung vom alternierenden Politbüromitglied nunmehr zum Vollmitglied dieses Gremiums, sodaß Jaruzelski auch dort von den ihm blind ergebenen Militärfreunden umgeben ist. Die anhaltende Bedeutung der Militärs und deren Unverzichtbarkeit für die Innenpolitik Polens wurde dadurch neuerlich überaus deutlich gemacht. Zusammen mit den ebenfalls als Vertrauensleute Jaruzelskis geltenden zivilen Politbüromitgliedern ist dafür gesorgt, daß Jaruzelskis Ideen dort auf eine homogene Resonanz stoßen werden. Man kann geradezu von einem nach den Vorstellungen Jaruzelskis maßgeschneiderten Politbüro sprechen. Das gleiche gilt für die ZK-Sekretäre, soweit sie nicht ohnehin Politbüromitglieder sind; und daß selbst im Zentralkomitee nicht allzu viele aufmüpfige Mitglieder mit eigenen Ideen hineinkommen, dafür sorgte der monatelange Aussiebungsprozess, der mit generalstabsmäßig vorbereiteter Akribie durchgeführt wurde. So ist es z.B. bezeichnend, daß dem früheren höchst einflußreichen Politbüromitglied und Außenminister OLSZOWSKI, der im November 1985 faktisch über Nacht seiner Position verlustig ging, weil er nach Auffassung Jaruzelskis ihm als potentieller

Widersacher zu gefährlich erschien, nicht einmal mehr die Mitgliedschaft im ZK belassen wurde.

So hat Jaruzelski wie vorhergesagt in den Spitzenpositionen eine ihm ergebene Parteihierarchie geschaffen, in der seine Autorität von keiner Seite angefochten werden wird. Die enorme und ausschließliche Machtfülle, die Jaruzelski nunmehr in sich verkörpert, fand die ausdrückliche Billigung des sowjetischen KP-Chefs Gorbatschow, der außer den Parteikongress der SED in Ostberlin nur den Parteikongress der Polnischen Vereinigten Arbeiterpartei (PVAP) mit seiner Anwesenheit beehrte und damit zum Ausdruck bringen wollte, wie sehr er Jaruzelski schätzt. Das Lob, das Gorbatschow dem polnischen General während seiner Rede vor dem Parteikongress zuteil werden ließ, hätte nicht üppiger ausfallen können, und auch den verstocktesten Parteidelegierten konnte es nicht entgehen, daß Jaruzelski im Kreml derzeit persona gratissima ist, auf die die Sowjetunion vollauf baut.

Das dicke Lob, mit dem Gorbatschow den polnischen Machthaber geradezu übergoß, verschaffte zwar Jaruzelski in der Partei den allerhöchsten Respekt, machte ihn aber in der polnischen Öffentlichkeit, die er ohnehin nie, auch nicht zu einem gewissen Prozentsatz, auf seine Seite zu ziehen gewusst hatte, natürlich nur noch unbeliebter, weil er in kaum mehr zu überbietender Form mit den Augen der polnischen Bevölkerung gesehen als der getreue Durchführer sowjetischer Interessen in Polen betrachtet wird.

Wenn man aber den innenpolitischen Kurs, den Jaruzelski im Laufe der Jahre seiner Herrschaft gesteuert hat, kritisch und objektiv verfolgt, sind in der Reverenz, die Gorbatschow Jaruzelski erwiesen hat, auch positive Elemente nicht zu übersehen:

Trotz aller scharfer ideologischer Gegnerschaft zwischen Regime und Kirche ist der Dialog zwischen den beiden Institutionen nie abgebrochen worden, sondern hat bisweilen sogar unter dem Jaruzelski-Regime eine noch nie erreichte Intensität erlangt.

Die Opposition hat trotz aller Verfolgungsmaßnahmen und der Verhaftungen der letzten Zeit noch immer den weitaus größten Spielraum in einem Ostblockstaat.

Das Privateigentum der Bauern, denen ca. 75 % des landwirtschaftlich nutzbaren Bodens gehört, wurde nicht nur nicht angetastet, sondern in den letzten Jahren sogar durch eine Verfassungsbestimmung geschützt (wenn auch der Wert von Verfassungsbestimmungen in einem kommunistischen Land sicherlich nicht sehr hoch einzuschätzen ist).

Die Pressezensur ist wahrscheinlich wesentlich lockerer als in anderen Ostblockstaaten.

Die Anzahl der Untergrundpublikationen geht in die Tausende, und es ist kaum vorstellbar, daß die nach Hunderttausenden zählenden Sicherheitsorgane bei größeren Anstrengungen nicht in einem wesentlich erheblicheren Ausmaß diese Untergrundtätigkeiten unterbinden könnten, wenn sie wollten.

Es werden zwar laufend Oppositionelle und Exfunktionäre der Solidarität verhaftet und oft zu hohen Freiheitsstrafen verurteilt, doch regelmäßige Amnestien setzen sie oft nach nur teilweiser Verbüßung der Freiheitsstrafen wieder auf freien Fuß.

Die Arbeiterschaft in Polen, aber auch die Intellektuellen und Studenten zählen zu den überzeugtesten und fanatischsten Regimegegnern.

Als Folge der Solidaritätsepoche gibt es in allen Betrieben Selbstverwaltungsorgane, die mitunter den Firmenleitungen bei deren sachlichen und personellen Entscheidungen ganz offen großen Widerstand entgegensetzen und bei Unvereinbarkeit der Standpunkte sogar ordentliche Gerichte anrufen können.

Es wurde in den letzten Jahren ein Verwaltungs- und Verfassungsgerichtshof geschaffen, die bereits eine Reihe für die Regierung negativer Entscheidungen erlassen haben.

Es soll mit obiger Aufzählung natürlich keineswegs der Eindruck erweckt werden, als ob im kommunistischen Polen ohnehin eine einigermaßen heile Welt bestünde, die keiner Kritik unterzogen werden soll. Mit den Maßstäben westlicher Demokratien gemessen gibt es natürlich sehr viel Verurteilenswertes und auch für unsere Begriffe abstoßende Vorgänge. So beleuchtet es den polnischen Alltag allzu deutlich, als z.B. ausgerechnet zum selben Zeitpunkt, als Jaruzelski seinen großen ZK-Bericht dem Parteikongress vortrug und er darin die Verbundenheit der Arbeiterschaft mit der Partei hervorhob, tausende Arbeiter in Posen in einer Demonstration der 30-jährigen Wiederkehr des Posener Arbeiteraufstandes gedachten, bei dem damals über 70 Arbeiter den Tod fanden. Es war eine schrille Dissonanz zum Parteikongress und zum Tenor der Ausführungen des Parteivorsitzenden, daß praktisch zur selben Zeit die Demonstration der Posener Arbeiter von der Polizei gewaltsam aufgelöst wurde.

Jaruzelski konnte wohl, wie dies das Regime seit langem tat, dem Parteikongress lautstark verkünden, daß die Solidarität tot sei; die Wirklichkeit sieht allerdings so aus, daß, auch wenn die Strukturen der Solidarität zerschlagen sind, die Ideen dieser Massenbewegung in der Bevölkerung weiterleben und die Solidaritäts-Epoche eine einschneidende Zäsur in der polnischen Innenpolitik darstellt, an der jede weitere Entwicklung im gesellschaftspolitischen Bereich in Polen von der Öffentlichkeit gemessen werden wird (!).

Gemessen aber an anderen Ostblockstaaten weist Polen jedoch viele „Anomalien" auf, die, mit den Augen des Zentrums des Weltkommunismus, dem Kreml, gesehen, Polen in einem nicht sehr günstigen Licht erscheinen lassen. Wenn Gorbatschow trotzdem zum Parteikongress der polnischen KP kommt und den Machthaber dieses Landes für die vollbrachten Leistungen mit Lob geradezu überschüttet, so bedeutet dies nicht mehr und nicht weniger, als daß Gorbatschow ein realitätsbezogener Politiker ist, der diese polnischen „Unzulänglichkeiten" zur Kenntnis zu nehmen bereit ist und anerkennt, daß unter den polnischen Gegebenheiten Jaruzelski eben das Beste für die Sache des Kommunismus in Polen herausgeholt hat. Damit ist zu rechnen, daß der Kurs Jaruzelskis in der Zukunft, wie er durch die oben dargelegten Besonderheiten Polens dargestellt wird, vermutlich beibehalten wird.

Es ist ja in einem kommunistischen Staat nicht selbstverständlich, daß der 1. Parteisekretär in Anwesenheit des kommunistischen „Papstes" lange Passagen dem Verhältnis Staat-Kirche widmet, wohl die Formen eines „antisozialistischen Klerikalismus", wie er bei manchen Klerikern nach Ansicht Jaruzelskis zum Vorschein kommt, tadelt, aber ansonsten die konstruktive Rolle der Kirche im Dialog mit dem Regime herausstreicht und sogar von der Wünschbarkeit eines immer größere Bereiche umfassenden Dialoges spricht. Auch die Ankündigung einer teilweisen Amnestie für politische Gefangene vor Gorbatschow ist sicherlich nicht als Alltäglichkeit bei einem kommunistischen Parteikongress zu werten.

Jaruzelski, nunmehr auf dem Höhepunkt seiner Machtfülle, könnte jetzt mit der Rückendeckung durch den Kreml (natürlich unter der Voraussetzung, daß Gorbatschow seinen Kurs in der Sowjetunion weiterhin durchsetzen kann und allenfalls nicht selbst ins Trudeln kommt!) einige schüchterne Schritte in nationaler Versöhnung machen. Wird er diese Chance aber nützen? Großzügige politische Visionen und der Mut zu einem gewissen politischen Risiko sind allerdings anhand der mit Jaruzelski gemachten Erfahrungen normalerweise nicht seine Stärke. Die Hexenjagd, die nach der Verhaftung Bujaks gegen die Opposition und die ehemaligen Solidaritätsfunktionäre eingesetzt hat, dürfte aber, weil die orthodoxen Parteikreise wie vor dem Parteikongress nun nicht mehr beeindruckt zu werden brauchen, wieder abflauen. Der einzige Gesprächspartner Jaruzelskis ist derzeit wie schon seit langem nur die Kirche, denn einen Dialog mit den Exponenten der derzeitigen Opposition in Polen lehnt das Regime mit Entschiedenheit ab. Selbst die Kirche hält, wie ich aus höchsten kirchlichen Kreisen weiß, vom künstlichen Hochjubeln einzelner prominenter Oppositioneller in Polen durch manche westliche Regierungen und hiesige westliche Botschaften nicht viel, da dies ihrer Meinung nach nur geeignet sei, Hoffnungen in der Bevölkerung zu erwecken, die sich dann nicht erfüllen. Nach Auffassung der Kirche sei derzeit nur sie in der Lage, dem Regime die eine oder andere Konzession auf gesellschaftspolitischem Gebiet abzuringen. Es kann sich aber immer nur um einzelne Schritte in Richtung einer Demokratisierung des öffentlichen Lebens handeln, wobei natürlich der Primat der Partei und das enge Bündnis mit der Sowjetunion und den anderen Ostblockstaaten im Rahmen des Warschauer Paktes und COMECON nicht im geringsten durchlöchert werden dürften.

Mit der Alleinherrschaft in der Partei und Regierung, die nach den Vorstellungen Jaruzelskis nunmehr zusammengesetzt sind, übernimmt der General aber nunmehr auch die alleinige und volle Verantwortung, sollte die politische und wirtschaftliche Entwicklung in Polen (wieder mit den Augen der Sowjetunion gesehen) schieflaufen. Potentielle Gründe, daß einiges schiefgehen könnte, gibt es in Polen angesichts der vielen ungelösten Probleme mit ihren potentiell explosiven Herden mehr als genug. […]

Dokument 64

ČSSR; Regierungserklärung von MP Štrougal vom 24.6.1986

GZ 35.03.00/4-II.3/86, Zl. 3644-A/86, ÖB Prag, 8. Juli 1986

Durch die nach Ablauf der Funktionsperiode erforderliche Neuwahl des csl. Parlaments wurde auch die Neubestellung der Regierung erforderlich. Für die in den wesentlichen Positionen unveränderte Regierung legte Ministerpräsident Štrougal am 24.6.1986 dem Parlament das Regierungsprogramm vor, das keine bisher nicht bekannten Aspekte enthielt.

Mehr als die Hälfte der Regierungserklärungen war wirtschaftlichen Fragen gewidmet.

Wirtschaftliches Wachstum soll in erster Linie durch wissenschaftlich-technischen Fortschritt, Produktions- und Exportsteigerungen in nicht traditionellen Bereichen, wie etwa Elektronik; Qualitätssteigerung und -orientierung an internationalen Maßstäben; Material-, Rohstoff- und Energieeinsparungen; Effizienzsteigerungen erreicht werden. […]

Im außenpolitischen Teil seiner Erklärung wiederholte Štrougal die üblichen Formulierungen im Zusammenhang mit SDI, dem Neoglobalismus und Staatsterrorismus der USA, wirtschaftliche Diskriminierung, Revisionismus, Revanchismus in verhältnismäßig zurückhaltender Weise.

Štrougal sprach sich im übrigen für die Ausweitung der Beziehungen zu den „kapitalistischen" Staaten aus. […]

Dokument 65

Zum polnisch-sowjetischen Verhältnis

GZ 166.17.02/1-II.3/86, Zl. 4-POL/86, ÖB Warschau, 11. Juli 1986

Der jüngst zu Ende gegangene X. Parteikongreß der Polnischen Vereinigten Arbeiterpartei (PVAP) und das Auftreten des sowjetischen KP-Chefs GORBATSCHOW bei dieser Gelegenheit gibt wieder einmal Anlaß, zum polnisch-sowjetischen Verhältnis einige Überlegungen anzustellen, zumal die Außenpolitik, aber auch die innenpolitischen Verhältnisse in Polen von den Beziehungen zu dem übermächtigen östlichen Nachbarn in einem entscheidenden Maße abhängig sind.

Es bedarf keiner näheren Erläuterung, zumal die Botschaft wiederholt in ihrer Berichterstattung darauf hingewiesen hat, daß Polen unter den Ostblockstaaten zu jenen Bündnispartnern der Sowjetunion zählt, die die sowjetische Außenpolitik und deren Zielsetzungen mehr als eifrig nachvollziehen. Wie das bei dem schwächeren Partner oft der Fall zu sein pflegt, der seine Bündnistreue ständig unter Beweis zu stellen versucht, nimmt die polnische Außenpolitik zu internationalen Fragen oft eine noch „päpstlichere" Haltung als der Kreml ein. Die Erklärung hiefür, die ich selbst schon von maßgeblichen Regimevertretern erhalten habe, lautet, daß Polen die sowjetischen Zielsetzungen seiner Außenpolitik deswegen so übereifrig unterstützt, um in der Innenpolitik eine etwas freiere Hand zu haben (!). An dieser Argumentation mag einiges stimmen, und der Auftritt des sowjetischen KP-Chefs in Warschau anläßlich des polnischen Parteikongresses könnte diese These in einem gewissen Maße bestätigen. Wenn die Grundlinien der polnischen Außen- und Bündnispolitik gegenüber der Sowjetunion stimmen (was zweifellos der Fall ist), scheint der gegenwärtige Kreml-Chef, wenn nicht gewisse Anzeichen trügen, Polen allenfalls tatsächlich so etwas wie einen eigenen Weg zu gestatten.

Der polnische Partei- und Staatschef JARUZELSKI hat im Laufe seiner politischen Karriere, die über Jahrzehnte zurückreicht und nicht erst mit seinem Militärcoup vom Dezember 1981 (wie oft fälschlicherweise angenommen wird) begonnen hat, bei den Sowjets nie den geringsten Zweifel aufkommen lassen, daß die Zugehörigkeit zum Warschauer Pakt und zum COMECON, die bedingungslose Bündnistreue zur Sowjetunion und die Befolgung, Nachvollziehung und die volle Unterstützung der sowjetischen außenpolitischen, aber auch militärischen Zielsetzung oberstes Gebot für ihn ist. Die Unverrückbarkeit dieser Einstellung zur Sowjetunion hat JARUZELSKI durch Jahrzehnte, als er jüngster General der polnischen Armee wurde, zum Politbüromitglied und Verteidigungsminister aufstieg und erst recht, als er Ministerpräsident und Ende 1981 auch zum Parteivorsitzenden bestellt wurde, immer bewiesen. Sein unaufhaltsamer Aufstieg zum derzeit allein bestimmenden Machthaber in Polen wäre ohne diese Haltung zur Sowjetunion nicht denkbar gewesen. Die Sowjetunion verfügt in einem von ihr weitgehend abhängigen Land wie Polen mit seiner eingeschränkten Souveränität über genügend Macht- und Druckmittel, um den Aufstieg einer ihr nicht genehmen Politikergestalt rechtzeitig zu stoppen oder, sollte er doch wider sowjetischen Erwartens die Karriereleiter aufgestiegen sein, auch von dort wieder rasch herunterzuholen.

Das große Vertrauen, das der gegenwärtige Kreml-Chef GORBATSCHOW in JARUZELSKI setzt, hätte […] beim Parteikongreß und bei den sonstigen Rahmenveranstaltungen nicht deutlicher gemacht werden können. Hatte es schon bei den bisherigen Zusammenkünften zwischen JARUZELSKI und GORBATSCHOW in Moskau bzw. in Warschau (anläßlich der Verlängerung des Warschauer Paktes) kaum mehr Zweifel gegeben, daß JARUZELSKI im Kreml persona gratissima ist, wurde dieser Umstand nunmehr in Warschau beim Parteikongreß quasi urbi et orbi von GORBATSCHOW in einer Art unterstrichen, daß auch dem letzten Zweifler das hervorragende Einvernehmen zwischen den beiden kommunistischen Politikern eindeutig klargemacht wurde.

GORBATSCHOW scheint auch die Besonderheiten der polnischen Situation zur Kenntnis zu nehmen und die Konsequenzen daraus zu ziehen. Sicherlich mit seinem Einvernehmen hörte er sich bei der großen Parteikongreßrede von JARUZELSKI dessen lange Ausführungen über die Vorteile eines umfassenden und in der Zukunft womöglich noch breiter angelegten Dialoges zwischen Staat und Kirche an und nahm auch die Ankündigung einer Amnestie für politische Häftlinge zur Kenntnis. Daß in Polen die Uhren anders als in anderen Ostblockstaaten laufen und GORBATSCHOW diese „Anomalien" der polnischen Lage in Rechnung stellt, hat die Botschaft bereits umfassend in ihrer Berichterstattung dargelegt. Dies gibt JARUZELSKI, auf dem

Höhepunkt seiner Macht, nunmehr die einmalige Gelegenheit, mit der Rückendeckung durch den Kreml-Chef seine Reform auf dem wirtschaftlichen Sektor, aber auch bei der Demokratisierung des öffentlichen Lebens fortzusetzen, ja vielleicht sogar mit Hilfe der Kirche einen schüchternen Ansatz zu einem Dialog mit der Gesellschaft zu suchen.

Dennoch ist für die polnische Bevölkerung kein Grund zum Jubel gegeben. Das Auftreten GORBATSCHOWS in Warschau, so sympathisch er sich auch bei seinen Auftritten und in seinen Privatgesprächen gab – das mußten sogar Oppositionelle zugeben – ähnelte doch unverwechselbar mehr dem Auftreten eines Chefs im eigenen Haus als jenem eines Gastes in einem fremden Land. Auch das üppige Lob, mit dem GORBATSCHOW den polnischen Parteichef förmlich übergoß, unterstrich die Gönnerhaftigkeit eines Herren gegenüber einem Vasallen. Durch dieses Auftreten GORBATSCHOWS wird der polnischen Öffentlichkeit umso klarer vor Augen geführt, obwohl sich diesbezüglich die polnische Bevölkerung auch in der Vergangenheit keinerlei Illusionen hingegeben hat, in welch enormem Ausmaß Polen von der Sowjetunion abhängig ist. Auch wenn GORBATSCHOW in seiner Rede vor dem Parteikongreß vor den wirtschaftlichen „Fallen" warnte, die die westlichen Staaten für Polen aufgestellt hätten, und als Mittel dagegen die verstärkte Zusammenarbeit mit der Sowjetunion und den übrigen Ostblockstaaten kräftig anpries, heißt dies in der Praxis eine immer größer werdende Abkoppelung Polens vom Westen, dem es sich durch Jahrhunderte hindurch zugehörig fühlte und noch immer fühlt. Die verfehlte Wirtschafts-Boykottpolitik der westlichen Staaten gegenüber Polen, die nach Verhängung des Kriegsrechtes einsetzte und teilweise noch immer anhält, hat den Prozeß der erzwungenen und noch verstärkten Hinwendung Polens zum Osten und insbesondere zur Sowjetunion nur noch vermehrt. Neben der bis dahin immer schon bestehenden politischen, ist nunmehr in einem erheblichen Ausmaß auch noch eine wirtschaftliche Abhängigkeit von der Sowjetunion gekommen. So müssen die Polen mit Traurigkeit vermerken, daß seit einigen Jahren der Umfang der Handelsbeziehungen Polens mit den COMECON-Staaten jenen mit den westlichen Staaten schon übertroffen hat, was in der Geschichte Polens nie der Fall war. Auch das Übereinkommen Polens mit der Sowjetunion, das die Zusammenarbeit beider Staaten auf dem Gebiet der Wissenschaft und Technik bis zum Jahr 2000 regelt, ist ein weiteres erhebliches Indiz für die fortschreitende wirtschaftliche, technologische und wissenschaftliche Verflechtung Polens mit der Sowjetunion.

Nichts fürchtet die polnische Öffentlichkeit, vor allem die noch immer sehr aktive und einflußreiche Intelligentsia dieses Landes, mehr, als daß es mit der Zeit auch zu einer kulturellen Unterwanderung durch den Osten kommen könnte. Die Gefahr ist derzeit sicherlich nicht sehr groß. Die Intellektuellen, die Hochschulprofessoren und Studenten sind in ihrer überwältigenden Mehrheit dem Regime und vor allem der kommunistischen Ideologie gegenüber total negativ eingestellt. Auch die machtvolle Stellung der Kirche ist eine Gewähr dafür, daß es zu einer „ideologischen Besetzung" Polens, wie sich der Papst mir gegenüber bei der Privataudienz am 21.6.1986 ausdrückte, nicht kommen wird. Das Regime wird aber – und Ansätze hiefür gibt es bereits bei den Hoch- und Mittelschulen – nichts unversucht lassen, um dem marxistischen Gedankengut auch im Geistesleben Polens mehr Geltung zu verschaffen als bisher. Würde dies gelingen – die Chancen hierfür sind allerdings, das sei noch einmal betont, nicht besonders groß –, dann wäre dies der Anfang vom Ende des der westlichen Zivilisation sich zugehörig fühlenden Polentums; eine Entwicklung, wogegen sich die Polen so wie in der Vergangenheit wahrscheinlich erfolgreich zu wehren wissen würden.

Der sowjetische KP-Chef GORBATSCHOW mag zwar wie ein Herr in seinem eigenen Haus in Polen anläßlich des Parteikongresses aufgetreten sein, die polnische Mentalität und der polnische Geist werden sich jedoch trotz aller politischer und wirtschaftlicher Abhängigkeit vom östlichen Nachbarn weiterhin dem Westen zuneigen. […]

Dokument 66

Zur künftigen innenpolitischen Situation in Polen nach dem X. Parteikongreß

GZ 166.03.00/19-II.3/86, Zl. 231-RES/86, ÖB Warschau (Wotava), 15. Juli 1986

Dieser Tage hatte ich mit einem dem Regime sehr nahestehenden polnischen Gewährsmann ein Vieraugengespräch über die vermutliche weitere innenpolitische Entwicklung nach dem X. Parteikongreß. Mein Gesprächspartner vertritt die […] Ansicht, daß nach dem gewaltigen Vertrauensbeweis, den GORBATSCHOW dem polnischen KP-Chef während seines Warschauer Aufenthaltes zuteil habe werden lassen, und der nunmehr überragenden und übermächtigen Stellung JARUZELSKIs im polnischen Regime dieser einige Zeit einen gewissen Spielraum haben werde, die innenpolitischen Verhältnisse nach seinen Vorstellungen, auch in Richtung eines breiter angelegten Dialoges mit der Kirche und der Gesellschaft mit dem Ziel einer innenpolitischen Entspannung, zu gestalten. Auf meine Frage, wie lange JARUZELSKI nach Meinung des Kontaktmannes einen solchen Spielraum haben werde, sagte er, sicher nicht länger als 1 Jahr. Natürlich hänge viel von der Entwicklung in der Sowjetunion und insbesondere der Stellung GORBATSCHOWs im Kreml ab. Er sei der Meinung, daß die Stellung Gorbatschows innerhalb der Kreml-Führung zwar sehr stark sei und er derzeit kaum ersetzbar wäre, aber auch wieder nicht so stark, wie dies im Ausland allenfalls den Anschein erwecken würde. Sollte er in seinen Bemühungen um eine Abrüstung keine Erfolge mit den USA haben, käme er wahrscheinlich mit einigen Kremlgewaltigen und vor allem den Militärs, die nach Ansicht meines Gewährsmannes mit den ihnen zur Verfügung stehenden finanziellen Mitteln nicht mehr zufrieden seien, in ernste Schwierigkeiten.

Auf den Parteikongreß zurückkommend, sagte mein Gesprächspartner, leider hätten sich die Befürchtungen, daß nur mehr Jasager-Typen in die Spitzenpositionen der Partei aufrücken würden, als richtig erwiesen. Dabei habe die Partei auch während des vergangenen Kongresses noch genügend Ansätze zu einem Pluralismus innerhalb der Partei gezeigt, wie die Vorgänge in der ersten Sitzung des neugewählten

Zentralkomitees bewiesen hätten, wo ein Teil der ZK-Mitglieder den stalinistisch eingestellten Arbeiter SIWAK entgegen dem ausdrücklichen Wunsch Jaruzelskis unbedingt im Politbüro halten wollten […]. Auch sei es bemerkenswert, daß der liberal eingestellte ehemalige Vizeministerpräsident und nunmehrige Stellvertreter, Sejm-Marschall RAKOWSKI, im Gegensatz zu fast allen anderen Rednern beim Parteikongreß schon vor seiner Rede und erst recht nachher [mit] tosendem Beifall bedacht worden sei. Das gleiche habe sich wiederholt, als die Kongressdelegierten bei der Bekanntgabe der 230 ZK-Mitglieder nur bei der Nennung von 3 Namen Beifall spendeten: bei Parteivorsitzendem JARUZELSKI, Politbüromitglied Ministerpräsident MESSNER und bei RAKOWSKI (!). Der Erfolg RAKOWSKIs beim Parteikongreß beweise zur Genüge, daß es nicht nur orthodox, sondern auch liberal eingestellte Parteimitglieder an der Basis gebe.

Mit der Ausschaltung von „unabhängig denkenden Köpfen" wie OLSZOWSKI und RAKOWSKI würde es niemand mehr in der Partei geben, der sich andere Ideen zu vertreten getraue, die von jenen JARUZELSKIs und seinen unmittelbaren Ratgebern abwichen. Er habe jedoch Angst vor solchen Zeiten, in denen der alleinige Machthaber in Polen nur von Jasagern umgeben sei. Solange GOMUŁKA und GIEREK auch kritische Mitarbeiter um sich geduldet hätten – er selbst habe GOMUŁKA besonders gut gekannt, weil er mit ihm lange zusammengearbeitet habe – habe das Regime funktioniert. Erst als diese Politiker, durch zu lange Machtausübung verdorben, keinen Widerspruch mehr zugelassen hätten und sich nur mehr mit „Sykophanten" umgeben hätten, sei das Regime in große Gefahr geraten und das Land jeweils in eine schwere Krise gestürzt worden. Mit der personellen Besetzung der Parteispitzenfunktionen sei nunmehr ein ähnlicher Prozeß eingeleitet worden, der mit der Zeit, da ja seitens des Regimes keine neuen Ideen in entsprechender Anzahl mehr [wie] von Gomułka und Gierek [entstünden], gefährliche Folgen haben könnte. JARUZELSKI könnte unter Umständen ähnlich wie seine Vorgänger „unter eher schmählichen Umständen" seine politische Karriere beenden müssen. […]

Dokument 67
Die Abschlußresolution des X. Kongresses der PVAP
GZ 166.03.00/25–II.3/86, Zl. 166.01/9-A/86, ÖB Warschau, 21. Juli 1986

[…] Da es sich bei dem X. Parteikongreß um den ersten Parteitag nach der Kriegsrechtsphase handelte, erfolgte nach diesem Abschnitt in der Resolution eine nachträgliche Rechtfertigung der Ausrufung des Kriegsrechtes, die im „höchsten nationalen Interesse" gelegen gewesen sei.

Weiter heißt es, auf Grund der erreichten politischen Stabilität (Anmerkung: von der natürlich weiterhin angesichts der Ablehnung des Regimes durch die überwältigende Mehrheit der Bevölkerung keine Rede sein kann) habe sich die wirtschaftlich-soziale Lage verbessert. (Anmerkung: Dies muß angesichts der bekannten Wirtschaftsdaten von einem objektiven Beobachter ebenfalls angezweifelt werden.)

Bezüglich der <u>Auslandsschulden</u> wird erklärt, Polen müsse systematisch den Überschuß der Exporte über die Importe steigern.

Der Kongreß habe die Regierung verpflichtet, notwendige Schritte zur Verringerung der <u>Inflation</u> auf ein Niveau von 10 % zu unternehmen. (Anmerkung: Momentan liegt die Inflationsrate in Polen mindestens zwischen 15 und 20 %.) […]

In dem Kapitel „Aufgaben bei der Entwicklung des öffentlichen Lebens" wird am Anfang die <u>führende Rolle der PVAP</u> im politischen System Polens hervorgehoben und festgehalten, es sei die Aufgabe der Partei, die Übereinstimmung der staatlichen Aktivitäten mit den Interessen der arbeitenden Bevölkerung zu überprüfen.

Nach dieser Passage befassen sich die Autoren der gegenständlichen Resolution mit den <u>Gewerkschaften</u>. So heißt es, die Wiedergeburt der Gewerkschaften sei ein wichtiges gesellschaftspolitisches Faktum. Sie bildeten einen bedeutsamen Teil des sozialistischen Systems. Der X. Parteikongreß billige die Politik der PVAP gegenüber den Gewerkschaften.

Hiezu wäre zu bemerken, daß der Vorsitzende des polnischen Gewerkschaftsverbandes (OPZZ), MIODOWICZ, nunmehr in das Politbüro gewählt wurde. Schon bisher war er Mitglied des Staatsrates. Dadurch wurde die Gewerkschaftsführung verstärkt personell mit dem Topestablishment Polens verbunden. Diese unterstreicht die Bedeutung, welche dem neuen Gewerkschaftsverband eingeräumt wird. Durch diese Haltung sind die Gewerkschaften aber auch nach außen hin völlig mit der staatlichen Politik identifiziert und von deren Erfolg oder Mißerfolg abhängig. Es ist auch in einem kommunistischen System doch erstaunlich, daß man die Gewerkschaftsbewegung so demonstrativ in das politische System einbindet, weil dadurch dieser Institution jeder Anschein von Unabhängigkeit, aber auch die Möglichkeit von Pseudokritik am Regime genommen wird.

Die gegenständliche Resolution befaßt sich als nächstes mit der <u>Selbstverwaltung</u> und bezeichnet diese als eine der drei Hauptstützen der Wirtschaftsreform. Die Partei werde die steigende Beteiligung der Arbeiter bei der Führung der Unternehmungen fördern. […]

Unter der Überschrift „Die Stärkung des sozialistischen Staates, der Demokratie und der Nationalen Wiederversöhnung" wird festgehalten, daß die Partei für eine <u>sozialistische Wiedererneuerung</u> unter dem Motto „breite Zusammenarbeit – schärferer Kampf" eintritt. Es sei notwendig, einen intensiveren Kampf gegen jene zu führen, welche der Stabilität des Staates und der Nation schadeten (Anmerkung: Dies läßt weiterhin eine verschärfte Gangart gegenüber der <u>Opposition</u> vermuten).

Die Partei sei der Auffassung, man solle die Mittel der Sozialistischen Demokratie erweitern und die polnische Verfassung diesbezüglich ändern. Die Modernisierung des Gesetzes über die Wahlen zu den Volksräten und dem Sejm werde von großer Bedeutung sein. (Anmerkung: Wie aus hiesigen Beobachterkreisen hiezu zu erfahren ist, gibt es angeblich Pläne, eine zweite Parlamentskammer einzuführen.)

Als nächstes hält die Resolution fest, daß die schon bisher erfolgreich praktizierte Zusammenarbeit zwischen PVAP und Vereinigter Bauernpartei sowie Demokratischer Partei verstärkt fortgesetzt werden solle. Die PVAP tritt auch für eine Zusammenarbeit mit katholischen Laienorganisationen und christlichen Vereinigungen sowie anderen sozialen Organisationen ein, die auf den Prinzipien des Systems der Volksrepublik Polen beruhten.

Die Partei zolle der Begegnung für die Nationale Wiedergeburt (PRON) Respekt und Anerkennung. Es sei notwendig, jene Initiative von PRON zu überprüfen, die vorsehe, ein Beratungsgremium beim Staatsrat bzw. auch solche auf der Ebene der Volksräte der Woiwodschaften zu schaffen. (Anmerkung: Laut erhaltenen Informationen handelt es sich hiebei um einen Versuch, die Bereitschaft zu mehr Pluralismus zu dokumentieren. Das genannte Beratungsgremium beim Staatsrat soll vor allem als Bindeglied zur katholischen Kirche dienen. Ursprünglich hatte General JARUZELSKI beabsichtigt, katholischen Persönlichkeiten, mit der ausdrücklichen Genehmigung der Kirche, Abgeordnetenmandate im Sejm zukommen zu lassen. Die katholische Kirche hatte aber zu diesem Vorhaben ihre Zustimmung nicht erteilt. Nunmehr wird versucht, im Wege dieses Beratungsgremiums beim Staatsrat die Kirche in das Regierungssystem bis zu einem gewissen Grad einzubeziehen. Allerdings ist anzunehmen, daß die Kirche auch auf diesen Vorschlag nicht eingehen wird, zumal es zwischen Staat und Kirche keinen Mangel an hochgradigen Kontaktgremien gibt.)

Die Äußerungen in der Resolution betreffend die Kirche sind verhältnismäßig scharf gehalten. So heißt es, man werde alle Versuche, das religiöse Leben gegen das politische System, die rechtliche Ordnung, den Raison d'État zu richten, abwehren. Genauso werde man gegen Bemühungen, das soziale Leben zu klerikalisieren, auftreten. (Anmerkung: Diese Formulierungen stechen vom grundsätzlich positiv gestimmten Urteil über die Beziehungen zwischen Staat und Kirche ab, das Parteichef JARUZELSKI in seiner Rede vor dem Parteikongreß abgegeben hat).

Es sei möglich und notwendig, die Beziehungen mit der Kirche und anderen Religionsgemeinschaften nicht nur auf eine ständige Basis zu bringen, sondern auch eine lang dauernde Zusammenarbeit mit dem Staat in vielen Lebensbereichen zu etablieren. Dies sei von vitaler Bedeutung für die gesamte Nation.

In der Resolution wird weiters festgehalten, daß der Parteikongreß betont habe, die Stärke der Partei resultiere nicht nur aus der Fähigkeit, sich selbst zu verbessern, sondern auch aus der Fähigkeit, das Vertrauen des ganzen Volkes zu gewinnen. (Anmerkung: In dieser Formulierung wird indirekt zugegeben, daß die Partei entgegen oftmaligen verbalen Beteuerungen nicht das Vertrauen der Mehrheit der Bevölkerung besitzt.)

Im Bereich der Außenpolitik wird in der Resolution zuerst hervorgehoben, daß die Freundschaft mit der Sowjetunion ein Eckpfeiler der zu verfolgenden Politik sei. Während man ein langreichendes polnisch-sowjetisches Programm für Wissenschaft und Technologie erfülle, müsse man bedacht sein, die Zusammenarbeit mit der Sowjetunion ständig auszuweiten.

Gemeinsam mit seinen Alliierten werde Polen für die völlige Wiederbesinnung auf den Geist und die genauen Bestimmungen der <u>Schlußakte von Helsinki</u>, für die Fortsetzung des Prozesses des schrittweisen Aufbaues der paneuropäischen Sicherheit und Zusammenarbeit auf der Basis der Respektierung der Unverletzbarkeit der politischen und territorialen Ordnung Europas eintreten. […]

Dokument 68
Mangelndes Echo auf Gorbatschows Ruf nach „Umgestaltung" der Sowjetwirtschaft

GZ 225.21.00/26-II.3/86, Zl 536-RES/86, ÖB Moskau (Grubmayr), 6. August 1986

Mit seiner jüngsten Reise nach sowjetisch-Fernost hat GS Gorbatschow seine nach seinem Amtsantritt im Frühjahr 1985 begonnene Erkundungsfahrt durch die UdSSR um eine weitere wichtige Station ergänzt. Die vom sowjetischen Parteichef in Ostsibirien gehaltenen Reden sind nicht nur in außenpolitischer Hinsicht bemerkenswert […]; sie zählen auch zu den bisher bemerkenswertesten innenpolitischen Erklärungen des Kreml-Chefs.

Der Appell Gorbatschows zu vermehrten Anstrengungen um „Beschleunigung" der Sowjetwirtschaft ist nicht zufällig an diesem Ort und zu dieser Zeit erfolgt. Ostsibirien zählt zu den wirtschaftlich unterentwickelten Teilen der UdSSR, wo der neue wirtschaftspolitische Kurs den Worten Gorbatschows zufolge bisher noch gar nicht zu greifen begonnen hat. Dieser Umstand dürfte dem Kreml nicht zuletzt auch deshalb zu schaffen machen, da sich Gorbatschow vorgenommen hat, die UdSSR auch als asiatische Macht ins weltpolitische Spiel zu bringen. Dafür wird es jedoch nicht genügen, in dieser Region militärisch präsent zu sein; die UdSSR wird ihren fernöstlichen Landesteil auch wirtschaftlich und bevölkerungsmäßig erschließen müssen. Was den Zeitpunkt der jüngsten innenpolitischen Erklärungen Gorbatschows betrifft, so liegt dieser kurz nach Beendigung des ersten Halbjahres des neuen sowjetischen Fünfjahresplanes, in dem die vom sowjetischen Parteichef seit seinem Amtsantritt vor bald eineinhalb Jahren angestrebte und vom 27. KPdSU-Parteitag im März 1986 formell beschlossene <u>„Beschleunigung" der wirtschaftlichen Entwicklung und „Umgestaltung" der sowjetischen Volkswirtschaft nur in sehr ungenügendem Maße eingesetzt hat.</u>

Wie Gorbatschow in Wladiwostok und mit noch größerer Deutlichkeit in Chabarowsk feststellte, bestehe kein Grund zur Zufriedenheit mit dem seit Jahresbeginn Erreichten. <u>Die bis April d.J. zu verzeichnende Erhöhung des wirtschaftlichen Wachstums (im Mai und Juni ist dieses übrigens wieder abgeflacht) sei vor allem eine Folge von Disziplinierungsmaßnahmen und weniger ein Ergebnis neuer Methoden der Wirtschaftsführung.</u> (Gorbatschow ist sich wohl bewußt, daß Disziplinierungsmaßnahmen nur temporäre Wirkung zeitigen können und eine nachhaltige Verbesserung der Effizienz der sowjetischen Wirtschaft nur von einer neuen Wirtschaftspolitik erwartet werden kann.) <u>Was jedoch Gorbatschow in erster Linie beunruhigt, ist die Tatsache, daß eine qualitative Verbesserung der</u>

wirtschaftlichen Produktion in der UdSSR weiterhin auf sich warten läßt. Gerade das Streben nach mehr Qualität ist jedoch das Kernstück der von Gorbatschow angestrebten „Beschleunigung" der wirtschaftlichen und technologischen Entwicklung der UdSSR.

Trotz dieses wenig ermutigenden Beginns des 12. Fünfjahresplanes ließ Gorbatschow in seinen in Wladiwostok und Chabarowsk gehaltenen Reden keinen Zweifel daran, daß er in seinen Bemühungen um wirtschaftlich-technische „Beschleunigung" und „Umgestaltung" der wirtschaftlichen Verhältnisse nicht nachlassen werde. Zum gegenwärtigen Kurs gebe es keine Alternative. Als würde er erkennen, daß sein wirtschafts- und sozialpolitischer Kurs nicht nur bei Funktionären, sondern auch bei der breiten Masse der Sowjetmenschen (die durch Disziplinierungsmaßnahmen und Alkoholverbot entstandenen Härten wurden bisher kaum durch nennenswerte Vorteile des neuen innenpolitischen Kurses aufgewogen) schwindende Unterstützung findet, richtete Gorbatschow an alle Schichten der Bevölkerung einen eindringlichen Appell, Indifferenz, Entscheidungsträgheit und Verantwortungsscheu zu überwinden. Bei der Verwirklichung des neuen Kurses dürfe niemand abseits stehen („die Umgestaltung müsse gleichzeitig von oben und unten erfolgen").

Der Erfolg oder Mißerfolg des neuen wirtschafts- und sozialpolitischen Kurses sei – wie Gorbatschow erklärte – von schicksalhafter Bedeutung für die UdSSR. Zur Mobilisierung patriotischer Gefühle, aber auch in der Hoffnung, Unterstützung orthodoxer Parteikader zu finden, stellte Gorbatschow in Chabarowsk fest, daß angesichts des vom Imperialismus aufgezwungenen Rüstungswettlaufs eine „Beschleunigung" der wirtschaftlich-technologischen Entwicklung für die UdSSR „lebensnotwendig" sei.

Gorbatschow schließt sich beiden in der UdSSR auf dem Gebiet der Sozial- und Wirtschaftspolitik bestehenden Denkschulen an […]. Zur Steigerung der Produktivität und Hebung der Effizienz der sowjetischen Volkswirtschaft soll einerseits der Arbeitsstil der Manager und Arbeiter durch Änderung der Methoden der Wirtschaftsführung (Agabegjan, Saslawskaja) verbessert, andererseits aber auch moderne Maschinen und Technologien eingeführt werden (Konzept orthodoxer Kräfte um den mittlerweile entmachteten ehemaligen ZK-Sekretär für Schwer- und Rüstungsindustrie G. Romanow). Das quantitative und qualitative wirtschaftliche Wachstum müsse durch die Suche nach „neuen Wegen und Methoden" der Planung und Wirtschaftsführung gleichzeitig aber auch durch Ausstattung neuer Betriebe mit modernster Technologie angestrebt werden. Angesichts des heutigen Tempos der technologischen Entwicklung in den westlichen Industriestaaten würde die UdSSR einen „schweren Fehler" begehen, falls sie sich bloß nach mittlerer technologischer Qualität orientieren würde. Der technologische Rückstand der UdSSR würde auf diese Weise noch größer werden. Allerdings sagte er nicht, wo der Maßstab für moderne Technologie hergenommen werden soll, zumal durch die noch immer bestehende weitgehende Abschließung der hiesigen Unternehmensleiter von ausländischen Kontakten, mangelnde Reisemöglichkeiten etc. die Erarbeitung moderner Standards nach internationalen Begriffen auf große praktische Schwierigkeiten stoßen dürfte.

Gorbatschow erklärte erstmals in dieser Deutlichkeit, daß die von ihm anvisierte Umgestaltung einer „Revolution" gleichkomme. Die UdSSR werde in ihrer Entwicklung nicht vorankommen, wenn auf heutige Fragen der Wirtschaft und Technik die Antworten vergangener Jahrzehnte gegeben werden. Die „Umgestaltung" müsse außer den wirtschaftlichen Bereich auch gesellschaftliche Verhältnisse, das politische System, die geistig-ideologische Sphäre sowie den Stil und die Methode der Parteiarbeit erfassen. Nach Verkündigung dieser revolutionären Ziele beeilte sich allerdings Gorbatschow zwecks Beruhigung der auf „Stabilität" bedachten Partei- und Regierungsfunktionäre hinzuzufügen, daß die Antworten auf die anstehenden Fragen nur im Rahmen „unseres sozialistischen Systems" („keine Entlehnung von westlichen Methoden") gesucht werden dürften. Das „vorhandene Potential" des sozialistischen Systems müsse durch schöpferische Anpassung an die konkrete historische Etappe der gesellschaftlichen Entwicklung der UdSSR effektiver genutzt werden.

Angesichts dieses Dilemmas, nämlich der Notwendigkeit von Reformen, aber gleichzeitig auch des Festhaltens an den Dogmen des Sowjetkommunismus, war es dem sowjetischen Parteichef auch bei seinen jüngsten Reden in Ostsibirien nicht möglich, konkrete Rezepte zur „Beschleunigung" der Entwicklungen der sowjetischen Volkswirtschaft zu geben. Denn, wie er offen zugab, zu verschiedenartig seien derzeit die Vorstellungen zur Lösung der wirtschaftlichen und sozialen Fragen. Noch verzweifelter klang die Feststellung Gorbatschows, daß die Schwierigkeiten immer deutlicher sichtbar würden, je weiter die „Umgestaltung" voranschreite.

Ein entscheidendes Kriterium für die Erfolgsaussichten jedes Versuches der Reformierung der sowjetischen Wirtschaft ist die Frage der Schaffung „echter Preise". In der „Prawda" vom 5.8. d.J. wurde von einem, hiesigen westlichen Beobachter nicht bekannten sowjetischen Wirtschaftsexperten die Ansicht vertreten, daß die dzt. Bemühungen um wirtschaftliche „Umgestaltung" nur dann ein wirklicher Erfolg beschieden sein werde, wenn es diesmal zum Unterschied von 1965 gelinge, das System der Preisbildung zu reformieren. Die Preise von Investitionsgütern sollten durch indirekte, marktwirtschaftliche Kräfte ersetzende Methoden festgelegt werden. Bei der Preisbildung dürfe man sich nicht länger durch die Gestehungskosten von Produkten in sowjetischen Industriebetrieben leiten lassen: Vielmehr müsse die Qualität von Investitionsgütern und deren produktivitätssteigernde Wirkung preisbestimmend sein. Der wirtschaftliche Effekt eines Investitionsgutes sollte zu gleichen Teilen dem Produzenten und dem Käufer zugute kommen. Für ersteren müsse die Erzeugung, für letzteren der Erwerb neuer Technologie von Nutzen sein. Der Preis eines in der UdSSR hergestellten Investitionsgutes sollte überdies auch flexibel sein. Sobald im Ausland ein qualitativ höherwertiges Produkt gleicher Art auf den Markt kommt, müßte das analoge sowjetische Erzeugnis billiger angeboten werden. Auf diese Weise wäre die sowjetische Industrie gezwungen, die Qualität ihrer Produkte zu steigern und die Gestehungskosten zu senken. Nur ein solches Preissystem würde den Übergang zu einer echten Kosten-Nutzen-Rechnung in der sowjetischen Wirtschaft ermöglichen.

Derart „gewagte" Reformvorschläge sind vorläufig nur Versuchsballons. Angesichts der Tatsache, daß die meisten sowjetischen Spitzenpolitiker immer schweigsamer werden, je lauter Gorbatschows Ruf nach „Umgestaltung" ertönt, kann es nicht verwundern, daß sich nur wenige sowjetische Wirtschaftsfunktionäre und -theoretiker mit echten Reformvorschlägen vorwagen. Gorbatschow scheint die Hoffnung nicht aufzugeben, durch dramatische Reformappelle das aus russischer Tradition und dem erstarrten Sowjetsystem resultierende und in der UdSSR allgegenwärtige Trägheitsmoment zu überwinden. Gelingt ihm dies nicht in den ersten Jahren des laufenden Fünfjahresplanes, würde die Diskrepanz zwischen Gorbatschows Ankündigungen bzw. Forderungen und der sowjetischen Realität vermutlich eine lähmende Desillusionierung weiter Schichten der sowjetischen Bevölkerung zur Folge haben. […]

Dokument 69

Mitgliedstaaten des Warschauer Paktes; Inter-Block-Beziehungen in der Ära GORBATSCHOW

ÖStA, AdR, NL Agstner, E-1746-K54, Zl. 211-RES/86, ÖB Budapest (Agstner),
27. August 1986

Die Lage Ungarns ist seit mehreren Jahren, besonders aber seit den letzten zwei bis drei Jahren und überaus akut wurde dies im Laufe der letzten 12 Monate, von wirtschaftlichen Problemen gekennzeichnet. Diese beeinflussen in hohem Maße die außenwirtschaftlichen Beziehungen. Infolge des Rückgangs des Wirtschaftswachstums, der in den letzten Jahren auf ausländischen Märkten erlittenen Verluste (Verschlechterung der terms of trade vor allem in Relation zu den westlichen Industriestaaten, sinkende Kaufkraft der ölproduzierenden Staaten und Entwicklungsländer) und der eher geringen Aussichten auf eine baldige Verbesserung der Situation sieht Ungarn keine andere Möglichkeit als danach zu streben, mehr Produkte auf dem RGW-Markt zu verkaufen. Dies schafft selbstverständlich neue gegenseitige Abhängigkeiten und Verpflichtungen sowie erweiterte Formen der Zusammenarbeit, wie sie in dem Mitte 1984 in Moskau beschlossenen Komplexprogramm […] und in den Beschlüssen der 41. Außerordentlichen Tagung des Ministerrates des RGW in Moskau vom Dezember 1985 […] zum Ausdruck gekommen sind. Inzwischen haben Ungarn und die Sowjetunion weitere Vereinbarungen getroffen […]. […]

Seit GORBATSCHOWs Machtantritt ist ein neuer, pragmatischer Stil festzustellen, der sich effizienter erweisen könnte als frühere starre und oft toter Buchstabe gebliebene Vereinbarungen; auf das k ö n n t e wird besonders hingewiesen. Man verspürt kaum einen direkten Druck, aber doch, daß die Weichen für eine konsequentere wirtschaftliche Zusammenarbeit innerhalb des Ostblocks gestellt sind. Dabei wäre es aus ho. Sicht verfrüht, bereits von n e u e n Verhaltensnormen bzw. neuen Formen des Zusammenwirkens zu sprechen.

Auf der anderen Seite steht der Umstand, daß sich die politische Führung der Bedeutung des Westhandels und der wirtschaftlichen Beziehungen mit dem Westen überhaupt, besonders auch vom Standpunkt der Technologie und des technischen

Fortschritts im allgemeinen, bewusst ist und sich davon durch eine engere Zusammenarbeit mit dem RGW und in erster Linie mit der Sowjetunion nicht abhängen lassen möchte. Die in diese Richtung arbeitenden Führungskräfte sind an sich sehr stark, aber auch diese können sich einer verstärkten Zusammenarbeit innerhalb des RGW nicht entziehen, wenn es um die lebenswichtige Frage geht, das Gleichgewicht der ungarischen Wirtschaft zu sichern. […]

Seit einigen Jahren findet in Ungarn ein Objektivierungsprozeß hinsichtlich seiner Geschichte statt; vor allem die Ereignisse nach 1945 bis 1956 werden viel differenzierter gewertet. Es besteht ein deutliches Bemühen und Streben, den Anschluss an die eigene Geschichte und Vergangenheit und damit Identität mit dem heutigen Ungarn zu finden sowie dadurch auch Werte wiederzuerwecken, deren Ausrottung oder Vernachlässigung in den letzten 40 Jahren heute als Fehler anerkannt wird. Als jüngstes Beispiel möge der Staatsfeiertag am 20. August dienen, der bis Ende des Zweiten Weltkrieges der Tag des Hl. Stephan war und jetzt als Tag der Verfassung (weil am 20. August 1949 die Verfassung der Ungarischen Volksrepublik in Kraft trat) sowie Tag des Brotes gefeiert wird. Alljährlich findet an diesem Tag vor dem Parlament in Budapest die Angelobung der ausgemusterten jungen Offiziere statt und in diesem Jahr wurden erstmals die Traditionsfahnen des Königlichen Ungarns mitgeführt. Die Bedeutung von König Stephan als Staatsgründer im Rahmen der damals gegebenen, vom Christentum getragenen Gedankenwelt und als jenes Mannes, der als erster dem ungarischen Staat eine Verfassung gegeben hatte, wurde noch nie so deutlich hervorgehoben wie in diesem Jahr.

Dieses Wiederaufleben der verstärkten Pflege des nationalen Bewusstseins muss man natürlich auch im Zusammenhang mit der Außenpolitik sehen, weil das eigene Profil erhalten und demonstrativ hergezeigt werden soll. Nicht zuletzt hängt damit auch die Verbesserung des Image Ungarns im Ausland zusammen, zu der die Haltung der ungarischen Emigration, welche in ihrem überwiegenden Teil den alten Traditionen verhaftet ist, ein wichtiges Element ist. […]

Dokument 70

Beziehungen zwischen den Mitgliedstaaten des Warschauer Paktes in der Ära Gorbatschow

GZ 701.03/11-II.3/86, Zl. 143-RES/86, BMaA Wien, 12. September 1986

Am 11. März 1985 hat Michail Gorbatschow die Funktion des Generalsekretärs der KPdSU übernommen. Nach einer Amtsperiode von knapp 1 ½ Jahren stellt sich die Frage nach den Auswirkungen des Führungswechsels auf die bilateralen Beziehungen innerhalb des Warschauer Pakts. […]

Zu dieser Problematik wurden die zuständigen Botschaften zu Stellungnahmen eingeladen. Sie lassen sich wie folgt resümieren.

ÖB Moskau:

Gorbatschows außenpolitischer Kurs ist auf eine stärkere Gleichschaltung in allen grundlegenden weltpolitischen Fragen (insbesondere in der Abrüstung) gerichtet (jetzt alljährlich zwei Tagungen des Politischen Beratenden Ausschusses des WP), was den Handlungsspielraum in den „sozialistischen" Bruderländern zwangsläufig reduziert. Zugleich bemüht sich Moskau um stärkere Integration in den Bereichen Wirtschaft, Technik, Wissenschaft. Die westliche Technologie soll im stärkeren Maße als bisher der RGW-Wirtschaft zu Nutze gemacht werden. (Gorbatschow sieht allerdings eine zu starke wirtschaftliche Verflechtung der DDR mit dem Westen und eine zu große westliche Beeinflussung in Ungarn durch den Fremdenverkehr mit großem Mißtrauen). Ideologische Fragen und innenpolitische Eigenheiten der einzelnen WP-Staaten werden von Gorbatschow hingegen nicht hochgespielt.

ÖB Warschau:

Trotz der Festigung des Regimes (X. Parteikongreß, besonderes „Vertrauensverhältnis" zu Gorbatschow) sieht sich Jaruzelski veranlaßt, außenpolitisch, wo traditionell eine besonders starke Bindung zur SU besteht, mitunter eine härtere Linie als Moskau einzuschlagen, um sich innenpolitisch gegenüber dem neuen Kreml-Chef den nötigen Spielraum bewahren zu können. Der westliche Wirtschaftsboykott hat zu einer noch höheren wirtschaftlichen Abhängigkeit von der SU geführt und die von Gorbatschow betriebene engere Zusammenarbeit im RGW und gleichzeitig verfolgte Abkopplung Polens vom Westen gefördert.

ÖB Berlin:

Unter Betonung der Selbständigkeit und Eigenverantwortung der Kommunistischen Parteien sucht die SED den Ausbau der Beziehungen zu den westlichen sozialdemokratischen und sozialistischen Parteien. In den deutsch-deutschen Beziehungen übt man auf Moskaus Wunsch Selbstbeschränkung und sucht das weitere Vorgehen mit einem „ergebnisorientierten Dialog" zu rechtfertigen. Wirtschaftlich verlangt Moskau vom innerhalb des RGW wirtschaftlich stärksten Partner eine engere Kooperation und eine Ausrichtung nach sowjetischen Bedürfnissen.

ÖB Prag:

Der außenpolitische und außenwirtschaftliche Gleichklang mit Moskau ist nach erfolgter Normalisierung nach dem „Prager Frühling" beispielhaft. Allfällige Veränderungen (Schaffung größerer Freiräume) scheinen erst nach einer Verjüngung der KP-Spitze möglich.

ÖB Budapest:

Wachsende Wirtschaftsprobleme haben Ungarns wirtschaftliche Abhängigkeit verstärkt. Darüber hinaus strebt die SU eine engere politische Bindung an, der sich Budapest, das den Anschluß an das übrige Europa nicht verlieren möchte, unter Berufung auf die Bedeutung und Rolle kleinerer Staaten zu entziehen versucht. Seit

Gorbatschows Machtantritt ist ein pragmatischerer und effizienterer Stil feststellbar, der auf eine konsequentere wirtschaftliche Zusammenarbeit abzielt.

ÖB Bukarest:

Die sehr schlechte Wirtschaftslage führt zu einer noch stärkeren Anlehnung an die SU. Die einstmals eigenständige Außenpolitik verliert an Spielraum.

ÖB Sofia:

Das historisch fundierte besondere Nahverhältnis zur SU führt in verschiedenen Bereichen zu verstärkten Abhängigkeiten. Außenpolitisch als einer der treuesten Verbündeten der SU mußte Bulgarien harte Kritik in Wirtschaftsfragen einstecken, die zu innenpolitischen Revirements geführt hat. Auch die Bulgarisierungskampagne gegenüber der moslemischen Minderheit dürfte auf keine ungeteilte Zustimmung aus Moskau stoßen.

Wertung

Zusammenfassend kann gesagt werden, daß Gorbatschow auf wirtschaftlichem Gebiet und in Fragen der Abrüstung zweifellos eine stärkere Zusammenarbeit verlangt, wobei sanfter Druck und Dialog praktiziert werden. Ob und inwieweit sich Gorbatschow mit seinen weitgehenden Plänen insbesondere auf wirtschaftlichem Gebiet letztlich durchsetzen wird, ist nicht absehbar.

Wenn auch ein anderer Ton in den Beziehungen der SU zu den anderen WP-Staaten eingekehrt ist, dürfte jedoch kein Zweifel daran bestehen, daß die Breschnew-Doktrin nach wie vor Gültigkeit besitzt.

Gorbatschow am X. Parteitag der Polnischen Vereinigten Arbeiterpartei: „[…] Das bedeutet, daß die sozialistischen Errungenschaften unumkehrbar sind. […] Die sozialistische Ordnung anzugreifen, Versuche, sie von außen her auszuhöhlen sowie das eine oder andere Land aus der sozialistischen Gemeinschaft herauszubrechen, bedeuten einen Anschlag nicht nur auf den Willen des Volkes, sondern auch auf die ganze Nachkriegsordnung und letzten Endes auf den Frieden." […]

Dokument 71
Offizieller Besuch des polnischen Ministerpräsidenten in Ungarn
GZ 166.18.10/1–II.3/86, Zl. 246-RES/86, ÖB Budapest, 15. September 1986

Nach dem offiziellen Freundschaftsbesuch von Außenminister VÁRKONYI in Polen im Jänner d.J. […] und dem Arbeitsbesuch des Generalsekretärs KÁDÁR in Warschau Ende März 1986 […] fand die hohe Besuchsdiplomatie am 4. und 5. September d.J. durch den offiziellen Freundschaftsbesuch des polnischen Ministerpräsidenten Zbigniew MESSNER in Budapest ihre Fortsetzung.

Anlässlich des polnischen Nationalfeiertages am 22. Juli d.J. hatte Partei- und Staatschef JARUZELSKI dem ungarischen Rundfunk und Fernsehen ein Interview gegeben, in dem er sich über die innenpolitische Lage, in sehr positiver Weise über die Beziehungen zu Ungarn und mit Lobesworten über den 27. Parteitag der KPdSU geäußert hatte. Aus JARUZELSKIs Sprachgebrauch […] ist wohl recht klar der Unterschied in der innenpolitischen Lage Ungarns und Polens zu erkennen. Die politische Ausdrucksweise und der Tenor der Ausführungen Herrn JARUZELSKIs ist recht verschieden von jenen Herrn KÁDÁRs. Sehr deutlich kommt dies z.B. bei den Äußerungen JARUZELSKIs über das Verhältnis zur Kirche und den Stand der Reformen zum Ausdruck. Ein wenig kann man aber sogar „ungarische Töne" heraushören, wenn JARUZELSKI von KÁDÁRs „fundamental conclusion" spricht, daß man nie die Verbindung zur Masse und deren Vertrauen verlieren darf.

Bei den Besprechungen der beiden Parteichefs Ende März d.J. nahm die innenpolitische Situation in beiden Staaten einen breiten Raum ein. Ist es reiner Zufall oder nicht, daß die in Polen erlassene Amnestie und Entlassung politischer Gefangener wenige Tage nach dem Besuch von Ministerpräsident MESSNER in Ungarn und einer ihn sehr beeindruckenden Aussprache mit Herrn KÁDÁR erfolgte? Herr MESSNER war jedenfalls in Budapest ein guter Beobachter des hiesigen innenpolitischen Klimas und nicht weniger guter Zuhörer, besonders bei seinem Gespräch mit Generalsekretär KÁDÁR.

Beide Parteichefs haben Ende März d.J. die gegenseitigen Beziehungen als gut und problemfrei auf allen Gebieten eingeschätzt. Damals war ein Handelsabkommen unterzeichnet worden. Der Warenaustausch zwischen beiden Ländern stieg von 658 Mio. Rubel im Jahre 1981 auf 1.087 Mio. Rubel im Jahr 1985. Polen liefert hauptsächlich Kohle, Schwefel, Salz und Zink, Ungarn vor allem Bauxit, Tonerde und Manganerze. Allerdings sind die höher verarbeiteten Produkte im Warenaustausch langsam im Ansteigen, Maschinen und Anlagen machen etwa die Hälfte der gegenseitigen Lieferungen aus.

Dieser Prozeß soll offenbar beschleunigt werden. Es war die polnische Seite, die auf eine Ausweitung der Zusammenarbeit und Spezialisierung drängte, und es wurde ein Arbeitsprogramm zur Realisierung des wirtschaftlichen Teils des Komplexprogrammes für den Zeitraum 1986–1990 unterzeichnet. Gegenüber der letzten Fünfjahresplanperiode soll der Warenaustausch im laufenden Fünfjahresplan bis 1990 um 31 % auf 6,3 Mrd. Rubel steigen. Die polnischen Initiativen werden hier als Zeichen der sich wieder belebenden polnischen Wirtschaft gesehen.

Der Zusammenarbeit in der technischen und wissenschaftlichen Entwicklung, Spezialisierung und Produktion soll vorrangige Bedeutung eingeräumt werden. […] Dem Vernehmen nach – und in einem Gespräch mit dem polnischen Botschafter von diesem stillschweigend bestätigt – war Ungarn nicht in der Lage, auf alle, weil mit zum Teil beachtlichem finanziellen Aufwand verbundenen polnischen Wünsche einzugehen.

Für die gegenseitigen Beziehungen ist es nicht ohne Bedeutung, daß fast 10.000 polnische Arbeiter in Ungarn eingesetzt sind, viele im Kohlebergbau, im Bauwesen und als Techniker. Nach Jahren der Stagnation hat der Tourismus aus Polen nach Ungarn im Jahre 1986 stark zugenommen, während jener mit der ČSSR (zum Teil aus Gründen von csl. Verzögerungen bei Warenlieferungen und dadurch entstandenen Zahlungsproblemen) beträchtlich zurückging.

Bei der Beurteilung der internationalen Lage, der Krisenherde, des Ost-West-Verhältnisses und des KSZE-Prozesses herrschte wie üblich die gewohnte „volle Übereinstimmung". Noch im Kommuniqué anlässlich des Besuches von Außenminister VÁRKONYI im Jänner d.J. in Warschau war von „gewissen revanchistischen Kräften in der BRD" die Rede. Im Kommuniqué über KÁDÁRs erwähnten Besuch in Warschau schien die BRD nicht mehr auf und auch im vorliegenden Kommuniqué über den Besuch von Ministerpräsident MESSNER in Budapest wird die BRD nicht mehr erwähnt. Die deutsche Seite hatte bei den Ungarn vorsorglich interveniert, doch von solchen Zitierungen der BRD Abstand zu nehmen.

Zusammenfassend lässt sich feststellen, daß man ungarischerseits die Entwicklung in Polen als auf den richtigen Weg befindlich – und in mancher Hinsicht ungarischen Erfahrungen folgend – beurteilt und dadurch bessere Möglichkeiten als in den letzten Jahren für die Intensivierung der Beziehungen vor allem im wirtschaftlichen Bereich sieht.

Abschließend wird auf die Ausführungen von Ministerpräsident MESSNER in einem in Budapest gegebenen Interview hingewiesen […], weil darin der Gedankengang einer Überholung des kapitalistischen Produktionsniveaus vorkommt, doch sich MESSNER – offenbar die Übertreibung erkennend – im gleichen Atemzug auf die Wettbewerbsfähigkeit mit dem Westen korrigiert. Über die ungarische Landwirtschaft äußerte sich Herr MESSNER sehr positiv und es ist bemerkenswert, daß er in diesem Zusammenhang davon sprach, auf dem Umweg eines guten Beispiels der Jugend die Überlegenheit der kollektiven landwirtschaftlichen Nutzung im Vergleich zur privaten Nutzung zu zeigen. […]

Dokument 72
ČSSR; Besuch des polnischen Außenministers Orzechowski 5.–7.9.1986

GZ 166.18.11/1-II.3/86, Zl. 4846-A/86, ÖB Prag (Querner), 17. September 1986

Der polnische Außenminister Orzechowski hielt sich vom 5. bis 7.9.1986 in Prag zu einem offiziellen Besuch auf. Er hatte Unterredungen mit dem csl. Außenminister Chňoupek, dem stellvertretenden Ministerpräsidenten Rohlíček und wurde vom Präsident Husák zu einem Gespräch empfangen.

In dem internationale Fragen behandelnden Gespräch befürworteten beide Außenminister die Schaffung eines umfassenden internationalen Sicherheitssystems, welches militärische, politische, wirtschaftliche und humanitäre Bereiche umfassen und innerhalb der Vereinten Nationen diskutiert werden soll. Sie unterstützten erwartungsgemäß die sowjetischen Vorschläge für eine völlige Liquidierung aller nuklearen und anderer Massenvernichtungswaffen und begrüßten die Verlängerung des sowjetischen Atomtestmoratoriums. Bezüglich des bekannten Vorschlags zur Errichtung einer chemiewaffenfreien Zone in Europa drückte Orzechowski die Bereitschaft Polens aus, in diese einbezogen zu werden, sofern sie auch nach Westen ausgedehnt wird.

Betreffend die KVAE-Konferenz in Stockholm wurde erklärt, daß gewisse Fortschritte erreicht werden konnten, aber die NATO-Staaten den politischen Willen zur endgültigen Lösung noch offener Teilfragen zeigen müssen. Ein erfolgreicher Abschluss der Konferenz in Stockholm würde eine günstige Atmosphäre für das Wiener Folgetreffen der KSZE schaffen.

In einer Pressekonferenz in Prag stellte der polnische Außenminister fest, daß noch erhebliche Möglichkeiten zum Ausbau der bilateralen Beziehungen in allen Bereichen, insbesondere aber auf wirtschaftlichem Gebiet, bestehen.

Außenminister Chňoupek betonte in seiner Tischrede, daß die politische Einheit in sozialistischen Staaten weiter gefestigt werden muß. Der polnische Außenminister drückte in seiner Rede die Befriedigung aus, daß die csl.-polnischen Beziehungen einen bislang unerreichten Stand auf fast allen Gebieten erreicht haben.

Die wesentlichen ČTK-Meldungen bezüglich des Besuches und des gemeinsamen Kommuniqués werden angeschlossen vorgelegt. […]

Dokument 73
Weht in Gorbatschows Sowjetunion wirklich ein neuer Wind?

GZ 225.03.00/27-II.3/86, Zl 626-RES/86, ÖB Moskau (Grubmayr), 30. September 1986

1. Seit dem Amtsantritt Michail Gorbatschows hat sich der politische Sprachgebrauch der Sowjetunion deutlich gewandelt. Der Parteichef hat es verstanden, seinen erklärten innenpolitischen Neuerungswillen in einigen einprägsamen Schlagwörtern zum Ausdruck zu bringen.

Gorbatschows Schlüsselwort lautet „Umbau" oder „Umgestaltung"[1] („perestroika"). Dieser Wandel soll das gesamte sowjetische Gesellschafts- und Wirtschaftssystem erfassen. Bei seiner Rede in Chabarowsk (31.7.86) hat der Parteivorsitzende die „perestroika" erstmals mit einer „echten Revolution" verglichen. Nur so glaubt Gorbatschow, die von ihm gleichfalls verlangte „Beschleunigung der wirtschaftlichen und sozialen Entwicklung" des Landes erreichen zu können.

Ein anderes zentrales Vokabel Gorbatschows heißt „Transparenz" („glasnost"): Mißstände in Staat, Partei und Gesellschaft sollen in Zukunft schonungslos offengelegt und kritisiert werden. Den Medien wird hiebei eine besondere Verantwortung beigemessen.

Ein Musterbeispiel für den neuen Politjargon bietet die im Juli d.J. veröffentlichte ZK-Verordnung über die Aufgaben der Parteizeitschrift „Kommunist". Das zentrale theoretische Organ der Partei wird u.a. dazu aufgerufen, alles Neue und Fortschrittliche, das im Zuge der perestroika geboren wird, zu unterstützen, den unaufschiebbaren und tief revolutionären Charakter dieser Umwandlung offenzulegen und gegen Konservatismus und Routine aufzutreten …".

---

[1] Letzterer Ausdruck wird vom „Neuen Deutschland" und somit im DDR-Politjargon verwendet. (Diese Fußnote ist vom Akt übernommen.)

Dort wo auf „historische" Begriffe Bezug genommen wird, sind die Analogien manchmal überraschend. So häufen sich unter Gorbatschow Hinweise auf die „Neue ökonomische Politik" (NEP), die Anfang der 20er Jahre den Kriegskommunismus abgelöst und der Sowjetwirtschaft vorübergehend – und sehr erfolgreich – gewisse marktwirtschaftliche Züge gegeben hatte: Bei seiner letzten großen Rede zu innenpolitischen Fragen (im Kreis Krasnodar am 19.9.1986) hat Gorbatschow die NEP bereits ausdrücklich als einen historischen Präzedenzfall der „perestroika" bezeichnet.

In dieses Bild fügt sich auch die vorerwähnte ZK-Verordnung über „Kommunist". Dem theoretischen Parteiorgan wird auferlegt, sich ständig am „schöpferischen Laboratorium W.I. Lenins" zu orientieren; gleichzeitig werden aber – in einer gegenüber diesem „Orakel" der KPdSU ungewohnt selektiven Weise – die „Werke aus den letzten Jahren" Lenins besonders hervorgehoben; diese berücksichtigten „die reale Praxis der ersten Erfahrungen des sozialistischen Aufbaus" – auch das ist ein klarer Fingerzeig in Richtung NEP, die ja gerade in der letzten Lebensphase verwirklicht worden war.

3. Unter Gorbatschow hat sich aber nicht nur die politische Sprache, sondern auch der politische Stil in der UdSSR gewandelt.

So ist der Parteichef – mehr als irgendeiner seiner Vorgänger außer Chruschtschow – um Kontakt zur „Basis" bemüht. Bei seinen Reisen durch das Land entwickelt sich häufig ein – durchaus echt wirkender – Dialog mit „Leuten von der Straße". Andere Mitglieder der politischen Führung versuchen ihm hierin nachzueifern. (Besonders erfolgreich scheint diesbezüglich der neue Moskauer Parteichef Jelzin, ein enger Vertrauter Gorbatschows, dessen Inspektionsvisiten in hiesigen Lebensmittelgeschäften und Verkehrsmitteln bereits die Aufmerksamkeit der westlichen Presse erregt haben.)

Gleichzeitig hat der Ruf des Parteivorsitzenden nach „Transparenz" zu einer sichtlichen Belebung der Sowjetpresse geführt. (Ein auffälliges Beispiel hiefür war die in der „Prawda" im Vorfeld des Parteitages geführte Diskussion über die Privilegien der Nomenklatura.) Die – allerdings mit 14-tägiger Verspätung anlaufende – Berichterstattung über den Reaktorunfall von Tschernobyl, wie auch Berichte über den Untergang der „Admiral Nachimow" und den jüngsten Versuch der Entführung eines sowjetischen Flugzeuges, unterscheiden sich erheblich von der bisherigen sowjetischen Medienpraxis.

Eine ungewohnte „Transparenz" kennzeichnet auch die laufende kulturpolitische Diskussion. Nachdem schon die diesjährigen Kongresse der Filmemacher und Schriftsteller einiges Aufsehen erregt hatten, sind im Sommer mehrere Zeitungsartikel veröffentlicht worden, in denen scharfe Kritik an der bisherigen sowjetischen Kulturpolitik geübt wird [...]. Darüber hinaus werden auf den Bühnen des Landes seit einiger Zeit eine Reihe moderner Theaterstücke aufgeführt, die unverhohlen Kritik an Mißständen in Partei und Gesellschaft üben.

4. Alles in allem nimmt es also nicht wunder, wenn viele Beobachter unter Gorbatschow im Kreml und in der Sowjetunion insgesamt einen neuen Wind wahrzunehmen glauben.

Läßt man sich aber nicht bloß von Schlagwörtern und einer neuen „Verpackung" beeindrucken, sondern stellt die Frage nach konkreten Änderungen, die Gorbatschows neuer Weg für die UdSSR gebracht hat, fällt die Bilanz erheblich bescheidener aus.

Dies gilt in allererster Linie für Gorbatschows Liebkind, die Wirtschaftspolitik.

Schon die Grundkonzeption der „perestroika" birgt einen kaum lösbaren inneren Widerspruch in sich: So will man einerseits die Effizienz der zentralen Wirtschaftsführung und -planung erhöhen, zum anderen sollen aber Initiative und Selbstständigkeit der einzelnen Betriebe gestärkt und auch kooperative Wirtschaftsformen und individuelle Erwerbstätigkeit gefördert werden.

Gemeint ist hier offenkundig, daß die zentrale Planungs- und Leitungsinstanz auf makroökonomische („strategische") Entscheidungen beschränkt werden soll, während betriebswirtschaftliche Entschlüsse dezentralisiert zu treffen wären.

In der Praxis ist ein solches Nebeneinander von staatlicher Zentralverwaltung einerseits und lokalen Staatsbetrieben, kooperativen und individuellen Wirtschaftsformen jedoch nicht ohne weiteres vorstellbar. Dies zeigt auch die im März d.J. verabschiedete Verordnung für den Landwirtschaftssektor […]. Diese hat zwar die einzelnen Sowchosen und Kolchosen gegenüber der zentralen Wirtschaftsführung gestärkt; indem die Verordnung den Betrieben aber auch den direkten Weg auf die „Bauernmärkte" erleichtert, schwächt sie gleichzeitig den dort bislang sehr stark vertretenen – und überdurchschnittlich produktiven – landwirtschaftlichen „Privatsektor" (Produktion aus „Hofland" und Gartengrundstücken). Dies ist auch beabsichtigt: Der private Anbieter, dessen Preise als überhöht angesehen werden, soll auf dem Markt konkurrenziert und letztlich in das „kooperative" Verkaufsnetz eingewiesen werden.

Dieses unterscheidet sich in der Sowjetunion – trotz seines Namens – vom Staatssektor eigentlich nur durch Preise, die etwas über jenen der Staatsgeschäfte, aber deutlich unter dem Marktniveau liegen. Ansonsten unterstehen die „kooperativen" Geschäfte (ebenso wie die formal „kooperativen" Kolchosen) in Wahrheit einer vollkommenen staatlichen Kontrolle.

Daß es wirtschaftliche Privatinitiativen – auch außerhalb des landwirtschaftlichen Bereichs – in Gorbatschows UdSSR nicht unbedingt leichter haben werden, macht übrigens auch die im Mai veröffentlichte Verordnung über „nichterarbeitete Einkünfte" […] klar. Wenngleich diese Vorschrift primär gegen Korruptionserscheinungen im staatlichen Wirtschaftsbereich gerichtet ist, so zeigt sie doch auch, daß jede private Erwerbstätigkeit im System der Staatswirtschaft relativ rasch die Grenzen der Legalität erreicht. Der sowjetische Generalprokurator Rekunkow hat sich dieser Tage – angesichts erkennbarer Unruhe in der Bevölkerung – bemüßigt gesehen, einige kalmierende Worte zu sprechen; es bleibt aber offenkundig, daß private Aktivitäten, die irgendeinen „unternehmerischen" Charakter annehmen (z.B. Zwischenhandel auf Märkten, private Beschäftigung von Angestellten, Vermittlung von Arbeitskräften) weiterhin verboten sind.

Was schließlich die angestrebte <u>Dezentralisierung der Sowjetwirtschaft</u> betrifft, so kann diese wohl <u>nur dann Chancen auf Erfolg</u> haben, <u>wenn der – selbst höchst zentralisierte – Parteiapparat das ständige Mitmischen in der Wirtschaftsführung</u> des Industrie- und Agrarbereiches einschließlich des „kooperativen" Sektors <u>zumindest teilweise aufgibt</u>. In diese Richtung sind in der UdSSR jedoch – anders als in der VR China – <u>keine echten Denkansätze</u> erkennbar. Der Partei wird hierzulande ganz im Gegenteil gerade im Rahmen der „perestroika" eine besondere ökonomische Verantwortung übertragen. (So bleibt es auch weiterhin üblich, für Mißstände in einzelnen Betrieben nicht nur die Unternehmensführung, sondern auch die betriebsinterne Parteiorganisation zur Verantwortung zu ziehen, weil diese ihre „Aufsichtspflicht" vernachlässigt habe.)

In der Sowjetunion fehlen derzeit somit gerade jene Elemente der Wirtschaftspolitik, die den Aufschwung Ungarns und der VR China überhaupt erst ermöglicht haben, nämlich überzeugende Dezentralisierung, Förderung privater Initiative und eine gewisse Befreiung des wirtschaftlichen Managements von politischer Bevormundung. Die politische Führung setzt in Wahrheit offensichtlich primär auf <u>systemkonforme Wege zur Steigerung der Wirtschaftsleistung</u> wie vermehrte Arbeitsdisziplin, zusätzliche Arbeitsschichten und erhöhten Einsatz moderner Technologie. Die in Aussicht gestellte zeitgemäße Neuauflage der NEP läßt sich hingegen nicht wirklich wahrnehmen.

5. Ein echter Neuerungswille scheint auch für den <u>Kulturbereich</u> keineswegs gesichert.

Auf die erwähnten ermutigenden Signale ist nämlich ein <u>konservativer „back-lash"</u> gefolgt. Die im September d.J. veröffentlichte Verordnung „über Maßnahmen zur weiteren Entwicklung der bildenden Kunst" gerät zu einer <u>Verherrlichung der Kunst des „Sozialistischen Realismus"</u>, dessen Prinzipien weiter hochgehalten werden müssen. Der – bekanntermaßen erzreaktionären – Akademie der Künste wird eine verstärkte Rolle im schulischen und universitären Kunstunterricht beigemessen. Den staatlichen und politischen Organen wird zwar „Takt" im Umgang mit jungen Künstlern anempfohlen; gleichzeitig wird aber offenkundig, daß diese für einen (attraktiveren?) „sozialistischen Realismus" gewonnen und bei Willfährigkeit durch Sonderprivilegien (Ateliers, Auslandsreisen etc.) belohnt werden sollen.

(Zu diesem „neokonservativen" Kulturbild paßt übrigens auch ein Artikel in der „Sowjetskaja Kultura" vom Anfang Juli d.J., in welchem die – schon seit Breschnew halblegalisierte – „nonkonformistische" Kunstszene Moskaus erstmal wieder frontal angegriffen wird. Die Versuche einer Gruppe amerikanischer Kunstexperten, Werke dieser modernen Künstler für eine Ausstellung in Chicago zu erhalten, werden von der Zeitung als Teil eines „psychologischen Krieges" gegen die UdSSR angesehen.)

6. Wie läßt es sich aber erklären, daß im Wirtschafts- und Kulturbereich bislang zwischen Gorbatschows Aussagen und der Realität solche Diskrepanzen bestehen?

Manche Beobachter neigen der – im Westen stets populären – These von „Meinungsverschiedenheiten im Politbüro" zu:

Der „fortschrittliche Parteichef" habe sich gegenüber den „reaktionären Kräften" in der Führung eben noch nicht durchsetzen können.

Für diese Theorie sprechen tatsächlich einige Indizien. Gorbatschow hat schon wiederholt auf – in der Partei bestehende – Widerstände gegen den „Umbau" hingewiesen und zuletzt auch jene „Leute" angeprangert, „die das Wort perestroika nur mit Schwierigkeiten auffassen, ja sogar nur die Schwierigkeit aussprechen". In den Reden des Parteichefs anlässlich des ZK-Plenums vom Juli d.J. […], in Chabarowsk […] und zuletzt im Kreis Krasnodar ist immer stärkere Frustration zu erkennen gewesen, weil die Konzeption des „Umbaus" noch nicht „greift". Gorbatschows Reisen durch das Land sollen ihm offenbar bei der Parteibasis jene Zustimmung verschaffen, die ihm bei den Kadern noch fehlt.

Große Aufmerksamkeit hat in diesem Zusammenhang ein von Politbüromitglied und ZK-Sekretär Ligatschow verfaßter Artikel gefunden, der – relativ unauffällig – in der August-Nummer einer Theaterzeitung publiziert wurde. Die dort vom zweiten Mann der KPdSU vertretenen Auffassungen (die auch Gegenstand einer Rede vor Theaterschaffenden waren) scheinen im offenen Widerspruch zu den erklärten Positionen des Parteichefs zu stehen. So heißt es bei Ligatschow unter anderem, daß in der Sowjetökonomie auch in Hinkunft „von Marktwirtschaft keine Rede" sein werde. Was not tue, sei vielmehr ein „Maximum an Sozialismus".

Weiters will der „2. Sekretär" und Ideologiechef der Partei öffentliche Kritik an den negativen Erscheinungen des Sowjetlebens nur dann gelten lassen, wenn sie in „konstruktiver" Weise auch positive Resultate der „perestroika" aufzeigt und somit die – gemäß Ligatschow – „volle Wahrheit" bringt.

Für den Kultursektor unterstreicht Ligatschow den Vorteil begrenzter Experimente (wie sie derzeit an einzelnen Bühnen zur Erprobung neuer Arten der Theaterleitung durchgeführt werden):

Die Partei habe – so Ligatschow – „schon mehrfach geirrt", wenn sie ohne Vorprüfung sofort nach generellen Patentlösungen gesucht habe.

Gorbatschow hat sich bald nach Erscheinen dieses Artikels öffentlich bemüht, den Eindruck zu verwischen, daß in der politischen Führung Auffassungsunterschiede bestehen könnten. So hat er im Kreis Krasnodar ausdrücklich betont, daß „im Politbüro, im ZK und in der Regierung volle Übereinstimmung des gesamten Führungsstabes" herrsche. Auch hat er unterstrichen, daß Kritik auch positive Faktoren aufzeigen müße.

Gerade die Eile der Reaktion Gorbatschows erweckt aber den Verdacht, daß in der Führung doch gewisse Meinungsdivergenzen bestehen. Sie lassen sich – wie angesichts der ganzen Terminologie des erwähnten Ligatschow-Artikels – nicht wirklich wegdiskutieren.

7. Andererseits fehlen aber auch Beweise, daß Gorbatschow bei den bisher getroffenen wirtschafts- und kulturpolitischen Entscheidungen von sich aus bereit gewesen wäre, über die von den Parteigremien gefaßten Beschlüsse hinauszugehen.

Er selbst hat jedenfalls die fortschrittlicheren Aussagen mancher sowjetischer Wirtschaftsexperten (Aganbegjan, Saslawskaja) noch nie selbst übernommen. Diskussionen mit Fabriksdirektoren und lokalen Managern auf Regierungs- und Parteiebene, die ich in den letzten Monaten bei Provinzbesuchen führen konnte, zeigen das Dilemma der erforderten „Umgestaltung" und das ungenügende Instrumentarium, welches die untere Ebene dafür zur Verfügung gestellt bekommt. So gilt auf dem Gebiet der Preise, abgesehen von einigen landwirtschaftlichen Bereichen, weiterhin nur das starre Prinzip der staatlichen Preisfixierung. Wie soll damit eine echte Bedarfsermittlung bewirkt werden? Aber der Markt darf nicht seine Wirkung ausüben, da käme man in ideologische Schwierigkeiten. Also „pfistert" man mit ideologiekonformen, fragmentarischen Marktsurrogaten herum, die u.U. das Gegenteil des gewünschten Effekts zeitigen können.

Im übrigen trägt auch die – sehr vorsichtige – Agrarreform deutlich die persönliche Handschrift des früheren Agrarexperten Gorbatschow. Der Parteivorsitzende hatte die Grundzüge der schon beim XXVII. Parteitag geplanten Neuerungen selbst vorgestellt, auch die Maßnahmen gegen „nichterarbeitete Einkünfte" hat der Parteichef in seiner Parteirede selbst angekündigt.

Überhaupt findet sich bei Gorbatschow eine – durchaus traditionell russische – Vorliebe für Disziplinierungsmaßnahmen. (Hier trifft er sich auch mit Ligatschow, der vielfach als Initiator der Anti-Alkohol-Kampagne – der bisher wirkungsvollsten innenpolitischen Aktion des Parteichefs.) Wie aber andererseits in Randbereichen des Sowjetimperiums Lücken und Schlupflöcher gefunden werden, zeigt eine Weinkost, die einer jüngst offiziell in der Moldawischen SSR gereisten Gruppe von Diplomaten geboten wurde: Es gab eine regelrechte Verkostung von 8 Weinsorten (fast alle mit Goldmedaillen prämiert, wie man stolz erklärte) wobei zum Schluß unter Bezugnahme auf die Alkoholgesetzgebung erklärt wurde, die „moldawischen Qualitätsweine seien als wahre Medizin für Geist und Körper des Menschen zu betrachten", sodaß man sie wenn auch in vermindertem Maß, weiterproduzieren werde … . Aber generell gesehen ist wohl auch die „Transparenz" der Sowjetmedien und einige moderne sowjetische Theaterstücke in Wahrheit gleichfalls vor allem ein Instrument zur Disziplinierung mittlerer Parteikader. (Bei allem Beifall für die innersowjetische Informationspolitik nach Tschernobyl sollte nämlich nicht vergessen werden, daß die Sowjetbevölkerung in der ersten Phase nach dem Unglück überhaupt keine zweckdienlichen Auskünfte erhalten hatte und den sowjetischen Bericht an die IAEO bis dato in den sowjetischen Medien in keiner Form zu Gesicht bekam.)

Liberalität ist jedenfalls sicher nicht eine der hervorstechendsten Eigenschaften Gorbatschows. Im Interview durch „Humanité" im Februar d.J. hatte er unter anderem die Zensur verteidigt und den Begriff „Stalinismus" als eine „Erfindung" der Feinde des Kommunismus bezeichnet […]. Das Problem der jüdischen Auswanderung wird unter Gorbatschow – wie schon seit Anfang der Achtzigerjahre – weiterhin repressiv behandelt: Nach den ha. aufliegenden Konsulardaten dürften im laufenden Jahr – bei gleichbleibender Tendenz – kaum wesentlich mehr als 700 jüdische Emigranten über Wien das Land verlassen haben. Auf der italienischen Botschaft war in den letzten Tagen ein sprunghaftes Ansteigen der jüdischen Auswanderer zu verzeichnen, aber hier muß man erst sehen, ob diese Tendenz anhält (und warum eher Rom als Wien?) Ungelöst bleibt auch der Fall Sacharow; dieser lebt – so Gorbatschow gegenüber Humanité – in Gorki weiterhin „in normalen Verhältnissen".

Einen letzten Beweis dafür, daß die erstrebte „perestroika" keineswegs ein Mehr an innerer Freiheit bringen muß, brachte der Leitartikel der „Prawda" vom 28.9.1986: Dort wird zu verstärkter atheistischer Propaganda aufgerufen, um den Erfolg des „Umbaus" sicherzustellen. (Offensichtlich behindert die Religion also auch den wirtschaftlichen Fortschritt.)

8. Wahrscheinlich betreffen die Meinungsverschiedenheiten in der politischen Führung somit in erster Linie Fragen der Taktik. Vielleicht fürchten Politbüromitglieder wie Ligatschow und KGB-Chef Tschebrikow, daß die von Gorbatschow forcierte „Transparenz" allzuleicht außer Kontrolle geraten könnte. Die innenpolitische Zielsetzung (eine effizientere Gestaltung des bestehenden Wirtschaftssystems) dürfte demgegenüber unumstritten sein.

In diesen Tagen zirkulieren durch Moskau viele Kolchoslastwagen, von deren Ladeplanke ungewohnte Mengen an Obst und Gemüse direkt an die Bevölkerung verkauft werden. Mit dieser konzentrierten Aktion soll den Moskauern anscheinend gezeigt werden, daß die neue Agrarpolitik erste Erfolge erzielt. Niemand glaubt allerdings, daß dieses System auch im Winter funktionieren wird, da Lagerräume und ein organisierter Vertriebsapparat fehlen.

Irgendwie wirkt die ganze Maßnahme wie ein Symbol für den aktuellen Stand der Gorbatschowschen Reformpolitik. Auf Dauer wird der Parteichef die Diskrepanz zwischen „Traum und Wirklichkeit" durch derartige potemkinsche Dörfer aber wohl nicht vor der eigenen Bevölkerung verbergen können.

9. Obige Überlegungen sind für einen herkömmlichen Bericht zweifellos zu lang und umfangreich. Die zahlreichen, sich teilweise widersprechenden Fakten und Erscheinungen machen aber eine umfassendere Analyse notwendig: Wer sich mit dem Phänomen Gorbatschow und der neuen Richtung des Sowjetkommunismus befassen will, muß sich auch die Zeit nehmen, den Versuch einer Darstellung dieser noch schwer in die Zukunft zu projizierenden Parameter und Tendenzen in sich aufzunehmen. Zum Schluß sei jedenfalls daran erinnert, daß auch in einem nicht dem westlichen Ideal der Demokratie entsprechenden System wie dem poststalinistisch-sowjetischen ein – wenn auch zeitlich nicht fix begrenzter – Erfolgszwang für die Führung besteht, welcher bei Nichteintritt mit der Auswechslung von Führungskräften enden kann. Was ich schon in meinem Kommentar zum XXVII. Parteitag (13-Res/86 vom 12.3.86, S. 1 u. 2) gesagt habe, kann man aufrechterhalten: Das Gorbatschow-Experiment ist im wesentlichen ein Cocktail aus Gestaltungsversuchen für den neuen Sowjetmenschen, fragmentarischer Liberalität

und Disziplinierung. Die Effizienz dieses „Mischgetränks" für die Modernisierung der Sowjetunion kann aus den dargelegten Gründen vorläufig nur mit großer Skepsis betrachtet werden. […]

Dokument 74
Honecker in Moskau
Zl. 145-RES/86, ÖB Berlin (Wunderbaldinger), 10. Oktober 1986

Der Freundschaftsbesuch (3./4. Oktober d. J.) des Staatsratsvorsitzenden und SED-Parteichefs Honecker anläßlich der Einweihung des Thälmann-Denkmals in Moskau hat Gelegenheit gegeben, Fragen zum Treffen in Reykjavík und zum bevorstehenden Besuch Honeckers in China zu erörtern.

Wie mein Gesprächspartner vom Außenministerium bestätigte, wird Honecker anläßlich der Chinareise versuchen, offizielle Beziehungen zwischen den kommunistischen Parteien herzustellen. Er wird während seines Aufenthaltes sowohl mit Staatspräsident Li Xiānniàn als auch mit Parteiführer Hú Yàobāng zusammentreffen. China soll anläßlich des Besuches von Frau Honecker in ihrer Eigenschaft als Minister für Volksbildung erklärt haben, es sei bereit, mit den Staaten Osteuropas „Beziehungen auf allen Ebenen" aufzunehmen. Die Sowjetunion wäre von dieser Sprachregelung ausgenommen.

Wie im Außenministerium weiter zu erfahren war, wurden vor allem auch bilaterale Themen, nämlich eine verstärkte wirtschaftliche und ideologische Kooperation, erörtert. Unter anderem sollen direkte Kontakte zwischen Kombinaten und Betrieben und sogar die Gründung gemeinsamer Produktionsstätten vereinbart worden sein. Gorbatschow und Honecker haben sich auch für die Verwirklichung des Komplexprogrammes des wissenschaftlich-technischen Fortschrittes der Mitglieder des COMECON bis zum Jahre 2000 ausgesprochen.

Die DDR ist offenbar zum wichtigsten Partner Moskaus im COMECOM aufgerückt, wenn man auch dieses Verhältnis im Hinblick auf osteuropäische Empfindlichkeit eher herunterspielt. Die Instabilität der politischen und wirtschaftlichen Verhältnisse in Polen hat das Gewicht der DDR noch gesteigert. Erst vor kurzem wurde nach fünfjährigem Ausbau Mukrans, einem kleinen Fischerhafen auf Rügen, eine Fährverbindung mit dem sowjetischen Hafen Klaipėda (Memel) unter Umfahrung Polens eröffnet.

Die DDR hat mit Erfolg auch Personal in den Industriebetrieben ausgebildet, das aufgrund seines Know-hows bei der technologischen Innovation für die Sowjetunion außerordentlich wichtig ist. Die sowjetische Wirtschaftspolitik ist ja um eine Verschmelzung der nationalen Volkswirtschaften und deren Einbeziehung in das COMECON-Wirtschaftssystem bemüht.

Die Einweihung des Thälmann-Denkmals hat Honecker in seiner Rede zum Staatsfeiertag als ein Ereignis von überragender Bedeutung nicht nur für die Deutschen, sondern für die Kommunisten der ganzen Welt bezeichnet. Es handelt sich dabei sicher um eine Anspielung auf die späte Rehabilitation Thälmanns in der Sowjetunion. […]

Dokument 75
„Sozialismus und Demokratie" – ein neues Diskussionsthema in der UdSSR?"

GZ 225.03.00/28-II.3/86, Zl. 657-RES/86, ÖB Moskau, 14. Oktober 1986

1) Der sowjetische „Verfassungstag" (7. Oktober) erinnert an die Verabschiedung des neuen sowjetischen Grundgesetzes im Jahre 1977. Er ist damit der jüngste staatliche Feiertag der UdSSR, gleichzeitig aber wohl auch das farbloseste Fest im Jahresablauf des Landes. Im Allgemeinen beschränken sich die Sowjetmedien an diesem Tag darauf, die sozialen Errungenschaften der Sowjetunion mit der „sogenannten Freiheit" des Westens zu kontrastieren.

In diesem Jahr ist es im Umfeld des Verfassungstages aber zu einer recht lebhaften Diskussion über „Demokratie und Sozialismus" gekommen, wobei auch einige – schon vom XXVII. Parteitag bekannte – Themen „wiedererweckt" wurden.

2) So diskutierte man erneut über Möglichkeiten zur Stärkung der Rolle der örtlichen Sowjets. Diese stellen bisher – wie auch der Oberste Sowjet – im wesentlichen pseudoparlamentarische Organe dar, die in Wahrheit als bloße Ausführungsinstanzen der politischen Macht, d.h. der KPdSU und ihrer örtlichen Gliederungen, auftreten.

Bisher war man in dieser Debatte allerdings nicht über vage Anregungen zur Stärkung der „Kontrollkompetenzen" dieser lokalen Räte hinausgekommen.

Nunmehr ist aber auch das Wahlverfahren ins Gespräch gekommen: Die „Literaturnaja Gasjeta" hat sich in einem juristischen Beitrag vom 17.9.1986 für die Einführung von Mehrfachkandidaturen ausgesprochen. Eine derartige Neuerung sei, wie die Zeitung meint, schon aufgrund der geltenden Wahlgesetze möglich. Die bisher üblichen Wahlversammlungen zur Nominierung eines einzigen Kandidaten pro Wahlkreis seien – so die „Literaturnaja Gasjeta" – „formalistisch" und riefen kein Interesse hervor. Ein geändertes Wahlsystem hätte einen „erzieherischen Effekt" und würde es möglich machen, jene Abgeordneten auszuscheiden, die sich in den Sitzungen „nie zu Wort melden". (Laut einer statistischen Untersuchung für das Gebiet Orenburg im Südural seien dies dort z.B. ca. 30 % der Deputierten.)

Es ist dies, soweit ha. bekannt, das erste Mal, daß eine derartige Wahlrechtsreform, die sich an Modelle aus Ungarn und Polen anlehnen würde, in der Sowjetunion öffentlich zur Diskussion gestellt wird.

3) Bemerkenswert war aber auch ein in der „Iswestija" am 3.10. veröffentlichtes Gespräch mit dem Leiter des Instituts für Staat und Recht der sowjetischen Akademie der Wissenschaften, Kudrjawzew.

Der prominente sowjetische Jurist macht einige aufsehenerregende Forderungen zum Thema „Recht und Demokratie" in der Sowjetunion:

So will er im sowjetischen <u>Strafverfahren</u> ganz allgemein die Verteidigerrechte gestärkt sehen; Advokaten sollten im Verfahren nach seiner Meinung jedenfalls schon ab dem Moment der Verhaftung ihres Mandanten zugelassen werden.

Die Verhängung der Untersuchungshaft, die nach geltendem sowjetischen Recht in der alleinigen Zuständigkeit der Staatsanwaltschaft liegt, sollte nach Auffassung Kudrjawzews in Zukunft zumindest durch eine gerichtliche Berufungsinstanz kontrolliert werden können.

Darüber hinaus verlangt der Jurist, daß die sowjetischen Gerichte der „<u>Einmischung durch örtliche Autoritäten oder starke Leute</u>" entzogen, aus ihrer Abhängigkeit von ihrer lokalen Umgebung herausgelöst und in ihrer „Nomenklatura" (!) gestärkt werden sollen. Auch regt Kudrjawzew die Einführung eines begrenzten Verordnungsprüfungsrechts durch die Gerichte an.

4) Zum Thema „Recht und Demokratie" gehört wohl auch die seit kurzem deutlich intensivierte <u>Kampagne der sowjetischen Medien gegen „anonyme Briefe"</u>. Diese in der UdSSR seit jeher beliebte Form der Denunziation hatte bislang in aller Regel für die jeweils Beschuldigten stets unangenehme Folgen. Die „Iswestija" schilderte am 4.10. den Fall eines sowjetischen Chirurgen, der in elf Dienstjahren Gegenstand von ca. 60 unbegründeten anonymen Anschuldigungen geworden war. Obwohl immer wieder dieselben haltlosen Vorwürfe erneuert worden waren, sei es in allen Fällen zur Bildung von Untersuchungskommissionen gekommen, die im Durchschnitt ca. 10 Tage gearbeitet hätten. So sei dieser Mediziner durch elf Jahre das Objekt von Untersuchungen von insges. etwa zweijähriger Dauer gewesen. Im gleichen Zeitraum sei es den Untersuchungsbehörden aber nicht der Mühe wert gewesen, die Verfasser der verleumderischen Anschuldigungen ausfindig zu machen. Angesichts derartiger Fälle schlägt die Iswestija vor, daß <u>sämtliche sowjetische Staats- und Verwaltungsinstanzen anonyme Briefe in Hinkunft einfach ignorieren sollen.</u>

5) Im Rahmen der „Demokratiediskussion" ist schließlich auch die „<u>Privilegiendebatte</u>" wieder aufgelebt. Wie erinnerlich, hatte die „Prawda" noch vor dem XXVII. Parteitag die Vorrechte der „Nomenklatura" (Sondergeschäfte, -spitäler etc.) in direkter und scharfer Form angegriffen. Diese Kritik war während des Parteitags allerdings nur vom Moskauer Stadtparteichef Jelzin aufgegriffen worden; der Ideologiechef der KPdSU, Ligatschow, hatte die Prawda beim Parteitag demgegenüber offen für Übergriffe in ihrer Berichterstattung gerügt.

Das Thema ist allerdings seither nie mehr völlig von der Bildfläche verschwunden. […]

6) Alle diese Diskussionsbeiträge zur „sozialistischen Demokratie" sind in ihrer Fülle sicherlich recht bemerkenswert. Die Botschaft hat aber kürzlich ganz allgemein darauf hingewiesen, daß in der sowjetischen Innenpolitik unter Gorbatschow vorerst eine beträchtliche Diskrepanz zwischen „Traum und Wirklichkeit" wahrzunehmen ist.

<u>Auch im Bereich der „sozialistischen Demokratie" wird man abwarten müssen, ob auf Worte Taten folgen.</u>

Es sei nur nochmals an die Darstellung der Iswestija zum Thema „anonyme Briefe" erinnert. Hier hat man den Eindruck einer „Landplage". Auch kann man im konkreten Fall die Frage stellen, ob Gorbatschows Politik der „Offenheit" nicht zu einem Ansteigen der Flut anonymer Briefe geführt haben könnte, weil die Öffentlichkeit zwar kritikfreudiger, aber – aus leidvoller Erfahrung – noch keineswegs mutiger geworden ist. (In einem Leitartikel der Prawda hieß es vor einigen Tagen ganz offen, daß die Leute zu anonymen Briefen Zuflucht nehmen müßten, weil an ihren Arbeitsstätten „gerechte Kritik nicht in Ehren steht, sondern verfolgt wird.")

Daß eine Demokratiediskussion auch neue Risiken in sich birgt, zeigt der „Privilegienartikel" der „Komsomolskaja Prawda". Hier werden nämlich zu den „Privilegierten" auch der Kolchosenbauer gezählt, der auf seinem Hofland Gewinne von „zigtausend Rubel" erziele, während die Kolchose zur Bewirtschaftung des gemeinschaftlichen Grundes zusätzliche Arbeitskräfte anfordern müsse.

Auch Prof. Kudrjawzew dürfte seiner Zeit noch etwas voraus sein: Seine Thesen zu „Demokratie und Recht" wurden, wie der Artikel der „Iswestija" zeigt, nämlich nicht einmal von seinem Interviewer voll verstanden. (Dieser tat unter anderem die Anregung zur Schaffung einer gerichtlichen Prüfung staatsanwältlicher Haftbefehle als „organisatorische" Maßnahme ab.)

Schließlich gibt es auch ein Indiz dafür, daß die Forderung nach Mehrfachkandidaturen bei Wahlen in die örtlichen Sowjets noch nicht völlig „hoffähig" sein dürfte: János Kádár hat in seinem Interview gegenüber „Nowoje Wremja" […] u.a. auch auf die positiven ungarischen Erfahrungen auf diesem Gebiet hingewiesen. Gerade dieser Passus fehlte aber in der – ansonsten recht detaillierten – Zusammenfassung des Kádár-Gesprächs in der Prawda.

7) Letztendlich ist es aber bemerkenswert, daß die geschilderten Forderungen und Wünsche zum Thema „Demokratie und Sozialismus" überhaupt in dieser Form geäußert werden konnten. Besonders beachtlich ist vor allem, daß sich gerade an dieser Debatte auch Juristen beteiligen – eine auch in der Sowjetunion als konservativ geltende Berufsgruppe. […]

Dokument 76
Polen – politischer Dialog mit westlichen Staaten
GZ 166.02.02/6–II.3/86, Zl. 310-RES/86, ÖB Warschau, 20. Oktober 1986

Die Freilassung der politischen Gefangenen durch das Regime hat Polen bereits einige positive Resultate hinsichtlich seiner Bemühungen, mit den westlichen Staaten einen politischen Dialog auf entsprechend hoher Ebene zu pflegen, gebracht. Schon während der diesjährigen UN-Generalversammlung konnte der polnische Außenminister Orzechowski im Gegensatz zu den Vorjahren mit wesentlich mehr westlichen Außenministern zusammenkommen und in den nächsten Monaten dürfte es aller Voraussicht nach zu folgenden bilateralen Besuchen auf hoher politischer Ebene kommen:

1) Mit der Freilassung der politischen Häftlinge ist eine Hauptbedingung der italienischen Regierung, daß es überhaupt zu einem <u>Arbeitsbesuch Jaruzelskis in Rom</u> kommt, erfüllt worden. Obwohl der Besuch Jaruzelskis in der italienischen Hauptstadt immer noch große Probleme für die italienische Seite mit sich bringt […], dürfte es im Spätherbst oder Anfang nächsten Jahres zu diesem Besuch kommen.

Wie mir erst vor wenigen Tagen ein engster Mitarbeiter von Primas Glemp sagte, würde die Kirche den möglichst baldigen Besuch Jaruzelskis in Rom sehr begrüßen, um die hiebei auch geplante Zusammenkunft zwischen dem Papst und Jaruzelski, der wiederum für die beabsichtigte dritte Visite von Johannes Paul II. in Polen große Bedeutung hat, zu realisieren.

2) Der <u>polnische Außenminister</u> wird, wie mir der polnische Vizeaußenminister Olechowski und der belgische Botschafter bestätigten, im November d.J. <u>zu einem</u> <u>offiziellen Besuch nach Belgien</u> reisen. Wie die Botschaft seinerzeit berichtet hat, ist ein seinerzeit geplanter Besuch des belgischen Außenministers Tindemans in Polen an verschiedenen Vorfragen (insbesondere jener der Kontakte zur polnischen Opposition), über die keine Einigung erzielt werden konnte, gescheitert.

3) Nach ca. 5 Jahren war vor kurzem das erste französische Kabinettsmitglied, nämlich der Sport- und Jugendminister Bergelin, zu einem Besuch in Polen, dem kurz danach die Eröffnung einer großen französischen Ausstellung in Warschau folgte, die in Anwesenheit der Frau des französischen Außenministers Raymond vor sich ging.

Zwischen der polnischen und der französischen Regierung besteht dem Vernehmen nach bereits Übereinkunft darüber, daß es <u>in den ersten Monaten des nächsten Jahres</u> <u>zu einem offiziellen Besuch des französischen Außenministers Raymond in Polen</u> kommen wird, der bis zum Jahre 1984 französischer Botschafter in Polen war.

4) Auch der seinerzeit ebenfalls wegen einer Vorfrage (Kranzniederlegung am Grab eines deutschen Soldaten) gescheiterte <u>offizielle Besuch des BRD-Außenministers</u> <u>Genscher</u> wird gemäß einer Mitteilung von Vizeaußenminister Olechowski Anfang 1987 nach den Bundestagswahlen stattfinden.

5) Auch der <u>spanische Außenminister</u> soll erwägen, den seinerzeit ebenfalls wegen der Frage der Kontakte zur polnischen Opposition abgesagten <u>offiziellen Besuch</u> <u>seines Vorgängers nunmehr nachzuholen</u>.

6) Der politische Dialog auf der Ebene der Vizeaußenminister bzw. der politischen Generaldirektoren mit fast allen westeuropäischen Staaten ist schon seit einiger Zeit in Gang gekommen.

7) Lediglich die <u>US-Regierung</u> scheint sich bisher nicht schlüssig darüber zu sein, wie sie auf die geänderte innenpolitische Situation in Polen reagieren soll. Von einem Besuchsaustausch auf entsprechend hoher Ebene verlautete bisher nichts, doch gab sich der dieser Tage nach Washington abgereiste US-Geschäftsträger optimistisch, da es doch zu einer Geste der US-Administration kommen werde, die eine positive Reaktion der amerikanischen Regierung auf die Freilassung der politischen Gefangenen darstellen soll. Die US-Administration dürfte dem innenpolitischen Burgfrieden in Polen nicht recht trauen und scheint offensichtlich ebenso wie einige

westeuropäische Staaten, wie Gespräche mit westlichen Kollegen ergeben haben, nach einiger Zeit, vor allem angesichts der stets unruhigen und für neue und überraschende Aktionen stets aufgelegten Opposition, mit einer Verhärtung der innenpolitischen Gangart des Regimes zu rechnen. Diese Spekulationen dürften einige westliche Staaten davon abhalten, den politischen Dialog mit Polen energischer voranzutreiben, als dies der Fall ist. Ob eine solche Zurückhaltung allerdings angezeigt ist, und ob diese das polnische Regime in Zukunft ermuntern wird, Entspannungssignale in Richtung Westen zu geben, bleibt allerdings dahingestellt.

Das polnische Regime dürfte, wie aus verschiedenen Gesprächen mit maßgebenden Regimevertretern zu entnehmen ist, jedenfalls enttäuscht darüber sein, daß bisher seitens der westlichen Staaten auf die spektakuläre Freilassung der politischen Gefangenen und sonstigen Entspannungselemente in der polnischen Innenpolitik nicht positiver reagiert worden ist. […]

Dokument 77
Zbigniew MESSNER, polnischer Ministerpräsident; offizieller Besuch in der DDR (9. und 10. Oktober 1986)

GZ 166.18.14/1–II.3/86, Zl. 150-RES/86, ÖB Berlin, 23. Oktober 1986

Der Vorsitzende des Ministerrates der Volksrepublik Polen, Zbigniew MESSNER, Mitglied des Politbüros des Zentralkomitees der Polnischen Vereinigten Arbeiterpartei, stattete der DDR über Einladung des Vorsitzenden des Ministerrates der DDR, Willi STOPH, am 9. und 10. Oktober d.J. einen offiziellen Freundschaftsbesuch ab. Der gegenständliche Besuch stellte eine reine Routinevisite dar, was auch in der Formulierung der gemeinsamen Mitteilung zum Abschluss des Besuches zum Ausdruck kam. Darin heißt es, daß zwischen beiden Seiten über sämtliche angeschnittenen Fragen Übereinstimmung herrschte.

Im internationalen Teil der Gespräche mit Staatsratsvorsitzenden Erich HONECKER und auch mit Regierungschef Willi STOPH bekräftigten sie ihre volle Unterstützung der sowjetischen Friedensvorschläge und würdigten besonders die wiederholte Verlängerung des einseitigen Moratoriums der UdSSR für Nukleartests. Da der Besuch unmittelbar vor dem sowjetisch-amerikanischen Gipfeltreffen in Reykjavík stattfand, wurde die Erwartung zum Ausdruck gebracht, daß in Reykjavík Ergebnisse erzielt werden würden, die dem Friedenswillen der Menschen Rechnung tragen. Das Zustandekommen eines Abschlussdokumentes in Stockholm wurde als gutes Omen für das KSZE-Folgetreffen in Wien gewertet. Beide Ministerpräsidenten sprachen sich ohne Einschränkung für Abrüstung und Entspannung aus und unterstrichen die Bedeutung des politischen Dialoges in den internationalen und nachbarlichen Beziehungen.

Der wichtigste Punkt in den bilateralen Beziehungen ist zweifellos die wirtschaftliche und wissenschaftlich-technische Zusammenarbeit zwischen beiden Staaten. Polen ist zum gegebenen Zeitpunkt mehr denn je in seinem Streben nach Rationalisierung der Produktionsabläufe und Umstellung seiner Industrie auf Mikroelektronik auf die Hilfe der DDR angewiesen. Die Betonung der weiteren Spezialisierung der einzelnen kommunistischen Volkswirtschaften und der direkten Beziehungen zwischen Kombinaten und Betrieben beider Länder ist zweifellos Ausdruck der in Gang kommenden Verwirklichung der Beschlüsse des letzten Parteitages der KPdSU. […]

Dokument 78

Neuerlicher fehlgeschlagener Versuch Wałęsas für eine Auslandsreise ins westliche Ausland

GZ 16.18.09/2-II.3/86, Zl. 313-RES/86, ÖB Warschau (Wotava), 24. Oktober 1986

Nachdem im Juni d.J. der Versuch von Lech WAŁĘSA, eine Ausreisegenehmigung für einen Rom-Besuch zu erhalten, gescheitert war […] hatte er vor kurzem neuerlich einen Antrag auf Paßausstellung zwecks Absolvierung einer Reise in die USA, und zwar zur Entgegennahme eines Preises der John Rogers Foundation in Los Angeles, gestellt. Die polnischen Behörden zogen sich bei der neuerlichen Paßverweigerung auf den formellen Standpunkt zurück, daß der Paßantrag zu spät und außerdem nicht ordnungsgemäß eingebracht worden sei.

In Wahrheit wollten die polnischen Behörden jedoch eine Ausreise Wałęsas in die USA vor allem deswegen verhindern, weil ihnen zum gegenwärtigen Zeitpunkt die Anwesenheit Wałęsas in den USA sehr ungelegen gekommen wäre. Vor allem befürchteten sie, daß Präsident REAGAN die Anwesenheit Wałęsas in den USA zum Anlaß hätte nehmen können, um in spektakulärer Weise auf die Freilassung der politischen Gefangenen zu reagieren, wobei für allfällige positive Gesten der US-Administration Wałęsa als erfolgreicher Fürsprecher hätte hingestellt werden können. Dies hätte naturgemäß für Wałęsa und die Solidarität einen großen Prestigegewinn bedeutet, an dem das polnische Regime naturgemäß nicht das geringste Interesse hat. Wie mir ein Gewährsmann, der enge Beziehungen zur US-Botschaft hat, sagte, könnte die Absicht Wałęsas, in die USA zu kommen, der Grund für die US-Administration gewesen sein, bisher auf die Freilassung der politischen Gefangenen nicht reagiert zu haben (!).

Der innenpolitische „Frühling", der mit der Freilassung der politischen Gefangenen begonnen hatte, hat, wie die Verweigerung eines Passes für Wałęsa beweist, offensichtlich seine Grenzen. Diese Grenzen wurden auch schon dadurch aufgezeigt, daß der nach der Amnestie der politischen Gefangenen gegründete „provisorische Rat der Solidarität", der von führenden Exponenten der ehemaligen Solidarität, aber auch von eher dubiosen Oppositionellen wie KUROŃ und MICHNIK initiiert worden ist, von den polnischen Behörden postwendend untersagt wurde, obwohl „der provisorische Rat" ausdrücklich auf legalem Wege tätig werden wollte und vor allem jede Untergrundaktivität der Solidarität expressis verbis ausgeschlossen hat.

Am Rande sei erwähnt, daß von der Gründung des „provisorischen Rates" offensichtlich auch Wałęsa überrascht worden war, der, wie ich von verschiedenen vertraulichen Informationen weiß, drei Tage vor seiner Gründung hievon keine Ahnung hatte. Er wurde offensichtlich bewußt in diesem Zusammenhang von seinen

Kollegen nicht konsultiert, da er sich energisch dafür ausgesprochen hatte, daß in vertraulichen Kontakten zum Regime, vor allem im Wege der Kirche, eine Mitarbeit der Solidaritätsexponenten bei der Lösung der schwierigen politischen und wirtschaftlichen Lage des Landes erörtert werden sollte. Wałęsa hat sich zwar ausdrücklich zum „provisorischen Rat" nachträglich bekannt, aber die hiebei von seinen Kollegen eingeschlagene Taktik, wie ich ebenfalls von einem Gewährsmann der Solidarität weiß, mißbilligt.

Auf diese Weise bleibt die innenpolitische Szene in Polen voll von Überraschungen, von denen die jeweiligen politischen Gegenspieler betroffen sind: Zuerst hat das Regime die Opposition mit der Freilassung aller politischen Gefangenen überrascht; dann überraschte die Opposition das Regime mit dem Angebot, konstruktiv und auf legalem Wege mit dem Regime über die Lösung der anstehenden Probleme zusammenzuarbeiten; wobei, wie oben aufgezeigt, auch Überraschungen innerhalb des Oppositionslagers zum politischen Erscheinungsbild des Landes gehören. […]

Dokument 79
Gorbatschows Politik der „Offenheit": Ein Spiel mit dem Feuer?
GZ 225.03.00/30-II.3/86, Zl. 726-RES/86, ÖB Moskau, 4. November 1986

1. Über Michail Gorbatschows Bemühungen um mehr „Offenheit" („glasnost") im Sowjetsystem ist schon viel geschrieben und gesprochen worden. Beobachter konnten bislang allerdings nicht schlüssig auf die Frage antworten, ob hier nur ein neuer Führungs s t i l geschaffen wurde oder eine echte „Öffnung" des gesellschaftlichen und politischen Lebens der UdSSR erreicht werden soll […].

Nach offizieller Darstellung soll die „glasnost" dazu beitragen, die Massen für das Programm des „Umbaus" („perestroika") zu mobilisieren. Damit erhält die „Offenheit" automatisch eine ideologische Zielorientierung und ein politisch klar abgegrenztes Betätigungsfeld. Trotzdem wäre es aber verfehlt, die Politik der „glasnost" als leere Propagandamasche ohne praktische Konsequenzen abtun zu wollen. Auch bald 2 Jahre nach Gorbatschows Amtsantritt versteht es die sowjetische „Öffentlichkeitsarbeit" Monat für Monat, durch unerwartete Entwicklungen zu überraschen:

Hiezu nur einige willkürliche Beispiele aus jüngerer Zeit:

– Am 23.10. zog das ZK der KPdSU verschiedene Parteien- und Regierungsfunktionäre zur Rechenschaft, weil diese Verfälschungen bei Planerfüllungsdaten zugelassen hatten. Der sowjetische Minister für Auto-Industrie, Poljakow, mußte zurücktreten; der Parteisekretär von Moldawien, Grossu, und ein ukrainischer Gebietsparteivorsitzender wurden wegen „Schönfärberei und Augenauswischerei" verwarnt. Gemäß einem am 4.11. publizierten Dekret des ZK, des sowjetischen Ministerrates, der Gewerkschaft und des Komsomol wurde die gesamte Moldawische SSR wegen ständiger Planverfälschungen im Bereich der Viehzucht nunmehr sogar „aus der Reihe jener Unionsrepubliken ausgeschlossen", welche im Rahmen des „sozialistischen Wettbewerbs" mit Ehrenurkunden und Geldprämien für das Winterhalbjahr 1986 ausgezeichnet worden waren.

– Das Amtsblatt des Obersten Sowjets veröffentlichte im September den Vorschlag eines Rahmenprogramms für die sowjetische Gesetzgebung in den Jahren 1986 bis 1990. Laut dieser – recht ungewöhnlichen – legistischen „Vorankündigung" sollen u.a. 1987 Gesetze über das Presse- und Informationswesen, über das Verfahren bei Beschwerden gegen Staatsorgane und über Atomenergie verabschiedet werden; für 1990 wird gar ein Gesetz über „die Staatssicherheit der UdSSR" (Verrechtlichung des KGB?!) in Aussicht gestellt.

– Für großes Aufsehen sorgt seit einigen Wochen ein Spielfilm des georgischen Regisseurs Abuladse mit dem Titel „Buße". Dieses Werk bringt eine allegorische – aber völlig klar verständliche – Abrechnung mit dem politischen System Stalins. Zentrale Figur des Streifens ist ein Diktator, der Züge Berias, Mussolinis und Hitlers in sich vereint. Der Film wurde in Moskau vorerst nur vor ausgewähltem Publikum gezeigt, soll in Georgien aber schon in die Kinos gelangt sein und wird angeblich als sowjetischer Beitrag für Cannes in Erwägung gezogen. Bei einem anderen neuen Film – „Briefe eines toten Menschen" – der ein sowjetisches Gegenstück zum „The Day After" (nach dem Atomanschlag) darstellt, ist der Höhepunkt eine improvisierte Weihnachtsfeier (ausdrücklich als solche bezeichnet) in einem Atomschutzbunker, wo ein provisorischer Christbaum aufgestellt wird und (Atom-)Waisenkinder Christbaumschmuck basteln und Weihnachtschoräle singen.

2. Bemerkenswerter als derartige Einzelphänomene ist aber der Umstand, daß jetzt auch die sowjetische „Basis" die Möglichkeiten der Politik der „Offenheit" verstärkt zu nützen weiß. So sah sich der sowjetische Generalprokurator Rekunkow – offenkundig angesichts anhaltender Kritik betroffener Einzelpersonen – im September gezwungen, gegenüber der „Iswestija" im Kampf gegen „nichterarbeitete Einkünfte" […] zurückzustecken und vor Übergriffen lokaler Strafverfolgungsbehörden zu warnen. Auch bei der Antialkoholkampagne scheint es – unter öffentlichem Druck – jetzt zu gewissen Zugeständnissen zu kommen: Die Verkaufszeiten für schwächere alkoholische Getränke dürften verlängert, die Zahl der Verkaufsstellen erhöht werden. (Wie erinnerlich, war auch die im Juli d.J. getroffene Entscheidung zur Suspendierung des sibirischen Flußumleitungsprojekts und zur Neukonzeption des geplanten Moskauer „Siegesdenkmals" mit der „öffentlichen Meinung" begründet worden […].)

Sicherlich ist es in einem totalitären Staat wie Sowjetrußland ein kaum absehbarer Weg bis zur Schaffung eines „mündigen Bürgers". Das Regime gibt sich aber den Anschein, als wollte es eine solche Entwicklung fördern. So erzählt das derzeit in Moskau laufende Theaterstück „Der letzte Besucher" die Geschichte eines „Mannes von der Straße", der die öffentliche Sprechstunde eines stellvertretenden Ministers benützt, um diesen wegen früherer Verfehlungen zum Rücktritt aufzufordern. Er tut dies ohne konkretes persönliches Motiv, weil es eben „die Pflicht eines jeden

Staatsbürgers" sei, in so einem Fall von sich aus tätig zu werden. (Das Verhalten des „Petenten" stößt beim Theaterpublikum auf sichtlichen Zuspruch, wenngleich die Zuschauer – wie aus anderen Reaktionen erkennbar wird – an der Realitätsnähe der Erzählung eher zu zweifeln scheinen.)

Im übrigen gewinnt man beim Studium sowjetischer Zeitungen aber auch den Eindruck, daß die Politik der „glasnost" bei vielen Menschen Erwartungen geweckt hat, die offenkundig doch nicht so schnell zu verwirklichen sein werden. So wußte die „Komsomolskaja Prawda" am 17.10. ausführlich über Jugendtruppen zu berichten, die aus Verzweiflung über die Lethargie der staatlichen Behörden Mißstände in Eigenregie zu beseitigen suchen. So gebe es laut „Komsomolskaja" sogenannte „Robin Hood-Verbände", die das „unrecht erworbene Gut von Spekulanten" zerstören oder Rauschgiftsüchtige verprügeln.

3. Durch die neue „Offenheit" wird allerdings auch klar, daß viele der proklamierten Neuerungsbestrebungen auf <u>beträchtliche Widerstände in Partei und Gesellschaft</u> stoßen. (Dies ist ja auch von Gorbatschow bereits mehrfach öffentlich zugegeben worden.) Das vielleicht interessanteste aktuelle sowjetische Theaterstück „Diktatur des Gewissens" ist dieser Auseinandersetzung zwischen der „alten und der neuen Welt" gewidmet. Daß die „alte Welt" noch nicht völlig besiegt ist, wird jedoch auch dadurch sichtbar, daß Theaterkarten für dieses gesellschaftskritische Werk so begehrt sind, daß sie am leichtesten gegen Geschenke an die Theaterdirektion erhältlich sind.)

Welche Emotionen durch die „glasnost" im sowjetischen Zeitungsleser wachgerufen werden können, mag ein weiteres Beispiel zeigen: Die „Literaturnaja Gasjeta" publizierte in ihrer Ausgabe vom 29.10. einen Artikel, in dem sie die auf dem Hofland arbeitenden Kolchosbauern gegen den Vorwurf verteidigte, „neue Kulaken" zu sein. Die Verfasserin dieses Beitrages erzählte einem Botschaftsvertreter, daß sie kurz nach Erscheinen ihres Artikels um 23.00 Uhr von einem erregten Leser zu Hause angerufen worden sei, der unter anderem zu sagen wußte, daß die Kolchosbauern natürlich Kulaken seien und solche Personen unter Stalin „zu Recht erschossen" worden wären.

4. Das Bemühen um „Offenheit" hat im übrigen auch zu einem – bei einem zentral gelenkten Medienwesen äußerst ungewöhnlichen – Phänomen geführt: Es kommt zu <u>Meinungsverschiedenheiten zwischen unterschiedlichen Presseorganen</u>.

Dies wurde zuletzt bei der Diskussion um „Richtstätten", den jüngsten Roman des sowjetischen Autors Tschingis <u>Aitmatow</u> sichtbar. Dieses Werk bedient sich einer teils biblischen Symbolik und erzählt von der Sinnsuche eines ehemaligen Seminaristen. Die „Komsomolskaja Prawda" hatte dem Autor noch im Juli „Kokettieren mit dem Gottglauben" vorgeworfen. Diese Kritik war von der „Prawda" – ohne Aitmatow namentlich zu nennen – in einem Leitartikel zugunsten verstärkter atheistischer Propaganda […] übernommen worden. Zuvor hatte aber bereits eine Zeitschrift des weißrussischen Kulturministeriums Aitmatow verteidigt und u.a. hervorgehoben, daß die „Schöpferkraft des Volkes" in die biblischen Texte eingeflossen sei. Hierauf replizierte wiederum die „Komsomolskaja" und verwahrte sich gegen jede Angleichung von sozialistischer und religiöser Moral, da diese jeweils unterschiedlichen Klassen dienten. Zu guter Letzt veröffentlichte schließlich die

„Literaturnaja Gasjeta" eine Podiumsdiskussion über den Roman Aitmatows, bei der die Bezugnahme auf biblische Gestalten als absolut zulässiges künstlerisches Mittel bezeichnet wurde.

5. Die geschilderte Diskussion ist aber keineswegs nur Ausdruck eines literarischen Richtungsstreits oder Zeichen unterschiedlicher Auffassungen zur Form der atheistischen Propaganda. (Allerdings ist erwähnenswert, daß in der Debatte auch manche überraschende nationale Zwischentöne laut geworden sind: So scheinen es – auch atheistische – Russen dem kirgisischen Autor zu verübeln, daß er trotz seiner „östlichen Erziehung" den „Mut" zur Wahl christlicher Anknüpfungspunkte gehabt hat.)

Wesentlich erscheint jedoch, daß hinter der Pressekritik an Aitmatow nach allgemeiner Meinung immerhin der Chefideologe und zweite Mann der KPdSU, Ligatschow, stehen dürfte. (Dieser hat ja auch öffentlich zu einer intensivierten Atheismus-Kampagne aufgerufen […].)

Aitmatow ist aber gleichzeitig unbestritten „persona gratissima" bei Parteichef Gorbatschow. Er hat im Oktober in seiner Heimat am Yssykköl-See ein internationales Friedensforum von Kulturschaffenden organisiert und ist zum Abschluß dieses Treffens mit den Veranstaltungsteilnehmern von Gorbatschow empfangen worden. (Anläßlich meiner kürzlichen Dienstreise nach Kirgisien wurde mir von dortiger Seite erzählt, daß der Autor seine Mitstreiter in sein – für Ausländer an sich gesperrtes – Heimatgebiet nur aufgrund einer persönlichen Intervention Gorbatschows einladen konnte.)

6. So entsteht immerhin der Eindruck, daß sich die einzelnen <u>Mitglieder der Sowjetführung der Politik der „glasnost" als eines Vehikels für Meinungsdifferenzen bedienen</u>. […]

Deshalb gewinnt auch die kürzliche Bemerkung eines durchaus offiziellen Gesprächspartners der Botschaft, wonach „heute keine sowjetische Zeitung, nicht einmal die ‚Prawda', die letzte Gültigkeit für sich beanspruchen kann", einen recht schillernden Charakter.

In diesem Zusammenhang sei schließlich auch auf den Leitartikel der „Prawda" vom 2. Oktober hingewiesen, der bei Beobachtern für einige Aufmerksamkeit gesorgt hatte. Hier hieß es nämlich u.a.: „… Man muß zu den Leuten gehen – dies jedoch nicht mit der höflichen Frage: ‚Wie geht es euch?', sondern mit dem Wunsch, sich durch die Meinung der Massen zu bereichern. Leider gibt sich der ‚Gang zum Volk' an einigen Orten als wesentliches Merkmal der Umgestaltung und der Erweiterung der Demokratie aus, obwohl diese Besuche bisweilen keinerlei praktische Konsequenzen hinterlassen …"

Es fällt schwer, in diesem Zitat nicht einen Angriff auf die innersowjetische Reisetätigkeit Michail Gorbatschows zu sehen.

7. Trotzdem scheint es aber kaum glaublich, daß „glasnost" jetzt auch schon dazu führt, daß der amtierende sowjetische Parteichef im Leitartikel der führenden Parteizeitung angegriffen werden kann. Wie immer es sich im konkreten Fall nun

tatsächlich verhalten mag, muß man sich aber fragen, ob die geschilderte Entwicklung der „glasnost" tatsächlich so beabsichtigt war.

„Glasnost" sollte richtiger eigentlich mit „Transparenz" oder „Öffentlichkeit" übersetzt werden. Angestrebt wird nämlich die „Publizität" von Problemen und Mißständen (ein „Mehr an Licht", wie es in „Diktatur des Gewissens" heißt) um hiedurch zu einer geläuterten marxistisch-leninistischen Gesellschaft zu gelangen. Durch „Öffentlichkeit" soll insbesondere auch Propaganda für den „richtigen Weg" geleistet werden.

Deshalb entspricht das englische Wort „publicity" in seiner Doppelbedeutung am ehesten dem russischen Begriff der „glasnost". Daher fügt sich etwa auch der eingangs geschilderte Kampf gegen Planverfälschungen durchaus in das Gesamtkonzept einer „glasnost", die dazu beitragen soll, den Schutt der Breschnew-Ära zu beseitigen und die korrumpierten Kader der Partei zu „reinigen".

Sicherlich soll das Bestreben um „Öffentlichkeit" aber in jeder Phase unter voller Kontrolle der politischen Instanzen stehen. Dies wird aber schwierig, wenn gleichzeitig immerfort an die Mitwirkung der Basis appelliert und eine „Mobilisierung der Massen" angestrebt wird.

8. Vor allem muß es die Sowjetführung letztlich beunruhigen, daß die Bemühungen um „Offenheit" nicht hinter einem nationalen Paravent erfolgt, sondern zwangsläufig für alle Welt sichtbar wird.

Durch die Politik der „glasnost" erhalten ausländische Beobachter wertvolle Hinweise über Probleme und Mängel des Sowjetsystems, gleichzeitig, wie man sieht, aber auch Indizien für Meinungsdifferenzen im politischen Leitungsapparat. Das solcherart freiwerdende Informationsmaterial gelangt letztlich im Weg westlicher Radiosender in interpretierter Form an die Sowjetbevölkerung zurück.

So nimmt es auch nicht wunder, daß die Sowjetmedien westliche Radiostationen in letzter Zeit verstärkt zum Ziel ihrer Kritik gemacht haben. Die heftigsten Angriffe richteten sich hiebei gegen den russischsprachigen Dienst der „Deutschen Welle": Dieser Sender war Gegenstand eines scharfen „Prawda"-Kommentars von „Nowosti" -Chef Falin am 6.10.; das sowjetische Fernsehen hat in der vergangenen Woche gleichfalls zweimal gegen die „Deutsche Welle" polemisiert. (Übrigens soll diesbezüglich auch der sowjetische Botschafter in Bonn im Auswärtigen Amt vorgesprochen haben; hiebei habe er sich vor allem auch über den Umstand alteriert, daß der deutsche Sender die in Moskau zirkulierenden Gerüchte über einen Attentatsversuch auf den sowjetischen Parteichef wiedergegeben habe.)

9. Die Risiken der „glasnost" müssen für die Sowjetführung gerade im Gefolge von Reykjavík besonders sichtbar geworden sein. Der sowjetische Parteichef hat der hiesigen Öffentlichkeit innerhalb von 10 Tagen im Wege des Fernsehens insgesamt dreimal jeweils eine Stunde über den Gipfel berichtet. Genauer ist die sowjetische Öffentlichkeit sicherlich noch nie über den Verlauf wichtiger internationaler Verhandlungen in Kenntnis gesetzt worden.

Wer viel erzählt, muß aber auch damit rechnen, daß er immer neue Fragen gestellt bekommt. Die „Sowjetskaja Rossija" wußte am 29.10. von einem Leser zu berichten, dem „ein Element" der Rede des Generalsekretärs „nicht völlig klar" gewesen sei. Schließlich sei die Sowjetunion in Island „so viele Kompromisse eingegangen", daß man vielleicht „noch einen" bezüglich SDI hätte akzeptieren können. In der Nachrichtensendung des sowjetischen Fernsehens vom 31.10. d.J. mußte sich der Leiter des Amerika-Institutes der sowjetischen Akademie der Wissenschaften, Arbatow, gleichfalls mit der Frage eines Reporters auseinandersetzen, warum in Island denn nicht „ein einziges Wort" vereinbart worden sei.

10. Im Lichte derartiger Entwicklungen überrascht es nicht, daß mittlerweile auch schon <u>Stimmen laut werden, die zur Vorsicht mit der „glasnost" mahnen</u>.

Von der – an Medien und Kulturschaffende gerichteten – Forderung Ligatschows, sich nicht auf einseitige Kritik an gesellschaftlichen Mißständen zu konzentrieren, sondern nach der „vollen Wahrheit" zu suchen, ist bereits berichtet worden.

Offensichtlich soll aber auch die Kritikfreudigkeit des Einzelnen nicht allzu ungezügelt ins Kraut schießen. Die „Prawda" wußte bereits Anfang Oktober von Personen zu berichten, die wegen „unbegründeter Kritik" gemaßregelt und aus der Partei ausgeschlossen worden waren. Die „Iswestija" verwies am 4.10. wiederum auf eine 1985 vorgenommene Ergänzung des russischen Strafgesetzbuches, wonach die Verleumdungshandlungen, die „unter dem Deckmantel des Strebens nach Gerechtigkeit" erfolgen, bestraft werden können. […]

11. Es wird jedenfalls interessant sein, wie die Sowjetführung mit dem für sie ungewohnten Phänomen einer aufkeimenden „öffentlichen Meinung" fertigwerden kann. Gelingt es ihr, den von ihr selbst gerufenen Geist zu kontrollieren oder muß sie ihn am Ende in die Flasche zurückbefördern?

Schon jetzt dürfte das sowjetische Regime jedoch die Brecht'sche Erfahrung gemacht haben, daß dem „lesenden Arbeiter" manchmal eben unbequeme Fragen in den Sinn kommen. […]

Dokument 80

Parteichef Gorbatschow und die sowjet. Militärs

GZ 225.03.00/29-II.3/86, Zl. 723-RES/86, ÖB Moskau, 4. November 1986

Dem GS der KPdSU Gorbatschow wird ein distanzierteres Verhältnis zum sowjetischen Militärestablishment nachgesagt, als es seine Amtsvorgänger seit Mitte der 60er Jahre, insbesondere Breschnew, hatten. Bereits bei den Begräbnisfeierlichkeiten für GS Tschernenko im März 1985 war westlichen Beobachtern aufgefallen, daß in den vorderen Reihen der Trauergäste keine Uniformträger zu sehen waren. Dieser erste Eindruck hat mittlerweile durch weitere Hinweise und Fakten eine Bestätigung erfahren.

Nachdem Chruschtschow in der 2. Hälfte der 50er Jahre den Einfluß der sowjet. Militärs durch Absetzung des politisch ambitionierten Verteidigungsministers

Marschall Schukow und durch zahlenmäßige Reduzierung des Offizierskorps und Mannschaftsstandes der sowjet. Streitkräfte zurückgedrängt hatte (eine Politik, die letzten Endes zu Chruschtschows Sturz beigetragen haben dürfte), war Breschnew stets bestrebt, alle 3 Machtsäulen des Sowjetstaates – Parteiapparat, Staatssicherheitsdienst und Militär – möglichst zufriedenzustellen. Während Breschnews Amtszeit als GS der KPdSU standen prominente Spitzenmilitärs wie Malinowski und Gretschko (letzterer war mit Breschnew persönlich befreundet) bzw. ab 1976 der Rüstungsexperte Ustinow an der Spitze des sowjet. Verteidigungsministeriums. Durch eine bevorzugte Behandlung des militärischen Sektors der sowjet. Wirtschaft in quantitativer und qualitativer Hinsicht ist es der UdSSR in den 70er Jahren gelungen, ihre machtvollen Landstreitkräften durch eine auf allen Weltmeeren präsente moderne Flotte sowie durch treffsichere Interkontinental- und Mittelstreckenraketen zu ergänzen und damit strategische Parität mit den USA zu erlangen.

Gorbatschow hat sich seit seiner Übernahme der Funktion des sowjet. Parteichefs im März 1985 zum Ziel gesetzt, die Ende der 70er Jahre eingetretene Stagnation der wirtschaftlichen, wissenschaftlich-technischen und gesellschaftlichen Entwicklung der UdSSR durch ein Beschleunigungsprogramm zu überwinden. Wichtige Voraussetzungen für eine Umgestaltung der sowjet. Volkswirtschaft und eine Beschleunigung ihres Wachstums sind eine Reduzierung der Militärausgaben und eine größere Durchlässigkeit zwischen dem militärischen und zivilen Sektor der sowjet. Volkswirtschaft. Diese tiefgreifenden Veränderungen ließen sich in Verbindung mit drastischen Abrüstungsmaßnahmen zweifellos leichter verwirklichen als im Falle eines Wettrüstens im Kosmos. Andererseits scheint gerade der von SDI ausgehende technologische Druck den Anstoß für Gorbatschows Beschleunigungsprogramm gegeben zu haben […]. Gorbatschow dürfte den sowjet. Militärs klargemacht haben, daß eine Modernisierung der gesamten sowjet. Volkswirtschaft und eine Beschleunigung des wirtschaftlichen und wissenschaftlich-technischen Prozesses die einzige Chance bietet, daß die UdSSR zumindest auf militärtechnologischem Gebiet mit den USA einigermaßen Schritt halten kann. Diesem Thema war vermutlich eine unveröffentlicht gebliebene Rede gewidmet, die Gorbatschow Ende Juni 1985 in Minsk bei einem Treffen mit sowjet. Spitzenmilitärs gehalten hat. Marschall Ogarkow hatte bereits im Frühjahr 1984, wenige Monate vor seiner Absetzung als sowjet. Generalstabschef, in der Armeezeitung „Krasnaja Swesda" auf die Gefahr einer technologischen Überlegenheit der NATO durch Entwicklung einer neuen Generation konventioneller Waffensysteme hingewiesen.

Zurzeit gibt es keine Anzeichen für einen Widerstand des sowjet. Militärs- und Rüstungsestablishments gegen Gorbatschows Innen- und Außenpolitik. Offenbar wartet man dort wie überhaupt in den sowjet. Führungsgremien ab, welche Ergebnisse das wirtschaftliche Beschleunigungsprogramm und die Abrüstungsinitiative des Parteichefs – zu denen sich übrigens keine vernünftigen Alternativen anbieten – zeitigen werden. Für die Rüstungsindustrie ist das Politbüromitglied Saikow zuständig (Nachfolger des Hardliners und szt. Gorbatschow-Rivalen Romanow), dem ein Naheverhältnis zu Gorbatschow nachgesagt wird. An der Spitze des sowjet.

Verteidigungsministeriums steht ein farbloser, der Parteiführung völlig ergebener Marschall. Der einzige Spitzenmilitär, der in der Öffentlichkeit zu Fragen der Sicherheits- und Abrüstungspolitik Stellung nimmt, ist Generalstabschef Achromejew. Der Umstand, daß Achromejew Anfang September d.J. nach Stockholm gereist ist, um die Bereitschaft der UdSSR zu on site inspections zur Verifizierung von vertrauens- und sicherheitsbildenden Maßnahmen im Rahmen der KVAE zu verkünden, und als Chefberater Gorbatschows in Abrüstungsfragen beim Gipfeltreffen von Reykjavík fungierte, läßt darauf schließen, daß es dem sowjet. Parteichef gelungen ist, die militärische Führung in seine Abrüstungspolitik einzubinden. Achromejew gilt übrigens als aussichtsreicher Kandidat für die in absehbarer Zeit aktuell werdende Nachfolge des 75jährigen Verteidigungsministers Sokolow. (Nebenbei wird in diesem Zusammenhang in ausländischen Fachkreisen der Name des 1. Stv. Verteidigungsministers Luschew genannt, doch tritt dieser hier in der Öffentlichkeit wenig in Erscheinung.)

Bedenken, daß die wiederholte Verlängerung des unilateralen Atomtestmoratoriums sowjet. Sicherheitsinteressen beeinträchtigen könnte – wie sie auch in Äußerungen von Generalstabschef Achromejew durchzuklingen schienen – dürften jedoch vor allem bei sowjet. Militärs unterhalb der politischen Ebene bestehen. Vermutlich entsprechen auch die von GS Gorbatschow in Reykjavík präsentierten Vorschläge, insbesondere die Beseitigung sämtlicher nuklearstrategischen Systeme bis zum Jahr 1996, nicht dem Geschmack konservativer Kreise der sowjet. Öffentlichkeit, zu denen wohl das sowjet. Offizierskorps zu zählen ist. In letzter Zeit soll im ZK eine Flut von Briefen aus der sowjet. Bevölkerung eingegangen sein, in denen vor zu großen militärischen Konzessionen an den Westen gewarnt wurde. Offensichtlich in der Absicht, den Eindruck zu zerstreuen, Gorbatschow könnte sich in Reykjavík zu konzessionsbereit gezeigt haben, ist kürzlich von der Zeitung „Sowjetskaja Rossija" die Frage einer Leserin beantwortet worden, weshalb Gorbatschow bei SDI hart bleiben mußte und Abrüstungsvereinbarungen in Reykjavík unter den gegebenen Umständen nicht erzielt werden konnten. Auch gewisse Aspekte der innenpolitischen Entwicklung, wie etwa die zunehmende, von Gorbatschow geförderte Tendenz der sowjet. Öffentlichkeit, nicht mehr alles kritiklos zu akzeptieren, dürfte in einem Spannungsverhältnis zu den traditionellen Vorstellungen der sowjet. Militärs von Zucht und Ordnung stehen […].

Gorbatschow, der am Ende des Zweiten Weltkriegs erst 14 Jahre alt war und nie aktiven Militärdienst geleistet hat, fehlt die emotionelle Verbundenheit mit den sowjet. Streitkräften, die von Breschnew demonstrativ zur Schau gestellt wurde. Während Breschnew bei der Erinnerung an Kriegserlebnisse stets zu Tränen gerührt war und als Parteichef sein militärisches Avancement vom Generalmajor der Politverwaltung bis zum Marschall der UdSSR fortsetzte, ist Gorbatschows Haltung zu Krieg und Armee durch nüchternen Realismus gekennzeichnet. Es kann davon ausgegangen werden, daß GS Gorbatschow die Bedeutung militärischer Machtmittel zur Sicherung der Interessen der Supermacht UdSSR nicht geringer einschätzt als seine Amtsvorgänger. Allerdings dürfte er sich als erster voll bewußt geworden sein, daß der Supermachtstatus der UdSSR einschließlich seiner militärischen Attribute heute auf Gedeih und Verderb von der wirtschaftlichen und wissenschaftlich-technischen Leistungsfähigkeit des Landes abhängt. Zu dieser grundlegenden Erkenntnis haben sich wohl auch die politisch denkenden Köpfe der sowjet. Streitkräfte durchgerungen.

Wissenschaftlich-technischer Fortschritt wird allerdings in entscheidendem Maße durch freien Zugang zu Informationen mitbestimmt. Wie weit ein Land, in dem staatspolitisch-ideologisches und militärisches Sicherheitsdenken fast jeden Informationsfluß unterdrückt, den Anschluß an das Kommunikationszeitalter finden kann, bleibt dahingestellt.

Die Schwierigkeiten der Umstellung resultieren ja nicht nur aus dem Absperrungs- und Verbotsdenken sowjet. Funktionäre aus den letzten Jahrzehnten, sondern aus einem ethnisch und geographisch-topographisch bedingten jahrhundertealten Isolationismus, der nach kurzzeitigen Öffnungsversuchen während der NEP-Periode dann seit der Stalinära eine extreme Verschärfung erfuhr. Diesen sekulär aufgebauten Verhaltenskomplex innerhalb weniger Jahre mit – bisher völlig unzureichenden – Retuschen des Systems in eine hochtechnologisierte, hochflexible Kommunikationsgesellschaft zu überführen, scheint ein sehr schwieriges Unterfangen, wie ein Ritt über den Bodensee bei Beginn des Tauwetters. Es tut sich in gewisser Hinsicht ein Scheideweg auf: entweder man bleibt beim bisherigen System und nimmt auf lange Sicht einen weiteren Rückfall gegenüber dem Westen in Kauf oder es werden die den Herrschenden – und vor allem dem Geheimdienst- und Militärkomplex – besonders lieben Paraphernalia des Regimes: Abschließung, Verbote, Reglementierung, Unterdrückung privater Initiative, in schneller Folge über Bord geworfen. Dies wäre eine <u>echte Revolution</u>, für die es aber bisher, wie in den einschlägigen Berichten der Botschaft angeführt, nur wenige Ansätze gibt. Man dürfte nicht fehl in der Ansicht gehen, daß das militärische Establishment bei dieser Auseinandersetzung bisher zu den bremsenden Elementen gehört, wenngleich es sich damit bei der Entwicklung militärisch erforderlicher Hochtechnologie schlußendlich selbst schadet. […]

Dokument 81

Beziehungen Polens zu den westlichen Staaten – Gespräch mit dem Politbüromitglied CZYREK

GZ 166.17.03/1-II.3/86, Zl. 338-RES/86, ÖB Warschau, 6. November 1986

Dieser Tage hatte ich ein Gespräch mit dem Politbüromitglied und in der Partei für Außenpolitik zuständigen früheren Außenminister CZYREK, in welchem von diesem insbesondere die Beziehungen Polens zu den westlichen Staaten behandelt wurden.

Herr Czyrek gab insbesondere seiner Enttäuschung über eine fehlende positive Reaktion der US-Administration auf die Freilassung der politischen Gefangenen Ausdruck; außer verbalen Beteuerungen von amerikanischer Seite, daß diese Maßnahme begrüßt werde, habe es bisher keine andere positive Resonanz gegeben. Polnischerseits rechne man angesichts der unverständlich obstinaten amerikanischen

Haltung gegenüber Polen auch nicht mit spektakulären Schritten der US-Administration in unmittelbarer Zukunft, eine Einschätzung, die übrigens auch von der hiesigen US-Botschaft geteilt wird. Polnischerseits verstehe man die amerikanische Haltung gegenüber Polen nicht mehr, zumal auch die überwältigende Mehrheit der polnischen Minorität in den USA nunmehr für eine Aufhebung der Wirtschaftssanktionen gegenüber Polen und eine Normalisierung der beiderseitigen Beziehungen eintrete. Polnischerseits werde man sich aber weiterhin in Geduld, was das polnisch-amerikanische Verhältnis anlange, üben müssen und er sei überzeugt, daß, wenn es auch im Falle der USA länger dauere als mit anderen westlichen Staaten, diese Normalisierung eines Tages auch erreicht werden könne.

Was die Beziehungen Polens zu den übrigen westlichen Staaten anlangt, erklärte das Politbüromitglied, es sei in „formeller" Hinsicht zwar mit fast allen westlichen Staaten eine Verbesserung festzustellen, doch fehle es in diesen Beziehungen noch an „Substanz". Polen stehe beim „Wiederaufbau" seiner Beziehungen zu den westlichen Staaten gewissermaßen im Anfangsstadium. Nach seinem Dafürhalten gehe die Normalisierung der Beziehungen, insbesondere was den politischen Dialog auf hoher Ebene anlange, zu langsam vor sich. Nach den zahlreichen Gesprächen von Außenminister ORZECHOWSKI bei der UN-Generalversammlung bzw. nunmehr bei der KSZE-Konferenz in Wien mit seinen westlichen Kollegen hoffe man aber polnischerseits, daß dieser politische Dialog auf entsprechend hohem Niveau mit den westlichen Staaten vorangetrieben werden könne. Ein erster Erfolg sei bereits in der Tatsache zu erblicken, daß Außenminister Orzechowski noch im November d.J. zu einem offiziellen Besuch nach Belgien reisen werde.

Auch Herr Czyrek gab der Hoffnung Ausdruck, daß nach der Bildung der neuen Bundesregierung der österreichische Regierungschef bald zu einem offiziellen Besuch nach Polen kommen werde. Auf seine Frage, ob nach Absolvierung dieser Visite nicht ein Besuch von Staatsratsvorsitzenden JARUZELSKI in Österreich möglich sein werde, sagte ich, daß man einen solchen Schritt, ohne dem Herrn Bundespräsidenten und der Bundesregierung vorgreifen zu wollen, wohl erst nach Abschluß des Besucheraustausches auf Regierungschefebene in Betracht ziehen sollte.

Wie die Botschaft bereits bei anderen Gelegenheiten berichtet hat, legt die polnische Seite auf offizielle Besuche von Ministerpräsident MESSNER im westlichen Ausland wenig Wert, ist aber an offiziellen Besuchen des Staatsratsvorsitzenden im westlichen Ausland gewissermaßen zur „Legitimierung" des Jaruzelski-Regimes höchst interessiert. […]

Dokument 82
Zur innenpolitischen Situation in Polen
GZ 166.03.00/27-II.3/86, Zl. 5-POL/86, ÖB Warschau, 10. November 1986

Mit der überraschenden Freilassung aller politischen Gefangenen im September d.J. ist eine neue innenpolitische Situation entstanden, die von allen politischen

Beobachtern zurecht als <u>beachtlicher Beitrag zur inneren Befriedung</u> gewertet wurde. Dieser mutige Schritt des polnischen Regimes, der weder innerhalb der polnischen Führung noch in einigen Ostblockstaaten unumstritten, sicherlich aber vorher mit der sowjetischen Führung abgesprochen war, ließ Hoffnung, auch in oppositionellen und kirchlichen Kreisen, auf eine allfällige nationale Versöhnung und die Anbahnung eines echten Dialogs zwischen Regime und Gesellschaft aufkommen. Der durch die Freilassung der politischen Häftlinge entstandene <u>innenpolitische Burgfrieden hält vorderhand noch an</u>, doch in Richtung einer nationalen Versöhnung und eines wünschenswerten echten Dialoges ist man nicht so recht von der Stelle gekommen.

Die Freilassung aller politischen Gefangenen, wie sie stets von der Kirche und der Opposition vehement gefordert wurde, wäre sicherlich nicht möglich gewesen, wenn nicht Jaruzelski beim X. Parteikongreß praktisch die uneingeschränkte Macht im Regime eingeräumt worden wäre und ihm der angereiste sowjetische Parteichef Gorbatschow nicht in so spektakulärer Weise den Rücken gestärkt hätte. Mit dieser massiven Unterstützung durch Gorbatschow und dessen offensichtlichem Verständnis für die Besonderheiten der polnischen Situation, die sich mit keinem anderen Ostblockstaat vergleichen läßt, konnte es sich Jaruzelski leisten, diesen aufsehenerregenden Schritt zu machen.

Wie so oft in der polnischen Innenpolitik war die Öffentlichkeit, die Opposition, ein wenig aber auch die Kirche überrascht, daß das Regime alle politischen Gefangenen freiließ und zwar auch jene, die erst kurz zuvor wie der frühere Solidaritäts-Untergrundführer Bujak unter intensiver propagandistischer Begleitmusik gefangengesetzt wurden. Nach dieser Überraschung der Opposition überraschte diese das Regime, indem alle ehemaligen Untergrundführer der Solidarität erklärten, in Hinkunft nur mehr legal wirken zu wollen, wobei die Gründung eines „provisorischen Rates der Solidarität" bekanntgegeben wurde, von dem selbst Wałęsa zunächst überrascht gewesen ist, ehe er ihm, wenn auch widerwillig, die Zustimmung gab. Die Behörden, denen der Drang der Solidarität zur Legalität nicht recht geheuer vorkam und die nach wie vor jeden Kontakt zu den führenden Exponenten der früheren Gewerkschaft kategorisch ablehnen, untersagten kurzerhand den provisorischen Rat. Hiedurch setzten sie natürlich bereits den ersten potentiellen Schritt, der die Solidaritätsfunktionäre und andere Oppositionelle wieder in den Untergrund drängen könnte. Von dieser Möglichkeit haben aber diese vorderhand noch nicht Gebrauch gemacht, insbesondere vor allem auch deshalb, weil sie nach ihrer Enthaftung bei ihren öffentlichen Äußerungen nicht wesentlich behindert wurden, wenn auch zu vermerken ist, daß sich die Oppositionellen in ihren öffentlichen Erklärungen einer gewissen Zurückhaltung befleißigen, um offensichtlich die innenpolitische Ruhe vorderhand nicht zu stören.

Parallel zur Enthaftung der politischen Häftlinge hat das Regime seine schon vorher gezeigten Tendenzen, beim Staatsrat einen Konsultativrat zu schaffen, in dem auch politisch Andersdenkende ihre Meinung freimütig äußern könnten, verstärkt. Allerdings haben die Bemühungen des Regimes, namhafte regimekritische Persönlichkeiten für diesen Konsultativrat zu gewinnen, bisher wenig Erfolg gehabt. Pressesprecher Urban verweist die mit Regelmäßigkeit diesbezüglich neugierig fragenden Auslandsjournalisten immer auf die Notwendigkeit der Vertraulichkeit solcher Sondierungen, doch wie aus verläßlichen Informationsquellen zu hören ist, haben sich, von der einen oder anderen Ausnahme abgesehen, bisher solche Persönlichkeiten nicht bereitgefunden, gewissermaßen als Alibi für die angeblichen Demokratisierungsabsichten des Regimes ihren Namen herzugeben.

Ein weiterer Schritt des Regimes soll seine Demokratisierungstendenzen überzeugend unter Beweis stellen: Es ist beabsichtigt, in Polen eine Volksanwaltschaft zu schaffen, wobei in Kürze eine Delegation, die unter der Führung der „Patriotischen Bewegung zur Nationalen Wiedergeburt" (PRON) stehen wird, zum Studium der österreichischen Volksanwaltschaft nach Wien reisen wird. Auch wenn sich bereits der Staatsrat mit der Frage der Gründung einer Volksanwaltschaft befaßt hat, sind keine übertriebenen diesbezüglichen Hoffnungen angebracht, daß eine allfällige polnische Volksanwaltschaft jener in Österreich oder in den skandinavischen Staaten ähnlich sein wird. Die ersten offiziellen Auslassungen lassen vielmehr befürchten, daß es sich hiebei auch um eine Alibi-Institution handeln wird, der keineswegs jene Kompetenzen zustehen werden, wie sie der österreichischen Volksanwaltschaft zukommen. Immerhin ist es aber, ebenso wie bei der vor Jahren bereits erfolgten Gründung eines Verwaltungsgerichtshofes in Polen, ein Schritt des Regimes, der seinesgleichen in den anderen Ostblockstaaten sucht. Unverkennbar ist die Absicht des Regimes, gewissermaßen <u>als Ventil der allgemeinen Unzufriedenheit der Bevölkerung mit den öffentlichen Stellen, Rechtsschutzeinrichtungen zu schaffen</u>, die zwar bei weitem nicht in ihren Möglichkeiten an westliche Institutionen herankommen, die aber sicherlich einen Fortschritt im Vergleich zu früher und zu anderen Ostblockstaaten darstellen. Es bedarf keiner näheren Erläuterung, daß die Schaffung von Rechtsschutzeinrichtungen, wie die eines Verwaltungs- und Verfassungsgerichtshofes oder einer Volksanwaltschaft nach westlichem Vorbild, mit dem Charakter einer Ostblock-Diktatur einfach unvereinbar sind, solche Institutionen daher notwendigerweise sich qualitativ sehr stark von jenen der westlichen Staaten unterscheiden müssen.

Ob es zu einem Modus vivendi zwischen Regime und Bevölkerung in Polen kommen wird, wie etwa in Ungarn, ist derzeit, weil alles im Fluß ist, schwer vorherzusagen, doch eher unwahrscheinlich. Zu dieser pessimistischen Einschätzung kommt man in Kenntnis des unruhigen Charakters der polnischen Bevölkerung und der Tatsache, daß sich diese bisher <u>nicht mit der Unabänderlichkeit des kommunistischen Regimes abgefunden hat</u> und dieses als eine ihr aufgezwungene artfremde Herrschaftsausübung empfindet, der noch dazu ein vasallenhaftes Verhältnis zum russischen „Erbfeind" Polens vorgeworfen wird. Wenn die relative innenpolitische Ruhe vielleicht auch noch einige Zeit anhalten wird, ist die pessimistische Einschätzung aber auch wegen der nach wie vor krisenhaften wirtschaftlichen Entwicklung des Landes angezeigt, die keine strukturelle Verbesserungstendenz aufweist, sondern deren Zustand und Zukunftsprognosen eher das Gegenteil annehmen läßt.

Da die derzeitige innenpolitische Beruhigung demnach aller Voraussicht nach nicht von Dauer sein wird, wäre es empfehlenswert, die von beiden Seiten gewünschte Besuchsdiplomatie auf der Ebene der Regierungschefs zwischen Österreich und Polen möglichst bald nach Bildung der neuen Bundesregierung durchzuführen, da die später wahrscheinliche Verhärtung der innenpolitischen Gangart des polnischen Regimes, falls die Opposition nach einer schöpferischen Phase wieder zu intensiveren, auch illegalen Tätigkeiten überwechselt, die Durchführung dieser offiziellen Visiten der Regierungschefs auch aus innenpolitischen Überlegungen in Österreich in der Zukunft schwieriger machen könnte. […]

Dokument 83
Gespräch des Herrn Bundesministers mit dem tschechoslowakischen Außenminister Chňoupek (7. November 1986)
GZ 35.18.08/3-II.3/86, BMAA Wien, 11. November 1986

[…] Der HBM schlägt sodann vor, zuerst über das KSZE-Folgetreffen in Wien und dann über die österreichisch-tschechoslowakischen Beziehungen zu sprechen.

Das Wiener Folgetreffen habe die Aufgabe, den derzeitigen Stand der Durchführung der in Helsinki beschlossenen Maßnahmen zu überprüfen, die Gespräche mit neuen Elementen anzureichern und Antworten auf aktuelle Probleme zu geben. Österreich habe schon in Brioni seine Bereitschaft signalisiert, diesen Prozeß zu fördern und habe dabei auf die wichtigen Fragenkomplexe Internationaler Terrorismus und Umweltschutz, insbesondere Sicherheit bei der friedlichen Nutzung der Kernenergie, verwiesen. Der diesbezügliche österreichisch-tschechoslowakische Vertrag habe hiebei besonderen Charakter und stelle einen Weg zur Lösung dieser Probleme dar. Es stellte sich weiters die Frage nach einem neuen Mandat für die KVAE und die Substanz für dieses Mandat. Dazu gehören auch die konventionelle Abrüstung und die Frage, wer mit wem verhandeln soll. MBFR habe ein wichtiges Mandat, das ausgenützt werden solle. In Brioni sei die Frage eines Expertentreffens über gegenseitigen Informationsaustausch nach dem Wiener Folgetreffen erörtert worden. Der sowjetische Vorschlag eines Treffens in Moskau sei mit Interesse registriert worden. Hinsichtlich des Zeitrahmens des Folgetreffens sollte der 31. Juli 1987 nicht zu sehr überschritten werden (beispielsweise Problem der US-Präsidentschaftswahlen etc.).

AM Chňoupek dankt für die Einladung zum heutigen Gespräch. Er werte dies als bedeutendes Signal für das österreichische Interesse an der Entwicklung der bilateralen Beziehungen. Er versicherte, daß die ČSSR auch ihrerseits an einer für beide Seiten vorteilhaften Entwicklung dieser Beziehungen interessiert sei. Österreich und die ČSSR seien Nachbarn mit verschiedenen Gesellschaftsordnungen. Probleme könnten sich und hätten sich in letzter Zeit auch ergeben. Die ČSSR und Österreich müßten miteinander leben (Erwähnung eines Chruschtschow-Zitates: Niemand wird uns auf den Mond schicken, um dort zu leben.).

AM Chňoupek gratuliert Österreich zur politischen und organisatorischen Vorbereitung der Konferenz und zu den mit viel Takt durchgeführten Sicherheitsmaßnahmen.

Das KSZE-Folgetreffen in Wien sei eine der wichtigsten Etappen. Noch nie (seit Helsinki) sei die internationale Lage so günstig gewesen wie jetzt. In Belgrad hätte man zu wenig Erfahrung gehabt und sei in Konfrontation geraten. Madrid sei durch die bekannten Ereignisse geprägt gewesen (Chňoupek erwähnt Afghanistan, Kambodscha und den „Absturz" des südkoreanischen Flugzeuges). Schließlich sei man doch noch zur Annahme eines Schlußdokuments gelangt. Bei diesem Wiener Treffen bestünden zum ersten Mal normale Bedingungen für eine normale Arbeit. Die sowjetische Führung sei fest entschlossen, den Weg des Friedens, der Zusammenarbeit und der Abrüstung zu gehen. Man müsse aus versteinerten Situationen herauskommen. Es werde ein schwieriger Prozeß werden, das Terrain sei aber jetzt besser denn je vorbereitet. Dies habe sich auch in Genf und Stockholm gezeigt. Stockholm habe bewiesen, was mit realistischen Kompromissen erreicht werden kann. Damit meine er vor allem die Inspektion an Ort und Stelle.

Reykjavík: AM Schewardnadse habe festgestellt, daß in Wien das wiederholt werden solle, was in Reykjavík gesagt wurde. Nach dem Gesichtsausdruck der beiden Außenminister nach ihrem Treffen sei dieses nicht gut verlaufen. Leider habe er mit Schewardnadse nicht mehr reden können. Jetzt sollte alles getan werden, um negative Auswirkungen auf die internationale Lage und den Fortgang der KSZE zu verhindern.

Die N+N-Staaten könnten jetzt in Wien eine noch wichtigere Rolle spielen als vorher. Das Treffen in Brioni habe dies bestätigt. Die KSZE habe ihre Möglichkeiten noch nicht ausgeschöpft. Die ČSSR werde sich auf die wesentlichen Fragen, nämlich auf Sicherheit und Abrüstung konzentrieren.

Bei den konventionellen Waffen bestünden Chancen, zu einer Lösung zu kommen. Man sei von Budapest „weggegangen", weil die Sozialistischen Staaten immer beschuldigt würden, nicht saubere Absichten zu haben. Die sozialistischen Staaten hätten immer wieder verlangt, daß US-Raketen aus Europa entfernt werden müßten. Der Westen habe darauf repliziert, das würde zu einem Vorteil der Sowjetunion führen (mehr sowjetische Panzer). Daraufhin hätten die Sozialistischen Staaten (in Warschau) vorgeschlagen, die konventionellen Waffen zu reduzieren. In Budapest habe man dann realistische Vorschläge (keine Propaganda!) gemacht. Der Osten habe wiederholt seine Bereitschaft gezeigt, in Wien, Stockholm oder an irgendeinem anderen Ort über konventionelle Waffen zu verhandeln. Wenn Wien vorgeschlagen worden sei, habe der Westen Stockholm verlangt und umgekehrt. Ein dritter Ort sei vom Westen mit der Begründung abgelehnt worden, daß man keinen neuen Verhandlungsort wünsche. Die ČSSR trete jetzt für ein Mandat für Stockholm II ein.

Hinsichtlich des Zeitraumes für das Folgetreffen (wird man am 31. Juli 1987 wirklich abschließen können?) unterstütze die ČSSR den sowjetischen Vorschlag, ab sofort in einem parallelen Treffen (zu Wien) Gespräche in Moskau zu führen. Die USA wünschten Gespräche im Pentagon, die N+N-Staaten wollten im Rahmen der KSZE bleiben. Er, Chňoupek, habe mit AM Genscher darüber gesprochen. Dessen „approach" zu dieser Frage gefalle ihm: Die beiden Militärblöcke sollten jene Fragen behandeln, an denen sie besonders interessiert sind. Der KSZE-Prozeß solle gleichzeitig der politische Rahmen sein.

<u>MBFR</u> könne nicht ohne Ergebnis enden. Das politische Prestige der Teilnehmer und auch Österreichs als Verhandlungsort verlange die Unterzeichnung eines Schlußdokumentes, wenn dieses auch nur symbolischen Charakter haben sollte. In Bukarest, wo er, Chňoupek, den Vorsitz inne hatte, hätte man verlangt, bis Weihnachten 1986 müsse alles vorbei sein. Er hätte aber darauf bestanden, daß man eine Form finden müsse, um zu einem Schluß zu kommen. Er könne diesen Ort zu Verhandlungen nur empfehlen.

Der HBM dankt für den „faszinierenden" Überblick und wies darauf hin, daß die Menschen von den Politikern Problemlösungen verlangten. Es gebe Probleme an der österreichisch-tschechoslowakischen Grenze, er glaube aber, daß sie nicht unlösbar seien und in diesem Geiste müsse man weiterarbeiten.

<u>AM Chňoupek</u> zeigte sich durch die Worte des Herrn Bundesministers ermutigt und hofft auf die positive Entwicklung der Beziehungen in allen Bereichen. […]

Dokument 84

Ungarn 30 Jahre nach der Revolution

GZ 222.03.00/26-II.3/86, Zl. 328-RES/86, ÖB Budapest, 14. November 1986

I) Mit Sicherheit kann gesagt werden, daß sich die ungarische Führung das Gedenken an die Ereignisse vor 30 Jahren, die am 23. Oktober 1956 mit einer sich spontan bildenden Massendemonstration gegen unhaltbar gewordene Zustände begannen und am 4. November 1956 mit der Intervention sowjetischer Truppen tragisch endeten, anders vorgestellt hatte. Beim XIII. Parteitag der USAP im März 1956 hatte Zuversicht geherrscht, mit den wirtschaftlichen Reformmaßnahmen werden die wirtschaftliche Lage des Landes und der Lebensstandard der Bevölkerung wieder eine ansteigende Tendenz, wenn auch nur bescheiden und allmählich, zeigen. 30 Jahre nach der Niederschlagung der Revolution ist es für die Führung von Partei und Staat ein Dilemma, zugestehen zu müssen, daß es wirtschaftlich und für den einzelnen spürbar seit dem Parteitag vor 1 ½ Jahren nicht aufwärts gegangen ist und die gesteckten Planziele im laufenden Wirtschaftsjahr [nicht] erreicht werden. Die Führung steht daher vor der Notwendigkeit, Korrekturen vornehmen und Maßnahmen wir z.B. Rücknahme von Subventionen durchführen zu müssen. Diese Entwicklung hat inhaltlich die Art der Begehung der Gedenktage beeinflusst. Erste Anzeichen, die Entwicklung unter Kontrolle zu halten und keine Manifestationen zuzulassen, waren das Vorgehen der Polizeibehörden am 15. März 1848, als auch in Ungarn Revolutionsstimmung geherrscht hatte […].

Im Juli 1986 setzte in den Medien die Auseinandersetzung mit den Ereignissen von 1956 und ihrer Vorgeschichte ein, zumeist in bis in den Herbst d. J. fortgesetzten Serien. Es handelt sich um die ausführlichste Behandlung dieses Themas in den letzten 30 Jahren. Im Fernsehen lief eine Serie in 6 Teilen, in denen auch eine Reihe von Persönlichkeiten zu Worte kamen, die damals eine Rolle spielten, nur Herr KÁDÁR – die Schlüsselfigur – kam hiebei oder, wohl besser gesagt, meldete sich nicht zu Wort. An offiziellen Feiern gab es am 4. November Kranzniederlegungen für die Opfer der „Gegenrevolution", der Toten der anderen Seite gedachte offiziell niemand. Immerhin beträgt die Gesamtzahl der Toten jener Ereignisse 27.000. Am 4. November fand in Szolnok, wo sich vor 30 Jahren unter János KÁDÁR die „Revolutionäre Arbeiter- und Bauernregierung" gebildet hatte, eine Festsitzung statt. Im „Westen" wäre eine solche Feier wohl kaum ohne Anwesenheit der Schlüsselfigur denkbar. Herr KÁDÁR aber blieb abwesend. Die Sowjets traten nirgend in Erscheinung. Nichts bekannt geworden ist darüber, daß etwa regimekritische Kreise versucht hätten, Aktionen zu setzen bzw. daß es zu einem offenen Einschreiten der Sicherheitsbehörden gekommen wäre. Das „wachsame Auge" hat dies wohl von vorneherein verhindert. So war an den ungarischen Grenzübergängen zu Österreich in den letzten Wochen eine verstärkte Kontrolle westlicher Einreisender und Autos wahrzunehmen, [um die Einfuhr von] verdächtigem Material wie Publikationen oder dgl. zu verhindern.

Parallel hiezu hatte die Regierung eine außerordentlich starke außenpolitische Aktivität entwickelt und u.a. die Besuche der niederländischen Königin und des Präsidenten der BRD sowie des finnischen Außenministers in Ungarn zeitlich auf die ersten drei Oktoberwochen fixiert. Vorgesehen waren offizielle Besuche des Vorsitzenden des Staatsrates LOSONCZI in Argentinien und Uruguay Ende Oktober/Anfang November und von Ministerpräsident LÁZÁR in Italien. Die Besuche LOSONCZIs mussten abgesagt werden, weil er seit seinem Besuch in Syrien im September d.J. an einer Virusinfektion leidet. Auch [für den] für die Zeit von 11.– 13. November in Rom geplant gewesenen Besuch von Ministerpräsident LÁZÁR wurden „wichtige internationale Aufgaben" als Begründung angegeben, aber es gab weder eine zeitliche Koinzidenz mit der 42. RGW-Tagung in Bukarest noch fand das Gipfeltreffen der WO-Staaten in Moskau Anfang dieser Woche in Anwesenheit der Regierungschefs statt. Diese emsige internationale Aktivität erweckte, gemeinsam mit der sehr offenmütigen Behandlung des Themas 1956 in den Massenmedien, den Eindruck einer Flucht nach vorne.

II) Ist diese so blutig verlaufene Vergangenheit bewältigt? In Vorwegnahme sei bemerkt, daß dies noch immer nicht gelungen ist und wohl kaum zu Lebzeiten der Schlüsselfigur – János KÁDÁR – möglich sein wird. Für viele Ungarn, so war gesprächsweise zu hören, wird zudem diese Bewältigung auch erst dann erfolgt sein, wenn man weiß, wo der hingerichtete Ministerpräsident NAGY begraben ist, und wenn man auch an seinem Grab wird Blumen niederlegen können. Das Regime selbst möchte allerdings – wohl nicht zuletzt in Berücksichtigung der allgemeinen Lethargie in der Bevölkerung – die Diskussion mit dem schon seit den ZK-Beschlüssen vom Dezember 1956 gültigen Standpunkt beenden und es werde, wie Staatssekretär HORN gegenüber Generalsekretär Botschafter Dr. HINTEREGGER am 30. Oktober d.J. in Budapest sagte, gemäß einem Beschluss der politischen Führungen keine (öffentliche) Behandlung dieses Themas mehr geben […]. Die Vermutung liegt nahe, daß damit u.a. die Person und Rolle KÁDÁRS aus weiteren Diskussionen herausgehalten werden soll, ganz abgesehen von der Rücksichtnahme auf die Sowjetunion. Der offizielle Standpunkt geht nach wie vor dahin, daß es [sich] um eine Konterrevolution gehandelt hat. Die vom italienischen KP-Chef NATTA letzthin vertreten und einen

Gesinnungswandel darstellende Ansicht, es habe sich beim Aufstand 1956 um eine von den Volksmassen getragene Revolution gehandelt – in ähnlicher Weise hat sich auch Ministerpräsident CRAXI in seiner Eigenschaft als Chef des PSI geäußert –, wurde hier praktisch verschwiegen und wird als sehr unangenehm empfunden.

Die Partei hält an folgenden vier vom prov. ZK [der] USAP am 8. Dezember 1956 als grundlegend bezeichneten Ursachen fest:

1) Die Abweichung der RÁKOSI-GERŐ-Clique von den marxistischen-leninistischen Grundsätzen wie überhaupt die verheerenden Auswirkungen der Tätigkeit dieser Gruppe durch viele Jahre hindurch.

2) Die Aktivitäten des Imre NAGY und der Gruppe um ihn, im besonderen sein Abdriften in den Revisionismus.

3) Die Tätigkeit der Angehörigen der ehemaligen herrschenden Klassen im Lande und in der Emigration.

4) Die „Kräfte des Imperialismus, die sich auf jedes nur Erdenkliche einmischten …“.

Es sollte damals und auch nachher viele Versuche gegeben haben, die Punkte 1) und 2) in ihrer Reihenfolge auszutauschen und letzten Endes damit RÁKOSI zu schonen. Die heutige Auffassung geht dahin, daß alle 4 Faktoren gemeinsam und im engen Zusammenhang miteinander wirkten. Eine – heute noch recht aktive und als Reformer eingestufte – Persönlichkeit, die bis zum 28.10.1956 der Regierung Imre NAGY angehörte und dann wegen des Kurswechsels von NAGY ausschied, sagte mir vor wenigen Tagen, es habe zwischen RÁKOSI und NAGY seit je unüberbrückbare persönliche Rivalitäten gegeben und jeder habe versucht, den anderen auszuspielen. NAGY – das habe er in den Tagen gegen Ende Oktober miterlebt – sei keine Persönlichkeit mit Kraft und Grundsätzen und er sei der Situation einfach nicht Herr gewesen. Dadurch habe er die Kontrolle verloren und habe [den] die Situation erfasst habenden Kräften, die die Möglichkeit einer Änderung des Systems gewittert hätten, während gleichzeitig die Regierung und der Parteiapparat völlig gelähmt gewesen seien, Tür und Tor geöffnet und sich dabei selbst mittragen lassen.

Wie vorhin bemerkt, fand am 4. November d.J. in Szolnok eine Festsitzung statt. Die Festrede hielt [ein] ZK-Sekretär János KÁDÁRs, der sich als Historiker bezeichnet und in letzter Zeit in manchen westlichen Medien neben ZK-Sekretär SZŰRÖS und Politbüro-Mitglied GRÓSZ als KÁDÁR-Nachfolger gehandelt wurde (persönlich schätze ich die Chancen für SEPECZ nicht allzu hoch ein). Die Ausführungen von BERECZ […] ergeben zusammenfassend ein Bild von der heutigen Lage des Landes und [eine] der Gesellschaft entsprechende pragmatische Anwendung der aus den Ereignissen 1956 und der Entwicklung seither gezogenen Lehren und Erkenntnisse. Ein Kernsatz ist folgender: „Energisch und überzeugend ist gleichzeitig gegen jegliche Art von Kritikern aufzutreten, die darauf gerichtet ist, unter Berufung auf wohlklingende Konzeptionen den Fortschritt zu bremsen bzw. die unter dem Vorwand der Weiterführung des Reformprozesses vom W[U]NSCH geleitet [sind, daß] darin die bestimmende Rolle der marxistisch-leninistischen Partei aufgehoben und die sozialistische Regierung, die Staatsmacht abgeschwächt [wird].“

Die Reformer werden damit keine Freude haben und es würde, überspitzt gesagt, gerade noch fehlen, daß Reformismus mit Revisionismus, der 1956 eine so große Rolle gespielt hatte, gleichgesetzt wird. Aus österreichischer Sicht ist erfreulicherweise zu bemerken, daß sich Staatssekretär HORN gegenüber dem Herrn Generalsekretär in positiver Weise über das Verhalten der österreichischen Medien im Zusammenhang mit dem 30. Jahrestag der Revolution 1956 und die Gelegenheit, daß hiebei auch Ungarn zu Wort kamen, äußerte. Die Nachrichtenagentur MTI sprach im Zusammenhang mit der am 15. Oktober im ORF unter Teilnahme ungarischer Vertreter stattgefundenen Diskussion von einer „Debatte in herzlicher Atmosphäre."

Obwohl die ungarischen Medien oftmals von der Unterstützung der Konterrevolution durch den internationalen Imperialismus mit Waffen und politischen Beteuerungen sprachen, wurde in diesem Zusammenhang nie eine Verbindung mit Österreich hergestellt. [...]

Dokument 85

Die Politik der SU unter Gorbatschow

GZ 225.02.02/19-II.3/86, BMaA (Somogyi), 28. November 1986

Nach Konsolidierung seiner Machtposition durch umfassende Änderungen in der personellen Zusammensetzung der höchsten Partei- und Staatsorgane hat Gorbatschow auf politischem und wirtschaftlichem Gebiet neue Initiativen ergriffen. Die Schlagworte der neuen Politik sind: „Transparenz" (glasnost) und „Umgestaltung" (perestroika).

1. Innenpolitik

In der Sowjetgesellschaft soll künftig mehr Ordnung und Gerechtigkeit herrschen. Der Korruption, dem Bürokratismus, der Privilegienwirtschaft und dem Alkoholismus wird der Kampf angesagt. Personelle Umbesetzungen, Disziplinierungen und das Eingreifen der Justiz gegen Korruption zeigen, daß der Kremlchef zur Durchsetzung seiner Initiativen entschlossen ist. Vor kurzem wurde ein Gesetz zur Regelung zur Auswanderung von Sowjetbürgern erlassen, worin die Gründe für die Erteilung oder Nichterteilung von Auswanderungsgenehmigungen angeführt sind. Die praktischen Auswirkungen dieses Gesetzes sind noch nicht abzusehen. Die Zahl der Auswanderungsgenehmigungen für sowjetische Juden hat in den letzten Jahren drastisch abgenommen. Nach Ansicht Israels hat sich die Lage der 2,5 Mio. in der Sowjetunion lebenden Juden eher verschlechtert. Insgesamt haben sich auf dem Gebiete der Menschenrechte unter Gorbatschow bisher keine bemerkenswerten Veränderungen ergeben.

Medien

Die sowjetischen Medien bedienen sich einer offeneren und kritischeren Sprache und greifen Themen auf, die bisher tabu waren (Drogenproblem, Mißstände in den Kolchosen etc.). Eine Berichterstattung über Tschernobyl oder den Untergang der „Admiral Nachimov" wäre früher undenkbar gewesen.

Kultur

Auf dem Gebiete der Kultur ist von Gorbatschow mehr Transparenz und eine freiere Diskussion möglich geworden (Zulassung moderner Theaterstücke mit Kritik an Partei und Gesellschaft; Beseitigung bestimmter Verbote; organisatorische Veränderung im Theaterwesen).

2. Außenpolitik

Schon die Betrauung Gromykos mit dem Posten des Vorsitzenden des Präsidiums des Obersten Sowjets (weniger Einfluß auf Außenpolitik) und die ersten offiziellen außenpolitischen Erklärungen Gorbatschows haben gezeigt, daß der neue Kremlchef die Außenpolitik selbst führen und aktiver gestalten möchte.

Rüstungskontrolle

Die weitgehenden sowjetischen Vorschläge von Reykjavík sind durch die Notwendigkeit der Zuführung massiver finanzieller Mittel an die sowjetische Wirtschaft einerseits und durch den befürchteten vom SDI ausgehenden technologischen Druck andererseits motiviert. Die Abkoppelung der USA von Europa mag sowjetischerseits als „Nebenprodukt" der Abrüstungs-Initiative beabsichtigt sein. Die Sowjetunion hat wiederholt bekanntgegeben, daß ihre Abrüstungsvorschläge weiterhin Gültigkeit haben. Anzeichen für die Aufgabe des Junktims der sowjetischen Vorschläge mit SDI sind nicht zu erkennen. Nach CIA-Schätzungen betrugen die Rüstungsausgaben der Sowjetunion in 1980 175 Mrd. US-$ (+/- 15 Mrd.) mit einem jährlichen Wachstum von 4–5 %. Die US-Rüstungsausgaben stiegen erst von 1981–1984 wieder kräftiger an (6 % jährlich). 1980 lagen die sowjetischen Rüstungsausgaben um 49 %, in 1985 um 25 % über denen der USA. Im Jahr 2000 könnten die Rüstungsausgaben beider Staaten (nach den gleichen Schätzungen) gleiche Größenordnung erreichen, vorausgesetzt, daß die US-Ausgaben bis 1989 um 40 % gesteigert werden und der Jahreszuwachs in der Sowjetunion bei 2–3 % liegt.

Warschauer Pakt

Gorbatschow verlangt von den WP-Staaten eine stärkere Gleichschaltung in grundlegenden weltpolitischen Fragen (z.B. Rüstungskontrolle). Der Politische Beratende Ausschuß des WP wird künftig wieder zweimal jährlich tagen. Die Breschnew-Doktrin hat weiter Gültigkeit (Gorbatschow auf dem X. Parteitag der Polnischen Vereinten Arbeiterpartei). Ideologische Fragen werden nicht hochgespielt. Auf innenpolitische Eigenheiten der einzelnen WP-Staaten scheint Moskau bis zu einem gewissen Grad Rücksicht nehmen zu wollen. Eine zu starke wirtschaftliche Verflechtung der DDR mit der BRD oder Auswirkungen westlichen Einflusses in Ungarn (Fremdenverkehr) werden aber mit Mißtrauen betrachtet. […]

3. Wirtschaftspolitik

Eines der Hauptziele Gorbatschows ist die Revitalisierung der sowjetischen Wirtschaft, um ein weiteres Zurückbleiben hinter den Volkswirtschaften des Westens zu verhindern und eine Verbesserung des Lebensstandards der Bevölkerung zu ermöglichen. Entscheidende Produktionssteigerungen und Qualitätsverbesserungen sollen durch eine „radikale Reform" der Wirtschaftsleitung, durch Beschleunigung des wissenschaftlich-technologischen Fortschritts, durch größere Selbstständigkeit der Betriebe, durch Entbürokratisierung und durch flexiblere Preisgestaltung (Angebot, Nachfrage, Kosten) erreicht werden. Die Landwirtschaft auf dem freien Markt soll neue Impulse erhalten. Im Jahre 1987 wird ein neues Gesetz über „private Arbeit" (freier Erwerb auf bestimmten Gebieten, Kleinhandwerk, Heimarbeit etc.) in Kraft treten. Durch die Übernahme der Qualitätskontrolle in industriellen Schlüsselbereichen durch den Staat soll eine Anhebung der Qualität erreicht werden. Im RGW drängt die SU auf verstärkte wirtschaftliche Anstrengungen, auf eine Verbesserung der Technologie und auf eine stärkere Verflechtung der Wirtschaften der RGW-Staaten. Die Bemühungen des COMECON (einschließlich der SU) um den Abschluß eines Abkommens mit der EG werden fortgesetzt.

Neuer politischer Stil

Unter Gorbatschow hat sich auch der politische Stil in der Sowjetunion gewandelt. So ist der Parteichef mehr als seine Vorgänger um Kontakt zur Basis bemüht. Diesem Zweck dienen auch die häufigen Reisen des Kreml-Chefs in die einzelnen Sowjet-Regionen. Das offene Ansprechen der Probleme und die über die Medien artikulierte Kritik an diversen Mißständen sind ebenso Bestandteil des neuen politischen Stils wie die regelmäßigen TV-Auftritte Gorbatschows.

Die österreichisch-sowjetischen Beziehungen

Das österreichisch-sowjetische Verhältnis ist freundschaftlich und solide. Es ist durch einen laufenden politischen Dialog und durch auf hohem Niveau stehende Wirtschaftsbeziehungen gekennzeichnet. Auch unter Gorbatschow besteht sowjetisches Interesse an der Weiterentwicklung der österreichisch-sowjetischen Beziehungen. Vorübergehende Verstimmungen in Moskau (österreichische Reaktion auf Tschernobyl) und sowjetisches Mißtrauen hinsichtlich spezifischer Themen (Raketenbewaffnung, „Amerika-Konzept") können eine positive Weiterentwicklung der österreichisch-sowjetischen Beziehungen nicht gefährden.

Ob sich Gorbatschow mit seiner Politik letztlich durchzusetzen vermag, ist noch nicht abzusehen. In manchen Bereichen scheint sich der Widerstand gegen Gorbatschows Reformen zu formieren. („Nomenklatura" gegen Privilegienabbau, Militärs gegen Abrüstungsvorschläge etc.) Ob die „radikale Reform" in der Wirtschaftsführung (Dezentralisierung oder Entscheidungen) bei gleichzeitiger Beibehaltung des zentralisierten politischen Systems möglich ist, bleibt abzuwarten. [...]

Dokument 86

Weitgehende Wiederaufnahme des politischen Dialogs zwischen Polen und den westlichen Staaten

GZ 166.17.00/1–II.3/86, Zl. 6-POL/86, ÖB Warschau (Wotava), 9. Dezember 1986

Die Verhängung des Kriegsrechtes am 13.12.1981 in Polen bedeutete gleichzeitig für längere Zeit das Zerreißen des politischen Dialogs Polens mit den westlichen Staaten, die die Zerschlagung der Solidarität-Gewerkschaft, die Inhaftierung der führenden Exponenten dieser Gewerkschaftsbewegung und vieler anderer regimekritischer Persönlichkeiten dem JARUZELSKI-Regime nicht so rasch vergaben. Diese Konsequenz war für Polen umso fühlbarer, als Polen in den 70er Jahren aufgrund seiner zum Teil ausgezeichneten Beziehungen zu den westlichen Staaten als maßgebendes Sprachrohr oder sogar als Vermittler des Ostblocks gegenüber dem Westen aufgetreten war; man erinnere sich beispielsweise nur an das spektakuläre Zusammentreffen zwischen BREZHNEV und GISCARD D'ESTAING, das nach der sowjetischen Afghanistan-Invasion auf Vermittlung des damaligen polnischen Parteisekretärs GIEREK in Warschau zustande kam.

Waren in den 70er Jahren westliche Ministerpräsidenten und Außenminister, ja sogar Staatschefs, unter denen sich auch US-Präsidenten befanden, häufig offizielle Gäste in Polen, dauerte es nach der Verhängung des Kriegsrechtes immerhin fast drei Jahre, ehe der erste westliche Außenminister in der Person des ehemaligen Bundesministers GRATZ zu einem offiziellen Besuch nach Polen kam. Nachdem Österreich diese Schrittmacherrolle übernommen hatte, kam es unmittelbar danach zum offiziellen Besuch des griechischen Ministerpräsidenten PAPANDREOU und des italienischen und britischen Außenministers in Warschau. Durch die von polnischer Seite in nicht sehr geschickter Weise aufgestellten Bedingungen, was den Ablauf solcher Besuche anlangte (Kontakte zur Opposition, Kranzniederlegung am Grab eines deutschen Soldaten, Besuch des Grabes des ermordeten Priesters POPIEŁUSZKO usw.), unterblieben sodann eine Reihe von geplanten Außenminister-Besuchen aus westlichen Staaten (BRD, Belgien, Irland, Dänemark, Spanien), was eine neuerliche Stagnation im politischen Dialog zwischen Polen und den westlichen Staaten zur Folge hatte.

Neuen Schwung im Verhältnis Polens zu den westlichen Staaten brachte zunächst der für Westeuropa zuständige, dynamische und mit großen diplomatischen Fähigkeiten ausgestattete Vizeaußenminister OLECHOWSKI, der schon früher einmal diese Funktion bekleidete und zwischenzeitig für ca. zweieinhalb Jahre Polen in der BRD vertrat, ehe er vor ca. 8 Monaten diese Funktion von neuem übernahm. Als dann das polnische Regime die polnische und internationale Öffentlichkeit im September d.J. mit der Freilassung aller politischen Gefangenen überraschte, war das Eis im politischen Dialog zwischen Polen und der westlichen Welt endgültig gebrochen. Dieser mutige Schritt des JARUZELSKI-Regimes, der zur inneren Befriedung einen maßgebenden Beitrag leistete, wurde durch die meisten westlichen Staaten durch die Zustimmung zur Wiederaufnahme des politischen Dialogs mit Polen auf hoher Regierungsebene honoriert.

Der polnische Außenminister ORZECHOWSKI konnte bei der diesjährigen UN-Generalversammlung und sodann bei der Eröffnung der KSZE-Konferenz in Wien praktisch mit allen westlichen Außenministern Aussprachen führen, die, wie er mir erst vor wenigen Tagen sagte, in einem sehr konstruktiven Geist und einer durchwegs freundlichen Atmosphäre stattfanden. Bereits durchgeführte Besuche des polnischen Außenministers in Australien und Japan und bevorstehende Visiten in Belgien (17.–18.12.86) und Schweden (vermutlich Frühjahr 1987) wären ohne die Freilassung der politischen Gefangenen schwer vorstellbar gewesen. Selbst die Schweiz, die sich dem JARUZELSKI-Regime gegenüber lange Zeit sehr reserviert verhalten hatte, hat bereits eine offizielle Einladung an Außenminister ORZECHOWSKI ergehen lassen. Auch der für Mitte Jänner 1987 geplante Arbeitsbesuch von Staatsratsvorsitzenden JARUZELSKI in Rom, bei dem es auch zu dem seit langem geplanten Treffen mit dem Papst kommen wird, wäre ohne die gegenwärtige innenpolitische Entwicklung in Polen kaum möglich gewesen. Überdies ist zu erwarten, daß es im Laufe des nächsten Jahres, falls es nicht wieder zu einer Zuspitzung der innenpolitischen Situation in Polen kommen sollte, zu einer Reihe von weiteren Besuchen des polnischen Außenministers in westlichen Staaten bzw. von westlichen Außenministern in Polen kommen wird. (Man kann davon ausgehen, daß die Außenminister der BRD und auch Frankreichs, dessen Beziehungen zu Polen neben den USA lange Zeit als die am stärksten belasteten galten, 1987 Polen offiziell besuchen werden. Außerdem stehen Außenministerbesuche aus Dänemark, Spanien und Irland, zu denen sich noch weitere dazugesellen könnten, auf dem Programm).

Selbst die seit 1981 schwerstens belasteten Beziehungen Polens zu den USA sind im Auftauen begriffen. Am Rande der KSZE-Eröffnung in Wien kam es zum ersten Kontakt auf Regierungsebene zwischen den beiden Staaten, als die für Europa zuständige Unterstaatsekretärin RIDGWAY mit dem polnischen Vizeaußenminister KINAST zu einem ausführlichen Gespräch zusammentraf, das, wie mir von Genannten gesagt wurde, als zu gewissen Hoffnungen Anlaß gebend qualifiziert werden könne. Vor wenigen Tagen traf der Stellvertreter von Frau RIDGWAY, SIMMONS, zu Gesprächen im polnischen Außenministerium in Warschau ein. Der eher für eine nüchterne Einschätzung außenpolitischer Vorgänge bekannte polnische Außenminister sagte mir vor kurzem, daß er trotz der schweren Enttäuschung, die die Haltung Washingtons gegenüber Polen in den letzten Jahren verursacht habe, optimistisch sei, daß sich das polnisch-amerikanische Verhältnis, wenn es auch noch etwas Zeit in Anspruch nehmen werde, normalisieren werde. Wenn auch Außenminister SHULTZ der einzige westliche Außenminister sei, der sich vorderhand weigere, mit ihm, ORZECHOWSKI, zusammenzukommen, werde es wahrscheinlich nicht mehr sehr lange dauern, bis ein solches Treffen zustandekommen werde.

So betrachtet hat die polnische Außenpolitik allen Grund, auf das fast abgelaufene Jahr mit Zufriedenheit zurückzublicken. Der politische Dialog zum Westen ist nach einer langen Pause wieder hergestellt. Trotz aller gegenteiligen Beteuerungen hat das polnische Regime nichts mehr gestört, als vom Westen in politischer Hinsicht abgeschnitten gewesen zu sein. Die Polen, letztlich auch kommunistische Spitzenpolitiker des Regimes, sind, von wenigen Ausnahmen abgesehen, in ihrer Mentalität doch so westlich orientiert, daß sie, der traditionellen Außenpolitik Polens folgend, den politischen Dialog mit dem Westen als eine Notwendigkeit betrachten. Die während der durch die politischen Restriktionsmaßnahmen der westlichen Staaten erzwungenen „Quarantänezeit" stark ausgebauten außenpolitischen Beziehungen Polens zu Entwicklungsländern wurden von polnischer Seite nicht einmal als ein schwacher Ersatz für die unterbliebenen Kontakte zum Westen angesehen. Die nächsten zwei Jahre könnten, falls es nicht – das sei noch einmal unterstrichen – zu einer dramatischen Verschärfung der innenpolitischen Situation in Polen kommt, die vollständige Normalisierung des politischen Dialogs zwischen Polen und den westlichen Staaten bringen, und auch Besuche westlicher Regierungschefs sollten wieder in Warschau an der Tagesordnung sein. Persönlich möchte ich der Hoffnung Ausdruck geben, daß der österreichische Bundeskanzler angesichts der traditionell intensiven Beziehungen zwischen Österreich und Polen, vom Besuch des griechischen Ministerpräsidenten PAPANDREOU im Herbst 1984 abgesehen, der erste westliche Regierungschef sein möge, der Polen seit 1981 einen offiziellen Besuch abstattet.

Die Wiederaufnahme des politischen Dialogs auf hoher Regierungsebene zwischen Polen und den westlichen Staaten liegt nicht nur im Interesse der betroffenen Staaten und Polens, sondern dient ohne Zweifel auch der politischen Stabilität in Europa. [...]

Dokument 87
Gründung des Konsultativrates beim Staatsrat
GZ 166.03.00/32-II.3/86, Zl. 400-RES/86, ÖB Warschau (Wotava), 9. Dezember 1986

Der seit einigen Monaten angekündigte Konsultativrat beim Staatsrat, in den auch regimekritische Persönlichkeiten Eingang finden sollten und der nach Angaben des Regimes über alle Fragen des öffentlichen Lebens einen freimütigen Meinungsaustausch abhalten soll, ist am 6.12.1986 vom Staatsratsvorsitzenden JARUZELSKI der Öffentlichkeit vorgestellt worden. Nach der Freilassung der politischen Gefangenen ist das Projekt des Konsulativrates vom Regime als eine weitere Maßnahme, die der innenpolitischen Entspannung dienen sollte, mit großem Propagandaaufwand angekündigt worden.

Dem Konsultativrat gehören 56 Persönlichkeiten an, die am genannten Tag bereits eine umfangreiche interne Diskussion über die künftigen Tätigkeiten des neugeschaffenen Gremiums abhielten. Laut Angaben des Staatsratsvorsitzenden, der die einzelnen Mitglieder des Konsultativrates persönlich zur Mitwirkung eingeladen hatte, könne jeder der Mitglieder des Konsultativrates jederzeit aus dem Rat ausscheiden bzw. könnten auch neue Persönlichkeiten hinzukommen, um eine möglichst große Fülle von intellektueller Kapazität und Ideenreichtum in das neue Gremium einzubringen.

Wie die Botschaft bereits berichtet hat, hat das Regime insbesondere großes Interesse gezeigt, die Kirche bzw. ihr nahestehende Vertreter in den Konsultativrat einzubinden. An die Aufnahme von namhaften Vertretern der Opposition hat das Regime offensichtlich keinen Augenblick gedacht. An regimekritischen Persönlichkeiten wie zum Beispiel an dem Herausgeber der bekannten Krakauer Zeitschrift „Tygodnik Powszechny", Prof. TUROWICZ, der noch dazu den Vorteil gehabt hätte, ein Naheverhältnis zur Kirche zu haben, hätte hingegen das Regime größtes Interesse gehabt, doch hat dieser, wie zu erwarten war, abgewunken.

Bei Durchsicht der Liste fällt auf, daß erwartungsgemäß keine der Kirche nahestehenden Persönlichkeiten darunter zu finden sind, sodaß auch dieser Versuch des Regimes, die Kirche, wenn auch nur indirekt, in ein vom Staat initiiertes Gremium einzubinden, wie alle anderen vorherigen Versuche dieser Art fehlgeschlagen ist. Es findet sich hingegen eine Gruppe von ehemaligen katholischen ZNAK-Abgeordneten (AULEYTNER, BUCHAŁA, ZABŁOCKI), die zwar theoretisch als katholische Gruppierung figurieren könnten, aber in keiner Weise je das Vertrauen der Kirche besaßen. Es ist allerdings zu bemerken, daß die genannten ehemaligen ZNAK-Abgeordneten offensichtlich wegen ihrer doch mitunter für das Regime unangenehmen Kritik im Parlament aus diesem entfernt wurden und dem neuen SEJM nicht mehr angehören.

In dem Gremium sind eine Reihe honoriger Persönlichkeiten vertreten, die aber aufgrund ihrer Stellung (z.B. Universitätsrektoren aus Warschau und Krakau, Präsident der Akademischen Wissenschaften, ehemaliger Präsident der Akademie der Wissenschaften und jetziger Direktor des Königsschlosses, Verwaltungsgerichtshofspräsident), auch wenn sie eine [zu ihm] distanzierte Haltung einnehmen, es sich nicht leisten können, echte und dem Regime unangenehme Kritik zu üben. Auch wenn ca. 70 % der gegenwärtigen Mitglieder des Konsultativrates der Partei nicht angehören, haben viele von ihnen nicht jenes Gewicht in den Augen der Bevölkerung, als daß dieses Gremium von der kritischen Öffentlichkeit sehr ernst genommen werden könnte.

So dürfte sich der Konsultativrat, wenn sich in seiner Zusammensetzung in der Zukunft nichts Drastisches ändert, als eine weitere Institution erweisen, die zwar mit großer Fanfare als ein zusätzlicher Schritt zur Demokratisierung des öffentlichen Lebens angekündigt worden war, der aber in den Augen der kritischen polnischen Öffentlichkeit keineswegs jene Bedeutung zukommen wird, um entscheidende Korrekturen von unliebsamen Erscheinungen des öffentlichen Lebens oder wirklich bahnbrechende neue Initiativen erwarten zu lassen. […]

Dokument 88

Arbeitstreffen der Generalsekretäre der Kommunistischen Parteien der RGW-Staaten in Moskau (10.–11. November 1986)

ÖStA, AdR, NL Agstner, E-1746-K54, Zl. 349-RES/86, ÖB Budapest (Agstner),
10. Dezember 1986

Vom einzigen Begleiter von Generalsekretär KÁDÁR zum gegenständlichen Treffen […] Géza KÓTAI, Abteilungsleiter für Internationale Angelegenheiten im ZK der USAP, erhielt ich gestern im Verlaufe einer – von mir Mitte November erbetenen – Unterredung nachstehende Information:

Was die Auswirkung dieser Konferenz auf Österreich betreffe, sehe er keinerlei Änderung. Eine Änderung sei eher im Westen im Gange, obwohl er sich darüber noch keine endgültige Meinung habe bilden können. Ihm scheine aber, daß einige rechtsgerichtete Kräfte die Beziehungen, die sich zwischen Österreich und Ungarn entwickelt haben, als störend empfinden. Es störe die Kräfte, daß zwei Staaten mit verschiedenen gesellschaftlichen Systemen gut miteinander auskommen und gut zusammen arbeiten. Dies beunruhige ihn nicht, aber man müsse aufpassen, was geschehe. Auf ungarischer Seite werde sich nichts ändern, man werde so weitermachen wie bisher. Wenn sich innerhalb des RGW ein Fortschritt vollziehe (worauf er noch zurückkommen werde), dann werde dies weder die ungarisch-österreichische noch die ungarisch-westlichen Beziehungen stören. Ungarn wolle in erster Linie seine Schulden reduzieren. Die Verschlechterung der diesbezüglichen Lage sei gegen Ungarns Intentionen eingetreten. Aber es gebe einige Relationen, wo Ungarn zu Opfern bereit sei, z.B. wolle Ungarn in Zusammenarbeit mit Österreich und der BRD, auch Italien könne man einschließen, sogar zum Nachteil von „anderen" (Bereichen, Ländern??) fördern. Wenn auch der Bewegungsapparat Ungarns wegen seiner schwachen Devisenreserven klein sei, wolle man diese Beziehungen nicht einschränken, denn Ungarn brauche diese Beziehungen.

Zur Zusammenarbeit Ungarns im RGW wolle er in aller Klarheit sagen, daß keine Integration beabsichtigt sei. Es solle eine Gemeinsamkeit von gut funktionierender Zusammenarbeit und gegenseitigem Vorteil sein. Es gebe eine vielseitige und gute Zusammenarbeit; die vielseitige Kooperation und Abstimmung in Sachgebieten sei aber noch sehr in den Anfängen. Als Beispiel nannte Herr KÓTAI den Traktorenbau, auf den Ungarn seinerzeit im Zuge der Spezifizierung der Produktion verzichtet habe. Ungarn stünden heute aus den Lieferungen der anderen RGW-Staaten viel zu wenig Maschinen und auch nicht sehr gut geeignete, zu leistungsschwache Traktoren für die Bearbeitung des Bodens zur Verfügung.

Der Sowjetunion liege sehr daran, die technische Rückständigkeit zu beseitigen. Die ungarischen und sowjetischen Absichten deckten sich, auch mit den übrigen RGW-Staaten, die Zusammenarbeit qualitativ zu verändern. „Die Welt läuft an uns vorbei, leider ist dies schon in den letzten Jahren geschehen", meinte Herr KÓTAI. Diesen Zustand müsse man ändern. Die objektiven Möglichkeiten dazu seien relativ beschränkt, es werde längere Zeit dauern, wenn es überhaupt je gelingen werde, aber es müsse gelingen.

Die RGW-Gipfelbesprechungen des Jahres 1984 […] seien eine Plenarsitzung mit längerer Vorbereitungsdauer gewesen. Bei der Beratung am 10. und 11. November 1986 habe [es] sich um einen freien und ungebundenen Meinungsaustausch gehandelt, qualitativ habe es also einen Unterschied gegeben. Es seien keine Entscheidungen getroffen worden, in einigen grundsätzlichen Fragen hätten sich die Generalsekretäre der Parteien geeinigt. Die Verwirklichung müsse durch Institutionen des RGW und der einzelnen Länder erfolgen, sie müssten die erforderlichen Maßnahmen treffen.

Wenn alles gelinge, worüber Einigung erzielt worden sei, bedeute dies in der Zusammenarbeit eine qualitative Änderung, aber nicht zum Schaden der Ost-West-Beziehungen. Konkret wolle er in diesem Zusammenhang folgendes erwähnen:

Aus den Medienberichten über den Besuch von Generalsekretär GORBATSCHOW in Ungarn im Juni 1986 […] sei bekannt, daß viel über die unmittelbare Zusammenarbeit zwischen Unternehmungen beider Staaten gesprochen worden sei wie z.B. die Gründung gemischter Unternehmungen dort, wo es zweckmäßig sei und wo man die gegenseitigen Vorteile sichern könne. Wenn man ein solches Unternehmen, z.B. im Bereich der Biotechnologie, habe, könne dies nur durch E r w e i t e r u n g geschehen und nicht um Nachteil der Beziehungen (Ungarns) mit dem Westen. Es gebe nicht viele solcher Unternehmungen (im Zusammenhang mit den übrigen RGW-Staaten) in Ungarn.

Als weiteres Beispiel nannte Herr KÓTAI das bekannte Staatsgut BÁBOLNA bei Győr, das im Laufe der Jahre verschiedene (westliche) Technologien, z.B. im Bereich der Geflügelzucht, gekauft habe. Dies funktioniere gut und BÁBOLNA habe ähnliches in 10 Jahren in der Sowjetunion aufgebaut. Dies sei kein Transfer, weil BÁBLONA die Technologie gekauft habe und gleiches könne man auch in der Zukunft tun.

In erster Linie gehe es nicht darum, westliche Technologien zu transferieren, weil auch Ungarn eigene Forschungen habe. Wenn man manches mit der Sowjetunion weiterentwickeln könne, werde Ungarn dies tun. Es gehe aber, und dies wolle er nochmals betonen, um eine E r w e i t e r u n g. Ungarn könne nicht ohne seine westeuropäischen Partner leben. Um dies zu untermauern, wolle er noch eine politische Bemerkung machen: Industrieminister KAPOLYI habe vor kurzem die USA besucht. Er habe – wie Herr KÓTAI selbst aus seinen Erfahrungen im Auswärtigen Dienst – die gleichen Erfahrungen gemacht, daß nämlich bei einigen der westlichen Partner Ungarns eine Reihe von Mißverständnissen bestünde, was die Zukunft der ungarischen Reformen angehe. In einigen Fällen – dies sei jedoch nur ein Bruchteil – gebe es eine g e w o l l t e M i ß i n t e r p r e t a t i o n. Meistens fehle es aber an Information. Es werde behauptet, daß in Ungarn die „Linksaußen" die Reformen umgehen wollen. Ungarn bleibe jedoch kein anderer Weg, als den Reformprozeß weiter zu führen. Der XIII. Parteitag des USAP habe dies bestätigt. Natürlich könne man sagen, es seien auch Parteitagsbeschlüsse nicht eingehalten worden, doch Ungarn habe keine andere Wahl. Ungarn habe im Jahre 1986 einige weitreichende Gesetze beschlossen wie das Konkursgesetz, die „Übergangsunterstützung" (im Zusammenhang mit Personalabbau in Betrieben bis zur Auffindung eines neuen Arbeitsplatzes) und man werde [bei] mit Verlust arbeitenden Unternehmungen als auch Einzelpersonen konsequent den eingeschlagenen Weg fortsetzen. Man wolle eine leistungsorientierte Wirtschaft schaffen. Derzeit flirte man mit der Einführung der Mehrwertsteuer. Die Entwicklung in der Sowjetunion unterstütze Ungarns Bemühungen, obwohl die Sowjetunion in mancher Hinsicht einen anderen Weg gehe.

Abschließend bemerkte Herr KÓTAI, die gegenständliche Moskauer Beratung habe nichts erbracht, was den Bewegungsraum Ungarns einengen würde, dasselbe treffe für die anderen RGW-Länder zu. Die Prozesse in der Welt seien nicht so, daß davon die Rede sein könne. In den RGW-Staaten werde an verschiedenen Entwicklungen parallel gearbeitet, manchmal jedoch auf verschiedene Weise. Man könne das Ergebnis der Beratungen des ZK der USAP vom 19. und 20. November d.J. […] als Konzeption der Restriktionen bezeichnen, das ZK habe zu einer selektiven Zurücknahme Stellung genommen.

Die Ausführungen des Gesprächspartners verdienen deshalb Beachtung, weil er an einer Schlüsselstelle sitzt und trotz seines relativ jungen Alters zu den engsten Mitarbeitern von Generalsekretär KÁDÁR gehört. Da die Vorlage dieses Berichts keine Verzögerung erfahren soll, darf eine Auswertung bzw. Analyse der Ausführungen des Gesprächspartners einem weiteren Bericht vorbehalten werden. [...]

Dokument 89
Fernsehinterview von Generalsekretär János KÁDÁR am 12. Dezember 1986

GZ 222:02:02/16-II.3/86, Zl. 357-RES/86, ÖB Budapest, 18. Dezember 1986

Am 12. Dezember 1986 wurde vom ungarischen Fernsehen ein Interview mit Generalsekretär KÁDÁR von über einer Stunde ausgesendet. Auf die Stichfrage „REYKJAVÍK" äußerte sich Herr KÁDÁR, der frei sprach und sich keiner Unterlagen bediente, zunächst zu internationalen Fragen und zu Fragen der ungarischen Außenpolitik. Er bewertet – der bisherigen ungarischen Linie folgend – REYKJAVÍK positiv. Dabei arbeitet er den Unterschied zwischen der sowjetischen Haltung und jener der USA bzw. einiger NATO-Staaten heraus, welche letztere nach wie vor für Verhandlungen eine Position der Stärke anstreben. Die Westmächte gingen zu wenig auf die Vorschläge der Sowjetunion bzw. des Warschauer Paktes ein und sie hielten an der nuklearen Abschreckung fest.

Beim Moskauer Treffen (Mitte November 1986) der Generalsekretäre der „Bruderpartei" habe der Lageeinschätzung nach volle Übereinstimmung geherrscht. Die Außenpolitik der Teilnehmerstaaten sei in den Hauptzügen identisch. Der Warschauer Pakt strebe keine Überlegenheit an, er wolle aber auch keine Überlegenheit der anderen Seiten, es gehe um die Reduzierung des Kräftegleichgewichts auf einem niedrigen Niveau. Ein wichtiges Element der internationalen Lage sei, daß beide Seiten, trotz fortgesetzter militärischer Rivalität, zu einer Gesprächsbasis gekommen seien. Herr KÁDÁR wies in diesem Zusammenhang auf das neue sowjetische Denken und das neue sowjetische Verhalten hin, es gehe hiebei um die gegenseitige Sicherheit.

Zur Frage, was sich die Menschen in Ungarn von den internationalen Beziehungen erwarten, meinte KÁDÁR (wie er dies schon früher öfters zum Ausdruck gebracht hatte), „for quite some time" müsse man in einer Welt mit verschiedenen gesellschaftlichen Systemen leben. Hiebei kam er auf die Rolle und Verantwortung kleiner Länder, an der Lösung internationaler Probleme mitzuarbeiten, zu sprechen. Ein kleines Land wie Ungarn könne im Interesse der guten Sache etwas tun und er behauptet, Ungarn tue dies auch. Als sich das Klima abgekühlt habe, habe Ungarn eine Menge getan, um die Beziehungen aufrecht zu erhalten. Nur durch Verhandlungen, Aufrechterhaltung von Kontakten und Stärkung friedlicher Beziehungen könne man die Ziele erreichen. Von den gesellschaftlichen

Organisationen und Bewegungen Ungarns, die in diesem Bereich aktiv sind, nannte KÁDÁR neben Partei und Gewerkschaft ausdrücklich Kirchen.

Herr KÁDÁR hält an der Behauptung fest, die führenden Westmächte hätten seinerzeit eine militärische Intervention in Ungarn beabsichtigt; das letzte, was er sich gewünscht habe, sei ein Zusammenstoß der beiden Hauptrivalen Sowjetunion – USA in Budapest gewesen. Mit diesen Komponenten und der Differenzierung der Teilnehmer an der Revolution, der Darstellung der auf 1956 folgenden Politik (die KÁDÁR im Laufe der Zeit sich glaubwürdig gemacht hat) sowie mit dem Hinweis, daß man eine offene Gesellschaft geworden sei, die Grenzen offen seien und niemand könne sagen, daß er hinter dem Eisernen Vorhang lebe, hat Herr KÁDÁR wieder einmal diese handfeste Karte ausgespielt und anschließend in Relation zu den aktuellsten Problemen der beiden letzten Jahre, nämlich zur wirtschaftlichen Lage, gesetzt. Er versäumte dabei nicht den Hinweis, daß der Mythos von einem Paradies im Westen verschwunden sei, die Menschen wüßten, daß es dort Arbeitslosigkeit und andere Probleme gebe … Die Ansicht war eindeutig, die Menschen sollen zur Kenntnis nehmen, daß das Leben in Ungarn durchaus erträglich sei. Mit größter Aufmerksamkeit sah der Zuhörer wohl den Aussagen KÁDÁRS über die wirtschaftliche Lage und die Auswirkungen des ZK-Beschlusses vom 20. November d.J. entgegen. Her KÁDÁR zeigte sich auch hiebei als ruhender Pol. Er wies auf die wirtschaftlichen Sorgen mit ihren ungünstigen internationalen Rahmenbedingungen, aber nicht weniger auch auf die hausgemachten Probleme hin. Lösungsmöglichkeiten seien in einer engeren Zusammenarbeit als bisher mit den RGW-Staaten (vor allem sind unausgeschöpfte Ressourcen gemeint) zu sehen, doch müsse man ebenso erfolgreicher auf den kapitalistischen Märkten auftreten. Er bekannte sich zu den Reformen und innerhalb dieser zur Differenzierung. Die Arbeitskollektive und die einzelnen Menschen müßten eine andere Haltung zur Lösung der Probleme einnehmen, der Staat könne nicht (mehr) für alles aufkommen, man verbringe heute zehnmal mehr Zeit für das Aufteilen als für das Produzieren, dies alles müsse sich (sinngemäß zusammenfassend) ändern. Abschließend bezeichnete Generalsekretär KÁDÁR die innenpolitische Lage (Anmerkung: trotz der prekären wirtschaftlichen Situation) als stabil. Er erweckt Hoffnung, indem er sagte, das vom ZK beschlossene Programm zeige langsam Wirkung. (Der Mann auf der Straße wird diesbezüglich recht skeptisch bleiben.) Die – lt. KÁDÁR im Westen behauptete – Anwendung kapitalistischer Methoden in der ungarischen Wirtschaft stellte Her KÁDÁR in Abrede.

Zusammenfassung:

Herr KÁDÁRS Ausführungen enthalten weder in Fragen Außenpolitik noch Innenpolitik bzw. der wirtschaftlichen Lage Ungarns neue Elemente. Zweck der Fernsehsendung war vornehmlich wohl, beruhigend zu wirken, denn es geht darum, keinen Defaitismus und Zweifel an der Führungsqualität der Parteien aufkommen zu lassen. Hiesige politische Beobachter gehen davon aus, daß die Frage einer KÁDÁR-Nachfolge noch einige Zeit nicht aktuell ist. […]

Dokument 90

Die Politik der SU unter Gorbatschow; Information – zur „Breschnew-Doktrin"

GZ 225.02.02/2-II.3/87, Zl. 7-Res/87, ÖB Bonn (Bauer), 14. Jänner 1987

Im Dokument der Stockholmer Konferenz über vertrauens- und sicherheitsbildende Maßnahmen und Abrüstung in Europa findet sich unter (15) folgende Bestimmung:

„Sie werden ihrer Verpflichtung entsprechen, sich in ihren Beziehungen zu jedem anderen Staat der Androhung oder Anwendung von Gewalt zu enthalten, ungeachtet des politischen, sozialen, wirtschaftlichen oder kulturellen Systems dieses Staates und unabhängig davon, ob sie zu diesem Staat Bündnisbeziehungen unterhalten oder nicht."

In dieser von den N+N-Staaten vorgeschlagenen und vom Westen übernommenen Bestimmung wurde von westlicher Seite die bisher stärkste Absage an die „Breschnew-Doktrin" im internationalen Bereich (wenn auch nicht in Vertragsform) gesehen. Die SU und der übrige WP versuchen nicht einmal ansatzweise Kritik oder Umformulierungen dieser Bestimmung, die als eine der ersten im Gewaltverzichts-Abschnitt des Stockholmer Dokuments einvernehmlich festgelegt wurde.

Die Botschaft (der im übrigen die Erklärung Gorbatschows vor dem X. Polnischen Parteitag nicht vorliegt) will daraus keine überzogenen Schlußfolgerungen herleiten, weil ohnedies allgemein angenommen wird, daß im Falle übergeordneter nationaler Interessen weder politische Erklärungen noch rechtliche Verträge einen hiezu fähigen Staat an der Gewaltanwendung oder -androhung zur Wahrung seiner Interessen hindern würden.

Doch mag weiters von Interesse sein, daß z.B. eine Diskussion bei der letzten Tagung der Deutschen Gesellschaft für Völkerrecht […] keine einheitliche Auffassung über die Existenz einer Breschnew-Doktrin ergab, weil sich die SU bei der völkerrechtlichen Begründung ihrer Interventionen in der ČSSR und in Afghanistan nicht auf eine solche Doktrin, sondern auf Unterstützungsansuchen der betreffenden Staaten berufen hatte. […]

Dokument 91

Ungarn an der Wende 1986/87; Enttäuschungen – Erwartungen – Gerüchte – personelle Veränderungen

GZ 222.03.00/1-II.3/87, Zl. 1-POL, ÖB Budapest (Agstner), 15. Jänner 1987

Die innenpolitische Lage ist stabil, so äußern sich regelmäßig Generalsekretär KÁDÁR und die anderen führenden Repräsentanten Ungarns fast gegenüber jedem ausländischen Gesprächspartner. Zuletzt hat sich Herr KÁDÁR in seinem Fernseh-Interview am 12. Dezember 1986 in diesem Sinne vernehmen lassen. Hier soll nicht vom Grad dieser Stabilität die Rede sein, sondern nur festgestellt werden, daß die

Lage im allgemeinen deshalb stabil (geblieben) ist, weil es (noch) Herrn KÁDÁR gibt.

Es ist hinreichend bekannt, daß sich die wirtschaftliche Lage Ungarns nach einer Erholungspause in den Jahren 1983 und 1984 wieder verschlechtert hat. Sowohl 1985, zu dessen Beginn sich der XIII. Parteitag der USAP auf die Weiterführung der Reformen festgelegt hat, wie 1986 – dem ersten Jahr des siebenten 5-Jahresplanes – wurden die Planziele nicht erreicht. Der Lebensstandard der breiten Bevölkerungsmassen, der schon längere Zeit stagniert, ist wieder im Absinken und die Auslandsverschuldung ist entgegen allen Planungen doch wieder angestiegen; man spricht von 13–14 Mrd. US-Dollar Bruttoverschuldung, ein beträchtliches Ansteigen gegenüber dem Vorjahr.

Nun sind tatsächlich eine Reihe von Schwierigkeiten durch äußere Umstände bedingt, wie Verfall der Preise auf dem landwirtschaftlichen und Erdölsektor und sonstige Auswirkungen des Kursrückgangs des US-Dollars. Es ist aber offensichtlich, daß im inneren Gefüge vieles nicht mehr oder immer weniger stimmt. Ein potentieller KÁDÁR-Nachfolger, Politbüromitglied Károly GRÓSZ, Erster Parteisekretär von Budapest, sagte zum Jahresende 1986: „Unser früheres Konzept über die zukünftigen Charakteristika des Sozialismus hat sich im Leben nicht in jeder Hinsicht als richtig erwiesen." Im gleichen Atemzug meinte er: „Die Wiederherstellung des Prestiges, der Arbeitsmoral ist eine Aufgabe, die nicht aufgeschoben werden kann." Mit dem einen wie mit dem anderen sprach GRÓSZ nur jedermann bekannte und doch populäre Gemeinplätze aus.

In den Augen der Massen wird das Absinken ihres Lebensstandards vielfach mit den Reformmaßnahmen der letzten Jahre in Verbindung gebracht. Gleichzeitig sehen sich diese Schichten der ihnen unverständlich erscheinenden Tatsache gegenüber, daß in den letzten 3–4 Jahren eine Bevölkerungsschichte mit steigendem Wohlhaben heranwuchs, die in neu erbauten, schönen Villen wohnen und teure, westliche Autos besitzen. Die Tatsache, daß diese „besser gestellten Menschen" dafür hart und überdurchschnittlich arbeiten müssen, wird hiebei geflissentlich übersehen, weil sie nicht in das Schema der sozialistischen Idealvorstellungen passt. Man registriert seit Jahren Versprechungen über eine allmähliche Wende und schrittweise Verbesserungen und musste Ende 1986 wiederum feststellen, daß Opfer verlangt werden, um die wirtschaftliche Lage in den Griff zu bekommen.

Eines haben die Jahre 1985 und 1986 bewirkt: Der Führung ist heute (wiederum) bewusster, daß ihre Glaubwürdigkeit auf dem Spiel steht, denn das Volk hält nichts mehr von Parolen und schönen ideologischen Phrasen sowie Ausreden, sondern handelt nach seinem Instinkt, um im Alltag zu bestehen. Der Tagesablauf im politischen Leben Ungarns ist bis zur Überdrüssigkeit geprägt von wirtschaftlichen Problemen und dem Gerede darüber, von Sorgen und nicht zuletzt von einer – systemimmanenten – Flut von Änderungen bei den Wirtschaftsregulatoren, durch welche jede Übersichtlichkeit verlorengeht. Ständig besteht dadurch Unsicherheit und Verunsicherung über das, was morgen oder in 5 Jahren sein wird, die schon lange bis zur Unübersichtlichkeit gewordenen laufenden Veränderungen verhindern in den

Betrieben, ob groß oder klein oder auch in den privaten Kleinunternehmen, jedwede längerfristige Planung und damit Initiative bzw. Aktivität. Sie wirken trotz Dezentralisierung oftmals geradezu lähmend. In vielen Fällen spielt allerdings auch das menschliche Element eine Rolle, denn es gibt noch immer Unternehmensleiter, die aufgrund ihrer seinerzeit maßgeblich gewesenen Qualifikationen einfach nicht in der Lage und noch dazu wohl oft auch nicht willens sind, dem neuen Zeitgeist zu entsprechen.

Das ZK hat in seiner Sitzung am 20. Nov. 1986 eine Reihe von Mängeln und Unzukömmlichkeiten aufgezeigt und sich zur entschlosseneren Behebung derselben durchgerungen.

Versäumnisse in der Verwirklichung der Planvorhaben hat das ZK sowohl der Regierung wie den für Wirtschaftsfragen zuständigen Faktoren im Apparat des ZK angelastet: Eine solche Einbeziehung hoher Parteifunktionäre in die Verantwortung gehört auch in Ungarn zu den Seltenheiten. Mitte November d.J. hatte es eine Reihe von Gerüchten über Änderungen an der Spitze der Parteiführung gegeben, die nur auf völliger Unkenntnis der internen Vorgänge beruhen konnten und die Problematik westlicher – einschließlich österreichischer – Medienberichterstattung über Vorgänge im Osten wieder einmal aufzeigten. Als einzige Änderungen gab es zum Jahresende die Pensionierung des sechzigjährigen Finanzministers Dr. HETÉNYI sowie des zweiundsechzigjährigen stellv. Ministerpräsidenten und Leiters des Planungsamtes FALUVEGI sowie des Leiters der Kontrollbehörde (Rechnungshof) und deren Ersetzung durch jüngere Kräfte. Ungarische Kenner der Verhältnisse halten es für absurd, daß diese wenigen Veränderungen Leute betreffen, welche nur die Orders und Beschlüsse des Parteiapparates ausführten, während für den Apparat selbst offenbar andere Maßstäbe angelegt werden. Unter Insidern rechnet man mit weiteren Veränderungen im Laufe 1987.

Von Herrn KÁDÁR ist bekannt, daß er schon immer in Fragen personeller Veränderungen – seitdem er seine letzten Rivalen in den Jahren bis 1980 losgeworden ist – zurückhaltend war. Was ihn selbst betrifft, so hat er es immer wieder verstanden, seine Person nicht als das Wesentliche in den Mittelpunkt zu stellen, obwohl er unbestrittener Mittelpunkt ist und sein Abgang unter den gegenwärtigen Umständen sowohl aus innen- wie auch aus außenpolitischen Erwägungen für kaum denkbar gehalten wird; denn er ist die Inkorporation des Konsensus und damit der Stabilität, von der eingangs dieses Berichtes die Rede ist, und er ist ein Faktor, den auch Generalsekretär GORBATSCHOW in Kalkül ziehen muss. Es gibt eine Reihe von Spekulationen über potentielle Nachfolger, worunter die Namen des stellv. GS der USAP, Károly NÉMETH, des ZK-Sekretärs János BERECZ und des Politbüromitglieds sowie Ersten Parteisekretär von Budapest, Károly GRÓSZ, bisher am häufigsten aufschienen.

Während zwar von oben herab die Neigung zu personellen Veränderungen recht gering ist, herrscht besonders in den mittleren und unteren Rängen des ZK-Apparats zunehmend Ungeduld über Immobilität sowie das Hinauszögern von Entscheidungen und man erachtete deshalb personelle Änderungen – abgesehen von weiteren in der Regierung – auch im ZK-Apparat für dringend erforderlich.

Aus dem inneren Parteiapparat nahestehenden Kreisen ist zu vernehmen, daß – wahrscheinlich in mehreren Etappen – 1987 folgende Veränderungen über die Bühne gehen könnten:

Der stv. Generalsekretär der USAP, Károly NÉMETH, löst den Vorsitzenden des Staatsrates, Pal LOSONCZI, ab, der in Pension geht.

Neuer stellv. Generalsekretär der USAP wird das Politbüromitglied und derzeitiger Erster Parteisekretär von Budapest, Károly GRÓSZ.

János Berecz, ZK-Sekretär für Agitprop-Angelegenheiten, wird Erster Parteisekretär von Budapest.

Der ZK-Sekretär für Internationale Angelegenheiten, Mátyás SZŰRÖS, wird Mitglied des Politbüros.

Der Generalsekretär der Patriotischen Volksfront, Imre POZSGAY, wird ebenfalls Mitglied des Politbüros.

Der Name des ZK-Sekretärs und früheren Innenministers István HORVATH wurde in diesem Zusammenhang zwar nicht genannt, er könnte aber noch ins Spiel kommen.

Am Beginn des Jahres 1987 gibt es also viel Unbehagen, das wohl vornehmlich, aber nicht ausschließlich in wirtschaftlichen Fragen begründet ist. Die Gesellschaft ist noch illusionsloser geworden, als sie es ohnehin schon war. Die Vorgänge und Veränderungen in der SU interessieren nur einen kleinen Kreis und konnten beim [Menschen] auf der Straße bisher keine Hoffnung wecken.

Die Menschen sehen das Gefälle zwischen Ost und West. Das Regime ist sich dieses Umstandes bewusst und auch der damit für die Lage des Landes verbundenen Gefahr. Gesprächen mit Funktionären des ZK-Apparates kann man entnehmen, daß man zu manchen weiteren Neuerungen und weiterer Demokratisierung bereit ist, „wenn das System nicht in Frage gestellt wird" (sic!). So gesehen, dürfte das Jahr 1987 manch' interessante Entwicklung – besonders auf Grund der zu erwartenden personellen Veränderungen – mit sich bringen, die auf Jahre hinaus eine Weichenstellung bedeuten kann. Mit den angedeuteten personellen Veränderungen ist nicht jedermann glücklich – weder unter den Ungarn noch unter den Repräsentanten bedeutender westlicher Staaten, die wohl die Meinungen ihrer Regierungen reflektieren. […]

Dokument 92

Jaruzelski treibt seine Reformbestrebungen weiter und tritt für mehr Kritik ein – massive Unterstützung von Gorbatschows Reform

GZ 166.03.0/1-II.3/87, Zl. 166.09/1-A/87, ÖB Warschau, 30. Jänner 1987

Am 28. und 29. Jänner d.J. tagte das polnische Parlament und verabschiedete u.a. ein Gesetz über die Erhöhung der Pensionen für die Jahre 1987 und 88. Über die Vorgangsweise der Regierung bei der Erstellung des entsprechenden

Gesetzesentwurfs kam es nun zu einer Kontroverse zwischen der Gesamtpolnischen Gewerkschaft und der Regierung.

Der Hintergrund ist folgender: Gemäß Statut hat die Gesamtpolnische Gewerkschaft das Recht, ihre Meinung zu Gesetzesentwürfen bestimmter Bereiche zu äußern und Verbesserungsvorschläge in die Gesetzesvorlage einzubringen. Im gegenständlichen Fall wurde die Gewerkschaft von Regierungsseite zwar anfänglich konsultiert, ihr aber zu wenig Zeit zu einer substantiellen Rückäußerung eingeräumt.

Die nach Ansicht der Gesamtpolnischen Gewerkschaft eindeutige Verletzung ihrer Statuten durch die Regierung beklagte deren Pressesprecher nunmehr lautstark und öffentlich.

Regierungssprecher Urban sah sich darob zu einer ebenso öffentlichen Stellungnahme gezwungen und entschuldigte sich in aller Form für die von der Regierung an den Tag gelegte Eile bei der Einbringung der Gesetzesvorlage ins Parlament und gab gleichzeitig die Versicherung ab, daß die Regierung eine Verkürzung der Konsultationsphase nicht zur Regel für die Zusammenarbeit mit der Gesamtpolnischen Gewerkschaft machen würde.

Mit dieser Kontroverse trat die Gesamtpolnische Gewerkschaft wieder einmal und spektakulär aus ihrem bisherigen Schattendasein im öffentlichen Leben heraus und konnte sich dergestalt als Kontrahent der Regierung gegenüber profilieren, eine Rolle, die ihr seitens weitester Bevölkerungskreise bisher nicht abgenommen wurde. [...]

Dokument 93

**Plenartagung des Zentralkomitees der KPdSU (27./28.1.1987);
Gorbatschows Reformkurs und seine Grenzen**

GZ 225.03.00/4-II.3/87, BMAA Wien, 2. Februar 1987

1. In Fortsetzung seiner Politik der Umgestaltung (perestroika) der sowjetischen Gesellschaft eröffnete Generalsekretär Gorbatschow am 27.1. die seit langem erwartete Plenartagung des Zentralkomitees der KPdSU mit einer an Systemkritik und Substanzvorschlägen seine bisherigen Äußerungen weit übertreffenden Erklärung. Insbesondere machte Gorbatschow seine Absicht klar, nach der eingeleiteten Wirtschaftsreform nun auch die Parteireform in Angriff nehmen zu wollen. Zugleich wurden im Verlauf der Tagung die von den konservativen Parteikräften gezogenen Grenzen für den Reformkurs des Generalsekretärs deutlich sichtbar.

2. Insgesamt soll nach Gorbatschows Vorschlägen ein Mehr an Demokratie erreicht werden. Die konkreten Vorschläge beziehen sich vor allem auf:

2.1 Sozialistische Selbstverwaltung in Wirtschaftsunternehmen: Wahl von Fabrik- und Betriebsleitern, hiebei soll Meinung des Arbeitskollektivs und der zuständigen Parteiinstanzen entsprechend berücksichtigt werden.

2.2 Aufrücken von Nichtparteimitgliedern in Leitungsfunktionen.

2.3 <u>Demokratisierung der Wahlen</u> in die Sowjets auf allen Ebenen durch Präsentation mehrerer Kandidaten in <u>Vorwahl</u>verfahren (nicht aber im eigentlichen „Wahl"verfahren!).

2.4 <u>Geheime Abstimmungen</u> in Parteikomitees (bis zu Ebene der Republikparteiorganisationen) bei Bestellung der Parteisekretäre.

2.5 Einberufung einer <u>Allunionsparteikonferenz</u> (erstmals seit März 1941!) für 1988, offenbar um die Basis zu mobilisieren und historische Bedeutung der anstehenden Entscheidungen zu dokumentieren.

3. Kennzeichnend für die Vorschläge ist deren weitgehend plakativer Charakter; der Modus ihrer konkreten Durchführung bleibt zum Teil offen. Desgleichen wird Beibehaltung des Prinzips des „demokratischen Zentralismus" und des bestehenden „politischen Systems" betont. Bei Beibehaltung des Primats der KPdSU und der Kontrolle von oben strebt Gorbatschow offenbar eine zusätzliche „Kontrolle von unten" und stärkere Mobilisierung der Parteibasis an.

4. Wenn schon die <u>Vorschläge Gorbatschows nicht immer ausreichend konkret</u> erscheinen, haben sie nach offenbar langer und eingehender Beratung des ZK-Plenums in der Abschlussresolution auch <u>nur teilweise Unterstützung</u> erfahren. Dies gilt insbesondere für:

4.1 Neuer Wahlmodus für Sowjets: nur sehr allgemein gehaltene Indorsierung (Abschlussresolution spricht von „Verfeinerung des Systems").

4.2 Bestellung der Parteisekretäre in geheimer Wahl: Dieser Vorschlag wurde offenbar nicht übernommen.

4.3 Keine Bestätigung des Vorschlags auf Einberufung einer Allunionsparteikonferenz (aber nochmaliges Insistieren darauf in Gorbatschows Abschlussrede!).

4.4 Nur beschränkte Unterstützung der personalpolitischen Vorschläge des Generalsekretärs.

Die jüngste ZK-Plenartagung hat somit gezeigt, daß die konservativen Kräfte in der KPdSU und die Parteibürokratie sehr wohl in der Lage sind, die Demokratisierung und Reform der sowjetischen Gesellschaft, wie sie von Gorbatschow angestrebt wird, zumindest zu verzögern. Gorbatschow sind zwar sowohl personell als auch im sachlichen Bereich Teilerfolge geglückt, ein echter Durchbruch, vor allem hinsichtlich seiner Demokratisierungsvorschläge, ist aber (noch) nicht in Sicht. Gorbatschow wird also auch in Zukunft seinen <u>sorgfältigen Balanceakt</u> zwischen <u>Systemveränderung und Systembewahrung</u> fortführen müssen. […]

Dokument 94

„Stalinismus-Diskussion" in der UdSSR – zweiter Anlauf

GZ 225.03.00/7-II.3/87, Zl. 66-RES/87, ÖB Moskau (Grubmayr), 4. Februar 1987

1. Als Michail Gorbatschow im Februar 1986 von „L'Humanité" gefragt wurde, ob die „Überbleibsel des Stalinismus in der Sowjetunion überwunden" seien, geriet seine Antwort recht brüsk: „Stalinismus" sei ein „Begriff, den die Gegner des Kommunismus erdacht" hätten, um „die Sowjetunion und den Sozialismus zu verunglimpfen". Was aber den „Personenkult um Stalin" betreffe, so hätten Partei und Gesellschaft mit dem XX. Parteitag „aus der Vergangenheit die nötigen Schlußfolgerungen gezogen".

Vor wenigen Tagen kam der Parteichef beim ZK-Plenum nochmals auf dasselbe Thema zurück.

Er sprach von „jener konkreten historischen Situation, in der die lebendige Diskussion und das schöpferische Denken angesichts bekannter Umstände aus Theorie und Gesellschaftsforschung verschwunden und autoritäre Bewertungen und Urteile zu unanzweifelbaren Wahrheiten geworden" seien. Dies hätte bis zum Anfang dieses Jahrzehnts eine Stagnation der Sozialwissenschaft verursacht; die Theorie des Sozialismus sei „auf dem Niveau der 30er und 40er Jahre stehengeblieben".

Gorbatschows Position hat sich somit innerhalb eines Jahres merklich geändert: War die Stalin-Ära Anfang letzten Jahres für ihn ein „erledigtes Thema", gesteht er jetzt ein, daß stalinistisches Denken bis in die jüngste Vergangenheit nachgewirkt und jene gesellschaftlichen Probleme mitgeschaffen hat, die es heute zu lösen gibt.

2. In die Stalin-Zeit weist auch der unmittelbar nach dem ZK-Plenum in Moskau angelaufene georgische Film „Pokajanje" („Buße"). Vordergründig schildert dieser Streifen die Verbrechen „Warlam Arawidses", eines imaginären lokalen Potentaten, der seine unschuldigen Gegner verhaften und deportieren läßt. Wenngleich Ort und Zeit der symbolhaften Handlung bewußt verwischt werden, sind Anspielungen auf die Zeit der stalinistischen „Säuberungen" unübersehbar. (Der Diktator vereinigt in sich übrigens das Erscheinungsbild Hitlers, Mussolinis, Himmlers und Berias.)

Hauptthema des Filmes ist aber gar nicht „Warlam", dessen Leben nur in Rückblenden geschildert wird. In Wahrheit geht es um Warlams Sohn, der die Vergangenheit nicht bewältigt, vor seinem eigenen Kind, also Warlams Enkel, verbirgt und – als sie diesem doch bekannt wird – zu beschönigen versucht. („Das waren damals schwere Zeiten." „Wir waren von Feinden umgeben." „Was zählt schon ein einziges Leben gemessen am Schicksal der Gesellschaft.") Der Enkel kann diese Ausflüchte nicht akzeptieren und „sühnt" die Taten des Großvaters schließlich durch Selbstmord.

Eigentliche Heldin des Streifens ist eine Frau, die Warlams Leichnam immer wieder aus dem Grab holt, da „das Begraben einem Verzeihen gleichkäme".

3. Das zeitliche Zusammentreffen von ZK-Plenum und Moskauer „Pokajanje"-Premiere ist sicherlich kein Zufall. In der „Iswestija" vom 30.1.1987 wird zwar

bestritten, daß dieser Film speziell aus Anlaß der Plenarversammlung in die Kinos gebracht wurde, gleichzeitig wird aber eingestanden, daß „Pokajanje" in seinem „ganzen Wesen" die (von Gorbatschow angekündigte) „entschlossene und unabänderliche Wende in Richtung einer Demokratisierung der Gesellschaft" reflektiert.

„Pokajanje" ist allerdings schon 1984 fertiggestellt worden. (Dies war – wie Regisseur Abuladse vor der westlichen Presse betont – überhaupt nur dank der tatkräftigen Unterstützung durch den damaligen georgischen Parteichef Schewardnadse möglich.) Dann blieb der Film aber zwei Jahre „auf dem Regal" liegen, um im Dezember 1986 erstmals in Tiflis gezeigt zu werden.

In Moskau beschränkte man sich derweilen auf geschlossene Vorstellungen und war z.B. nicht bereit, den Streifen vor der – aus Anlaß der österr. Filmwoche angereisten – Gruppe österreichischer Filmexperten vorzuführen.

Anfang dieses Jahres scheint man sich aber plötzlich eines anderen besonnen zu haben: Am 3.1. bestätigte der Schriftsteller J. Jewtuschenko in der „Sowjetskaja Kultura", daß der Film „zugelassen" sei. Nur das Eingeständnis der „tragischen Fehler" der Vergangenheit biete nämlich die Gewähr, daß sich derartiges „in unserer Gesellschaft" nicht wiederholen könne.

Mittlerweile existiert „Pokajanje" angeblich in 1000 Abzügen, wird allein in Moskau in sieben Kinos mit tausenden Sitzplätzen gezeigt und ist Gegenstand umfangreicher – und zentral platzierter – Besprechungen vieler Zeitungen.

4. Was aber sind die <u>Beweggründe</u> für diesen <u>neuerlichen Anlauf in der sowjetischen</u> <u>„Stalinismus-Diskussion"</u>?

Mancherorts besteht die Absicht, „Pokajanje" auch im Westen groß herauszubringen. (Die in Moskau akkreditierten westlichen Journalisten wurden noch vor dem ZK-Plenum zu einer Sonderaufführung und einem Gespräch mit dem Regisseur eingeladen.)

Die ganze Art der „Vermarktung" des Filmes beweist aber auch, daß <u>primär die</u> <u>hiesige Intelligenz angesprochen</u> werden soll. (So fällt z.B. auf, daß die eingehendsten Filmbesprechungen in sowjetischen „Elite-Zeitungen" wie „Iswestija", „Sowjetskaja Kultura" und „Sozialistitscheskaja Industrija" erschienen sind.)

Daß die sowjetischen Intellektuellen die eigentliche Zielgruppe von „Pokajanje" sind, machte die „Iswestija" ganz besonders deutlich. Dort wurde das Erscheinen des Films als ein „Vertrauensbeweis an den Bürger, an seine politische und geistige Reife und an seine Bereitschaft, der Wahrheit zum Siege zu verhelfen" qualifiziert.

6. Ob bei dem Streben nach „Wahrheit" aber in erster Linie an eine wirkliche Aufhellung der Geschichte des Stalinismus gedacht ist, muß vorerst offen bleiben.

„Pokajanje" ist bei aller Eindringlichkeit mancher Szenen doch eine <u>Parabel ohne</u> <u>Anspruch auf geschichtliche Detailgenauigkeit</u>. Auch Gorbatschows Aussagen zur Vergangenheit bleiben ja äußerst allgemein. (Er nannte vor dem ZK nicht Stalins Namen.)

Dies schließt natürlich nicht aus, daß sich unter den neuen Rahmenbedingungen manches Tabu der sowjetischen Geschichte leichter lüften lassen wird. So steht angeblich ein Buch über den nie voll geklärten Kirow-Mord in Aussicht.

Außerdem könnte „Pokajanje" gerade jüngere Kinobesucher nach vermehrten Informationen über die Stalin-Zeit suchen lassen und Meinungsdifferenzen mit der älteren Generation provozieren. Regisseur Abuladse wußte jedenfalls von georgischen Umfragen zu berichten, wonach der Film bei 80 % der Zuseher zustimmende Reaktionen ausgelöst habe; die stärksten Einwände seien von „60- bis 80-jährigen Juristen" gekommen. Ein jüngerer Beamter des Außenministeriums, den ich gestern auf den Film ansprach, reagierte erstaunlich negativ: nach allem, was er über den Film bisher gelesen habe, ziehe er vor, ihn nicht anzusehen, wobei er durch seine Mimik die Mißbilligung über das Sujet zum Ausdruck brachte.

7. Gorbatschow beschäftigte sich in seiner ZK-Rede aber sicherlich nicht vorrangig mit dem Faktum historischer Schuld. Ihm ging es vielmehr darum, die aus der Stalin-Zeit ererbten negativen Verhaltensmuster in der sowjetischen Gesellschaft aufzuzeigen.

Der bekannte Politschriftsteller M. Schatrow hat die unlösbaren Widersprüche zwischen dem stalinistischen Menschenbild und Gorbatschows Zukunftsvisionen in einem – gleichfalls in den letzten Tagen veröffentlichten – Artikel in der Zeitschrift „Ogonjok" besonders klar ausformuliert:

Nur der „Inhaber unermeßlicher Macht" könne auf die Idee kommen, den Menschen zu einer „Schraube in der bürokratischen Staatsmaschinerie" zu machen. Schatrow zitiert hier – ohne Quellenangabe – aus einer Stalin-Rede des Jahres 1945. Eine solche Haltung stehe aber „im Widerspruch zu den Prinzipien des Sozialismus"; Volk und Partei hätten hiefür „bezahlt".

Die einzige Alternative „zum eingeschüchterten und gedankenlosen Ausführungsorgan" sei aber der „denkende und aktive Mensch".

Anders gesagt: Gorbatschows Bemühen um eine Mobilisierung der sowjetischen Bevölkerung, um die Aktivierung des „menschlichen Faktors", um eine „neue Denkweise" bleiben ergebnislos, wenn nicht auch mit dem autoritären Führungsstil der Vergangenheit gebrochen wird.

8. Noch muß der Parteichef die sowjetische Intelligenz aber von der Ehrlichkeit seiner Absichten überzeugen. Auch Chruschtschow und Breschnew hatten der Bevölkerung 1956 bzw. 1965 einen Neuanfang versprochen. Deren Neuerungsbestrebungen waren jedoch wegen „Unentschlossenheit, Halbmaßnahmen und der Unfähigkeit, die Dinge zu Ende zu führen" steckengeblieben (so der bekannte Journalist A. Bowin in der letzten Ausgabe von „Nowoje Wremja").

Auch Gorbatschows Reformbestrebungen zeigen bislang eine Tendenz zur Halbherzigkeit.

Dies gilt ganz besonders für den Wirtschaftsbereich, wo noch keine klaren Konturen einer neuen Politik sichtbar geworden sind. Auch die vor dem Plenum mit viel

Schwung angekündigten „Demokratisierungs"-Vorschläge lassen keine fundamentalen Änderungen des hiesigen politischen Systems erwarten.

Trotzdem dürfte der Parteichef in der sowjetischen Intelligenz vorerst etlichen Kredit genießen, weil er

– durch die insgesamt offenere Kulturpolitik der letzten Monate Vertrauen erworben hat,

– anders als Chruschtschow und Breschnew in der Bevölkerung intellektuell respektiert wird und schließlich

– bei aller „Personalisierung" seiner Politik den Klippen des Personenkults bislang geschickt auszuweichen wußte.

9. Einen taktischen Teilerfolg hat Gorbatschow durch die Belebung der Vergangenheitsdiskussion bereits jetzt verbuchen können:

Er hat sich als „Hüter der reinen Lehre Lenins" präsentieren [können], während seine innerparteilichen Gegner nunmehr mit dem Vorwurf rechnen müssen, im stalinistischen Denken verfangen zu sein.

Auch hier hat Dichter Schatrow wieder besonders eindeutige Formulierungen gefunden. In seinem – bereits erwähnten – Beitrag für „Ogonjok" spricht er in folgenden Worten vom „März 1985" (jenem Monat also, in dem Gorbatschow zum Parteichef bestellt wurde):

„März 1985 – das war nicht der Kampf um die Macht, sondern um die Idee, ...der Kampf um eine Rückkehr zu den Idealen der Oktoberrevolution. Gab es damals eine Initiative? Vom Standpunkt der Lebensinteressen des Sozialismus nie ...in der Realität aber schon. Die Parolen „Machen wir Moskau zu einer kommunistischen Musterstadt!", die teils Lügen, Korruption und andere Folgen eines Demokratiedefizits verbargen, hätten im ganzen Land auftauchen können."

Klarer ist der Machtkampf zwischen Gorbatschow und dem damaligen Moskauer Stadtparteichef Grischin in der sowjetischen Presse niemals angesprochen worden. Gorbatschow wird in Schatrows Darstellung zum Retter der Ideale Lenins.

10. Der neue Kultfilm „Pokajanje" enthält demgegenüber keinerlei Bekenntnis zu einem „gereinigten Marxismus-Leninismus". Er beruht vielmehr auf dem christlichen Prinzip der Erlösung durch „Sühne" und ist ganz allgemein von einer reichen religiösen Symbolik durchsetzt.

In der Schlußszene des Films will eine alte Frau wissen, ob eine bestimmte Straße „zur Kirche führt". „Dies ist die Warlam-Straße", lautet die Antwort, „sie kann nicht zur Kirche führen."

„Wozu ist dieser Weg dann gut, wenn er nicht zur Kirche führt?", repliziert die alte Frau.

Wohin Gorbatschows Wege führen, ist noch mehr als unklar. Mit dem historischen Abschnitt seiner ZK-Rede und der Zulassung von „Pokajanje" hat er aber ohne jeden Zweifel einen Meilenstein an den Wegesrand gesetzt. […]

Dokument 95
BRD; Gorbatschows Reformkurs und seine Grenzen

GZ 225.03.00/22-II.3/87, Zl.60-Res/87, ÖB Bonn (Loibl), 19. Februar 1987

Das Auswärtige Amt sieht in einer inneren Modernisierung der Sowjetunion und der Anpassung an die Gegenwart ein Hauptziel Gorbatschows, der in den Jahren der Versteinerung des Systems unter Breschnew und seinen Epigonen erfaßt habe, daß es so nicht weitergehen könne. Damit wolle Gorbatschow das Modell eines modernen sozialistischen Staates schaffen, das allerdings vom Sozialismus nicht abweiche, sondern eine bessere Verwirklichung des Sozialismus anstrebe. Diese Modernisierungsbestrebungen kommen vor allem in folgenden Elementen zum Ausdruck:

1) Modernisierung im wirtschaftlichen Bereich, die aber völlig im Rahmen des bisherigen Systems bleibe. Verschiedentlich werde deshalb im Westen die Auffassung vertreten, daß Gorbatschow wesentlich mehr tun müßte, um den angestrebten Erfolg erzielen zu können. Auch Staatssekretär Meyer-Landrut äußerte sich ähnlich gegenüber dem Herrn Generalsekretär, daß z.B. die Joint Ventures-Bestimmungen nicht ausreichen würden, um das notwendige riesige Kapital zur Modernisierung der SU anzuziehen […].

2) Veränderung in Richtung einer „sozialistischen Demokratie", die besonders in den letzten Monaten auffällig wurde – nicht nur durch eine stärkere Einbeziehung der Bürger, sondern z.B. in der neuen Aufgabenstellung für die Presse. Die Bemühungen seit dem Frühsommer 1986 um vermehrte Transparenz hätten erste Erfolge gezeigt (wie etwa bei den Absätzen zur Veränderung der Praxis bei Wahlen). Interessanterweise werde die Forderung nach „glasnost", die in der SU traditionell eine Forderung der Beherrschten an die Herrschenden war, unter Gorbatschow von oben herab angeordnet und durchzusetzen versucht.

Zu diesem Bereich zählen auch die Bemühungen der SU-Führung um eine Verrechtlichung der sowjetischen Gesellschaft; alte, nicht mehr praktikable Gesetze würden neu gefaßt, bisher ungeregelte Sektoren nun gesetzlich erfaßt.

3) Menschenrechte: Nach der spektakulären Freilassung Sacharows und seiner Behandlung seither (vgl. die geachtete Stellung auf dem internationalen Friedensforum in Moskau) sollen nun auch „Namenlose" freikommen (es würde von 2 x 140 Personen gesprochen), und z.T. wäre diese Absicht auch schon realisiert.

Bei diesen Bemühungen stoße Gorbatschow auf beträchtliche Schwierigkeiten, wenn auch weniger in der Führungsgruppe: Das ZK-Sekretariat sei überwiegend mit Leuten seiner Wahl besetzt; im Politbüro betrachteten wohl nur einige Mitglieder seine Anstrengungen mit Skepsis (wahrscheinlich die ältere Generation wie Schtscherbitzki, Gromyko, Solomenzew – Ligatschow dürfte zwar mit den Zielen Gorbatschows übereinstimmen, ginge jedoch bei Kritik und Selbstkritik vorsichtiger und langsamer vor). Die Schwierigkeiten lägen auf der mittleren Ebene der Kader, welche die Reformen durchführen sollen: Einerseits würden die Kader aus der Breschnew-Zeit von ihnen nicht gewollte Veränderungen bremsen, und andererseits müßten die neu eingesetzten Kader erst Erfahrung mit der Umsetzung dieser Zielsetzungen sammeln.

Daher sind für die BRD die weiteren Erfolgsaussichten Gorbatschows noch unklar; klar wird hingegen die feste Entschlossenheit des Generalsekretärs gesehen, nicht Propaganda und Augenauswischerei zu betreiben, sondern seine Reformen durchzusetzen.

Dabei müsse der Westen freilich die gegebenen Grenzen erkennen. Gorbatschow habe ein anderes Verständnis z.B. von Grundfreiheiten als der Westen; er grenze sich auch gegenüber der westlichen Gesellschaftsordnung ab und betone den Gegensatz zwischen Kapitalismus und Sozialismus. Gorbatschow müsse deshalb hinsichtlich Demokratie und Freiheitsrechten an den Kriterien einer sozialistischen Gesellschaft gemessen werden.

Nach Ansicht des Auswärtigen Amtes ist Gorbatschows Popularität bei der Bevölkerung nicht die eines „zweiten Kennedy", weil traditionell die sowjetische Bevölkerung durch jahrzehntelange Erfahrung gegenüber Reformvorschlägen der Führung mißtrauisch eingestellt ist, die nur große Worte führt (deshalb habe der rhetorisch starke Gorbatschow dennoch große Schwierigkeiten, die Bevölkerung von der Ernsthaftigkeit seiner Bemühungen und seinem Durchsetzungsvermögen zu überzeugen).

Gorbatschow hat materiell der Bevölkerung nicht sehr viel zu bieten. Auch die Anti-Alkohol-Kampagne war keine eindeutige Segnung, weil sie der Bevölkerung auch Opfer abverlangte. Ob inhaltsreichere Zeitungen und geheime Wahlen die Bevölkerung glücklicher machen, ließ das Auswärtige Amt dahingestellt. Die entscheidende materielle Besserstellung brauche aber Zeit, und Gorbatschow, der es nicht wie Chruschtschow mit dem Gulaschkommunismus versuche, habe dabei den schwierigen Weg gewählt. Ein tschechoslowakischer Diplomat mit jahrelanger Moskau-Kenntnis meinte dennoch, die sowjetische Bevölkerung sei heute „reifer" und würde daher den Kurs des intelligenten Gorbatschow (Chruschtschow sei demgegenüber „voluntaristisch", d.h. wohl sprunghaft und unberechenbar, gewesen) begrüßen, weil er auf Sicht zu besseren Lebensbedingungen führen würde.

Andererseits frägt sich das Auswärtige Amt, ob die Zustimmung der Bevölkerung wirklich wichtig ist, denn anders als in den übrigen osteuropäischen Staaten wurde der russischen Bevölkerung die Entwicklung immer auferlegt.

Bei der Intelligentsia hingegen – die zwar nicht zahlenmäßig entscheidend, aber für die artikulierte Meinungsbildung sehr bedeutungsvoll ist – ortet Bonn zunehmende Zustimmung zu der völlig veränderten, erstaunlich offenen Kulturlandschaft im Rahmen der Modernisierungsbestrebungen Gorbatschows.

Probleme sieht Bonn möglicherweise darin, daß Reformen eine Eigendynamik gewinnen und nicht leicht unter Kontrolle zu halten sind (wie u.a. das chinesische, aber auch näherliegende osteuropäische Beispiel zeigen). Diese Gefahr werde von denjenigen in Moskau stärker gesehen, welche – wie z.B. Ligatschow – das Tempo der Entwicklung mäßigen wollen. Freilich gehe auch der realistische Gorbatschow trotz energischer Ankündigungen im einzelnen behutsam vor. Hier nähmen westliche

Beobachter eine widersprüchliche Haltung ein: Einerseits verlangten sie eine Veränderung der Verhältnisse in der SU, andererseits äußerten sie Besorgnisse über ein Scheitern dieser Bemühungen durch zu rasches Vorgehen.

Das Auswärtige Amt hält zwar bei der Bewertung der bisherigen Entwicklung Skepsis noch für angezeigt; falsch wäre jedoch eine Beurteilung, die von vornherein die Möglichkeit beträchtlicher Veränderungen in der SU ausschließt. Verschiedene Experten über sowjetische Wirtschaft hielten z.B. Produktivitätssteigerungen auf längere Frist für durchaus möglich. Im vergangenen Jahr sei der Lebensstandard gewachsen, die Planerfüllung insgesamt zufriedenstellend gewesen. Wenn auch erwartet wird, daß 1987 diese guten Zahlen nicht erreicht würden, sei eine zeitweise Verlangsamung doch nicht kritisch, wenn sie danach zu einer verstärkten Beschleunigung führe.

Auch die Auswirkungen auf die osteuropäischen Verbündeten sind für das Auswärtige Amt noch nicht überschaubar: Gorbatschows Linie stößt in Ungarn (dessen Wirtschaftssystem sicherlich Vorbild-Charakter hatte) und Polen sowie bei der tschechoslowakischen Bevölkerung auf Sympathie, werde in Rumänien völlig abgelehnt und von der DDR aufgrund ihres höheren Entwicklungsgrades als für sie unnötig betrachtet.

Die BRD hält ihre Einflußmöglichkeiten auf die Entwicklung für beschränkt, da sich Gorbatschow in erster Linie mit den inneren Problemen auseinandersetzen müsse. Da er stets auf die wechselseitige Abhängigkeit von Innen- und Außenpolitik hinweise, strebe er offensichtlich eine international ruhige Situation an. Grundsätzlich begrüßte die BRD deshalb die angestrebte Öffnung, weil damit die SU zu einem besseren Partner für den Westen wird. Sie tritt für eine Ermutigung dieser Entwicklung durch westliche Bereitschaft zur Zusammenarbeit in allen Bereichen, konstruktives Verhalten bei den Abrüstungsverhandlungen und neue Formen der wirtschaftlichen Zusammenarbeit ein. In diesem Zusammenhang sei nur angemerkt, daß die Abrüstungsfachleute des Auswärtigen Amtes eine Erwartung nicht teilen, daß Gorbatschow mangels anderer kurzfristiger Erfolgsmöglichkeiten unter einem Erfolgszwang bei der Friedenssicherung stünde und daher „einen Abrüstungsvorschlag nach dem anderen machen würde". Ungeachtet dieser vorsichtig positiven Einschätzung will die BRD ihre Zustimmung zu Gorbatschows Kurs nicht übertreiben, um ihn nicht intern in Verlegenheit zu bringen, sondern sie entsprechend dosieren – „ohne Euphorie, aber auch ohne Besserwisserei oder Miesmacherei". Die Rede von AM Genscher in Davos am 1.2.1987 […] gibt diese Haltung gut wieder. […]

Dokument 96

Ungarn: volle Billigung und Unterstützung der sowjetischen Reformbestrebungen sowie der Ausführungen GORBATSCHOWs auf das „Friedensforum" in Moskau

GZ 225.03.00/20-II.3/87, Zl. 51-RES/87, ÖB Budapest (Agstner), 19. Februar 1987

Auf einer Versammlung des Nationalen Präsidiums der ungarisch-sowjetischen Freundschaftsgesellschaft brachte der Abteilungsleiter für Internationale Angelegenheiten im ZK der USAP, Géza KÓTAI, die volle und rückhaltlose Billigung und Unterstützung der auf der Jänner-ZK-Tagung in Moskau behandelten und beschlossenen Reformen zum Ausdruck. In den Ausführungen KÓTAIs [...] kommt deutlich die Befriedigung zum Ausdruck, mit der Entwicklung in der Sowjetunion völlig eins zu sein. Er wies darauf hin, daß die Vorgänge in der Sowjetunion in den sozialistischen Staaten nicht einheitlich geschätzt werden.

Es paßt in dieses Bild, daß GORBATSCHOWs Rede am 16.2. d.J. vor dem „Friedens-Forum" in Moskau gleichfalls in sehr positiver Weise kommentiert wird [...]. [...] ZK-Sekretär SZŰRÖS [hält] im Zusammenhang mit den Reformbestrebungen die rasche Einbringung von Erfolgen auch im außenpolitischen Bereich für notwendig und entscheidend, um den Druck der konservativen Kräfte zu kompensieren. Der Zusammenhang zwischen beiden Veranstaltungen ist wohl eindeutig. [...]

Dokument 97

Gorbatschows Reise ins Baltikum: sozio-ökonomische Umgestaltung durch mehr Demokratie

GZ 225.03.00/25-II.3/87, Zl. 127-RES/87, ÖB Moskau (Grubmayr), 23. Februar 1987

GDS Gorbatschow hat in der Vorwoche als erster sowjet. Parteichef die baltischen Unionsrepubliken Lettland und Estland besucht. Wenn Gorbatschow drei Wochen nach dem Jänner-Plenum des ZK der KPdSU in das Baltikum – den europäischsten Teil der UdSSR – gereist ist, so vermutlich deshalb, weil er sich von der dortigen Bevölkerung die größten Sympathien für seine Politik der „Umgestaltung" und „Demokratisierung" erwartet. Angesichts der Widerstände, auf die Gorbatschows Kurs beim Jänner-Plenum allem Anschein <u>nach gestoßen ist, war der sowjet. Parteichef bestrebt, den Zweiflern im Parteiapparat vor Augen zu führen, daß sein Reformkurs trotz aller Schwierigkeiten von der Basis unterstützt wird</u>.

Auch bei seinem Besuch in Lettland und Estland hat es Gorbatschow meisterhaft verstanden, mit Männern und Frauen auf der Straße und am Arbeitsplatz freimütige Diskussionen über den neuen politischen Kurs und dessen Implikationen für jeden einzelnen Sowjetbürger zu führen. Wenn ihm bei solchen Gelegenheiten aus der Bevölkerung zugerufen wurde: „Das Volk glaubt Ihnen und versteht, daß alles nicht so einfach ist", so dürfte dies Gorbatschow als Legitimation für seinen Kurs und als

Antwort an jene Funktionäre angesehen haben, die bloß halbherzig mitmachen oder gar bremsen.

Die „Umgestaltung" der sowjet. Gesellschaft und Volkswirtschaft sei – wie Gorbatschow in seinen Gesprächen mit der Bevölkerung und in offiziellen Ansprachen vor Leitungsfunktionären von Partei, Staat und Wirtschaft erklärte – ein schwieriger Prozeß, bei dem man sich erst am Anfang befinde, der jedoch durchgestanden werden müsse, da es keine vernünftige Alternative gebe. Die „Umgestaltung" lasse bereits heute positive Veränderungen erkennen: Es gebe zwar mehr Disziplin und Ordnung im Land und im Kampf gegen Alkoholismus und Gesetzesverletzungen seien Fortschritte erzielt worden. Auch wenn sich die wirtschaftliche Situation und der Stand der sowjet. Technik noch nicht wesentlich gebessert hätten, so sei doch immerhin „vieles in Bewegung geraten". Dies sei von großer politischer Bedeutung. Gorbatschow machte kein Hehl daraus, daß die nächsten zwei bis drei Jahre hart sein werden und die Sowjetbürger erst am nächsten Planjahrfünft – vorausgesetzt, daß der Kurs der sozio-ökonomischen Umgestaltung konsequent fortgeführt wird – die Früchte ihrer Arbeit ernten könnten. Die „Umgestaltung" dürfe jedoch nicht am Konsumgüterniveau und an „augenblicklichen Vorteilen" gemessen werden. Ein höherer Lebensstandard werde nicht „wie Manna vom Himmel fallen", sondern könne nur als Ergebnis harter Arbeit erwartet werden. Diese Äußerungen Gorbatschows klingen wie ein verzweifelter Appell an die Bevölkerung, zu seinem Kurs zu stehen, auch wenn er ihnen im Augenblick wenig zu bieten hat.

Sorgen bereiten Gorbatschow Anzeichen einer seit Anfang dieses Jahres wieder abflauenden Dynamik der sowjet. Wirtschaft (als Gründe nannte er: Selbstzufriedenheit der Bevölkerung mit den überplanmäßigen Wachstumsraten im Jahr 1986; Störung des „Arbeitsrhythmus" durch Probleme bei der Zulieferung von Vorprodukten; Arbeitsunterbrechungen in Betrieben aufgrund der Anfang 1987 eingeführten strengen staatlichen Kontrolle der Produktionsqualität). Ein Rückschlag in der Entwicklung der sowjet. Volkswirtschaft im zweiten Jahr des laufenden 12. Fünfjahresplanes (in dem der 70. Jahrestag der Oktoberrevolution gefeiert werden wird) würde die Bevölkerung entmutigen und jenen recht geben, die den Reformen von vornherein skeptisch bzw. ablehnend gegenübergestanden sind. Daher geht es heute darum, durch einen nationalen Kraftakt dafür zu sorgen, daß die „Umgestaltung" nicht nach ein bis zwei Jahren zu Ende geht, sondern zu einem irreversiblen Prozeß wird. (Gorbatschow: „Die ‚Umgestaltung' ist keine Kavallerieattacke, sondern eine langfristige Politik, die zu revolutionären Veränderungen in der Sowjetgesellschaft führt.")

Eine essentielle Voraussetzung für ein Gelingen der „Umgestaltung" sieht Gorbatschow in einer Mitverantwortung der Bevölkerung für den neuen Kurs durch deren Beteiligung an Entscheidungen auf betrieblicher und unterer politischer Ebene. Unter dem Schlagwort „das Volk ist Schöpfer der Umgestaltung" sollen die Arbeiter in ihren Betrieben, die Bauern in ihren Kolchosen und die Wohnbevölkerung in ihren Gemeinden ermuntert werden, die Probleme, mit denen sie sich konfrontiert sehen, beim Namen zu nennen und durch konstruktive Kritik deren Überwindung anzustreben. Seit dem Jänner-Plenum sind plötzlich Wahlen von Brigadeführern, Fabriksdirektoren, Kolchosvorsitzenden und sogar örtlichen Parteisekretären, bei denen es mehr als einen Kandidaten gibt, in der UdSSR populär geworden. Wie Gorbatschow in Riga ankündigte, sollen bereits die im heurigen Jahr in der UdSSR stattfindenden Wahlen zu den örtlichen Legislativorganen („Sowjets") unter neuen Bedingungen durchgeführt werden. (Gorbatschow hatte in seiner Rede vor dem Jänner-Plenum des ZK die Auswahl mehrerer Kandidaten für Abgeordnetensitze in den „Sowjets" im Vorwahlstadium vorgeschlagen.) Das Volk und seine Repräsentanten müßten lernen, unter demokratischen Bedingungen zu arbeiten. Kritik, ein wesentliches Instrument der Demokratie, dürfte nicht formalen Charakter haben, sondern müsse wo immer dies notwendig erscheint, zu Konsequenzen führen. Worte und Taten, die verkündete und die praktizierte Politik, müssten stets übereinstimmen. Diesbezüglich hätten die Sowjetmenschen in der Vergangenheit bittere Erfahrungen gemacht. Die Diskrepanz zwischen Schein und Wirklichkeit habe auf die Menschen, vor allem auf die Jugend, demoralisierend gewirkt.

Um zu betonen, daß es die sowjet. Führung mit der von ihr proklamierten „Demokratisierung aller Bereiche der sowjet. Gesellschaft" diesmal ernst nehme, erklärte Gorbatschow, daß er eine Diskrepanz zwischen den Beschlüssen des Jänner-Plenums und der politischen Wirklichkeit „nicht zulassen" werde. Der Demokratisierungsprozeß werde voranschreiten. Auf einer der nächsten Plenarsitzungen des ZK der KPdSU soll die Einberufung einer Allunions-Parteikonferenz beschlossen werden, bei der „eine Vervollkommnung der innerparteilichen Arbeit" auf der Tagesordnung stehen werde. Gorbatschow rief dazu auf, „die Demokratisierung in erster Linie innerhalb unserer regierenden Partei zu verwirklichen", und gab folgendes Bild vom gegenwärtigen Zustand der KPdSU: „Wir haben eine politische Linie (seit dem ZK-Plenum vom April 1985), konkrete Beschlüsse (seit dem 27. Parteitag und dem ZK-Plenum vom Jänner 1987), und wir genießen die Unterstützung des Volkes. Jetzt müssen auch die unteren Partei- und Staatsorgane, die mit dem Volk in direktem Kontakt stehen, in Bewegung gesetzt werden." Eben zu diesem Zweck wünscht sich Gorbatschow eine aktive Teilnahme der Basis am politischen Leben des Landes. „Nur ungebildete Menschen beteiligen sich nicht an der Politik", habe Lenin festgestellt. Heute zähle jedoch das sowjetische Volk – laut Gorbatschow – zu den gebildetsten Völkern der Erde. Die Demokratisierung der Sowjetgesellschaft sei daher „zur aktuellsten und brennendsten Forderung unserer Gesellschaft" geworden.

Ob der sowjetische Durchschnittsbürger – vielleicht vom Baltikum abgesehen – diese Ansicht Gorbatschows teilt, erscheint äußerst zweifelhaft. „Demokratie" ist in der UdSSR weniger ein von unten kommender Wunsch, als ein von oben propagiertes Mittel zur Beschleunigung der sozio-ökonomischen Entwicklung des Landes. Durch Übertragung von Verantwortung an die sowjetische Bevölkerung für das Geschehen am Arbeitsplatz und in der Wohngemeinde soll deren Apathie überwunden und deren Unzufriedenheit durch konstruktive Kritik an lokalen Vertretern des Staats- und Parteiapparates abgebaut werden. (Das derzeitige Verhältnis zwischen Bevölkerung und der unteren und mittleren Ebene der sowjetischen Bürokratie wurde von einem hiesigen westlichen Beobachter sehr treffend mit „feindlicher Resignation" beschrieben.) Auf diese Weise will Gorbatschow nicht nur dem Volk den Eindruck vermitteln „Herr im eigenen Haus" zu sein, sondern auch die unteren und mittleren Kader des Partei- und Staatsapparates zu einem Einschwenken auf seinen neuen politischen Kurs bzw. zum Rücktritt zwingen. Diese müssen entweder umdenken oder weichen. Die Wahlen mit mehr als einem Kandidaten könnten auch als Mittel angesehen werden, durch attraktiv-fortschrittliche (im Sinn des Gorbatschow-Kurses) Kandidaten die bisherigen Amtsinhaber auf „demokratischem" Weg von der Basis aus zu eliminieren, ohne sie sozusagen administrativ von oben abzusetzen. (Aufgrund des Prinzips des „demokratischen Zentralismus" muß ohnehin jeder Kandidatenvorschlag, über den in Parteikomitees abgestimmt wird, von übergeordneten Parteiorganen im vornhinein approbiert worden sein. Überraschungen sollten somit ausgeschlossen sein.)

Die zuvor geschilderte Strategie Gorbatschows mag bei der Intelligenz und der Jugend (zwei Stützen der Gorbatschow-Politik) Anklang finden. Die Masse der sowjetischen Werktätigen wird sich jedoch kaum durch mehr Demokratie heute und der Hoffnung auf höheren Lebensstandard in einer unbestimmten Zukunft zufrieden geben. Diese will bereits heute als Entschädigung für härtere Arbeit besser leben können. Das ist bloß eines der zahlreichen Dilemmas, denen sich Gorbatschow gegenübersieht.

Die seit Sommer 1986 zu beobachtende vorsichtige Liberalisierung auf kulturellem Gebiet und die nunmehr von oben propagierte „Demokratisierung" der sowjetischen Gesellschaft bei im wesentlichen stagnierenden wirtschaftlichen Verhältnissen („Produktionsverhältnisse") hat Ideologieexperten bereits veranlaßt, im privaten Gespräch auf die Gefahr einer Auseinanderentwicklung von „Basis" (gesellschaftliches Sein) und „Überbau" (gesellschaftliches Bewußtsein) hinzuweisen. Eine solche Entwicklung könnte zu „gesellschaftlichen Widersprüchen" (politischen Spannungen) führen, indem die Bevölkerung die Möglichkeit erhält, Dinge zu verlangen, die sich unter den objektiven Gegebenheiten nicht realisieren lassen. [...]

P.S.: Beinahe als Reaktion auf die zuvor dargelegten Bedenken hat Gorbatschow seinen politischen Kurs bei einer am 24.2. d.J. stattgefundenen Unterredung mit dem italienischen Senatspräsidenten Fanfani folgendermaßen charakterisiert: „Die Politik der Umgestaltung wurde durch den gesamten objektiven Entwicklungsgang unseres Landes, durch die komplizierte und schwierige Geschichte unseres Staates vorbereitet. Das Bedürfnis nach einer Umgestaltung entstand bereits vor langer Zeit, aber es wurde erst mit Verspätung festgestellt. Die Gesellschaft ist reifer geworden, sie ist durch bittere Erfahrungen zu jenen Veränderungen vorgedrungen, die nun verwirklicht werden. Der von uns noch zurückzulegende Weg ist ein langer. Wir werden ihn fest entschlossen, konsequent aber auch umsichtig beschreiten, um das Schiff nicht ins Wanken zu bringen und damit weder die Mannschaft noch die Passagiere seekrank werden [zu lassen]. Wir werden uns dabei streng an sozialistische Prinzipien und Kriterien halten."

Dokument 98

Jaruzelski treibt seine Reformbestrebungen weiter und tritt für mehr Kritik ein – massive Unterstützung von Gorbatschows Reform

GZ 166.03.00/3–II.3/87, ÖB Warschau (Wotava), 24. Februar 1987

Parteichef Jaruzelski hielt in einer Konferenz der Parteisekretäre am 21.2.1987 eine vielbeachtete Rede, in der er wie nie zuvor Missstände und politische Missbräuche im eigenen Land anprangerte. So stellte er mit glasklaren Worten fest, daß es bei den parteiinternen Debatten viel zu wenig Kritik an Missständen gäbe. Es würden vielmehr „Höflichkeiten" untereinander ausgetauscht und die Befürchtung gehegt, jemandes Ärger hervorzurufen. Durch das Fernsehen erfahre man über Missstände im Land viel mehr als durch die eigene Partei. Jaruzelski kritisierte das Fehlen von solchen kritischen Passagen insbesondere im Bericht der Warschauer Parteizentrale (!). Jaruzelski geißelte sodann die Atrophie mancher Parteiorganisationen, deren mangelnde Aktivität und die Existenz von „ideologischen Eunuchen". Jaruzelski beklagte auch, daß es in der Wirtschaft des Landes „fossilierte" Manager gebe, die sehr bald entfernt gehörten.

Sodann gab Jaruzelski den Reformbestrebungen Gorbatschows massiv Rückendeckung, indem er von „historischen Umwandlungen" innerhalb des sozialistischen Lagers sprach, denen man nur „atemlos", insbesondere was die Vorgänge in der SU anlange, folgen könne. Er nahm hiebei deutlich Bezug auf die Anregungen Gorbatschows bei der letzten ZK-Sitzung der KPdSU Ende Jänner 1987. Jaruzelski unterstrich, daß die PVAP diese Linie lebhaft unterstütze, die „arbeitsscheue, und politische Sklerotiker schwächer und arbeitsame, aufgeschlossene, bescheidene und anständige Menschen stärker mache".

Nachdem der Reformkurs Gorbatschows nicht in allen Ostblockstaaten Anklang findet, sah sich Jaruzelski offensichtlich veranlasst, Gorbatschow seiner vollen Unterstützung zu versichern. Dies entspricht dem engen sachlichen und persönlichen Verhältnis zwischen den beiden kommunistischen Führern. Darüber hinaus bekommt der seit geraumer Zeit in Polen durchgeführte Reformkurs durch die sowjetischen Reformbestrebungen starken Rückenwind […]. Jaruzelski kann die aufsehenerregenden Vorgänge in der SU zudem dazu benützen, um seine eigenen Reformvorstellungen noch weiter voranzutreiben und vor allem die nach wie vor orthodox eingestellte Parteibasis von der Notwendigkeit des Reformkurses zu überzeugen bzw. sie notfalls auf diesen Kurs zu zwingen. In diesem Sinn sind die oben wiedergegebenen eindeutigen Erklärungen und starken Ausdrücke von Jaruzelski zu verstehen. […]

Dokument 99

Österreich – Sowjetunion; Unterredung des HVK mit Botschafter Falin

GZ 225.02.02/4-II.3/87, BMAA Wien (Sucharipa), 26. Februar 1987

Der Herr Vizekanzler empfing am 25. Februar den Leiter der sowjetischen Nachrichtenagentur Nowosti, Botschafter Falin, zu einem Höflichkeitsbesuch. Botschafter Falin fand eingangs freundliche Worte für die Rolle Wiens und Österreichs als Gastgeber internationaler Begegnungen, eine Rolle, die von Österreich immer sehr bescheiden dargestellt werde.

Nach allgemeinen Aufführungen über die aus dem Wettrüsten für die Umwelt erwachsenen Gefahren (Bot. Falin verwies auf Meinungen amerikanischer Wissenschaftler, die innerhalb der nächsten zehn Jahre schwerwiegende und nicht wieder gutzumachende Veränderungen des Ökosystems prognostiziert hätten) kam Falin auf die seiner Ansicht nach vor allem von den neutralen und blockfreien Staaten zu spielende, besondere Rolle im Abrüstungsbereich zu sprechen: Diese Staaten hätten die Aufgabe, allgemein gültige Prinzipien (wie z.B. den Grundsatz der gleichen Sicherheit für alle) herauszuarbeiten und ihnen nach Möglichkeit zum Durchbruch zu verhelfen. In diesem Zusammenhang kam Falin sodann auf die seiner Ansicht nach unverständliche Haltung der Vereinigten Staaten z.B. in der Frage einer nuklearfreien Zone im Pazifik (wo ein Beitritt der USA zum Unterschied von der SU unter Hinweis auf die internationale Verantwortlichkeit der USA abgelehnt worden sei), dem von der USA abgelehnten Atomteststopp sowie auch auf Verifikationsfragen zu sprechen. Die Vereinigten Staaten würden für eine einseitige Verifikation, der sich die Sowjetunion zu unterwerfen hätte, eintreten und hiebei das Argument vorbringen, daß die SU eine geschlossene Gesellschaft sei. Hiebei handle es sich, so Falin wörtlich, offenbar um ein aus früheren Zeiten mitgeschlepptes Argument, dem der für die SU unakzeptable Gedanke zugrunde liege, daß die Vereinigten Staaten „besser" wären als die SU. Botschafter Falin führte hiebei noch das konkrete Beispiel der Cruise-Missiles-Verifikation an, die von der SU in Reykjavík vorgeschlagen worden wäre und von den Amerikanern (Perle) abgelehnt worden sei. […]

Dokument 100

Plenartagung des Zentralkomitees der KPdSU (27./28.1.1987); Gorbatschows Reformkurs und seine Grenzen

GZ 225.03.00/27-II.3/87, Zl. 48-RES/87, ÖB London (Thomas), 2. März 1987

In einem Gespräch über Gorbatschows Reformpläne, insbesondere die anläßlich der Plenartagung des Zentralkomitees der KPdSU vorgetragenen Vorhaben zur Parteireform, wertete der zuständige Abteilungsleiter im Foreign Office diese als sehr interessant und meinte, daß man nach deren genaueren Analyse zu wissen glaube, was damit angestrebt werde.

Die Reformen stellten jedenfalls keinen Bruch mit dem sowjetischen politischen System dar, sondern zielten lediglich darauf ab, die Arbeit und Effizienz der sowjetischen Gesellschaft und Wirtschaft zu verbessern. Die Reformbestrebungen richten sich auch gegen die Faulheit und Trägheit bei den Arbeitern, die ihre soziale Sicherheit dem Wettbewerb vorzögen. Um dies zu erreichen, müßten die verknöcherten Institutionen einschließlich jener der Partei aufgerüttelt und umgestaltet werden. Gorbatschow müsse sich breite Unterstützung auf allen Ebenen der Gesellschaft sichern, um jene Elemente unter Druck zu setzen, die keine Veränderungen wollen und sich diesen entgegenstellen. Hiezu gehörten jene, die um ihre Privilegien, und jene, die um die Reinheit der Ideologie bangen, sowie jene, die befürchten, daß die Veränderungen zum Verlust der Kontrolle über die sowjetische Gesellschaft führen.

Gorbatschow suche durch Publizität und Verweis auf Demokratisierung die Unterstützung breiter Bevölkerungskreise zu gewinnen, bei ihnen Interesse zu wecken und ihnen das Gefühl zu geben, in den Prozeß eingebunden zu sein.

Bemerkenswert sei die von Gorbatschow verwendete Diktion. So habe er kürzlich bei einem Rundgang in Riga, worüber keine Presseberichte erschienen seien, die Qualität bestimmter Produkte kritisiert und gemeint, damit könne man aber auch nur in einem kommunistischen Staat davonkommen, im Westen würde man bankrottgehen.

Aus verschiedenen anderen Äußerungen ergebe sich das Eingeständnis, daß das Land in gewissem Maß noch im Stalinismus verhaftet sei.

Wenn nun Gorbatschow versuche, Fortschritte zu erzielen, so sei dies offenbar mit der Erkenntnis verbunden, daß wirtschaftliche Erfolge ausbleiben würden, wenn sie nicht von tiefgreifenden Veränderungen in der Gesellschaft begleitet wären.

Die jüngsten von ihm durchgeführten personellen Veränderungen seien ein Beweis dafür, daß Gorbatschow das Parteisekretariat fest im Griff habe. Er habe aber noch nicht die Fähigkeit erreicht, in Politbüro und Zentralkomitee automatischen Konsens zu erzielen. Die Verzögerung bei der Einberufung des ZK-Plenums sowie die Unterschiede zwischen seinen Vorschlägen und den endgültigen Resolutionen hätten gezeigt, daß es scharfe Auseinandersetzungen gegeben hatte.

Die Neuerungen für das Wahlverfahren seien nicht allzu aufregend. Man müsse erst abwarten, wie und vor allem wann sich alles in der Praxis entwickeln werde. Man habe aber jedenfalls sichergestellt, daß sich die Reformen in dem von der Partei kontrollierten Rahmen vollziehen.

Nach der persönlichen Meinung des Gesprächspartners habe Gorbatschow zwar die meisten Karten in seiner Hand, doch lebe er gefährlicher als gedacht und seine Position sei nicht so solide, wie man anzunehmen geneigt gewesen sei. Die Opposition, obzwar nicht offen, sei stärker als erwartet und die Implementierung der Beschlüsse erscheine schwerer, da doch viele die Möglichkeit hätten, allein schon durch Passivität diese zu sabotieren.

Das Plenum habe sich aber mit seinen Resolutionen nur an gewisse Slogans gebunden. Von ausschlaggebender Bedeutung werde das nächste Plenum sein und vorher schon die Konferenz über Wirtschaftsfragen. Man gehe jedenfalls interessanten Zeiten entgegen. […]

Dokument 101
ČSSR; Fortsetzung der Diskussion führender Parteifunktionäre über Umgestaltung der Wirtschaft und Übernahme sowj. Reformmaßnahmen; Interview mit Vasil' Bil'ak und Rede von MPr. ŠTROUGAL

GZ 225.03.00/31-II.3/87, Zl. 49-RES/87, ÖB Prag (Peterlik), 5. März 1987

Am 3.8.1986 hielt MPr. ŠTROUGAL vor 2.500 Parteifunktionären und Wirtschaftsführern eine Rede, in welcher er die „Prinzipien der Umgestaltung des Wirtschaftsmechanismus" und andere gegenwärtige politische Fragen behandelte. […]

Auf die Frage, wie BIL'AK das Echo in der csl. Öffentlichkeit auf die Veränderungen in der SU charakterisieren würde, benützt er Ausdrücke wie „die Politik der KPdSU steht uns nahe", „wir verfolgen aufmerksam und mit Sympathie, was in der SU vor sich geht", die sowj. Bemühungen bringen viele „inspirierende Anstöße".

Neuerlich warnt er vor einem Missbrauch der Unterstützung für die sowj. Neuerungen durch Personen (welche?), die die diskreditierende rechtsgerichtete Politik von 1966 wiederholen wollen, und nennt dies Betrug. Sodann legt er die Fehlentwicklungen von 1966 dar, wie sie in den „Lehren aus der krisenhaften Entwicklung der Partei 1968" niedergelegt sind. Es gäbe keinerlei Übereinstimmung der damaligen Entwicklung in der ČSSR mit den Vorgängen in der SU von heute. Die Grundlagen der Umgestaltung diene der Konsolidierung des Sozialismus, während 1968 Ota Šiks Theorien soviel kapitalistische Elemente als möglich einführen wollten. Insbesondere behalte die KPdSU die Entwicklung fest unter Kontrolle.

Die „Lehren aus der krisenhaften Entwicklung" (nämlich 1968) werden als voll gültig bezeichnet, es bestehe keine Notwendigkeit, irgendetwas an ihnen zu ändern. Jeder, der ehrlich für den Aufbau des Sozialismus wäre, anerkennt sie, ebenso wie die Tatsache, daß diese teuer erworbenen Erfahrungen nicht in Vergessenheit geraten dürften.

Befragt über die aktuellen Aufgaben in der ČSSR verwies BIL'AK auf die Beschlüsse des 17. Parteitags 1986 (Entwicklung der Wirtschaft, Vertiefung der soz. Demokratie, Erweiterung der Autorität der Unternehmen etc.). Viele Veränderungen im Herangehen an die Lösung wirtschaftlicher Fragen, wie sie in der SU stattfinden, werden „unzweifelhaft kreative Anwendung unter unseren Bedingungen finden". Dies bedeute jedoch nicht, „etwas blind zu kopieren". „In Übereinstimmung mit den csl. Erfahrungen und Traditionen werde" auch in Zukunft aus den reichen Erfahrungen der UdSSR gelernt werden." Daher werde alles, was „zur Entwicklung des Sozialismus in der ČSSR und zur Konsolidierung der soz. Gemeinschaft beiträgt, kreativ entwickelt und angewendet werden".

Im Gegensatz dazu widmete MPr. ŠTROUGAL in seiner Rede den Entwicklungen in der SU breiten Raum und bezeichnete sie als „revolutionären Vorgang". Die große Anziehungskraft dieser Ideen verstärke die Autorität der KPdSU und ihrer Führung. Dann stellt er rhetorisch die Frage, ob die inneren Verhältnisse in der ČSSR derart unterschiedlich wären, daß „uns diese Angelegenheiten nicht betreffen", die Beschlüsse des 27. Parteitages und des Januar-Plenums des ZK der KPdSU nur „wertvolle Anstöße" darstellen, und beantwortet diese Frage selbst mit „ja, aber nicht nur das". Sie stellen einen regelrechten Auftrag für eine neue Art und Weise des Denkens und Handelns dar. Zwar habe jedes Land seine spezifischen Unterschiede, abhängig vom Niveau der sozio-ökonomischen Entwicklung, Traditionen etc. Die Gründe aber, wieso alle soz. Länder bestrebt wären, die sozio-ökonomische Entwicklung zu beschleunigen, blieben in ihrer Substanz ident. Daher könne uneingeschränkt gesagt werden, daß „die Entwicklung in der SU von universalem Charakter und allgemein gültig ist". Konkrete Teilschritte und Aspekte könnten zwar voneinander abweichen, aber die „allgemeine Orientierung dieser Strategie des Umbaus und der Beschleunigung, ihre Substanz und ihr Geist, sind allen soz. Staaten gemeinsam." Aus diesem Grund habe die KPČ die Ergebnisse des Januar-Plenums in Moskau uneingeschränkt unterstützt.

Sodann folgt: „Es kann nicht verheimlicht werden, daß es Versuche gab, die Bedeutung der Experimente und Erfahrungen der KPdSU zu begrenzen und diese neuen Ideen auf die SU zu beschränken. Die revolutionäre Kraft des Prozesses wird „verbal anerkannt", aber im selben Atemzug hinzugefügt, daß diese unter den abweichenden sowj. Gegebenheiten gelten." Diese Ansicht werde von Personen (welche?) verbreitet, die „früher nationale Eigenheiten höchstens im Schatten allgemein gültiger Prinzipien" anerkannt hätten. Wenn sie damals diese Grundsätze als absolut gültig darstellten, sind sie nun versucht, im Unterschied dazu, „die besonderen csl. Bedingungen zu verabsolutieren". Es stelle sich die Frage, ob diese Einstellung auf Unverständnis oder auf eine Abneigung, irgendetwas Substanzielles zu ändern, zurückzuführen ist.

MPr. ŠTROUGAL bezeichnet den Ausspruch GORBATSCHOWs „Wir wollen mehr Sozialismus und daher mehr Demokratie" als den Hauptaspekt des laufenden Prozesses nicht nur für die SU, sondern für die soz. Gemeinschaft überhaupt.

Anschließend behandelte er Fragen der Kaderpolitik in der csl. Wirtschaft. Kollektive der Werktätigen würden künftig eine größere Rolle bei der Auswahl (nicht Wahl) von führenden Werktätigen spielen. Im Zusammenhang mit der Umgestaltung der Wirtschaft wäre es erforderlich, den Weg einer breiten ökonomischen Demokratie zu beschreiten, um die „Barrieren in der Einstellung der Menschen zu soz. Eigentum" effektiver zu überwinden. Die führende Rolle der Partei unter den neuen Bedingungen bleibt ein grundlegendes Kriterium für die Perfektionierung des Sozialismus. Die Partei müsse die wachsende Demokratie respektieren und ihr Garant sein. Sie könne aber nicht Aufgabe und Verantwortung der Wirtschaftseinheiten übernehmen. Unter den Voraussetzungen einer weitergehenden Autonomie der Unternehmen müssten neue Wege zur Durchsetzung der führenden Rolle der Partei gefunden werden.

In einer kurzen <u>Bewertung</u> bleibt es unter Berücksichtigung der Tatsachen, daß V. BIĽAK in erster Linie für ideologische Fragen, MPr. ŠTROUGAL für wirtschaftliche Angelegenheiten zuständig ist, bemerkenswert, wie ersterer neuerlich die „Lehren aus der krisenhaften Entwicklung 1968" und eine weniger starke Ausrichtung nach sowj. Vorstellungen betont, während letzterer dieses Vorbild und die allgemeine Übertragbarkeit in der Wirtschaft hervorhebt und sich mit den Ereignissen von 1968 nicht weiter beschäftigt.

Die rasche zeitliche Aufeinanderfolge dieser Äußerungen lassen auf einen <u>verstärkten Konflikt innerhalb der Führung</u> der KPČ schließen. <u>Manche Beobachter sehen in den Äußerungen Štrougals eine Zurechtweisung BIĽAKs.</u> Während sich auch andere Präsidiumsmitglieder in letzter Zeit mehrfach öffentlich zu diesen Fragen geäußert haben, was einem allfälligen separaten Bericht vorbehalten bleibt, hat GS HUSÁK dazu geschwiegen. Berichtenswert ist weiters, daß ŠTROUGAL diese Rede gehalten hat, während sich das Mitglied des Politbüros der KPdSU Lev Zajkov in der ČSSR aufhielt, worüber die Botschaft gesondert berichten wird. V. BIĽAK hielt am 4.3. vor führenden Angehörigen der Armee eine weitere Rede, in welcher er die sozio-ökonomische Entwicklung erläuterte, ohne jedoch seine früher geäußerten Ansichten zu wiederholen oder auf die Rede Štrougals zu replizieren. […]

Dokument 102
Zentralsekretär Gorbatschows Reformkurs – Analyse der bisherigen Entwicklung in der Sowjetunion – außenpolitische Auswirkungen

GZ 225.03.00/29-II.3/87, BMAA Wien (Sucharipa), 9. März 1987

1) Hauptziel der von Gorbatschow verfolgten Reformpolitik ist eine <u>weitgehende Modernisierung</u> der Sowjetunion. Gorbatschow hat hiebei das <u>Modell eines modernen „sozialistischen" Staates</u> vor Augen, also keineswegs ein Abweichen von kommunistischen Grundsätzen, sondern weit mehr ein <u>Zurückgreifen auf ursprüngliches leninistisches Gedankengut</u>.

2) Dieser <u>Prozeß</u> ist allem Anschein nach <u>erst in</u> seinem <u>Anfangsstadium</u> und dürfte weiter an Dynamik gewinnen. Es ist daher derzeit sicherlich keine abschließende Beurteilung möglich.

3) <u>Ausgangspunkt</u> der Bemühungen Gorbatschows war sein <u>Erkennen</u> der <u>deutlichen wirtschaftlichen Rückständigkeit</u> der Sowjetunion und der <u>Gefahr</u> einer <u>endgültigen Abkoppelung</u> der sowjetischen Wirtschaft von der Entwicklung in Europa, den USA und Japan insbesondere im sich rapid entfaltenden Informationszeitalter.

4) Das April-Plenum 1986 hat Gorbatschows Forderung nach einer „Beschleunigung der sozialökonomischen Entwicklung des Landes auf der Grundlage des wissenschaftlich-technischen Fortschritts" zur verbindlichen Strategie erklärt. Das auf dieser „Beschleunigungsstrategie" beruhende wirtschaftspolitische Aktionsprogramm Gorbatschows wurde vom XXVII. Parteitag (Februar/März 1986) bestätigt. Gorbatschow hat jedoch <u>von vornherein nicht nur</u> eine <u>Modernisierung der</u>

Wirtschaft, sondern der gesamten Gesellschaft angestrebt. In diesem Sinne hat er zunehmend sein wirtschaftspolitisches Aktionsprogramm zu einem gesellschaftspolitischen Reformprogramm ausgeweitet. Zur „Beschleunigungsstrategie" tritt die „Erneuerungsstrategie".

5) Am bisher stärksten brachte Gorbatschow diese Strategie in seiner Eröffnungsrede vor dem ZK-Plenum Ende Jänner d.J. zum Ausdruck („Demokratisierung" des gesamten politischen Systems der Sowjetunion, einschließlich der Partei). Gorbatschows Vorschläge haben in der Abschlussresolution bekanntlich keine volle Unterstützung erfahren, womit klar wurde, daß die konservativen Kräfte in der KPdSU und der Parteibürokratie sehr wohl in der Lage sind, die von Gorbatschow angestrebten Reformen zumindest zu verzögern.

6) Insgesamt dürften die Widerstände weniger in den eigentlichen Führungsgruppen (d.h. Politbüro und ZK-Sekretariat) als eher im überalterten Zentralkomitee (57 % des Mitgliederstandes seit 1982 unverändert) und auf Ebene der mittleren Kader liegen. Dazu kommt, daß die große Mehrheit der sowjetischen Bevölkerung, um deren Motivierung es Gorbatschow letztlich geht, wohl nur durch eine fühlbare Hebung des Lebensstandards angesprochen werden kann.

7) Ein entsprechender wirtschaftspolitischer Durchbruch ist jedoch (noch?) nicht erkennbar. Im Vergleich zu der im Bereich des Kultur- und Geisteslebens eingeleiteten Öffnung wirken die Maßnahmen auf ökonomischem Gebiet weniger entschlossen und halten sich weitgehend im Rahmen des bisherigen Systems. (Kooperative Strukturen nicht als echte Alternative zum staatlichen Wirtschaftssektor, sondern nur für Nebenerwerb; Aufrechterhaltung des Systems der Planwirtschaft auch im neuen Gesetz „über das staatliche Unternehmen"; Regelung für Joint Ventures ohne ausreichende ökonomische Anreize.)

8) Somit besteht die Gefahr, daß zwar die ökonomischen Maßnahmen – offensichtlich aus Gründen einer weitgehenden Systembewahrung – nicht weit genug gehen, um die Bevölkerung echt wirtschaftlich zu motivieren, zugleich aber das gesellschafts- und kulturpolitische Begleitprogramm geeignet erscheint, daß Mißtrauen der Kader und damit ernste Widerstände zu erwecken. Gorbatschow versucht, dieser Entwicklung offenbar durch das Vorantreiben des Erneuerungsprozesses auf vielen Ebenen zu begegnen, um den Prozeß „irreversibel" zu machen.

9) Die Reaktionen der WP-Staaten auf die Reformpolitik Gorbatschows sind primär durch ihre jeweilige spezifische Interessenslage bestimmt. Eine direkte sowjetische Einflussnahme für eine Übernahme des Reformkurses als solchen dürfte nicht bestehen. Gorbatschow weiß, daß er den unterschiedlichen Gegebenheiten in den einzelnen WP-Staaten Rechnung tragen muss. Dies schließt freilich nicht aus, daß die SU von allen RGW-Staaten eine Steigerung der wirtschaftlichen Effizienz und soweit hiefür erforderlich auch entsprechende Reformmaßnahmen verlangt.

10) Insgesamt berechtigt der Reformkurs Gorbatschows zu gewissen Hoffnungen sowohl für die Entfaltung der Menschenrechte als auch – zumindest längerfristig – für eine Dynamisierung der Wirtschaft. Österreich verfolgt diese Politik der „Öffnung" und „Demokratisierung" daher mit großem Interesse.

11) Die Reformpolitik Gorbatschows ist nicht ohne <u>Auswirkungen für die sowjetische Außenpolitik</u> (Gorbatschow wörtlich: „Die Außenpolitik der Sowjetunion wird von ihrer Innenpolitik bestimmt"). Gorbatschow dürfte bestrebt sein, in der derzeitigen Phase <u>zur weiteren Entfaltung seiner Reformpolitik</u> im Inneren eine <u>ruhige außenpolitische Situation zu schaffen</u>, eventuell auch ihm überflüssig erscheinenden Ballast (Afghanistan, Kampuchea) abzuwerfen und eine betonte Entspannungspolitik in alle Richtungen (inklusive VR China) zu führen. Dies alles jedoch nicht unter Preisgabe wichtiger sowjetischer Interessen. Im Abrüstungsbereich eröffnet eine gewisse Interessensparallelität zwischen Gorbatschow und Reagan erstmals seit längerer Zeit die Chance für konkrete Vereinbarungen, die dann auch verifizierbar sein müßten.

12) Die <u>Auswirkungen der Reformpolitik</u> GS Gorbatschows auf das Wiener KSZE-Folgetreffen sind allerdings bisher <u>eher punktuell</u> geblieben. Einige Plenarerklärungen standen im Zeichen von „Glasnost" und „Perestroika". Fehler in der Vergangenheit wurden eingestanden, tiefgreifende Veränderungen für die Zukunft in Aussicht gestellt. Diese Debattenbeiträge kontrastieren jedoch scharf mit der konfrontativen Linie der sowjetischen Delegation in den mit menschenrechtlichen Fragen befaßten Arbeitsorganen. Mit Ausnahme der Einladung einer Konferenz über humanitäre Zusammenarbeit nach Moskau entsprechen auch die <u>sowjetischen Vorschläge eher dem Geist vergangener Jahre als der neuen Reformpolitik</u>.

Die Verbesserung des sowjetischen Images im Ausland stellt einen der größten bisherigen Erfolge Gorbatschows dar. Es ist daher unwahrscheinlich, daß die Sowjetunion diese Errungenschaft durch eine negative Haltung zum KSZE-Kongreß aufs Spiel setzt. Andererseits eignet sich der Prozeß nur wenig als „Public Relations"-Medium für die Sowjetunion: Auch bei Fortsetzung des Reformkurses werden die gemessen am westlichen Menschenrechtsstandard weiterhin bestehenden Defizite in der Durchführung der KSZE-Vereinbarung im Vordergrund stehen. Es ist daher <u>wahrscheinlich</u>, daß sich die Sowjetunion für eine <u>Fortführung des KSZE-Prozesses</u> unter <u>Schwerpunktverlagerung</u> in den <u>sicherheitspolitischen</u> bzw. falls die konventionellen Rüstungskontrollverhandlungen unter den 23 Bündnisstaaten außerhalb des KSZE-Prozesses ablaufen sollten, in den <u>wirtschaftlichen Bereich</u> einsetzen wird. Die zahlreichen von osteuropäischen Staaten vorgelegten Vorschläge für Folgeveranstaltungen betreffend wirtschaftliche Fragen sind jedenfalls ein Indiz in diese Richtung.

Dokument 103

**Das „neue politische Denken" Gorbatschows;
Auswirkungen in der DDR**

GZ 43.03.00/1-II.3/87, ÖB Berlin (Wunderbaldinger), 12. März 1987

Es ist nicht ganz einfach, die Auswirkungen des Reformkonzepts Gorbatschows auf [die] SED zu prognostizieren. Sicher ist von Bedeutung, was der 27. Parteitag der KPdSU diesbezüglich formulierte: Wettstreit der Ideen, Normen zivilisierter

Beziehungen und einen neuen internationalen Verhaltenskodex, aber dies alles im unveränderten Rahmen des Marxismus-Leninismus.

Festgehalten werden muß, daß die SED, was den außenpolitischen Teil „dieses Konzepts" anlangte, diese Idee sofort gegenüber westlichen Politikern vertreten hat und teilweise damit sogar Erfolg erzielte.

Im innenpolitischen Teil war die Lage weit komplizierter. Einerseits will sich die SED nicht zu Veränderungen drängen lassen, die sie auf dem Gebiet der Wirtschaft und der sozialistischen Gesetzlichkeit der Sowjetunion schon voraus hat, andererseits fürchtet sie Veränderungen wegen der Nachbarschaft und Anziehungskraft der BRD. Es ist daher nicht verwunderlich, wenn „das neue Denken" Gorbatschows eine Ideologiediskussion auslöste.

Schon im Oktober/November 1986 hat Prof. Kurt Hager, Sekretär des ZK der SED für Kultur, Wissenschaft und Ideologie, ein Referat gehalten, in welchem er sich von all jenen des XI. Parteitages vom 1976 distanzierte, die nicht zu den Moskauer Thesen paßten. Und erst kürzlich hat Erich Hahn, Direktor des Instituts für marxistische Ideologie der Akademie der Gesellschaftswissenschaften, eine Definition „der Werte des Sozialismus" veröffentlicht, in der er die Begriffe „Frieden, Freiheit, Gerechtigkeit, schöpferische Arbeit zum Wohle aller und zum eigenen Nutzen, Kollektivität und Individualität", ohne die neuen Demokratisierungsbemühungen Gorbatschows ausdrücklich zu nennen, [anführte]. Dieser Artikel ist sicher als Orientierungshilfe für Parteifunktionäre gedacht, da diese immer wieder in Gesprächen mit einer zunehmenden Kritik aus der Bevölkerung, die in diesen Reformkurs große Hoffnungen setzt, konfrontiert werden. Gemäß Hahn geht es in der ideologischen Auseinandersetzung um die Wertung des Sozialismus, die Wertung der neuen Gesellschaft, die in der DDR erreicht wurde.

Auch Hermann Axen, Sekretär des ZK für internationale Angelegenheiten, hat während seines Besuches in Madrid zu dem Thema Stellung genommen und erklärt, die SED bejahe die Reformpolitik Moskaus, wenn es auch Unterschiede in der Entwicklungsmethodik gebe.

Aus all dem kann geschlossen werden, daß es in der DDR-Führung unterschiedliche Bewertungen der neuen Linie Gorbatschows gibt und daß ein Teil der Funktionäre nicht bereit ist, sich schon jetzt für eine Linie der Partei zu exponieren, die noch nicht einmal ganz oben feststeht.

In Gesprächen mit führenden Funktionären muß man immer wieder feststellen, daß die westlichen Interpretationen, die SED fürchtet Moskaus Reformen, nicht ganz den Tatsachen entsprechen. Auch Honecker selbst hat in seinem viel zitierten Referat vor den 1. Sekretären der Kreisleitungen der SED letztlich sein prinzipielles und festes Einverständnis zur Freundschaft mit der Sowjetunion unterstrichen, da er ausdrücklich sein Einverständnis und seine Unterstützung gab [...], die sozialistische Demokratie und ihren Inhalt unter den Bedingungen und Traditionen der Sowjetunion auf breiter Basis zu entwickeln. Dabei wird allerdings vermutlich mit Recht darauf hingewiesen, daß die nationalen Bedingungen unterschiedlich sind und aufgrund des Gefälles DDR-Sowjetunion die Reformbewegung nicht einfach kopiert werden kann.

Ein weiterer, immer wieder zu hörender Einwand ist, daß man jetzt den Verlauf der Veränderungspolitik noch nicht vorhersehen könne. Ansätze seien schon einmal (Chruschtschow) gescheitert. Im übrigen gelte gerade für die regierenden Parteien im COMECON und Warschauer Pakt das Prinzip der Koordinierung aller Aktivitäten und die letzten Arbeitstreffen der Parteiführer mit Gorbatschow haben gezeigt, mit welcher Zielstrebigkeit die Sowjetunion diesbezüglich vorgeht. Sollten sich die Modernisierungstendenzen Gorbatschows durchsetzen, würde dies sicher zu einer Stärkung der Stellung der Sowjetunion führen und in weiterer Folge wohl auch wieder mehr sowjetischen Einfluß auf die Staaten im Warschauer Pakt bedeuten. […]

Dokument 104
Jaruzelskis Reformbemühungen; Unterstützung für Gorbatschow
GZ 166.03.00/4-II.3/87, Zl. 138-RES/87, ÖB Warschau (Weninger), 17. März 1987

Die aufsehenerregende Rede, welche Staatsratsvorsitzender und Erster Sekretär Jaruzelski am 21. Februar 1987 auf der Konferenz der Warschauer Parteiorganisation gehalten hat, liegt nunmehr in den wesentlichen Passagen veröffentlicht vor.

Zunächst kritisierte der Erste Sekretär heftig die nur mangelhafte Fähigkeit der Parteiorganisation, die wirklichen Nöte und Sorgen der Bevölkerung aufzugreifen. Es dürfe keine Diskrepanz zwischen dem alltäglichen Leben der arbeitenden Bevölkerung und den Berichten, welche von der Partei vorgetragen werden, geben. Die Partei müsse aktiver bei der Beseitigung der verschiedenen Mißstände tätig werden und ihren ureigenen Aufgaben, nämlich für die Interessen der arbeitenden Bevölkerung da zu sein, besser nachkommen. Ein Parteimitglied, das dies nicht könne oder wolle, solle die Partei verlassen, sagte Jaruzelski unmißverständlich.

Ideologische Argumente seien nicht das stärkste Element in der politischen Diskussion und bei der Beurteilung der Parteipolitik und des „Sozialismus" (!) überhaupt, führt er weiter aus, […] müsse [man] an die Probleme auch pragmatisch herangehen. Es gäbe aber auch andererseits wieder genug „ideologische Eunuchen", welche ihre Parteizugehörigkeit geradezu als Teilzeitjob verstünden.

Jaruzelski rief anschließend zu einer stärkeren Unterstützung der Patriotischen Bewegung für die nationale Wiedergeburt (PRON) auf. Diese solle einen weitestmöglichen Kreis aller am Aufbau des „Sozialismus" teilhabenden gesellschaftlichen Gruppen, unabhängig von ihren einzelnen Grundlagen und Motiven, umfassen.

Reform und Demokratisierung müßten den Hauptinhalt der Diskussion in Polen bilden. In diesem Sinne würden auch die Reformbestrebungen in der Sowjetunion nicht nur mit großem Interesse verfolgt, sondern lebhaft unterstützt; Reformbemühungen, welche letztlich zu einer Stärkung des „Sozialismus" führten. Es gäbe kein Zurück in diesem Prozeß, bekräftigt Jaruzelski. In der 1000 Jahre alten polnischen Geschichte hätte es keine engere Übereinstimmung der politischen Ansichten mit einem Nachbarland gegeben als gegenwärtig mit der Sowjetunion.

Diese große historische Chance für Polen müsse nun genützt werden, rief er den Parteifunktionären zu.

In der Folge seiner Rede nahm Jaruzelski den überaus strengen polnischen Winter des heurigen Jahres zum Anlaß, um Indifferenz, Mißachtung, Faulheit, Sorglosigkeit und Immobilität gegenüber Problemlösungen mit scharfen Worten und anhand konkreter Beispiele zu geißeln. In seltener Offenheit nahm er kein Blatt vor den Mund und nannte die Mißstände beim Namen. Im wirtschaftlichen Bereich etwa das Fehlen eines „Qualitätsbewußtseins" oder in der Planung die Tatsache von gefälschten Statistiken, die wiederum zu falschen Entscheidungen führen müßten und vieles Ähnliches mehr.

Alles in allem stellte die Rede, welche anverwahrt in einem englischsprachigen Auszug in ihren wesentlichen Teilen vorgelegt wird, sowohl in Ton als auch Inhalt eine absolute Novität dar, vergleicht man sie mit den in der Vergangenheit vorgetragenen Beschönigungsfloskeln bei ähnlichen Parteiveranstaltungen. Es bestehen darüber hinaus Anzeichen, daß damit das Startzeichen für einen neuerlichen Versuch einer Reaktivierung der Partei gegeben wurde, verbunden mit dem festen Willen, diesmal damit tatsächlich ernstzumachen.

Ein weiterer Impuls für einen verstärkten innenpolitischen Prozeß ging auch von der zweiten Tagung des Konsultativrates beim Staatsrat, welche am 27.2. d.J. stattfand, insgesamt 12 Stunden dauerte und an der Jaruzelski zur Gänze teilgenommen hatte, aus. Dem Vernehmen nach hätten dabei 50 der 56 Ratsmitglieder das Wort ergriffen und den Staatsratsvorsitzenden ungeschminkt – und nicht durch diverse Parteigremien gefiltert – über die tatsächlichen Mißstände in der polnischen Gesellschaft informiert. Damit hätte der Konsultativrat nach Ansicht hiesiger Beobachter auch seine Hauptaufgabe, nämlich dem Staatsrat direkt die „Stimme des Volkes" zu Gehör zu bringen, in vorbildlicher Weise erfüllt. Der Zeitpunkt der Philippika des Ersten Sekretärs war zweifellos durch die Reformvorschläge Gorbatschows bestimmt gewesen, sieht die polnische Parteiführung im Gegensatz zu manchen Bruderparteien doch in ihnen die Chance, den von Moskau aufgerissenen Freiraum zu eigenen Zwecken zu nutzen.

Diese Ansicht wird auch dadurch erhärtet, daß in der Ausgabe der „Trybuna Ludu" vom 7./8. März d.J. aus der Feder von keinem Geringeren als dem früheren Vizepremier und nunmehrigen Vizemarschall des polnischen Parlaments Mieczyslaw F. Rakowski ein Grundsatzartikel zu den sowjetischen Reformbestrebungen erschienen ist, der eine Verteidigung der Ideen Gorbatschows gegenüber seinen Kritikern darstellt und keinen Zweifel über den polnischen Schulterschluß aufkommen lässt: „The PZPR and its ideological and political allies welcome with great satisfaction, and fully support, the changes taking place in the Soviet Union and the firm will to continue the policy of Perestroika and Glasnost."

Mit dem übervollen Lob Gorbatschows für den politischen Kurs von General Jaruzelski am 10. Parteikongreß im Sommer 1986 beginnend bis zu den äußerst positiven polnischen Reaktionen auf die sowjetischen Reformbestrebungen hat sich Polen im Vergleich zu allen anderen Ostblockstaaten als engster Gefolgsmann der Sowjetunion etabliert. […]

Dokument 105

Reaktionen in den Warschauer-Pakt-Staaten auf die Gorbatschowsche Politik der Perestroika im Anschluß an die Jänner-Plenartagung des ZK der KPdSU; Analyse

GZ 225.03.00/34-II.3/87, BMAA Wien, 19. März 1987

<u>Vorbemerkung</u>: Zweifel an der Wirksamkeit und Durchsetzbarkeit der Gorbatschowschen Reformpolitik werden nicht nur im Westen laut, sondern auch auf sowjetischer Seite selbst. Wenn auch diese Zweifel vornehmlich von Dissidenten-Kreisen geäußert werden, so beruhen sie dennoch auf deren persönlicher Kenntnis und den eigenen Erfahrungen mit dem sowjetischen System. Äußerungen hoher Sowjet-Funktionäre (insbesondere Ligatschow, Ryschkow) betreffend den Gorbatschow-Kurs, die zumindest dem ersten Anschein nach „bremsenden" Charakter hatten, vermehrten noch die Unsicherheitsfaktoren hinsichtlich der Dauerhaftigkeit und des letztlichen Erfolges des vom KPdSU-GS eingeleiteten Prozesses. Dementsprechend uneinheitlich und bisweilen vieldeutig sind daher die bisherigen Reaktionen in mehreren der der Sowjetunion verbündeten WP-Staaten.

Die folgende Analyse beruht deshalb zum Teil nur auf punktuellen Schlaglichtern und Äußerungen. Sie stellt eine Erweiterung und Aktualisierung der im Feber unter Zl.225.03.00/10-II.3/87 erstellten Kurzinformation dar.

1) <u>Bulgarien</u>: Die Erklärung Gorbatschows vor dem Plenum des ZK der KPdSU und die ZK-Beschlüsse sind in Bulgarien im vollen Wortlaut veröffentlicht worden. Kommentare verweisen auf die „Signalwirkung, die auf andere Bruderparteien ausgehen wird". Die Botschaft Gorbatschows wird als „Quelle der Erleuchtung" gepriesen.

Die BKP hat sehr rasch auf das Jänner-Plenum des ZK der KPdSU reagiert. Das Politbüro hat zum Bericht Schiwkows „Das Jänner-Plenum der KPdSU und die weitere Verwirklichung des strategischen Kurses der BKP für eine qualitativ neue Entwicklung" schon am 10. Februar einen Beschluß gefaßt, der als volle Indorsierung der Gorbatschowschen Linie gewertet werden kann. Der Hinweis in dem Beschluß, auf „die konkreten Probleme des sozialistischen Aufbaus <u>entsprechend den in den verschiedenen Ländern herrschenden Verhältnissen Bedacht zu nehmen</u>", muß nicht unbedingt als eine Art Vorbehalt gelten, ist doch insbesondere auf dem Gebiet der sozialistischen Selbstverwaltung in Wirtschaftsunternehmen in Bulgarien bereits im Verlauf der Jahre 1985 und 1986 eine intensive Diskussion abgeführt und eine entsprechende Verordnung erlassen worden. Nicht ohne gewissen Stolz wird auf den eigenen Vorsprung gegenüber der Sowjetunion verwiesen.

Ein Kommentar im offiziellen Parteiorgan sprach sich am 20.2. dafür aus, den seit längerem eingeschlagenen Weg fortzusetzen, „ohne jedoch jenen unnützen Eifer zu entwickeln, der sich auf die Erfüllung der wirtschaftlichen Aufgaben und das kollektive Arbeitsklima ungünstig auswirken könnte". Zu dieser kritischen

Anmerkung paßt auch eine Äußerung Schiwkows gegenüber dem stv. US-Außenminister Whitehead, wonach Gorbatschow mit seiner „Offenheit" zu weit gegangen sei; er habe seine Schmutzwäsche öffentlich gewaschen. Dabei werde ihm Bulgarien sicher nicht folgen. Die bulgarische Wirtschaft funktioniere gut, nirgendwo (im RGW-Raum) gebe es eine größere Wachstumsrate als hier; <u>Kaderprobleme kenne man nicht</u>. Das bulgarische Büro sei das dem Lebensalter seiner Mitglieder nach jüngste aller kommunistischen Staaten. In Moskau mache man jetzt, was in Sofia schon seit langer Zeit geschehen sei.

<u>Konklusion</u>: Langsames, vorsichtig überlegtes Fortsetzen von Reformmaßnahmen. Keine groß angelegten Veränderungen in hohen und mittleren Parteirängen zu erwarten.

2) <u>Rumänien</u>: Die Landespresse hat die Rede Gorbatschows vor dem ZK-Plenum in gekürzter (und oft entstellter) Form kommentarlos wiedergegeben. Z.B. wurden Äußerungen über die erforderliche Förderung des individuellen Eigentums völlig unterschlagen. Andere Aussagen Gorbatschows wurden in die Nähe von Standardformulierungen Ceauşescus umformuliert. Auf diese Weise wird in der rumänischen Öffentlichkeit scheinbar Affinität der rumänischen und sowjetischen innen- und wirtschaftspolitischen Zielsetzungen suggeriert und gleichzeitig der Sowjetunion demonstriert, wie intensiv man die Rumänen über die wichtigen Vorgänge in der UdSSR informiert.

Ceauşescu selbst erklärte am 28.1.: „Man kann nicht von der Vervollkommnung des Sozialismus durch die sogenannte Entwicklung des Privateigentums sprechen. Das kleine oder große kapitalistische Eigentum bleibt kapitalistisches Eigentum!"

Differenzen zwischen Moskau und Bukarest über Gorbatschows Politik sind schon 1986 zutage getreten: Ceauşescu ließ sich – außerhalb der WP-Blockdisziplin – eine fünfprozentige Reduzierung der Rüstung und der Verteidigungsausgaben durch ein Referendum absegnen. Durch Verfügung des rumänischen Staatsrates wurde das Haus der rumänisch-sowjetischen Freundschaftsgesellschaft in Bukarest geschlossen (offenkundiger Zweck: Eindämmung des sowjetischen Einflusses auf die rumänische Bevölkerung).

Andererseits verringert sich die ökonomische Distanz zwischen Rumänien und UdSSR weiter: Bereits 1985 stieg der bilaterale Außenhandelsumsatz (überdurchschnittlich) um 18 % an. Nach den Planvorgaben für 1986-1990 soll der sowjetisch-rumänische Warenaustausch um insgesamt 70 % steigen – wesentlich mehr als der Handel der Sowjetunion mit anderen RGW-Staaten.

<u>Konklusion</u>: Mit einer Änderung der innenpolitischen Eigenwilligkeiten Ceauşescus ist weiterhin nicht zu rechnen. Die wirtschaftliche Entwicklung wird erkennbar und auf Dauer zu einer Verringerung der sowjetisch-rumänischen Distanz führen. Gegen ein zu offenkundiges Überhandnehmen wirtschaftlicher Abhängigkeit wird sich Ceauşescu zu wehren versuchen. Aber auch Gorbatschow kann an einer Ausweitung der wirtschaftlichen Abhängigkeit nicht interessiert sein, könnte ihm dadurch doch eines Tages eine Mitverantwortung für die rumänische Wirtschaftslage zufallen.

Damit dürften die bilateralen Beziehungen künftig noch komplizierter werden (insbesondere solange Ceaușescu an der Macht ist).

3) Ungarn: Die Plenartagung des KPdSU-ZK und Gorbatschows Vorschläge werden von den ungarischen Medien als epochenmachendes Ereignis betrachtet und interpretiert, wobei immer wieder hervorgehoben wird, daß es sich erst um einen ersten Schritt handelt. Die Irreversibilität der Perestroika-Politik wird betont, Genugtuung über und Sympathie für die Demokratisierungsversuche werden zum Ausdruck gebracht. Insbesondere sozialistische Selbstverwaltung, Reform des Wahlsystems und Schutz der Bürgerrechte sind programmatische Anliegen, die Ungarn bereits vorgenommen hat. Es würden diejenigen ermutigt, die einen ähnlichen Weg schon beschritten haben und die die „verborgenen" Möglichkeiten einer sozialistischen Gesellschaft besser als bisher nützen wollen. ZK-Sekretär Szűrös nannte die Vorgänge in der Sowjetunion „eine Unterstützung und Stärkung unseres eigenen Werkes", fügte jedoch hinzu, daß eine simple Übertragung dieser gesellschaftspolitischen Veränderungen von der Sowjetunion auf andere Länder ein Fehler wäre: „Jede Partei ist unabhängig und souverän und arbeitet unter den besonderen Gegebenheiten des eigenen Landes." Das rasche Einbringen von Erfolgen (bei Verbesserung des Lebensstandards, aber auch im außenpolitischen Bereich) sei notwendig und entscheidend, allein dadurch könne der Druck konservativer Kräfte (deren Existenz in allen kommunistischen Ländern Szűrös bestätigt) kompensiert werden.

Nach Szűrös ist auch die außenpolitische Philosophie der Sowjetunion in Veränderung begriffen; Gorbatschow strebe nicht mehr maximale, sondern nur noch hinreichende Sicherheit an. Objektiv betrachtet müßte der Westen, insbesondere die USA, daher an der Perestroika interessiert sein. Lobend erwähnte Szűrös in diesem Zusammenhang Ministerpräsident Thatcher und Außenminister Genscher wegen ihrer Einstellung zur sowjetischen Entwicklung.

Konklusion: Die ungarische Führung fühlt sich in ihrem Kurs bestätigt. Ihre Wirtschaftsreformen sind vor einiger Zeit sogar bewußt gebremst worden, wobei es hieß, daß man in schwierigen Zeiten nicht mehr wie früher experimentieren könne. Der eigentliche Grund für das Hinauszögern der nächsten Reformschritte liegt wohl darin, daß Teile des Parteiapparats von einer weiteren Liberalisierung im Wirtschaftsleben Rückwirkungen auf die Politik und eine Gefährdung des Machtmonopols der Partei befürchten.

In diesem Zusammenhang wird festgehalten, daß erst kürzlich im Westen eine – geheime – Resolution des USAP-Politbüros bekannt geworden ist, welche Details über die Parteistrategie gegenüber der „feindlichen" Opposition enthält. Andererseits sagte Volksfront-GS Pozsgay am 15.3., daß Ungarn im 19. Jhdt. in Paris fortschrittliche Ideen gefunden habe, heute aber nach Moskau blicke. Dieses Nebeneinander gewisser Denkarten (s. die oben erwähnte Anspielung Szűrös' auf konservative Kräfte) dürfte für absehbare Zeit für die weitere Entwicklung Ungarns charakteristisch sein.

4) <u>Tschechoslowakei</u>: Die ČSSR-Medien veröffentlichten den vollen Wortlaut der Rede Gorbatschows und der ZK-Resolution der KPdSU zu Fragen des „Umbaus" und der Kaderpolitik. In Kommentaren wurde das „gewaltige Interesse an den bedeutenden Veränderungen in der Sowjetunion" und die „Motivation, aus den sowjetischen Erfahrungen zu lernen", hervorgehoben. Ansonsten wurde sachlich und nüchtern auf die Ergebnisse des ZK-Plenums hingewiesen. Wesentlich ist hierbei die Aussage, daß das ZK-Plenum alle wesentlichen Elemente der Reformen, wie auf dem XXVII. Parteitag der KPdSU (März 1986) festgeschrieben, in vollem Umfang bestätigt habe. Die KPTsch habe diesen Beschlüssen im übrigen voll zugestimmt; die ČSSR verfolge „aufmerksam" die innenpolitischen Entwicklungen in der Sowjetunion und sei „motiviert", aus sowjetischen Erfahrungen zu lernen. (Präs. Husák zu Außenminister Schewardnadse: „KPdSU-Parteitag und ZK-Plenartagung sind wichtige Impulse für die Arbeit der KPTsch und des csl. Volkes.")

Diese zunächst eher zurückhaltende Wertung des ZK-Plenums war zu erwarten. Die ČSSR-Führung hatte auf die Entwicklungen in der UdSSR bisher skeptisch bzw. mit einer Abwartehaltung reagiert und weiterhin auf einen Kurs der innenpolitischen Kontinuität ihrer […] Normalisierungspolitik gesetzt. Dazu ZK-Sekretär Biľak am 11.2.: „In der Übernahme der Erfahrungen von Bruderparteien darf nicht opportunistisch, sondern muß prinzipienfest vorgegangen werden unter <u>Respektierung der eigenen Arbeits- und Lebensbedingungen,</u> unserer eigenen Erfahrungen und demokratischen Traditionen. …Manche Leute wollen die neue Politik benützen, um die Lehren aus der krisenhaften Entwicklung (d.i. 1968) zu widerrufen, was ihnen nicht gelingen wird. Diese versuchen, ihre antisozialistischen Aktivitäten hinter der neuen Politik der Sowjetunion zu verbergen."

Demgegenüber hat sich Ministerpräsident Štrougal wiederholt zum Reformkurs Gorbatschow bekannt. Am 2.3. sagte er etwa: „Der Weg, den die Sowjetunion eingeschlagen hat, ist auch der Weg der ČSSR. Wenn wir heute erneut und eindeutig unsere Gefolgschaft für die Politik der Sowjetunion erklären, ist daran nichts Opportunistisches."

Es ist auffallend, daß unmittelbar nach dem ZK-Plenum mehrere hochrangige Besucher aus Moskau in kurzen Abständen in Prag eintrafen: Außenminister Schewardnadse (erster offizieller Besuch eines sowjetischen Außenministers in der ČSSR seit 12 Jahren!), Verteidigungsminister Sokolow und Politbüro-Mitglied/ZK-Sekretär Saikow. Ein ziemlich deutliches Werben für den Gorbatschowschen Kurs kann dabei nicht übersehen werden. Schewardnadse in Prager Tischrede: „Die gegenwärtige Rekonstruktion in unserem Lande schafft sehr günstige Voraussetzungen für unsere bilateralen Beziehungen." (Anspielung auf mangelnde Qualität csl. Lieferungen an die UdSSR?) Noch deutlicher Saikow vor Prager Partei- und Wirtschaftsfunktionären: Es gebe Genossen, die sich ändern wollten, denen dies aber nicht gelingt: Diese müsse man lehren, neu zu denken und zu handeln. Es gebe aber auch solche, die sich nicht ändern wollten. „Mit ihnen verfahren wir anders. Wir werden dabei keine Rücksicht auf irgendwelche Verdienste nehmen. Es liegt im Lebensinteresse des Volkes und des Sozialismus, daß diese Personen dem Neuen weichen, den frischen Kräften, für welche der Umbau zum Sinn … des ganzen Lebens geworden ist." Die Veränderungen seien nicht nur für die Zukunft der Sowjetunion von grundlegender Bedeutung, „sondern für das Schicksal der gesamten sozialistischen Welt". Vor seiner Abreise unterstrich Saikow gegenüber Journalisten, daß er besonders bei csl. Arbeitern und Managern Unterstützung für den Umbau gefunden habe. Vorbereitungen für einen Besuch Gorbatschows in Prag (April) liefen auf vollen Touren, aber es gebe noch etliche offene Fragen (offenbar Anspielung auf die zu erwartende Diskussion im Verlauf der damals noch bevorstehenden Plenartagung des ZK der KPTsch).

Bei der KPTsch-ZK-Plenartagung (18./19.3) bekannte sich Staats- und Parteichef Husák in eindeutiger Weise zum Gorbatschowschen Reformkurs und bestritt, daß es in der csl. Führung Meinungsverschiedenheiten über die neue Politik Moskaus gebe. Husák kündigte namens der „ganzen Partei" ein „Demokratisierungs"-Programm an, das u.a. eine größere Einbindung des Volkes in Entscheidungsprozesse bringen soll (durch offenere Medienberichterstattung, durch geheime Wahl von Funktionären). Mit dieser Rede hat Husák zumindest nach außen hin zugunsten der reformwilligen Gruppe in der Führung Partei ergriffen.

Konklusion: Ein verstärkter Konflikt innerhalb der csl. Führung ist erkennbar. Reaktionen aus dem pragmatischen Flügel der Parteiführung (Štrougal, Jakeš) lassen es möglich erscheinen, daß orthodoxe Widerstände (Biľak, Fojtík, Indra) nach und nach abgebaut werden und durchaus Elemente der sowjetischen Reformpolitik – einschließlich einer „Demokratisierung" in Partei und Gesellschaft – in der ČSSR Eingang finden könnten.

Weite Teile der Bevölkerung bewundern die Zielstrebigkeit Gorbatschows bei der Verfolgung seiner Politik des „Umbaus" und erwarten ähnliche Entwicklungen auch für die ČSSR. Auch in der Partei selbst finden seine Reformbestrebungen – vor allem an der Basis – durchaus Anklang, ohne daß jedoch eine öffentliche Diskussion stattfindet. Es ist davon auszugehen, daß eine neue, pragmatisch orientierte Führung durchaus Chancen hätte, eine auf die ČSSR zugeschnittene Reform- und Demokratisierungspolitik mit breiter öffentlicher Zustimmung tatsächlich in die Tat umzusetzen.

5) Deutsche Demokratische Republik: Zwiespältig wie in der ČSSR ist die Reaktion der DDR-Führung auf Gorbatschows Perestroika. Nach dem Jänner-Plenum des ZK der KPdSU veröffentlichen die DDR-Medien nur wenige, ausgewählte Passagen aus Gorbatschows Rede. Ein Absatz aus der „Gemeinsamen Mitteilung" der Sowjetunion und der DDR zum Abschluß eines Anfang Februar stattgefundenen Besuches Außenminister Schewardnadses in Ost-Berlin deutet zwar darauf hin, daß die DDR die Zustimmung Moskaus für den gegenwärtigen Kurs der SED erhalten habe, doch markierte eine Grundsatzrede, die Honecker kurz danach vor hohen Parteifunktionären hielt, deutliche Distanz zu Gorbatschows Reformkonzept. Westlichen Politikern und Medien gegenüber wurde seitens der DDR aber versichert, daß die Perestroika „mit Wertschätzung" betrachtet würde, und jede Skepsis ihr gegenüber in Abrede gestellt. Allerdings wurde auch auf Unterschiede in der Entwicklungsmethodik hingewiesen und festgehalten, daß es kein sozialistisches

Land gebe, das die <u>Kopie eines anderen</u> sei. Zur Bestätigung der Richtigkeit des schon vor längerer Zeit (namentlich genannt wurde der VIII. SED-Kongreß 1971!) in der DDR eingeschlagenen Wirtschaftskurses wurden eine Reihe von Leitern großer sowjetischer Unternehmen zitiert, die nach einem Besuch in der DDR die zentralistische Kombinatsverfassung sehr gelobt und als vorbildlich bezeichnet hätten. In Ost-Berlin dürfte man überzeugt sein, daß Moskau an ökonomischen Experimenten im industriell am weitesten entwickelten RGW-Partnerland kaum interessiert sein dürfte, da die Sowjetunion erhebliche Unterstützung von Seiten der DDR bei der Realisierung und Modernisierung ihrer eigenen Wirtschaft erwartet.

Eine inhaltliche Auseinandersetzung mit den Reformideen Gorbatschows findet in der SED nach wie vor höchstens hinter verschlossenen Türen statt. In der Öffentlichkeit schweigt die <u>Parteiführung</u> jedenfalls zu diesem Thema. Für <u>Intellektuelle und Künstler</u> scheint Gorbatschow aber ein neuer Hoffnungsträger geworden zu sein. Ein Großteil der <u>Parteibasis</u> dürfte eine Wartestellung bezogen haben. Auffallend ist aber, daß offenbar als Ersatz für eine Diskussion über die Reformideen Gorbatschows eine in den Zeitungen und Zeitschriften der DDR von der SED gesteuerte Debatte zu Grundsatzfragen des Kommunismus stattfindet.

<u>Konklusion</u>: Es gibt unterschiedliche Bewertungen der neuen Moskauer Linie. Ein Teil der Funktionäre dürfte nicht bereit sein, sich schon jetzt für eine Parteilinie zu exponieren, die noch nicht einmal an der Spitze feststeht. Wenn Gorbatschow auf längere Sicht Erfolg hat, wird die DDR-Führung kaum ein Übergreifen von Gorbatschows Ideen auf die DDR verhindern können.

6) <u>Polen</u>: Das positivste Echo hat der neue Kurs Gorbatschows bisher in Polen gefunden. Staats- und Parteichef Jaruzelski spricht sich für volle Unterstützung der in der Sowjetunion stattfindenden Veränderung aus. Seine Parteigenossen hat er zu mehr Offenheit und Kritik aufgefordert. Beinahe überschwänglich stellte er im Februar fest: „Polen hat solch eine glückliche Konvergenz seit 1000 Jahren nicht erlebt. Dies ist eine große historische Errungenschaft, die wir schützen und verteidigen müssen." Die polnische Presse veröffentlichte den vollen Wortlaut der KPdSU-ZK-Resolution sowie des Berichts und der Abschlußrede Gorbatschows (mit sehr freundlichen Kommentaren).

Der polnischen Führung ist sehr an einem Erfolg des Gorbatschowschen Kurses gelegen, da eigene Reformbestrebungen (Demokratisierung der Gesellschaft, Wirtschaftsreform) sehr eng an diese Linie anknüpften. Ein Mißerfolg Gorbatschows würde zwangsläufig den – allerdings kaum mehr sehr zahlreichen und aktiven – Gegnern des polnischen Reformkurses den Rücken stärken und könnte unter Umständen auch in Polen angestrebte Reformziele verzögern.

Bemerkenswert ist, daß Polen bereits gewisse Formen der „Demokratisierung" eingeführt hat, um die Gorbatschow noch kämpft. Hierzu gehören u.a.

– Geheime Wahlen in der Partei (bis hin zur Wahl des Ersten Sekretärs);

– Wahlmöglichkeiten unter zwei Kandidaten für einen Abgeordnetensitz im Sejm (Parlament); eine weitergehende Demokratisierung der Wahlordnung wurde bereits angekündigt;

–   Einrichtung eines Verfassungsgerichtshofes;

–   Gründung eines Konsultativrates beim Staatsrat unter Einbeziehung von Regimekritikern;

–   vorgesehene Einsetzung von Ombudsmännern zur Überwachung von Menschenrechten;

–   Mitbestimmungsrecht für Arbeiterselbstverwaltung in den Betrieben.

<u>Konklusion</u>: Insgesamt findet der reformpolitische Kurs Gorbatschows in der polnischen Führung unter Jaruzelski und in weiten Teilen der polnischen Bevölkerung breite Zustimmung und Anerkennung. Insbesondere Jaruzelski, der enge und freundschaftliche Kontakte zu Gorbatschow unterhält, unterstützt diesen dezidiert, zumal er selbst bezüglich seines eigenen polnischen Reformkurses vom sowjetischen Generalsekretär volle Rückendeckung erhält (und damit eine Stärkung seiner eigenen Führungsposition erfährt).

7) <u>Zusammenfassende Wertung der Haltung der sowjetischen WP-Verbündeten:</u>

Die Reaktionen sind primär durch die spezifische Interessenlage der jeweiligen Staaten bzw. deren Parteiführungen bedingt. Der polnische Außenminister Orzechowski hat sich aber gesprächsweise dahingehend geäußert, daß – vielleicht mit Ausnahme Rumäniens – <u>alle</u> Paktstaaten der Reform gegenüber <u>prinzipiell positiv</u> eingestellt seien. Der in westlichen Medien erweckte Eindruck, in der ČSSR und der DDR würde man sich direkter sowjetischer Einflußnahme in Richtung auf eine Übernahme des Reformkurses widersetzen, scheint nicht begründet: Ein gewisses Einwirken dürfte es im Wirtschaftsbereich geben (RGW-Erfordernisse, Komplexprogramm, gemeinsame Unternehmen), aber – wie oben ausgeführt – auch nicht mit gleicher Intensität gegenüber den Bruderländern (sh. DDR, Rumänien). Gorbatschow dürfte Versuche von Einflußnahmen gerade beim „Demokratisierungs- bzw. Liberalisierungsprozeß" unterlassen – wohl wissend, daß er den unterschiedlichen Gegebenheiten in den einzelnen WP-Staaten Rechnung tragen muß. Ein von Moskau ausgehender direkter Zwang zur Übernahme des noch lange nicht fertig entwickelten Reformprogramms könnte zu Unsicherheiten, Unruhen und Destabilisierung führen – Erscheinungen, die nicht zu einer offensichtlich angestrebten Ruhigstellung der Außenpolitik beitragen und somit Gorbatschows Interessen diametral entgegenlaufen würden.

Wohl aber wird man in der Annahme nicht fehlgehen, daß Äußerungen insbesondere in Prag und Ost-Berlin, wonach Gorbatschows Programm Inspiration und Wertschätzung verdienten, durchaus ernst gemeint sein könnten; sie wären dann eine Quelle oder wenigstens ein Stimulans für den Weiterbau des eigenen „nationalen" Weges. [...]

Dokument 106

Gorbatschows neuer Kurs, eine Stimme aus Bonn

GZ 225.03.00/35-II.3/87, Zl. 53-RES/87, ÖB Sofia (Tarter), 23. März 1987

Der aus Bonn [zurückgekehrte] Botschafter der BRD sagte mir gestern zu Gorbatschows Reformkurs und neusten Abrüstungsvorschlägen gesprächsweise:

– Genscher ist auf Gorbatschows Initiative „voll abgefahren".

Auf die Frage nach Kohls Verneigung gegenüber der Sowjetunion in seiner Regierungserklärung:

– Das ist ganz Genschers Linie. Genscher meint, man muß Gorbatschow „beim Wort nehmen". Das ist jetzt der offizielle Kurs der Bundesregierung.

Botschafter Dr. Alfred Steger, der Schwager des Staatssekretärs Meyer-Landrut, vormaliger Botschafter in Moskau, verschwieg nicht, daß es in Bonn auch andere reserviertere Ansichten gebe, die mehr auf der Kissinger-Linie lägen (Newsweek vom 2. März 1987). In maßgeblichen Dissidentenkreisen sei man Gorbatschow gegenüber skeptisch und halte ihn für gefährlicher als seinen Vorgänger [Tschernenko], in religiösen Fragen sei er intoleranter.

– Jedenfalls tut sich im Osten einiges. Das hat schon die ganz andere Stimmung bei der Leipziger Messe (Pop-Musik) gezeigt. Wenn es zu einer Änderung kommt, so ist sie am ehesten über die Kultur und die Intelligentsia zu erwarten. Wie sich die DDR auf die neue Situation einstellt, beobachten wir mit einem gewissen „Amüsement"

Ob ich den Unterschied zwischen Gorbatschow und Sacharow kenne?

– Keiner – beide sind Regimekritiker! […]

Dokument 107

Sowjetische „Stalin-Debatte" – eine Diskussion mit vielen Unbekannten

GZ 225.03.00/36-II.3/87, Zl. 224-Res/87, ÖB Moskau (Vukovich), 25. März 1987

1) Die – seit Anfang des Jahres neuentfachte – innersowjetische „Stalinismus-Debatte" hat sich in den vergangenen Wochen intensiviert.

Zum einen ist die literarische Auseinandersetzung mit der Stalin-Ära fortgesetzt worden: Die Wochenzeitung „Ogonjok" hat [den] ersten Ausschnitt aus Rybakows langerwartetem Roman „Kinder des Arbat" veröffentlicht. Dieses Buch beschreibt das Schicksal einer Gruppe junger Moskauer während des Jahres 1934. Die bereits publizierten Exzerpte beleuchten die Nöte einer Mutter, deren Sohn nach Sibirien deportiert wird.

In der dichten und präzisen Darstellung eines konkreten historischen Umfeldes beeindrucken die Romanauszüge fast noch mehr als der abstrakte Film „Pokajanje". Das vollständige Erscheinen des Werkes ist für April d.J. angekündigt und wird schon deshalb mit großer Spannung erwartet, als die „höchsten Führungspersönlichkeiten" der damaligen Sowjetunion zu den handelnden Personen der Erzählung gehören sollen.

Zu Person und Wirken Stalins haben sich in den letzten Tagen aber auch sowjetische Historiker geäußert: Akademiemitglied Samsonow hat in der für „Propagandisten" und „Agitatoren" bestimmten Wochenzeitung „Argumenti i Fakti" (Nr. 10 (1987)) bestritten, daß Stalin als großer Heeresführer des 2. Weltkrieges angesehen werden könne. Er habe die Gefahr eines deutschen Angriffs viel zu spät erkannt; nur so sei es der Wehrmacht möglich gewesen, bis Leningrad und Moskau vorzudringen. 1942 sei er wiederum ein Opfer nationalsozialistischer „Desinformation" geworden und habe die deutsche Offensive in Richtung Südwesten (Kaukasus, Wolga) nicht vorhergesehen.

Der Rektor des Moskauer Staatlichen Instituts für Geschichte und Archivwesen, Jurij Afanassjew, hat in der „Sowjetskaja Kultura" vom 21.3. wiederum den Umstand kritisiert, daß es in der UdSSR bislang keine einzige Forschungsarbeit über den „mit Stalins Personenkult verbundenen Problemkomplex" gebe, während die nicht-marxistische Geschichtsschreibung „hunderte, ja tausende" Werke zu diesem Thema zähle. Außerdem sei es inakzeptabel, die massiven Repressionen der Dreißigerjahre lediglich als „Fehler" bzw. als „Unzulänglichkeit" zu qualifizieren.

2) Während sich Professor Afanassjew dagegen verwehrt, daß Stalin vom sowjetischen Fernsehen bis heute manchmal „nur in der Aureole des Mutes und der Macht" gezeigt wird, bezeichnet er gleichzeitig Nikita Chruschtschow als eine „schwierige und facettenreiche Gestalt", dessen Rolle in der Nachkriegszeit noch zu „präzisieren" bleibe.

Noch deutlicher wird diesbezüglich der unter Gorbatschow neuernannte Direktor des Instituts für die Geschichte des Marxismus-Leninismus, G. Smirnow. In einem Grundsatzartikel über das „revolutionäre Wesen der Erneuerung" („Prawda" vom 13.3.) nennt er Chruschtschow zwar nicht beim Namen, bemerkt aber, daß die Parteiführung nach dem Oktober-Plenum 1964 (welches Chruschtschow stürzte) Maßnahmen ergriffen habe, die „gegen die bis dahin verwirklichte – wenn auch unsystematische und nicht zielstrebige – Demokratisierung des Partei- und Staatsapparates gerichtet" gewesen seien.

Es sind somit eindeutig Tendenzen erkennbar, Chruschtschow – der bis vor kurzem in den sowjetischen Medien vollständig totgeschwiegen wurde – wohl nicht in vollem Umfang zu „rehabilitieren", in mancherlei Hinsicht aber doch zu einem Vorläufer der gegenwärtigen Reformbestrebungen zu machen.

3) Wie weit diese Neubewertung Stalins und Chruschtschows führen kann, ist gegenwärtig noch unklar.

Der kürzlich publizierte Aufruf des Zentralkomitees aus Anlaß des nahenden 70. Jahrestages der Oktoberrevolution stützt sich in seiner historischen Analyse jedenfalls auf bewährte Stehplätze: Das Land habe „für das Abgehen von den leninistischen Prinzipien ……. für die Verletzung der sozialistischen Gesetzlichkeit und der demokratischen Normen im Leben von Partei und Staat sowie für voluntaristische Fehler, Dogmatismus im Denken und Unbeweglichkeit im Handeln" einen hohen Preis bezahlt. (Die „Gesetzwidrigkeiten" Stalins, der „Voluntarismus" Chruschtschows und die „Immobilität" Breschnews werden somit in einen Topf geworfen.)

GS Gorbatschow hat bei seinem Treffen mit Spitzenjournalisten der UdSSR (13.2.) zwar hervorgehoben, daß es in der sowjetischen Geschichtsschreibung in Zukunft „keine vergessenen Namen und weißen Flecken" geben dürfe, gleichzeitig aber auch betont, daß die Vergangenheit „Glückliches und Bitteres" gebracht habe und die Sowjetunion insgesamt stets „vorangeschritten" sei.

„Prawda"-Chefredakteur Viktor Afanassjew hat dieses Argument in seiner Eröffnungsrede vor dem VI. Kongreß des sowjetischen Journalistenverbandes (14.3.) gleich weiterentwickelt: Da es in der sowjetischen Geschichte „Glückliches und Bitteres" gegeben habe, wäre es ein schwerwiegender Fehler, die Aufmerksamkeit „auf das Bittere zu konzentrieren". Damit spiele man nur das Spiel jener „ideologischen Gegner", welche historische Kritik benützten, um die sowjetische Gegenwart zu diskreditieren.

Zu einer ganz anderen Schlußfolgerung als der Chefredakteur gelangt wiederum dessen Namensvetter, der bereits erwähnte Historiker Jurij Afanassjew. Dieser vertrat in der „Sowjetskaja Kultura" die Meinung, daß man „nicht einfach zum XX. Parteitag zurückkehren" dürfe, sondern „eine neue Tiefe der Analyse erreichen" müsse.

4) Es bleibt vorerst abzuwarten, welche Linie sich in Sachen „Stalinismus-Debatte" letztlich durchsetzen wird.

Die politische Führung scheint eine radikale „Vergangenheitsbewältigung", die in ihren Folgen gar nicht abzuschätzen wäre, jedenfalls vermeiden zu wollen. (Weite Teile der Parteikader und der Bevölkerung wären auf eine solche Diskussion psychologisch auch gar nicht vorbereitet: Es ist z.B. bezeichnend, daß jene Nummer von „Argumenti i Fakti", in der Stalin als Heerführer kritisiert wurde, auch den Leserbrief eines Soldaten veröffentlichte, der Wolgograd wieder in Stalingrad umbenennen will.)

Nach Auffassung der Parteispitze soll eine begrenzte „Stalinismus-Debatte" offenbar vor allem dazu beitragen, die gegenwärtige Politik der „glasnost" und der „Demokratisierung" gegenüber autoritären Herrschaftsformen der Vergangenheit positiv abzugrenzen. Vordringlich geht es nämlich um die Förderung individueller Initiative und Verantwortung der Sowjetbürger im Interesse einer Beschleunigung der wirtschaftlichen und wissenschaftlich-technischen Entwicklung der UdSSR.

Die sowjetische Öffentlichkeit soll an ein gesellschaftliches Klima gewöhnt werden, in dem man – nach den Worten eines Leserbriefes in der „Iswestija" – gegenüber früher „freier atmen" könne, aber auch „härter arbeiten" müsse.

(Der Chefredakteur von „Ogonjok", Korotitsch, hat die Zielsetzung in einem Gespräch mit der Botschaft prägnant zum Ausdruck gebracht: Als „Hauptfeind" betrachte man heute „nicht Stalin, sondern Breschnew und die Korruption der jüngeren Vergangenheit".)

5) Insgesamt ließe sich aus dem bisher Gesagten trotzdem die Schlußfolgerung ziehen, daß die „Stalinismus-Debatte" einen gewissen <u>Beitrag zur Öffnung der Sowjetgesellschaft</u> leisten könnte.

Eine „Rückbesinnung auf leninistische Grundsätze" hat allerdings – schon terminologisch – nichts mit einer umfassenden politischen „Liberalisierung" zu tun: Chruschtschows Entstalinisierung ist etwa mit besonderen intensiven Kampfmaßnahmen gegen die russisch-orthodoxe Kirche einhergegangen.

Heute scheint sich der <u>ideologische „Reinigungsprozeß" mit einer vergleichsweise illiberalen Nationalitätenpolitik zu verbinden:</u>

So paßt es zwar noch in das Bild einer Öffnung, wenn Prof. Afanassjew die nationalistische Geschichtsschreibung der Stalin-Zeit kritisiert. (Diese hatte Herrscher wie Iwan den Schrecklichen und Peter den Großen fast schon zu Vorbildern des Diktators hochstilisiert.)

Wesentlich bedenklicher ist es allerdings, wenn gleichzeitig auch die – zu Anfang der Siebzigerjahre hochgekommene – <u>zweite „nationale" Welle der sowjetischen Geschichtsschreibung als unleninistisch bezeichnet</u> wird. Diese war – zum Unterschied vom großrussischen Nationalismus der Stalin-Ära – auch der nationalen Geschichtswissenschaft der nicht-russischen Völker der UdSSR zugute gekommen.

Ein Grundsatzartikel in der „Sowjetskaja Kultura" vom 17.3. verwirft jetzt allerdings die Vorstellung, daß es eine – alle Gesellschaftsschichten umfassende – „einheitliche" nationale Geschichte eines einzelnen Volkes geben könne; entscheidend sei vielmehr die internationalistische Gemeinschaft aller sowjetischen Werktätigen, die sich im Kampf gegen die herrschenden Klassen der verschiedenen Nationen durchgesetzt habe.

Eine derartige Betrachtungsweise <u>beraubt die nicht-russischen Unionsrepubliken eines wesentlichen Elements ihrer Identitätsfindung.</u> In dieses Bild paßt es dann auch, wenn die „Prawda" in einem Kommentar vom 13.2. vom „gesetzmäßigen Prozeß der Internationalisierung der Kultur und der nationalen Vermischung der Bevölkerung" gesprochen hat.

6) Wie diese Ausführungen zeigen, kann der Ruf nach einer <u>„Rückkehr zu den Prinzipien Lenins" die verschiedensten Auswirkungen</u> haben:

Mit diesem Schlagwort kann man die „glasnost" der Sowjetpresse letztlich genauso rechtfertigen wie den Kampf gegen „Tendenzen nationaler Abgeschlossenheit".

In diesem Sinne ist z.B. auch die <u>Entsendung eines russischen Parteisekretärs nach Kasachstan kein „Ausrutscher"</u> im Rahmen einer ansonsten „liberalen" Reformpolitik. (Von den Verknüpfungen zwischen der „Stalinismus-Diskussion" und der gegenwärtigen Nationalitätenpolitik zeugt übrigens auch der Umstand, daß dem früheren kasachischen Parteichef Kunajew mittlerweile vorgeworfen wird, er habe sich zum Gegenstand eines „Personenkults" gemacht.)

7) Im Rahmen der „Stalinismus-Debatte" – mit allen ihren Ausuferungen – spielt übrigens nach allgemeiner Meinung eine Person eine besonders wichtige Rolle:

Politbürokandidat und ZK-Mitglied <u>Aleksandr Jakowlew</u>, der wichtigste ideologische Berater Gorbatschows.

Er gilt als Schöpfer der „glasnost"-Politik und dürfte auch für die Aussagen zur Nationalitätenfrage verantwortlich zeichnen. (Er ist schon zu Anfang der Siebzigerjahre – als amtierender Leiter der Propagandaabteilung des Zentralkomitees – gegen lokale „Nationalismen" und für einen „sowjetischen Internationalismus" eingetreten. Damals konnte er sich nicht durchsetzen und wurde schließlich als Botschafter nach Kanada „verbannt". Der nunmehrige Ruf nach einer „Leninisierung" der Geschichtsschreibung stellt somit auch eine Abrechnung mit den früheren innerparteilichen Gegnern Jakowlews dar.)

8) Jakowlews zentrale Rolle in der „Stalinismus-Diskussion" kann aber nicht verbergen, daß diese Diskussion weiterhin durch zahlreiche Unbekannte gekennzeichnet ist.

Man wird wohl erst in einiger Zeit größere Klarheit gewinnen können, in welcher Breite und Tiefe diese Debatte geführt wird und zu welchen Ergebnissen sie gelangt. […]

Dokument 108

Rede des polnischen Außenministers vor dem polnischen Parlament

GZ 166.02.02/4–II.3/87, Zl. 166.02/4-A/87, ÖB Warschau (Somogyi), 27. März 1987

Zur Eröffnung der Frühjahrssession des polnischen Parlaments hielt Außenminister Marian Orzechowski am 18.3. eine Grundsatzrede. Bemerkenswert dabei war vor allem der Umstand, daß der AM die bilateralen Beziehungen Polens zu mehreren westlichen Staaten expressis verbis einer qualitativen Bewertung coram publico unterzog.

Zur internen Situation Polens gab der AM gleich zu Beginn unumwunden eigene Schwächen zu, vor allem im wirtschaftlichen Bereich. Aus diesem Grunde sei eine der „vordergründigsten Aufgaben der Außenpolitik, dem Land aus der Spirale der wirtschaftlichen Schwierigkeiten herauszuhelfen". Nicht zuletzt wäre die fragile wirtschaftliche Situation auf die „von den USA und einigen Staaten Westeuropas gerichteten Hemmnisse im Warenhandel sowie im Technologie- und Kapitaltransfer" zurückzuführen. Die Blockbindung einzelner Staaten sowohl im Westen wie im Osten würde gelegentlich durch die Intensivierung des bilateralen Warenaustausches wegen der Rücksichtnahme auf die jeweiligen Blockpartner erschwert. Die Außenpolitik habe daher in Polen der Vertiefung der Zusammenarbeit der Staaten in den wirtschaftlichen und wissenschaftlich-technologischen Bereichen zu dienen.

Auf die Europa-Politik überleitend beklagte der AM die revisionistisch begründeten Kritiken am territorial-politischen status quo, vor allem in der BRD, wo unter dem Slogan „Einheit Europas" im Grunde die Lösung der sogenannten „Deutschen Frage" als Ziel bestehe. Polen widersetze sich unter Hinweis auf die KSZE-Schlußakte allen Versuchen, eben diese Schlußakte einseitig auszulegen.

Konkret auf die KSZE eingehend sagte er, daß Polen den begonnenen Prozeß unterstütze, wobei drei Elemente besonderes Augenmerk verdienten, nämlich die Stabilisierung, die Demokratisierung und die Europäisierung. Den mittleren und kleinen Staaten wäre hier eine große Chance der europäischen Mitverantwortung gegeben. Die beim Wiener Folgetreffen gemeinsam mit Österreich eingebrachte Resolution über die Abhaltung eines Symposiums in Krakau hinsichtlich des gemeinsamen europäischen kulturellen Erbes wurde eigens hervorgehoben. Das Gipfeltreffen in Reykjavík, der Erfolg der Stockholmer KVAE und die nach der Tschernobyl-Katastrophe von der Internationalen Atomenergiebehörde getroffenen Maßnahmen wurden als für die europäische Kooperation sehr treffende Beispiele und Zielausrichtungen genannt.

Zum Verhältnis Polens zu einzelnen Staaten führte der AM das Folgende aus:

Polen erweitert zur SU seine zwischenparteilichen und parlamentarischen Kontakte. Es erwartet, daß der Besuch des Sejm-Marschalls in Moskau in einigen Tagen ein wertvolles Element zur Bereicherung des polnisch-sowjetischen Dialogs sein wird.

Im Mittelpunkt des polnischen Interesses sind die kulturellen Beziehungen und der Informationsaustausch, darunter auch Vorhaben im Zusammenhang mit dem 70. Jahrestag der Oktober-Revolution und des 65. Gründungstages der Sowjetunion.

Auch die Beziehungen mit den anderen Ländern der „sozialistischen Gemeinschaft" sind in eine neue Phase eingetreten.

Eine besondere Bedeutung mißt Polen der Intensivierung der Zusammenarbeit mit seinen Nachbarn bei: der Tschechoslowakei und der Deutschen Demokratischen Republik. Systematisch wird der Umfang der polnisch-tschechoslowakischen Zusammenarbeit erweitert, insbesondere im wirtschaftlichen und wissenschaftlich-technischen Bereich. Die auf höchster Ebene getroffenen Entscheidungen vergrößern das Warenaustauschsvolumen, die Spezialisierung und Kooperation.

Polen nützt die Chance, die von der Geschichte der vergangenen vier Jahrzehnte hinsichtlich der Annäherung zwischen der Bevölkerung von Polen und der DDR beschert wurde. Polen ist sich der Rolle seiner Beziehungen mit dem „sozialistischen Staat" auf deutschem Boden nicht nur für die beiden Völker, sondern für die Gestaltung einer qualitativ neuen Form der friedlichen Koexistenz in der Mitte des Kontinents bewußt.

Polen wird seine Beziehungen zu Ungarn, Bulgarien und Rumänien weiterhin entwickeln und enger gestalten.

Gegenstand der polnischen Besorgnis ist aber die Tatsache, daß nicht in allen Bereichen so fortgeschrittene Resultate erzielt werden konnten, wie Polen es gewünscht hätte. Die Regierung ist bemüht, daß nicht nur gemeinsame politische Deklarationen, sondern auch konkrete Resultate in allen Bereichen des Lebens und der Integration das Ergebnis der zahlreichen bilateralen Besuche werden.

In den Beziehungen mit Jugoslawien sieht Polen eine Erweiterung des politischen Dialogs, einen Austausch von Erfahrungen auf dem Gebiete des „sozialistischen"

Aufbaus sowie in der wirtschaftlichen Zusammenarbeit, einschließlich der Kooperation und Industriespezialisierung.

Noch einmal unterstreicht Polen seinen guten Willen und die Bereitschaft zur Erweiterung der zwischenstaatlichen Zusammenarbeit mit Albanien.

Auch mit den außereuropäischen „sozialistischen" Staaten ist es zur Belebung der politischen und wirtschaftlichen Kontakte gekommen. [...]

Nach fünf Jahren der politischen und wirtschaftlichen Blockade Polens durch die USA konnte der Normalisierungsprozeß sehr weit vorangetrieben werden, wenngleich im Bereich des Warenverkehrs und der Kreditgewährung noch lange nicht von einer Normalisierung gesprochen werden kann. „Leider werden weiterhin Kontingentlimits und außertarifliche Beschränkungen angewendet, die die polnischen Exportmöglichkeiten verringern, weiterhin werden Polen Kreditbedingungen verweigert, die den anderen Handelspartnern gewährt werden".

Die Aufhebung der Wirtschaftssanktionen durch die USA kann nur einen ersten Schritt darstellen, dem weitere folgen müßten, welche wenigstens die Verringerung der Folgen dieser Restriktionen mit sich bringen müßten. Polen wäre absolut willens, die Beziehungen zu den USA auf allen Gebieten so weit zu verbessern, daß man von Normalisierung und in der Folge von Weiterentwicklung sprechen könne. [...]

In diesem Zusammenhang sprach sich der Außenminister auch positiv über die Realisierung von offiziellen Beziehungen zwischen den RGW-Staaten und den Europäischen Gemeinschaften aus. [...]

Das Verhältnis zur Bundesrepublik Deutschland findet in Polen besondere Beachtung. Leider haben die polnischen Vorschläge des Jahres 1986 auf Seite der BRD keine vollständig positive Entsprechung gefunden. Der „revisionistische, vorwahlzeitliche Tumult" hat in der BRD über Realismus und Vernunft die Oberhand gewonnen, gleichzeitig hat man künstlich die Frage einer „deutschen Minderheit in Polen" ins Land getragen. Noch immer gibt es eine Reihe von Problemen in den bilateralen Beziehungen zu lösen; von der neuen Regierung der BRD erwartet man sich eine konstruktive Haltung.

Keine Möglichkeit wird außer Acht gelassen werden, um die Entwicklung der Beziehungen mit den nordischen und Benelux-Staaten sowie mit den europäischen neutralen und blockfreien Ländern, insbesondere mit Österreich (als einziger Staat namentlich erwähnt) zu fördern. Den Realismus dieser Staaten, ihre Sorge um die Sicherheit Europas, ihr gemeinsames Interesse an der allumfassenden europäischen Zusammenarbeit weiß Polen sehr zu schätzen.

Von der Entwicklung der Beziehungen zu Italien hat Polen eine hohe Meinung. Obwohl Italien Mitglied einer politisch-militärischen Allianz ist, konnten durch neue Wege der Zusammenarbeit künstliche Barrieren durch beiderseitigen guten Willen überwunden werden. Die italienisch-polnischen Beziehungen könnten als Modell für andere westliche Staaten dienen, namentlich für Griechenland und Spanien. [...]

Mit Frankreich bestünde die Notwendigkeit, aber gleichzeitig auch die Möglichkeit, den Normalisierungsprozeß zu beschleunigen. Das gegenwärtige Tempo dieses

Prozesses ist für Polen nicht befriedigend. Auch im wirtschaftlichen Bereich ist Frankreich vom zweiten Platz unter den westeuropäischen Staaten auf den 6. Platz zurückgefallen.

Aufgrund der kürzlich erfolgten politischen Konsultationen mit Großbritannien hat Polen den Eindruck gewonnen, daß London willens ist, gute Beziehungen zu entwickeln.

Dem Verhältnis Polens zum Heiligen Stuhl kommt besondere Bedeutung zu. Zwei Umstände legten davon besonderes Zeugnis ab, nämlich der historische Besuch des Staatsratsvorsitzenden Jaruzelski im Vatikan und die neuerliche Pilgerreise des Papstes nach Polen. Der Außenminister bekräftigte die Absicht, volle diplomatische Beziehungen mit dem Vatikan aufzunehmen.

Eine besonders hohe Position in der Gesamtheit der Beziehungen mit der Gruppe der Entwicklungsländer und Blockfreien Staaten nehmen jene Länder mit einer „sozialistischen" (?) Entwicklungsorientierung ein sowie Indien, Brasilien, Argentinien und die traditionellen Partner der arabischen Welt. Polen wird das Netz der polnischen diplomatischen und Handelsvertretungen in den Entwicklungsländern verstärken. In den langfristigen Programmen der Beziehungen mit diesen Ländern räumt Polen der wirtschaftlichen Zusammenarbeit auf der Partnerschaftsbasis einen besonderen Platz ein. Es wird nach neuen direkten Formen der Zusammenarbeit und dem Ausbau von Kreditmechanismen gesucht werden. Die Entwicklungsländer sind für Polen auch ein interessantes Beispiel [für] Versuche, die Verschuldungsfrage zu lösen.

Weitere Fragen, denen sich der polnische Außenminister in seiner Sejm-Rede zuwandte, betrafen die polnische Aktivität in den internationalen Organisationen, die internationale kulturelle und zivilisatorische Zusammenarbeit, den Friedenskampf und dergleichen. Es ergeben sich jedoch keine neuen Aspekte, die auch außenpolitische Nähe zur SU ist ja hinlänglich bekannt. [...]

Dokument 109
ČSSR; Besuch von GS Gorbatschow; offene Briefe der Charta 77

GZ 225.18.10/1-II.3/87, Zl. 1804-A/87, ÖB Prag (Querner), 2. April 1987

Die Charta 77 hat anläßlich des bevorstehenden Besuches von Generalsekretär Gorbatschow in der ČSSR zwei offene Briefe verfasst, die über westliche Presseagenturen bereits publik gemacht wurden.

Im Brief an GS Gorbatschow wird die militärische Intervention 1968 als folgenschweres Ereignis für die ČSSR und für die csl.-sowjetischen Beziehungen bezeichnet. Ein Schritt, die csl. und europäische Situation günstig zu beeinflussen, wäre daher der Abzug der sowjetischen Armee und Raketen mit Atomsprengköpfen aus der ČSSR.

In einem weiteren offenen Brief an Staatspräsident Husák und der Regierung der ČSSR wird die gegenwärtige Krise und Stagnation der csl. Gesellschaft als durch die gewaltsame Unterbrechung des Demokratisierungsprozesses im Jahr 1968 hervorgerufen bezeichnet. Auf Kritik an den negativen Erscheinungen haben die Apparate mit Verletzungen der Menschenrechte reagiert. In dem Brief wird Husák sodann aufgefordert, in seinen Gesprächen mit dem sowjetischen Vertreter einen allmählichen Abzug der sowjetischen Truppen und Raketen vorzuschlagen. Weiters werden grundsätzliche Veränderungen der innenpolitischen Lage in der ČSSR gefordert, denn ohne solche kann die 20-jährige Stagnation nicht überwunden werden und die Dynamik in keinem Bereiche einschließlich der Wirtschaft erneuert werden. […]

Dokument 110
Anmerkungen zum „Reformkurs" Gorbatschows
GZ 225.03.00/49-II.3/87, Zl. 132-RES/87, ÖB Bonn (Bauer), 3. April 1987

Anläßlich eines Round-Table-Gespräches mahnten die mit den sowjetischen Verhältnissen aus eigener Anschauung vertrauten Emigranten Professor Voslensky, Dr. Andrejew (Fein) und Dr. Gabowitsch […] zu Realismus in der Beurteilung der Zielsetzungen Gorbatschows.

Voslensky erinnerte daran, daß den Bemühungen des Generalsekretärs schon zwei frühere, gescheiterte Reformversuche – die NEP und die Chruschtschow-Ära – vorangegangen waren.

Die NEP brachte – anders als die vorsichtigen Initiativen Gorbatschows – eine Reprivatisierung nicht nur der kleinen, sondern auch der mittleren Unternehmen und die Zulassung des freien Marktes, was sogar „am Rahmen des Systems kratzte". Chruschtschow, der freilich mit der Entstalinisierung einen sehr mutigen Schritt in einer schwierigen Phase tat (als nämlich noch Stalinisten wie Malenkow, Molotow, Kaganowitsch im Politbüro saßen), versuchte lediglich eine Dezentralisierung der Planung und Leitung der Wirtschaft (also die Verlegung auf die Ebene der Republiken, Gebiete und Regionen).

Dieser sich unter Gorbatschow nun wiederholende Anlauf wird laut Voslensky wie die beiden ersten, schließlich zurückgenommenen Reformwellen scheitern. Das Phänomen kehre scheinbar etwa alle 32 Jahre wieder (1921, 1953, 1985); in dieser Periode könnte ein tüchtiger Komsomolze zum Sekretär eines Gebietes oder Stadtparteikomitees oder in den ZK-Apparat aufsteigen und dann wegen der untragbaren wirtschaftlichen Situation an Veränderungen denken. Da er aber bald erkennen müßte, daß jede vernünftige Reform zu Lasten der Allmacht der herrschenden Parteibürokratie (Nomenklatura) ginge, würde er rasch wieder in Zentralismus und Unbeweglichkeit (d.h. Stalinismus oder Breschnewismus) zurückfallen.

Auch Gorbatschow sehe die Reformnotwendigkeit im Interesse der immer tiefer im Rückstand gegenüber den Industrieländern der Welt versinkenden SU, möchte aber die Nomenklatura nicht schwächen. Aufgrund des wachsenden Widerstandes der

Kader, der noch zunehmen werde, erwartet Voslensky ein Scheitern Gorbatschows. Die NEP dauerte 8 bis 9 Jahre, Chruschtschows Reformversuch 10 Jahre; Gorbatschows Bemühungen würden voraussichtlich spätestens in diesem Zeitraum scheitern – was sich aber schon in den nächsten 3 bis 4 Jahren abzeichnen würde; dies müßte allerdings nicht automatisch das Ende seines Verbleibens als Generalsekretär, wohl aber seiner Reformen bedeuten. Schon jetzt erweise sich ein offenkundiger Widerspruch zwischen der Behauptung „revolutionärer Umgestaltung" und den mageren Ergebnissen. Ernstzunehmende Reformen sind nur gegen den Widerstand der Nomenklatura möglich, wovor Gorbatschow aber zurückschreckt.

Voslensky erinnerte weiter daran, daß Versuche zu radikalen Veränderungen im Parteiapparat immer fehlschlugen (vergleiche den Versuch Chruschtschows zur Zweiteilung der regionalen Parteikomitees in ein Komitee für die Industrie und ein anderes für die Landwirtschaft: Jeder Gebietssekretär sei aber ein „Zar", und zwischen zwei Zaren hätte entweder jeweils entschieden werden müssen, wer von den beiden in das ZK gewählt wird, wer den Lenin-Orden erhält usw., oder eine Verdoppelung aller hohen Parteifunktionen wäre notwendig gewesen).

Professor Voslensky ist der Auffassung, daß westliche Bemühungen um eine wirtschaftliche Unterstützung Gorbatschows nur die Nomenklatura in der Überzeugung bestärken würden, daß eine wirkliche Reform gar nicht erforderlich ist, weil der Westen auch so hilft. Falls man Gorbatschow tatsächlich helfen wolle, müßte der Westen stattdessen klar die Bedingungen aussprechen, unter denen die SU als normales Mitglied der Völkerfamilie akzeptiert wird: Denn die SU würde Reformen nur unter dem Druck einer absoluten Notwendigkeit akzeptieren.

Der Vortragende warnte auch eindringlich vor der Illusion, die Außenpolitik Gorbatschows sei etwas Neues. „Generalsekretäre kommen und gehen, die Außenpolitik der SU bleibt in ihren großen Zügen bestehen". Dabei erinnerte er u.a. an die zahlreichen früheren sowjetischen Abrüstungsvorschläge und bezeichnete die Frage der Verifikation als entscheidendes Kriterium einer Beurteilung. Man solle Gorbatschow deshalb nicht überschätzen, sondern die weitere Entwicklung zunächst in Ruhe abwarten.

Dr. Andrejew konstatierte „im Osten nichts Neues" für den Kulturbereich. Auch unter Stalin wurde z.B. der „Stille Don" (nach Andrejews Ausführungen ein konsequent antirevolutionärer Roman) veröffentlicht; Schostakowitschs Werke wurden je nach Wunsch der Partei veröffentlicht oder verboten. Unter Lenin waren positive Bewertungen der russischen Geschichte verboten, unter Stalin wurden die zaristischen Generäle Kutusow, Suworow usw. wieder zu Nationalhelden. Die Partei benutzte deshalb die Ideologie nach pragmatischen Zweckmäßigkeitserwägungen ihrer jeweiligen Politik. Die ZK-Abteilung für Kultur und für Agitprop bestünde deshalb auch unter Gorbatschow weiter, und der sowjetische Künstler könne nicht innerlich frei sein, weil er genau die Grenzen des jeweils Zulässigen kenne: Tabus würden nicht abgeschafft, sondern nur verlagert. Während unter Chruschtschow über Konzentrationslager („Ein Tag im Leben des Iwan Denissowitsch"), nicht aber positiv über Religion geschrieben werden durfte, gäbe es heute keine Gefängnis- und

Lagerliteratur, aber Bücher mit positiver Einstellung zur Religion (z.B. Aitmatows „Das Schafott").

Im übrigen hat sich laut Andrejew zwar der Inhalt der Reden Gorbatschows gegenüber früher etwas geändert, nicht jedoch der <u>Stil</u> und die <u>Begriffsdefinitionen</u>.

Gabowitsch konstatierte das Fehlen jeglicher Verbesserungen z.B. bei der <u>Bewegungsfreiheit</u>: Der Moskauer Parteichef Jelzin habe sogar das „Limit" abgeschafft (aufgrund dessen die Ministerien jährlich eine bestimmte Anzahl von Personen nach Moskau bringen konnten); Wissenschaftler müßten weiterhin Anträge für kurze Studienaufenthalte im Ausland 1 ½ Jahre vorher stellen!

Der frühere DDR-Wirtschaftswissenschaftler und jetzige Professor an der Universität Kiel, W. Seiffert, führt die Anstrengungen Gorbatschows auf dessen „verblüffende Erkenntnis" zurück, daß die SU ohne grundlegende Änderung ihrer wirtschaftlichen Situation nicht ihre Weltmachtstellung behalten kann (während früher die SU solchen Thesen immer widersprochen hatte). Gorbatschow beschränkte sich jedoch auf die Effektivitätserhöhung <u>im Rahmen des zentralen Planungssystems</u>, womit nur das Tempo des <u>wirtschaftlichen Rückganges gebremst</u>, aber keine den Erfordernissen der modernen Informatik- und Industriegesellschaft entsprechende Wirtschaft (insbesondere bei Forschung und Entwicklung) geschaffen werden könne. Hiefür wäre nicht nur eine Dezentralisierung der wirtschaftlichen Lenkungsmaßnahmen, sondern eine wirkliche <u>Autonomie und Selbstständigkeit</u> der Wirtschaftsunternehmen mit <u>echten marktwirtschaftlichen Elementen</u> notwendig; das aber würde über den Rahmen des zentralen Planungssystems hinausgehen und damit <u>Konsequenzen für die politische Struktur des sowjetischen Systems</u> haben.

Weil jedoch Gorbatschow und Ligatschow das staatliche Eigentum und die zentrale Planwirtschaft beibehalten wollen, bestünden auch keine Ansätze dafür, daß der Partei die Kontrolle über die Entwicklung entgleiten könnte; für eine derartige Eigendynamik bedürfte es echter systemverändernder Wirtschaftsreformen, wofür aber keine Anzeichen zu sehen seien.

Seiffert hält übrigens selbst beschränkte Reformen, wie sie Gorbatschow anstrebt, für unrealisierbar ohne eine drastische Reduzierung des <u>weltpolitischen Engagements</u> der SU. Der Generalsekretär hielte jedoch die Zielsetzung einer vollkommenen Gleichrangigkeit mit den USA als <u>Weltmacht</u> und die daraus resultierende <u>Rivalität</u> aufrecht; falls der sowjetische Parteiführer sich aus diesem politischen Schema nicht befreien könne, würde ihm keine Kraft bleiben, die wirtschaftlichen und politischen Probleme der SU ernsthaft anzugehen.

Ein anschließendes längeres Gespräch mit Prof. Dahm vom Bundesinstitut für ostwissenschaftliche und internationale Studien in Köln zeigte, daß sich seine Einschätzung im Wesentlichen mit der von ihm als moderat empfundenen Haltung Voslenskys und Seifferts deckte. Tatsächlich wurden die Argumente in durchaus unpolemischer und sachlich-distanzierter Form vorgetragen.

Dahm fügte einen interessanten <u>ideologischen</u> Aspekt als wahrscheinliches Motiv Gorbatschows für seine Reformbemühungen hinzu: Während zum Zeitpunkt der Oktoberrevolution das laut marxistischer Lehre hiezu eigentlich erforderliche

Proletariat 3 % der Bevölkerung ausmachte (also gar keine Voraussetzungen für eine Revolution vorlagen), umfaßt es heute in der SU 73 %. Angesichts des Mißverhältnisses zwischen Produktionsverhältnissen und Produktionskräften, wie es sich u.a. in der krisenhaften Entwicklung Polens ausdrückte, besteht daher für einen Marxisten durchaus die Gefahr einer revolutionären Entwicklung, die sich in diesem Fall gegen die Partei richten müßte. Da die Produktionskräfte vorgegeben sind, müßten zur Vermeidung einer solchen revolutionären Situation die Produktionsverhältnisse (z.B. Eigentumsverhältnisse, Lenkung und Planung usw.) angepaßt werden. Insofern war die Solidaritätsbewegung in Polen ein Menetekel für die sowjetische Führung, das umso bedrohlicher wirkte, weil die Entwicklung im Gegensatz zu den wissenschaftlichen Ansprüchen des Marxismus-Leninismus nicht vorhersehbar wurde und nicht planmäßig (also unkontrolliert) verlief.

Tschernenko warnte deshalb bereits 1981, daß die polnischen Verhältnisse auch in der SU möglich wären. Dabei vermied er bewußt – im Gegensatz zu einigen anderen Führern – den Begriff „Kontrarevolution" für die polnischen Ereignisse, was angesichts der 73 % klassenbewußten Proletariats in Verbindung mit dem Auseinanderklaffen von Produktionskräften und Produktionsverhältnissen vom ideologischen Standpunkt ein bedenkliches Eingeständnis gewesen wäre.

In dieser Erkenntnis betonte Gorbatschow deshalb bereits 1984 wiederholt die Notwendigkeit von Reformen, darunter in einer bedeutenden Rede anläßlich des Geburtstages Lenins um den 22.04.1984. Daß der Generalsekretär trotz einer Erneuerung von 78 % des ZK dennoch weiterhin mit Schwierigkeiten zu kämpfen hat, zeigt laut Dahm der Ausgang des letzten ZK-Plenums und die Ungewißheit über das Schicksal einer Parteikonferenz: Nach Untersuchungen westlicher Sowjetologen sind weiterhin 60 % des ZK dem „konservativen" Flügel zuzurechnen!

Die vorstehenden Ansichten sind für einen interessierten Beobachter keine Neuigkeiten. Sie können aber jenseits der begreiflichen Erregung über Gorbatschows Bemühungen und über seine persönliche Faszination hinaus daran erinnern, daß in der SU keine „Revolution" vor sich geht: Eine Revolution wäre laut Seiffert die gewaltsame Umwälzung einer bestehenden politischen Organisation, wovon keine Rede sein kann. Vielmehr hat die latent immer vorhandene reformerische bürokratisch-diktatorische (stalinistische) gewonnen, wie Voslensky ausführte. Dazu gehört u.a. das verstärkte Bemühen um die Zusammenarbeit mit den progressiven Kräften des Westens – was auch eine Veränderung des „sozialen Status quo" im Westen (d.h. die Stärkung der Attraktivität des Kommunismus) begünstigen kann und soll.

Diese Entwicklung kann für den Westen bei kluger Ausnutzung auch positive Auswirkungen zeitigen, weil in Perioden der Entspannung Ost-West-Probleme leichter zu regeln sind; AM Genscher tritt deshalb – wie in seiner Rede in Davos – als Pragmatiker und Außenpolitiker für eine Unterstützung der gegenwärtigen sowjetischen Anstrengungen ein. Dabei darf jedoch nicht außer Acht gelassen werden, daß nichts auf eine grundsätzliche Änderung der sowjetischen Zielsetzungen gegenüber dem Westen derzeit hindeutet. Deshalb ist die zum Teil unkritische

Übernahme der Erklärung des GS als bereits vollzogene Reform durch die Presse nicht unbedenklich, weil sie in der Öffentlichkeit zu einer unberechtigten Euphorie führen kann, die auch vom Ausw. Amt und AM Genscher so nicht geteilt wird. Eine derartige Hochstimmung hatte schon Anfang der 70er Jahre den Westen im berechtigten Wunsch nach Entspannung über das Ziel hinausschießen und ihn von der unrealistischen Erwartung einseitiger sowjetischer Konzessionen beeinflussen lassen. Diese Fehlbeurteilung läßt sich freilich weniger der SU anlasten, die für den, der hören wollte, ihre Zielsetzungen immer erkennbar ausdrückte; das aber wurde im Westen nicht stets zur Kenntnis genommen.

Diese Gefahr einer vorweg angenommenen radikalen, zumindest heute noch nicht gerechtfertigten Veränderung des Bedrohungsbildes durch die SU wird auch von der Bundesregierung gesehen, die zwar Gorbatschows Reformen im Interesse eines besseren Verhältnisses zu Osteuropa unterstützt, die weitere Entwicklung jedoch vor endgültigen Schlußfolgerungen abwarten möchte. In dieser Bewertung war sich auch die EPZ-Gruppe der Osteuropa-Experten bei ihrer letzten Sitzung am 30./31.03.1987 einig: Der Dialog mit Moskau soll weiter ausgebaut, dabei aber nicht der Eindruck erweckt werden, daß über die Faszination für die Entwicklung der SU die anderen osteuropäischen Staaten sich selbst überlassen und Gegenstand geringerer Aufmerksamkeit würden.

Insofern macht daher das Schlagwort von der „realistischen Entspannungspolitik" (wozu das Streben nach einer realistischen, nicht wunschbetonten Einschätzung der sowjetischen Zielsetzungen gehört) durchaus Sinn, auch wenn eine konkrete Definition schwerfällt. […]

Dokument 111
Neue Akzente der sowjetischen Außenpolitik unter GS Gorbatschow
GZ 225.02.02/6-II.3/87, Zl. 81-Res/87, BMAA Wien, 6. April 1987

1) Innerhalb seiner nunmehr etwa zweijährigen Amtszeit ist es GS Gorbatschow gelungen, auch in der sowjetischen Außenpolitik neue Akzente zu setzen und die außenpolitische Orthodoxie der Breschnew-Ära zu überwinden.

2) Offiziell deklariertes Hauptziel der sowjetischen Außenpolitik ist die Schaffung günstiger Bedingungen für die „beschleunigte Entwicklung" und den „Umbau" der sowjetischen Volkswirtschaft und Gesellschaft. Die Reformpolitik Gorbatschows erstreckt sich somit auch auf die sowjetische Außenpolitik (Gorbatschow: „Die Außenpolitik der SU wird von ihrer Innenpolitik bestimmt.")

3) Die Redewendung vom „neuen politischen Denken" ist im Bereich der Außenpolitik zum offiziellen Schlagwort geworden. Dieses neue politische Denken beinhaltet generell mehr Dynamik, mehr Flexibilität, ein Abrücken von alten, überholten außenpolitischen Dogmen (z.B. statt Betonung der friedlichen Koexistenz als zeitgemäßer Form des Klassenkampfes werden neue Themen wie gegenseitige Abhängigkeit, internationale Umweltproblematik in den Vordergrund gerückt), eine

deutlich zur Schau gestellte größere Selbstsicherheit (z.B. Publikation der von PM Thatcher gehaltenen Ansprache einschließlich der kritischen Passagen), einen größeren Realitätssinn (z.B. Beendigung des einseitigen Testmoratoriums), eine stärkere Dialogbereitschaft (Gorbatschow zur Delegation des US-Council on [Foreign] Relations im Februar 1987: „Die SU erhebt in ihren außenpolitischen Vorschlägen keinen Anspruch auf ‚definitive Wahrheit‘ und ist stets für konstruktive Ideen der anderen Seite offen.").

4) Tendenziell ist ein Abrücken von einer früher betont starken bipolaren Betrachtungsweise in Richtung eines eher polyzentristischen Modells zu beobachten, das die VR China als eine selbstständige, von der SU unabhängige Macht anerkennt und auch ein verstärktes Interesse an Beziehungen zu bislang wenig beachteten Staaten und Staatengruppen beinhaltet (s. Schewardnadses asiatische und für Herbst geplante lateinamerikanische Besuchsreise).

5) Das neue politische Denken in der sowjetischen Außenpolitik beeinflußt auch das Verhältnis der SU zu den anderen WP-Staaten: Einerseits wird deutlich eine straffere Führung und Koordination (bzw. Unterordnung) in der Außenpolitik dieser Staaten angestrebt (z.B. 2 x jährliches Treffen des Politischen Beratenden Ausschusses des WP), andererseits wird bei einem gewissen Verzicht auf ideologische Hegemonie die Vielfältigkeit innerhalb des kommunistischen Systems stärker anerkannt.

6) Die „Reform" der sowjetischen Außenpolitik ging Hand in Hand mit einer weitgehenden (und vermutlich noch nicht abgeschlossenen) Neuordnung des bürokratischen Apparats: Der betont kontaktfreudige AM Schewardnadse löste seinen „grimmigen" Vorgänger Gromyko ab. Zusammen mit dem mit der Leitung der internationalen Abteilung des ZK der KPdSU betrauten und mit dem Westen aus langjähriger Erfahrung bestens vertrauten Dobrynin gelang es Schewardnadse, den Einfluß seines Vorgängers schneller als erwartet zurückzudrängen und sowohl in der Zentrale als auch im Ausland Umstrukturierungen und notwendige Personalveränderungen voranzutreiben.

7) Das neue politische Denken in der sowjetischen Außenpolitik hat in einer Reihe von Fragen zu einer Veränderung außenpolitischer Positionen und zu neuen Initiativen geführt. Hiezu können gezählt werden:

– Rüstungskontrolle:

Bereitschaft zu einschneidenden Kürzungen bei strategischen Nuklearsystemen, Nullösung bei Mittelstreckenwaffen, Verifikation vor Ort (erstmals deutlich im Schlußdokument der Stockholmer KVAE, jetzt auch entsprechende Bereitschaft bei chemischen Waffen und im INF-Bereich)

– deutliche Verdichtung der diplomatischen Kontakte zu Westeuropa (insbesondere BRD, trotz negativer Äußerungen BK Kohls im Wahlkampf, und GB)

– Afghanistankonflikt:

Zumindest Annäherung der Standpunkte durch Reduktion des Zeitraumes für sowjetischen Truppenabzug

– <u>Nahost</u>:

Starkes Interesse an Beteiligung an einer Nahostkonferenz und Mitsprache; daher Versuch neuer Kontakte mit Israel, Zunahme der jüdischen Emigration

– <u>VR China</u>:

Entspannung des Verhältnisses durch konstruktive Grenzgespräche

– <u>Mongolei</u>:

beschränkter Truppenabzug, Zustimmung zur Aufnahme diplomatischer Beziehungen der VRM zu den USA

– verstärkter <u>Dialog</u> mit <u>Japan</u> und anderen <u>asiatischen Staaten</u> im Gefolge von Gorbatschows Wladiwostok-Rede vom 28. Juli 1986, in der die Notwendigkeit einer sowjetischen Annäherung und Öffnung gegenüber den ASEAN-Staaten, China, Japan und dem südpazifischen Raum hervorgehoben wurde

– <u>Humanitäre Fragen</u>:

Zumindest Ansätze für liberale Haltung; Freilassung politischer Gefangener, Aufhebung der Verbannung Sacharows

8) Es ergibt sich somit das Bild einer <u>in alle Richtungen</u> geführten <u>betonten Entspannungspolitik</u>, die freilich <u>nicht unter Preisgabe wichtiger sowjetischer Interessen, sondern gerade zur Stärkung der Sowjetunion im Sinne Gorbatschows betrieben wird</u> und somit darauf abzielt, die <u>militärische Großmachtrolle</u> der SU für die Zukunft im nächsten Jahrtausend auch durch eine <u>echte politische Großmachtrolle zu ergänzen</u> und abzusichern.

9) Rezente Äußerungen westlicher Politiker (AM Genscher: „Gorbatschow ernst nehmen – Gorbatschow beim Wort nehmen", BK Kohl: „Wenn Gorbatschows Kurs Chancen birgt zu mehr Verständigung, zu mehr Zusammenarbeit und zu konkreten Ergebnissen bei Abrüstung und Rüstungskontrolle, werden wir sie aufgreifen", PM Thatcher: „Talks in Moscow were the most valuable conducted in eight years in office") deuten auf eine entsprechende Bereitschaft, diese <u>Herausforderung</u> einer neuen sowjetischen Außenpolitik <u>aufzunehmen</u>. […]

Dokument 112

Sowjetisch-ungarische Beziehungen in Zeiten der „Perestroika"

Zl. 272-RES/87, ÖB Moskau (Grubmayr), 15. April 1987

1. Unter den kommunistischen Staaten Osteuropas hat bislang sicherlich Ungarn die konkretesten Bemühungen um eine wirtschafts- und gesellschaftspolitische „Umgestaltung" unternommen.

Man sollte deshalb meinen, daß sich die ungarisch-sowjetischen Beziehungen in Zeiten der „perestroika" besonders herzlich entwickeln müßten.

Tatsächlich stößt man – auch in Moskau – immer wieder auf positive ungarische Kommentare zu Gorbatschows Neuerungsbestrebungen. So heißt es etwa in der – aus

Anlaß des magyarischen Nationalfeiertages am 4.4. veröffentlichten – ungarischen Grußadresse an die sowjetische Führung, daß die „Werktätigen Ungarns" diese Politik „mit großer Aufmerksamkeit und dem Gefühl der Sympathie" verfolgen.

Wirklich enthusiastische Reaktionen aus Ungarn sind in den sowjet. Medien allerdings nicht zu finden; ausländische Jubelrufe stammen im allgemeinen viel eher aus Warschau.

2. Von ho. ungarischen Diplomaten sind im privaten Gespräch recht skeptische Kommentare zur sowjetischen „perestroika" zu hören. Da wird unter anderem hervorgehoben, daß die wirtschaftliche „Umgestaltung" in der Praxis bislang kaum Resultate gezeigt habe. Gleichzeitig wird vermerkt, daß sowjetische „Demokratisierungsbestrebungen" (z.B. Wahlreform) weit [hinter] […] bereits Erreichtem zurückbleiben.

Beobachter erklären die vergleichsweise „Diskretion" der ungarischen Seite in Fragen der „perestroika" auch damit, daß Ungarn seine eigenen Reformen nicht durch eine allzu deutliche Nahebeziehung mit der – noch recht unsicheren – sowjet. „Umgestaltung" gefährden wolle.

3. Auch die sowjet. Seite ist aber offenbar keineswegs bestrebt, Ungarn einen – wie immer gearteten – „Modellcharakter" zuzugestehen.

Zwar publizierten die sowjet. Medien in der Vergangenheit gelegentlich Beiträge über Besonderheiten des magyarischen Wirtschaftssystems. (So hat z.B. die „Iswestija" vor einigen Monaten recht eingehend über ein Budapester „Privat-Restaurant" berichtet.) Insgesamt ist die sowjet. Wirtschaftsberichterstattung über Ungarn gerade in letzter Zeit aber auffallend kritisch ausgefallen.

So bewertete die „Prawda" am 22.3. die ökologische Leistung aller RGW-Länder im Jahre 1986 – und erteilte Ungarn die schlechtesten Zensuren. Während etwa die „stabile" bzw. „dynamische" Entwicklung der DDR und Polens hervorgehoben wurden, war von den „ernsten Schwierigkeiten" der ungarischen Volkswirtschaft die Rede. (Demgegenüber wurde selbst im Falle Rumäniens, der Mongolei und Kubas „ein weiteres Wachstum der industriellen und landwirtschaftlichen Produktion und eine Verbreiterung der sozialen Sphäre" festgestellt.)

Ein weiterer „Prawda"-Beitrag vom 7.4. wußte von den „brennenden Sorgen" im ungarischen Außenhandel zu erzählen. Bemängelt wurde insbesondere auch, daß Ungarns Importe aus dem Westen – trotz sinkender Exporte – 1986 weiter gestiegen seien. Kritisch klang auch der Hinweis, daß das Konsumniveau der Ungarn (bei gleichzeitig fallender Arbeitsproduktivität) weiterhin hoch ist. (Hier schwingt wohl der Vorwurf mit, daß es sich die Magyaren auf Kosten ihrer RGW-Partner weiterhin ungebührlich gut gehen lassen.)

4. Andererseits verhehlen die sowjet. Medien nicht, daß die UdSSR im Rahmen ihrer wirtschaftlichen „Beschleunigungsbestrebung" auf ungarische Mitwirkung zählt. Die Zeitungsberichte aus Anlaß des ungarischen Nationalfeiertages konzentrierten sich recht eindeutig auf das Thema „betriebliche Zusammenarbeit". (Im übrigen enthielt auch die Glückwunschadresse der sowjet. Führung den klaren Hinweis, daß man die

„progressiven Formen" der wirtschaftlichen Zusammenarbeit besonders fördern müsse.)

Ho. ungarische Gesprächspartner bestätigen allerdings, daß man hier nur langsam vorankomme. (Nach größeren Mühen ist es erst vor kurzem gelungen, ein erstes ungarisch-sowjetisches „Joint-Venture" auf die Beine zu stellen.)

Die sowjet. Presse wußte anläßlich des ungarischen Nationalfeiertages zwar von Fällen zu berichten, wo ungarische Facharbeiter bei Dienstreisen nach Moskau auf erstklassige sowjetische Werkzeuge und „Rationalisierungsideen" gestoßen seien. Die ungarische Seite scheint allerdings weiterhin zu befürchten, daß der magyarische Partner eines ungarisch-sowjetischen „Joint-Venture" stets den „gebenden Teil" darstellen werde. (Ein ho. ungarischer Diplomat meinte ganz offen: „Sie wollen von uns jene Produkte, für deren Erzeugung wir an westliche Vertragspartner Lizenzgebühren in harter Währung zu entrichten haben – und selber wollen sie dafür in Rubel bezahlen.")

Außerdem bezweifelte die ungarische Seite, daß sie ihr – im RGW-Rahmen hohes – technologisches Niveau in einer vorrangigen Wirtschaftskooperation mit sowjet. Gesprächspartner halten kann. (Der soeben erwähnte Diplomat erwähnte auch, daß Ungarn im Jahr ca. 10.000 Autobusse der Marke „Ikarus" erzeuge und hievon 8.000 Stück in die Sowjetunion exportiere. Die sowjet. Käufer seien aber an höher entwickelten – und deshalb auch teureren – Busmodellen uninteressiert, weil diese „für den sowjet. Bedarf nicht erforderlich" seien.)

5. Letztlich wird Ungarn um eine intensivierte wirtschaftliche Zusammenarbeit mit der Sowjetunion aber wohl nicht herumkommen. Wahrscheinlich wird ein verstärkter „Technologietransfer" von Ungarn in die Sowjetunion am Ende jenen Preis darstellen, den Ungarn für eine ungestörte Fortführung seines eigenen Wirtschaftskurses zu zahlen hat.

Die zitierten Bemerkungen des ho. ungarischen Diplomaten zeugen allerdings auch davon, daß Ungarn in Zeiten der „perestroika" gegenüber der Sowjetunion an Selbstbewußtsein gewonnen hat. (Angehörige der ungarischen Botschaft in Moskau haben sich früher durch ein besonders ausgeprägtes „low profile" ausgezeichnet.)

So relativieren ungarische Gesprächspartner auch die sowjet. Medienkritik an ihrer Wirtschaft: In Zeiten der „glasnost" sei es eben üblich geworden, daß die sowjet. Presse „auf reziproker Basis" auch über Probleme in den Bruderländern offener berichte. (Der Botschaft ist allerdings nicht bekannt, inwieweit auch die ungarische Presse zu einer kritischeren Schreibweise über sowjetische Verhältnisse gefunden hat.)

Im übrigen hat Gorbatschow die ungarischen Aussagen, wonach man die sowjet. Reformbemühungen auf andere sozialistische Länder nicht einfach übertragen könne […], mittlerweile ja selbst wiederholt. (Der sowjet. Parteichef in Prag am 10.4.: „Wir sind weit davon entfernt, jemandem vorzuschreiben, daß er uns kopieren soll. Jeder sozialistische Staat hat seine Besonderheiten … manche Probleme, die jetzt in der UdSSR im Vordergrund stehen, sind in anderen sozialistischen Ländern bereits gelöst worden oder werden auf eigene Art gelöst.")

6. Trotzdem bleibt es <u>auffallend, daß Polen</u>, dessen Wirtschaftsordnung der sowjet. Führung wohl viel weniger Anregungen geben kann als jene Ungarns, <u>derzeit eindeutig Gorbatschows „Liebkind"</u> unter den RGW-Partnern ist.

Westliche Beobachter meinen, daß diese Vorrangstellung nicht zuletzt in einem <u>besonders herzlichen Verhältnis zwischen dem sowjetischen Parteichef und General Jaruzelski</u> begründet ist. (Hier soll auch das Faktum eine Rolle spielen, daß Jaruzelski von allen osteuropäischen Parteichefs das weitaus beste Russisch spricht.)

Gerade deshalb wird es auch <u>wichtig</u> sein, <u>welche Beziehungen sich zwischen der Sowjetführung und den leitenden Vertretern der „Nach-Kádár-Ära"</u> entwickeln. In diesem Zusammenhang ist interessant, daß der „zweite Mann" der KPdSU, Politbüromitglied <u>Ligatschow</u>, nach informellen ungarischen Aussagen um den 23.4. d.J. nach Budapest reisen soll. Dieser Besuch erfolgt auf Einladung seines ungarischen Gegenübers, Károly Németh, der von einem Vertreter der ho. ungarischen Botschaft als der „wahrscheinlichste Übergangskandidat" für die Nachfolge Kádárs bezeichnet worden ist.

Ligatschows Besuch in Ungarn wird deshalb sicherlich einigen Aufschluß über die weitere Entwicklung der ungarisch-sowjetischen Beziehungen geben. […]

Dokument 113
ČSSR; Normalisierung nach 1968 und Umgestaltung 1987

GZ 35.03.00/5-II.3/87, Zl. 96-Res/87, ÖB Prag (Peterlik), 22. April 1987

Im April 1969, also vor 18 Jahren, verabschiedete das ZK der KPČ die „<u>Lehren der krisenhaften Entwicklung</u>". Damit wurde parteioffiziell die Periode bis zur militärischen Intervention 1968 erklärt, und es wurden Prinzipien postuliert, an denen sich die politische und ideologische Entwicklung von Partei und Gesellschaft zu orientieren hat (Normalisierung). Wenngleich exakte Zahlen nicht erhältlich sind, wurden auf Grundlage dieses Dokumentes hunderttausende Mitglieder aus der Partei ausgeschlossen sowie eine gewaltige Zahl von Wirtschaftsfunktionären, Professoren, Wissenschaftern, Journalisten etc. (man spricht von bis zu Fünfhunderttausend) auf minderwertige Arbeitsplätze abgeschoben.

Es wird kein Zufall sein, wenn ausgerechnet heuer „Rudé právo" in einem Leitartikel (17.4.) besonders die damalige Tagung des ZKs, dieses Dokument und die damals erfolgte Wahl von Generalsekretär Husák in Erinnerung ruft. Diese habe den Weg zum Sieg über die rechtsgerichteten und konterrevolutionären Kräfte freigemacht. Zurückschauend auf diese Vergangenheit ziehe die Partei Lehren für die Gegenwart. Die seither vergangenen Jahre bestätigen, daß die damals festgelegte politische Linie begründet und der eingeschlagene Weg richtig waren.

Mit vollem Recht wende man sich immer wieder diesem Dokument zu. Diese Lehren haben dauernde, nie nachlassende Gültigkeit. Die gegenwärtige Linie zur Beschleunigung der sozio-ökonomischen Entwicklung stelle die Fortsetzung und Fortentwicklung dieser strategischen Linie (die im April 1969 ihren Anfang genommen hat) auf höherem Niveau dar. Die seit damals erreichten Ergebnisse stellten eine lebendige und inspirierende Ermutigung für die gegenwärtigen Anregungen dar.

Auch Jan FOJTÍK, Kandidat des Präsidiums und Sekretär des ZKs, berührte dieses Thema in einer Rede vor Angehörigen der Informationsmedien am 16. April. Er unterstrich dabei die außerordentliche Bedeutung des kürzlichen Besuches Gorbatschows und bezeichnete eine „offene Politik und informierte Öffentlichkeit" als eine Grundvoraussetzung der Umgestaltung. Dies bedeute jedoch keine Zurückweisung der Vergangenheit, sondern lediglich jener Fakten, die „nicht in die Zukunft übernommen werden dürfen". Sodann warnte er unter Hinweis auf die westliche Berichterstattung über den kürzlichen Besuch Gorbatschows vor einer fortgesetzten antitschechoslowakischen Kampagne, die Verwirrung in den Köpfen der Leute stiften, Zweifel säen und Hoffnungen nähren solle, im Zuge der Umgestaltung werde eine „Neuorientierung von Werten" stattfinden. Sollten in deren Fortgang Probleme auftreten, wie dies die Gegner erwarten, könnten sie behaupten, der Sozialismus wäre für die ČSSR ungeeignet.

Anschließend geht Fojtík auf die wichtige Rolle der Medien und Propaganda für die Umgestaltung ein, verurteilt Kritiklosigkeit und Oberflächlichkeit und fordert mehr Wahrhaftigkeit. Die Informationspolitik habe der Aktivierung des intellektuellen Potentials und der Kreativität der Bevölkerung zu dienen.

Wie schon aus den mehrfachen Hinweisen Gorbatschows auf seinen Aufenthalt 1969 in der ČSSR ersichtlich wurde, stehen die Ereignisse um 1968 und die Normalisierung, für die das Dokument über „Lehren aus der krisenhaften Entwicklung" maßgeblich war und ist, sowie die Umgestaltung in einem spezifisch csl. Spannungsverhältnis. Die Umgestaltung darf keinesfalls die Normalisierungsepoche in Frage stellen, obzwar sie in manchen, keinesfalls in allen Bereichen auf gleichartige Ansätze und Bestrebungen vor ihr zurückgreift. Die Dogmatiker in der csl. Führung betonen daher die eigenen Erfahrungen und Bedingungen der ČSSR. Die Umgestaltung müsse auf der Normalisierung aufbauen. Der pragmatische Flügel stützt sich auf eine Interpretation, wonach die Stagnation vor 1968 zur Krise geführt habe und eine Wiederholung dieser Entwicklung durch Reformen, wie sie in der Umgestaltung Ausdruck finden, verhindert werden müsse.

Dies brachte z.B. Ministerpräsident Štrougal zum Ausdruck, als er wenige Tage nach Gorbatschows Besuch in einer Rede erklärte: „… in diesem Zusammenhang möchte ich mit vollem Nachdruck betonten, daß der sowjetischen Perestroika die csl. Umgestaltung folgen muß, daß uns kein anderer Weg offen bleibt. Wenn wir nicht beizeiten einige unserer Vorurteile, zweifelhaften Vorbehalte und sinnlosen Behinderungen loswerden, wenn wir keine weiteren Fortschritte im Prozeß der Demokratisierung unserer Gesellschaft machen und denjenigen, die dem Land und der Gesellschaft gut gesinnt sind, keine Chancen geben, werden wir einen fatalen Fehler begehen".

Diese zwiespältige und ambivalente Haltung der KPČ, die latent sicherlich schon vor der Perestroika vorhanden war, wird von der Frage der Nachfolge nach Husák als Generalsekretär überlagert. […]

Dokument 114

Sowjetisch-polnische Beziehungen als Modell für ein neues Verhältnis zwischen den Staaten der Sozialistischen Gemeinschaft in der Zeit der „Perestroika"?

GZ 166.01.01/6–II.3/87, Zl. 289-RES/87, ÖB Moskau (Grubmayr), 27. April 1987

Der polnische Staats- und Parteichef Jaruzelski hat GS Gorbatschow am 21. April d.J., dem 42. Jahrestag der Unterzeichnung des sowjetisch-polnischen Vertrages über Freundschaft, Zusammenarbeit und gegenseitigen Beistand, einen kurzen Freundschaftsbesuch abgestattet. Der protokollarische Begriff „Freundschaftsbesuch" war in diesem Fall keine leere Worthülse: Gorbatschow und Jaruzelski, zwischen denen ein auf persönlicher Sympathie und gegenseitiger Wertschätzung beruhendes Naheverhältnis besteht, wie es derzeit kaum zwischen anderen Ostblockführern feststellbar ist, haben bei ihrem jüngsten Treffen in Moskau ihre Entschlossenheit bekundet, eine <u>neue Ära in der durch so viele Gegensätze und Ressentiments belasteten Geschichte der polnisch-sowjetischen (russischen) Beziehungen einzuleiten.</u>

Bereits vor einigen Monaten hatte ein Mitglied des Politbüros der PVAP in einer hiesigen Zeitung erklärt, daß sich Polen schon immer in Zeiten der nationalen und gesellschaftlichen Erneuerung mit seinem großen Nachbarn im Osten besonders eng verbunden gefühlt habe. <u>Jaruzelski</u> hat nun bei seinem Moskau-Besuch in einer Tischrede […] in Anwesenheit der gesamten sowjetischen Parteiführung <u>die „tiefgreifenden Veränderungen und die schöpferisch-inspirierenden Denk- und Arbeitsweisen der heutigen UdSSR" als wesentliche Faktoren der Festigung der polnisch-sowjetischen Freundschaft bezeichnet.</u>

Wenngleich die Stadien und Bedingungen der Errichtung des Sozialismus in der UdSSR und Polen unterschiedlich seien, so bestehe doch – wie Jaruzelski weiters betonte – „<u>ein völliger Gleichklang zwischen der Politik der sozialistischen Erneuerung und Reform in Polen und der sowjetischen Strategie der Umgestaltung und Beschleunigung</u>". (Anmerkung: Man beachte den feinen Unterschied zwischen Reformpolitik in Polen und neuer Strategie in der UdSSR.) Die polnischen und sowjetischen Kommunisten würden heute auf der gleichen „Wellenlänge" liegen.

<u>Gorbatschow</u> erklärte seinerseits, daß derzeit in der UdSSR und Polen nach „optimalen Formen der sozialistischen Entwicklung" gesucht werde. Daraus ergebe sich die <u>Notwendigkeit, das gemeinsame intellektuelle Potential beider Völker und die „internationalen Erfahrungen des Sozialismus" voll auszuschöpfen. Die Zusammenarbeit zwischen beiden Ländern basiere auf Gleichberechtigung und echter Partnerschaft.</u>

386

Wichtigstes konkretes Ergebnis des jüngsten Freundschaftsbesuches des polnischen Staats- und Parteichef in der UdSSR war die Unterzeichnung einer „Deklaration über die sowjetisch-polnische Zusammenarbeit auf ideologischem, wissenschaftlichem und kulturellem Gebiet" […], in der sich die KPdSU und die PVAP zu gemeinsamen Bemühungen um eine Erneuerung der Gesellschaftsordnung der UdSSR und Polens durch größeren Dynamismus und Offenheit gegenüber allem Fortschrittlichen verpflichten. Die Demokratisierung der Zusammenarbeit beider Parteien im geistigen Bereich soll eine weitere Annäherung des sowjetischen und polnischen Volkes und deren gegenseitige Wertschätzung fördern. Als wichtige gemeinsame Aufgaben werden in diesem für die Beziehungen zwischen den Ostblockstaaten bisher einzigartigen Dokument „die schöpferische Entwicklung des Marxismus-Leninismus, die Überwindung der Verknöcherung, technokratischen Einstellung und des Vulgärökonomismus in den Gesellschaftswissenschaften" bezeichnet. Die Autorität kommunistischer Parteien beruhe auf der „Kühnheit ihres theoretischen Denkens", auf einem „realistischen Verständnis des Kommunismus".

Ein besonders bemerkenswerter Abschnitt in der „Deklaration" ist der jahrhundertelangen gemeinsamen Geschichte zwischen Rußland und Polen gewidmet, die einer profunden Analyse unterzogen werden soll. Sämtliche Phasen der russisch (sowjetisch)-polnischen Geschichte, auch die „dramatischen" – müßten „objektiv und genau" von der Warte des Marxismus-Leninismus und aufgrund des heutigen Wissensstandes interpretiert werden (Anmerkung: auch Katyn?). Dabei müsse vor allem das, was die Freundschaft zwischen beiden Parteien und Völkern gestärkt habe, gewürdigt, und das was ihr geschadet habe, verurteilt werden (!). Die Geschichte dürfe nicht Gegenstand ideologischer Spekulationen und nationalistischer Leidenschaften sein. Die „Deklaration" befaßt sich weiters mit der Aufgabe der Massenmedien und der Kultur bei der Annäherung zwischen beiden Völkern. Sie betont die Notwendigkeit der Förderung enger zwischenmenschlicher Kontakte zwischen beiden Völkern (vor allem Jugendaustausch). Der polnische Botschafter hat mir hiezu erklärt, man werde in diesen Fragen konkrete Schritte setzen: So sei schon beim jetzigen Besuch ein Austausch von Archivmaterial erfolgt, der qualitativ und quantitativ eindeutig die polnische Seite begünstigt habe. Es dürfen keine „weißen Flecken" im beiderseitigen Geschichtsverständnis übrigbleiben. Nur so könnten gegenseitiges Mißtrauen und die bestehenden Ressentiments beseitig werden. Das Einverständnis der beiden Führungspersönlichkeiten hinsichtlich der Notwendigkeit dieses Prozesses, der viel schmerzhaftes Umdenken verlange, stelle das wichtigste Element in dem persönlichen Vertrauensverhältnis zwischen ihnen dar.

Sein Verständnis der marxistisch-leninistischen Lehre hat Gorbatschow in seiner Tischrede anläßlich des für Jaruzelski im Kreml gegebenen Festbanketts unter Verwendung eines Leninzitats wie folgt umschrieben:

„Die Marx'sche Theorie ist nichts Abgeschlossenes und Unantastbares, sie hat bloß wissenschaftliche Ecksteine gelegt. Die Sozialisten müßten die Theorie nach allen Richtungen hin weiter entwickeln, wenn sie nicht hinter der Realität des Lebens zurückbleiben wollen."

Was hat die Spitzenrepräsentanten zweier kommunistischer Staaten, die in ihren geschichtlichen Erfahrungen, kulturellen Traditionen und vor allem auch in ihren politisch-gesellschaftlichen Strukturen so grundverschieden sind, zu einem Schulterschluß in ideologischen Fragen veranlaßt? Bei näherer Analyse der Tischreden und der „Deklaration" zeigt sich, daß sich beide Länder, oder besser gesagt deren Spitzenrepräsentanten, durch das gemeinsame Streben nach gesellschaftlicher Erneuerung verbunden fühlen, aber gleichzeitig darin einig zu sein scheinen, daß dieser Erneuerungsprozeß angesichts unterschiedlicher Ausgangspositionen und nationaler Bedingungen in verschiedenartiger Form erfolgen könne.

Gorbatschow ist offenbar bemüht, den Beziehungen zwischen dem größten und dem zweitgrößten Land des Ostblocks Modellcharakter für das künftige Verhältnis zwischen der UdSSR und ihren osteuropäischen Verbündeten im Zeitalter der „perestroika" zu verleihen. Die seit jeher bestehende Verpflichtung dieser Staaten zu militärischer und außenpolitischer Bündnistreue gegenüber der UdSSR scheint im Bereich der wirtschaftlichen, wissenschaftlich-technischen und ideologischen Zusammenarbeit durch ein größeres Maß an partnerschaftlicher Gleichberechtigung ergänzt zu werden. Gorbatschow erachtet offenbar ein gewisses Maß an Diversität der politisch-gesellschaftlichen Strukturen und wirtschaftlichen Mechanismen innerhalb des Ostblocks als förderlicher für dessen politische Stabilität und Kohäsion als Gleichschrittsappelle aus Moskau, die ohnedies schon lange überhört werden. So wie bei seinem kürzlichen Besuch in Prag ist Gorbatschow auch gegenüber Polen bestrebt, historisch gewachsene Antipathien und Aversionen gegenüber der osteuropäischen Führungsmacht abzubauen. Die „perestroika" soll das Prestige der UdSSR nicht nur im Westen, sondern auch bei den Völkern Osteuropas erhöhen, dem Kommunismus zumindest im Ostblock zu größerer Glaubwürdigkeit verhelfen und schließlich als Anreiz für eine noch engere politische und wirtschaftliche Zusammenarbeit der Ostblockstaaten auf partnerschaftlicher Basis dienen. Ob Gorbatschows Bemühungen um Aussöhnung mit den Völkern Osteuropas nach den traumatischen Erfahrungen dieser Völker im Laufe der vergangenen 40 Jahre zu einem neuen Klima der vertrauensvollen Zusammenarbeit innerhalb des Ostblock führen werden, ist eine der zentralen Fragen der heutigen sowjetischen Außenpolitik.

In diesem Zusammenhang sei noch erwähnt, daß auch der für ideologische Fragen zuständige, zweitwichtigste Mann der sowjetischen Führung, Jegor Ligatschow, bei einem Besuch in Ungarn dieser Tage erklärt hat, daß jede KP ihren politischen Kurs souverän festlege in Übereinstimmung mit den allgemeinen Gesetzmäßigkeiten des kommunistischen Aufbaus und eingedenk der Verantwortung gegenüber dem eigenen Volk und der Sache des Sozialismus insgesamt. Oberstes Kriterium für die Richtigkeit des ausgewählten Kurses sei das konkrete Resultat – die Stärkung des Sozialismus in der Praxis. Ligatschow zitierte in diesem Zusammenhang GS Gorbatschow, der erklärt hat, daß es in der kommunistischen Weltbewegung keinen Monopolanspruch einer Partei auf Wahrheit in letzter Instanz geben könne. Die sowjetische Führung schätze die enorme Erfahrung, die die sozialistische Gemeinschaft gesammelt habe und hält deren eingehendes Studium, deren Verallgemeinerung und Nutzung für unerläßlich. […]

Dokument 115

Freundschaftsbesuch Gen. Jaruzelskis in Moskau, 21. und 22. April 1987; Stellungnahme zum bilateralen Verhältnis und zur internationalen Lage

GZ 166.01.01/5-II.3/87, Zl. 193-RES/87, ÖB Warschau (Somogyi), 28. April 1987

Staatsvertragsvorsitzender General Wojciech Jaruzelski stattete in seiner Eigenschaft als Erster Sekretär der Vereinigten Polnischen Arbeiterpartei Moskau am 21. und 22. April d.J. einen Freundschaftsbesuch ab. Anlaß war der 42. Jahrestag des Abschlusses des Freundschafts-, Zusammenarbeits- und Beistandsvertrages zwischen Polen und der Sowjetunion. Zum Abschluß der Gespräche zwischen den beiden Parteichefs unterzeichneten sie eine Deklaration über die bilaterale Zusammenarbeit in den Bereichen Ideologie, Wissenschaft und Kultur. Ausdrücklich erklärtes Ziel dieser Kooperation sei eine „sozialistische Erneuerung" im Geiste der „Glasnost". Allerdings enthält die Deklaration keine konkreten Vorschläge, sondern lediglich allgemeine Absichtserklärungen.

Bemerkenswert allerdings ist das darin enthaltene gemeinsame Bekenntnis, daß es in der Aufarbeitung der Geschichte der polnisch-sowjetischen Beziehungen „weiße Flecken" gäbe und daher alle historischen Episoden, aber auch die tragischen, „objektiv" (d.h. natürlich vom marxistisch-leninistischen Geschichtsbewußtsein aus) interpretiert werden müßten. Unter den „tragischen historischen Episoden" dürften jedoch nach ha. Ansicht nur die aus der Zarenzeit fallen, so dürften das Stalin-Ribbentrop-Abkommen, Katyn und das Nichteingreifen der SU beim Warschauer Aufstand weiterhin tabu bleiben.

Es versteht sich von selbst, daß auch der gegenständliche Besuch nichts an der mehrheitlich feindseligen Haltung des polnischen Volkes gegenüber dem russischen Volk ändert. Dem Vernehmen nach dürften die Ukrainer die Polen auch nicht gerade lieben, hat doch Polen im Verhältnis zu ihnen auch eine imperialistische Vergangenheit.

General Jaruzelski nahm den Anlaß auch dazu wahr, um die gesellschaftlichen Initiativen Michail Gorbatschows als von „universaler Bedeutung für den Sozialismus der ganzen Welt" zu würdigen. Weiters führte er aus, daß die tiefgreifenden Veränderungen und die leninistisch inspirierte kreative Art des Denkens Gorbatschows auf großes und lebhaftes Interesse innerhalb der polnischen Gesellschaft stoßen. In diesem Zusammenhang strich er jedoch gleichzeitig die alleinige Verantwortung der PVAP für das Geschick im eigenen Land heraus und die Notwendigkeit der Respektierung der nationalen Würde und der Unabhängigkeit der Wege und Lösungen im gesellschaftlichen Prozeß auf der Basis der polnisch-sowjetischen Freundschaft. Mit diesen wenigen Worten hat Gen. Jaruzelski treffend die gegenwärtige polnische Position gegenüber der SU charakterisiert, nämlich einerseits mehr Unabhängigkeit von Moskau als bisher für sich zu reklamieren und sich gleichzeitig als besonders enger Verbündeter für den von Gorbatschow vorgeschlagenen Weg zu profilieren. Als ungelöste Probleme im eigenen Land nannte er bei dieser Gelegenheit namentlich die Industrie und die Landwirtschaft sowie die gesellschaftlich-politische Situation hinsichtlich der erwähnten sozialistischen Erneuerung.

Abgesehen von den Erklärungen zum bilateralen Verhältnis zwischen beiden Staaten wären die Stellungnahmen zu außenpolitischen Themen von Interesse. Michail Gorbatschow nahm, wie in Warschau bekanntgemacht wurde, die Gelegenheit zum Anlaß, die Verhandlungsposition der Sowjetunion zu Europa zusammenfassend darzustellen und die verschiedenen sowjetischen Vorschläge erneut in Erinnerung zu rufen. Im Einzelnen waren dies:

–   Der Abzug aller sowjetischen und amerikanischen Mittelstreckenraketen von Europa innerhalb der nächsten 5 Jahre; beide Seiten sollen lediglich 100 Sprengköpfe behalten, welche von jenen Raketen getragen werden sollten, die im asiatischen Teil der Sowjetunion und auf dem Gebiet der USA gelagert werden.

–   Gleichzeitiger Abzug der sowjetischen und amerikanischen Kurzstreckenraketen von Europa und Aufnahme von Gesprächen über die Kurzstreckenraketen, welche im Osten der Sowjetunion und auf US-amerikanischem Gebiet gelagert werden.

–   Stabilisierung eines strengst-möglichen Systems der Kontrolle der Durchführung der Verpflichtungen, Inspektionen vor Ort miteingeschlossen.

–   Gespräche über die Lösung des Problems der taktischen Atomwaffen in Europa (Gefechtsfeldraketen miteingeschlossen) auf der Grundlage von separaten multilateralen Verhandlungen in Übereinstimmung mit den Budapester Vorschlägen der Sowjetunion, Polens und der anderen Warschauer-Pakt-Staaten betreffend die Reduzierung der Streitkräfte und der konventionellen Rüstung auf dem europäischen Kontinent vom Atlantik bis zum Ural.

–   Die 50 % Reduzierung der strategischen offensiven Waffen auf Seiten der Sowjetunion und der Vereinigten Staaten innerhalb einer Periode von 5 Jahren verbunden mit der Verschärfung des Vertrages über die antiballistischen Waffen, sodaß nach Ende der erwähnten 5-Jahres-Periode beide Seiten weder mehr als 1.600 strategische Systeme (U-Boot- und [bodengestützte Luftabwehrraketen], Interkontinentalraketen) noch mehr als 6.000 atomare Sprengköpfe besitzen.

–   Die Verschärfung der Vertragsbestimmungen über antiballistische Waffen, wobei US und SU übereinstimmen sollen, den Vertrag innerhalb von 10 Jahren nicht aufzukündigen; Festlegung einer Liste von Einrichtungen, welche und welche nicht im Weltraum stationiert werden dürfen und die Beschränkung der Forschungsarbeit im Bereich der antiballistischen Waffen im Weltraum auf Laboratorien, z.B. auf Forschungsinstitute, Militärbasen und Fabriken;

–   Die Aufnahme intensiver Verhandlungen mit den USA über das Verbot aller Atomtests; als Teil dieser Verhandlungen würde die UdSSR auch einer Formel, welche die Ratifizierung der diesbezüglichen Verträge von 1974 und 1976 gestatten würde, wie auch einer substantiellen Reduzierung der Stärke und der Anzahl von atomaren Explosionen zustimmen.

Ein Fortschritt bei den Verhandlungen über alle die erwähnten Fragen sei nach Ansicht Michail Gorbatschows gegenwärtig sehr günstig, da die direkt betroffenen Europäer die jüngsten Vorschläge angenommen und willkommen geheißen hätten. Außerdem hätte auch Präsident Reagan – wenngleich verklausuliert – positiv reagiert. Allerdings verstünde man, daß die USA ihre eigene Position wieder mit der atlantischen Allianz koordinieren müßte. [...]

Dokument 116
Politische Häftlinge in Polen

GZ 166.03.05/2-II.3/87, Zl. 194-RES/87, ÖB Warschau (Somogyi), 28. April 1987

Die Botschaft beehrt sich zu berichten, daß das Komitee des Ministerrates für Gesetzesbeachtung, Öffentliche Ordnung und Soziale Disziplin unter Vorsitz des Innenministers und unter Teilnahme des Präsidenten des nationalen Rates der Patriotischen Bewegung für die Nationale Wiedergeburt (PRON), des amtierenden Vorsitzenden des neuen polnischen Gewerkschaftsbundes, des Justizministers, des Generalstaatsanwaltes und des ersten Präsidenten des Obersten Gerichts zusammengetreten ist und den Generalstaatsanwalt ersucht hat, die Bestimmungen des Amnestiegesetzes vom 17. Juli 1986 auf sieben verhaftete Personen aus Krakau und zwei verhaftete Personen in Danzig, die terroristische Akte setzen wollten, anzuwenden. – Interessant ist die Einbindung der PRON und der neuen Gewerkschaft in dieses Komitee. Der Grund hiezu dürfte sein, diesen Organisationen im polnischen Volk zu Popularität zu verhelfen.

Von humanitären Erwägungen geleitet, hat der Generalstaatsanwalt die Aufhebung der zeitweiligen Festnahmen angeordnet und das Verfahren hinsichtlich der Anwendung der Amnestiebestimmungen eingeleitet. [...]

Die eingangs dargestellte Maßnahme dürfte [...] ein Eingehen auf den amerikanischen Druck darstellen, um die im Gang befindliche Normalisierung zwischen den USA und Polen nicht durch einen eher unwichtigen Umstand stören zu lassen. Umso unbegreiflicher ist das Hochspielen eines Spionagefalles, an dem ein Angehöriger der hiesigen US-Mission polnischen Angaben zufolge beteiligt war [...].

Überdies ist erklärte Absicht der polnischen Regierung, in Polen keine politischen Gefangenen zu haben, um damit der hiesigen Opposition, aber auch gewissen westlichen Staaten und dem Vatikan bzw. der hiesigen katholischen Kirche eine Waffe aus der Hand zu nehmen. Dies ist ihr, wie dem Gefertigten vor kurzem ein führender Oppositioneller mit offensichtlich gemischten Gefühlen bestätigt hat, gelungen. [...]

Dokument 117

Verbotene Gewerkschaft „Solidarität"; Vergangenheit, Gegenwart und Zukunft

GZ 166.03.05/3-II.3/87, Zl. 3-POL/87, ÖB Warschau (Somogyi), 30. April 1987

Univ. Doz. Dr. Janusz ONYSZKIEWICZ war und ist nach wie vor der Sprecher der verbotenen unabhängigen Gewerkschaft „Solidarność". Eigenen Angaben zufolge sei er nach dem 13.12.1981 interniert und nach seiner Freilassung mehrmals in Haft gewesen. Da gegen ihn nie ein Gerichtsurteil ergangen sei, sei er als nicht vorbestraft anzusehen. Daß er vor kurzem von Regierungssprecher Urban als einer der „Feinde des sozial. polnischen Staates" bezeichnet wurde, ändere nichts an dieser Tatsache.

Der Gefertigte und BS Dr. Weninger hatten vor kurzem Gelegenheit, mit Dr. Onyszkiewicz ein zweistündiges Gespräch zu führen, das hauptsächlich auf dem Gefertigten gestellten Fragen beruhte. Es darf wie folgt wiedergegeben werden.

1.) Gab oder gibt es innerhalb der S. antiklerikale und/oder antireligiöse Elemente, wie dies von kirchlicher Seite behauptet wurde […]?

Antireligiöse Elemente innerhalb der S. könnten absolut ausgeschlossen werden, jedoch sei nicht bezweifelt, daß es innerhalb einer Bewegung mit so vielen Mitgliedern antihierarchische Elemente gegeben habe und gebe. Dies könne mit dem Umstand begründet werden, daß der Episkopat in langfristigen Perioden und nicht in kurzfristigen wie manche S.-Funktionäre denke und daher auch die Zielsetzung der Politik einer langfristigen Betrachtung unterliege. Darüber hinaus sei es auch vorstellbar, daß S.-Mitglieder den bereits erhobenen Führungsanspruch der katholischen Kirche auch in Bezug auf die S. nicht akzeptierten. Andererseits könnten kirchliche Kreise den Wunsch nicht verheimlichen, daß die S. die kirchlichen Richtlinien stärker beobachte.

2.) Welche Fehler hat die S. in der Vergangenheit begangen?

– Ungenügende Unterstützung von liberalen Mitgliedern der Partei und der Parteiführung. Es sei eine Tatsache, daß es echt reformfreudige Parteifunktionäre gegeben habe und gebe.

– Zu große Öffentlichkeit. S.-Funktionäre müßten Verhandlungspositionen ohne vorausgehende Information sämtlicher S.-Mitglieder diskutieren, vorbereiten und der Regierung bzw. der Partei vorlegen können. Durch zu offen geführte Diskussionen seien immer wieder essentielle Verhandlungspositionen dem gesellschaftlichen Widerpart zur Kenntnis gebracht und damit die eigene Position z.T. tödlich geschwächt worden. Die führende Rolle der Partei sei aus realistischen Gründen nie bestritten, jedoch ausführliche Diskussion mit der S. verlangt worden. Militär- sowie die Außen- und Sicherheitspolitik sollten allein der Partei überlassen bleiben. Hingegen hätten zahlreiche zu radikale und somit unrealistische Forderungen durch Verweigerung der meritorischen Abstimmungen verhindert werden können.

3) War die S. wirklich nur eine Gewerkschaft?

Zunächst sei die S. zur Durchsetzung der Rechte der arbeitenden Bevölkerung entstanden. Je erfolgreicher die S. ihre Politik verwirklicht habe, umso mehr Institutionen, Gruppen und Einzelpersonen aus der gesamten Bevölkerung hätten sich mit zum Teil sehr unterschiedlichen Bitten und Anliegen an die S. gewandt, daher habe sich der Aktionsradius beträchtlich erweitert und sei über die Aufgabenstellung einer reinen Gewerkschaftsbewegung hinausgegangen. Verstärkt worden sei diese Dynamik durch die Tatsache, daß die Partei in der Folge die Kontrolle total verloren habe.

4.) Wie ist der heutige Zustand der S.?

Es existiere nach wie vor ein landesweites Netz von Gewerkschaftsgruppen, die alle wesentlichen Industriezweige abdeckten. Es bestehe ein horizontales Netz an einsatzfähigen Aktivisten wie auch ungebrochen eine horizontale Führungsstruktur. An der Spitze stehe unangefochten und als einzige aus einer Wahl hervorgegangene Institution der Vorsitzende Lech WAŁĘSA. Dann folge der Provisorische Rat der S., dem 7 von Wałęsa ernannte Mitglieder angehören; nämlich Bujak für Warschau, Lis und Byrosewicz für Danzig, Frasyniuk und ein weiterer Funktionär für Breslau sowie Pałubicki und Jednik für Oberschlesien. Wie ersichtlich befänden sich darunter auch durch Amnestie vom September 1986 Freigelassene, die ohne öffentliche Beachtung nicht so leicht wieder verhaftet werden könnten, wodurch sie einen gewissen Schutz genössen. Schließlich existiere als drittes Organ das Provisorische Koordinationskomitee, deren 11 ständig wechselnde Vertreter den 11 großen poln. Regionen angehören. Dieses TKK wirke ausschließlich im Untergrund. Es handle sich dabei um das Hauptberatungsorgan der S. Erklärte Ziele des TKK seien:

– Es soll eine Situation geschaffen werden, die es erlaubt, daß die S. wieder in aller Öffentlichkeit handeln kann;

– Es soll die Anerkennung von verschiedenen Institutionen gesellschaftlicher Gruppierungen und Interessensverbände als legale Teilnehmer am gesellschaftlichen Prozeß und somit der gesellschaftliche Pluralismus erreicht werden;

– Durchführung der Wirtschaftsreform;

– Reform in Richtung Marktwirtschaft;

– Unabhängige Unternehmungen;

– Wirtschaftliche Selbstverwaltung;

– Eliminierung des Systems der Nomenklatura;

– Gewerkschaftlicher Pluralismus.

Gegenwärtig zähle die S. zwischen 1/2 und 1 Mio. zahlende Mitglieder mit einer individuellen Beitragsleistung von etwa 200 Złoty monatlich. Die Mitgliederzahl könne deswegen nicht genau angegeben werden, weil viele Zahlungen indirekt und geheim erfolgen müßten. Solle jemand auf frischer Tat bei der Bezahlung des Mitgliedsbeitrages ertappt werden, so müsse er mit einer Haftstrafe bis zu 3 Jahren rechnen. Seit einiger Zeit herrsche in der Bevölkerung wenig Streikbereitschaft. Obwohl die Unzufriedenheit sehr groß sei, gebe es keine Streikatmosphäre;

Resignation und Lethargie hätten gegenwärtig Platz ergriffen. Hingegen sei der letzte indirekte Streikaufruf Wałęsas im März d.J. doch in zahlreichen Betrieben durch Androhung des Streikes gegenüber der Betriebsleitung oder tatsächliche Arbeitsniederlegung befolgt worden. (Dies widerspricht aber dem Informationsstand Kardinal Glemps […].)

5.) Was sind die Zukunftspläne der S.?

Siehe unter 4.)

– Darüber hinaus intensivere Beeinflussung intellektueller Kreise;

– Ermutigung zur Gründung von Privatunternehmen, privaten Kooperationen etc.;

– Schaffung einer Situation zur Änderung der Rechtslage in Richtung auf rechtl. Gleichstellung aller Wirtschaftsunternehmen und damit die Vermeidung der rechtl. Bevorzugung für Staatsbetriebe;

– Schaffung von Selbstverwaltungsorganismen gesellschaftlicher und wirtschaftlicher Art;

– Grundsätzlich: Schaffung einer legalen unabhängigen Gewerkschaft, d.h. Legalisierung der S.

6.) Einstellung der S. gegenüber der neuen Gewerkschaft (OPZZ) und PRON (Patriotische Bewegung für die Nationale Wiedergeburt)?

PRON sei eine gesellschaftliche Kreation aus taktischen Erwägungen und sowohl von der Personalstruktur als auch von der Administration nicht in der Lage, der gestellten Aufgabe, nämlich einer nationalen Wiedergeburt – was immer man darunter auch verstehen möge –, zu dienen.

Da die S. für gewerkschaftlichen Pluralismus eintritt, sei für sie die OPZZ generell gesehen kein Problem. Allerdings sei die OPZZ ihrerseits gegen gewerkschaftlichen Pluralismus eingestellt sowie nicht unabhängig von der Partei, weshalb sie selbst ihre eigene Position schwäche.

————

Anläßlich eines Mittagessens BS Dr. Weningers mit Tadeusz Mazowiecki, katholischer Publizist und einer der wichtigsten Berater der S., äußerte sich dieser zum oben angeführten Fragenkreis wie folgt:

Es sei wahr, daß die S. durch die Amnestie vom September 1986 überrascht worden und in Zugzwang gekommen sei. Die neuerliche Verhaftung namhafter Amnestierter sei für die Regierung sowohl aus innen- als auch aus außenpolitischen Gründen unangenehm und dadurch wenig wahrscheinlich. Aus diesem Grunde hätten diese Personen einen bestimmten Aktionsradius.

Gegenwärtig seien zwischen 420 und 700 periodische Untergrundschriften in Verbreitung; die Auflage sei zum Teil gelegentlich sehr klein; sie erschienen nicht nur in Betrieben, sondern auch in Buchformat. Bedeutendste Untergrundzeitschriften seien: „Die Kritiker" und „Tygodnik Warszawski" (= Organ des TKK), beide in Warschau. Die Organisation (Redakteure, Drucker, Verteiler von Zeitungspapier etc.) sei zu groß, um seitens der Regierung wirksame Maßnahmen treffen zu können; nicht mehr als ca. 10 % der führenden Köpfe sei dem polnischen Sicherheitsdienst bekannt (nach ho. Ansicht dürfte der Prozentsatz allerdings wesentlich höher sein). Man habe eine eigene Kommunikationstechnik aus der Mischung der Nutzung von offiziellen Nachrichtenmitteln und Untergrundmethoden entwickelt.

Die clandestine Struktur der S. sei bei den lokalen Funktionären nötig, da in der Öffentlichkeit wenig bekannte Mitarbeiter aufgrund mangelnder Popularität und gesellschaftlichen Status zu wenig öffentlichen Schutz genießen würden.

Zum Verhältnis zwischen S. und Kath. Amtskirche führte Mazowiecki aus, es sei nicht konfliktfrei. Nach der Amnestie habe der Episkopat selber bestimmen wollen, wen er in der Gewerkschaftsbewegung als Führungspersönlichkeit betrachte. Wałęsa sei zu jener Zeit völlig unbestritten gewesen. Seitens der Kirche sei Bujak (ein besonders radikaler Funktionär) nicht zu Kontaktgesprächen zugelassen worden. Primas Glemp habe lediglich eine 12-köpfige Gruppe der wichtigsten Solidaritätsführer (hier Bujak inkludiert) zu einem Gespräch empfangen. Die Kirche warte gegenwärtig die weitere Entwicklung ab. Es bestünde eine Patt-Situation Regierung-Solidarität-Kirche. Auch die Regierung sei derzeit in Bezug auf den weiteren Kurs gegenüber der S. ratlos. Die weitere Entwicklung hänge vor allem von der geopolitischen Großwetterlage (Glasnost, Perestroika, Durchsetzung der Reformbestrebungen Gorbatschows bei den Alliierten etc.) ab. Außerdem sei die S.-Führung in einen radikalen und einen moderateren Flügel gespalten; ein Bujak nach 5 Jahren Untergrundtätigkeit hätte natürlich eine andere Einstellung als Wałęsa.

Zur Kirche sei noch anzumerken, daß es innerhalb des Episkopats erklärte Anhänger der S. gebe, daß viele Kleriker ihre Pfarreinrichtungen für die Tätigkeit der S. zur Verfügung stellten (Pfarrheime und Kirchenräume für Versammlungen und Vorträge, Organisierung von theologischen Akademien etc.). Hier sei als prominentes Beispiel das Erzbischöfliche Museum in Warschau zu nennen. Nach Einschätzung Mazowieckis sei der Krakauer Kardinal Marcharski positiver zur S. eingestellt als Kardinal Glemp. Außerdem fördere die Kirche persönlich und ideell Arbeiterselbstbildungskreise; Führungsfunktionäre der S. versammelten ihrerseits die Leiter der Selbstbildungskreise, um sie zu instruieren.

Anläßlich einer gesellschaftlichen Veranstaltung traf BS Dr. Weninger mit einem anderen führenden Berater der S., [Artur] Hajnicz, zusammen, der die obigen Ausführungen im wesentlichen bestätigte, die Person Wałęsas allerdings negativ beurteilte; er habe wenig Zukunft, sei inkonsequent und der Aufgabenstellung bildungsmäßig nicht gewachsen. Ein möglicher zukünftiger neuer S.-Führer werde vermutlich ein Intellektueller sein, in diesem Zusammenhang werde hin und wieder der Name Bronisław Geremek genannt. Dieser sei allerdings der Kirche und respektive dem Primas gegenüber reserviert eingestellt, hätte jedoch den Vorteil, ebenso wie Mazowiecki in der Mitte zwischen den beiden Flügeln angesiedelt zu sein. Wałęsa sei als Führer der S. nicht unumstritten, auch wenn eine Führungsdiskussion als solche gegenwärtig nicht offen geführt werde, sei sie trotzdem vorhanden.

Das Verhältnis zwischen dem in Brüssel ansässigen Auslandsbüro der S. und der Führung der S. im Lande selbst ist nicht ungetrübt. Es ist eine Tatsache, daß das

Brüsseler Büro sowohl dem Ton wie auch dem Inhalt nach radikalere Stellungnahmen abgibt und oftmals ohne entsprechende Rückkoppelung mit dem Provisorischen Rat eigenmächtige Handlungen setzt. Diese Situation erklärt sich aus dem unbeschränkten Zugang des Brüsseler Büros zu den globalen Massenmedien sowie aus dem ungestörten und nach wie vor vorhandenen Geldstrom und den damit verbundenen Machtmöglichkeiten. Vorstöße der polnischen Regierung bei der belgischen Regierung auf Schließung des Brüsseler S.-Büros bleiben bislang unter Hinweis auf demokratische Rechte ohne Erfolg.

Schlußfolgerungen

Wenn auch die obigen Aussagen z.T. widersprüchlich sind und ihnen keineswegs immer beigepflichtet werden kann, kommt diesen vermutlich doch hoher Wahrheitsgehalt zu. Insbesondere kann es aber, von Einzelpersonen abgesehen, keine Führungsdiskussionen um Wałęsa geben. Seine charismatische Persönlichkeit, sein internationales Ansehen und seine guten Beziehungen zu kirchlichen Kreisen und zum Vatikan werden allgemein anerkannt. Außerdem drängt sich keine andere Persönlichkeit, so auch nicht Geremek, als Nachfolger zwingend auf. Nach ho. Auffassung gab Onyszkiewicz auch eine zu rosa gefärbte Darstellung der vertikalen Organisationsstruktur der S. von heute; die obersten Organe dürften allerdings nach wie vor funktionieren. Zweifellos leben jedoch viele durch die S. vertretene Ideen in der polnischen Gesellschaft weiter.

Die stärkste Waffe einer Gewerkschaft, nämlich den (General)-Streik, vermag die S., wie verschiedene Beispiele in den letzten Jahren bewiesen, wegen der Streikmüdigkeit der polnischen Bevölkerung nicht mehr einzusetzen. Sohin ist ihre seinerzeitige große Macht tatsächlich gebrochen worden.

Nach Ansicht des Gefertigten liegt die Ursache der andauernden Krise in Polen in allererster Linie in der wirtschaftlichen Misere und nicht, wie von manchen behauptet wird, in der Freiheitsliebe der Polen, in der starken katholischen Kirche u.a., die aber sicherlich ernste Faktoren darstellen.

Immer wieder ist auch davon die Rede, daß das polnische Volk zur Arbeit motiviert werden müßte. Diese Motivation wäre nach Ansicht des Gefertigten vorwiegend im materiellen Bereich – wozu die Regierung derzeit nicht in der Lage ist – und weniger im politischen Bereich erforderlich. So dürfte für den polnischen Arbeiter höherer Verdienst, größeres und besseres Warenangebot usw. wertvoller sein als z.B. die ihm derzeit verwehrte Möglichkeit des Beitritts in eine pluralistisch ausgerichtete Arbeiterassoziation, wie sie von der katholischen Kirche angestrebt wird.

Zweifellos wären viele der von der S. erhobenen Forderungen bzw. Vorschläge für die Lösung der Krise sinnvoll. Die in erster Linie aufgestellte Forderung nach gewerkschaftlichem Pluralismus ist jedoch nicht als zwingender Faktor anzusehen, wie dies andere „sozialistische" Staaten wie Ungarn und die DDR, denen gewisse wirtschaftliche Erfolge nicht abgesprochen werden können, unter Beweis stellen.

Die S. oder eine allfällige, ähnlich ausgerichtete Nachfolgeorganisation kann aber wieder eine Zukunft haben, wenn Regierung und Partei nicht in absehbarer Zeit eine materielle Besserstellung des polnischen Volkes gewährleisten können. Das ist jedoch aus heutiger Sicht ziemlich unwahrscheinlich. Es ist zwar unbestritten, daß das Lebensniveau des polnischen Volkes im Verhältnis zu den ersten Jahren dieses Jahrzehntes angehoben werden konnte, doch sind in der letzteren Zeit eher wieder Verschlechterungen eingetreten. Die Regierung erweckt hingegen den Anschein, daß sie für die Lösung der Wirtschaftskrise kein Rezept hätte. Daß dies auch auf andere Länder zutrifft, ist für das polnische Volk kein Trost. […]

Dokument 118
Arbeitsgespräch HBM mit dem ungarischen AM Várkonyi (29. April 1987, Beginn 11.00 Uhr, Ende ca. 12.40 Uhr)
GZ 222.18.02/24-II.3/87, BMAA Wien, 8. Mai 1987

Gesprächsprotokoll

Einleitend Begrüßung des Gastes durch den HBM. Dem ersten offiziellen Besuch aus einem Nachbarland: aus Ungarn komme symbolische Bedeutung zu.

Bilaterale Fragen:

Der HBM hob die hervorragenden Beziehungen zwischen Österreich und Ungarn – ungeachtet der unterschiedlichen Gesellschaftsordnungen – hervor: politische und offizielle Kontakte auf höchsten Ebenen; regionale Kontakte und Zusammenarbeit; menschliche Dimension des Besuchs und Touristenaustausch. […]

Bereits von Amtsvorgängern des HBM, Gratz und Jankowitsch, ist der Nachbarschaftspolitik ein vorrangiger Stellenwert eingeräumt worden, Nachbarschaftspolitik sowie europäische Integration stellen die zwei außenpolitischen Prioritäten der neuen Koalitionsregierung dar. Im Hinblick auf die grundlegenden Elemente der österreichischen Außenpolitik (Status der immerwährenden Neutralität, strikte Einhaltung aller vertraglichen Verpflichtungen) besteht eine klare Kontinuität, die aber eine neue Akzentuierung in einzelnen Bereichen der Außenpolitik (z.B. EG, Entwicklungshilfe) nicht ausschließt. [….]

AM Várkonyi gratuliert dem HBM einleitend zur Amtsübernahme und erklärte seine Zuversicht hinsichtlich des kontinuierlichen weiteren gemeinsamen Ausbaus der gutnachbarschaftlichen Beziehungen, die auf politischer und menschlicher Ebene (Tourismus) von einem ursprünglich sehr niedrigen Niveau durch gemeinsame Bemühungen auf ein sehr hohes Niveau angehoben werden konnte. Die bilateralen Beziehungen beeinflußten das internationale und europäische Umfeld in positiver Weise (AM Várkonyi sprach von examplary relationship sowie wörtlich „Wir haben die vertrauensbildenden Maßnahmen erfunden").

Unter Bezugnahme auf die beiden zu unterzeichnenden Abkommen hob AM Várkonyi die Bedeutung eines dichten Vertragsnetzes sowie der engen wirtschaftlichen Beziehungen zwischen beiden Staaten (Österreich als zweitgrößter westlicher Handelspartner Ungarns, beträchtliches Handelsvolumen, ca. 20 Joint Ventures) hervor; die Wirtschaftsbeziehungen sollten durch moderne und innovative

Kooperationsformen intensiviert werden; die ungarische Exportstruktur (83 % Rohstoffe, 15 % Industriewaren) sei leider veraltet und bedürfe des Wandels. […]

Internationale Fragen

AM Várkonyi: Weiterhin schwierige internationale Lage, aber atmosphärische Verbesserung. Bewegung in US-SU-Abrüstungsverhandlungen aufgrund der „neuen sowjetischen Denkungsart" (neue Sicherheitskonzepte der „sufficient" (Hervorhebung Várkonyi) „mutual and equal security"). Chancen bestünden für den Abschluß einzelner Abrüstungsabkommen. Basis einer zukünftigen US-SU-Übereinkunft sei jedenfalls der Gipfel in Reykjavík, welcher in eine Serie sowjetischer Vorschläge gemündet habe.

Bislang sei eine ermutigende westliche Antwort jedoch noch ausständig. Sowjetische Verhandlungsbereitschaft bestünde auch im konventionellen Bereich.

Die Doktrin der nuklearen Abschreckung sei falsch und nicht zukunftsträchtig.

AM Várkonyi hob die bedeutende Rolle des KSZE-Prozesses für die Aufrechterhaltung von Frieden und Entwicklung in Europa hervor. Ungarn sei an einem erfolgreichen Abschluß des WFT durch ein alle 3 Körbe in ausgewogener Weise umfassendes Schlußdokument interessiert. Derzeit sei aber Unausgewogenheit in der Gewichtung der drei KSZE-Körbe zu konstatieren (im ersten Korb nur der polnische Vorschlag zum Bereich Abrüstung, hingegen zahlreiche Vorschläge im 2. und vor allem im 3. Korb). Eine Herauslösung des Abrüstungsprozesses aus dem KSZE-Rahmen würde eine Desintegration des gesamten KSZE-Prozesses zur Folge haben.

Aus ungarischer Sicht müßte eine Formel für einen institutionalisierten Kontakt zwischen den Blöcken und der N+N-Gruppe gefunden werden. Ergebnisse von Block-zu-Block-Verhandlungen sollten der Konferenz berichten und von dieser bestätigt werden. Es gelte jedenfalls, die N+N Gruppe in den Verhandlungsprozeß einzubeziehen.

Insgesamt sei ein stärkeres N+N-Engagement in den Verhandlungen vordringlich. Dieses sei in Wien unter dem in Stockholm registrierten N+N-Einsatz zurückgeblieben. N+N-Staaten sollten initiativer an der Ausarbeitung des Schlußdokumentes mitwirken.

Der HBM stellte fest, daß der wesentliche neue Aspekt im Ost-West-Verhältnis in verstärkter Mobilität und Flexibilität liege. Die Anfang März von GS Gorbatschow unterbreiteten neuen Abrüstungsinitiativen entsprechen diesem Trend – es sei zu erwarten, daß das Resultat der Abrüstungsgespräch hinter den Vorschlägen zurückbleibe, aber doch Fortschritte gegenüber der jetzigen Situation erbringe.

Das Anliegen, von der Nuklearrüstung loszukommen, sei Österreich und Ungarn als mitteleuropäischen Staaten gemeinsam. Eine kleine Diskrepanz ergebe sich hinsichtlich der Einschränkung der Abschreckung: Diese habe in der Vergangenheit gute Dienste als wichtiges Instrument der Sicherheit geleistet. Mehr Mobilität und Flexibilität könne auch im regionalen Krisenmanagement, z.B. Afghanistan-Frage, konstatiert werden.

Österreich sei an einem positiven Ergebnis der KSZE-Konferenz in Wien – dies impliziere eine möglichst rasche Ausarbeitung des Schlußdokumentes – interessiert. Die N+N-Staaten seien weiterhin durchaus aktiv (z. B. Tagung in Zypern 15./16. Mai). Bezüglich des Abrüstungsforums gebe es leider eine Kontroverse zwischen verschiedenen N+N-Staaten (Schweiz und Schweden als derzeit konträre Hardliner): Einige wünschten die völlige Trennung – andere ein institutionelle Verbindung zwischen den 23 Blockstaaten und dem KSZE-Prozeß.

Österreich wolle flexibel sein und verhindern, daß durch das Auferlegen einer speziellen Vorgangsweise die Substanz der Abrüstungsverhandlungen gefährdet werde.

Österreichs Interesse an einer stärkeren Einbindung der N+N-Staaten sei verbunden mit seinem Interesse, als Gastland für weitere Konferenzen zu fungieren. In diesem Zusammenhang ersuchte der HBM um ungarische Unterstützung (der ungarische Außenminister sagte diese selbstredend – schon im Hinblick auf die geringe Entfernung Wien – Budapest – zu). […]

Zum Abschluß des Gespräches sprach Außenminister Várkonyi eine herzliche Gegeneinladung zu einem offiziellen Besuch Ungarns an den HBM aus. Der HBM nahm dankend an.

Im Anschluß an das Arbeitsgespräch wurden von beiden Außenministern das „Abkommen über Fragen gemeinsamen Interesses bezüglich Kernanlagen" sowie der „Vertrag über Änderungen und Ergänzungen des Vertrages von 1964 mit Ungarn zur Sichtbarerhaltung der gemeinsamen Staatsgrenze" unterzeichnet. […]

Dokument 119

Gespräch des Herrn Bundesministers mit dem polnischen Außenminister Orzechowski (12. Mai 1987)

GZ 166.18.03/4-II.3/87, Zl. 263-RES/87, BMAA Wien (Sucharipa), 13. Mai 1987

A k t e n v e r m e r k

Der HBM empfing am 12. Mai 1987 den aus Anlaß des KSZE-Folgetreffens in Wien weilenden polnischen Außenminister Marian Orzechowski zu einem ausführlichen Gespräch. […]

Der HBM kam sodann auf das große polnische Engagement in der KSZE zu sprechen, so insbesondere den Vorschlag betreffend das kulturelle Erbe Europas. Mit großem Interesse habe man auch in Österreich den Vorschlag des polnischen Staatschefs Jaruzelski vom 8. Mai 1987 registriert. In diesem Zusammenhang stelle sich insbesondere die Frage, in welchem Verhandlungsrahmen dieser Vorschlag weiter behandelt werden sollte.

AM Orzechowski verweist auf die traditionell guten Beziehungen zwischen der VR Polen und Österreich. Nicht zufällig habe man in der Erklärung der polnischen Regierung vom 18. März 1987 ein eigenes Kapitel den polnisch-österreichischen Beziehungen gewidmet.

Die Beziehungen zu anderen westlichen Staaten hätten in der jüngeren Vergangenheit ihre Probe nicht bestanden; mit Österreich hingegen bestünden keine konjunkturellen, sondern dauerhafte Beziehungen. Vor allem im südlichen Teil Polens werde Österreich fast als Nachbarland angesehen.

Zum Verhältnis Polen-Europarat verweist AM Orzechowski zunächst auf die Rede General Jaruzelskis vom 8. Mai 1987, in der auch der Europarat erwähnt wurde; Polen wäre daran interessiert, daß der Europarat wirklich zu einer allgemeinen europäischen Organisation werde. Derzeit werde in Polen dieser Fragenkomplex näher untersucht und man werde zum gegebenen Zeitpunkt die polnischen Gedanken diesbezüglich dem Europarat mitteilen. Der von Polen initiierte und auch von Österreich dankenswerterweise miteingebrachte KSZE-Vorschlag über das gemeinsame kulturelle Erbe könnte einen wichtigen Ansatz für eine engere Verbindung zum Europarat darstellen. Es gelte, die oft gehörten Worte von der europäischen Identität und Gemeinsamkeit auch in die Tat umzusetzen. Aus demselben Grund bestünde auch ein großes Interesse an den Gesprächen des RGW mit der Europäischen Gemeinschaft; auch darin könnte ein Beitrag zur Überwindung der europäischen Spaltung gesehen werden.

Die von General Jaruzelski am 8. Mai 1987 dargelegte Initiative habe einen autonomen politischen Charakter, wenn auch die Idee vorher mit den Verbündeten konsultiert worden sei. Der Vorschlag entspreche jedenfalls den nationalen polnischen Erfahrungen und der polnischen Philosophie, derzufolge die mittleren und kleineren Staaten Europas verpflichtet seien, ihren Beitrag zur Entspannung zu leisten. Wörtlich: „Die Sache des Friedens und der Sicherheit ist zu wichtig, um nur den Großmächten zur Entscheidung überlassen zu werden". Die Initiative knüpfe an den Rapacki-Plan an, ist jedoch sowohl hinsichtlich der territorialen Ausdehnung (Ungarn und Dänemark) als auch in der Substanz (nicht nur nukleare Rüstung) breiter angelegt. Ungarn und Dänemark würden gleichsam als Brücke vom Atlantik bis zum Ural anzusehen sein. Die Initiative wäre auch kein Abrüstungsplan im eigentlichen Sinn, sondern sei eher als ein Plan verschiedener Aktivitäten auf verschiedenen Bereichen, die miteinander zu verknüpfen seien, zu sehen (Fragen der nuklearen Rüstung, der konventionellen Rüstung, der Militärdoktrinen sowie vertrauensbildender Maßnahmen). Die Behandlung dieses Vorschlages könnte dementsprechend auch in verschiedenen Foren erfolgen. Als nächster Schritt wären polnischerseits Konsultationen mit den 35 KSZE-Mitgliedstaaten vorgesehen und im Anschluß daran eine ausführlichere Präsentation des Vorschlages in endgültiger Form. Auf einen entsprechenden Einwurf des HBM (bedeutet Präsentierung bei der KSZE, daß der Vorschlag später auch von den 35 KSZE-Mitgliedern zu behandeln sei?), antwortete AM Orzechowski positiv: Polen betrachte den KSZE-Prozeß als den geeigneten Rahmen für eine Diskussion des ggstl. Vorschlages. […]

Der innenpolitische Kurs in der VR Polen sei unverändert; angestrebt werde eine allmähliche Entwicklung demokratischer Institutionen, die den polnischen Erfahrungen und der polnischen geschichtlichen Entwicklung entsprechen. Dazu gehöre auch der katholische Charakter der polnischen Nation, einschließlich der wichtigen Rolle der röm.-kath. Kirche sowie der besondere Charakter der polnischen Landwirtschaft (keine Kollektivierung).

Die Rolle der katholischen Kirche in Polen sei ein gesamteuropäisches Phänomen, denn nirgends in Europa würden sonst in einem kommunistischen Staat der Kirche derartige Entfaltungsmöglichkeiten eingeräumt werden.

Zu dieser Entwicklung gehöre auch die Anerkennung der Tätigkeit der Opposition, soweit sie auf der Grundlage der Verfassung stehe und nicht auf Zerstörung des Staates abziele. In diesem Rahmen könne die Opposition Einfluß nehmen und Kritik an der Regierung üben.

Für die VR Polen wären die Ereignisse in der Sowjetunion sehr wesentlich, weil sie ein gutes Klima für die polnischen Aktivitäten brächten. Die ähnliche Ausrichtung der sowjetischen und polnischen Reformbestrebungen würde auch eine Stärkung der polnisch-sowjetischen Beziehungen und letztlich auch eine Stärkung der polnischen Position im Warschauer Pakt mit sich bringen. Dies wiederum würde sich auch positiv auf die Rolle Polens in der internationalen Arena auswirken.

In seinen Darlegungen erläuterte der HBM die österreichische Position zur Frage des Verhältnisses der Gespräche der 23 zum KSZE-Prozeß. Für Österreich wäre die Frage der Organisation sekundär, wichtig hingegen ein substantielles Ergebnis der Verhandlungen der 23 in Form eines Verhandlungsmandates. Freilich habe auch Österreich ein natürliches Interesse an ausreichender Information und sei auch gegen eine Entleerung des Korbes I eingestellt. Die bevorstehende Tagung der N+N-Außenminister auf Zypern werde zumindest zu einer besseren gegenseitigen Information führen. Im Hinblick auf die Auffassung einiger Mitglieder der N+N-Gruppe, derzufolge eine endgültige N+N-Position erst nach der Reykjavík-Tagung der NATO ausgearbeitet werden könne, könnte man von dem Treffen auf Zypern leider nicht mehr erwarten. […]

Dokument 120

Arbeitsgespräch des HBK mit dem ung. AM VÁRKONYI am 29.4.1987

GZ 222.18.02/26-II.3/87, Zl. 181-Res/87, ÖB Budapest (Agstner), 29. Mai 1987

GESPRÄCHSPROTOKOLL

AM VÁRKONYI überbrachte Grüße von Min.Präs. LÁZÁR, der den HBK im September 1987 in Budapest zu einem offiziellen Besuch erwarte, der genaue Zeitpunkt soll auf diplomatischem Wege vereinbart werden.

Der HBK erkundigte sich nach dem kurz zuvor in Moskau stattgefundenen Treffen der WP-Staaten.

Laut AM VÁRKONYI wurde hiebei über Abrüstung und das WFT, im besonderen die Imbalance der 3 Körbe, gesprochen. Er habe mit VK MOCK ein sehr intensives Gespräch geführt, er halte es für gefährlich, den Abrüstungsprozeß aus dem KSZE-Prozeß herauszunehmen, man solle für die Zukunft einen neuen Anstoß geben.

HBK: Die Welt habe die Tendenz sich zu ändern, über Jahre hinweg hätten die USA und SU alles dominiert. Jetzt hätten die BRD, Frankreich und GB eigene Standpunkte, es gebe einen drift away. Bei den Mittelstrecken-Raketen liege ein Abkommen im Bereich des Möglichen. Wenn eine ganze Kategorie von Waffen verschwinden würde, würde eine neue Situation geschaffen, GS GORBATSCHOW gebe einen Schuss nach dem anderen ab.

AM VÁRKONYI: Er habe von den Engländern gehört, dies sei gefährlich. Den Sowjets habe er gesagt, sie sollten nicht bis zu einer neuen Verwaltung in den USA zuwarten; dort gebe es aber starke Gegenströmungen. […]

Dokument 121

„Zeit entscheidender Veränderungen" – Nachlese zu einer bemerkenswerten Podiumsdiskussion in Moskau

GZ 225.03.00/42-II.3/87, Zl. 258-Res/87, ÖB Moskau (Grubmayr), 3. Juni 1987

1. Eine – vor einigen hundert Moskauer Intellektuellen abgehaltene – Diskussionsveranstaltung, die vorerst keinerlei Echo in der Sowjetpresse gefunden hat, wäre üblicherweise wohl nicht das Thema einer eigenen Berichterstattung.

Die am 29.5.1987 in Moskau durchgeführte Podiumsdiskussion „Zeit entscheidender Veränderungen" fällt allerdings aus dem bisher gebräuchlichen sowjetischen Veranstaltungsmuster: Kaum je zuvor dürfte ein Moskauer Publikum in einer öffentlich zugänglichen Veranstaltung eine derartige Vielzahl „heißer Eisen" in solcher Freizügigkeit angepackt haben.

Die (spärlichen) ausländischen Zuhörer konnten sich so ein recht eindrückliches Bild von jenen Problemen machen, welche die Moskauer Intelligenz in der aktuellen Phase der Gorbatschow'schen Neuerungsbestrebungen besonders bewegen.

2. Das Publikum bot einen aufschlußreichen Querschnitt der Moskauer Intellektuellenszene: Viele Mitarbeiter wissenschaftlicher Institute, einige wenige Dissidenten, alle jedoch ganz offenkundig gewissenhafte Leser der „transparentesten" Sowjetmedien wie „Moskowskije Nowosti", „Ogonjok" und „Literaturnaja Gaseta". (Unter den Anwesenden scheinen auch etliche regelmäßige Hörer westlicher Radiosender gewesen zu sein. Die – erst am Vortag erfolgte – Landung eines deutschen Sportflugzeuges auf dem Roten Platz war einem Teil der Anwesenden, wiewohl von der Sowjetpresse noch nicht gemeldet, bereits bekannt.)

Die Zuhörer schienen mehrheitlich „progressive" Befürworter des Umgestaltungskurses Gorbatschows zu sein. Einige Besucher entpuppten sich jedoch als Anhänger der konservativen Vereinigung „Pamjat" („Erinnerung"), die dzt. viel von sich reden macht. (Diese – nicht-offizielle – Organisation tritt für die Erhaltung der Umwelt und des historischen Kulturgutes ein und konnte kürzlich in Moskau eine Demonstration veranstalten. Sie beruft sich lautstark auf das Programm der „perestroika", ist aber in Wahrheit Träger eines ausgeprägt russisch-nationalen und antisemitischen Gedankenguts.)

Auf dem Podium hatten sich bekannte Exponenten des „neuen Kurses" versammelt: neben Philosophen und Soziologen insbesondere der Chefredakteur von „Moskowskije Nowosti", Jegor Jakowlew, und der Rektor des Moskauer Instituts für Geschichte und Archivwesen, Jurij Afanassjew, ein herausragender Wortführer der aktuellen Stalinismus-Diskussion.

3. Die Botschaft vom Podium klang nicht ganz neu, wurde aber um einiges prägnanter als sonst formuliert:

Mit der Politik der „perestroika" werde ein „zweiter Versuch" zur Umgestaltung der Sowjetgesellschaft gemacht. Chruschtschow sei bei seinem „ersten Versuch" gescheitert, weil er sich nicht ganz vom stalinistischen Umfeld zu lösen vermocht habe und schließlich die „Feinde der Erneuerung" obsiegt hätten. Diese Feinde gebe es auch heute noch; das System stalinistischer Verwaltung gerate erst jetzt so richtig in die „Feuerlinie". Die „perestroika" werde sich nicht ohne „Kampf" mit den Kräften der Vergangenheit verwirklichen lassen; dies umso mehr, als es hier „Gegensätze zwischen verschiedenen sozialen Klassen" zu bewältigen gebe.

Dem russischen Nationalismus à la „Pamjat" erteilt das Diskussion-Panel gleich eine klare Absage: Die UdSSR ziehe ihre Einheit und Stärke aus der „Vielfalt verschiedener Völker und Zivilisationen"; der Sowjetstaat dürfe keinesfalls als „monolithischer" Block gesehen werden. (Derart deutliche Aussagen hat man auf politischer Eben bislang kaum gehört. Dort wird das russische Volk häufig zum Träger des „sozialistischen Internationalismus" hochstilisiert.)

Insgesamt wollte das „Podium" vor allem die hervorragende Bedeutung der Intellektuellen für das Gelingen der „perestroika" herausstreichen: Die Formel Lenins von der Kampfgemeinschaft der Arbeiter, der Bauern und der „Intelligenz" stimme schon lange nicht mehr mit den Realitäten überein. Diese Interessengemeinschaft müsse neu geschaffen werden.

4. Die Zuhörerschaft wollte sich vorerst allerdings nicht mit Allgemeinheiten begnügen, sondern mit Jurij Afanassjew über den Stalinismus diskutieren.

So ersucht ein Fragesteller um eine Beurteilung Trotzkis. Afanassjew betont, daß auch dieser Revolutionär nach seinen negativen u n d positiven Eigenschaften bewertet werden müsse, und hebt Trotzkis Rolle bei der Schaffung der Roten Armee hervor.

Ob mit der Rehabilitierung des unter Stalin erschossenen (und gerade jetzt wegen seiner Wirtschaftstheorien besonders aktuellen) „Rechtsabweichlers" Bucharin zu rechnen sei, will ein anderer Zuhörer wissen. Afanassjew unterscheidet hier zwischen der Widerrufung „abstruser strafrechtlicher Anschuldigungen", die jedenfalls erfolgen werde, und der noch zu klärenden „politischen Rehabilitierung". Er spricht sich aber in jedem Falle für eine neuerliche Drucklegung von Bucharins Werken aus.

Afanassjew meint weiters, daß die Ermordung des Leningrader Parteichefs Kirow (1934) endlich wissenschaftlich erforscht werden müsse. (Nach Auffassung der meisten westlichen Historiker hat Stalin den Mord an diesem vermeintlichen Rivalen selbst veranlaßt, um das Verbrechen sodann im Rahmen der Schauprozesse ungezählten politischen Gegnern in die Schuhe zu schieben.)

Der sowjetische Geschichtswissenschaftler spricht sich schließlich auch für eine Veröffentlichung von Chruschtschows Geheimrede aus dem Jahre 1956 aus und befürwortet den Vorschlag zur Errichtung von Denkmälern für die Opfer der stalinistischen Repression.

Die Stimmung im Saal heizt sich sichtlich auf. Zuletzt sorgt eine schriftliche Anfrage aus dem Publikum, ob Stalin nicht etwa zum „Staatsverbrecher" erklärt werden sollte, für anhaltenden und stürmischen Beifall. (Hier enthält sich Afanassjew eines Kommentars, merkt aber immerhin an, daß Stalin stets mit „Vorbehalt" gehandelt habe.)

5. Angesichts des „interdisziplinären" Charakters der Veranstaltung beschränkt sich die Diskussion allerdings keineswegs nur auf historische Fragen.

So werden immer wieder die Privilegien der „Nomenklatura" angegriffen. Ein „panelist" kritisiert, daß es in der SU mittlerweile 850.000 Dienstwagen (!) gebe. Ein Fragesteller will sogar wissen, ob die medizinische Sonderversorgung der politischen Führung nicht einen „Beitrag zum Stillstand in den 70er Jahren geleistet" habe, womit er wohl meint, daß Breschnew zu lange am Leben geblieben sei.

Auffallend viele Wortmeldungen befassen sich mit dem Thema „Kernenergie". Ein Debattenredner bezeichnet diese Technologie als überholt und weist darauf hin, daß man im Westen bereits mit der Schließung von Atomkraftwerken begonnen habe. (Derartige Stellungnahmen sind umso beachtenswerter, als die Sowjetpresse bislang jede „Atomdiskussion" vermieden hat. Der „Prawda" -Wissenschaftsredakteur und „Sarkophag"-Autor Gubarjew hat kürzlich im Gespräch mit der Botschaft allerdings zugegeben, daß seine Zeitung viele Leserbriefe zu diesem Thema erhalte, diese wegen ihres „emotionalen Charakters" aber nicht veröffentliche. Ein Professor der hiesigen Universität, der sich mit Umweltfragen beschäftigt, hat hiezu im privaten Gespräch erklärt, mehr als die Hälfte der Studenten sei gegen die Atomenergie.)

6. In einer abschließenden Phase des Diskussionsabends werden auch Themen berührt, die man als ausländischer Beobachter dem absoluten „Tabubereich" zugezählt hätte.

„Was macht eigentlich Raissa Gorbatschowa?", will ein Fragesteller erfahren. (Sie beschäftige sich mit Kulturarbeit, lautet die Antwort vom Podium. „Sie ist Hausfrau", ertönt ein ironischer Zwischenruf von den Rängen. Aus der Atmosphäre im Saal läßt sich jedenfalls entnehmen, daß die Funktion einer sowjetischen „First Lady" von der Moskauer Intelligenz nicht unbedingt goutiert wird.)

Aufsehenerregender sind allerdings noch die Wortmeldungen zum Thema „KGB". Mehrere Debattenredner meinen, daß die „perestroika" endlich auch den sowjetischen Sicherheitsapparat erfassen müsse. Ein Diskussionsteilnehmer berichtet unter dem (verhaltenen) Gelächter des Saales, daß er diese Frage schon mehrfach „mit dem Genossen Tschebrikow besprechen" habe wollen, dieser bislang aber „noch keine Zeit für eine Unterredung gefunden" habe.

7. Neben den gesetzlichen und gesellschaftspolitischen Diskussionselementen bleiben die <u>Debattenbeiträge zum Thema „Wirtschaft" an der Oberfläche.</u> (Im „Panel" fehlte im übrigen auch ein Wirtschaftswissenschafter.)

<u>So liefert die Veranstaltung einen neuerlichen Beweis, daß die sowjetische „Reformdebatte" im Wirtschaftsbereich immer noch gegenüber anderen Themenkreisen nachhinkt.</u>

Im übrigen werden an diesem Abend auch manche <u>Zweifel am politischen Nutzen zusätzlicher marktwirtschaftlicher Steuerungselemente laut.</u> Ein Debattenredner stellt sich sogar die Frage, ob ein vermehrtes Leistungsdenken in der Sowjetwirtschaft nicht Prinzipien der „sozialen Gerechtigkeit" verraten müsse (!).

*****

8. Insgesamt ließ die gesamte Debatte beim ausländischen Zuhörer jedenfalls <u>viele Fragen offen.</u>

Unklar blieb vor allem, ob hier wirklich eine ehrliche Auseinandersetzung mit der Moskauer Intelligenz beabsichtigt ist oder doch nur ein etwas größeres „Ventil" für kritische Meinungsäußerungen geöffnet werden soll.

Der Historiker Afanassjew wirkte mit seiner Forderung, daß „perestroika" und „Lüge" nicht miteinander bestehen könnten, jedenfalls überzeugend.

Andere „Panelists" betrachteten die Diskussion demgegenüber offenkundig eher als „ideologische Spielerei" mit Intellektuellen. Wie soll man etwa Jegor Jakowlews Aussage interpretieren, daß Sowjetbürger, die mehr über das Leben im Westen erfahren wollen, nur die „Moskowskije Nowosti" zu lesen brauchen?

Auch Afanassjew geriet allerdings mehrfach in Argumentationsnotstand:

So mußte er auf das Verlangen nach einer Veröffentlichung von Solschenizyns „Archipel Gulag" zwar bestätigen, daß dieses Buch historisch fundiert sei; es habe aber eine „antisowjetische" Ausrichtung und derartiges könne in der UdSSR nie gedruckt werden.

Auch konnte der Historiker nie vom Standpunkt abgehen, daß der Stalinismus eine „Entartung" der reinen Lehre Lenins darstelle. Kritik am Parteigründer bleibt somit undenkbar. Die Entwicklung von Lenin zu Stalin sei – so Afanassjew – zwar aufgrund historischer „Gesetzmäßigkeiten" erfolgt; Stalin sei aber keine „Fatalität" des Systems gewesen. (Was ist der Unterschied?)

9. Die <u>Schlüsselfrage stellte wohl ein Diskussionsteilnehmer, der sich selbst als „Kommunist" bezeichnete: Habe man eigentlich bedacht, daß eine „Zulassung verschiedener Meinungen" über kurz oder lang auch zur „Zulassung verschiedener politischer Gruppierungen" führen müsse?</u>

Das „Podium" wollte diesbezüglich keine Gefahr sehen. Auch im Rahmen des „demokratischen Zentralismus" müsse jede Entscheidung zumindest auf der Grundlage zweier widersprechender Vorschläge getroffen werden.

Einige der Anwesenden schienen diese Gelassenheit des „Podiums" aber nicht zu teilen. Auffallend war jedenfalls, daß eine ganze Reihe diskret gekleideter Herren sehr nachdrücklich bemüht war, besonders forsche Fragesteller mit Hilfe großer Teleobjektive fotografisch festzuhalten.

Man wird also abwarten müssen, wie sich der neue „Diskussionsstil" weiter entwickeln wird. Eine zweite Veranstaltung ist für Ende Juni angekündigt.

Dokument 122
Sowjetischer Außenminister SCHEWARDNADSE, offizieller Freundschaftsbesuch in Ungarn (17.–19. Juni 1987)

GZ 225.18.14/1-II.3/87, Zl. 217-RES/87, ÖB Budapest (Agstner), 26. Juni 1987

Außenminister SCHEWARDNADSE traf in Budapest am 17. d.M. ein, während der am 14. Juni d.J. in Budapest eingetroffene chinesische Parteichef und Ministerpräsident […] erst am 18. Juni d.J. abreiste. Formell stellte der Besuch des sowjetischen Gastes eine Erwiderung des Besuches von Außenminister VÁRKONYI in Moskau im Jahr 1985 dar, wo SCHEWARDNADSE gerade das Außenministerium übernommen hatte.

Außenminister VÁRKONYI bezeichnete mir gegenüber den Besuch des sowjetischen Gastes nach dessen Abreise als Routine-Besuch, allerdings hätten solche Begegnungen von ihrer Natur her und zum Zwecke der gegenseitigen Information ihre Bedeutung, genauso wie dies für die entsprechenden Begegnungen zwischen Österreich und Ungarn zutreffe. Der Außenminister zeigte sich – anderes war nicht zu erwarten – höchst befriedigt über den Besuch. Beiliegendes, in der ungarischen Presse erschienenes Bild bei der Verabschiedung auf dem Flughafen mag hiezu vielleicht einen Eindruck vermitteln. […]

Außenminister SCHEWARDNADSE äußerte sich über den Besuch in einer Pressekonferenz: Hiezu darf auf die beiliegende Zusammenfassung von MTI, mit seitlichen ho. Anmerkungen, verwiesen werden […]. Die N+N-Staaten forderte er auf, nicht im Hintergrund zu bleiben. In einem gemeinsamen Kommuniqué […] kommt die gegenseitige Befriedigung und völlige Übereinstimmung zum Ausdruck. Vom Inhalt her wirkt das Kommuniqué schematisch. So fehlt z.B., worauf die ung. Seite sonst gerne Wert legt, jeglicher Hinweis auf gute Nachbarschaftspolitik. […]

Den wichtigsten Teil der Besprechungen machten wirtschaftliche Fragen aus. Ungarn steht in den wirtschaftlichen Außenbeziehungen der Sowjetunion an 5. Stelle, für Ungarn ist die Sowjetunion der bedeutendste Handelspartner. Im RGW funktioniert es nicht so, wie es den gegenseitigen Absprachen entspricht und Ungarn sucht seine eigene Regelung mit den EG; es war nichts zu vernehmen, daß SCHEWARDNADSE diesbezüglich Vorbehalte gemacht hätte.

Auch die im Vorjahr beschlossene verstärkte wirtschaftliche Zusammenarbeit, einschließlich der Gründung gemeinsamer Unternehmungen, hat bisher nicht die erhoffte Wirkung gezeigt, die damit verbundenen Probleme und nicht zuletzt die Bürokratie werden als enorm bezeichnet. Beide Seiten erachten das Gelingen der Reformen in ihren Ländern als wichtige Bedingung für intensivere wirtschaftliche

Beziehungen. Nach ungarischer Ansicht kann vom Standpunkt des sozialistischen Systems aus ein Durchbruch nur gelingen, wenn die Perestroika in der Sowjetunion erfolgreich sei, da diesem Land das entscheidende Gewicht zukomme. […]

Dokument 123

**Sowjetunion; ZK-Plenartagung 25./26. Juni 1987 „Wirtschaftsplenum"
Stärkung GS Gorbatschow in personeller und sachpolitischer Hinsicht**

GZ 225.03.00/45-II.3/87, BMAA Wien (Sucharipa), 6. Juli 1987

1) Die jüngste ZK-Plenartagung (als „Wirtschaftsplenum" schon seit geraumer Zeit erwartet) hat die ökonomische Debatte auf das allgemeine Niveau der Gorbatschowschen Erneuerungspolitik angehoben.

2) U.a. brachte das Plenum folgende Ergebnisse:

– Gorbatschow bezeichnet sein wirtschaftliches Gesamtkonzept als „neuen ökonomischen Mechanismus" (tiefgreifende Reformen werden für den wirtschaftlichen Leitungsapparat sowie Planungs-, Preisbildungs-, Finanzierungs- und Kreditmechanismus verlangt), der ab Anfang 1988 schrittweise in Kraft gesetzt werden soll.

– Neudefinierung der Rolle der sozialistischen Planwirtschaft: Zurückdrängung der „administrativ-befehlenden" Prinzipien des Managements zugunsten „vorwiegend ökonomischer"; größere Autonomie der Unternehmen; direkte (markorientierte) Vertragsbeziehungen untereinander (Wettbewerb!); Grundsätze der „Rentabilität"; große Beachtung der Konsumentenwünsche.

– Damit Zurückdrängung der Position der Zentralen Staatlichen Planungsbehörde (Gosplan).

– Gorbatschow übernimmt somit in vielerlei Hinsicht die Thesen der radikaleren sowjetischen Wirtschaftsreformer (Schmeljow u.a.); allerdings bleibt im (von Staataufträgen abhängigen) Bereich Schwerindustrie weiterhin der zentrale Plan als bestimmendes Element. Eine echte Hinwendung zur Marktwirtschaft (Förderung eines privatwirtschaftlichen Sektors) bleibt aus. Die Preise für die wichtigsten Produkte werden weiterhin „auf zentralistische Weise" festgelegt werden.

3) Auch in personeller Hinsicht kann Gorbatschow seine Position ausbauen:

Drei „Gorbatschow-Männer" (Jakowljew, Nikonow, Sljunkow) werden Vollmitglieder, ein weiterer (Verteidigungsminister Jasow) Kandidat des Politbüros. Statt bisher 3 sind nunmehr 6 Funktionäre zugleich Politbüromitglieder und ZK-Sekretäre. In dieser Gruppe hat Gorbatschow zusammen mit den 3 „Neuen" ein eindeutiges Übergewicht. Gorbatschow nutzte diese stärkere Position auch sogleich in Erklärungen Richtung Partei und Armee:

Die Partei dürfe keinesfalls „hinter den ökonomischen, gesellschaftlichen und geistigen Prozessen", die in der Sowjetunion derzeit vor sich gingen, zurückbleiben.

Dem <u>Militär</u> wird gesagt, daß es in Zukunft nur auf wirtschaftliche Mittel „zur <u>Erhaltung</u> der Verteidigungskapazität" hoffen könne.

4) Einen wesentlichen Erfolg stellt auch die nunmehr definitiv für einen konkreten Termin (28.6.1988) erfolgte Einberufung der „Allunionsparteikonferenz" mit Aufgaben „strategischen Charakters" dar. (Im Jänner-Plenum hat es diesbezüglich noch deutliche Widerstände gegeben).

5) Mit der in der Schlußresolution des ZK erfolgten Billigung seiner wirtschaftspolitischen Vorstellungen in den entscheidenden Grundzügen sowie mit dem oe. Ausbau seiner Position im Politbüro hat Gorbatschow somit sowohl in sachpolitischer als auch personeller Hinsicht in markanter Weise an politischer Stärke gewonnen. […]

Dokument 124
Gespräch des Herrn Vizekanzlers mit sowjetischem Ministerpräsident Ryschkow, 8. Juli 1987 (ca. 12.00-12.30 Uhr); Zusammenfassung
GZ 225.18.12/42-II.3/87, BMAA Wien (Litschauer), 10. Juli 1987

<u>Österreichische Neutralitätspolitik, bilaterale Beziehungen</u>

<u>HVK</u> gibt kurzen Überblick über Konzept (Hinweis auf Rolle Raabs und Figls), Prinzipien und Funktion (Brücken bauen über Gegensätze bestehender Systeme hinweg) und verweist auf jüngste (pos.) Äußerungen AM Schewardnadses zum österreichisch-ungarischen Verhältnis. – Der jetzige Besuch ist ein Symbol für die traditionell guten bilateralen Beziehungen.

<u>MP Ryschkow</u> (MPR) drückt die sowjetische „Befriedigung" aus, daß die genannten ÖVP-Führer an den Grundlagen des Staatsvertrages mitgearbeitet haben („Raab und Figl bleiben in der Geschichte Österreichs"); die Neutralität ist mit ein Umstand, „daß wir mit Österreich besondere Beziehungen unterhalten" und daß sich das „neue Österreich so gut entwickelt hat". Die SU hat ein festes Konzept für seine politischen und wirtschaftlichen Beziehungen zu anderen Staaten: „<u>Wer</u> jeweils an deren Spitze steht, ist eine rein innere Angelegenheit dieser Staaten."

<u>KSZE, WFT, Abrüstung</u>

<u>HVK</u> bezeichnet die aktive österreichische Mitarbeit an allen drei Körben als einen Beitrag zur Entspannung, wobei andere Staaten insbesondere die Abrüstung betonen, Österreich aber auch die Zusammenarbeit bei humanitären Angelegenheiten aktiv betreibt.

<u>MPR</u>: Alle internationalen Fragen, die das „europäische Haus" betreffen, können ohne Mitwirkung aller Länder, insbesondere auch der N+N, nicht gelöst werden. N+N müssen immer größeren Einfluß auf den gesamteuropäischen Prozeß nehmen. Ungeachtet seiner Größe hat z.B. Österreich großes Gewicht in der internationalen Gemeinschaft.

Das WFT wird wohl über Ende Juli hinaus verlängert werden müssen. Beschlüsse sollten zu allen drei Körben gefaßt werden, vor allem aber zur Sicherheit.

In den internationalen Angelegenheiten dürfen nicht mehr nur zwei Länder mitarbeiten; alle Staaten müssen dies tun (Teil des „neuen Denkens", des „neuen Herangehens" in der sowjetischen Politik). Arithmetische Spielereien bei Abrüstungsfragen führen zu nichts. Österreich soll sein „gewichtiges" Wort dazu beitragen.

Europarat

HVK: Auch der ER bietet – neben KSZE – Möglichkeiten, den europäischen Entspannungsprozeß zu vertiefen (Verweis auf ungarischen Besuch in Straßburg, Vortrag GS Orejas in Budapest, Äußerungen General Jaruzelskis), und vielleicht eine zusätzliche Ebene, den gesamteuropäischen Dialog zu intensivieren.

MPR verweist auf die neue sowjetische „Philosophie des gemeinsamen europäischen Hauses, in dem wir leben". [...]

Weitere Perspektiven der bilateralen Zusammenarbeit

HVK hofft auf positiven Verlauf der Delegationsgespräche, besonders auch im wirtschaftlichen Bereich (Verweis auf zusätzliche Kooperationsmöglichkeiten im Rahmen der „neuen ökonomischen Politik" Gorbatschows), und bekundet Absicht, alle Bereiche der bilateralen Beziehungen weiter zu entwickeln.

MPR: Zusammenarbeit auf Ebene der jeweiligen Außenministerien und Botschaften soll „keine Grenzen" haben und zu noch mehr Gesprächen auf Minister- und Beamtenebene führen. [...]

Dokument 125
Offizieller Besuch des sowjetischen Ministerpräsidenten Ryschkow in Österreich (8. bis 11. Juli 1987); Zusammenfassung

GZ 225.18.12/44-II.3/87, BMAA Wien (Sucharipa), 13. Juli 1987

A k t e n v e r m e r k

Die wesentlichen Ergebnisse des gegenständlichen Besuches können wie folgt zusammengefaßt werden:

1) Bilaterale Beziehungen

– Wiederholte Betonung der „gutnachbarlichen Beziehungen" auf fester Grundlage gegenseitigen Vertrauens, Respekts und des gegenseitigen Nutzens" sowie des bestehenden Potentials für eine weitere Vertiefung dieser Beziehungen auf politischem, wirtschaftlichem, kulturellem und humanitärem Gebiet (Ryschkow). [...]

– Ausführliche Darlegung der österreichischen Europa-(EG-)Politik unter strikter Einhaltung des Status der dauernden Neutralität und Aufrechterhaltung anderer traditioneller Handelsbeziehungen; sowjetische Genugtuung darüber, daß diese Politik sich eindeutig im Rahmen der völkerrechtlichen Verpflichtungen

Österreichs bewegen wird und Verständnis für österreichische EG-Bemühungen.
[…]

Europäische, insbesondere KSZE-Fragen

–   Ryschkow legte sowjetisches „Europakonzept"

Europa soll als „Friedenshaus" verstanden werden; Anregung für ein europäisches
„Friedensdach". Als Grundlage sind Realitäten (wie durch Potsdam und Jalta
geschaffen) anzuerkennen; Unantastbarkeit der Grenzen; Gleichberechtigung der
europäischen Staaten und Völker.

Der KSZE-Prozeß ist weiter zu entwickeln und mit politischem, wirtschaftlichem und
humanitärem Inhalt zu erfüllen.

KSZE – WFT:

SU rechnet mit positivem Abschluß. Ausklammerung des Mandats für
Abrüstungsverhandlungen aus Schlußdokument nicht möglich; Teilnahme aller
35 KSZE-Staaten an Verhandlungen erforderlich; sowjetisches Eintreten für größere
N+N-Rolle (insbesondere Österreich) im KSZE-Prozeß; sowjetische „Enttäuschung"
über bislang geringe Unterstützung für vorgeschlagene humanitäre Konferenz in
Moskau.

–   HBK stellt positive österreichische Haltung zu Konferenz in Moskau fest;
    Unterstützung könnte verstärkt werden, sobald Konferenzinhalt und
    Rahmenbedingungen präzisiert werden; HBK unterstützt grundsätzlich ebenfalls
    WP-Vorschlag betreffend Einberufung einer KSZE-AM-Konferenz zu Beginn
    der konventionellen Abrüstungsverhandlungen.

Generell: österreichischerseits besteht, gemeinsam mit anderen N+N-Staaten,
Interesse, „nicht nur informiert, sondern auch gehört" zu werden. Wir werden in Wien
„nicht nur Gebäude, sondern auch Impulse" zur Verfügung stellen.

–   HBK schlägt vor, auch ER zu einer neuen gesamteuropäischen
    Kooperationsebene zu machen; Ryschkow verweist hiezu auf neue sowjetische
    „Philosophie des gemeinsamen europäischen Hauses, in dem wir alle leben": zur
    Rolle des ER werden sowjetischerseits keine Reserven angemerkt.

[…] Abrüstung

–   Ryschkow legt sowjetische Position in Genf dar; Enttäuschung darüber, daß auch
    in der „Zielgeraden" weiterhin (amerikanische) Probleme auftauchen; SU ist für
    Aktionsprogramm zur Beseitigung der nuklearen Waffen bis zum Jahr 2000;
    sofortige Vernichtung der chemischen Waffen (diesbezüglich bereits zwei
    sowjetische Fabriken errichtet), Verifikation muß auch für private Produzenten
    gelten; für konventionelle Abrüstung auf Mindestniveau; für friedliche
    Zusammenarbeit im Weltraum. Wertschätzung für österreichische Position
    zugunsten Abrüstungsmaßnahmen im nuklearen und konventionellen Bereich.

–   HBK wiederholt österreichischen Standpunkt: anzustreben ist globales
    Gleichgewicht der Rüstungen auf möglichst niedrigem Niveau; Österreich an
    Beseitigung aller nuklearen Waffen aus (extensiv interpretierter) Nachbarschaft

interessiert und unterstützt daher Null- und Doppelnull-Lösung; wichtiger Aspekt der Verifikation darf nicht übersehen werden. HBK verweist auf österreichische Kontakte zu 5-Kontinente-Initiative.

– HVK: Doppelnull-Lösung sollte massiv vorangetrieben werden; Mißtrauen besteht weiter, daher KVAE II dringend erforderlich, wegen politischem Konnex zu nuklearer Abrüstung sind Verhandlungen im konventionellen Bereich noch wichtiger geworden.

[…] Abschließende Wertung

– Beide Seiten äußerten tiefe Zufriedenheit mit Besuchsergebnis (Ryschkow: Bestätigung des konsequenten Charakters der gutnachbarlichen Beziehungen; HBK: Besuch hat hohen Stellenwert der bilateralen Beziehungen unterstrichen).

– Die solide Grundlage der österreichisch-sowjetischen Beziehungen und das bestehende vertrauensvolle österreichisch-sowjetische Verhältnis wurden durch diesen Besuch, der vom gänzlichen Fehlen bilateraler Probleme gekennzeichnet war, bestätigt. Positive Perspektiven für weitere Zusammenarbeit in allen Bereichen aufgezeigt. Die von der SU konstruktiv eingeschätzte Rolle und Stellung Österreichs im internationalen und vor allem gesamteuropäischen Zusammenhang wurde besonders deutlich und wiederholt betont. […]

Dokument 126
Offizieller Besuch des Herrn Bundesministers in der ČSSR, 16.–18.7.1987; Zusammenfassung

GZ 518.02.06/38-II.3/87, BMAA (Sucharipa), 20. Juli 1987

A k t e n v e r m e r k

1) Im Laufe des gegenständlichen Besuches, an dem auch Firmenvertreter als Begleitung teilgenommen haben, traf Herr Bundesminister mit folgenden Persönlichkeiten zusammen:

AM Chňoupek (zwei Gesprächsrunden)

Präsident Gustáv Husák (Gespräch erfasste insbesondere: wirtschaftliche Beziehungen; zwischenmenschliche Beziehungen über Grenze; Kirche und Gesellschaft!)

Stellv. MP Obzina

Vorsitzender des slowakischen Nationalrates Šalgovič und

I. Stellv. slowakischer MP Hanus

Im Privatteil des Besuches fanden Begegnungen mit

Kardinal Tomášek sowie

Václav Havel (Schriftsteller, Mitglied der Charta 77) statt.

2) Der Besuch fand in freundschaftlicher Atmosphäre statt. Dies gilt insbesondere auch für das ausführliche Gespräch mit Präsident Husák. […]

Chňoupek zur <u>internen Situation in ČSSR</u>:

In interner Diskussion kam man zu dem Schluss, daß die Zentralplanung ihre Möglichkeit ausgeschöpft hat („hat sich amortisiert"); Betriebe müssen zu „gesunden sozialistischen Unternehmungen" werden; jetzt eingeleitete Reform ist bereits dritte Reformbemühung: erste 1950–60 war politisch zu früh und hat ökonomisch nicht funktioniert; zweite Reform 1966–68 verlief parallel mit politischer und gesellschaftlicher Krise („Im Normalisierungsprozeß wurde das Kind mit dem Bade ausgeschüttet!"); nunmehrige dritte Reform <u>muss</u> funktionieren, sonst entstünde schwere Vertrauenskrise. […]

Dokument 127

Ministerpräsident Károly GRÓSZ „freundschaftlicher Arbeitsbesuch" in Moskau, 17. u. 18.7.87

GZ 222.18.08/1-II.3/87, Zl. 242-Res/87, ÖB Budapest, 27. Juli 1987

Erwartungsgemäß hat der neue Ministerpräsident, Károly GRÓSZ, bald nach seinem am 26.6. d.J. erfolgten Amtsantritt seinen Antrittsbesuch („freundschaftlicher Arbeitsbesuch") in Moskau (17. und 18. Juli 1987) abgestattet. Wer auf dem Bildschirm die Begegnung zwischen GS GORBATSCHOW und dem ungarischen Ministerpräsidenten verfolgt hat, war verblüfft oder beeindruckt, in welch selbstbewusster, lockerer, fast jovialer Weise Herr GRÓSZ auf GORBATSCHOW zuging und sich mit ihm unterhielt. Beide Herren kennen einander seit längerer Zeit. GORBATSCHOW hielt sich, ehe er GS der KPdSU wurde, zumindest dreimal in Ungarn auf und traf hiebei zweimal mit GRÓSZ zusammen, als dieser noch Erster Parteisekretär in Miskolc war (von wo er 1984 als Erster Parteisekretär nach Budapest ging). Beide sollen sich schon damals recht gut miteinander verstanden haben. Der Öffentlichkeit nicht bekannt ist, daß sich GRÓSZ im Laufe der letzten 6–8 Monate für ca. 8-10 Wochen in der Sowjetunion in einem Heilbad „zur Erholung" bzw. auch zu einem „Studienaufenthalt" aufgehalten hatte. Bei einer der Studientagungen soll, in Anwesenheit der ungarischen Teilnehmer, von sowjetischer Seite im Zusammenhang mit der Feststellung, daß in Ungarn die Geschäfte so voll seien, bemerkt worden sein, dies sei darauf zurückzuführen, daß viele Menschen in Ungarn nicht das Geld hätten, die Produkte zu kaufen. Solche Argumente hörte man früher seitens der sowjetischen Propaganda gegenüber dem Westen, daß sie auch gegenüber RGW-Partner verwendet werden, ist bemerkenswert.

[…] Wirtschaftliche Fragen beherrschten die Gespräche. Vieles steht […] noch immer in den Anfängen oder hat sich einfach nicht so entwickelt, wie man es sich auf dem Reißbrett, und oft eher beseelt von propagandistischen Effekten und Wunschdenken als von den gegebenen Realitäten und objektiven Voraussetzungen ausgehend, vorgestellt hat. Dieser Entwicklung soll nun gegengesteuert werden.

Nach seiner Rückkehr erklärte GRÓSZ, zwischen den Worten „Perestroika" in der Sowjetunion und „Entfaltung" in Ungarn bestehe eine besonders enge Verbindung im Geiste und Inhalt. Seine in Moskau gewonnenen Erfahrungen und Erkenntnisse seien für das von ihm im September d.J. dem Parlament vorzulegende Programm wichtig und notwendig. Man habe in beiden Ländern eine Etappe der sozialistischen Entwicklung erreicht und es sei schwieriger, weiterzuschreiten. Es gebe für Fortschritt mehrere Optionen, man könne aber auch seinen Weg verlieren. Es wäre gut, Fortschritte mit möglichst wenigen Irrtümern zu machen. Man müsse das System der politischen Institutionen und [der] die Interessen wahrnehmenden Organisationen und der Regierung modernisieren; gleiche Überlegungen seien in der Sowjetunion im Gange.

GRÓSZ erwähnte weiters, man habe in Moskau Mittel und Wege besprochen, eine angemessene Handelsbilanz zu erreichen und Ungarns industriellen Wiederaufbau (!) mit den wirtschaftlichen Ressourcen der Sowjetunion in Harmonie zu bringen.

Ministerpräsident RYSCHKOW erklärte unter Hinweis auf die gemeinsame Interessenslage und [die gemeinsamen] Absichten, die sowjetische Führung bemühe sich, Ungarn in Übereinstimmung mit den Möglichkeiten bei der Lösung der schwierigen Probleme des Wirtschaftslebens zu unterstützen. Ministerpräsident GRÓSZ sieht es als im sowjetischen Interesse selbst gelegen, daß die ungarische Reformpolitik zu positiven Ergebnissen führt. Beide Seiten wollen auch die Zusammenarbeit im RGW vorantreiben, um diesen effizienter zu machen.

Zusammenfassung und Wertung

Für Herrn GRÓSZ war es aus außenpolitischen wie aus innenpolitischen Gründen wichtig, sich der Rückendeckung der Sowjetunion für sein im September d.J. dem Parlament vorzulegendes Programm zu versichern und festen Tritt zu fassen. Man wird abwarten müssen, ob er in dem Bestreben, sich auf die Sowjetunion abzustützen, weiter geht als dies schon bisher der Fall war, obwohl die Sowjetunion bisher nur wenig tun konnte, um das Hineinschlittern Ungarns in seine prekärer gewordene Lage aufzuhalten und schon gar nicht, um eine Trendumkehr zu bewirken.

Aus seinen Erklärungen und Feststellungen ergeben sich Anzeichen für ein stärkeres Abstützen auf die Sowjetunion. Andererseits ist GRÓSZ ein nüchterner Realist, der sich des Risikos und der Gefahren bewusst ist. Auch muss er mit jenen Kreisen rechnen, die zwar gleichfalls davon ausgehen bzw. einsehen, daß der Zusammenarbeit mit der Sowjetunion und vor allem der Verbesserung dieser Zusammenarbeit große Bedeutung zukommt, [die] aber davon überzeugt sind, daß die eigentlichen Probleme nur in einer stärkeren Orientierung nach dem Westen und in Zusammenarbeit mit den westlichen Industriestaaten gelöst werden können. Daraus könnten sich noch manche Interessenkonflikte ergeben. […]

Dokument 128
Nuklearwaffenfreie Zone (Korridor) in Mitteleuropa
GZ 43.18.08/3-11.3/87, BMaA, 7. August 1987

Information

I.) Vorgeschichte

In Europa taucht seit den 50er Jahren immer wieder der Vorschlag auf, in Mitteleuropa eine nuklearwaffenfreie Zone zu vereinbaren (neben Mitteleuropa werden auch Nordeuropa und der Balkan genannt).

– Der polnische Rapacki-Plan von 1957 sah dafür das Territorium beider deutscher Staaten und Polens vor. Der Westen reagierte darauf negativ ([wurde als] „Prozeß" der Entwaffnung Westeuropas gesehen […]);

– 1982 brachte die unabhängige Kommission für Abrüstung und Sicherheitsfragen („Palme-Kommission") den Vorschlag eines von nuklearen Gefechtsfeldwaffen (Waffen mit einer Reichweite bis 150 km) freien Korridors ein. (Tiefe von je 150 km von der Grenze zwischen der BRD, der DDR und der ČSSR);

– der Vorschlag der Palme-Kommission wurde von der schwedischen Regierung aufgegriffen und 1983 durch die DDR-Führung unterstützt;

– 1985 wurden zwischen SED und SPD Gespräche über eine nuklearwaffenfreie Zone in Mitteleuropa aufgenommen, die sich an den Vorschlägen der Palme-Kommission orientierten. Am 21. Oktober 1986 wurde vorgeschlagen, aus einem 300 km breiten Korridor alle Nuklearwaffen zurückzuziehen.

II.) Letzter Vorschlag

Am 3. April 1987 wurde vom DDR-Staatsratsvorsitzenden Honecker und vom tschechoslowakischen Premierminister Štrougal in einem Schreiben an den westdeutschen Bundeskanzler Kohl vorgeschlagen, Verhandlungen darüber aufzunehmen, ob man entlang der Grenzen zwischen der BRD und der DDR sowie der ČSSR einen auf jeder Seite 150 km breiten nuklearwaffenfreien Korridor schaffen könne. Zusätzlich wurde vorgeschlagen, die nuklearwaffenfreie Zone in einem zweiten Schritt auf den „gesamten MBFR-Raum" auszudehnen (dazu gehören auf westlicher Seite das Territorium der BRD, der Niederlande, Belgiens und Luxemburgs, auf östlicher Seite das Territorium der DDR, der ČSSR und Polens).

Die Reaktion der westlichen Seite war von skeptischer Distanz gekennzeichnet. Die schon in der Vergangenheit gegen solche Vorschläge von der NATO vorgebrachten Einwände sind:

– Das angenommene Übergewicht des Warschauer-Paktes [bei] der konventionellen Bewaffnung würde in Konfliktsituationen ungleich stärker als bisher ins Gewicht fallen, sofern nicht gleichzeitig mit der nuklearwaffenfreien Zone ein ungefähres Gleichgewicht auch auf konventioneller Ebene geschaffen würde;

– Für die nukleare Bedrohung eines Gebietes sei es nicht ausschlaggebend, ob dort Nuklearwaffen stationiert, sondern ob auf dieses Gebiet Nuklearwaffen gerichtet werden.

III.) Österreichs Haltung

Österreich hat bezüglich der Frage der Errichtung von nuklearwaffenfreien Zonen eine etablierte Haltung, die folgendermaßen lautet:

– Österreich tritt für eine Reduzierung und schließlich weltweite Beseitigung der Nuklearwaffen ein;

– jede regionale Beseitigung von Nuklearwaffen ist daher im Prinzip zu begrüßen;

– eine nuklearwaffenfreie Zone darf das regionale und globale Gleichgewicht nicht gefährden;

– die Staaten der Zone müssen den Beschluss über ihre Errichtung aufgrund ihrer eigenen Bewertung treffen;

– die Errichtung der Zone soll mit konkreten Abrüstungsmaßnahmen verbunden sein.

Bundeskanzler Vranitzky hat bei seinem Gesuch in Schweden am 22. Juni die Forderung nach einem nuklearwaffenfreien Korridor grundsätzlich bejaht, hält diese aber zum gegenwärtigen Zeitpunkt nicht für realisierbar. […]

Dokument 129
Gorbatschows Umbruch und revolutionäre Selbstgewißheit
GZ 225.03.00/48-II.3/87, Zl. 2-POL/87, ÖB Berlin (Wunderbaldinger), 19. August 1987

Soweit bis jetzt beurteilt werden kann, steht die SED-Führung dem Reformkurs Gorbatschows mit gemischten Gefühlen gegenüber. Auf der einen Seite werden Ansätze zu einem neuen Denken in den Außenbezirken begrüßt, da diese die Dialogpolitik der DDR, insbesondere mit der BRD, erleichtern.

Anders ist die Lage auf innenpolitischer Seite, wo sich nach anfänglichem Zögern die SED immer stärker vom Moskauer Revisionismus [distanziert] und diesem die real existierenden Errungenschaften der DDR gegenüberstellt.

Die das politische System berührenden Forderungen nach Transparenz, verstärkter Rechtssicherheit [und] Aufarbeitung der Geschichte klingen vor dem herrschenden Traditionalismus in der DDR schon fast wie Ketzerei. Würden diese Thesen tatsächlich verwirklicht, könnte dies zu einer Änderung des ganzen Systems führen. Zwar begrüßt die SED-Führung grundsätzlich Reformen der Sowjetunion, die sich auf technokratische Modernisierungen beschränken, soweit sie jedoch auch politischen Charakter haben, werden sie von der SED angesichts der relativen Stabilität und Dynamik in der DDR als unrealistisch, sogar als gefährliche Revision bewährter Grundsätze beim Aufbau des Sozialismus bezeichnet. Der Generalsekretär der Partei, Honecker, ging so weit, den DDR-Sozialismus als echtes Kontrastproramm zum sowjetischen Reformkurs zu bezeichnen. Nach Honecker hat sich der in den siebziger Jahren eingeschlagene Kurs der SED auf Intensivierung der Volkswirtschaft als richtig erwiesen, die Einheit von Wirtschafts- und Sozialpolitik hat die Arbeits- und Lebensbedingungen der Menschen verbessert. Das Volk besitzt viele Möglichkeiten zur Mitgestaltung beim Aufbau des Sozialismus, die Bürger genießen umfassende Rechtssicherheit. So betrachtet, kann eine Kritik am Realsozialismus der DDR nur destruktiven Charakter haben.

Solange die DDR im RGW auf wirtschaftlichem Gebiet erfolgreich operiert, hält die SED-Führung ein Eingehen auf den Moskauer Kurs offenbar für nicht opportun.

Auch auf kulturellem Gebiet gilt offiziell das Prinzip, in der DDR seien die sowjetischen Reformen schon verwirklicht. In der Praxis gibt man sich allerdings weniger Selbsttäuschung hin, weil man im Kontakt mit Künstlern und Intellektuellen zu einem Problembewußtsein gefunden hat, dem neben offenbar unvermeidlichen Wunschvorstellungen auch ein gewisser Realitätssinn innewohnt. Man wünscht mit Künstlern und Intellektuellen keine Unruhe. Allerdings haben die Kulturtheoretiker große Schwierigkeiten, ihr begriffliches Instrumentarium der gewachsenen künstlerischen Wirklichkeit anzupassen. Sollte die Entwicklung in der Sowjetunion Erfolg haben, würde dies gerade kulturpolitisch eine große Wandlung herbeiführen.

Die derzeitige Haltung der SED-Führung [gegenüber den] Reformen in der Sowjetunion zeigt das gewachsene Selbstbewußtsein und die Absicht, sich vom großen Bruder nicht von den bewährten Prinzipien beim Aufbau des Sozialismus abbringen zu lassen. Wenn sich auch der Spielraum der DDR in der Außen- und Innenpolitik dadurch kaum verändert, kann man doch von der Bildung einer Art Partnerschaft in den Beziehungen zwischen DDR und Sowjetunion sprechen. Nur eine Politik der DDR, unabhängig oder auch nur locker mit der Sowjetunion verbunden, ist auch weiterhin undenkbar. […]

Dokument 130
Gespräch der österr. und sowjetischen Delegation im Rahmen des offiziellen Besuches MP Ryschkows in Österreich, 8. u. 9.2.1987 (insgesamt etwa 4 Stunden)

GZ 225.18.12/43-II.3/87, BMAA Wien (Litschauer), 21. August 1987

R é s u m é p r o t o k o l l

[…] <u>Generelle Aussagen zu den bilateralen Beziehungen</u>

HBK legt Arbeitsprogramm der Bundesregierung und die infrastrukturelle Situation Österreichs dar; er stellt fest, daß keine bilateralen Probleme, wohl aber bilaterale Interessen bestehen. Vertrauen sei die Grundlage der bilateralen Beziehungen. Österreich verfolge den sowjetischen Reformkurs mit „aktivem Interesse". („Auch wir versprechen uns sehr viel davon".) Der dzt. etwa 5 Prozent betragende österreichische Anteil am sowjetischen Westhandel solle gehalten oder vergrößert werden. Der gegenwärtige Besuch könne eine Möglichkeit und ein Signal hiefür sein.

MPR: Der Besuchsaustausch auf hoher Ebene unterstreicht den besonderen Charakter der bilateralen Beziehungen. Er überbringe Grüße GS Gorbatschows, der hohen Wert lege auf die weitere erfolgreiche Entwicklung der Beziehungen. MPR spricht Einladung an HBK (+Gattin) zu offiziellem Besuch in der SU aus. (HBK erwidert die Grüße und nimmt Einladung dankend an.) Die sowjetische Führung schätze die bilateralen Beziehungen sehr hoch ein, ebenso das gegenseitige Vertrauen. Das bilaterale Verhältnis sei überhaupt ein „Beispiel" für vertrauensvolle zwischenstaatliche Beziehungen. (Die Grundlagen hiefür hätten insbesondere Raab und Figl gelegt.) Die Perspektiven der Beziehungen seien so, daß sie im wirtschaftlichen, politischen, humanitären und kulturellen Bereich eine erfolgreiche Fortsetzung erfahren würden.

Darlegung des sowjetischen Reformkurses

MPR: Nach den als „Bremse für den Fortschritt" bezeichneten Mängeln und Versäumnissen der späten 70er und frühen 80er Jahre wurden seit dem April '85-Plenum alle Lebensbereiche (wirtschaftlicher, ideologischer, kultureller, innerparteilicher) von den Reformen betroffen. Der Beginn der Realisierungsphase sei das Jänner '87-Plenum gewesen, das Juni '87-Plenum habe schließlich ein neues Schema für die Volkswirtschaft verabschiedet. Deren Prinzipien; verstärkte Ausschöpfung vorhandener Potentiale, was man bisher nicht genug verstanden habe. Das traditionelle Plansystem sei nicht perfekt, es habe aber in der Vergangenheit zu zwei Vorteilen geführt:

a) zu einem gleichen Entwicklungsstand der 15 Republiken,

b) zum Aufbau eines „Rückgrades gegen den Faschismus".

Er wolle aber keine „Agitation" für die Planwirtschaft betreiben, da man auch Respekt gegenüber anderen Wirtschaftssystemen habe.

Die beschlossene Dezentralisierung des Außenhandels betreffe das Außenhandels- und 20 andere Ministerien und werde zu größerer Flexibilität führen. […]

(Österreichische) Europapolitik

HBK: Österreich verfolge einen eigenständigen außenpolitischen Kurs und interpretiere insbesondere auch seine Europapolitik völlig souverän. Ausgangspunkt für Österreichs Bemühungen um ein Naheverhältnis zum Gemeinsamen Europäischen Markt sei das Weißbuch der EG-Kommission. Er könne versichern, daß dadurch die „Zusammenarbeit mit den traditionellen Partnern nicht nur nicht vernachlässigt, sondern sogar ausgeweitet werden wird" und daß Österreich unverrückbar an seinem Neutralitätsstatus festhalte. Betonung der aktiven Mitarbeit Österreichs im Europarat, in der OECD und in der ECE.

HBM: Österreichs Europapolitik hat eine gesamteuropäische Dimension. Sie umfasst alle Nachbarstaaten (auch die sozialistischen) und bemüht sich im größeren Rahmen (EG, EFTA, ER) um Abbau von zwischenstaatlichen Hemmnissen. HBM bezeichnet den ER als mögliche neue Ebene der O-W-Entspannung und ersucht um Überprüfung der bisherigen sowjetischen Haltung zum ER. – Österreich hat ein qualifiziertes Interesse daran, daß seine Neutralitätspolitik vertrauenswürdig und für andere berechenbar ist; sie ist auf langfristige Entwicklungen abgestellt (Europagedanke, Entspannungsprozess). Abbau von Gegensätzen und Friedenssicherungen sind nationale Interessen; Österreichs diesbezügliches Engagement ist ein Beitrag zur europäischen Stabilität.

HBK ersucht um Darlegung der Europa-Konzeption GS Gorbatschows und um diesbezügliche Perspektiven.

MPR: Die SU wolle keinen Ausbau ihres Einflusses in Europa, sondern Voraussetzungen für ein „gemeinsames europäisches Leben" schaffen. Dabei seien folgende Faktoren von Bedeutung:

a) Ziel: Europa = „Friedenshaus" (Region des stabilen Friedens und der Zusammenarbeit), über dem – im wörtlichen Sinne – ein „Friedensdach" sein solle. (Das US-Dach sei ein Weltallwaffen-Dach.)

b) Anerkennung der „Realität der Nachkriegszeit" (Jalta, Potsdam) und der Unantastbarkeit der Grenzen.

c) Gleichberechtigung und -stellung aller europäischer Staaten in ihren „nationalen Wohnungen".

d) Bewusstsein der „historischen Gemeinsamkeit guter und tragischer Natur".

e) Fortführung des Helsinki-Prozesses und Füllung aller drei Körbe mit konkreten Inhalten.

Zum Verhältnis Österreich-EG/UdSSR-EG/RGW-EG:

„Kein Land kann sich unabhängig von anderen entwickeln". Wenn es dies versucht, bleibt es zurück. Er höre mit Genugtuung, daß sich Österreich bei seinen Bemühungen strikt von „Staatsvertrag und Neutralität" leiten lässt.

Das sowjetische Verhältnis gegenüber der EG ist auch im Zusammenhang mit einer „internationalen Arbeitsteilung" zu sehen. Künftige „rechtliche Grundlagen" der Zusammenarbeit RGW-EG werden keine Auswirkungen auf die sowjetische Haltung (im Bereich der Wirtschaft) gegenüber Österreich haben.

Das Bemühen der UdSSR um verstärkte gesamteuropäische Kooperation sei auch eine Reaktion auf den alten Vorwurf, daß das Verhältnis Moskau-Washington Europa „im Schatten liegen lässt". Die wirtschaftlichen Beziehungen zwischen UdSSR und USA seien im übrigen sehr schwach und umfangmäßig etwa mit jenen zwischen UdSSR und Côte d'Ivoire [der Elfenbeinküste] zu vergleichen. Auf die rund 400 US-Geschäftsleute, die 1985 in Moskau an der Tagung der gemischten sowjetisch-amerikanischen Wirtschaftskommission teilgenommen haben, übe die US-Regierung Druck aus, um den bilateralen Handel gering zu halten. Eine ungünstige Entwicklung der bilateralen politischen Beziehungen müsse aber nicht notwendigerweise von einer solchen der bilateralen wirtschaftlichen Beziehungen begleitete sein (Beispiel: UdSSR-BRD im Jahr 1986). Die USA arbeiten nach wie vor mit einer „Politik der künstlichen Hindernisse" (Embargo, Verbote, COCOM-Bestimmungen). Gerade für die US-Verbündeten könne aber Washingtons Politik sehr negative Folgen haben. („Den Erdgashahn für die BRD haben wir!") Mehr Vertrauen in den bilateralen Beziehungen sei notwendig (zitiertes Beispiel: Österreich-UdSSR).

KSZE, WFT

HBK: Der Helsinki-Gedanke muss weitergeführt werden (Verbindung zum Begriff des „gemeinsamen europäischen Hauses"). Der bisherige WFT-Vertrag sei in allen Bereichen positiv.

MPR: UdSSR legt großen Wert auf erfolgreichen WFT-Abschluss und setzt sich für Mandatsdokument betreffend die Reduzierung konventioneller Waffen in Europa ein. Abrüstungsfragen dürfen aus dem KSZE-Prozeß nicht ausgeklammert, die 23er-Verhandlungen müssen mit diesem verknüpft werden. Österreich und die anderen N+N werden ein wichtiges Wort dabei mitreden müssen. Sie sollen nicht nur informiert werden, sondern auch aktiv teilnehmen.

HBK spricht sich für eine Fortführung der VBM-Konferenz aus. Verhandlungen über konventionelle Abrüstung der 23 könnten ohne formelle Bindung an die KSZE begonnen werden, wären aber im Wissen um den politischen Konnex an KSZE-konforme Verhandlungen heranzuführen: Die 12 N+N sollten nicht nur voll informiert, sondern auch gehört werden. Österreich wäre „sehr zufrieden", wenn beide Konferenzen – VBM und konventionelle Abrüstung – in Wien stattfinden könnten.

MPR verspricht sorgfältige Prüfung dieses Angebots. Er erinnert an den WP-Vorschlag, zu Beginn der Verhandlungen über die Reduzierung konventioneller und taktisch-strategischer Waffen ein KSZE-AM-Treffen abzuhalten. Österreich solle diesbezüglich eine konstruktive Rolle spielen und „Impulse verleihen".

HBK: Wenn allgemeines Einverständnis herrscht, daß die Rolle Österreichs über den N+N-Bereich hinausgehen soll, so wäre man in diesem Zusammenhang dazu bereit. Die Bereitschaft bestünde dann nicht nur darin, Gebäude für eine AM-Konferenz zur Verfügung zu stellen, sondern auch Impulse zu geben. Österreich selbst stehe positiv zu diesem Vorschlag eines AM-Treffens in Wien und werde über einen „aktiven Schritt" nachdenken.

MPR: Die SU schätzt die diesbezügliche deutliche, klare Position Österreichs.

Die UdSSR empfinde eine gewisse Enttäuschung über das „langsame Echo" zu AM Schewardnadses Vorschlag im November v.J., eine Konferenz über Zusammenarbeit auf humanitärem Gebiet in Moskau abzuhalten. „Wenn es in Moskau so schlimm ist, sollen wir dort zusammenkommen und über alles reden."

HBK: Zu einer Moskauer Menschenrechtskonferenz gebe es eine grundsätzlich positive österreichische Haltung. Wenn die SU selbst die Inhalte und den Rahmen einer derartigen Konferenz mehr publik machte, würde Österreich seine Unterstützung dieser Idee noch mehr artikulieren können.

MPR dankt für diesen Hinweis und die Haltung Österreichs.

HMB: Die Tatsache, daß beim WFT erstmals im KSZE-Prozeß blockübergreifende Vorschläge eingebracht worden sind, ist ein weiteres Gestaltungselement, vorhandene Trennungslinien zu überwinden. – Vertrauen in den internationalen Beziehungen ist wichtig, aber gering; daher muss es „immer wieder" eine VBM-Konferenz geben.

Abrüstung

MPR bezeichnet im Laufe einer eingehenden Darlegung des ggstdl. sowjetischen Standpunktes folgendes als vorrangig:

–   Beseitigung nuklearer Waffen bis zum Jahr 2000;

–   Vernichtung chemischer Rüstungen (in der SU werde bereits an einer derartigen Anlage gebaut);

–   Reduktion des konventionellen Rüstungsniveaus auf ein Minimum.

Weiters:

–   „Die Pershing 1-a müssen so bleiben, wie sie sind."

–   In Genf gebe es sowohl bei den Verhandlungen über SRINF als auch über chemische Waffen Fortschritte.

–   Die Privatindustrie muss in die Verifikation betreffend chemische Waffen einbezogen werden.

–   Es besteht sowjetische Bereitschaft zum Abzug operativ-taktischer Raketen (über 150 km).

–   Allfällige Reduzierung strategischer Angriffswaffen ist verbunden mit Nichtentwicklung von Weltraumwaffen; die SU schlägt friedliche Zusammenarbeit im Weltraum vor, während Präs. Reagan noch immer ein „Gefangener des industriell-militärischen Komplexes" der USA sei.

HBM: Vorschlag einer Doppel-Null-Lösung findet Zustimmung Österreichs, welches „einige Reaktionen hiezu nicht verstanden" habe. Man muss diesen Vorschlag „massiver vorantreiben"; leider ist noch beträchtliches Mißtrauen vorhanden.

HBK: Österreich hat von Anfang an die Forderungen nach einem generellen Atomteststopp unterstützt.

In seinen jüngsten Gesprächen mit dem schwedischen MP Carlsson habe er die Fünf-Kontinente-Initiative und die Fortsetzung der Tätigkeit der Palme-Kommission befürwortet. Bei der Verifizierung von Abrüstungsmaßnahmen sei auch österreichische – so wie schwedische – Mitarbeit möglich.

Österreich habe großes Interesse an der Beseitigung nuklearer und chemischer Waffen sowie konventioneller Rüstung in seiner Nachbarschaft.

Sonstiges

HBK:

–   Dank für entgegenkommendes, flexibles und kooperatives sowjetisches Verhalten bei Fragen der Familienzusammenführung in den vergangenen zwei Jahren. (Auf Delegationsebene wurde eine Liste offener humanitärer Fälle übergeben.)

–   Dank für sowjetische Unterstützung in Wiener UN-Sitz-Belangen.

MPR:

– „Wir werden weiter dafür sorgen, daß Österreich ein Zentrum internationaler Konferenzen bleiben wird."

– Wiederholung des bereits zuvor dem HBM gegenüber gemachten Angebots der Einladung eines österreichischen Teilnehmers am sowjetischen Weltraumprogramm.

– Vorschlag des Abschlusses eines bilateralen Abkommens über die Frühwarnung bei KKW-Unfällen (seit Jänner 1987 gebe es derartige Verhandlungen bereits mit Finnland, entsprechende Vorschläge seien auch schon an Schweden und Dänemark ergangen). (HBK: Österreich steht diesem Vorschlag positiv gegenüber.) […]

Dokument 131

Kundgebungen im Baltikum zum Jahrestag des Molotow-Ribbentrop-Paktes; „Neues Denken" in der Nationalitätenfrage?

GZ 225.10.08/2-II.3/87, Zl. 581-RES/87, ÖB Moskau (Vukovich), 26. August 1987

Zum zweiten Mal innerhalb weniger Wochen hat die sowjetische Führung im Zusammenhang mit Forderungen einzelner Nationalitäten der UdSSR ein noch vor kurzem unvorstellbares Maß an „glasnost" und relativer Toleranz bewiesen. Nachdem eine größere Gruppe von Krimtataren Ende Juli d.J. auf dem Roten Platz in Moskau für die Rückkehr in ihre angestammte Heimat, von wo sie von Stalin während des Zweiten Weltkrieges ausgesiedelt worden waren, demonstrieren durften […], sind am 23. 8. d.J. Demonstrationen in den Hauptstädten der drei baltischen Unionsrepubliken von den sowjetischen Behörden nicht behindert worden.

Am 23.8. d.J. jährte sich zum 48. Mal der Tag der Unterzeichnung des sowjetisch-deutschen Nichtangriffspaktes durch Molotow und Ribbentrop. In einem geheimen Zusatzprotokoll zu diesem Vertrag wurden das Baltikum und Polen in Einflußsphären des Deutschen Reiches und der UdSSR aufgeteilt. Aufgrund einer im September 1939 vorgenommenen Abänderung der ursprünglichen Vereinbarungen wurden schließlich alle drei baltischen Staaten (Litauen, Lettland und Estland) zum sowjetischen Einflußbereich erklärt. In der Folge wurden die drei baltischen Staaten von der UdSSR zum Abschluß von Beistandsverträgen und zur Duldung einer sowjetischen Militärpräsenz gezwungen. Schließlich kam es mit Unterstützung der sowjetischen Truppen zu einer Machtergreifung der Kommunisten in allen drei Ländern und im Juni 1940 zu deren „Aufnahme" in den sowjetischen Staatsverband.

Die Absicht einer Gruppe baltischer Bürgerrechtskämpfer, anläßlich des heurigen Jahrestages der Unterzeichnung des Molotow-Ribbentrop-Paktes für die „Opfer des Stalinismus" Gedenkkundgebungen in den Hauptstädten der drei baltischen Unionsrepublik abzuhalten, war bereits Anfang August d.J. durch ein in Vilnius, Riga und Tallinn verbreitetes und auch in den Westen gelangtes Flugblatt bekannt geworden.

Am Vorabend des 23.8. haben die sowjetischen Medien in ausführlicher Form zum Molotow-Ribbentrop-Abkommen wie auch zur geplanten Demonstration Stellung genommen. Zu den Ereignissen im Baltikum zwischen August 1939 und Juni 1940 wurden im wesentlichen die bekannten sowjetischen Ansichten wiederholt. Nachdem Frankreich und Großbritannien im Sommer 1939 nicht bereit gewesen seien, gemeinsam mit der UdSSR Beistandsverträge mit Litauen, Lettland und Estland abzuschließen, um diese drei Staaten gegen einen erwarteten Angriff von seiten Hitler-Deutschlands zu verteidigen, habe sich die UdSSR zu einem Nichtangriffspakt mit dem Deutschen Reich und zur Unterzeichnung eines „Spezialprotokolls über die Interessen beider vertragsschließenden Parteien im Baltikum sowie über den staatlichen Charakter der baltischen Länder" entschlossen. [...]

Eine Neubewertung des Molotow-Ribbentrop-Abkommens im Zuge der derzeitigen Bemühungen um eine Offenlegung der finsteren Epochen der sowjetischen Vergangenheit ist [...] bisher nicht erfolgt und dürfte auch nicht zu erwarten sein. Eine Revision der Geschichte der UdSSR stößt dort an die Grenzen des Möglichen, wo der heutige Besitzstand des Sowjetstaates in Frage gestellt würde.

Gorbatschows Politik der „glasnost" hat jedoch durch die Duldung dieser Kundgebungen im Baltikum – in einer aufgrund des ausgeprägten Nationalgefühls der dortigen Bevölkerung noch immer sensitiven Region der UdSSR – eine neuerliche Bewährungsprobe bestanden. Wenn auch konservative Kreise in der UdSSR der „Toleranz" der sowjetischen Behörden gegenüber derartigen „subversiven Aktionen" fassungslos gegenüberstehen dürften, scheint man im Kreml von der Überlegung auszugehen, daß solche Demonstrationen eine Ventilfunktion haben und durch Diskreditierung ihrer Teilnehmer eine Breitenwirkung verhindert werden könne.

Die Demonstration der Krimtataren am Roten Platz und die jüngsten Kundgebungen im Baltikum sind im Zusammenhang mit den gegenwärtigen Bemühungen vor allem intellektueller Kreise der sowjetischen Gesellschaft um Vergangenheitsbewältigung und Offenlegung von „Irrtümern" der Stalin-Ära zu sehen. Sie sind aber gleichzeitig auch Ausdruck der in der UdSSR unter den Bedingungen der „glasnost" deutlich sichtbar werdenden Nationalitätenprobleme. Seit den Ereignissen von Alma-Ata im Dezember 1986 wird von offizieller Seite offen zugegeben, daß Nationalitätenprobleme auch 70 Jahre nach der Oktoberrevolution fortbestehen und in letzter Zeit sogar an Virulenz zugenommen haben, weil man sie in der Vergangenheit einfach unter den Teppich gekehrt habe. Während bis vor wenigen Jahren von offizieller Seite stets behauptet wurde, daß die Nationalitätenfrage unter den Bedingungen des Sozialismus im Sinne der Lenin'schen These eines „Aufblühens und einer kontinuierlichen Annäherung der Nationalitäten" ein für allemal geregelt worden sei, werden heute die Beziehungen zwischen den Nationalitäten der UdSSR als dynamischer Prozeß dargestellt, bei dem es gelte, neu auftretende Probleme wissenschaftlich zu analysieren und zu lösen. [...]

In Sowjetisch-Zentralasien besteht zweifellos das komplizierteste aller Nationalitätenprobleme der UdSSR. Wie es in dem Artikel heißt, habe der schnelle Übergang der zentralasiatischen Völker vom Feudalismus zum Sozialismus deren nationales Selbstbewußtsein gestärkt. Mangels entsprechender internationalistischer Erziehung bestehe heute die Gefahr einer einseitigen Hinwendung dieser Völker zu ihren nationalen Besonderheiten.

Das Nationalitätenproblem in Zentralasien und anderen traditionellen islamischen Regionen der UdSSR bereitet der sowjetischen Führung insofern besonderes Kopfzerbrechen, als es dort nicht nur um die Frage des Gebrauches der eigenen Muttersprache, sondern auch um die Beibehaltung von Sitten und Bräuchen geht, die einer Modernisierung der Wirtschaft und Demokratisierung der Gesellschaft im Wege stehen. Gorbatschow befürchtet daher, daß die traditionellen islamischen Teile der UdSSR zu einem Hemmschuh für die wirtschaftliche Entwicklung des Gesamtstaates werden, falls es nicht gelingt, „fortschrittshemmenden Traditionen" dieser Völker ein Ende zu setzen. [...]

Die sowjetische Führung unter GS Gorbatschow hat Nationalitätenprobleme in der UdSSR als eine Realität anerkannt. Sie hat gleichzeitig bewiesen, daß sie imstande ist, auf die vielfältigen Erscheinungsformen dieses Problems in differenzierter Form zu reagieren (vgl. Alma-Ata und die jüngsten Kundgebungen im Baltikum). Ob die größere Bereitschaft zur Erörterung von Nationalitätenproblemen zu einer Beruhigung der Situation beitragen wird oder ob dadurch vielmehr eine Lawine von Forderungen der über 100 Nationalitäten der UdSSR losgetreten wird, bleibt abzuwarten. [...]

Dokument 132

7. Jahrestag der Abkommen zwischen Solidarność und der polnischen Regierung

GZ 166.03.00/15-II.3/87, Zl. 318-RES/87, ÖB Warschau (Weninger), 1. September 1987

Im August 1980 wurden zwischen der Gewerkschaft „Solidarität" und der damaligen polnischen Regierung in Danzig, Stettin und Jastrzębie je ein Abkommen über sozialpolitische und wirtschaftliche Reformen abgeschlossen. Der 7. Jahrestag dieser Abkommen wurde in Polen mit besonderer Aufmerksam begangen.

Neben von der nunmehr verbotenen Gewerkschaft „Solidarität" getragenen Manifestationen in Stettin und Danzig wurde auch von offizieller polnischer Seite eine Reihe von Veranstaltungen organisiert. Die beiden herausragenden Ereignisse waren hiebei die groß angelegte – und für einen kommunistischen Staat wohl bemerkenswerte – Fernsehdiskussion am 25. August zwischen dem damaligen Vizepremier und nunmehrigen stellvertretenden Staatsratsvorsitzenden Kazimierz BARCIKOWSKI und dem damaligen Berater des überbetrieblichen Streitkomitees der Solidarität und nunmehrigem Mitglied des Konsultativrates beim Staatsrat Prof. Andrzej TYMOWSKI. Résumé dieser Fernsehveranstaltung war, daß die Staats- und Parteiführung zu den 1980 abgeschlossenen Verträgen stehe und zugibt, daß viele der darin enthaltenen Übereinkünfte nicht nur nach wie vor Gültigkeit besäßen, sondern konkret Eingang in die Arbeit der Regierung und des Staatsrates unter General Jaruzelski gefunden hätten.

Die Einführung des Konsultativrates beim Staatsrat (Dez. 1986), die geplante Etablierung des ersten in einem kommunistischen Land tätigen Volksanwaltes im Herbst d.J. sowie mehr Wettbewerbssituation zwischen den einzelnen Staatsbetrieben, Wahl zwischen mehreren Kandidaten bei der Bestellung von Betriebsdirektoren, staatlich organisierte Devisenauktionen und die Zulassung von unabhängigen Druckschriften (z.B. res publica) stellen nur eine Auswahl von Reformelementen dar, welche unmittelbar auf die genannten Augustabkommen zurückgehen. […]

Das durchaus legitime Bemühen der polnischen Staats- und Parteiführung, die Reformpolitik Jaruzelskis im Lichte der damaligen Abkommen darzustellen (und somit Kooperation mit der Arbeiterklasse zu dokumentieren), wird von der breiten Bevölkerung, welche die seinerzeitigen Ereignisse noch allzusehr in Erinnerung hat, höchstwahrscheinlich nicht goutiert, stellt jedoch einen weiteren Schritt seitens der politischen Machthaber in Richtung nationaler Versöhnung (wie sie auch Papst Johannes Paul II. anläßlich seiner im Juni erfolgten Pastoralreise forderte) dar. Wesentliche Elemente der Abkommen wie betriebliche Selbstverwaltung, Zulassung oppositionell eingestellter Parteien, Aufhebung der Pressezensur, Einführung eines Streikrechts und weitergehende wirtschaftliche Reformen in Richtung sozialer Marktwirtschaft werden allerdings nicht einmal diskutiert. […]

Dokument 133

Freundschaftliches Treffen zwischen Erich HONECKER und Wojciech JARUZELSKI am 16. September 1987 in der DDR

Zl. 177-RES/87, ÖB Berlin (Graf), 23. September 1987

Der Vorsitzende des Staatsrates der Volksrepublik Polen, Wojciech JARUZELSKI, ist am Mittwoch, dem 16. September 1987, in Hubertusstock bei Berlin zu einem freundschaftlichen Treffen mit dem Vorsitzenden des Staatsrates der DDR, Erich HONECKER, zusammengetroffen. Der Zeitpunkt dieses Treffens wurde bereits im Mai d.J. anlässlich der Tagung des Warschauer Paktes in Berlin vereinbart. Damals war der Besuchstermin von Erich HONECKER in der BRD mit erster Septemberhälfte festgesetzt gewesen. Zu der Art der Zusammenkunft, freundschaftliches Treffen und nicht offizieller Freundschaftsbesuch, erklärte die hiesige polnische Botschaft, daß diese Vorgangsweise üblich sei. Lediglich der erste Besuch eines Staatsvorsitzenden erfolge in Form eines offiziellen Freundschaftsbesuches. Anläßlich dieses Treffens der beiden Staatsratsvorsitzenden wurde ein für die Dauer des Besuches eher langes Kommuniqué veröffentlicht, das in der Anlage vorgelegt wird.

Nur gegen Ende des Kommuniqués und in eher gedrängter Form wird im Zusammenhang mit der Absicht beider Staaten, den politischen Dialog mit Staaten anderer Gesellschaftsordnung fortzusetzen, erwähnt, daß Erich HONECKER über die Ergebnisse seines Besuches in der BRD informiert hat. Erich HONECKER hat gegenüber seinem polnischen Gesprächspartner darauf hingewiesen, daß sein Besuch in der BRD dazu gedient hat, die nach dem 2. Weltkrieg entstandenen territorialen und politischen Realitäten in Europa zu unterstreichen. Die BRD habe durch ihre Bekräftigung der Unverletzlichkeit der Grenze und der Achtung der Souveränität und territorialen Integrität aller Staaten in Europa die europäische Nachkriegsordnung anerkannt. Das umfangreiche Protokoll und Zeremoniell bei dem Besuch Erich HONECKERS in der BRD hat Polen überzeugt, daß die DDR als gleichberechtigter Partner und Mitglied des Warschauer Bündnissystems von der BRD behandelt wird. Polen ist mit dem Ergebnis des Besuchs von HONECKER in der BRD zufrieden und sieht ihn als Ergebnis der konsequenten Politik der sozialistischen Staatengemeinschaft. Polen wird jedoch in Zukunft die deutsch-deutschen Kontakte und Verbindungen mit größter Aufmerksamkeit und auf eigenen Gebieten auch mit Skepsis verfolgen. […]

Dokument 134
Offizieller Besuch des HBK in der VR Polen (21.–24.9.1987); Zusammenfassung

GZ 518.01.03/40-II.3/87, BMAA Wien (Sucharipa), 25. September 1987

Information

1) Der in der Zeit vom 21.–24.9.1987 stattgefundene offizielle Besuch des HBK in der VR Polen stellte (abgesehen von einem bereits 1983 absolvierten Besuch des griechischen MP Papandreou sowie dem im Sommer d. J. erfolgten Besuch des japanischen PM Nakasone) den <u>ersten offiziellen Besuch eines westlichen Regierungschefs nach den Kriegsrechtsjahren</u> dar. Der Besuch fand daher sowohl bei den Gastgebern als auch in den Medien entsprechende Beachtung.

2) In Warschau fanden Gespräche mit MP Messner, <u>General Jaruzelski, Sejm-Marschall Malinowski, ZK-Sekretär Czyrek</u> und Mitgliedern des <u>Konsultativrates</u>, sowie außerhalb des Programms eine in der Residenz des österreichischen Botschafters veranstaltete Begegnung mit einzelnen führenden Repräsentanten <u>der Opposition</u> statt, darunter insbesondere B. Giermek, J. Onyszkiewicz, A. Michnik als Angehörige der Solidarność, W. Trzeciakowski, Präsident des kirchlichen Landwirtschaftsfonds, J. Czaputowicz, Vertreter der Bewegung der Umweltschützer und Wehrdienstverweigerer („Wolność i Pokój").

3) Parallel zu den Gesprächen des HBK wurde auf Delegationsebene mit der polnischen Seite ein Memorandum betreffend den derzeitigen Stand österreichischer Wirtschaftsprojekte erstellt und in weiterer Folge eingehend zwischen dem HBK und dem stellvertretenden MP Szałajda erörtert. Zeitlich zusammenfallend mit dem Besuch konnten zwei VOEST-Projekte unterschrieben werden […].

4) Das außerhalb Warschaus organisierte Besichtigungsprogramm umfaßte Kranzniederlegungen in den Konzentrationslagern Auschwitz und Birkenau, Besichtigung der Stadt Krakau sowie eine in der dortigen österreichischen Lesehalle

abgehaltene Lesung des österreichischen Schriftstellers Josef Haslinger (erste derartige Veranstaltung) sowie eine Besichtigung des Hüttenwerks Katowice.

5) Wesentliche Gesprächsinhalte:

5.1 <u>MP Messner:</u>

<u>Internationale Fragen</u>: beiderseitig grundsätzlich <u>positive Beurteilung</u> der <u>weltpolitischen Lage</u>, zugleich Übereinstimmung, daß kleinere Länder auch weiterhin positiven Beitrag zur Entspannung leisten <u>können und sollen; positive Einschätzung des Jaruzelski-Planes</u> durch HBK wurde mit Genugtuung vermerkt. […]

<u>Verschuldungsfrage</u>: Ursprung in 70er Jahren; für Investitionen, die zur Steigerung des Exportes unumgänglich sind, benötigt Polen zusätzliche Kredite; hiefür besteht im Pariser Klub (außer seitens Österreichs und Italiens) Unverständnis. Wesentlich ist Neuverhandlung der überhöhten Zinssätze.

<u>Beziehungen zur EG</u>: Messner verweist auf Parallelität der Beziehungen EG-COMECON und EG-Polen. Auf Basis einer zu erzielenden Vereinbarung EG-COMECON sollten bilaterale Handelsverträge geschlossen werden. Im kleinen Kreis erläutert HBK österreichische EG-Politik.

6) <u>Kardinal Glemp</u>

Dank für Hilfe aus Österreich in schwierigen Zeiten; zur internen Situation: Solidarność hat große Belebung im Streben nach Demokratie gebracht, jedoch „aus den Umständen, in denen diese Erscheinung stattgefunden hat", habe sich eine wirtschaftliche Abwärtsentwicklung ergeben, was aber an insgesamt positiver Einschätzung von Solidarność nichts ändere. Entwicklungen in Polen in den Jahren 80/81 stellten größte Veränderungen in 70jähriger Geschichte des Kommunismus dar; diese Entwicklungen wären auch mit ein Grund für gesellschaftliche Veränderungen in der SU gewesen (!). Glemp äußerte die Ansicht, daß die derzeitige Reformbemühung der Regierung „ehrlich" ist, dennoch bestünde in Polen großes Mißtrauen. Reichweite der Opposition nicht abschätzbar; die Menschen in Polen wären der politischen Situation müde; Bevölkerung wird nicht auf mehr Demokratie verzichten; um dieses Mehr an Demokratie zu erreichen, muß man – so wie es die Kirche tut – mit der Staatsführung sprechen. Papstbesuch als Beweis für beiderseitige Dialogkapazität; Glemp verweist auch auf negative Einflüsse westlicher Radiosendungen (Voice of America, Radio Free Europe): Sendungen führten zu Voreingenommenheit gegen Regierung; katholische Wirtschaftsexperten hätten hingegen Reformpläne der Regierung positiv bewertet. Größtes Hindernis für notwendige Vertrauensbildung wären jedoch die nach wie vor vorhandenen stalinistischen Elemente in der Partei. Jaruzelski attestiert Glemp, daß er das Wohl des Volkes im Sinne habe; Regierung braucht mehr Zeit für Reformen; dann könnte auch Glaubwürdigkeit in der Bevölkerung entstehen.

7) <u>General Jaruzelski:</u>

Jaruzelski erläuterte, ähnlich wie PM Messner, Neugestaltung der staatlichen Verwaltung (Reduktion des Regierungsapparates), betonte seine Absicht, in innenpolitischer Hinsicht an liberaler, breiter Form der Meinungsbildung festzuhalten sowie den Weg der industriellen Reform trotz der zu erwartenden schwierigen Periode in den nächsten Jahren fortzusetzen. Erwartungsgemäß bestätigte Jaruzelski die positive Einschätzung des Gorbatschow-Kurses. In bilateraler Hinsicht betonte Jaruzelski den großen Wert des Bestandes und Inhalts der Beziehungen zu Österreich.

8) Opposition:

Bemerkenswert war die in der Unterredung zu Tage getretene prinzipielle Unterstützung für die grundsätzliche Ausrichtung des Reformkurses der Regierung, für deren generelle Akzeptabilität seitens der Bevölkerung jedoch die Einräumung einer politischen Rolle für die Opposition erforderlich wäre.

9) Die mit Ende d. J. in Aussicht genommene Wiederherstellung der SV-Freiheit zwischen Österreich und Polen war nicht Gegenstand der offiziellen Gespräche. Auf entsprechende Journalistenfragen hat HBK Absicht zur Aufhebung der Sistierung bestätigt und auf diesbezüglich stattgefundene Expertengespräche verwiesen.

10) Insgesamt hat der ggstl. Besuch eine Bestätigung und Vertiefung des traditionell guten bilateralen Verhältnisses erbracht, wobei auch die polnische Seite mit dem Besuchsverlauf offensichtlich zufrieden war, obgleich in wirtschaftspolitischer Hinsicht neue Kreditlinien weder erbeten noch zugesagt wurden. […]

Dokument 135
Politisch heißer Herbst für Gorbatschow

GZ 295.03.00/49-II.3/87, ÖB Moskau, 25. September 1987

Über den seit 7. August nicht mehr öffentlich aufgetretenen sowjet. Parteichef Gorbatschow sind in letzter Zeit Gerüchte verbreitet worden, die alle implizierten, daß Gorbatschow aus gesundheitlichen Gründen zumindest vorübergehend nicht im Vollbesitz seiner politischen Macht gewesen sei. Der Pressesprecher des sowjet. Außenministeriums hat gestern klargestellt, daß Gorbatschow so wie jeder Sowjetbürger Anspruch auf einen 30tägigen Urlaub habe und in den nächsten Tagen nach Moskau zurückkehren werde. Die Botschaft hatte vor einiger Zeit erfahren, daß Gorbatschow seinen Sommerurlaub am 22. August angetreten habe […].

Diese Methode des Anzweifelns der politischen Entscheidungsfähigkeit des Parteichefs weist eine verblüffende Ähnlichkeit mit den in der Endphase der Amtszeit von GS Breschnew und GS Tschernenko zu beobachtenden Praktiken auf. Da die Gerüchte auch diesmal wieder über Viktor Louis in die Welt gesetzt wurden, kann davon ausgegangen werden, daß KGB-Kreise dahinter standen.

Tatsächlich gibt es Anzeichen dafür, daß gewisse Auswirkungen der von Gorbatschow geförderten „glasnost"- und Demokratisierungspolitik auf Widerstand seitens des KGB stoßen. Politbüromitglied und KGB-Chef Tschebrikow hat am 10.9. in einer Rede aus Anlass des 110. Geburtstages des Tscheka-Begründers Dzierżyński in ungewöhnlich deutlicher Form davor gewarnt, daß westl. Geheimdienste versuchen würden, den Demokratisierungsprozeß der UdSSR für antisowjet. Zwecke zu missbrauchen. Sozialistische Demokratie dürfte nicht in „politischen und ideologischen Pluralismus" ausarten. Laut Tschebrikow gebe es in der UdSSR Träger antisozialistischer und staatsfeindlicher Aktivitäten, wobei er insbesondere nationalistische Gruppen, extremistische Elemente in den wie Pilze aus dem Boden wachsenden privaten, politischen Diskussionsclubs sowie Kulturschaffende erwähnte. Alle Schichten der sowjet. Bevölkerung befänden sich heute im Visier westlicher Geheimdienste.

Noch größeres politisches Gewicht als den Ausführungen des sowjet. Geheimdienstchefs dürfte den jüngsten Anti-„glasnost"-Erklärungen des zweiten Mannes im Politbüro, Jegor Ligatschow, der vermutlich in Abwesenheit von GS Gorbatschow die wöchentlichen Politbürositzungen leitet, zukommen. Bei einer am 16.9. im ZK stattgefundenen Konferenz hat Ligatschow die Ansicht vertreten, daß „einige sowjet. Pressepublikationen nach Meinung der sowjet. Öffentlichkeit einzelne Abschnitte der sowjet. Geschichte einseitig behandeln". Es überschreite den Rahmen der sowjet. Demokratie, wenn Materialien aufgrund persönl. Entscheidung einzelner Redakteure ohne Überprüfung durch die Redaktionskollegien veröffentlicht werden. Von Ligatschow nicht näher beschriebene „Gegner des Sozialismus" hätten begonnen, „alle reaktionären Kräfte zu einer Einheitsfront zusammenzuschließen" (Anmerkung der Botschaft: Nationalitäten, amnestierte Dissidenten, Kulturschaffende?), um die sowjet. Politik der Umgestaltung und Demokratisierung scheitern zu lassen.

Bereits am 26.8. hatte Ligatschow erklärt, daß man im Ausland, „aber auch bei uns" im Zusammenhang mit der Diskussion über den „Personenkult" versuche, den gesamten Aufbau des Sozialismus in Verruf zu bringen und als eine Serie schwerer Fehler darzustellen. Die Heldentaten des sowjet. Volkes bei der Errichtung eines mächtigen sozialistischen Staates dürften jedoch nicht durch „Fakten unbegründeter Repression" verdeckt werden.

„Perestroika" und Demokratisierung lassen die Klassenfeinde Hoffnung schöpfen, daß die UdSSR vom Sozialismus abweichen und zur Marktwirtschaft, ideologischem Pluralismus und westl. Demokratie übergehen werde. Derartige Hoffnungen seien allerdings vergeblich.

Westl. Beobachter haben registriert, daß auch Staatspräsident Gromyko in den letzten Wochen auffallend häufig in den sowjet. Medien zu Wort gekommen ist, wobei seine Ausführungen zu innen- und außenpolitischen Themen – wie nicht anders zu erwarten – eher konservativen Charakter hatten.

All das erweckt den Eindruck, daß Gorbatschows Bemühungen um ein gewisses Maß an Demokratisierung und Liberalisierung, die im Bereich der Medien und der Kultur bereits erste Früchte tragen, eine „One Man Show" ist. Gorbatschow nahestehende Politbüromitglieder, wie insbesondere der geistige Vater der gesellschafts- und kulturpolitischen Reformbestrebungen, Alexander Jakowljew, sind während der Urlaubsabwesenheit des KPdSU-Generalsekretärs kaum in Erscheinung getreten. Offenbar besteht über das Ausmaß der Reform- und Liberalisierungspolitik im sozio-politischen und kulturellen Bereich, wie auch über das künftige sowjet. Geschichtsbild, kein Konsens innerhalb des Politbüros. Ob diese divergierenden polit. Strömungen im Sinne eines „sozialistischen Pluralismus" über längere Zeit nebeneinander existieren können, oder ob es über kurz oder lang zu einem offenen Richtungsstreit kommen wird, lässt sich derzeit nicht abschätzen.

Auf außenpolitischem Gebiet ist die gedämpfte Aufnahme der Ergebnisse des jüngsten Washingtoner Treffens zwischen den Außenministern Schewardnadse und Shultz bemerkenswert […]. Es stellt sich die Frage, ob Gorbatschow ein INF-Abkommen ohne Grundsatzvereinbarung über strategische Waffensysteme (Interpretation des ABM-Vertrages) seinen Kollegen in der sowjet. Führung als Erfolg präsentieren kann. In sowjet. Pressekommentaren wurde der Wert eines INF-Abkommens bereits relativiert: In militärischer Hinsicht habe das Abkommen kaum nennenswerte Auswirkungen; seine Bedeutung liege auf politischem Gebiet – falls weitere Abrüstungsschritte folgen.

Erst das Ergebnis des nächsten sowjet.-amerikanischen Gipfeltreffens wird zeigen, ob es Gorbatschow durch seine zahlreichen Konzessionen bei INF letztlich gelungen ist, den Abrüstungsprozeß auf den zentralen Bereich der strategischen Rüstung auszudehnen und ob die UdSSR […] eine Limitierung von volkswirtschaftl. relevanten Einsparungen auf dem Rüstungssektor vornehmen kann.

Die Ungewissheit über das zu erwartende Ausmaß außenpol. Erfolge, völlige Unsicherheit über die mittelfristigen Auswirkungen der Wirtschaftsreformen, eine weiterhin quantitativ und qualitativ unzureichende Nahrungsmittelversorgung der sowjet. Bevölkerung (katastrophale Witterungsverhältnisse lassen trotz weiterhin optimistischer Prognosen eine Missernte erwarten) sowie last but not least deutlich unterschiedliche Meinungen über die ersten Früchte der „glasnost"- und Demokratisierungspolitik dürften GS Gorbatschow einen politisch heißen Herbst bescheren. Bei seinem vierwöchigen Urlaub „im Süden der UdSSR" wird er hoffentlich die nötigen Kräfte dafür gesammelt haben. […]

Dokument 136
Freundschaftsbesuch General JARUZELSKIS in der DDR am 16. September 1987

Zl. 340-RES/87, ÖB Warschau (Somogyi), 28. September 1987

Der Vorsitzende des polnischen Staatsrates, General Wojciech JARUZELSKI, hielt sich über Einladung des Vorsitzenden des Staatsrates der DDR, Erich HONECKER, am 16. September 1987 zu einem eintägigen Freundschaftsbesuch auf Schloß Hubertusstock bei Berlin auf.

Auch wenn dieser Besuch als Freundschaftstreffen qualifiziert wurde, galt es dennoch einige Probleme zu besprechen. Der eher kurios anmutende Streit um den polnisch-ostdeutschen Grenzverlauf an der mittleren Oder und damit zusammenhängende Schiffahrtsrechte, der übrigens zu polnischen Polemiken gegenüber der DDR geführt hat, wurde insofern beigelegt, als eine Gemischte Kommission mit dem Ziel ins Leben gerufen wurde, den exakten Grenzverlauf, ob in der Mitte des Flusses oder entlang eines der beiden Ufer, festzusetzen.

Auch hinsichtlich der Interpretation und damit des Grades der Unterstützung für die Gorbatschowsche Reformpolitik soll es zwischen beiden Staaten noch immer gravierende Auffassungsunterschiede geben. Dem Vernehmen nach habe man darüber einen freimütigen Meinungsaustausch geführt.

Mit Jaruzelski war die erste „sozialistische" Führungspersönlichkeit nach dem Besuch Honeckers in der BRD mit ebendiesem zusammengetroffen. General Jaruzelski habe sich genauestens über den Besuchsverlauf informieren lassen und seine schon früher geäußerten Bedenken hinsichtlich einer politischen Annäherung zwischen den beiden deutschen Staaten vorgebracht. Es ist ein offenes Geheimnis, daß man in Polen einem „wiedervereinigten" Deutschland mit abgrundtiefer Skepsis entgegentritt. Dementsprechend ließen sich auch die Kommentare in den polnischen Zeitungen nach der Honecker-Reise kritisch vernehmen. Außerdem sei man in Polen darüber irritiert, daß Ostberlin offensichtlich für sich in Anspruch nehme, der alleinige Interessensvertreter des Ostblocks gegenüber der BRD zu sein und Ostberlin auch gleichzeitig den Alleinvertretungsanspruch der „deutschen Kultur" in Polen für sich reklamiere. Dies habe die Vertiefung der polnisch-westdeutschen Beziehungen nicht erst einmal erschwert.

Neben den oberwähnten Problemkreisen und einem Tour d'Horizon über die internationale Lage (Abrüstung, Jaruzelski-Plan etc.) wären der Ausbau der Wirtschaftskontakte, die Vertiefung des Kinder- und Jugendaustausches und die Ausweitung des Tourismus erörtert worden.

Trotz der verschiedenen problemgeladenen Gespräche wäre der Besuch allgemein in einer freundschaftlichen Atmosphäre verlaufen, hätte aber von der eingangs erwähnten Installation der bilateralen Arbeitsgruppe zur Festlegung des umstrittenen Grenzverlaufes und der Absichtserklärung, die bilateralen Beziehungen in den vorstehend erwähnten Bereichen zu vertiefen, abgesehen, ein mageres Ergebnis gebracht. Sowohl polnische als auch ostdeutsche Gesprächspartner zeigten sich, nach dem Erfolg des Besuchs befragt, sehr zugeknöpft. […]

Dokument 137
Warum Jaruzelski nicht mit der „Solidarność" verhandeln will und kann

GZ 166.03.00/19-II.3/87, Zl. 341-RES/87, ÖB Warschau (Somogyi), 30. September 1987

Viele Polen, vor allem die sogenannten Intellektuellen, wollen die geopolitische Lage ihres Landes nicht richtig wahrnehmen. Vor allem wollen diese Personen nicht zur Kenntnis nehmen, daß Polen im Osten an die Sowjetunion angrenzt.

Im polnischen Volk besteht auch ein sehr hohes Ausmaß von Antisowjetismus (auch stark ideologisch motiviert) und Antirussismus (in der Hauptsache auf die nicht nur einseitig leidvolle gemeinsame Geschichte zurückzuführen). Das geht so weit, daß viele Polen, die der Gefertigte im Laufe seiner hiesigen Zeit kennengelernt hat, schon in den ersten 2 bis 3 Minuten, jedenfalls ohne hiezu gefragt zu werden, ihre antisowjetische oder antirussische Haltung zu erkennen geben.

Gewiß werden in Polen auch die Deutschen nicht sehr geliebt, doch zollen die Polen der BRD, wohl in erster Linie wegen des dort bestehenden Wohlstandes, Anerkennung, während der DDR wenige Sympathien entgegengebracht werden.

Noch unter dem Eindruck des Filmes über das zu 85 % während des letzten Krieges mutwillig zerstörte Warschau und der beiden Vernichtungslager Auschwitz und Birkenau, die der Gefertigte in Begleitung des Herrn Bundeskanzlers sich ansehen bzw. besichtigen konnte, kommt der Gefertigte zum Schluß, daß zumindest in diesem Jahrhundert bei den Untaten, die von Deutschen und Russen gegen das polnische Volk erfolgt sind, die Deutschen in negativer Hinsicht weit in Führung sind.

In der Endphase der nunmehr verbotenen Gewerkschaft „Solidarność" haben sich, wie dies von „Solidarność"-Sprecher Onyszkiewicz gegenüber dem Gefertigten bestätigt wurde, die antisowjetischen bzw. antirussischen Tendenzen schon ziemlich deutlich manifestiert. Onyszkiewicz zufolge habe damals die gemäßigte Führung der „Solidarność", Lech Wałęsa mit eingeschlossen, Mühe gehabt, Abstimmungen mit antisowjetischem Inhalt zu verhindern, weil das zu erwartende Ergebnis der „Solidarność" vermutlich sehr geschadet hätte. In der allerletzten Zeit während des Bestandes der „Solidarność" habe es zwar keinen einzigen „Solidarność"-Führer gegeben, der offen gegen die Sowjetunion gerichtete Thesen verfochten hätte, doch seien solche Stimmen in Bydgoszcz, in der Umgebung des Gewerkschaftsführers Rulewski, zu vernehmen gewesen.

Wäre das Kriegsrecht nicht am 13.12.1981 von General Jaruzelski ausgerufen worden, hätten sich nach Ansicht des Gefertigten die antisowjetischen Stimmen immer mehr vernehmen lassen und der „Solidarność"-Führung wäre es nicht mehr möglich gewesen, sie unter Kontrolle zu halten. Irgendeinmal wären, wie 1956 in Ungarn und 1968 in der Tschechoslowakei, Forderungen erhoben worden, wonach Polen aus dem Warschauer Pakt und aus dem COMECON austreten solle. Hiermit wäre nach Ansicht des Gefertigten die Schmerzgrenze der damaligen Sowjetführung unter Breschnew, aber wahrscheinlich auch einer Sowjetführung à la Gorbatschow erreicht worden, was sodann eine direkte ausländische Intervention in Polen zur Folge gehabt hätte.

General Jaruzelski und seine Regierung haben jüngst, während des noch andauernden Besuches des amerikanischen Vizepräsidenten Bush, wiederholt betont, daß sie in keiner Weise bereit wären, mit der „Solidarność" bzw. Lech Wałęsa in irgendwelche Verhandlungen einzutreten. Diese hätten nämlich ihre Zeit und ihre Chance gehabt, hätten sie aber beide nicht ausgenützt bzw. sogar mißbraucht.

Diese Aussage Jaruzelskis erscheint dem Gefertigten durchaus glaubwürdig. Offensichtlich fürchtet der General im Falle der Wiederzulassung, in welcher Form immer, der „Solidarność" bzw. der Anerkennung ihrer Führer als Verhandlungspartner, daß früher oder später die gleichen antisowjetischen Symptome auftauchen und sich daher die Geschichte zu wiederholen droht. Dies will General

Jaruzelski jedoch unbedingt vermeiden. Deshalb auch seine unversöhnliche Haltung, die nach der Überzeugung Jaruzelskis zum Besten Polens sei. Daß außerdem auch innenpolitische Überlegungen bei dieser Haltung Jaruzelskis anzustellen sind, liegt auf der Hand. […]

Dokument 138

**Offizieller Besuch des Herrn Bundeskanzlers in Ungarn
(29./30. September 1987) Zusammenfassung**

GZ 518.01.11/25-II.3/87, BMAA Wien, 1. Oktober 1987

1. Im Rahmen seines offiziellen Besuches in Ungarn (29./30.9.1987) traf der HBK mit MP Károly Grósz (4-Augengespräch und Delegationsverhandlungen), dem Vorsitzenden des Präsidialrates Károly Németh und dem GS d. USAP, János Kádár, zu Unterredungen zusammen.

2. Die beiden Regierungschefs unterzeichneten eine gemeinsame Erklärung, in der sie die Absicht der beiden Regierungen bekundeten, „die Durchführung einer internationalen Weltausstellung zu prüfen, die im Jahre 1995 in Wien und Budapest stattfinden könnte".

3. Zusammenfassung des Delegationsgesprächs: […]

Internationale Fragen:

Einverständnis betreffend bleibende, wichtige und eigenständige Rolle auch der kleinen Staaten im Entspannungsprozess; Grósz: positive Einschätzung des Verlaufes des WFT, „wenn auch etwas langsam".

Zu internen Entwicklungen in WP-Staaten:

„In gewissen Teilen der Welt weiß man nicht, was man mit diesen Entwicklungen anfangen soll"; nach langer Zeit der Statik ist nunmehr grundlegende Wende eingetreten; Daher müssen erst althergebrachte Überzeugungen zugunsten von Vertrauen in diese neuen Entwicklungen überwunden werden. Auch in diesem Zusammenhang würden die österreichische Einstellung und die österreichischen Bemühungen sehr hoch eingeschätzt. Positiv zu Wien als Tagungsort für Folgekonferenzen betr. VBM und Abrüstung.

4. Unterredung mit GS Kádár: […]

Sicherheitspolitische Fragen:

Kádár wandte sich deutlich gegen militärische Hochrüstung; für Beschränkung der Militärausgaben auf das zur Gewährleistung der Sicherheit erforderliche Minimum. Die derzeit günstige internationale Situation bringe größeren Spielraum mit sich, der freilich bei allfälliger Zuspitzung der internationalen Situation wieder verloren gehen könnte. […]

Dokument 139

BRD; Besuch des ungarischen Ministerpräsidenten K. Grósz
(7.–9.10.1987)

GZ 222.18.10/1-II.3/87, Zl. 466-RES/87, ÖB Bonn, 16. Oktober 1987

Durch die Abstattung seines zweiten Auslandsbesuches als Regierungschef (nach Moskau) in der Bundesrepublik Deutschland unterstrich Ministerpräsident Grósz die wirtschaftliche und politische Bedeutung des bilateralen Verhältnisses, aber auch den hohen Stand dieser Beziehungen – der nach übereinstimmender Auffassung des Auswärtigen Amtes wie der ungarischen Botschaft von keinem anderen osteuropäischen Land, ausgenommen dem Sonderverhältnis zur DDR, gegenüber Bonn erreicht wird. Zwischen den beiden Ländern bestehen keine historischen Belastungen, das staatliche Verhältnis hat sich seit Aufnahme der diplomatischen Beziehungen 1973 und ihrer konsequenten Verbreiterung seit dem Besuch von GS Kádár im Jahr 1977 kontinuierlich positiv entwickelt (anders als etwa zwischen Bonn und Polen bzw. Prag).

Grósz hatte Gespräche und Begegnungen mit Bundeskanzler, Außenminister, SPD-Vorsitzendem Vogel, FDP-Fraktionsführer Mischnick und zwei grünen Abgeordneten; weiters mit dem Ministerpräsidenten Albrecht (Vorsitzender des Bundesrates), Späth, Strauß und B. Vogel sowie mit dem Bundestagspräsidenten und dem Bundespräsidenten. Er besuchte die Bundesländer Bayern und Baden-Württemberg, mit denen über 50 % des gesamten bilateralen Handels abgewickelt werden, und wo die Landsmannschaften der Ungarn-Deutschen (ein verbindendes Element, zu dem die ungarische Botschaft gute Beziehungen unterhält) angesiedelt sind; in Rheinland-Pfalz findet sich eine zahlenmäßig geringere Gruppe von Donauschwaben.

Folgende Themen bildeten den Schwerpunkt des Besuches:

1) West-Ost, Rüstungskontrolle und Abrüstung:

Die in der Form freundlicheren ungarischen Darlegungen hielten sich inhaltlich an die WP-Linie und brachten keine Neuigkeiten (große historische Chancen durch INF; Lob P[ershing-]Ia-Entscheidung der Bundesregierung; große Hoffnung in die weitere Entwicklung).

Die Reformbemühungen Gorbatschows bezeichnete der ungarische Gast als sehr langfristigen Prozeß. Weder die westlichen Medien noch alle Teile der sowjetischen Bevölkerung hätten begriffen, daß sich dieser Prozeß – den die augenblickliche Führungsspitze möglicherweise nicht mehr selbst würde abschließen können – bis weit über die Jahrtausendwende hinziehen werde. Probleme bestünden nicht im sowjetischen System oder innerhalb der sowjetischen Führung, sondern eher im Konflikt zwischen Führern und Geführten. Die Bevölkerung verstehe nicht oder sei skeptisch hinsichtlich der tatsächlichen Verwirklichung und ziehe daher nicht mit. Für Ungarn wäre die Entwicklung in der SU eine Erleichterung, weil Budapest nun nicht mehr allein an der Spitze der Reformentwicklung stehe, sondern zwei große „sozialistische" Staaten (SU, VR China) mitmachten. Dies begünstige die ungarischen Bemühungen, wobei Grósz nicht nur die wirtschaftliche, sondern auch die gesellschaftliche Entwicklung und die weitere Öffnung gegenüber dem Westen meinte. Dabei erläuterte er ausführlich die geplanten gesellschaftlichen und wirtschaftlichen Reformen, zu deren Durchführung er sich entschlossen zeigte. Auch die Bevölkerung wisse, daß es keinen anderen Weg zur Verbesserung der gegenwärtigen Situation gäbe. Grósz betonte die Notwendigkeit auch einer Diskussion der Rolle der Partei und anderer gesellschaftlicher Organisationen (Parlament, Patriotische Volksfront); die Partei müsse sich auf Grundsatzfragen besinnen und die Exekutive der Regierung überlassen.

Die ungarische Botschaft ergänzte, daß Ungarn früher „Flügelkämpfe" gegen die Kritik von Nachbarn an seiner Reformpolitik führen musste. Dies habe viel Kraft gekostet und den Schwung der Reformer gelähmt. Nun müsse diese Reformpolitik konsequent <u>auf allen Gebieten</u> fortgesetzt werden, da moderne Wirtschaftsmethoden in einem veralteten System nicht funktionieren könnten. Ungarn könne sich ein Scheitern seiner Bemühungen nicht leisten, weil dies negative Rückwirkungen auf andere Staaten (einschließlich der SU) haben müsste; das würde im Osten wie im Westen verstanden. […]

Dokument 140
Meinungsaustausch des HGS mit dem Ersten VAM der ČSSR, Dr. Jaromír Johanes, in Wien, 16. Oktober 1987

GZ 25.18.12/20-II.3/87, BMAA Wien (Sucharipa), 20. Oktober 1987

[…] RÉSUMÉPROTOKOLL

I. <u>Allgemeine Äußerungen zu den bilateralen Beziehungen</u>

<u>HGS</u>: Bilaterale Beziehungen spielen in Österreichs Europapolitik große Rolle; kennzeichnend dafür gleichzeitige Anwesenheit Johanes' und des EG-AM De Clercq in Wien; Österreichs Europapolitik ist eben auf „Gesamteuropa" gerichtet […].

<u>VAM</u>: Auch ČSSR sieht bilaterale Beziehungen im gesamteuropäischen Rahmen; Verweis auf Verhandlungen ČSSR – EG.

<u>HGS</u>: Abrüstung steht in engem Zusammenhang mit Sicherheitsgefühl; für Österreich wird dieses durch positive Nachbarschaftspolitik erreicht; daher legt Österreich so großen Wert auf das bilaterale Verhältnis; „anders wäre unnatürlich". Mit dem Treffen der beiden AM im Juli habe ein neues Kapitel der bilateralen Beziehungen begonnen. Die Erwartungen der Bevölkerung sind groß.

<u>VAM</u>: „Neues Denken", „neues Herangehen" sind keine rhetorischen Floskeln; beide Begriffe beherrschen auch die csl. Politik gegenüber Österreich; Beziehungen müssen ausgeweitet und vertieft werden (europäischer Aspekt!). In diesem Sinne ist auch der seinerzeitige Vorschlag der Unterzeichnung eines Zusammenarbeitsprotokolls der beiden Außenministerien zu verstehen. (<u>HGS</u>: Diesbezüglich keine österreichische Praxis der vertraglichen Festschreibung. Die Zusammenarbeit wird auch weiterhin pragmatisch und flexibel erfolgen.)

II. Internationale Lage, Ost-West-Verhältnis, WFT, Rolle der VN

HGS: Neue Phase der Ost-West-Beziehungen; die USA nehmen Gorbatschows Vorschläge sehr ernst; das neue Klima hat Auswirkungen auf alle Krisen, Regionalkonflikte und die Situation in Europa und bringt hoffentlich positive Impulse für das WFT. […]

VAM: Csl. Einschätzung der internationalen Lage stimmt weitgehend mit dem Gesagten überein. Von seinem jüngsten Washington-Besuch bringt er den Eindruck mit, daß auch AM Shultz an eine Verbesserung der Weltlage glaube. Das bevorstehende INF-Abkommen ist der Durchbruch zu einem neuen Beginn (erhoffte Fortsetzung: Reduktion strategischer Nuklearwaffen, US-Umdenken bei SDI). […]

Dokument 141

Auswirkungen der Gorbatschowschen Reformpolitik auf die DDR

GZ 225.03.00/61-II.3/87, Zl. 200-RES/87, ÖB Berlin (Wunderbaldinger), 22. Oktober 1987

Wenn die Gorbatschowschen Reformbestrebungen darauf ausgerichtet sind, eine wirtschaftliche und gesellschaftliche Straffung und Umgestaltung in der Sowjetunion herbeizuführen, so hat die DDR-Führung nicht unrecht, wenn sie feststellt, daß diese Bestrebungen auf die Sowjetunion beschränkt sind, Gorbatschow nicht verlange, daß andere Bruderstaaten diesen Anstrengungen folgen und selbst eingeräumt habe, daß jedes sozialistische Land den jeweiligen Gegebenheiten entsprechend einen eigenständigen Weg zum Sozialismus finden könne. Zweifellos werden von oben herab die Gorbatschowschen Reformanstrengungen in der DDR mit der Begründung nicht nachvollzogen, daß hiefür in der DDR keine Notwendigkeit sei. Dies ist im Großen und Ganzen auf wirtschaftlichem Gebiet zutreffend. Die DDR-Wirtschaft steht im COMECON deutlich an der Spitze, wobei allerdings der Rückstand gegenüber westlichen Industrienationen nicht übersehen werden darf.

Auswirkungen haben die Gorbatschowschen Äußerungen zur Umgestaltung zweifellos in der DDR gehabt. Die Kirche konnte auf Regionalsynoden z.B. offen einen Wehrersatzdienst und eine normative Regelung für Westreisen verlangen. Dieser größere Spielraum der evangelischen Kirche wird jedoch von staatlicher Seite eingeräumt, und die Kirche versucht, in einer Selbstbeschränkung die gezogene Grenze nicht zu überschreiten.

Jugendliche Randgruppen in der DDR können sich in den letzten Monaten freier artikulieren. Die Sicherheitskräfte zeigen bei gruppenhaftem Auftreten in der Öffentlichkeit zum Teil erhebliche Geduld und greifen nicht ein. Die Reisen in westliche Länder – vor allem in die Bundesrepublik Deutschland – haben in den letzten Jahren von einigen zigtausend auf über 3 Millionen zugenommen. Die Neudefinition der als Geheimnisträger eingestuften Bürger wird eine Reduzierung der Geheimnisträger um zwei Drittel nach sich ziehen und damit einem weiteren Personenkreis die Reise in den Westen ermöglichen.

Diese Punkte sowie die Reisen des Staatsratsvorsitzenden in bisher bereits vier NATO-Staaten waren sicherlich nur mit Duldung und zum Teil mit Zustimmung der Sowjetunion möglich. Nach wie vor folgt die DDR jedoch der Sowjetunion vollkommen in der Verteidigungs-, Abrüstungs- und internationalen Politik. Die bilateralen Beziehungen mit westlichen Staaten, besonders mit der Bundesrepublik Deutschland, unterliegen darüber hinaus der wachsamen Beobachtung und zum Teil Kontrolle durch Polen und die Tschechoslowakei.

Kein anderer Bruderstaat im kommunistischen Lager hat wie die DDR ein größeres, wirtschaftlich stärkeres, kapitalistisches Gegenüber, das durch Massenmedien und in letzter Zeit nicht unbedeutende Besucherströme täglich auf die eigene Bevölkerung einwirkt. Die Situation der DDR ist daher auch hinsichtlich der reformatorischen Bestrebungen Gorbatschows durchaus einzigartig. Die Sowjetunion selbst kann nicht daran interessiert sein und ist nicht daran interessiert, daß ihr stärkster Bündnispartner durch die Entwicklung im eigenen Land, die noch – lange – nicht abgeschlossen ist, aus dem Tritt kommt. […]

Dokument 142
Sowjetische Außenpolitik unter Gorbatschow, mehr Bewegungsspielraum für Bruderstaaten

GZ 225.03.00/63-II.3/87, Zl. 308-Res/87, ÖB Bukarest (Berlakovich), 23. Oktober 1987

A. Generelle Einschätzung des sowjetischen Reformkurses

Bislang ist nicht abzusehen, ob Generalsekretär Gorbatschow die einer Durchsetzung seines Reformkurses entgegenstehenden Widerstände innerhalb der Sowjetunion wird überwinden können. Bleibt Gorbatschow erfolgreich, so könnte dies auf lange Sicht auch die internen Beziehungen im Warschauer Pakt nachhaltig verändern, weil dadurch die reformfreundlichen Kräfte in den anderen Warschauer-Pakt-Staaten Auftrieb erhalten würden und das Interesse an einer vertieften Zusammenarbeit der sozialistischen Staaten Osteuropas mit der Sowjetunion gesteigert werden könnte. Allerdings soll man sich hüten, den sowjetischen Reformkurs, der auf die Schaffung einer effizienteren Organisation der sozialistischen Gesellschaft ausgerichtet ist, mit einer Liberalisierung zugunsten des einzelnen Bürgers zu verwechseln, obwohl einer Politik der Umgestaltung in diesem Sinne an mehr Rechtssicherheit für den einzelnen sehr wohl gelegen sein muß. An einer Abschwächung des Herrschaftsmonopols der Partei kann auch Gorbatschow in wohlverstandenem Interesse seiner persönlichen Machterhaltung, die wiederum Voraussetzung für die vollständige Verwirklichung seines Programmes ist, ganz eindeutig nicht gelegen sein.

Nach ha. Einschätzung sieht sich der sowjetische Reformkurs zur Zeit folgenden Gefahren gegenüber:

a. Ein nachhaltiger Widerstand seitens der bisher privilegierten Nomenklatura könnte Gorbatschow nicht nur in sachlicher Hinsicht zu größeren Kompromissen in seinem

Reformprogramm zwingen, sondern auch zu einschneidenden zeitlichen Verzögerungen führen.

b. Durch den Reformkurs können übersteigerte Erwartungen in der sowjetischen Bevölkerung ausgelöst werden, die nur zu leicht in herbe Enttäuschung umschlagen würden, sollten konkrete Ergebnisse der Umgestaltungspolitik für das alltägliche Leben des einzelnen zu lange ausbleiben.

Die unter a. und b. genannten Faktoren können einzeln oder im Zusammenwirken zu einem weitgehenden Scheitern der Reformanstrengungen, womöglich zu einem Sturz Gorbatschows und zu einer nachhaltigen Destabilisierung beitragen.

c. Gorbatschows Kurs hat bei den meisten osteuropäischen Verbündeten Verunsicherung ausgelöst, waren dies doch bisher an einer von Moskau aufgezwungenen, orthodoxen Interpretation der Prinzipien des Marxismus/Leninismus orientiert und haben daraus zum Teil auch die Legitimität ihrer Regime abgeleitet. Sie stehen vor dem Dilemma, in irgendeiner Weise doch auf den neuen sowjetischen Kurs reagieren zu sollen, um dabei auch aufkeimenden Hoffnungen in der eigenen Bevölkerung Rechnung zu tragen, dies jedoch in der Unsicherheit, ob Gorbatschow sich nachhaltig durchsetzen kann; derjenige Verbündete, der den neuen sowjetischen Kurs allzu getreulich nachzuvollziehen wagt, riskiert im Falle eines Scheiterns Gorbatschows, sich vor der dann nachfolgenden sowjetischen Führung eindeutig zu kompromittieren. Die Position der einzelnen Staaten sind verschieden: Verharrt Rumänien hartnäckig bei seiner bisherigen Politik, so gehen Polen und Bulgarien, sollte es ihren Reformanstrengungen tatsächlich ernst sein, das größere Risiko ein. Ungarn versucht vorsichtig, die Grenzen für seine eigenständige, sich nicht erst vom sowjetischen Kurswechsel ableitende Reformpolitik auszuloten. Die DDR und die ČSSR nehmen bis heute eine eher abwartende Haltung ein, und vermeiden, sich mit Reformvorhaben allzu sehr zu profilieren.

Geraten die einzelnen osteuropäischen Verbündeten zu sehr aus dem Schritt, so beeinträchtigt dies auch die von Gorbatschow geforderte, straffere Integration der einzelnen Volkswirtschaften im Rahmen des RGW, was zu einer schleichenden Unterminierung der sowjetischen Hegemonie in Osteuropa führen kann. Um dem entgegenzutreten, verfügt Gorbatschow, soweit aus ha. Sicht beurteilt werden kann, über folgende, sich nötigenfalls ergänzende Optionen:

a. Engere Kontakte zu den reformfreudigen Fraktionen innerhalb der jeweiligen osteuropäischen Parteien.

b. Ausnutzung der zwischen einzelnen osteuropäischen Verbündeten bestehenden Spannungen (z.B. Ungarn – Rumänien), um eine Politik des Divide et Impera zu betreiben.

c. Das militärische Dispositiv der Sowjetunion in Osteuropa (siehe auch Punkt D).

B. Innenpolitische Entwicklung

1. Im Gegensatz zu manch anderem osteuropäischen Staat sind in Rumänien als Reaktion auf den neuen Kurs in Moskau keine Lockerungen des straffen

innenpolitischen Kurses feststellbar. Im Gegenteil, da Ceauşescu und die herrschende Clique sich von den Äußerungen Gorbatschows besonders kritisiert fühlen müssen, scheint der rumänische Führer unter dem Motto „jetzt erst recht" sein Regime durch noch härtere Maßnahmen vor allfälligen oppositionellen Tendenzen abzuschirmen. Es nimmt daher nicht wunder, daß der allmächtige Staatssicherheitsdienst „Securitate" mehr denn je seine überragende, alle Bereiche der Privatsphäre des einzelnen Bürgers durchdringende Rolle wahrnimmt. Bezeichnenderweise amtiert der bisherige Chef der Securitate Postelnicu nunmehr sogar als Innenminister. Die offizielle Propaganda des Regimes, wonach die Menschenrechte und Grundfreiheiten in Rumänien respektiert werden, widerspricht ganz eindeutig den tatsächlichen Gegebenheiten. Wie sich die Botschaft und auch andere ausländische Vertretungsbehörden in Bukarest überzeugen konnten, stellen Übergriffe und Willkürmaßnahmen untergeordneter Sicherheitsorgane, die keine nachvollziehende Kontrolle oder ein Beschwerderecht seitens der Bürger zu befürchten haben, eher die Regel denn die Ausnahme dar.

2. Eine geringere Rolle, zumindest nach außen hin, spielt die Armee. Ob ihr die im Vorjahr durch ein Referendum beschlossene fünfprozentige Kürzung des Militärhaushaltes tatsächlich Einbußen bescherte, ist nicht eindeutig auszumachen. Eher wahrscheinlich ist, daß sie diesbezüglich einige kosmetische Retuschen über sich hat ergehen lassen müssen.

3. Auch auf wirtschaftlichem Gebiet zeigt sich Ceauşescu von den Initiativen des sowjetischen Parteichefs zumindest nach außen hin völlig unbeeindruckt. Er versucht dem das Argument entgegenzuhalten, daß Rumänien bereits vor Jahrzehnten all jene Wirtschaftsreformen im Sinne von größerer Effizienz und Demokratisierung verwirklicht habe, zu denen sich die Sowjetunion erst jetzt langsam aufraffe. Trotz ganz eindeutiger Hinweise dafür, daß sich der eingeschlagene Weg vor allem in Hinblick auf die Versorgungslage der Bevölkerung ganz und gar nicht bewährt hat, setzt Ceauşescu in seiner ihm eigenen hartnäckigen Art auf eine noch straffere Zentralisierung der Kommandowirtschaft. Schüchterne Anflüge von leiser Kritik an dieser Vorgangsweise erstickt der Conducator mit rücksichtsloser Härte. (Siehe jüngste Absetzung des für Energiefragen verantwortlichen Vizepremiers und des Energieministers.)

4. Ceauşescu setzt auf Zeit. Insgeheim hofft er wohl auf ein völliges Scheitern der Gorbatschowschen Politik und vielleicht sogar auf den Sturz des sowjetischen Führers. Der rumänische Präsident glaubt, die authentische Interpretation des Marxismus/Leninismus zu verkörpern, wobei der neue sowjetische Kurs demnach als Abweichung von diesen Prinzipien zu verstehen sein würde. Dem Marxismus/Leninismus rumänischer Prägung widerspricht auch nicht, daß weite Bereiche des „öffentlichen Lebens" von Angehörigen der Familie Ceauşescus oder seiner Schwiegerfamilie kontrolliert werden. Die Kritik Gorbatschows am Nepotismus bezog Ceauşescu ganz offensichtlich nicht auf sich. Die rumänische Spielart des Kommunismus verleugnet auch nicht eine ausgeprägte chauvinistische Grundtendenz.

C. Bilaterale Beziehungen

1. Zu westlichen Staaten:

Um seine eigenständige Politik innerhalb des Warschauer Paktes zu unterstreichen, war Rumänien stets an guten Beziehungen politischer und wirtschaftlicher Natur zur westlichen Welt interessiert. Nunmehr stößt ein weiterer Ausbau dieser Beziehungen aber auf Grenzen, die durch die Eigenheiten der rumänischen Politik selbst gezogen werden:

a. Der repressive innenpolitische Kurs Ceauşescus läßt viele demokratische Staaten Rumänien gegenüber immer kritischer auftreten.

b. Das rumänische Wirtschaftsgeschehen wird von der von Ceauşescu gesetzten Priorität bestimmt, die Auslandsschulden in der Höhe von derzeit ca. 4 Milliarden Dollar bis 1990 gänzlich abzutragen. Dieses Ziel kann aber nur durch eine forcierte Ankurbelung der Exporte in den Westen erreicht werden, um so die dafür erforderlichen Devisen zu erwirtschaften. Gleichzeitig ist man rumänischerseits aber bemüht, die Importe auf einem möglichst niedrigen Niveau zu halten und nur solche Güter zu importieren, die für das nationale Entwicklungsprogramm unbedingt erforderlich sind. Eine weitere Steigerung der rumänischen Exporte wird wegen der oft bescheidenen Qualität der rumänischen Erzeugnisse sowie mangelnder Vertragstreue der rumänischen Seite nur in begrenztem Umfang möglich sein. (Dies als Ergebnis einer bloß auf Erfüllung des quantitativen Plansolls ausgerichteten Wirtschaftsführung.)

2. Zu den östlichen Staaten einschließlich Sowjetunion:

a. In den Beziehungen zu den östlichen Staaten verdient das zeitweise sehr spannungsreiche Verhältnis zu Ungarn besondere Beachtung, reflektiert es doch die Entwicklungen der rumänischen Minderheitenpolitik. Zweifellos wird Rumänien, bevor es eine weitere Verschlechterung seiner Beziehungen zu Ungarn auf sich nimmt, sehr genau allfällige sowjetische Reaktionen ins Kalkül ziehen müssen. Spannungen bestehen in geringem Ausmaße auch noch mit Jugoslawien. Die bisherigen Beziehungen zu den übrigen Staaten sind als normal zu bezeichnen.

b. Beziehungen zur Sowjetunion:

Rumänien hat sich bisher erfolgreich den Bemühungen der Sowjetunion, eine stärkere Integration der nationalen Wirtschaften der RGW-Länder im Sinne der eingeleiteten Reformpolitik zu erreichen, widersetzt. Den kürzlich in Moskau während der 43. Tagung der RGW-Staaten vorgebrachten Forderungen Rumäniens nach vermehrten Brennstoff- und Energielieferungen, will die Sowjetunion grundsätzlich entsprechen, allerdings unter der Auflage, dafür qualitativ erstklassige Konsumgüter zu erhalten. (Die Sowjetunion will heuer laut Abkommen 5 Milliarden Tonnen Rohöl, 3 Milliarden [m³] Erdgas und knapp 4 Milliarden kWh Strom an Rumänien liefern.)

Damit würde Rumänien sich jedoch in ein noch stärkeres wirtschaftliches Abhängigkeitsverhältnis zur Sowjetunion begeben, müßten doch Güter, die für den Export in westliche Ländern vorgesehen sind, abgezweigt werden. Aus ha. Sicht ist eher zu erwarten, daß Ceauşescu weitere Engpässe in der Energie- und

Rohstoffversorgung in Kauf nimmt, als von seinem Ziel, die Auslandsverschuldung bis 1990 vollständig zu liquidieren, abzugehen. Obwohl Rohstofflieferungen aus der Sowjetunion für die rumänische Wirtschaft vital sind, versucht Ceaușescu ein neues Abhängigkeitsverhältnis zur Sowjetunion hintanzuhalten. Er ist nicht gewillt, die als schwere Last empfundenen Verpflichtungen gegenüber westlichen Kreditgebern durch ein verstärktes Abhängigkeitsverhältnis zur Sowjetunion zu ersetzen. Wie weit sein politischer Spielraum in dieser Hinsicht allerdings reicht, kann zur Zeit nicht abgeschätzt werden.

D. Allfällige Überwindung der Breschnew-Doktrin

Gorbatschow würde der Selbstdarstellung seiner Reformpolitik im westlichen Ausland schwersten Schaden zufügen, sollte er sich gezwungen sehen, als Ultima Ratio auf die Breschnew-Doktrin in ihrer gröbsten Ausformulierung zurückgreifen und militärische Mittel gegen einen Verbündeten einsetzen zu müssen. Er würde sich damit westliche Kreise, die seinem Kurs aufgeschlossen gegenüberstehen und dies auch in politischen Maßnahmen umsetzen wollen, nachhaltig entfremden. All sein Bestreben wird daher bereits darauf gerichtet sein, eine Situation, die den Einsatz solcher Mittel zum Zwecke der Aufrechterhaltung der sowjetischen Hegemonie erfordern würde, gar nicht erst entstehen zu lassen. Die Doktrin der beschränkten Souveränität der osteuropäischen Verbündeten der Sowjetunion wird unter Gorbatschow sicher mit subtileren und raffinierteren Mitteln verfolgt werden. Daraus könnte sich in gewissen Situationen ein größerer politischer Handlungsspielraum der einzelnen Staaten ergeben. [...]

Dokument 143

Einschätzung des Gorbatschowschen Reformkurses in der SU und seine Auswirkungen auf die anderen WP/RGW-Staaten (Kurzanalyse)

GZ 225.03.00/62-II.3/87, BMAA Wien, 28. Oktober 1987

1. Österreich verfolgt die Politik der „perestroika" (=Umbau, Umgestaltung) mit großem Interesse und interessierter Anteilnahme. Es teilt die Auffassung, daß der Westen die positiven Aspekte dieser Politik unterstützen sollte.

GS Gorbatschow hat wiederholt unterstrichen, daß der „Umbau" alle Bereiche der sowjet. Gesellschaft erfassen müsse, und als Mittel zur Herbeiführung dieser „Umgestaltung" ausdrücklich „glasnost" (Offenheit, Transparenz) und „sozialistische Demokratie" genannt. Es soll sich um eine „tiefgreifende Reform" des bestehenden politischen Systems innerhalb der ideologischen Parameter, keineswegs aber um die Etablierung eines neuen sozio-ökonomischen Modells handeln.

Es besteht – bei Erfolg des Kurses – Hoffnung auf eine gewisse Entfaltung der Menschenrechte (Familienzusammenführungen, größere kulturelle und journalistische Freiräume, Neubewertung des Begriffs „Individuum" gegenüber dem bisher überhöht bewerteten Begriff „Kollektiv") und auf eine Dynamisierung der Wirtschaft.

2. Österreich ist bereit und daran interessiert, an einer stärkeren Zusammenarbeit der sowjetischen Wirtschaft mit dem Ausland (auch in Form direkter Unternehmenskooperation) teilzunehmen. Es ist sich aber des Umstandes bewusst, daß der Reformkurs ein sehr langfristiges Vorhaben darstellt und noch keineswegs alle innersowjetischen Widerstände dagegen überwunden sind.

3. Österreich begrüßt die Dynamisierung, die durch die Vorschläge von Generalsekretär Gorbatschow auf dem Abrüstungsgebiet herbeigeführt worden ist. Diese Vorschläge entsprechen weitgehend der grundsätzlichen österreichischen Politik, als Grundlage eines dauerhaften Friedens ein militärisches Gleichgewicht auf tiefstmöglichem Niveau anzustreben, wobei das Gleichgewicht auch nach jedem einzelnen Abrüstungsschritt gewahrt bleiben muss. Die sich in Abrüstungsforen und in einzelnen politischen Gesten abzeichnende Tendenz zu „glasnost" auch im militärischen Bereich wird von Österreich ebenso positiv eingeschätzt wie die zunehmende sowjetische Bereitschaft, für Fragen einer adäquaten Kontrolle von Abrüstungsabkommen befriedigende Lösungen zu finden. Die neue sowjetische Abrüstungspolitik hat jedoch auf die östlichen Verbündeten noch keine unmittelbaren Auswirkungen gezeigt. Die militärische und abrüstungspolitische Vormachtstellung wird von der SU nach wie vor uneingeschränkt beansprucht, erscheint auch tatsächlich ungebrochen und ist in den Positionen der anderen WP-Staaten vor bilateralen und multilateralen Abrüstungsforen deutlich spürbar.

4. Die Reaktionen auf den sowjet. Reformkurs in den übrigen WP-Staaten sind primär durch die jeweiligen Interessenslagen der Verbündeten bedingt. Der polnische AM hat sich gesprächsweise dahingehend geäußert, daß – vielleicht mit Ausnahme Rumäniens – alle Paktstaaten dem Reformkurs gegenüber prinzipiell positiv eingestellt seien.

Gorbatschow selbst hat am 10.4. in Prag betont, daß kein Land eine Sonderstellung in der sozialistischen Welt und keine Partei ein Monopol auf Wahrheit habe; kein Land der sozialistischen Welt werde aufgefordert, die sowjet. Maßnahmen zu kopieren; jedes Land habe spezifische Züge und nationale Eigenheiten und/oder habe einige der relevanten Fragen bereits gelöst bzw. löse sie auf seine Art. Trotzdem entspreche der Umbau dem tiefsten Niveau des Sozialismus.

5. In Ungarn und Polen hat der Gorbatschowsche Reformkurs das positivste Echo gefunden, wobei in beiden Fällen die Rückendeckung für die eigene (eigenständige?) Reformpolitik angenehm vermerkt wird. Jaruzelski erscheint derzeit als der konsequenteste Verfechter des Gorbatschowschen Reformkurses außerhalb der SU. Bulgarien setzt (ebenfalls schon früher begonnene) Reformmaßnahmen in zunehmendem Tempo fort, wobei manche Maßnahmen überstürzt wirken, die ČSSR hat sich – nach einigem Zögern – zu einem vorsichtigen Reformkurs bekannt und erste legistische Schritte in diese Richtung unternommen (neues Gesetz über die Staatsbetriebe). Die kühlste Reaktion unter dem WP-Verbündeten ist bisher (abgesehen von Rumänien) in der DDR feststellbar: Honecker ist offenbar der Meinung, mit den in der DDR eingeführten systemstabilisierenden Wirtschaftsreformen das „Reformsoll" schon erfüllt zu haben.

6. Mittel- und längerfristig dürfte <u>sowjetisches Einwirken auf die Verbündeten vor allem im Wirtschaftsbereich</u> zunehmen, was sich primär durch RGW-Erfordernisse (Komplexprogramm, gemeinsame Unternehmungen, wechselseitige Abstimmung der Fünf-Jahr-Pläne) ergibt. Versuche zur Einflussnahme beim „<u>Demokratisierungsprozess</u>" […] [könnten] in dem einen oder anderen WP-Staat zu Unsicherheiten, Destabilisierung, ja sogar Unruhen führen […], was der von Gorbatschow offensichtlich angestrebten „<u>Ruhigstellung der Außenpolitik</u>" diametral entgegenlaufen und vor allem den Reformgegnern in der SU zusätzliche Argumente liefern würde.

7. <u>Reformierte Kreise innerhalb des RGW</u> sind sich des Umstandes bewusst, daß gewisse Strukturen und Prinzipien des östlichen Wirtschaftsbündnisses grundlegender Änderungen bedürfen, um sie tatsächlich zu einer Wirtschaftsgemeinschaft zu machen, die als solche ihrerseits verstärkte Impulse zu Reformen der nationalen Ökonomien der Mitgliedsländer geben könnte. Die diesbezüglich weitestreichenden Vorschläge stammen von <u>Ungarn</u>, z.B.:

Einführung von Elementen eines multilateralen Zahlungsverkehrs;

Stärkung des Transfer-Rubels (Vorbild: EG-ECU);

stufenweise Einführung eines „freien gemeinsamen Marktes".

Die Vorschläge sind dazu geeignet, <u>Ansätze zu supranationalen Befugnissen</u> oder zumindest die Einführung von Mehrheitsbeschlüssen mit sich zu bringen. Ungarn kritisiert namentlich die RGW-Bürokratie sowie die in manchen Produktionsbereichen geschaffenen nationalen <u>Monopole</u>.

Strikt gegen gewisse Reformvorschläge wendet sich <u>Rumänien</u> (so etwa MP Dăscălescu bei der RGW-Tagung Mitte Oktober d.J. in Moskau); insbesondere tritt es für die Beibehaltung des Prinzips der Einstimmigkeit bei allen Beschlüssen und auch bei Änderung der Statuten ein. Eine Nichtbeachtung dieses Standpunktes könnte zu <u>schweren Konsequenzen für die Existenz der Organisation</u> führen".

Zusammenfassende Wertung

Es kann davon ausgegangen werden, daß die Politik der Umgestaltung in den meisten osteuropäischen Ländern – trotz bestehender Widerstände – eine nur mehr <u>schwer reversible Eigendynamik</u> entwickelt; je nach nationalen Voraussetzungen wirkt sie <u>mit unterschiedlichen Geschwindigkeiten</u> in den einzelnen Bereichen. Am <u>sichtbarsten</u> sind bisher folgende <u>Veränderungen</u>:

- Stil der Präsentation der Politik;
- realistischere Sprache;
- größere journalistische und künstlerische Freiräume (Überwindung bestimmter „Tabus");
- Neubewertung der Geschichte (Schlagwort: „Weiße Flecken"; Beispiele: UdSSR – Stalinismus; Polen – Hitler-Stalin-Pakt, Katyn; DDR – Luther, Friedrich II., Bismarck; ČSSR – Masaryk);
- verstärktes Eingehen auf Menschenrechtsfragen;

- Mehrfachkandidaturen, Wahl statt Ernennung gewisser Funktionäre bzw. Betriebsleiter, plebiszitäre Versuche (z.B. Polen) als Erscheinungsform der „sozialistischen Demokratie";
- stärkere Motivation der Eigeninitiative.

Dokument 144

Sowjetische Außenpolitik unter GORBATSCHOW; mehr Bewegungsspielraum für Bruderstaaten

GZ 225.02.02/12-II.3/87, Zl. 332-Res/87, ÖB Budapest, 29. Oktober 1987

Generelle Einschätzung des Gorbatschow-Kurses

Ungarn nimmt für sich in Anspruch, die als Gorbatschow-Kurs bezeichnete Entwicklung schon angesteuert bzw. in Angriff genommen zu haben, ehe dieser in der Sowjetunion zum Programm erhoben wurde. Perestroika und Glasnost in der Sowjetunion bedeuten für Ungarn daher Rückenstärkung und Bestätigung der Richtigkeit des eigenen Kurses. Seit Beginn dieser Entwicklung hat auch die offene oder versteckte Kritik an Ungarn durch Staaten wie die ČSSR und gelegentlich auch durch die DDR aufgehört. Am Gelingen der Bestrebungen Gorbatschows besteht deshalb allergrößtes Interesse. Dem Vernehmen nach gibt es im ungarischen Polit-Büro Besorgnisse über das Gelingen des vom Parlament Mitte September 1987 gebilligten Reformprogramms und Wirtschaftskurses, da ein Fehlschlag die Entwicklung in der Sowjetunion negativ beeinflussen und die Gegner der Perestroika-Politik stärken könnte – mit den zu erwartenden negativen Auswirkungen auf Ungarn.

Aus ungarischer Sicht trägt der Gorbatschow-Kurs dazu bei, die WP-internen Beziehungen zu entkrampfen, die nationalen Interessen besser und realistischer als bisher wahrzunehmen und letztlich erhofft man sich davon eine Stärkung des gemeinsamen Gefüges.

Ungarn hat vor 10 Tagen auf der Sondertagung des RGW in Moskau – auf der Ebene der Regierungschefs der Mitgliedstaaten – eine Reihe radikaler Änderungsvorschläge für ein besseres Funktionieren des RGW gemacht, damit aber (noch) nicht allzu viel Erfolg gehabt. Man rechnet in Budapest mit einer Entwicklung von mehreren Jahren, ehe greifbare und effektive Änderungen eintreten werden.

Entwicklung des Handlungsspielraums für Ungarn

Der Handlungsspielraum hat sich für Ungarn im Laufe der letzten Jahre spürbar erweitert. Ungarn nimmt auf der KSZE-Folgekonferenz in Wien in Fragen der Menschenrechte die konstruktivste und toleranteste Haltung unter allen WP-Staaten ein. Die Praxis selbst mag nicht immer ganz den westlichen Vorstellungen entsprechen, wenn z.B. Oppositionelle Schwierigkeiten haben, eine Ausreisebewilligung zu erhalten oder eine Publikation zu veröffentlichen. Allgemein besteht der Eindruck, daß sowohl aufgrund der eigenen Weiterentwicklung wie unter dem Einfluss der Vorgänge in der Sowjetunion diesbezüglich in den letzten Jahren spürbar eine weitere Verbesserung eingetreten und mehr Toleranz wahrzunehmen ist.

Vorbeugende Maßnahmen der Polizei bei bestimmten Anlässen verhindern ohnedies von vorneherein ein Ausufern oppositioneller Tätigkeiten. Die größere Toleranz kommt u.a. in der Duldung von Umweltschutzaktivitäten durch „Grüne" zum Ausdruck. Die von Ministerpräsident GRÓSZ angekündigten Ausreiseerleichterungen ab 1.1.1988 tragen vor allem innenpolitischen Bedürfnissen Rechnung, sollen aber auch einen konstruktiven Beitrag und ein Vorbild für andere sozialistische Staaten im KSZE-Prozeß darstellen.

Als Besonderheit in letzter Zeit wird angeführt, daß sich am 3./4. Oktober d.J. 21 Erzherzöge aus dem Hause Habsburg vornehmlich ungarischer Deszendenz (so die Ausdrucksweise eines kirchlichen Informanten) in Budapest aufhielten, um an der Einweihung der Kapelle in der Burg teilzunehmen. Sie wurden von ungarischer Seite zuvorkommend behandelt und es wurden ihnen die Sichtvermerke, soweit erforderlich, kostenlos erteilt.

Die Erweiterung des Handlungsspielraums kommt auch in einer etwas grösser gewordenen Rolle des Parlaments zum Ausdruck, wo die Auseinandersetzungen mit den Sachthemen inhaltvoller und tiefgründiger werden und wo es seit 2 Jahren bei Abstimmungen Gegenstimmen und Stimmenthaltungen gibt. Hinter dieser zumindest formalen Aufwertung des Parlaments steht das Bestreben der Partei, sich etwas im Hintergrund zu halten und den Anschein einer größeren Selbständigkeit des Parlaments zu geben. Überhaupt ist viel von Demokratisierung die Rede, doch halten die Fakten und Entwicklungen [mit] den Parolen, wie auch in vielen anderen Bereichen, nicht Schritt.

Im Bereich der Wirtschaftspolitik- und Organisation steuert Ungarn mit der Einführung der Mehrwertsteuer und der persönlichen Einkommenssteuer ab 1.1.1988 einen Kurs, der das marktwirtschaftliche Element, das schon seit Jahren propagiert wird, institutionell stärker verankert. Auch das vor Jahresfrist eingeführte Insolvenzgesetz ist in diesem Zusammenhang zu erwähnen.

Die Dezentralisierung der Unternehmungen und damit Befreiung von der Bevormundung der Zentralbehörden – ausgenommen ca. 25 % der Unternehmungen wegen ihrer staatswichtigen Funktion wie z.B. große Versorgungs- und Rüstungsbetriebe – und dadurch erhöhte Eigenverantwortung sowie Selbstständigkeit haben den Einfluss der Partei etwas zurückgedrängt; die Entwicklung ist noch nicht als abgeschlossen zu betrachten.

In der Tagespolitik ist ein Einfluss des Militärs kaum spürbar. Die Aufrechterhaltung des militärischen Bereitschaftszustandes erfolgt in dem Maße, als es im Rahmen der WP-Verpflichtungen gerade unerlässlich ist. Die Kommandostrukturen und die Befehlsstränge des WP sind nach wie vor vom Moskauer Generalstab dominiert. Von den finanziellen Sparmaßnahmen der Regierung ist nicht zuletzt das Militär betroffen. Eine Karriere im militärischen Dienst gilt in Ungarn nicht als etwas Erstrebenswertes. Der Offiziersstand genießt nicht dasselbe Ansehen wie dies in der Sowjetunion der Fall ist.

Die Existenz des Staatssicherheitsdienstes lässt sich nicht leugnen, er hält sich zwar im Hintergrund, seine Rolle und sein Einfluss haben zumindest in den letzten Jahren wohl nicht zugenommen, aber auch nicht abgenommen.

Einer weitgehenden wirtschaftlichen Liberalisierung und Reformfreude steht ein weiterhin starrer Sicherheitsapparat nach altem Muster gegenüber. Spannungen ergeben sich aus den zunehmenden Einkommensunterschieden zwischen Machtträgern und der Funktionärsschicht einerseits und dem durch die Wirtschaftsliberalisierung hochgestemmten Personenkreis andererseits, der kaum parteipolitische oder ideologische Bindungen hat.

Bilaterale Beziehungen vor allem mit westlichen Staaten

In seinen Außenbeziehungen nimmt Ungarn natürlich sorgfältig auf seine Zugehörigkeit zum WP und RGW Bedacht. In den letzten Jahren hat Ungarn sich aber in zunehmendem Maße Freiräume zu schaffen und zu nutzen verstanden. Seine Bestrebungen, zu einer Regelung mit den EG zu kommen, gehören ebenso dazu wie die offizielle Kontaktaufnahme mit dem ER, eingeleitet durch den Besuch des Generalsekretärs des ER in Budapest im Juni 1987 über Einladung der Ungarischen Akademie der Wissenschaften. Waren bisher aus ungarischer Sicht die Beziehungen zu Österreich und Finnland Paradebeispiele seiner Außenpolitik, so machte besonders der Besuch des Ministerpräsidenten GRÓSZ in der BRD Anfang Oktober d.J. deutlich, daß der Spielraum der ungarischen Außenpolitik grösser geworden ist. Ungarn nützt in konsequenter Weise diesen Spielraum, um seine Zugehörigkeit zum Westen und besonders zum mitteleuropäischen Raum im allgemeinen Bewusstsein zu verankern. Es dient damit seinen außenpolitischen Interessen und trägt gleichzeitig dem Denken und den Empfindungen des überwiegenden Teils der Bevölkerung Rechnung. Diesen Spielraum hat sich Ungarn selbst geschaffen, nicht zuletzt dadurch, daß es ihm gleichzeitig gelungen ist, das Vertrauen der Sowjetunion zu behalten. Eine direkte Beeinflussung der Sowjetunion scheint nicht oder nur selten gegeben, wohl aber ist es gerechtfertigt von einer wechselseitigen Beeinflussung – erleichtert durch die allgemeine Ost-West-Entspannung – zu sprechen.

Breschnew-Doktrin

Bei einem Gespräch mit Vizeaußenminister KOVÁCS am 27. Oktober d.J. widersprach dieser nicht der Meinung, daß u.a. der Besuch von Ministerpräsident GRÓSZ in Bonn mit den hiebei erzielten Ergebnissen einen seit einiger Zeit grösser gewordenen Spielraum der ungarischen Außenpolitik erkennen lasse. Auf die Frage, ob dieser Spielraum, falls sich irgendwie der weltpolitische Himmel verfinstere, nicht durch die Breschnew-Doktrin wieder eingeengt werden könne, antwortet Vizeminister KOVÁCS wörtlich: „The Breshnev doctrine is not anymore valid". Die Sowjetunion habe selbst – nicht zuletzt durch ihre Afghanistan-Politik – erkannt, daß sie Fehler gemacht habe, und die Breschnew-Doktrin kein Allheilmittel sei. […]

Dokument 145

Sowjetische Außenpolitik unter GORBATSCHOW; mehr Bewegungsspielraum für Bruderstaaten? Lage in Bulgarien

GZ 225.03.00/70-II.3/87, Zl. 267-RES/87, ÖB Sofia (Tarter), 2. November 1987

Um die Auswirkungen des GORBATSCHOWschen Kurses auf die Beziehungen Bulgariens mit der Sowjetunion richtig einzuschätzen, muß man sich vor Augen halten, daß zwischen diesen beiden Ländern ein besonderes, historisch fundiertes Naheverhältnis besteht, das in vielen Bereichen über das im Ostblock übliche Maß hinausgeht. Die Sowjetunion besitzt in Bulgarien einen ihrer verläßlichsten Bündnispartner.

Die hiesige Führung ist seit jeher bestrebt, alle Moskauer Strömungen abzuwägen und möglichst zeitgerecht auf die als richtig empfundene Tendenz zu reagieren. Die vor etwa zwei Jahren einsetzende bulgarische Reformbewegung bildet keine Ausnahme. Zuletzt diente diesem Zweck die Kurzreise Todor SCHIWKOWs nach Moskau am 15. Oktober 1987 […].

Natürlich stellt sich im Zusammenhang mit der Perestroika unter den hiesigen Beobachtern die Frage nach einem vergrößerten innen- und außenpolitischen Handlungsspielraum. Die Bandbreite, um die es sich hiebei handelt oder noch handeln könnte, erscheint jedoch vergleichsweise gering, die Bereitschaft Bulgariens, den Wünschen Moskaus nachzukommen, nach wie vor so groß, daß die BRESCHNEW-Doktrin nicht in Frage steht.

Ferner wäre einzuschränken, daß einige konkrete Indizien einer Ausweitung der Handlungsbefugnisse für die bulgarische Führung nicht als die alleinige Folge des GORBATSCHOW'schen Kurses anzusehen sind, sondern vielmehr auch aus dem Blickwinkel des Zusammenspiels anderer internationaler Ereignisse und Entwicklungen gewertet werden müssen, wie etwa der sich anbahnenden Entspannung im Ost-West-Verhältnis oder des Helsinki-Prozesses. Schließlich darf nicht außer Acht gelassen werden, daß in Bulgarien immer noch ein gewisser Nachholbedarf an Image-Bildung (Verwicklung in das Papst-Attentat, in die internationale Drogen- und Waffenszene, Unterdrückung der türkischen Minderheiten, sonstige Menschenrechtsverletzungen) besteht, der unabhängig von bestehenden WP-internen Tendenzen ein individuelles Herangehen an bestimmte Probleme verlangt. Nach wie vor übt das auch in der Öffentlichkeit sehr stark verankerte National- und Traditionsbewußtsein in der Gestaltung der bulgarischen Außen- und Innenpolitik einen starken Einfluß aus.

Rein prozedural gesehen, steht der bulgarische Reformprozeß gegenwärtig in einer Übergangsphase:

Nachdem bereits zum Jahreswechsel und danach wichtige Weichen zur Einleitung der wirtschaftlichen Reformen (selbstverwaltende Organisationen, Dezentralisierung) gestellt worden waren, sind seit dem Juliplenum 1987 auch politische Veränderungen, soferne sie durch einfache Gesetze verfügt wurden, eingeleitet, teilweise bereits vollzogen worden. Hiezu zählen die strukturellen und personellen Veränderungen in der Regierung, die neue Territorialordnung, Abschaffung der Machtattribute etc. Jene Neuerungen, die einer Änderung der Verfassung bedürfen (Neuregelung der Befugnisse des Staatrates – möglicherweise sogar dessen Abschaffung – und der Volksversammlung, Reform des Wahlrechtes, wie vor allem die in letzter Zeit von SCHIWKOW persönlich wiederholt geforderte Restrukturierung der Partei) lassen auf sich warten. Ein zu diesem Zweck für Ende d.J. vorgesehener außerordentlicher Parteikongreß der BKP wurde kürzlich vertagt.

Was die Frage nach innen- und wirtschaftspolitischen Lockerungen betrifft, so besteht derzeit noch eine große Divergenz zwischen den beschlossenen Normen und gegebenen Absichtserklärungen einerseits sowie der Praxis andererseits.

Im Wirtschaftsbereich herrscht nach wie vor große Unsicherheit, da sich das mittlere, vielfach auch das obere Management den durch die Selbstverwaltung gestellten neuen Aufgaben, wie eigenständige Planung, Investition, Finanzierung und vor allem Vermarktung der Produkte, nicht immer gewachsen fühlt und ihm mangels Trainings oft die nötige Risikobereitschaft fehlt. Ein namhafter Spitzenfunktionär des hiesigen Außenministeriums kommentierte die Lage kürzlich so, daß die positive Seite der Reformen in gewissen Lockerungen für die einzelnen Unternehmen, etwa im vereinfachten Verkehr mit ausländischen Partnern, in der Rohstoffbeschaffung und im Marketing bestehe, die durch den Prozeß entstandene allgemeine Konfusion jedoch auch vieles erschwere. [...]

Obgleich Beobachter, die mit der Lage in Bulgarien ebenso wie in der Sowjetunion persönlich vertraut sind, einmütig festhalten, daß Glasnost dort weiter fortgeschritten sei als hier, ist doch eines der auffallendsten Merkmale der bulgarischen Reformbewegung die beginnende Lockerung in der öffentlichen Berichterstattung. Heute scheint es den Medien möglich, gewisse ausgewählte Probleme und Mißstände erstmals zur Diskussion zu stellen. So beschäftigte sich ein Leitartikel der Wochenzeitung für Kultur und Politik „Pogled" mit der Frage der Transparenz innerhalb der Armee, zu denen Generalstabschef SEMERDSCHIEV Stellung nahm, dabei aber deutliche Grenzen zwischen den Bereichen zog, die der Öffentlichkeit zugänglich sein bzw. jenen, die der militärisch Geheimhaltung unterliegen müßten.

Auch zeigen sich in letzter Zeit gewisse Ansätze einer Öffnung im kulturellen Bereich und hier vor allem auf dem Gebiet der Literatur, wo hinsichtlich der Transparenz wohl der größte Nachholbedarf besteht. Ein Mitte Oktober erschienener Leitartikel des Chefredakteurs der wichtigsten bulgarischen Literaturzeitschrift forderte die Schriftsteller des Landes auf, in Hinkunft verstärkt Probleme zu behandeln, die ihnen zwar vertraut sind, die sie aber bisher nicht anzutasten gewagt hätten. Als Beispiele führt er die Umweltverschmutzung durch die rumänische chemische Industrie (die öffentliche Anprangerung eines benachbarten Bruderlandes wäre hier in den Jahren zuvor kaum denkbar gewesen), aber, was noch wesentlicher scheint, die Behandlung sensibler Themen aus der unbewältigten Vergangenheit Bulgariens (z.B. Prozeß gegen den parteiinternen Opponenten des moskautreuen Flügels, Trajtscho

KOSTOW, 1947) an. Das Parteiorgan „Rabotnitschesko Delo" selbst forderte kürzlich eine verstärkte Transparenz im Theaterwesen.[1]

Grundsätzlich scheint die bulgarische Presse in ihrer Berichterstattung etwas differenzierter geworden zu sein, obgleich sich alle erkennbaren Öffnungen nach wie vor in ein geplantes, wohldurchdachtes Informationsschema fügen. Es steht kaum zu erwarten, daß etwaige journalistische Abenteurer der zentralen Kontrolle entgleiten könnten. Auch dieser Vorgangsweise kann nicht allein das Bestreben nach Imitation der Moskauer Entwicklung zugrunde gelegt werden, eine wesentliche Rolle spielt dabei auch das Bewußtsein eines zunehmenden Mißtrauens der Öffentlichkeit gegen die von Staat und Partei kontrollierte Medienberichterstattung, eine Erscheinung, die seinerzeit im Falle Tschernobyl besonders deutlich zum Vorschein kam.[2] […]

Von einer Lockerung im Bereich der Menschenrechte zu sprechen wäre angesichts der fortgesetzten Unterdrückung der immerhin etwa 1/10 der Bevölkerung zählenden türkisch-moslemischen Volksgruppe vermessen. Die eklatante Verletzung eines der wichtigsten Menschenrechte, nämlich des Schutzes ethischer Gruppen, Hand in Hand gehend mit der Leugnung der Existenz derselben, steht nicht nur im Widerspruch mit den Dokumenten von Helsinki und Madrid, sondern teilweise sogar mit den Bestimmungen der eigenen Verfassung. Es bestehen vielmehr Befürchtungen, daß gewisse im Zuge der letzten Reformen gesetzte Maßnahmen auf eine weitere Schlechterstellung der türkischen Minderheit abzielen. Sicherlich trifft dies für die neue Territorialaufteilung zu, bei der Verwaltungseinheiten mit überwiegend türkischem Bevölkerungsanteil aufgelöst wurden. Ferner wird in der Wiedereinsetzung des 3. März (Frieden von [San] Stefano) als nationalen Feiertages, der im Jahre 1944 vom damaligen Parteichef Georgi DIMITROV als „Relikt einer chauvinistischen Haltung" abgeschafft worden war, ein erneutes Aufleben alter Ressentiments erblickt. Schließlich befürchtet man auch, daß durch die gegenwärtig in Ausarbeitung stehende Verfassungsänderung auch die letzten Bestimmungen, die Staatsbürgern nicht-bulgarischer Abstammung gewisse Rechte zusichern, fallen könnten […].

Demgegenüber wiegen gelegentliche Verbesserungen bei der Behandlung humanitärer Härtefälle, wie sie mit den meisten westlichen Ländern, darunter auch mit Österreich, bestehen, nicht sehr schwer. Die Hintergründe für eine verstärkte

---

[1] Weitere Öffnungen in den Bereichen Kultur, Bildung und Wirtschaft werden anläßlich des 1989 vorgesehenen 5. bulg. Kulturkongresses erwartet. (Diese Fußnote ist vom Akt übernommen.)

[2] Die im Anschluß an die Kraftwerkskatastrophe in der Ukraine viel zu spät – da offenbar in Abstimmung mit der Sowjetunion – erfolgten Eingeständnisse der bulgarischen Medien, die Hand in Hand mit der Verkündung der (ebenfalls zu spät) verfügten Schutzmaßnahmen gingen, erweckten unter den Bewohnern Sofias große Verunsicherung, an der auch die in der Folge erschienenen beschwichtigenden Pressestimmen, nichts mehr zu ändern vermochten. Die damals gewonnenen Erkenntnis, daß man länger als eine Woche über das tatsächliche Ausmaß der Katastrophe im unklaren gelassen und somit die Möglichkeit, entsprechende Schutzmaßnahmen zu ergreifen, beraubt worden war, führte dann zu einer Erschütterung des öffentlichen Vertrauen in die eigene Presse […]. (Diese Fußnote ist vom Akt übernommen.)

Bereitschaft zur rascheren Lösung solcher Fälle liegen wohl eher im Helsinki-Prozeß als im GORBATSCHOW'schen Reformkurs, oder lassen sich gar aus jeweiligen bilateralen Erwägungen erklären.

Von <u>Perestroika oder Glasnost im Staatssicherheitsdienst</u> ist <u>nicht die leiseste Spur erkennbar</u>. Im Bereich des Militärs lassen sich aufgrund hiesiger Zeitungsmeldungen gewisse Ansätze erkennen […], denen jedoch nur sehr geringe Bedeutung beigemessen werden sollte.

Von <u>wirklichen Auswirkungen der sowjetischen Reformpolitik auf die bilateralen Beziehungen Bulgariens zu den westlichen Ländern kann derzeit kaum gesprochen werden</u>. Bulgarien ist seit jeher an einem Ausbau dieser Beziehungen interessiert und in seinen diesbezüglichen Bemühungen keineswegs erfolglos geblieben. Staaten, an denen ein geopolitisches (GR) oder ein historisch fundiertes Interesse (BRD, Österreich) besteht, genießen einen gewissen Vorrang. Wenn die Entwicklung manchmal nicht ganz den bulgarischen Erwartungen entsprach, so lag das weniger am Einfluß Moskaus als an mangelndem Interesse der jeweiligen Länder (Benelux) oder an Schwierigkeiten, die Bulgarien größtenteils selbst verantworten mußte (TR, YU). Wo aufgrund der verbesserten Konstellation im Ost-West Verhältnis eine Aufwertung der Beziehungen möglich war (USA, BRD), hat Bulgarien seine Chancen jedenfalls zu nützen verstanden.

Hingegen scheint es überlegenswert, ob nicht die westlichen Staaten von sich heraus versuchen sollten, in ihren Beziehungen zu Bulgarien unter Berufung auf die Moskauer Tendenzen verschiedene Lockerungen anzupeilen. Hier böte sich primär der wirtschaftliche Bereich an. Ansätze sind vorhanden. So habe die bulgarische Seite dem im August 1987 hier zu Besuch weilenden Wirtschaftsminister der BRD, BANGEMANN, zugesichert, alles zu tun, um die Arbeitsbedingungen für bundesdeutsche Firmenvertreter zu erleichtern. Man anerkenne bulgarischerseits, daß die Anbindung von Firmenvertretungen an die bulgarische Staatshandelsorganisation „Interpred" nicht zielführend gewesen sei, und denke daher daran, selbstständige Firmenvertretungen zuzulassen.[3]

Als weiter gestecktes Ziel könnte auch ein freierer Zugang der hiesigen Diplomaten in Sofia zur Bevölkerung sowie die Erhöhung der Anzahl jener Behörden, mit denen die Verteidigungsbehörden direkt verkehren dürfen (z.B. Universitäten etc.), angestrebt werden. Vorläufig scheint es aber so, daß Botschaftsangehörige in Bulgarien heute mehr Freiheit besitzen als in der Sowjetunion (wo beispielsweise das Moskauer Stadtgebiet ohne Genehmigung nicht verlassen werden kann).

Über die sich für Bulgarien ergebenden Auswirkungen der GORBATSCHOWschen Reformpolitik auf die Beziehungen zu den WP-Staaten kann aus hiesiger Sicht kaum etwas berichtet werden, da sich die in Sofia akkreditierten osteuropäischen Diplomaten in diesen, wie in anderen Fragen einer besonderen Zurückhaltung befleißigen und auch von den bulgarischen Gesprächspartnern so gut wie keine

---

[3] Die Erfüllung dieser Zusicherung erschiene angesichts der Monopolstellung, die die staatl. Vertretung ausländischer Firmen „INTERPRED" hier einnimmt und die laufend zu Klagen führt, besonders wertvoll. (Diese Fußnote ist vom Akt übernommen.)

substantiellen Aussagen zu erhalten sind. Immerhin scheint Bulgarien in seinen RGW-internen Beziehungen bestrebt, den Moskauer Kurs zu nützen. Es ist bekannt, daß sich die bulgarische Seite in jüngster Zeit für eine Vereinfachung, vor allem Beschleunigung, der Mechanismen innerhalb des Rates einsetzt. Außenminister MLADENOV forderte im außenpolitischen Bericht an die Volksversammlung im Juli 1987, daß die „neue Dynamik der innerpolitischen Entwicklung" in den sozialistischen Ländern auch im RGW ihren Niederschlag finden müsse. Offenbar findet Bulgarien hier jedoch nicht die Zustimmung aller Bündnispartner.

Zusammenfassend kann gesagt werden, daß Bulgarien nicht zuletzt infolge seiner ausgeprägten Bündnistreue zur Sowjetunion eine weitgehende Koordinierung seines eigenen Reformprogrammes mit jenem der Sowjetunion unter GORBATSCHOW verfolgt, doch bestehen in beiden Ländern unterschiedliche Voraussetzungen. Auf dem Wirtschaftssektor wurden die gesetzlichen Grundlagen für einen breiteren Handlungsspielraum bereits Anfang 1986 geschaffen und gewisse Maßnahmen vollzogen, seit Sommer 1987 auch politische Reformen in Angriff genommen. Manche Abläufe, sofern sie Änderungen der Verfassung oder der Parteistruktur umfassen, scheinen vorübergehend ins Stocken geraten. Erweiterungen im Handlungsspielraum, vor allem in den Bereichen Kultur und Information, wo Bulgarien noch hinter der Sowjetunion zu liegen scheint, sind zu erwarten. Wo nationale Interessen überwiegen (Minderheitenfrage), wird die harte Linie fortgesetzt. Von einer möglichen Überwindung der BRESCHNEW-Doktrin könnten sich in Hinkunft günstigere Voraussetzungen ergeben, um ihre Tätigkeit, vor allem im Bereich der wirtschaftlichen, möglicherweise auch der kulturellen Beziehungen, auszuweiten. […]

Dokument 146
Österreich-Ungarn; politischer Meinungsaustausch des Herrn Generalsekretärs mit Staatssekretär Horn (30.10.); Teil I: Internationale Fragen

ÖStA, AdR, NL Agstner, GZ 517.00.22/18-II.3/87, BMAA Wien, 2. November 1987

Im Rahmen des politischen Meinungsaustausches des Herrn Generalsekretärs mit dem ungarischen Staatssekretär Horn am 30.10.1987 wurden folgende internationale Fragen berührt:

Sowjetisch-amerikanisches Verhältnis, Abrüstungsfragen:

Sts Horn verweist auf entscheidende Verbesserung der sowjetisch-amerikanischen Beziehungen, ungarischerseits hoffe man, daß dies ein irreversibler Vorgang wäre. Das nächste sowjetisch-amerikanische Gipfeltreffen sollte neben einer Unterzeichnung des INF-Abkommens auch eine Prinzipienerklärung für strategische Rüstungsreduktion erbringen. Nach ungarischer Einschätzung bestünde eine 70%ige Chance auf Ratifizierung des INF-Abkommens durch den amerikanischen Senat. Für GS Gorbatschow stellt dies einen wichtigen Faktor dar, weil damit seine Außenpolitik eine Stärkung erfahren würde und die von ihm angestrebte Rüstungsreduzierung erleichtert würde. Sts Horn stellte fest, daß der außenpolitische Kurs Gorbatschows in Moskau nicht ohne Widerspruch wäre.

Sts Horn würdigte in deutlichen Worten die Schlüsselrolle der BRD bei der Erzielung des INF-Abkommens (er sei sich hiemit völlig einig mit seinen sowjetischen Kollegen) und betonte in diesem Zusammenhang auch die wichtige internationale Rolle der Beziehungen BRD-Ungarn sowie der Beziehungen zwischen der BRD und den anderen osteuropäischen Staaten.

Rolle der kleinen und mittleren Staaten:

Insgesamt ist nach Sts Horn eine positive Rolle der kleinen und mittleren Staaten zu verzeichnen; sie würden im Konsultationsprozeß innerhalb der beiden Bündnisse eine verstärke Rolle spielen; innerhalb des Warschauer Paktes ergebe sich ein verstärkter Einfluss dieser Staaten auf die Politik der Sowjetunion. Ein Großteil der Ost-West-Beziehungen setze sich aus den Beziehungen der kleinen und mittleren Länder zusammen; in den letzten Jahren hätten diese Beziehungen ihre Unabhängigkeit von den Schwankungen im Verhältnis der Supermächte unter Beweis gestellt. Daraus hätten sich auch positive Auswirkungen in Richtung einer Normalisierung der Beziehungen zwischen den Supermächten ergeben.

Konventionelle Abrüstung:

Sts Horn betonte, daß Fragen der konventionellen Abrüstung für die Zukunft eine Schlüsselposition einnehmen werden; er sei durchaus einverstanden mit der westlichen Ansicht, daß konventionelle Rüstungskontrolle wichtiger sei als die nukleare Rüstungskontrolle. Schwierigkeiten ergeben sich hier auf Grund der angenommenen Asymmetrie der Rüstungen zwischen Ost und West. Es treffe zwar zu, daß der Warschauer Pakt in gewissen Bereichen überlegen wäre, jedoch stünde einer quantitativen Entwicklung im Osten eine qualitative Entwicklung im Westen (insbesondere Panzerabwehr) entgegen, woraus sich größte Schwierigkeiten für die Kräftebilanzierung ergeben. Ungarischerseits bestünde ernste Sorge über die qualitative Weiterentwicklung auf dem Rüstungssektor, da diese mit schweren budgetären Belastungen für den Osten verbunden wäre. […]

Rolle der N+N in den KSZE-Verhandlungen:

Diesbezüglich gebe es viele „Emotionen und Missverständnisse". Der europäische Entspannungsprozeß sei unvorstellbar ohne die Rolle der N+N. Weitere Verhandlungen über vertrauensbildende Maßnahmen können nur im Rahmen der „35" erfolgen. Damit gelte es zwei Ebenen zu entwickeln (Verhandlung der „23" über Rüstungskontrolle, Verhandlung der „35" zur Vertrauensbildung); zwischen diesen beiden Ebenen müsse ein kontinuierlicher Kontakt bestehen, dafür wäre eine entsprechende Formel zu finden.

Zu KSZE-Menschenrechte:

Sts Horn wandte sich gegen eine „weitere Eskalation" der westlichen Forderungen im Zusammenhang mit der von Moskau vorgeschlagenen Menschenrechtskonferenz, insbesondere eine Teilnahme oppositioneller Kräfte sei unvorstellbar. Die Abhaltung der Konferenz in Moskau wäre von großer Bedeutung für die weitere Verfolgung des Gorbatschowschen Reformkurses. […]

Zu Afghanistan:

Hier hätten sich wesentliche Veränderungen ergeben, für die Sowjetunion wäre die Aufrechterhaltung der Präsenz in Afghanistan keine Prestigefrage mehr, vielmehr sei das Afghanistan-Problem zu einer innenpolitischen Frage in der Sowjetunion geworden. Die Kernfrage wäre jedoch die Machtstruktur nach einem sowjetischen Truppenrückzug; es gelte ein zu erwartendes Blutbad zu vermeiden, darin läge die große Verantwortung der Sowjetunion. Pakistan und China wären seit einiger Zeit um eine Lösung des Konfliktes in konstruktiver Weise bemüht, der Iran habe seine Neutralität zugesichert. Entscheidend wäre jedoch das US-Verhalten. Hier bestünden Zweifel, ob die Ermöglichung eines sowjetischen Truppenrückzuges tatsächlich im amerikanischen Interesse läge. […]

Dokument 147

Österreich-Ungarn; politischer Meinungsaustausch des Herrn Generalsekretärs mit Staatssekretär Horn (30.1.); sowjetischer Reformkurs, Reformbemühungen im RGW

ÖStA, AdR, NL Agstner, GZ 517.00.22/18-II.3/87, BMAA Wien (Sucharipa), 2. November 1987

Im Zuge des politischen Meinungsaustausches des Herrn Generalsekretärs mit Staatssekretär Horn am 30.10.1987 wurden ungarischerseits (teilweise in Beantwortung entsprechender Fragen des HGS) folgende Ausführungen gemacht:

Die Entwicklungen in der Sowjetunion stellten eine klare Wende dar. Ungarn habe besonderes Interesse an diesen Entwicklungen, weil sich daraus eine starke Unterstützung für die eigenen ungarischen Reformbemühungen ergebe. Man könne von echten Wechselwirkungen zwischen den Entwicklungen in Moskau und den Reformen in Polen und Ungarn sprechen. Diese Wechselwirkung bestünde im positiven (aber im Falle eines Rückschlages auch im negativen) Sinn. Die Notwendigkeit der Veränderung werde in der Sowjetunion sehr ernst genommen, der Reformkurs sei daher keine taktische Maßnahme. Die wirtschaftliche Umgestaltung stoße auf große Schwierigkeiten. Sts Horn verwies auf öffentliche Unruhen in der Sowjetunion nach der Rede Gorbatschows in Murmansk, in der erstmals auf dieser Ebene die Notwendigkeit neuer Preisgestaltungen angesprochen wurde. Die Schwierigkeiten der Wirtschaftsreform ergeben sich vor alle dadurch, daß bislang keine konkrete Verbesserung der Lebensbedingungen der Einzelnen, sondern zum Teil sogar Verschlechterungen eingetreten wären. Die oberste Leitung strebe grundlegende Veränderungen an, jedoch bestünden schwere Widerstände im bürokratischen Apparat (18 Millionen Mann), der nicht umdenken könne und um seine Existenz fürchte. Gorbatschow müsse daher schrittweise vorgehen und könne somit bei seiner Reform nicht so rasch vorangehen, wie dies viele erhofften.

Im Westen (vor allem auch in den USA) hätte sich in letzter Zeit eine positivere Einstellung zu den Reformbemühungen Gorbatschows ergeben. Innerhalb des Warschauer Pakts würden Polen und Ungarn Gorbatschow am deutlichsten unterstützen. Von den anderen Warschauer-Pakt-Staaten könnte dies so eindeutig nicht festgestellt werden.

RGW-Reform:

Ungarn habe bei der 42. Außerordentlichen RGW-Tagung am 13. Oktober d.J. in Moskau eine harte Diskussion zu Fragen der Modernisierung des RGW ausgelöst. Der RGW müsse neue Formeln entwickeln, um den heutigen Anforderungen zu entsprechen. Insbesondere trete Ungarn für ein neues finanzielles Abrechnungssystem ein, das beispielsweise eine Verrechnung des bestehenden Handelsbilanzaktivums Ungarns gegenüber der Sowjetunion mit den bestehenden ungarischen Schulden gegenüber der ČSSR und Polen erlauben würde. Als weitere Reformmaßnahme müsse der RGW zu einer Neugestaltung der Preisverhältnisse (Anpassung an die Weltmarktpreise) gelangen.

Ungarn sei in seinen diesbezüglichen Bestrebungen von Polen und Bulgarien, nicht aber von den anderen RGW-Staaten unterstützt worden. Dementsprechend sei es mit seinen Vorschlägen auch (noch) nicht durchgedrungen. […]

Dokument 148
Sowjetische Außenpolitik unter Gorbatschow; mehr Bewegungsspielraum für Bruderstaaten

GZ 225.03.00/69-II.3/87, Zl. 729-RES/87, ÖB Moskau (Vukovich), 3. November 1987

Der von der sowjetischen Führung unter GS Gorbatschow eingeleitete Kurs der wirtschaftlichen und gesellschaftlichen Umgestaltung („perestroika"), der durch ein höheres Maß an „sozialistischer Demokratie" abgestützt und durch eine offenere Diskussion über Mängel und Probleme („glasnost") vorangetrieben werden soll, hat zweifellos Auswirkungen auf das Verhältnis innerhalb des Ostblocks wie auch auf die Entwicklung innerhalb jedes einzelnen Staates der „sozialistischen Gemeinschaft" (sieben WP-Staaten sowie Kuba, Mongolei und Vietnam). Diese Auswirkungen sind aber derzeit ebensowenig wie die Zukunft der sowjetischen „perestroika" in ihrem vollen Ausmaß absehbar.

Wenn Gorbatschow eine Meinungsvielfalt innerhalb des sozialistischen Rahmens („sozialistischer Pluralismus") für die UdSSR als erstrebenswert bezeichnet, da nur auf diese Weise das „schöpferische Potential des Sozialismus" voll ausgenutzt werden kann, so ist es nur konsequent, wenn der sowjetische Parteichef eine Pluralität von Meinungen und Konzepten auch innerhalb der sozialistischen Gemeinschaft als natürliche Erscheinung betrachtet.

In seiner Festrede aus Anlaß des 70. Jahrestages der Oktoberrevolution hat GS Gorbatschow dazu am 2.11.1987 folgendes erklärt:

„Die Welt des Sozialismus steht heute vor uns in ihrer ganzen nationalen und sozialen Vielfalt. Und das ist gut so und nützlich. Wir haben uns überzeugt, daß Einheit keineswegs mit Identität und Uniformität gleichzusetzen ist. Wir haben uns auch überzeugt, daß der Sozialismus kein „Modell" hat, nach dem sich alle richten würden, und auch keines haben kann."

Wenngleich die sowjetische Führung zweifellos von den mit ihr im Rahmen des Warschauer Paktes verbündeten osteuropäischen Staaten neben außenpolitischer Blockdisziplin und wirtschaftlicher Integration im Rahmen des RGW auch ein gewisses Maß an ideologischem Gleichklang verlangt, so ist heute doch ein größeres Verständnis der sowjetischen Führung für die wirtschaftlichen und gesellschaftlichen Entwicklungen innerhalb jedes einzelnen osteuropäischen Staates unübersehbar.

Die Schaffung eines effizienten Wirtschaftssystems in der UdSSR, das nicht bloß den wirtschaftlichen und technologischen Interessen der Supermacht UdSSR gerecht wird, sondern auch eine Befriedigung der materiellen und sozialen Bedürfnisse der sowjetischen Bevölkerung ermöglicht, soll das „internationale Ansehen und die Macht des Sozialismus" stärken. Zur Verwirklichung dieses Zieles haben auch die übrigen Staaten der sozialistischen Gemeinschaft nach Kräften beizutragen. Gorbatschow verlangt zwar von keinem Ostblockführer, das sowjetische „perestroika"-Modell blind zu kopieren. Er erwartet aber von allen Staaten der sozialistischen Gemeinschaft, daß sie – soferne sie dies nicht schon getan haben – den Weg wirtschaftlicher und gesellschaftlicher Reformen im Interesse ihrer eigenen Prosperität und der der sozialistischen Gemeinschaft beschreiten. Dabei können die mit der UdSSR verbündeten Staaten Osteuropas innerhalb bestimmter Grenzen einige durch nationale und historische Traditionen bedingte Wege bei der wirtschaftlichen und gesellschaftlichen Entwicklung gehen. Die „eigenen Wege" haben jedoch stets zur Voraussetzung, daß sie mit der politischen Stabilität dieser Länder (insbesondere Festhalten an der führenden Rolle der KP) vereinbar sind.

Die Mitgliedsstaaten des RGW haben sich bei einem Gipfeltreffen im Juni 1984 in Moskau zur Weiterentwicklung und Vertiefung der wirtschaftlichen und wissenschaftlich-technischen Zusammenarbeit verpflichtet. Dieser neue Anlauf zur wirtschaftlichen Integration der Staaten der sozialistischen Gemeinschaft resultierte einerseits aus Bestrebungen, zu enge wirtschaftliche Beziehungen einzelner osteuropäischer Staaten an den Westen, die zu wirtschaftlicher Verwundbarkeit durch Boykottmaßnahmen führen können, zu vermeiden. Andererseits ist er auch eine Folge verminderter Möglichkeiten der europäischen Ostblockstaaten, in den Westen zu expandieren, sowie schließlich deren Abhängigkeit von Energie- und Rohstoffbezügen aus der UdSSR. Die seit Anfang der 80er Jahre verschärften COMECON-Bestimmungen für den Transfer westlicher Technologie in den Osten haben zur Ausweitung der RGW-Integration auf den wissenschaftlich-technischen Bereich geführt.

Bei einem RGW-Arbeitsgipfel im November 1986 in Moskau wurden „neue progressive Formen des wirtschaftlichen Zusammenwirkens" sowie eine Vervollkommnung der Kooperation im Rahmen des RGW erörtert. Unter neuen

Formen der Zusammenarbeit werden insbesondere Direktkontakte zwischen Unternehmen und Forschungseinrichtungen der RGW-Staaten sowie die Schaffung von gemischten Unternehmen verstanden. Unterschiedliche Qualitätskriterien bei Industrieerzeugnissen im Intra-RGW-Handel, die Preisrelation zwischen Fertigwaren einerseits und Energie- und Rohstoffen andererseits sowie bedeutende Differenzen in den Wirtschaftsmechanismen der einzelnen RGW-Staaten machen jedoch eine weitere Vertiefung der sozialistischen Wirtschaftsintegration zu einem schwierigen Unterfangen.

Auf der Mitte Oktober 1987 in Moskau stattgefundenen 43. Ratstagung des RGW sind die Mitgliedstaaten dieser Wirtschaftsorganisation übereingekommen, „den Integrationsmechanismus schrittweise umzugestalten, unter Berücksichtigung der ökonomischen Bedingungen in den einzelnen Mitgliedsstaaten sowie nach Maßgabe deren Bereitschaft". Die mangelnde Bereitschaft einzelner RGW-Staaten zu Integrationsschritten soll die übrigen Mitgliedstaaten nicht daran hindern, solche zu setzen. Der von der 13. Ratstagung gebilligte „Beschluß zur Umgestaltung des Mechanismus der Zusammenarbeit und der sozialistischen Wirtschaftsintegration sowie der Tätigkeit des RGW" sei – wie von sowjetischer Seite betont wurde – auf „demokratischer Basis" zustande gekommen und stelle das Ergebnis kollektiver Bemühungen dar.

In der sozialistischen Gemeinschaft scheint man zur Erkenntnis gelangt zu sein, daß im Sinne eines Übergangs von der bisherigen „Kommandowirtschaft" zur Anwendung ökonomischer Prinzipien auch die RGW-Integration nur auf der Basis der Freiwilligkeit und wirtschaftlichen Interessiertheit aller Teilnehmer effizient funktionieren kann.

Der militärischen und außenpolitischen Integration der mit der UdSSR verbündeten osteuropäischen Staaten dient der Warschauer Pakt. Sein oberstes politisches Organ, der Politische Beratende Ausschuß (PBA), der in den 70er und frühen 80er Jahren in unregelmäßigen Abständen getagt hat, tritt seit einigen Jahren wieder ein bis zwei Mal jährlich zusammen. Ziel der außenpolitischen Integration ist die Angleichung der Positionen der WP-Staaten zumindest in allen grundlegenden Fragen der Außenpolitik (Kommuniqué der im Juni 1986 stattgefundenen Tagung der PBA: „.....immer aktiveres Zusammenwirken in den internationalen Angelegenheiten und bei der Ausarbeitung und Verwirklichung des abgestimmten außenpolitischen Kurses zur Gewährleistung der Sicherheit der Bevölkerung, zur Beseitigung der Gefahr eines Atomkrieges, zur Abrüstung und zur Festigung des Weltfriedens.")

Unter GS Gorbatschow ist die außenpolitische Integration im Rahmen des Warschauer Pakts durch eine deutliche Intensivierung der Konsultationsprozesse gekennzeichnet. So fanden im Zusammenhang mit sowjetisch-amerikanischen Gipfeltreffen und Außenministergesprächen zum Zwecke der Information der kleineren WP-Staaten Treffen auf höchster (Parteichef-)Ebene bzw. Tagungen des Außenministerkomitees des Warschauer Paktes statt. Bei der letzten Tagung des PBA (Ostberlin, 28. und 29.5.1987) wurde die Schaffung

– einer multilateralen Gruppe von Vertretern der WP-Staaten für „operative gegenseitige Informationen" und

– eine spezielle Kommission der WP-Staaten für Abrüstungsfragen bestehend aus Vertretern der Außen- und Verteidigungsministerien beschlossen. Diese neuen Organe sollen der „Vervollkommnung der außenpolitischen Kooperation" der WP-Staaten und der Mitwirkung aller WP-Staaten an der Ausarbeitung einer gemeinsamen Abrüstungspolitik dienen.

Die […] Frage, ob sowjetischerseits Ansätze zu einer Überwindung der „Breschnew-Doktrin"[1] zu erkennen seien, kann dahingehend beantwortet werden, daß die UdSSR wohl weiterhin zu einer „Verteidigung der sozialistischen Errungenschaften" in den mit ihr verbündeten osteuropäischen Staaten entschlossen ist, die Gründe für eine militärische Intervention aber heute wesentlich enger gefaßt sein dürften (höhere „Interventionsschwelle"). Da innerhalb der sozialistischen Gemeinschaft heute kein „Modell" mehr bindend vorgeschrieben ist, sind unterschiedliche wirtschaftspolitische und sozio-politische Konzepte für die UdSSR nichts Alarmierendes, solange an der führenden Rolle der KP festgehalten wird. Lediglich schwerwiegende Verstöße gegen politische und militärische Bündnispflichten wären für die UdSSR nach wie vor inakzeptabel. Es kann jedoch davon ausgegangen werden, daß die heutige sowjetische Führung, mit größerem Geschick als dies 1968 der Fall war, versuchen würde, eine Krise innerhalb des Warschauer Paktes politisch zu entschärfen.

Zusammenfassend kann das heutige Verhältnis der UdSSR zu ihren osteuropäischen Verbündeten wie folgt charakterisiert werden:

1. Politische und wirtschaftliche Integrationsmaßnahmen sind in zunehmendem Maße das Ergebnis kollektiver, auf „demokratischer Basis" getroffener Entscheidungen.

2. Für die Beziehungen der einzelnen mit der UdSSR verbündeten osteuropäischen Staaten zum Westen gibt es

a) auf wirtschaftlichem Gebiet, von mangelnden Devisen und Krediten abgesehen, keine wesentlichen aus der RGW-Integration resultierenden Barrieren. Das Argument der Vermeidung einer „Verwundbarkeit" der osteuropäischen Volkswirtschaften durch zu enge Westbindungen dürfte im Zuge einer Neubelebung der Ost-West-Entspannung wieder in den Hintergrund treten. Die weltwirtschaftliche Lage hat jedoch vor allem bei den weniger entwickelten RGW-Staaten das Interesse an der RGW-Integration verstärkt.

b) Im außenpolitischen Bereich sind die Bündnispflichten kein Hindernis für eine Fortsetzung eigener außenpolitischer Aktivitäten der kleineren WP-Staaten. (Beispiele: Westkontakte Ungarns, innerdeutsche Beziehungen, SED/SPD-Initiative

---

[1] In Gorbatschows Rede zum 70. Jahrestag der Oktoberrevolution findet sich folgende, etwas unklare, Aussage über die Gestaltung der Beziehungen zwischen den sozialistischen Ländern im Lichte „gesammelter Erfahrungen": „Das ist die strikte Einhaltung der Prinzipien der friedlichen Koexistenz durch alle. Eben darauf stützt sich die Praxis des sozialistischen Internationalismus." (Diese Fußnote ist vom Akt übernommen.)

zur Schaffung eines chemiewaffenfreien Korridors in Mitteleuropa und Jaruzelski-Plan). In Verbindung mit einer neuen Ära der Détente in den Ost-West-Beziehungen könnte das Osteuropa-Konzept Gorbatschows den kleineren WP-Staaten sogar ein bisher noch nie erreichtes Ausmaß an Westbeziehungen ermöglichen. […]

Dokument 149

Sowjetische Außenpolitik unter GORBATSCHOW; mehr Bewegungsspielraum für Bruderstaaten

GZ 225.03.00/68-II.3/87, Zl. 206-RES/87, ÖB Prag (Peterlik), 3. November 1987

Die Außenpolitik der ČSSR ist bei mehreren Konstanten determiniert, die einer Analyse des Handlungsspielraumes der ČSSR in der Führung ihrer Außenpolitik vorangestellt werden müssen, da sie den Rahmen abstecken, innerhalb dessen sich ein solcher Spielraum bewegen kann. Diese Fixpunkte sind einerseits die geopolitische Lage der ČSSR als Frontstaat des WP mit einer direkten Grenze an einen Mitgliedstaat der NATO und an ein neutrales Land, andererseits die „krisenhafte Entwicklung" des Jahres 1968 und die darauffolgende Normalisierung bzw. die „Lehren aus der krisenhaften Entwicklung", die daraus gezogen wurden.

Die geopolitisch-strategische Lage der ČSSR muss als mittel- bis langfristig unveränderbare Konstante betrachtet werden, die den Handlungsspielraum der ČSSR in der Führung ihrer Außenpolitik auf jenes Maß begrenzt, das mit den sicherheitspolitischen Interessen des WP, insb. der SU, vereinbar ist. Diese Schwelle wurde im Jahre 1968 überschritten, obwohl das Bündnis mit der SU und die Mitgliedschaft im WP nie in Frage gestellt wurden. Der im Zuge der nachfolgenden Normalisierung abgeschlossene csl.-sowj. Freundschaftsvertrag brachte für die ČSSR weitgehende Verpflichtungen und Bindungen mit sich, die nach wie vor gültig sind.

Generelle Einschätzung des Gorbatschow-Kurses

Ausgangspunkt für eine Analyse der Beziehungen zwischen der ČSSR und der SU zum gegenwärtigen Zeitpunkt ist der Besuch des Generalsekretärs der KPdSU, Michail Gorbatschow, in der ČSSR vom 3.–11.4. d.J. Es scheint, daß zu diesem Anlass die Weichen für das gegenseitige Verhältnis der beiden Staaten in ideologischer, politischer und wirtschaftlicher Hinsicht innerhalb des oben aufgezeigten Rahmens für einige Zeit gestellt wurden.

Das für die ČSSR wesentliche Ergebnis dieses Besuches liegt in der klaren Aussage Gorbatschows, daß „das gesamte System der politischen Beziehungen zwischen den sozialistischen Staaten konsequent auf der Basis der Gleichberechtigung und der gegenseitigen Verantwortung aufzubauen" sei. Wie Gorbatschow ausdrücklich erklärte, besitze keine einzige kommunistische Partei das Monopol auf Wahrheit, vielmehr habe jedes sozialistische Land seine spezifischen Züge und nationalen Bedingungen. Daher werde die SU auch niemanden auffordern, ihr System zu kopieren.

Somit entsteht der Eindruck, als interpretierte die SU ihr eigenes Modell der „perestroika" in der Weise, daß sie die damit verbundene Dezentralisierung wie in einem Modell konzentrischer Kreise auch auf die Bruderländer ausdehnt. Spezifische, nationale Bedingungen der sozialistischen Länder am Wege zur Vervollkommnung des Sozialismus werden anscheinend in stärkerem Maße akzeptiert, ebenso wie die Persönlichkeiten an der Spitze von Partei und Regierung, die diesen Weg bestimmen.

Entwicklung des Handlungsspielraumes für die ČSSR

Im Falle der ČSSR werden diese spezifischen Bedingungen maßgeblich von den Ereignissen des Jahres 1968 und der nachfolgenden Periode der „Normalisierung" bestimmt. Diese Normalisierungsperiode und die damals gezogenen „Lehren aus der krisenhaften Entwicklung" dürfen durch die heutigen Reformbestrebungen nicht in Frage gestellt werden, auch wenn diese zum Teil gerade an die Reformansätze des Jahres 1968 erinnern, die zu „krisenhaften Entwicklung" geführt haben. Heute scheint sich innerhalb der KPČ die Interpretation durchgesetzt zu haben, wonach die Stagnation in der Entwicklung der csl. Gesellschaft in den 60er-Jahren zu Reformbestrebungen geführt habe, die zwar dem Grunde nach berechtig wären, in der Folge jedoch eine „unkontrollierbare und gefährliche Entwicklung" eingeleitet hätten. Eine Wiederholung dieser Ereignisse müsse durch die gegenwärtig diskutierten Reformmaßnahmen verhindert werden.

Die im Zuge der Ereignisse des Jahres 1968 an die Macht gekommene Führungsgarnitur ist seit damals im wesentlichen unverändert geblieben. Bei der Beurteilung dieser, heute stark überalterten, Staats- und Parteiführung muss auch berücksichtigt werden, daß sie seinerzeit ihre Raison d'Être aus der „Normalisierung", d.h. aus der 68er-Reform, erhalten hat (wenngleich diese um einiges weiterreichend gewesen sein mögen als die heute zur Diskussion stehenden Umbaumaßnahmen), weswegen sie den jetzigen Reform-(Umbau-)Prozeß nur zögernd mitmacht.

Das hohe Alter und die persönlichen Erfahrungen der führenden Persönlichkeiten in Staat und Partei dürften somit hemmende Faktoren der Reformfreudigkeit der ČSSR darstellen, sodaß die Staats- und Parteiführung, die schon in der Vergangenheit wenig Flexibilität bewiesen hat, möglicherweise auch jetzt und in Zukunft wenig geneigt ist, die von Moskau vorgegebene Bandbreite des außenpolitischen Handlungsspielraumes überhaupt in ihrem ganzen Umfang in Anspruch zu nehmen.

— Wirtschaftsreform

Es ist festzuhalten, daß die Reformbestrebungen in der ČSSR zwar beinahe zur selben Zeit einsetzten wie in der SU, in ihrem Ausmaß und ihrer Tragweite jedoch deutlich hinter diesen zurückbleiben. Sowohl beim Besuch Gorbatschows in Prag als auch bei anderen Gelegenheiten wurde betont, daß die ČSSR das sowjetische Modell der Umgestaltung nicht vorbehaltlos kopieren, sondern unter ihren eigenen Bedingungen durchzuführen beabsichtige und dabei auf eigene, frühere Ansätze zurückgreife. Gegenwärtig stehen drei Gesetzesentwürfe betreffend die Umgestaltung der Staatsbetriebe, des landwirtschaftlichen Genossenschaftswesens und der Produzenten-, Konsumenten- und Wohnbaukooperativen zur öffentlichen Diskussion. Nur ein einziges Mal wird dabei auf das vergleichbare sowjetische Gesetz verwiesen, während in allen Entwürfen ausführlich Bezug auf die Beschlüsse des XVII. Parteitages der KPČ (April 85) genommen wird.

– Menschenrechte

Einer Betrachtung der Menschenrechtssituation in der ČSSR muss die Feststellung vorangestellt werden, daß der Schutz grundlegender Menschenrechte in der ČSSR seit jeher ein wesentlich höheres Niveau erreicht hat als etwa in der SU. Die in der SU angewendete Systematik und vor allem die unmenschlichen Methoden bei der Verfolgung von Regimekritikern und Repräsentanten des religiösen Lebens wurden von der ČSSR in diesem Ausmaß nie übernommen.

Davon ausgehend kann eine etwaige Verbesserung der Situation in jüngster Zeit kaum wahrgenommen werden. Zwar versucht die Regierung, durch scheinbares Eingehen auf einige Forderungen der Bürgerrechtsbewegung Charta 77 nach außen den Eindruck einer gewissen Öffnung bzw. Gesprächsbereitschaft zu erwecken; auch ist festzustellen, daß der Kontakt prominenter Vertreter der Charta 77 zu westlichen Beobachtern nicht mehr im selben Maße wie früher behindert wird. In der grundsätzlichen Haltung der Regierung zu oppositionellen Kreisen und zur Kirche hat sich jedoch nichts geändert. In diesem Zusammenhang sei beispielsweise an das kürzliche Ausreiseverbot für einige Teilnehmer an der Bischofssynode in Rom erinnert, auch im Verhalten der Behörden gegenüber Personen, die in der Bürgerrechtsbewegung aktiv sind, ist keine Änderung eingetreten.

– Bilaterale Beziehungen

In ihren bilateralen Beziehungen hat die ČSSR in letzter Zeit gewisse neue Aktivitäten erkennen lassen. Dies betrifft sowohl das westliche Ausland als auch andere kommunistische Länder sowie andere Regionen der Welt.

So hat die ČSSR durch eine spürbare Intensivierung ihrer Besuchsdiplomatie mit der BRD auf Bundes-, Länder- und Parteienebene, durch ihre Bereitschaft zum Ausdruck des bilateralen Vertragssystems und durch gewisse kulturelle Aktivitäten Initiativen gesetzt, die früher in diesem Ausmaß nicht zu beobachten waren.

Das Verhältnis zu kommunistischen Staaten außerhalb des WP (China, Jugoslawien) wurde in diesem Jahr durch mehrere Besuche auf hoher und höchster Ebene aufgewertet, wobei jeweils der „spezifische Weg zum Sozialismus" der verschiedenen Staaten betont wurde.

Ebenfalls feststellbar war in letzter Zeit ein verstärktes Interesse der ČSSR am Friedensprozeß im Nahen Osten, das u.a. durch den Besuch einer KPČ-Delegation in Israel, den Besuch des Generalsekretärs der Arabischen Liga in Prag und den Besuch des syrischen Außenministers zum Ausdruck kam.

– Militär

Die Armee stellt in der ČSSR kaum einen eigenständigen politischen Faktor dar, sondern beschränkt sich im wesentlichen auf die ihr von der Verfassung und dem WP zugewiesenen Aufgaben. Personelle Verbindungen sind allerdings dadurch gegeben, daß manche Führungsspitzen der Armee auch Mitglieder des Parlaments sind oder hohe Parteifunktionen innehaben.

Ansätze zu einer Überwindung der „Breschnew-Doktrin"

Wie oben dargestellt, hat die ČSSR seit 1969 die führende Rolle der KP der UdSSR von sich aus niemals in Frage gestellt, ebensowenig wie den „sozialistischen Internationalismus", das Recht auf militärische Intervention der SU. Dies wurde zuletzt beim Besuch Gorbatschows deutlich, als Generalsekretär Husák in seiner Tischrede von sich aus den sozialistischen Internationalismus als die Grundlage der beiderseitigen Beziehungen nannte.

Demgegenüber hat Gorbatschow weder in Prag noch bei anderer Gelegenheit bisher auf den sozialistischen Internationalismus in Zusammenhang mit dem csl.-sowjetischen Verhältnis Bezug genommen; über seine nach wie vor bestehende, prinzipielle Gültigkeit besteht jedoch nach ho. Ansicht kein Zweifel. Als Hinweis dafür kann das gemeinsame Kommuniqué angesehen werden, das nach der Abreise Gorbatschows veröffentlicht wurde. Darin werden der Marxismus-Leninismus und der sozialistische Internationalismus als Grundlage bezeichnet, auf der „Übereinstimmung in den Ansichten und politischen Aktionen" bestehe.

Auf die Ereignisse von 1968 bezog sich Gorbatschow in Prag in emotionsloser Weise, indem er von dieser Periode als „schwierige Zeit" sprach, „die man gemeinsam auf ehrenvolle Art überstanden" habe. In einem Gespräch mit „Passanten" sagte Gorbatschow, sie seien „durch die harte Schule des Jahres 1968" gegangen, doch hätten diese Zeit und ihre Ereignisse Verständnis gefunden; die UdSSR sei glücklich, in dieser vergangenen Zeit an der Seite der ČSSR gestanden zu haben.

Zusammenfassung

Zusammenfassend entsteht somit der Eindruck, daß die gegenwärtige Führung der ČSSR von sich aus einen eventuell entstandenen, größeren Handlungsspielraum weder nützen will noch nützen kann und vielleicht auch in der Vergangenheit nicht die ganze von Moskau vorgegebene Bandbreite in Anspruch genommen hat. Auswirkungen der sowjetischen „perestroika" sind hierzulande, wenn überhaupt, nur abgeschwächt fühlbar. Ihre Übernahme liegt besonders in politischer Hinsicht vermutlich nicht im Interesse der csl. Staats- und Parteiführung. Von der SU wird dieser Kurs offensichtlich zur Kenntnis genommen. [...]

Dokument 150

Referat GS Gorbatschows zum 70. Jahrestag der Oktoberrevolution

GZ 225.01.06/1-II.3/87, Zl. 731-RES/87, ÖB Moskau, 4. November 1987

Die Feierlichkeiten aus Anlaß des 70. Jahrestages der bolschewistischen Oktoberrevolution haben am 2.11. d.J. mit einer gemeinsamen Festsitzung des ZK der KPdSU, des Obersten Sowjets der UdSSR und des Obersten Sowjets der RSFSR begonnen. An dieser Festsitzung haben zahlreiche ausländische Partei- und Regierungsvertreter teilgenommen, darunter sämtliche Parteichefs der Staaten der sozialistischen Gemeinschaft (nur Fidel Castro fehlte), sowie Arafat, Mugabe und Najibullah. Die chinesische KP hat die Einladung zur Entsendung eines Vertreters abgelehnt; lediglich der Vorsitzende der chinesisch-sowjetischen Freundschaftsgesellschaft wird am 6.11. an den Moskauer Feierlichkeiten teilnehmen. Als einziger westlicher Regierungsvertreter hat der finnische Präsident Koivisto an der Festsitzung am 2.11. d.J. teilgenommen. Das bei dieser Gelegenheit von GS Gorbatschow gehaltene Referat [...]. „Die Oktoberrevolution und der Umgestaltungsprozeß: die Revolution geht weiter" war zugleich Auftakt und Höhepunkt der Jubiläumsfeiern.

Nach übereinstimmender Ansicht der hiesigen ausländischen Beobachter sind die Ausführungen GS Gorbatschows zur Geschichte des Sowjetstaats hinter den Erwartungen zurückgeblieben. Der sowjetische Parteichef hatte diese Jubiläumsrede während eines längeren Sommerurlaubs konzipiert und auf einer Plenartagung der KPdSU am 21.10. d.J. „absegnen" lassen. Bei diesem ZK-Plenum soll es – wie durch gezielte Indiskretionen bekannt wurde – heftige Debatten über die „perestroika" gegeben haben. Darauf wird im weiteren Verlauf dieses Berichtes noch zurückgekommen werden.

Nachstehend eine analytische Zusammenfassung des Gorbatschow-Referats:

1. Historischer Rückblick

Nachdem Gorbatschow bereits im Jänner d.J. erklärt hatte, daß es keine „weißen Flecken" in der 70jährigen Geschichte des Sowjetstaates mehr geben dürfe, und in der Folge eine zum Teil auch von den sowjetischen Medien wiedergegebene Diskussion sowjetischer Historiker über die Stalinzeit an Deutlichkeit kaum noch etwas zu wünschen übrig gelassen hatte, wirkte Gorbatschows nunmehriger historischer Exkurs wie ein Rückschritt.

Die Rolle Stalins bei der Verteidigung des Leninismus gegen die ideologischen Abweichler der 20er Jahre [...], die von ihm durchgeführte Kollektivierung der Landwirtschaft [...], die forcierte Industrialisierung der 30er Jahre [...] sowie Stalins Feldherrnrolle im Zweiten Weltkrieg [...] wurden in Gorbatschows Referat insgesamt positiv bewertet. Obwohl im Zuge der Kollektivierung der Landwirtschaft und der „Entkulakisierung" Fehler begangen worden seien, sei das Endergebnis, die Sozialisierung der sowjetischen Landwirtschaft, zu begrüßen. Gorbatschow erwähnte zwar, „die Verstöße gegen die Gesetzlichkeit, die Willkür und die Repressalien der 30er Jahre ... denen Tausende und Abertausende von Parteimitgliedern ausgesetzt waren" [...] sowie die fabrizierten Anklagen in der „Leningrader Affäre" und im Ärzteprozeß zu Beginn der 50er Jahre [...]. Er erklärte auch, daß „die Schuld Stalins und seiner engsten Vertrauten .... groß und untilgbar ist". Dennoch hat Gorbatschow das von offizieller Seite seit Mitte der 60er Jahre (nach Chruschtschow) gezeichnete ambivalente Stalin-Bild im wesentlichen unverändert gelassen:

„Heute wird viel über die Rolle Stalins in unserer Geschichte diskutiert. Seine Persönlichkeit ist äußerst widersprüchlich. Wenn wir bei der historischen Wahrheit bleiben wollen, müssen wir sowohl den unbestrittenen Beitrag Stalins zum Kampf für den Sozialismus und zur Verteidigung seiner Errungenschaften als auch die groben politischen Fehler und die Willkürakte sehen, die er und die Personen um ihn begangen haben, Fehler, für die unser Volk einen hohen Preis entrichten mußte und die für das Leben unserer Gesellschaft folgenschwer waren."

GS Gorbatschow hat im historischen Teil seiner Rede das auch unter sowjetischen Intellektuellen umstrittene Molotow-Ribbentrop-Abkommen vom 23.9.1939 mit vielen Worten zu rechtfertigen versucht und einen Vergleich mit dem Frieden von Brest-Litowsk vom Februar 1918 angestellt, der dem jungen Sowjetstaat eine „Atempause" ermöglicht hatte. Die Rechtfertigung des Molotow-Ribbentrop-Abkommens sowie der Stalinistischen Kollektivierungs- und Industrialisierungspolitik, die Millionen Menschen das Leben gekostet hat, klingt beinahe so, als würde für Gorbatschow der Zweck die damals angewandten Mittel heiligen.

Die Beschlüsse des 20. KPdSU-Parteitags (Kritik an Stalins Personenkult und dessen Folgen) wurden hingegen von Gorbatschow eindeutig gutgeheißen, ebenso Chruschtschows Bemühungen um „Wiedervereinigung der sozialistischen Gesetzlichkeit und Überwindung innen- und außenpolitischer Klischees [...]. Den damals eingeleiteten Reformen sei damals kein Erfolg beschieden gewesen, da „sie sich nicht auf eine breite Entfaltung von Demokratisierungsprozessen stützten" (darin erblickt Gorbatschow den wesentlichen Unterschied zu seinem eigenen Reformwerk) und überdies „voluntaristische Tendenzen" aufwiesen [...].

In der Breschnew-Ära sei nach anfänglichen Reformbestrebungen im wirtschaftlichen Bereich eine Diskrepanz zwischen Worten und Taten eingetreten, die in den späten 70er und frühen 80er Jahren zu einem gesellschaftlichen und geistig-moralischen Verfall geführt habe [...]. Als positive Ereignisse der Breschnew-Ära nannte Gorbatschow die Erweiterung des Wirtschafts- und Forschungspotentials, die Erhöhung der „Verteidigungsfähigkeit" der UdSSR (Festigung der militärischen Parität mit den USA) sowie die Vermehrung des Wohlstandes der sowjetischen Bevölkerung [...].

Auf dem ZK-Plenum vom April 1985 haben schließlich die „gesunden Kräfte der Partei und Gesellschaft" den Verfallsprozeß gestoppt und zu einer „Erneuerung des Sozialismus" aufgerufen.

2. Sowjetische Innenpolitik

Die am 27. KPdSU-Parteitag beschlossene Umgestaltung aller Bereiche des gesellschaftlichen Lebens wurde von Gorbatschow als „ein relativ langwieriger Prozeß" bezeichnet, „der seine eigene Logik und seine eigenen Etappen hat". Die „perestroika" bestehe aus einer „radikalen Wirtschaftsreform" und einer „Demokratisierung der Gesellschaft" [...]. Die Demokratisierung, das Kernstück der „perestroika", stelle eine Garantie für Veränderungen in Politik und Wirtschaft dar, „eine Garantie, die jede Rückwärtsbewegung ausschließt". Gorbatschow sprach von Schwierigkeiten und Widersprüchen im Zuge der Demokratisierung der sowjetischen Gesellschaft, weil die breiten Massen von den demokratischen Möglichkeiten nur „zaghaft" Gebrauch machen und sich vor Verantwortung scheuen [...]. Zur „radikalen Wirtschaftsreform" hatte der KPdSU-Generalsekretär nichts Neues zu vermelden. Er betonte, daß die Partei keinerlei Abweichungen von den beschlossenen Prinzipien der Wirtschaftsreform zulassen werde […].

Einen Kompromiß zwischen konservativem und fortschrittlicherem Denken stellten Gorbatschows Ausführungen über die sowjetische Nationalitätenpolitik dar, ein Fragenkomplex, der durch die Ereignisse des letzten Sommers besondere Aktualität erfahren hat. Einerseits wurde von Gorbatschow behauptet, daß die nationalen Beziehungen etwas Lebendiges seien und demnächst eingehender analysiert und erörtert werden sollen. (Anm. d. Bot.: Dem Vernehmen nach wird eines der nächsten ZK-Plenar diesem Fragenkomplex gewidmet sein.) Als Konzession an konservative, großrussische Kreise in der Partei ist die Reverenz vor dem „großen russischen Volk" anzusehen […].

Die „perestroika" sei nun – wie Gorbatschow ausführte – nach einer konzeptuellen Phase in ihre Implementierungsphase eingetreten. Obwohl es in einigen Bereichen der sowjetischen Wirtschaft bereits positive Veränderungen gebe (Gorbatschow nannte die heurige Getreideernte von 210 Mill. Tonnen, die zweitgrößte der Geschichte der UdSSR – was jedoch nichts über deren Qualität aussagt), stecke die „perestroika" zumeist noch in ihren Anfängen. Die nächsten zwei bis drei Jahre würden besonders kompliziert und für das Schicksal der „perestroika" entscheidend sein. In diesem Zusammenhang erwähnte Gorbatschow konservative Kräfte, die ihren Widerstand verstärkt hätten […]. Gleichzeitig warnte er aber auch vor jenen „übermäßig Eifrigen und Ungeduldigen", die sich über die objektive Logik der Umgestaltung hinwegsetzen und sich unzufrieden zeigen über das ihrer Meinung nach zu langsame Tempo der Veränderung". (Anm. d. Bot.: Diese Kritik richtet sich nach allgemeiner Ansicht gegen den Moskauer Stadtparteichef und Politbürokandidaten, Boris Jelzin, der angeblich auf dem letzten ZK-Plenum über das geringe Tempo der „perestroika" Klage führte und damit einen großen Streit vom Zaun brach.)

3. Sowjetische Außenpolitik

Das nach dem ZK-Plenum vom April 1985 entwickelte „neue politische Denken" bezeichnet Gorbatschow als eine Weiterentwicklung des Leninschen Konzepts der friedlichen Koexistenz.

„Trotz der tiefen Widersprüche der heutigen Welt und der grundlegenden Unterschiede zwischen den sie bildenden Staaten ist die Welt in ein Geflecht gegenseitiger Abhängigkeiten eingebettet, interdependent und stellt eine gewisse Ganzheit dar."

Im Atomzeitalter hätten die Interessen der gesellschaftlichen Entwicklung einen neuen Sinn erhalten. Das „neue politische Denken" habe im sowjetischen Vorschlag zur Schaffung eines „allumfassenden Systems der internationalen Sicherheit" konkreten Ausdruck gefunden.

Von besonderem Interesse erscheinen drei Fragen, die Gorbatschow dem Westen stellte, von denen die beiden ersten aber genausogut an die Adresse konservativer Kreise in der UdSSR gerichtet gewesen sein könnten:

Wird der Kapitalismus in der Lage sein, seine Natur zu ändern und die „Gesetzmäßigkeit der ganzheitlichen Welt, in der die allgemein menschlichen Werte Vorrang vor egozentrischen, klassenbedingten Interessen haben" akzeptieren?

Ist der Kapitalismus imstande, sich vom Militarismus zu befreien und seine Wirtschaft auf zivile Produktion umzustellen?

Kann der Kapitalismus ohne Neokolonialismus, der eine Quelle seiner heutigen Lebenssicherung darstellt, auskommen?

Die Quintessenz dieser Fragen lautet nach den Worten Gorbatschows:

„Mit anderen Worten geht es darum, ob der Kapitalismus fähig sein wird, sich den Bedingungen einer kernwaffenfreien und entwaffneten Welt, den Bedingungen einer neuen, gerechten Wirtschaftsordnung, den Bedingungen eines fairen Vergleichs der geistigen Werte der beiden Welten anzupassen."

Abschließend würdigte Gorbatschow im internationalen Teil seiner Rede die Verdienste der internationalen kommunistischen Bewegung. „Die Zeiten der Komintern, des Informbüros und selbst die Zeiten der bindenden Internationalen kommunistischen Bewegung besteht" […]. Alle kommunistischen Parteien seien „restlos und irreversibel selbständig".

Zum Thema „Vielfalt in der Einheit" des Sozialismus traf GS Gorbatschow eine Aussage von historischer Tragweite:

„Die Welt des Sozialismus ersteht vor uns in ihrer ganzen nationalen und sozialen Vielfalt. Und das ist gut so und nützlich. Wir haben uns überzeugt, daß Einheit keineswegs mit Identität und Uniformität gleich ist. Wir haben uns auch überzeugt, daß der Sozialismus kein „Modell" hat, nach dem sich alle richten würden, und auch keines haben kann."

****

Sowjetische Intellektuelle haben in Gesprächen mit westlichen Vertretern in Moskau aus ihrer Enttäuschung über die Ausführungen GS Gorbatschows zur sowjetischen Vergangenheit kein Hehl gemacht. Nach der Geschichtsdiskussion des letzten Sommers hatte man auf einen völligen Bruch mit der Stalin-Ära gehofft. Durch eine unmißverständliche Distanzierung von dieser Epoche wäre nach Ansicht sowjetischer Intellektueller eine gewisse Sicherheit vor einem stalinistischen Rückfall in der UdSSR und eine Garantie für eine konsequente Fortführung des Demokratisierungsprozesses gegeben.

Das Politbüromitglied Alexander Jakowlew – oft als „Vater der glasnost" apostrophiert – hat am 3.11. d.J. bei einer Pressekonferenz erklärt, daß die Rede Gorbatschows keinen Schlußpunkt für die Bemühungen um Aufarbeitung der Vergangenheit bedeute. Die Rede basiere auf dem heutigen „Wissensstand" der sowjetischen Geschichtsforschung. Es sei die Einsetzung einer Kommission beim ZK der KPdSU beschlossen worden, die anhand eines genauen Studiums der Archive [die] Geschichte der KPdSU [prüfen] werde. Eine andere Kommission, deren Bildung Gorbatschow in seiner Rede ankündigte, werde die im Jahre 1965 eingestellten Verfahren der Rehabilitierung von Opfern der stalinistischen Repression wiederaufnehmen. Jakowlew gab vor, nicht zu wissen, wie viele Rehabilitierungsanträge anhängig seien. Zusammenfassend meinte Jakowlew, daß Gorbatschow mit seiner jüngsten Rede nicht alte Wunden aufbrechen und über die Vergangenheit ein Urteil fällen wollte; es gehe heute vielmehr darum, aus der sowjetischen Geschichte Lehren für die Zukunft zu ziehen.

Osteuropäische Diplomaten haben in Gesprächen mit dem Gefertigten darauf hingewiesen, daß die Rede Gorbatschows zum 70. Jahrestag der Oktoberrevolution nicht dessen persönliche Ansichten zur sowjetischen Vergangenheit wiedergebe, sondern als gemeinsamer Nenner der gegensätzlichen Ansichten der einzelnen Alters-, Bildungs- und Berufsgruppen der sowjetischen Bevölkerung zu Fragen der sowjetischen Geschichte anzusehen sei.[1] Gorbatschow habe angesichts der enormen Schwierigkeiten mit der „perestroika", die nun in ihre Implementierungsphase eintreten soll, bewußt davon Abstand genommen, durch kontroversielle Ansichten zur sowjetischen Geschichte Teile der sowjetischen Bevölkerung und vermutlich auch der politischen Führung zu antagonisieren und sich damit zusätzliche Schwierigkeiten aufzuhalsen. „Don't rock the boat" heißt die Parole in Zeiten wie diesen.

Nur der Moskauer Stadtparteichef, Politbüromitglied Boris Jelzin, scheint diese Parole beim Plenum des ZK der KPdSU am 21.10. d.J. nicht beherzigt zu haben. Der sehr dynamische und oft auch ungeduldige Jelzin, der sich wiederholt als besonders mutiger Verfechter des Gorbatschow-Kurses hervorgetan hat, soll als erster Debattenredner nach einem Referat Gorbatschows (der sowjetische Parteichef präsentierte seine Rede zum Revolutionsjubiläum) in brüsker Form das seiner Meinung nach geringe Tempo der „perestroika" kritisiert haben. Dieser Vorwurf an die Adresse konservativer Politiker soll bei Ligatschow und zahlreichen anderen Politbüro-Mitgliedern auf Widerspruch gestoßen sein. Ein allgemeiner Streit zwischen den Politbüro-Mitgliedern vor den Augen der übrigen ZK-Mitglieder sei die Folge gewesen. Es ist durchaus möglich, daß Jelzins Intervention mit Gorbatschow abgesprochen war. Die heftige Reaktion des Ligatschow-Clans soll jedoch – den Gerüchten zufolge – Gorbatschow veranlaßt haben, sich von Jelzin zu distanzieren. Jelzin habe darauf seinen Rücktritt als Parteichef von Moskau und als Politbüro-Kandidat angeboten, worüber nach den Revolutionsfeiertagen entschieden werden soll. Ein Rücktritt Jelzins würde Gorbatschows politische Position zweifellos schwächen und außerdem dem „glasnost"-Prinzip einen schweren Schlag versetzen.

Vor diesem Hintergrund erscheint es verständlich, daß GS Gorbatschow bei seiner Unterredung mit AM Shultz am 23.10. d.J. sein Glück im Lizitieren versuchte, in der Hoffnung, seine innenpolitische Position durch einen klaren außenpolitischen Erfolg festigen zu können. […]

---

[1] Laut einer von der Zeitschrift „Ogonjok" veröffentlichten Umfrage unter der sowjetischen Bevölkerung rangiert Stalin auf der Beliebtheitsskala an dritter Stelle nach Lenin und Gorbatschow. (Diese Fußnote ist vom Akt übernommen.)

Dokument 151

Österreich-Tschechoslowakei; Unterredung des HBM mit Außenminister Chňoupek (6. November 1987); bilaterale und multilaterale Fragen

GZ 35.18.17/1-II.3/87, BMAA Wien (Sucharipa), 6. November 1987

Aktenvermerk

Der HBM empfing am 6.11. den tschechoslowakischen Außenminister Chňoupek, der zur Präsentation der Beratungsergebnisse der Tagung des Komitees der Außenminister der Warschauer-Pakt-Staaten vom 28./29. Oktober vor der KSZE in Wien weilte, zu einem etwa 1 Stunde dauernden Gespräch.

Bilaterale Fragen:

HBM verweist auf die bisher erzielten und positiv eingeschätzten Ergebnisse der drei bei seinem Besuch in Prag vereinbarten Arbeitsgruppen und ersucht Chňoupek weiterhin um Unterstützung, insbesondere in der Frage der Ausdehnung des Vertrages betreffend Kernanlagen, wo bislang die geringsten Fortschritte erzielt werden konnten.

Außenminister Chňoupek bewertet ebenfalls die bisher erzielten Ergebnisse als positiv und verweist zusätzlich auf den regelmäßigen politischen Dialog, der sich in letzter Zeit zwischen Wien und Prag entfaltet habe. Besonders betonte Chňoupek die bevorstehenden Zusammentreffen der Verteidigungs- und Innenminister. Im ersten Halbjahr 1988 werde der HBK in Prag erwartet und er, Chňoupek selbst, bereite sich auf seinen Gegenbesuch in Wien vor. (Diesbezüglich darf das Ersuchen um ehestmögliche Bekanntgabe entsprechender österreichischer Terminvorschläge zur Weiterleitung an die csl. Seite erneuert werden.) […]

Multilaterale Fragen:

AM Chňoupek zeichnete ein positives Bild des Ost-West-Verhältnisses: Sowohl auf sowjetischer als auch amerikanischer Seite bestünde eine gute, positive Atmosphäre und der Wille, einen Ausweg aus der Rüstungsproblematik zu finden und zu einer breiten, guten Zusammenarbeit zu gelangen. Auf sowjetischer Seite ginge diese Bereitschaft auf die neue Konzeption Generalsekretär Gorbatschows zurück (sufficiency im Rüstungsbereich); auf amerikanischer Seite habe man es offensichtlich mit dem traditionellen Phänomen zu tun, daß zwar jeder Präsident „auf einem anti-sowjetischen Pferd in das Weiße Haus einreite", jedoch – früher oder später – im Laufe seiner Amtszeit zu einer realistischen Politik findet. Außenminister Schewardnadse wäre mit Shultz „sehr zufrieden" und schätze diesen als konstruktiven Politiker. Ex-Verteidigungsminister Weinberger habe bei den letzten Gesprächen nur noch zugehört und dürfte von Shultz überspielt worden sein; darin läge der Schlüssel für seine Resignation.

Unter Bezugnahme auf die Tagung der Warschauer-Pakt-Außenminister vom 28./29.Oktober erwähnte Chňoupek zwei Punkte, bei denen sich die Diskussion über die eher traditionellen Formulierungen des Kommuniqués fortentwickelt habe. […]

Dokument 152

Gespräch Bundeskanzler Dr. Vranitzky mit GS Kádár am 30. September 1987 in Budapest

ÖStA, AdR, NL Agstner, Zl. 357-Res/87, ÖB Budapest, 18. November 1987

GS KÁDÁR begrüßt den HBK und bedankt sich dafür, daß er der Einladung gefolgt ist. Für uns sind die ungarisch-österr. Beziehungen aus vielen Überlegungen heraus von großer Bedeutung. Ihr Besuch in Budapest ist eine sehr wichtige Station in unseren Beziehungen, schon die Tatsache allein und die Möglichkeit für Gespräche. Wir erwarten von Ihrem Besuch, daß er unseren Beziehungen einen neuen Ansporn [verleihe]. Ich möchte, daß Sie sich in unserem Lande unter Freunden befinden. Ich arbeite auf einem anderen Platz, in der Partei, man kann aber das eine nicht vom anderen trennen.

Was die meritorischen Fragen betrifft, glaube ich, kennen wir ein bißchen den österr. Nachbarn. Daraus ergibt sich, daß wir auch die sichtbaren allgemeinen Angelegenheiten auf beiden Seiten kennen. Wichtig ist, daß es in unseren Beziehungen zu einem regelmäßigen Meinungsaustausch kommt. Heuer ist die Situation ja auch anders als vor einem Jahr, es gibt immer wieder etwas Neues. Die Kontakte tragen zu einem persönlichen Verständnis bei, das ist sehr wichtig. Man kann in einem unmittelbaren Gespräch ganz anders reden, als wenn man es auf einem Papier schreibt.

Nochmals: Auch wenn wir große Worte vermeiden wollen, muß man die Beziehungen Ungarns zu Österreich als ein gutes Beispiel für Staaten mit verschiedenem Gesellschaftssystem bezeichnen, wo nur so etwas durchführbar ist, was im gegenseitigen gemeinsamen Interesse liegt. Es wäre wirklich schwierig, zwischen uns etwas nur auf Basis der Agitation durchzuführen. Es hilft uns, daß wir Nachbarn sind, und ebenso das Erbe zwischen uns und der Bevölkerung beider Staaten. Diese Relation ist vielleicht dergestalt, daß man ruhig sagen kann, daß diese Kontakte von der Basis beider Völker unterstützt werden, auch wenn es da und dort manchmal irgendeinem Betroffenen nicht gefällt, das kann in den besten Familien vorkommen.

Es ist möglich, daß sich ein Kaufmann an der Grenze ärgert, daß nicht bei ihm eingekauft wird, aber ich glaube, wenn wir ein Referendum halten würden, würde es mit dem Ergebnis enden, die Kontakte weiter zu pflegen und auszubauen, alle würden dafür sein, das ist eine große Hilfe für die beiden Regierungen. Die Bewohner beider Staaten fühlen sich in anderen Staaten zu Hause. Wenn ich an die große Politik denke, muß ich daran erinnern, daß das nicht allen gefällt, diese vielseitigen und lebhaften Beziehungen zwischen Ungarn und Österreich. Ich will niemanden anklagen, ich möchte aber sagen, den Verfechtern der Spannung im internationalen Leben gefallen unsere Beziehungen nicht. Die Verfechter dessen, daß zwischen den Staaten verschiedener Gesellschaftsordnung normale Verhältnisse herrschen, begrüßen die Gestaltung der der ungarisch-österreichischen Beziehungen. Am Anfang unserer Beziehungen brauchte es einen großen Mut, das war etwa Anfang 1960.

Bundeskanzler KREISKY hatte Courage und Ideen bezüglich unserer Zusammenarbeit, z.B. die Abschaffung der Sichtvermerkpflicht. Auch ich möchte betonen, daß unsere Beziehungen eine noch schönere und wichtigere Zukunft haben. – Ich denke an die Zukunft in 15 Jahren. Ich getraue mich auch zu sagen, daß wir derzeit Schwierigkeiten haben, man muß sie sehr ernst nehmen, um sie zu reduzieren und zu beseitigen. Ich lebe in der Überzeugung, daß die Zukunft einer entspannten Welt gehört. Wenn wir jetzt an die Weiterentwicklung der ungarisch-österreichischen Beziehungen denken, müssen wir es in diesen Kategorien sehen, daß dies im Rahmen der Entspannung auf der Welt geschieht.

Zur internationalen Lage

Ich möchte nicht allzuviel sagen, es herrscht eine weitgehende Übereinstimmung zwischen Österreich und Ungarn. Die amerikanisch-sowj. Gespräche und die in letzter Zeit erfolgte Einigung haben an sich Bedeutung, aber die Auswirkung auf Basis der Logik wird weitreichend sein.

Zur Lage in Ungarn

Sie kennen sicher sehr gut den Weg, den Ungarn seit dem 2. Weltkrieg gegangen ist, es war kein leichter, sondern ein sehr komplizierter, es gab Schwierigkeiten und Durchbrüche. Aber wir glauben dennoch, daß wir durch diese Ereignisse den Weg gefunden haben, den wir gehen sollen. Ein Teil dieses Weges sind auch die Beziehungen zu Österreich.

Sie wissen sehr gut, daß es auch mit der BRD sehr gute Beziehungen gibt, auch mit Italien und anderen. Alle diese Beziehungen haben ihre Bedeutung. Es ist aber nicht alles leicht.

Wenn ich auf die letzte Parlamentssitzung zurückkomme, glaube ich, daß die Absicht unserer Regierung vollkommen klar ist. Ungarisch gesagt: Was unter unseren Gegebenheiten zu lernen ist und was wir lernen müssen, ist, daß wir die Basis für ein rationelles Wirtschaften lernen müssen. Das war niemals leicht, auf der letzten Parlamentssitzung haben wie einen entschiedenen und entscheidenden Schritt getan. Die Regierungserklärung wurde angenommen. Das Schwierigste war die Einführung von 2 bisher unbekannten Steuern. Die Steuern werden ab 1.1.1988 eingeführt, sie werden nicht geliebt, wir und die Bevölkerung sagen dies offen. Wir hoffen, daß das Vorhaben gelingen wird. Wir haben etwas eingeführt, was in den sozialistischen Staaten nicht üblich ist. Aber was sollen wir machen? Es gibt noch immer Feudalstaaten, kapitalistische und sozialistische Staaten. Dort wo es Produktion gibt, gibt es wirtschaftliche Gesetze, von denen man sich nicht distanzieren kann, auch nicht in einem sozialistischen Staat.

Was die Bevölkerung betrifft, ist es unsere Idee, auch zwischen den Menschen eine Differenzierung herbeizuführen. Wer wirklich gut arbeitet und etwas leistet, soll gut verdienen können, und wer Geld verdient, soll auch Steuern zahlen.

Langsam komme ich zum Schluß, noch eine persönliche Sache: Der ung. Ministerpräsident, mein Kollege GRÓSZ, zeigte folgende erste Reaktion, als die Frage aufkam, er möge die Stelle des Ministerpräsidenten übernehmen: „Ich bin ja kein Wirtschaftsfachmann". <u>Das Wichtigste, was ich hervorheben wollte</u>: Wir können mit dem Gedanken des Friedens in der Welt alles in Angriff nehmen und <u>in all das passen alle Kontakte und Beziehungen zwischen Österreich und Ungarn hinein</u>. Das bezieht sich auf unsere politischen Wünsche, das entspricht den Interessen unseres Landes und es scheint auch so, daß dies auch die Unterstützung der öffentlichen Meinung findet. <u>Wenn wir Vorschläge zu einer weiteren engeren Zusammenarbeit machen, bitten wir, diese wohlwollend zu prüfen</u>. Wenn bei Ihnen irgendwelche Gedanken auftreten, versprechen wir eine sorgfältige Prüfung, die reelle Basis für eine Weiterentwicklung ist gegeben.

<u>HBK</u>

Es ist kein abgegriffenes Wort, zu sagen, daß die politischen und auch gesellschaftlichen Angelegenheiten in unseren Staaten von der Erkenntnis diktiert [sind], daß bestimmte ökonomische Vorgangsweisen, die bisher gegolten haben, in der Zukunft nicht mehr praktiziert werden können. Die Sehnsucht nach Frieden, Sicherheit und Stabilität ist gewachsen. Als Beispiel: Wenn die Westdeutschen oder auch die Engländer bei der doppelten Nulllösung Probleme sahen und meinten, man dürfe sich gegenüber dem Osten nicht so entblößen, hätten sie im Laufe der Jahre so viel Widerstand erhalten, daß sie diese Haltung nicht länger hätten aufrechterhalten können. In unserem Land gibt es Parallelen zu anderen Staaten und wohl auch zu Ungarn. Wir haben eine gemischte Gesellschaft: Privatwirtschaft und nationalisierte Industrie – über die Jahre ein sehr gutes Mischsystem. Die Menschen sind nicht von Dankbarkeit erfüllt, sondern sagen, Schuld hat der Staat. Wenn im staatlichen Bereich etwas nicht funktioniert, ist das Korruption und Unverschämtheit. Man urteilt ganz anders. In unserem Land – das ist auch der Inhalt der Politik, die ich vertrete – kann man den Staat nicht abschaffen und soll es auch nicht, er hat viele Aufgaben, aber er darf beim einzelnen Staatsbürger nicht das Gefühl hervorrufen, daß ein anonymer, von Parteien getragener Staat vom Würgegriff auf den Bürger lebt. Die jüngeren Leute, die vieles machen und sich nicht bevormunden lassen wollen – all das sehe ich nicht als Rückzugspolitik, sondern als neue Herausforderung. Jenen, die ständig den Staat kritisieren, sage ich, stellt Euch hin, zeigt, was Ihr könnt.

Bei uns ist außenpolitisch und auch innenpolitisch, ebenso im Zusammenhang mit BP Waldheim, viel in Bewegung geraten. Das sind unsere eigenen Probleme, die wir auszutragen haben. Das ganze ist eine unangenehme Entwicklung, aber es hat dazu geführt, daß viele Österreicher aus der Beschaulichkeit herausgekommen sind und [gesehen haben, daß]die Welt sehr feindselig sein kann, daß sie uns nicht immer nur liebt und streichelt.

Jetzt kommt der Ansatz zu einer entspannteren Welt der Zukunft. Ich gehe davon aus, daß das wieder eine Gelegenheit auch für die kleineren Staaten bietet, miteinander zu reden. Kreisky hat eine Pionierrolle in der österreichischen Geschichte gespielt. Wir sind mit unserer Beteiligung an Nagymaros weiter gegangen, etwas Unkonventionelles zu machen, und wenn es mit der Weltausstellung (1995) klappt, haben wir einen nächsten Schritt gesetzt.

Ich sehe schon einen Traum, daß sich vielleicht, ohne daß die Eigenständigkeit der Staaten aufgegeben wird, sehr viel Grenzüberschreitendes entwickeln kann. Z.B. gibt es in Budapest eine österreichische Bank, in Wien gibt es in der Kärntnerstraße eine Bank, von der die meisten gar nicht wissen, wer der Eigentümer ist, so soll es sein.

AM Mock hat vor kurzem mit Außenminister Chňoupek darüber gesprochen, wann die Menschen wieder mit der Straßenbahn von Bratislava nach Wien fahren werden. Das wird noch lange dauern, aber es ist wichtig, daß der Satz ausgesprochen wurde.

Der ungarische Weg, den Sie schon frühzeitig gegangen sind, und der österreichische Weg sind in der Zeitgeschichte von einer gewissen Bedeutung. Wir haben gestern lange über die wirtschaftlichen Beziehungen gesprochen. Wir haben uns beide ehrlich gesagt, daß wir daran weiterarbeiten müssen, es gibt aber bestimmte finanzielle Limite, auch diese gehören zum Szenario. Wir müssen schauen, wie wir sie überwinden, vielleicht muß man auch da neue Wege gehen. Wir haben gestern viel diskutiert, die Fachleute müssen trachten, diese umzusetzen. Die wirtschaftliche Basis ist für Fragen der Stabilität des Friedens und des gemeinsamen Verstehens unverzichtbar. Es wird auch immer wieder Rückschläge geben. Kürzlich gab es Zeitungsmeldungen, daß Österreich bei einer Auseinandersetzung zwischen Ost und West ein mögliches Durchmarschgebiet ist. Das ist die Bombe, die auf dem Tisch liegt. Wir müssen einen Zustand erreichen, in dem, wenn man es in der Zeitung liest, man zum Telefon greifen kann, wenn man Herrn Kohl, Kádár oder Mitterrand anruft und fragt, was los ist. Das ist vielleicht eine Vision. Nicht wir, die wir hier sitzen, aber vielleicht unsere Kinder oder Kleinkinder oder Enkelkinder können später einmal in einem Lexikon nachsehen, was WP oder NATO waren. Dazu braucht es im bilateralen Verkehr unter Nachbarn die beste Zusammenarbeit, dazu ist die Wirtschaft eine wichtige Basis. Es wird auch notwendig sein, in den eigenen Ländern viel an Aufklärung zu leisten und Vorbilder zu schaffen. […]

Generalsekretär Kádár

Was Sie gesagt haben, war für mich sehr interessant, nachdem Sie alles auch an die Zukunftsrealität angepaßt haben. Es erklärt mir in vielen Dingen Ihre Ansichten. Ich möchte ganz offen sprechen: Die Frage des Staatseigentums ist bei uns ein großes Thema. Wir haben ein anderes Gesellschaftssystem und dennoch ist es ein großes Thema. In unserer Denkweise sind die Produktionsmittel Eigentum des Volkes. Es gibt aber zwei sehr ernstzunehmende Eigentümer:

– Der eigentliche Eigentümer ist der Staat.

– Der andere Eigentümer ist Genossenschaftseigentümer, besonders in der Landwirtschaft. 2/3 des bebaubaren Landes ist Genossenschaftseigentum. Das Funktionieren des Genossenschaftseigentums ist besser als beim Staatseigentum.

Wir beschäftigen uns damit, daß wir bei der praktischen Durchführung der Produktion im staatlichen Eigentum elastischere Lösungen finden. Wir berühren nicht das Recht auf das Eigentum, aber wir wollen die Bewirtschaftung in die Verantwortung der einzelnen Betriebe geben. Das muß zu unserem Gesellschaftssystem passen. Aber in die Bewirtschaftung des Staatseigentums wollen wir die Privatinitiative und privates Eigentum miteinbeziehen. Wir möchten das Kleingewerbe nicht nur im klassischen

Sinn des Wortes erweitern und stärken, besonders auch den Sektor der Dienstleistungen, die ein sehr niedriges Niveau haben. Aber auch bei anderen Kleingewerbetreibenden wollen wir Privateigentum und Privatinitiativen belassen. In der Landwirtschaft funktioniert dieses System sehr gut. Diese Privatinitiative ist auch für den Staat nützlich. […]

Nochmals möchte ich die Beziehungen zwischen unseren beiden Staaten erwähnen: Daß wir gemeinsam und gegenseitig einen stabilen Partner brauchen. Wie könnte man ohne den zusammenarbeiten? Wenn wir daran denken, wünschen wir Ihnen Erfolg. Lösen Sie Ihre schwierigen Fragen möglichst gut.

Das sind die Fragen, mit denen wir vor einer gewissen Zeit konfrontiert waren, jetzt sind diese Fragen allgemein auf der Tagesordnung, auch in der Sowjetunion geht man in der Politik von reellen Gesichtspunkten aus. Es ist nicht leicht, aber alle Völker sind interessiert, daß dieser Weg erfolgreich abläuft. in der Außenpolitik hat sich dieser erfolgreiche Kurs bereits ausgewirkt. Die beiden Supermächte sprechen nämlich von einer gegenseitigen und gleichmäßigen Sicherheit. Es ist hoffnungsvoll, daß es beide Seiten so formulieren.

<u>Noch eine Frage ist mir eingefallen</u>, die Frage der gesellschaftlichen, sozialen Entwicklung. Grundsätzlich möchte ich folgendes sagen: <u>Man kann weder Revolution noch Gegenrevolution exportieren.</u> In der Sowjetunion wird demnächst der 70. Jahrestag der Revolution begangen. Gorbatschow steht vor keiner leichten Aufgabe. Aber was in der Sowjetunion jetzt geschieht, ist eine sehr reelle Betrachtungsweise und das ist sehr wichtig. Wir selbst betrachten unsere Situation sehr kritisch. Wir müssen uns in anderer Denkweise beschäftigen, als Sie das bei Ihnen zu Hause tun. Wir diskutieren jetzt sehr offen unsere Probleme. Sie sagten, Ungarn hat viele Wege gesucht und gefunden und wir haben dies oder jenes aus Notwendigkeit getan. <u>Wir waren gezwungen, Wege zu suchen, die von den festgefahrenen Wegen abgewichen sind.</u> Wir Ungarn haben bereits eine etwas leichtere Situation, weil dieser Weg schon zur Tagesordnung gehört. […]

Noch mehr interessiert und berührt uns der neue sowjetische Kurs. Wir sind interessiert, daß er Erfolg hat. <u>Als wir gewisse Neuerungen eingeführt haben, sind wir bei unseren Partnern auf Argwohn gestoßen.</u> Die ganze Welt hat beobachtet, was wir tun. Jetzt ist die Beurteilung schon anders.

<u>So deutlich wie von Gorbatschow wurde es noch nie ausgesprochen:</u> Jede Partei, jedes Land, jede Regierung, jeder Staatschef ist selbständig, es gibt kein Pflichtmodell; dazu möchte ich bemerken, daß wir auch über unsere Parteipositionen sprechen. Die Gesellschaften werden sich auf ihren eigenen Wegen entwickeln. <u>Eine derartige Revolution wie vor 70 Jahren in der Sowjetunion wird es nicht mehr geben. Man muß für die Entwicklung andere Wege suchen.</u>

<u>HBK</u>

Wir in Österreich gehen davon aus, und nicht erst seit heute, daß ich eigentlich den Ausdruck „Ostblock" ablehne. Es gibt eine gewisse grundsätzliche Übereinstimmung. An sich ist es eine Gruppe von Staaten, bei der jeder Staat für sich selbst steht und der von uns individuell (nach Kultur, Zivilisation, Geschichte usw.) eingeschätzt wird.

Das ist an unserem Tisch ganz normal. In Amerika ist das nicht normal und dort redet man vom kommunistischen Osten. […]

GS KÁDÁR

Wir suchen auch unsere eigenen Lösungen. Wir verhandeln mit den EG, es gibt dort eine gewisse Bereitschaft. Nachdem Sie den Ostblock als Begriff erwähnt haben: Wenn ein reell denkender Mensch sich die sozialistischen Staaten anschaut, kann man nicht einmal zwei Staaten finden, die völlig gleich oder uniform sind. Ich habe dieses Thema mit Frau Thatcher in Budapest und London besprochen. Ich sagte ihr, wenn sich die außenpolitische Situation zuspitzt, kann weder bei der NATO noch beim WP die Rede von einem ganz selbstständigen Handeln sein, denn in einer solchen Situation heißt es: Halt, alle in eine Reihe. Wenn sich die Lage entspannt, spricht alles dafür, daß sich unsere Staaten eigenständig entwickeln.

Dokument 153
Novembersitzung des ZK der USAP; Ideologische Fragen und Fragen der Außenpolitik

GZ 222.03.00/13-II.3/87, Zl. 251-RES/87, ÖB Budapest (Kriechbaum), 18. November 1987

Das ZK der USAP ist am 11. November d.J. unter dem Vorsitz von Generalsekretär KÁDÁR zusammengetreten; auf der Tagesordnung standen ein Bericht über ideologische Fragen (vorgelegt von János Berecz, für Ideologie zuständiger ZK-Sekretär) und über internationale bzw. Fragen der Außenpolitik (vorgelegt von dem für Außenpolitik zuständigen ZK-Sekretär Mátyás SZŰRÖS). Personelle Weichenstellungen (hinsichtlich der KÁDÁR-Nachfolge) dürften auch anlässlich dieser Sitzung nicht gefallen sein, die anstehende Regierungsumbildung und die Zusammenlegung verschiedener Ressorts (ähnlich dem Warschauer Vorbild) war ebenfalls nicht Gegenstand der Diskussionen. […]

Der Erneuerung der Wirtschaft wird jedenfalls auch von den Ideologen Priorität zuerkannt und mit Bedachtnahme darauf haben folgende Passagen Eingang in das Kommuniqué gefunden:

– „Private Arbeit und privater Besitz erfüllen eine nützliche Rolle bei der Befriedigung der gesellschaftlichen Bedürfnisse";

– „das Egalitätsprinzip muß eingeschränkt werden";

– „der Staat und die jeweiligen Interessensvertretungen müssen ihre Funktion unabhängig (gemeint ist wohl von der Partei) erfüllen können", und

– „die Staatsbürger müssen in den politischen Entscheidungsprozessen eingebunden werden".

Immer wieder wird auch das nationale Selbstbewußtsein der Ungarn angesprochen („...the rise of the nation"), Patriotismus und Internationalismus werden für die sozialistische Gesellschaft als unentbehrlich empfunden. Als die großen universellen Aufgaben unserer Zeit werden Friedensicherung, die Schaffung einer atomwaffenfreien Welt und einer gerechten Weltwirtschaftsordnung sowie – und dies ist neu – der Schutz der natürlichen Umwelt genannt.

Im Rahmen des außenpolitischen Teils der Debatte nahm das ZK erwartungsgemäß einen Bericht über die Teilnahme der von KÁDÁR geleiteten Delegation an den Moskauer Feierlichkeiten anlässlich des 70. Jahrestages der Oktoberrevolution sowie über das aus Anlaß dieses Jubiläums stattgefundene internationale Treffen und die Gespräche GORBATSCHOW – KÁDÁR billigend zur Kenntnis. Es wurde betont, daß sich bei diesem Treffen die beiden Bruderparteien zu identischen Ansichten in den Hauptfragen der „sozialistischen Erneuerung" und der internationalen Lage bekennen. („Die USAP und das ungarische Volk verfolgen den Prozeß der Umgestaltung in der Sowjetunion mit besonderer Aufmerksamkeit und Sympathie.")

Die sowjetischen Abrüstungsbemühungen wurden entsprechen gewürdigt.

Das ZK stellte weiters fest, daß der Ost-West-Dialog in eine aktive und substantielle Phase eingetreten ist sieht generell eine Verbesserung in den internationalen Beziehungen. Die gemeinsame sowjetisch-amerikanische Ankündigung über das Treffen GORBATSCHOW-REAGAN wird begrüßt.

Das Kommuniqué bringt weiters eine Auflistung der Staatsbesuche der letzten Zeit, wobei der Besuch des Herrn Bundeskanzlers als wichtig „für die weitere Stärkung der traditionell guten nachbarschaftlichen Beziehungen zwischen Österreich und Ungarn" bewertet wird. […]

Dokument 154

**ČSSR; Tage der russischen Föderation in der ČSSR;
Ansprache des russischen PM Vitali VOROTNIKOV**

GZ 35.03.00/11-II.3/87, Zl. 6092-A/87, ÖB Prag, 19. November 1987

Am 12. November wurden in Prag im Rahmen der Feiern zum 70. Jahrestag der Oktoberrevolution die „Tage der russischen Föderation in der ČSSR" eröffnet. Aus diesem Anlass befand sich eine Delegation der russischen Föderation unter der Leitung von Vitali VOROTNIKOV, dem russischen PM und Politbüromitglied der KPdSU, in Prag.

Zur Eröffnung der Festtage fand im Prager Kulturpalast ein von der csl.-russischen Freundschaftsgesellschaft und der sowj. Botschaft in Prag veranstaltetes Konzert csl. und russischer Künstler statt. Ein weiterer Programmpunkt am Veranstaltungskalender war die Eröffnung der Ausstellung „Das sowj. Rußland heute", bei der u.a. VOROTNIKOV und der csl. MPr. ŠTROUGAL anwesend waren.

Der politisch bedeutendste Teil der „Tage der russischen Föderation in der ČSSR" war eine Ansprache VOROTNIKOVs bei einem csl.-sowj. Freundschaftstreffen in den TOS-Hostivarwerken. VOROTNIKOV nahm dabei zunächst zu den sowj. Reformbestrebungen Stellung. Der Umbau in der SU bestehe aus 2 Hauptelementen: Demokratisierung im öffentlichen Leben und radikale Wirtschaftsreformen. Es sei nur natürlich, daß diese gewaltigen Reformen in der sowj. Öffentlichkeit auf geteilte

Meinungen stießen und manche Arbeiter, die den alten, konservativen Traditionen verhaftet seien, Schwierigkeiten hätten, sich auf die neue Situation einzustellen.

Zu den sowj.-csl. Beziehungen übergehend, dankte VOROTNIKOV der ČSSR für ihre Unterstützung der sowj. Reformmaßnahmen, die u.a. durch den herzlichen Empfang GORBATSCHOWs im April d.J. in Prag und das kürzliche Treffen zwischen GORBATSCHOW und dem csl. Präsidenten HUSÁK in Moskau, das im Zeichen völliger brüderlicher Einigkeit stattgefunden hatte, zum Ausdruck gekommen sei. Die sowj.-csl. Beziehungen seien geprägt von den Grundsätzen „völliger Gleichheit und Verantwortung der regierenden Partei für die Lage im eigenen Land". Die Praxis zeige, „daß Einheit nicht Homogenität bedeutet, daß es kein „Modell" gibt, das für alle Gültigkeit hat. Der Erfolg in der Gestaltung der Gesellschaft ... ist das Kriterium der Entwicklung des Sozialismus in jedem einzelnen Land."

Die sowj.-csl. Bemühungen seien von weitreichender brüderlicher Freundschaft [und] Zusammenarbeit im politischen, wirtschaftlichen und kulturellen Leben geprägt und ein wichtiger Faktor des Aufbaus des Sozialismus in beiden Staaten. Die unerschütterliche, brüderliche Freundschaft der SU und der ČSSR basiere auf der Übereinstimmung der Ideen und Ziele, „an deren Wiege V.I. Lenin stand".

Hinsichtlich der wirtschaftlichen Zusammenarbeit drückte sich VOROTNIKOV für eine „höhere Dynamik der sozio-ökonomischen Entwicklung in beiden Ländern" aus.

Abschließend wiederholte VOROTNIKOV die bekannten sowjetischen Standpunkte zu den Fragen der Abrüstung.

Die vorliegende Rede VOROTNIKOVs kann als Bestätigung des von GORBATSCHOW bei seinem Besuch in Prag im April d.J. eingeschlagenen Kurses der sowj.-csl. Beziehungen interpretiert werden. Die SU propagiert zwar bei jeder Gelegenheit ihren eigenen Reformkurs, der nicht nur Wirtschaftsreformen, sondern auch Demokratiemaßnahmen im öffentlichen Leben beinhaltet; jedoch wird die Gleichberechtigung der Bruderparteien und ihre alleinige Verantwortung für die Lage in ihrem jeweiligen Land sowie die Existenz mehrerer Modelle auf dem Wege zum Sozialismus ausdrücklich anerkannt.

Als kleinsten gemeinsamen Nenner dieser verschiedenen Modelle allerdings betrachtet die SU anscheinend die Lehren LENINs.

VOROTNIKOV traf während seines Prag-Aufenthaltes auch mit dem csl. MPr. ŠTROUGAL zusammen. ŠTROUGAL benützte offensichtlich diese Gelegenheit, um die csl. Wünsche an die sowj. Wirtschaft vorzubringen, die aus einer Ausdehnung der wissenschaftl.-technischen Zusammenarbeit sowie direkten Kontakten zwischen Unternehmen beider Länder bestehen. [...]

Dokument 155

Besuch des Herrn Bundeskanzlers Dr. Vranitzky in Budapest am 29./30. September 1987; Vorlage der Protokollaufzeichnungen

ÖStA, AdR, NL Agstner, Zl. 360-RES/87, ÖB Budapest, 24. November 1987

Delegationsgespräch am 29. September 1987 in Budapest anläßlich des offiziellen Besuches von Bundeskanzler Dr. Vranitzky

<u>Ministerpräsident GRÓSZ</u>

Dieses Treffen paßt in die Begegnungen unserer Vorgänger. Wir können das, was unsere Vorgänger aufgebaut haben, durch ein solides Element noch bereichern. Wir werden von der größtmöglichen Ehrlichkeit, Offenheit und Bereitschaft zur Zusammenarbeit geleitet. Es folgte eine Vorstellung der Delegationsmitglieder.

<u>Herr Bundeskanzler</u>

Der HBK dankte für die freundliche Begrüßung und das Zustandekommen der Begegnung in der ungar. Hauptstadt. Er fuhr fort: Einen ersten Kontakt gab es vor einem Jahr mit Ihrem Amtsvorgänger, es freut mich, jetzt mit Ihnen in Budapest zusammenzutreffen. Dieser Besuch steht auch unter dem Motto einer Grußbotschaft meiner Regierung an Ihre Regierung und diese Grußbotschaft enthält das Bekenntnis, den Willen und das große Interesse an der Vertiefung und Intensivierung der Beziehungen zwischen unseren beiden Staaten, wobei diese ja, wie bekannt ist, als erstklassig gelten.

Die österr. Regierung misst den Beziehungen zur UVR einen hohen Stellenwert bei und ich möchte für mich für diese Begegnung auch unter den Aspekt des Beginns einer neuen Ära der Zusammenarbeit stellen. Anlass dazu besteht, denn

– erstmals gibt es immer wieder neue Entwicklungen im nationalen und internationalen Bereich;

– zweitens haben sich die Handelsbeziehungen nicht nur zur Zufriedenheit entwickelt;

– drittens gibt es eine Reihe von neuen Projekten in Ungarn oder Österreich, die es wert sind, weiter verfolgt zu werden.

Anschließend erfolgte die Vorstellung der österr. Delegationsmitglieder. Der HBK fuhr fort:

<u>Ein paar Sätze zur Einleitung</u>: Wir haben in Wien mit besonderer Genugtuung und Zufriedenheit registriert, daß die Gespräche mit den ungarischen Vertretern im Zusammenhang mit <u>Sicherheit, Abrüstung und Stabilität in Europa</u> einen besonders guten Verlauf genommen haben und nehmen. Die ungar. Ideen und Überlegungen decken sich auf diesem Gebiet überaus weit mit unseren eigenen Vorstellungen.

Wien bemüht sich ja, auch nach Ende der derzeitigen Nachfolgekonferenz, Tagungsort einer nächsten Konferenz für vertrauensbildende Maßnahmen zu sein. Es hat uns mit Genugtuung, Freude und Dank erfüllt, daß von ungar. Seite signalisiert wurde, daß diese Bemühungen von der ungar. Regierung positiv beurteilt werden.

Das bringt mich überleitend zu einer weiteren Bemerkung: Daß die grundsätzliche Haltung der kleinen Staaten im Spannungsfeld der Supermächte eine eigenständige Rolle spielen sollten. Das entspricht der österreichischen Position und offenbar denken unsere ungar. Kollegen in gleicher oder ähnlicher Weise. Ich halte das deshalb [für] wert, hervorgehoben zu werden, weil ich der Meinung bin, daß ein gewisser Gleichklang im Grundsatz von zwei Nachbarstaaten – wenn auch mit unterschiedlicher Gesellschaftsordnung – auch in andere Bereiche ausstrahlen kann. […]

MP GRÓSZ

Internationale Lage – Ost-Westverhältnis

Ich danke Ihnen für diese Gedanken. Auf Grund dessen, was wir unter vier Augen besprochen haben, komme ich zum Urteil, daß wir die internationale Lage in gleicher Weise beurteilen. Wir können sagen, daß die Ereignisse auf der Welt, insbesondere die engere Zusammenarbeit zwischen den beiden Großmächten und die Entspannung zwischen ihnen, uns eine bessere Basis für unsere Zusammenarbeit gibt. Ich glaube, auch wir beide hegen große Hoffnungen, daß ein nächstes Treffen auf höchster Ebene zwischen der Sowjetunion und den USA stattfinden und eine große Wende in den Ereignissen bringen wird.

Es unterliegt keinem Zweifel, daß ein entscheidender Beitrag und eine entscheidende Rolle bei den Großmächten liegt, aber auch wir Kleinstaaten können sicher dazu beitragen, die Entspannung weiterzuführen. Die ungarische Regierung wird alles was möglich ist tun, um die Entspannung zu unterstützen. Sicherlich wird mir niemand große Vorwürfe machen, wenn ich hier feststelle, daß uns auf Grund unserer Position die Ereignisse in Europa am meisten beschäftigen.

Ich würde es so sagen, daß uns der Verlauf der Ereignisse – der Geist von Helsinki – zu neuen Aktionen ermuntert hat. Denn man muß auch den Inhalt und Gehalt dieses Geistes von Helsinki verstehen, beginnend von den Menschenrechten bis zur wirtschaftl. Zusammenarbeit. Da teile ich Ihre Meinung, das Wiener Folgetreffen nimmt einen positiven Verlauf, auch wenn es langsamer vor sich geht, als wir es gerne sehen würden. Das ist nicht das einzige, was langsam vor sich geht.

Vorgänge in der SOWJETUNION

Ich möchte auch erwähnen, daß man in einem gewissen Teil der Welt nicht genau weiß, was man damit anfangen soll, was gegenwärtig in der Sowjetunion und anderen sozial. Staaten vor sich geht. Ich wunder mich darüber nicht, ich halte es für natürlich, denn es ist ja so, daß es nach einer sehr langen Zeit – nach der ganzen Stalinistischen Ära – zu einer wesentlichen Wende kommt. Es müssen sehr althergebrachte Überzeugungen über den Haufen geworfen werden, damit das Vertrauen zu diesen Maßnahmen gewonnen werden kann. Auch von diesem Standpunkt aus schätzen und bewerten wir die österreichischen Bemühungen sehr hoch. […]

Ungarische Außenpolitik

Zur ungar. Außenpolitik möchte ich nur bemerken, daß ich voll der Hoffnung und des Vertrauens bin, daß wir eindeutig einer Meinung sind, und daß auch Sie der Meinung sind, daß wir Ungarn weder unseren Nachbarn, noch Freunden, noch Feinden und Gegnern das Gefühl geben wollen, daß sie mit uns nicht auskommen können. Wir gehören einem Bündnis an, dort erfüllen wir ohne Ausnahme alle Verpflichtungen. Es ist aber unser Wunsch oder unsere Absicht, daß dieses Bündnis so gleichzeitig aufhört, wenn auch das zweite Bündnis zu bestehen aufhört.

Wir hoffen, daß die wirtschaftliche Zusammenarbeit zwischen beiden Blöcken verstärkt und enger gestaltet wird, wir suchen die Möglichkeit einer weiteren Zusammenarbeit. […]

Dokument 156
Möglichkeiten und Grenzen der Gewerkschaft „Solidarität" nach 7 Jahren der Illegalität

GZ 166.03.00/28-II.3/87, Zl. 6-POL/87, ÖB Warschau (Weninger), 26. November 1987

Durch die Verhängung des Kriegsrechts im Dezember 1981 und der darauf folgenden Verhaftungswelle wurde die Gewerkschaft „Solidarität" der Mehrzahl ihrer führenden Köpfe beraubt. Das dadurch entstandene Vakuum konnte in der Folge durch Wahlen von neuen Funktionären innerhalb der in den Untergrund getriebenen Mitglieder der „Solidarität" sukzessive weitgehend gefüllt werden. Mit den in den Jahren 1984 bis 1986 erfolgten Enthaftungen, v.a. aber mit der Generalamnestie aller noch verbliebenen politischen Häftlingen im September 1986, sah sich die Gewerkschaft „Solidarität" mit der Tatsache von fast 2 gleichzeitig vorhandenen Führungskadern konfrontiert. Die „alte" Führungsgarnitur war wieder da und wollte die früheren Rechte für sich beanspruchen, welche aber die „neue" Garnitur nicht mehr hergeben wollte. Zusätzlich wollte die neue Gruppe durch vermehrte Aktivitäten ihren Führungsanspruch untermauern, benötigte Erfolge und wurde zusehends politisch radikaler. Vielfach haben die „neuen" Führer auch den Fehler begangen, ihre Positionen und Strategien nicht mit der Basis zu diskutieren und/oder mit den Beratern abzusprechen. Die enthafteten Funktionäre wieder, inzwischen etwas geläutert, setzten in ihre Strategie mehr auf Zeit und auf langfristige Entwicklung.

Ein Konflikt war nicht mehr aufzuhalten, wenngleich er zunächst durch einzelne Führungspersönlichkeiten oberflächlich zugedeckt werden konnte. Das am 25. Oktober d. J. in Danzig gegründete „Nationale Exekutivkomitee" (KKW) stellt den vorläufigen Höhepunkt dieser Entwicklung dar.

Gegenwärtig erscheint die „Solidarität" in mehreren voneinander abgesetzten Segmenten tätig zu sein. Namentlich sind anzuführen:

1. das Nationale Exekutivkomitee (KKW)
2. die „Kämpfende Solidarität"
3. die Gruppe der Berater/Intellektuellen
4. namhafte Einzelaktivisten
5. derivierende Gruppen

6. das Auslandsbüro der „Solidarität" in Brüssel.

ad 1.

Das KKW ersetzt das Provisorische Koordinationskomitee (TKK) und den Provisorischen Rat (TR) […]; es ist nunmehr das einzige zentrale Organ der „Solidarität". Ihm gehört <u>kein einziger</u> Berater oder Intellektueller an; diese wurden vor und von der Gründung des KKW weder informiert noch konsultiert. Gleichzeitig wurden einzelne frühere namhafte regionale Gewerkschaftsführer aus ihren Leitungsfunktionen <u>eliminiert</u>, so z.B. Jurczyk (Stettin), Słowik (Łodz) und Rulewski (Biedgosz[cz]).

Das KKW setzt sich aus folgenden Mitgliedern zusammen:

Lech Wałęsa (Vorsitzender), Władysław Frasyniuk (Breslau), Jerzy Pałubicki (Posen), Bogdan Lis (Danzig), Jerzy Dłużniewski (Łódź), Stefan Jurczak (Toruń), [Andrzej] Milczanowski (Stettin) und Stanisław Węgłarz (Lublin).

Die vier Letztgenannten waren früher Mitglieder des nunmehr aufgelösten TKK.

Das erste kräftige Lebenszeichen setzte der KKW, indem er sich für den Boykott des landesweiten Referendums der Staatsführung über die zukünftige Wirtschaftsentwicklung des Landes am 29.11.1987 und allgemein für eine radikalere Vorgangsweise gegenüber der Staats- und Parteiführung aussprach.

ad 2.

Die „Kämpfende Solidarität" ist zwar keine Unterorganisation der „Solidarität" im strengen Sinn, beruft sich jedoch auf deren Zielsetzungen, hat ihr (Macht)-Zentrum vor allem in Schlesien und wird vorwiegend von frustrierten, antisowjetischen und betont national eingestellten Solidaritäts-Mitgliedern gebildet. Ihr Anführer ist der in Breslau ansässige (und mittlerweile verhaftete) Kornel Morawiecki. Der lokale Vorsitzende der „Kampf-Einheit" Danzig ist Andrzej Kołodziej. Im krassen Gegensatz zu den Beratern der „Solidarität", aber auch in einer feststellbaren Distanz zum KKW schließen ihre Aktivisten die (beschränkte) Gewaltanwendung zur Durchsetzung ihrer Ziele nicht aus. Die „Kämpfende Solidarität" dürfte mit militärischen und nachrichtendienstlichen Geräten gut versorgt sein und unterhält enge Beziehungen zu polnischen Emigrantenkreisen in Schweden und Belgien.

ad 3.

Um eine Aufsplitterung der „Solidarität" in Fraktionen zu verhindern und um eine eigene Position hinsichtlich der von der „Solidarität" zu verfolgenden Strategie zu formulieren, haben sich am 6.11. d. J. mehr als 40 Berater und Intellektuelle der „Solidarität" in einer Kirche der Warschauer Altstadt unter Führung Lech Wałęsas zusammengefunden. Dem Vernehmen nach hätten sie beschlossen, keinem Führungsgremium der „Solidarität" angehören, sondern ausschließlich im Hintergrund und nur als Berater tätig sein zu wollen.

Auch diese Gruppe steht zwar der wirtschaftlichen Reformbemühung der Regierung skeptisch gegenüber, weil sie ihrer Ansicht nach nicht im nötigen Ausmaß mit gesellschaftspolitischen Reformen einhergeht, will jedoch eine Konfrontation verhindern und sucht das Gespräch mit den reformfreudigen, „liberalen" Elementen in der Parteiführung. Diese Gruppe warnt gleichzeitig die radikalen Vertreter der „Solidarität" vor „öffentlichen" Aktionen, da solche Aktivitäten zeigen könnten, wie schwach der faktische Einfluß der „Solidarität" auf das politische Geschehen im Lande zum gegenwärtigen Zeitpunkt sei.

Die meisten Mitglieder dieser Gruppe verfügen über beste Verbindungen zur katholischen Kirche, befinden sich unter ihnen doch auch zahlreiche Laienmitarbeiter des Episkopats, z. B. solche prominenten Aktivisten wie Findeisen (Leiter des gesellschaftlichen Rates des Primas), Trzeciakowski (Vorsitzender des Landwirtschaftskomitees des Episkopats) und Wielowieyski (Vorsitzender des „Klubs der Katholischen Intelligenz [KIK]).

ad 4.

Wenn der Pressesprecher der Regierung, Minister Urban, in der Vergangenheit immer wieder von offiziellen Kontakten der Staats- und Parteiführung (dem Vernehmen nach auf der Ebene von Ministern und Vizeministern) mit der Gewerkschaft „Solidarität" berichtet hat, so haben sie mit einzelnen hochrangigen (früheren) Funktionären der „Solidarität" stattgefunden, die (noch) über Einfluß auf die Arbeiterschaft verfügen, jedoch innerhalb der Gewerkschaftsorganisation offensichtlich an den Rand gedrängt wurden. Ihre Namen werden strikt geheim gehalten, offensichtlich auch zum Schutz vor den eigenen Gesinnungsleuten. Selbst Janusz Onyskiewicz, der noch immer als Sprecher der „Solidarität" fungiert, dementiert diese Kontakte, die zweifelsfrei stattgefunden haben, kategorisch. Entweder ist er selber einer von ihnen (eher unwahrscheinlich) oder ist bereits so stark an den Rand der „Solidarität" gedrängt, um umfassend informiert zu sein (wofür es gewisse Anzeichen gibt).

Gerüchten zufolge wären einzelne dieser kontaktierten Gewerkschaftsfunktionäre unter bestimmten Bedingungen (Zulassung von marktwirtschaftlichen Elementen in der Wirtschaft, mehr gesellschaftlicher Pluralismus etc.) zu einer begrenzten Zusammenarbeit mit der Regierung bereit.

ad 5.

Es mehren sich in jüngster Zeit die Anzeichen, daß sich unter dem Einfluß der Weltanschauung und der praktischen politischen Zielsetzung der „Solidarität" einige ihr nahestehende eigenständige politische Gruppierungen bilden.

Konkretes Wissen besteht über den in Danzig ins Leben gerufenen „Politischen Klub", welcher unter der Leitung des Rechtsanwaltes Jacek T[ay]lor, steht und von etwa 20 systemkritischen Intellektuellen (teilweise „Solidaritäts"-Mitglieder) gebildet wird. Ziel dieser Vereinigung [sei] […], eine „demokratische Umbildung des polnischen Staates auf legalem Wege" herbeizuführen.

Man sehe im Staat in seiner gegenwärtigen Verfassung zwar keinen „Feind", möchte ihn jedoch in seinen Grundelementen reformieren. Gewaltanwendung zur Durchsetzung dieser Ziele wird abgelehnt, Bewußtseinsbildung und Dialog [werden] als vorderste Mittel genannt.

Eine ähnliche Organisation bildet sich gegenwärtig auch in Krakau heran; sie würde sich dem Vernehmen nach als Gruppe von „Neo-Liberalen" bezeichnen. Genaueres konnte derzeit leider nicht in Erfahrung gebracht werden.

ad 6.

Das Auslandsbüro der „Solidarität" in Brüssel führt mehr und mehr eine eigenständige Politik durch, die nicht rückgebunden an die eigene Gewerkschaft in Polen selber erscheint und die Organisation in der Heimat schwer belastet. Es ist eine Tatsache, daß es zwischen ihnen schwere Differenzen über die zu verfolgenden politischen Ziele und Strategien gibt. Die Akzeptierung einer Spende von jährlich 1 Million US-Dollar war z.B. ein solcher Alleingang, der der Gewerkschaft im Lande mehr geschadet als genützt hat. Natürlich läßt es sich von einer politisch wie finanziell gesicherten Lage im Ausland leichter und schärfer polemisieren als im Untergrund. Eine Verbesserung des Verhältnisses des Auslandsbüros zur eigenen Organisation im Lande scheint gegenwärtig nicht in Sicht. Mittlerweile hat sich auch im schwedischen Malmö eine Zweigstelle des Brüsseler Büros etabliert. Der dortige Leiter ist Marian Kaleta, der erst vor wenigen Wochen unrühmliche Publizität erlangte, als er als Drahtzieher einer Schmuggel- und Spionageaktion genannt wurde, in deren Mittelpunkt ein schwedischer – von den polnischen Sicherheitskräften abgefangener – LKW, voll mit nachrichtendienstlichen Geräten, Druckereiutensilien und Geld (nachgewiesenermaßen für die „Solidarität"), stand.

Die (noch existierende) „Land-Solidarität" wieder wurde im Großen und Ganzen durch die Aktivitäten der Bischofskonferenz und ihr nahestehender Laien zugunsten der privaten Landwirtschaft bedeutungslos. Rund 85 % der landwirtschaftlichen Produktion und 80 % des Grund und Bodens liegen bereits in privaten Händen und erst vor wenigen Wochen wurde eine private „Stiftung für die Wasserversorgung in ländlichen Gebieten" ins Leben gerufen. Die Statuten dieser Stiftung wurden mit dem polnischen Landwirtschaftsministerium abgesprochen. Es handelt sich dabei um die erste Stiftung dieser Art nach Einführung des Kriegsrechtes in Polen.

Das Bild, welches die „Solidarität" nach sieben Jahren Untergrunddasein bietet, erscheint „pluralistisch" geprägt, nicht frei von Richtungskämpfen, aber im Kern mit zum Teil starken Tendenzen in Richtung einer Gewerkschaftsorganisation im herkömmlichen Sinn. Das KKW, das nur aus Arbeiterfunktionären gebildet wird, ist ein starkes Indiz dafür.

Lech Wałęsa ist nach wie vor die zentrale Figur der Bewegung; er personifiziert die „Solidarität" geradezu und ist bereits Legende. Seine glänzende Reputation in der breiten Bevölkerung ist weiterhin unangetastet. Als aktiv gläubiger Katholik und Arbeiter mit seinem ausgeprägten Sinn für Tradition und nationales Selbstbewußtsein verkörpert er jenen Typ des Polen, mit dem sich die überwiegende Mehrheit der Bevölkerung identifizieren kann. Die Staats- und Parteiführung weiß um den wirkmächtigen Symbolgehalt dieses Mannes und begegnet ihm mit taktisch kluger Respekt-Distanz und attackiert ihn selber fast nie direkt. Andererseits dient er jedoch auch gelegentlich – etwas direkt gesagt – als „Hofnarr" der polnischen Führung und zur „politischen Selbstbefriedigung" von ausländischen Besuchern.

Ein offenes Geheimnis ist, daß Wałęsa nach wie vor in Papst Johannes Paul II. einen mächtigen Protektor findet; bei dessen im Juli d. J. erfolgten Polenreise wurde dies wieder einmal ganz deutlich.

Sollte es jemandem gelingen, den möglichen Zerfallsprozeß der „Solidarität" aufzuhalten oder zu verlangsamen, so ist allein er es.

Allem Anschein nach unterliegt die „Solidarität" derzeit tatsächlich einem gewissen Erosionsprozeß. In ihrer Organisationsstruktur, in den großen Betrieben und in den mittleren und kleinen Städten sei sie noch immer vorhanden; das „Skelett ist noch da, aber kein Fleisch mehr", so ein namhafter Funktionär. Es gäbe aber noch immer rund 70.000 Aktivisten im Land und ca. 400.000 regelmäßig (monatlich) und ca. 900.000 unregelmäßig zahlende Mitglieder. Die Zahl der Mitglieder wird immer noch mit ca. 1,2 Millionen und jene der Sympathisanten im weiteren Sinn mit 7 Millionen angegeben.

Ein kritischer Beobachter muß allerdings feststellen, daß der faktische Einfluß der „Solidarität" auf das politische Leben immer dünner wird. Indirekten Einfluß hat sie zweifellos dadurch, daß die Staats- und Parteiführung einerseits durch Äußerungen führender Solidaritätsmitglieder und gelegentlichen Äußerungen der „Solidarität" zu bestimmten Reaktionen und Haltungen gezwungen wird. Andererseits ist aber allein schon das faktische Vorhandensein dieser illegalen Gewerkschaft ein ständiger Stachel im Fleisch der Partei, welche bei strategischen Überlegungen die „Solidarität" mit einzukalkulieren hat. Vor allem jedoch lebt die „Solidarität" im Bewußtsein der breiten Bevölkerung als jene Gemeinschaft von Menschen weiter, die während 500 Tagen Hoffnung zu geben und damit Pessimismus zu vertreiben in der Lage gewesen war. Als solche ist die „Solidarität" in [un]auslöschlicher Weise polnische Zeitgeschichte. Und darin liegt wahrscheinlich auch ihre (noch verbliebene) Stärke begründet.

Was sagt die katholische Kirche?

Das Verhältnis der katholischen Kirche zur „Solidarität" ist differenziert. Man weiß, daß viele Mitglieder des niederen und mittleren Klerus mit den Ideen der „Solidarität" sympathisieren, eindeutig politisch motivierte Predigten dürften heute jedoch eher eine Seltenheit darstellen, währenddessen sie vor einem Jahr noch bedeutend häufiger zu hören waren. Viele Pfarrer stellen aber nach wie vor ihre Pfarrhäuser für „Solidarität"-Mitglieder-Versammlungen zur Verfügung.

Bei den Bischöfen gibt es zum Teil sehr radikale Anhänger der „Solidarität", wie z. B. der Bischof von Kattowitz; die meisten verhalten sich jedoch nach außen hin eher neutral. Unter den Kardinälen muß wohl der Breslauer Metropolit Gulbinowicz geradezu als Verfechter der Sache der „Solidarität" angesehen werden, während sich der Krakauer Kardinal Macharski diplomatisch-ausgewogen verhält und Primas Glémp wieder vor allem als Mahner in Erscheinung tritt, die Kirche möge sich gefälligst aus dem tagespolitischen Streit heraushalten, und politisierende Priester klar in ihre Schranken verweist.

Ein kleiner, wenn auch nicht unbedeutender Teil der „Solidarität"-Aktivisten hat ein sehr reserviertes, wenn nicht ablehnendes Verhältnis zur katholischen Kirche; der stark überwiegende Teil jedoch besteht aus aktiv engagierten Katholiken. Leitfigur ist auch hier Lech Wałęsa, der stets öffentlich seinen Glauben bekennt und die Kirche als Schutzherrin der „Solidarität" ansieht. Nie tritt er z. B. in der Öffentlichkeit ohne das Bildnis der Schwarzen Madonna von Tschenstochau auf seinem Rockaufschlag auf.

Parteiführung und „Solidarität" finden trotz zaghafter Versuche zu keinem Dialog. In den vergangenen Monaten trafen sich jedoch namhafte Vertreter der Regierung mit prominenten Aktivisten der „Solidarität". Über den Inhalt der Gespräche sowie die Zahl und Namen der Gesprächspartner herrscht vollständige Geheimhaltung. Auch von Seiten der „Solidarität" würde mit den „liberalen, reformfreudigen" Mitgliedern der Partei das Gespräch gesucht. Dem Vernehmen nach war dieser Versuch nicht sehr ermutigend.

Äußerungen des oberwähnten Beraterkollektivs zufolge wäre die „Solidarität" kompromißbereit.

Gegenwärtig kann die „Solidarität" mittels zweier Begriffe, die nicht ident sind, erfaßt werden:

1.	als Bewegung zur Demokratisierung der polnischen Gesellschaft und

2.	als Gewerkschaftsorganisation.

Die „Solidarität" als Gewerkschaft wäre bereit, die Vereinigte Polnische Arbeiterpartei als „Alleinvertreter des Staates nach außen" anzuerkennen; die Partei müsse jedoch in Richtung eines „Sozialismus mit menschlichem Antlitz" gehen; die „Solidarität" würde grundsätzlich auch in diese Richtung tendieren (sie habe ihre Lehre aus der Kriegsrechtszeit gezogen): man müsse überdies in der konkreten politischen Arbeit wieder zurückgehen auf die vor 7 Jahren abgeschlossenen (und nie aufgekündigten) Danziger Abkommen und schließlich müßte eine Wiederherstellung der Legalität der „Solidarität" erfolgen; eine legale Gewerkschaft würde die Staatsmacht nicht gefährden.

Ansätze für eine nationale Versöhnung gäbe es, könnte sie irgendwann wirklich gelingen, so wäre dies die beste Basis für echte, gemeinsame Reformen zum Wohle des ganzen Volkes.

Dokument 157

Landesweites Referendum über wirtschaftliche und politische Reformen in Polen am 29.11.1987; Mißerfolg für die polnische Regierung

GZ 166.03.00/32-II.3/87, Zl. 382-RES/87, ÖB Warschau (Weninger), 2. Dezember 1987

Das am 29. November 1987 landesweit durchgeführte Referendum, mit welchem die Zustimmung der Bevölkerung zu den politischen und wirtschaftlichen Reformvorschlägen der Regierung eingeholt hätte werden sollen, war entgegen anderslautenden Meldungen in westlichen Medien bereits das zweite Referendum in der polnischen Nachkriegsgeschichte. Das erste fand 1946 – ebenfalls über wirtschaftliche und politische Reformpläne – statt, erbrachte, wie wir heute wissen, bloß 5 % Zustimmung und 95 % Ablehnung, wurde jedoch damals zugunsten des Regierungsvorhabens total verfälscht.

In der wochenlang sehr intensiv geführten Kampagne zur Motivierung der Bevölkerung hat man regierungsseitig unbedachterweise auf dieses erste Referendum Bezug genommen, was bei der Bevölkerung kontraproduktiv gewirkt haben dürfte. Nicht gerade ermunternd war auch die Debatte um die Formulierung der Erläuterungen zu den beiden im Referendum gestellten Fragen, welche dazu geführt hat, daß sie die Vollversammlung des Zentralkomitees der PVAP am 24.11. teilweise umformulierte. Ihr Wortlaut gab berechtigten Anlaß zur Befürchtung, daß sie je nach Gutdünken der Regierung interpretiert werden könnten. Auch dies mußte kontraproduktiv wirken.

Die verbotene Gewerkschaft „Solidarität" ließ eine eindeutig klare Position vermissen. Vereinzelte Funktionäre sprachen sich für den Boykott aus, Lech WAŁĘSA dementierte dies, um anschließend unmittelbar vor dem Referendum doch wieder von einem Boykottaufruf zu sprechen.

Die katholische Kirche verhielt sich neutral; sie empfahl den Gläubigen lediglich, in dieser Frage dem eigenen Gewissen zu folgen.

Die Vorbereitungsarbeiten seitens der Regierung wurden zweifellos sehr ernst und mit großem Aufwand betrieben. Die Gesamtkosten des Referendums beliefen sich auf nahezu 1 Milliarde Złoty (= ca. öS 37 Millionen). Es wurde nichts unversucht gelassen, die Bevölkerung für das demokratische Mittel eines Referendums zu gewinnen, was aber zum Teil durch die eingangs erwähnten Gründe selbst zunichte gemacht wurde.

Die Beteiligung von 86 % der Wahlberechtigten kann durchaus als beachtlich bezeichnet werden, vor allem auch unter der Berücksichtigung, daß es ja keine demokratische Tradition in Polen und damit auch keine genügende Erfahrung mit Referenden (von 1946 abgesehen) gibt. Aus gesicherter Quelle wurde bekannt, daß nahezu 8 % der Teilnehmer gar nicht wußten, wie sie die Stimmzettel handhaben sollten; manche kreuzten „JA" an, schrieben gleichzeitig „NEIN" dazu, gaben auf den Stimmzetteln Erklärungen ab etc. etc.

Vizeaußenminister ORZECHOWSKI kommentierte das Abstimmungsergebnis wie folgt:

- Die Regierung werde weiterhin den Dialog mit der Bevölkerung suchen,
- es würden weitere Referenden folgen,
- man gedenke, bei der „Demokratisierung des Sozialismus" unbeirrt fortzufahren,
- der Gegenstand des Referendums wäre für breite Bevölkerungskreise zu schwierig zu verstehen gewesen, man werde in Zukunft besser formulierte Fragen stellen,
- das faktische Ergebnis wäre das Lehrgeld, der Preis für den eingeschlagenen Demokratisierungsprozeß und außerdem

– wolle man eine Gesetzesänderung dahingehend überlegen, ob nicht 51 % der abgegebenen Stimmen und nicht 51 % aller Stimmberechtigten als bindendes Quorum anzusehen sind.

Pressesprecher Minister URBAN kommentierte das Ergebnis in seiner bekannt spitzen Art so, daß trotz des negativen Ergebnisses der Reformprozeß durchgezogen werde, es dabei lediglich zu einer gewissen zeitlichen Verzögerung des Fahrplanes käme. Hier muß natürlich der berechtigte Einwand vorgebracht werden, wozu dann das Referendum überhaupt dienlich war, wenn man ohnehin ihr Ergebnis ignoriert. Dieser Kritik wurde mit dem Hinweis begegnet, daß laut Weltbankstudie der Gesundungsprozeß der polnischen Wirtschaft schnell vor sich gehen müsse und man keine Zeit verlieren dürfte. Das müsse man nunmehr der Bevölkerung umso deutlicher klar machen. Diese Haltung stärkt natürlich nicht unbedingt das ohnehin schwache Vertrauen der Bevölkerung in die Absicht der Regierung. Desgleichen auch nicht die Tatsache, daß unmittelbar vor dem Referendum das staatliche Meinungsforschungsinstitut OBOP noch von 85 % „JA"-Stimmen zu berichten wußte. Entweder sind die wissenschaftlichen Methoden dieses Instituts zu ungenau oder es handelte sich um einen Manipulationsversuch, so wird ganz offen gefragt.

Die politische Ausgangslage für den Fortgang der Reformbemühungen ist nicht besonders günstig. Vizeaußenminister OLECHOWSKI sieht sie durch drei miteinander konkurrierende Elemente bestimmt: 1. durch jene Partei- und Regierungsmitglieder, welche bereit wären auch zu weitergehenden Reformen, 2. durch „linke Hardliner", welche zwar bloß eine zahlenmäßig kleine, aber umso aktivere Gruppe darstellen, die keinerlei Interesse an einem demokratischen Prozeß in Polen hätte und 3. durch „rechte Demagogen", die ebenfalls gegen die vorgeschlagenen Reformen eingestellt wären, aber weil sie keine „kommunistische Demokratie", sondern demokratischen Pluralismus westlicher Prägung wollten (!).

Das Parlament in seiner Sitzung am 5.12. d.J., v.a. aber die Fortsetzung des Ende November unterbrochenen 6. ZK-Plenums am 12.12. d.J., werde hier wohl Klarheit schaffen.

Das am 1.12. d.J. zusammengetretene Politbüro hat in einem Kommuniqué wissen lassen, daß es am Kurs der „sozialistischen Erneuerung" festhalten und sich verstärkt um eine Bewußtseinsbildung inner- und außerhalb der Partei bemühen wird.

Die Botschaft legt anverwahrt eine unter Zuhilfenahme des an der Botschaft tätigen Dolmetschers verfertigte Analyse über das Wählerverhalten, wie es in den polnischen Massenmedien wiedergegeben wurde, anverwahrt in Fotokopie vor. [...]

Dokument 158

Widersprüchlichkeiten in Perestroika und Glasnost

GZ 225.03.00/77-II.3/87, Zl. 803-Res/87, ÖB Moskau (Grubmayr), 4. Dezember 1987

Zu der Diskussion um die Definierung der perestroika, der oft sehr widersprüchliche Qualifikationen zugeschrieben werden, und dann erstaunlichen Diskrepanzen bei der Transparenz-Bewältigung darf im folgenden ein weiterer Beitrag geliefert werden.

Der exilsowjetische Wirtschaftsexperte Boris Romer, der bis 1977 am Plechanow-Wirtschaftsinstitut in Moskau gearbeitet hat, dann die SU verließ und jetzt am Institut für Sowjet-Studien an der Harvard-Universität tätig ist, hat nach längerem Warten erstmals ein Visum für einen Besuch in Moskau erhalten. Der hiesige US-Botschafter hat in seiner Residenz einen Diskussionsabend („Seminar im Spaso House") mit Romer als Hauptredner veranstaltet, bei dem die perestroika die Hauptthematik bildete.

Die Diskussion, welche sich fast ausschließlich auf Russisch abspielte, war in mehrerer Hinsicht bemerkenswert: erstens die Tatsache, daß ein prominenter Wirtschaftsfachmann, der auf die Gegenseite überläuft, eine Einreiseerlaubnis erhält; daß zu einer Diskussion mit ihm sowjetische Partei- und Wirtschaftsexponenten eingeladen werden können – und schließlich, daß einige von ihnen auch tatsächlich kommen und dann mit ihrem ehemaligen Kollegen – einige kannten ihn von früher – ein durchaus zivilisiertes und auf relativ hohem Niveau stehendes Streitgespräch führen. Die übrigen Gäste, hauptsächlich Diplomaten, beschränkten sich auf einzelne Fragen und aufs Zuhören.

Romer verglich die jetzigen Reformbestrebungen in der Sowjetunion mit denen des Zaren Alexander des Zweiten vor mehr als hundert Jahren. Damals wie heute sei das Hauptziel „der Kampf gegen die Bürokratie und mehr Freiheit für den Einzelbetrieb" gewesen. Schlüsselproblem der sowjetischen Wirtschaft sei die wirtschaftliche Rechnungsführung mit ausgeglichenem Ergebnis („chosratschot"): Schon unter Stalin und Molotow als Ministerpräsident habe man Anfang der Dreißigerjahre diese wirtschaftliche Betriebsführung „befohlen". Aber sogar Stalin mit seinen Gewaltmaßnahmen sei an dem Widerstand des wirtschaftlichen Apparates gescheitert. Wie sollte das also jetzt funktionieren, wo Zwänge solcher Art nicht mehr angewandt werden? Es erhebe sich auch die Frage nach dem psychologisch wichtigen Zeitfaktor. Die wirtschaftliche Rechnungsführung und die Selbstfinanzierung müßten noch innerhalb des laufenden 5-Jahresplanes (bis 1990) Erfolge zeigen. „Kosmetische Verbesserungen", wie sie bis jetzt vorgesehen werden, seien aber zum Scheitern verurteilt.

Aus Äußerungen von GS Gorbatschow und Politbüromitglied Ligatschow gehe hervor, daß sie keine grundsätzlichen Änderungen in den politischen und Parteistrukturen vornehmen wollen. So müssen z.B. die nunmehr von der Belegschaft gewählten Unternehmensleiter wieder von der zuständigen Parteileitung bestätigt werden. Die in Aussicht genommenen Reformen seien daher weitgehend „künstliche Palliative".

Eine weitere Achillesferse der „perestroika" sei das Preisproblem, da das Konsumentenverhalten bei der neuen Preisregelung zu wenig Beachtung finde. Solange aber das Preisproblem nicht grundlegend gelöst ist, könne es keine wirtschaftliche Unternehmensführung geben. Überhaupt seien die neuen Strukturen mit den Methoden des GOSSNAB (staatliche Materialverteilungsbehörde) nicht kompatibel. Dessen administrative Ressourcenverteilung widerspreche einer selbständigen Betriebsführung und dem Prinzip der ausgeglichenen Bilanzierung der Unternehmungen. Lenin habe schon gesagt: „Preisbildung ist ein Instrument der staatlichen Politik", hier liegt also ein ideologischer Konflikt vor: Es muß entweder das Primat der Partei in der Wirtschaftsführung abgeschafft werden oder aber die Reformen werden keinen wirtschaftlichen Erfolg bringen.

Er zitierte einen sowjetischen Volkswirtschaftler, der die Wirtschaftsexperten in „Kavalleristen" und in „Kaufleute" eingeteilt habe. Erstere sind diejenigen, welche die Planerfüllung in den Vordergrund stellen und Disziplinierung und straffe Ordnung als oberstes Wirtschaftsprinzip aufstellen, die andere Gruppe seien die marktorientierten Wirtschaftler, die ökonomische Prinzipien und darunter auch eine freie Preispolitik an ihre Fahnen geheftet haben. Derzeit ergebe sich der Eindruck, daß die „Kavalleristen" noch die Oberhand hätten.

Eine weitere negative Erscheinung in der jetzigen Wirtschaftsreform sei der Versuch, eine auf bessere Qualität ausgerichtete Umstrukturierung (= perestroika) und gleichzeitig eine quantitative Erhöhung der Wachstumsrate zu erreichen. Wenn man eine „perestroika" im qualitativen Sinn will, muß man vorerst mengenmäßige Einbußen hinnehmen. Beides gleichzeitig – qualitative Verbesserung und Quantitätssteigerung – sei erfahrungsgemäß unmöglich. Damit verbunden müsse auch die Investitionspolitik kritisiert werden, die nicht konform mit einer Umstrukturierung laufe, weil man zu wenig Schwergewichte gesetzt hätte (Gießkannenprinzip).

Herr Romer schloß mit der Feststellung, daß eine grundlegende Verbesserung der Wirtschaft ohne Änderung des politischen Systems nicht möglich sei. Die führende Rolle der Partei in der Wirtschaft, die nach den bisherigen Entwicklungen keineswegs aufgegeben werden soll, schließe die Möglichkeit einer tiefgreifenden Umgestaltung aus.

Keiner der Contra-Redner leugnete die Existenz der von Herrn Romer aufgezeichneten Problembereiche; sie meinten aber, er habe als im Ausland Lebender zu wenig Information und die von ihm aufgestellten Prognosen lägen daher in der falschen Richtung. Man habe die der „perestroika" drohenden Gefahren auch hier bereits erkannt und entsprechende Gegenmaßnahmen vorgesehen. Einer der Redner, ein Stadtrat von Moskau, verwies auf die rasche Entwicklung der genossenschaftlich organisierten Privatunternehmen (Kooperativen), von denen es in Moskau schon 700 gebe. Allerdings passierte ihm hiebei ein Ausrutscher in die unter Stalin und dann auch wieder unter Breschnew geübte brutale Kunstzensur, als er unter Hinweis auf eine in Bildung begriffene Künstler-Kooperative meinte, Partei und Regierung müßten verhindern, daß „kitschige und abgeschmackte" Bilder dem Volke verkauft würden. Kooperativen, die sich mit „schlechter Kunst" beschäftigten, wären daher zu unterbinden.

Die von diesen sowjetischen Exponenten hochgelobte einheitliche Linie der „perestroika" wurde nur einen Tag später wieder in Frage gestellt, als das Politbüromitglied Alexander Jakowlew in einer Rede vor Vertretern der Medien, der Wissenschaft und der Kultur sich des längeren über die starke Gegnerschaft zur „perestroika" verbreitete. Er sprach hiebei vor allem von „Konservatismus, welcher die Fähigkeit zur Revanche" hätte und der zwar nach außen hin immer für die „perestroika" eintrete, diese aber durch seine praktische Haltung durchkreuze: <u>Man müsse sich fragen, „für welche perestroika" diese Leute seien</u>. Herr Jakowlew rügte gleichzeitig auch den „pseudorevolutionären Avantgardismus" (Vorwurf an die „Jelzin-Regierung"). Die Hauptrichtung seines Angriffes ging aber zweifellos gegen die „heimlichen Bremser", die ihren Negativismus hinter einem lautstarken Lippenbekenntnis zur Umstrukturierung verbergen. Was das Wort „Avantgarde" betrifft, so hat Herr Jakowlew dieses in der gleichen Rede auch im positiven Sinn verwendet, als er bei den Zeitungs- und Bücherverlagen diejenigen hervorhob, welche die „Avantgarde der Perestroika" bilden.

Jakowlew, der, wie schon im Vorbericht erwähnt, jetzt als der Hauptvertreter des fortschrittlichen Flügels im Politbüro bezeichnet werden kann, hat sich gehütet, irgendwelche Namen zu nennen, aber die Nuancen gegenüber Leuten wie Ligatschow und dem KGB-Chef Tschebrikow liegen klar auf der Hand. <u>Jedenfalls macht diese Rede wieder klar, daß Tiefgang und Bandbreite der „perestroika" auch in den obersten Führungsorganen noch immer nicht einheitlich determiniert sind</u>, wie es z.B. die sowjetischen Diskussionsteilnehmer beim „Seminar" auf der US-Botschaft glauben lassen wollten. Eine Widerspiegelung dieses Zustandes ist für den hier Lebenden immer wieder im täglichen Leben zu finden, wo unglaublich schnelle, progressive Entwicklungen und reaktionäre, an die Stalin- und Breschnew-Zeiten erinnernde Fakten nebeneinander herlaufen. […]

Dokument 159
Ungarn und Europa – eine Bestandsaufnahme Ende 1987
GZ 222.02.02/9-II.3/87, Zl. 382-Res/87, ÖB Budapest (Kriechbaum), 7. Dezember 1987

Das Wirtschaftswachstum der 60er und 70er Jahre und das politische Selbstverständnis dieser Jahre haben den Osteuropäern den Blick über die Grenzen verstellt und den Glauben an die Integrationskraft des RGW, in manchen Ländern mehr, in manchen weniger, belassen. Mit dem Abstieg der sozialistischen Länder als Welthandelsfaktor, mit der rasanten Zunahme der Auslandsverschuldung und der schmerzlichen Einsicht in die eigene technologische Rückständigkeit wurde die Idee eines „Europa-Ost" zunehmend unattraktiv, stärkere (Ver-)Bindungen. zu Westeuropa sind wieder gesucht.

Im Kommuniqué der letzten <u>Tagung der Außenminister der Warschauer Paktstaaten</u> (Prag, 28./29.10.1987) findet sich folgender Hinweis: „Die auf der Sitzung anwesende

Staaten treten für den Frieden und die Zusammenarbeit eines unteilbaren Europa, für die Schaffung eines ‚europäischen Heims‘ (‚all European House‘) ein." Dieses europäische Heim, gemeint könnte wohl ein KSZE-Europa sein, wurde in den ungarischen Medien so kommentiert, daß es stufenweise gebaut bzw. eingerichtet werden sollte: Zunächst (1) militärisch (Liquidierung der nuklearen, chemischen und anderen Massenvernichtungswaffen, radikaler Abbau der bewaffneten Kräfte und der konventionellen Rüstung, Reduzierung der Militärausgaben, Auflösung der Militärbündnisse (!), Abbau der Stützpunkte etc.), sodann (2) politisch (Dialog, Vertrauensbildung) und schließlich (3) wirtschaftlich (neue Weltwirtschaftsordnung, Einsatz der durch die Abrüstung freiwerdenden Mittel für wirtschaftlichen und soziale Vorhaben). Ergänzt soll dieser Bauplan durch eine breite Zusammenarbeit im humanitären Bereich werden.

Die KSZE-Strukturen und die nunmehr einberufenen Konferenzen (Wirtschaftsforum Prag, Wissenschaftskonferenz in Bukarest, Umweltforum in Sofia, Konferenz für den humanitären Bereich in Moskau, Symposium über den Schutz des kulturellen Erbes in Krakau) sollen aus ungarischer Sicht offensichtlich das Vehikel sein, die diesbezüglichen Wunschvorstellungen weiterzutragen.

Auch der für die ungarische Außenpolitik zuständige ZK-Sekretär M. SZŰRÖS hat sich mit dem jüngst erschienen Buch „Unsere Heimat und Europa" (eine Zusammenstellung von verschiedenen Artikeln und Vorträgen) trendgemäß zum Thema geäußert. SZŰRÖS sieht eine grundsätzliche Europa-Orientiertheit der ungarischen Geschichte, da es doch Jahrhunderte das Bemühen Ungarns war, das Land an das europäische Spitzenfeld anzuschließen, wobei Österreich immer eine besondere Mittlerrolle zugekommen ist. In seiner Ansprache anlässlich der Eröffnung der Sitzung des Palme-Komitees (Oktober 1986) formulierte er seine Europa-Gedanken wie folgt: „Die europäischen Vorgänge verfügen – auch im bipolaren Kräftefeld – über eine nicht geringe Autonomie. Die objektive Basis dafür ist, daß innerhalb der Gesamtheit der Weltpolitik, der Weltwirtschaft und der internationalen Sicherheit ein spezielles, gesamteuropäisches Interesse abzugrenzen ist, für das es möglich ist und sich lohnt, auch neben der Existenz der zwei kontrahären militär-politischen Bündnissysteme einzutreten."

Mit SZŰRÖS hat sich auch das ungarische Außenministerium auf Europa eingestellt. Seit rund eineinhalb Jahren gibt es eine Integrationsabteilung (zuständig für EG, EFTA, NATO, Europarat, 7-er Gipfel etc.), die in Kürze personell weiter ausgebaut werden wird. Die Abteilung ist zur Zeit vorrangig mit Brüssel beschäftigt: Die dort geführten Verhandlungen Ungarn-EG sollen noch im Dezember in einer dritten Runde so weit vorangetrieben werden, daß der Abschluss einer Vereinbarung in der ersten Jahreshälfte 1988 möglich ist. Im Gespräch mit dem Leiter der Integrationsabteilung, Botschafter Gabor GÖBÖLYÖS, gab sich dieser zuversichtlich, daß dieser Zeithorizont eingehalten werden kann. Dieses Abkommen soll zunächst eine prinzipielle Einigung über den Quotenabbau bringen, womit aus ungarischer Sicht ein GATT-konformer Zustand hergestellt und die bisherige Diskriminierung beendet wäre. Von den mengenmäßigen Beschränkungen und anderen Handelshemmnissen sind hunderte Positionen betroffen, ihr Abbau soll stufenweise (bis 1995?) vorgenommen werden, wobei Ungarn nunmehr zu gewissen Kompromissen bereit erscheint (es wird sich wahrscheinlich verpflichten, seine Lieferungen in bestimmten Bereichen übergangsweise freiwillig zu kontingentieren). Zollverhandlungen können später an dieses Abkommen anknüpfen. Bei Abschluss dieser Vereinbarung werden auch diplomatische Beziehungen zwischen Ungarn und der EG aufgenommen, an die Einrichtung einer eigenen Vertretung in Brüssel ist allerdings nicht gedacht, die (bilaterale) Botschaft wurde um EG-Referenten aufgestockt.

Generalsekretär KÁDÁR hat selbstverständlich seinen Besuch in Belgien (November 1987) dazu benutzt, Ungarns EG-Interesse voranzubringen. Noch vor Beginn seines offiziellen (bilateralen) Besuchsprogramms traf er mit Jacques DELORS (Vorsitzender der EG-Kommission) und Willy De Clercq (Mitglied der EG-Kommission für Internationale Beziehungen) zusammen. Bei diesen Gesprächen wurden die Möglichkeiten der Gestaltung der Beziehungen zwischen Ungarn und der EG eingeschätzt und festgehalten, daß „… die sich verbessernde Atmosphäre in Europa neue Möglichkeiten zur Entwicklung der wirtschaftlichen und kommerziellen Beziehungen zwischen den RGW-Mitgliedern und der EG schaffe." Beide Seiten hoben die Bedeutung der gemeinsamen Anstrengungen um das Zustandekommen eines umfassenden Abkommens Ungarn/EG hervor und brachten zum Ausdruck, daß sie an einer auf gegenseitigen Vorteil ausgerichteten langfristigen Zusammenarbeit interessiert sind. Damit sind die Befürchtungen des stv. Außenministers KOVÁCS, die dieser noch vor wenigen Monaten gegenüber österreichischen Parlamentariern äußerte, daß zwölf JA in Brüssel schließlich ein NEIN ergeben könnten, weitgehend zerstreut worden.

Die multilateralen Verhandlungen EG-RGW sollten aus ungarischer Sicht zunächst die gegenseitige Anerkennung bringen und substantiell auf Bereiche wie Umwelt, Transport etc. beschränkt bleiben. Ungarn bleibt darauf bedacht, die bi- und multilateralen Verhandlungsgeschehnisse getrennt zu halten.

Die von Budapest initiativ verfolgte Reform des RGW (zuletzt etwa beim September-Treffen der ZK-Sekretäre und im Rahmen des Exekutivkomitees des RGW) soll keinem Brüsseler-Modell nacheifern, da, wie die Ungarn meinen, weder die Ausgangsbasis noch die Zielsetzungen von Brüssel zu übernehmen sind. Für den RGW stellt sich in erster Linie die Frage einer verbesserten Kooperation zwischen den Mitgliedsländern (sowohl auf dem Sektor „Produktion" als auch im Bereich des Zahlungsverkehrs und der Kreditwirtschaft), ein Problem, das die EG kaum berührt.

1987 wurden weiters erste Kontakte mit dem Europarat aufgenommen, im Juni d.J. besuchte GS OREJA – dank österreichischer Mithilfe – auf Einladung der Ungarischen Akademie der Wissenschaften Budapest, weitere Möglichkeiten einer Annäherung bzw. Zusammenarbeit werden zur Zeit geprüft. Realistischerweise kann damit gerechnet werden, daß Ungarn Fachministerkonferenzen des ER beschicken und in verschiedenen Ausschüssen einen Beobachterstatus anstreben wird.

Die Kontakte bzw. die Öffnung Ungarns gegenüber Westeuropa sind also vielfach und breit angelegt und haben als mittelfristiges Ziel die Etablierung einer engeren politischen und wirtschaftlichen Zusammenarbeit, langfristig scheint das Eingehen tiefergehender Bindungen miteinkalkuliert. Es darf in diesem Zusammenhang nochmals der stv. Außenminister HORN zitiert werden, der Botschafter Dr. Agstner anlässlich seines Arbeitsbesuches gegenüber erklärte: „Wir hoffen letztlich auch, aus unserem Klub (– WP –) herauszukommen, nämlich durch seine Auflösung".

Der Weg dahin wird auch mit „Glasnost" und „Perestroika" ein langwieriger und beschwerlicher sein. […]

Dokument 160
Freundschaftsbesuch von Staatsvorsitzenden Wojciech JARUZELSKI in Ungarn

GZ 166.01.01/12-II.3/87, Zl. 166.03.09/2-A/86, ÖB Warschau (Weninger), 9. Dezember 1987

Am 2. Dezember 1987 hielt sich Gen. Jaruzelski zu einem eintägigen Freundschaftsbesuch über Einladung des Generalsekretärs der Ungarischen Sozialistischen Arbeiterpartei, János Kádár, in Ungarn auf. Begleitet wurde er u.a. von Politbüromitglied und ZK-Sekretär Józef Czyrek sowie dem Stellvertretenden Premierminister Józef Kozioł.

Plenargespräche der beiden Delegationen im ungarischen Parlament und ein ausgedehntes Zusammentreffen zwischen Jaruzelski und Kádár bildeten die hauptsächlichen Programmpunkte.

Wirtschaftliche Fragen standen im Zentrum der Begegnungen. Beide Seiten hätten eine positive Entwicklung der polnisch-ungarischen Wirtschaftsbeziehungen während der vergangenen beiden Jahre konstatiert, wobei reguläre bilaterale Konsultationen, die Erweiterung der direkten Kontakte zwischen Wirtschaftsorganisationen und die Zusammenarbeit auf den Gebieten der Forschung, Produktion und des Austausches von Konsumgütern besonders hervorgehoben wurden. Die Gesprächspartner wären auch übereingekommen, ein Zusammenarbeitsprogramm für die elektronische Industrie bis zum Jahre 2000 zu erstellen. Außerdem wollen Polen und Ungarn ihre Wirtschaftspläne aufeinander abstimmen und der wissenschaftlichen und technologischen Zusammenarbeit vermehrtes Augenmerk widmen.

Trotz gewisser Verstimmung in jüngster Vergangenheit auf polnischer Seite wegen (inzwischen wieder rückgenommener) verschiedener Auflagen der ungarischen Behörden für polnische Touristen wolle man auch den Tourismus intensivieren.

W. Jaruzelski und J. Kádár unterzeichneten zum Abschluß des Besuches ein „Umfassendes Programm für die Entwicklung der Beziehungen zwischen Polen und Ungarn bis zum Jahre 2000". Beide Seiten wollen demnach die Zusammenarbeit v.a. zwischen den Schwesterparteien, besonders auf ideologischem Gebiet, vertiefen. Die theoretischen und praktischen Probleme beim Aufbau des Sozialismus im allgemeinen und die Entwicklung einer sozialistischen Demokratie im besonderen werden dabei ausdrücklich betont. Darüber hinaus sieht der Plan neben den eingangs erwähnten Ausweitungen der Beziehungen auf wirtschaftlichem, wissenschaftlichem und technischem Gebiet auch eine Vertiefung der Zusammenarbeit im Bereich der Kultur und Erziehung vor. […]

Ein Gesprächspartner der hiesigen ungarischen Vertretungsbehörde lobte die Besuchsatmosphäre in besten Tönen und erklärte, daß die bilateralen Beziehungen auf sehr hohem und besonders freundschaftlichem Niveau stünden und man bezüglich politischer und wirtschaftlicher Reformen in die gleiche Richtung blicke. […]

Dokument 161

Österreich-Ungarn; Gespräch des HSL II mit Vizeaußenminister Kovács zu internationalen Fragen (10.12.1987)

GZ 517.00.22/30-II.3/87, BMAA Wien (Sucharipa), 10. Dezember 1987

A K T E N V E R M E R K

Der Herr Sektionsleiter II empfing am 10.12. den ungarischen Vizeaußenminister László Kovács, der sich aus Anlaß der 11. Tagung der Allgemeinen österreichisch-ungarischen Gemischten Kommission in Wien befand, zu einem längeren Gespräch über internationale Fragen von beiderseitigem Interesse.

<u>Sowjetisch-amerikanische Beziehungen:</u>

Der Herr Sektionsleiter II erwähnt die Grußadresse des Herrn Bundesministers an die Außenminister der beiden Supermächte und bittet um Darlegung der ungarischen Einschätzung des aktuellen Standes der sowjetisch-amerikanischen Beziehungen. Vizeaußenminister Kovács stellt fest, daß die ungarische Einschätzung völlig der in der erwähnten Grußadresse zum Ausdruck gebrachten österreichischen Auffassung entspricht: Das unterschriebene INF-Abkommen hat wichtige Auswirkungen, die über den unmittelbaren militärischen Effekt (Reduktion von 3 bis 4 % der nuklearen Rüstungen) weit hinausreichen. Es stellt einen ersten Schritt zu echten Abrüstungsmaßnahmen, und das noch dazu im Bereich moderner, d. h. nicht veralteter Waffen, dar. Das Abkommen beweist darüber hinaus, daß bei vorhandenem politischen Willen die Verifikationsfragen lösbar sind. Daneben gebe es aber auch negative Effekte, so die zu hörenden NATO-Stimmen, die nunmehr für eine konventionelle Aufrüstung und Nachrüstung eintreten. Der sowjetische „approach" wäre hier zu bevorzugen, nämlich ein Disparitätenausgleich durch Abrüstung, wie dies ja auch in der österreichischen Erklärung durch die Wortwahl „tiefstmögliches Niveau" zum Ausdruck gebracht worden sei.

Zu den sowjetisch-amerikanischen Beziehungen im allgemeinen verwies Vizeaußenminister Kovács auf den von ihm sehr positiv eingeschätzten regelmäßigen Dialog in den letzten zwei Jahren (3 Gipfeltreffen, zahlreiche Außenministertreffen). Dieser Dialog wäre sogar um einiges intensiver als Anfang der 70er Jahre (<u>Rüstungsabbau</u> statt bloß Rüstungsbeschränkung sowie Meinungsaustausch auch zu Menschenrechtsfragen sowie über Lösungsansätze für Regionalkonflikte einschließlich Afghanistan).

Ganz allgemein könne man zwischen Ost und West von einer neuen Qualität der Beziehungen sprechen: Während man früher von der gegenseitigen Vernichtbarkeit des jeweils anderen Systems oder zumindest von dessen mehr oder minder bevorstehendem Zusammenbruch ausgegangen sei, würden nunmehr beide Seiten von einer gegenseitigen Anerkennung des Bestandes des anderen Systems ausgehen. Von beiden Seiten ist ein Erneuerungsprozeß zu verzeichnen sowie die Erkenntnis, daß der historische Wettkampf der Systeme nicht militärisch zu entscheiden ist. Freilich wäre die Sowjetunion bei der Erneuerung des außenpolitischen Denkens den Vereinigten Staaten voran.

Auf eine diesbezügliche Feststellung des Herrn Sektionsleiters II betreffend das eindeutige militärische Ungleichgewicht auf konventionellem Gebiet replizierend, verwies Vizeaußenminister Kovács auf die im sowjetischen Bereich eingetretenen Veränderungen hinsichtlich der militärischen Doktrin: Die These von der ausreichenden Sicherheit (statt militärischer Dominanz) mache die vorhandenen Disparitäten nicht mehr erforderlich.

2. Umgestaltung in der Sowjetunion:

Nach Vizeaußenminister Kovács vollzieht sich in der Sowjetunion ein objektiv notwendiger Prozeß: Die sowjetische Wirtschaft hat seit Jahren stagniert; darüber hinaus hat sich das bereits 70 Jahre alte sowjetische Wertsystem soweit versteift, daß es jetzt den Herausforderungen des neuen Jahrtausends ohne tiefgreifende Veränderungen nicht mehr gewachsen wäre; die Perestroika und das neue Denken in der Politik sind daher durch objektive Notwendigkeiten in Bewegung gesetzt worden und werden bestehen bleiben. Das eingeschlagene Tempo wird jedoch von menschlichen Faktoren abhängig sein.

Entgegen der früheren Situation werde sich auch der Westen daran gewöhnen müssen, daß nunmehr auch im Osten nicht nur eine maßgebliche Stimme (das heißt offenbar die des Generalsekretärs der KPdSU), sondern mehrere Stimmen zu hören sind. Auch die sozialistische Welt in ihrer Gesamtheit ist vielfältiger und bunter geworden. Diese Entwicklung wird sich weiter fortsetzen, einschließlich unterschiedlicher Akzentsetzungen durch verschiedene Führungsmitglieder. In diesem Sinn möchte er, Kovács, den von der westlichen Presse immer wieder so aufmerksam registrierten Unterschieden in den Äußerungen zwischen Gorbatschow und Ligatschow keine große Bedeutung zumessen.

Für Ungarn ist der Reformprozeß in der Sowjetunion von außerordentlicher Bedeutung, weil es im Wirtschaftsbereich wesentlich leichter wäre, mit einer flexibler werdenden sowjetischen Wirtschaft zusammenzuarbeiten und andererseits die politische Unterstützung für den ungarischen Reformprozeß sehr wesentlich sei.

[…]

Dokument 162

Sowjetische Außenpolitik unter Gorbatschow; Bewegungsspielraum für WP-Staaten?

GZ 225.03.00/70-I.3/87, BMAA Wien, 11. Dezember 1987

Analyse

1) <u>Allgemein</u>: Erklärung GS GORBATSCHOWs hinsichtlich der ausschließlichen Verantwortung der KP jedes einzelnen WP-Staates für das Handeln im jeweiligen Staat ergeben den Eindruck eines größeren Handlungsspielraumes der WP-Staaten. In der Rede Gorbatschows zum 70. Jahrestag der Oktoberrevolution erfolgte die jüngste „autoritative" Festlegung der Grundsätze für die künftigen Beziehungen zwischen den WP-Staaten:

- Bedingungslose und volle Gleichheit;

- Verantwortung der Regierungspartei für die Entwicklung im eigenen Staat und patriotischer Dienst am eigenen Volk;

- Sorgen für die gemeinsame Sache des Sozialismus;

- Achtung füreinander;

- friedliche Koexistenz.

Dies stellt die Übertragung der innersowjetischen Vorstellung von einem „sozialistischen Pluralismus" auf die Ebene der Beziehungen zwischen den WP-Staaten dar. Nur durch eine Pluralität von Meinungen und Konzepten könne das „schöpferische Potential des Sozialismus" ausgeschöpft werden.

2) <u>Breschnew-Doktrin</u>: Unter Bezugnahme auf Stellungnahmen sowjetischer Funktionäre zu historischen Fragen, am deutlichsten bei Georgi L. Smirnov, Direktor des Marxismus-Leninismus-Institutes der KPdSU, sind einige Kommentatoren zu dem Schluß gelangt, daß damit die historische Breschnew-Doktrin überholt sei. Realistischer erscheint die Feststellung, die auch durch die Wahl der Worte Gorbatschows in der oz. Rede gedeckt erscheint, daß lediglich die <u>Interventionsschwelle angehoben</u> worden sei. In diesem Sinne kann nicht von einer grundsätzlichen Neuorientierung in den WP-internen Verhältnissen gesprochen werden. Die <u>sowjetischerseits signalisierten Freiräume</u> in der innerstaatlichen Entwicklung der einzelnen WP-Staaten sollen zu der allgemein angestrebten, v.a. wirtschaftlichen Dynamisierung beitragen: größere Freiheit in der Wahl der Mittel, aber unveränderte Grundlagen und Ziele.

3) <u>Bisherige Auswirkungen</u>:

a) <u>Innenpolitische Lockerung</u>: In der Praxis wird allgemein wohl der innersowjetischen Entwicklung zu folgen sein. Derzeit sind Abweichungen sowohl im Sinne liberalerer Tendenzen (Polen) als auch in Richtung starker Zurückhaltung (Rumänien, ČSSR, DDR) zu registrieren. Das Primat der Partei bleibt dabei unantastbar. Es kann daher nur um eine Belebung gehen, deren Ziel eine gesteigerte Effizienz des Systems, aber keinesfalls echter Pluralismus oder gar Demokratie im westlichen Sinn ist (Motto Gorbatschow: „Nicht weniger, sondern mehr Sozialismus"). Gewisse positive Auswirkungen auf die Menschenrechtssituation stellen ein Nebenprodukt dieser Entwicklung dar. Die Bedeutung des Militärs und der Staatssicherheitsdienste in den WP-Staaten ist unangetastet und offenbar von einem „neuen Denken" im Sinne Gorbatschows unberührt geblieben.

b) Wirtschaftspolitik: Hier liegt der Schwerpunkt der Reformbemühungen und auch des erweiterten Handlungsspielraumes. Das staatswirtschaftliche System als solches steht nicht zur Diskussion. Gesucht werden Wege zu einer Dynamisierung und einer Ablöse der alten, von Moskau diktierten Planwirtschaft durch eine besser den wirtschaftlichen Gesetzen Rechnung tragende Wirtschaftspolitik: Einführung einzelner marktwirtschaftlicher Komponenten mit Zielrichtung RGW-Integration, deren weitere SU-Dominanz in der Praxis noch nicht beurteilt werden kann.

c) Außenpolitik, bes. Beziehungen zum Westen: Auch hier wird – zumindest verbal – ein intensivierter Konsultationsprozeß angestrebt. Verstärkte Westkontakte der einzelnen Paktmitglieder und der beginnende Dialog einzelner Staaten mit dem ER sowie die forcierten EG-Kontakte passen durchaus in das Konzept eines auch in außenpolitischen Fragen vergrößerten Spielraums mit zusätzlichen Elementen einer intensivierten Entspannungspolitik, wobei auch hier das Hauptinteresse sicherlich auf Unterstützung der wirtschaftlichen Bemühungen liegt. Damit leisten die übrigen WP-Staaten auch einen Beitrag zu der von Gorbatschow angestrebten Entschärfung außenpolitischer Fragen mit dem Ziel, Kapazitäten für den Reformkurs freizusetzen.

4) Zusammenfassende Wertung: Es entwickelt sich ein größerer Handlungsspielraum der WP-Staaten im Sinne erweiterter Möglichkeiten zur Erreichung unveränderter Zielsetzungen. Es kann daher eher von einem Dezentralisierungs- als einem Demokratisierungsprozeß gesprochen werden.

Die Breschnew-Doktrin steht grundsätzlich nach wie vor in Geltung, jedoch liegt die Interventionsschwelle – entsprechend der Entwicklung in der SU selbst – signifikant höher.

5) Einschätzung in den WP-Staaten: Generell wird offensichtlich abgewartet, ob und wie weit sich die Reformpolitik in der SU selbst durchsetzen kann. Eine zu starke Identifizierung mit dem Reformkurs würde die jeweilige Führung bei einem Scheitern Gorbatschows selbst gefährden.

a) Rumänien: Ceaușescu hat schon bisher eine eigenwillige Außenpolitik betrieben, weshalb auf diesem Gebiet keine direkten Auswirkungen eines allenfalls vorhandenen größeren Spielraums zu registrieren sind. Innen- und wirtschaftspolitisch werden die sowjetischen Reformversuche völlig abgelehnt, wohl nicht zuletzt, weil sie die aktuellen Herrschaftsstrukturen in Rumänien direkt bedrohen.

b) DDR: Mit Ausnahme Rumäniens das Land, in dem der Reformkurs Gorbatschows mit der größten Zurückhaltung aufgenommen wurde. Gewisse Erleichterungen im inneren Bereich (Reisegenehmigungen, Reduzierung der Zahl der „Geheimnisträger", etwas größerer Spielraum der Kirche) sind eher im Zusammenhang mit der Entwicklung des deutsch-deutschen Verhältnisses zu sehen. Es entbehrt nicht einer gewissen Ironie, wenn seitens der DDR die Beibehaltung der bisherigen Linie auf den von Gorbatschow postulierten eigenständigen Weg jedes sozialistischen Landes gestützt wird.

c) ČSSR: Auch hier wird den sowjetischen Initiativen mit Skepsis begegnet – direktes Resultat der sowjetischen Intervention 1968. Im innenpolitischen Bereich ist vorerst nur wenig zu erwarten (die herrschende Führungsgarnitur wäre bei einer Übernahme der Reformpolitik sowohl von einem Erfolg als auch von einem Scheitern bedroht), außenpolitisch fallen die verhältnismäßig intensiven Bemühungen der SU um die ČSSR auf, die zu einer etwas offeneren csl. Außenpolitik beizutragen scheinen – ein Umstand, von dem offenbar auch die österreichisch-csl. Beziehungen profitieren konnten.

d) Bulgarien: Wegen seiner ausgeprägten Bündnistreue koordiniert Bulgarien sein Reformprogramm eng mit dem sowjetischen. Bereits sehr früh wurden Reformen begonnen, einiges scheint ins Stocken geraten zu sein. Wo nationale Interessen überwiegen (Minderheiten), wird die harte Linie fortgesetzt.

e) Polen: Zusammen mit Ungarn jener Staat, in dem der Gorbatschow-Kurs am positivsten beurteilt wird. Bei vollständiger außenpolitischer Solidarisierung mit der SU ermöglicht die sowjetische Haltung zu national eigenständigen Lösungsansätzen einen etwas größeren Spielraum bei der Bewältigung der zahlreichen Probleme.

f) Ungarn: Naturgemäß sehr positive Reaktion, die neue sowjetische Politik muß als Bestätigung des eigenen Kurses gesehen werden. Als einziger WP-Staat scheint es Ungarn zu sein, in dem die Breschnew-Doktrin als überholt eingeschätzt wird (so VAM Kovács). […]

Dokument 163

Das Referendum in Polen (29.11.1987) – Reaktionen, Schlussfolgerungen und Ausblick auf 1988 (nach den Beschlüssen vom 5.12.1987)

GZ 166.03.00/35–II.3/87, BMAA Wien (Sucharipa), 15. Dezember 1987

A. Fakten

2 gestellte Fragen:

a) für oder gegen eine radikale Sanierung der Wirtschaft (mit zwei- bis dreijähriger Belastungsperiode)

b) für oder gegen „polnisches Modell" einer tiefgreifenden Demokratisierung (Stärkung der Selbstverwaltung, Erweiterung der Bürgerrechte und der Mitbestimmung)

– erstes derartiges Referendum im kommunistischen Polen und im kommunistisch beherrschten Europa überhaupt

– Parlament hatte die Latte für Zustimmung der Bevölkerung – im Vergleich zu westeuropäischen Staaten – sehr hoch gelegt: Bindende Wirkung nur bei

Akzeptanz durch mehr als die Hälfte aller Wahlberechtigten (zum Vergleich in Westeuropa: mehr als die Hälfte aller gültig Abstimmenden).

- Wahlbeteiligung: 67, 32 %, davon

für Frage a) 66 % (umgelegt auf alle Wahlberechtigten : 44,28 %)

für Frage b) 69 % (: 46,29 %)

(In westlichen Demokratien wären damit die Fragen angenommen worden.)

- Haltung der „Solidarität": Boykottaufruf
- Haltung der römisch-katholischen Kirche: neutral (keine Empfehlung abgegeben)

B. Reaktionen

- Regierungssprecher Urban: Regierung sei mit Votum „sehr zufrieden", mehr als zwei Drittel der Wahlberechtigten hatten durch ihre Teilnahme „bewiesen, daß sie den Dialog mit der Staatsmacht wollen". Das Parlament, das das Referendum ausgeschrieben habe, müsse jetzt die Regierung anweisen, welche Schlüsse sie aus dem Resultat zu ziehen habe. Der Wille des polnischen Volkes zur Änderung habe nicht nachgelassen, die Unterstützung sei ausreichend, um die Wirtschaftsreform weitezuführen, das „politische Mandat" hiezu vorhanden.
- Solidarität: Resultat vor allem Protest gegen die angekündigten Preiserhöhungen und Rückschlag für die Reformbemühungen. Lech Wałęsa: „Man kann alles mit den Polen machen, aber nicht ohne sie und noch weniger gegen sie." Die Lösung müsse in einem dreifachen Pluralismus bestehen: einem wirtschaftlichen, einem sozialen, einen politischen. Die Solidarität sei bereit, bei der Suche nach Lösungen (basierend auf diesem Pluralismus) mitzuwirken.
- Parlamentspräsident Malinowski und MP Messner (am 5.12.1987 vor dem Parlament): In den Nein-Stimmen und Enthaltungen komme Unzufriedenheit über „Schwierigkeiten im täglichen Leben" oder „lokale Unzulänglichkeiten" zum Ausdruck.

C. Schlussfolgerungen

- Regierung hat den Boykottaufruf der Solidarität unterschätzt, sonst hätte sie im Parlament eine für sie „günstigere" Quorumsbestimmung durchgesetzt.
- Komplizierte Formulierung der Fragen hat zur Verwirrung geführt und damit möglicherweise zustimmende Mehrheit verhindert.
- Kombinierung der beiden Fragen in einem Referendum unklug und unproduktiv. (Diese Vorgangsweise war erst relativ spät festgelegt worden.)
- Höherer Anteil an Nein-Stimmen auf dem Lande könne als Ausdruck größerer Unzufriedenheit der Landbevölkerung (im Vergleich zu Stadtbewohnern) interpretiert werden. (Besonders starker Rückgang der Realeinkommen der bäuerlichen Haushalte seit 1985.)
- Solidarität ihrerseits hat Fähigkeit der Regierung unterschätzt, daß sie mehr als zwei Drittel der Wahlberechtigten für eine Teilnahme mobilisieren konnte.

– Reaktion der Solidarität zwiespältig, da sie einerseits zum Boykott aufgerufen hat, andererseits aber nunmehr – nach negativem Ausgang des Referendums – Befürchtungen hinsichtlich eines Rückschlages für die Reformbemühungen (insbesondere für die Bestrebungen zur Einführung freier Wahlen auf kommunaler Ebene) äußert.

D. Ausblick

– Die von der Regierung schon lange vor der Anberaumung des Referendums verkündete zweite Etappe der Wirtschaftsreform wird weitergehen. Sie hat aber am 5.12.1987 erhebliche Abstriche von ihrem Programm angekündigt: Geringere Anhebung der Preise für Grundnahrungsmittel 1988 und damit verlangsamter Abbau der Steuern und Subventionen. (Die für 1988 vorgesehen gewesene Preisanhebung um 110 Prozent wird auf drei Jahre erstreckt; durchschnittliche Teuerung per 1.1.1988 27 Prozent.) Auf die angekündigten Preiserhebungen für Mieten, Hausbrand und Nahverkehrsmittel (140–200 %) wird nicht verzichtet werden können. Für alle Erhöhungen wird ein Teuerungszuschlag auf Löhne und Renten gewährt werden. Berechnung der Teuerungsrate nach einem neuen „Warenkorb" aus Konsumgütern und Dienstleistungen.

– Das Parlament (Sejm) hat am 5.12. diese in einer Regierungserklärung enthaltenen Ankündigungen fast einstimmig gebilligt und die Regierung verpflichtet, das vor zwei Monaten vorgelegte Programm der Wirtschaftsreform entsprechend abzuändern. (Daß Abstimmungen im Sejm andere Mehrheiten haben können als in den anderen osteuropäischen Parlamenten, beweist die kurz danach erfolgte Abstimmung über das Nachtragsbudget 1987: 184 Ja, 66 Nein, 105 Enthaltungen. Nicht einmal alle Abgeordneten der Polnischen Vereinigten Arbeiterpartei haben Pro-Stimmen abgegeben.)

– Der IWF hat den Abbau der Preissubventionen zur Bedingung für die Gesundung der Wirtschaft gemacht. Die Regierung kann dem IWF nunmehr entgegenhalten, daß sie dies versucht hat, die Bevölkerung aber damit nicht übereinstimmt.

– Es ist nicht auszuschließen, daß konservativere Kräfte in der Partei Auftrieb erhalten und gewisse personelle Veränderungen (namentlich im Wirtschaftsbereich) zur Folge haben.

– Der Ausgang des Referendums hat die Kluft zwischen Führung und Bevölkerung offensichtlich vergrößert. Das Abstimmungsergebnis scheint nicht so sehr die Ablehnung des an und für sich notwendigen Reform- und Demokratisierungsprozesses zu bedeuten, sondern die allgemeine Unzufriedenheit mit vier Jahrzehnten verfehlter Planung und einem nicht legitimierten und akzeptierten Regime sowie das Mißtrauen hinsichtlich der Realisierung der angekündigten Demokratisierungsmaßnahmen.

– Die Solidarität hat im Hinblick auf die Ungewißheit der weiteren Entwicklung nur scheinbar einen Sieg errungen. Es stellt sich die Frage, ob zumindest die „alte" Solidarität (bzw. der sogenannte „Berater"-Flügel) nicht besser beraten gewesen wäre, eine mit starken Bedingungen (für die Nach-Referendum-Zeit) versehene Unterstützung auszusprechen und damit eine gewisse Einbindung in den weiteren Gang der Entwicklung zu erreichen. (Kontakte zwischen „Solidarität-Beratern" und liberalen Elementen der Parteiführung bestanden schon vor dem Referendum.) Jedenfalls ist das derzeitige Bild der Solidarität so heterogen, daß der faktische Einfluß auf das politische Geschehen zum gegenwärtigen Zeitpunkt sehr schwach ist. (Das erst im Oktober 1987 gegründete „Nationale Exekutivkomitee" zeigt allerdings Tendenzen, die Solidarität wieder als Gewerkschaftsorganisation im herkömmlichen Sinn zu gestalten; ob dies ihre Chancen steigen läßt, im Meinungsbildungsprozeß wieder eine stärkere Rolle zu spielen, bleibt abzuwarten.) […]

Dokument 164
Innenpolitische Situation der ČSSR an der Jahreswende 1987/88

GZ 35.03.00/1-II.3/88, Zl. 333-Res/87, ÖB Prag (Peterlik), 28. Dezember 1987

I. Eine Zusammenfassung der dzt. innenpolitischen Lage der ČSSR und ein Ausblick auf das kommende Jahr, wie spekulativ sie immer sein mögen, wären nicht denkbar, ohne die Hauptereignisse des Jahres 1987 wenigstens kurz Revue passieren zu lassen.

Die innenpolitische Entwicklungslinie der ČSSR verlief im abgelaufenen Jahr entlang der folgenden Markierungen: Die Weichenstellung des ZK betreffend die „Umgestaltung des Wirtschaftsmechanismus" im Jänner, der beim 7. ZK-Plenum (17./18. Dezember) die Beschlussfassung und Veröffentlichung eines umfassenden Dokuments mit einem „Fahrplan" der nötigen wirtschaftspolitischen Veränderungsmaßnahmen im Zeitraum 1988–1990 folgte; der Besuch Michail GORBATSCHOWs in der ČSSR (im April d.J.) und schließlich – als Höhepunkt – der Wechsel in der Person des Generalsekretärs des ZK der KPČ (17.12. d.J.).

Man wird kaum in der Annahme fehlgehen, daß zwischen diesen Ereignissen ein starker innerer Zusammenhang besteht. Schwer zu bestimmen jedoch ist zumindest aus dzt. Sicht, welchen Anteil die einzelnen verschiedenen Faktoren am Ablauf der Geschehnisse hatten.

Was die Ablöse HUSÁKs, der seit 1969 die Parteiführung innehatte, anbetrifft, so wären wohl in erster Linie ins Ideologische spielende Standpunkte in der sowjetischen bzw. csl. KP, insbesondere im Hinblick auf eine allfällige Neubewertung der Ereignisse des Jahres 1968, und der „Schulenstreit" zwischen csl. „Reformern" und „Dogmatikern" in der Frage der Wirtschaftsreform zu nennen. In beiden Fragen, die für die heutige Tschechoslowakei von vitaler Bedeutung sind, wurde HUSÁK – sei es aus gesundheitlichen oder anderen Gründen – offensichtlich zu geringe Durchschlagkraft in seiner Aufgabe als Koordinator vorgeworfen.

Miloš JAKEŠ, dem neuen Generalsekretär, wird nicht nur auf Grund seiner besseren Gesundheit (auch er ist aber immerhin Jahrgang 1922) eine stärkere, richtungsweisende Funktionserfüllung zugetraut. Ob es nun seine offenbar aus gemeinsamen Moskauer Studienzeiten herrührende, persönliche Beziehung zu GORBATSCHOW oder möglicherweise seine Bereitschaft ist, trotz seiner ehemaligen Rolle als kompromissloser Säuberer der KPČ nach dem Scheitern des Prager Frühlings im Auftrag Breschnews nunmehr eine flexiblere Haltung, die dem gewandelten Umfeld im In- und Ausland zwar auf ihre Weise, aber dennoch im Sinne GORBATSCHOWS, Rechnung trägt, einzunehmen: JAKEŠ verbindet eine sehr intime Kenntnis der realpolitischen Gegebenheiten, insbesondere des Parteiapparates, mit langjährigen Erfahrungen im Bereich der Wirtschaft (er war seit 1981 u.a. auch Vorsitzender der ZK-Wirtschaftskommission und bereits in den 70er-Jahren im Parteipräsidium für die Landwirtschaft, später für die Industrie zuständig).

Die Tatsache, daß JAKEŠ somit den von maßgeblichen Kreisen – nicht nur in Prag, sondern wohl auch in Moskau – für essentiell erachteten Willen, politische Macht ohne Skrupel zu nutzen, mit fachlichen Kenntnissen in seiner Person vereinigt, lässt so manchen ersten Kommentar im Westen zu seiner Wahl in anderem Licht erscheinen.

Den anlässlich des GORBATSCHOW-Besuches (u.a. durch Bemerkungen des sowjetischen Gastes zu wartenden Besuchern bei einem Spaziergang in Prag) zum ersten Mal manifesten Anzeichen einer möglichen sowjetischen Akzentverschiebung bei der Bewertung des Jahres 1968 folgte im Herbst eine zum Teil hinter den Kulissen ausgetragene, zum Teil auch in der csl. Öffentlichkeit feststellbare Diskussion. Sie wurde durch eine „die Dinge zurechtrückende", just nur wenige Tage vor dem jüngsten ZK-Plenum, bei dem HUSÁK abgelöst wurde, abgegebenen Erklärung des für ideologische Fragen federführenden Vasiľ Biľak zumindest vorläufig beendet.

Die auch nur entfernte Möglichkeit, daß die Langzeitfolgen des historischen Schnitts (oder Traumas) des Jahres 1968 außer Kontrolle geraten könnten, musste ein zwar entschiedenes, aber – im Lichte der insgesamt veränderten Rahmenbedingungen – zugleich sorgsam abgewogenes Handeln der Führungsspitze ratsam erscheinen lassen. Da personell hiefür weder primär ideologisch Ausgerichtete noch „Schwärmer" in Frage kommen konnten, erscheint die Wahl JAKEŠ' auch aus der Sicht der Hüter der „reinen Lehre" verständlich.

Die bereits seit Jahresfrist auf höchster Parteiebene behandelte Frage, <u>wie</u> (nicht: <u>ob</u>) sich die sowjetische „Perestroika" hierzulande niederschlagen soll, machte JAKEŠ aber angesichts der nicht mehr weiter verdrängbaren ökonomischen Probleme den reformwilligen Kreisen als zumindest nicht chancenlose Integrationsfigur präsentierbar.

II. Über die zumindest vorläufig gelöste personelle Frage betreffend die oberste Parteiführung hinaus zeigt ein <u>Ausblick auf das kommende Jahr</u>, daß die ČSSR so wenig wie andere vergleichbare RGW-Länder vor völlig unlösbaren Problemen steht, sich aber gewissen grundsätzlichen Herausforderungen des wirtschaftlichen Wettbewerbs, aber auch sozio-kulturellen Einflüssen aus Ost und West wird verstärkt stellen müssen.

Im wirtschaftlichen Bereich hat das abgelaufene Jahr, wie eingangs erwähnt, durch die beiden ZK-Beschlüsse vom Jänner bzw. Dezember über die „Umgestaltung des Wirtschaftsmechanismus" sowie durch die Gesetzesentwürfe betreffend Staatsbetriebe, landwirtschaftliche Genossenschaften und Produktiv-, Konsum- und

Wohnbaugenossenschaften eine Weichenstellung in Richtung einer vorsichtigen, den Primat der Partei berücksichtigenden Reform gebracht (in diesem Sinne ließ sich übrigens JAKEŠ bereits im Juli d.J. in einer grundsätzlichen Rede zur Rolle der Staatsbetriebe vernehmen).

Kaum beurteilbar scheint aber dzt., ob sich die ČSSR – bewusst oder ideologischen Zwängen folgend – für eine Politik der „Quadratur des Kreises" entschließen wird: ob sie also versuchen wird, eine zumindest gleich starke bzw. vielleicht sogar intensivierte Parteikontrolle mit der beabsichtigten und in den genannten Gesetzesentwürfen, die Anfang 1988 in Kraft treten sollen, vorgesehenen größeren Selbständigkeit der Unternehmen zu verbinden. Zumindest aus theoretischer Sicht ergeben sich zwischen den öffentlichen Erklärungen führender Funktionäre, die auf die Unvergleichbarkeit der „Reformen" von 1968 und 1987/88 wegen der nunmehr zu erwartenden <u>Stärkung</u> des Sozialismus und der Partei hinweisen, und der weitgehenden finanziellen Eigenverantwortlichkeit einer wachsenden Anzahl von „Testbetrieben" in der nächsten Zukunft kaum zu leugnende Widersprüche.

Bei Spekulationen über den künftigen Kurs der ČSSR innerhalb des WP bzw. des RGW muss immer wieder auf eine Komponente hingewiesen werden, die den meisten internen Diskussionen und latenten Konflikten, sei es in Bezug auf die ideologische Grundausrichtung, insbesondere im Zusammenhang mit 1968, die Wirtschaftspolitik oder – dies mag gerade in den letzten Wochen bei der Beurteilung des INF-Vertrages eine gewisse Rolle gespielt haben – in militärisch-strategischen Fragen, letztlich zugrunde liegt: das Verhältnis zur UdSSR.

Dem neuen Parteiführer wird bei der Gestaltung dieses Verhältnisses, soweit dies seitens der ČSSR möglich ist, eine zentrale Rolle zufallen.

Für die Beurteilung der Frage jedoch, ob die beim Besuch GORBATSCHOWs in Prag angeklungene Möglichkeit, daß der ČSSR in Hinkunft mehr Spielraum bei der Formulierung einer Politik mit eigenen Nuancen eingeräumt werden könnte, bestehen auf Grund der wenigen Tage, die seit der Wahl JAKEŠ' vergangen sind, und wegen bisher fehlender politischer Entscheidungen keine gültigen Grundlagen. […]

Dokument 165

Ungarn: Abschlussbericht [Agstner]

ÖStA, AdR, NL Agstner, Zl. 409-RES/87, ÖB Budapest (Agstner), 28. Dezember 1987

Bei Übernahme des hiesigen Missionspostens im September 1982 war die Feststellung „Noch nie waren die österreichisch-ungarischen Beziehungen so gut wie jetzt" bereits fester Bestand des Vokabulars bei Begegnungen mit Generalsekretär KÁDÁR, der Staatsoberhäupter, Regierungschefs und Außenminister beider Staaten. Daran hat sich bis heute nichts geändert. Der Beginn meiner Mission fiel auch insofern in eine gute Zeit, als gerade einige Monate vorher die beiden ersten österreichischen Hotelbauten (Forum-Hotel sowie Atrium Hyatt) in Betrieb genommen werden konnten und in den Jahren bis 1985 laufend irgendein Ereignis im

Zusammenhang mit einer Vertragsunterzeichnung über weitere Projekte aus dem österreichischen Hotelbaukredit oder mit einer Fertigstellung stand. Österreich war dadurch in den ungarischen Medien mehr präsent als irgendein anderes westliches Land oder auch manche sozialistischen Staaten. Der Hotelbautenkredit und dazu die Ausführung sowie Präzision bei den Fertigstellungsterminen haben viel zum Renommée Österreichs in Ungarn beigetragen. Der Kredit hat sich aus hiesiger Sicht auf die österreichische Fremdenverkehrswirtschaft keineswegs schädlich ausgewirkt, wie dies auch bei dieser Gelegenheit von manchen Schwarzmalern prophezeit wurde.

Der Fremdenverkehrskredit trug dazu bei, in der Außenhandelsstatistik Rekordziffern auszuweisen. Die Schattenseiten einer solchen Vermengung mit der allgemeinen Entwicklung des eigentlichen Außenhandels zeigen sich in den Außenhandelsstatistiken der Jahre 1986 und 1987, die einen beträchtlichen Rückgang des Handelsvolumens aufweisen, allerdings nicht nur bedingt durch das Auslaufen der Hotel- und anderen Infrastrukturbauten. Die ungarische Forderung auf Beseitigung all dessen, was sie als Diskriminierung und Benachteiligung der ungarischen Absatzchancen in Österreich bezeichnet, wurde dadurch nur noch akuter. Diese Frage wird von ungarischer Seite so lange und mit immer mehr Druck auf der Tagesordnung bleiben, bis sie in der einen oder anderen Form eine Lösung findet. Diese Frage beeinflusst und beeinträchtigt erheblich die weitere Entwicklung der österreichisch-ungarischen Beziehungen, vornehmlich im wirtschaftlichen Bereich, aber nicht ausschließlich, da die wirtschaftlichen Beziehungen aus ungarischer Sicht – zutreffenderweise – einen Teil der gesamten Beziehungen darstellen. Es besteht die Gefahr, daß Österreichs Position, neben der Bundesrepublik Deutschland (zumindest in Handelsfragen), der wichtigste und interessanteste Partner Ungarns im Westen zu sein, Einbußen erleidet. Es – je früher, desto besser – nicht dazu kommen zu lassen, muß in unserem eigenen Interesse liegen, auch wenn der Bau des Donaukraftwerkes Nagymaros mit österreichischer Kredithilfe die Handelsstatistik in den nächsten Jahren wieder etwas auffrisieren wird.

Abgesehen von diesem Fragenkomplex haben sich die bilateralen Beziehungen, wie mir von hoher und höchster ungarischer Seite erst wieder in den letzten Wochen und Tagen erneut und immer wieder versichert wurde, überaus positiv entwickelt.

Der Tourismus von Österreich nach Ungarn hat sich innerhalb von 5 Jahren auf ca. 3 Millionen österr. Grenzübertritte verdoppelt, ein Ansteigen des ungarischen Tourismus ab 1. Jänner 1988 infolge Erleichterung der Ausreisebedingungen und Devisenbestimmungen steht bevor.

Als sehr bedeutsam und geschätzt werden von ungarischer Seite die jährlichen Treffen der beiden Regierungschefs sowie die zahlreichen anderen persönlichen und meist informellen Kontakte auf Ministerebene, die sich sehr bewährt haben. Jetzt, nach der Bildung eines ungarischen Sozialministeriums im Dezember 1987, empfiehlt es sich, in die gegenseitigen Ministerkontakte auch die Sozialminister beider Staaten, das Gesundheitswesen eingeschlossen, einzubeziehen.

Seitens der Botschaft konnte eine Reihe kleiner, von ungarischer Seite und sicher auch von österreichischer Seite dennoch als sehr wertvoll einzustufender Schritte gesetzt werden. Mir persönlich wichtig erschien gleich zu Anfang – besonders aufgrund meiner Erfahrungen in Sofia 1972–1975 – der Weg und Kontakt „zum Schmied" und nicht nur „zum Schmiedel" (d.h. Außenministerium), nämlich zu einigen für die diplomatische Arbeit besonders wichtigen Funktionären im ZK. Diese erste Kontaktnahme eines österreichischen Missionschefs – seit 40 Jahren – wie mir im Laufe der Zeit aus dem ZK-Apparat wiederholt gesagt wurde – wurde sehr hoch eingeschätzt und sie hat in der Folge manche Nachahmer unter westlichen und neutralen Kollegen gefunden. Diese Kontakte erwiesen sich insbesondere als Informationsquelle von großem Wert. (In Sofia war es mir damals als einzigem westlichen Missionschef gelungen, ein einziges Mal zum ZK-Sekretär für internationale Angelegenheiten und damit überhaupt auch in das ZK-Gebäude zu gelangen.)

Zu Beginn meiner Mission habe ich – gleichfalls als erster österreichischer Missionschef – Verbindungen zum Verband der Ungarndeutschen aufgenommen und diese im Laufe der Zeit systematisch ausgebaut. Der Verband der Ungarndeutschen fühlte sich von österreichischer Seite vernachlässigt. Er könnte und kann in manchen Fällen nur schwer eigene Initiativen ergreifen; wenn sie von außen her an ihn herangetragen werden, erweitert sich sein Aktionsradius, woran der Verband größtes Interesse hat. In den letzten 5 Jahren ist es gelungen, für 2 ungarndeutsche Lehramtskandidaten eine einjährige Ausbildung in Österreich zu gewährleisten. Die Fortsetzung dieser – zunächst in Innsbruck dank privater Initiative und Hilfe zustandegekommenen – Aktion muß für die Zukunft unbedingt gesichert werden. Von offizieller ungarischer Seite stehen heute einer Zusammenarbeit mit dem Verband der Ungarndeutschen keine Hindernisse mehr im Wege.

Im Zusammenwirken mit dem Kuratorium des Theresianums in Wien konnte erstmals im Jahre 1986 die Gewährung von 2 Stipendien für ungarische Mittelschüler zum Studium im Theresianum und die Zustimmung des ungarischen Unterrichtsministeriums dazu erreicht werden.

Durch Initiative der Botschaft wurde vor drei Jahren eine Zusammenarbeit zwischen dem Lande Niederösterreich und dem Komitat Zala in die Wege geleitet, die sich inzwischen gut entwickelt hat.

Nach jahrelangen Bemühungen des Missionschefs konstituierte sich Anfang Juli 1987 in Budapest unter der Patronanz der Patriotischen Volksfront der „Ungarisch-österreichische Freundschaftskreis". In ihm ist ein bedeutender Teil der besten ungarischen Intelligenz vertreten. Dieses Potential zu nützen wird wichtig sein. Wenn dazu gelegentlich wohl auch österr. materielle Unterstützung in der einen oder anderen Form notwendig werden dürfte, sollte eine solche nicht von vornherein mit dem Hinweis auf Geldmangel abgetan werden.

In die Amtszeit des unterzeichneten Missionschefs fällt die Aufstellung des alten Elisabeth-Denkmals in Buda in der Nähe der Elisabeth-Brücke, wozu der Missionschef einflussreiche ungarische Freunde immer wieder gedrängt hat, die dies dann auch im Budapester Gemeinderat durchsetzen konnten. In die gleiche Kategorie fällt die <u>Anbringung einer Inschrift auf dem Prinz Eugen-Denkmal vor dem Burg-Gebäude</u> im Herbst 1986, damit man weiß, wen die Reiterstatue darstellt.

Die Einführung eines Gesetzes, welches am 1. Jänner 1988 <u>Ausländern die Möglichkeit einer Kautionsstellung gibt</u>, geht auf eine Initiative des unterzeichneten Missionschefs bei ho. Justizminister und seinen Mitarbeitern zurück.

Ausdruck der guten Weiterentwicklung ist nicht zuletzt die von Außenminister VÁRKONYI bei seinem Besuch Ende April 1987 in Wien <u>gegenüber dem Herrn Bundespräsidenten ausgesprochene Einladung zu einem offiziellen Besuch in Ungarn</u>.

Diesen – durchaus nicht vollständig – beispielhaft angeführten Positiva stehen doch auch einige Negative gegenüber. So hat die Grenzblockade österreichischer Weinbauern und das Nicht-Aktivwerden der österreichischen Behörden zu deren Beendigung seinerzeit in den Führungskreisen der Partei und Regierung beträchtliche Verstimmung hervorgerufen. Als zu hart und vor allem wegen mangelnder gegenseitiger Abstimmung von österreichischer Seite her wurden auch die Maßnahmen im Zusammenhang mit dem Atomreaktorunfall in Tschernobyl empfunden. Die zunehmend scharfen Kontrollen durch österr. Zollorgane an gewissen Ausflugstagen nach Ungarn stoßen auf ungarischer Seite zunehmend auf Polemik. Den Klagen österr. Geschäftskreise, vor allem des Burgenlandes, wird entgegengehalten – und ist auch aus ho. Sicht entgegenzuhalten – daß Zehntausende von Ungarn regelmäßig, vor allem in Wien, für den Kauf technischer Geräte wesentlich mehr Geld ausgeben als Österreicher für Lebensmittelkäufe und Dienstleistungen in Ungarn.

Abgesehen von den auf ungarischer Seite ständig vorgebrachten Forderungen betreffend Tarif- und Zollfragen sowie das Vidierungsverfahren sind es aber – verglichen mit den wirklich bedeutsamen Problemen – <u>eher Bagatellangelegenheiten</u>, welche geeignet sind, das Klima und die Atmosphäre zu beeinträchtigen.

Der kulturellen Tätigkeit Österreichs in Ungarn stehen viele und große Möglichkeiten offen. Sie können nicht in dem möglichen und wünschenswerten Maß erreicht werden, weil die mit dem Umbau des Botschaftsgebäudes 1982/83 getroffene Lösung sich von Anfang an als völlig unbefriedigend erwiesen hat und daher schon die Entscheidung als solche eine Fehlentscheidung war. Durch Intervention des Missionschefs konnte wenigstens in allerletzter Minute der Verkauf des uns seit 1973 für den Bau eines Kulturinstitutes zur Verfügung stehenden Grundstückes verhindert werden. Es wäre hoch an der Zeit, diesem Problem mehr und vor allem bald vordringliche Aufmerksamkeit zu schenken, da es so wie bisher nicht weitergehen kann. Wir werden, wenn wir uns nicht beeilen, bald nur mehr eine zweit- oder drittrangige, wenn nicht gar viertrangige Rolle spielen, sobald das Goethe-Institut im Jahr 1988 in Budapest die Arbeit aufnehmen wird. Andere Weststaaten werden kulturell zunehmend aktiver.

Der vorliegende Bericht wäre unvollständig, wenn er nicht – wiederum – auf die nach wie vor völlig unzulängliche personelle Besetzung der Botschaft aufmerksam machen würde. Seitens der Zentrale müßte mehr darauf geachtet werden, den im Laufe der

Jahre und Jahrzehnte eingetretenen Verschiebungen in der politischen Bedeutung gewisser Vertretungsbehörden Rechnung zu tragen.

Es erscheint nicht notwendig, auf die in den letzten 5 Jahren abgeschlossenen bilateralen Verträge einzugehen. Es besteht bereits ein hervorragend funktionierendes Vertragsnetz. Die Notwendigkeit weiterer vertraglicher Regelungen wird immer wieder gegeben sein. Ungarn hat beim Abschluß von Verträgen wie jenem über Zusammenarbeit in nuklearen Angelegenheiten oder bei der Bereitschaft, österreichische Reisepässe für weitere 5 Jahre auch nach Ablauf ihrer Gültigkeit anzuerkennen, und z.B. in der Frage des Zugangs zur Kirche St. Emmerich im südlichen Burgenland große Flexibilität und Verhandlungsbereitschaft gezeigt, die westlichen Maßstäben durchaus gerecht wird.

Die Voraussetzungen für den weiteren Ausbau der Beziehungen sind günstig. Eine vertiefte Zusammenarbeit in Internationalen Organisationen, besonders im Rahmen der UNO, kann dazu ebenso beitragen. Auf österreichischer Seite wäre man gut beraten, Ungarn, das unter viel schwierigeren politischen und geopolitischen sowie wirtschaftlichen Verhältnissen als Österreich in der heutigen Weltlage eine Brückenfunktion zu finden sucht, um die Verbindung zum westlichen Europa nicht nur nicht abreißen zu lassen, sondern sie zu erweitern und auszubauen, weiterhin und vielleicht noch vermehrt Hilfestellung zu geben. Die Hilfestellung Österreichs bei der Kontaktnahme mit dem Europarat stellt hiefür ein gutes Beispiel dar. Es wird nicht an Gelegenheiten fehlen, weiterhin solche Hilfestellungen zu leisten. […]

Dokument 166

Ungarn: Zusammenfassende Darstellung der innerpolitischen Situation zum Jahresende 1987

ÖStA, AdR, NL Agstner, Zl. 385-RES/87, ÖB Budapest (Agstner), 29. Dezember 1987

Zum Jahreswechsel 1986–1987 herrschte auf Grund der ZK-Beschlüsse vom Herbst 1986 noch eine – zumindest von Partei- und Regierungskreisen getragene – euphorische Stimmung, die wirtschaftliche Entwicklung in den Griff zu bekommen, den Rückgang des Lebensstandards infolge Teuerung und Inflation sowie ein weiteres Ansteigen der Auslandsverschuldung aufzuhalten u. die beim XIII. Parteitag Ende März 1985 für den Fünfjahresplan gesetzten Ziele doch noch einigermaßen erreichen zu können. Diese Themen beherrschten mehr als alles andere die Innenpolitik des Jahres 1987.

Die Entwicklung bis zur Jahresmitte lief beinahe auf eine Krisenstimmung hinaus. Unter dem Zwang und Druck, einem weiteren Gesichts- und Prestigeverlust bei der im Laufe der letzten Jahre immer indifferenter, skeptischer und pessimistischer gewordenen Bevölkerung entgegenzuwirken und die Führungskapazität der Partei nicht in Frage zu stellen, wurde im Juni der langjährige Ministerpräsident LÁZÁR durch den Ersten Parteisekretär von Budapest Károly GRÓSZ ersetzt. GRÓSZ übernahm diese Funktion erst auf nachdrückliches Drängen von Parteichef KÁDÁR mit der Bemerkung: „Dies (nämlich die Ernennung und Bewältigung der gestellten

Aufgabe) ist unser geteiltes Risiko." Dieses Detail ist nicht ohne Bedeutung, weil es bei der hinter den Kulissen vor sich gehenden Auseinandersetzung um die KÁDÁR-Nachfolge von Bedeutung sein kann; GRÓSZ' Chancen hängen nämlich vom Erfolg seines Regierungsprogramms ab, bei dessen Ausarbeitung er mehr Spielraum hatte, als dies bisher üblich war. Dieses wurde vom Parlament Mitte September vor allem deshalb einstimmig angenommen, weil es GRÓSZ gelang, die Abgeordneten von der Notwendigkeit eines neuen Stils und eines neuen Herangehens an die Probleme zu überzeugen. Vorangegangen waren zahlreiche Konsultationen des Regierungschefs mit den verschiedensten Interessensverbänden im ganzen Lande, was es bisher nicht gab, und ebenso eine viel stärkere Einschaltung und Einbindung der zuständigen parlamentarischen Unterausschüsse, als dies bisher der Fall war. Eine solche „Demokratisierung" liegt vor allem im Interesse der Partei, weil sie sich damit – unter dem Anschein der Nichteinmischung in die Tagespolitik – aus dem Schussfeld mancher unpopulärer Maßnahmen wenigstens formell einigermaßen heraushalten kann.

In politischer Hinsicht hat sich in Ungarn besonders in den letzten fünf Jahren manches zum Positiven gewandt. Am spürbarsten ist heute die allgemein freiere Atmosphäre. Die Toleranz ist größer geworden, der Polizeistaat bleibt aber präsent. Es gibt eine Opposition – jedoch nicht organisiert – bestehend aus einem harten und einem weichen Kern. Sie hat faktisch nur mittels Untergrundzeitschriften die Möglichkeit, sich Gehör zu verschaffen. Viel zahlreicher sind „Andersdenkende". Oppositionelle haben, wenn ihre Kritik unter Respektierung der bestehenden Machtstrukturen und – um einen militärischen Ausdruck zu gebrauchen – nicht „wehrkraftzersetzend" ist, kaum mehr mit größeren Benachteiligungen zu rechnen, jedenfalls haben die noch vor ein bis zwei Jahren häufigeren Schikanen fast aufgehört. Die oppositionellen Kräfte sollen möglichst in die Verantwortung miteinbezogen werden. Politische Gefangene gibt es nicht.

Eine direkte Pressezensur besteht nicht, hingegen eine indirekte Pressebeeinflussung, u.a. in der Form der Selbstzensur. Die Meinungsvielfalt in den Medien ist 1987 wesentlich größer als noch vor einigen Jahren.

Das Verhältnis zwischen Staat und Kirche ist gut, trotzdem erscheint manches als Fassade.

Ausblick auf 1988

Mitte Dezember 1987 – 6 Monate nach der Ernennung zum Ministerpräsidenten – bildete Herr GRÓSZ die Regierung mit dem Ziel um, ihre Arbeit geschmeidiger und effizienter zu machen. Im wesentlichen handelt es sich mehr um reorganisatorische Umgestaltungen des Regierungsapparates mit personellen Verschiebungen. Das vom Parlament gleichzeitig beschlossene Budget für 1988 verfolgt einen drastischen Sparkurs, darunter den Einhalt eines weiteren Ansteigens der Auslandsverschuldung und Senkung des Budgetdefizits. Ab 1.1.1988 werden die Mehrwertsteuer und die persönliche Einkommenssteuer eingeführt. Auch anderweitig sollen in verstärktem Maße marktwirtschaftliche Prinzipien, angepasst an die sozialistischen Verhältnisse, zum Tragen kommen.

Hier soll nicht näher auf die äußeren Rahmenbedingungen, welche diese Entwicklung zum Teil erst ermöglicht haben – wie z.B. die Veränderungen in der Sowjetunion oder das im Zusammenhang damit stehende verbesserte Ost-West-Verhältnis – eingegangen werden. Wesentlich ist, daß die politische Führung beweglicher und in vielen Bereichen von Moskau – bei Prinzipientreue in Grundsatzfragen – unabhängiger geworden ist. Der Präsident des ungarischen Gewerkschaftsbundes – früher bis 1980 Stalinist – bezeichnete gesprächsweise die Entwicklung der letzten 40 Jahre als eine Zeit reiner Illusionen, man müsse von vorne beginnen. Andere führende Persönlichkeiten gehen zwar nicht so weit, sprechen aber von zahlreichen Fehlern des sozialistischen Systems; sie halten es weiterhin im Grunde für besser als das kapitalistische, die innere Erkenntnis dürfte bei manchen gegenteilig sein – nach außen hin aber kann und darf am System, das die Aufrechterhaltung der Macht gewährleistet, nicht gerüttelt werden.

Die weitere Entwicklung hängt in erster Linie vom Gelingen der wirtschaftlichen Konsolidierung ab. Es wäre gut, von der bisherigen Politik, die menschliche Gesellschaft als dauerhaftes Experimentierfeld für den Aufbau des Kommunismus zu behandeln, wegzukommen, die Chancen dafür sind wegen der noch immer starken ideologischen Denkweise in mittleren Parteiapparaten nicht allzu groß. Es gibt positive Ansätze – aber noch viel zu wenige – wie z.B. die Erlaubnis, daß für private Dienstleistungsbetriebe ab 1.1.1988 30 Angestellte eingestellt werden dürfen. Es geht auch darum, ob echte, parallel zu den Veränderungen im wirtschaftlichen Bereich, soziopolitische und zu mehr Mitspracherecht und Pluralität (unter sozialistischen Bedingungen) führende Veränderungen stattfinden.

Zu viele Dinge sind im Fluß, um den weiteren Verlauf der Entwicklung auch nur auf ein bis zwei Jahre präzise abschätzen zu können. Die wahrscheinlichste Entwicklung ist, daß sie vorerst pragmatisch so wie bisher verläuft. Kräfte wie dem Generalsekretär der Patriotischen Volksfront, Imre POZSGAY, der auf mehr Demokratisierung und Pluralität setzt, stehen stärkere, jedoch sehr pragmatisch denkende Kräfte wie Ministerpräsident GRÓSZ gegenüber, der – für ihn charakteristisch – gesprächsweise am 23.12.1987 meinte, „Wir haben manchmal nachgegeben, wenn es nicht notwendig war". Aber nicht nur diese beiden Persönlichkeiten spielen in der KÁDÁR-Nachfolge eine Rolle, allein die Frage selbst beeinflusst und lähmt oft auch die Entwicklung. Der hiesige jugoslawische Botschafter hat die Situation mit der Endphase TITOs verglichen. Über KÁDÁR zirkuliert ein wenig schmeichelhafter Satz: „KÁDÁR übergibt Ungarn seinen Nachfolgern so, wie er es übernommen hat". Diesem Odium will er entgehen.

Auf dem im März 1988 stattfindenden Zwischen-Parteitag der USAP wird es u.a. einige personelle Weichenstellungen geben; daß sich Herr KÁDÁR schon hiebei zurückziehen könnte, ist völlig offen.

Mit gewissen Vorbehalten schien es in der letzten Parlamentssitzung Mitte Dezember 1987 – doch nicht zum ersten Mal – daß der Parteitag seine Selbstsicherheit weitgehend verloren hat. Wenn die Entwicklung so weitergeht, würde dem Ministerrat und dem Parlament eine immer entscheidendere Rolle zukommen. Der

Zwischen-Parteitag im März 1988 könnte hiezu nähere Tendenzen erkennen lassen, unter Umständen gekoppelt mit personellen Veränderungen.

Die stets vorhanden gewesenen Widersprüche sind nicht geringer, sondern zahlreicher geworden. Das Jahr 1988 mit den bevorstehenden schweren Belastungen der Bevölkerung könnte der Ausgangspunkt zu einem neuen Aufstieg werden, der Ungarn noch vorteilhafter als schon bisher von den anderen sozialistischen Staaten abheben würde. Eine der wichtigsten Voraussetzungen ist, daß es gelingt, die in einem solchen Prozeß notwendigerweise größer werdenden sozialen Spannungen unter Kontrolle zu halten.

An der Schwelle des Jahres 1988 befindet sich Ungarn in der wohl bedeutendsten Übergangsphase seit 40 Jahren – sieht man vom Herbst 1956 ab. Ein größerer Bewegungsspielraum steht zur Verfügung, der längerfristig gesehen auch weitergehende außenpolitische Möglichkeiten als bisher eröffnen kann und ein behutsames, verständnisvolles Handeln des Westens zur Voraussetzung hat. Österreich kann hiebei durchaus eine besondere Rolle zukommen.

Selbst bei optimistischer Einschätzung des Regierungsprogramms besteht eine Destabilisierungsgefahr, vor allem wenn die Inflationsrate von 15 % – bei der man davon ausgeht, daß sie den günstigen Verlauf nimmt – nicht hält.

Nach meinen persönlichen Erfahrungen entspricht es dem ungarischen Charakter, besonders in wirtschaftlichen Fragen, mehr zu jammern als es gerechtfertigt ist. Eine gewisse Besinnung in der Bevölkerung in allerletzter Zeit kommt in der Ansicht und im Gefühl zum Ausdruck, 1988 könnte wohl ein sehr schwieriges Jahr, aber auch der Anfang besserer Zeiten – nicht nur in rein materieller Hinsicht – werden. Vor allem dürfte sich die Öffnung zum Westen hin fortsetzen. […]

Dokument 167

UdSSR; innenpolitische Situation zur Jahreswende 1987; Ausblick auf 1988

GZ 225.03.00/89-II.3/88, BMAA Wien (Litschauer), 8. Jänner 1988

Information

1) <u>1987</u> war für Michail Gorbatschow ohne Zweifel ein <u>innenpolitisches Schlüsseljahr</u>. Zwei wichtige Plenartagungen des Zentralkomitees haben ihm die Möglichkeit gegeben, die Methoden und Zielsetzungen der Politik der „Umgestaltung" abzustecken:

Im Jänner hat der Parteichef seine Vorstellungen zur „<u>Demokratisierung</u>" von Partei, Staat und Gesellschaft dargelegt (Mehrfachkandidaturen bei Wahlen in die quasi-parlamentarischen „Sowjets", geheime Wahlen in Parteigremien, Bestellung von Wirtschaftsmanagern durch die Betriebskollektive). Beim Juni-Plenum hat Gorbatschow den „<u>Neuen Ökonomischen Mechanismus</u>" vorgestellt. Die sowjetische Volkswirtschaft soll in Zukunft nicht mehr nach „administrativ-befehlenden", sondern nach „ökonomischen" Gesichtspunkten geführt werden; der Plan soll die

„grundsätzlichen Prioritäten" der Wirtschaftsentwicklung vorgeben, während die einzelnen Unternehmungen in diesem Rahmen nach den Grundsätzen der „Rentabilität" autonom wirtschaften können.

2) In der Praxis soll diese Wirtschaftsreform aber erst mit Beginn des Jahres 1988 in großem Umfang anlaufen. Konkrete Auswirkungen hat Gorbatschows „perestroika" deshalb bislang vor allem im Bereich der Kultur- und Medienpolitik gezeigt.

So beschäftigt sich die Sowjetpresse im Zeichen der „glasnost" (Transparenz) heute mit zahlreichen Fragen, die früher als „tabu" galten (z.B. mit ökologischen Problemen, Versorgungsschwierigkeiten, Privilegienwirtschaft und Übergriffen des Justiz- und Polizeiapparats). Diese Öffnung wird insbesondere auch in der Diskussion um die sowjetische Geschichte sichtbar. Erstmals seit den Zeiten Chruschtschows können die Verbrechen Stalins einer öffentlichen Debatte unterzogen werden. (Hier sei nur an den – in Cannes preisgekrönten – georgischen Film „Pokajanje" / „Reue" erinnert.)

Ein Zeichen der angestrebten Demokratisierung ist sicherlich auch die Aktivität zahlreicher „informeller Klubs", welche sich um eine kritische Auseinandersetzung mit den wirtschaftlichen und gesellschaftlichen Hauptthemen der „Umgestaltung" bemühen.

3) Damit ist aber die sowjetische Medien- und Kulturpolitik gegenüber dem wirtschaftlichen Geschehen 1987 immer stärker ins Vordertreffen geraten: Ökonomisch haben die Sowjetbürger laut Gorbatschow nämlich noch „zwei bis drei schwere Jahre" vor sich und werden die Früchte ihrer Arbeit somit frühestens zu Beginn des nächsten Planjahrfünfts (d.h. Anfang 1991) genießen können.

So klafft zwischen intellektueller „Transparenz" und wirtschaftlicher „Umgestaltung" vorerst eine – größer werdende – Schere, was wiederum ein schwer lösbares Dilemma schafft. Eine – durch „glasnost" – immer kritikfreudigere Bevölkerung ist schon heute nicht mehr bereit, kommentarlos Mißstände hinzunehmen. Gleichzeitig wird die Beseitigung jener ökonomischen Mängel des Systems, welche zur Kritik Anlaß geben, aber in eine mittelfristige Zukunft gerückt.

4) Überdies bleibt abzuwarten, ob sich die – bislang systemimmanenten – Schwächen der Sowjetwirtschaft durch den „Neuen Ökonomischen Mechanismus" so ohne weiteres beheben lassen. Hier wird viel davon abhängen, inwieweit die „administrative Wirtschaftsleitung" durch ein „Mehr an Markt" ersetzt werden kann. Nach bisherigen Anzeichen dürfte ein entscheidender Teil des Wirtschaftsgeschehens jedenfalls auch in Zukunft „von oben" reglementiert werden, da Betriebe bei der „Befriedigung vorrangiger gesellschaftlicher Erfordernisse" und der „Lösung gesamtstaatlicher sozialer Aufgaben", wie auch im Bereich der Verteidigungsindustrie, auch in Zukunft auf der Basis „öffentlicher Aufträge" und nicht autonom vorgehen werden. Daneben dürfte aber auch die Preisfestsetzungsautorität primär in den Händen zentraler staatlicher Instanzen verbleiben.

Auch unterliegt der – unter Gorbatschow vermehrt geförderte – „individuelle" und „kooperative" Wirtschaftssektor weiterhin erheblich größeren Beschränkungen als etwa in Ungarn oder Polen (z.B. durch Begrenzung auf Nebenerwerbstätigkeit und Verbot der Beschäftigung von Angestellten).

Im übrigen mehren sich seit einiger Zeit offizielle sowjetische Stimmen, die zu einem behutsamen – und damit zwangsläufig zeitaufwendigeren – wirtschaftlichen Reformprozeß mahnen. Der zweite Mann der KPdSU, Jegor Ligatschow, hat etwa unterstrichen, daß Rationalisierungsmaßnahmen und Preisreform „ohne Schaden für die Leute" verwirklicht werden müßten.

5) Während somit die „radikale Wirtschaftsreform" erst in Ansätzen sichtbar wird, geht die gesellschaftspolitische Öffnung manchen Mitgliedern der Sowjetführung offenbar schon jetzt zu weit.

So haben insbesondere Ligatschow und KGB-Chef Tschebrikow schon in den Sommermonaten warnende Stellungnahmen abgegeben. Laut Tschebrikow darf „sozialistische Demokratie" keinesfalls in „politischen und ideologischen Pluralismus" ausarten; Ligatschow wiederum verwies auf die Gefahr einer „Einheitsfront" aller reaktionären „Gegner des Sozialismus".

Parteichef Gorbatschow hat dann auch seinerzeit klargestellt, daß niemand darauf hoffen soll, im Wege der „Umgestaltung" einen „sozialen und politischen Umsturz" in der Sowjetunion herbeizuführen. Die sowjetische Demokratie werde auch weiterhin auf „sozialistischen Wertvorstellungen" beruhen.

Damit ist auch der „glasnost" ein klarer Stellenwert zugewiesen: Nach den Worten des bekannten sowjetischen Soziologen Butenko hat sie „den Interessen des Sozialismus, dessen Fortschritt sowie den Interessen der Werktätigen gemäß den konkreten Entwicklungsbedingungen des Landes" zu dienen.

6) Parteichef Gorbatschow hat in einer seiner Reden unterstrichen, daß sich „die neue Art des Denkens … Schritt für Schritt, im Widerstreit der Meinungen und manchmal auch in heißen Zusammenstößen und Auseinandersetzungen" bilde. Dies ist 1987 wohl vor allem bei der Abwahl des Moskauer Stadtparteichefs und Politbüro-Kandidaten Boris Jelzin sichtbar geworden. Dieser galt als ein besonders energischer Befürworter der „perestroika" und scheint beim Oktober-Plenum des Zentralkomitees das nach seiner Meinung allzu schleppende Tempo der „Umgestaltung" kritisiert zu haben. Seine Darlegungen wurden vom Plenum als „politisch irrig" bewertet; er selbst wurde schließlich seiner Stellung als Chef der Moskauer Parteiorganisation enthoben, nachdem ihm „künstlicher Avantgardismus", „ultralinke" Positionen und „Mißachtung der Kader" vorgeworfen worden waren.

7) Gorbatschow, Ligatschow und andere Vertreter der Parteiführung haben zuletzt hervorgehoben, daß die „weitere Demokratisierung der Gesellschaft" und die „Verwirklichung der radikalen Wirtschaftsreform" als „zwei wechselseitig verbundene und wechselseitig bedingte" Aufgaben anzusehen seien. Mit dieser Formel soll wohl insbesondere auch einem weiteren Auseinandergehen der schon erwähnten „Schere" zwischen sowjetischer Gesellschafts- und Wirtschaftspolitik entgegengewirkt werden.

In diesem Sinne will sich die Sowjetführung offensichtlich auch auf den nächsten großen innenpolitischen Stichtag vorbereiten – den 28. Juni 1988, an dem die XIX. Allunions-Parteikonferenz eröffnet werden soll. Dieser „kleine Parteitag" soll nach dem Willen des Zentralkomitees insbesondere auch Maßnahmen zur „weiteren Demokratisierung des Lebens der Partei und der Gesellschaft" diskutieren. Hiebei werden auch die beim Jänner-Plenum vorgebrachten Vorschläge Gorbatschows einer Verwirklichung näherzubringen sein.

Die Parteikonferenz wird jedenfalls zeigen, wie weit Gorbatschow mit seinen Reformvorstellungen gehen will und kann und wie es um seine Position innerhalb der KPdSU bestellt ist. […]

Dokument 168
Polen; innenpolitische Situation zum Jahresende 1987; Ausblick auf 1988

GZ 166.03.00/36-II.3/87, BMAA Wien (Litschauer), 11. Jänner 1988

Die innenpolitische Situation in Polen zum Jahresende 1987 ist gekennzeichnet durch die Spannung zwischen Reformeifer und Pessimismus, durch Nervosität und latentes Aggressionspotential: Eine Tatsache, die doppelt beunruhigend ist, da sie nicht – so wie in früheren Jahren – bloß gewisse Bevölkerungskreise, sondern sowohl die breite Bevölkerung insgesamt als auch die Parteikader betrifft.

Die Ende Oktober / Anfang November 1987 durchgeführte umfassende Reform der Zentralen Verwaltung, welche nicht nur eine Reduktion der Ministerien von 26 auf 19 und die Entlassung mehrerer Minister sowie zahlreicher Vizeminister mit sich gebracht hat, gleichzeitig aber auch die Freisetzung von nahezu 4000 ehemaligen Ministerialbediensteten, die nahezu 100 % Parteifunktionäre waren, löste v.a. an der Parteibasis Unzufriedenheit und Unruhe aus. Dazu kommt, daß es innerhalb der Partei mehrere, einander widerstrebende ideologische Richtungen gibt, nämlich jene Partei- und Regierungsmitglieder, welche auch zu weitergehenden Reformen bereit wären, „ultramarxistische Orthodoxe", die zwar bloß eine zahlenmäßig kleine, aber umso aktivere Gruppe darstellen, die keinerlei Interesse an einem demokratischen Prozeß in Polen hat, und „rechte Demagogen", die ebenfalls gegen die von der Regierung vorgeschlagenen Reformen sind, aber deshalb, weil sie keine „kommunistische Demokratie", sondern demokratischen Pluralismus wollen. Auch dieser Umstand macht sich in der Innenpolitik nicht eben stabilisierend bemerkbar.

Die von der Regierung verkündeten und schrittweise zu realisierenden Maßnahmen der sogenannten zweiten Etappe der Wirtschaftsreform sehen vor:

–   Steigerung des Angebots (u.a. durch Einführung marktwirtschaftlicher Elemente, Förderung der Land- und der Nahrungsgüterwirtschaft, Entwicklung der Exportorientierung und der Kooperation mit dem Ausland, Verbesserung im Wohnungsbau, Investitionsförderung);

- Stärkung der Währung, Umgestaltung des Preis- und Lohngefüges, Verbesserung des Sozialversicherungssystems;

- Umgestaltung des Lenkungssystems in der Volkswirtschaft (Stärkung der Selbstverwaltung in der wirtschaftlichen, gesellschaftlichen und beruflichen Tätigkeit und der territorialen Selbstverwaltung, Umgestaltung der zentralen Planung).

Wegen der beabsichtigten, wirtschaftlich geboten erscheinenden, massiven Preiserhöhungen entschlossen sich – eingedenk früherer Unruhen in deren Gefolge – Regierung und Parlament zur Abhaltung eines Referendums (29. November 1987) über die Wirtschaftssanierung (samt Belastungsschub), gekoppelt mit der Frage hinsichtlich des „polnischen Modells" einer „tiefgreifenden Demokratisierung". Diese an und für sich positive Initiative der politischen Führung zugunsten verstärkter Mitsprache der Bevölkerung wurde aber insofern entwertet, als das negative Abstimmungsergebnis „umgedreht" und als prinzipielle Zustimmung zum Reformkurs interpretiert wurde. Daher hielt die Regierung auch an ihrem Reformprogramm fest und verkündete lediglich eine verlangsamte Durchführung der anvisierten Maßnahmen. Die mit 1. Jänner in Kraft tretenden Preiserhöhungen werden 1988 „nur" insgesamt etwa 44 anstelle der ursprünglich angekündigten 110 Prozent betragen. (Rentner und in der Staatswirtschaft Beschäftigte erhalten – als Ausgleich – Teuerungszulagen, in der Landwirtschaft sollen die Einkaufspreise den Preiserhöhungen angepaßt werden.) Dies und das Einbekenntnis der Führung, daß sie nach dem Referendum die Stimmung im Volk wesentlich besser einschätzen könne, haben sich als kluge Schachzüge erwiesen, wie das Ausbleiben von Protesten und Demonstrationen gegen die neuen Belastungen zu beweisen scheint. Die Realisierungschancen für das ehrgeizige Sanierungsprogramm dürften allerdings insbesondere dann gering sein, wenn nicht auch echte politische und gesellschaftliche Reformen (etwa Zulassung von Interessensverbänden und einer „echten" Gewerkschaft, mehr autonome Mitbestimmung) parallel hiezu durchgeführt werden.

Aufgrund der enormen Probleme kann die Partei aber nicht auf die Rolle der r.-k. Kirche verzichten. Es ist sicherlich nicht übertrieben, wenn man das Verhältnis zwischen Staat und Kirche als nahezu konfliktfrei und auf dem wahrscheinlich konstruktivsten Niveau seit dem II. Weltkrieg stehend bezeichnet. Für 1988 kann deshalb auch mit der Aufnahme von diplomatischen Beziehungen zwischen Polen und dem Heiligen Stuhl gerechnet werden. Ein eindeutiges Zeichen für die sehr guten Beziehungen. Die Kirche ihrerseits benützt ihren enormen Einfluß auf die Bevölkerung, um ihr Hoffnung zu geben, sie moralisch zu stärken und zum gesellschaftlichen Einsatz zu ermutigen. Die r.-k. Kirche hat sich in Polen mehrfach als einigende und stabilisierende innenpolitische Kraft erwiesen. Angesichts der gegenwärtigen Schwierigkeiten wird ihr in Zukunft eine noch verantwortungsvollere Rolle zukommen.

Zusammenfassender Ausblick:

Trotz eindeutiger Erfolge in der polnischen Außenpolitik, der Einführung formal-demokratischer Elemente (Konsultativrat, Referendum, städtische Ratskollegien) sowie des konstruktiveren Verhältnisses zwischen Staat und katholischer Kirche und der Verwaltungsreform vermag die Zukunft der enormen wirtschaftlichen und damit im Zusammenhang stehenden sozialen Probleme wegen nicht allzu optimistisch beurteilt zu werden. [...]

Dokument 169

BRD; Besuch des sowjet. Außenministers Schewardnadse – 18.–20.01.1988 (Info)

GZ 225.18.05/1.II.1/88, ÖB Bonn, 25. Jänner 1988

Von dem seit 5 Jahren ersten Besuch eines sowjetischen Außenministers erwartet Bonn eine Wiederbelebung des – gemessen an den 70er Jahren – in den vergangenen Jahren nur sporadischen politischen Dialogs. In 9stündigen Gesprächen mit AM Genscher gab sich Schewardnadse sehr verbindlich, liebenswürdig aus sich heraus. Laut Staatssekr. Sudhoff habe Schewardnasdse, „der ein hervorragender Vertreter seines Landes ist und sich sehr gut präsentiert hat, sich werbend und erklärend große Mühe in Bonn gegeben".

1. b i l a t e r a l e Fragen beherrschten die Gespräche. [...]

4. B e w e r t u n g: Die BRD muss lt. Sudhoff mit der europäischen Supermacht in gutem Verhältnis leben und hat ihre dbzgl. praktische Bereitschaft in einigen wichtigen Punkten gezeigt (Pershing-1A-Beschluss des Bundeskanzlers; Konsultationsprotokoll). Dabei ist das AA bemüht klarzustellen, daß es nicht über entsprechende Abmachungen a n d e r e r westlicher Verbündeter hinausgeht (die Furcht vor der Angst der anderen vor einem deutschen Abdriften ist immer wieder zu erkennen!).

Die S U wiederum erkennt aus Sicht des AA die wichtige BRD-Rolle bei der k ü n f t i g e n Entwicklung von Abrüstung und RK. Sie hat außerdem Interesse an intensiveren Wirtschaftsbeziehungen zur BRD, mit der sie eine Zusammenarbeit weniger abhängig macht als mit den USA.

Ein „Durchbruch" wurde nicht erzielt und war angesichts der Kompliziertheit der das bilaterale Verhältnis berührenden Fragen nicht zu erwarten. Das „Beschreiben" des neu aufgeschlagenen Kapitels in den bilateralen Beziehungen wird daher weiterhin stockend vor sich gehen, wie auch früher Phasen der Zusammenarbeit und der Konfrontation einander abgewechselt haben. [...]

Dokument 170

Polnische Reformbestrebungen; Versuch einer Quadratur des Kreises

GZ 166.03.00/5-II.3/88, Zl. 1-POL/88, ÖB Warschau (Weninger), 25. Jänner 1988

Der Ausbruch aus der außenpolitischen Isolation Polens und die innenpolitischen Reformanstrengungen stehen in einem einander bedingenden Wechselverhältnis. Die offiziellen Besuche des Staatsratsvorsitzenden Wojciech JARUZELSKI in Italien und Griechenland im Jahre 1987 sowie ein mit dem westlichen Ausland sich stetig intensiviert habender Besuchsaustausch auf Außenministerebene zeigen, daß Polen seine Isolierung tatsächlich überwinden konnte. Österreich leistete dabei u.a. mit den offiziellen Besuchen des damaligen Außenministers Leopold GRATZ im Jahre 1984 und des Bundeskanzlers Franz VRANITZKY im September 1987 eine bedeutende Schrittmacherfunktion.

„Sozialistische Erneuerung" und „Demokratisierung des Sozialismus" sind die Oberbegriffe, unter denen die Triade Verwaltungs-, Wirtschafts- und Gesellschaftsreformen in Angriff genommen wurden.

Eine entscheidungsfähige und flexible (Zentral-)Verwaltung ist die unabdingbare Voraussetzung für die (zumindest teilweise) Einführung einer leistungs- und gewinnorientierten Wirtschaft, die ihrerseits jedoch mit gesellschaftspolitischen Reformen einhergehen muß.

Ein vielversprechender Anfang wurde mit dem Beschluß des polnischen Parlaments vom 24. Oktober 1987 über die Reform der Zentralverwaltung gesetzt. Dieser Beschluß wurde in der Folge mit geradezu atemberaubendem Tempo und beispielloser Kompromißlosigkeit in die Tat umgesetzt. So wurde die Zahl der Ministerien radikal von 26 auf 19 reduziert, 16 Branchenministerien wurden aufgelöst und neun neue Ministerien gegründet. Die Zahl der Stellvertretenden Ministerpräsidenten wurde um zwei, von fünf auf drei, gekürzt. Ministerpräsident blieb weiterhin Zbigniew MESSNER, ebenso wie seine Stellvertreter Zbigniew SZAŁAJDA, Józef KOZIOŁ und Zdzisław Sadowski. Der Letztgenannte bekam gleichzeitig das Amt des Vorsitzenden der mit neuen Kompetenzen ausgestatteten Planungskommission übertragen. Ausgeschieden sind Manfred GORYWODA, welcher mittlerweile zum Parteichef der außerordentlich bedeutsamen Woiwodschaft Katowice ernannt wurde, und Władysław GWIAZDA, der zum Mitglied für wirtschaftliche Zusammenarbeit mit dem Ausland bestellt wurde.

Durch die Straffung der zentralen Verwaltung wurden insgesamt 4.000 (!) Ministerialbeschäftigte, d.h. fast ein Viertel aller früheren Mitarbeiter entlassen. Es verbleiben noch immer rund 8.500 Bedienstete.

Bedeutsam erscheint die Neugestaltung der Arbeitsweise des Ministerrates. So wird er zukünftig monatlich mindestens zweimal zu einer Plenarsitzung zusammentreten (bisher nur unregelmäßig). Jedes Ministerium ist nunmehr auch in der Lage, eine Gesetzesvorlage direkt in den Ministerrat einzubringen (bisher mußte jede Vorlage zunächst einem Stellvertretenden Ministerpräsident zur Vorbehandlung unterbreitet werden). Beschnitten wurden die einzelnen Ministerien in ihrer bisherigen Kompetenz, in den betrieblichen Kreislauf der Staatsunternehmen dirigistisch einzugreifen.

Die Kompetenzen innerhalb des Präsidiums des Ministerrates wurden gestrafft, die Arbeitsweise vereinfacht und die Mitglieder mit der konkreten Durchführung von begrenzten – und damit überschaubaren – Segmenten der geplanten Wirtschaftsreform beauftragt.

Die Reform der Zentralverwaltung war ein in seiner Radikalität mutiger und in seiner Konsequenz für die Inangriffnahme der wirtschaftlichen Reformen absolut notwendiger Schritt. Mit dem parteiunabhängigen Technokraten SADOWSKI ist überdies ein wegen seiner brillanten gedanklichen Schärfe und sachlichen Kompetenz weithin anerkannter Fachmann zum Leiter der aufgewerteten Planungskommission bestellt worden; außerdem gilt er als reformfreudig.

Zusammenfassend kann die durchgeführte Verwaltungsreform als ein sehr positives Beispiel dafür betrachtet werden, daß die polnische Regierung tatsächlich willens ist, das wirtschaftliche System radikal zu reformieren und damit zunächst die verwaltungstechnischen Voraussetzungen geschaffen, d.h. bei sich selbst begonnen hat.

Unvoreingenommene Beobachter müssen feststellen, daß mit ebensolcher Vehemenz an die Verwirklichung der wirtschaftspolitischen Reformvorstellungen herangegangen wurde.

Was sind nun deren wesentliche Elemente? Das wichtigste ist zweifellos die Absicht, eine Markt- bzw. marktähnliche Wirtschaft einzuführen. […]

Mehr Autonomie für die Unternehmen ist ein weiteres wesentliches Element. Es sollen künftighin Unternehmen frei sein:

– Bei der Erstellung der Preise. So soll es keine staatlichen Preisfestsetzungen mehr geben. Zum gegenwärtigen Zeitpunkt allerdings wird wohl als Übergangslösung noch verschiedentlich ein staatlicher Eingriff nötig werden, da die Nachfrage nach den Waren das Angebot bei weitem übersteigt. Aus diesem Grund bleiben die verschiedenen Preisfestsetzungsbüros in den einzelnen Woiwodschaften noch weiterhin tätig, welche die von den Firmen vorgelegten Preise bestätigen müssen.

– Über die Festsetzung der Exportmenge am Gesamtausstoß des Unternehmens zu entscheiden. Hier gibt es allerdings noch große Probleme, vor allem für den RGW-Handel, denn es ist ein offenes Geheimnis, daß die Unternehmen mit zumindest einigermaßen konkurrenzfähigen Produkten den Westmarkt und nicht den RGW-Markt suchen werden.

– In der Wahl der Unternehmensleitung. Ein Direktor soll nunmehr auf Grund seiner fachlichen Qualifikation und nicht mehr auf Grund seiner Parteizugehörigkeit oder sonstigen Stellung ernannt werden. Diese Neubestimmung ist bis zum gegenwärtigen Zeitpunkt tatsächlich weitgehend verwirklicht worden.

– In der Eigenfinanzierung ihrer wirtschaftlichen Tätigkeit. Auch die Devisen müssen nunmehr selber erwirtschaftet werden, wobei je nach Branche verschieden ein Devisenselbstbehalt zwischen 7 % und 40 % erlaubt wird. Der Rest der notwendigen Devisen muß durch Kredite bei der Exportentwicklungsbank abgedeckt werden. Seit 1.1.1987 veranstaltet diese Exportentwicklungsbank Devisenversteigerungen, wobei sich die einzelnen Kurse um den Schwarzmarktpreis (!) bewegen. Einzelne Unternehmungen, die ausschließlich für den Westexport produzieren, können als Übergangslösung vorläufig bis auf weiteres 100 % ihrer Devisenexporteinnahmen für sich behalten und zwar so lange, bis jene Schulden abgedeckt worden sind, die durch die Investitionen für die exportorientierten Produktionsmittel entstanden sind. Es werden zusätzliche unabhängige Consultingfirmen eingerichtet, die prüfen müssen, inwieweit eine Investition den strengen Richtlinien des Pro-Exportvorhabens entspricht und ob und wie die Rückzahlbarkeit der Deviseninvestitionen mittelfristig gesichert werden kann.

Markt, Leistung, Wettbewerb und Gewinn sind keine verpönten Begriffe mehr, sondern stellen zentrale Elemente der Wirtschaftsreform dar.

Um den vorerwähnten Zielen zum Durchbruch verhelfen zu können, werden mehrere relevante Institutionen umstrukturiert.

So wird gegenwärtig die polnische Außenhandelskammer reformiert (PIHZ). Die PIHZ soll eine Industrie- und Handelskammer nach westlichem Muster werden. Ob mit oder ohne Zwangsmitgliedschaft ist gegenwärtig nicht sicher, möglicherweise wird man sich aber nach dem österreichischen Vorbild der Bundeswirtschaftskammer orientieren. Sie soll eine effiziente Vertretung der Belange der Industrie und des Handels gegenüber der Regierung gewährleisten können und mithelfen, einen betrieblichen „Freiraum" zu schaffen, der den Firmen vermehrte und bessere Kontakte zu den Weststaaten ermöglichen soll. So soll es z.B. den Unternehmensleitungen nunmehr erlaubt werden, ohne langwierige Anmeldungsprozeduren innerhalb eines begrenzten Ausmaßes selbsttätig Auslandsreisen unternehmen zu können.

Der bisherige Präsident des PIHZ, [Ryszard] KARSKI, übrigens früher polnischer Botschafter in Wien, wurde abgelöst und als Botschafter in die Bundesrepublik Deutschland entsandt. Allein schon mit der Ernennung von Tadeusz SZYLKOWSKI zum neuen Präsidenten dürfte ein positiver Reformschritt gesetzt worden sein. Dieser Mann gilt allgemein als sachlich höchst befähigt und reformfreudig. Früher war er Handelsrat an der polnischen Botschaft in den Niederlanden und konnte in dieser Eigenschaft die völlig brachgelegen habenden wirtschaftlichen Beziehungen zwischen Polen und den Niederlanden kräftig ankurbeln. Später wurde er zum Stellvertretenden Seefahrtsminister ernannt. Als solcher war er u.a. nicht nur zuständig für alle polnischen Seehäfen, sondern auch Vater des VÖEST-Geschäftes mit dem Ausbau des Hafens von Swinemünde (im Gegenzug hat sich die VÖEST bekanntlich seinerzeit verpflichtet, ihre Transporte von schwedischem Erz über Polen zu leiten). SZYLKOWSKI war zuletzt im Jänner 1987 in Österreich, um sich mit dem österreichischen System der Bundeswirtschaftskammer vertraut zu machen. In seiner Person gewinnt die österreichische Wirtschaft zweifellos eine sehr wertvolle Anlaufstelle.

Die staatliche Planungskommission erhielt ebenfalls einen neuen Leiter, nämlich den bereits oben erwähnten Stellvertretenden Ministerpräsidenten Zdzisław SADOWSKI. Sie soll nunmehr ausschließlich die allgemeinen wirtschaftlichen Ziele festsetzen und den Rahmen angeben, innerhalb dessen sie erreicht werden können: Das Amt wurde gerafft und insofern aufgewertet, als es nunmehr echte wirtschaftspolitische Kompetenz erhalten hat. Elf frühere Abteilungen der Planungskommission wurden zum Teil zur Gänze aufgelöst, zum Teil zusammengelegt. So wurde z.B. eine neue Abteilung für Industriepolitik geschaffen, welche die Behandlung der strategischen Probleme der industriellen Entwicklung zum Ziele hat. Neu ist auch eine Abteilung für Sozialpolitik. Theoretisch gesehen wäre mit der neustrukturierten Planungskommission und ihrem reformfreudigen Präsidenten an der Spitze ein effizientes Planungs- und Leitungsinstrument gegeben, wie weit es allerdings diese Möglichkeiten in die Praxis umsetzen wird können, vermag zum gegenwärtigen Zeitpunkt noch nicht abgeschätzt werden.

Auch das Steuersystem wird geändert. Schon lange spricht man davon, daß ab dem 1.1.1989 eine Mehrwertsteuer – oder wie man hier sagt: Neuwertsteuer – eingeführt werden soll. Diesbezüglich gibt es allerdings noch keine klaren Vorstellungen.

Bereits Anfang 1987 wurde ein Amt für wissenschaftlichen und technologischen Fortschritt gegründet, dessen Ziel und Aufgabenstellung im Titel taxativ bezeichnet ist. Polen möchte mit allen Mitteln das technologische Manko gegenüber dem Westen zumindest zum Teil aufholen, wozu mit aller Kraft auch ausländische Partner gefunden werden sollen. Zum Beispiel auf dem Gebiet der Gentechnik (wo vor allem für deren Anwendung in der Landwirtschaft zaghafte Versuche einer Zusammenarbeit mit Österreich begonnen werden) oder der Glasfaseroptik. Österreich wäre für Polen auf vielen Gebieten der Technologie seines hohen Niveaus und seiner Neutralität wegen ein willkommener Partner.

Zur Finanzierung der Forschungs- und Entwicklungsvorhaben auf technologischem Gebiet wurde ein Forschungs- und Entwicklungsfonds geschaffen, in den alle staatlichen Unternehmungen einen festgelegten Beitrag einzahlen müssen.

Darüber hinaus wurde auf Vorschlag des Sozial- und Wirtschaftsrates des Sejm eine Gesellschaft zur Unterstützung wirtschaftlicher Initiative gegründet (TWIG). Vorsitzender des TWIG ist kein Geringerer als der Stellvertretende SEJM-Marschall Mieczysław RAKOWSKI, der überdies vor kurzem in das Politbüro aufgenommen wurde. Diese Gesellschaft ist eine landesweite Organisation mit für einen Ostblockstaat ganz neuer Arbeitsstruktur. So kann sich jeder polnische Staatsbürger, welcher glaubt, eine gute Idee zu haben, direkt an diese Gesellschaft wenden. Erklärtes Ziel dieser Gesellschaft ist die Motivierung und Stimulierung des polnischen Erfindergeistes, die Ermutigung zu wirtschaftlichen Initiativen, aber auch der Versuch der Popularisierung neuer wirtschaftlicher Elemente, die bisher aus ideologischen Gründen verpönt waren und nunmehr eine Art Bewußtseinserweiterung erfordern, aber auch die Vereinfachung der administrativen Prozedur bei der Promotion neuer wirtschaftspolitischer Elemente. Dergestalt versteht sich die TWIG sozusagen als Vorfeld und Lenkungsinstrument für die oe. Planungskommission. Sie ist zweifellos ein weiteres Element im Versuch einer „Demokratisierung des Sozialismus".

Bisher wurden für Forschung und Entwicklung auf dem Gebiet der Technologie jährlich etwa 2,4 % des polnischen Nettonationalproduktes investiert. 1988 wurde dieser Betrag auf 2,7 % erhöht und gleichzeitig ein zusätzlicher finanzieller Anreiz für Innovationen in den Unternehmen geschaffen.

Besonderes Augenmerk findet die Umstrukturierung der polnischen Nationalbank zu einer Notenbank nach westlichem Vorbild. Als „bank of banks" soll sie von allen übrigen bisherigen Unternehmenszweigen (Sparkasse etc.) entlastet werden.

Ein ungelöstes und schwerwiegendes Problem ist die Konvertibilität des Złoty. Die Konvertibilität der RGW-Währungen wird ernsthaft studiert, sie einzuführen ist jedoch infolge der Unterschiede der einzelnen Volkswirtschaften, der Preisgefüge und des Export-Warenangebotes besonders schwierig. Eine multilaterale Konvertibilität steht in weiter Ferne.

Der erste Schritt in diese Richtung wird die Einführung von Weltmarktpreisen bei allen Commodities sowie jenen Waren, die insbesondere in Westeuropa börseähnlichen Preisschwankungen unterworfen sind, sein. In weiterer Folge soll ein System gefunden werden, das erlaubt, einen bilateralen Handel ohne strenges kontingentierendes Austauschprinzip bei den übrigen Warengruppen zu treiben. Derzeit wird der Außenhandel zwischen den RGW-Ländern bilateral alljährlich genau vom Umfang her vereinbart, wobei die Exportmenge jeweils einer Warengruppe aus dem Land A derselben Importmenge aus dem Land B entsprechen muß. Das Warenaustauschverhältnis Polens zur Sowjetunion unterliegt überdies einer ganz besonderen Regelung. So werden nach wie vor die Preise in der Form festgelegt, daß jeweils der Weltmarkt-Durchschnittspreis der letzten fünf Jahre für das jeweils kommende Jahr verrechnet wird. Diese Errechnungsmethode soll vorerst auf einen Zeitraum von drei Jahren und danach auf ein Jahr verkürzt werden, um in der Folge von den aktuellen Weltmarktpreisen bei jeder Transaktion abgelöst zu werden.

Hinsichtlich der Konvertibilität des Złoty mit westlichen Währungen besteht der Wunsch, daß 1991 eine Quasi-Konvertierbarkeit eingeführt werden soll, d.h., daß für bestimmte Warengruppen, in erster Linie für Rohstoffe, der Weltmarktpreis in Rechnung gestellt werden soll. Eine generelle Konvertierbarkeit wird vom hiesigen Finanzministerium selber als Illusion bezeichnet.

Zu Ende des Jahres 1986 und im Verlaufe des Jahres 1987 wurden von der Regierung Versuche unternommen, verschiedene politische Reformmaßnahmen zu setzen; denn allen Verantwortlichen ist klar, daß ohne eine Änderung der Gesellschaftspolitik keine Wirtschaftsreform durchzuführen ist. So wurde im Dezember 1986 der Konsultativrat beim Staatsrat gegründet, der sich aus 56 namhaften Persönlichkeiten (ca. 20 gehören der Vereinigten Polnischen Arbeiterpartei, 2 der Vereinigten Bauern- und 1 der Demokratischen Partei an, etwa 15-20 stehen der katholischen Kirche nahe, der Rest besteht aus politisch Unabhängigen) zusammensetzt. Der Rat ist eine Institution, welche völlig autark tätig ist und pro Jahr etwa 5 Mal tagt. Er hat bisher als Informations- und Beratungsorgan für den Staatsrat ausgezeichnete Arbeit geleistet. Der Staatsrat besitzt damit vielleicht zum 1. Mal in der polnischen Geschichte überhaupt die Möglichkeit, unverfälscht und direkt über die wahren Vorgänge und über die echte Stimmung im Volk, ohne durch Parteigremien gefiltert und beschönigt, informiert zu werden. Das ist zwar nicht wenig, aber wahrscheinlich auch schon alles. Über die praktische Relevanz des Rates für den gesellschaftspolitischen Prozeß herrschen verschiedene Meinungen vor.

Im Herbst 1987 wurde der erste polnische Volksanwalt (und bisher einzige in einem kommunistischen Staat) in der Person der 47-jährigen parteilosen Rechtsanwältin Professor Dr. Ewa Łętowska ernannt. Seine umfangreiche Kompetenz [betrifft] sowohl Angelegenheiten des Zivil- als auch des Strafrechtes sowie alle Probleme, welche mit der Wirtschaftsreform einhergehen; besitzt Vorschlagsrecht hinsichtlich neuer Gesetze und der Novellierung bestehender, kann in Verwaltungsverfahren Parteistellung beanspruchen und alle staatlichen Rechtsmittel ergreifen. Der Volksanwalt hat zwar einen Stab von ca. 30 Mitarbeitern, aber selbst wohlmeinende Kritiker sind der Ansicht, daß er durch die Fülle der Kompetenzen völlig überfordert sei. Eine weitere, durchaus gutgemeinte Neuerung, die aber – soweit man das bisher sehen konnte – auf breite Skepsis bei der Bevölkerung stößt.

Dann wäre noch der zweite Anlauf nach dem 2. Weltkrieg zugunsten direkter Mitbestimmung der Bevölkerung in Form des am 29. November 1987 durchgeführten landesweiten Referendums zu nennen. Zweifellos eine positive Initiative der Staats- und Parteiführung. Aber auch hier wurde der wahrscheinlich gutgemeinte Schritt durch die dem Referendum vorausgehende Polemik und der nach Vorliegen des Ergebnisses publizierten widersprüchlichen Kommentare selber ad absurdum geführt. Außerdem wollen die Gerüchte nicht verstummen, daß das Referendum nicht mehr als ein taktischer Schachzug der Regierung gewesen sei, um einerseits zu zeigen, daß man es mit mehr Demokratisierung ernst meine, und andererseits Argumente gegenüber den IMF-Forderungen zu haben, denen man nun „leider" aufgrund des Volksentscheids nicht vollständig entsprechen könne.

Schließlich wäre auch noch zu nennen, daß in den vergangenen Monaten offensichtlich mit Zustimmung der Parteiführung zwei unabhängige und durchaus regierungskritische Zeitschriften ins Leben gerufen wurden: nämlich die „res publica" und die „Konfrontacja". Die durch die große Anzahl an Untergrundschriften ohnehin bunte Medienwelt wurde dadurch zahlenmäßig weiter bereichert. Über den intellektuellen und gesellschaftspolitischen Wert ihrer Artikel gehen die Meinungen allerdings stark auseinander.

Will man die verschiedenen Reformelemente in Verwaltung, Wirtschaft und Gesellschaft zusammenschauend bewerten, so wird man die Neustrukturierung der Zentralverwaltung als mutig, effizient und ohne mit ideologischen Problemen verhaftet bezeichnen können, d.h. in mehrfacher Hinsicht als gelungen.

Enorme Schwierigkeiten gibt es mit der Wirtschaftsreform: Einerseits sieht die Staats- und Parteiführung klar die Probleme und die daraus folgenden Sachzwänge, möchte folgerichtig Gewinn, Leistung und Wettbewerbsfähigkeit als neue Maxime wirtschaftlicher Tätigkeit etablieren, aber ohne gleichzeitig „sozialistische" Grundprinzipien aufgeben zu müssen. Daher bleiben viele gute Ansätze auf halbem Wege stecken. Hinter den Kulissen der Partei tobt zweifellos eine ideologische Auseinandersetzung zwischen reformfreudigen und dogmatischen Funktionären. Das dürfte auch der Grund sein, warum die gesellschaftspolitischen Ansätze am wenigsten Anlaß zu Optimismus bieten. Gleichzeitig findet man den nahezu paradoxen

518

Umstand, daß auf weiten Strecken der gegenwärtig geführten öffentlichen Diskussion Fragen der Ideologie völlig ausgeklammert sind.

Immer wieder wird allerdings betont, daß man nicht nur „sozialistisch" zu bleiben, sondern den „Sozialismus gelungener zu realisieren" gedenke; „sozialistische Erneuerung" (was immer darunter auch zu verstehen sei) wäre daher das Leitmotiv.

Die Skepsis in der polnischen Bevölkerung sowie bei den Experten des Internationalen Währungsfonds und der Weltbank über die Erfolgsaussichten der Reformen ist groß, will man doch allem Anschein nach einen „Sozialismus kapitalistischer Prägung" etablieren und damit den Versuch einer Quadratur des Kreises unternehmen. Anders als bei früheren Experimenten ist jedoch zum gegenwärtigen Zeitpunkt nicht zu befürchten, daß der jetzige Reformanlauf durch Moskau konterkariert wird. Eher dürften die reformfreudigen Funktionäre der Partei Schützenhilfe erhalten. […]

Dokument 171
Sowjetische Westeuropa-Politik nach Unterzeichnung des INF-Vertrages

GZ 225.02.02/5-II.3/88, Zl. 58-RES/88, ÖB Moskau (Grubmayr), 2. Februar 1988

Der Abschluß des INF-Vertrages wird von der UdSSR als erster Durchbruch bei den internationalen Abrüstungsbemühungen und als möglicher Wendepunkt in den Ost-West-Beziehungen gepriesen; es gelte nun auf diesem Weg voranzuschreiten und keine „Pause" im Abrüstungsprozeß zuzulassen. Offenbar vorhandene innersowjetische Kritiker am INF-Vertrag, die darauf hinweisen, daß die UdSSR mehr atomare Sprengköpfe beseitigen muß als die USA, wurden in den sowjetischen Medien auf die Ausgewogenheit der dem Vertrag zugrunde liegenden politischen Interessen hingewiesen. In politischer Hinsicht ist es der Sowjetunion mit der Unterzeichnung des INF-Vertrags gelungen, sich als kompromißwilliger Verhandlungspartner zu präsentieren und das Argument westlicher Abrüstungsskeptiker zu entkräften, daß die UdSSR keine wirksamen Kontrollen akzeptiere. Damit hat die UdSSR bedeutende psychologische Hemmnisse für weitere Abrüstungsschritte beseitigt. Ferner hat die UdSSR mit ihrer Bereitschaft zur weltweiten Eliminierung der sowjetischen und amerikanischen landgestützten Atomwaffen zwischen 500 und 5.500 km Reichweite ein europäisches Signal gegeben, dessen Auswirkungen noch nicht abzuschätzen sind.

Von der westeuropäischen Öffentlichkeit wird das INF-Abkommen durchwegs begrüßt und eher als Beweis eines „neuen politischen Denkens" Gorbatschows denn als Ergebnis der Standfestigkeit der NATO angesehen. (Anmerkung: Es wird gerne übersehen, daß ohne NATO-Nachrüstung auch Gorbatschow zu keiner Doppelnull-Lösung bereit gewesen wäre). Die westeuropäischen Regierungen haben sich dieser positiven Beurteilung des INF-Vertrages im wesentlichen angeschlossen, wenngleich zum Teil unterschiedliche Ansichten über die Konsequenzen des INF-Vertrages für die Verteidigungspolitik der NATO-Staaten geäußert werden.

Unterschiedliche sicherheitspolitische Akzente, die heute von den großen westeuropäischen Staaten gesetzt werden, sind für die sowjetische Diplomatie ein willkommener Anlaß, um Lob für die Entspannungsfreunde und Tadel für die retardierenden Kräfte auszusprechen. Die unlängst stattgefundenen Reisen Außenminister Schewardnadses nach Bonn und Madrid, in gewissem Maße auch die Besuche Ministerpräsident Ryschkows in Stockholm und Oslo, haben dazu bereits Gelegenheit geboten.

1.) Auf dem Abrüstungssektor werden die westeuropäischen Staaten von der UdSSR grundsätzlich danach beurteilt, in welchem Maße sie sich für das Konzept einer atomwaffenfreien Welt oder zumindest einer Denuklearisierung Europas erwärmen können. Die UdSSR erwartet von den westeuropäischen Regierungen, daß sie sich gegenüber den USA für eine baldige Ratifizierung des INF-Vertrages ohne irgendwelche Amendments einsetzen und eine dynamische Fortsetzung der sowjetisch-amerikanischen sowie der internationalen Abrüstungsbemühungen unterstützen. Als nächste Etappenziele auf dem Weg zu einem denuklearisierten und bis auf das „für Verteidigungszwecke notwendige Mindestmaß" demilitarisierten Europa wird von der UdSSR der baldige Abschluß einer Internationalen Konvention über das Verbot von Chemie-Waffen sowie eine wesentliche Reduzierung der konventionellen Streitkräfte und Rüstungen in Europa möglichst unter Einbeziehung der taktischen Nuklearwaffen betrieben. Gerade diese beiden abrüstungspolitischen Ziele werden von der UdSSR dazu benutzt, um einen Keil in das NATO-Bündnis zu treiben. Die Bonner Regierung, die die Haltung der USA und Frankreichs im Zusammenhang mit dem Abschluß einer Chemiewaffen-Konvention (Verifikationsfrage bzw. Erhaltung eines „security-stock") kritisiert und mit einer 3-fach atomaren Null-Lösung liebäugelt, wurde von Schewardnadse belobigt, während die kompromißlose Haltung Frankreichs in beiden Fragen von der UdSSR als dem Zeitgeist widersprechend verurteilt wird.

Die UdSSR ist bemüht, aus dem Abschluß des INF-Vertrages ein generelles politisches Verbot der Verstärkung oder Modernisierung westeuropäischer Militärpotentiale abzuleiten. Während die UdSSR bis vor kurzem bloß eine Verstärkung der amerikanischen Forwarded-Based-Systems in Europa (Verlegung zusätzlicher US-Mittelstreckenbomber nach Großbritannien und Stationierung weiterer Atomwaffen auf amerikanischen U-Booten vor den europäischen Küsten) als Aushöhlung des INF-Vertrages bezeichnet hatte, ist nun in der Armeezeitung „Krasnaja Swesda" vom 21.1. d.J. folgende Liste „unzulässiger Kompensationsmaßnahmen" veröffentlicht worden:

- Stationierung weiterer „nuklearfähiger" Bomber auf britischen Luftwaffenstützpunkten;
- britisch-französische Kooperation bei der Entwicklung neuer atomarer luftgestützter Marschflugkörper (ALCM);
- Koordinierung der atomaren Zielplanung zwischen Frankreich und Großbritannien;
- Ausweitung der militärischen Kooperation zwischen Frankreich und der BRD;

- Modernisierung der in Europa stationierten nukleartaktischen Systeme (unter 500 km Reichweite).

Obwohl die UdSSR bereits 1986 auf ihre ursprüngliche Forderung nach Berücksichtigung der britischen und französischen Atomstreitkräfte in einem sowjetisch-amerikanischen INF-Vertrag verzichtet hat, ist sie neuerdings wieder bemüht, eine Modernisierung dieser beiden autonomen europäischen Atomstreitkräfte zu verhindern. Eine Erklärung Außenminister Schewardnadses in Bonn, wonach jegliche Modernisierung atomarer Waffensysteme in Westeuropa nach Unterzeichnung des INF-Vertrages politisch unzulässig sei, hat Premierminister Thatcher zu einer heftigen Replik veranlaßt.

Die Behauptung der NATO, daß die infolge des Abbaus der INF-Systeme noch drückender werdende konventionelle Überlegenheit des Warschauer Paktes durch eine Verstärkung des westeuropäischen Militärpotentials ausgeglichen werden müsse, sei laut sowjetischen Kommentatoren „unehrlich". Die Warschauer-Pakt-Staaten hätten doch vorgeschlagen, daß die „historisch entstandenen" Ungleichgewichte und Asymmetrien bei konventionellen Streitkräften und Rüstungen in Europa auf der Basis eines Abbaus jeweils bestehender Über[gewichte] bei einzelnen Waffenkategorien beseitigt werden sollten. Hiezu ist jedoch zu bemerken, daß der Warschauer Pakt als Kompensation für einen Abbau seiner Panzerüberlegenheit einen Abbau der NATO-Überlegenheit bei der „strike aviation" verlangt […], womit jedoch nach Abbau der INF-Systeme ein weiteres Glied der atomaren Abschreckung der NATO geschwächt würde und die NATO-Verteidigungsdoktrin der „flexiblen Erwiderung" in Frage gestellt wäre. (Hierzu gibt es ja schon konkrete Studien in der NATO – unter dem Schlagwort „Discriminate Deterrence", um die flexible Erwiderung zu modernisieren.)

Wie aus Vorstehendem zu ersehen ist, beansprucht die UdSSR seit Unterzeichnung des INF-Vertrages quasi ein Mitspracherecht bei jeder Rüstungsmaßnahme in Westeuropa. Dabei wird von sowjetischer Seite kein Unterschied gemacht, ob es sich um Maßnahmen im Rahmen der militärischen Integration der NATO oder um Ansätze einer Euroverteidigung, wie etwa bei der Kooperation zwischen Frankreich und Großbritannien oder Frankreich und der BRD, handelt. Die von Staatspräsident Mitterrand und Bundeskanzler Kohl anläßlich des 25. Jahrestages der Unterzeichnung des Élysée-Vertrages vereinbarte Schaffung eines französisch-westdeutschen Verteidigungs- und Sicherheitsrates wurde von der „Prawda" als militärische Maßnahme, die dem positiven internationalen Trend zuwiderlaufe, heftig kritisiert. Die militärischen Kooperationsbestrebungen Frankreichs und der BRD kämen einem „Rudern gegen den Strom" gleich.

2.) Als Folge des beginnenden Abbaus der militärischen und politischen Konfrontation werden von sowjetischer Seite immer deutlicher Erwartungen bezüglich einer Intensivierung der Ost-West-Wirtschaftsbeziehungen ausgesprochen. Bei seinem Besuch in Stockholm hat Ministerpräsident Ryschkow darauf hingewiesen, daß die sich abzeichnende Wende von der Konfrontation zur Entspannung wohl nicht ohne Auswirkungen auf die wirtschaftlichen Beziehungen der UdSSR zum Westen bleiben werde. Die Ära der sowjetisch-amerikanischen Konfrontation habe nicht nur zu einem starken Rückgang des sowjetisch-amerikanischen Handels geführt, sondern auch ernste Komplikationen in den Wirtschaftsbeziehungen zwischen der UdSSR und den übrigen westlichen Ländern zur Folge gehabt. Worum es der sowjetischen Führung natürlich in erster Linie geht, ist eine Liberalisierung des Transfers westlicher Hochtechnologie in die Sowjetunion.

Außenminister Schewardnadse hat bei seinem Bonn-Besuch die COCOM-Bestimmungen als Barriere für die Entwicklung des Ost-West-Handels bezeichnet und deren Aufhebung verlangt. Zur Erreichung des Ziels versucht die UdSSR die westeuropäischen Länder gegen die USA zu mobilisieren und auch die westeuropäischen Länder gegeneinander auszuspielen. Frankreich wurde von der UdSSR bei der unlängst in Moskau stattgefundenen Tagung der Großen Gemischten Kommission für wirtschaftliche und wissenschaftlich-technische Zusammenarbeit vorgehalten, daß die ungünstige Entwicklung der sowjetischen Importe aus Frankreich auf die rigorose Anwendung der COCOM-Bestimmungen durch die französische Regierung zurückzuführen sei. Dem wird die liberalere Haltung der Bonner Regierung gegenübergestellt. Ein Interview der „Prawda" mit dem hiesigen westdeutschen Botschafter Meyer-Landrut, in dem dieser u.a. erklärte, daß die „Embargopolitik" nicht mehr den heutigen Erfordernissen entspreche und daher die Cocom-Liste wesentlich gekürzt werden sollte, hat hier große Publizität erfahren.

3.) Auch auf ideologischem und humanitärem Gebiet – so wird dem Westen im allgemeinen und Westeuropa im besonderen von sowjetischer Seite versichert – mache das „neue politische Denken" der heutigen sowjetischen Führung einen Übergang von Konfrontation zu friedlichem Wettstreit und Kooperation möglich, soferne sich der Westen dazu bereit finde.

In der heutigen „interdependenten und ganzheitlichen Welt" würden angesichts der Notwendigkeit gemeinsamer Anstrengungen zur Lösung globaler Probleme die ideologischen Gegensätze in den Hintergrund treten. Der in den 70er Jahren von sowjetischer Seite offen vertretene Standpunkt, daß die Entspannung in den zwischenstaatlichen Beziehungen besonders günstige Bedingungen für eine Fortsetzung des internationalen Klassenkampfes (etwa in Ländern der 3. Welt) schaffe, wurde unlängst in der „Prawda" als schädlich bezeichnet. Diese Formulierung, die westliche Entspannungsgegner für ihre Zwecke benutzt hätten, scheine in den Dokumenten des 27. KPdSU-Parteitages nicht mehr auf. Unter den heutigen internationalen Beziehungen habe das Leninsche Prinzip der friedlichen Koexistenz eine neue Dimension erhalten.

Für den innersowjetischen Gebrauch liest es sich allerdings anders: Alexander Bowin hat dieser Tage auf der ideologischen Seite der „Prawda" in Erinnerung gerufen, daß neben allgemein menschlichen Interessen die Klasseninteressen weiter bestünden und daß die ganzheitliche Welt mit der durch Gegensätze zerrissenen Welt untrennbar verbunden sei. Wenn man dies außer Acht lasse, so gerate man in einen sozio-politischen Bereich, in dem die Gegensätze zwischen Sozialismus und Kapitalismus verschwinden und die friedliche Koexistenz von Klassenkonflikten abstrahiert werde.

Zu einem „umfassenden System des Friedens und der internationalen Sicherheit" zählt die UdSSR im Sinne der „neuen Denkweise" neben politischer und wirtschaftlicher auch die humanitäre Zusammenarbeit. In den sowjetischen Medien wird heute zugegeben, daß in der Zeit der Breschnewschen Stagnation auch auf dem Gebiet der Menschenrechte nicht alles zum Besten gestanden sei. Diese „Schwachstellen" würden aber nun im Zuge der „Demokratisierung aller Bereiche der sowjetischen Gesellschaft" und der gegenwärtigen Reformen des sowjetischen Rechtswesens beseitigt werden. In dieser Situation scheue die UdSSR vor einem offenen Meinungsaustausch mit dem Westen über Menschenrechte und humanitäre Angelegenheiten nicht zurück. Dieses Thema müsse bloß aus dem Fahrwasser politischer Konfrontation geführt werden. Wichtige Impulse <u>für eine „konfrontationslose Zusammenarbeit" bei Menschenrechten und humanitären Fragen</u> sollten nach sowjetischer Vorstellung von einer diesem Thema gewidmeten <u>Moskauer Konferenz</u> der KSZE-Teilnehmerstaaten ausgehen (Der Begriff „konfrontationsfreie Zusammenarbeit" impliziert wohl die von der UdSSR bei Menschenrechtsfragen früher stets erhobene Forderung nach Nichteinmischung in interne Angelegenheiten.)

* * *

<u>Die Konturen des „gesamteuropäischen Hauses", wie es von den sowjetischen Architekten geplant wird, sind bereits erkennbar:</u> Die UdSSR wünscht sich Westeuropa

- als wirtschaftlich potenten Kooperationspartner (man ist hier mittlerweile davon abgegangen, die Krise des Kapitalismus herbeizusehnen, da man erkannt hat, daß wirtschaftliche Probleme im Westen negative Rückwirkungen auf die sowjetische Wirtschaft haben),

- als eine gegenüber den USA möglichst unabhängige außenpolitische Kraft und

- als eine denuklearisierte und eine „für Verteidigungszwecke [auf ein] notwendiges Mindestmaß" demilitarisierte Region, deren Sicherheit nicht mehr von den USA garantiert wird, sondern die auf dem Konzept „gemeinsamer Sicherheit" zwischen Ost- und Westeuropa beruht.

Die wirtschaftliche und politische Integration Westeuropas scheint mit diesem sowjetischen Europakonzept vereinbar zu sein, sofern ein wirtschaftlich und politisch eigenständiges Westeuropa Barrieren gegenüber Osteuropa abbaut (Aufnahme von Beziehungen zwischen EG und RGW sowie zwischen EG und einzelnen RGW-Staaten; außenpolitische Konsultationen zwischen der UdSSR und den in der EPZ zusammengeschlossenen EG-Mitgliedstaaten). Als diesem Ziel förderlich könnte Moskau auch eine Erweiterung der EG durch Einbeziehung von neutralen Staaten ansehen.

Auf sicherheitspolitischem Gebiet versucht der Kreml einen Gegensatz zu konstruieren zwischen Großbritannien und Frankreich, die dem Konzept eines denuklearisierten und bis auf ein „für Verteidigungszwecke notwendiges Mindestmaß" demilitarisierten Europas den heftigsten Widerstand leisten, und den „aufgeschlosseneren" westeuropäischen Staaten. Es ist anzunehmen, daß das Anfang März d.J. in Brüssel stattfindende NATO-Gipfeltreffen durch Erarbeitung gemeinsamer Positionen den Bestrebungen Moskaus Einhalt gebieten wird. Vorläufig gibt es keine Anzeichen dafür, daß der Warschauer Pakt ohne Beseitigung zumindest sämtlicher amerikanischer Nuklearwaffen aus Westeuropa bereit wäre, seine konventionelle Überlegenheit zu reduzieren. Selbst bei annäherndem konventionellen Gleichstand zwischen NATO und Warschauer Pakt hätte jedoch der Osten bedeutende geographische Vorteile. Westliche Militärexperten haben darauf hingewiesen, daß die UdSSR seit jeher dem Konzept einer konventionellen Kriegsführung in Europa den Vorzug gibt und Marschall Ogarkow (seit seiner Ablösung als sowjetischer Generalstabschef 1984 vermutlich Oberkommandierender des „westlichen Kriegsschauplatzes" des Warschauer Paktes) als besonderer Befürworter dieses Konzepts gilt. Dem soll die schon erwähnte neue Doktrin der „discriminate deterrence" entgegenwirken, welche konventionellen Waffen durch Anwendung von Hochtechnologie die Zerstörungskraft von taktischen Nuklearsystemen verleihen würde.

Der sowjetische Plan für ein „gesamteuropäisches Haus" entspricht dem traditionellen Bestreben der UdSSR, die USA von der politischen Bühne Europas zu verdrängen. Es liegt nun an den Westeuropäern, auf diese Herausforderung Gorbatschows die richtige Antwort zu finden. Statt als Untermieter in ein von der UdSSR errichtetes Haus einzuziehen, sollten die westeuropäischen Staaten bereits im Planungsstadium darauf drängen, daß das künftige Gebäude auch ihren sicherheitspolitischen, wirtschaftlichen und humanitären Vorstellungen gerecht wird und daß in diesem gemeinsamen Haus jedenfalls – so wie das bisher beim KSZE-Prozeß der Fall ist – für die USA und Kanada genügend Platz bleibt. […]

Dokument 172

ZK-Plenum der KPdSU (17./18.2.):
Gorbatschow muss noch taktieren (Info)

Zl. 60-RES/88, ÖB Moskau (Grubmayr/Mayr-Harting), 22. Februar 1988

1. Das Zentralkomitee der KPdSU ist am 17./18.2. zu einer – seit längerem angekündigten – P l e n a r t a g u n g zusammengetreten. Thema des Plenums war an sich die sowjet. Bildungspolitik. Daneben sind aber auch innen- und außenpolitische Grundsatzfragen erörtert sowie einige wichtige Personalentscheidungen getroffen worden.

Der Tagungsablauf wich vom bislang üblichen Muster schon insoferne ab, als der „Bericht" zum Thema des Plenums nicht, wie sonst üblich, vom Parteichef, sondern von Politbüro-Mitglied Ligatschow behandelt wurde.

Gorbatschow hielt jedoch am 2. Sitzungstag eine Grundsatzrede zu Fragen der „Umgestaltung", die de facto als zweites Hauptreferat behandelt wurde.

Diese „Arbeitsteilung" gab dem Parteichef im übrigen die Möglichkeit, sich auf Fragen allgemeiner Bedeutung zu konzentrieren, während Ligatschow sich mit den technischen Aspekten der sowjet. Bildungspolitik zu befassen hatte.

2. Ligatschow verstand es allerdings, seinen „sachbezogenen" Bericht für allgemeine politische Anmerkungen zu nützen. So klagte er etwa über „raffgierige Bestrebungen" sowie über „apolitische", „nationalistische" Tendenzen und über Individualismus in der Sowjetjugend, kritisierte wie schon öfters, „einseitige und subjektivistische" Stellungnahmen in der laufenden sowjet. Geschichtsdebatte und sprach sich mit Nachdruck gegen jede „Liberalisierung der sowjet. Gesellschaft" nach westlichem Muster aus. Er wandte sich auch gegen „primitive Musik" und „lautstarke Ensembles".

Gorbatschow sah sich in seiner Rede wiederum gezwungen, auf Aussagen ungenannter Kritiker einzugehen, wonach man im Begriff sei, „sozialistische Positionen" aufzugeben. Er nahm auch – in durchaus defensiver Form – zur Geschichtsdiskussion und zur Nationalitätenfrage Stellung. Gleichzeitig war der Parteichef aber bestrebt, seine Vorstellungen zur „Demokratisierung" der Sowjetgesellschaft und im Bereich der „Kaderpolitik" zu erläutern.

Wenngleich beide Redner vermieden, zueinander in offenen Widerspruch zu geraten, zeichneten sich ihre Auftritte, wie schon bei früheren Gelegenheiten, somit durch recht unterschiedliche Akzente aus.

Wenn Gorbatschow in seiner eigenen Rede meinte, daß die Sowjetunion erstmals seit vielen Jahrzehnten einen echten „sozialistischen Pluralismus" erlebe, so wurde dies schon im öffentlich dargebotenen „Kontrastprogramm" Ligatschows beim Plenum sichtbar. Es muss zumindest als ungewöhnlich angesehen werden, daß die beiden Spitzenvertreter der Partei bei einem ZK-Plenum derartig offen in zwei (praktisch gleichrangigen) Hauptreferaten so deutlich divergierende Schwerpunkte setzen. (Für Gorbatschow ist es da auch nur ein geringer Trost, wenn seine Rede laut TASS vom Zentralkomitee mit „großer Aufmerksamkeit und anhaltendem Beifall" aufgenommen wurde, während Ligatschow nur auf „andauernden Applaus" stieß.)

3. Auch die personalpolitischen Entscheidungen des Plenums können nur als Teilerfolg des Parteichefs angesehen werden:

Auf die Haben-Seite kann er wohl die Bestellung des ihm nahestehenden ZK-Sekretärs für Kaderfragen, Rasumowski, zum Politbüro-Kandidaten verbuchen. Rasumowski wird damit auch gegenüber seinem „Oberaufseher" im Politbüro, dem gleichfalls mit Kaderpolitik befassten Ligatschow, aufgewertet.

Demgegenüber besiegelt die Abberufung Jelzins als Politbürokandidat einen bereits erfolgten politischen Rückschlag Gorbatschows. Die Bestellung des neuen Chefs der zentralen staatlichen Planungsbehörde „Gosplan", Masljukow, zum Politbürokandidaten kann demgegenüber als Routineakt angesehen werden. (Interessant ist jedoch, daß auch Masljukows Amtsvorgänger Talysin, den Gorbatschow schon beim vorjährigen Juni-Plenum angegriffen hatte, seinen Posten als Politbüro-Kandidat behält.)

Der neu bestellte ZK-Sekretär o.D. Baklanow (früher Minister für „allgemeinen Maschinenbau" und damit in Wahrheit für strategische Raketenwaffen zuständig) soll offenkundig den neuen Moskauer Stadtparteichef Sajkow in dessen Aufgaben im ZK-Sekretariat (Rüstung und Schwerindustrie) entlasten. Sajkow bleibt aber ZK-Sekretär (und natürlich auch Vollmitglied des Politbüros), womit dieser immer deutlichere Exponent „Ligatschow-naher" konservativer Positionen seine Stellung als „Nummer Drei" der Führung behauptet haben dürfte. (Sajkows Ansichten werden aus kürzlichen Bemerkungen vor dem Moskauer Komsomol sichtbar, wonach die Jugendlichen weniger in – von verdächtigen Elementen unterwanderten – Diskussionsgruppen agieren sollten, als sich physisch zu ertüchtigen, um zur Verteidigung des Vaterlandes körperlich und moralisch geeignet zu sein. Mit dieser Forderung nach einem „gesunden Geist im gesunden Körper" liegt Sajkow auf einer Linie mit Ligatschow, der sich jetzt beim Plenum u.a. auch für eine Verbesserung der vormilitärischen Ausbildung der Jugend eingesetzt hat.)

4. Daß Gorbatschow taktieren muss, bewiesen auch seine Ausführungen vor dem Plenum über „Geschichtsforschung", „Nationalitätenprobleme", „Demokratisierung" und „Kaderpolitik".

Der KPdSU-Chef musste u.a. zugeben, daß in Briefen an das ZK und die Massenmedien Beunruhigung über „einseitige und subjektivistische" Positionen in der sowjetischen Geschichtsforschung laut würden. (Er übernahm damit wörtlich Ligatschows Terminologie.) Gorbatschow meinte aber, daß es gerade heute zu klären gelte, welche der überkommenen Werte wirklich als „sozialistisch" anzusehen seien und wo es „Deformierungen" gegeben habe. (Gorbatschow kritisierte aber auch „konjunkturbedingte Produktchen", was allgemein als Distanzierung vom letzten Werk des – in konservativen Kreisen besonders umstrittenen – Dramatikers und Vorkämpfers der Geschichtsdebatte M. Schatrow angesehen wurde.)

Das Verhältnis der sowjet. Nationalitäten zueinander nahm in Gorbatschows Rede relativ breiten Raum ein – er musste hier wohl auf Ligatschow und KGB-Chef Tschebrikow reagieren, welche schon im Herbst vergangenen Jahres nach den Demonstrationen im Baltikum vor „Auswüchsen" der Demokratisierungspolitik gewarnt hatten. Gorbatschow zeigte sich in dieser Frage dennoch konziliant und trat auch für eine verstärkte Vertretung der Nationalitäten [in] den „zentralen staatlichen Organen" ein. (Von den höchsten Parteiinstanzen, in denen die Nicht-Slawen derzeit extrem unterrepräsentiert sind, war allerdings nicht die Rede.) Gorbatschow schlug im übrigen auch vor, die Nationalitätenfrage zum Thema eines ZK-Plenums zu machen.

Beim Fragenkreis „Demokratisierung" konzentrierte sich Gorbatschow auf den „staatlichen Bereich" (Rechtsreform, Stärkung der Rolle der Sowjets). Aufmerksamkeit erregte sein Hinweis, daß die Effektivität der Arbeit des Obersten Sowjets erhöht werden müsse, und zwar „vom Präsidium angefangen" (eine indirekte Kritik am gleichfalls immer konservativeren Gromyko?). Was die „Demokratisierung der Partei" betrifft, blieb der KPdSU-Chef jedoch sehr vage. Insbesondere ging er nicht ausdrücklich auf seinen umstrittenen Vorschlag zur Abhaltung geheimer Wahlen in Parteigremien ein.

Die Bedeutung, welche Gorbatschow der „Kaderpolitik" beimisst, kam in der Gliederung seiner Rede zum Ausdruck. Er stellte dieses Thema nach „Innenpolitik" und „Außenpolitik" als eigenes Hauptkapitel an den Schluss seiner Ausführungen.

Hier zeigte er sich – im Vergleich zu seinen letzten Auftritten – dann auch wieder etwas kampfesfreudiger: Für Leute, welche die neuen Ideen nicht verstünden, gebe es in der Partei keinen Platz. Die erfolgreich begonnene kaderpolitische Erneuerung gelte es „konsequent fortzusetzen". Die derzeitige innenpolitische Schlüsselfrage – ob nämlich die Parteikonferenz in der Zusammensetzung des Zentralkomitees Veränderungen vornehmen könne – berührte der Parteichef jedoch mit keinem Wort. Diese Frage, die letztlich über die Zukunft des Gorbatschow'schen Reformprogramms entscheiden könnte, ist in der Parteispitze nach Meinung vieler Beobachter immer noch strittig.

5. Gorbatschow sagte nur, daß er sich von der Parteikonferenz einen „mächtigen Impuls" für die Politik der „Umgestaltung" erwartet. Das Zentralkomitee hat Gorbatschows Rede in einer auffallend kurzen und allgemein gehaltenen Entschließung „einhellig gutgeheißen", schweigt sich zum Thema „Parteikonferenz" aber aus.

Der Parteichef weiß wohl, daß ihm nicht mehr viel Zeit bleibt, um die Weichen für diese Konferenz in seinem Sinne zu stellen. Ein wenig pessimistisch klingt jedenfalls sein Hinweis, daß der (heute oft als Vorbild hingestellte) Kurswechsel in Richtung NEP in den Zwanzigerjahren die ganze „Autorität und das Genie Lenins" erfordert habe, um die Unterstützung der Partei zu erhalten. [...]

Dokument 173
Tschechoslowakische Friedensinitiative
GZ 35.02.02/6-II.3/88, BMAA Wien (Sucharipa), 8. März 1988

(Auszug aus der Ansprache des Generalsekretärs des ZK der KPTsch Gen. Miloš Jakeš zum 40. Jahrestag der sozialistischen Revolution in der ČSSR)

„Ein verlässlicher Frieden und Sicherheit können nicht allein durch Maßnahmen im militärischen Bereich sichergestellt werden. Die Anregungen aus dem Abrüstungsdialog sollten für den Fortschritt in allen Sphären der Zusammenarbeit genützt werden. Wir schlagen deshalb vor, stufenweise auf der Berührungslinie der Teilnehmerstaaten des Warschauer Vertrages und der Nato-Staaten eine Zone des Vertrauens und der Zusammenarbeit sowie guter nachbarlicher Beziehungen zu schaffen. Wir sind der Ansicht, daß gerade diese Staaten ein Beispiel bei der breiten Verwirklichung der Bestimmungen des gesamteuropäischen Prozesses in ihren gegenseitigen, insbesondere nachbarlichen Beziehungen setzen, neue Wege der Zusammenarbeit abstecken und in der Praxis realisieren könnten. Wir sind begreiflicherweise für ein allumfassendes Herangehen, welches gleichermaßen auf das militärische, politische, ökonomische, ökologische und humanitäre Gebiet gerichtet wäre.

Im militärischen Bereich könnte es um eine stufenweise Schaffung einer gewissen „verdünnten" Zone gehen, in der das Niveau der militärischen Konfrontation gesenkt, die gefährlichsten Arten von Angriffswaffen beseitigt und bedeutsame Maßnahmen zur Stärkung des Vertrauens vereinbart würden. Ein solches Herangehen steht in voller Übereinstimmung mit den bislang vorgelegten Vorschlägen zur Schaffung einer Zone ohne nukleare und chemische Waffen sowie mit den Vorhaben, verschiedene Aspekte der Abrüstung und der Steigerung des Vertrauens zwischen Gruppen europäischer Staaten im gesamteuropäischen sowie globalen Rahmen zu lösen.

In den weiteren Bereichen existiert ein nicht minder breites Wirkungsfeld bei der Entwicklung des politischen Dialogs, der allgemeinen gegenseitig vorteilhaften Zusammenarbeit, der Beseitigung von Hindernissen und überdauernden langzeitigen Problemen, einschließlich der ökologischen. Es ist erforderlich, verzerrte Vorstellungen von gegenseitigen Zielen und Vorhaben zu überwinden, Kontakte auszubauen und sich gegenseitig besser kennenzulernen.

Wir schlagen vor, in einer gewissen Etappe dieser Initiative ein Treffen der Repräsentanten der interessierten Länder auf politische Ebene zu verwirklichen, um die Möglichkeit einer Stärkung des Vertrauens und der Entwicklung der Zusammenarbeit in allen Bereichen zu beurteilen. […]

Dokument 174

Csl. Initiative zur Schaffung einer Zone des Vertrauens; Erläuterungen

GZ 35.02.02/4-II.3/88, ÖB Prag (Peterlik), 9. März 1988

Außenminister Bohuslav Chňoupek lud am 8. März die Botschafter von Jugoslawien, Finnland, Österreich, Schweden, der Schweiz und Zypern ins Außenministerium, um sie über den „Vorschlag des GS des ZK der KPČ, Miloš Jakeš, zur Schaffung einer Zone des Vertrauens, der Zusammenarbeit und guter nachbarschaftlicher Beziehungen an der Berührungslinie zwischen dem Warschauer Vertrag und dem Nordatlantik-Pakt" zu informieren. Ähnliche Treffen hatten bereits vorige Woche und gestern mit den Botschaftern der sozialistischen Länder und mit den Botschaftern der NATO-Staaten stattgefunden. Ein weiteres Treffen für die Botschafter der übrigen Länder wird noch folgen.

Der „Vorschlag" war von GS Jakeš auf der Festsitzung des ZK der KPČ am 24. Feber 1988 als csl. Initiative der Öffentlichkeit vorgelegt worden.

Minister Chňoupek betonte einleitend, daß er die aktive Rolle der N+N-Staaten im gesamteuropäischen Prozess, wie sie sich in Helsinki und seither auf allen Folgeveranstaltungen herausgebildet hat, sehr hoch einschätze. Er sprach von den besonderen Anforderungen, die sich in der heutigen Zeit allen Ländern, großen und kleinen, paktgebundenen sowie neutralen und paktungebundenen, hinsichtlich des politischen Willens zur Zusammenarbeit stellten. Die Welt brauche eine aktive Politik, ein neues Denken und das gemeinsame Bemühen zur Bewahrung des Friedens.

Die ČSSR sei fest entschlossen, sich an dieser historischen Mission aktiv zu beteiligen und nach Kräften zum Aufbau des gemeinsamen europäischen Hauses beizutragen.

Der Umstand, daß GS Jakeš seinen Vorschlag am historischen Tag des Gedenkens an die gesellschaftlichen Veränderungen in der Tschechoslowakei vorgelegt habe, zeuge von der Kontinuität der csl. Politik der letzten 40 Jahre. Diese sei bedingt durch die exponierte geographische Lage des Landes und die Lehren, die aus der Geschichte gezogen wurden.

Der Vorschlag komme zum Zeitpunkt einer positiven internationalen Atmosphäre, nach dem Washingtoner Gipfeltreffen, vor dem nächsten Gipfeltreffen in Moskau und angesichts des sich abzeichnenden Abkommens zur Abschaffung chemischer Waffen.

In Europa gebe es eine Gruppe von Staaten, deren Grenzen sich von den Grenzen anderer Staaten dadurch unterscheiden, daß sie gleichzeitig die Grenze zwischen zwei Paktsystemen sind. Dieser Umstand mache diese Staaten besonders verletzlich. Die csl. Initiative gehe von dem „neuen Gesichtspunkt" aus, daß gerade diese Staaten den Entspannungsprozeß von Helsinki in allen Dimensionen vorantreiben und das bisher Trennende zu einem verbindenden Element machen sollten.

Man sei sich bewusst, daß die Realisierung nicht leicht sein werde. Aber auch vor Helsinki habe es viele Pessimisten gegeben. Auch wenn bereits eine ganze Reihe von Vorschlägen gemacht worden seien, so bringe doch jeder neue Vorschlag auch neue Impulse und bringe uns dem Ziel der friedlichen Koexistenz näher.

Minister Chňoupek hob zwei Aspekte besonders hervor:

1. Der csl. Vorschlag sei komplex und stehe daher im Einklang mit dem gesamteuropäischen Helsinki-Prozeß.

2. Der Vorschlag gehe von der Existenz zweier Blöcke aus, verstehe ihre Beziehungen aber nicht im Sinne der klassischen Konfrontationspolitik.

Im militärischen Bereich werde eine „Verdünnung" in der Zone vorgeschlagen. Durch den Abzug der gefährlichsten Einheiten aus der Zone könne man ein höheres Maß an Vertrauen und eine Verringerung der atomaren Konfrontation erzielen.

Zum Unterschied von anderen Plänen sehe der csl. Vorschlag den Übergang von partiellen zu generellen Lösungen, von subregionalen Regelungen zu einer gesamteuropäischen Regelung vor und beziehe alle betroffenen Staaten ein. Deswegen umfasse der Vorschlag neben dem militärischen auch den politischen, wirtschaftlichen, ökologischen und humanitären Bereich.

Der Vorschlag sei als Ergänzung und Vervollständigung des Jaruzelski-Planes zu verstehen, und zwar aus folgenden Erwägungen.

a) Neben dem militärischen Aspekt sind auch die anderen (oben genannten) Aspekte einbezogen.

b) In territorialer Hinsicht beziehe sich der Vorschlag nicht nur auf Zentraleuropa, sondern auf die gesamte Paktgrenze.

c) Das Hauptgewicht liege auf der Bildung von Vertrauen und Sicherheit und habe nicht nur die Abrüstung zum Ziel.

Der csl. Vorschlag genieße die Unterstützung aller WP-Staaten. Polen habe ausdrücklich bestätigt, daß damit der Jaruzelski-Plan ergänzt werde. Er stehe auch im

Einklang mit anderen Initiativen wie jenen der SED, der ungarischen Partei der Arbeit und der finnischen Sozialdemokraten ebenso wie mit dem Weg, der bei der kürzlich abgehaltenen Balkan-Konferenz aufgezeigt wurde.

Minister Chňoupek befasste sich dann näher mit den nicht-militärischen Aspekten des Vorschlages und betonte die „enormen" Perspektiven für die wirtschaftliche Zusammenarbeit, die sich mit den neuen Möglichkeiten auf Grund des Umbaues der csl. Wirtschaft träfen. Das klassische Konzept von kaufen und verkaufen sei überholt. Man müsse höhere Formen der Wirtschaftsbeziehungen entwickeln. Beim Besuch von BK Kohl sei ausführlich über diese Fragen gesprochen und eine große Zahl konkreter Projekte identifiziert worden. Er hoffe, daß mit BK Vranitzky bei seinem Besuch im April ähnlich umfassende Gespräche geführt werden können.

Es folgte eine breite Darstellung der Möglichkeiten für Zusammenarbeit auf den Gebieten Umweltschutz, Kultur (gemeinsame Geschichte), Kunst, Schule, Wissenschaft, Fremdenverkehr (schrittweise müssten alle Übergangsstellen in die Visaerteilung an der Grenze einbezogen werden) usw. Im humanitären Bereich betonte Chňoupek die Erweiterung der Kontakte zwischen den Menschen, die Lösung der Probleme der Einzelnen und der Familien (vielleicht eine Anspielung auf Erleichterungen bei Besuchsreisen?) und Fragen der nationalen Minoritäten.

Der Vorschlag sei durch die csl. Botschafter in allen Ländern an zuständiger Stelle, in der Regel den Außenministern persönlich erläutert worden. In Wien habe Botschafter Venuta [am 2.3.1988] bei GS Klestil vorgesprochen. Es seien auch wirtschaftliche Informationen an BP Waldheim, NR-Präsident Gratz und die Landeshauptleute ergangen.

Ferner seien der UN-GS, das WFT, die 23-Konsultation in Wien, die Abrüstungskonferenz in Genf, die MBFR sowie der GD des europäischen Büros der VN informiert worden.

Die ersten Reaktionen liegen bereits vor. Die sozialistischen Länder begrüßen und unterstützen den Vorschlag.

Die NATO-Staaten hätten „aufmerksam zugehört" und insbesondere den komplexen Charakter des Vorschlages als „nicht schlecht" bezeichnet. Die anderen Aspekte könnten auch den Abrüstungsbereich positiv beeinflussen. Es werde auch ein Zusammenhang mit dem NATO-Aufruf zum prioritären Abbau der „Überraschungswaffen" hergestellt. Von „einigen Ländern" sei der Gedanke von Konsultationen ins Gespräch gebracht worden. Chňoupek sieht in diesen Reaktionen ein neues, positives Element, weil ein Vorschlag von der anderen Seite nicht a priori abgelehnt werde.

Bern habe geäußert, man begrüße alle Friedensinitiativen, Stockholm habe den gesamteuropäischen Geist des Vorschlages hervorgehoben. Wien habe den Vorschlag als interessant bezeichnet.

Die Frage nach der Bedeutung des Vorschlages für die N+N-Staaten beantwortete Chňoupek mit dem Hinweis, daß die militärische Verdünnung in der Zone die Sicherheit aller Staaten in Europa erhöhe. Ferner rechne man mit einer

„Kettenreaktion" der Zusammenarbeit auf allen Gebieten, die auch die N+N erfassen werde.

Zum weiteren <u>Procedere</u> sagte Chňoupek, es bestehe die Absicht, den csl. Vorschlag auf politischer Ebene durch Vertreter aller interessierten Staaten zu besprechen. (Eine Möglichkeit zur Vertiefung dieser Frage im Hinblick auf den bestehenden KSZE-Mechanismus war nicht gegeben). Es solle jedenfalls ein breiter internationaler Dialog entstehen, in dessen Verlauf der Vorschlag weiter ausgearbeitet und konkretisiert werden soll. Die N+N-Staaten werden über den Fortgang regelmäßig unterrichtet werden.

Zum Abschluss gab Minister Chňoupek eine kurze Information zur zweiten Initiative von GS Jakeš, nämlich der Abhaltung einer internationalen Pädagogenkonferenz in Prag 1992 zum Gedenken an das Vermächtnis des Jan Amos Komenský (Comenius) und im Hinblick auf die Erziehung des Menschen für das 21. Jahrhundert.

Komenský sei seiner Zeit um Jahrhunderte voraus gewesen, da er das Europa des 17. Jahrhunderts in einem heute modern anmutenden Sinn verändern wollte. Seine Gedanken seien eine gute Grundlage für die Entwicklung der friedlichen Koexistenz und hätten daher eine direkte Beziehung zur vorgeschlagenen Zone des Vertrauens und der Zusammenarbeit.

Zu einer Vorbereitungskonferenz werde zeitgerecht eingeladen werden. [...]

Dokument 175
ČSSR; Stand und Aussichten der Wirtschaftsreform

GZ 35.20.00/2-II.3/88, Zl. 85-Res/88, ÖB Prag, 9. März 1988

Im Jänner 1987 wurde vom ZK der KPČ und der Regierung der ČSSR ein Maßnahmenkatalog „Prinzipien der Umgestaltung des Wirtschaftsmechanismus" verabschiedet. Ausländische Beobachter reagierten auf diesen Katalog mit Skepsis, da es sich bekanntlich nicht um den ersten Reformversuch der csl. Wirtschaft handelt.

Die ideologischen Rücksichtnahmen von Partei und Regierung ließen und lassen gewisse Zweifel an der vollständigen Durchführbarkeit der dzt. Reform berechtigt erscheinen.

Nach mehr als 13 Monaten haben diese Bedenken kaum ihre grundsätzliche Bedeutung verloren. Jedoch kann immerhin festgestellt werden, daß die damals begonnene Diskussionen über den Wirtschaftsumbau mit ihren weitreichenden politischen Implikationen zu einem der wichtigsten innenpolitischen Themen der ČSSR geworden ist und bereits jetzt zu manchen Resultaten geführt hat, die vor einem Jahr nicht von allen Beobachtern erwartet worden sind.

Die dzt. Reform zeigt, daß die Mängel des derzeitigen Systems im Prinzip richtig erfasst wurden. Die diskutierten Reformmaßnahmen lassen 3 Stoßrichtungen erkennen (wobei insgesamt 40 Wirtschaftsgesetze neu erlassen oder novelliert werden sollen):

I) Strukturelle Reorganisation des bestehenden Systems;

II) Aktivierung des „menschlichen Faktors";

III) Finanzpolitische Maßnahmen und Währungsreform. […]

Die endgültige Umstellung auf den neuen Mechanismus ist bisher mit 1992 geplant.

WERTUNG: Wie die Botschaft bereits mehrfach berichtet hat […], wird die Zukunft der csl. Wirtschaftsreform aufgrund ihrer politischen und ideologischen Implikationen weitgehend von der politischen Machtverteilung an der Spitze von Partei und Staat abhängen. Dies betrifft nicht nur die […] Reform der eines kommunistischen Wirtschaftssystems inhärenten Widersprüche zwischen ideologischen Grundsatzpositionen und wirtschaftlichen Notwendigkeiten. […]

Zur zentralen politischen Frage entwickelt sich daher das Ausmaß der Neuerungen und die Dynamik in der weiteren Vorgangsweise, gewissermaßen „die Grenze des Machbaren".

Seit Beginn der Diskussion wurde sowohl von den „Dogmatikern" als auch den „Reformern" in Partei und Regierung die „enorme Komplexität" der bevorstehenden Aufgaben betont und hervorgehoben, daß man erst am Beginn eines umfassenden Reformprozesses stehe, dessen Vollendung mehrere Jahre in Anspruch nehmen werde. Nunmehr scheint es, als wollte man eine allzu präzise Festlegung auf einen Kurs vermeiden, solange die politischen Machtverhältnisse nicht eindeutig geklärt sind. Manche Beobachter meinen zum gegenwärtigen Zeitpunkt, einen gewissen Verlust an Dynamik – etwa seit dem Führungswechsel an der Spitze der KPČ Ende v.J. – registrieren zu können. […]

In der Summe bleibt […] festzuhalten, daß gewisse Schritte der wirtschaftlichen Vernunft zumindest diskutiert und von vielen, auch in der Funktionsspitze, als nicht weiter aufschiebbar akzeptiert wurden. Eine völlige Rückkehr zum Status quo ante scheint nicht nur im Hinblick auf den Reformprozeß in der Sowjetunion, sondern auch wegen außenwirtschaftlicher Notwendigkeiten (Anschluss an den technischen Fortschritt) kaum vorstellbar. […]

Dokument 176

Außenpolitische Erklärung des polnischen Außenministers ORZECHOWSKI im polnischen Parlament am 10. März 1988

GZ 166.02.02/1–II.3/88, Zl. 166.02/1-A/88, ÖB Warschau (Somogyi), 14. März 1988

Der polnische Außenminister Marian ORZECHOWSKI gab am 10.3.1988, wie alljährlich, eine ausführliche Erklärung über die polnische Außenpolitik vor dem Sejm (Parlament) ab. […]

Am Tag vor der Abgabe der Erklärung war der Gefertigte Tischnachbar des Außenministers, wobei dieser schon erklärte, daß seine außenpolitische Erklärung nichts Aufregendes oder gar Sensationelles darstellen würde. […]

Der Erklärung ist klar zu entnehmen, daß Polen in den wichtigsten Punkten die sowjetische Außenpolitik nachhaltig unterstützt. Dies entspricht der generellen Politik General JARUZELSKIs nach Kádár'schem Muster, wonach bei vorhaltloser Unterstützung der Außen-, Sicherheits- und Bündnispolitik der SU im inneren Bereich eines „sozialistischen" Staates große Reformen möglich sind, ohne das Mißfallen der Sowjetunion zu erregen. Natürlich kommt in der Gorbatschow-Epoche die Parallelität zwischen Glasnost-Politik und der polnischen Reformpolitik zum Vorschein. […]

Dokument 177

Ungarisches Demokratisches Forum; Forderung nach Reformen

GZ 222.03.00/6-II.3/88, Zl. 78-Res/88, ÖB Budapest, 16. März 1988

Der Botschaft ist es gelungen, im Zusammenhang mit den Aktivitäten des „Demokratischen Forums" einige Anfang d.J. beschlagnahmte Materialien sicherzustellen; dabei handelt es sich um verschiedene Aufsätze von Oppositionellen, die dem Vernehmen nach einen wesentlichen Einfluß auf die Meinungsbildung innerhalb des „Demokratischen Forums" hatten. Da das Material relativ umfangreich ist, wird es noch einige Zeit in Anspruch nehmen, bis Arbeitsübersetzungen in Vorlage gebracht werden können. […]

Das „Demokratische Forum" […] ist nicht der Dissidentenszene zuzurechnen, sondern hat Oppositionscharakter, wobei allerdings auch namhafte Parteifunktionäre an der bisherigen Arbeit des Forums bekanntlich teilgenommen haben. Artikulation und Diskussion dieser sich hauptsächlich aus Intellektuellen rekrutierenden Gruppe werden zum Teil von staatlichen Stellen gefördert und für ihre Interessen eingesetzt (etwa vom Generalsekretär der Patriotischen Volksfront, Imre POZSGAY, der diese Art der staatsbürgerlichen Selbstbetätigung als „Kapillargefäße" des öffentlichen Konsenses" bezeichnet, wird die Tätigkeit des Forums toleriert.) Der Regierungssprecher, Staatssekretär BANYAS, hat sich offiziell hiezu am 10. März 1988 wie folgt geäußert:

„Die ungarische Regierung anerkennt zwar keine Organisation namens „Demokratisches Forum", ihr ist aber bewußt, daß bei mehr oder weniger regelmäßigen Zusammenkünften, die hauptsächlich von Intellektuellen besucht werden, die Lage Ungarns besprochen wird. Der Regierung ist bekannt, daß bei diesen Zusammenkünften üblicherweise eine gemäßigte und vertrauensbewußte Atmosphäre vorherrscht. Unter den Beiträgen finden sich auch nützliche Ideen in Richtung einer wirtschaftlichen und sozialen Entwicklung des Landes. Allerdings verschaffen sich auch gelegentlich extreme und unverantwortliche Elemente Gehör, die Unruhe auslösen wollen und die – etwa hinsichtlich der Zigeuner – nationalistische und rassistische Gedanken vertreten, die von Regierungsseite abgelehnt und verdammt werden müssen."

Tatsächlich ist unter den verschiedenen Strömungen und Richtungen, die im „Demokratischen Forum" zusammentreffen, der nationale Flügel dominant (vereinfachend könnte man die Bewegung in einen Reformflügel, in eine Anarcho-Sektion und in eine nationale Richtung trennen).

Über das Treffen von Anfang Februar (ein weiteres Treffen fand Anfang März statt) im Jurta-Theater hat auch – ganz Glasnost – die ungarische Parteipresse berichtet. Das Regierungsblatt „Magyar Hírlap" äußerte sich beispielsweise unter dem Titel „Offene Türen" dahingehend, daß die meisten der vom Forum aufgeworfenen Fragen und Probleme bereits Gegenstand eingehender Debatten von Partei und Regierung gewesen seien. Das Problem einer Reform des Parlaments würde seit 18 Monaten von einem dafür ins Leben gerufenen Ad-hoc-Komitee studiert und geprüft und ein neuer Gesetzesentwurf sei bereits in Ausarbeitung. Die Frage einer Abgrenzung von Partei und staatlicher Verwaltung wäre ebenfalls vom ZK bereits im November 1987 mit einem klaren Bekenntnis zur Selbstbeschränkung der USAP beantwortet worden (Partei hätte lediglich eine Art „Richtlinienkompetenz"). Den Teilnehmern der Jurta-Tagung wurde zwar eine verantwortungsbewußte Haltung zugebilligt, allerdings wurden von „Magyar Hírlap" auch Bedenken geäußert, daß ein separates Vorpreschen dieser Intellektuellen einem konstruktiven, gesamtungarischen Dialog nur abträglich sein könne. Die letztlich gänzlich verschiedenen Zielvorstellungen des Forums (Mehrparteiensystem) gegenüber den Reformen von Partei und Regierung blieben unausgesprochen.

Zur künftigen Rolle des parlamentarischen Lebens in Ungarn hat sich Anfang März d.J. in der Parteizeitung „NÉPSZABADSÁG" auch ZK-Sekretär György FEJTI zu Wort gemeldet, der betonte, daß die ungarische Nationalversammlung als das höchste Organ der Volksvertretung und der Staatsmacht anzusehen sei und somit keinem staatlichen oder gesellschaftlichen Organ rechenschaftspflichtig sei. Dies impliziere jedoch nach FEJTI kein Losgelöstsein des Parlaments von anderen Faktoren des politischen Lebens, was in der Praxis durch die Präsenz der kommunistischen Abgeordneten sichergestellt werde („Das Mandat der Abgeordneten bezieht sich auf die Erarbeitung und Verwirklichung des Programms zum Aufbau des Sozialismus"). Eine Aktivierung des Parlaments sei selbstverständlich nicht gegen die Partei gerichtet, sondern, ganz im Gegenteil, würde auf Anregung der Partei herbeigeführt. FEJTI verwies weiters darauf, daß auch die Parteien in „bürgerlichen" Parlamenten von ihren Abgeordneten eine strenge Parteidisziplin verlangten, was nota bene auch für ein Ein-Parteien-System gelten müsse. Die kommunistischen Abgeordneten erfüllten ihren Auftrag in einer „zweifachen Bindung", sie wären sowohl ihren Wählern als auch der Partei gegenüber rechenschaftspflichtig; darin wird offensichtlich kein Konflikt gesehen, da Partei- und Wählerinteressen als deckungsgleich erachtet werden.

Zur immer wieder diskutierten Frage der Zulassung weiterer Parteien wird seitens der Botschaft angemerkt, daß das geltende ungarische Recht die Gründung weiterer Parteien (neben der USAP) nicht grundsätzlich ausschließt. Parteien unterliegen dem Vereinsrecht, die Gründung einer (neuen) Partei wäre der zuständigen Aufsichtsbehörde (dem Innenminister) anzuzeigen, die eine Genehmigung erteilt, sofern „der Vereinszweck der staatlichen, wirtschaftlichen oder gesellschaftlichen Ordnung nicht entgegengesetzt ist" (§ 2 der Verordnung No. 29/1981). Wenn auch die Verfassung ausdrücklich die führende Rolle der Partei hervorhebt („Die marxistisch-leninistische Partei der Arbeiterklasse ist die Führungskraft der Gesellschaft"), so würden die z.Zt. gültigen Bestimmungen für den Fall der Zulassung weiterer Parteien nicht notwendigerweise geändert werden müssen. Dieser Fall erscheint bei einer Extrapolation des derzeitigen innenpolitischen Kräfteverhältnisses durchaus denkmöglich, insbesondere die mächtige Patriotische Volksfront könnte – von den Forderungen der Intellektuellen abgesehen – eine solche Entwicklung einleiten. Damit ist noch kein Parteienpluralismus oder etwa die Abhaltung allgemeiner und freier Wahlen gemeint, es würden vielmehr die Möglichkeiten ausgelotet, mit einem 2-Kammern-System oder etwa durch die Freigabe einer bestimmten Anzahl von Parlamentssitzen ein Mehr an Demokratie unterzubringen, ohne daß das kommunistische System selbst in Frage gestellt wäre.

Selbstverständliche Voraussetzung einer solchen Entwicklung wäre ihre Duldung durch die Sowjetunion. […]

Dokument 178

Nationalitätenprobleme in der UdSSR;
Gefahr oder Chance für Gorbatschow?

GZ 225.10.00/3-II.3/88, ÖB Moskau (Vukovich), 16. März 1988

Mehr als 6 Jahrzehnte hindurch wurde von offizieller sowjet. Seite stets kategorisch erklärt, daß in der UdSSR die nationale Frage von Lenin ein für allemal gelöst worden sei. Sowjetbürger, die es wagten, dieses Axiom in Zweifel zu ziehen, wurden des „bürgerlichen Nationalismus" beschuldigt und damit zu Staatsfeinden erklärt. Schon allein kulturelle und sprachliche Unterschiede zu betonen, galt als verpönt. Zwar hat es in den ersten Jahren nach der Oktoberrevolution eine vorübergehende Abkehr vom großrußischen Chauvinismus des zaristischen Rußland und kulturelle Entfaltungsmöglichkeiten selbst für die kleinsten der über 100 Völker der UdSSR gegeben (etliche von ihnen haben erst nach der Revolution ein eigenes Alphabet erhalten); Stalin hat dann jedoch an der Lenin'schen Nationalitätenpolitik nur noch formal festgehalten und ihren Inhalt bis zur Unkenntlichkeit verzerrt. Von Stalin wurde die These aufgestellt, daß sich die Völker der UdSSR verschmelzen werden. Daß die Nationalitäten der UdSSR im Zuge dieses gesellschaftlichen Entwicklungsprozesses schrittweise auf ihre eigenen Sprachen verzichten und sich künftig nur noch des Russischen bedienen werden, galt als vorausgesetzt. Dieser Kurs wurde von Chruschtschow und Breschnew konsequent fortgesetzt. Die Erschließung landwirtschaftlichen Neulands in Kasachstan und die Errichtung zahlreicher industrieller Großbetriebe boten Gelegenheit zur Schaffung gemischtnationaler Arbeitskollektive, die die Funktion nationaler Schmelztiegel hatten. Keineswegs alle Völker der UdSSR waren bereit, sich mit dieser Entwicklung abzufinden. Unter der Oberfläche gärte es schon lange, vor allem im Baltikum, in der Westukraine und im Kaukasus. Ab und zu kam es auch zu Unruhen, die jedoch sofort von Sicherheitskräften unterdrückt und wenn möglich auch geheimgehalten wurden.

Nationale Probleme, die es ja nach offizieller Darstellung nicht mehr geben konnte, stauten sich durch Jahrzehnte hindurch auf, genauso wie die Probleme in so vielen anderen Bereichen, die bis vor kurzem ebenfalls nicht zur Kenntnis genommen wurden.

Noch in dem vom 27. KPdSU-Parteitag im März 1986 angenommenen neuen Parteiprogramm heißt es:

„Die nationale Frage, wie sie uns die Vergangenheit hinterlassen hatte, wurde in der Sowjetunion erfolgreich gelöst. Charakteristisch für die nationalen Beziehungen in der sowjetischen Gesellschaft sind sowohl das weitere Aufblühen der Nationen und Völkerschaften als auch ihre ständige Annäherung, die auf der Grundlage der Freiwilligkeit, Gleichheit und brüderlichen Zusammenarbeit erfolgt. Hiebei ist es gleichermaßen unzulässig, herangereifte objektive Entwicklungstendenzen künstlich zu forcieren oder zu behindern. Diese Entwicklung wird in ferner historischer Perspektive zur völligen Einheit der Nationen führen."

In dem unter Gorbatschow beschlossenen neuen KPdSU-Parteiprogramm wird somit am Stalin'schen Konzept der schrittweisen Annäherung und schließlich Verschmelzung der Nationalitäten der UdSSR grundsätzlich festgehalten, wenngleich bereits vor einer „künstlichen Forcierung" dieses Prozesses – der in eine längere historische Perspektive gestellt wird – gewarnt wird.

Seit etwa einem Jahr kann jedoch kein Zweifel mehr daran bestehen, daß sich eine wachsende Zahl sowjetischer Nationalitäten dieser von der KPdSU dekretierten Entwicklung in Richtung Russifizierung und kulturellem Allunionseintopf widersetzt. Konnte man die Ausschreitungen von Alma Ata vom Dezember 1986 noch als das Werk irregeführter Jugendlicher abtun, die von „perestroika"-feindlichen lokalen Parteifunktionären auf die Straße geschickt wurden, so hatte die Demonstration einer großen Zahl von „Pamjat"-Anhängern im Frühjahr 1987 in der Moskauer Innenstadt bereits eindeutig nationalistischen Charakter. (Die „Pamjat"-Bewegung tritt für die Erhaltung russischer Kulturdenkmäler und Traditionen ein, welche sie von geschichtslosen Sowjetfunktionären und – was meist nur angedeutet wird – von anderen Nationalitäten bedroht sieht.) Im Sommer v. J. folgten sodann Kundgebungen der Krimtataren, die eine Rückkehr in ihre angestammte Heimat forderten, sowie Demonstrationen litauischer, lettischer und estnischer Bürgerrechtskämpfer aus Anlaß des Jahrestages der Unterzeichnung des Molotow-Ribbentrop-Paktes. Den vorläufigen Höhepunkt bildeten die Ende Februar d. J. in Jerewan und Stepanakert stattgefundenen Demonstrationen, bei denen erstmals die Änderung der Grenze zwischen zwei sowjet. Unionsrepubliken (Armenien und Aserbaidschan) gefordert wurde. Blutige Ausschreitungen gegen die in Aserbaidschan lebende armenische Minderheit waren die Folge. GS Gorbatschow hat durch persönliche Intervention eine Suspendierung der Demonstrationen in Armenien bis zum 26.3. d. J. erreicht. Zwischen Armeniern und Aserbaidschanern herrscht vorläufig ein von Polizei und Militär erzwungener Waffenstillstand.

<u>Wie soll es weitergehen? Konzessionen gegenüber einer Nationalität könnten eine Lawine von Forderungen anderer Nationalitäten lostreten. Die Erfüllung von</u>

Anliegen einzelner Nationalitäten könnte außerdem die Interessen anderer Nationalitäten beeinträchtigen. Trotz dieses Teufelskreises scheint sich GS Gorbatschow bewußt zu sein, daß eine Lösung der in der UdSSR anstehenden nationalen Probleme unausweichlich ist und eine Unterdrückung berechtigter nationaler Forderungen für die politische Stabilität des Vielvölkerstaates UdSSR noch viel bedrohlicher wäre als demokratische Lösungsversuche.

In seiner am 18.2. d. J. gehaltenen Rede vor dem Plenum des ZK der KPdSU hat Gorbatschow darauf hingewiesen, daß die Nationalitätenpolitik einer grundlegenden theoretischen und praktischen Überprüfung bedürfe. Eines der nächsten ZK-Plenar werde daher dieser für die sowjet. Gesellschaft lebenswichtigen Frage gewidmet sein.

Bei einer am 9.3. d. J. stattgefundenen Beratung im ZK der KPdSU über die Lage in Armenien und Aserbaidschan hat Gorbatschow erklärt, daß jede Verschärfung der Situation die im Laufe der letzten 70 Jahre erzielte „Errungenschaft der Völkerfreundschaft" zunichte machen könnte. Das Politbüro habe deshalb das ZK-Sekretariat beauftragt, die angesammelten Probleme im autonomen Gebiet Nagorno-Karabach eingehend zu prüfen und Lösungsvorschläge zu unterbreiten. Wie Gorbatschow weiters betonte, könne heute keine einzige Aufgabe der „perestroika" ohne Bedachtnahme auf allfällige Auswirkungen auf die Nationalitätenbeziehungen gelöst werden.

In Nagorno-Karabach scheint die sowjet. Führung zu versuchen, durch eine Reihe von Sofortmaßnahmen zur Erhöhung der kulturellen Autonomie die Lage in diesem zu ca. 80 % von Armeniern bewohnten Gebiet zu entschärfen. Bis zum 26. März d. J. wird eine definitive Lösung des Problems wohl nicht gefunden werden können. Wie die endgültige Regelung dieses bisher brisantesten Nationalitätenkonflikts in der UdSSR aussehen wird, läßt sich nicht voraussagen. Jede Lösung ohne Änderung der Republikgrenzen könnte für Armenien zu wenig sein; eine Angliederung Nagorno-Karabachs an Armenien dürfte wiederum für Aserbaidschan inakzeptabel sein. (Angesichts der geografischen Nähe des Iran, dessen Radiosendungen von der schiitischen Bevölkerung Aserbaidschans gehört werden, erscheint Moskau ein behutsamer Umgang mit den Aserbaidschanern geboten zu sein.) Eine Regelung des Problems Nagorno-Karabach müßte sich überdies mutatis mutandis auch auf ähnlich gelagerte Fälle anwenden lassen und somit generellen Charakter haben. Die Aufgabe, der sich die sowjet. Führung gegenüber sieht, kommt einer Quadratur des Kreises gleich.

Quasi als Probegalopp für das in Aussicht genommene Sonderplenum des ZK zur Behandlung der Nationalitätenprobleme hat Anfang März d. J. ein außerordentliches Plenum der Leitung des sowjet. Schriftstellerverbandes stattgefunden, das dem Thema „Vervollkommnung der Nationalitätenbeziehungen, ‚perestroika' und Aufgaben der sowjet. Literatur" gewidmet war. Die Debattenbeiträge der Mitglieder der Leitung des sowjet. Schriftstellerverbandes, die in gekürzter Form in der „Literaturnaja Gasjeta" veröffentlicht wurden, waren größtenteils durch die Sorge um Erhaltung der nationalen Sprache, Geschichte und Kultur der einzelnen Völker der

UdSSR sowie der natürlichen Umwelt (Ökologie) geprägt. Zu diesen Anliegen wurden folgende Gedanken geäußert:

Nationale Sprache:

In den nichtrussischen Gebieten der UdSSR müßten die Muttersprachen der dort lebenden autochthonen Bevölkerung ebenso anerkannt und gepflegt werden wie das Russische, das als Lingua Franca im Verkehr zwischen den über 100 Nationalitäten der UdSSR benötigt wird. Ziel müsse die Zweisprachigkeit sein; das Zweisprachigkeitsprinzip werde aber zumeist nur von der autochthonen Bevölkerung und nicht von den zugewanderten Russen beachtet.

In vielen der 14 nichtrussischen Unionsrepubliken der UdSSR würden die nationalen Sprachen verkümmern, da die Zahl der nichtrussischen Kindergärten, Schulen und kulturellen Einrichtungen zurückgehe. Da die nationalen Sprachen an Ansehen und Bedeutung verlieren, würden es nichtrussische Eltern oft vorziehen, ihre Kinder in russische Kindergärten und Schulen zu schicken. Dieser Trend werde nicht so sehr von Moskau als vielmehr von den politischen Vertretern der nichtrussischen Nationalitäten gefördert.

Ein ukrainischer Schriftsteller nannte die Gründe, weshalb immer weniger Eltern ihre Kinder in ukrainische Schulen schicken: Ukrainisch werde weder am Arbeitsplatz noch an der Universität, bei Behörden oder an „führenden Stellen" in der Ukraine benötigt. Viele Ukrainer hätten das Gefühl, daß ihre Sprache geringes Sozialprestige und keine Zukunft habe. Die meisten Debattenredner sprachen sich zwar dafür aus, daß am Recht der Eltern, die Unterrichtssprache ihrer Kinder frei zu wählen, festgehalten werde. Ein solches Wahlrecht gebe es jedoch nur dann, wenn Schulen in der Muttersprache in ausreichender Zahl existieren. In der Ukraine gebe es in vielen Städten keine ukrainischen Schulen mehr. Im Gebiet Dnepropetrowsk gebe es 115 russische, aber nur 9 ukrainische Schulen. Ähnlich sei die Situation in Weißrußland, Kirgisien und anderen Unionsrepubliken. Wer für die Erhaltung bzw. Öffnung von Schulen in der Sprache der autochthonen Bevölkerung eintritt, sei bis vor kurzem des Nationalismus bezichtigt worden. In der Ukraine habe die Verwendung der ukrainischen Sprache beinahe als Ausdruck separatistischer Bestrebungen gegolten.

Als alarmierend wurde die sprachliche Situation in den Autonomen Sozialistischen Sowjetrepubliken (ASSR) bezeichnet. Die meisten ASSR liegen auf dem Territorium der Russischen Föderation (RSFSR), insbesondere im Nordkaukasus, entlang der Wolga und im nördlichen Teil Sibiriens. Wie ein tatarischer Schriftsteller erklärte, würden die Bewohner der ASSR mit Neid auf jene Völker blicken, die über eine eigene Unionsrepublik verfügen. In den ASSR gebe es weder Zeitungen, Verlagsanstalten oder Kinostudios in den autochthonen Sprachen; lediglich Volkstanzgruppen sollen ausländischen Besuchern den Eindruck nationaler Vielfalt vermitteln. Dabei sei die Tatarische ASSR (in ihr leben 6 Mio. Tataren) bevölkerungsreicher als einige Unionsrepubliken.

Immer größer werde die Zahl der von ihrer Muttersprache abgefallenen Angehörigen nichtrussischer Nationalitäten. Da diese Assimilanten zumeist nur oberflächliche Kenntnisse der russischen Sprache und Kultur erwerben, sei ein Rückgang des allgemeinen Sprach- und Kulturniveaus der sowjet. Bevölkerung festzustellen. Wo die Muttersprache zum fakultativen Unterrichtsfach wird, sei ein kultureller Verfall zu beobachten. Die Notwendigkeit des Erlernens der eigenen Muttersprache in Frage zu stellen sei – wie sich ein Debattenredner ausdrückte – „einfach unmoralisch". Die Bedeutung und Funktion der nationalen Sprache müsse in jeder Unionsrepublik gesetzlich verankert werden.

Pflege der nationalen Kultur und Geschichte:

Die These von der Annäherung und schließlichen Verschmelzung der nationalen Sprachen und Kulturen würde folgerichtig den Schluß zulassen, daß jene Sowjetbürger, die sich von ihrer Sprache und Kultur losgesagt haben, am „kultiviertesten" seien. In Wirklichkeit würde jedoch eine Vereinheitlichung des kulturellen Lebens zu einer „Allunionskulturlosigkeit" bzw. zu „globalem Provinzialismus" führen. Die freie Entfaltung jeder einzelnen nationalen Kultur sei Voraussetzung für das Aufblühen aller Kulturen in der UdSSR. (Der Begriff „sowjet. Kultur" wurde von den meisten Schriftstellern, auch von jenen russischer Nationalität, gemieden.) Nationalismus und Sorge um den Fortbestand nationaler Kulturen müßten sorgfältig auseinandergehalten werden. Kultureller Selbsterhaltungstrieb sei kein Ausdruck von Nationalismus.

Der lettische Schriftsteller Jānis Peters plädierte dafür, daß der nationale Faktor zu einer starken Triebfeder des Demokratisierungsprozesses werde. Die Gegner der „perestroika" seien bestrebt, das wachsende Selbstbewußtsein der Nationalitäten der UdSSR als nationalistische Welle anzuprangern.

Von Schriftstellern aus dem Baltikum und Transkaukasien wurde eine Besinnung auf die Geschichte des eigenen Volkes verlangt. In den Mittelschulen müßte die Sprache, Literatur und Geschichte der jeweiligen Nationalität unterrichtet werden.

Besonders kühn war der Appell eines Schriftstellers russischer Nationalität, endlich das Postulat über Bord zu werfen, wonach sich (vor der Oktoberrevolution) alle Völker freiwillig Rußland angeschlossen hätten. („Einige hätten dies freiwillig getan, andere seien gewaltsam dazu gezwungen worden".)

Umweltschutz

Die Erhaltung des kulturellen Erbes und der natürlichen Umwelt ist für Intellektuelle der verschiedensten Nationalitäten ein dringendes Anliegen. Russische Schriftsteller haben durch jahrelange Interventionen das Projekt einer Umleitung sibirischer Flüsse nach Zentralasien zu Fall gebracht. Am deutlichsten ist die Verquickung beider Anliegen bei den baltischen Völkern und in Armenien ausgeprägt. Der lettische Schriftsteller Jānis Peters wies in seinem Statement darauf hin, daß die forcierte Immigration nach Lettland im Zusammenhang mit der Errichtung industrieller Großbetriebe nicht nur das demographische, sondern auch das ökologische Gleichgewicht dieser Unionsrepublik erschüttert habe.

Das Ergebnis des außerordentlichen Plenums der Leitung des sowjetischen Schriftstellerverbandes läßt sich dahingehend zusammenfassen, daß die Nationalitätenfrage in der UdSSR nach Ansicht der meisten Tagungsteilnehmer keineswegs gelöst sei. Mit der „Umgestaltung und Erneuerung aller Bereiche der sowjetischen Gesellschaft" müsse auch eine Vervollkommnung der Nationalitätenbeziehungen einhergehen. Zur Untermauerung dieser These wird Lenin zitiert, der erklärt habe, daß der revolutionäre Kampf für den Sozialismus mit der Lösung der nationalen Frage verbunden werden müsse.

Generalsekretär Gorbatschow, der bei seiner Reise ins Baltikum vor etwa einem Jahr noch wenig Sensibilität für die Probleme der dort lebenden Nationalitäten zeigte, wurde seither, insbesondere durch die Ereignisse in Armenien und Aserbaidschan, mit diesem Problem in voller Wucht konfrontiert. Einer konkreten Antwort auf die dabei aufgeworfenen Fragen und gestellten Forderungen kann kaum mehr ausgewichen werden. Es handelt sich wohl um eine der größten Herausforderungen an die von Gorbatschow eingeleitete Reformpolitik.

Die vom Kreml angeordnete relative Toleranz des sowjetischen Sicherheitsapparats gegenüber den diversen Kundgebungen der letzten Jahre ruft zweifellos bei konservativen Kräften Unmut hervor. Von diesen Kreisen, die für großrussischen Chauvinismus traditionell ein offenes Ohr haben, dürfte das wachsende Selbstbewußtsein der nichtrussischen Nationalitäten der UdSSR als Gefahr für die politische Stabilität und Integrität des Sowjetstaates angesehen werden. Wenn es jedoch Gorbatschow gelingt, die Anliegen der diversen Nationalitäten auf sprachlichem, kulturellem und ökologischem Gebiet auf einen Nenner zu bringen und auf seine Perestroika-Fahne zu schreiben, könnte es ihm gelingen, breite Schichten der sowjetischen Öffentlichkeit für sein Reformprogramm zu mobilisieren. Dies hätte Gorbatschow – angesichts andauernden Widerstands von Seiten zahlreicher Führungsfunktionäre und im Hinblick auf die wirtschaftliche Desillusionierung der Bevölkerung – jetzt ohnedies mehr denn je nötig. […]

Dokument 179
Besuch des Generalsekretärs des ZK der KPTsch, Miloš Jakeš, am 10. März 1988 in Berlin

GZ 35.18.07/2-II.3/88, Zl. 81-RES/88, ÖB Berlin (Wunderbaldinger), 18. März 1988

Der Eintagesbesuch des Generalsekretärs der KPTsch, JAKEŠ, in Berlin erfolgte auf Einladung Honeckers.

Im Verlauf des offiziellen Arbeitsgespräches zwischen Honecker und Jakeš, das in einer „Atmosphäre brüderlicher Freundschaft, vertrauensvoller Offenheit und Übereinstimmung" stattgefunden hat, erfolgte laut Kommuniqué ein Meinungsaustausch über aktuelle Fragen der gesellschaftlichen Entwicklung in beiden sozialistischen Ländern sowie über aktuelle Fragen der internationalen Politik und Zusammenarbeit beider Parteien und Staaten. Beide Generalsekretäre stellten fest, daß das vom gegenseitigen Vertrauen getragene, enge und fruchtbare Zusammenwirken von SED und KPTsch eine sichere Grundlage für die allseitige Weiterentwicklung der Beziehungen beider Staaten und Völker bildet. Dies eröffne weiters günstige Perspektiven für eine allseitige Entwicklung der deutschtschechoslowakischen Beziehungen auf den Gebieten der Wirtschaft, Ideologie, Wissenschaft und Kultur.[1] [...]

Als Staaten des Warschauer Paktes treten die DDR und die ČSSR für die konsequente Fortführung des Abrüstungsprozesses, insbesondere für die Halbierung der strategischen Offensivwaffen der UdSSR und der USA, unter Einhaltung des ABM-Vertrages ein.

Die gemeinsamen Initiativen zur Schaffung eines kernwaffenfreien Korridors und einer chemiewaffenfreien Zone werden weiter verfolgt. Tschechischerseits wurde eine Unterstützung des Vorschlages der DDR zu einem „Internationalen Treffen für kernwaffenfreie Zonen" im Juni 1988 in Berlin zugesagt.

Sowohl Honecker als auch Jakeš unterstrichen, daß sichere Grenzen und die strikte Wahrung des territorialen Status quo alternativlose Bestandteile eines dauerhaften Friedens und gutnachbarlichen Zusammenwirkens in Europa sein müssen. [...]

Zusammenfassende Wertung:

Wie mir mein tschechischer Kollege mitteilte, wurde bei den Unterredungen Honecker/Jakeš die Haltung der neuen Prager Führung zum sowjetischen Reformmodell dargelegt.

Demnach wird die inspirierende Rolle der KPdSU in der ČSSR hoch eingeschätzt und die Erfahrungen der Sowjetunion und anderer sozialistischer Länder [werden] aufmerksam verfolgt. Es kann sich jedoch nicht um ein mechanisches Nachahmen oder automatisches Übernehmen fertiger Konzepte handeln, sondern es muß von den Bedingungen in der ČSSR und den Bedürfnissen des Volkes ausgegangen werden. Dabei muß der relativ hohe Grad der Industrialisierung, der gut entwickelte Außenhandel, die Tradition des Genossenschaftswesens und nicht zuletzt das politische System – Existenz von vier nichtkommunistischen Parteien – sowie die Zugehörigkeit der Bevölkerung zu zahlreichen gesellschaftlichen Organisationen berücksichtigt werden. Im Gegensatz zu 1968 bleibt die führende Rolle der Partei Grundbedingung für die Existenz und Entwicklung des Sozialismus. [...]

Von der DDR-Seite wurde lediglich darauf verwiesen, daß die Wirtschaft ausgezeichnet funktioniere und an eine Veränderung nicht gedacht werde.

Jakeš habe sich im Laufe des Gespräches auch zugunsten einer Weiterentwicklung der „sozialistischen Demokratie" ausgesprochen. Eine revolutionäre Partei darf die politische Führung nicht durch Administrieren ersetzen, die Diktatur der Klasse darf in der Praxis nicht als „Diktatur der Partei" oder sogar von einzelnen erscheinen.

Honecker stellte fest, daß die DDR über die notwendigen Voraussetzungen verfüge, um die beim sozialistischen Aufbau anstehenden Aufgaben in enger Verbundenheit von Partei und Werktätigen zu lösen. Er warnte jedoch vor einer Übertragung von Gorbatschows Konzept einer Absicherung wirtschaftlicher Reformen durch größere

---

[1] Außerdem ging es, wie es im Bericht heißt, um Erleichterungen im Reiseverkehr, den Jugendaustausch – bzw. die Zusammenarbeit wird ein gemeinsames deutsch-tschechisches Jugendwerk – sowie um Kooperation auf dem Gebiet der Hochtechnologie. Honecker erhielt im Zuge des Besuchs den Orden „Weißer Löwe, I. Klasse mit Ordenskette".

demokratische Mitbestimmung auf deutsche Verhältnisse, da dies ein außerordentlich riskantes Unterfangen sei. […]

Dokument 180
Tschechoslowakische Friedensinitiative vom 24.2.1988; Bewertung

GZ 35.02.02/3-II.3/88, BMAA Wien (Sucharipa), 18. März 1988

Tschechoslowakische Friedensinitiative

1) GS Jakeš hat am 24.2. d.J. folgende „Friedensinitiative" bekannt gegeben:

- Motiv: Frieden und Sicherheit sind nicht allein durch Maßnahmen im militärischen Bereich sicherzustellen.

- Sachlicher Umfang: Anregungen aus Abrüstungsdialog sollen für Fortschritte in allen Kooperationsbereichen genützt werden (militärisch, politisch, ökonomisch, ökologisch, humanitär).

- Räumlicher Umfang: Staaten an der „Berührungslinie" des Warschauer Paktes und der NATO; d.s. von Nord nach Süd: SU, Norwegen, BRD, DDR, ČSSR, Bulgarien, Griechenland, Türkei. (Einer Erläuterung AM Chňoupeks zufolge sind auch Dänemark, Polen und Rumänien „Gegenstand der Überlegungen".)

- Ziel: „Zone des Vertrauens und der Zusammenarbeit sowie guter nachbarlicher Beziehungen".

- Verwirklichung: „Stufenweise", alle aufgezählten Bereiche umfassend. Im militärischen Bereich wäre eine „verdünnte" Zone anzustreben, in den anderen Bereichen werden u.a. die „Beseitigung von Hindernissen", die Überwindung „verzerrter Vorstellungen von gegenseitigen Zielen und Vorhaben", ein Ausbau von Kontakten als Wirkungsfeld beschrieben.

- Prozedere: Zunächst diplomatische Sondierungen auf bilateraler Ebene (Einholung von Stellungnahmen), später (allenfalls) Treffen von Repräsentanten „interessierter Länder", um vertrauensstärkende und kooperationsfördernde Möglichkeiten zu beurteilen.

2) Bewertung:

- Adressaten sind in erster Linie NATO- und WP-Staaten, zum Kreis der Interessenten sollen aber auch N+N-Staaten gehören (Aussage Bot. Venutas, der ausdrücklich eine positive österreichische Reaktion erbat).

- Die ggstl. Initiative ist ein weiterer „Zonen-Vorschlag" eines WP-Staates (vgl. Vorschläge betr. kern- und chemiewaffenfreie Zonen – DDR, ČSSR, Bulgarien, Rumänien; „Jaruzelski-Plan" – Polen; Drei-Parteieninitiative – ungarische KP, finnische sozialdemokratische Partei, italienische sozialistische Partei – zur europäischen Abrüstung).

- Der sachliche Umfang der Initiative deckt sich teilweise mit der KSZE-Traktandenliste und könnte unter den Überbegriff „angewandte Nachbarschaftspolitik" subsumiert werden.

- Der räumliche Umfang der durch die Initiative angesprochenen „verdünnten" Zone liegt in dem bei den Wiener Truppenabbaugesprächen (MBFR) verhandelten Reduktionsgebiet. Zusätzlich zu den Staaten einer zu erzielenden verdünnten Zone sind in die MBFR-Verhandlungen auch jene Staaten einbezogen, die im Reduktionsraum Truppen stationiert haben (USA, Kanada, Großbritannien).

- Bei den MBFR-Verhandlungen wird seit mehr als einem Jahrzehnt erfolglos über den Abzug von Truppen aus dem Reduktionsraum beraten. In diesem Licht erscheint der tschechoslowakische Vorschlag in der Praxis nicht realistisch.

- Es ist nicht anzunehmen, daß die „tschechoslowakische Friedensinitiative" neue Impulse in die Abrüstungsdiskussion bringt. Der tschechoslowakische Vorschlag kann auch als Versuch gewertet werden, die Eigenständigkeit nationaler Sicherheitsinteressen zu betonen. Eine Dislozierung von Truppen der beiden Großmächte aus einer solchen militärisch „verdünnten" Zone würde insbesondere die Präsenz sowjetischer Truppen auf dem Territorium der ČSSR verringern.

- Österreich liegt an der Berührungslinie der beiden Bündnissysteme und ist verständlicherweise an einer ausgewogenen Beseitigung der militärischen Potentiale aus seiner Umgebung besonders interessiert. Eine Rücknahme offensiver Waffensysteme von dieser Berührungslinie brächte zwar keine reale Abrüstung mit sich, würde aber einerseits zweifellos Signalwirkung aufgrund ihrer Entspannungswirkung besitzen und andererseits eine Vergrößerung des sicherheitspolitischen Spielraumes durch Erhöhung der Vorwarnzeiten mit sich bringen.

- Die Beschreibung des räumlichen Umfangs der Initiative lässt die Absicht vermuten, KSZE-Themen ohne die USA und Kanada erörtern und die strategisch äußerst sensitive türkisch-sowjetische Nachbarschaft in Vorderasien (dies lässt sich aus einer Äußerung Bot. Venutas ableiten) in einen Themenkatalog einbinden zu wollen.

- Österreich könnte unter Hinweis auf seine seit Jahren (gerade gegenüber der ČSSR) konsequent betriebene angewandte Nachbarschaftspolitik bei sich bietender Gelegenheit seine grundsätzlich positive Einschätzung von Initiativen, die der europäischen Sicherheit und Zusammenarbeit förderlich sein könnten, zum Ausdruck bringen, gleichzeitig aber anmerken, daß die Haltung der (NATO-) Hauptadressaten wohl für eine Weiterverfolgung ausschlaggebend sei und im übrigen die KSZE für die Behandlung der angesprochenen Zusammenarbeitsgebiete das geeignete Forum darstellen würde. (Bot. Venuta wies darauf hin, daß die ČSSR die Initiative nach Herstellung des Einvernehmens mit ihren WP-Verbündeten vorgebracht habe.) […]

Dokument 181
Sowjetunion nach drei Jahren Gorbatschow
GZ 225.03.00/10.II.3/88, BMAA Wien (Sucharipa), 22. März 1988

A. Reformkurs: allgemeine Einschätzung

– Perestroika ist das Ziel der Gorbatschowschen Reformpolitik, sozialistische Demokratisierung und Transparenz (glasnost) sind die Mittel zu deren Durchführung und Erreichung. Diese Mittel werden z.T. – je nach Erfordernissen – „dosiert" eingesetzt, die Perestroika als solche soll letztendlich allumfassend und nicht „dosiert" sein. Bei der Anwendung der Mittel liegt also die Ansatzmöglichkeit für die sogen. „Bremser" in der sowjetischen Führung (am häufigsten genannte Namen: Ligatschow, Tschebrikow, Gromyko). Rückschläge (z.B. Jelzin-Affäre) scheint Gorbatschow im Hinblick auf die Erreichung des Gesamtzieles („mehr, nicht weniger Sozialismus") hinzunehmen.

– Trotz einer gewissen Verlangsamung der Reformpolitik (Auftauchen vorher „unbekannter", auch ideologischer Probleme) erscheint vorsichtiger Optimismus hinsichtlich eines (teilweisen?) Erfolges des Reformkurses vertretbar.

B. Innenpolitik

– Wirtschaftsreformmaßnahmen („Neuer Ökonomischer Mechanismus" – Einführung marktwirtschaftlicher Elemente in den Wirtschaftsprozeß; Dezentralisierung; mehr professionelles Management anstelle von bürokratischen Entscheidungsformalismen) sind erst Anfang 1988 in größerem Umfang angelaufen. Laut Gorbatschow werden die nächsten zwei bis drei Jahre entscheidend sein. Gerade im Bereich der Wirtschaft wird der Geist der Perestroika oft zitiert und beschworen, die in diesem Sinn verordneten Maßnahmen legistischer Natur scheinen aber einer zunehmenden Bürokratisierung und hemmenden Administrierung zu unterliegen (retardierendes Element der mittleren Ministerial- und Planbürokratie).

– Verschärfung der Nationalproblematik (Transkaukasien, Baltikum, Zentralasien; Krimtataren) rührt am bisherigen Grundkonsens des friedlichen Zusammenlebens (gemäß dem Territorialprinzip) von über 100 Völkern, deren historische nationale Aspirationen gemäß der herrschenden Marxismus-Leninismus-Lehre schon längst im Abnehmen begriffen sein müßten. In der gegenwärtigen Situation dient aber bisweilen das Berufen auf nationale Besonderheiten als letztes Mittel des Widerstandes gegen (egalisierende, von Zentralstellen verordnete) Neuerungen.

– Verschiedene Vorschläge zur Praktizierung einer größeren sozialistischen Demokratie sind bisher kaum über das Stadium von Denkmodellen oder Ankündigungen hinaus gediehen (Mehrfachkandidaturen; „Einparteien-Pluralismus" durch Schaffung einer Art „Volksfront" verschiedener Gruppen und Bürgerinitiativen, deren Mitglieder auch außerhalb der KPdSU verbleiben, jedoch von dieser kontrolliert und gelenkt werden könnten).

– Nächster großer innenpolitischer „Stichtag" ist Ende Juni die XIX. <u>Allunions-(Gesamtpartei-)Konferenz</u> (eine Art Zwischenparteitag). Sie soll nach dem Willen des ZK insbesondere auch Maßnahmen zur „weiteren Demokratisierung des Lebens der Partei und der Gesellschaft" diskutieren. Die Konferenz wird jedenfalls zeigen, wie weit Gorbatschow mit seinen Reformvorstellungen gehen will und kann und wie es um seine Position innerhalb der KPdSU bestellt ist, z.B. ob er eine Verjüngung des ZK in dem von ihm angestrebten Ausmaß verwirklichen kann (nachdem er Politbüro und Sekretariat bereits weitestgehend erneuert hat: Von den – außer Gorbatschow – 12 Politbüro-Vollmitgliedern sind 8, von den 7 Politbüro-Kandidaten 5 und von den – außer Gorbatschow – 12 ZK-Sekretären alle unter seiner Parteiführung bestellt worden.)

– Konkrete, im Vergleich zu früher fast „revolutionäre" Auswirkungen hat Gorbatschows Perestroika bisher vor allem im Bereich der <u>Kultur-</u>, <u>Bildungs- und Medienpolitik</u> gezeigt. Auch das Bemühen um Beseitigung der „weißen Flecken" in der sowjetischen Geschichte ist hier zu nennen (z.B. Revision von Schauprozeß-Urteilen der Stalinzeit). Hievon sind allerdings nur relativ kleine Schichten der Bevölkerung, nicht aber die wirklichen Machtstützen der Partei berührt.

C. <u>Außenpolitik</u>

Hier bisher deutlichste Erfolge Gorbatschows. Die neue Qualität der sowjetischen Außenpolitik – auch bei sehr kritischer Betrachtungsweise wird man diese zur Kenntnis nehmen müssen – kann bzw. kommt z.B. bei

– KVAE-Abschluss

– INF-Vertrag (Verifikation!)

– START-Initiativen

– Afghanistan

zum Ausdruck und zeichnet sich auch in der differenzierten Haltung zu anderen Regionalkonflikten ab (südliches Afrika, Zentralamerika, Golfkrieg, Nahost, Kambodscha). Als <u>vorherrschende Dominante</u> des „neuen Denkens" in der Außenpolitik tritt immer mehr eine <u>europäische Dimension</u> in den Vordergrund („positives" Schlagwort dazu: „gemeinsames europäisches Haus"; „negatives" Urteil hierüber: „Abkoppelung" Westeuropas von Nordamerika). […]

Dokument 182

Gorbatschow in Jugoslawien (14.–18.3.1988);
„Sowjetisch-jugoslawische Deklaration"

GZ 225.18.09/1-II.3/88, Zl. 155-RES/88, ÖB Moskau, 23. März 1988

Obwohl sich GS Gorbatschow im Augenblick mehr denn je mit innenpolitischen Problemen konfrontiert sieht, hat er in der Vorwoche seinen seit Ende Dezember v.J. erwarteten offiziellen Freundschaftsbesuch in Jugoslawien absolviert.

Wahrscheinlich wird dies der einzige Auslandsbesuch Gorbatschows im ersten Halbjahr 1988 sein. Das Hauptaugenmerk der sowjetischen Diplomatie gilt zurzeit der Vorbereitung des 4. Treffens zwischen GS Gorbatschow und Präsident Reagan. Dennoch schien es dem sowjetischen Parteichef bei der Erstellung seines Prioritätenkalenders wichtig gewesen zu sein, „Neues Denken" gegenüber sozialistischen Staaten, die nicht der „Sozialistischen Gemeinschaft" angehören, sowie gegenüber der Blockfreien-Bewegung unter Beweis zu stellen. Für seine Goodwill-Tour durch Jugoslawien nahm sich Gorbatschow immerhin 5 Tage Zeit, mehr als für irgendeine seiner bisherigen Auslandsreisen.

Diesem ersten Jugoslawien-Besuch GS Gorbatschows war in den vergangen 12 Jahren folgender sowjetisch-jugoslawischer Besuchsaustausch auf höchster Ebene vorangegangen:

1976: Breschnew in Belgrad

1977 und 1979: Tito in Moskau

Mai 1980: Teilnahme Breschnews an Titos Begräbnis

Dezember 1986: Jugoslawischer Parteichef Renovica in Moskau [...]

Mit Gorbatschows Besuch in Jugoslawien wurde nochmals, und zwar noch deutlicher als bisher, ein Schlußstrich unter die historischen Differenzen zwischen der UdSSR und Jugoslawien bzw. der KPdSU und der jugoslawischen KP (1948 bis 1955) gezogen. Darüber hinaus wurde in Anknüpfung an die sowjetisch-jugoslawische Waffenbrüderschaft während des Zweiten Weltkriegs (Gorbatschow würdigte den Beitrag der jugoslawischen Volksbefreiungsarmee und anderer europäischer Widerstandsbewegungen zum Sieg über den Faschismus) das Verbindende in der gegenwärtigen Phase der „sozialistischen Erneuerung" hervorgehoben.

In seiner Rede im jugoslawischen Parlament sprach Gorbatschow sein Bedauern aus, daß bald nach Ende des Zweiten Weltkriegs den guten Beziehungen zwischen der UdSSR und Jugoslawiens durch „unbegründete Anschuldigungen" gegen die Führung der jugoslawischen KP ein Ende gesetzt worden war. Der damalige Konflikt habe Jugoslawien, der UdSSR und der Sache des Sozialismus großen Schaden zugefügt. Damit wiederholte Gorbatschow die von Chruschtschow im Mai [und Juni] 1955 in Belgrad vorgebrachte Entschuldigung. Gorbatschow fand übrigens Worte der Anerkennung für Tito und Chruschtschow, die mit ihrem „weitsichtigen Schritt" im Jahre 1955 sehr viel für die Normalisierung der sowjetisch-jugoslawischen Beziehungen getan hätten. Mehr als 30 Jahre später „erkennen wir den bleibenden Wert der sowjetisch-jugoslawischen Dokumente von 1955 und 1956." (Es handelt sich hiebei um die erste ausschließlich positive Erwähnung Chruschtschows durch GS Gorbatschow. Chruschtschow, der im historischen Exkurs Gorbatschows anläßlich des 70. Jahrestages der Oktoberrevolution im November v.J. mit seinen Schwächen und Vorzügen Erwähnung fand und dem vor kurzem eine ganzseitige Eloge in der „Literaturnaja Gasjeta" gewidmet war, scheint sukzessive auf den ihm gebührenden Platz in der sowjetischen Geschichte vorzurücken.)

In seiner Rede in der Skupština wiederholte Gorbatschow das von ihm bereits in seinem Referat aus Anlaß des 70. Jahrestages der Oktoberrevolution abgelegte Bekenntnis zur Vielfalt in der Einheit des Sozialismus und erklärte, daß der Weltsozialismus heute in eine Phase der Rekonstruktion und Reformen eingetreten sei. In dieser Situation werde die Notwendigkeit einer Erneuerung des Mechanismus des Zusammenwirkens der sozialistischen Staaten „für uns alle" erkennbar. Diesem Ziel diene die beabsichtigte Ausweitung der sowjetisch-jugoslawischen Zusammenarbeit „auf den gesamten Bereich des gesellschaftlichen Lebens."

Im internationalen Teil seiner Rede im jugoslawischen Parlament würdigte Gorbatschow Jugoslawiens Bemühungen um Intensivierung der Zusammenarbeit der Balkanstaaten sowie dessen Rolle im KSZE-Prozeß und in der Blockfreien-Bewegung. Die vom sowjetischen Parteichef bei dieser Gelegenheit präsentierten Vorschläge für das Einfrieren und die anschließende Reduktion der Zahl der amerikanischen und sowjetischen Kriegsschiffe im Mittelmeer tragen – laut hiesiger jugoslawischer Botschaft – den Vorstellungen der blockfreien Mittelmeerländer Rechnung, wie sie bei einem Treffen dieser Staatengruppe auf der jugoslawischen Insel Brioni im Juni 1987 zum Ausdruck gebracht worden waren […]. Gorbatschows Plädoyer für eine „Demokratisierung der internationalen Beziehungen" und sein Hinweis auf den Konnex zwischen Abrüstung und Entwicklung entspricht traditionellen Anliegen der Blockfreien-Bewegung, welcher der sowjetische Parteichef eine „bedeutende Rolle in der Umgestaltung der internationalen Beziehungen" zuerkannte.

Anläßlich des offiziellen Freundschaftsbesuches GS Gorbatschows in Jugoslawien wurde eine Reihe zwischenstaatlicher Dokumente unterzeichnet:

- langfristiges Programm für wirtschaftliche Zusammenarbeit bis zum Jahr 2000 […]
- Abkommen über die gegenseitige Anerkennung von Studien- und wissenschaftlichen Diplomen
- Vereinbarung über die Eröffnung eines jugoslawischen Kultur- und Informationszentrums in Moskau […]

Zentrales Ereignis des Besuches war jedoch eine „sowjetisch-jugoslawische Deklaration" über die Beziehungen zwischen der UdSSR und Jugoslawien (1. Teil), über das Verhältnis zwischen der KPdSU und dem Bund der Kommunisten Jugoslawiens (2. Teil) sowie über gemeinsame Prinzipien für die Umgestaltung der internationalen Beziehungen (3. Teil). In dieser Deklaration […] werden die in den Erklärungen von Belgrad (Juni 1956) verankerten Prinzipien bekräftigt und weiterentwickelt. Der 3. Teil der Deklaration befaßt sich mit den heutigen Aufgaben und Problemen der internationalen Politik und reflektiert Gorbatschows Konzept einer „unteilbaren und interdependenten Welt".

Im folgenden findet sich eine Zusammenfassung und Wertung der wesentlichen Bestimmungen der neuen „sowjetisch-jugoslawischen Deklaration":

1. Beziehungen UdSSR-Jugoslawien

Bestätigung der Bedeutung der u n i v e r s e l l e n Prinzipien der Deklarationen von Belgrad und Moskau, nämlich gegenseitige Achtung der Unabhängigkeit, Souveränität und territorialen Integrität sowie Gleichberechtigung und Unzulässigkeit von Einmischung in innere Angelegenheiten.

Bei der Gestaltung und Vervollkommnung der Beziehungen zwischen der UdSSR und Jugoslawien müssen die besonderen Wege und Formen ihrer sozialistischen Entwicklung sowie die Unterschiede in ihrem internationalen Status unbedingt respektiert werden. (Diese Formulierung trägt der jugoslawischen Position in viel stärkerem Maße Rechnung als die Dokumente von 1955 und 1956. Erstmals wird seitens der UdSSR anerkannt, daß weder der jugoslawische Weg zum Sozialismus noch die blockfreie Außenpolitik Jugoslawiens ein Hindernis für die Vervollkommnung der sowjetisch-jugoslawischen Beziehungen darstellen.)

2. Beziehungen zwischen der KPdSU und dem BKJ

Positive Bewertung des gegenwärtigen Standes der Beziehungen zwischen Parteien. Bereitschaft zu weiterem Ausbau der Beziehungen auf der Grundlage der Prinzipien der Unabhängigkeit, Gleichberechtigung, Nichteinmischung und der Verantwortung jeder Partei gegenüber der eigenen Arbeiterklasse und dem eigenen Volk (neu), der gegenseitigen Achtung der unterschiedlichen Wege beim Aufbau des Sozialismus und ihrer internationalen Positionen. Auf dieser Basis werden beide Parteien ihre freiwillige und beiderseitig vorteilhafte Zusammenarbeit vervollkommnen sowie einen konstruktiven und kameradschaftlichen Dialog führen.

Die konsequente Achtung der Selbstständigkeit und Unabhängigkeit von Parteien und sozialistischen Staaten bei der Bestimmung ihrer Entwicklungswege ermöglicht eine Überwindung der Gründe, die 1948 zum Konflikt zwischen der jugoslawischen KP einerseits und dem Kominform andererseits geführt hatten. Die Respektierung der Selbstständigkeit und Unabhängigkeit von Parteien und sozialistischen Staaten ist nicht nur für die Beziehungen zwischen der KPdSU und dem BKJ, sondern generell für die Entwicklung und Bestätigung des Sozialismus als internationaler Prozeß von großer Bedeutung. (Anmerkung: Die Anerkennung des Sozialismus als „internationaler Prozeß" durch die KPdSU bedeutet die Abkehr von einem vorgegebenen und allgemein verbindlichen Modell.)

Davon ausgehend, daß niemand ein Wahrheitsmonopol besitzt, erklären beide Parteien, daß sie nicht beabsichtigen, eigene Vorstellungen der gesellschaftlichen Entwicklung irgend jemand anderem aufzudrängen. Der Erfolg jedes Weges zum Sozialismus wird in der sozio-politischen Praxis gemessen und durch konkrete Resultate bestätigt.

Beide Parteien betrachten die Vervollkommnung der sozialistischen Selbstverwaltung – angepasst an die spezifischen Verhältnisse jedes Landes – als eine Angelegenheit von prioritärer Bedeutung. Sie ermöglicht eine echte Herrschaft des Volkes und persönliche Freiheit und sie stellt eine verläßliche Garantie gegen administrativ-bürokratische Verzerrungen des Sozialismus sowie gegen Dogmatismus und Voluntarismus dar. (Anmerkung: Zwischen der in Jugoslawien seit langem bestehenden „sozialistischen Selbstverwaltung" und Gorbatschows Bemühungen um „Demokratisierung" der sowjetischen Gesellschaft durch Gewährung größerer Unabhängigkeit an die Sowjets, durch Wahl von Betriebsdirektoren und dergleichen mehr werden Parallelen gezogen. Diese hätte noch vor kurzem in der UdSSR als „Revisionismus" gegolten.)

Bekräftigung der universellen Bedeutung demokratischer Prinzipien zwischen kommunistischen Parteien, Arbeiterparteien, sozialistischen, sozial-demokratischen, revolutionär-demokratischen sowie anderen progressiven Parteien und Bewegungen, die ein unveräußerliches Recht haben, den Weg ihrer Entwicklung selbst zu bestimmen (Anmerkung: Respektierung des eigenen Weges auch von nichtkommunistischen Linksparteien!). Die KPdSU und der BJK treten für eine breite Zusammenarbeit zwischen Parteien und Bewegungen ein, ungeachtet ihrer ideologischen Unterschiede. Eine solche Zusammenarbeit gilt als Erfordernis der Zeit, da ihr große Bedeutung [bei] der Lösung internationaler politischer und wirtschaftlicher Probleme zukomme. Als Beispiel einer solchen Verständigung wird das am Rande der Feierlichkeiten zum 70. Jahrestag der Oktoberrevolution Anfang November v.J. abgehaltene „Treffen von Parteien und Bewegungen" angeführt […]. Die kommunistischen und anderen Linksparteien könnten ihre gesellschaftsverändernde Funktion unter Beweis stellen, indem sie für Frieden, Abrüstung und sozio-ökonomische Entwicklung eintreten, den Kampf um nationale und soziale Befreiung unterstützen und die Prinzipien aktiver friedlicher Koexistenz fördern.

3. Gemeinsame Prinzipien zur Gestaltung der internationalen Beziehungen

- Frieden, Unabhängigkeit, Gleichberechtigung und gleiche Sicherheit für alle Staaten;
- Friedliche Koexistenz zwischen a l l e n Staaten (Anmerkung: somit auch im Verhältnis zwischen sozialistischen Staaten), internationale Entspannung, friedliche Streitbeilegung, gleichberechtigte Zusammenarbeit und beschleunigte Entwicklung aller Länder, insbesondere der weniger entwickelten;
- Demokratisierung des internationalen Lebens;
- Stärkung der UNO;
- Die Blockfreien-Bewegung als unabhängiger und globaler Faktor strebt nach Erweiterung der internationalen Zusammenarbeit, nach Überwindung von bestehenden Barrieren, Rivalitäten und Vorurteilen. Die wachsende Rolle der Blockfreien-Bewegung in den internationalen Beziehungen entspricht den Erfordernissen der Zeit und dem Interesse der Völkergemeinschaft. (Anmerkung: Diese Passage stellt eine bemerkenswerte Änderung der sowjetischen Haltung gegenüber dieser Staatengruppe dar. Abkehr von der traditionellen These: „UdSSR als natürlicher Verbündeter der Blockfreien".);
- Umfassende Abrüstung unter wirksamer Kontrolle;
- Verwendung der durch Abrüstung frei werdenden Ressourcen für Zwecke der Entwicklungshilfe;

- Unterstützung des Geistes und der Ziele der KSZE;
- Beilegung von Regionalkonflikten;
- Achtung der Menschenrechte;
- Neue internationale Wirtschaftsordnung: eine stabile wirtschaftliche Entwicklung jedes einzelnen Landes und der internationalen Staatengemeinschaft ist nur möglich bei aktiver und freier Teilnahme aller Länder an der wirtschaftlichen Zusammenarbeit sowie in der Lösung der akuten Probleme der Weltwirtschaft und der internationalen Wirtschaftsbeziehungen.

Angesichts einer „unteilbar und interdependent" gewordenen Welt erscheine eine Zusammenarbeit aller Länder und politischen Kräfte, die sich ihrer Verantwortung für Frieden, Sicherheit und Fortschritt bewußt sind, geboten.

****

Viele Ziele und Prinzipien, die erstmals in die neue „sowjetisch-jugoslawische Deklaration" Eingang gefunden haben, sind traditionelle Anliegen Jugoslawiens bzw. des BKJ. Spätestens seit dem 70. Jahrestag der Oktoberrevolution wurde erkennbar, daß sich die Haltung der KPdSU zur kommunistischen Weltbewegung und auch zu den übrigen Linkskräften grundsätzlich gewandelt hat. Als Ziel gilt nicht mehr monolithische Einheit, sondern Vielfalt in der Einheit. Die Trennungslinie zwischen Staaten der sozialistischen Gemeinschaft (WP- und RGW-Mitglieder) und den übrigen Staaten des sozialistischen Weltsystems (China, Jugoslawien, Nordkorea und Laos) wird fließend. Die von Moskau akzeptierte ideologische Bandbreite der regierenden kommunistischen Parteien hat sich erweitert. In einer Zeit, da klare ideologische Abgrenzungen von der sowjetischen Führung nicht mehr als prioritär angesehen werden, sind auch nicht-kommunistische Linkskräfte eingeladen, ein Stück des Weges mitzugehen. Laut jugoslawischer Botschaft komme der neuen „sowjetisch-jugoslawischen Deklaration" bei der Gestaltung der bilateralen und internationalen Beziehungen „strategische Bedeutung" bei.

Wie Gorbatschow zum Abschluß seines Jugoslawien-Besuchs erklärte, verlasse er das brüderliche Jugoslawien mit der festen Überzeugung, daß die sowjetisch-jugoslawischen Beziehungen zu neuen Grenzen vorstoßen werden. […]

Dokument 183
Demonstration csl. Katholiken in Preßburg (25.3.); Inhaftierung österreichischer Journalisten
GZ 35.04.20/7-II.3/88, BMAA Wien (Sucharipa), 28. März 1988

Der HGS bat am 28.3. den ho. csl. Botschafter zu einer Aussprache i.G.

Der HGS verwies eingangs auf die ernsten Reaktionen in der österreichischen Öffentlichkeit aufgrund der schwerwiegenden Ereignisse von Preßburg sowie auch auf die vom HVK in seiner Eigenschaft als Bundesparteiobmann der ÖVP bereits abgegebene Erklärung. Es wäre Österreich auch daran gelegen, eine Darstellung der Vorfälle aus csl. Sicht zu erhalten.

Botschafter Venuta brachte (anhand einer mitgebrachten Notiz und im Beisein eines weiteren Vertreters der csl. Botschaft) im wesentlichen folgende Punkte vor:

– Die erste Nachricht über die geplante Demonstration sei noch vor deren offizieller Anmeldung durch Radio Free Europe verbreitet worden.

– Alle in der ČSSR akkreditierten Journalisten wurden über die Untersagung der Demonstration unterrichtet.

– Der Verbindungsmann des ORF in Preßburg (Czernohorsky?) zähle zu jener Gruppe, die die auch von der csl. Regierung geschätzten religiösen Demonstrationen eines Teiles der Bevölkerung zu gegen das Gesellschaftssystem gerichteten Aktionen mißbräuchte.

– Nach Auflösung der Demonstration sind etwa 50 Menschen zur Überprüfung ihrer Personalien vorübergehend festgenommen worden. Nach der erfolgten Festnahme wurde die Frage nach allenfalls anwesenden Journalisten gestellt, die 7 hierauf reagierenden Personen (darunter auch Dr. Hörman) wurden sogleich freigelassen.

– Es falle auf, daß nahezu die gesamte Osteuropa-Redaktion des ORF zur Beobachtung der Ereignisse in der Tschechoslowakei eingereist wäre. Dies entspreche auch dem offenbar laufenden Bemühen des ORF, im Zuge seiner Berichterstattung eine eigene Außenpolitik zu betreiben, die dem Geist guter Nachbarschaft nicht entspreche.

– Die ČSSR habe den festen Willen, weiter an der Entwicklung guter Beziehungen zu Österreich zu arbeiten und den eingetretenen Schaden möglichst klein zu halten.

Der HGS verwies darauf, daß i.G. zwei Aspekte zu beachten wären. Einerseits der Aspekt der Mißachtung einschlägiger KSZE-Bestimmungen. Eine entsprechende österreichische Reaktion im Rahmen der KSZE müsse daher vorbehalten bleiben. Andererseits müsse österreichischerseits aber auch mit Bedauern und Betroffenheit registriert werden, wenn österreichische Journalisten an der Ausübung ihrer Informationsverpflichtung gehindert und 8 Stunden lang festgehalten werden. Diese Maßnahmen wären umso bedauerlicher, weil sie zu einem Zeitpunkt gesetzt worden sind, in dem die bilateralen Beziehungen eine gute Entwicklung genommen haben. Er müßte sich daher auch diesbezüglich eine öffentliche Reaktion des BMfaA bzw. der österreichischen Bundesregierung vorbehalten. […]

Dokument 184

Das Nationalitätenproblem in der UdSSR; Einreißen „volksdemokratischer" Verhältnisse

Zl. 175-RES/88, ÖB Moskau (Grubmayr), 30. März 1988

Der Lostag 26. März, zu dem das der sowjetischen Führung von den armenischen Demonstranten gestellte Ultimatum ablief, scheint vorerst einmal undramatisch abgelaufen zu sein. Man hatte diesen Samstag in Jerewan zum Arbeitstag erklärt. Dadurch war auch die im letzten Augenblick verkündete Aktion „Tote Stadt" nicht gelungen: Fernsehbilder, die am Samstagabend hier ausgestrahlt wurden, zeigten einen normalen Wochentagsverkehr, wenn auch der Moskauer Fernsehkommentator hinzufügte (oh glasnost!), es gebe ein verstärktes Aufgebot an Miliz in den Straßen von Jerewan. Die Organisierung neuerlicher Demonstrationen war verboten worden, und offensichtlich aus diesem Grund hatte man versucht, das umgekehrte Rezept des Straßenboykotts zu inszenieren, was dann auch nicht gelungen ist. Aber aus Stepanakert, der Hauptstadt des umstrittenen Gebiets Nagorno-Karabach, berichtete z. B. der dorthin entsandte „Iswestija"-Korrespondent über noch immer anhaltende Arbeitsniederlegungen und eine weiterhin große Erbitterung der armenischen Bevölkerung, scharfe Absperrungsmaßnahmen der Behörden und ein Übermaß an „Gerüchten", welches er selbst auf ein Manko an offiziellen Informationen zurückführt.

Zwei Tage vor Ablauf des Ultimatums hat das Politbüro Maßnahmen für die „Beschleunigung der sozialen und wirtschaftlichen Entwicklung des autonomen Gebietes Nagorno-Karabach" für die Zeit 1988–95 beschlossen. [...]

Es wäre jedoch verfrüht, davon auszugehen, daß mit der In-Aussicht-Stellung dieser Palliative und dem gleichzeitigen Druck durch Einsatz von Militär und Polizei das Problem als geregelt angesehen werden kann. Die in Aussicht genommenen Maßnahmen, wenn sie schließlich durchgeführt werden sollten, erfordern den Einsatz nicht unbeträchtlicher Investitionen, wobei diese Mittel woanders gekürzt werden müssen. Ein solches Entwicklungsprogramm für eine bestimmte Region erregt, wenn es sichtbare Auswirkungen zeitigt, den Neid der umliegenden Gebiete bzw. regt andere Unzufriedene an, durch Anwendung ähnlicher lautstarker Aktionen analoge Privilegien zu ergattern. So wäre es nicht zu verwundern, wenn die Krimtataren oder auch vielleicht die bisher sich ruhig verhaltenden, aber zahlenmäßig viel stärkeren Wolgatataren in Zukunft mit Aktionen dieser Art aufwarten.

Auch ist mit materiellen Besserstellungen nicht alles gelöst: Man darf nicht vergessen, daß man sich dort im Orient befindet und das Prinzip der Blutrache den christlichen Armeniern ebenso teuer ist wie den Aserbaidschanern, die dem islamischen Kulturbereich angehören. Aus Sumgait bei Baku, wo das Massaker gegen die Armenier stattfand, sind nach hiesigen Zeitungsberichten inzwischen über 2300 Armenier geflohen.

Die Probleme gibt es aber auch in anderen Randgebieten des sowjetischen Imperiums, so im Baltikum. Vor einigen Tagen ist im offiziellen Organ der estnischen Republik,

„Sowjetskaja Estonija", ein Artikel des Professors der Universität Tartu, Viktor Palm, erschienen, der in einer Apotheose der „estnischen Heimaterde" gipfelt und den man nur als ganz eindeutig sezessionistisch bezeichnen kann. Zur Untermauerung seiner Argumente, daß Estland ein souveräner Staat ist, zitiert es verschiedene Artikel der sowjetischen Verfassung. Weiters meint er, man müsse auf die estnischen Abgeordneten zum Obersten Sowjet Druck ausüben, damit diese in Moskau weitere Verfassungsänderungen zum Ausbau estnischer Eigenstaatlichkeit beantragen (!). Andererseits meint er, in Estland lebende Russen könnten, wenn sie sich zur „estnischen Erde" bekennen, schon dort wohnen bleiben.

Unter Stalin hätte man solche Leute erschossen, unter Breschnew zumindest in ein Straflager nach Sibirien verschickt. Wenn auch derartige Ideen, wonach die Abgeordneten zum Obersten Sowjet jetzt plötzlich partikulare politische Eigeninitiativen entwickeln sollen, vorläufig noch spekulative Wunschträume darstellen, deren Realisierung man mit Geschäftsordnungstricks, individueller Einschüchterung und „Einhaltung" (im „anderen" Sinne des Wortes!) des Glasnost-Gedankens verhindern kann, so ergibt sich doch allmählich der Eindruck, daß unter Gorbatschow am Rande des Reiches volksdemokratische – um nicht das geringschätzig klingende Wort „polnische" zu verwenden – Verhältnisse entstehen.

Wahrscheinlich wäre es nicht ewig möglich gewesen, den Deckel fest auf dem brodelnden Kochtopf des Nationalitätenproblems zu halten, für die hiesigen Erneuerer ergibt sich jedoch hier ein nicht ungefährlicher kumulativer Prozeß, wo zu den Schwierigkeiten des wirtschaftlich-technischen und organisatorischen Umgestaltungsprozesses auch noch der Nationalitätenstreit kommt. Es erhebt sich die Frage, ob Gorbatschow und sein Team imstande sind, alle diese Fragen parallel zu lösen bzw. auf dem letzteren Gebiet, wo reinliche Lösungen wahrscheinlich überhaupt nicht möglich sind, zumindest zu längerfristig gangbaren Kompromissen zu gelangen.

Wie sehr hier die Meinungen auseinandergehen, zeigt z. B. der Umstand, daß hinsichtlich der Ereignisse in Armenien und Nagorno-Karabach „Prawda" und „Iswestija" innerhalb weniger Tage – 21.4. und 24.4. – konträre Ansichten über die Art der Entstehung und die Frage ausländischer Instigation geäußert haben, wobei „Iswestija" größeres Verständnis für die Legitimität nationaler Unruhen an den Tag legt als das Parteiorgan. Man muß davon ausgehen, daß dies nicht nur Glasnost im Sinne von Medienvielfalt darstellt, sondern angesichts der zentralen Bedeutung und Lenkung dieser beiden Blätter auch Unstimmigkeiten in der Führungsspitze reflektiert.

Jeder Vielvölkerstaat – und ein solcher ist zweifellos die Sowjetunion – bedarf der Korsettstangen, welche das Imperium zusammenhalten. In der Österreich-Ungarischen Monarchie war dies die Armee und (soweit die österreichische Staatshälfte betroffen war) die Beamtenschaft und die deutsche Sprache. Der jahrzehntelange Kampf um die ausreichende Dotierung und die Einheitlichkeit der bewaffneten Macht – letztere schon ausgehöhlt durch k.k. Landwehr und k. Honvéd – und der Sprachenstreit waren im wesentlichen der Ausdruck des Bemühens, dem Reich ein lebenserhaltendes Minimum an Realunion zu sichern.

Hierzulande erfüllen diese Funktion Armee, Sicherheitsapparat (im wesentlichen KGB) und russische Sprache. Nun scheinen diese Säulen, wenn auch noch nicht echt erschüttert, doch einigermaßen angeknabbert zu sein. Die Vorherrschaft bzw. auch nur die Gleichberechtigung der russischen Sprache scheinen in einzelnen Länderteilen alles andere als gefestigt. Aus eigener Erfahrung weiß ich, daß gerade in Georgien und Armenien ein nationalistisches Sprachbewußtsein im Aufstieg begriffen ist, welches das Russische weitgehend zurückdrängt. In den baltischen Staaten scheint ähnliches in Gang zu sein. Das Bild, das sich nach außen hin ergibt, wird dadurch nicht einfacher, daß es in anderen Landesteilen, wie z. B. in der Ukraine, von der jeweiligen Republiksleitung her eine gewisse Tendenz zur Russifizierung gibt. Diese umfaßt zwar manchmal die höheren Partei- und Kulturschichten, nicht aber unbedingt die Provinz. Erst kürzlich mußte ich feststellen, daß ein sehr hoher kirchlicher Würdenträger aus der Ukraine, als er versuchte, mit mir russisch zu sprechen, ein nur schwer verständliches Kauderwelsch herausbrachte, welches vom literarischen Hochrussisch weit entfernt war.

Aber auch die Säule „KGB" ist nicht mehr das, was sie einmal war: Obwohl straff hierarchisch von Moskau aus organisiert, hat sie sowohl in Armenien als auch in Aserbaidschan während der bekannten Ereignisse im Februar und März d. J. offensichtlich versagt. Dies ist nicht in dem Sinn gemeint, daß es zu blutigen Repressionen hätte kommen müssen (die von der Moskauer Führung heute nicht mehr gewünscht werden). Aber der Sicherheitsapparat hätte die Vorbereitung der Ereignisse in Jerewan observieren und den Ausbruch des Pogroms in Sumgait gegen die armenische Minderheit voraussehen müssen, um der Führung die Möglichkeit zu geben, durch Präventivmaßnahmen und einen entsprechenden Dialog mit den Beteiligten einen Ausbruch zu verhindern. Hier kann es nicht nur daran liegen, daß man auch im KGB von Moskau aus auf die sanfte Welle geschaltet hat. Man muß eher annehmen, daß nationale Sympathien im lokalen Sicherheitsapparat gegenüber der übernational-„sowjetischen" Wachsamkeit die Überhand gewannen. Auch in der Armee gibt es ja schon Überlegungen hinsichtlich der Einsetzbarkeit verschiedener Nationalitäten. So kommen in Afghanistan aufgrund gewisser Erfahrungen Soldaten zentralasiatischer Herkunft möglichst nicht mehr zum Einsatz (so wie Österreich-Ungarn im Ersten Weltkrieg die tschechischen Regimenter mehr an der Südfront verwendet hat als gegen Rußland), und bei den Truppen, die man jetzt in Armenien konzentrierte, scheint man analoge Vorkehrungen getroffen zu haben (Heranschaffung von Kontingenten „von außen").

Mit den obigen Anmerkungen und Hinweisen soll keineswegs eine vom Nationalitätenproblem ausgehende Götterdämmerung des Regimes gezeichnet werden. Aber es liegt auf der Hand, daß bei Anbruch von „Glasnost" und „Demokratisierung", selbst in dem sehr eingeschränkten Sinn, mit welchem Herr Gorbatschow diese Termini füllt, die Probleme des Vielvölkerstaates eine zusätzliche Belastungsprobe für das Erneuerungsexperiment darstellen, welche die Erfolgsaussichten des Globalzieles der Umgestaltung nach dem jetzigen Stand eher negativ als positiv beeinflußt. Dies vor allem auch deshalb, weil sich diese Problematik in vieler Hinsicht als „weitab vom Kommunismus" stehend darstellt und die hiesige Ideologie trotz der ständigen Beschwörung der Leninschen Nationalitätenpolitik, welcher das Heranziehen eines sich über nationalistische Divergenzen erhebenden Sowjetmenschen vorschwebt, ihr Scheitern im Laufe von sieben Jahrzehnten an diesem neuralgischen Punkt, wo es um die Frontstellung: Armenien-„Türken" geht, ziemlich eindeutig dargelegt hat. […]

Dokument 185
Einberufung einer Landesparteikonferenz für den 20. Mai 1988
GZ 222.03.00/7-II.3/88, Zl. 107-RES/88, ÖB Budapest (Kriechbaum), 11. April 1988

Nach dem zum Teil leidenschaftlich geführten Diskussionen hat das ZK der USAP in seiner Sitzung vom 24. März 1988 eine Landesparteikonferenz für den 20. Mai d.J. einberufen. Bei dieser Parteikonferenz handelt es sich um ein Forum, das äußerst selten benutzt wird, während der letzten vier Jahrzehnte gab es eine einzige solche Parteikonferenz nach den Ereignissen von 1956. Die Konferenz unterscheidet sich von den üblichen Parteitagen auch hinsichtlich der Wahl der Delegierten. Während diese bei Parteitagen von der Basis entsandt werden, beschloss jetzt das ZK, daß die Parteikomitees der Hauptstadt, der Komitate und die Komitees mit Komitatskompetenz auf je 1000 Mitglieder einen Delegierten für die Parteikonferenz zu wählen haben.

Zur Vorbereitung der Parteikonferenz hat das ZK ein Arbeitspapier vorgelegt, das noch vor dem 20. Mai von allen Grundorganisationen diskutiert werden soll […].

Zur Diskussion stehen nicht weniger als die Grundwerte des kommunistischen Ungarn:

– Die führende Rolle der Partei soll auf eine Art „Richtlinienkompetenz" eingeschränkt werden („The party must not assume the tasks of the state and social organisations");

– der Wahlmodus innerhalb der Partei soll geändert werden (geheime Wahlen, mehrere Kandidaten, keine Einflußnahme von oben);

– eine Änderung der Verfassung wird vorgeschlagen (Ziel: Stärkung des Parlaments, ein Mehr an Demokratie, weniger Bürokratie, Möglichkeit von Volksabstimmungen, verbesserter Informationszugang);

– die zentralen Lenkungsmechanismen sollen zugunsten von Selbstinitiativen und Selbstverwaltung abgebaut werden;

– die verschiedenen Eigentumsformen sollen nach ihrer Effektivität beurteilt werden; und

– die Rolle der Gewerkschaft soll verstärkt werden.

Unbestritten scheint lediglich die Weiterführung des derzeitigen wirtschaftlichen Reformkurses, dies auch dann, wenn es damit zu einer Interessenskollision mit der Bevölkerung oder Betrieben kommen soll.

Wie ZK-Sekretär J. BERECZ erklärte, wird die Parteikonferenz auch über personelle Fragen entscheiden, angesichts der vorherrschenden Umbruchsstimmung wird wohl der fällige Generationenwechsel an der Parteispitze vollzogen werden. […]

Vieles deutet darauf hin, daß diese Landesparteikonferenz ein Wendepunkt in der Geschichte Ungarns werden und zu einer Korrektur der Fehler und Versäumnisse der letzten Jahrzehnte führen könnte. Allerdings erhebt sich die Frage, ob die total verunsicherte Partei mit dieser Konferenz ihre Handlungsfähigkeit wieder erlangen wird oder sich selbst ins politische Abseits gedrängt hat und andere politische Kräfte (etwa die Nationale Volksfront) mittelfristig ihren Platz einnehmen werden. […]

Dokument 186

Opposition in Polen; Begriffsklärung; Strategien

GZ 166.03.00/13-II.3/88, Zl. 60-RES/88, ÖB Warschau (Somogyi), 12. April 1988

Im Frühjahr d.J. fand in Moskau eine großangelegte Diskussion, an der 120 Vertreter verschiedener meinungsbildender und gesellschaftsrelevanter Gruppen teilnahmen, zur Frage: „Kann eine Art von Opposition Polen helfen?", statt. Von zwei einander entgegengesetzten Standpunkten wurde in Einleitungsreferaten die Grenzziehung der Begriffe Opposition und oppositioneller Tätigkeit versucht. Diese Ausführungen (des marxistischen Theoretikers Prof. Jerzy J. WIATR und des Rechtsanwaltes Władysław SIŁA-NOWICKI, Mitglied des Konsultativrates beim Staatsrat, früherer Mitarbeiter der Solidarität und der Katholischen Kirche nahestehend) wurden nunmehr in der Wochenzeitung der Patriotischen Bewegung für Nationale Wiedergeburt (PRON), „Odrodzenie", veröffentlicht.

Aus Aktualitätsgründen und aufgrund der Signifikanz der darin enthaltenen Aussagen berichtet die Botschaft zusammenfassend ihren wesentlichen Inhalt.

<u>Prof. Wiatr</u> läßt als erklärter Marxist von vornherein nur eine das System grundsätzlich nicht in Frage stellende Opposition zu und schließt jede oppositionelle Betätigung und Gruppe außerhalb des herrschenden Ideologie- und Rechtssystems aus. Seiner Auffassung nach müsse diese Art der oppositionellen Tätigkeit das existierende System als real gegeben und eine Systemveränderung nicht nur als ungewünscht, sondern auch als unmöglich akzeptieren. „What we want to discuss are the likely advantages of having an Opposition that recognizes the legitimacy of our political system." Eine so verstandene Opposition fuße auf 3 fundamentalen Prinzipien, nämlich

1. ausreichender Anerkennung der Legitimität des ideologischen Systems, um die eigene Mitarbeit darin zu rechtfertigen;

2. dem Bewußtsein, daß das existierende Rechtssystem Änderungen unterliegen kann im Sinne von systemkonformer Entwicklung und Fortschritt;

3. Berücksichtigung der Interessen der Nation und des Staates als gemeinsamer höchster Wert aller Akteure.

Wäre über diese 3 genannten Grundprinzipien ein Konsens in der Gesellschaft vorhanden, könnte diese Art oppositioneller Kritik und Tätigkeit als eine konstruktive und damit gewünschte anerkannt werden. Von dieser Position aus gibt Prof. Wiatr dann zu, daß es in Polen an institutionalisierten oppositionellen Strukturen innerhalb des herrschenden Systems mangle. Um hier eine Verbesserung erreichen zu können, müsse vorerst eine Bewußtseinsveränderung an der Basis stattfinden, eben hin zu einer kritischen Partnerschaft der systemkonformen Kräfte. Könnte dieser geforderte Konsens erreicht werden, hätte diese in den Augen der Partei folgende Vorteile:

1. Reduzierung der sozialen Spannungen,

2. Verminderung der Apathie und Passivität in weiten gesellschaftlichen Kreisen, v.a. auch unter den jungen Menschen,

3. beträchtliches Anwachsen der effektiven Kontrolle der Regierungsaktivitäten und

4. Stärkung der internationalen Stellung Polens.

Siła-Nowicki hingegen ging in seinen Ausführungen mehr von praktischen denn von theoretischen Überlegungen aus und stellte einleitend klar, daß der polnische Staat in seiner konkreten Ausprägung nicht dem Willen des Volkes entsprungen und das ideologische System von den Polen nicht gewählt worden sei. Das Einparteiensystem, welches in der jüngsten Vergangenheit in Polen herrsche, sei lediglich durch die Machtausübung einer organisierten Minderheit über eine nicht organisierte Mehrheit konstituiert. Dies sei eine Realität und sie müsse als solche ernst genommen werden. Da das gegenwärtige System nun einmal existiere und weiter bestehen möchte, sei es daher notwendig, das System selber zu verbessern. In Ermangelung einer eindeutigen Sanierungsstrategie auf allen Seiten hätte in jüngster Vergangenheit sowohl die „Solidarität" als auch die Staats- und Parteiführung Fehler begangen. So sei z.B. das Kriegsrecht in Polen seiner Ansicht nach zu leichtfertig verhängt worden; mit der Konsequenz, daß die staatliche Autorität seit Jahren die Möglichkeit zur Befriedung der Gesellschaft verloren hätte. Und wie könne man des Weiteren einem Volk z.B. aber auch klarmachen, daß die Staats- und Parteiführung keine Schuld habe, wenn etwa zur Zeit der „Solidarität" die Staatsschulden 20 Mrd. US-$ betragen haben, bis zum heutigen Tag jedoch auf 37 Mrd. US-$ angewachsen seien. Hier trage der Staat die Schuld allein. (Nach ho. Auffassung eine sehr polemische Äußerung, haben doch die ca. 800 von der „Solidarität" organisierten Streiks auch zum wirtschaftlichen Niedergang Polens beigetragen!) Außerdem habe der Staat in der Herstellung des nationalen Dialoges und der Integrierung der gesellschaftlichen Kräfte versagt. Er könne dieses notwendige Ziel deshalb nicht realisieren, weil er vor einer Opposition Angst habe und sich vor nicht staatlichen unabhängigen Aktivitäten fürchte. Siła-Nowicki räumt jedoch ein, daß es ansatzweisen Fortschritt gebe, so z.B. in der Gewährung freier Meinungsäußerung. So sei es gegenwärtig möglich, z.B. bei Predigten und Versammlungen offen seine Gedanken zum Ausdruck zu bringen. Ein weiteres Beispiel sei auch der Konsultativrat beim Staatsrat. Allerdings gebe es keine Teilnahme der Gesellschaft an Entscheidungen öffentlichen Interesses und Angelegenheiten des Staates. Gerade hier sei daher eine Opposition nötig. Daß es der Staat nur ansatzweise mit einem nationalen Dialog ernst meine, zeige gerade auch der derzeitige Vorschlag zur Neuregelung der Wahlen zu den lokalen Verwaltungsräten, wo man gar nicht daran denke, das Volk ernsthaft an einer Art Selbstregierung zu beteiligen. In harten Worten zeigt Siła-Nowicki dann auf, daß im Entscheidungsfindungsprozeß des Staates keine Spur von demokratischen Elementen vorhanden sei. Wie könne man so ein Volk gewinnen? Weshalb immer von Veränderung sprechen, wenn [sich] in Wahrheit nichts verändere? Warum Gesetze ändern, wenn das Ergebnis nichts Neues bringe? Daher benötige der Staat eine Opposition, und zwar lebensnotwendigerweise; denn wenn man die Gesellschaft, die Menschen motivieren und aktivieren wolle, dann müsse man eine Form von Opposition ermöglichen. Gerade weil die große Majorität des Volkes sich eben nicht repräsentiert wisse von der herrschenden Minorität, schließt er seine Ausführungen, müsse eine solche genuine Opposition aber ihrerseits sensibel und weise reagieren und ihre eigenen Möglichkeiten und Grenzen genau kennen. Sollte eine solche Opposition von der Staats- und Parteiführung nicht akzeptiert werden, dann würde man wirklich den inneren Frieden verlieren und alle wären schließlich die Verlierer.

Beide Stellungnahmen spiegeln in treffender Weise den gegenwärtigen Stand der Debatte über die Möglichkeit und Rolle einer Opposition wider. Die Partei will Opposition nur in beschränktem Ausmaß und systemkonform gelten lassen. Was aber mit den vielen Menschen, die das System generell nicht akzeptieren und als veränderungsbedürftig ansehen? Daß die Zusammenarbeit aller gesellschaftlichen Kräfte und die konstruktive oppositionelle Tätigkeit, welche die von der geopolitischen Lage geschaffenen Beschränkungen mitberücksichtigen muß, nötig ist, wird von der gemäßigten Opposition immer stärker in den Vordergrund der Debatte gerückt. Damit wird aber auch gleichzeitig den radikalen Kräften der Parteigegner eine Absage erteilt […]. […]

Sohin ist die sogenannte „Nationale Verständigung" keineswegs noch in nächster Nähe, wenn auch Anzeichen bestehen, daß sowohl auf Seiten der Machthaber wie auch der Gegner dieser sich vermehrt vernünftige Ansichten durchzusetzen beginnen. Jedenfalls zeigen die Debatten der letzten Wochen und Monate, daß man sichtlich bemüht ist, von bisher verhärteten Standpunkten abzurücken. […]

Dokument 187
Beschlüsse des ZK-Plenums der KPČ, 8./9.4.1988; Wertung

GZ 35.03.00/12-II.3/88, Zl. 138-RES/88, ÖB Prag (Peterlik), 14. April 1988

Die Beschlüsse des jüngsten ZK-Plenums der KPČ waren, soweit sie personeller Natur waren, möglicherweise weniger spektakulär als von manchen erwartet. Im sachlich-programmatischen Teil (Umgestaltungsprozeß, ideologische Fragen, Kaderpolitik), sind wohl einige konkrete Aussagen gemacht worden, wie z.B. die Festlegung von höchstens zwei 5-jährigen Funktionsperioden für KP-Spitzenfunktionäre. Aufgrund des geringen Zeitabstandes zum Plenum ist aber naturgemäß noch keine über die Parteiebene hinausgehende Wirkung feststellbar.

Im Einzelnen können zum gegenwärtigen Zeitpunkt folgende Aussagen getroffen werden:

1) <u>Personelles</u>

Die wichtigsten Entscheidungen waren die Berufung Jozef Lenárts, des bisherigen slowakischen Parteichefs, in zentrale Führungspositionen der Prager Parteispitze, und die Rangerhöhung Jan Fojtíks, seit 1968 ZK-Sekretär und Mitglied des Sekretariats, seit 1982 Kandidat und nunmehr <u>Vollmitglied</u> des Präsidiums.

LENÁRT wurde zum <u>Sekretär</u> des ZK (sowie auch zum Mitglied des Sekretariats) bestellt, wobei die besondere Nähe zu GS Jakeš auch dadurch dokumentiert wird, daß Lenárt die bisher von Jakeš wahrgenommene Aufgabe der Leitung der Volkswirtschaftlichen Kommission übertragen erhielt. Nach Ansicht einiger Beobachter könnte Lenárt innerhalb des Parteipräsidiums somit gleichsam im Auftrag von GS Jakeš ein Gegengewicht zu MP Štrougal bilden, um dessen möglicherweise als zu stürmisch empfundene Rolle in der Wirtschaftspolitik auszugleichen.

Der Name LENÁRT wird seit längerem als möglicher oder gar wahrscheinlicher Nachfolger von StPr. Husák – der Gerüchten zufolge im Juni l.J. abgelöst werden könnte – genannt. Dies gilt auch nach dem jüngsten Partei-Avancement Lenárts, wenngleich seine Betrauung mit einer im dzt. Umgestaltungsprozeß besonders wichtigen, wirtschaftlichen Führungsfunktion, für die Lenárt (als ehemaliger Ministerpräsident 1963–1968) zweifellos qualifiziert ist, auf eine eher längerfristige Tätigkeit in seiner neuen Position hindeuten könnte. Ein Argument für Lenárt als möglichen Nachfolger des Staatspräsidenten wäre allerdings auch der Umstand, daß er wie Husák Slowake ist und auf Grund des bestehenden Nationalitäten-Proporzes als Staatsoberhaupt prädestiniert wäre. Seine jetzige Beförderung in der KP könnte somit auch als Maßnahme, ihn noch weiter „aufzubauen", verstanden werden.

Eine weitere Stärkung der Position Jan <u>Fojtíks</u> hatte sich bereits in den letzten Monaten abgezeichnet. FOJTÍK hat sich besonders seit Herbst v.J., als die Frage einer neuen Bewertung des Jahres 1968 verstärkt in den Vordergrund zu treten begann, mit ideologischen Stellungnahmen, über die „Rudé právo" ausführlich berichtete, zu Wort gemeldet. Auch seine am 1. März d.J. mit intensiver Anteilnahme der höchsten Repräsentanten von Staat und Partei, inklusive GS Jakeš, begangene 60. Geburtstagsfeier deutete darauf hin, daß FOJTÍK innerhalb der gegenwärtigen Parteiführung ausgezeichnet platziert ist.

Es ergibt sich somit, daß – von GS <u>JAKEŠ</u> selbst abgesehen – nur <u>BIĽAK</u> und die soeben beförderten <u>LENÁRT</u> und <u>FOJTÍK</u> sowohl Mitglieder des Präsidiums als auch ZK-Sekretäre sind.

Betreffend BIĽAK verdichten sich die Gerüchte seines bevorstehenden Abganges und das Nachrücken Fojtíks in dessen langjährige Rolle als „Chefideologe" der Partei.

Hiesige Beobachter stimmen darin überein, daß diese personellen Veränderungen an der Spitze der KPČ <u>keine grundlegende Änderung des seit einiger Zeit unter dem Einfluß Moskaus verfolgten Kurses</u> bedeutet. Wie bereits berichtet, ist es das vorrangige Ziel von GS JAKEŠ, die Wirtschaftsreform voranzutreiben, allerdings in der Form einer „Politik der kleinen Schritte", die Experimente in personeller oder sachlicher Hinsicht vermeidet. Diese Haltung wird auch durch den für csl. Verhältnisse relativ gemäßigten Ideologen FOJTÍK und den als slowakischen Nationalisten profilierten, aber auch wirtschaftspolitisch erfahrenen LENÁRT verkörpert.

Ein weiteres Merkmal der personellen Veränderungen besteht darin, daß auf der Ebene der neu als ZK-Sekretäre aufgerückten Politiker (ŠTĚPÁN, HANUS) ein beachtlicher Verjüngungsschub stattgefunden hat.

Miroslav ŠTĚPÁN, der zudem seit dem 12. d.M. – den Erwartungen seit dem Plenum entsprechend – anstelle des völlig abgetretenen Antonín KAPEK Parteichef vom Prag (!) ist, wurde 1945 geboren.

František HANUS, bisher leitender Parteisekretär des Mittelböhmischen Bezirks, ist Jahrgang 1943. Bei ŠTĚPÁN kommt als besonders bemerkenswert hinzu, daß er noch kein ins Gewicht fallendes Parteiamt bekleidet hat.

Erst 1986 wurde er einer der Sekretäre des Prager Parteikomitees und hat nur in diversen Studenten- bzw. Jugendorganisationen Führungspositionen innegehabt. […]

2) SONSTIGES

Das ZK-Plenum war neben den Personalmaßnahmen vor allem Fragen der Wirtschaftsreform, des Verhältnisses von Staat und Partei und grundsätzlichen Aspekten der Kaderpolitik gewidmet.

GS JAKEŠ hat in einem Bericht an das Plenum erneut ein eindeutiges Bekenntnis zur Unumgänglichkeit der csl. Wirtschaftsreform abgelegt. Zum [heutigen] Wirtschaftsgeschehen meinte der GS, daß trotz leichter Verbesserungen der erzielten Ergebnisse im 1. Quartal d.J. die Arbeitsproduktivität und das Nationaleinkommen geringer als geplant seien. Für die weitere „gesellschaftliche Entwicklung" des Landes sei es aber unbedingt nötig, die erforderlichen finanziellen Mittel ohne zusätzliche Inanspruchnahme bestehender Reserven bereitzustellen. Diesem Ziel würden auch gewisse Sparmaßnahmen der öffentlichen Hand dienen (u.a. soll ein Baustopp bei Gebäuden der öffentlichen Verwaltung verfügt worden sein). […]

Zum Verhältnis der KP und dem Staatsapparat führte JAKEŠ aus, daß zwar die Rolle der Partei weiter zu stärken sei, sie sich aber auf die politische Führung konzentrieren solle. In die laufenden Angelegenheiten sollte sie sich zur Vermeidung von Duplikationen möglichst wenig einmischen. Der Kontakt der Bürger mit den Behörden sollte erleichtert werden. Bei manchen zentralen Stellen der staatlichen Verwaltung würden Personalreduktionen stattfinden, wodurch es u.a. auch möglich sein würde, Gebäude „ihrer ursprünglichen Bestimmung als Wohnhäuser wieder zuzuführen" etc. Die Ausführungen JAKEŠ' waren, wie an diesen beispielhaften Zitierungen erkennbar, zumindest in manchen Abschnitten darauf ausgerichtet, durch das Betonen des eigenen Beitrages, durch die Hierarchie die Bevölkerung zu Verständnis und Mitwirkung an der Reform zu motivieren.

Diesem Zweck dienten zumindest teilweise die Erklärungen des GS auch zur Kaderpolitik. JAKEŠ beklagte, daß ein „beachtlicher Teil der Funktionäre" die geheime Abstimmung noch nicht als Ausdruck einer „vertieften Demokratie" verstünden (bei den Wahlen im Präsidium hatte eine geheime Abstimmung stattgefunden).

Auch von der Möglichkeit, aus mehreren Kandidaten bei Wahlen von Parteifunktionären auszuwählen, müsse verstärkt Gebrauch gemacht werden. Jedoch auch unter diesen neuen Bedingungen, so der GS einschränkend, könne die Partei selbstverständlich nicht auf „ihren Einfluss bei der Auswahl und beim Einsatz der Kader verzichten".

Keinen Zweifel daran, daß er die Zügel insgesamt doch eher straff zu führen gedenkt, ließ der GS auch bei seinen Ausführungen zu Fragen der „Disziplin, Ordnung und Legalität", der Religionsausübung, „anti-sozialistischer Aktionen" usw. Die Erklärungen des GS enthielten in diesem Bereich keine neuen Ansatzpunkte.

Insgesamt hat die Botschaft auch bei der Interpretation des meritorisch-programmatischen Teils des Berichtes des GS den Eindruck, daß die KPČ unter JAKEŠ in äußerst behutsamer Weise bestrebt ist, unter möglichster Bewahrung konservativen Gedankengutes der wirtschaftlichen Realität Rechnung zu tragen und die Bevölkerung, soweit dies bei den weiterhin beschränkten Möglichkeiten individueller Entfaltung erreichbar sein kann, zur verstärkten Mitarbeit an der csl. Variante der „Perestroika" zu bewegen.

Insgesamt also ein „Auf-der-Stelle-Treten" mit einem leichten Driften zur Reform, wenig Elan. Größere Entschiedenheit über die einzuschlagende Richtung ist wohl erst nach der für Ende Juni erwarteten Moskauer Parteikonferenz zu erwarten. […]

Dokument 188
Nach Abwehr des „konservativen Putschversuches" neue Chancen für Gorbatschows Reformprogramm?

GZ 225.03.00/13-II.3/88, ÖB Moskau (Grubmayr/Vukovich), 22. April 1988

Hinter dem Paravent der ideologischen Kontroverse zwischen „Sowjetskaja Rossija" und „Prawda" dürfte sich allem Anschein nach doch ein dramatischer Machtkampf zwischen GS Gorbatschow und Gegnern seines Reformkurses, mit dem „2. Sekretär" Ligatschow an der Spitze, abgespielt haben. Dieser Tage in der sowjetischen Presse erschienene Artikel sowie von offizieller Seite offenbar bewusst lancierte Gerüchte vermitteln jedenfalls diesen Eindruck.

Der am 13.3. von der „Sowjetskaja Rossija" veröffentlichte „Leserbrief", in dem die Reformpolitik Gorbatschows im sozio-politischen Bereich als Gefährdung marxistisch-leninistischer Prinzipien dargestellt wurde, sowie ein etwa gleichzeitig in der literarischen Monatszeitschrift „Moskwa" unternommener Frontalangriff gegen die wirtschaftliche Umgestaltung (die gegenwärtigen Reformen würden auf eine Revidierung der gesellschaftlichen und politischen Struktur der UdSSR hinauslaufen) dürften tatsächlich von den politisch denkenden Kreisen der sowjetischen

Öffentlichkeit als „von oben" kommendes Signal für einen politischen Kurswechsel aufgefasst worden sein.

Unter der Überschrift „Ein Umsturz, der nicht stattgefunden hatte" brachte die „Komsomolskaja Prawda" am 21.4. einen Leserbrief [...] , [dessen] Verfasser zugibt, daß er einen [ausführ]lichen und umfassenden Artikel eines Organs des ZK der KPdSU („Sowjetskaja Rossija"), der in einem „belehrenden und befehlenden Ton" abgefasst war, zunächst als „abgestimmten gesellschaftlichen Auftrag" angesehen habe, in den 3 Wochen zwischen dem Erscheinen der Artikel in der „Sowjetskaja Rossija" (13.3.) und in der „Prawda" (5.4.) habe es in lokalen Parteiorganisationen auch tatsächlich einen Rückfall in vergangene Zeiten gegeben, eine Parteiversammlung in Leningrad, bei der der „Sowjetskaja-Rossija"-Artikel offen unterstützt wurde, sei sogar vom Fernsehen übertragen worden. Während dieser „3-wöchigen Stagnation" (letzterer Ausdruck ist an sich jetzt die offizielle Bezeichnung für die Breschnew-Ära, d.h. der Autor wollte sagen, es kam jetzt zu einem Rückfall in diese Epoche) hätten die Verteidiger des Reformkurses unter den sowjetischen Journalisten geschwiegen. Niemand habe es gewagt, gegen den „Sowjetskaja-Rossija"-Artikel Stellung zu nehmen. Das Schweigen reformfreudiger Journalisten sei ein Beweis dafür gewesen, daß „Glasnost" und „Demokratisierung" auf schwachen Beinen stünden, solange man bloß aufgrund von oben kommender Signale handle. In dem Leserbrief wird zu verstehen gegeben, daß die als Absicherung des Reformkurses konzipierte „Glasnost"-Politik Gorbatschows in dieser für den Reformkurs kritischen Phase versagt habe. Diese Erfahrung lehre, daß ein „Mechanismus" geschaffen werden müsse, durch den der Reformkurs abgesichert und irreversibel gestaltet wird.

Auch der bekannte sowjetische Journalist Bowin hat sich über die unentschlossene und weiche Haltung der sowjetischen Presse in Zusammenhang mit dem „Leserbrief" Frau Andreewas in der „Sowjetskaja Prawda" beklagt. Als er versuchte, noch vor dem „Prawda"-Artikel vom 5.4. d.J. in einer Moskauer Zeitung seine Einwände gegen die darin geäußerten Ansichten zum Ausdruck zu bringen, waren nur die als besonders „progressiv" bekannten „Moscow News" bereit, seinen Kommentar zu publizieren.

Seit dem Pro-Perestroika-Signal der „Prawda" (Gerüchten zufolge habe das Politbüro der Veröffentlichung des „Prawda"-Artikels vom 5.4. erst zugestimmt, als Gorbatschow mit seinem Rücktritt drohte) wurden die sowjetischen Medien, einschließlich der bisher eher konservativ-zurückhaltenden „Prawda" von einer neuen progressiven Welle erfasst. Dabei wurde erstmals umfassende Kritik an allen Aspekten der Stalin-Politik (einschließlich Kollektivierung der Landwirtschaft, Industrialisierung und Rolle Stalins im 2. Weltkrieg) geübt und die Hauptziele der Ende Juni beginnenden 19. KPdSU-Parteikonferenz dargelegt.

Der Gorbatschow nahestehende Journalist Burlatzki gab dieser Tage in der „Literaturnaja Gaseta" der Hoffnung Ausdruck, daß es bei der 19. Parteikonferenz zu einer „entschlossenen Offensive aller Kräfte der Perestroika" kommen werde. Das Modell eines „effektiveren, demokratischeren und humaneren Sozialismus" sei in seinen Konturen bereits erkennbar. Es bestehe aus

- einer „Plan-Waren-Wirtschaft" (in Anlehnung an das chinesische Modell), basierend auf „wirtschaftlicher Rechnungsführung" und einer Pluralität gesellschaftlicher Eigentumsformen;
- einer Teilung der staatlichen Macht zwischen Partei-, Staats- und gesellschaftlichen Organen.

Zusammenfassend meinte Burlatzki, daß anstelle des bisherigen „Staatssozialismus" ein „Selbstverwaltungssozialismus" treten müsste.

In zahlreichen Leserbriefen, die nach dem 5.4. in der sowjetischen Presse erschienen sind, ist die Stoßrichtung bei der Vorbereitung der Tagesordnung der 19. Parteikonferenz deutlich erkennbar: der Reformkurs Gorbatschows soll durch eine „Demokratisierung" der Partei auf allen Ebenen (Mehrfachkandidaturen bei Wahlen von Parteifunktionären, Rotationsprinzip, Publizität von Debatten in Parteigremien, Abbau von Privilegien und dergleichen) abgesichert werden. Gleichzeitig soll die Parteibürokratie zahlenmäßig reduziert (und damit an Einfluss geschwächt) werden.

Der gescheiterte „konservative Putschversuch" ist für Gorbatschow im Hinblick auf die Vorbereitung der 19. Parteikonferenz beinahe wie ein Geschenk des Himmels gekommen. Obwohl die Widerstandskraft der nun wieder schweigenden Reformgegner, die in der Parteibürokratie vermutlich noch immer über eine Mehrheit verfügen, beachtlich sein dürfte (Gerüchte über eine Beschneidung der Zuständigkeit Ligatschows für Ideologie- und Kaderfragen wurden vom Pressesprecher des sowjetischen Außenministeriums dementiert), scheinen die Chancen für einen neuen „Reformschub" bei der 19. Parteikonferenz – zumindest im Augenblick – gestiegen zu sein. […]

Dokument 189
Besuch des sowjetischen Ministerpräsidenten Nikolai RYZHKOV in der Ungarischen Volksrepublik (18. bis 20. April 1988)

GZ 225.18.14/1-II.3/88, Zl. 130-RES/88, ÖB Budapest (Kriechbaum), 22. April 1988

Wenige Wochen nach dem Besuch des sowjetischen Staatsoberhauptes GROMYKO (23.–24. Februar 1988), hat der sowjetische Ministerpräsident Nikolai RYZHKOV der ungarischen Hauptstadt am 18. April auf Einladung des ZK der USAP und des ungarischen Ministerrates einen dreitägigen Freundschaftsbesuch abgestattet.

Die Verhandlungen der beiden Regierungsdelegationen […] waren neben einer wechselseitigen Information über die in beiden Ländern in Angriff genommenen Reformen vornehmlich Wirtschafts- und Handelsfragen gewidmet, wobei der sowj. Ministerpräsident hervorhob, daß notwendige Voraussetzung einer künftigen Wirtschaftsentfaltung die Weiterentwicklung der Demokratie und die Einbindung breiter Schichten des Volkes in diesen Prozeß sei. Trotz anfänglicher Schwierigkeiten, die mit dem nunmehr 3 Jahre andauernden Umgestaltungsprozeß in der Sowjetunion verbunden gewesen seien, zeigten sich erste Erfolge der Reformen (etwa durch die Schaffung des Gesetzes über die sozialistischen Unternehmen, der Vorbereitung des genossenschaftlichen Gesetzes und der Einführung des neuen Selbstverrechnungssystems).

Ministerpräsident GRÓSZ betonte seinerseits, daß die Beziehungen zur Sowjetunion für die ungarische Wirtschaft von existentieller Bedeutung seien. Ungarn strebe die Ausarbeitung einer langfristigen Konzeption zur wissenschaftlich-technischen Kooperation, zur direkten Zusammenarbeit sowie der Bildung von Gemeinschaftsunternehmen an.

Eine Reihe konkreter Vorhaben konnten im Wirtschaftsbereich unter Dach und Fach gebracht werden:

(1) Für Ungarn besonders erfreulich – und mit größter Erleichterung aufgenommen – war die sowj. Zusage einer Weiterführung der Rohstoff- und Energielieferungen auf dem bisherigen Niveau auch über die kommende Planperiode.

(2) Ung. Außenhandelsbüros werden in Leningrad, Kiew und Tiflis eröffnet.

(3) Der beiderseitige Handelsverkehr soll durch neue Formen (Joint Ventures) und direkte Kooperation zwischen Unternehmen belebt werden; Kompensationsgeschäfte sollen ausgeweitet werden.

(4) Der weitere Ausbau des (ung.) Atomkraftwerkes Paks wurde beschlossen.

(5) Das ungarische Ersuchen um Ausweitung dreier bestehender Vereinbarungen (Aluminium- und Agrochemieabkommen) sowie das Abkommen zur Lieferung von Obst und Gemüse in der Sowjetunion) wurden positiv erledigt.

(6) Im Bereich der Fahrzeugindustrie wurden Probleme im Zusammenhang mit der Kooperation beim Bau von ZAZ-Kraftwagen erörtert. Ungarischerseits werden aus Rentabilitätsgründen keine Karosserieteile, sondern andere Kraftfahrzeugkomponenten zugeliefert werden.

(7) Über die Gründung eines Joint Ventures zur Herstellung von Pflanzenschutzmitteln wurde eine Absichtserklärung unterfertigt.

Die vorgenannten Projekte sind in die laufenden, zwischen den beiden Ländern harmonisierten 5-Jahres-Pläne eingebettet.

Unterzeichnet wurde ein Abkommen zur Entwicklung des Austausches von Konsumgütern zwischen Binnenhandelsunternehmen und Genossenschaften (im Rahmen dieses Abkommens soll es den Unternehmen möglich sein, ihre Lieferungen und auch ihre Preisgestaltung selbstständig abzustimmen). Weiters kam es zu einer Änderung bzw. Ergänzung des Visaabkommens von 1978 (das neue Abkommen soll eine wesentliche Vereinfachung der Paßformalitäten mit sich bringen und insbesondere sichtvermerksfreie Einreisen ermöglichen, wobei vor allem die Kategorie Verwandtenbesuche, Touristenreisen und Reisen zu medizinischen Behandlungen bevorzugt behandelt werden. Die Botschaft ist um Beschaffung dieses Abkommens bemüht). Ein Abkommen über Umweltschutz und die Nutzung der natürlichen Ressourcen soll noch bis Ende 1988 abgeschlossen werden.

Der radikalen Erneuerung der Arbeit des RGW wurde einvernehmlich Priorität eingeräumt; bis im RGW die nötigen Strukturanpassungen vorgenommen sind, sollten jedoch Fortschritte auf bilateralem Gebiet erzielt werden. Die nunmehrige harte und öffentliche Kritik RYZHKOVs am Rat für Gegenseitige Wirtschaftshilfe kommt einer Bestätigung der ungarischen Linie gleich, die bereits seit geraumer Zeit das schlechte Funktionieren dieser Organisation anprangert und auf eine Erneuerung der RGW-Aktivitäten drängt.

Der möglichen Integration von Marktmechanismen in die Planwirtschaft dient ein detailliertes Besuchsprogramm bei ungarischen Spitzenbetrieben (Lampenfabrik TUNGSRAM, bei der Genossenschaft für Instrumententechnik, die u.a. in das sowjetische Raumforschungsprogramm involviert ist, und einer landwirtschaftlichen Produktionsgenossenschaft) sowie Gespräche mit dem Präsidenten der ungarischen Handelskammer, Janos BECK.

Im Rahmen des politischen Meinungs- und Erfahrungsaustausches wurde der in der Sowjetunion vor sich gehende Erneuerungsprozeß von ungarischer Seite vorbehaltlos begrüßt: (...."we wholeheartedly wish that the policy of perestroika and openness produce results as soon as possible"...) und als ideale Rahmenbedingung für die Verfolgung der eigenen nationalen Ziele bezeichnet.

Die weitgehende Gleichartigkeit der Probleme und Aufgaben, denen sich die beiden Länder gegenübersehen, verstärkt naturgemäß das gegenseitige Interesse an den bisher beiderseits erzielten Resultaten.

Ministerpräsident GRÓSZ äußerte sich hiezu, daß ein Erfolg der ungarischen Reformen direkte Auswirkungen auf die Sowjetunion haben müßte. Dies wurde auch von Ministerpräsident RYZHKOV in seinem Toast bestätigt, mit dem er die Pionierrolle Ungarns auf der Suche nach unkonventionellen Lösungen ausdrücklich würdigte. Für Ungarn von Bedeutung ist auch der Passus im Kommuniqué, demzufolge die ungarisch-sowjetischen Beziehungen sich ungestört entwickeln und im Sinne von Gleichberechtigung und Autonomie, gegenseitigen Respekts und Vertrauens und der Berücksichtigung der gegenseitigen Interessen und Erfahrungen eingerichtet sind.

Die europäische und internationale Lage wurde übereinstimmend bewertet. Das INF-Abkommen wurde in seiner historischen Dimension gewürdigt, beide Seiten traten für eine ehestmögliche Ratifikation ein.

Der 3. Sondergeneralversammlung für Abrüstung wurde von beiden Seiten größte Bedeutung beigemessen.

Das Wiener Folgetreffen sollte ehestmöglich zu einem Abschluß gebracht werden, und zwar mit Resultaten, die eine Weiterführung dieses Prozesses auf höherer Ebene gestatten, die bereits vorhandenen vertrauens- und sicherheitsbildenden Maßnahmen weiter zu entwickeln. Die wirtschaftliche, technische und wissenschaftliche Kooperation sowie die kulturellen und humanitären Beziehungen sollten vertieft und eine Atmosphäre des gegenseitigen Vertrauens und Respekts geschaffen werden. [...]

Dokument 190
Präsident HUSÁK in der UdSSR

GZ 35.01.01/1-II.3/88, Zl. 142-RES/88, ÖB Prag (Peterlik), 25. April 1988

Präsident HUSÁK hat sich vom 11.–14. d.M. in Begleitung von AM Chňoupek zu einem offiziellen Freundschaftsbesuch in der UdSSR aufgehalten. Während der äußere Ablauf der Routine entsprach (Treffen mit Präsident Gromyko und GS Gorbatschow, Unterzeichnung von Abkommen, Besuch in Taschkent etc.), gab der Zweck der Reise zu manchen Spekulationen Anlaß. Ursprünglich hatte die Annahme vorgeherrscht, daß es sich vor allem um eine Art Abschiedsvisite Husáks, dessen Ablöse auch als Staatsoberhaupt angeblich im Juni d.J. stattfinden sollte, handelte.

Demgegenüber wird eine auch in westlichen Medien beachtete TASS-Meldung, daß Husák mit Gorbatschow vor allem über die Reformpolitik gesprochen habe, nunmehr vielfach als Anzeichen dafür interpretiert, daß Husák doch eine gewisse Mission zu erfüllen hatte. Auch die Verleihung des Lenin-Ordens sei nicht als Symbol einer de facto beendeten Karriere, sondern zum 75. Geburtstag Husáks und in Anerkennung seiner besonderen Verdienste erfolgt.

„Rudé právo" widmete insbesondere dem Treffen mit Gorbatschow einen ausführlichen Bericht. Husák wird darin mit der Feststellung zitiert, daß die SU und die ČSSR vor identischen Problemen stünden, in Nuancen aber Unterschiede auf Grund der spezifischen Bedingungen in der Tschechoslowakei bestehen. Derzeit gelte es jedenfalls, die Effektivität in Management und Verwaltung zu erhöhen und neue Formen für die Tätigkeit der Partei zu finden.

Die Botschaft meint, daß zumindest aus jetziger Sicht noch keine klaren Hinweise, wie die Nachfolgerfrage Husáks entschieden werden soll, erkennbar sind. Auch die Regierungsumbildung vom 21. d.M. brachte keinen weiteren Aufschluß. [...]

Dokument 191
Gründung eines „Gesellschaftlichen Konsultativrates beim Außenministerium"

GZ 166.02.02/2-II.3/88, Zl. 71-RES/88, ÖB Warschau (Somogyi), 3. Mai 1988

Nach eigener Darstellung hat Polen als erster Staat innerhalb der „sozialistischen Staatengemeinschaft" einen „Gesellschaftlichen Konsultativrat beim Außenministerium" (Społeczny Zespoł Doradczy Ministrze Spraw Zagranicznych) eingerichtet.

Aufgabe dieses Rates, der am 6. April seine Tätigkeit aufgenommen hat und unter dem persönlichen Vorsitz des Außenministers steht, besteht darin, den Außenminister in bestimmten außenpolitischen Fragenkreisen zu beraten, aber auch selber einzelne Probleme initiativ aufzugreifen und Lösungsvorschläge zu unterbreiten. Außerdem soll er die Theorie und Praxis außenpolitischer Entscheidungen in Polen homogenisieren und die Außenpolitik stärker mit wirtschaftlichen und

gesamtgesellschaftlichen Fragen verknüpfen: „Vergesellschaftung der Außenpolitik",
so lautet die neue Maxime.

Der Rat als solcher hat nicht die Aufgabe, Analysen zu erstellen und Strategiemodelle
zu erarbeiten. Dies besorgt weiterhin das Polnische Institut für Internationale
Angelegenheiten (PISM).

Gegenwärtig gehören dem Rat 27 namhafte Experten aus unterschiedlichen,
allerdings mit außenpolitischen Fragen befassten Disziplinen an, u.a. der renommierte
Diplomat und Botschafter i.R. Wojciech CHABASIŃSKI, der Univ.-Prof. für
Völkerrecht an der Universität Posen, Alfons KLAFKOWSKI, Prof. Władysław
MARKIEWICZ (Soziologe und Vizepräsident der polnischen Akademie der
Wissenschaften), der Direktor des Museums für Zeitgenössische Kunst in Łódź,
Ryszard STANISŁAWSKI, der Univ.-Prof. für Wirtschaftswissenschaften und
katholisches Mitglied des Konsultativrates beim Staatsrat Eugeniusz
TABACZYŃSKI, der Sejm-Abgeordnete und außenpolitische Journalist WOJNA
und der stellvertretende Direktor des oberwähnten PISM, Longin PASTUSIAK. Die
Zahl der Mitglieder des Rates ist nicht taxativ festgelegt.

Soweit gegenwärtig überschaubar, ist nur eine Minderheit der Experten
Parteimitglied. Die Majorität besteht aus unabhängigen, teilweise aber auch der
Katholischen Kirche nahestehenden Persönlichkeiten, die ausschließlich ihrer
fachlichen Qualifikation wegen in diesen Rat berufen wurden.

Der Rat trifft sich etwa 2-3 mal pro Jahr zu Plenarsitzungen. Ansonsten ist er in
kleinen Gruppen, die je nach konkreter Aufgabenstellung gebildet werden, tätig.
Überdies beauftragt der Minister einzelne Mitglieder mit der Ausarbeitung von
persönlichen Expertisen zu konkreten außenpolitischen Fragen. Die Arbeitsweise des
Rates ist nicht institutionalisiert; die minimalisierte Büroarbeit wird vom Kabinett des
Ministers durchgeführt.

In gewisser Weise kann man die Art der Aufgabenstellung und Funktionsweise
parallel zu jener des Konsultativrates beim Staatsrat sehen. Diese Neuerung stellt
einen weiteren Schritt in der Bemühung um mehr Transparenz bei der politischen
Entscheidungsfindung und deren stärkeren Rückbindung mit der Gesellschaft dar.
Diesem Ziel dient letztlich auch die Einrichtung eines eigenen Pressesprechers des
Außenministeriums. […]

Dokument 192
Keine Beruhigung der sozialen Unruhen in Polen

GZ 166.0300/15-II.3/88, Zl. 70-RES788, ÖB Warschau (Somogyi), 3. Mai 1988

Die Lage in Polen per 3. Mai d.J. ist nach wie vor fließend und schwer überblickbar.
Wie bereits […] geschildert, kann sich die Botschaft auf keine Informationsquellen
wirklich verlassen.

Die vorliegenden Zeilen können daher keinen richtigen Situationsbericht darstellen.
Die Botschaft bemüht sich jedoch, einzelne Elemente herauszustreichen, die für die

gegenwärtige Lage maßgeblich sind und nach ho. Erachten maßgeblich bleiben werden.

1. Die offiziellen Aufmärsche aus dem Anlass des 1. Mai, für deren Teilnahme angeblich kein Zwang angewendet worden sei, sollen in etwa dem Umfang des Vorjahres entsprochen haben. So sollen offiziellen Angaben zufolge in Warschau 240.000, in Krakau 100.000 Menschen aufmarschiert sein. Andererseits haben in verschiedenen Orten von der Opposition veranstaltete Gegenaufmärsche stattgefunden, offiziellen Angaben zufolge jeweils nur mit wenigen tausend Teilnehmern. Hiebei soll es auch zu Polizeieinsätzen mit Schlagstöcken gekommen sein.

Regierungssprecher Urban zufolge seien schon vor dem 1. Mai 57 Personen in Schutzhaft genommen worden, um sie an der Veranstaltung von illegalen Demonstrationen zu hindern. Am 1. Mai sollen sich in ganz Polen 33 Personen aus dem oberwähnten Grund in Haft befunden haben.

Alles in allem kann noch keineswegs gesagt werden, daß Polen in Flammen stehe, wie dies vermutlich von einigen Oppositionellen beabsichtigt wird.

2. Auch die Streikwelle hat keineswegs das ganze Land erfasst, wenn auch auf diesem Gebiet vorerst noch keine Beruhigung festzustellen ist. Insgesamt dürften jedoch nicht mehr 10 bis 15 Betriebe, darunter allerdings einige Großbetriebe mit vielen 1000 Beschäftigten, wie die Nowa Huta bei Krakau und die Lenin-Werft in Danzig, streiken oder kurz gestreikt haben. Aus dieser Aussage geht hervor, daß einige Streiks bereits, allerdings durch sehr großzügige Konzessionen der Betriebsleitungen, beigelegt werden konnten. Allerdings bestehen in anderen Firmen bereits Streikbereitschaften und wurden auch zahlreiche Protestversammlungen abgehalten.

Die Forderungen der Streikenden können teilweise als maßlos übertrieben und volkswirtschaftlich völlig unvertretbar angesehen werden (dies deutet auf Einflüsse von außerhalb der betreffenden Betriebe hin). So sollen 100 bis sogar 200 %ige Lohnerhöhungen in Nowa Huta verlangt werden, wie auch ebenfalls dort die sehr bedeutende Anhebung der Bezüge des Krankenhauspersonals, der Lehrer und Pensionisten und die Wiederzulassung der Solidarność und die Freilassung von angeblich 19 politischen Gefangenen (in der Mehrzahl dürfte es sich nur um angehaltene Personen handeln). Sohin werden nunmehr auch schon politische Forderungen gestellt.

Andererseits scheint die Bevölkerung grundsätzlich noch immer nicht zu streikfreudig zu sein. So hat z.B. die Solidarność in Warschau am 1. Mai die arbeitende Bevölkerung Warschaus für den 2. Mai zu einem Solidaritäts-Streik mit den Streikenden in Nowa Huta aufgerufen. Mit Sicherheit kann gesagt werden, daß dieser Streik in Warschau praktisch nicht befolgt wurde, allerdings haben auch hier Protestversammlungen stattgefunden. Am ernstesten dürfte sich die Situation derzeit in Nowa Huta darstellen. Regierung verhandelt dort nicht mit den der Solidarność zuzurechnenden Mitgliedern des Streikkomitees, sondern nur mit den übrigen Mitgliedern. Die Situation ist dort sehr verhärtet.

3. Rolle der Solidarność. Diese war von der abrupt – wenn auch auf Grund der sichtbaren Unzufriedenheit nicht ganz überraschend eingetretenen – Streikbewegung offensichtlich überrascht und dürfte sie in der Hauptsache nicht organisiert haben. Allerdings ist sie in manchen Betrieben begreiflicherweise auf den fahrenden Zug aufgesprungen und bemüht sich, lokal die Führung an sich zu reißen. Das heißt jedoch keineswegs, daß in allen streikenden bzw. streikbereiten Betrieben die Solidarność-Funktionäre das Sagen hätten. Andererseits gebärdet sich Lech Wałęsa als der Arbeiterführer Polens und will offensichtlich den Anschein erwecken, daß hinter ihm mehr Macht steckt, als das wirklich der Fall sein dürfte. Er gibt pausenlos Interviews, häufig über sein privates Telephon. Seine Aussagen werden zwar möglicherweise nicht immer richtig zitiert, doch konnte schon nachgewiesen werden, daß sie sich von einem Tag auf den anderen widersprechen […]. In der Solidarność-Führung soll es derzeit übrigens mehr Streitigkeiten denn je geben. Diese widersprüchliche Haltung Wałęsas wird in der regierungsgelenkten polnischen Presse naturgemäß entsprechend karikiert, wobei man sogar vom Versuch sprechen kann, Wałęsa und seine Kameraden verächtlich zu machen. Diese Haltung scheint vorerst die von der Botschaft wiederholt einberichtete Annahme zu bestätigen, daß die derzeitige Regierung unter General Jaruzelski mit Wałęsa unter keinen Umständen in irgendwelche Verhandlungen treten wird.

Für den Gefertigten wird es immer augenscheinlicher, daß die Solidarność, die geopolitische Lage Polens möglicherweise ganz außer Acht lassend, die Macht in Polen an sich reißen möchte. Bisherige Erklärungen der Solidarność, sich im Falle ihrer Wiederzulassung auf rein gewerkschaftliche Aufgaben beschränken zu wollen, wurden gerade in der letzten Zeit durch 2 Taten entkräftet. So unterschrieb Lech Wałęsa vor einigen Wochen einen Appell polnischer Wissenschaftler und „Aktivisten", in welchem zur Aufklärung der an polnischen Offizieren verübten Ermordung in Katyn aufgerufen wird. Zbigniew Bujak wiederum hielt vor 1 Woche anlässlich der 45-jährigen Wiederkehr des Warschauer Ghetto-Aufstandes eine allerdings relativ gemäßigte Rede. Beide Aktionen haben jedoch mit der Wahrnehmung von gewerkschaftlichen Aufgaben nichts gemein.

4. Sonderrechte der Regierung für die Gewährleistung der Durchführung der laufenden Wirtschaftsreform. Dies betrifft in erster Linie die Aufrechterhaltung der durch die Streiks bedrohten Preisdisziplinen. Über die Notwendigkeit dieser Sondervollmachten dürfte in den obersten Staats- und Parteiorganen in den letzten Tagen hitzig diskutiert worden sein. Nunmehr liegt ein Regierungsbeschluss, der dem Parlament zugwiesen wurde, vor. Einzelheiten liegen noch nicht vor.

5. Allfällige ausländische Einmischungen in die laufenden Geschehnisse. Betreffend konkrete Einmischungen in Form von etwa Agententätigkeit, finanziellen Zuwendungen und ähnliches verfügen die offiziellen polnischen Stellen noch über keine Fakten. Dem Gefertigten erscheinen sie jedoch keineswegs ausgeschlossen, weil die Frage, wem in der jetzigen Weltlage die Unruhe in Polen nützen könnte, eindeutig beantwortet werden könnte.

Sich auf Glatteis begebend, möchte der Gefertigte die Vermutung äußern, daß für Teile von Regierungen von westlichen Staaten, insbesondere der USA, Polen nur eine Marionette im Spiel der Groß- bzw. Supermächte darstellt, eine Marionette, die man auf Grund der hier herrschenden Zustände jederzeit einsetzen kann. Das Schicksal des polnischen Volkes dürfte diesen Kreisen ziemlich gleichgültig sein.

Hingegen steht es fest, daß westliche Nachrichtensendungen in polnischer Sprache, insbesondere die Stimme Radio Freies Europa und Radio Liberty, das polnische Volk richtig aufhetzen. Auf die entsprechende Bemerkung Kardinal Glemps gegenüber dem Herrn Bundeskanzler im September 1987 darf Bezug genommen werden. Nicht nur der polnischen Führung, sondern auch dem Gefertigten ist die US-Erklärung, wonach die US-Administration auf die Tätigkeit der erwähnten Nachrichtensender keinen Einfluss ausüben könne, nicht glaubwürdig. Im Kongress sitzen doch schließlich genügend Kongress-Männer, die der Partei, die die gegenwärtige Administration stellt, angehören.

Jedenfalls scheint der hiesige US-Missionschef um etwas Objektivität bemüht, indem er erklärte, daß die Protestmärsche am 1. Mai bei weitem nicht das Ausmaß erreicht hätten, das von westlichen Medien berichtet worden sei.

6. Haltung von Partei und Staat. Eine eindeutige Haltung dürfte noch nicht erarbeitet worden sein. Einiges scheint doch darauf hinzudeuten, daß General Jaruzelski nicht gewillt ist, Polen in die chaotischen Zustände der Jahre 1980/81 hineinschlittern zu lassen. Die ohnehin bereits sehr angeschlagene polnische Wirtschaft würde dies auch kaum durchstehen. Die wesentlichsten Punkte der Ansprache Jaruzelskis am 1. Mai lauten wie folgt:

„Our country has reached a turning point. The old is being outmoded forever. The new is riping too slowly. Questions surface as to what diminishes the effects of the reform, what delays it, what loosens its economic rigor. Let us avoid hasty, too easy answers. The national income will not grow owing to them. In order to give someone more, one must either take away from someone else or produce more.

Another road would lead straight to the memorable era of vinegar on store-shelves. We have already worked through that lesson.

We are still acting in an extremely complicated situation, amidst mounting difficulties. There are various slowdowns, disproportions and an immensity of nagging shortages.

Not all problems can be solved speedily. Searches, mapping out new roads, transformations of historic scale destroy the habits in thinking and acting which have piled up for years. This entails costs which cannot be avoided, demagogues, various loud-mouths shouting on the people`s behalf prey on them.

We have been hearing catastrophic, deceptive forecasts for longer than since yesterday. Their inveterate producers have set dates and dealt the spoils among themselves beforehand not once. Life has erased and will continue to erase these naive reckonings unchangingly.

The higher pace of transformations toughens, fortifies some people and stirs them to act while in others it gives birth to idle criticism, a will to bide one´s time, reveals their faint heart, panic-mongering. …"

„There is more answer to the questions of whether we will have enough courage, endurance and consistency: let no one count on our fatigue, on us abandoning the line of the 9th and 10th congresses.

There will be no departing from openness, democratization and national agreement, nor a return to chaos and anarchy. We will not stop in the face of the opposition of anti-reformative, conservative forces. There will be no bringing down of the socio-political foundations. The roads and methods are something which can change, but the humanistic, social goals of socialism are unquestionable. …"

„The permanent position in the socialist community, especially the currently so close Polish-Soviet relations, are of key importance for our future.

Polish renewal is, above all, a Polish task. But it also has an international dimension. The success of our transformations, the ability of the State, the cohesiveness of society are a strong argument in favour of the mainstream of rebirth and restructuring in socialism. This is a kind of feed-back between the course of our affairs and the struggle for an updated shape and the attractiveness of the socialist formation. This burdens us with a great patriotic and internationalist responsibility …"

Bemerkenswert ist, daß Jaruzelski auf die so engen polnisch-sowjetischen Beziehungen Bezug nahm und auch auf die internationale Dimension der polnischen Krise hinwies. Die Erwähnung von „internationalist responsibility" kommt schon an den von der Breschnew-Doktrin bekannten Begriff „Sozialistischer Internationalismus" heran. Insbesondere scheint sich die Uneinigkeit über die weitere Vorgangsweise im Politbüro […] weiterhin erhärtet zu haben. Gegenwärtig zirkuliere im Politbüro eine schonungslose Studie aus der Feder des Stellvertretenden Sejm-Marschalls und einflussreichen Politbüromitgliedes Mieczysław F. RAKOWSKI, in der auf die Schwachstellen bei der Durchführung der 2. Phase der Wirtschaftsreform in aller Deutlichkeit hingewiesen wird. Diese Studie erhält insofern Bedeutung, als Rakowski nicht nur Hauptverhandler auf Seiten der Regierung mit der Solidarność in den Jahren 1980/81 gewesen ist, sondern sich im Jänner d.J. offensichtlich anlässlich seines Moskauaufenthaltes nicht nur rehabilitierte, sondern dort auch Unterstützung erhalten haben soll.

Angesichts der Machtkämpfe im Politbüro erscheint es keineswegs ausgeschlossen, sondern eher wahrscheinlich, daß die orthodox-dogmatischen Elemente des Politbüros die gegenwärtigen Unruhen dazu benützen, um auf die Unzweckmäßigkeit der polnischen Wirtschaftsreform, die auch bekanntlich Demokratisierungselemente enthält, hinzuweisen und sie sogar zu torpedieren.

Zuletzt wäre noch zu bemerken, daß die Regierung dem Preis- und Lohnkonflikt insoweit zu entgehen versucht, als sie, unter Hinweis auf ihre Autonomie, immer wieder darauf hinweist, daß es in der Macht der Betriebe stünde, Lohnerhöhungen zu gewähren. Voraussetzung hiezu sei freilich, daß die Betriebe die Erhöhungen aus eigenen Mitteln, d.h. aus erarbeiteten Gewinnen, bestreiten. Für den Fall der

Nichtbefolgung werden von der Regierung Strafsteuern verhängt. Betriebe in roten Zahlen sollen übrigens kompromißlos geschlossen werden.

Nicht vergessen werden sollte, daß die in Rede stehenden Preiserhöhungen auf ausdrücklichen Wunsch des Internationalen Währungsfonds erfolgen mußten, [der] einen Stand-by-Kredit hievon u.a. abhängig macht. […]

Dokument 193

Vor der Gründung eines polnischen „Komitees zur Beachtung der Menschenrechte"

GZ 166.03.00/22-II.3/88, Zl. 78-RES/88, ÖB Warschau (Somogyi), 9. Mai 1988

Die polnische Regierung beabsichtigt, in naher Zukunft ein „Komitee zur Beachtung der Menschenrechte" zu gründen, und griff damit eine Idee des offiziellen polnischen Juristenverbandes (ZPP) auf. Ein Gründungsausschuß wurde mittlerweile ins Leben gerufen, dem u.a. so prominente Persönlichkeiten angehören wie die Universitätsprofessoren Kazimierz BUCHAŁA und Leszek KUBICKI (beide bekannte Fachleute auf dem Gebiet des Kriminalrechts), Andrzej ELBANOWSKI (ebenfalls Jurist und führender PRON-Funktionär), Małgorzata NIEPOKULCZYCKA (Vorsitzende der polnischen Konsumentenföderation) und der namhafte Polityka-Redakteur Stanisław PODEMSKI. Dieser Gründungsausschuß hat die Aufgabe, innerhalb einer angemessenen Frist Statuten auszuarbeiten und eine Organisationsstruktur festzulegen. Ein zeitliches Limit dafür wurde nicht gesetzt, weshalb das Gründungsdatum für das Komitee demnach nicht feststeht.

Grundsätzlich soll dieses Komitee als offizielles Organ auch den verschiedenen inoffiziellen, aber gesellschaftlich relevanten Gruppen und Organisationen (wobei nicht zu verstehen gegeben wurde, wer damit genau gemeint ist) als Forum dazu dienen, ihren Standpunkt und ihr Problembewußtsein bezüglich der Menschenrechte in Polen zu artikulieren.

Bemerkenswert erscheint, daß der Vorsitzende der ZPP bei der Definition, was man in Polen unter Menschenrechten verstehe, nicht mehr vom üblichen Begriff der „Menschenrecht[e] auf Grundlage des Völkerrechts der sozialistischen Staatengemeinschaft" ausging, sondern diesen in einen universalen Zusammenhang stellte und ausdrücklich auf die Pakte der VN von 1966 über bürgerliche und politische sowie wirtschaftliche, soziale und kulturelle Rechte Bezug nahm.

Das „Komitee zur Beachtung der Menschenrechte" – so wird aus den verschiedenen Stellungnahmen klar – soll v.a. vier Zielen dienen:

- Harmonisierung der polnischen Gesetzgebung mit den völkerrechtlichen Verpflichtungen auf dem Gebiet der Menschenrechte

- Informationen über menschenrechtliche Fragen zur Bewußtseinsbildung in der breiten Bevölkerung

- Durchführung von Studien über das Verhältnis von Völkerrecht zum staatlichen Recht und

– Funktion eines Sprechers in der internationalen Arena (KSZE, Vereinte Nationen etc.) zu spezifischen Fragen der Menschenrechte in Polen.

Neben dem Konsultativrat beim Staatsrat und dem Ombudsmann ist die polnische Staats- und Parteiführung willens, für die anderen „sozialistischen" Staaten auch auf diesem Gebiet eine Vorbildfunktion einzunehmen.

Ob aufgrund der Erfahrungen mit den sozialen Unruhen der ersten Maitage die Gründung des genannten Komitees in der geplanten Form und in naher Zukunft durchgeführt werden wird können, ist nicht sicher. Jedenfalls stellt diese neue Initiative einen positiven Reformansatz dar, der – so ein Gesprächspartner aus der Akademie der Wissenschaften – auch im Zusammenhang mit den Bemühungen Polens um die letztendliche Überwindung der außenpolitischen Isolation nach 1981, um eine Annäherung an die Arbeiten des Europarates sowie um eine Stärkung der polnischen Position innerhalb der KSZE und der Vereinten Nationen gesehen werden muß.

Auch für das neue Reformvorhaben gilt, daß man das Gelingen an seinen Früchten erkennen wird. […]

Dokument 194
Neue csl. Regierung; Regierungserklärung

GZ 35.03.00/17-II.3/88, Zl. 157-Res/88, ÖB Prag (Peterlik), 9. Mai 1988

[…] Die Botschaft hat über die Ausführungen Štrougals [in seiner Regierungserklärung vom 3.5.1988] bereits […] berichtet. Ergänzend sei folgendes hervorgehoben:

1. ŠTROUGAL hat sich im Vergleich zu den übrigen führenden Repräsentanten der ČSSR einmal mehr durch eine erstaunlich persönliche Diktion und das ausdrückliche Betonen von Fehlleistungen, einschließlich der eigenen, hervorgetan. Die in letzter Zeit auch in der ČSSR verstärkt feststellbaren Bestrebungen, gegenüber der Öffentlichkeit etwas offener, konzilianter und in einem zumindest optisch günstigeren Licht aufzutreten, wurden und werden gerade durch ŠTROUGAL verkörpert. So hatte der Ministerpräsident beispielsweise auch wenige Tage vor dem Besuch Bundeskanzler KOHLs Anfang l.J. durch freimütige Kritik an Regierungspolitik und an sich selbst Aufsehen erregt.

2. Das Einnehmen kritischer Positionen gegenüber der wirtschaftlichen Leistungskraft der ČSSR ist allerdings keinesfalls mehr eine ausschließliche Domäne des Regierungschefs. Derartiges ist im Zuge der „Přestavba" nahezu zu einer Pflichtübung bei grundsätzlichen Erklärungen hochrangiger Politiker, GS Jakeš inbegriffen, geworden.

Von den durch ŠTROUGAL erwähnten wirtschaftlichen Problemen seien demnach nur folgende kurz hervorgehoben:

– Das Fortbestehen unbefriedigender Produktionsqualität und die niedrige Bewertung csl. Güter auf dem Weltmarkt,

- die zu geringe Innovationstätigkeit (nur 1/3 der Investitionen dient der technologischen Erneuerung),

- die hinter den Erwartungen zurückbleibenden Devisenerlöse auf den außerhalb des RGW liegenden Märkten (die Exporte in den sozialistischen Ländern hingegen stiegen 1987 um 9,5 % im Vergleich zum Jahr davor),

- die nächste Zukunft wird auch für den Einzelnen Probleme aufwerfen und konfliktreich sein (erhöhte Anforderungen an die Werktätigen, auch bei Änderungen am Arbeitsplatz).

3. Erwähnenswert ist, daß sich ŠTROUGAL durch Bemerkungen, die ans Ideologische grenzen, zumindest in einer kurzen Passage auf ein Gebiet begab, das nicht zum eigentlichen Aufgabenbereich der Regierung gehört. Der Ministerpräsident betonte die Bedeutung der Initiative jedes einzelnen Bürgers und bezeichnete es als die Absicht der Regierung, eine offene Politik zu führen. Es sollten Bedingungen geschaffen werden, die es den Bürgern ermöglichen, ihre Meinungen auszudrücken und „die Entscheidungsfindung in öffentlichen Angelegenheiten" wirklich zu beeinflussen.

ŠTROUGAL bezeichnete es ferner als Ziel, durch eine Erleichterung der Bestimmungen für Auslandsreisen dazu beizutragen, daß sich vor allem die Jugend besser über das Ausland informieren kann.

Auch die Ankündigung „verbesserter Informationen" über die Tätigkeit der Regierung, inkl. das verstärkte Wirken der Ressortleiter in den Medien zur Erklärung der Politik und „um auf Kommentare und Kritik von Bürgern zu reagieren", erscheint beachtenswert.

Auch für Štrougals Verhältnisse stellen derartige Bemerkungen, zumindest in dieser konzentrierten Form, doch eine neue Tonart dar, der gerade im Hinblick auf die Anwesenheit von Jakeš und Biľak während der Abgabe der Regierungserklärung eine gewisse Bedeutung nicht abzusprechen ist. Jedenfalls erscheint die Position Štrougals auf absehbare Zeit gefestigt.

4. Auf die Tatsache, daß ŠTROUGAL im außenpolitischen Teil neben der BRD nur noch <u>Österreich</u> als einziges nicht-kommunistisch regiertes Land namentlich anführte, hat die Botschaft bereits in ihrem FS-Bericht hingewiesen. Bundeskanzler Vranitzky werde „in Bälde in Prag eintreffen".

5. Im Zusammenhang mit den Beziehungen zur Kirche verwies ŠTROUGAL darauf, daß die Regierung die Zustimmung zur Besetzung von 3 Bischofssitzen gegeben habe. Es liege nun am Verhandlungspartner, diesen guten Willen zu erwidern. Mit der Formulierung von „Partner" mag ŠTROUGAL bewusst offen gelassen haben, ob er damit mehr den Vatikan oder Kardinal Tomášek im Auge hat. […]

Dokument 195
Neuerliche Streikunruhen in Polen

GZ 166.03.00/24-II.3/88, Zl. 3-POL/88, ÖB Warschau (Somogyi), 11. Mai 1988

Heute früh ging nunmehr auch die Besetzung der Danziger Lenin-Werft ohne die manchmal befürchtete Erstürmung in der Weise zu Ende, daß die Besetzer, einschließlich Lech Wałęsa, einfach nach Hause gingen.

Es erscheint daher angebracht, den Versuch zu unternehmen, die vorangegangenen Ereignisse zu bewerten und Gedanken darüber anzustellen, wie es bisher weitergehen könnte.

[…] Auf dem schlechten Informationsstand in Warschau darf neuerlich hingewiesen werden, da nach Auffassung des Gefertigten weder den Angaben der polnischen Regierung, vielleicht noch weniger den Oppositionellen und schon gar viel weniger den Angaben westlicher Medien Glauben zu schenken ist.

Angesichts der seit 1. Februar d.J. verfügten 2- oder 3-stelligen Preiserhöhung, die sukzessive in Kraft gesetzt und äußerst ungenügend durch Zulagen kompensiert wurden, sollte an sich niemanden überrascht haben, daß in polnischen Betrieben wieder gestreikt wird. Eigentlich hätte man die Streiks schon zu einem früheren Zeitpunkt erwarten können. In der Tat schien es jedoch so, daß Regierung und Opposition, allen voran die Solidarität mit Lech Wałęsa, von der spontan eingetretenen Streikbewegung überrascht wurden. Die ersten Streiks hatten ausschließlich materielle Forderungen, in erster Linie Lohnerhöhungen, zum Ziel.

Wenn auch ihre oberste Führung nach den verschiedenen repressiven Maßnahmen der Regierung intakt und auch funktionsfähig blieb, hat die verbotene Gewerkschaftsbewegung Solidarität in den letzten Jahren eine starke Einbuße an Mitgliedern und Einfluss bei den arbeitenden Menschen dieses Landes erlitten. Dies dürfte auch der Solidaritätsführung bewusst gewesen sein. Zu gern sprang sie daher auf den bereits fahrenden Zug auf und versuchte, die Streikbewegung ganz an sich zu reißen und sie auf das gesamte Land auszuweiten. Beides ist letzten Endes misslungen. In manchen Betrieben sollen z.B. führende Solidaritätsvertreter, wie z.B. Frasyniuk und Rulewski, die dort Streiks verursachen wollten, von den Arbeitern nicht eingelassen worden sein. Auch soll es vorgekommen sein, daß Solidaritätsfunktionäre in bereits streikende Betriebe keinen Zugang erhielten.

In der polnischen Bevölkerung war zwar ein gewisses Streikpotential[1] vorhanden, aber keineswegs in dem Ausmaß, wie dies von der Solidaritätsführung vermutet wurde. Eine Rede General Jaruzelskis, in der er für den Fall der Fortsetzung der Streiks vor den leeren Geschäften der Jahre 1980-81, in denen es nur mehr Essig zu kaufen gegeben habe, gewarnt hat, dürfte der Mehrheit des polnischen Volkes in die

---

[1] Polen ist der einzige WP-Staat, in welchem Streiks gesetzlich geregelt sind. Die in diesem Bericht erwähnten Streiks waren auf Grund der bestehenden Gesetzeslage alle illegal, d.h. die vor Streikbeginn zu beobachtenden abkühlenden Prozeduren wurden nicht eingehalten. (Diese Fußnote ist vom Akt übernommen.)

Glieder gefahren sein. Zu gut sind diese Jahre der Not im Bewusstsein der Bevölkerung verankert, zu gut vermutlich auch die Tatsache, daß es zu diesen Zuständen u.a. auch durch die damals 80 von der Solidarität verursachten Streiks gekommen ist. Jedenfalls wollte niemand eine Wiederholung der Geschichte.

Nach Einschaltung der Solidarität in die Streikbewegung, vor allem in den Großbetrieben Nowa Huta bei Krakau und der Lenin-Werft in Danzig, wo Wałęsa selbst das Kommando übernommen hatte, wurden schon neben materiellen auch politische Forderungen erhoben. Diese bezogen sich auf Angelegenheiten, die die betreffenden Streikenden an sich gar nicht berührten (wie z.B. Erhöhung der Bezüge für Krankenhauspersonal, Lehrer und Pensionisten) und gipfelten in der Forderung nach Wiederzulassung der Solidarität.

Für die Regierung war ein scheinbar oder anscheinend unlösbares Dilemma gegeben, nämlich: Wie sollte sie trotz der unvermeidbaren Lohnerhöhungen die Wirtschaftsreform retten oder im Falle der Ablehnung der materiellen Forderungen großangelegte soziale Unruhen vermeiden? General Jaruzelski schien eine längere Zeit der Meinung zu sein, daß der Stabilität im Land vor der Wirtschaftsreform Vorzug zu geben sei.

Als sich jedoch herausstellte, daß insbesondere der Streik in Nowa Huta katastrophale Folgen für die polnische Wirtschaft zeitigen musste (binnen Kürze wäre z.B. die gesamte Auto- und Kühlschrankproduktion Polens zum Erliegen gekommen), entschlossen sich die polnischen Stellen zum Durchgreifen am 5. Mai in Nowa Huta. Obwohl an sich dies keine Überraschung hätte bedeuten dürfen, weil General Jaruzelski unmissverständlich zum Ausdruck gebracht hatte, daß er keine Anarchie im Lande dulden werde, war nicht nur die streikende Belegschaft von Nowa Huta, sondern auch die gesamte Opposition völlig fassungslos. Das Einschreiten der Ordnungskräfte soll übrigens ohne Blutvergießen erfolgt sein, 36 Personen seien allerdings festgenommen worden.

Wohl unter dem Eindruck der regierungsseitigen Intervention und der immer wieder gemachten Konzessionen materieller Art konnten auch die anderen wenigen Streiks im Lande (von der Streikbewegung wurden insgesamt höchstens 15 bis 20 Betriebe erfasst) friedlich beendet werden. Politische Konzessionen, welcher Art immer, wurden hiebei nicht gemacht.

Die Ausnahme bildete die Lenin-Schiffswerft in Danzig, wo Lech Wałęsa die Führung des Streiks an sich riss und mit anfangs ca. 1000 Werftbediensteten die Besetzung verschiedener Fabrikationshallen vornahm. Die Danziger Belegschaft stellte neben materiellen Forderungen auch solche politischer Art, vornehmlich die Wiederzulassung der Solidarität.

Regierungssprecher Urban gab dem Gefertigten bereits am 6. Mai bekannt, daß seitens der Regierung in Danzig keine Intervention beabsichtigt sei und daß die Regierung mit dem langsamen Zerbröseln des Streiks rechne. Dem Vernehmen nach fanden nach einem anfänglichen Stillstand etliche Verhandlungsrunden zwischen dem Verhandlungskomitee der Streikenden und der Betriebsleitung statt, wobei dem Gefertigten nicht bekannt ist, ob Lech Wałęsa persönlich Mitglied des

Verhandlungskomitees war. Über alle materiellen Forderungen sei Einigung erzielt worden, hinsichtlich der Wiederzulassung der Solidarität, die am Ende nur mehr für den Werftbereich gefordert worden war, konnte keine Einigung erzielt werden. Offensichtlich von der Sinnlosigkeit der weiteren Werftbesetzung überzeugt (die Produktion wurde in der Zwischenzeit von der Werftleitung zur Gänze eingestellt, weshalb kaum mehr von einem Streik gesprochen werden konnte), verließen Lech Wałęsa und seine schon stark verminderte Zahl von Mitstreitern die Werft in den Morgenstunden des 11. Mai.

Es erscheint angezeigt, eine vorläufige Bilanz der Ereignisse zu ziehen. Nach Ansicht des Gefertigten gibt es in diesem Konflikt mit einer einzigen Ausnahme keine Gewinner und Verlierer. Die hauptsächlichen Protagonisten betrachtend, kommt der Gefertigte zu folgender Analyse:

Polnische Staatsführung/Partei: Grundsätzlich wurden die Streikenden von der polnischen Regierung als „Gegner der Reform und Demokratisierung" angesehen. Wenn auch auf Grund der neuen Bestimmungen der 2. Phase der polnischen Wirtschaftsreform die von den streikenden Arbeitern erzwungenen, zum Teil sehr beachtlichen Lohnerhöhungen von den Betriebsleitungen im eigenen Wirkungskreis zu gewähren waren, waren diese Lohnerhöhungen für die Regierung eindeutig unerwünscht. Sie gefährden die vorerwähnte Wirtschaftsreform, deren Eckpfeiler die Herstellung von marktgerechten Preisen und somit Entzug der staatlichen Subventionen darstellen, aufs Ernsthafteste, weil nunmehr praktisch alle Betriebe in Polen Lohnerhöhungen zugestehen werden müssen, die über das volkswirtschaftlich geplante Ausmaß weit hinausgehen. Die Regierung wird sich daher Gedanken machen müssen, inwieweit noch überhaupt von der Wirtschaftsreform gesprochen werden kann bzw. ob nicht neue Überlegungen angestellt werden müssen. Hingegen hat die Regierung dem Vernehmen nach keinerlei politischen Forderungen nachgegeben.

Andererseits – dies ist sicherlich Ansichtssache – hat die Regierung bewiesen, daß sie des Krisenmanagements mächtig ist. Ihr Eingreifen in Nowa Huta war vom volkswirtschaftlichen Standpunkt aus gesehen absolut notwendig, über die politische Notwendigkeit könnte sicher einiges gesagt werden. Es ist ihr auch gelungen, im Verlauf der Ereignisse Blutvergießen zu vermeiden, und sie bot auch der Opposition nicht die so sehr von ihr angestrebte Gelegenheit, neue Märtyrer zu schaffen. Die in Haft befindlichen Streikfunktionäre dürften innerhalb kurzer Zeit entlassen werden, weil die polnische Regierung den westlichen Regierungen die Gelegenheit nehmen will, für politische Gefangene zu intervenieren. Soweit bekannt, wurde bisher nur der Sprecher der Solidarität, Onyszkiewicz, wegen unrichtiger Darstellung der Ereignisse in Polen gegenüber ausländischen Medien zu 6 Wochen Haft verurteilt, die er wohl wird absitzen müssen. […]

Aus heutiger Sicht konnte auch der außenpolitische Schaden eher reduziert gehalten werden, von Absagen westlicher Besucher nach Polen ist vorerst noch nicht die Rede. US-Deputy-Secretary-of-State-Whitehead erklärte vor kurzem, die USA hätten beabsichtigt, für Polen in Bälde eine große Hilfsaktion zu unternehmen, auch in Zusammenarbeit mit internationalen Institutionen. Dies werde nunmehr wohl unterbleiben. Der Gefertigte bezweifelt die Richtigkeit dieser Aussage. Die USA hätten nämlich seit der Freilassung der politischen Gefangenen in Polen 1986 immer wieder Gelegenheit gehabt, für Polen Hilfsaktionen einzuleiten. Dies ist jedoch nicht geschehen, was von der polnischen Regierung, wie auch immer wieder berichtet, bemängelt wurde.

Solidarität:

Diese hat wohl eine schwere Niederlage erlitten, und zwar nicht wegen des Eingreifens der Ordnungskräfte in Nowa Huta, sondern wegen ihrer augenscheinlichen Ohnmacht, das Land, wie von ihr beabsigtig, mit Streiks zu überziehen, und ihrer offensichtlichen Unfähigkeit, die Streikbereitschaft der polnischen Bevölkerung richtig einzuschätzen. Für viele waren auch das monotone Beharren der Solidarität, ihre Wiederzulassung zu erreichen, und ihre immer wieder geäußerte Feststellung, daß ohne Gewerkschaftspluralismus die polnische Wirtschaftsreform auf keinen Fall gelingen könnte, nicht glaubwürdig. Wer das polnische Volk in Ermangelung demokratischer Wahlen wirklich vertritt, stellt eine nicht leicht zu beantwortende Frage dar. Sicherlich nicht die Solidarität mit Ausschließlichkeitsanspruch, eher noch, wenn auch mit Vorbehalt, die katholische Kirche.

Von westlichen Beobachtern wird immer wieder bemängelt, daß die Regierung keine „nationale Versöhnung" suche. Dieser Ansicht kann der Gefertigte nicht zur Gänze beipflichten. Abgesehen von den verschiedenen Demokratisierungsmaßnahmen der Regierung und dem konstruktiven Verhältnis zwischen Regierung und katholischer Kirche, gibt es auch den polnischen Verband der Gewerkschaften (OPZZ), dem 7 1/2 Mio. Mitglieder angehören sollen, und die nach Meinung des Gefertigten authentisch die Arbeitnehmerinteressen darstellt und keineswegs als seine Marionette der Regierung anzusehen ist.

Irgendeinmal werden die Machthaber in Polen wohl die Notwendigkeit einsehen, auch mit Teilen der Bevölkerung, die sich nicht durch OPZZ und auch nicht durch die Katholische Kirche zur Gänze vertreten fühlen, d.h. im Klartext vornehmlich mit den Anhängern der Solidarität, ins Gespräch zu kommen. Dies wird jedoch, wie schon mehrmals berichtet, sicherlich nicht möglich sein, solange an der Spitze des polnischen Staates und der Partei General Jaruzelski und an der Spitze der Solidarität Lech Wałęsa stehen. General Jaruzelski hat eine tief verwurzelte Abneigung gegen die Solidarität und Wałęsa, die eine historische Chance gehabt, sie jedoch missbraucht und verspielt hätten. Das Abtreten Jaruzelskis erscheint aus heutiger Sicht weit weniger wahrscheinlich als das Abtreten Wałęsas.

Lech Wałęsa:

Auch er hat die Streikbereitschaft der polnischen Bevölkerung und wohl auch sein eigenes Charisma falsch bewertet. Ihm können seine widersprüchlichen Äußerungen, insbesondere darüber, ob er grundsätzlich für oder gegen die Streiks sei, entgegengehalten werden, worunter seine Glaubwürdigkeit leidet.

Wałęsa und der Solidarität kann auch der Vorwurf gemacht werden, daß sie, nicht offen einbekannt und sogar vielfach abgestritten, letzten Endes, völlig illusorischerweise, die Beseitigung des „sozialistischen" Systems in Polen anstreben und sogar das Abkommen von Jalta ungeschehen machen wollen. Die europäische Nachkriegsordnung in Frage [zu] stellen, ist nicht nur nach Ansicht des Gefertigten ein gefährliches Unterfangen.

Mancher ausländische Beobachter, der der Solidarität und Lech Wałęsa gegenüber durchaus positiv eingestellt ist, stellt sich heute schon die Frage, ob die vorgenannte Organisation und deren Chef überhaupt in der Lage wären, die Rolle im polnischen Geschehen einzunehmen, die sie beabsichtigen.

OPZZ:

Der offizielle Verband der Gewerkschaften konnte sich im Zuge der Ereignisse praktisch nicht profilieren. [Sein] Ansehen ist somit nicht gesteigert worden […]. Allerdings dürfte es auch ihm zuzuschreiben sein, daß die für die Sondervollmachten der Regierung im Zusammenhang mit der gegenwärtigen Wirtschaftsreform vorgesehenen Beschränkungen der gewerkschaftl. Freiheiten im letzten Augenblick aus der Regierungsvorlage wieder gestrichen wurde.

Die Katholische Kirche:

In diesem tiefgläubigen Land ist es praktisch unmöglich, daß die Katholische Kirche im Falle ihrer Beteiligung an irgendwelchen politischen Ereignissen keinen Gewinn zieht.

BS Dr. Weninger, der über geradezu unglaublich gute Beziehungen zur polnischen Katholischen Kirche verfügt, hat hiezu am 9. d.M. folgendes verfasst:

„Am 2./3. Mai tagte die gemeinsame Kommission von Kirche und Staat unter den jeweiligen Delegationsleitern, dem Stellvertretenden Staatsratsvorsitzenden, Kazimierz BARCIKOWSKI, und dem Erzbischof von Krakau, Kardinal Franciszek MACHARSKI. Bei dieser Tagung hätte dem Vernehmen nach Kardinal Macharski initiativ die Katholische Kirche als Vermittler zwischen den streikenden Arbeitern und der Regierung vorgeschlagen. diese Initiative sei von der Regierungsseite positiv aufgegriffen worden. Daraufhin wurden zwei Delegationen kirchlicherseits entsandt; die eine nach Nowa Huta bei Krakau (Rechtsanwalt Jan OLSZEWSKI, Prof. Andrzej STELMACHOWSKI und die Publizistin Halina BORTNOWSKA) und die andere zur Lenin-Werft nach Danzig (Solidaritätsberater Tadeusz MAZOWIECKI und KIK Präsident Andrzej WIELOWIEYSKI). Noch bevor die nach Krakau entsandte Delegation sich konkret in die Verhandlungen vermittelnd hätte einschalten können, hatten die polnischen Polizeikräfte das Werksgelände gestürmt und den Streik gewaltsam beendet. Diese Tatsache gab Anlaß zu Kommentaren in westlichen Medien, daß die Katholische Kirche damit brüskiert worden wäre. Tatsache ist jedoch, daß die polnische Regierung die Katholische Kirche als Vermittler anerkannt und quasi auch beauftragt hatte; sich die Katholische Kirche dadurch erneut als staatstragende gesellschaftliche Macht etablieren konnte und dies überdies auf die Tagung der oberwähnten Kommission konstruktiven Einfluß genommen hatte.

Diese Initiative gemeinsam mit einem auf Ausgleich und Versöhnung bedachten Hirtenwort des polnischen Episkopats habe dem Vernehmen nach auch einen positiven Einfluß auf die Gespräche mit dem Vatikan über die Aufnahme von vollen diplomatischen Beziehungen gehabt.

Die Delegation in Danzig ist nach wie vor aktiv zur Lösung der Streikproblematik vermittelnd tätig."

USA:

Wenn auch die Einflussnahme amerikanischer Stellen auf die polnischen Ereignisse nicht beweisbar ist, kann sie auch nicht mit Sicherheit dementiert werden. Eine US-Einwirkung gab es allerdings mit Sicherheit durch Sendungen des Radios Freies Europa, [das] Streikaufrufe und sogar taktische Weisungen, wie z.B. Versammlungspunkte u.ä., gebracht haben soll. Der Gefertigte möchte nicht versäumen zu bemerken, daß vor wenigen Tagen der hiesige US-Botschafter die Tätigkeit von Radio Freies Europa als „unbelievable" qualifizierte. Vom Gefertigten darauf hingewiesen, ob denn die diesbezüglichen Vorwürfe von Regierungssprecher Urban nicht doch der Wahrheit entsprächen, meinte der Diplomat etwas erschrocken, daß er Urban selbstverständlich keineswegs beipflichten könne.

Die USA haben eindeutig auf die Solidarität gesetzt (Lech Wałęsa wurde seit jeher in Danzig wöchentlich von US-Diplomaten besucht und wohl auch manipuliert) und sind derzeit wohl enttäuscht. Auch die USA dürften die Streikbereitschaft der polnischen Bevölkerung und den Einfluss der Solidarität sehr überschätzt haben. Es ist wohl klar, daß ein brodelndes, instabiles Polen den USA vor dem bevorstehenden Moskauer Gipfel zupass gekommen wäre.

Eine Voraussage über die nähere Zukunft zu machen, erscheint dem Gefertigten unmöglich. Ob die Streikbewegung für die nächste Zeit aufgehört hat zu existieren, kann auch bei diesem leicht reizbaren, aufwallenden, zur Dramatisierung neigenden und romantischen Volk nicht gesagt werden, wenn auch der Gefertigte zu dieser Annahme neigt. An der Wirtschaftsreform werden wahrscheinlich Modifikationen vorgenommen werden müssen.

Die erhoffte Wirtschaftshilfe und vor allem die erhofften Kredite aus dem Westen werden nunmehr bis auf weiteres nicht stattfinden. Die Position Polens im Pariser Klub, aber auch bei der nächsten ILO-Konferenz dürfte geschwächt werden. […]

P.S.:

Hinsichtlich des letzten Standes der im ggstl. Zusammenhang verhafteten Personen gab Regierungssprecher Urban am 10.5. d.J. folgendes bekannt:

„In connection with various undertakings glaringly contradictory to law 10 people were arrested. Misdemeanour courts sentenced 20 people to terms from 2 weeks to 3 months of arrest and 111 people to fines and other penalties not tied with imprisonment. Misdemeanour courts started or will start normal procedures in relation to 80 people. Moreover, 6 people were detained for prevention purposes and 3 other were detained in connection with committed petty offences.

I am expecting an uproar in the West that there are political prisoners in Poland again. This will be faulty diagnosis. Unlike the strikes organized under law, wildcat strikes and offences and petty offences associated with them, including the use of force against fellow workers and law enforcement forces, are punishable everywhere the world over.

We are determined to execute the law, whether they like this in the West or not. I state that we are using the minimum necesary repressive measures. We are and shall continue to use punishment sparingly. Convincing remains our main instrument of action."

Dokument 196

BRD; Gorbatschow und das „gemeinsame Haus Europa"

GZ 225.02.02/8-II.1/88, Zl. 226-Res/88, ÖB Bonn (Loibl), 13. Mai 1988

Zu den von Gorbatschow geprägten, faszinierenden Schlagworten zählt auch der schillernde Begriff „gemeinsames Haus Europa", der heute bei keiner Begegnung zwischen Ost- und Westeuropa auf politischer, wirtschaftlicher oder wissenschaftlicher Ebene fehlt. Auch bundesdeutsche Politiker beziehen sich gerne darauf, selbst wenn sie der „europäischen Friedensordnung" als Begriff bisweilen den Vorzug geben, um der SU nicht das sprachliche Begriffsprägungsmonopol zu überlassen. Diese einprägsame Metapher ist politisch besonders ergiebig, weil sie sowohl Geborgenheit suggeriert wie geheimnisvoll-unbestimmt bleibt und damit jedermann Gelegenheit zu eigenen Spekulationen und zum Gespräch darüber bietet. Denn nach übereinstimmender Ansicht von Auswärtigem Amt, Politikern aus CDU und SPD wie wissenschaftlichen Instituten, mit denen die Botschaft darüber sprach, bleibt der Inhalt des sprachlich gelungenen Bildes noch vage und ungreifbar. Eben hat z.B. Sonderbotschafter Lomeiko vor Journalisten in Bonn 2 Stunden darüber referiert, ohne etwas zu sagen – außer über die Notwendigkeit von Abrüstung und Vertrauen in Europa.

Die sowjetischen (und osteuropäischen) Gesprächspartner bedeuten jedenfalls ihren BRD-Kontakten, der Westen möge selbst ein Konzept seiner Vorstellungen entwickeln; gelegentlich kommt die Erklärung hinzu, wenn die SU selbst konkretere Pläne entwickle, würden sie vom Westen reflexmäßig abgelehnt: Das muß kein propagandistisches Argument sein – dieselbe, im Anfangsstadium der Diskussion über ein KRK-Forum angewandte Methode hat sich wohl aus Moskauer Sicht bewährt.

Ein inhaltlicher Punkt scheint hingegen unterdessen geklärt: Wiedervereinigung steht nicht auf der Tagesordnung, und auch von einer Auflösung der Blöcke ist nicht die Rede.

Vielmehr wird auf verstärkte Ost-West-Kooperation in Europa auf ökonomischem und militärischem Gebiet und eine „politische Vernetzung" der bestehenden europäischen Strukturen hingearbeitet: Die „Spaltung Europas" müsse überwunden werden – durch Bemühungen um die „Entmilitarisierung der ökonomischen Beziehungen (COCOM!), die politische Vernetzung und ökonomische Kooperationszunahme" (vgl. die beiliegenden Auszüge aus einem Kolloquium der

Friedrich-Ebert-Stiftung mit der Akademie für Gesellschaftswissenschaften beim ZK der SED). Ebenso äußerten sich sowjetische Gesprächspartner (darunter Dobrynin und Sagladin) gegenüber SPD-Politikern (die unter Führung Egon Bahrs vor kurzem in Moskau weilten): Die künstliche Teilung Europas dürfe nicht zementiert, vielmehr müsse alles getan werden, um sie abzubauen! Die westeuropäische Integration bilde keine Gefährdung des gemeinsamen Hauses und stelle ökonomisch (!) kein Problem dar, wenn die EG sich nicht weiter abschotte: Die SU wolle insbesondere an der wissenschaftlich-technischen Entwicklung teilhaben; deshalb solle ein Mechanismus zur Überwindung dieser künstlichen Teilung gefunden werden (durch ein Rahmenabkommen EG-RGW, dessen Abschluß laut SU nicht mehr an der Berlin-Frage, sondern am rumänischen Widerstand stocke).

Während somit im wirtschaftlichen Bereich eindeutig eine blockübergreifende Zusammenarbeit befürwortet wird, stellte sich einem SPD-Teilnehmer an den Gesprächen in Moskau die SU-Haltung zur militärischen Integration Westeuropas („Stärkung des europäischen Pfeilers") als widersprüchlich dar: Sowohl die deutsch-französische Verteidigungskooperation wie die Bemühungen um eine Stärkung der WEU (die von der SU als vollzogene Tatsache bewertet wird, obwohl sie noch in den ersten Anfangsbemühungen mit weiterhin ungewissem Ausgang steht) werden in Moskau als unannehmbare militärische Bedrohung des gemeinsamen Hauses empfunden. Die SPD-Einwendungen, Moskau könne nicht einerseits von Westeuropa mehr Ostpolitik und mehr Unabhängigkeit gegenüber den USA verlangen, andererseits aber eben diese Bemühungen als bedrohlich empfinden, schienen die sowjetischen Gesprächspartner wenig zu beeindrucken: Sie geben vor, dahinter deutsche Bemühungen um einen Finger am nuklearen Drücker zu befürchten. Zwar unterstreichen die bundesdeutschen Teilnehmer, daß – unabhängig davon, daß die BRD keine solchen Wünsche hege – die westlichen Kernwaffenmächte das gar nicht zulassen würden, doch kamen sie zu keiner Gewißheit, ob die SU in dieser Frage einer echten Fehlbeurteilung erliegt oder solche Befürchtungen nur aus taktischen Gründen vorgeschoben werden. Dabei ist nach Ansicht der Botschaft freilich in Rechnung zu stellen, daß diese Argumente schon bei früheren Gelegenheiten zur „Abschreckung" der BRD von westlichen Verteidigungsanstrengungen eingesetzt wurden.

Dieselben Argumente gegen die deutsch-französische Kooperation und die WEU wurden übrigens beim Kolloquium in Ostberlin vorgetragen. Ein FES-Teilnehmer erinnert deshalb daran, die SU habe sich bei Fortschritten im westeuropäischen Integrationsprozeß immer zu einer aktiven Westeuropa-Politik entschlossen; die westliche Skepsis gegenüber dem „gemeinsamen Haus Europa" könne deshalb nicht als lediglich polemisch abgetan werden.

Der Planungsstab des AA sieht die sowjetische Interessenlage folgendermaßen: Absolut und relativ befinde sich Moskau derzeit auf dem Höhepunkt seiner Macht, doch sei der Abschwung schon vorprogrammiert. Die SU wisse deshalb, daß sie durch geschickte Diplomatie (mit politischen Initiativen und Öffentlichkeitsarbeit) eine „vorauseilende" Abrüstung der westlichen Verteidigungskapazität zur Kompensierung ihres eigenen Schwundes herbeiführen müsse. Die diesbezüglichen

Aussichten wertete der Gesprächspartner als sehr gut, weil Demokratie nur in Zeiten äußerster Gefahr zu Verteidigungsanspannungen bereit ist.

Aus diesem Grund verfolge Moskau argwöhnisch die Bemühungen, Westeuropa mit dem letzten noch fehlenden Großmachtattribut der Sicherheitspolitik auszustatten: Die wirtschaftliche Dynamik Westeuropas werde zwar langsam akzeptiert, obwohl sich ihre Attraktivität nachteilig auf den Zusammenhalt des eigenen Vorfeldes auswirkt (was aber aus sowjetischer Sicht letztlich nicht zu verhindern ist und daher für die eigenen Zielsetzungen ausgenützt werden soll) – die Komplettierung durch eine gemeinsame Verteidigung müsse jedoch verhindert werden. Hinzu mögen tatsächlich Besorgnisse kommen, wie sie schon anläßlich der EVG-Bemühungen zu erkennen waren und auf historische Erfahrungen zurückgehen – daß nämlich ein konventionell von der BRD dominiertes Westeuropa (möglicherweise unter Einschluß von Kernwaffen) eine potentielle Gefährdung der sowjetischen Sicherheit darstellen würde.

Eine wesentliche Fragestellung bei der Metapher vom gemeinsamen Haus ist die Stellung der USA in diesem Gebilde. Während bei einer von APN organisierten internationalen Konferenz „Europa vom Atlantik zum Ural" am 27.1.1988 in Moskau Falin erklärte, die SU habe nicht die Absicht, die USA aus Europa zu verdrängen (und die Idee eines gemeinsamen Hauses Europa sei nicht anti-amerikanisch), fiel dem FES-Mitarbeiter beim jüngsten Delegationsgespräch in Moskau doch auf, daß z.B. Sagladin konsequent und wiederholt von 33 (!) KSZE-Staaten sprach: Man dürfe sich nicht sklavisch an den 35er-Kreis halten, denn die USA und Kanada gehörten nicht zu Europa! Dem wurde von den SPD-Politikern unter Hinweis auf die historisch-kulturellen Verbindungen zu Nordamerika zwar widersprochen, doch können diese deutlichen sowjetischen Hinweise nicht als zufällig abgetan werden. Wiewohl Sagladin vom weiteren Bestand der Blöcke und garantierter Sicherheit bzw. Sicherheitsgarantie durch diese Blöcke sprach (über die Art solcher Garantien war nichts Näheres zu hören – Gewaltverzichtsvertrag?), drängt sich doch die Überlegung auf, inwieweit solche Ansätze taktisch zwar nicht auf ein Ver-, aber doch ein Zurückdrängen der USA in Westeuropa bei gleichzeitiger Verhinderung einer Verstärkung des westeuropäischen Pfeilers abzielen. Am Rande mag übrigens interessant sein, daß in Ostberlin die westliche Abschreckungsdoktrin „gegangen" wurde, ohne deren Beseitigung keine Verbesserung der militärischen Situation in Europa möglich sei, während die SU keinerlei dbzgl. Abscheu äußerte.

Diesbezügliche Ungewißheit herrscht auch im Büro des stellvertretenden CDU-Fraktionsvorsitzenden und Außenpolitikers Rühe. Dort trug die um Information gebetene Sowjetische Botschaft folgende Vorstellungen der Moskauer „think tanks" vor:

– USA und Kanada sind keine europäischen Staaten;

– Moskau versuche, die Westeuropäer besser zu verstehen, um ihren Auffassungen in den eigenen Kontakten mit Washington Rechnung tragen zu können (!); daher auch sowjetische Bereitschaft zu Kontakten z.B. mit der WEU;

– der Westen müsse sein eigenes Konzept zum „gemeinsamen Haus Europa" entwickeln.

Das Büro Rühe sieht hier <u>anti-amerikanische Tendenzen</u>, die es u.a. mit Gorbatschows Anregung einer <u>internationalen Konferenz aller Parteien aus den 33 europäischen Staaten</u> in Zusammenhang setzt (soll hier ein <u>KSZE-Parallelprozeß ohne Nordamerika</u> im Gang gebracht werden? Die Botschaft erinnert an die zurückhaltende EPZ-Beurteilung des Jakeš-Plans als Versuch einer <u>Regionalisierung</u> und Unterlaufung der KSZE […]).

In Bonn scheint dennoch Bereitschaft zu bestehen, die dem Westen angetragene Diskussion aufzunehmen und eigene Beiträge einzubringen. Während das AA noch an einer internen Bewertung arbeitet, haben verschiedene politische Instanzen in der BRD bereits inoffiziell einige Ansatzpunkte entwickelt, die über die Parteigrenzen hinweg nicht so weit voneinander liegen. Dabei geht der CDU-Politiker Rühe vermutlich davon aus, daß Gesprächsverweigerung jedenfalls schlechte Politik ist; bei der SPD kommt ihre traditionell dem Osten gegenüber offenere (bisweilen zu offene: der FES-Gesprächspartner äußerte Bedenken über die Verwendung des Begriffs „Towarischtsch" seitens bzw. gegenüber einigen SPD-Teilnehmern am Moskauer Gespräch, was die ideologische Grundlage verwische) Tradition hinzu. Das Interesse der Bundesregierung bzw. des AA liegt in möglichen positiven ostpolitischen Auswirkungen eines „gemeinsamen Hauses".

Beim erwähnten Kolloquium in Ostberlin nannte der FES-Delegationsleiter folgende Elemente:

– Grundriß vom Atlantik bis zum Ural;

– KSZE-Schlußakte ist die Hausordnung;

– so viele Stockwerke wie Bewohner (SPD-Vorsitzender Vogel hingegen wies <u>RGW</u> und <u>EG eigene Stockwerke</u> zu; auffällig – beunruhigend? – ist die Feststellung, daß die Neutralen bei der bildlichen Ausgestaltung dieser Metapher nie erwähnt werden);

– es gibt 2 deutsche Wohnungen;

– kein Bewohner hat alleine Schlüsselgewalt, jeder kann jeden besuchen und das Haus verlassen, wann immer er will;

– für die Sicherheit hätte die Hausgemeinschaft gemeinsam zu sorgen;

– Eigentümer sind alle 35 Bewohner (Genossenschaft).

Und Rühe führt in seinem eben erschienenen Buch an (verkürzt):

– USA und Kanada sind und bleiben Bewohner des Hauses;

– das gemeinsame Haus darf keine vermauerten und verschlossenen Türen haben; die bestehenden Grenzen werden nicht in Frage gestellt, dürfen jedoch nicht trennen;

– gemeinsame Respektierung der legitimen Sicherheitsinteressen der anderen Seite;

– neue Wege der Ost-West-Zusammenarbeit zur Bewahrung der natürlichen Grundlage unseres Daseins;

– Schaffung einer dauerhaften und gerechten Friedensordnung in Europa, in der auch das deutsche Volk in freier Selbstbestimmung seine Einheit wiedererlangen kann.

Beiden gemeinsam ist vor allem die Betonung der Bewegungsfreiheit für die Menschen im gemeinsamen Haus, was von Ostberlin freilich nicht akzeptiert wurde (hingegen von der SU übergangen wurde), sowie die Einbeziehung von USA und Kanadas. Unterschiedlich hingegen die deutsch-deutsche Akzentsetzung („2 deutsche Wohnungen" gegen „Wiedererlangung der Einheit") sowie die Auffassungen bezüglich „gemeinsamer Sicherheit" oder „Respektierung der legitimen Sicherheitsinteressen". Bei den beiden letzten Punkten handelt es sich um eminent innenpolitische Themen der bundesdeutschen Diskussion mit beträchtlichen außenpolitischen Auswirkungen.

Ganz offensichtlich reichen die bisher vorliegenden Elemente nicht zu einer abschließenden Beurteilung aus, welche Zielsetzungen die Sowjetunion wirklich mit dem „gemeinsamen Haus Europa" verfolgt. Von einer Umgestaltung der bestehenden Strukturen Europas ist jedenfalls erklärtermaßen nicht die Rede – keine Wiedervereinigung, keine Auflösung der Blöcke –, stattdessen wird das Hauptgewicht auf die wirtschaftliche Zusammenarbeit zwischen RGW und EG gelegt. Die Akzeptierung der wirtschaftlichen EG-Integration und das deutliche sowjetische Interesse an einer wirtschaftlich-technischen Zusammenarbeit mit den EG […], wie sie der SPD-Delegation erläutert wurden, mögen auch im Zusammenhang mit den österreichischen Wirtschaftsinteressen gegenüber den EG von Belang sein.

Somit bleibt die Fragestellung, ob es sich um eine Wiederaufwärmung der traditionellen sowjetischen Zielsetzung eines kollektiven Systems der europäischen Sicherheit (mit möglichst unbedeutender Stellung der USA in Europa) handelt oder um den defensiven Versuch einer vorübergehenden „Ruhigstellung Westeuropas" in innenpolitisch schwierigen Zeiten und zwecks politischer Absicherung der benötigten Wirtschaftshilfe des Westens (wie bei den mißglückten Versuchen Breschnews): Also „Im Osten nichts Neues" oder, mit Sonnenfeldt, „Altes Gift in neuen Schläuchen"?

Oder aber handelt es sich um eine noch nicht völlig überschaubare, grundsätzlichere Wende in der sowjetischen Außenpolitik mit einer bleibenden Hinwendung zu Westeuropa (die Gründung eines Europa-Instituts soll geplant sein) bzw. wenigstens um einen Ansatz, den der Westen – wie szt. den Moskauer Wunsch nach einer Europäischen Sicherheitskonferenz – in seinem Sinne gestalten kann? […]

Dokument 197

Zur Lage in Polen nach Beendigung der jüngsten Streiks; Äußerungen eines Vertreters der polnischen Botschaft

GZ 166.03.00/25-II.3/88, BMAA Wien (Litschauer), 19. Mai 1988

Auf Weisung des polnischen Außenministeriums gab der polnische Botschaftssekretär Kniaz am 18. ds. dem Gefertigten einen Überblick über die Lage in Polen nach Beendigung der jüngsten Streiks (mit der Bitte um Information des HBM). […]

1. Situation in der Lenin-Hütte in Nowa Huta

Entgegen anderslautenden westlichen Medienmeldungen habe es bei der gewaltsamen Beendigung des Streiks keine Prügeleien, keinen physischen Widerstand der Streikenden und keine Verletzten gegeben (10 Minuten-Aktion).

Die Belegschaft arbeite wieder unter normalen Bedingungen, etwa 20 % der rund 30.000 Mitarbeiter seien aber noch nicht am Arbeitsplatz erschienen (die hätten sich krank gemeldet; die wenigen anderen müssten für ihr unentschuldigtes Fernbleiben mit arbeitsrechtlichen Maßnahmen rechnen, z.B. Entlassung). Die – am 5. ds. verhafteten – 17 Mitglieder des Streikkomitees erwarteten ein Gerichtsverfahren.

2. Situation in der Lenin-Werft in Danzig

Arbeitssituation völlig normalisiert, nur vereinzelte Absenzen (Wałęsa bis Monatsende auf Urlaub).

Ende des Streiks sei ein Verdienst der kirchlichen Vermittlungskommission (deren Rolle in den polnischen Medien weitgehend verschwiegen worden sei). Der Bischof von Danzig habe die Regierung schriftlich ersucht, daß die Streikenden ungehindert das Werksgelände verlassen könnten, worauf Innenminister Kiszczak in Danzig mit der dortigen Partei- und Kirchenleitung eine diesbezügliche Vereinbarung getroffen hätte.

3. Einsetzung einer Regierungskommission (aus Regierungsvertretern, Ökonomen, Fachleuten, Werksangehörigen) zur Beratung der Zukunft der beiden (defizitären) Werke. Optionen: von der – kaum wahrscheinlichen – Schließung über partielle Umstrukturierungen (teilweise Produktionsverlagerungen) bis zur Prüfung der weiteren Kreditwürdigkeit und einer allfälligen Produktivitätssteigerung.

4. Wirtschaftliche Sondervollmachten des Parlaments für die Regierung (konkret für VMP Sadowski) bis Ende 1988.

– Hauptmotiv: Rettung der 2. Etappe der Wirtschaftsreform

– Als Maßnahmen sind u. a. vorgesehen:

a) Vorgehen gegen jüngste ungerechtfertigte Lohnerhöhungen (auch ohne Streik)

b) Einschränkung, aber keine Beseitigung des Streikrechts (Verdienst der offiziellen Gewerkschaft OPZZ, die während des Streiks kaum in Erscheinung getreten sei), insbesondere Reduzierung der erlaubten Streikgründe (z.B. keine Streikmöglichkeit mehr bei gewissen staatlichen Ingerenzen in die Betriebsführung, wie Personalreduktionen oder Austausch der Werksleitung).

Eine Meinung hiezu sei, daß derartige staatliche Ingerenzen ein Rückschlag für die 2. Etappe der Wirtschaftsreform seien, die andere Auffassung rechtfertige die Ingerenzmöglichkeit unter Hinweis auf Inflexibilität und Erfolglosigkeit vieler Werksleitungen.

c) allgemeine oder partielle Lohn- und/oder Preisstops.

5. <u>Folgen</u>:

a) Niederlage für Prestige Wałęsas

b) Korrekturen für Wirtschaftsplan 1989 (z.B. langsamerer Abbau staatlicher Zuschüsse als ursprünglich vorgesehen)

c) Beruhigung auch auf dem zu Protesten neigenden universitären Sektor (nahendes Semesterende!)

d) „Allgemeine Reformrichtung bleibt!" (Gewährleistung durch die oe. zeitlich befristeten Sondervollmachten). […]

Dokument 198

**Ungarn; Ergebnisse der Landesparteikonferenz der USAP
(20.–22. Mai 1988)**

GZ 222.03.00/10-II.3/88, BMAA Wien (Sucharipa), 25. Mai 1988

<u>Wertung</u>: Die von 20. bis 22. Mai 1988 abgehaltene Landesparteikonferenz der USAP brachte eine <u>Erneuerung der Parteiführung</u> und ein (v.a. wirtschafts-)politisches <u>Reformprogramm</u>. Der <u>Machtkampf</u> an der Parteispitze und die <u>Programmdiskussion</u> verliefen für kommunistische Verhältnisse <u>sehr öffentlich</u>. Die Beschlüsse werden wohl Auswirkungen auf das politische Klima in Ungarn haben, es kann aber keinesfalls von einer sich anbahnenden Auflösung des herrschenden Systems gesprochen werden. Das <u>Primat der KP</u> steht <u>außer Diskussion</u>. Innenpolitisch entspricht das Programm den Gorbatschowschen Vorstellungen von Demokratisierung im Sinne einer Effizienz-Steigerung des bestehenden Systems. Die KP bietet allen Andersdenkenden eine Zusammenarbeit an, soferne diese zumindest den Aufbau des „sozialistischen Vaterlandes" nicht grundsätzlich in Frage stellen und die Verfassung sowie die internationalen Verpflichtungen Ungarns respektieren.

GS Grósz: „Die <u>wichtigste Aufgabe</u> ist die <u>Konsolidierung der Macht</u>."

<u>Personelle Entscheidungen</u>: (Details siehe beiliegende Aufstellung)

Der neue Generalsekretär, MP Károly Grósz, gilt als <u>dynamische Persönlichkeit</u> mit großer Arbeitskapazität. Sein <u>Hauptaugenmerk</u> gilt der <u>Wirtschaft</u>, wo er eine pragmatische Linie vertritt und tiefgreifende Reformen (v.a. in Industrie, Energiewirtschaft, Verkehr und Geldwesen) anstrebt. Grósz genießt das <u>Vertrauen Moskaus</u>.

Der Erfolg der Reformverfechter zeigt sich auch in der Erneuerung des Politbüros. Signifikant sind v.a. die Wahlen des GS der Patriotischen Volksfront Pozsgay, des „geistigen Vaters der Wirtschaftsreformen Nyers und des erst 40jährigen Miklós Németh (auch ZK-Sekretär!).

Ausgeschieden sind neben GS Kádár auch der frühere MP Lázár und Staatspräsident Németh, der in absehbarer Zeit wohl auch die Staatsspitze wird räumen müssen.

Programm:

a) politisch: Reformen sind auf innerparteiliche Demokratisierung, aber ohne Fraktionsbildung, gerichtet. Unter dem neu eingeführten Schlagwort „Sozialistischer Pluralismus" wird Gewaltentrennung innerhalb des Einparteienstaates, v.a. eine klarere Aufgabenverteilung zwischen Partei und Parlament, verstanden.

b) wirtschaftlich: Stabilisierungsprogramm (Verringerung der Auslandsverschuldung, gesteigerte Wettbewerbsfähigkeit durch marktwirtschaftliche Elemente, Kapitalbeschaffung im In- und Ausland); ausdrücklich auch der Wille zum Abschluß einer vertraglichen Regelung der Beziehung zur EG genannt. Es handelt sich im Wesentlichen um eine Festschreibung der laufenden Reformbemühungen von GS MP Grósz. Die Verfügungsgewalt der Partei über die entscheidenden Produktionsmittel und die Zentralplanung werden nicht angetastet. […]

Dokument 199

KPdSU-Parteikonferenz: Die Fronten formieren sich

GZ 225.03.00/17.II.3/88, Zl.331-RES/88, ÖB Moskau (Grubmayr), 30. Mai 1988

1) Alle sowjet. Tageszeitungen haben am 27.5. die „These des Zentralkomitees der KPdSU zur 19. Allunions-Parteikonferenz" publiziert.

Diese „Thesen" waren am 23.5. durch ein ZK-Plenum gutgeheißen worden. Durch die Veröffentlichung in den Medien sind sie nach dem Willen des Zentralkomitees außerdem für die „Erörterung durch die Parteiorganisationen und alle Werktätigkeiten" freigegeben. Sie stellen somit de facto ein offizielles „Diskussionspapier" zur Vorbereitung der Konferenz dar, welche im übrigen – wie geplant – am 28.6.1988 beginnen soll. (Die – von einigen progressiven Intellektuellen erhobenen – Forderungen nach einer Verschiebung des Konferenzbeginns haben sich somit nicht durchsetzen können.)

2) Die „Thesen" tragen auf den ersten Blick über weite Passagen die Reformhandschrift Gorbatschows. Dies ist etwa aus den allgemeinen politischen Aussagen ersichtlich – beispielsweise, wenn die Herstellung einer „echten Meinungsvielfalt" als „charakteristischer Zug unserer Zeit" qualifiziert wird. Noch deutlicher heißt es später: Ein „Mechanismus zur Gegenüberstellung von Auffassungen" und eine weitere Stärkung der „glasnost" seien unter den Bedingungen des Einparteiensystems Fragen „lebenswichtiger Bedeutung".

(Gerade diese letztere Überlegung hatte Gorbatschow bereits im Sommer 1986 bei einer Rede in Chabarowsk angestellt; seine diesbezüglichen Ausführungen waren damals nur im Fernsehen zu hören gewesen, von der Sowjetpresse jedoch „zensuriert" worden.)

Die „Thesen" enthalten überdies zahlreiche „Demokratisierungs-" Vorschläge, die auf Gorbatschows Rede beim Jänner-Plenum 1987 zurückgehen.

Vorgeschlagen werden u.a.:

– Geheime Abstimmung und Mehrfachkandidaturen bei allen Wahlen von Parteisekretären, aber auch bei der Wahl der Parteikomiteemitglieder selbst – und zwar bis hin zur Ebene des ZK der KPdSU (beim Jänner-Plenum 1987 war Gorbatschow mit seinen Reformideen diesbezüglich nur bis zur Stufe der Zentralkomitees der Unionsrepubliken gegangen);

– Schaffung einer einheitlichen Funktionsperiode von 5 Jahren für alle gewählten Parteifunktionäre, wobei grundsätzlich nur eine Wiederwahl möglich ist. Die durchgehende Amtszeit ist somit in der Regel auf maximal 10 Jahre beschränkt, wobei aber nicht klar ist, von wann an diese Restriktionen für derzeit schon im Amt befindliche Personen wirksam werden.

– Beschränkung auf 2 Amtsperioden auch für den Bereich der quasiparlamentarischen „Sowjets"; Inkompatibilität von Exekutivfunktionen und Abgeordnetenstatus (z.B. Unvereinbarkeit eines Ministeramts mit einer Deputiertenfunktion im Obersten Sowjet);

– Deutlichere Abgrenzung der Einflußbereiche von Partei und Staat im Sinne einer größeren Entscheidungsautonomie für staatliche und wirtschaftspolitische Führungsorgane.

3) Geht man davon aus, daß Gorbatschow seine politischen Ziele mittelfristig wohl nur dann verwirklichen kann, wenn er die konservativen Kräfte der Partei – insbesondere im Zentralkomitee – schwächt, ist aber insbesondere der Vorschlag von Bedeutung, die „Möglichkeit vorzusehen, die Zusammensetzung des Zentralkomitees im Zeitraum zwischen Parteitagen teilweise zu erneuern", und damit für eine „ständige Zufuhr frische[r] Kräfte" zu sorgen.

Außerdem wird der Konferenz in den „Thesen" empfohlen, die Frage zu prüfen, ob bis zum nächsten ordentlichen Parteitag im Interesse einer „Selbstreinigung der Partei" eine „gesellschaftlich-politische" Überprüfung aller Parteimitglieder erfolgen soll.

Unklar ist demgegenüber die Zielrichtung des Vorschlags, „neue Formen der Kollegialarbeit" für ZK-Mitglieder in der Zeit zwischen ZK-Plenartagungen zu schaffen. Laut den „Thesen" soll damit in „letzter Konsequenz" eine Stärkung der Rolle des ZK erreicht werden; wahrscheinlich geht es aber auch hier um die selektive Förderung des „progressiven Lagers" im Leitungsgremium der Partei.

4) Hat Gorbatschow dem Zentralkomitee damit also „seine Thesen" aufgezwungen? Nicht so ohne weiteres, wie ein Studium des „Kleingedruckten" zeigt.

Wenngleich die „Thesen" für einen „Meinungspluralismus" eintreten, so bekennen sie sich, wie erwähnt, doch zum Einparteiensystem, welches „sich in unserem Land historisch gebildet und bestätigt hat und sich heute organisch mit den Prozessen der Demokratisierung verbindet". Gleichzeitig wird an das Lenin'sche Fraktionsverbot erinnert. Für das – von einigen sowjet. „Progressiven" in die Diskussion eingebrachte – „Volksfrontmodell" scheint im Denken des Zentralkomitees vorerst also kein Platz zu sein.

Die Beschränkung gewählter Staats- und Parteifunktionäre auf zwei aufeinanderfolgende Amtsperioden kennt ein „Schlupfloch". Der zuständige Wahlkörper kann dem Betroffenen mit Dreiviertelmehrheit nämlich auch zu einer dritten Funktionsperiode verhelfen. (Wenn man die bisherigen 99%igen Mehrheiten in Betracht zieht, wird man besonders in provinziellen Körperschaften solche 3. Funktionsperioden für den „hard-core" des lokalen Establishments eher als Regel denn als Ausnahme ansehen können.)

Wenn die „Thesen" davon sprechen, daß man „Möglichkeiten schaffen" müsse, um eine teilweise Erneuerung des Zentralkomitees zwischen Parteitagen zuzulassen, so wird mit dieser Aussage bekräftigt, daß eine solche Möglichkeit bislang nicht bestanden hat. Zahlreiche „Progressive" hatten jedoch den Standpunkt vertreten, daß die Parteikonferenz solche Vollmachten schon nach den jetzigen (vagen) Parteistatuten habe (siehe auch das kürzliche ungarische Beispiel). Nach Meinung der meisten Beobachter dürfte auch Gorbatschow diese Auffassung geteilt haben.

Die einschneidendste Einschränkung findet sich allerdings an unscheinbarer Stelle gegen Ende der „Thesen". Dort heißt es nämlich, daß „in einer Reihe von Fragen … Beschlüsse auf der Ebene des Parteitages" erforderlich sein werden. Offensichtlich besteht also auch keine Einigkeit, ob die Parteikonferenz (wichtige) Veränderungen in den Parteistatuten vornehmen kann, oder ob auch diese Aufgabe – ebenso wie die Wahl des Zentralkomitees – dem Parteitag vorbehalten ist.

Die „Thesen" sind also doch ein „Kompromißprogramm". Gorbatschow hat in Sachaussagen beim Zentralkomitee eine Reihe von Zugeständnissen erkämpft, in prozeduraler Hinsicht aber seinerseits erheblich zurückstecken müssen.

5) Die Ereignisse der letzten Wochen einschließlich des soeben veröffentlichten BBC-Interviews Boris Jelzins hinterlassen im übrigen den Eindruck, daß die Richtungskämpfe zwischen „Fortschrittlichen" und „Konservativen" auch zwei Monate nach dem Moskauer „Pressekrieg" weiterhin andauern.

Die „Progressiven" haben einige wichtige Etappenerfolge zu verzeichnen gehabt. So hat sich die Geschichtsdiskussion in den letzten Wochen noch weiter intensiviert; der Terminus „Stalinismus", den Gorbatschow 1986 noch als Erfindung der Feinde des Sozialismus bezeichnet hatte, wird seit einigen Wochen von sowjetischen Historikern und Journalisten ohne Hemmungen verwendet.

Auf wirtschaftspolitischem Gebiet hat der Oberste Sowjet das (fortschrittliche) Gesetz über die Kooperativen verabschiedet und dabei gleichzeitig die Steuerlast dieses Wirtschaftszweiges in aufsehenerregenden Weise verringert […].

In der Landwirtschaft ist es dem Parteichef gelungen, die Landverpachtung an Private – ein unter Konservativen bislang eher umstrittenes Modell – als eines der Leitprinzipien der Wirtschaftsreform anerkennen zu lassen.

Die Konservativen sind aber keineswegs von der Bildfläche verschwunden, wenn auch ihre Stimme in den sowjet. Medien kaum noch zu hören ist (was einen trügerischen Eindruck vermittelt). So ist es immerhin verwunderlich, daß das ZK-Plenum vom 23.5. nur eine Personalentscheidung getroffen hat – nämlich jene, den Vorsitzenden des Schriftstellerverbands, Karpow, zum Vollmitglied des ZK zu machen. (Gerade Karpow hatte sich als einziger Chef einer Kunstschaffenden-Organisation geweigert, in der „Prawda" ein kollektives Protestschreiben gegen den „Leserbrief" der Nina Andrejewa [„Sowjetskaja Rossija"] zu unterzeichnen.)

Auch der – von politischen Beobachtern bereits mehrfach totgesagte – Ligatschow tritt weiterhin entsprechend seinem Rang öffentlich in Erscheinung, so z.B. bei der kürzlich erfolgten Absetzung des Parteichefs von Aserbaidschan oder auch jetzt als Vorsitzender des außenpolitischen Ausschusses des Unionssowjets bei der Ratifizierung des INF-Abkommens im Obersten Sowjet.

6) Letzterer Umstand mag allerdings den Bestreben Gorbatschows entspringen, nach außen hin eine „geschlossene Front" zu zeigen. Wie viel Ligatschow in der Führung heute noch zu reden hat, läßt sich zur Zeit nicht ohne weiteres feststellen. Boris Jelzin hat sich nicht gescheut, Ligatschow während des sowjet.-amerikanischen Gipfeltreffens in der BBC frontal anzugreifen, was aber auch als Verzweiflungsakt angesehen werden kann.

Daß aber der – überwiegend konservative – mittlere Parteiapparat noch entscheidende Hebel in den Händen hält, haben die Wahlen der Delegierten zur Parteikonferenz gezeigt. Diese obliegen gemäß Beschluß des Zentralkomitees den Zentralkomitees der Unionsrepubliken; in den größten Republiken werden die Delegierten von den Gebietsparteikomitees bestellt. De facto kommt die Schlüsselrolle bei der Auswahl der Delegierten (aus den von den Basisorganisationen vorgeschlagenen Kandidaten) dem Büro des Republiks- oder Gebietskomitees zu – also wieder eine „Wahl [von] oben".

Die „fortschrittlichen" Zeitungen sind daher auch voller Klagen, daß die Delegiertenwahlen wieder „auf alte Weise" durchgeführt worden seien. Wo es von der Basis unkonventionelle Nominierungen gegeben habe, seien diese von der Gebietspartei nicht berücksichtigt worden. In zahlreichen Fällen sei genau das eingetreten, wogegen sich Gorbatschow in einem Treffen mit Journalisten am 7.5. ausgesprochen habe: Es seien die traditionellen „Kategorien" berücksichtigt worden (Parteifunktionäre, Musterarbeiter, Frauen etc.), nicht aber einfach jene Leute ausgewählt worden, die sich im besonderen Maße um die „perestroika" verdient gemacht hätten. Vor einigen Tagen hatte ich Gelegenheit, mich mit einem höheren Politfunktionär deutlich konservativen Zuschnitts zu unterhalten, der sich zwar als Gorbatschow-Anhänger erklärte (wer ist das hier jetzt nicht!), aber für seinen Bereich (Ukraine) obigen Modus traditioneller Prägung als positiv und gerechtfertigt bezeichnet.

Es scheint somit gar nicht sicher, daß Gorbatschow bei der Parteikonferenz ein wesentlich anderes Personenspektrum als im Zentralkomitee gegenübersitzen wird.

Ein prominenter fortschrittlicher Historiker hat mir kürzlich jedenfalls gesagt, daß es aus progressiver Sicht „gar nicht wünschenswert" wäre, wenn „diese Delegierten" ein neues Zentralkomitee wählten. Auch osteuropäische Gesprächspartner rechnen nicht mehr damit, daß die Konferenz dramatische Personalentscheidungen treffen wird.

Entscheidend wird letztlich sein, inwieweit die Konferenz bereit ist, „Parteitagsaufgaben" zu übernehmen. Bleibt es bei politischen Deklarationen, deren Verwirklichung dem nächsten ordentlichen Parteitag überantwortet wird, hat Gorbatschow 2 ½ – wahrscheinlich entscheidende – Jahre verloren.

7) Der Parteichef hat zur Zeit allerdings noch zwei wichtige Karten im Talon:

– Zum einen sind die „Thesen" nicht endgültig; die jetzt anlaufende Mediendebatte könnte noch einige progressive Weichenstellungen erreichen.

– Zum anderen bleibt ihm das Einsatzmittel seines „Berichts" vor der Parteikonferenz. Das ZK-Plenum vom 23.5. hat ihn bereits „beauftragt", einen solchen „Bericht" zu halten. Dieser wird zwar vom Politbüro abgesegnet werden müssen, dürfte aber vielleicht nicht mehr das Zentralkomitee durchlaufen. (Die Mehrzahl der Beobachter rechnet jedenfalls nicht mit einem weiteren Plenum vor der Konferenz.) Gorbatschow könnte somit jenes Doppelspiel betreiben, das er bereits bei früheren Anlässen virtuos vorgeführt hat: offizielle Parteidokumente durch eine radikalere „persönliche" Rede zu ergänzen.

Ob damit das Ruder herumgeworfen werden kann, ist beim jetzigen Stand der Dinge allerdings mehr als zweifelhaft. […]

Dokument 200

Sowjetisch-amerikanisches Gipfeltreffen – Bewertung

GZ 224.17.02/27-II.3/88, BMAA Wien (Sucharipa), 6. Juni 1988

1. Ohne einer eingehenden Analyse der Ergebnisse des jüngsten sowjetisch-amerikanischen Gipfeltreffens im Abrüstungsbereich […] vorgreifen zu wollen, ist festzuhalten, daß die ggstl. Begegnung – abgesehen vom Austausch der Ratifikationsurkunden zum INF-Vertrag – insgesamt zu relativ wenig konkreten Ergebnissen geführt hat (wobei freilich auch keine diesbezüglichen Erwartungshaltungen bestanden haben) […] [.]

2. Die Bedeutung des ggstl. Gipfels liegt daher weniger in den konkreten Ergebnissen, sondern eher in generellen Überlegungen.

– Fortsetzung und sozusagen endgültige Normalisierung des sowjetisch-amerikanischen Dialoges auf höchster Ebene mit der berechtigten Hoffnung, daß dieser Dialog auch mit (und von) der neuen US-Administration ohne Unterbrechung weitergeführt werden wird;

– Weitere Auffächerung des sowjetisch-amerikanischen Beziehungsgeflechts;

– Vertiefter Meinungsaustausch zu Regionalfragen [...];

– Endgültige Legitimierung der Menschenrechtsdiskussion im internationalen Bereich (keine „Einmischung in innere Angelegenheiten");

– Deutliche Verbesserung des „Images" der beiden Supermächte bzw. der beiden Führer im jeweils anderen Land: Prestigegewinn für Reagan in sowjetischer Bevölkerung; neuerliche Public-Relations-Gewinne für Gorbatschow in US-Medien.

3. Eine Beurteilung der innenpolitischen Auswirkungen des Gipfels für Gorbatschow ergibt kein eindeutiges Bild:

Auf der Positivseite kann Gorbatschow sein sicher auch für die sowjetische Bevölkerung beeindruckendes „handling" und seine klare Überlegenheit über den 20 Jahre älteren Reagan sowie die nunmehr erfolgte deutliche öffentliche Anerkennung seines Reformkurses seitens des amerikanischen Präsidenten verbuchen. Konservative Gorbatschow-Kritiker werden jedoch sicherlich die in verschiedenster Form zum Ausdruck gebrachte Kritik der US-Seite an der Menschenrechtssituation vermerken und die Tatsache, daß die Sowjetunion derartige „Verweise" auf sowjetischem Boden hinnehmen müsse, als Ergebnis einer fehlgeleiteten Politik Gorbatschows darstellen.

Gorbatschow dürfte sich insgesamt von dem Gipfel „mehr erwartet" haben und vielleicht die Bereitschaft Reagans, gegen Schluß seiner politischen Karriere weitreichende Zugeständnisse zu machen, überschätzt haben (z. B. kein amerikanisches Eingehen auf sowjetischen 3-Stufen-Vorschlag im konventionellen Abrüstungsbereich, keine Festlegung eines Prinzipienkataloges für bilaterale Beziehungen mit Festschreibung des Grundsatzes der friedlichen Koexistenz).

Auch im wirtschaftlichen Bereich gab es keinen Durchbruch im Sinne Gorbatschows: Offenbar erfolgte keine amerikanische Zusage betreffend Bemühungen zur Aufhebung des Jackson-Vanik-Amendments, obgleich gerade in einer solchen Maßnahme die deutlichste Form der Anerkennung der positiven Faktoren der Glasnost-Politik zu sehen wäre.

4. Österreichische Beurteilung (Stellungnahme VK Mocks v. 31.5.88):

Österreich begrüßt aufrichtig die positive Entwicklung der Beziehungen zwischen den beiden Weltmächten, die ihren konkreten Ausdruck insbesondere im Vertrag über die Beseitigung einer ganzen Kategorie atomarer Waffen, im Abkommen über Afghanistan und einer Reihe von Vereinbarungen zur Verbesserung der bilateralen Beziehungen findet.

Österreich hält es für besonders wichtig, daß der amerikanisch-sowjetische Dialog nicht auf die Rüstungskontrolle allein beschränkt sei, sondern die gesamte Bandbreite der zwischenstaatlichen Beziehungen vom Abbau der Waffen über die Lösung von Regionalkonflikten, wirtschaftliche und kulturelle Zusammenarbeit bis hin zur Menschenrechtsproblematik umfaßt.

Das österreichische Interesse an weiteren Fortschritten im Verhältnis zwischen den beiden Supermächten liegt darin, daß ein Klima der Entspannung für das neutrale

Österreich zusätzliche Möglichkeiten zur Entfaltung einer Brückenfunktion zwischen Ost und West eröffnet. Nach der zeitgerechten Ratifizierung des INF-Vertrages besteht nun berechtigte Hoffnung, daß es auf dem Gebiet der Langstrecken- und chemischen Waffen zu Reduzierungen kommen werde. [...]

Dokument 201
Die Streiks sind vorbei – was nun?

GZ 166.03.00/28-II.3/88, Zl. 97-RES/88, ÖB Warschau (Somogyi), 7. Juni 1988

Als das wahrscheinlich einzig positive Ergebnis der Mai-Unruhen kann das Nochnäheraneinanderrücken zwischen Staat und katholischer Kirche in Polen gewertet werden. So kam es am 24.5. d.J. zu einer Begegnung zwischen Zdzisław SADOWSKI, dem Stvtr. Ministerpräsidenten und Vorsitzenden des Regierungskomitees zur Durchführung der Wirtschaftsreform, und dem polnischen Primas, Kardinal GLEMP, und am 27.5. d.J. zu einer neuerlichen Zusammenkunft der gemeinsamen Kommission von Staat und Kirche unter deren Vorsitzenden, Stvtr. Staatsratsvorsitzenden Kazimierz BARCIKOWSKI und Kardinal Franciszek MACHARSKI: Zum ersten Mal nahmen an dieser Sitzung auch der polnische Innenminister, Waffengeneral KISZCZAK, und der Generalsekretär der Patriotischen Vereinigung zur Nationalen Wiedergeburt (PRON) sowie der ZK-Sekretär Stanisław CIOSEK teil.

Beide Treffen kamen auf Initiative des Staates bzw. der VPAP zustande und dienten nach gemeinsamer Darstellung zur Erörterung des Problems der „Subjektivierung und Demokratisierung des öffentlichen Lebens". Befragt nach den unmittelbaren Motiven für diese Initiative erklärte einer der vom Sachbearbeiter befragten Teilnehmer, daß es zumindest mit der römisch-kath. Kirche keine Probleme gebe, ja, daß man die Zusammenarbeit mit der römisch-kath. Kirche als dauerhaften Weg aus der Krise suche. Überdies wollten die Machthaber auch jene Spannungen abbauen, die nach dem gewaltsamen Eingreifen der Miliz gegen die Streikenden in Nowa Huta, angeblich wenige Stunden vor einer friedlichen Lösung unter Vermittlung einer kirchlichen Delegation, in Teilen des polnischen Episkopats entstanden war.

Dem Vernehmen nach wurden die folgenden Themen einer eingehenden Erörterung unterzogen:

1. Liberalisierung wirtschaftlicher Aktivitäten (Planungskommission)

Es soll das Instrument der zentralen Planung schrittweise überführt werden zu nur mehr grundsätzlicher Vorgabe wirtschaftlicher Planziele durch den Staat und zugunsten von mehr wirtschaftlichen Dispositionsraumes für die einzelnen Wirtschaftszweige. Laut Stvtr. Ministerpräsident Sadowski stehe ein diesbezügliches Gesetz bereits in Ausarbeitung.

2. Die Ausweitung des privaten Wirtschaftssektors (gleicher Zugang zu den Produktionsmitteln sowie zu den In- und Auslandsmärkten, Verbesserung der Steuergesetzgebung etc.)

In diesem Bereich habe ZK-Sekretär CIOSEK sogar die Möglichkeit einer diesbezüglichen Teilrevision der polnischen Verfassung für möglich gehalten.

3. Dezentralisierung und Autonomisierung des Genossenschaftswesens zur Verbesserung des Angebots v.a. an Grundnahrungsmitteln (z.B. Fleisch, Milch und Milchprodukte etc.)

Diese Idee sei auf Seite des Staates stark propagiert worden, da sie in der Durchführung der Wirtschaftsreform ohne weiteres mit den von „Hardlinern" eingeforderten „sozialistischen" Prinzipien leicht in Einklang gebracht werden könne. (Parallelität zur sowjetischen „Kooperazija"?)

4. Ermöglichung der Gründe von autonomen Vereinigungen

Konkret wurden genannt die Wiederzulassung des polnischen PEN-Klubs, die vollständige Anerkennung des KIK (Klub der Katholischen Intelligenz – wurde bereits begonnen durch das sensationelle 5-stündige Zusammentreffen noch 1987 zwischen Politbüromitglied CZYREK und dem Warschauer KIK), aber auch die Akzeptierung der bisher mit eifersüchtigen Augen angesehenen, weil effizienten, Polnischen Ökonomischen Gesellschaft (einer Vereinigung führender Wirtschaftsfachleute unter Führung des bekannten Wirtschaftspublizisten Aleksander PASZYŃSKI).

5. Entpolitisierung des wirtschaftlichen Entscheidungsprozesses in den Betrieben

Innerhalb der Parteiführung sei man sich über die Notwendigkeit dieser Maßnahmen einig. Es gebe jedoch nach eigener Aussage v.a. innerhalb der mittleren Funktionärsschicht sehr starke Widerstände dagegen.

6. Gewerkschaftlicher Pluralismus

Dem Vernehmen nach habe die Parteiführung folgenden Vorschlag unterbreitet: begrenzte Zulassung von freien Gewerkschaften unter der Kontrolle der katholischen Kirche mittels deren pastoralen Teilgliederungen (z.B. kath. Arbeitnehmerbewegung, kath. Bauernorganisation, gesellschaftlicher Rat des Primas etc.). Voraussetzung dafür sei allerdings die Zuerkennung des vom Staat bisher verweigerten vereinsrechtlichen Status für die katholische Kirche. Hier habe man mittlerweile bereits eine Einigung erzielen können, da es ohne Rechtsstatus der katholischen Kirche nicht möglich ist, rechtlich abgesicherte pastorale Teilorganisationen zu schaffen. Eine dem Primas sehr nahestehende Persönlichkeit hat dem Sachbearbeiter erklärt, daß man kirchlicherseits ein anderes Modell unterbreitet habe, nämlich die Zulassung eines gewerkschaftlichen Pluralismus auf Ebene der einzelnen Unternehmen, wobei je nach Willensbildung der Arbeiterschaft in einem Betrieb z.B. gleichzeitig eine „Solidaritäts"-/PRON- und/oder OPZZ-Organisation denkbar wäre. Über die regionale bzw. nationale Struktur eines so gefaßten Gewerkschaftspluralismus sei man sich jedoch offensichtlich auf Seiten des polnischen Episkopats wie auch hinsichtlich eines grundsätzlichen gewerkschaftlichen Engagements der katholischen Kirche nicht einig. Es gebe im Episkopat diesbezüglich zwei einander widerstrebende Auffassungen. Sowohl bei

Staat wie katholischer Kirche sei der Meinungsbildungsprozeß jedoch auf alle Fälle in eine zukunftsweisende Richtung gelenkt worden.

Bei den Gesprächen sei klar zum Ausdruck gekommen, daß die Partei mit der offiziellen polnischen Gewerkschaft OPZZ nicht zufrieden sei. Einerseits hätte die OPZZ-Führung die in sie gesetzten Erwartungen nicht erfüllt, andererseits hätte sich eine Kluft zwischen der Führung und den lokalen Gewerkschaftsvertretern gebildet, die überdies in den einzelnen Betrieben eine immer unabhängigere Politik verfolgten. Dieser Eindruck kann nicht von der Hand gewiesen werden, da z.B. angeblich einige Streiks bzw. Streikmeetings während der Maitage auch unter Mitwirkung lokaler OPZZ-Funktionäre initiiert wurden.

7. Schaffung eines Konsultativrates auf der Grundlage der von den autonomen Organisationen frei gewählten und in diesen entsandten Vertreter

Die aufgrund der in Aussicht genommenen gesellschaftlichen Öffnung möglichen unabhängigen Vereine sollten gewählte Vertreter in einen Konsultativrat entsenden können, der solcherart die Gesellschaft in ihrer Vielgestaltigkeit repräsentieren solle. Dieser Konsultativrat könnte entweder parallel zum bestehenden Konsultativrat beim Staatsrat oder einer anderen Organisationsform bestehen. Beide Räte würden sich – da jeweils eine andere Zusammen- und Zielsetzung vorhanden – ergänzen. Trotz des offensichtlich guten Willens der hohen Gesprächspartner bezweifelt der Berichterstatter, ob überhaupt ein solcher Konsultativrat zumindest für die absehbare Zeit geschaffen werden kann, zu unausgegoren ist das, was man bisher darüber zu hören bekommen hat.

Alle befragten Teilnehmer an den Gesprächen haben unisono die gute Atmosphäre zwischen den Dialogpartnern gelobt. Dies v.a. auch deswegen, weil man auf Seite der katholischen Kirche keinen Zweifel daran läßt, daß man den Primat der Partei anerkenne und – entgegen einiger weniger, radikaler Vertreter des Episkopats – auch nicht bereit sei, in Zukunft in Frage zu stellen. Außerdem schätze man auf kirchlicher Seite die Persönlichkeit und Politik von General JARUZELSKI. Als große Sorge hätten kirchliche Teilnehmer zum Ausdruck gebracht, daß der Meinungs- und Entscheidungsbildungsprozeß innerhalb der Partei der verschiedenen Fraktionen wegen der effizienten Problemlösungskapazität entgegenstehe.

In wenigen Tagen wird das Plenum des ZKs der PVAP zusammentreffen. Allgemein wird erwartet, daß auf diesem richtungsweisende Beschlüsse hinsichtlich der Öffnung der Gesellschaft auf Grundlage des Dialogs zwischen Staat/Partei und Kirche getroffen werden.

Es zeigt sich wieder einmal mehr, daß das Zweckbündnis Staat/Partei und katholische Kirche die einzige Chance auf gesellschaftliche Befriedung bietet und den rationalen Faktor in der sonst von vielen Emotionen und Irrationalitäten getragenen öffentlichen Debatte darstellt.

Auf alle Fälle halten die hiesigen Machthaber an der weiteren Ablehnung der „Solidarität" und Lech Wałęsas nachdrücklich fest. Dem letzteren wird jetzt noch vorgeworfen, wieder einmal eine historische Chance vergeben zu haben, indem er sich im Mai d.J. nicht im übergeordneten Interesse Polens gegen die ursprünglich gar nicht von der „Solidarität" initiierten Streiks aussprach.

So scheinen der kommunistische Staat und die PVAP zwischen den theoretisch möglichen Dialogpartnern, nämlich katholische Kirche und „Solidarität"/Lech Wałęsa, das in ihren Augen kleinere Übel, nämlich die katholische Kirche, zu wählen. Der katholischen Kirche, v.a. Kardinal GLEMP, die die Konkurrenzierung der Kirche hinsichtlich Einflußnahme auf das polnische Volk durch die Solidarität eher mit scheelen Augen sah, kann dies nur recht sein.

Dem Regime ist übrigens hinsichtlich Erkenntnis, die katholische Kirche als Partner zu betrachten, durchaus beizustimmen. […]

Dokument 202
Perestroika und Außenpolitik

GZ 225.02.02/15-II.3/88, BMAA Wien (Litschauer), 14. Juni 1988

<u>Vorbemerkung:</u>

Als Plattform für die Diskussion über Fragen, die die XIX. Unionsparteikonferenz (Ende Juni 1988) erörtern soll, hat das ZK der KPdSU ein 10-Thesen-Papier erarbeitet. Diese Thesen tragen <u>über weite Passagen die Reformhandschrift Gorbatschows</u> (Aufnahme von mehreren in der Vergangenheit gemachten Äußerungen und bekannt gewordenen Vorstellungen des GS). These 10 (Text angeschlossen) ist der neuen („Perestroika"-)Außenpolitik gewidmet. Da außenpolitische Fragen i.e.S. nicht auf der Traktandenliste der Parteikonferenz stehen, erscheint die Aufnahme der diesbezüglichen, sehr umfangreichen Ausführungen in das Thesenpapier für die Abstützung der inneren Reformen durch außenpolitische Erfolge und neues internationales Prestige besonders wichtig. Der Umstand, daß These 10 keine inhaltliche Änderung zu gewärtigen hat, dürfte ihre Ausführungen zur <u>Grundlage der sowjetischen Außenpolitik für die absehbare Zukunft</u> machen (unter der Voraussetzung, daß die Konferenz einigermaßen im Sinne Gorbatschows verläuft).

A N A L Y S E:

A. Ausgangslage; Perestroika ist ein „Faktor von internationaler Bedeutung" geworden mit positivem Einfluß auf das Weltgeschehen. Daher neue, adäquate Außenpolitik erforderlich mit den Zielen

– Demokratisierung der internationalen Beziehungen der SU;

– „andere Position" der SU in der internationalen Arbeitsteilung.

B. Kritik an bisheriger Außenpolitik:

– gekennzeichnet von Dogmatismus und „subjektivistischem Herangehen";

– Zurückbleiben hinter grundlegenden Veränderungen in der Welt;

– Entspannungs-, Verständigungs- und Rüstungsbalancemöglichkeiten nicht ausreichend genützt;

– das „Mittun" beim Wettrüsten hatte (negative) Auswirkungen auf die sozioökonomische Entwicklung und die internationale Position der SU.

C. Die Charakteristika der Außenpolitik der Perestroika:

1. „Neues Denken" als Grundlage (frei von überlebten Klischees), ebenso Realismus, Koexistenz, Kooperation, Suchen nach politischen (nicht militärischen) Lösungen.

2. Neues „außenpolitisches Credo" mit folgenden Ideen:

a) Etappenweise Beseitigung der Kernwaffen bis zum Jahr 2000 (dabei weitgehende sowjetische Kompromißbereitschaft);

b) System umfassender Sicherheit;

c) Freiheit der Wahl des (staatlichen) Systems;

d) Interessensausgleich:

e) „Europäisches Haus";

f) Umgestaltung der Beziehungen im asiatisch-pazifischen Raum;

g) ausreichende Verteidigungsfähigkeit/nicht-offensive Militärdoktrin (Verlagerung der Sicherheitserfordernisse aus der Sphäre militärischer Potentiale in die Sphäre der Politik, des Rechts, der Moral);

h) internationale ökonomische Sicherheit;

i) Senkung des Rüstungsniveaus;

j) beidseitiger (Anm.: wohl SU und US bzw. deren „Stellvertreter") Abzug von Truppen und Auflösung ausländischer Stützpunkte auf fremden Territorien;

k) VBM;

l) unmittelbare Einbeziehung der Wissenschaft in die Weltpolitik.

3. Neuer Stil: Dialog! – Dadurch

a) „Neuentdeckung" der SU durch das Ausland;

b) besseres Verstehen der Welt durch die SU;

c) Herausbildung zivilisierter intern. Beziehungen;

d) qualitativer Umbruch im Bewußtsein der Menschheit.

D) Kennzeichen der Perestroika-Außenpolitik gegenüber den anderen sozialistischen Ländern:

1. Beseitigung von Formalismus und „Repräsentationssucht";

2. Beachtung der Prinzipien der Gleichberechtigung, Selbstständigkeit, Nichteinmischung;

3. Anerkennung der Vielfalt der nationalen Formen der sozialistischen Gesellschaft;

4. gegenseitiger Nutzen, Interessensausgleich, „gemeinsame Verantwortung für die Geschicke und das Ansehen des Sozialismus" (Anm.: Anklang an/Weitergeltung der Breschnew-Doktrin?);

5. Stärkung der Rolle des Sozialismus in der internationalen Entwicklung.

E. Kennzeichen der Perestroika-Außenpolitik gegenüber anderen Staaten:

1. Verbesserung bestehender Beziehungen;

2. Aufnahme früher nicht bestehender Kontakte;

3. Mit keinem Staat haben sich die Beziehungen (seit 1985) verschlechtert.

F. Neugestaltung der Beziehungen zu

– kommunistischen, sozialdemokratischen „und anderen" politischen Parteien;

– der Blockfreien-Bewegung;

– Intellektuellen-Kreisen.

G. Bisherige Ergebnisse der Perestroika-Außenpolitik in der Praxis:

1. INF-Vertrag;

2. Afghanistan-Abkommen;

3. „gewisse" Verbesserung der Beziehungen SU-USA (mit „realer" Aussicht auf weitere Reduzierung der nuklearen Gefahr);

4. aktive Rolle bei Verhandlungen über Verbot chem. Waffen;

5. Verringerung der Konfrontation zwischen NATO und WP;

6. aktives Streben nach Reduzierung konventioneller Rüstungen und Streitkräfte in Europa;

7. „unbedingte" Verminderung der Gefahr eines Krieges unter Beteiligung der Großmächte;

8. „merkliche" Verbesserung der internationalen Stellung der SU;

9. Situation in der Welt stabiler und berechenbarer.

W E R T U N G

– Der breit angelegte, gut strukturierte Überblick über die (neue) sowjetische Außenpolitik im Zeichen der Perestroika zeichnet sich weitgehend durch eine nüchterne, pragmatische und wenig floskelhafte Sprache aus.

– Verbliebene Schlagworte, die mittlerweile zum Teil in den internationalen Wortschatz Eingang gefunden haben, wie z.B. „europäisches Haus", „Stärkung der Rolle des Sozialismus in den internationalen Beziehungen", „Interessensausgleich", werden aber auch jetzt nicht näher erläutert.

– Wie schon in Gorbatschows großer Rede zum 70. Jahrestag der Oktoberrevolution findet sich auch hier ein Anklang an die sogenannte Breschnew-Doktrin.

– Auffallend ist die sehr deutliche Kritik an der sowjetischen Außenpolitik der Vergangenheit: Zum ersten Mal gesteht die Führung der Weltmacht Sowjetunion, die in ihrer ganzen Geschichte bisher konsequent Schuld an bestimmten Vorgängen und Entwicklungen nur bei anderen gesucht hat, „Spannungen zu vermindern und das Verständnis zwischen den Nationen zu vermehren".

–   Insgesamt herrscht das Bestreben vor, die SU als vertrauenswürdigen, berechenbaren Partner in den internationalen Beziehungen darzustellen, der um ein positives, offenes Image bemüht ist. […]

Dokument 203

Die verbotene Gewerkschaft „Solidarität" nach den Mai-Unruhen 1988

GZ 166.03.00/30-II.3/88, Zl. 105-RES/88, ÖB Warschau (Somogyi), 16. Juni 1988

Um mit ihm wieder einmal ein ausführliches Gespräch führen zu können, lud der Gefertigte den Sprecher der verbotenen Gewerkschaft „Solidarität", Dr. Janusz ONYSZKIEWICZ, zu einem Mittagessen ein, dem sonst nur BSS Dr. Michael Weninger beiwohnte.

Die Frage, ob es in Polen politische Gefangene gibt, beantwortete der Gesprächspartner dahingehend, daß es seines Wissens nach solche, allerdings nur in geringer Zahl, gebe. Konkret nannte er die Namen von 3 Inhaftierten. Die Botschaft wird zu dieser Frage noch genauere Erkundigungen einholen und darf sich diesbezüglich einen gesonderten Bericht vorbehalten.

Zur Staats- und Parteiführung führte Dr. Onyszkiewicz aus, daß die „Solidarität" nach wie vor den Primat der Partei sowohl hinsichtlich Außen- und Sicherheitspolitik und auch Aufrechterhaltung der inneren Ordnung als auch als 1. gesellschaftliche Kraft im Lande selbst anerkenne. Allerdings müsste die Partei den Einfluss auf die Gewerkschaften zugunsten des Gewerkschaftspluralismus reduzieren. Es werde von der „Solidarität" auch nicht an der Freundschaft des polnischen Staates und seinem Bündnis mit der Sowjetunion gerüttelt. Es darf hiezu bemerkt werden, daß diese Position seit Jahren unverändert, aber nicht sehr ernst zu nehmen ist. Fernziel sei Dr. Onyszkiewicz zufolge unverändert die Errichtung einer parlamentarischen Demokratie nach westlichem Vorbild (ob dies das polnische Volk tatsächlich will, steht nach Meinung des Gefertigten keineswegs fest.) Zur Bemerkung des Gefertigten, daß das verheimlichte Endziel der „Solidarität" die Beseitigung des „Sozialismus" in Polen sei, wurde von Dr. Onyszkiewicz bemerkt, daß […] dies nur dahingehend stimme, daß die Allmacht der PVAP in allen Bereichen beseitigt werden und die Abhängigkeit von der Sowjetunion (er verwendet das Wort „subservience") beendet werden müssten. Der Gesprächspartner bestritt auch nicht, daß seine Bewegung nicht nur rein gewerkschaftliche Ziele – wie dies von den Oppositionellen in der letzten Zeit immer wieder behauptet wurde – verfolge und wies mit Recht auf westliche Gewerkschaften hin. Der Gefertigte musste aber erwidern, daß seines Wissens z.B. der ÖGB nie von sich behauptet habe – aber eben die „Solidarität" –, daß er nur gewerkschaftliche Aufgaben verfolge.

Zum Verhältnis „Solidarität"-OPZZ erklärte der Mitredner, daß es keine Kontakte, auf welcher Ebene auch immer, gebe. Nur ein einziges Mal sei er vor ungefähr einem Jahr mit dem OPZZ-Vorsitzenden MIODOWICZ ohne Ergebnis zusammengetroffen. Dies sei aber auch schon alles. Ein sinnvoller Dialog wäre nur dann möglich, wenn der OPZZ die „Solidarität" als gewerkschaftliche Organisation als solche anerkennen würde. Umgekehrt hätte man gegen den OPZZ auch nichts einzuwenden. Es würde das Vorhandensein einer weiteren Gewerkschaft der Auffassung von Gewerkschaftspluralismus nur entsprechen. Diese Auffassung ist tatsächlich authentisches Gut der Ideologie der „Solidarität", da kein Zweifel daran gelassen wird, daß sie mehrere Gewerkschaftsorganisationen akzeptiere und dies umso [mehr], als sie in diesem Falle über Mitgliederzulauf nicht zu klagen hätte, und andere gewerkschaftliche Organisationen keine Gefahr darstellen würden. Gewerkschaften unter der Schirmherrschaft der katholischen Kirche […] könnte Dr. Onyszkiewicz keinen Geschmack abgewinnen wohl aus Angst vor der möglichen Konkurrenz.

Bei der Erwähnung der Demokratisierungsschritte der Regierung gab Dr. Onyszkiewicz ein völlig negatives Urteil über die Tätigkeit des Konsultativrates beim Staatsratsvorsitzenden ab. Er bezeichnete diese Einrichtung als durchaus nutzlos. Auch vertrat er die Meinung – entgegen ho. vorliegenden Informationen –, daß seinerzeit die Einladung der Regierung zum Beitritt zu dieser Körperschaft sehr limitiert gewesen sei. Die negative Beurteilung des Konsultativrates wird nicht nur vom Gefertigten nicht geteilt, sondern insbesondere auch nicht von Kardinal GLEMP.

Auf den allerdings nicht sehr publizierten Aufruf der „Solidarität" zum Boykott der am 19.ds. stattfindenden Gemeinderats-Wojewodschaftswahlen angesprochen, meinte Dr. Onyszkiewicz, daß dies deshalb erfolgt sei, weil sich in dem Staat nichts Grundlegendes geändert habe. Der Gefertigte vermutet in Wirklichkeit ein anderes Motiv. Die vorerwähnten Wahlen sind nicht sonderlich bedeutend, die Wahlbeteiligung wird vermutlich auch ohne Boykottaufruf der „Solidarität" gering sein. Die niedrige Wahlbeteiligung könnte jedoch von der derzeit ramponierten „Solidarität" als ein vermeintlicher politischer Erfolg verbucht werden.

Ganz allgemein hinterließen die Aussagen von Dr. Onyszkiewicz den Eindruck, daß die „Solidarität" derzeit über kein Konzept und keine ausformulierte Strategie verfügt. Der Mitredner gestand offen ein, daß man lediglich bemüht sei, sich permanent gesellschaftspolitisch durch Aktionen in Erinnerung zu rufen, auf die Regierung Druck auszuüben, und auf die Einladung zur nationalen Versöhnung seitens der Machthaber warte. Eine solche Versöhnungsgeste erwarte man und setze diesbezüglich große Hoffnung auf den weiteren Fortgang der Gorbatschowschen Reformpolitik, welche der polnischen Führung den dazu nötigen Freiraum gewähre. Haupthindernis für einen Dialog seien vor allem die psychologischen Barrieren der Führungspersönlichkeiten und Obsessionen auf beiden Seiten. Über Mittelsmänner (der „Solidarität" nahestehende und in offiziösen Gremien mitarbeitende Persönlichkeiten) werde zwar versucht, eine Gesprächsbasis herzustellen, bislang jedoch ohne Erfolg. Hinsichtlich eines möglichen Dialogs zwischen Stv. Ministerpräsident SADOWSKI und „Solidaritäts"-Führer WAŁĘSA herrschen nicht nur in den westlichen Medien, sondern auch in den ansonsten gut informierten polnischen Kreisen unterschiedliche Versionen, die auch Dr. Onyszkiewicz nicht ganz erhellen konnte. Es kann jedoch nach wie vor angenommen werden, daß man auf Seiten der Staatsführung willens ist, mit einzelnen Persönlichkeiten der „Solidarität", aber vermutlich nicht mehr mit WAŁĘSA selbst und wahrscheinlich auch keinesfalls mit der Gewerkschaft als solcher, in einen Dialog einzutreten.

Dr. Onyszkiewicz bewertete die Persönlichkeit Lech WAŁĘSAS durchaus nüchtern, indem er darauf hinwies, daß dessen Stärke vor allem in seinem symbolischen Wert bestehe und in seiner Kapazität, im Falle einer nationalen Krise u.U. durchaus auch im Sinne der Regierung eine Hilfe zu sein. Rede- und sprachgewandt sei Lech WAŁĘSA jedenfalls nicht, was sich auch in mancher seiner Erklärungen widerspiegele, die wiederum hin und wieder entstellt und aus dem Zusammenhang gerissen werden, so z.B. auch von Radio Free Europe. General JARUZELSKI wieder wurde vom Mitredner als redlicher Soldat bezeichnet, der ehrlich der Auffassung sei, nur über die Partei und vor allem in Zusammenarbeit mit der Sowjetunion Polen einen Dienst erweisen zu können. Ob man JARUZELSKI als polnischen Patrioten bezeichnen könne, ließ der Mitredner mit dem Hinweis offen, daß dies eine Frage der Definition und damit unterschiedlich zu beantworten sei.

Allgemein hinterließ der persönlich sympathische Mitredner – wie auch schon bei früheren Unterredungen – den Eindruck eines anscheinend oder scheinbar gemäßigten, dialogbereiten „Solidaritäts"-Funktionärs, der jedoch in der Sache selbst unverrückt auf Etablierung von Gewerkschaftspluralismus und Demokratie eingeschworen ist. Mitbestimmung oder gar Teilnahme an der Macht sind jedenfalls die prioritären Anliegen der „Solidarität". Um diesem Ziel näher zu kommen, wäre Dr. Onyszkiewicz zufolge die „Solidarität" sogar erforderlichenfalls bereit, auf ihren Namen, nicht jedoch auf Lech WAŁĘSA zu verzichten. Für die Dialogaufnahme sei auch die vorherige Wiederzulassung der „Solidarität" keine Bedingung, wenn auch hierüber sofort nach Beginn der Gespräche verhandelt werden müßte. Von der „Solidarität" werden auch, Dr. Onyszkiewicz zufolge, in den nächsten Monaten keine Streiks veranstaltet werden – wohl im Hinblick auf die im Mai d.J. gemachten Erfahrungen.

Abschließend darf die Botschaft auf das interessante Phänomen hinweisen, daß nämlich fast alle führenden Berater der „Solidarität" mittlerweile von der Organisation als solcher etwas abgerückt sind und zum Teil bedeutsame Aktivitäten in offiziösen bis offiziellen Organisationen, z.B. innerhalb der Klubs der Katholischen Intelligenz (KIK), von halbstaatlichen Wirtschaftsorganisationen (Beratungs- und Forschungsorgane), dem Konsultativrat beim Staatsrat etc. einnehmen und so zu einem nicht zu unterschätzenden Bindeglied zwischen Opposition und Staats- und Parteiführung geworden sind, über die in gewisser Weise eine tragfähige Dialogbasis gefunden werden konnte. Dr. Onyszkiewicz sieht dies freilich als Ergebnis der regierungsseitigen Bemühungen an, möglichst viele oppositionell eingestellte Persönlichkeiten auf Seiten der Regierung zu ziehen. Der Ansicht des Gefertigten, daß General JARUZELSKI persönlich von der „Solidarität" und insbesondere von Lech WAŁĘSA nichts wissen will, pflichtete Dr. Onyszkiewicz bei. Die ha. wiederholt einberichtete Auffassung, daß es zwischen den Machthabern und der „Solidarität" als solcher nicht zu Gesprächen kommen wird, solange General JARUZELSKI und Lech WAŁĘSA an der jeweiligen Spitze stehen, darf wiederholt werden. […]

Dokument 204

Das „Gemeinsame Europäische Haus" – sowjetische Vorstellungen von der Zukunft Europas

GZ 225.02.02/19-II.3/88, Zl. 363-RES/88, ÖB Moskau (Vukovich), 17. Juni 1988

Die Metapher vom „Gemeinsamen Europäischen Haus" wurde von GS Gorbatschow soweit ho. erinnerlich bereits anläßlich seines Frankreich-Besuches im Oktober 1985 geprägt. Das dahinterstehende Konzept hat GS Gorbatschow in seinem im Herbst 1987 erschienenen Buch „Perestroika und das Neue Denken für unser Land und die ganze Welt" (Kapitel VI) in Umrissen skizziert.

In seinem im Westen zum Bestseller gewordenen, in der UdSSR allerdings nur schwer erhältlichen Buch hat Gorbatschow [...] zu einem Abbau der Konfrontation in Europa und zu einer Anerkennung der politischen Realitäten aufgerufen. Die Spaltung Europas, für die er den Westen verantwortlich macht, könnte mit Hilfe des KSZE-Prozesses überwunden werden. An Stelle von Konfrontation und Rüstungswettlauf sollte in Europa friedliche Koexistenz, gegenseitig vorteilhafte Zusammenarbeit und ein Klima des gegenseitigen Vertrauens treten. Für eine solche Entwicklung gebe es eine Reihe von „Imperativen" (im dicht besiedelten Europa hätte jede militärische Auseinandersetzung vernichtende Folgen, die ökologischen Probleme durch gemeinsame Anstrengung aller Europäer) sowie förderliche Faktoren (bittere Erfahrungen der Europäer in zwei Weltkriegen, Perspektiven für eine gemeinsame Nutzung des enormen wirtschaftlichen und wissenschaftlich-technischen Potentials Europas, historisch-kulturelle Einheit Europas vom Atlantik bis zum Ural).

Auf militärischem Gebiet müsse Europa von Atomwaffen befreit und die konventionellen Militärpotentiale auf ein für Verteidigungszwecke „vernünftiges Mindestmaß" reduziert werden. Bei jedem seiner Treffen mit Präsident Reagan habe GS Gorbatschow auf die Sicherheitsinteressen Europas besonders Bedacht genommen.

Auf wirtschaftlichem und wissenschaftlich-technischem Gebiet tritt Gorbatschow für eine gesamteuropäische Zusammenarbeit ein, wobei er konkret einen Abbau der COCOM-Restriktionen für Hochtechnologie verlangt und auf neue Möglichkeiten der Zusammenarbeit durch Schaffung von Joint Ventures hinweist.

Zu Menschenrechten und humanitären Problemen nimmt Gorbatschow in seinem Buch nur in sehr allgemeiner Form Stellung. Er erwähnt die sowjetische Bereitschaft zu einem Dialog über diesen Fragenkomplex, u.a. auch im Rahmen einer dieser Thematik gewidmeten KSZE-Veranstaltung in Moskau.

Wenn die UdSSR die eigenständige Rolle Europas unterstreiche, so tue sie das nicht in der Absicht, Westeuropa und die USA zu entzweien. Gorbatschow wörtlich: „Es liegt uns fern, die bestehenden historischen Bande zwischen Westeuropa und den USA zu ignorieren... Unsere Vorstellung vom Gemeinsamen Europäischen Haus besteht nicht darin, daß wir vor irgend jemandem die Tür zuschlagen...Die sozialistischen Staaten haben seinerzeit die Teilnahme der USA und Kanadas am Helsinki-Prozeß akzeptiert".

Der Leiter der Westeuropaabteilung des IMEMO, Wladimir Baranowskij, hat allerdings die Frage der Größe des künftigen „Gemeinsamen Europäischen Hauses" (33 oder 35 Staaten) differenzierter beantwortet. In der UdSSR gebe es Leute, die der Ansicht seien, daß die USA und Kanada aus Europa hinausgedrängt werden müßten (dies sei die alte Denkweise). Daneben gebe es solche, die meinen, daß die USA in Europa festgehalten werden sollten, da die westeuropäischen Staaten ohne USA schwieriger zu behandeln wären. Für die UdSSR sei es im sicherheitspolitischen Bereich leichter, mit der westlichen Supermacht als mit den westeuropäischen Staaten zu verhandeln. Die UdSSR müßte auch befürchten, daß ein Westeuropa ohne Sicherheitsschild der USA eine militärische Union anstrebt. Eine militärische Union Westeuropas wäre für die UdSSR noch unangenehmer als das derzeitige Nordatlantische Bündnis. Eine westeuropäische Militärunion wäre ebenso wie die NATO gegen Osteuropa gerichtet und überdies noch schwieriger zu behandeln als die NATO. Die richtige Alternative zur NATO wäre die Auflösung beider europäischer Militärblöcke. Baranowskij gab sodann zu verstehen, daß seiner Ansicht nach (wobei es sich wohl um die Meinung des IMEMO handeln dürfte) im „Gemeinsamen Europäischen Haus" nach dessen Fertigstellung die USA und Kanada als Mitbewohner eigentlich entbehrlich wären. („Sie haben in diesem Haus keinen definitiven Platz"). Der Auszug der beiden nordamerikanischen Mitbewohner könnte das Ergebnis eines längerfristigen Entspannungsprozesses in Europa sein (10-20 Jahre); er wäre möglich, wenn die UdSSR von Westeuropa nicht mehr als militärische Bedrohung empfunden wird. In diesem Zusammenhang hat Baranowskij auf die These des ZK der KPdSU zur 10. KPdSU-Parteikonferenz hingewiesen, in denen es heißt, daß die sowjetische Führung in der Vergangenheit nicht alle Möglichkeiten genutzt habe, um die Sicherheit der UdSSR mit politischen Mitteln zu gewährleisten, und daß sie sich in ein Wettrüsten habe hineinziehen lassen. Dies sei – so Baranowskij – von den Westeuropäern als Bedrohung ihrer eigenen Sicherheit angesehen worden. Die heutige sowjetische Außenpolitik habe zum Ziel, die Westeuropäer von dieser latenten Angst zu befreien.

Wie der Gesprächspartner im IMEMO weiters ausführte, handle es sich bei dem Begriff „Gemeinsames Europäisches Haus" nicht um etwas Philosophisches; er beruht vielmehr auf der rationalen Erkenntnis, daß zwischen West- und Osteuropa zahlreiche Gemeinsamkeiten und Interdependenzen bestünden. Die UdSSR verfüge allerdings über keinen fertigen Bauplan, sondern erwarte von allen europäischen Staaten Anregungen und Vorschläge.

Auf den Einwand des Gefertigten, daß abgesehen von der Geographie, Geschichte und Kultur[1] heute in allen übrigen Bereichen größere Gemeinsamkeiten zwischen Westeuropa und Nordamerika (bzw. zu den anderen nichteuropäischen OECD-Staaten) bestehen als zwischen West- und Osteuropa, räumte Baranowskij ein, daß die Beziehungen zwischen beiden Teilen Europas in vieler Hinsicht erst entwickelt

---

[1] Im kulturellen Bereich wird von sowjetischer Seite die Ansicht vertreten, daß Westeuropa die „amerikanische Massenkultur" aufgezwungen wurde; die traditionellen geistig-moralischen Werte Europas würden durch vermehrten kulturellen Austausch zwischen West- und Osteuropa eine Wiederbelebung erfahren. (Diese Fußnote ist vom Akt übernommen.)

werden müßten. Durch die wirtschaftlichen und politischen Reformen in der UdSSR und in den anderen osteuropäischen Staaten würde die ideologische Trennungslinie zwischen beiden Teilen Europas weniger sichtbar werden und es würden sich neue Kooperationsmöglichkeiten bieten.

Die Integrationsprozesse in West- und Osteuropa könnten zu einem Störfaktor für eine gesamteuropäische Zusammenarbeit werden, wenn es zwischen EG und RGW zu einer Abschottung statt zu einer Entwicklung „transintegrativer Prozesse" käme. Die nunmehr erfolgte gegenseitige Anerkennung von EG und RGW sei ein Schritt in die richtige Richtung, dem eine Intensivierung der wirtschaftlichen und wissenschaftlich-technischen Kooperation zwischen beiden Wirtschaftsräumen folgen müßte. Die Schaffung eines einheitlichen EG-Binnenmarktes könnte negative Auswirkungen für Osteuropa haben; die dahingehende Entwicklung sei aber eine Realität, mit der die UdSSR leben müsse. Der sowjetische Gesprächspartner ließ erkennen, daß die UdSSR die Aufnahme bilateraler Beziehungen zwischen den einzelnen RGW-Staaten und der EG mangels realistischer Alternativen akzeptieren mußte. Eine Zusammenarbeit zwischen EG und RGW wäre nicht bloß wegen der unterschiedlichen rechtlichen Strukturen beider Organisationen, sondern vor allem wegen des Fehlens entsprechender wirtschaftlicher Mechanismen auf Seiten des RGW unmöglich. Die Volkswirtschaften der RGW-Staaten seien für eine Integration nach dem Muster der EG noch lange nicht reif. Baranowskij zeigte sich auch beunruhigt, daß der einheitliche EG-Binnenmarkt eine starke Anziehungskraft auf einzelne osteuropäische Staaten ausüben könnte.

Auffallend vorsichtig waren Baranowskijs Prognosen hinsichtlich einer Intensivierung der gesamteuropäischen Zusammenarbeit auf kulturellem und humanitärem Gebiet. Hier hänge die weitere Entwicklung davon ab, ob sich der gegenwärtige sozio-politische Reformkurs in der UdSSR und anderen osteuropäischen Staaten trotz konservativen Widerstands durchsetzen kann.

In einem in der jüngsten Ausgabe der Wochenzeitschrift „Moskowskije Nowosti" veröffentlichten Diskussionsbeitrag zum Thema „Gemeinsames Europäisches Haus" erklärt der Nowosti-Funktionär und Deutschlandexperte des ZK-Sekretariats, Nikolai Portugalow, daß die gegenwärtige „Entideologisierung der sowjetischen Außenpolitik" dem Ziel diene, auf militärischem, politischen, humanitärem und nicht zuletzt auch auf wirtschaftlichem Gebiet eine „maximale Kompatibilität" zwischen europäischen Staaten unterschiedlicher Gesellschaftsordnung zu schaffen.

Im Rahmen der in letzter Zeit in der UdSSR an Intensität deutlich zunehmenden Diskussion über europäische Gemeinsamkeiten hat der Direktor des Instituts für allgemeine Geschichte der sowjetischen Akademie der Wissenschaften und Verfasser des hier vor kurzem erschienenen Buches „Die europäische Idee in der Geschichte", A.O. Tschubarjan, dieser Tage in einem „Iswestija"-Interview erklärt, daß es in der Vergangenheit diverse Pläne für die Einigung des europäischen Kontinents auf hegemonistischer Grundlage gegeben habe. Neben der Heiligen Allianz und der von den Nationalsozialisten für Europa vorgesehenen „Neuen Ordnung" nannte Tschubarjan auch „imperialistische Pläne für die Gründung der Vereinigten Staaten von Europa". Parallel dazu habe es aber stets auch eine „progressive und demokratische Linie" in der europäischen Einigungsbewegung gegeben. Das „Neue Denken" in der UdSSR habe zu einer Überwindung der „nihilistischen Einstellung" der sowjetischen Politik- und Geschichtswissenschaft zum Europagedanken geführt. Die sowjetischen Theoretiker würden heute nicht mehr so wie in der Vergangenheit die Europaidee als eine bürgerliche Erfindung abtun. Tschubarjan verlangt jedoch gleichzeitig von den westlichen Theoretikern, Rußland bzw. der UdSSR nicht mehr länger als etwas für Europa Fremdes oder gar Feindliches darzustellen. Auf die Frage der „Iswestija", ob es nicht neben dem „Gemeinsamen Europäischen Haus" auch ein gemeinsames asiatisches oder afrikanisches Haus gebe, meinte Tschubarjan schließlich, daß sich Europa von anderen Kontinenten durch die Intensität der Beziehungen zwischen den einzelnen Staaten sowie durch das Bestehen einer historisch gewachsenen kulturellen und religiösen Gemeinschaft (Anmerkung der Botschaft: siehe Propagandaschauspiel der „Tausendjahrfeier"[2]) unterscheide, sodaß von einer gemeinsamen europäischen Zivilisation gesprochen werden könne. […]

Dokument 205

„Gemeinsames Haus Europa", britische Beurteilung

GZ 225.02.02/18-II.3/88, Zl. 296-RES/88, ÖB London (Magrutsch), 17. Juni 1988

Im britischen Außenministerium mißt man dem von Generalsekretär Gorbachov verwendeten Begriff eines „gemeinsamen europäischen Hauses" keine besondere Bedeutung bei. Der für (Gesamt-)Europa zuständige Assistant Under Secretary of State, mit dem der Unterfertigte kürzlich ein diesbezügliches Gespräch führte, meinte, daß es sich hier nur um „romantic semantic" handle, mit welcher vor allem die dringend benötigte wirtschaftlich-technologische Hilfe und Kooperation des Westens abgesichert werden soll. Es handle sich im Grunde genommen um kein neues Konzept; Moskau wolle offensichtlich mit der bewußten Betonung der Zugehörigkeit zu Europa seine Teilnahme am sichtbaren wirtschaftlichen Fortschritt Westeuropas gewährleistet sehen. Die bekannten Schlagworte Gorbachovs, die sich heute in aller Munde befinden, würden letztlich ebenfalls vor allem in diese Richtung zielen, der innersowjetischen Reform seien systemimmanente Grenzen gesetzt. Britischerseits verfolge man die Reformbestrebungen Gorbachovs insgesamt mit Interesse, aber ebenso mit Realismus.

Der Staatsminister im Foreign Office David Mellor hat am 15. April in Wien beim KSZE-Folgetreffen eine Rede gehalten, deren Inhalt do. bekannt sein dürfte, von der jedoch vorsorglicherweise eine Kopie beigeschlossen wird. Er unterstreicht darin, daß die europäischen „Gemeinsamkeiten" sich eben vor allem in der menschlichen Dimension widerspiegeln müßten, „otherwise talk of a 'common European home' is mere propaganda. There can be no common European home with barbed wire in the garden and secret policemen in the cellar." […]

---

[2] Gemeint ist damit die Tausendjahrfeier der russisch-orthodoxen Christen in Jahr 1988.

Dokument 206

Wirtschaftliche Reformbemühungen der Regierung nach den Erfahrungen der Mai-Unruhen

GZ 166.20.00/3-II.3/88, Zl. 106-RES/88, ÖB Warschau (Somogyi), 20. Juni 1988

Am 13. und 14.6. d.J. tagte die 7. Vollversammlung des Zentralkomitees der Vereinigten Polnischen Arbeiterpartei. Hauptthemen waren neben personellen Veränderungen (hiezu ergeht ein gesonderter Bericht) die weitere Vorgangsweise bei der Durchführung der wirtschafts- und gesellschaftspolitischen Reform. […]

Die Reformbemühungen basieren auf dem Bewußtsein der Notwendigkeit

– zur Beschleunigung des eingeschlagenen Weges (den orthodoxen Parteielementen wurde ein klare Absage erteilt) und

– der Radikalisierung der bisher etablierten Reformelemente.

Nicht ganz neu ist, daß – wie z.B. der Sprecher der Regierungskommission für die Durchführung der Reform offen aussagte – man nunmehr zugibt, daß eine Wirtschafts- ohne eine gleichzeitige gesellschaftliche Reform nicht gelingen könne.

Dementsprechend umfassen die Bemühungen auf ökonomischem Gebiet nach Aussage des oberwähnten Regierungssprechers folgende Punkte:

1. Einführung von bedeutenden Elementen der Marktwirtschaft. Gedacht ist an die Schaffung eines Waren-, Investitions-, Valuten- und Arbeitsmarktes. Geplant ist auch die Schaffung einer Börse, wobei beabsichtigt wird, den Wertpapierhandel auch für Privatpersonen zugänglich zu machen.

Interessant ist in diesem Zusammenhang die ideologische Untermauerung dieses Vorhabens. So gesteht man, daß die orthodoxe „sozialistische" Ausbeutungsideologie dazu geführt habe, daß man Zweck und Mittel ökonomischen Handelns nicht differenziert habe. Nunmehr gelte es diese Bereiche klar zu trennen, nämlich wirtschaftspolitische Instrumente als das zu sehen, was sie sind, eben technische Möglichkeiten zur Erzielung ökonomischer Erträge und diese jedoch gleichzeitig in einem echt „sozialistischen" Sinn zu gebrauchen.

2. Neuinterpretation der Funktion des Geldes. Neue Devise wirtschaftlichen Handelns stelle die Erzielung von Gewinn dar. Auch der Arbeitnehmer solle über ein leistungsgerechtes Einkommen verfügen können. Ganz allgemein soll der Wirtschaftskreislauf einkommenseitig verstärkt, Konsumorientierung Platz greifen und damit die Wirtschaftsdynamik angekurbelt werden.

Löhne müßten gesehen werden als Meßinstrumente der Arbeitsleistung, sodaß, wer mehr leistet, auch mehr verdienen könne.

3. Neubewertung der Funktion von Krediten. Bis jetzt seine Kredite einfach nicht als Geldmittel betrachtet worden, man habe viel zu viele Kredite aufgenommen und diese auch noch schlecht genützt. Nunmehr werde in absehbarer Zeit ein Netz von Kreditinstituten geschaffen werden. Man spricht von 9 landesweit tätigen Banken,

deren Zentralen in verschiedenen Großstädten eingerichtet werden. Sie werden unabhängig von der polnischen Nationalbank tätig sein.

4. Aufgabe des Prinzips der „Unsterblichkeit der Betriebe". Bisher war es ja so, daß ein Betrieb, auch wenn er stets bilanzmäßig defizitär abschloß, einfach weiterexistierte. Seit 1983 gibt es nun ein Gesetz über Betriebsauflassungen. Es ist bisher kaum gehandhabt worden. Dies soll sich nunmehr radikal ändern. Defizitäre und nicht mehr sanierungsfähige Betriebe müßten gewärtigen, einfach geschlossen zu werden.

5. Schaffung neuer wirtschaftlicher Unternehmungen. Im Zusammenhang mit dem unter Punkt 3 Gesagten ist verständlich, daß die Neugründung von Wirtschaftsunternehmen gefördert werden soll; dies auf 3 Ebenen: Staats-, Privat- und Betriebe mit gemischtem Kapital. Seit 1946 steht in Polen ein Gesetz über Privatunternehmen in Kraft, demzufolge pro 8-stündiger Schicht 50 Beschäftigte (Lehrlinge, Familienmitglieder unberücksichtigt) erlaubt sind. Seit 1. April 1988 wurde die Möglichkeit geschaffen, daß v.a. Handels- und Gastronomiebetriebe privater Natur sogar bis 250 Mitarbeiter beschäftigen können. In begründeten Ausnahmefällen könnten über Entscheidung des Arbeitsministers bzw. des zuständigen Wojewoden faktisch ohne Obergrenze Arbeitskräfte eingestellt werden.

6. Wettbewerb und Konkurrenz als Wirtschaftsfaktor. Dies gilt für alle Betriebe, natürlich auch für Staatsbetriebe, und ergibt sich aus dem oben Gesagten.

Wie eingangs erwähnt, wurde zugegeben, daß wirtschaftspolitische Reformschritte durch gesellschaftspolitische ergänzt werden müssen. So ist man ernsthaft willens, eine

1. stärkere Trennung von Politik und Wirtschaft zu erwirken. Dies beginne z.B. bei der Entpolitisierung des Managements. Die einzelnen Betriebe seien nunmehr selbst in der Lage, auf der Basis der betrieblichen Selbstverwaltung zu bestellen. Von dieser Vorgangsweise seien lediglich etwa 800 bis 1000 Betriebe von grundlegender strategischer Bedeutung ausgenommen. Hier erfolge die Ernennung der Betriebsleitung nach wie vor durch den zuständigen Minister.

2. Eine Veränderung in der Kaderpolitik der VPAP sei insofern notwendig, als daß man nicht mehr auf die Quantität, sondern auf die Qualität der Parteifunktionäre Wert lege. Außerdem müsse in Fragen der „sozialistischen" Doktrin ein starker Lernprozeß stattfinden. Die „sozialistische" Ideologie müsse entsprechend den Erfordernissen der modernen Zeit neu interpretiert werden.

3. Gewerkschaftlicher Pluralismus sei nicht eine Voraussetzung, sondern die Konsequenz einer gelungenen Wirtschaftsreform. Man sei grundsätzlich zur Einführung des gewerkschaftlichen Pluralismus (wobei der Mitredner keine konkreten Angaben machen konnte oder wollte, was er darunter verstehe) bereit, allerdings „müßten zuerst die Wände stehen, um diese dann dekorieren zu können". Der Gesprächspartner ging allerdings doch so weit, um in dieser Frage der Katholischen Kirche eine führende Rolle zuzuerkennen.

4. Letztlich ist die Regierung gewillt, den einschlägigen Demokratisierungsprozeß fortzusetzen. Wie die Botschaft laufend berichtet, sind doch einige demokratische Elemente geschaffen worden. So z.B. das Instrument des Referendums, die Institution des Volksanwaltes, der Konsultativrat, der Verwaltungs- und Verfassungsgerichtshof, weiters Wahlen zu Regional- und Kommunalparlamenten, und zweifellos hat auch die Pressefreiheit in großem Ausmaß zugenommen. In absehbarer Zeit wird es auch zur Wiederzulassung des PEN-Klubs kommen. Ein Gesetz über die grundsätzliche Möglichkeit zur Schaffung von Vereinen steht in Ausarbeitung.

Ganz allgemein muß festgestellt werden, daß in vielen Bereichen noch kein Erfolg der Reformbemühungen der Regierung zu erkennen ist. Und dies gab der Mitredner ohne Umschweife zu, z.B. nämlich in der Schaffung eines leistungsgerechten Lohnsystems, bei der Frage der ökonomisch zu verantwortenden Beschäftigungspolitik, so gebe es Wirtschaftsbereiche, wo ein krasser Mangel an Arbeitskräften herrsche und andere, wo es zu Überbelegungen komme, schließlich bei der Veränderung der Gesamtstruktur der Wirtschaftsbetriebe (Rationalisierung von Großbetrieben und Dislozierung kleiner Einheiten, Gesundschrumpfung von traditionellen und dominierenden Wirtschaftsbereichen wie Schwerindustrie und Hinwendung zu neuen Branchen etc.).

Als bisher gelungene Reformschritte erwähnte der Sprecher der Regierungskommission für die Wirtschaftsreform:

1. Veränderung des zentralen Plansystems. Die einzelnen Betriebe planten nun selbst, der Zentralplan stelle lediglich eine Orientierung dar und es folgten keine detaillierten Anweisungen mehr von „oben". Das Gesagte gelte nur nicht für die o.e. strategisch wichtigen ca. 800 bis 1000 Unternehmen.

2. Einrichtung von Selbstverwaltungsorganen. Jeder dritte Betrieb habe bereits einen solchen „Belegschaftsrat", der vielfach auch zum Mitinhaber der Firma werden könnte, allerdings damit auch das wirtschaftliche Risiko tragen müsste.

Und schließlich habe sich

3. die Gewinnorientierung wirtschaftlicher Tätigkeit nun doch durchgesprochen. Schwierigkeiten bestünden allerdings, als manche Betriebsleitungen hier noch einen gewissen Umlernprozeß vollziehen müßten.

Aus den zahllosen Gesprächen mit Regierungsmitgliedern, Parteifunktionären, Wirtschaftstreibenden und Arbeitnehmern sowie aufgrund der laufenden Beobachtung in den Medien kann das abschließende Bild gewonnen werden, daß es die Regierung mit der Durchführung der Reformen in Polen sehr ernst nimmt. Daß man noch zu keinen deutlich spürbaren gesamtwirtschaftlichen Ergebnissen gekommen ist, liegt zum einen in der bisherigen Zaghaftigkeit der Reformbefürworter (es fehlt oft trotz guten Willens an Mut) (begründet), zum anderen an der nach wie vor in orthodoxen Denkkategorien verhafteten mittleren und unteren Nomenklatura, die keine Macht abgeben will, sowie an dem profunden Mißtrauen der breiten Bevölkerung zu den gutgemeinten Bemühungen der Regierung.

Die Beschlüsse des 7. Plenums des Zentralkomitees wie auch die personellen Veränderungen in der Parteispitze lassen eindeutig darauf schließen, daß man stärker gewillt ist, den begonnenen Reformprozeß zu intensivieren und in einen echten Dialog mit der Bevölkerung einzutreten (wobei die Solidarität und auch Lech Wałęsa weiterhin „tabu" bleiben dürften); Partei und Regierung stehen diesbezüglich in einem außerordentlich starken Erfolgszwang. Überdies müssen die Beschlüsse noch in Gesetzesentwürfe umgegossen und diese vom Parlament beschlossen werden. [...]

Dokument 207

Politische Gefangene in Polen

GZ 166.03.05/1-II.3/88, Zl. 111-RES/88, ÖB Warschau (Weninger), 28. Juni 1988

Gibt es in der Volksrepublik Polen politische Gefangene? Diese Frage hat der Gefertigte jenem polnischen Rechtsanwalt gestellt, der die meisten der politischen Häftlinge rechtskundig betreut. Der Mitredner gab die Zahl mit etwa 20 aus politischen Gründen Inhaftierten an.

Darunter befinden sich auch etwa 15 junge Männer, welche eine durchschnittliche Haftstrafe von 2 1/2 bis 3 Jahren wegen Wehrdienstverweigerung bzw. Verweigerung des Soldateneides verbüßen. Es handelt sich dabei durchwegs um bekannte Aktivisten der oppositionellen Gruppe „Wolność i Pokój" (WIP), welche außerdem bekannt sind für ihre öffentlichen Äußerungen gegen das polnische Heer und zugunsten von Abrüstung und Pazifismus.

Hiezu darf der Gefertigte bemerken, daß wahrscheinlich einige dieser etwa 15 Inhaftierten sicherlich in mehreren westlichen Staaten auf Grund der ihnen vorgeworfenen Delikte ebenfalls mit Haftstrafen zu rechnen hätten und daher wahrscheinlich als politische Häftlinge im engeren Sinn nicht zu bezeichnen sind.

So verbleiben ca. 5 politische Gefangene als solche. Unter diesen finden sich so bekannte Namen wie Adam HODYSZ, der 1984 verhaftet und zu 6 Jahren Gefängnisstrafe verurteilt wurde. Er war Hauptmann des Sicherheitsdienstes, hat als Informant eng mit der verbotenen Gewerkschaft „Solidarität" zusammengearbeitet, wurde bisher bei keiner Amnestie berücksichtigt und wegen Korruption (allem Anschein nach vom Innenministerium konstruiert) angeklagt.

Ähnlich verhält es sich mit dem ehemaligen Solidaritäts-Aktivisten PLAMINIAK, der im März 1987 inhaftiert wurde, dessen Prozeß auf unbestimmte Zeit ausgesetzt wurde und der damit seit jenem Zeitpunkt ohne Gerichtsspruch festgehalten wird. Nach allen der Botschaft zur Verfügung stehenden Informationsquellen ist der genannte Aktivist 100 % unschuldig und ein echter Fall von politischem Häftling.

Ebenfalls 1987 inhaftiert wurde das Mitglied der „Kämpfenden Solidarität", Andrzej ZWIERCAN, der auch noch immer in Untersuchungshaft sitzt, offiziell wegen Diebstahls, in Wahrheit wegen seiner politischen Aktivität inhaftiert wurde.

Dem Einwand des Gefertigten, daß etwa 5 politische Häftlinge für einen kommunistischen Staat als doch erfreulicherweise gering anzusehen sind, stimmte der

Mitredner zu. Er gab allerdings zu bedenken, daß dies eine bewusste Politik der polnischen Behörde sei, die aus Gründen des politischen Image keine politischen Gefangenen wollten, dafür aber mit ungerechtfertigten Repressalien gegen missliebige Aktivisten vorgingen. Große Sorge bereite die hohe Zahl von Beschlagnahmungen, welche in keinem Verhältnis zum vorgeworfenen Delikt stünden. Würde man in einem PKW z.B. bloß 2 Flugblätter finden, würde bereits der Wagen samt persönlichem Wertbesitz des Inhabers konfisziert. Ähnlich verhalte es sich auch mit Beschlagnahmungen von Wohnungseinrichtungsgegenständen, wo von den Behörden alles, was nicht niet- und nagelfest sei, mitgenommen würde. Diese Entwicklung bereite ernstlich Sorge. Im übrigen, so fügte der Rechtsanwalt hinzu, verwende man einen Großteil der von der amerikanischen Regierung zur Verfügung gestellten 1 Million US-Dollar zur Unterstützung der durch diese Beschlagnahmung Betroffenen. […]

Dokument 208

Csl. Initiative zur Schaffung einer Zone des Vertrauens und der Zusammenarbeit zwischen Warschauer Pakt und NATO („Jakeš-Initiative"); Erläuterungen durch Botschafter Keblusek am 4.7.1988

GZ 35.02.02/13-II.3/88, BMAA Wien (Sucharipa), 5. Juli 1988

Unter Vorsitz des HSL II fand am 4.7. eine Unterredung mit dem aus Prag zu diesem Zweck entsandten Botschafter Keblusek zur weiteren Erläuterung der sogenannten „Jakeš-Initiative" statt. Bot. Keblusek wurde am 5.7. auch vom HGS zu einem kurzen Höflichkeitsbesuch empfangen.

1. Prozedurale Aspekte der Initiative:

ČSSR denkt zunächst an eine Serie verschiedener bilateraler Arrangements, aus denen sich dann eine für ein multilaterales Stadium geeignete Struktur ergeben soll. Diese multilaterale Struktur würde in Konferenzen der einzelnen Subregionen (Nordeuropa, Mitteleuropa, Balkan) bestehen. Als letztes Stadium könnte ein Treffen der Staatschefs vorgesehen werden. Insgesamt gehe es also um eine Kombination von bilateralem und multilateralem Approach.

Die Initiative ist Bestandteil des „europäischen Prozesses", wobei durch Auflösung in regionale und sektorelle Teilbereiche ein gegenüber der KSZE beschleunigter Prozeß herbeigeführt werden könnte.

Die Auswahl der in der Initiative einzubeziehenden Staaten wird sich auf Grund der jeweiligen Interessenslage im Laufe der Konkretisierung ergeben.

II. Materielle Bestandteile der Initiative:

Gedacht ist an vier Hauptgebiete:

- politischer Bereich
- militärischer Bereich, vertrauensbildender Bereich
- wirtschaftlicher Bereich

– Umweltschutz (eventuell auch herausgehoben und selbständig), humanitäre Fragen, kulturelle Fragen etc.

II.1 Politischer Bereich

Gedacht ist an reguläre Treffen der Außenminister sowie verschiedener Ressortminister (Verteidigung, Inneres, Energie, Umwelt, Wirtschaft, Transport), den Abschluss von Kooperationsprotokollen sowie der Schaffung von Institutionen für regelmäßige Treffen von Parlamentariern.

II.2 Militärische Fragen, vertrauensbildende Maßnahmen:

In diesem Bereich ist eine auffällige Zurückhaltung der csl. Seite gegenüber ersten Ankündigungen deutlich geworden. Als Maßnahmen für diesen Bereich wurden nur noch genannt: Austausch von Militärmusikkapellen, sportliche Wettkämpfe, Zusammenarbeit von Militärmuseen und dergleichen; Information über Manöver sowie Beobachterentsendung zu Manövern jeweils auch unterhalb der KSZE-Parameter. Auch in den weiteren Erläuterungen wurde klar, daß die ČSSR offenbar eingesehen hat, daß die gegenständliche Initiative dann erfolgversprechender erscheint, wenn sie Abrüstungsmaßnahmen weitgehend ausklammert.

II.3 Im wirtschaftlichen Bereich werden eine Vielzahl von Zusammenarbeitsvorschlägen unterbreitet, wie z.B.: direkte Zusammenarbeit von Industriebetrieben, vor allem kleineren Betrieben in Grenznähe; grenzüberschreitende Joint Ventures, Maßnahmen zur Erleichterung des freien Warenaustausches, die Einrichtung sektoreller Freihandelszonen (?), Verbesserung von Transport – Infrastrukturen im Zusammenwirken mit ECE, Zusammenarbeit auf dem Energiebereich bis hin zu einem einheitlich europäischen Energienetz, Zusammenarbeit im Bereich der Sicherheit von Nuklearanlagen, Zusammenarbeit bei Umwelttechnologie, Vorankündigung von umweltrelevanten industriellen Großprojekten etc.

II.4. Für diesen Bereich wurden genannt: langfristige, vertraglich abgesicherte Kontakte im Menschenrechtsbereich auch auf regionaler Ebene, die Errichtung gemeinsamer Kommissionen zur Erörterung und Lösung humanitärer Fälle, Förderung des Fremdenverkehrs, Erleichterung der Sicherheitsvermerkserteilung, neue Grenzübergänge, beschleunigter Grenzübertritt, direkte Kontakte der Zollbehörden, Zusammenarbeit bei Bekämpfung des internationalen Terrorismus und des Drogenhandels.

Im kulturellen Bereich werden ebenfalls eine Vielzahl von Direktkontakten zwischen kulturellen Institutionen vorgesehen (Universitäten, Fernsehanstalten etc.).

Österreichische Haltung:

Bot. Keblusek dankte für die bereits zum Ausdruck gebrachte, grundsätzlich positive österreichische Haltung (Presseerklärung vom 11. Mai 1988) und brachte das große csl. Interesse an einer weiteren Zusammenarbeit i.G. mit Österreich zum Ausdruck.

IV. Vorläufige, zusammenfassende Wertung aus österreichischer Sicht:

Die gegenständliche Initiative entspricht inhaltlich über weite Strecken österreichischen Anliegen, wie sie, zum Teil seit vielen Jahren, für eine Intensivierung des Nachbarschaftsverhältnisses allgemein und auch gegenüber der ČSSR im besonderen vorgebracht wurden. Die Initiative kann daher sehr gut zur Förderung dieser traditionellen österreichischen Anliegen, insbesondere gegenüber der ČSSR, verwendet werden. In diesem Sinne erscheint eine weiterhin positive österreichische Haltung angezeigt, wenn es auch zu vermeiden sein wird, überflüssige neue institutionelle Strukturen zu schaffen, oder zu weit gehende institutionelle Bindungen einzugehen. Vorschlägen, wie der Errichtung von Zusammenarbeitsprotokollen oder der Festlegung auf reguläre Treffen auf politischer Ebene, hat Österreich in der Vergangenheit stets widersprochen und sollte dies auch nach ha. Ansicht in Zukunft tun.

Die Sektionen III, IV und V dürfen um allfällige Stellungnahme aus ihrer Sicht gebeten werden. Auf Grundlage dieser Stellungnahme wird eine entsprechende Information für den Herrn Bundesminister erstellt werden. […]

Dokument 209

BRD; Das „gemeinsame Haus Europa"

GZ 225.02.02/26-II.3/88, Zl. 339-RES/88, ÖB Bonn, 6. Juli 1988

Wie aus der Niederschrift über die letzte NATO-Außenministertagung […] ersichtlich, gibt es nicht nur in Teilen des Bonner politischen Spektrums, sondern auch in anderen Teilen Westeuropas skeptisches Mißtrauen gegenüber dem „gemeinsamen Haus Europa", dem diese Außenminister den Begriff „europäisches Erbe" vorziehen (Großbritannien, Belgien, Niederlande usw.). Und Gesprächspartner im Auswärtigen Amt sehen eine französische Tendenz, aus Sorge vor zu großen Gemeinsamkeiten im gemeinsamen Haus nicht mehr von einem Europa „vom Atlantik bis zum Ural", sondern nur noch von „Brest bis Brest (Litowsk)" – unter Ausschluß der SU – zu sprechen.

Unter den BRD-Verteidigungspolitikern der Koalition mehrt sich darüber hinaus die Befürchtung, daß das „europäische Haus" – abgesehen von den in Moskau erhofften positiven Auswirkungen auf verstärkte wirtschaftliche Zusammenarbeit –Westeuropa vor allem von der Aufrechterhaltung der als notwendig betrachteten Verteidigungsanstrengungen abhalten soll. CDU-Politiker sind deshalb zwar zu realistischem Herangehen an Gorbatschows Reformkurs bereit, wollen ihm jedoch keinen Vertrauensvorschuß einräumen und warnen vor allem vor einer Euphorie, welche die sowjetischen Reform- und Abrüstungsankündigungen bereits als vollzogene Tatsachen darstellt; das bisherige Fehlen eines westlichen Abrüstungskonzeptes mache es freilich immer schwieriger, der eigenen Wählerschaft – innerhalb derer eine deutliche Erosion des Feindbildes erkennbar sei – diese vorsichtige Haltung verständlich zu machen.

Während auf Gorbatschow Abrüstungshoffnungen gesetzt werden, […] bleiben dennoch Ungewißheiten: Wenn, wie behauptet, Gorbatschow aus wirtschaftlichen Gründen abrüsten müßte – warum wartet er KRK-Verhandlungen ab, die nach allgemeiner Auffassung (und insbesondere im Falle eines vorherigen

Datenaustausches, wie ihn die SU nun vorschlägt) langwierig werden und daher erst später, wenn überhaupt, konkrete Ergebnisse bringen würden? Wäre eine einseitige Abrüstung der eingeräumten Asymmetrien nicht wirtschaftlich sinnvoll, wenn dieser Grund wirklich dringend ist? Oder geht es dem Generalsekretär in Wirklichkeit darum, die bestehenden Asymmetrien nicht zu beseitigen, sondern nur zu vermindern oder gar nur auf eine niedrigere Ebene abzusenken – und wäre dann die überdehnte NATO-Vorneverteidigung überhaupt noch zu verwirklichen? Skeptische Gesprächspartner vermerken z.B., daß die SU in letzter Zeit weniger über die Beseitigung von Asymmetrien als vielmehr über ein insgesamt bestehendes Gleichgewicht spreche. Hinzu treten auch Überlegungen, ob die SU z.B. ihren Vorschlag einer gegenseitigen Abrüstung von 500.000 Soldaten ernst meinen kann, weil sie dadurch selbst vor beträchtliche Arbeitsmarktprobleme gestellt würde. Vielleicht aber braucht Gorbatschow andererseits die Verhandlungen, um seinen Militärs vorzuführen, daß er für ungeliebte eigene Reduzierungen westliche Gegenleistungen erhält? Oder geht es, wie schon in MBFR, wiederum nur um die Erlangung von Vorteilen durch den Rückzug von US-Truppen (mit deren Abzug aus Europa auf längere Sicht ohnedies gerechnet werden muß) und eine Beschränkung der Bundeswehr (die bereits der demographischen Auszehrung unterliegt)? Fragen über Fragen, auf die erst die weitere Entwicklung Antworten geben kann.

Ohne Zweifel hat der Generalsekretär bereits beträchtliche Wirkung in der BRD erzielt: Während die SU (noch?) Ankündigungspolitik betreibt – einer SPD-Delegation wurde im Frühjahr d.J. in Moskau bedeutet, eine Arbeitsgruppe befasse sich mit der Umformulierung der Militärdoktrin und Fragen der „defensiven Verteidigung", doch gab es auf Nachfragen über erste Ergebnisse keine weiteren Einzelheiten – befaßt sich die innenpolitische Auseinandersetzung in der BRD bereits mit der Frage, ob nicht unter diesen Umständen Modernisierung und konventionelle Rüstungsvorhaben überflüssig, ja für Gorbatschow schädlich wären. Eine anschauliche Stellungnahme des verteidigungspolitischen Sprechers der CDU/CSU-Fraktion zu diesem Thema liegt bei.

Noch geradliniger formulieren Vertreter des Planungsstabes im Auswärtigen Amt, die allerdings auch einräumen, daß andere ihrer Kollegen gegenteilige Thesen vertreten, wonach man Gorbatschow unterstützen müsse: Das „gemeinsame Haus Europa" dient der Aushöhlung der westlichen Verteidigungsbereitschaft. Die SU ist hinsichtlich Westeuropas nur an der wirtschaftlichen und technologischen Zusammenarbeit interessiert und daher auch bereit, sich mit der westeuropäischen Integration abzufinden. Aus sowjetischer Sicht würde eine verstärkte westeuropäische Militärintegration diesem Ziel aber schaden, weil für die SU anzapfbare westliche Wirtschaftsmittel in die Verteidigungsbereitschaft gingen, was somit für Moskau doppelt mißlich wäre: Allerdings räumt z.B. ein CDU-Abgeordneter ein, daß von Moskau aus gesehen tatsächlich eine Vereinigung des französischen Kernwaffenpotentials mit der konventionellen Stärke der BRD für die Zukunft potentiell unheimlich und bedrohlich aussehen könne, weil damit zur wirtschaftlichen und kulturellen Attraktivität Westeuropas noch die bisher fehlende militärische Machtkomponente hinzutrete.

Dieser „europäische Pfeiler" der westlichen Verteidigung wird allerdings von der Bundesregierung als unverzichtbar auch für ein gesünderes, selbstbewußteres Verhältnis zu den USA angesehen, die zu lange als „Übervater" betrachtet wurden, was den deutschen Nationalismus gestärkt und zu Antiamerikanismus geführt habe. Nach in Regierungskreisen weit verbreiteter Überzeugung möchte die SU (aus ihrer Sicht verständlich) dagegen Europa in der derzeitigen Struktur erhalten.

Die Befürworter der deutsch-französischen Verteidigungskooperation glauben, daß sich Paris in den nächsten Jahren vermehrt in die militärische Zusammenarbeit integrieren werde, da es nur über eine „geliehene Unabhängigkeit" verfüge: Denn abgesehen von der Force de frappe hänge Frankreich von seinem Einfluß entzogenen Faktoren ab, nämlich von der konventionellen und nuklearen Präsenz der USA in Europa und der konventionellen Rüstung der BRD. Diese erhoffte Entwicklung versuchen bundesdeutsche Regierungspolitiker der SU dadurch schmackhaft zu machen, daß die für Moskau erwünschte Einbeziehung Frankreichs in Abrüstungsverhandlungen (KRK) nur über die deutsch-französische verteidigungspolitische Zusammenarbeit erzielt werden kann, und daß außerdem nur so die BRD ein valabler Partner und Gegenpart für Moskau sei.

All diesen Zielsetzungen (verminderte westliche Verteidigungsbereitschaft, stärkere Wirtschaftspotenz und wirtschaftliche Zusammenarbeit mit dem Osten) würde ein sowjetisches Wiedervereinigungsangebot zuwiderlaufen – ein damit verbundenes Herausbrechen der BRD aus Westeuropa und ihre Neutralisierung könnten erneutes Mißtrauen gegen die sowjetischen Zielsetzungen wecken, die Präsenz der USA in Europa und die NATO stärken und die Wirtschaftskooperation beeinträchtigen. Die Bundesministerin für innerdeutsche Beziehungen erklärte in einer am 28.6.1988 in London gehaltenen Rede:

„Der sowjetische Parteichef Gorbatschow hat seit seinem Amtsantritt wiederholt das ,gemeinsame Haus Europa' beschworen. Diese Metapher birgt zweifellos den Stoff für eine politische Verführung in sich; sie zielt auf Westeuropa, hauptsächlich aber auf uns Deutsche, da sie mit sicherheitspolitischen und vielleicht auch nationalen Verheißungen an unsere Adresse einhergeht – und natürlich richtet sie sich indirekt gegen die Anwesenheit der ,nichteuropäischen' USA auf dem europäischen Kontinent. Dies alles muß nüchtern gesehen werden. Dennoch: Ich hielte es für falsch, diese Herausforderung nicht anzunehmen. Aber: Das ,gemeinsame Haus Europa' muß ein Haus der Freiheit sein, und es darf auch nicht rein formal geographisch definiert werden, sondern inhaltlich – d.h. politisch und soziokulturell. In diesem Sinne umfaßt es auch die beiden großen Demokratien Nordamerikas; es ist, kurz gesagt, KSZE-Europa."

Als weiterer Beleg für die Berechtigung einer kritischen Einschätzung des „gemeinsamen Hauses" erzählte ein AA-Vertreter nach kürzlichen Planungsgesprächen mit dem US-Planungsstab (Botschafter Solomon), daß der sowjetische Diplomat Mendelewitsch bei bilateralen Gesprächen mit Solomon angedeutet habe, USA und SU könnten sich im sicherheitspolitischen Bereich am besten direkt verständigen. Wenn die Westeuropäer in diesem Bereich nicht so viele

Schwierigkeiten machten, wäre alles viel leichter. Damit hätte Mendelewitsch zu erkennen geben wollen, daß ein sicherheitspolitisch stärkeres Westeuropa weder für Washington noch für Moskau vorteilhaft und erwünscht sein könne. In Bonn hinterließ Mendelewitsch sodann die Botschaft, daß sich SU und USA erst nach großen Aufrüstungsumwegen in INF einigen konnten: Westeuropa könne eine solche politische Einigung mit Moskau viel billiger haben – WEU und die deutsch-französische Zusammenarbeit wären nur kostspielige, unnötige Um- und Irrwege bei einer viel einfacher möglichen Verständigung zwischen West- und Osteuropa.

Die SU habe im übrigen, wie der AA-Vertreter ausführte, mit dem Schlagwort „gemeinsames Haus Europa" niemals so große Umwälzungen in Europa angestrebt, wie sie nun in westlichen Spekulationen auftauchten, weshalb in Erklärungen, Artikeln usw. der letzten Zeit (z.B. in US und DDR) vorsichtigere, defensiv gehaltene Beschreibungen des Konzepts gebracht werden, welche das Festhalten an den bestehenden Strukturen betonen.

Dies ist für die österreichischen EG-Bemühungen nicht unbedingt erfreulich. Wie der sowjetische Gesandte in einem Gespräch mit der Botschaft meinte, habe Moskau mit dem „gemeinsamen Haus" nicht beabsichtigt, daß eine solche Entwicklung über die Zusammenarbeit der bestehenden Organisationen in Ost und West (also EG und RGW) hinausgehen und zu einer zusätzlichen Erweiterung der EG führen soll; vielmehr gehe es um eine stärkere Verklammerung zwischen West- und Osteuropa in ihren bestehenden Formen. Damit bleiben die Neutralen links liegen; in schöner Eintracht hiemit erklärt AM Genscher, zuletzt in seinem beiliegenden Beitrag vom 28.6.1988:

„Auch unsere Nachbarn im Osten Europas sollen an den großen Möglichkeiten teilhaben, die der Europäische Binnenmarkt in den nächsten Jahren mit sich bringen wird.

Wir sehen in Europa immer den ganzen Kontinent, zu dem Prag und Budapest ebenso gehören wie Moskau, Krakau und Sofia. Auch dort leben Europäer, auch dort ist ein großer Markt, der mit über 400 Millionen Verbrauchern für die Wirtschaft der Europäischen Gemeinschaft von großer Anziehungskraft ist."

Bei einem Seminar des Aspen-Instituts Berlin im Mai d.J. vertraten westliche Teilnehmer (insbesondere Großbritannien, Frankreich, USA) etwa folgende Auffassung:

„Das ‚gemeinsame europäische Haus' ist ein sowjetischer Versuch zur Trennung Amerikas von Europa mit dem Ziel einer Schwächung des westlichen Verteidigungsbündnisses. Es handelt sich um einen Versuch, in erster Linie die Westdeutschen für die Rettung Osteuropas aus einer hoffnungslosen wirtschaftlichen und politischen Situation bezahlen zu lassen. Dadurch soll auf Sicht die sowjetische Militärhegemonie über Osteuropa gestärkt werden. Ein europäisches Haus gibt es nicht und kann es nicht geben, da es eine Auflösung der Militärbündnisse voraussetzen würde. Die Stabilität in Europa nach dem 2. Weltkrieg beruht auf diesen Bündnissen und auf dem amerikanischen Kernwaffenschirm über Europa. Eine andere Stabilität gibt es nicht, jedenfalls keine Stabilität ohne Kernwaffen. Die mäßige

Unterstützung der USA, welche in diesem Zusammenhang das entscheidende Land sind, für den KSZE-Prozeß beruht nur auf den Menschenrechtsfragen, die als einzige innenpolitisches Interesse in den USA erwecken; dies hat jedoch wenig mit einem europäischen Haus zu tun, jedenfalls nicht in dem von Gorbatschow verwendeten Sinn".

Die Bemühungen von BRD- und DDR-Vertretern, die deutsch-deutsche Zusammenarbeit als Modell einer größeren Ost-West-Kooperation anzubieten, stieß weitgehend auf Skepsis: Den US-Vertretern zufolge finde sich Unterstützung für eine derartige, dem Westen zu teuer zu stehen kommende Politik überhaupt nur in der BRD, andere westliche Vertreter waren mehr an der Arbeitslosigkeit und den Wirtschaftsproblemen ihrer eigenen Länder interessiert, und obwohl osteuropäische Vertreter über die EG-Beschränkungen für ihre Ausfuhren klagten, glaubte niemand an einen „Marshall-Plan" größeren Ausmaßes für die osteuropäischen Wirtschaften.

Auch bei dieser Debatte wurde jedenfalls klar, daß sowjetische und DDR-Vertreter sich auf die bestehende Ordnung in Europa abstützten, während die BRD-Vertreter für eine neue Friedensordnung (im Wege des KSZE-Prozesses) in Europa eintraten.

Diese Darstellung der Botschaft erhebt nicht den Anspruch, ein umfassendes, das gesamte Meinungsspektrum in der BRD erfassendes Bild zu zeichnen; die SPD steht, wie schon im Vorbericht angeführt, nicht nur aus ihrem Oppositionsverständnis, sondern auch ihrer grundsätzlichen ostpolitischen Tradition heraus dem „gemeinsamen Haus" etwas offener (vorurteilsloser?) und verteidigungspolitisch „anspruchsloser" gegenüber.

Die FDP folgt ihrem Außenminister, der häufig den Begriff verwendet, seinen Inhalt aber weitgehend offen läßt: Dadurch wird allerdings auch eine Diskussion über das Thema im AA wirkungsvoll abgeblockt – denn wer möchte schon unaufgefordert seinen Außenminister auf mögliche Probleme eines von ihm verwendeten Konzepts aufmerksam machen? Daß Genscher dabei die Außenpolitik auch innenpolitisch zu seinen Gunsten und schon heute mit Blick auf die nächsten Bundestagswahlen einsetzt, ist ihm nicht vorzuwerfen: Gerade bei der Ostpolitik findet er sich zudem in Übereinstimmung mit dem Bundeskanzler und den Interessen des Landes. Was die Außenpolitiker der CDU und den Stellvertretenden Fraktionsvorsitzenden Rühe dabei stört, ist die Erfahrung, daß Genscher zwar Entspannungs- und Ostpolitik macht, die unpopulären, aber notwendigen Verteidigungsanstrengungen hingegen nicht mittragen und der CDU überlassen will.

Denn es bleibt die Ungewißheit über den Fortgang und den Erfolg der revolutionären Bemühungen Gorbatschows; Bogdanow z.B. meinte vor kurzem im Gespräch mit bundesdeutschen Abgeordneten, daß der eingeleitete Prozeß keineswegs schon unumkehrbar sei. Und auch Teile der SPD, wie der Gewerkschaftsvorsitzende und Abgeordnete Rappe, sind zwar fasziniert von den Bemühungen zur Einführung von Demokratie und Rechtsstaatlichkeit, machen

„sich aber nichts vor in bezug auf die Grenzen, die das Ganze haben kann. Ob das ein sozialistischer Rechtsstaat wird, hängt mit der Einführung des Mehrparteiensystems, der Kontrolle und hängt auch mit der Auffassung der KPdSU als Staatspartei zusammen. Und an diese Veränderung glaube ich nicht, denn dann wäre es ja natürlich kein kommunistischer Staat mehr."

Wenn AM Genscher deshalb stets betont, daß eine Politik der inneren Öffnung der SU im westlichen Interesse liegt, weil Moskau damit ein durchsichtigerer, konstruktiverer Partner für den Bau einer europäischen Friedensordnung würde, so mag dies <u>längerfristig</u> zutreffen. Über kürzere Zeiträume meint die Botschaft eher, daß diese Entwicklung <u>zunächst zu größerer Unsicherheit</u> darüber führt, wie sich die SU gegenüber ihren Verbündeten und anderen internationalen Partnern verhalten wird und wie viel außenpolitische Flexibilität <u>in der Substanz</u> man von ihr erwarten kann.

Somit bleibt noch für längere Zeit die grundsätzliche Frage im Zusammenhang mit dem „gemeinsamen europäischen Haus": <u>Viel Lärm um nichts</u> – oder kann sich aus einer von Moskau vielleicht gar nicht gewollten Bewegung ein in seiner Ausrichtung noch unvorhersehbares <u>politisches Eigenleben zur Umgestaltung Europas</u> entwickeln? [...]

Dokument 210
Gespräche des Missionschefs mit Bischof DĄBROWSKI

GZ 166.04.20/4-II.3/88, Zl. 114-RES/88, ÖB Warschau (Somogyi), 7. Juli 1988

In der letzten Zeit hatte der Gefertigte mehrere Male Gelegenheit, mit Weihbischof DĄBROWSKI, einem Vertrauten Primas Kardinal GLEMPS, Gespräche zu führen.

Wie schon mehrmals berichtet, findet der von Primas Glemp gegenüber der polnischen Regierung eingeschlagene Kurs der Zusammenarbeit statt Konfrontation nicht den ungeteilten Beifall des polnischen Episkopats. Angeblich soll sich der Primas mit seinen Ansichten sogar in der Minderheit befinden.

Bisher wurde der Vorsitzende der polnischen Bischofskonferenz nicht gewählt, vielmehr wurde diese Funktion automatisch dem polnischen Primas zuerkannt. 1989 soll das 1. Mal eine Wahl durchgeführt werden. Bischof Dąbrowski zufolge würde die Person des Gewählten bereits feststehen. Für den Mitredner gibt es daher keinen Zweifel, daß der Primas erneut zum Vorsitzenden der Bischofskonferenz gekürt wird.

Dąbrowski wiederholte die gegenüber dem Gefertigten gemachte Äußerung des polnischen Primas, daß es zu einer kommunistischen Regierung in Polen derzeit keine Alternative gebe.

Auf den Hinweis des Gefertigten, daß nach Ansicht mancher politischer Beobachter in Warschau Lech WAŁĘSA wegen seiner immer wieder gemachten widersprüchlichen Äußerungen zu wichtigen politischen Belangen kein geeigneter Gesprächspartner für General JARUZELSKI sei, meinte der Bischof, daß Wałęsa eigentlich auch für die katholische Kirche keinen wirklichen Gesprächspartner darstelle. (Eine Ansicht, die vermutlich der des Primas entspricht, jedoch sicherlich nicht der vieler Bischöfe). Die Politik der Demokratisierung in Polen könne Bischof Dąbrowski zufolge nur in kleinen Schritten erfolgen (offensichtlich meinte er damit, daß bei zu großen Schritten die Kontrolle entgleiten und Chaos entstehen könnte). Auf den Hinweis des Gefertigten, daß General Jaruzelski offensichtlich auch dieser Ansicht sei, antwortete der Bischof, daß dies zwar zutreffe, General Jaruzelski jedoch andere Motive habe.

Während der Streikunruhen April/Mai d.J. habe es sich erwiesen, daß die „Solidarität" über keinen großen Rückhalt im polnischen Volk verfüge. Bestrebungen der Opposition, ihre Niederlage in den erwähnten Monaten nicht mehr einzubekennen, seien lächerlich. Insbesondere täusche sich die „Solidarität", wenn sie glaube, daß die jugendlichen Arbeiter, die heuer die Streiks veranstaltet hätten, von der „Solidarität" als Nachwuchs und Mitglieder vereinnahmt werden könnten. Die jugendlichen Arbeiter wollten nämlich Dąbrowski zufolge weder von der Regierung noch von der Partei, aber auch nicht von der „Solidarität" etwas wissen (nach Ansicht des Gefertigten eine überspitzte Formulierung).

In den letzten Tagen haben 2 in den Vereinigten Staaten weilende Funktionäre der „Solidarität" und der „Kämpferischen Solidarität", die dort sogar zu Kongressehren gekommen sind, u.a. auch Erklärungen gegen die katholische Kirche in Polen, mit deren konziliantem Verhalten unter Primas Glemp sie offensichtlich nicht einverstanden sind, abgegeben. Hierauf angesprochen, meinte Bischof Dąbrowski, daß die Ursache darin liege, daß die erwähnten Funktionäre frustriert seien, weil sie in Polen fast keine Zuhörer hätten.

Es wird gebeten, vorliegenden Bericht österreichischen kirchlichen Stellen nicht zugänglich zu machen. […]

Dokument 211

Hoffnungsvoller Versuch zur Zusammenarbeit zwischen Partei und Opposition

GZ 166.03.00/36-II.3/88, Zl. 122-RES/88, ÖB Warschau (Somogyi), 12. Juli 1988

Jedem informierten Beobachter ist klar, daß die Wirtschaftsreform der Regierung, sollte sie auch nur einigermaßen Chancen auf Realisierung besitzen, von gesellschaftspolitischen Reformen begleitet sein muß. Nach (angeblicher) Einschätzung des Politbüros finde die VPAP gegenwärtig in etwa 5 % der Bevölkerung Unterstützung, die verbotene Gewerkschaft „Solidarität" hingegen auch nicht bei mehr als 17 %. Man kann mit hoher Wahrscheinlichkeit annehmen, daß die übrigen 78–80 % der Bevölkerung mit mehr oder weniger Intensität der katholischen Kirche nahestehen.

Diesem Faktum Rechnung tragend, fand in den vergangenen Monaten ein intensiver Gedankenaustausch zwischen Partei und katholischer Kirche statt, die nicht nur beratende Funktion (wie etwa der Konsultativrat beim Staatsrat, die Wirtschaftskommission bei der Planungskommission etc.) haben, sondern echte Möglichkeiten zur Mitentscheidung gesellschaftlicher Belange erhalten soll.

Es wurde im Sejm mittlerweile eine Gesetzesvorlage betreffend die Schaffung von autonomen Vereinigungen eingebracht. Nicht von ungefähr hat auch die

Vollversammlung der polnischen Bischofskonferenz vom 17./18.6. d. J. zwar nicht zum ersten Mal, aber mit noch nie gekannter Deutlichkeit die Zulassung von autonomen Organisationen gefordert. Die in Aussicht genommene Zuerkennung des Rechtsstatus für die katholische Kirche wird den nötigen Rahmen zur Schaffung solcher Vereinigungen und Organisationen bieten.

Darüber hinaus denkt man auch an die Wiederzulassung des polnischen PEN und an die Gründung eines polnischen „Komitees zur Beachtung der Menschenrechte" ([…] Ende August d.J. wird in Polen eine großangelegte Menschenrechtskonferenz stattfinden).

Es mehren sich schließlich die Anzeichen, daß es zu keiner Aussöhnung zwischen Partei und „Solidarität" bzw. Lech Wałęsa kommen werde. Auch gewöhnlich gut informierte amerikanische Kreise, welche wöchentlich mit Lech Wałęsa Kontakt unterhalten, neigen zu dieser Auffassung. Auch ein echter gewerkschaftlicher Pluralismus nach westlichem Vorbild dürfte in noch weitere Ferne gerückt sein. Allerdings denke die Regierung an die Schaffung von Arbeiterselbstverwaltung auf Betriebsebene. Die Idee der Einrichtung von christlichen Gewerkschaften unter Führung des polnischen Episkopats wurde mittlerweile seitens der Kirche fallengelassen.

Für die Verbesserung des Verhältnisses zwischen Staat und Opposition zeichnet sich am Horizont ein Silberstreif an Lösungsmöglichkeiten ab, ungeklärt – und damit ein permanenter Unruheherd – bleibt nach wie vor das Verhältnis zur „Solidarität". […]

Dokument 212

XIX. Allunionskonferenz der KPdSU, 28.6.–1.7.1988; Verlauf, Ergebnisse und zusammenfassende Wertung mit Ausblick

GZ 225.03.00/28-II.3/88, BMAA Wien (Sucharipa), 12. Juli 1988

A. Verlauf

1. Nach dem Einleitungsreferat Generalsekretär Gorbatschows […] war der Konferenzverlauf durch lebhafte, oft „ungeschminkt" und engagiert präsentierte Debattenbeiträge, polemische Wortmeldungen „konservativer" und „progressiver" Delegierter, Zwischenrufe, spontane Repliken, Wechselreden zwischen Rednertribüne und Konferenzpräsidium und zum Teil kontroverse Abstimmungen gekennzeichnet. Mit Recht konnte Gorbatschow in seinem Schlusswort feststellen, daß es in der sowjetischen Geschichte „in den letzten sechs Jahrzehnten nichts Vergleichbares" gegeben habe und die „glasnost" zweifelsohne „eine der Heldinnen der Konferenz" gewesen sei.

2. Gorbatschow hat in keiner Phase der Konferenz „das Heft aus der Hand geben" müssen, was umso bemerkenswerter erscheint, als die konservative Ausrichtung der Mehrheit der Delegierten von Anfang an sichtbar gewesen ist. In meisterhafter Regie hat er die Wortmeldung Jelzins und die darauf Bezug nehmenden Repliken sowie

Kritik an Gromyko und anderen Politbüro-Mitgliedern dazu benützt, um – gleichsam zwischen den Streitparteien – als Mann der „vernünftigen Mitte" dazustehen.

3. Ligatschow wiederum konnte sich im Verlauf der Debatte abermals als Vertreter konservativer Positionen profilieren, etwa durch

– die Solidarisierung mit besonders reaktionären Ansichten zur jüngeren sowjetischen Geschichte,

– den erneuten Hinweis, daß er der vom Politbüro beauftragte Leiter der Arbeit des ZK-Sekretariats sei,

– die Erinnerung daran, wem Gorbatschow seine Wahl zum KP-Generalsekretär zu danken habe (nämlich insbesondere Gromyko, Tschebrikow und Solomenzew, also der konservativen sogenannten „Alten Garde").

Andererseits sah sich Ligatschow aber doch veranlasst, sich voll hinter Gorbatschows Reformprogramm zu stellen und die Einheit der Führung zu beschwören. Als glaubwürdige personelle Alternative zum Parteichef erschien er jedenfalls nicht. (Im übrigen soll Ligatschow mittlerweile seine Zuständigkeit im Politbüro für Ideologiefragen an A. Jakowlew verloren haben.)

B. Ergebnisse

1. Die Konferenz hat sechs Sachresolutionen – und eine prozedurale Resolution („Aktionskalender") – angenommen:

a) Realisierung der Beschlüsse des 27. Parteitags und Intensivierung der Perestroika

b) Demokratisierung der sowjetischen Gesellschaft und Reform des politischen Systems

c) Bekämpfung des Bürokratismus

d) Beziehungen zwischen den Nationalitäten

e) Glasnost

f) Rechtsreform

2.) Wenn auch nicht alle Vorschläge aus Gorbatschows Eröffnungsreferat in den sechs Schlussresolutionen ihren Niederschlag gefunden haben, so hat die Konferenz doch die Kernstücke seiner Vorstellungen, nämlich die Reform der staatlichen Institutionen und die Vertiefung der Perestroika, im wesentlichen bzw. generell unterstützt. Dies gilt auch für die Beschränkung der Amtsperiode aller gewählten Staats- und Parteifunktionäre auf maximal zwei aufeinanderfolgende Fünfjahreszeiträume (keine Ausnahme für den KPdSU-Generalsekretär; keine rückwirkende Geltung, sondern erst ab den nächsten Wahlvorgängen).

3. Einige Anregungen und Vorstellungen Gorbatschows blieben allerdings in den Resolutionstexten unberücksichtigt. Dazu gehören:

a) Die Prärogativen des neu zu wählenden „Vorsitzenden des Obersten Sowjets" werden nicht näher präzisiert. Vielleicht ist also hinsichtlich der von Gorbatschow angestrebten neuen Gewaltverteilung das letzte Wort noch nicht gesprochen.

b) Der Vorschlag der „Überprüfung" aller Parteimitgliedschaften bis zum nächsten Parteitag (wäre Anfang 1991 fällig).

4. Die oben unter 1 c)–f) genannten Resolutionen halten sich im großen und ganzen an die Vorschläge des Gorbatschow-Eröffnungsreferats. In der Nationalitätenresolution fällt insbesondere das klare Bekenntnis zur Förderung der Zweisprachigkeit und zur Aufwertung des Nationalitätensowjets der UdSSR auf; die Einrichtung ständiger Sowjet-Kommissionen für die Beziehungen zwischen den Nationen wird zur Erwägung gestellt, die Erörterung der Frage der Bildung eines speziellen staatlichen Organs (Ministeriums?) für Nationalitätenfragen vorgeschlagen.

5. Der wahrscheinlich größte Erfolg dürfte Gorbatschow mit der ad hoc angenommenen „Aktionskalender"-Resolution gelungen sein. Diese Entschließung sieht insbesondere vor, daß

– alle Parteiorganisationen im Herbst d.J. ein „Wahl- und Rechenschaftsverfahren" durchzuführen haben,

– der Oberste Sowjet in seiner bevorstehenden ordentlichen Tagung über die erforderlichen Verfassungsänderungen zu beraten haben wird,

– die Wahlen zum neuen „Kongress der Volksdeputierten" (welcher die Änderungen in den staatlichen Strukturen vorzunehmen hat) im April 1989 erfolgen sollen

– und daß alle übrigen örtlichen Sowjets im Herbst 1989 zu bestellen sein werden.

Gorbatschow hat damit jeder konservativen Verzögerungstaktik bei der Durchführung der institutionellen Reformen einen gewissen Riegel vorgeschoben und gleichzeitig eine Neuauflage der parteiinternen Kaderdiskussion erzwungen.

Wie erinnerlich, hatte in den Parteiorganisationen bereits im Herbst des Vorjahres eine „Wahl- und Rechenschaftskampagne" stattgefunden, welche aber kaum die – vom Parteichef erhofften – personellen Änderungen brachte. Jetzt werden die lokalen Parteiführer vor ihre Wahlkörper „zurückgeschickt", wobei Gorbatschow offensichtlich darauf zählt, daß sich der bei der Parteikonferenz zum Ausdruck gekommene „Widerstandsgeist" auch vor Ort bemerkbar machen sollte.

Außerdem kann Gorbatschow, wenn der oben genannte Zeitplan eingehalten wird, wohl damit rechnen, schon im April 1989 das erstrebte Präsidentenamt zu erklimmen. Die örtlichen Parteiführer müssen sich demgegenüber spätestens im Herbst 1989 der von Gorbatschow geplanten „Wahlhürde" für den Posten des jeweiligen Sowjetvorsitzenden stellen.

C. Wertung und Ausblick

1. Die Stellung Gorbatschows als Mann der vernünftigen Mitte erscheint vorläufig konsolidiert, die oft beschworene Gruppe der Konservativen und Bremser hat keine überzeugende Integrationsfigur, geschweige denn ein „Aktionsprogramm" (etwa nach dem Muster „Perestroika mit weniger Glasnost, dafür mit mehr Härte") präsentieren können.

2. Die geplante Einführung eines Präsidialsystems (mit den von Gorbatschow skizzierten, von der Partei noch nicht sanktionierten Prärogativen) bringt einen beachtlichen Machtzuwachs für Gorbatschow als der (neue) Staats- und Parteiführer (Richtlinienkompetenz!). Die Einführung dieses Systems stellt sich freilich – unter Bedachtnahme auf die auch von Gorbatschow nicht zu übersehenden retardierenden Elemente – als Hilfskonstruktion dar (entgegen seinen ursprünglichen Intentionen einer strikten Trennung von Staat und Partei): In einer Ämterverbindung an der Spitze von Partei und Staat soll des Bemühen um eine bessere Aufteilung der Funktionen zwischen Partei und Staat gesehen werden.

3. Entgegen Gorbatschows ursprünglichen Erwartungen hat die Parteikonferenz keine personellen Veränderungen im ZK vorgenommen (gemäß den bisher geltenden Statuten auch gar nicht vornehmen können). Die Machtkonstellation an der Spitze bleibt somit – zumindest vorerst – unverändert, und der Generalsekretär wird weiterhin bemüht sein müssen, seinen Kurs durch Kompromisse, Rücksichtsnahmen und gelegentlich auch Beschwichtigungen abzusichern. Seine Basis dürfte nur wenig verbreitert worden sein; es ist ihm aber unter schwierigen Bedingungen gelungen, den Impetus seines Erneuerungsprogramms fürs erste aufrechtzuerhalten. (Wenn auch die Konferenz gerade auf wirtschaftlichem Gebiet mit keinen nennenswerten neuen Rezepten aufwarten konnte.)

4. Was Gorbatschow für die Zukunft anstrebt, ist offenbar – neben seiner eigenen neuen Doppelposition als Partei- und Staatschef – eine Allianz aus Parteisekretären und Volksdeputierten zur Bekämpfung des Apparats. Ob es ihm gelingt, der Leninschen Forderung „Alle Macht den Sowjets" zum Durchbruch zu verhelfen, bleibt fraglich. Auch lässt sich bezweifeln, ob die örtlichen Parteichefs durch die Übernahme der Funktion des Vorsitzenden in „ihren" Sowjets wirklich einer stärkeren „Kontrolle durch die Öffentlichkeit" unterworfen werden. In manchen Gegenden (z.B. Zentralasien) dürften die neuen „Parteichef-Präsidenten" durch die Ämterverbindung nur noch stärker werden.

5. Jedenfalls hat Gorbatschow durch die Verabschiedung des „Aktionskalenders" aber einen gewissen Zeitgewinn: Er braucht für personelle Veränderungen nicht bis 1991 – 28. Parteitag – zu warten. Für die bevorstehenden Wahlvorgänge bleiben ohnehin noch genug offene Fragen:

– Wie wird das neue Wahlsystem funktionieren?

– Inwiefern wird die „Volkswahl" die Autorität von Funktionären festigen?

– In welchem Ausmaß wird die Trennung von Partei und Staat gelingen?

– Wie wird sich die Rolle des ZK in der Praxis durch Ausweitung von Delegierungen an die Basis verkleinern lassen?

6. Die Einschränkung der Amtszeiten aller gewählten Funktionäre wird sich jedenfalls auf die Nachfolgeregelungen positiv auswirken, an deren Stelle der Sowjetstaat bisher 70 Jahre lang nur in undurchschaubaren Machtkämpfen erzwungene Entscheidung gekannt hat.

7. Wenn auch der Impetus und das „Momentum" des Erneuerungsprogramms erhalten bzw. in den Medien gestärkt erscheinen, so wird die Frage nach der Unumkehrbarkeit der „revolutionären Umgestaltung" (erster Satz in Gorbatschows Einleitungsreferat) erst in etwa eineinhalb Jahren (nach Auslaufen des „Aktionskalenders") definitiv zu beantworten sein. Eine sehr vorsichtig optimistische Einschätzung dürfte aber vorläufig vertretbar sein. […]

Dokument 213

Der 19. Parteitag und der Fortgang der Perestroika

GZ 225.03.00/32-II.3/88, Zl. 445-RES/88, ÖB Moskau (Grubmayr), 13. Juli 1988

Die Parteikonferenz ist vorbei. Schon wurde eine voluminöse Broschüre mit den Reden des Generalsekretärs, den Diskussionsbeiträgen und den verabschiedeten Resolutionen herausgebracht, ohne daß auf den ersten Blick redaktionelle „Verschönerungen" zu sehen wären. Die Glasnost – in diesem Bereich – funktioniert.

Aber wie geht es mit dem wirtschaftlichen Unterbau, der nach der marxistischen Ideologie – und in der Praxis ja auch bei uns im Westen – den nervus omnium rerum darstellt? Die Kommentatoren, welche behaupten, Generalsekretär Gorbatschow habe seinen Paukenschlag mit der staatlichen Umstrukturierung (Kongreß der Volksdeputierten, verkleinerter ständig tagender Oberster Sowjet, Staatspräsident nach westlichem Muster) nicht zuletzt deswegen gesetzt, um von den schwer lösbaren wirtschaftlichen Problemen, denen er sich bei seinem Reformkurs gegenübersieht, abzulenken, haben zweifellos einige Argumente für sich.

Sicherlich gibt es hier vielleicht auch noch andere Überlegungen: Wenn er nicht nur der vom ZK auf Vorschlag des Politbüro gewählte Generalsekretär der Partei, sondern ein von mehr als 2000 Volksvertretern gekürtes Staatsoberhaupt ist, wird es etwaigen Gegnern schwerer gemacht, sich seiner durch einen Coup eines kleinen Kreises von Politbüromitgliedern zu entledigen, wie dies im Oktober 1964 Chruschtschow widerfuhr, als er friedlich in Pizunda am Schwarzen Meer Urlaub machte. Freilich wird dieser Gesichtspunkt nur dann voll wirksam, wenn er als Staatspräsident, zu dem er sicherlich nächstes Jahr gewählt wird, auch die entsprechenden Befugnisse erhält, wie sie für dieses Amt in seiner Rede auf der Parteikonferenz vorgeschlagen hat. Vorläufig wurde (von der Parteikonferenz) jedoch eine solche Konkretisierung nicht vorgenommen. Es ist jedoch anzunehmen, daß er hier einen Großteil, wenn vielleicht auch nicht alle seine Vorstellungen wird verwirklichen können.

Doch zurück zur Wirtschaft. Hier sind die Minuszeichen zahlreicher als die positiven Indikatoren.

Die große Masse der Bevölkerung geht mit der Wirtschaftsreform wohl nicht mit (in dem Sinn, daß sie mehr und zielstrebiger arbeitet), wenn nicht für sie in absehbarer Zeit fühlbar etwas „herausschaut". Aber vorläufig sind die Lebensmittelversorgung und das Angebot an Konsumgütern nicht besser geworden, im Gegenteil gibt es auf einigen Gebieten größere Engpässe als zuvor (z.B. Zucker, Fleisch). Wenn man mit dem kleinen Mann auf der Straße redet, so verbindet er sehr oft den Begriff Perestroika mit der Angst vor Preiserhöhungen. Ein weiteres Unbehagen, das sich zumindest hier in der Hauptstadt breitmacht, ist die allmählich immer mehr sichtbare Spaltung zwischen der großen Masse der Empfänger von (nivellierten) staatlichen Gehältern und der wachsenden Minderheit von geschäftstüchtigen Elementen, welche sich die zaghaften Öffnungen in Richtung (auf) Privatwirtschaft und westliche kommerzielle Praktiken zunutze machen. Es gibt bereits Leute, die das Drei- und Vierfache des Durchschnittsgehaltes verdienen und sich als gewinnorientierte Private im Standard immer mehr der traditionellen Nomenklatura-Schicht annähern. Die Existenz der letzteren hat der Sowjetbürger im Laufe der Jahrzehnte akzeptieren gelernt. Die damit verbunden gewesenen Repressionen und Tabus sitzen dem kleinen Mann trotz aller Aufrufe zur Demokratisierung und zur Transparenz noch immer im Nacken. Diese Klasse agiert auch diskret im Hintergrund in ihrer eigenen Welt der von allen möglichen Mauern umgebenen Privilegien.

Aber die neuen profitorientierten Schichten sind für die Bevölkerung weit sichtbarer. Viele Leute ärgern sich heute darüber, daß sie in einer festen offiziellen Stellung sind, wo sie keine Möglichkeiten haben, durch eine Arbeitsaufnahme bei ausländischen Firmen oder durch Eintritt in eine Kooperative (die oft nur ein verschleiertes Privatunternehmen mit hochbezahlten Angestellten ist) ihre Lebensumstände schnell und fühlbar zu verbessern.

Langsam treten in Moskau auch Dienstleistungsbetriebe auf, wo nur mit westlichen Kreditkarten oder allenfalls noch mit Westdevisen bezahlt werden kann. Diese sind nicht mehr, wie manche Ausländerhotels, von vornherein für Sowjetbürger gesperrt – sie haben auch nicht die bisher allgegenwärtige Tafel „kein Platz frei" in der Tür – aber wenn man eintritt, wird man diskret gefragt: „Credit-Card?" und verneinendenfalls wieder höflich hinauskomplimentiert. In anderen Etablissements hält man sich den Normalsterblichen durch überhöhte Rubelpreise vom Leib. Das heißt also, daß sichtbare Standardverbesserungen der großen Masse der Bevölkerung häufig unzugänglich sind.

Die Stadt ist voll von Gerüchten über bevorstehende Preissteigerungen. Manche Ostblockdiplomaten verbreiten, nicht ohne eine gewisse Schadenfreude zu zeigen, die Nachricht, der offizielle Fleisch[preis] (bisher zwischen 2 Rubel und 2,50 Rubel) werde demnächst auf 8 Rubel angehoben werden. Das im Augenblick reichliche Obstangebot auf den freien Märkten ist für einen Großteil der Bevölkerung kaum erschwinglich. Es verstärken sich die Befürchtungen, daß man – was gesamtwirtschaftlich durchaus vernünftig wäre, aber von sozialen Gesichtspunkten große Härte bedeuten würde – eine allmähliche Angleichung der offiziellen Preise an die mehrfach höheren Notierungen auf den freien Lebensmittelmärkten anstrebt.

Ein damit zusammenhängendes Problem ist die Frage, wie die Landwirtschaft organisiert werden soll. Man hat jetzt wieder, wie schon am Höhepunkt des Kriegskommunismus am Beginn der zwanziger Jahre, „entdeckt", daß die beste Methode für die Verbreiterung der Lebensmittelbasis die individuelle Entfaltungsmöglichkeit der Landbevölkerung darstellt. So wie man 1931 die manu militari erzwungene Getreideablieferungspflicht durch die Naturalsteuer (Ablieferung von im vornherein fixierten Lebensmittelmengen, während der Rest frei verkauft werden kann) ersetzte und damit, wenn auch nur langsam, die Hungerkatastrophe überwand, schwört man jetzt von oben auf die sog. „Familienwerkverträge" (Überlassung gewisser landwirtschaftlicher Vorgänge an Bauernfamilien gegen ein fixes Entgelt) und die Verpachtung bestimmter Kolchos- oder Sowchosgründe an Private.

In der Praxis ergeben sich aber besonders bei letzterer Wirtschaftsform erhebliche Probleme. Kurzfristige Pachten haben zu Raubbau und Devastierung von Grundstücken geführt, bei längerfristigen Pachtverträgen befürchten Ideologen die Herausbildung eines privaten Bauernstandes und die lokale Partei- und Staatsbürokratie erhebliche Einbußen ihrer Machtposition. Es gibt bereits Fälle, wo die Seite an Seite mit den neuen Pächtern lebenden Kolchosbauern regelrechte Sabotageakte gegen die finanziell erfolgreicheren, aber natürlich auch viel härter arbeitenden privaten Pächter verüben: so z.B. Beimengung von Chemikalien oder Kerosin in die Milch, Beschädigung von landwirtschaftlichen Geräten und Saatgut, absichtlich unrichtige Einschätzung der Ertragsfähigkeit durch die Agronomen etc. Neid und Mißgunst treten auf. „Viele ziehen es vor, durch Nichtstun 150–180 Rubel im Monat zu erhalten, als 500–700 Rubel für echte Arbeit zu verdienen": so zu lesen in der „Prawda" vom 4. Juli d.J., wo sich ein fortschrittlicher Parteikonferenzdelegierter und Kolchosvorsitzender über die Zustände in der Landwirtschaft beschwert und die Frage stellt, warum man nicht den Typ des „technisch und landwirtschaftlich gut ausgebildeten kultivierten sowjetischen Farmers" schaffen sollte, der sich aus eigenem Antrieb den letzten technischen Fortschritt aneignet und mit verschiedenen Arten von (privat-)genossenschaftlichen Betriebsformen experimentiert. Versteckt findet sich in dem Artikel der Hinweis, daß dieser (praktisch private) „Intellektualfarmer" natürlich auch Arbeitskräfte braucht.

Die generelle Realisierung solcher Visionen würde die Landwirtschaft tatsächlich von Grund auf umkrempeln, wenn man dazu noch einen funktionierenden Großhandel mit „Landesprodukten" (landwirtschaftliche Vorprodukte) schafft und die Herausbildung eines leistungsfähigen, ebenfalls privat oder „genossenschaftlich" gesteuerten Absatz- und Verteilungssystems erlaubt. Nur, diese gewaltigen Hürden in ideologischer, bürokratischer und organisatorischer Sicht werden, soweit das jetzt absehbar ist, nicht genommen werden. Es steht eher zu erwarten, daß man auf halbem Weg stehen bleibt und ein solches ideologisches Schattenspringen in umfassender Form, um, wie der oberwähnte Landwirtschaftsfachmann vorschlägt, ökonomischen vor ideologischen Erwägungen den Vorrang einzuräumen, tatsächlich nicht Platz greifen wird; ich zitiere ihn hier wörtlich:

„Während die Wissenschaftler darüber streiten, was an der Pacht sozialistisch ist und was nicht, müssen wir so schnell wie möglich das tun, was wirtschaftlich ist. Die Lösung des Nahrungsmittelproblems duldet keinen Aufschub. Wozu verbergen, daß dies in vieler Hinsicht ein politisches Problem ist, wo doch die Leute die Führung nach den Ladentischen beurteilen und danach, ob die Wirtschaftspolitik der Partei richtig ist."

Ja, und hiezu würde ich als etwas skeptischer langjähriger Betrachter der hiesigen Szene mit einem österreichischen Dialektausdruck sagen: „Das spielen sie nicht" (oder zumindest nicht souverän-vorausplanend, sondern höchstens stückweise, von den Furien des Volkszorns getrieben – und dann kann es für die jetzige Führung zu spät sein).

Interessant ist auch die skeptische Einstellung von Wirtschaftsfachleuten betreffend die ökonomische Situation und die Aussichten für die nächsten Jahre. Der Direktor des Wirtschaftsinstituts der Akademie der Wissenschaften, <u>Prof. Abalkin</u>, hat auf der Parteikonferenz einen bemerkenswerten und auch sofort heftig umstrittenen Beitrag verlesen, der mir jedoch sehr realistisch erscheint:

1) Frage, ob das Einparteien- und Sowjetsystem mit einer demokratischen Organisierung des gesellschaftlichen Lebens (wobei er vor allem die wirtschaftlichen Aspekte im Auge hatte) vereint ist. Seine zögernd positive Antwort ist eigentlich negativ, weil er hiefür einen weitestgehenden Meinungsbildungspluralismus fordert, den das hiesige Regime eigentlich nicht gewähren kann, ohne sich selbst zu Grabe zu tragen.

2) Der Zustand des Konsummarktes hat sich entgegen den Direktiven des 27. Parteitages verschlechtert („Es ist leichter aufzuzählen, was es gibt, als was es nicht gibt.")

3) Ein radikaler Umschwung in der Wirtschaft hat nicht stattgefunden, und sie ist aus dem Zustand der Stagnation nicht herausgetreten. Die Zuwachsraten des Nationaleinkommens haben sich seit 1985 gegenüber dem 11. Fünfjahresplan (Breschnewzeit) verringert.

4) Im wissenschaftlich-technischen Bereich hat sich der Abstand zum internationalen Niveau vergrößert.

5) Man kann bei der Perestroika nicht mit Erfolg rechnen, wenn man „gegen die objektive Logik des Lebens handelt".

6) Im 12. Fünfjahresplan (Gorbatschow-Periode) wurde die <u>gleichzeitige Erzielung eines quantitativen Zuwachses und qualitativer Verbesserungen</u> gefordert. Vom Standpunkt der Wissenschaft sind diese beiden Dinge nicht vereinbar. Man muß zwischen den beiden Zielrichtungen wählen: „Angesichts unserer Tradition ist es klar, wem der Vorzug gegeben wurde." (Er meint damit, daß weiterhin der quantitative Bereich forciert wurde und die Qualitätserhöhung zu kurz gekommen ist).

7) Bei weiterer Orientierung auf die Quantität hin können die Probleme der Qualitätsverbesserung nicht gelöst werden. Es ist auch eine verhängnisvolle Vorstellung zu glauben, daß mit dieser Methode die Versorgungsengpässe beseitigt werden können. (Abalkin ging hier schärfer als andere mit den Anbetern des „wal" ins Gericht – ein fast unübersetzbares sowjetischen Politvokabel, was so etwas wie „Bruttodenken", „alleiniger Vorrang für mengenmäßige Erzeugung ohne Rücksicht auf Qualität oder Umwelt" bedeutet; auf dem Gebiet der Metallurgie nennt man diese Leute „Eisenfresser" – möglichst viel Tonnen Stahl.)

8) Man muß dazu übergehen, <u>wirtschaftliche Beziehungen mit wirtschaftlichen Methoden</u> zu regeln, und eine Vorwärtsbewegung ist nur möglich durch reale Änderung der wirtschaftlichen Basisfaktoren (ein relativ deutlicher Hinweis auf die Notwendigkeit einer marktkonformen Wirtschaftsordnung).

Zum Schluß, sozusagen als versöhnliche Geste, räumte er ein, daß die neuen Gesetze über die Unternehmen (gemeint ist wohl das Gesetz über die Staatsbetriebe und das Gesetz über das Kooperativwesen) neue Bedingungen der Betriebsführung erlauben.

Nur werden – und hier setze ich meinen Kommentar fort – die Wirkungsweise dieser Gesetze bis jetzt wieder mit Dekreten und ministeriellen Erlässen in einer Weise eingeschränkt, daß sie nicht in der vorgesehenen Weise zum Tragen kommen. Und um dies zu bekämpfen – also den eigenen Staatsapparat! – hat die Parteikonferenz neue Dekrete in Aussicht gestellt. … In einem Bericht über die 27. Parteikonferenz […] habe ich im März 1986 geschrieben: „… dieser oft praxisferne Papierberg tendiert dazu, den schließlichen Destinatar mehr zu bedrücken als zu schöpferischer Arbeit anzuspornen." – Und es ist eigentlich nicht viel Fortschritt in dieser Hinsicht zu sehen, außer daß es noch viel mehr Papier gibt als vor zwei Jahren.

In privaten Gesprächen mit Mitarbeitern des IMEMO (Institut für Weltwirtschaft und internationale Beziehungen der Akademie der Wissenschaften) haben mich diese ausdrücklich auf die Abalkin-Rede hingewiesen und düstere Prognosen gemacht, es werde in den kommenden Jahren vom Konsumentenstandpunkt aus noch schlechter werden als jetzt, vor allem in Gestalt einer zunehmend aufklaffenden <u>Preisschere</u>.

Kurz zu erwähnen wäre in diesem Zusammenhang noch die <u>Nationalitätenfrage: Die einschlägige Resolution der Parteikonferenz ist ein kraftloser Kompromiß</u> nach der Art, wie ich sie in meinem obzit. Bericht aus dem Jahre 1986 beschrieben habe: ein Cocktail aus „ein bißchen" neuem sozialistischem Menschen, der mit der gemeinsamen Ideologie den Nationalismus überwindet, etwas Disziplinierungsdrohung und einer kleinen Prise Freiheit. Der Text klingt ein wenig wie die früher bei uns erhältlichen Erbauungs- und Anleitungsbüchlein für die Predigten von Dorfpfarrern, deren Schäflein geistig und moralisch schon längst über die etwas seichte Pietät der Sonntagspredigt hinausgelangt sind: Wie sollen z.B. die Armenier die in diesem Papier enthaltenen Aufforderungen verstehen, die Minderheiten sollten neben Russisch die Sprache des Volkes lernen, welches der Unionsrepublik den Namen gibt, damit sie sich besser verstehen lernen – d.h. also in diesem Fall, die Armenier in Nagorno-Karabach sollen Aserbaidschanisch studieren, also Türkisch, die Sprache des Erbfeindes im Zeichen des Genozids? Damit wird man das Problem nicht lösen. Dies geht nur manu militari durch ständige Niederhaltung der rebellischen Minderheiten – und das würde heute schon einen größeren Feldzug bedeuten – oder aber <u>mit einer geschickten Schaukelpolitik, die ein labiles Gleichgewicht</u> herstellt. Als Basis dafür müßte man aber beträchtliche Geldmittel (die Füllung der hohlen Hand – bildlich gesprochen – ist im Orient noch immer ein wirksames Beruhigungsmittel) aufwenden, die aber anderswo fehlen und im Rest des Landes Neid erregen werden. Aber sicherlich könnte man mit einem großzügigen Entwicklungsprogramm, allerdings für <u>beide</u> Teile, um zumindest vor Ort Rivalitäten hintanzuhalten, eine gewisse Beruhigung erwirken. Ob man sich dazu entschließt? Regionalförderung schafft bekanntlich allenthalb Begehrlichkeiten und gibt den Gegnern willkommene Argumente in die Hand. – Je besser die Wirtschaft im Land läuft, desto eher könnte man Mittel für ein solches Programm abzweigen, ohne anderen wehzutun. Aber auch das ist vorläufig nicht drinnen.

Wenn man in einzelne Aspekte des Gorbatschow-Kurses eindringt und die verschiedenen Facetten etwas beleuchtet, kommt man leicht in unzulässige Berichtslängen. Aber eine <u>Schlußfolgerung</u> ist wohl vonnöten: Gorbatschow und seine Anhänger werden in den nächsten Monaten und Jahren immer wieder vor die Alternative gestellt werden, wie weit sie der weiteren Vorherrschaft der bestehenden Machtstrukturen oder einer materiellen Besserstellung des Sowjetvolkes den Vorzug geben, ob sie <u>mehr Sowjetherrschaft oder mehr technologischen Fortschritt</u> wollen (hier nur in einem Nebensatz: die Machtstruktur des KGB ist grundsätzlich ungebrochen, trotz gewisser gesellschaftspolitischer Erleichterungen). In diesen ständigen Abwägungen und Wertvergleichen kann sich Gorbatschow sehr wohl längere Zeit halten, denn was bedeuten hier wirklich die westlichen Begriffe von Erfolg und Mißerfolg? Die Breschnew-Periode hat gezeigt, daß auch damals fast alles, was man in dieser Zeit geschaffen hatte, als positiv hingestellt werden konnte.

Gorbatschow verfügt nun über die gleichen Propagandamöglichkeiten, wenn auch die Glasnost die Sache etwas erschwert, so kann man doch auch die eigenen Ziele immer wieder etwas umschreiben und modifizieren. Er hat dies auch schon mit Geschick in einigen Bereichen getan. Das heißt also, die Möglichkeit der dialektischen Präsentation bleibt aufrecht, was nur besagen will, <u>daß trotz objektiv festzustellender Schwierigkeiten Herr Gorbatschow weiterhin relativ unbeschadet durch These, Antithese und Synthese wandeln wird, sofern nicht echte Katastrophenentwicklungen eintreten.</u>

Der Generalsekretär hat mit seinem Reformkurs Türen aufgestoßen, sowohl in geistiger als auch in materieller Hinsicht. Wieweit er sie ganz durchschreiten wird – ob sie vielleicht wieder einen Spalt mehr zugemacht werden, ist noch nicht ganz abzusehen. Selbst wenn in materiell-administrativer Hinsicht eine Tür wieder ganz zufallen sollte, so <u>ist das gedankliche Konzept des Reformkurses doch heute soweit vorgedrungen, sodaß es nicht mehr vollkommen ausgelöscht werden kann.</u> Vielleicht ist der jetzige Kurs nur ein Beginn, wo nach einer Periode des Verhaltens erst später eine weitere Öffnung erfolgt. Dieser generelle Trend, den man vom westlichen Standpunkt als positiv bezeichnen kann, besagt allerdings <u>nicht</u>, daß es <u>in absehbarer Zeit</u> zu einer <u>fühlbaren Verbesserung der materiellen Lage der sowjetischen Bevölkerung</u> kommt. Der Übergang kann lang und dornenvoll werden, vor allem für die große schweigende Mehrheit in diesem Land.

Zur konkreten weiteren Abfolge ist noch hinzuzufügen, daß der nächste Fixpunkt bei der Weiterentwicklung der von der Parteikonferenz echt gesetzten (oder nur augenscheinlich vorhandenen) Impulse das Ende des Monats stattfindende Plenum des ZK werden soll; es wird sich mit der Implementierung der Resolutionen der Parteikonferenz beschäftigen. […]

Dokument 214

ČSSR, UdSSR; off. Besuch des Mitglieds des Politbüros der KPdSU und Vorsitzenden des Ministerrats der SU, Nikolai Ryschkow, in Prag (8.–9.7.1988)

GZ 225.18.01/1-II.3/88, Zl. 227-Res/88, ÖB Prag, 14. Juli 1988

Nikolai Ryschkow, Mitglied des Politbüros der KPdSU und Vorsitzender des Ministerrats der SU, befand sich vom 8.–9.7. d.J. zu einem offiziellen Besuch in Prag. Ryschkow traf bereits am 5.7. d.J. in Prag ein, wo er bis 7.7. d.J. als Vorsitzender der sowj. Delegation zur 44. RGW-Ratstagung fungierte [...].

Gastgeber des sowj. Premierministers war der csl. Ministerpräsident L. Štrougal. Ryschkow wurde außerdem von GS Jakeš und Präsident Husák empfangen und traf auch mit dem Ministerpräsidenten der tschechischen Regierung, Adamec, zusammen.

Im Mittelpunkt der Gespräche Ryschkows mit Štrougal standen Fragen der bilateralen Zusammenarbeit zwischen der ČSSR und der UdSSR.

Zunächst informierten die beiden Gesprächspartner einander über den Stand der Reformbestrebungen in ihren Ländern. Im nach dem Besuch veröffentlichten gemeinsamen Kommuniqué stellen dazu beide Seiten u.a. fest, daß die Veränderungen, die in der ČSSR und in der SU stattfinden, unbeschadet der Besonderheiten jedes einzelnen Landes viel Gemeinsames haben.

Ein zentrales, wirtschaftliches Problem, das auch Gegenstand von GS Jakeš mit GS Gorbatschow bei seinem Antrittsbesuch in Moskau im Jänner d.J. war, ist die ungleiche Arbeitsteilung zwischen den beiden Volkswirtschaften. Die ČSSR ist bestrebt, den Anteil hochwertiger Erzeugnisse an ihren Exporten in die UdSSR zu erhöhen. Auch beim gegenständl. Treffen wurde eine Übereinkunft darüber erzielt, die Arbeit an dem für 15–20 Jahre geplanten Konzept der wirtschaftlichen und wissenschaftlich-technischen Zusammenarbeit zwischen ČSSR und der UdSSR zu beschleunigen. Möglichkeiten eines Ausbaus der Importe von Produkten der verarbeitenden Industrie aus der SU und der Exporte csl. Industrieanlagen in die SU wurden „diskutiert". In struktureller Hinsicht soll der bilaterale Handel durch die vermehrte Begründung von Joint Ventures und Erhöhung der direkten Zusammenarbeit zwischen den Betrieben angekurbelt werden. Auch die Schaffung der dazu nötigen Rahmenbedingungen (Vereinheitlichung der Wechselkurse, realistische Großhandelspreise etc.) soll beschleunigt werden.

Ein konkretes Ergebnis des Besuchs war die Unterzeichnung eines Programms der Zusammenarbeit auf dem Gebiet der Entwicklung der Nuklearenergie in der ČSSR.

Im außenpolitischen [Teil] des gemeinsamen Kommuniqués wird im wesentlichen die völlige Übereinstimmung der Positionen der ČSSR mit jenen der UdSSR zum Ausdruck gebracht. Umgekehrt wird die „Bedeutung einer praktischen Durchführung" des Jakeš-Planes von der SU „hoch eingeschätzt und betont".

In einer Pressekonferenz zum Abschluß des Besuches bezeichnete Ryschkow die csl.-sowj. Beziehungen als „traditionell gut" und hob die ungenützten Möglichkeiten der wirtschaftlichen Zusammenarbeit sowie die Notwendigkeit einer gegenseitigen Ergänzung in der Produktion (Arbeitsteilung) hervor. Die Wirtschaftsreformen in der ČSSR und in der UdSSR seien „grundsätzlich gleichartig", da sie beide auf dem Prinzip der Kostendeckung aufgebaut seien. Jedoch hätten weder in der ČSSR noch in der UdSSR bisher ausreichend tiefgehende qualitative Änderungen stattgefunden.

Zur Frage einer allfälligen Neueinschätzung der Ergebnisse des Jahres 1968 in der ČSSR erklärte Ryschkow, daß die Parteiführung der KPdSU die Bewertung durch die KPČ teile. Zur Frage einer Neubewertung der Rolle A. Dubčeks erklärte Ryschkow, dies sei eine innere Angelegenheit der ČSSR.

Eine Frage betr. die Präsenz sowj. Truppen in der ČSSR beantwortete Ryschkow eher ausweichend und verwies auf den sowjetischen Vorschlag eines Abzuges aller militärischer Einheiten aus fremden Staaten.

Ryschkow nahm auch zur abgelaufenen RGW-Tagung Stellung. Die kritische Diskussion habe langfristig den Weg zu einem vereinten, sozialistischen Markt geöffnet, der schrittweise zu verwirklichen sei. […]

Dokument 215
Offizieller Freundschaftsbesuch von GS Michail GORBATSCHOW in Polen; 11.–14. Juli 1988

GZ 225.18.24/1-II.3/88, Zl. 4-POL/88, ÖB Warschau (Somogyi), 19. Juli 1988

Der sowjetische Parteichef Michail GORBATSCHOW hielt sich in der Zeit vom 11.–14.7.1988 zu einem offiziellen Freundschaftsbesuch in Polen auf. Im Anschluss daran präsidierte er die Tagung des Konsultativrates der Warschauer-Pakt-Mitgliedstaaten, welche am 15. und 16.7. d.J. ebenfalls in Warschau stattfand. Es war dies bereits der dritte Besuch Gorbatschows in Polen, nach April 1985 und Juni 1986. Die beiden vorangegangenen Besuche galten jeweils dem Warschauer Vertrag bzw. der Vereinigten Polnischen Arbeiterpartei. Diesmal jedoch galt der Besuch der VR Polen im umfassenden Sinn selber.

Der sowjetischen Delegation gehörten u.a. Außenminister Edvard SCHEVARDNADZE, ZK-Sekretär Vadim MEDVEDEV und der Erste Sekretär von Weißrußland und ZK-Mitglied Jefrem SOKOLOW an.

Gorbatschow wurde von seiner Gattin Raissa begleitet. Er und seine Gattin erhielten bei der Begrüßung und bei der Verabschiedung Ehren, die fast einem Staatsoberhaupt zukamen. So wurden jeweils die Hymnen abgespielt und das Diplomatische Corps vorgestellt. Allerdings gab es keine Salutschüsse.

Bereits am 1. Tag nach den protokollarischen Zeremonien (verschiedene Kranzniederlegungen) wurden Plenargespräche zwischen den Vertretern der beiden Bruderparteien abgehalten, bei denen auf polnischer Seite u.a. Politbüromitglied Józef CZYREK, der frühere Minister und jetzige Erste Sekretär von Katowice Manfred

GORYWODA und der polnische Außenminister Tadeusz OLECHOWSKI anwesend waren. Nach einem anschließenden 4-Augen-Gespräch zwischen Gorbatschow und Jaruzelski hielten beide Persönlichkeiten jeweils Grundsatzansprachen im polnischen Parlament, die anverwahrt vorgelegt werden.

Von den Ansprachen Gorbatschows in Polen wären folgende Punkte hervorzuheben:

Ständige Betonung, daß Polen ein „sozialistischer" Staat ist, daher auch die Begrüßung der Sejm-Abgeordneten als „Genossen". Bei der Erörterung der gemeinsamen Geschichte wurde eher den positiven Punkten Beachtung geschenkt (Lenin: „ohne unabhängiges Polen kein freies Rußland"; gemeinsamer Kampf gegen die zaristische Herrschaft, gemeinsame Bekämpfung des Nationalsozialismus). Gorbatschow verurteilte hingegen die stalinistischen Repressionen und auch die rechtswidrigen Deportationen, denen in den von den Sowjetunion besetzten Ostgebieten Polens Hunderttausende von Menschen zum Opfer gefallen waren. Für den Gefertigten war es jedoch keineswegs überraschend, daß Gorbatschow zur großen Enttäuschung vieler Oppositioneller, aber möglicherweise auch eines Großteiles der polnischen Bevölkerung, die Erwähnung der Ermordung von mehreren Tausend gefangenen polnischen Offizieren in Katyn unterließ. Durch die Nichterwähnung dieser angeblich schwärenden Wunde des polnischen Volkes fiel naturgemäß auch das vielfach erwartete Einbekenntnis des sowjetischen Verschuldens an diesem Verbrechen aus. Noch steht es nicht eindeutig fest, ob Stalin oder Hitler an der Ermordung der Offiziere schuld war. Das leidenschaftliche polnische Volk, das die Sowjets aus dem Gefertigten nicht ganz verständlichen Gründen derzeit wesentlich mehr hasst als die Deutschen, glaubt mit Inbrunst an die sowjetische Schuld. Wie der Stv. Staatsratsvorsitzende BARCIKOWSKI nach der Sejm-Rede Gorbatschows erklärte, werde die sowjetisch-polnische Kommission zur Aufklärung der weißen Flecken in der gemeinsamen Geschichte sicher auch einmal über Katyn befinden. Der Gefertigte glaubt nicht, daß die Kommission in der Lage sein wird, eine eindeutige Schuldzuweisung abzugeben. (Weder wegen der Fakten noch wegen der politischen Opportunität.) Auf alle Fälle erschien es naiv, zu glauben, daß Gorbatschow die sowjetische Schuld auf polnischem Boden zugibt.

Nach Ansicht des Gefertigten tat er auch wohl daran, da der virulente Anti-Sowjetismus noch mehr geschürt worden wäre und die Polen dann irgendwelche anderen Taten, die klärungsbedürftig wären und bei denen an sowjetisches bzw. russisches Verschulden geglaubt wird, präsentieren würden. – Immer wieder erwähnte er und erläuterte er auch die „Perestroika". Er wies auch vielfach auf die Gleichberechtigung der kommunistischen Parteien und auf die Unabhängigkeit der „sozialistischen" Staaten hin. An der gemeinsamen Staatsgrenze stellte er neue Grenzübergänge und mehr Kontakte zwischen den jeweiligen Grenzlandbevölkerungen in Aussicht. Breiten Raum seiner Ausführungen nahmen naturgemäß die Probleme der Abrüstung und der Ost-West-Beziehungen ein. An den territorialen Gegebenheiten und den politischen Realitäten in Europa dürfe nicht gerüttelt werden. Gorbatschow erwähnte auch die ihm normal erscheinenden Beziehungen zwischen dem polnischen Staat und der römisch-katholischen Kirche. somit sanktionierte er auch Jaruzelskis Politik der Kooperation mit der katholischen

Kirche (als Ersatz zum Dialog mit der „Solidarität und anderen extrem oppositionell eingestellten Gruppen"). Das Wort „Solidarität" erwähnte er nicht einmal in seinem ursprünglichen Sinne, von der verbotenen Gewerkschaft ganz zu schweigen. Hingegen nahm er insgesamt sechsmal auf die rechtmäßige Zugehörigkeit der polnischen Westgebiete, im besonderen Stettins, zu Polen Bezug.

Von den Ausführungen General Jaruzelskis während des bilateralen Aufenthalts Gorbatschows wären folgende Punkte hervorzuheben: Lob Gorbatschows; Parallelität zwischen polnischer „sozialistischer Erneuerung" und „Perestroika"; Wertschätzung für Gorbatschows Anerkennung der Autonomie der kommunistischen Parteien und der Souveränität eines jeden „sozialistischen" Staates; Bezugnahme auf positive Punkte der gemeinsamen Geschichte, u.a. Verhinderung der Sprengung der historischen Stadt Krakau durch den sowjetischen Marschall Konew. Er ließ es jedoch nicht unerwähnt, daß auch er persönlich sich unter den Deportierten befand, die Gorbatschow erwähnte (siehe oben). Er unterstrich auch, daß die SU das polnische Volk vor der Vernichtung bewahrt habe. Insbesondere drückte er seine Befriedigung aus über die Lebensbedingungen der in der SU lebenden Polen und über die Erhaltung der polnischen Kulturdenkmäler in der SU. Wie Gorbatschow geißelte auch Jaruzelski die Gegner der „sozialistischen Reform" und der „Perestroika". Die positive Entwicklung der Beziehungen zwischen dem polnischen Staat und der röm.-kath. Kirche ließ auch Jaruzelski naturgemäß nicht unerwähnt. Eine eindeutige Absage erteilte er jedoch an jene Kreise, die den „Sozialismus" so reformieren wollen, daß am Ende kein „Sozialismus" mehr übrigbleibt (Anspielung auf „Solidarität" und vor allem auf Lech WAŁĘSA.)

Am zweiten Tag seiner Polenreise besuchten der GS und seine Gattin Krakau und jene Ortschaft in der Nähe von Zakopane namens Poronin, wo einstmals LENIN und Nikolai BUCHARIN zeitweilig lebten und wo sich heute ein diesbezügliches Museum befindet. In Krakau selber besichtigten die Gäste die berühmte Marienkirche, wobei in den Medien die Tatsache Beachtung fand, daß dies der erste Besuch einer katholischen Kirche bei einer Auslandsreise bzw. überhaupt Gorbatschows gewesen sein. Im Warschauer Wawel-Schloss kam es zu einem stimmungsvollen Zusammentreffen mit Jugendlichen. Mehr politische Bedeutung hingegen hatte das gemeinsame Essen der Gäste im bekannten Restaurant Wierzynek mit dem Regime gegenüber kritisch eingestellten Künstlern (u.a. der Komponist Krzysztof PENDERECKI, der Regisseur Tadeusz KANTOR und der Maler Wiktor ZIN).

Von Krakau aus reiste der Generalsekretär nach Stettin, wo er u.a. die bedeutende Warski-Werft, eine der Geburtsstätten der verbotenen Gewerkschaft „Solidarität", besuchte. Stettin wurde sicherlich auch deshalb gewählt, um [...] den unveränderlichen polnischen Anspruch auf die Westgrenze zu unterstreichen.

In Warschau kam es außerdem im Königsschloss zu einer Begegnung mit polnischen gemäßigten Oppositionellen, wobei u.a. so bekannte Persönlichkeiten vertreten waren wie Prof. RADOMSKA, Prof. STELMACHOWSKI und Prof. FINDEISEN. Insgesamt waren es 248 Intellektuelle, die zu einer offenen und sehr kritischen

Aussprache mit Gorbatschow zusammengekommen waren. Hauptthema war die Frage der Weitergeltung der Breschnew-Doktrin. Auf diese Frage und andere Fragen heikler Art erteilte Gorbatschow keine Antwort, sondern stellte eine schriftliche Beantwortung [in dem] über die ggstdl. Begegnung zu erscheinenden Buch in Aussicht. Naturgemäß verursachte dies keine geringe Enttäuschung.

Apropos. Gorbatschow hat während seines gesamten hiesigen Aufenthaltes keine eindeutige Äußerung gemacht, wonach die Breschnew-Doktrin nicht mehr gelte. Aus seinen dauernden Hinweisen auf die Zugehörigkeit Polens zur „sozialistischen" Staatengemeinschaft, aus seiner Charakterisierung Polens als „sozialistischer" Staat, aus den verschiedentlichen Hinweisen [auf] die Mitgliedschaft Polens im Warschauer Vertrag könnte eher die Bejahung der Doktrin herausgelesen werden, wenn andererseits wiederholte Feststellungen betreffend die Souveränität der „sozialistischen" Staaten und der Autonomie ihrer kommunistischen Parteien auch Interpretationen im gegenteiligen Sinn erlauben. Immerhin drückte er sich im Warschauer Königsschloss vor der eindeutigen Beantwortung der diesbezüglichen Frage. Ein Hinweis auf den 5. Absatz der Seite 2 der mitfolgenden gemeinsamen Erklärung erscheint auch angebracht. Im übrigen ist es nach Ansicht des Gefertigten ziemlich irrelevant, ob die Breschnew-Doktrin von Gorbatschow expressis verbis bejaht oder verneint wird. Im Falle der Verneinung ist der Gefertigte zutiefst davon überzeugt, daß sich selbst Gorbatschow nicht an seine Aussage für den höchst hypothetischen Fall halten würde, wenn ein noch hypothetischerer polnischer Premierminister Lech Wałęsa den Austritt Polens aus dem Warschauer Vertrag und damit verbunden die Beseitigung des „sozialistischen" Systems verkündete.

Wie oben erwähnt, würdigte Gorbatschow positiv, wenn auch naturgemäß vorsichtig, das Verhältnis kath. Kirche-Staat in Polen. Beim ebenfalls oberwähnten Besuch der Marienkirche in Krakau kam es zu einer recht kurzen und ausschließlich protokollarisch anmutenden Begegnung mit einem Weihbischof und dem Domkaplan. Vor dem Besuch Gorbatschows wurde verschiedentlich darüber spekuliert, ob Gorbatschow auch eine Begegnung mit einem wichtigen katholischen Kirchenfürsten haben würde. Aus örtlichen Gründen wären hiefür Primas Kardinal GLEMP oder Kardinal MACHARSKI (Krakau) in Frage gekommen. Der Primas hielt sich während des Besuches in Italien auf, Kardinal Macharski war zum Zeitpunkt des Besuchs Gorbatschows in Krakau in einem 120 km von Krakau gelegenen Ort anwesend. Der Gefertigte vermutet, daß Gorbatschow an sich keine Begegnung mit einem der beiden vorgenannten Herren beabsichtigt hat, es hätte auch keinen plausiblen Grund gegeben. Es erscheint nicht ausgeschlossen, daß insb. Kardinal Macharski Krakau absichtlich verlassen hat, um nicht offensichtlich von Gorbatschow ignoriert zu werden. Selbstverständlich sind andere Vermutungen nicht weniger plausibel.

Der Besuch brachte kaum konkrete Ergebnisse, die aber auch nicht erwartet werden sollten, da Gorbatschow ja nicht der Chef der sowjetischen Exekutive ist. Zweifellos wird er jedoch diese anweisen, Polen gegenüber eine noch verständnisvollere Haltung an den Tag zu legen und den an sich nicht sehr befriedigenden Wirtschaftsverkehr zu intensivieren. Die SU ist ja der wichtigste Handelspartner Polens, eine direkte

Zusammenarbeit, was seit „Perestroika" und polnischer Wirtschaftsreform nicht nur möglich, sondern sogar sehr erwünscht ist, existiert nur zwischen insgesamt 207 Betrieben. Insbesondere sind die so sehr von der polnischen Regierung geförderten Joint Ventures in einem großen Missverhältnis zur Bedeutung, die beide Länder einander beimessen.[1] Der Besuch Gorbatschows diente wohl in erster Linie der gegenseitigen Unterstützung bei den großen Reformvorhaben und der Betonung der ausgezeichneten offiziellen Beziehungen zwischen den beiden Staaten. Diese waren in der nunmehr 43-jährigen „sozialistischen" Geschichte nie so gut und herzlich wie jetzt. Unter Beweis gestellt wurden auch die offensichtlich freundschaftlichen Beziehungen zwischen Gorbatschow und Jaruzelski. Durch den Besuch hat Gorbatschow auch wieder einmal demonstriert, welches uneingeschränkte Vertrauen General Jaruzelski bei ihm genießt. Dies bedeutet auch einen sehr großen Freiraum für Jaruzelski – nicht jedoch in der Außenpolitik, siehe auch gemeinsame Erklärung – den dieser nur bedächtig, für viele zu langsam, nützt. Keine Frage, daß die Ruhigstellung Polens für Gorbatschow von größter Bedeutung ist, würde doch ein unruhiges Polen Argumente für die Gegner der „Perestroika" liefern.

Die direkten Kontakte Gorbatschows mit dem polnischen Volk waren mit Sicherheit arrangiert und mussten daher der Spontaneität, die in der SU bei den Reisen Gorbatschows die Regel ist, entbehren. Gorbatschow hat sich ja sicherlich Mühe gegeben, die Herzen der Polen konnte er aber nicht erobern. Wahrscheinlich ist er auch zu intelligent und zu kenntnisreich, um dies überhaupt vorgehabt zu haben. Ein Sowjetrusse kann in Polen einfach nicht zu populär sein. Hingegen ist es nicht unwahrscheinlich, daß es dem polnischen Volk langsam zu dämmern beginnt, daß nur die von Gorbatschow verfolgte Politik der „Perestroika" und der neuartigen Beziehungen zwischen den „sozialistischen" Staaten die einzige Möglichkeit für ein relativ unabhängiges und souveränes Polen bedeutet. Alle Beteuerungen oppositioneller Kreise, daß Polen mit eigenen Kräften oder mit Unterstützung des Westens aus der Sowjetumklammerung loskommen kann, stellen für den Gefertigten nur Verblendungen dar.

In verschiedenen Medien bzw. Kreisen wurden auch Vergleiche zwischen der Reise des Papstes Johannes Paul II. in Polen 1987 und der nunmehrigen Reise Gorbatschows angestellt. Solche Vergleiche sind keineswegs am Platze. Die Begründung hiefür ist nach Ansicht des Gefertigten entbehrlich. […]

---

[1] Interessant erscheint hingegen, dass im Wirtschaftsbereich daran gedacht ist, die bilaterale Konvertibilität im Zloty-Rubel-Verhältnis zu erreichen. (Diese Fußnote ist vom Akt übernommen.)

Dokument 216

Frage der Weitergeltung der BRESCHNJEW-Doktrin

GZ 225.17.00/25-II.3/88, Zl. RES-125/88, ÖB Warschau (Somogyi), 21. Juli 1988

Zur Frage der Weitergeltung der BRESCHNJEW-Doktrin hat der Gefertigte wiederholt polnische Auffassungen einberichtet und manchmal auch eigene Überlegungen einfließen lassen. Die Frage spielt in der letzten Zeit auch für die polnische Regierung eine bestimmte Rolle (offizielle polnische Gesprächspartner sind bereit, was früher nicht der Fall war, sich über das Thema zu unterhalten oder schneiden es gar selbst an), aber insbesondere für Oppositionelle, weil sie sich für den Fall der Nicht-Weitergeltung der Doktrin einen größeren, noch radikaleren Aktionsradius zuerkennen möchten.

Hochrangige Vertreter des offiziellen Polens verneinen seit einiger Zeit vehement die Weitergeltung der BRESCHNJEW-Doktrin und weisen immer wieder auf die seit dem Funktionsantritt von Generalsekretär GORBATSCHOW neuen Beziehungen zwischen den „sozialistischen" Staaten, deren ein Grundpfeiler die unbedingte Respektierung der nationalen Souveränität sei, hin. Auf die vom Gefertigten wiederholt gestellte provokante Frage, wie die Sowjetunion reagieren würde, wenn ein hypothetischer Premierminister in Polen […] den Austritt Polens aus dem Warschauer Pakt erklärt, war in der Regel betretenes Schweigen oder krampfhaftes Lächeln festzustellen.

Der Leiter der für Ost-West-Beziehungen, aber auch der für den Warschauer Vertrag zuständigen Abteilung des polnischen Außenministeriums erwähnte dem Gefertigten gegenüber am 20.7. initiativ, daß nach seiner Auffassung derzeit die BRESCHNJEW-Doktrin sich auf die Mitgliedschaft im Warschauer Vertrag beschränken würde (der Gefertigte vertrat schon seit jeher die Ansicht, daß das die absolute Schmerzgrenze für die Sowjetunion darstelle, wie dies sich die sowjetischen Reaktionen im Jahr 1956 und 1968, siehe General PRCHALA, unter Beweis gestellt hätten). Auf den Einwand des Gefertigten, daß die Beibehaltung des „sozialistischen" Systems doch auch eine Rolle spielte, meinte der Mitredner lächelnd, daß die Definition dieses Begriffes nunmehr außerordentlich viel Spielraum habe, der seine Grenze möglicherweise bloß an der Bezeichnung des herrschenden Systems als „sozialistisch" finden könnte.

Ergänzend erläuterte der Gesprächspartner, daß seine oben wiedergegebene Auffassung in beide Richtungen Modifikationen erfahren könnte. […]

Dokument 217

Gorbatschow und das Gemeinsame Haus Europa

GZ 225.02.02/28-II.3/88, Zl. 100-RES/88, ÖB Warschau (Somogyi), 21. Juli 1988

Dem Gefertigten ist es nunmehr gelungen, ein einschlägiges Gespräch mit dem auch für Ost-West-Beziehungen zuständigen Abteilungsleiter des polnischen Außenministeriums zu führen, über das wie folgt berichtet wird:

Dem Gesprächspartner zufolge wurde der Begriff „Gemeinsames Haus Europa" (GEH) als Gegengewicht gegen das vom Westen propagierte Konzept der europäischen Wiedervereinigung geboren, weil dieses Konzept auch die Eingliederung Osteuropas vorsah, ohne daß den osteuropäischen Staaten bei der Erstellung des Konzepts eine Mitgestaltung geboten worden sei. Sohin sei die Eingliederung Osteuropas zu den Bedingungen des Westens vorgesehen gewesen.

Die von Polen vor Jahren schon propagierte „Europäisierung" Europas werde seit einiger Zeit von der Sowjetunion strikt abgelehnt, weil diese Idee den Eindruck entstehen lassen könnte, daß die Abkoppelung der USA und Kanada von Europa beabsichtigt sei. Die Sowjetunion stellte immer wieder klar, daß sie k e i n e solche Absicht hege. Lächelnd fügte der Gesprächspartner hinzu, daß sich solche sowjetischen Aussagen natürlich nicht unbedingt mit den Aktionen der Sowjetunion decken müssen, wofür es derzeit allerdings keine Beispiel gebe.

Das GEH sei eine typische Gorbatschow-Idee, nämlich nicht definiert und ausgearbeitet. Gorbatschow habe vor kurzem die Alliierten der Sowjetunion aufgefordert, das GEH zu entwickeln. Solche Aufforderungen seien bekanntlich auch an den Westen ergangen. Dem Gesprächspartner zufolge sei dieser modus procedendi eine gute Idee, weil dadurch der Westen die Möglichkeit erhalte, allenfalls eigene Elemente in das GEH einfließen zu lassen.

Laut polnischem Gesprächspartner bilde jedoch die KSZE eindeutig die Grundlage des GEH und so sollte es auch bleiben. Zusätzlich zu den Konzepten der KSZE sollten im GEH noch dazukommen die Regelung der Zusammenarbeit und der Beziehungen zwischen NATO und Warschauer Vertrag, COMECON – EG/EFTA. Auch sollten die regionalen Strukturen, die für den Balkan und den Norden Europas zur Diskussion stehen, Berücksichtigung finden. Es gehe sohin um eine Institutionalisierung. Auch wenn das Ganze ein Magma darstelle, sei Polen mit diesem Konzept durchaus einverstanden. (Der Gefertigte kann sich nicht die Bemerkung verkneifen, daß sich Polen grundsätzlich mit allen außenpolitischen Ideen der Sowjetunion solidarisch erklärt, das bedeutet, daß der außenpolitische Spielraum Polens offensichtlich geringer ist als der innenpolitische, was beim letzten Besuch GS Gorbatschows in Polen im Juli d.J. erneut unter Beweis gestellt wurde.) Das GEH sei grundsätzlich mit dem „Europa vom Atlantik bis zum Ural" identisch, doch sei die Sowjetunion beim gerade erwähnten Konzept nicht sicher gewesen, ob sie vom Westen überhaupt zu Europa gezählt werde. Auch aus diesem Grund sei das GEH lanciert worden. Perestroika bedeute dem polnischen Mitredner zufolge auch die Öffnung zum Westen, konkret insbesondere zu Westeuropa, weil die Sowjetunion offensichtlich davon überzeugt sei, daß eine bedeutende wirtschaftliche und technologische Zusammenarbeit zwischen ihr und den USA von den Amerikanern nicht ermöglicht werde.

Während seines vorerwähnten Besuches in Warschau habe Gorbatschow oft das GEH erwähnt, insbesondere hat er sich darüber auch in seiner Ansprache im polnischen Parlament ausgelassen. (Der darauf bezughabende Teil seiner Rede liegt bei.) Der sowjetische KSZE-Fachmann, Mendelewitsch, habe auch gegenüber dem Mitredner angeregt, Polen möge diese Idee noch weiterentwickeln. Die in Kürze stattfindende Reise des Mitredners nach Moskau werde zum Teil auch der Erörterung dieser Anregung dienen. Ein anderer Aspekt dieser Reise nach Moskau sei, zu erörtern, wie sich der Warschauer Vertrag auf den EG-Binnenmarkt ab 1992 einstellen soll.

Das ursprünglich von Chruschtschow erfundene Konzept des „kollektiven europäischen Sicherheitssystems", das in der Folge von Breschnew immer wieder lanciert worden sei, sei dem Gesprächspartner zufolge schon seit Jahren tot und werde kaum wiederbelebt werden. […]

Dokument 218
Das gemeinsame Haus Europa; bulgarische Vorstellungen
GZ 225.02.02/30-II.3/88, Zl. 164-RES/88, ÖB Sofia (Baier), 22. Juli 1988

Der Begriff „Gemeinsames Haus Europa" findet sich häufig in hiesigen Erklärungen und Pressekommentaren, vor allem, wenn diese sowjetische Darlegungen wiedergeben. Darüber hinaus war im Zuge der Konferenz der Balkanaußenminister und ihrer Sofioter Folgeveranstaltung im vergangenen Juni auch von der „Etage Balkan im Gemeinsamen Haus" die Rede, einer Metapher, die anschaulich den Wunsch widerspiegelt, diese traditionell belastete Region zu einem Modell des Vertrauens und der Zusammenarbeit in Europa zu gestalten.

Kürzlich hatte ich Gelegenheit, mit dem Leiter der KSZE-Abteilung im hiesigen Außenministerium, Botschafter Stefan TODOROV, zu sprechen, der diese Thematik angeregt aufgriff, jedoch einschränkend bemerkte, daß es hiezu kein fixes bulgarisches Konzept gäbe und er deshalb nur seine persönliche Auffassung zum Ausdruck bringen könne:

Für ihn stelle der Begriff „Gemeinsames Haus Europa" ein besonders gelungenes Beispiel für die bildhafte Darstellung einer überaus komplexen Materie dar. Der Variationen gebe es dabei viele. […]

Mein Gesprächspartner warnte aber auch vor den Versuchungen, diesen Begriff zu mißbrauchen. Wer immer vom „Haus Europa" spreche, müsse vom Grundsatz des gegenseitigen Vertrauens ausgehen, ansonsten würde man bald erkennen, daß der Begriff keine geringen Gefahren einer Konfrontation in sich berge (er nannte dabei als hypothetischen Fall die Fragestellung nach dem Platz, den etwa die Berliner Mauer im Europäischen Haus einnimmt!).

Wesentlich erschien Botschafter TODOROV, daß der Begriff „Haus" nicht auf andere Kontinente als auf Europa anwendbar sei, da nur dort die kulturelle Identität und die historisch gewachsene Schicksalsgemeinschaft eine derartige Bezeichnung rechtfertige. Keinesfalls aber wolle er seine Worte im Sinne einer Verdrängung der beiden amerikanischen „Bewohner" USA und Kanada, an deren voller Teilhaberschaft für ihn kein Zweifel besteht, verstanden wissen. Hiefür führte Botschafter TODOROV nachstehende Gründe an:

– Beide Staaten sind Unterzeichner der Helsinki-Schlußakte und ihrer Folgedokumente, die gemeinsam die „Hausordnung" darstellen sollten.

– Die „bestehenden Realitäten" nicht nur im politischen und militärischen Bereich, sondern vielmehr auch in der wirtschaftlichen und wissenschaftlich-technischen Entwicklung sprechen eindeutig für den Verbleib der Länder jenseits des Atlantiks.

Was die europäische Integration betreffe, so werde ihre Fortentwicklung die Architektur des „Hauses" zweifellos prägen. Über mögliche Auswirkungen des einheitlichen Binnenmarktes äußerte sich TODOROV sehr vorsichtig und unbestimmt.

Erwähnenswert erscheint ein Kommentar des neuen Österreichreferenten im Außenministerium, Gesandten Ljudmil POPOVs, der mir gegenüber in einem Gespräch meinte, daß die in letzter Zeit in Westeuropa zu diesem Thema geführten Diskussionen die Neutralen und Blockfreien seines Erachtens nicht ausreichend berücksichtigten. […]

Dokument 219

19. Allunions-Konferenz der KPdSU; Gespräch im polnischen Außenministerium

GZ 225.03.00/38.II.3/88, Zl. 459.35/3-A/88, ÖB Warschau (Somogyi), 26. Juli 1988

Die […] angekündigte Vorsprache des Gefertigten beim Direktor für „sozialistische" Staaten des polnischen Außenministeriums hat nunmehr stattgefunden. Der Gesprächspartner erklärte i.G. folgendes:

Begreiflicherweise hätten der polnische Staat und die PVAP die sowjetische Konferenz mit großem Interesse verfolgt. Das besondere Interesse sei deshalb gegeben gewesen, weil sowohl in der Sowjetunion als auch in Polen die politischen und wirtschaftlichen Zusammenhänge in der Hauptrichtung konvergent seien, wenn auch jedes Land sich grundsätzlich nach den eigenen historischen Gegebenheiten richte. Polen habe den „polnischen Weg zum Sozialismus" gewählt. Polen habe den Verlauf der sowjetischen Parteikonferenz sehr positiv aufgenommen. In Moskau habe große Offenheit geherrscht, besonders im Hinblick auf die Reform und die Demokratisierung. Die Offenheit (Glasnost) habe sich verfestigt. Das erste Mal sei in Moskau ein so kontroversieller Vorschlag gestattet worden, wie die Vereinigung der Funktion des 1. Parteisekretärs mit der des Vorsitzenden des örtlichen Sowjets, weil ja das der angestrebten Trennung der Partei vom Staat zuwiderlaufe.

Das Bestreben Gorbatschows nach Erneuerung des politischen und wirtschaftlichen Lebens (Perestroika) habe sich verfestigt und vertieft und nehme einen immer irreversibleren Charakter an.

Auch in Polen finde eine Erneuerung des politischen und wirtschaftlichen Lebens mit dem Ziel der vollen Demokratisierung statt. Polen wolle sämtliche

Bevölkerungsschichten für bestimmte nationale Aufgaben heranziehen, d.h. auch die nichtextremistische Opposition.

Das Ergebnis der sowjetischen Parteikonferenz sei grundsätzlich optimal gewesen, aber die Perestroika sei nicht leicht und sie habe auch Gegner. Es sei aber sehr schwer, die wirtschaftliche Unbeweglichkeit und die Mentalität der Menschen zu ändern. Hierzu bestünden in Polen gewisse Analogien.

Im übrigen sei Polen der Bahnbrecher der Perestroika [...]. Ungarn habe die Wirtschaftsreform schon vor vielen Jahren begonnen, die Reform der politischen Strukturen aber erst in der letzten Zeit.

Auch der Mitredner würdigte den am Ende der sowjetischen Parteikonferenz von Gorbatschow herbeigeführten Operationskalender positiv.

Die „sozialistische Reform" in Polen sei nicht umkehrbar, im Falle eines Umkehrversuchs käme es sicher zu einer Revolution. Bei dieser Ankurbelung und Auspeitschung des Volkes und Aufdeckung der Verbrechen der stalinistischen Zeit sei wohl niemand mehr in der Lage, die gleichen stalinistischen Methoden in Polen wieder einzuführen.

Der Gefertigte ist sich dessen bewusst, daß das oben wiedergegebene Gespräch (es handelte sich faktisch fast um einen Monolog des Gesprächspartners) nicht besonders ergiebig war. [...]

Dokument 220

Offizieller Freundschaftsbesuch von GS Michail GORBATSCHOW in Polen; 11.–14.7.1988; Nachtrag

GZ 225.18.24/2-II.3/88, Zl. 126-RES/88, ÖB Warschau (Somogyi), 26. Juli 1988

Obwohl der Gefertigte bereits Anfang Juli um einen Termin beim Direktor für „sozialistische" Staaten des polnischen Außenministeriums ersucht hatte, um bei ihm u.a. auch über den rubrizierten Besuch eine offizielle Stellungnahme einzuholen, kam diese Begegnung wegen begreiflicher Überlastung des Gesprächspartners erst nach Abfassung des rubrizierten Berichts zustande. Hierüber darf folgendes berichtet werden: Der Gesprächspartner erläuterte, daß die polnische Regierung mit dem Besuch äußerst zufrieden sei, weil mit ihm ein neues Kapitel in den bilateralen Beziehungen zwischen Polen und der Sowjetunion aufgeschlagen werde. Ein solcher Besuch aus der Sowjetunion habe in Polen noch nicht stattgefunden. In den in Polen geführten Gesprächen GORBATSCHOWs habe Konvergenz und Aufrichtigkeit geherrscht, jeder Zwang gefehlt.

GORBATSCHOW treffe in Polen schon wegen seiner Ideen auf große Sympathien. Dem kontaktfreudigen Generalsekretär sei ein Empfang bereitet worden wie noch nie einem Ausländer in Polen.

Die gemeinsame Erklärung, die von der Botschaft mit oz. Bericht vorgelegt wurde, enthalte für Polen sehr positive Elemente. In einem bilateralen Dokument mit der Sowjetunion hätten solche Aussagen noch nie Eingang gefunden. Insbesondere äußerte sich der Gesprächspartner mit größter Zufriedenheit über die Tatsache, daß nunmehr offiziell über das Schicksal der in der Sowjetunion lebenden sowjetischen Staatsbürger polnischer Nationalität gesprochen wurde und Maßnahmen für die nationale Weiterexistenz dieser Gruppe getroffen wurden. Die Frage des Gefertigten, ob diese Menschen nunmehr in der Sowjetunion als Minderheit anerkannt seien, wurde vom Mitredner bejaht, allerdings glaubt der Gefertigte, daß diese Antwort nicht ganz den Tatsachen entspricht. – Sehr zufriedenstellend seien auch die Aussagen hinsichtlich Souveränität und Autonomie.

Abschließend wies der Gesprächspartner darauf hin, daß zahlreiche Elemente der Perestroika Polen abgeschaut worden seien. Die „sozialistische Reform" in Polen sei zwar mit der Perestroika in wesentlichen Punkten identisch, sie werde jedoch ausschließlich auf Grundlage der polnischen Verhältnisse und Bedingungen ausgeführt. […]

Dokument 221

Ermordung des „Solidaritäts"-Beraters Jan STRZELECKI, ein zweiter Fall Popiełuszko?

GZ 166.03.05/2-II.3/88, Zl.127-RES/88, ÖB Warschau (Somogyi), 26. Juli 1988

Die Botschaft beehrt sich, auf eine gegenständliche, im „Kurier" am 20.7. d.J. erschienene Meldung […] Bezug zu nehmen und darf von der möglichen politischen Warte wie folgt Stellung nehmen:

In hiesigen oppositionellen Kreisen bestehen geteilte Meinungen, ob die Ermordung des Professors Strzelecki als gemeinsames Verbrechen oder als eine Aktion von Sicherheitsorganen anzusehen wäre. Einigkeit besteht allerdings darüber, daß es für die zweite Variante nicht einmal den Hauch eines Hinweises oder sogar Beweises gibt.

Die Behörden arbeiten glaublich mit Nachdruck an der Aufklärung des unmenschlichen Verbrechens. Ob ihnen Erfolg beschieden [sein] wird, ist nicht absehbar.

Die Beisetzung Prof. Strzeleckis soll dem Vernehmen nach in Danzig erfolgt sein. Die Grabrede habe der Warschauer Weihbischof Miziołek gehalten. Er verlieh, zugekommenen Informationen zufolge, lediglich der Hoffnung Ausdruck, daß die Ermordung Prof. Strzeleckis nicht einen zweiten Fall Popiełuszko darstelle. Nach Ansicht des Gefertigten ist dieser Hinweis ominös und vielleicht unverantwortlich.

Die verbotene Gewerkschaft „Solidarität", deren Prof. Strzelecki einer der zahlreichen Berater war, gestaltete das Begräbnis zu einer Machtmanifestation, was angeblich sogar von einzelnen beim Begräbnis Anwesenden als Mißbrauch kritisiert worden sei. Es seien auch „Solidaritäts"-Abordnungen aus anderen Landesteilen erschienen, so z.B. Bergleute aus Schlesien, die auf ihrer Tracht „Solidaritäts"-Embleme trugen. Der hiesige amerikanische Botschafter war bei dem Begräbnis à titre personnel anwesend.

Ein Warschauer „Solidaritäts"-Funktionär habe geäußert, daß Prof. Strzelecki noch mit seinem Tod der Sache der „Solidarität" einen Dienst erwiesen habe. Eine fragwürdige Feststellung.

Nach Ansicht des Gefertigten erscheint es unvorstellbar, daß die hiesigen Machthaber die Beseitigung Prof. Strzeleckis angeordnet hätten. Übergriffe der Sicherheitsorgane auf unterer Ebene können freilich wohl in keinem Land ausgeschlossen werden. […]

Dokument 222
„Přestavba" in der ČSSR: Die ideologische Komponente
GZ 35.03.00/19-II.3/88, Zl. 250-Res/88, ÖB Prag (Peterlik), 29. Juli 1988

Die Přestavba, die csl. Variante der Perestroika, ist bisher vor allem durch den geplanten und zum Teil bereits in Angriff genommenen Wirtschaftsumbau in Erscheinung getreten. Diese Bemühungen manifestieren sich in einer Reihe von Wirtschaftsgesetzen, die entweder bereits erlassen wurden oder sich in einem fortgeschrittenen Stadium der Vorbereitung befinden und einen im Rahmen des planwirtschaftl. Systems tiefgreifenden Umbau der Wirtschaftslenkung mit sich bringen werden.

Sei es aufgrund der mangelnden Bereitschaft der csl. Führung oder aufgrund der Unverhofftheit, mit der die Welle der Reformen die ČSSR erreicht hat: Der wesentlich umfangreichere und eher amorphe Aspekt der Umgestaltung, der die politische Systemänderung mit allen sich daraus ergebenden sozialen und ideologischen Konsequenzen betrifft, wurde in der ČSSR der ökonomischen Seite des Umbaus bisher hintangestellt. Dennoch setzt sich auch hierzulande allmählich die Erkenntnis durch, daß die angestrebte Systemveränderung notwendigerweise allumfassend sein muß, daß also rein wirtschaftliche Reformmaßnahmen, wenn sie Aussicht auf Erfolg haben sollen, in einer mindestens ebenso notwendigen politisch-gesellschaftlichen Erneuerung eingebettet sein müssen, die ihrerseits – systembedingt – eine grundsätzliche ideologische Neuorientierung zur Voraussetzung hat. Die ideologische Aufarbeitung der csl. Přestavba ist Gegentand der nachstehenden Analyse.

Im April d.J. fand in Prag ein Treffen von Vertretern kommunistischer Parteien aus aller Welt statt, das die Arbeit der Monatszeitschrift „Probleme des Friedens und des Sozialismus", die gewissermaßen das theoretische Organ der kommunistischen Internationale darstellt, zum Gegenstand hatte. Der sowj. Delegationsleiter Anatoli Dobrynin nannte dabei in seiner Wortmeldung drei Faktoren, die die gegenwärtige Lage der kommunistischen Bewegung in der Welt seiner Ansicht nach charakterisieren:

– Der Kapitalismus besitze eine wesentlich höhere Stabilität, als […] früher angenommen wurde. Faktoren wie die wissenschaftlich-technische Revolution und die dadurch hervorgerufenen tiefgreifenden sozialen Veränderungen hatten zu einer Modifizierung der internat. gesellschaftlichen Entwicklung geführt, die die bisherige Basis der kommunistischen Bewegung gewandelt habe.

– Es sei dem Kommunismus bisher nicht gelungen, seine Vorteile ausreichend zur Geltung zu bringen und den westlichen Ländern ein überzeugendes Beispiel für eine tiefgreifende (sozialistische) Demokratisierung der Gesellschaft und eine radikale Lösung der wirtschaftlichen Probleme zu bieten.

– Ebenfalls negativ habe sich in der Vergangenheit die z.T. zur Polemik ausartende <u>Konkurrenz innerhalb des kommunistischen Lagers</u> ausgewirkt. Heute werde zwar „die Selbständigkeit und Unabhängigkeit der Parteien durch nichts und niemanden mehr bedroht", die internationale Zusammenarbeit der kommunistischen Parteien sei im Vergleich zu politischen Parteien anderer Ausrichtung jedoch nach wie vor zu schwach entwickelt.

Ein Botschaftsvertreter hatte Gelegenheit, mit dem Prorektor der Parteihochschule der KPČ, Prof. Zich, diese Fragenkreise und ihre Rezeption auf die csl. Verhältnisse zu diskutieren. Dabei kristallisierte sich eine Reihe von Schwerpunkten heraus, die die ideologische Arbeit und Aufgabenstellung der KPČ unter den neuen Verhältnissen charakterisieren, zugleich jedoch deren enorme Diskrepanz mit der wahrnehmbaren Praxis nicht verbergen können.

Verschiedene Wege zum Sozialismus

In politischer Hinsicht zählt die ČSSR nach Ansicht der Botschaft nicht zu jenen osteuropäischen Staaten, die den neu entstandenen, großen Spielraum am Wege zur Realisierung des Sozialismus voll ausschöpft. Ideologisch wird dies jedoch als Beweis für die angebrochene Aktualität des Marxismus betrachtet, der auf die unterschiedlichen Bedingungen in den einzelnen Staaten flexibel reagiert habe.

Sozialismus und Demokratie

Wohl eines der am häufigsten geäußerten Mißverständnisse westlicher Beobachter der Bestrebungen zur „Vertiefung der sozialistischen Demokratie" liegt in der Annahme, diese könnte zu einer schrittweisen Einführung pluralistischer Elemente in die Regierungssysteme der osteuropäischen Staaten führen. Diese These verkennt das grundsätzlich verschiedene Demokratieverständnis des Sozialismus, demzufolge Demokratie keine Staatsform, sondern ein ideologischer Begriff ist und die Gesamtheit des real existierenden Sozialismus bedeutet, in dem das Volk die Macht übernommen hat und „abweichende Partikularinteressen" zwangsläufig „reaktionär" sind. Die Grenzen der sozialistischen Demokratie sind daher dort erreicht, wo die „Errungenschaften des Sozialismus" (Eigentumsverhältnisse an den Produktionsmitteln) gefährdet werden und insbesondere die führende Rolle der Partei in Frage gestellt wird. Diese Maxime wurde und wird von allen Repräsentanten der KPČ klargestellt, zuletzt von GS Miloš JAKEŠ in seiner Ansprache vor Vertretern der Künstlergewerkschaft am 14.6. d.J., in der Jakeš ergänzte, daß aus diesem Grund jede kritische Auseinandersetzung mit der Vergangenheit nur von dem Gesichtspunkt her erfolgen kann, daß diese Prinzipien eben nicht immer korrekt angewendet wurden, was in der Vergangenheit zur Entwicklung „negativer Ereignisse" geführt habe.

Die unverarbeitete Geschichte des Jahres 1968

Diese Überlegungen leiten zum wohl größten ideologischen Problem der KPČ, dem verkrampften Verhältnis zur eigenen Vergangenheit, über.

Im Jahre 1970 veröffentlichte die KPČ das Dokument „Lehren aus der krisenhaften Entwicklung", in dem die Partei die ideologische Rechtfertigung für die Beendigung des „Prager Frühlings" (sowie für den Einmarsch der WP-Truppen) liefert und gutheißt. Diese Lehren sind, wie ständig betont wird, seit nunmehr 20 Jahren in Geltung – schon deshalb, weil sie die Exkulpation und raison d´être einer Reihe von csl. Spitzenpolitikern darstellen, deren Rolle 1968 durchaus unterschiedlich und z.T. unklar war (Husák, Biľak, Indra, Štrougal, Jakeš).

Der in ganz Osteuropa ins Rollen gekommene Reformprozeß hat, auf die spezifischen Verhältnisse der ČSSR übertragen, eine neuerliche Beschäftigung mit dem Jahr 1968 und den „Lehren aus der krisenhaften Entwicklung" erzwungen. Die – auch nach ho. Ansicht nicht unbegründeten – Behauptungen, daß insbesondere die im „Aktionsprogramm" vom April 1968 (das in Ausführung der Beschlüsse des Jänner-Plenums 1968 der KPČ erlassen wurde) geplanten Reformen unverkennbare Ähnlichkeiten mit der heutigen sowj. Politik der Perestroika haben und dieser im Prinzip um mehr als 2 Jahrzehnte vorgegriffen hätten, stellen die KPČ vor die dialektisch schwierige Aufgabe, den prinzipiellen Kurs der Verdammung der 68er-Reformen auch im Lichte der Gutheißung der Perestroika beizubehalten.

Dies geschieht zunächst durch eine Reihe subtiler Gegenüberstellungen der Ereignisse von 1968 mit der ggw. sowj. Perestroika:

- Der Umbau in der SU habe die sozialist. Bruderländer inspiriert, bereichert und die internationalistische Zusammenarbeit gestärkt. Die ČSSR habe 1968 hingegen ihre außenpolitische, kulturelle und wirtschaftliche Zusammenarbeit mit den Bruderländern immer mehr eingeschränkt, was zu deren wachsender Besorgnis und Irritation geführt habe.

- Die Massenmedien in der SU unterstützen heute die Politik der Umgestaltung der KPdSU. In der ČSSR seien sie 1968 jedoch zum Werkzeug der Opposition geworden.

Das für Ideologiefragen zuständige Präsidiumsmitglied Vasiľ Biľak faßte diese Argumentation in seiner Rede vor der csl.-sowj. Freundschaftsgesellschaft im Dezember v.J. mit den Worten zusammen: „Wenn in der heutigen SU alles abgeschafft wird, was zur Stagnation führt und die Entwicklung verlangsamt, dann wurde in der ČSSR 1968 alles freigesetzt, was zur Wiederherstellung des Kapitalismus und zur Zerstörung des Sozialismus führen sollte".

Auf die csl. Přestavba bezogen, ergibt sich somit eine in sich kohärente Argumentation, mit der die KPČ zugleich die Normalisierung nach 1968 verteidigt und auf Basis der damals gezogenen Lehren ihre heutige Přestavba-Politik erklärt:

Während das Plenum der KPČ vom Jänner 1968 (mit GS DUBČEK), dessen Beschlüsse von der festen Bindung an die UdSSR, der Konsolidierung der Macht der KPČ und die weitere Entwicklung der sozialistischen Demokratie sprachen, noch ein

„objektiv notwendiges Ereignis in der Geschichte des Landes" darstellt, sei durch die Führungsschwäche der Partei danach eine Entwicklung eingetreten, in der rechtsgerichtete, revisionistische und antisozialistische Kräfte innerhalb der KPČ mehr und mehr Einfluß gewonnen hatten, sodaß die ČSSR im Sommer 1968 an der Schwelle zur Konterrevolution gestanden sei und nur durch die internationalistische Hilfe des WP der Sozialismus in der ČSSR bewahrt bzw. wiederhergestellt werden konnte. Um die Wiederholung einer solchen krisenhaften Entwicklung schon in den Ansätzen zu verhindern, müsse heute jede Reform unter der Führung der Partei stattfinden und sich innerhalb des Rahmens der sozialistischen Demokratie bewegen, um so einen Beitrag zum weiteren Ausbau des Sozialismus zu leisten.

Die KPČ kann also in ihrer heutigen Bewertung des Jahres 1968 im wesentlichen auf die „Lehren aus der krisenhaften Entwicklung", die im Jahre 1970 (!) beschlossen wurden, zurückgreifen.

Dennoch läßt sich ansatzweise eine in Nuancen differenzierte Interpretation mancher Meilensteine des Jahres 1968 feststellen. Dies betrifft insbes. das „Aktionsprogramm" der KPČ vom April 1968. In den „Lehren aus der krisenhaften Entwicklung" wurde diesem lediglich zugute gehalten, vor den „Gefahren der Unkontrolliertheit in der Entwicklung nach dem Jänner" gewarnt zu haben. Zugleich wird ihm jedoch vorgeworfen, „nicht-marxistische Formulierungen über die Rolle der Partei" enthalten zu haben (tatsächlich wurde auch im Aktionsprogramm die führende Rolle der Partei bestätigt), und schließlich wurde es als „falsches und ungültiges Dokument, das nicht als Basis für die theoretischen Aktivitäten und praktische Politik der Partei verwendet werden kann" pauschal verurteilt.

Demgegenüber erklärte Biľak in seiner Rede vor der csl.-sowj. Freundschaftsgesellschaft im Dezember 1987, „ungefähr ab Mai 1968" habe die Entwicklung in der ČSSR eine andere Substanz und Richtung als die heutige Entwicklung in der SU angenommen. Noch einen Schritt weiter ging Jakeš in einem Interview mit der franz. Zeitung L´Humanité vom 21.6. d.J., in dem er nicht nur erklärte, das Aktionsprogramm habe eine Reihe guter Elemente erhalten, nur die Entwicklung sei in eine andere Richtung gegangen, sondern auch folgende Ähnlichkeiten zwischen 1968 und der Gegenwart feststellte: „der Wille, die angehäuften Probleme zu lösen, die Ausrichtung der Reformen, die Demokratisierung der Gesellschaft und das innere Parteileben, geheime Wahlen und Selbstverwaltung". Wenngleich solche Bemerkungen, insb. gegenüber ausländischen Zeitungen, nicht überbewertet werden dürfen, zeigen sie dennoch, daß die Auseinandersetzung mit dem Jahr 1968 innerhalb der KPČ noch lange nicht abgeschlossen ist und allmählich der Boden für eine Rehabilitierung eines Teils der damaligen Führungspersönlichkeiten vermutlich aufbereitet werden soll.

Faktor Mensch

Von den ideologischen Aufgaben, die sich der KPČ im Zuge der Umgestaltungspolitik stellen, sei abschließend jener Fragenkomplex behandelt, der, zusammenfassend ausgedrückt, den „Faktor Mensch" betrifft. Darunter sind all jene Maßnahmen zu verstehen, die darauf abzielen, durch die Steigerung der

Leistungsfähigkeit des Einzelnen die Erhöhung des gesamtgesellschaftlichen Outputs zu erhöhen.

Das wichtigste in diesem Zusammenhang verwendete Schlagwort ist jenes der „Demokratisierung der Partei und des öffentlichen Lebens". Die Bedeutung dieses Begriffs im realen Sozialismus wurde bereits weiter oben erläutert. Innerhalb dieses Rahmens stellt etwa die in Angriff genommene Einführung von Wahlen in lokalen Parteiorganisationen und Betrieben dennoch eine interessante Neuerung dar. Die Unsicherheit der Bevölkerung in der für sie ungewohnten Situation, zwischen mehreren Kandidaten für eine Funktion wählen zu dürfen, ist zwar begreiflich, sodaß die praktische Bedeutung dieser Neuerung vorerst eher gering ist. Die Menschen werden jedoch dazu ermuntert, vom geheimen Wahlrecht Gebrauch zu machen und gegebenenfalls andere als die von den lokalen Wahlkomitees an erster Stelle gereihten Kandidaten zu wählen. Als dies etwa vor kurzem in einer Agrargenossenschaft passierte, widmete „Rudé právo" diesem Ereignis einen überaus positiv gehaltenen, längeren Bericht.

Im Rahmen dieser angekündigten Demokratisierung kommt der Kaderpolitik eine wichtige Bedeutung zu. Der jetzige Generalsekretär der KPČ, Miloš Jakeš, war von März 1968 bis 1977 Vorsizender der zentralen Kontroll- und Revisionskommission, deren Aufgabe die Stärkung der führenden Rolle der Partei und die Vertiefung der ideologischen und organisatorischen Einheit der csl. Gesellschaft ist. Wohl nicht zufällig wurde auf derselben ZK-Tagung, auf der Jakeš zum Generalsekretär der KPČ gewählt wurde, auch eine Resolution über die qualitative Verbesserung der Kaderpolitik der Partei angenommen. Darin wird beträchtliche Kritik an der bisherigen Kaderpolitik geübt und die Einsetzung von Funktionären mit nicht nur dem nötigen Klassenbewußtsein, sondern auch entsprechenden beruflichen und moralischen Fähigkeiten gefordert, die die professionellen Voraussetzungen dafür mitbringen, den Wirtschaftsumbau in die Praxis umzusetzen.

Durch die Einführung eines verstärkten Wettbewerbsdenkens und einer leistungsgerechteren Entlohnung der Arbeitnehmer, wie sie im neuen Arbeitsrecht vorgesehen ist, soll die Motivation des Einzelnen ebenfalls verstärkt werden.

20 Jahre nach den Ereignissen von 1968 bestätigt sich somit auch hier die Erkenntnis, daß kein Land auf die Dauer seine eigene Geschichte generieren kann. Die Auseinandersetzung mit dem damaligen Reformprozeß und seine Aufarbeitung sind voll im Gange. Der bevorstehende Jahrestag des Einmarsches der WP-Truppen am 21. August wird vielleicht Gelegenheit zu weiteren Neuinterpretationen bieten.

Dokument 223
Das „Gemeinsame Haus Europa" aus jugoslawischer Sicht
GZ 225.02.02/32-II.3/88, ÖB Belgrad (Leifer), 5. August 1988

Aufgrund eines der ersten Gespräche mit dem Leiter des Planungsstabes im jugosl. Außenministerium, Botschafter JOB, und der kürzlichen außenpolitischen

Grundsatzrede des neuen Außenministers LONČAR läßt sich der derzeitige Stand der jugosl. Überlegungen i.G. wie folgt charakterisieren:

Jugoslawischerseits stellt sich zunächst die Frage, weshalb es den von GORBATSCHOW geprägten Begriff „Gemeinsames Haus Europa" verwenden bzw. übernehmen soll, da dies nicht Jugoslawiens eigener Begriff ist und vorläufig ungeklärt erscheint, welchen Inhalt, welche Strukturvorstellungen und welche Ziele die Sowjetunion damit verbindet. (Aus diesem Grund hat Jugoslawien auch den sowjetischen Wunsch abgelehnt, diesen Begriff in die gemeinsame jugoslawisch-sowjetische Erklärung anläßlich des GORBATSCHOW-Besuches aufzunehmen […]).

Weiters wird darauf hingewiesen, daß GORBATSCHOWs „Neues Denken" in seiner außenpolitischen Dimension für Jugoslawien gar nicht so neu sei, weil es a) das Überbrücken der Gegensätze zwischen Ost- und Westeuropa und b) den Abbau der Blockstrukturen [schon vor] mehr als 30 Jahren – damals mit der Illusion, die ECE könnte dazu einen wirksamen, effizienten Beitrag leisten – zu einem der Ziele seiner Außenpolitik erklärt hatte und c) einige wesentliche Elemente des „Neuen Denkens", wie sie in der REAGAN-GORBATSCHOW-Erklärung aufscheinen, fast wörtlich aus der Deklaration des 1. Gipfeltreffens der Blockfreienbewegung (September 1961 in Belgrad) „entlehnt" seien.

Jugoslawischerseits zieht man Begriffe wie „gesamteuropäische Zusammenarbeit", Überwindung der Konfrontationen in den Ost-West-Beziehungen und „Reduzierung der politischen Bedeutung und des Einflusses der bestehenden Barriere" vor. Mit diesen Formulierungen umschrieb Außenminister LONČAR in seiner kürzlichen außenpolitischen Grundsatzrede vor dem Bundesparlament eine der „strategischen Konstanten" der jugoslawischen Außenpolitik und stellte fest: „Ein Europa, das unser gemeinsames Heim darstellt und eine eigene Identität aufweist, verlangt aber offensichtlich, daß möglichst wenig Hindernisse bestehen und die gemeinsamen Interessen stärker respektiert werden."

Was das insbesondere in Westeuropa vorherrschende, skeptische Mißtrauen gegenüber dem GORBATSCHOW-Konzept betrifft, wird jugoslawischerseits zu bedenken gegeben, daß wohl niemand die wahren Motive GORBATSCHOWs kennen kann. Da man Außen- und Sicherheitspolitik weder nur vom Standpunkt eigener Perzeptionen führen noch von (nicht erhältlichen) Garantien durch die andere Seite abhängig machen kann, erschiene es methodisch und taktisch angezeigt, die Sowjetunion nach ihrem schließlichen Verhalten zu beurteilen. Auch dem Vorschlag für eine KSZE sei ursprünglich mit viel Skepsis begegnet worden. Durch den Input aller europäischer Staaten sei es aber dann gelungen daraus eine für Europa wertvolle Entwicklung zu machen. Vielleicht ließe sich nun auch die neue sowjetische Initiative in eine für Gesamteuropa positive Operation umfunktionieren. Seit Helsinki habe sich auch in Osteuropa einiges geändert. Europa sei heute relativ sicherer als jemals seit dem 2. Weltkrieg. Nach der Unterzeichnung des INF-Vertrages seien erstmals Mittelstreckenraketen vernichtet worden und es hätten erstmals gegenseitige Inspektionen stattgefunden. Sollte es auch zu asymmetrischen Rüstungsreduktionen kommen, deren Prüfung die Sowjetunion zugesagt hat, so wäre dies eine entscheidende Neuerung.

Zwar hält auch Jugoslawien den Prozeß in der Sowjetunion noch nicht für irreversibel, doch neigt man zu einer optimistischen Beurteilung, die in der erwähnten Rede LONČARs wie folgt zum Ausdruck kommt: „Die Neubelebung der Détente und die Lockerung der Blockfesseln, die Emanzipation der europäischen Länder im Rahmen einer allgemeinen Machtdezentralisation, die Stärkung der europäischen Identität, vor allem in Westeuropa, und zum anderen einschneidende Reformen und eine Umgestaltung in der Sowjetunion und in anderen Ländern Osteuropas verstärken, insgesamt gesehen, die realen Aussichten darauf, daß man erfolgreich neue Wege für eine weitere und höher entwickelte Verbindung und die Präsenz unseres Landes im Europäischen Raum finden wird."

In diesem Zusammenhang mißt Jugoslawien der Entwicklung der Beziehungen zwischen der UdSSR und den osteuropäischen Staaten und zwischen diesen einen besonderen Stellenwert bei. Auch Jugoslawien sieht beachtliche Änderungen, wenn diese auch noch keinen definitiven Übergang zu qualitativ neuen Stadien darstellten. Die osteuropäischen Staaten (zu denen sich Jugoslawien nicht zählt, gegenüber seiner Subsumierung unter diesem Begriff herrscht in Belgrad höchste Sensibilität) hätten nach ihrer eigenen Darstellung mehr Manövrierraum, auch für interne Experimente. Sie müßten bei außenpolitischen Schritten nicht wie früher bei jeder Kleinigkeit in Moskau nachfragen. Die Diskussion mit Moskau sei toleranter und erstmals „genuine", Moskau höre auch zu. Die Ankündigung SCHEWARDNADSEs, jede Verwendung sowjetischer Truppen außerhalb der Sowjetunion werde in Zukunft der Zustimmung des Obersten Sowjets bedürfen, sei zumindest eine interessante formale Veränderung. Auch verwende man als Begründung in diesem Zusammenhang nicht mehr die „Verteidigung der Errungenschaften des Sozialismus" (GORBATSCHOW ziehe in den Beziehungen mit den sozialistischen Staaten das Eigenschaftswort „gemeinsam" vor). Andererseits habe GORBATSCHOW bis heute nicht die weitere Gültigkeit der BRESCHNEW-Doktrin dementiert.

Zur militärischen Sicherheit in Europa meinte JOB, Jugoslawien setze sich bereits seit 1954 für „ein Europa ein", doch erfordere die Sicherheit Europas – wie verschiedene andere Bereiche – ein „global management". Auch Jugoslawien befürworte die Eliminierung aller Atomwaffen, doch unter entsprechender Berücksichtigung aller anderen die militärische Bedrohung bzw. Sicherheit mitbestimmenden Faktoren. Vertrauensbildende Schritte seien hiezu ebenso notwendig wie ein asymmetrischer Abbau des konventionellen Rüstungsdispositivs und eine Reduzierung des annähernden Rüstungsgleichgewichtes auf ein niedrigeres Niveau. JOB vermied es, sich direkt zur Frage der Rolle der USA zu äußern. Er zitierte nur den Ausspruch GORBATSCHOWs gegenüber GENSCHER, die Sowjetunion wolle die USA nicht aus Europa verdrängen. Die bisherige Haltung Jugoslawiens zu den diversen Zonen-Vorschlägen, JOBs Hinweis auf die Notwendigkeit eines „global management" und auf den Umstand, daß bei einer Rücknahme der militärischen Präsenz der USA hinter den Atlantik bzw. der Sowjetunion hinter den Ural allein von den geographischen Voraussetzungen her eine Asymmetrie bestehen bleibe, lassen aber darauf schließen, daß Jugoslawien die Bedeutung der Rolle der USA für die Sicherheit in Europa nicht verkennt. Was den „europäischen Pfeiler" der westlichen Verteidigung anlangt ,wartet man mit Interesse auf die Antwort zu von GORBATSCHOW gegenüber GENSCHER gestellten Fragen, welchen Beitrag die wirtschaftliche und militärische Integration Westeuropas zum Gemeinsamen Haus Europa leisten könne. Die offenbar in der BRD vorherrschende Auffassung, daß im GORBATSCHOWschen Konzept von einer Auflösung der Blöcke nicht die Rede sei, erscheint in jugoslawischen Augen zumindest formal nicht richtig, da in Erklärungen der Warschauer-Pakt-Staaten wiederholt u.a. die Auflösung der Militärbündnisse in Aussicht genommen wird.

Die wirtschaftspolitischen Zielsetzungen des GORBATSCHOW-Konzeptes kommen der jugoslawischen Interessenslage wohl am weitesten entgegen. Man will selbst in verstärktem Maße an der westeuropäischen wirtschaftlichen und technologischen Dynamik teilhaben, möchte die Möglichkeiten für Joint Ventures mit westlichen Firmen erweitern, kämpft gegen seine „Diskriminierung" bei EUREKA-Projekten und wünscht sich den Abbau der COCOM-Restriktionen (die man allerdings realistischerweise nur unter veränderten Rahmenbedingungen für erreichbar hält).

Jugoslawien strebt nach einer „funktionellen Verbindung mit den europäischen Zusammenschlüssen im Westen wie im Osten. Es tritt, wie LONČAR unlängst formulierte, für eine gesamteuropäische Integration ein, welche die Unterschiede im Entwicklungsstand abbauen und zugleich einen Pluralismus von sozio-politischen Systemen in internationalen Organisationen sichern wird." Die derzeitigen Integrationsprozesse in diesem Rahmen laufen nach jugoslawischen Einschätzungen allerdings ihrem inneren Wesen zuwider, wenn sie der jetzigen Spaltung in Blöcke untergeordnet werden bzw. bleiben.

Auch nach jugoslawischer Auffassung dürfen Menschenrechte und humanitäre Fragen heute nicht mehr vernachlässigt und noch weniger umgangen werden. Besondere Bedeutung mißt man dabei der Bewegungsfreiheit der Menschen und der Durchlässigkeit der Grenzen bei. Botschafter JOB fügte zur Illustration seiner Haltung eine Aussage seines (von ihm kürzlich besuchten) britischen Kollegen GORE-BOOTH hinzu, die er voll teile: Der Gedanke sei inakzeptabel, daß ein durch Mauern geteiltes Europa ein gemeinsames Haus darstellen könne.

Zur Erweiterung des Dialogs mit kompetenten jugoslawischen Gesprächspartnern wäre die Botschaft für eine Übermittlung der […] Auswertung der eingelangten Stellungnahme i.G. dankbar. […]

Dokument 224

Neuerlicher Versuch der polnischen Regierung zur innenpolitischen Befriedung

GZ 166.03.00/38-II.3/88, Zl. 143-RES/88, ÖB Warschau (Weninger), 8. August 1988

In den vergangenen Monaten hat die polnische Regierung versucht, einige führende Vertreter der verbotenen Gewerkschaft „Solidarität" für einen sogenannten

Antikrisenpakt zu gewinnen. Wie bekannt, weigert sich die Regierung jedoch, mit der „Solidarität" als solcher, resp. Lech WAŁĘSA persönlich, eine wie immer geartete Zusammenarbeit zu suchen. Mit weiteren oppositionell eingestellten Organisationen, u.a. mit der Pazifisten- und Ökologistenbewegung „Freiheit und Frieden" („Wolność i Pokój" – WiP) und dem PEN-Klub, wurden ebenfalls Kontakte hergestellt. Verschiedene Gespräche mit Vertretern des polnischen PEN-Klubs zeitigen nunmehr erste Erfolge. So hat der polnische Kulturminister Aleksander KRAWCZUK grünes Licht zur Wiederzulassung des polnischen PEN-Klubs gegeben. In absehbarer Zeit wird in Warschau eine Vollversammlung des PEN-Klubs zur Wahl der neuen Führung stattfinden, wobei jedweder Dichter und Schriftsteller teilnehmen könne. Auch einzelne Mitglieder von „Frieden und Freiheit" wären dem Vernehmen nach zu einem Dialog bereit. Die Neufassung des Soldateneids und die verbesserte Möglichkeit zur Ableistung eines Alternativdienstes zum Militärdienst hätten die Basis dafür gegeben.

Politbüromitglied und ZK-Sekretär Józef CZYREK betonte am 20.7. d.J. sehr eindringlich die Notwendigkeit der „Aussöhnung" zwischen der Partei und den der Partei oppositionell eingestellten Kräften in Polen. Allerdings vermied er, von „Antikrisenpakt" zu sprechen, und verwendete dagegen den Begriff der „reformorientierten Koalition". Im Sinne dieser Partei- und Regierungsstrategie wird das Parlament im Herbst d.J. ein neues Vereinsgesetz verabschieden. Der sachlich dafür zuständige Vizeminister im Innenministerium gab zu verstehen, daß man die Bestimmungen für die Zulassung von Vereinigungen sehr großzügig fassen werde. Er ließ allerdings keinen Zweifel darüber, daß das neue Gesetz weder für politische Parteien noch für Gewerkschaften Anwendung finden würde. Die Einstellung zur verbotenen „Solidarität" sei überdies nach wie vor unverändert. Allerdings sei man bereit, Vereinigungen, welche von Aktivisten der „Solidarität" neu gegründet würden, sofern sie sich mit den Bestimmungen des Gesetzes in Einklang finden, zuzulassen. Diese Aktivisten könnten durchaus ihre „politische Identität" beibehalten, fügte der Vizeminister hinzu.

Ob die führenden Vertreter der „Solidarität" auf das unterbreitete Angebot eingehen werden, scheint fraglich. 2 Argumente werden von diesem Personenkreis immer wieder dagegen vorgebracht. Erstens, daß die Regierung die „Solidarität" auszuhöhlen und zweitens die „abgesprungenen" Funktionäre in die politische Zielsetzung der Regierung einzuspannen trachte. Dieser Hinweis ist nicht ganz von der Hand zu weisen, betrachtet man das „Schicksal" der in den Konsultativrat beim Staatsrat inkorporierten Oppositionellen.

Mit der geplanten Einführung des Vereinsgesetzes wie mit dem Konzept der „reformorientierten Koalition" versucht die polnische Regierung neuerlich, die innenpolitische Situation in den Griff zu bekommen. Ohne „Solidarität" als solche und ohne Lech WAŁĘSA ist der Erfolg dieses Unterfangens jedoch fraglich. […]

Dokument 225

Polen-UdSSR; gemeinsame Historikerkommission; Wertung durch den polnischen Co-Vorsitzenden

GZ 166.21.01/2-II.3/88, Zl. 142-RES/88, ÖB Warschau (Weninger), 8. August 1988

Der Gefertigte hatte am 2.8. d.J. eine 1 1/2-stündige Unterredung mit dem polnischen Co-Vorsitzenden der polnisch-sowjetischen Historikerkommission, Prof. Jarema MACISZEWSKI. Der Genannte ist neben seiner Tätigkeit als Direktor der Abteilung für die Geschichte der Alten Polnischen Kultur an der Warschauer Universität gleichzeitig auch Rektor der Parteihochschule für Gesellschaftswissenschaften und Mitglied des Konsultativrates beim Staatsrat.

Der Mitredner bewertete einleitend allein schon die Tatsache des Bestehens einer solchen gemeinsamen Historikerkommission als sensationell. Denn es wäre bis vor noch nicht langer Zeit völlig undenkbar gewesen, sogenannte „weiße Flecken" – die zu den schmerzhaftesten polnischen Wunden in der gemeinsamen Geschichte zählen – durch ein Wissenschaftsgremium zur Sprache zu bringen und aufzuarbeiten. Von diesem Umstand rühre auch das große Interesse in den internationalen Massenmedien her, welches die Arbeit der Kommission nicht gerade erleichtere. Die gemeinsame Kommission, welche nunmehr seit über einem Jahr besteht, war bisher in 2 Vollversammlungen und mehreren Ausschußsitzungen tätig gewesen. Für den frühen Herbst sei eine weitere Vollversammlung in Moskau vorgesehen. Zu diesem Zeitpunkt würden die ersten Ergebnisse publiziert werden können, nämlich

– zur Auflösung der Kommunistischen Partei Polens (KPP) und zur physischen Liquidierung führender Parteifunktionäre,

– zum sowjetisch-polnischen Verhältnis zu Anfang des II. Weltkrieges und

– über die Deportationen polnischer Staatsbürger in sowjetische Gefängnislager ab September 1939.

Der Mitredner gab sodann einen stichwortartigen Überblick über die Listen der Arbeitsprojekte der Kommission. Man wolle sich generell auf den Zeitraum 1917–45 beschränken, wobei die nachstehenden einzelnen Themenbereiche besondere Beachtung finden würden:

– Sowjetisch-polnischer Krieg 1920 (Ursache, Verlauf, Folgen),

– Liquidierung der Kommunistischen Partei Polens,

– Genese der I. Phase des II. Weltkrieges,

– Schicksal der nach dem Einmarsch der Roten Armee am 17.9.1939 deportierten polnischen Bevölkerung,

– Schicksal der nach dem II. Weltkrieg verschleppten polnischen Bevölkerung,

– Genese und Schicksal der polnischen Untergrundarmee (Armia Krajowa – AK),

– Warschauer Aufstand vom 1.8.1944 und die Rolle der Roten Armee (Ursache des Nichteingreifens der Roten Armee etc.),

– alle Fragen, die zum „freundschaftlichen Bündnis" Polens mit der Sowjetunion geführt haben.

Prof. Maciszewski sprach ganz offen über die Probleme, welche die Arbeiten der Kommission erschweren. Sie seien:

1. psychologischer Natur. So herrschten sowohl auf sowjetischer als auch auf polnischer Seite einander widerstrebende [Auffassungen] betreffend die handelnden Personen und ihrer Motive vor. Für die einen sei jener ein Held, für die anderen ein Verbrecher. Die aus dieser Sicht resultierenden Antipathien und negativen Emotionen verhinderten auf weitere Strecken eine objektive wissenschaftliche Analyse.

2. die miserable Quellenlage. Auf weite Strecken müsse man sich mit deutschen Quellen zufriedengeben bzw. mit solchen, die aus der Zeit des III. Reiches stammen, soweit sie in die Hände der Sieger gefallen waren. Sehr viel Quellenmaterial wäre vernichtet worden und vieles sei lückenhaft. Außerdem bestehe eine große Schwierigkeit darin, daß man sowjetischerseits nicht bereit sei, die relevanten Archive zu öffnen. Man gebe nur so viel preis, als es als Mindestmaß unbedingt erforderlich sei. Der Mitredner fügte süffisant lächelnd hinzu, daß auch viele andere westliche Staaten den Wissenschaftern ihre Archive nicht öffnen würden.

3. die politische Situation. Obwohl die Beziehungen zwischen beiden Staaten wahrscheinlich noch nie so gut wie zum gegenwärtigen Zeitpunkt gewesen wären, müßten die jeweiligen innenpolitischen Situationen mitberücksichtigt werden. Es bestehe kein Zweifel, daß auf polnischer Seite im Volk sehr starke Ressentiments gegenüber der Sowjetunion bestünden, welche es auf beiden Seiten mitzuberücksichtigen gelte. Außerdem müßte ein Umdenkprozeß hinsichtlich der ideologisch fundierten „sozialistischen" Geschichtsschreibung stattfinden. Da gebe es noch manchen ideologischen Schutt wegzuräumen, um zu einer objektiven historischen Betrachtung zu kommen.

Konkret zur Tragödie von Katyn befragt, bekannte der Mitredner unumwunden, daß man auf sowjetischer Seite sehr unterschiedlich zur Zusammenarbeit bereit sei. Es gebe zahlreiche Vertreter der „alten Positionen", welche kein Interesse an der Aufdeckung der wahren Hintergründe der Tragödie hätten. Im Übrigen könne er sich nicht den die Massaker von Katyn betreffenden offiziellen sowjetischen Darstellungen anschließen (!). Dem Berichterstatter erscheint diese Äußerung umso bemerkenswerter, als sie nicht nur von einer wissenschaftlich kompetenten, sondern auch offiziellen polnischen Persönlichkeit stammt. Der Mitredner ließ keinen Zweifel daran, daß dieser Fragenkomplex noch lange ein Stachel im Fleisch der bilateralen Beziehungen bleiben würde.

Abschließend möchte der Berichterstatter hinzufügen, daß die Errichtung der Gemischten Kommission zweifellos als sensationell und als eine eindeutige Konsequenz der Gorbatschowschen Politik von Glasnost zu bezeichnen ist. Würde dieses Instrument in der rechten Weise zu nützen verstanden werden, würde es einen hervorragenden Beitrag zur Verminderung der Ressentiments auf Seiten des polnischen Volkes gegenüber der Sowjetunion leisten und zur wissenschaftlichen Aufhellung dunkler Punkte der europäischen Geschichte, die v.a. auf polnischer Seite schmerzhaft in Erinnerung sind, beitragen können. Wenn man die Erwartungen in die Arbeit dieser Kommission nicht zu hoch ansetzt, was die westliche Presse ständig tut, so könnten die für Herbst in Aussicht genommenen Publikationen der ersten Ergebnisse zweifellos unter den oben skizzierten Voraussetzungen als ein gutes Anzeichen für den weiteren Fortgang der Arbeiten bezeichnet werden.

Dem Vernehmen nach soll entsprechend [dem] sowjetisch-polnischen Muster in Kürze eine gemeinsame finnisch-sowjetische Historikerkommission ins Leben gerufen werden. […]

Dokument 226

RGW in der Krise, 44. ordentliche Tagung in Prag (5.7.–7.7.1988)

GZ 708/2-II-3/88, BMAA Wien (Sucharipa), 9. August 1988

H i n t e r g r u n d i n f o r m a t i o n

<u>Zusammenfassung:</u>

Es ist offensichtlich, daß den führenden Kräften Osteuropas die <u>Unzulänglichkeiten</u> des RGW <u>zunehmend bewußt</u> werden. Bislang scheitern grundlegende Reformen vor allem am <u>Widerstand der DDR und Rumäniens</u>. Es scheint derzeit noch nicht feststellbar, ob der in letzter Zeit wiederholt geäußerte Gedanke eines „Europe de l'Est à deux vitesses" primär als „<u>Rute im Fenster</u>" für die die weitere Entwicklung blockierenden Staaten gedacht ist oder ob eine solche <u>Vorgangsweise</u> seitens <u>progressiver RGW-Mitglieder</u> tatsächlich <u>in Erwägung gezogen</u> wird. Sollte letzteres der Fall sein, wäre dies mit auch <u>politisch relevanten Konsequenzen</u> verbunden. Man wird der weiteren Entwicklung in nächster Zukunft jedenfalls besonderes Augenmerk schenken müssen.

<u>Analyse:</u>

Die seit Gorbatschows Amtsantritt im gesamten Ostblock bemerkbare <u>zunehmende Offenheit</u> bezüglich eigener Mängel zeigt ihre Wirkung nicht zuletzt auch hinsichtlich des <u>Rats für Gegenseitige Wirtschaftshilfe</u>. Der mangelnde Erfolg der Zusammenarbeit im RGW wird aufgrund der neu gewonnenen Dynamik der Europäischen Gemeinschaften noch deutlicher und schmerzhafter.

Tatsächlich ist die <u>Entwicklung</u> seit der Beschlußfassung über das „Komplexprogramm" im Jahr 1971 <u>nicht gerade positiv</u> verlaufen. Damals war eine selektive und sektorale Wirtschaftsintegration und in diesen Grenzen eine „<u>sozialistische Wirtschaftsgemeinschaft</u>" mit <u>moderner Technik</u>, <u>gemeinsamer Währung</u>, <u>gemeinsamer Binnen-</u> und <u>Außenwirtschaftsplanung</u> sowie ein <u>funktionierender regionaler Markt</u> angestrebt worden.

Diese Ziele wurden in umfassender Weise verfehlt. So verwundert es nicht, daß der sowjetische Generalsekretär <u>Gorbatschow</u> die Neugestaltung der ökonomischen Zusammenarbeit im RGW explizit als einen der Punkte seines <u>Reformprogramms</u> erwähnt.

Der Verlauf der 44. Ministerratstagung des RGW in Prag konnte diesen Eindruck nur weiter bestärken. Der tschechoslowakische Ministerpräsident Štrougal kritisierte denn auch sehr vehement die gegenwärtige Lage im RGW und verhehlte in keiner Hinsicht seine Unzufriedenheit.

Als besonders wesentliche Aufgaben des RGW für die nächste Zeit nannte er insbesondere:

– Verbesserung des technologischen und technisch-wirtschaftlichen Niveaus des RGW (mangelhafte Implementierung des „Komplexprogrammes" für den wissenschaftlich-technischen Fortschritt bis zum Jahr 2000");

– Bessere Koordination der nationalen Wirtschaftspläne;

– Ausbau der Zusammenarbeit im Ausbildungswesen;

– Entwicklung effizienter Mechanismen der Zusammenarbeit in der sozialistischen Wirtschaftsintegration (verstärkte Aufnahme direkter Beziehungen zwischen den Betrieben bzw. Schaffung der dafür notwendigen Rahmenbedingungen innerhalb des RGW, z. B. Harmonisierung der verschiedenen Preis-, Steuer- und Abgabensysteme sowie technischer Normen).

Besonders interessant erschien ein Gedanke Štrougals, wonach durchaus vorstellbar wäre, die Durchführung einzelner Pläne nur durch die „betroffenen Staaten" (womit er wohl die zu einem bestimmten Schritt bereiten bzw. bereitwilligen Staaten verstand) oder überhaupt auf bilateralen Ebenen vorzunehmen. Die Realisierung dieses Gedankens käme der Schaffung eines „Europe de l'Est à deux vitesses" oder auch „à plusieurs vitesses" auf wirtschaftlichem Gebiet gleich.

Der Grund für einen dermaßen weitreichenden Gedanken, der schon anläßlich der 43. Sitzung des RGW in Moskau (12.–14. Oktober 1987) vom sowjetischen Ministerpräsidenten Ryschkow angedeutet worden war („Die sowjetische Delegation hält es für wichtig, daß Länder, die augenblicklich nicht bereit sind, sich gewissen Maßnahmen anzuschließen, die Verständigung der übrigen [Länder nicht] behindern [dürfen]."), ist darin zu sehen, daß derzeit mit Regelmäßigkeit zwei Staaten (DDR und Rumänien) eine Weiterentwicklung der Kooperation im Rahmen des RGW weitgehend be- bzw. verhindern. Während die DDR dies aus einem wirtschaftlichen Superioritätsgefühl heraus tun dürfte, läßt sich als primäres Motiv der rumänischen Seite ein übertriebenes nationalistisches Autarkiebestreben vermuten. Tatsache ist, daß eine effektive Weiterentwicklung der Zusammenarbeit im RGW zumindest punktuelles Abgehen vom Einstimmigkeitsprinzip voraussetzen wird, da mit einer Haltungsänderung der beiden „Bremser"-Staaten derzeit nicht gerechnet werden kann.

Am anderen Ende des Spektrums steht Ungarn, dessen Delegationsleiter VPM Marjai am deutlichsten für drastische Reformen, insbesondere auf dem Preis- und Währungssektor (Konvertibilität, Festlegung realer Großhandelspreise), eintrat. Ohne radikale Maßnahmen auf diesen Gebieten würde der RGW anstelle eines Motors zum Hindernis des Umbauprozesses. In abgeschwächter Form treten neben der ČSSR (siehe oben) auch Polen und Bulgarien als Befürworter einer RGW-Reform auf. Die sowjetische Haltung ist (notwendigerweise?) zwiespältig: dem deutlichen Interesse an der Herausbildung eines als Vehikel der Wirtschaftsreform in Osteuropa brauchbaren Integrationsforums muß die Bedachtnahme auf die Wahrung bisheriger, für die SU vorteilhafter Arrangements hinzutreten (Verpflichtung der anderen RGW-Länder zur Lieferung von Industrieprodukten gegen Rohstoffe und generell am Weltmarkt nicht absetzbarer Produkte, Zentralisierung wegen mangelnder Konvertibilität).

Als bemerkenswerteste Passage des nunmehrigen abschließenden gemeinsamen Kommuniqués ist die darin enthaltene Absichtserklärung zu sehen, wonach eine „… schrittweise Herausbildung der Bedingungen für eine freie Bewegung von Waren, Leistungen und anderen Produktionsfaktoren mit dem Ziel der Schaffung eines vereinigten Marktes …" anzustreben sei. Mit Ausnahme Rumäniens haben sämtliche RGW-Staaten sich dieser Zielsetzung angeschlossen (an der betreffenden Stelle sind sämtliche Staaten außer Rumänien angeführt).

Die erwähnte Passage zeigt eindeutig, daß die im Rahmen der EG erzielten Fortschritte den RGW-Staaten deutlich bewußt werden und diese eine effiziente Reaktion ihrerseits als notwendig ansehen.

Demgemäß ist – nach der Gemeinsamen EG-RGW-Erklärung vom 25.6.1988 – auch jene Passage des Kommuniqués nicht überraschend, wonach die Ratstagung die „Normalisierung der Beziehungen zwischen dem RGW und der EWG und die Herstellung offizieller Beziehungen einzelner Mitgliedsländer des RGW mit den Europäischen Gemeinschaften" als gewichtigen Beitrag zur verbesserten Kooperation Gesamteuropas auf wirtschaftlichem Gebiet ansieht.

Für die unmittelbare Zukunft scheinen eine Reihe von grundlegenden Reformen unabdingbare Voraussetzung für eine gedeihliche Weiterentwicklung der RGW-Kooperation. 1987 war der Intra-RGW-Handel im Vergleich zu 1986 nur um 1,5 % gewachsen.

Als besonders vordringlich erscheint insbesondere eine Reform hinsichtlich folgender Punkte:

– Einführung einer effektiven Währungskonvertibilität;

– Änderung der Struktur der Handelsströme (bisher primär Lieferung von Rohstoffen und Energieträgern durch die Sowjetunion im Austausch gegen Fertigprodukte durch die übrigen RGW-Mitgliedstaaten);

– Realistischere Preisgestaltung […]

Dokument 227

„Gemeinsames europäisches Haus"; Begriffsanalyse, Reaktionen und Bewertungen

GZ 225.02.02/31-II.3/88, BMAA Wien (Sucharipa), 10. August 1988

1. Trotz verschiedentlicher Erläuterungen durch GS Gorbatschow bleibt der Begriff des Gemeinsamen Europäischen Hauses ein mit konkretem Inhalt erst auszufüllender

Rahmen, der sogar von sowjetischer Seite selbst unterschiedlichen Interpretationen unterliegt. An den künftigen „Bauplan" werden Bedingungen geknüpft, die für Westeuropa unter gegebenen Verhältnissen kaum akzeptabel sein können (z.B.: starres sowjetisches Festhalten am Status quo in Europa; Ausklammerung der Deutschen Frage). Was bleibt, sind vorerst Vorstellungen wie „Gedankengebäude", „Vision", „utopisches Stadium der Integration Gesamteuropas" (HVK).

2. Die auffallendsten Widersprüche/Ungereimtheiten lassen sich wie folgt zusammenfassen:

a) Sowjetisches Bekenntnis, keine Abkoppelung (West-)Europas von Nordamerika betreiben zu wollen

versus

GEH-Konzept gilt hauptsächlich vom Atlantik bis zum Ural (kann der asiatische Teil der UdSSR in diesem Zusammenhang wirklich vernachlässigt werden?); die Bindungen Westeuropas an Nordamerika könnten in 10 bis 20 Jahren entbehrlich sein. (Vor allem auf technologischem Gebiet erhofft sich Gorbatschow mehr von Westeuropa als von Nordamerika. Weiteres Indiz der „Europäisierung" Europas: Auffallendes sowjetisches/osteuropäisches Interesse am „rein europäischen" Europarat, z.B. Delegation des Obersten Sowjets in Straßburg, April 1988; Arbeitsplan für weitere Kontakte mit Hinweis auf konkrete Themen und Formen der Zusammenarbeit.)

b) Zementierung des territorialen und politischen Status quo in Europa (Ausklammerung der Deutschen Frage)

versus

„Man kann über alles sprechen".

c) GEH als scheinbar fertiges Konzept und allgemein verständlicher Begriff

versus

Aufforderung an alle KSZE-Staaten, Ideen einzubringen und das Haus zu errichten.

3. Dennoch eignet sich der Begriff durchaus auch aus westlicher Sicht dazu, eigene Grundforderungen (insbesondere im humanitären und sicherheitspolitischen Bereich) einzubringen.

4. Österreich könnte daher weiterhin bei sich bietenden Gelegenheiten den positiven Grundcharakter des Begriffs hervorheben und unterstreichen, daß eine umfassende und weitherzige Verwirklichung und Anwendung der Prinzipien der KSZE-Schlußakte die vorläufig beste Gewähr für die Verstärkung der europäischen Gemeinsamkeiten bieten würden.

* * * *

Die nachfolgende Analyse ist unter Verwendung einschlägiger Literatur und Auswertung der politischen Berichterstattung österreichischer Vertretungsbehörden erstellt worden.

ANALYSE

A. Vorbemerkung: Der von GS Gorbatschow popularisierte Begriff „Gemeinsames Haus Europa" bzw. „Gemeinsames Europäisches Haus" (GEH), von dem er annimmt, daß er ihn als erster benutzt hat (vgl. sein Buch „Perestroika", S. 252 der deutschsprachigen Fassung), ist tatsächlich schon erstmals von Breschnew verwendet worden (und zwar in einer Tischrede in Bonn: Prawda vom 24.11.1981). AM Gromyko verwendete den Terminus in einer Pressekonferenz in Bonn am 18.1.1983 („Sowjetunion heute", Nr. 2/Februar 1983).

B. Gorbatschows Ausführungen und Erläuterungen (Auswahl):

Der Generalsekretär verwendet abwechselnd die Umschreibungen „Konzept", „Projekt", „Idee" für sein vorerst eine Vision darstellendes „Gemeinsames Europäisches Haus".

1. In seinem Buch „Perestroika" (Herbst 1987) führt er aus (Kapitel VI):

– Abbau der Konfrontation in Europa und Anerkennung der politischen Realitäten

Die Spaltung Europas, für die er den Westen verantwortlich macht, könnte mit Hilfe des KSZE-Prozesses überwunden werden. An Stelle von Konfrontation und Rüstungswettlauf sollte in Europa friedliche Koexistenz, gegenseitig vorteilhafte Zusammenarbeit und ein Klima des gegenseitigen Vertrauens treten. Für eine solche Entwicklung gebe es eine Reihe von „Imperativen" (im dicht besiedelten Europa hätte jede militärische Auseinandersetzung vernichtende Folgen, die ökologischen Probleme erfordern gesamteuropäische Maßnahmen, Lösung globaler Probleme durch gemeinsame Anstrengung aller Europäer) sowie förderliche Faktoren (bittere Erfahrungen der Europäer in zwei Weltkriegen, Perspektiven für eine gemeinsame Nutzung des enormen wirtschaftlichen und wissenschaftlich-technischen Potentials Europas, historisch-kulturelle Einheit Europas vom Atlantik bis zum Ural).

– Auf militärischem Gebiet müsse Europa von Atomwaffen befreit und die konventionellen Militärpotentiale auf ein für Verteidigungszwecke „vernünftiges Mindestmaß" reduziert werden. Bei jedem seiner Treffen mit Präsident Reagan habe GS Gorbatschow auf die Sicherheitsinteressen Europas besonders Bedacht genommen.

– Auf wirtschaftlichem und wissenschaftlich-technischem Gebiet tritt Gorbatschow für eine gesamteuropäische Zusammenarbeit ein, wobei er konkret einen Abbau der COCOM-Restriktionen für Hochtechnologie verlangt und auf neue Möglichkeiten der Zusammenarbeit durch Schaffung von Joint Ventures hinweist.

– Zu Menschenrechten und humanitären Problemen nimmt Gorbatschow in seinem Buch nur in sehr allgemeiner Form Stellung. Er erwähnt die sowjetische Bereitschaft zu einem Dialog über diesen Fragenkomplex, u.a. auch im Rahmen einer dieser Thematik gewidmeten KSZE-Veranstaltung in Moskau.

– Wenn die UdSSR die eigenständige Rolle Europas unterstreiche, so tue sie das nicht in der Absicht, Westeuropa und die USA zu entzweien. Gorbatschow wörtlich: „Es liegt uns fern, die bestehenden historischen Bande zwischen

Westeuropa und den USA zu ignorieren. Unsere Vorstellung vom Gemeinsamen Europäischen Haus besteht nicht darin, daß wir vor irgend jemandem die Tür zuschlagen… Die sozialistischen Staaten haben seinerzeit die Teilnahme der USA und Kanadas am Helsinki-Prozeß akzeptiert".

2. Vor dem polnischen Sejm gibt Gorbatschow am 11. Juli 1988 ausführliche Erläuterungen zu seinem Konzept:

- Ungeachtet vieler Verschiedenheiten stellen die Länder des europäischen Kontinents in geographischer, politischer, ökonomischer und kultureller Hinsicht eine Gemeinschaft dar. (Eine mehr als visionäre Feststellung, die weder auf Vergangenheit noch Gegenwart vorbehaltlos Anwendung finden kann.)

- Diese „Realität" soll unter Berücksichtigung des neuesten wissenschaftlichen, technischen und kulturellen Fortschritts und der humanistischen und moralischen Ideale der Nachkriegszeit genutzt werden.

- Zu den historischen Wurzeln tritt in der Gegenwart ein neuer Faktor: die gemeinsame Zukunft, die von der Abwendung einer atomaren, ökologischen und sonstigen Bedrohung abhängen wird.

- Das Europa der Zukunft muß frei sein von Egoismus, Nationalismus, Chauvinismus und Revanchismus und muß die politische und territoriale Realität bindungslos anerkennen. (In seinem Buch „Perestroika" erteilt Gorbatschow jeglichem Wiederbeleben der Deutschen Frage bzw. der Frage der Deutschen Einheit eine kategorische Absage. „Schuld" an der Deutschen Teilung tragen im übrigen allein die Westmächte. Eher kryptisch merkt er an: „Was in 100 Jahren sein wird, das soll die Geschichte entscheiden.")

- Das Europa der Zukunft kennt keine Gegner, sondern nur Partner.

3. Das Warschauer-Pakt-Gipfeltreffen (16./17. Juli 1988) hat die Idee eines GEH indorsiert und als „unteilbares Europa des Friedens und der Zusammenarbeit" definiert. Als Fundament dieses GEH werden ausdrücklich die Helsinki-Schlußakte und das Madrider Schlußdokument bezeichnet. (Offenbar soll damit verbreiteten Besorgnissen Westeuropas vor der Abkoppelung von Nordamerika entgegengetreten werden.)

C. Interpretation sowjetischer Persönlichkeiten:

1. Wladimir Baranowskij (Leiter der Westeuropaabteilung des IMEMO[1]):

a) Trotz Gorbatschows Bekenntnissen, den Bau des GEH unter Beteiligung der beiden nordamerikanischen KSZE-Teilnehmer zu beginnen, sieht Baranowksij nach „Fertigstellung" des Hauses eine „Mitbewohnerschaft" der USA und Kanadas als entbehrlich an (als Ergebnis eines längerfristigen – 10 bis 20 Jahre – Entspannungsprozesses etwa nach Auflösung beider europäischer Militärblöcke, wenn Westeuropa die UdSSR nicht mehr als militärische Bedrohung empfindet; vorerst aber sei es für die UdSSR im sicherheitspolitischen Bereich leichter, mit den

---

[1] IMEMO = Institut für Weltwirtschaft und internationale Beziehungen (Diese Fußnote ist vom Akt übernommen.)

USA als mit einer – allfälligen – westeuropäischen militärischen Union zu verhandeln; eine derartige Allianz wäre für die UdSSR noch unangenehmer als die NATO; die heutige sowjetische Außenpolitik habe daher zum Ziel, die Westeuropäer von dieser latenten Angst vor der Bedrohung aus dem Osten zu befreien).

b) Das GEH ist kein philosophisches Gebilde – wenn auch derzeit noch eine Vision -, sondern beruht auf der rationalen Erkenntnis, daß zwischen West- und Osteuropa zahlreiche Gemeinsamkeiten und Wechselbeziehungen bestehen; in jenen Bereichen, in denen dies (noch) nicht der Fall ist, müssen die Beziehungen erst entwickelt werden (wozu der Umgestaltungsprozeß in der UdSSR das Seine beitragen kann). Die UdSSR verfügt jedenfalls über keinen fertigen Bauplan für das GEH: Man erwartet von allen europäischen Staaten Anregungen und Vorschläge. (In diesem Sinne äußerte sich auch Bot. Bondarenko: Das GEH sei ein vieldeutiger Begriff, die Sowjetunion wolle nicht der [alleinige] Architekt dieses Hauses sein.)

c) Die wirtschaftlichen Integrationsprozesse in West- und Osteuropa könnten – im Falle gegenseitiger Abschottung – trotz jüngst erfolgter wechselseitiger Anerkennung von EG und RGW zu einem Störfaktor für eine gesamteuropäische Zusammenarbeit werden. Da derzeit keine umfassende RGW-Integration absehbar ist, richtet sich diese Befürchtung eindeutig gegen den für 1992 angestrebten EG-Binnenmarkt, insbesondere wenn die ökonomische auch eine militärische Integration stimuliert. (Genau in diesem Sinn äußerte sich auch GS Gorbatschow Ende Juli d.J. gegenüber AM Genscher.) Mehr als bezeichnend ist auch der Hinweis Baranowskijs, daß der EG-Binnenmarkt eine starke Anziehungskraft auf einzelne ost-europäische Staaten (Ungarn?) ausüben könnte. (Als ob dieser Umstand „anti-europäisch" wäre!)

d) Intensivierung der gesamteuropäischen Zusammenarbeit auf kulturellem und humanitärem Gebiet: Wird von der Durchsetzung des sozio-politischen Reformkurses in der UdSSR und anderen WP-Staaten abhängen (eine sehr vage und vorsichtige Formulierung).

2. Nikolaj Portugalow (Deutschland-Experte des ZK; Funktionär der Presseagentur Nowosti):

Die gegenwärtige „Entideologisierung" der sowjetischen Außenpolitik dient dem Ziel, auf militärischem, politischem, humanitärem und wirtschaftlichem Gebiet eine „maximale Kompatibilität" zwischen europäischen Staaten untereinander zu schaffen (Abbau des auch von Baranowskij angesprochenen Gefühls der Bedrohung für Westeuropa).

3. A.O. Tschubarjan (Historiker; Direktor des Instituts für allgemeine Geschichte der Akademie der Wissenschaften):

Im Unterschied zu früheren „hegemonistischen" europäischen Einigungskonzepten (Heilige Allianz; Hitlers „Neue Ordnung") ist das sowjetische Konzept „progressiv und demokratisch". Die Europa-Idee wird heute nicht mehr als bürgerliche Erfindung abgetan. Anders als andere Kontinente zeichnet sich Europa durch die besondere Intensität der zwischenstaatlichen Beziehungen und das Bestehen einer historisch gewachsenen kulturellen und religiösen (!) Gemeinschaft aus, sodaß von einer europäischen Zivilisation gesprochen werden kann.

4. Wadim Sagladin (ZK-Mitglied) sprach noch im Jänner 1988 wiederholt von 33 (!) KSZE-Staaten, und zwar bei einer internationalen Konferenz zum Thema „Europa vom Atlantik zum Ural". Dies deckt sich mit den oe. (C 1a) Erläuterungen Baranowskijs.

B. Reaktionen anderer WP-Staaten:

1. Regionale Vorschläge:

Der Jaruzelski-Plan (Polen), die Jakeš-Initiative (ČSSR) und auch ältere Vorschläge hinsichtlich der Errichtung regionaler (Mitteleuropa, Balkan) kern- und chemiewaffenfreier Zonen (DDR, ČSSR, Bulgarien, Rumänien) werden von seiten der Autoren mit den Vorstellungen von einem GEH in Zusammenhang gebracht oder gar direkt aus diesem abgeleitet. Da zum Teil nur ein begrenzter Länderkreis angesprochen ist, wird im Westen eine Regionalisierung des KSZE-Prozesses befürchtet (namentlich hinsichtlich der Jakeš-Initiative), weshalb die genannten Initiativen im vorgeschlagenen Umfang kaum Aussicht auf Realisierung haben. Durch Einbinden in den größeren KSZE-Rahmen ließen sich hingegen „brauchbare" Elemente leichter verwirklichen.

2. Als weitere Aktivitäten der (kleineren) WP-Staaten in Richtung GEH werden die

- angestrebte Aufnahme diplomatischer Beziehungen fast aller RGW-Staaten mit den EG,

- Einigung auf Handelsverträge zwischen den einzelnen RGW-Mitgliedern und den EG,

- Kontaktaufnahmen mit dem Europarat

dargestellt.

3. Polen behauptet, mit der seinerzeitigen Propagierung der „Europäisierung Europas" den Gedanken eines GEH vorweggenommen zu haben. Diese Idee werde jedoch von der UdSSR, um westeuropäische Abkoppelungsbefürchtungen zu zerstreuen, abgelehnt. Der Jaruzelski-Plan (Mai 1987) hingegen sei KSZE-„konform" abgefaßt und von den übrigen WP-Verbündeten indorsiert worden.

4. Bulgarien betont die „Balkan-Etage" eines GEH (Anspielung auf AM-Konferenz der Balkanstaaten vom Februar 1988). Soll hierdurch vielleicht auch Albanien in KSZE-Europa einbezogen werden? Nach bulgarischer Ansicht werden die N+N beim GEH-Konzept nicht ausreichend berücksichtigt! Diese Befürchtung deckt sich im übrigen mit sowjetischen Äußerungen in Straßburg (Parlamentarische Versammlung des Europarates), denen zufolge das GEH (nur) zwei Eingänge habe – einen west- und einen osteuropäischen (was aber wieder Gorbatschows ursprünglichen Vorstellungen in seinem Buch „Perestroika" widerspricht, in welchem er mehrere Eingänge erwähnt).

5. Rumänien: Ausdruck „Vereintes Europa" wird zwar häufiger als GEH verwendet, doch besteht generell Mißtrauen gegen verstärkte Integration in West- und Osteuropa. Die bedingungslose einzelstaatliche Souveränität hat Vorrang vor allen anderen Überlegungen: „Bilateralismus vor Multinationalismus"! (Gerade diese

Betrachtungsweise möchte AM Schewardnadse – laut Außenamtssprecher Gerassimow – überwinden.)

6. <u>DDR</u>: AM Fischer hat im Juni 1988 einen ziemlich detaillierten GEH-„Bauplan" skizziert.

– Grundriß: vom Atlantik bis zum Ural, der Welt zugekehrt, aber nicht ihr Mittelpunkt;

– Hausordnung: KSZE-Schlußakte und deren allseitige ausgewogene Verwirklichung;

– Moral: keiner fühlt sich im Besitz der alleinigen Wahrheit;

– Recht: kein Bewohner verfügt über das Haus allein, jeder verfügt über seine eigene Wohnung;

– Geist: gute Nachbarschaft und gegenseitige Hilfsbereitschaft;

– Sicherheit: Angelegenheit der gesamten Hausgemeinschaft – nach innen und außen.

(Ähnliche „Baupläne" – man ist versucht, an „gesamtdeutsche" Gründlichkeit zu denken – haben auch Repräsentanten der CDU und der SPD entwickelt.)

E. Reaktionen, Überlegungen, Vorstellungen auf NATO-Seite:

1. <u>NATO als Bündnis</u> hat bisher keine einheitliche Aussage zum Begriff GEH getroffen; die Thematik wurde allerdings im Verlauf der AM-Tagung in Madrid (9./10.6.1988) ausführlich diskutiert. Die Besorgnis vieler europäischer NATO-Staaten (u.a. <u>Großbritannien, Belgien, Niederlande</u>) vor einer Abkoppelung der USA und Kanadas ist – trotz anderslautender Äußerungen Moskaus – nach wie vor vorhanden und ihrem Verständnis nach – folgt man etwa den Interpretationen Baranowskijs und Sagladins (sh. Pkt. C) – auch berechtigt. Viele ziehen dem GEH-Begriff ein sogenanntes „<u>europäisches Erbe</u>" vor, unter dem wesentlich leichter auch die transatlantischen Verbündeten subsumiert werden können. (Präsident Reagan selbst sprach am 27.5.1988 in Helsinki von der „Western European civilization and its grateful American offspring".) Ist es etwa gar eine „Vorsorge" vor einer in der Zukunft allenfalls möglich erscheinenden (transatlantischen) Abkoppelung, wenn <u>Frankreich</u> gelegentlich von einem <u>Europa von „Brest bis Brest</u>(-Litowsk)" – d.h. also unter Ausschluss <u>beider</u> Supermächte – spricht?

2. <u>Bundesrepublik Deutschland</u>: Im Hinblick auf die Deutschland-Problematik und die spezifische Bonner Ostpolitik wird der GEH-Begriff in der BRD mehr als in anderen NATO-Staaten ausführlich diskutiert.

Insbesondere in mit Verteidigungsfragen befaßten CDU-Kreisen herrscht die Befürchtung, daß das GEH – abgesehen von den in Moskau erhofften positiven Auswirkungen auf verstärkte wirtschaftliche Zusammenarbeit – Westeuropa vor allem von der Aufrechterhaltung der als notwendig betrachteten Verteidigungsanstrengungen abhalten soll. CDU-Politiker sind deshalb zwar zu realistischem Herangehen an Gorbatschows Reformkurs bereit, wollen ihm jedoch keinen oder nur geringen Vertrauensvorschuß einräumen und warnen vor allem vor einer Euphorie, welche die sowjetischen Reform- und Abrüstungsankündigungen bereits als vollzogene Tatsache darstellt. FDP-AM Genscher hat demgegenüber stets betont, daß eine Politik der inneren Öffnung der UdSSR im westlichen Interesse liegt (und Unterstützung verdient), weil Moskau damit ein durchsichtigerer, konstruktiverer, berechenbarerer Partner für den Bau einer europäischen Friedensordnung würde. Die SPD steht nicht nur aus ihrem Oppositionsverständnis, sondern auch ihrer grundsätzlichen ostpolitischen Tradition heraus dem GEH etwas offener (vorurteilsloser?) und verteidigungspolitisch „anspruchsloser" gegenüber.

3. Luxemburg erblickt im GEH insofern ein positives Element, als es geeignet erscheint, in Osteuropa einen Wandel herbeizuführen.

4. Großbritannien mißt dem GEH-Begriff keine besondere Bedeutung bei („romantic semantic"). Die europäische Gemeinsamkeit müßte sich vor allem in der menschlichen Dimension widerspiegeln. „Es kann kein GEH mit Stacheldraht im Garten und Geheimpolizei im Keller geben" (Staatsminister David Mellor).

5. Portugal warnt davor, daß eine Überstrapazierung des GEH-Begriffes zu einer diplomatischen Fiktion führen könnte, und spricht sich für ein militärisch starkes Westeuropa aus.

6. Norwegen plädiert dafür, unter Benützung des GEH-Begriffes die echte und vollständige Durchsetzung der in der KSZE-Schlußakte festgehaltenen Ziele zu erreichen.

7. USA und Kanada betonen in diesem Zusammenhang – wie Großbritannien – vor allem die menschliche Dimension und die Prinzipien der westlich-pluralistischen Demokratien. Für beide ist „Europa" das gegenwärtige KSZE-Europa und der GEH-Begriff bestenfalls eine Vision (USA) bzw. ein Schlagwort, das in der gegenwärtigen Situation nur dem Vorantreiben wirtschaftspolitischer Ziele der UdSSR dienen soll (Kanada).

F. Äußerungen von N+N-Seite:

1. Finnland: KSZE-Europa und das Europa de Gaulles (Altantik-Ural) stehen im Vordergrund. Im übrigen teilt z.B. AM Sorsa Raymond Arons Auffassung, daß die Idee des Nationalstaates immer stärker sein werde als die Europa-Idee; Finnland wolle trotz eines verstärkten Zusammengehörigkeitsgefühls in Europa doch auch dessen Verschiedenartigkeit bewahren. Aus dieser Einstellung heraus stellt Helsinki zum GEH-Begriff keine philosophischen Überlegungen an und gestaltet seine Beziehungen zu Ost und West weiterhin auf pragmatische Weise.

2. Schweiz sieht als positivsten Aspekt, daß mit GEH ein Signal in Richtung Normalisierung der Beziehungen zum Westen gegeben wird. Die Sowjetunion möchte

– ihre Isolierung überwinden,

– auf die Völker in den meisten Satellitenstaaten beruhigend wirken,

– in Westeuropa das „Feindbild Sowjetunion" abbauen,

– das seit 1945 bestehende Gleichgewicht in Europa unter allen Umständen bewahren.

Die Schweiz warnt nachdrücklich vor allzu großer, öffentlich bekundeter Euphorie des Westens, um dadurch Gorbatschow im Inneren nicht etwa den „kiss of death" zu geben (wie 1968 Alexander Dubček in der ČSSR).

3. Österreich hat bisher in verschiedenem Zusammenhang seine grundsätzlich positive Einstellung zu einem erweiterten Europabegriff bekundet. Zu „Lokalinitiativen" wie Jaruzelski-Plan und Jakeš-Initiative hat Österreich sehr aufgeschlossen reagiert, und zum GEH hat der Herr Vizekanzler zuletzt (Internationales Symposium Melk „Modell Donauregion – Nationale Eigenart – Neue Zusammenarbeit", 6.7.1988) folgendes geäußert:

„Der Phase der Koexistenz, die de facto eine Periode der Konfrontation, durchbrochen durch wenige kurze Entspannungsmomente war, beginnt nunmehr eine Periode der breiten praktischen Zusammenarbeit zu folgen. An diese könnte sich ein derzeit allerdings noch utopisches Stadium der Integration Gesamteuropas anschließen, ein Stadium, für das von sowjetischer Seite das einprägsame Schlagwort vom „Gemeinsamen Haus Europa" eingebracht worden ist." […]

Dokument 228
Gorbatschow und das „Gemeinsame Haus Europa"; französische Haltung

GZ 225.02.02/33-II.3/88, Zl. 255-RES/88, ÖB Paris (Schallenberg), 12. August 1988

Frankreich hat sich bisher zu dem von Gorbatschow eingeführten Begriff des „Gemeinsamen Hauses Europa" nicht offiziell geäußert. Im Außenministerium sagte man mir, daß eine grundsätzliche Erklärung auf hoher Ebene über die Vorstellungen der neuen Regierung zur Zukunft Europas für den Herbst geplant sei und derzeit vorbereitet werde. Diese Erklärung werde auf dem Konzept eines offenen Europas beruhen, also nicht nur eines der Zwölf. Die ersten Hinweise auf die französische Europapolitik hat Außenminister Dumas in seiner Rede am 1. Juli vor dem Wiener Folgetreffen der KSZE gemacht, wo er unter anderem sagte, daß die Zwölf nicht das Monopol von Europa besitzen; Frankreich, welches die Teilung des Kontinentes ablehne, sei immer der Auffassung gewesen, daß ein großes politisches Konzept für das gesamte Europa erforderlich ist.

Die Idee eines „Gemeinsamen Hauses Europa" hält man hier für gefährlich. Sie spiegelt die Illusion vor, daß in Europa alles in Ordnung sei und alle Probleme geregelt seien. Dabei sei in Wirklichkeit der Status quo unbefriedigend. So bestehe weiterhin die Berliner Mauer, und osteuropäischen Ländern werden Regime, die von der Bevölkerung abgelehnt werden, aufgezwungen. Man zieht hier daher einen Begriff wie „Gemeinsame solidarische Zukunft" Europas vor. Diese gemeinsame Zukunft müsse auf der Schlussakte von Helsinki basieren und Entwicklungen auf allen Gebieten, besonders auf dem humanitären, vorsehen. Der Begriff „Gemeinsames

Haus Europa" würde den bestehenden Zustand womöglich zementieren. Frankreich stehe dieser Idee daher mit großer Zurückhaltung gegenüber.

Zu diesem Thema seien derzeit intensive Diskussionen mit der Bundesrepublik Deutschland im Gange. Genscher sei der Auffassung, man solle den von Gorbatschow geprägten Begriff beibehalten, jedoch dessen Inhalt nach den Vorstellungen des Westens gestalten. In diesem Sinne habe er sich beim Wiener Folgetreffen geäußert. Frankreich sei hingegen der Auffassung, man müsse für die Zukunft Europas ein anderes Bild schaffen. Der von Gorbatschow geprägte Begriff würde Illusionen wecken und existierende Probleme ausklammern.

Der laut der interessanten Berichterstattung der Botschaft Bonn von einigen westlichen Außenministern vorgezogene Begriff „Europäisches Erbe" scheint nicht zum offiziellen französischen Vokabular zu gehören. Man sagte mir, daß dieser Ausdruck eher den angelsächsischen Vorstellungen entspreche.

Nach hiesiger Auffassung beabsichtigt Gorbatschow mit seiner Idee nicht die Ausschaltung der Vereinigten Staaten. Der beste Hinweis auf seine Absichten sei, daß er in der Folge seines Vorschlages einer europäischen Gipfelkonferenz präzisieren ließ, daß dabei auch die U.S.A. eingeschlossen werde. Auf den Vorschlag Gorbatschows der Abhaltung eines europäischen Gipfeltreffens hat Paris bisher nicht offiziell reagiert. Im Außenministerium wird betont, daß Frankreich für ein konkretes Vorgehen eintrete und die Priorität zunächst einer Einigung über die erforderlichen Mandate beim Wiener Folgetreffen zukomme. Dann werde man weitersehen. […]

Dokument 229

Wirtschaftsreform in Polen; hartes Durchgreifen der Regierung

GZ 166.20.00/4-II.3/88, Zl. 144-RES/88, ÖB Warschau (Weninger), 12. August 1988

Die Sitzung des polnischen Ministerrates vom 8.8.1988 war ausschließlich einer kritischen Überprüfung des Fortgangs der Wirtschaftsreform gewidmet. Über deren Erfolg besteht innerhalb der polnischen Regierung berechtigte Sorge. Der Industrieminister konnte zwar über eine Steigerung der Industrieproduktion für die ersten 6 Monate 1988 um 6,4 %, anstelle der prognostizierten 4 %, berichten, und auch der Bautenminister konnte mit Erfolgszahlen aufwarten. Ihm zufolge wäre die Zahl der schlüsselfertigen Wohnungen heuer bereits um 13 % höher als im Vergleichszeitraum 1987. Auch unter der Berücksichtigung, daß in einigen anderen Sparten eine geringfügige Verbesserung der wirtschaftlichen Situation zu verzeichnen ist, muß man jedoch vermerken, daß es sich zwar um erfreuliche, aber doch singuläre Erscheinungen handelt. Von einem Greifen der polnischen Wirtschaftsreform kann bisher bedauerlicherweise nichts beobachtet werden.

Eine dramatische Verschlechterung mußte auf dem Gebiet der öffentlichen Versorgung mit Grundnahrungsmitteln und sonstigen Verbrauchsgütern des alltäglichen Bedarfs zugegeben werden. Allein innerhalb von 28 Warengruppen des alltäglichen Bedarfs blieben 15 weit hinter den ohnehin schlechten

Produktionsergebnissen des Jahres 1987 zurück (z.B. Schuhe und Hygieneartikel, Zucker, Fleisch und Fleischprodukte). Bedingt durch diese Tatsache und unter Berücksichtigung des Umstandes, daß das verbliebene Warenangebot zu sehr hohen Preisen aufgrund mehrerer Teuerungswellen gehandelt wird, hat die polnische Regierung nunmehr hart durchgegriffen, um dieser dramatischen Entwicklung Einhalt zu gebieten. So wurde u.a. der Generaldirektor des Zuckerkombinats in Lublin kurzerhand entlassen. 3 regionale Generaldirektoren für die Fleischproduktion in mehreren Wojewodschaften, darunter auch der Generaldirektor für Warschau, wurden zwar nicht entlassen, aber empfindlich bestraft, weitere 3 Generaldirektoren auf ebenso hoher Verwaltungsebene hart disziplinär gemaßregelt. Außerdem wurde der Beschluß gefaßt, ein großes Kombinat zur Erzeugung von Konsumgütern in Schlesien aufzulassen. Mittlerweile hat die Konzernleitung der Regierung ein radikales Reformkonzept vorgelegt, um die Schließung vielleicht doch noch verhindern zu können.

Die Ursachen für den Rückgang des Warenangebots würden nach Ansicht des Ministerrates v.a. im Mangel an Rohmaterialien, an der schlechten Verarbeitung (leichte Verderblichkeit), an einer riesigen Vergeudung an Produktionsmitteln und am Nichtfunktionieren des Verteilersystems der Waren liegen.

Ein uneingenommener Beobachter gewinnt den Eindruck, daß die polnische Regierung einerseits durchaus die Probleme in ihrer Wirtschaft sieht. Wenn man allerdings bedenkt, daß Polen zum gegenwärtigen Zeitpunkt höchstwahrscheinlich der engste Verbündete der Sowjetunion ist, muß man sich andererseits aber wirklich ernstlich fragen, weshalb die Regierung den ihr dadurch ermöglichten Handlungsspielrum für echte und tiefgreifende Reformen nicht oder zu wenig nützt. Theoretisch schaut das bisher veröffentlichte Reformvorhaben durchaus beeindruckend aus. Die Praxis blieb bisher jedoch weit hinter dem gesetzten Vorhaben zurück. Ganz offensichtlich mangelt es an Mut und Phantasie. […]

Dokument 230

VR Polen; Plan der Regierung zur Gründung einer Christ-Demokratischen Partei

GZ 166.03.00/40-II.3/88, Zl. 146-RES/88, ÖB Warschau (Weninger), 16. August 1988

Absolut vertrauenswürdigen Quellen zufolge plant die polnische Regierung die Gründung einer Christ-Demokratischen Partei (Partia Chrześcijańsko-Demokratyczna). Diesem Plan liegt die Überlegung zugrunde, daß man v.a. den nicht parteigebundenen, christlich fundierten Intellektuellen und Arbeiterfunktionären die Chance zur politischen Artikulation geben möchte.

Dem Generalsekretär der Patriotischen Bewegung für Nationale Wiedergeburt (PRON) zufolge wäre man bereit, 40 % der Parlamentssitze (insgesamt gegenwärtig 460 Abgeordnete) dieser neu zu gründenden Partei zuzugestehen. Die führende Rolle der Vereinigten Polnischen Arbeiterpartei (VPAP) müsse zusammen mit den beiden übrigen Parteien (Bauernpartei und Demokratische Partei) absolut gewährleistet sein.

Mehrere grundsätzliche Fragen stellen sich sofort, die zeigen, daß der Plan ziemlich unausgegoren scheint. Zunächst erlaubt die polnische Verfassung lediglich das Bestehen von 3 Parteien. Diese Zahl ist bekanntlich bereits taxativ erschöpft. Dieser Umstand bot den polnischen Behörden auch die Handhabe, die im Jahre 1987 gegründete Sozialistische Partei Polens kurzerhand zu verbieten. Einem Mitglied des Zentralkomitees gemäß wäre man jedoch nunmehr zu einer neuen Sichtweise gelangt, derzufolge die bestehenden 3 Parteien als ein einziger Wahlblock (!) zu sehen wären. Damit wäre aber unausgesprochen eingestanden, daß die beiden übrigen Parteien in direkter Abhängigkeit von der VPAP stehen. Darüber hinaus wird man wohl davon ausgehen müssen, daß eine solche Christ-Demokratische Partei, die sinnvollerweise nicht ohne Unterstützung der Katholischen Kirche bestehen könnte, in diesem Fall zweifellos mehr Stimmen als bloß [...] 40 % [für die Wahl] der Abgeordneten erhalten würde. Was dann?

Tatsächlich ist die polnische Regierung mittlerweile mit dem Angebot an den polnischen Episkopat herangetreten, eine solche Partei unter deren Schirmherrschaft ins Leben zu rufen. Erkundigungen seitens des Gefertigten beim Episkopat bestätigen diese Tatsache. Gleichzeitig wurde dabei auch klar, daß der polnische Primas dieser Idee äußerst reserviert gegenüberstehe, er habe sie jedoch nicht gänzlich abgelehnt. Der Primas und seine Berater hätten zu verstehen gegeben, daß man mit einer Partei, welche sozusagen „von oben" gegründet wäre, in der polnischen Geschichte nicht unbedingt die beste Erfahrung gemacht habe; weshalb die Kirche daher folgenden Gegenvorschlag unterbreitete: Das in Bälde zu erwartende Vereinsgesetz würde eine brauchbare Basis zur Schaffung auch von katholischen Laienvereinigungen bieten. Und das wäre ja das Ziel all dieser Bemühungen, nämlich die katholischen Laien am gesellschaftlichen Prozeß unmittelbar zu beteiligen. Konkret könnte dies z.B. durch eine katholische Männerbewegung, einen katholischen Lehrerverein, eine entsprechenden Bauernorganisation, einen Familienverband etc. erfolgen. Aus all diesen Organisationen könnte dann in der Folge die oben erwähnte Christ-Demokratische Partei entstehen. Aber dazu wären eben noch nicht die Voraussetzungen geschaffen.

Ob die Regierung ihren Plan – nach einer doch mehr als deutlichen Absage des polnischen Episkopats – nunmehr weiter verfolgen wird, scheint fraglich, aber nicht ausgeschlossen. Denn auch ohne ausdrückliche Zustimmung durch den Primas wäre wahrscheinlich genug Wähler-Potential vorhanden, das ja nicht unbedingt ausschließlich katholisch sein müßte. Eine solche Partei würde aber wahrscheinlich das gleiche Schicksal erleiden wie die Bauernpartei und die Demokratische Partei, nämlich politisch nahezu bedeutungslos zu sein und bloß zur Legitimierung einer Formaldemokratie zu dienen. [...]

Dokument 231

VR Polen; Zulassung einer Stiftung der verbotenen Gewerkschaft „Solidarität"

GZ 166.03.00/39-II.3/88, Zl. 147-RES/88, ÖB Warschau (Weninger), 16. August 1988

Wie schon früher berichtet, hat die polnische Regierung in der Vergangenheit mehrmals das Gespräch mit namhaften einzelnen Aktivisten der verbotenen Gewerkschaft „Solidarität", nicht aber mit der „Solidarität" als solcher und auch nicht mit Lech Wałęsa gesucht. Ziel all dieser Bemühungen war zweifellos der Versuch, in kleinen Schritten einen Dialog mit der Opposition im Sinne einer echten nationalen Versöhnung herbeizuführen. Diese Bemühungen haben nunmehr ganz konkrete und erfreuliche Früchte gezeigt. So hat der polnische Arbeitsminister eine von der „Solidarität" unter der Leitung des Gewerkschaftsführers Zbigniew Bujak ins Leben gerufene „Stiftung für Mehrkind-Familien" zugelassen.

Das Ziel dieser Stiftung besteht darin, Teilzeitarbeitsplätze für Mütter mit mehreren Kindern bereitzustellen, für gegenseitige Kinderbetreuung Sorge zu tragen und generell eine Art sozialen Versorgungsdienst einzurichten. Ein Bedarf dafür bestehe, was auch von Seiten des polnischen Arbeitsministeriums zugegeben wird.

Mit dieser Entscheidung des Arbeitsministers wurde zweifellos ein sehr positives Zeichen des guten Willens und ein konkreter Schritt im politischen Dialog mit der Opposition gesetzt.

Eine 2. Stiftung der „Solidarität" unter der organisatorischen Leitung von Lech Wałęsa arbeitet illegalerweise seit 1 Jahr. Sie beschäftigt sich hauptsächlich mit der medizinischen Betreuung von Arbeitern. Dieser Stiftung sind ja bekannterweise bisher 3 Mio. US-$ als Gabe des amerikanischen Kongresses zugeflossen. Es ist eine Tatsache, daß im Falle ihrer offiziellen Genehmigung eine Reihe von Institutionen aus westlichen Staaten zu namhaften Spenden bereit wäre. Die Chancen für deren Zulassung sind allerdings sehr gering. […]

Dokument 232

Interpretationsstreit zwischen Ligatschow und Jakowlew über Reformbeschlüsse der Allunionskonferenz

Zl. 517-RES/88, ÖB Moskau (Vukovich), 17. August 1988

Die 19. Allunionskonferenz der KPdSU, auf der eine überaus freimütige Diskussion über Schlüsselfragen der politischen, wirtschaftlichen und gesellschaftlichen Entwicklung der UdSSR stattfand, hat den klaren Wunsch der Parteibasis nach Absicherung des vor 3 Jahren begonnenen Reformkurses durch Umgestaltung des politischen Systems erkennen lassen. Die Irreversibilität der politischen und wirtschaftlichen Reform soll durch eine „Entmachtung" der Partei- und Staatsbürokratie und durch eine Stärkung der Rechte der Basis gewährleistet werden. Die durch allgemeine Wahlen bestellten Sowjets sollen die primäre Verantwortung für alle laufenden wirtschaftlichen, sozialen und kulturellen Angelegenheiten, die sie nach Lenins Tod verloren haben, wieder zurückerhalten. Die Parteikomitees aller Ebenen sollen sich in diesen Fragen künftig mit einer Richtlinienkompetenz begnügen.

Die Konkretisierung der von der 19. Allunionskonferenz der KPdSU verabschiedeten Resolutionen war Gegenstand eines am 29. Juli d. J. stattgefundenen ZK-Plenums. Die von der Allunionskonferenz vorgeschlagene tiefgreifende Umgestaltung der obersten Staatsorgane (Schaffung eines Kongresses der Volksdeputierten, eines in Permanenz tagenden Obersten Sowjets sowie der Funktion eines Präsidenten des Obersten Sowjets mit weitgehenden innen- und außenpolitischen Kompetenzen) soll bereits im Herbst d. J. Gegenstand einer Verfassungsänderung sein. Auf Gorbatschows Idee, daß die Parteisekretäre den Vorsitz im jeweiligen Sowjet übernehmen und auf der obersten Ebene der Generalsekretär der KPdSU gleichzeitig Präsident des Obersten Sowjets der UdSSR werden soll, ist das ZK allerdings nicht eingegangen. Beschlüsse hat das ZK bzgl. der Durchführung von „Wahl- und Rechenschaftsverfahren" im kommenden Herbst in allen Parteiorganisationen (mit Ausnahme der Republik- und Allunionsebene) sowie hinsichtlich der Reorganisierung des Parteiapparates gefaßt. Zur „Vorbereitung von Vorschlägen" für die Reform des politischen Systems in der UdSSR wurde eine ZK-Kommission unter Vorsitz Gorbatschows eingesetzt. Das Ausmaß der künftigen politischen Reformen hängt somit vom ZK der KPdSU ab, in welchem die progressiven Kräfte gegenüber den Vertretern der traditionellen Interessen des Apparates noch immer in der Minderheit sind.

Wenngleich zurzeit nicht abzusehen ist, ob die von der 19. Allunionskonferenz der KPdSU in Aussicht genommenen politischen Reformen tatsächlich eine Änderung der Machtstrukturen in der UdSSR bringen werden, hat es der oberste Anwalt der Interessen des Parteiapparates, die Nummer Zwei im KPdSU-Politbüro, <u>Jegor Ligatschow, wenige Tage nach Urlaubsantritt von GS Gorbatschow für notwendig erachtet, die Ergebnisse der 19. Allunionskonferenz und des Juli-Plenums des ZK aus der Sicht der konservativen Kräfte zu interpretieren. In einer am 5. August d. J. in Gorki gehaltenen Rede nahm Ligatschow zur politischen und wirtschaftlichen Umgestaltung Stellung, wobei er deren Notwendigkeit zwar grundsätzlich bejahte, bei ihrer Verwirklichung aber die ausgetretenen Pfade nicht verlassen möchte. In dieser Rede hat Ligatschow erstmals auch im Bereich der Außenpolitik einen Kontrapunkt gesetzt.</u>

Erfreut zeigte sich Ligatschow, daß auf der Parteikonferenz „Versuche kategorisch zurückgewiesen wurden, die Errungenschaften des sowjetischen Volkes zunichte zu machen, die Idee eines Mehrparteiensystems aufzugreifen und eine politische Opposition zuzulassen". Die KPdSU sei eine regierende Partei, die auch bei einer Stärkung der Sowjets nicht auf ihre führende Rolle verzichten werde. (Anm. d. Bot.: Ligatschow will offensichtlich nicht zulassen, daß die Sowjets vom Gängelband der jeweiligen Parteiorganisation befreit und zu repräsentativen Organen des „Volkswillens" werden.)

Auf besondere Ablehnung stößt bei Ligatschow die Idee einer vermehrten Betonung von Marktmechanismen in der sowjetischen Wirtschaft. Die Ware-Geld-Beziehungen und der Markt seien zwar seiner Ansicht nach Realitäten der sozialistischen Wirtschaft, die einer weiteren Vervollkommnung bedürfen. Der Markt dürfe aber keinesfalls als „Allheilmittel gegen verschiedene Probleme" angesehen werden; er müsse kontrolliert werden. Ein Kopieren des westlichen Marktmodells sei für ein sozialistisches Wirtschaftssystem inakzeptabel. Der sozialistische Markt müsse – so Ligatschow – in einer Weise weiterentwickelt werden, daß Produktivitätssteigerungen nur unter Wahrung der Vollbeschäftigung erfolgen, Änderungen des Preissystems nur im Ausmaß der Steigerung des Lebensstandards aller Teile der sowjetischen Bevölkerung vorgenommen werden und wirtschaftliche Interessen im Einklang mit sozialer Gerechtigkeit und politischer Stabilität stehen.

In diesem Zusammenhang meinte Ligatschow, daß eine Abgrenzung der Funktionen von Partei und Staat „keine Trennung von Politik und Wirtschaft" bedeute. (Anm. d. Bot.: Die Quintessenz der von Gorbatschow angestrebten Wirtschaftsreform besteht jedoch gerade in einer Absage an bisherige Kommandomethoden im ökonomischen Bereich und einer Verselbständigung der Wirtschaftsbetriebe gegenüber dem Staats- und Parteiapparat.)

„Sozialistischen Pluralismus" interpretiert Ligatschow dahingehend, daß Diskussionen und Meinungsvielfalt nur so lange zulässig seien, bis die Partei einen Beschluß gefaßt habe. (Ligatschow beruft sich in der gegenständlichen Rede wiederholt, so auch in diesem Punkt, auf Lenin.) Als Beweis für die Gefährlichkeit eines Verstoßes gegen dieses Lenin'sche Prinzip nennt Ligatschow die krisenhaften Ereignisse in Transkaukasien. Laut Ligatschow habe „die Mißachtung der historischen Erfahrung bei der Lösung der nationalen Frage im Rahmen der in unserem Land bestehenden territorialen Strukturen" in Nagorno-Karabach zu einer Situation geführt, aus der es nicht leicht sei einen Ausweg zu finden.

(Anm.: In Wirklichkeit hat jedoch die von Ligatschow im April d. J. in Baku abgegebene Erklärung, wonach eine Änderung des territorialen Status von Nagorno-Karabach ausgeschlossen sei, die Spannungen in dieser Region weiter verschärft.) Ligatschow tritt dafür ein, daß „aufwieglerische Streiks sowie rechtswidrige Versammlungen und Demonstrationen mit extremistischem und antisozialistischem Charakter" verboten werden.

Erstmals setzte Ligatschow in seiner in Gorki gehaltenen Rede auch in der Außenpolitik eigene Akzente. Die im Rahmen des „Neuen Politischen Denkens" entwickelte und von AM Schewardnadse bei einer Ende Juli d. J. in Moskau stattgefundenen Konferenz des außenpolitischen Apparats bekräftigte These, wonach in der heutigen „interdependenten und integralen Welt" Klasseninteressen hinter den Interessen der gesamten Menschheit zurückzutreten haben, ist offenbar nicht nach Ligatschows Geschmack. Wörtlich erklärte die Nummer Zwei im KPdSU-Politbüro:

„Wir gehen vom Klassencharakter der internationalen Beziehungen aus; eine andere Position würde das Bewußtsein der Sowjetmenschen und unserer Freunde im Ausland verwirren. Eine aktive Einbeziehung und Lösung von Problemen der gesamten

Menschheit bedeutet keineswegs eine künstliche Verlangsamung des sozialen und nationalen Befreiungskampfes."

Diese Äußerung klingt beinahe wie eine Kritik am gegenwärtigen militärischen und politischen Desengagement der UdSSR in der Dritten Welt und an der Kompromißbereitschaft der UdSSR bei der Beilegung regionaler Konflikte wie etwa in Afghanistan und nun auch im südlichen Afrika. (Der 1. Stellvertretende Leiter der Internationalen Abteilung des ZK-Sekretariats, Vadim Sagladin, hat in der August-Nummer der vom sowjetischen Außenministerium herausgegebenen Zeitschrift „Meschdunarodnaja Schisn" (International Affairs) das „Neue Außenpolitische Denken" der UdSSR als eine Synthese von Klasseninteressen und Interessen der gesamten Menschheit dargestellt. Wie er behauptet, würden heute beide Positionen übereinstimmen, da sich der Sozialismus die geistigen Werte der gesamten Menschheit zu eigen gemacht habe. Tatsächlich dürfte sich der dialektische Widerspruch zwischen Klasseninteressen und Menschheitsinteressen für die heutige sowjetische Außenpolitik insofern lösen lassen, als erstere nach hiesiger Ansicht mit den jeweiligen staatlichen Interessen der UdSSR übereinzustimmen haben und Moskau zurzeit eine Betonung ideologieüberschreitender Gemeinsamkeiten wegen der angestrebten Kooperation mit dem Westen nützlicher erscheint als die Hervorkehrung ideologischer Gegensätze.)

Bereits im vergangenen Sommer hatte Ligatschow die urlaubsbedingte Abwesenheit GS Gorbatschows von den Schalthebeln der Macht dazu benutzt, um konservative Markierungen vorzunehmen. Während er jedoch damals von KGB-Chef Tschebrikow Schützenhilfe erhalten hatte und die progressiven Kräfte im Politbüro mehrere Wochen lang nicht zu Wort gekommen waren, hat diesmal Gorbatschows ideologische Stütze im Politbüro, Alexander Jakowlew, prompt reagiert. Wie Jakowlew am 10. August d. J. in einer Rede in Riga ausführte, würde man zurzeit in der UdSSR „das marxistische Alphabet neu studieren", und zwar auf Basis der eigenen soziologischen Erfahrung und nicht nach Dogmen, die der zugrundeliegenden Wahrheit nicht entsprechen. Laut Jakowlew müsse die Perestroika durch Initiativbereitschaft, selbständiges Handeln sowie durch interessierte und schöpferische Mitwirkung der Massen verwirklicht werden. (Anm. d. Bot.: Diese These steht in einem deutlichen Kontrast zu der von Ligatschow beschworenen Allmacht der Partei.) Dominierender Faktor der Perestroika müsse die Ideologie des „selbständigen Menschen" werden. Durch die Demokratisierung des wirtschaftlichen, politischen und gesellschaftlichen Lebens soll das persönliche Interesse der Menschen in den Vordergrund gerückt werden. Wenn es heißt, daß privates Eigentum den Menschen in einen Gegensatz zur Gesellschaft stelle, so sei ein „niemandem gehörendes Eigentum" nicht weniger schädlich. Die Ideologie des „selbständig handelnden sozialistischen Menschen" – Jakowlew spricht auch von einem „sozialistischen Eigentümer" – zerstöre das dogmatische Klischee einer unausweichlichen Unterordnung der persönlichen unter die staatlichen Interessen.

In Erwiderung auf gegenständliche Ausführungen Ligatschows erklärte Jakowlew, daß es kaum möglich sei, Ware-Geld-Beziehungen und betriebliche Nutzenrechnung gutzuheißen, gleichzeitig aber dem Markt ein Existenzrecht abzusprechen. Der

Unterschied zwischen sozialistischem und kapitalistischem Markt bestehe nicht in den Mechanismen, sondern im gesellschaftlichen Sinn der marktwirtschaftlichen Prozesse. In diesem Zusammenhang verlangte Jakowlew eine Ausrichtung der sowjetischen Wirtschaft auf die Interessen der Konsumenten und des wissenschaftlich-technischen Fortschritts.

Zum Thema Demokratie meinte Jakowlew, daß die sowjetische Gesellschaft einen dringenden Bedarf an einem breiten Spektrum von Meinungen habe. (Anm. d. Bot.: Zum Unterschied von Ligatschow verwendete Jakowlew nicht den Begriff „sozialistischer Pluralismus", sondern er sprach von „Meinungspluralismus".)

Auf die Frage der Beziehungen zwischen den sowjetischen Nationalitäten übergehend erklärte Jakowlew in Riga, daß „der Status der Unionsrepubliken und anderer nationaler Gebilde innerhalb der UdSSR den Erfordernissen der Zeit anzupassen ist". Er zeigte dabei deutliches Verständnis für die konkreten nationalen Anliegen der Letten.

Noch deutlicher wurde Jakowlew in einer am 12. August d. J. in der litauischen Hauptstadt Vilnius gehaltenen Rede. Die Unifizierung der Wirtschaft, der Architektur und aller übrigen Lebensformen sei eine Folge der Gleichmachereibestrebungen der sowjetischen Bürokratie: „Die Unifizierung macht äußerlich alle gleich; in Wirklichkeit beleidigt sie jedoch alle ohne Ausnahme."

Die sommerliche Ideologie-Diskussion zwischen Ligatschow und Jakowlew läßt wesentliche Unterschiede in den Grundkonzepten der beiden Gegenspieler erkennen. Bei dieser Auseinandersetzung geht es letztlich um

–   Allmacht der Partei versus Gewaltenteilung zwischen Partei und staatlichen Organen (Sowjets),

–   Zentralverwaltungswirtschaft versus Marktwirtschaft,

–   Uniformität versus Pluralismus,

–   Kollektiv versus Individuum.

Wenn auch keiner der beiden Sowjetpolitiker für das eine oder andere Extrem eintritt, so liegen ihre Positionen doch weit auseinander. Jakowlew ist klar, daß wirtschaftliche Prosperität in der UdSSR ohne Förderung des persönlichen Interesses und der Eigenverantwortung der Sowjetbürger nicht erreichbar ist und die Erziehung selbständig denkender Menschen eine Voraussetzung für einen Eintritt der UdSSR in das Informations- und postindustrielle Zeitalter darstellt. Die Zukunft der UdSSR als wirtschaftliche und wissenschaftlich-technische Großmacht ist mit diesen Fragen eng verknüpft. In den sowjetischen Zeitungen war unlängst zu lesen, daß das Niveau der sowjetischen Wissenschaft in allen Bereichen außer bei Mathematik und theoretischer Physik weit unter jenem der großen westlichen Industriestaaten liegt. Eine Wirtschaftsreform ohne echte Demokratisierung des Sowjetstaates und Gewährung relativer Meinungsfreiheit wird – auch wenn beides von konservativen sowjetischen Parteifunktionären als politisch destabilisierende Entwicklung empfunden wird – nicht zu verwirklichen sein.

Es gibt eine Reihe von Anzeichen dafür, daß „glasnost" seit der 19. Allunionskonferenz der KPdSU stagniert bzw. sogar eingeschränkt wurde:

- Obwohl in der „glasnost"-Resolution der Parteikonferenz eine weitgehende Informierung der sowjetischen Öffentlichkeit über die Tagungen von Parteigremien verlangt wurde, ist nach dem ZK-Plenum vom 29. Juli d. J. wieder nur die Rede GS Gorbatschows (und nicht die übrigen Debattenbeiträge) veröffentlicht worden.

- Die Abonnierung progressiver Pressepublikationen, wie insbesondere „Ogonjok" und „Literaturnaja Gaseta", für das kommende Jahr war diesmal nur an einem einzigen Tag möglich (1. August). Offenbar soll die Verbreitung dieser wegen ihrer Offenheit in weiten Kreisen der sowjetischen Bevölkerung sehr begehrten Zeitschriften limitiert werden.

- Der Rektor des Moskauer Archivinstituts, Jurij Afanasjew, der in seiner Stalinkritik so weit ging, daß er den gesamten politischen Kurs der UdSSR seit Lenins Tod in Zweifel zog, wurde von der „Prawda" im Juli d. J. zur Ordnung gerufen.

- Demonstrationen zugunsten einer Angliederung Nagorno-Karabachs an Armenien wurden von der politischen Führung als perestroikafeindlich bezeichnet (Anm. d. Bot.: Kundgebungen der russisch-chauvinistischen Vereinigung „Pamjat" auf Plätzen der Leningrader Innenstadt werden jedoch – wie die „Iswestija" dieser Tage berichtete – geduldet.

  Es ist ein offenes Geheimnis, daß diese faschistoide Organisation über einflußreiche Gönner unter konservativen Parteifunktionären verfügt.)

Progressive sowjetische Intellektuelle betrachten die Ablehnung des von Nagorno-Karabach verlangten Anschlusses an Armenien durch das Präsidium des Obersten Sowjets der UdSSR als Rückschlag für den Demokratisierungsprozeß. Immerhin hat eine überwältigende Mehrheit der Bevölkerung dieses Gebiets eine Angliederung an Armenien gefordert – eine Forderung, die von Armenien massiv unterstützt wurde. Ebenso wie nach der Absetzung Jelzins als Moskauer Parteichef im November 1987 zeigen sich sowjetische Intellektuelle auch im Zusammenhang mit dem gegenständlichen Beschluß des Präsidiums des Obersten Sowjets der UdSSR über die Haltung GS Gorbatschows enttäuscht.

Was manche als Schwäche Gorbatschows ansehen mögen, ist wahrscheinlich Ausdruck geschickten Taktierens. Um zu verhindern, daß die Nervosität konservativer Kräfte in der Parteiführung und der Widerstand der weiterhin mächtigen Bürokratie gegen Glasnost und Demokratisierung nicht ein gefährliches Ausmaß erreicht, wodurch die von der 19. Allunionskonferenz der KPdSU in Aussicht genommene Reform des politischen Systems gefährdet werden könnte (das gegenständliche Reformvorhaben könnte vom ZK weitgehend verwässert werden), scheint sich GS Gorbatschow zu einer behutsameren Vorgangsweise in Sachen „glasnost" und vor allem in der sensiblen Nationalitätenfrage entschlossen zu haben.

Manche sowjetische Intellektuelle glauben, daß die „glasnost" ihren Zenit bereits überschritten habe. In der „Prawda" vom 15. August d. J. wurde allerdings eine Meinungsumfrage veröffentlicht, wonach ca. 72 % der Befragten der Ansicht sind, daß das Ausmaß an „glasnost" noch nicht ausreiche. 95 % der Befragten verneinen die Frage, ob der Demokratisierungsprozeß zu Lasten sozialistischer Prinzipien erfolge. Nicht sehr optimistisch zeigt sich die sowjetische Bevölkerung allerdings bzgl. der Perestroika, von der nur 40 % glauben, daß sie voranschreite.

Im Zuge der für Herbst d. J. geplanten „Rechenschafts- und Wahlverfahren", bei denen sich alle Parteiorgane unterhalb der Republikebene einer Neuwahl stellen müssen, dürften zahlreiche lokale Parteipotentaten auf der Strecke bleiben. Nachdem bereits vor der Parteikonferenz 3 Gebietsparteichefs (von Astrachan, Kuibyschew und Südsachalin) unter dem Druck der Straße zurücktreten mußten, soll dem Vernehmen nach in 5 weiteren Gebieten der UdSSR die Bevölkerung wegen diverser Mißstände eine Ablösung der lokalen Parteichefs fordern. Je mehr diese Art von Basisdemokratie in der UdSSR Schule macht, desto stärker dürfte wohl der Abwehrreflex der konservativen Parteifunktionäre werden. Ihr Schutzherr Ligatschow ist jedoch kaum als ernstzunehmender Gegenspieler GS Gorbatschows anzusehen. Ligatschow hat sich bei der 19. Allunionskonferenz der KPdSU in eine durch persönliche Animositäten geprägte Auseinandersetzung mit dem progressiven Populisten Jelzin eingelassen. GS Gorbatschow ist es dabei gelungen, mit seinen Reformideen einen Platz in der Mitte des politischen Spektrums der KPdSU einzunehmen.

Sollte es zu keinen unvorhersehbaren Entwicklungen kommen, wie etwa einem außer Kontrolle geratenen Flächenbrand mit nationalen oder sozialen Ursachen, so dürfte es Gorbatschow gelingen, trotz eines wahrscheinlich noch mehrere Jahre andauernden konservativen Störfeuers auf dem Reformweg schrittweise voranzukommen. [...]

Dokument 233
VR Polen; verbotene Gewerkschaft „Solidarität" und offizielle Gewerkschaft OPZZ

GZ 166.03.00/42-II.3/88, Zl. 150-RES/88, ÖB Warschau (Weninger), 19. August 1988

Der Polnische Nationale Verband der Gewerkschaften (OPZZ) leidet nach wie vor an krassem Mitgliedermangel und [...] an Mangel an gewerkschaftspolitischer Bedeutung für die polnischen Werktätigen. Allerdings konnte sich der OPZZ in den vergangenen Monaten, v.a. aber im Verlauf der Mai-Unruhen d.J., ein gewisses politisches Profil schaffen. Z.B. durch die sehr kritische, aber auch konstruktive Haltung zur gegenwärtigen Wirtschaftsreform. Der OPZZ habe nach eigener Aussage gegenwärtig ca. 7 1/2 Millionen Mitglieder und vertrete die Interessen vorwiegend der arbeitenden Menschen im vergesellschafteten Sektor, hier v.a. aber fast ausschließlich jene der Angestellten der Administration und der Arbeiter in Kleinbetrieben. Der OPZZ strebt keineswegs einen Alleinvertretungsanspruch für die Belange der arbeitenden Bevölkerung an.

Es hat sich, so scheint es, im Verhältnis zur verbotenen Gewerkschaft „Solidarität", welche nach wie vor (nach Angabe des Politbüros) von 17–20 % der Bevölkerung ausdrücklich unterstützt wird, de facto eine Art „Arbeitsteilung" herauskristallisiert. Im selben Maße wie der Einfluß der „Solidarität" in den Kleinbetrieben und bei den Angestellten der Verwaltung zurückgegangen sei, habe der OPZZ in dieses Vakuum vorstoßen können, sodaß der OPZZ – durchaus verläßlichen Quellen zufolge – hier nunmehr die Mehrheit an Mitgliedern/Sympathisanten verzeichnen könne. Die verbotene Gewerkschaft „Solidarität" habe hingegen ihren Einfluß v.a. in der Schwerindustrie, in der Grubenindustrie und in den Großbetrieben soweit erhalten können, daß der OPZZ mit etwa 20 % deutlich in der Minderheit bliebe. Die mehrfach berichtete differenzierte Betrachtungsweise der polnischen Regierung gegenüber der „Solidarität" (Kontakte mit einzelnen Funktionären, nicht also zur „Solidarität" als solcher) wie auch das faktisch gänzliche Fehlen von Kontroversen zwischen der „Solidarität" und dem OPZZ lassen den Schluß zu, daß über diese „Machtteilung" ein stillschweigendes – wenn auch nicht unbedingt geliebtes – Einverständnis herrscht. Daß es bisher noch zu keinem konstruktiveren Verhältnis zwischen den einzelnen Opponenten gekommen ist, liegt nach Ansicht des Berichterstatters zum Teil in der nicht immer ganz verständlichen Agitation einzelner „Solidaritäts"-Funktionäre und zum anderen in den psychologischen Barrieren auf Seiten der Parteiführung begründet.

Die Mai-Unruhen d.J. haben darüber hinaus gezeigt, daß sich eine neue Generation von Arbeiteraktivisten herausgebildet hat, welche zwar in der Tradition der „Solidarität" steht und deren Ideen fortführen will, den Willen zur organisatorischen Unabhängigkeit gegenüber dem Vorbild aber deutlich zu erkennen gibt, ohne sich bisher eine eigene Organisationsstruktur geschaffen zu haben. Manche sehen in dieser Abkoppelung vom Vorbild und dem Fehlen einer eigenen Organisation ein gewisses Gefahrenelement für die ohnehin fragile gesellschaftliche Situation.

Das oben dargestellte Verhältnis des OPZZ und der „Solidarität" zueinander könnte bei einer sinnvollen Weiterentwicklung die mögliche Grundlage für einen legalen gewerkschaftlichen Pluralismus bieten. Daß es zu einem solchen wird kommen müssen, sind sich alle Beobachter einig, nicht jedoch über den Zeitpunkt und die konkrete Form. [...]

Dokument 234
VR Polen; weitgehende Demokratisierungsbemühungen; neues Vereinsgesetz

GZ 166.03.00/41-II.3/88, Zl. 148-RES/88, ÖB Warschau (Weninger), 19. August 1988

Das geplante neue polnische Vereinsgesetz, welches im Frühherbst d.J. vom polnischen Parlament beschlossen werden soll, wird entscheidende Bedeutung für das Gelingen der gesellschaftspolitischen Reformideen haben. Wird es doch die Basis für die Zulassung neuer bisher in Polen in dieser Form nicht bekannter Vereinigungen politischer Art bilden. Partei und Regierung sind sich der ideologischen Tragweite, aber auch der Möglichkeiten dieses Gesetzes völlig im Klaren. Aus diesem Grund haben sie auch diesmal den Kontakt mit der katholischen Kirche gesucht. In der Folge wurde eine Gemeinsame Gemischte Kommission von Staat und Kirche (Vorsitz auf staatlicher Seite der ehemalige Justizminister Bafia, auf katholischer Seite der frühere Präsident des Landwirtschaftskomitees des Primas und Berater der „Solidarität", Prof. Stelmachowski) zur Ausarbeitung dieses Gesetzes gegründet.

Nach Mitteilung der Vorsitzenden werde das Gesetz keine Möglichkeit für die Gründung von Parteien oder Gewerkschaften bieten. Aber, und das scheint das Bedeutendste, es werde keine wie immer gearteten Beschränkungen für die Gründung politischer, kultureller, wissenschaftlicher etc. Vereinigungen ihren Inhalten nach kennen. Jeder wahlberechtigte polnische Staatsbürger werde einen Verein, mit welcher politischer, kultureller und wissenschaftlicher Zielsetzung auch immer, gründen können. Der Gefertigte hat diesbezüglich Rücksprache mit den Leitern der o.e. Gemischten Kommission gehalten, die ihm dies völlig bestätigten. Auf die Frage, ob dies auch für die bislang von der Regierung nicht akzeptierten kulturellen Vereinigungen deutschstämmiger Polen gelte, wurde diese Frage ebenfalls vollinhaltlich bejaht. Ja, man erwarte sogar, daß jede Menge von „deutsch-polnischen Kulturvereinigungen" geschaffen werden würden. Hier bahnt sich offensichtlich eine ganz neue und [in] ihrer Folgewirkung noch nicht abzuschätzende Entwicklung an.

Noch offene Streitpunkte in der Arbeit der Gemischten Kommission sind dem Vernehmen nach:

1. Die Forderung der Kirche, daß es für jene polnische Staatsbürger, welche einer bestimmten neu gegründeten Organisation beitreten oder auch nicht beitreten wollen, zu keinen gesellschaftlichen Nachteilen komme. Dieses Recht auf Freiheit müsse im Gesetz verankert werden.

2. Außerdem darf keine Organisation eine Monopolstellung für sich beanspruchen, z.B. ein bestimmter Verein in Warschau für ganz Polen oder für einen bestimmten Sachbereich Ausschließlichkeitsanspruch erheben. Es müsse Konkurrenz gewährleistet bleiben.

Sollte das neue Vereinsgesetz in der von der Gemischten Kommission ausgearbeiteten Form verabschiedet werden – die Wahrscheinlichkeit dafür ist sehr hoch – dann hat sich damit eine geradezu sensationelle Entwicklung in Polen angebahnt. Es wäre der erste Reformschritt, welcher das politische System selber betreffen würde. […]

Dokument 235
„Gemeinsames Haus Europa", Ungarische Reaktionen
GZ 225.02.02/35-II.3/88, Zl. 303-RES/88, ÖB Budapest (Schmid), 22. August 1988

[…] Nach der Sitzung des Politischen Beratenden Ausschusses der WP-Staaten im Juli d.J. hat sich die ungarische Presse erneut des Themas GEH angenommen. Bemerkenswert erscheint in diesem Zusammenhang v.a. die starke Verknüpfung mit humanitären und Menschenrechtsfragen, die ungarischerseits als zentrales Element einer (künftigen) Zusammenarbeit Europas verstanden wird, und zwar nicht nur hinsichtlich der Zusammenarbeit zwischen Ost und West, sondern gleichermaßen innerhalb der sozialistischen Länder. Diese ungarische Haltung scheint über die szt. Ausführungen Gorbatschows vor dem Sejm oder in seinem „Perestroika"-Buch hinauszugehen. Zudem wird kritisch – offensichtlich in Richtung Bukarest – angemerkt, daß ein Mangel an Vernunft und Toleranz die Interessen des GEH schwerstens gefährden. Ungarn findet es u.a. bedauerlich, daß bei der Behandlung humanitärer Fragen auf dem WFT auch Vorschläge unterbreitet wurden, die „die begründeten und berechtigten Positionen der übrigen Mehrheit der Teilnehmer einfach ignorieren". [...]

Dokument 236

Der 20. Jahrestag des Einmarsches der Warschauer-Pakt-Staaten in der ČSSR

GZ 35.03.00/26-II.3/88, Zl. 269-Res/88, ÖB Prag (Paul), 24. August 1988

In der Nacht vom 20. zum 21. August jährte sich zum 20. Mal der Einmarsch der Truppen des Warschauer Paktes in Prag, mit dem der „Prager Frühling" des Jahres 1968 beendet wurde. Es war zu erwarten, daß die 20. Wiederkehr dieses historischen Datums in einem für die ČSSR an Jubiläen so reichen Jahr (1918: Staatsgründung; 1938: Münchner Abkommen; 1948: Kommunistische Machtergreifung) eine neuerliche Beschäftigung der heutigen csl. Führung mit den damaligen Ereignissen erforderlich machen würde. Der Zusammenfall dieses Jubiläumsfestes der csl. Geschichte mit den Reform- und Demokratisierungsbestrebungen in der SU sowie den eigenen diesbezüglichen Versuchen („Přestavba") verstärkte diese Notwendigkeit.

Die Botschaft hat bereits [...] über die Versuche der KPČ, die Ereignisse des Jahres 1968 zwanzig Jahre danach in ideologischer Hinsicht aufzuarbeiten, berichtet. Die darin angeführten Fragestellungen haben sich seither im Wesentlichen bestätigt:

1. Ansätze zu einer vorsichtigen Neubewertung des Prager Frühlings?

In der hiesigen Medienberichterstattung der Tage vor dem 21. August setzte sich die Tendenz zu einer in Ansätzen differenzierten Bewertung der Ereignisse des Jahres 1968 fort. Dabei können folgende Elemente herauskristallisiert werden:

Der Zeitraum vor 1968 wird als Phase der politischen und wirtschaftlichen Stagnation dargestellt, sodaß die im Jänner 1968 beschlossenen Reformen eine objektive Notwendigkeit waren. Diese Feststellung wird zwar schon in den „Lehren aus der krisenhaften Entwicklung des Jahres 1970" getroffen; neu ist jedoch eine ins Detail gehende Auseinandersetzung mit den positiven Aspekten der damals geplanten Reformen.

So erklärte etwa der Vize-Direktor des Instituts für Marxismus-Leninismus des ZK der KPČ, Milan Matous, in einer von Rudé právo organisierten, wiedergegebenen Diskussion, es gelte heute, sorgfältiger „zu unterscheiden, was 1968 gut, weise und bedeutungsvoll war: z.B. die präzise Differenzierung der Rolle der Partei des Staates bzw. der wirtschaftlichen Organisationen, die Intensivierung der wirtschaftlichen Selbstverwaltung in den Betrieben etc.".

Wie die Botschaft […] dargelegt hat, stellt die Verteidigung der „Normalisierung" nach 1968 bei gleichzeitiger Erklärung der gegenwärtigen Přestavba eine ideologisch besonders delikate und wichtige Aufgabe dar. Auch dazu wurde in derselben „Diskussion" von Rudé právo ein neuer Ansatz gefunden: Ein Aufgeben der heutigen Přestavba –Politik wäre derselbe Fehler, der zu den Ereignissen von 1968 führte. Dies bedeutet, daß die heutige Reformpolitik weder Ersatz noch Kopie der 68er Reformen darstellt, sondern, im Gegenteil, das Eintreten der damaligen „krisenhaften Entwicklung" verhindern soll. Diese aber konnte gemäß offizieller Sprachregelung nur dadurch eintreten, daß die Partei ihre führende Rolle aus der Hand gab und rechtsopportunistische Kräfte die Übermacht gewinnen konnten.

Die Botschaft der obigen Äußerung ist somit unmißverständlich: Wirtschaftliche Reformen sind gut und erwünscht, solange sie unter striktester Beibehaltung der führenden Rolle der Partei ablaufen. Darüber hinausgehende Forderungen nach politischen Reformen, die das Primat der Partei in Frage stellen könnten, sind aus diesem Grunde im Keim zu ersticken, da die Přestavba „der Konsolidierung des Sozialismus dient und nicht seiner Abschaffung". (Wie sehr die KPČ mit der ideologischen Aufarbeitung dieses gesamten Fragenkomplexes beschäftigt ist, geht im übrigen auch daraus hervor, daß für September d.J. ein eigenes ZK-Plenum zur Behandlung ideologischer Fragen anberaumt worden sein soll.)

2. Die Haltung der SU

Zur Untermauerung dieser etwas verkrampft wirkenden Konstruktion, die auf einer klaren Abgrenzung zwischen den 68er Reformen einerseits und der sowj. Perestroika sowie der csl. Přestavba andererseits beruht, ist die sowj. Haltung zu den sich jährenden Ereignissen naturgemäß von nicht unwesentlicher Bedeutung. Dazu kommt das seit einiger Zeit gestiegene Interesse der csl. Öffentlichkeit für Nachrichten aus der SU.

Entsprechend groß dürfte die Irritation durch eine Äußerung des sowj. Historikers Smirnow Ende v.J. gewesen sein, wonach die sowj. Führung ihre Position zu den Ereignissen des Jahres 1968 in der ČSS überprüfen werde […]. Allfällige diesbezügliche csl.-sowj. Mißverständnisse wurden aber, vielleicht auf Drängen der csl. Führung, bereits durch einen entsprechenden TASS-Kommentar zu Beginn dieses Jahres ausgeräumt. Auch am 22.8. d.J. veröffentlichte Rudé právo einen weiteren TASS-Kommentar, der zum 20. Jahrestag Stellung nahm. Darin werden insbesondere die politischen Mittel (Konferenzen von Dresden, Warschau und Bratislava sowie bilaterale Gespräche) hervorgehoben, mit denen der ČSSR im Jahre 1968 vor der milit. Invasion „Hilfe" gewährt worden sei; Dubček persönlich wird in diesem TASS-Kommentar allerdings nicht angegriffen.

3. Rehabilitierung der im „Prager Frühling" engagierten Persönlichkeiten?

Ein besonderes Problem stellt offensichtlich die weitere Vorgangsweise gegenüber den im Prager Frühling engagierten Persönlichkeiten dar – eine Frage, die sich heute, nicht zuletzt angesichts einer Welle von Rehabilitierungen in der SU, demselben Miloš Jakeš als GS der KPČ stellt, der zwischen (März) 1968 und 1977 als Vorsitzender der zentralen Kontroll- und Revisionskommission für den Parteiausschluß Tausender KP-Mitglieder verantwortlich war. Offensichtlich wird heute auch diese Frage unter etwas geänderten Vorzeichen beurteilt. Die diesbezüglichen Hinweise sind jedoch für ausländische Beobachter nicht leicht zu interpretieren. Einerseits mehren sich die Andeutungen, die eine Rehabilitierung der nach 1968 in Ungnade gefallenen Personen nicht mehr ausgeschlossen erscheinen lassen. So wurde in letzter Zeit mehrfach, zuletzt von Matous in der oben erwähnten Diskussion, erklärt, daß einige der aus der Partei ausgeschlossenen Personen 1968 offensichtlich nur irrgeführt waren und nicht bemerkt hatten, für welche Ziele sie mißbraucht wurden. Heute sei es notwendig, „jedem die Hand zu reichen, der am Umbau mitarbeiten wolle".

Für Alexander Dubček selbst, der bekanntlich seine Rehabilitierung anstrebt, scheint dies jedoch nicht zu gelten. Dubček wurde in einem am 10.8. d.J. erschienenen, gehässigen Artikel die Hauptverantwortung für „die Katastrophe des Jahres 1968" zugeschrieben und festgestellt, daß er als ehemaliger Berufspolitiker wohl nicht zu jenen zähle, die sich damals nur „geirrt" hätten. Sein heutiges Verhalten, insbesondere seine Interviews für westliche Medien, sei gleichfalls kein tauglicher Beitrag zur heutigen Přestavba. Auch die geplante Verleihung des Ehrendoktorates der Universität Bologna wird kritisiert.

Die unversöhnlich anmutende Sprache dieses Artikels wird allerdings dadurch relativiert, daß die csl. Behörden Dubček die Erteilung dieser Interviews sicherlich ermöglicht haben. Es gibt auch Anzeichen dafür, daß ihm ein Besuch in Italien und die Annahme des Ehrendoktorates gestattet werden wird. In diesem Fall würde Dubček zum ersten Mal seit den Ereignissen vor 20 Jahren ein Besuch im westlichen Ausland genehmigt werden.

4. Demonstrationen in Prag am 20./21. August d.J.

Über die Demonstrationen, die in Prag am 20. Jahrestag des Einmarsches der WP-Truppen stattgefunden haben, hat die Botschaft fernschriftlich berichtet. Die „etablierte" Bürgerrechtsbewegung „Charta 77" hatte von einer größeren Demonstration Abstand genommen (und ist dazu möglicherweise auch gar nicht in der Lage), da, wie erklärt wurde, der Jubiläumstag in erster Linie zur Nachdenklichkeit anregen sollte. Vertreter der Charta 77 beschränkten sich daher auf die Hinterlegung eines Briefes an der Botschaft der SU in Prag und die Niederlegung eines Kranzes in Erinnerung an die Selbstverbrennung Jan PALACHs.

Die Demonstration am Wenzelsplatz und in der Altstadt von Prag am 21.8., an der mehrere Tausend Menschen teilnahmen, war zwar keine spontane Erhebung, aber offensichtlich dezentral organisiert und überraschte nicht nur die meisten ausländischen Beobachter, sondern vermutlich auch die csl. Sicherheitskräfte. Nach der Botschaft zugegangenen Informationen sollen hinter der Kundgebung vom 21. d.M. vor allem zwei lose Gruppen von Aktivisten stehen, die sich erst vor kurzem formiert haben und jeweils über einen „harten Kern" von nur einigen Dutzend Personen verfügen.

Diese Ereignisse scheinen darauf hinzudeuten, daß aktive Regimekritik in der ČSSR vielleicht nicht mehr lange ausschließlich Angelegenheit einiger weniger, im wesentlichen in der Charta 77 zusammengefaßter Intellektueller und Künstler ist, sondern allmählich auch andere Kreise der Bevölkerung, vor allem der Jugend, Bereitschaft zeigen, ihre regimekritische Haltung offen zu äußern und alle in einer Diktatur damit verbundenen Risiken zu tragen.

Noch im Frühsommer dieses Jahres stufte die Parteiführung der KPČ in einem an die Öffentlichkeit gelangten, internen Rundschreiben die Charta 77 vor den Gläubigen und den 1968 aus der Partei ausgeschlossenen Personen als gefährlichste „innere und äußere Feinde des Sozialismus" ein. Auf die am 21.8. aufgetretene, neue Kategorie von Regimekritikern dürfte die Parteiführung derzeit also noch nicht vorbereitet sein. […]

Dokument 237
VR Polen; anhaltende Streikwelle

GZ 166.03.00/44-II.3/88, Zl. 157-RES/88, ÖB Warschau (Weninger), 25. August 1988

Im Gegensatz zu den Unruhen vom Mai 1988 zeigt die Streikwelle im August hinsichtlich der Strategie der Streikenden, aber auch jener der Regierung Unterschiede auf. Diesmal handelt es sich bei den Streikenden fast ausschließlich um junge Arbeiter im Alter zwischen 18 bis 23 Jahren, welche nicht der verbotenen Gewerkschaft „Solidarität" angehören, jedoch in deren weltanschaulicher Tradition stehen. Die Arbeitsniederlegungen erfolgten spontan und zwischen den meisten Betrieben nicht koordiniert. Es zeigt sich, daß diese neue Generation von Aktivisten noch zu keiner landesweiten Organisation gefunden hat. […]

Über die Zahl der sich im Ausstand befindlichen Betriebe können keine gesicherten Angaben gemacht werden, da sich in den letzten Tagen gezeigt hat, daß der eine und andere Betrieb den Streik beendet, jedoch fast gleichzeitig andere zu streiken begonnen haben. Insgesamt liegen die Streikzentren in den schlesischen Kohlebergwerken (etwa 12), den Werften in Stettin und Danzig sowie den Stahlwerken in Breslau, Posen und anderen Städten. Erwähnt müssen noch werden die Chauffeure der öffentlichen Verkehrsmittel in Stettin. Der Anteil der Streikenden an der Gesamtbelegschaft der einzelnen Unternehmen beträgt etwa 10 %. Diese Anzahl – so haben die vergangenen Tage gezeigt – genügt, um den gesamten Produktionsprozeß v.a. in den Kohlebergwerken lahmzulegen.

Die Forderungen der Streikenden sind zum Teil wirtschaftlicher Natur (z.B. Lohnanhebungen, Verbesserung des Warenangebots an Grundnahrungsmitteln und Verbesserung der Sozialleistungen insgesamt), v.a. aber politischer Art. Hauptforderung hier ist die Wiederzulassung der verbotenen Gewerkschaft „Solidarität".

Lech Wałęsa hat sich, wie schon während der Mai-Unruhen, auf die Lenin-Schiffswerft in Danzig begeben und sich mit den Streikenden solidarisiert. Im Gegensatz zu seinem Auftreten im Mai allerdings legt er diesmal ein eher staatsmännisches Verhalten an den Tag. So findet er zwar sehr harte und klare Worte über den wirtschaftlichen Mißerfolg der Regierung, zeigt sich jedoch versöhnlich und stellte zum wiederholten Male ein Angebot an die Regierung zur Zusammenarbeit bei der Lösung der gravierenden Probleme. Eine direkte Antwort der Regierung auf das Zusammenarbeitsangebot Lech Wałęsas steht zur Zeit noch aus.

Im Verhältnis Opposition – Regierung/Partei hat sich ein Silberstreifen an Verständigung insofern abgezeichnet, als der Klub der Katholischen Intelligenz, KIK, den Vorschlag zu einem sogenannten Round-Table präsentiert, welcher die beiden Kontrahenten unter Einschluß von Lech Wałęsa und Stanisław Ciosek zusammenbringen solle. Letzten Informationen zufolge habe die Partei diesen Vorschlag zwar nicht expressis verbis angenommen, aber auch nicht zurückgewiesen. Allgemein erwartet man dieses Zusammentreffen für die kommenden Tage.

Partei und Regierung verfolgen gegenüber den Streikenden ganz im Gegensatz zum Mai d.J. eine sehr differenzierte Strategie. Zum einen hat man das Gespräch mit moderaten Kräften innerhalb der streikenden Arbeiter gesucht und teilweise den Forderungen auf Lohnerhöhungen stattgegeben. Auf diese Art konnte der Streik in etwa 5 Kohlebergwerken geschlichtet werden. Gänzlich neu ist diesmal, daß durch verschiedene Medien versucht wird, der streikenden Arbeiterschaft die wirtschaftliche Lage der Regierung, die Reformpläne und die Konsequenzen der Arbeitsniederlegung klarzumachen. Spät aber doch hat die Regierung erkannt, daß man ohne Aufklärungs- und Werbekampagne und nur per Dekret „von oben" mit der Bevölkerung nicht mehr umgehen kann. Gegen uneinsichtige Streikende geht man einerseits mit administrativer Gewalt vor (Androhung von Entlassung, Einhebung von Bußgeldern etc.), andererseits riegeln Ordnungskräfte die bestreikten Betriebe hermetisch ab, um Angehörigen den Zutritt zu den Betrieben zu verwehren und damit die Versorgung mit Lebensmitteln, Medikamenten und sanitären Gegenständen zu verhindern. In einzelnen Betrieben, so z.B. bei den öffentlichen Verkehrsmitteln in Stettin, sichern Angehörige der Armee die Aufrechterhaltung der Busdienste. Erst als allerletztes Mittel denkt man an die Anwendung von physischer Gewalt. Ausgangssperren in den Wojewodschaften, wo gestreikt wird, stellen ergänzende Maßnahmen der Regierung dar. Diese sehr differenzierte Vorgehensweise ist nicht nur neu, sondern hat auch zumindest bisher, wie oben erwähnt, zu Teilerfolgen geführt.

Die Rolle der offiziellen Gewerkschaft OPZZ ist zwiespältig. Einerseits hat sich die Führung der OPZZ in sehr harschen Worten zum Mißlingen der Wirtschaftsreform vernehmen lassen und sehr deutlich die Fehler der Regierung angeprangert, ohne sich allerdings mit den Streikenden zu solidarisieren. Beobachter meinen darin das Bemühen der OPZZ zu sehen, nicht ganz an den Rand der Geschehnisse gedrängt zu werden. Der Warschauer Zweig der OPZZ (WPZZ) hingegen hat der Regierung gedroht, falls nicht binnen kürzester Frist spürbare Maßnahmen zur Verbesserung der Situation der arbeitenden Menschen von der Regierung ergriffen werden, mit einem

Generalstreik zu antworten. Diese Drohung wurde von der Gewerkschaftsorganisation der 100 wichtigsten Unternehmungen in der Wojewodschaft Warschau am 23.8.1988 ausgesprochen.

Die Kirche hat sich bisher zur Streikwelle nicht direkt vernehmen lassen. Im Hintergrund sind allerdings verschiedene Laienpersönlichkeiten (siehe z.B. das Präsidium des oberwähnten KIK) vermittelnd tätig. Bereits am 12.8. d.J. kam es zu einer vielbeachteten Begegnung zwischen Primas Glemp und Staatsratsvorsitzenden Jaruzelski, welche nicht nur mehr als 3 Stunden dauerte, sondern dem Vernehmen nach auch zur vollständigen Zufriedenheit der beiden Gesprächspartner verlaufen war.

Aufgrund der jüngsten Ereignisse verdichten sich die Gerüchte, daß mit einer baldigen Regierungsumbildung gerechnet werden muß. Wie früher schon berichtet, steht v.a. auch Regierungschef Messner im Zentrum der Kritik. In der Vergangenheit hat PM Messner bereits 3 Demissionsversuche vorgelegt, die jedoch vom Staatsratsvorsitzenden nicht akzeptiert wurden.

Noch ist ein Ende der Streikwelle nicht abzusehen. Eines gilt jedoch sicher, sollten sich Partei und Regierung nicht doch endgültig durchringen können, eine, in welcher Form auch immer sich gestaltende, Zusammenarbeit mit der verbotenen Gewerkschaft „Solidarität" zu suchen und zu finden, wird der Schrecken kein Ende finden. […]

Dokument 238
(Formelle) Gründung des „Demokratischen Forums"

GZ 222.03.00/30.II.3/88, Zl. 318-RES/88, ÖB Budapest (Kriechbaum), 5. September 1988

Ein Jahr nach dem ersten Zusammentreffen von Proponenten des „Magyar Demokrata Fórum" (MDF) in Lakitelek (27. September 1987) haben etwa 370 Vertreter dieser Gruppierung am 3. und 4. November 1988, ebenfalls in Lakitelek, ein Statut für das „Forum" erarbeitet und ihre Gründungsversammlung abgehalten. Der Zeitpunkt für diese Gründungsversammlung war wohl nicht aus Jubiläumsgründen gewählt worden, sondern sollte sicherstellen, daß der rechtliche Rahmen für diese Organisation unter Dach und Fach ist, bevor das neue Vereinsrecht (das – wenig reformfreudig – möglicherweise ein Einspruchsrecht des Präsidialrates mit sich bringen wird) im Herbst bzw. Winter dieses Jahres in Kraft tritt.

Das „Demokratische Forum" versteht sich als „demokratisch-geistig-politische Bewegung und unabhängige soziale Organisation", die nicht nur in Ungarn tätig sein soll, sondern auch die Auslandsungarn erfassen will. Das „Forum" will nicht als oppositionelle Kraft gelten (selbstverständlich auch nicht als regierungsnah), vorrangige politische Aufgabe soll die konsequente Realisierung von Reformen im Bereich des politischen Institutionsgefüges sein und in diesem Bereich will das „Forum" auch mit der Regierung kooperieren.

Zum gegenwärtigen Zeitpunkt will sich das „Forum" weder als Partei organisieren, noch als Partei präsentieren, wofür neben naheliegenden äußeren Umständen auch maßgebend sein dürfte, daß das „Forum" leichter ein Sammelbecken der verschiedenen Strömungen (sozial/liberal – anarcho-christdemokratisch-national) und auf den inneren Zusammenhalt bedacht sein kann, wenn parteipolitische Strategien vorerst nicht im Vordergrund von Aktivitäten stehen. Die diesbezügliche Berichterstattung in westlichen Medien (darunter auch in der „Presse" vom 5.9. d.J., „Konkurrenz für Ungarns KP/Erste demokratische Partei") scheint damit einem spekulativen Vorgriff auf künftig mögliche Konstellationen gleichzukommen. Selbstverständlich aber wird die Forderung eines Mehrparteiensystems in Ungarn vom „Forum" aufrechterhalten. Wie bereits berichtet […], ist die Gründung von politischen Parteien neben der USAP rechtlich möglich, soferne „….der Vereinszweck der wirtschaftlichen oder politischen Ordnung nicht entgegengesetzt ist"; technisch wäre die Gründung einer neuen Partei der zuständigen Aufsichtsbehörde, d.h. dem Innenministerium, anzuzeigen, was im Falle des „Forum" nach Kenntnis der Botschaft nicht geschehen ist.

Da von derzeit 390 ungarischen Parlamentsabgeordneten 75 % der USAP zuzuzählen sind und die restlichen Abgeordnetensitze Organisationen der Patriotischen Volksfront bzw. den Kirchen zugestanden werden, ist es durchaus denkbar, daß auch für das „Forum" in absehbarer Zeit eine gewisse Abgeordnetenquote reserviert wird. Bis zu einer echten Reform des ungarischen Abgeordnetenhauses, die nicht vor 1990 (Ausarbeitung einer neuen Verfassung) zu erwarten [ist], bleibt die Arbeit der Abgeordneten jedoch aufgrund der existierenden Geschäftsordnung beschränkt (es gibt nur wenige Sitzungen pro Jahr; zwischen 1949 und 1985 wurden von 192 verschiedenen Gesetzen lediglich 32 mit vom Parlament ausgehenden Änderungen versehen), damit erscheint es für das „Forum" auch nicht vordringlich, Abgeordnete zu stellen, mit deren Tätigkeit ein hoher Erwartungswert verknüpft wäre, dem andererseits durch die z.Zt. gegebenen Rahmenbedingungen kaum entsprochen werden könnte.

Daß innerhalb des „Forums" die nationale Richtung einen besonderen Stellenwert einnimmt und daß ihr wahrscheinlich unter den vorhandenen Strömungen die Mehrheit zukommt, läßt sich möglicherweise daran ablesen, daß die Interessen der Auslandsungarn (mit Blickrichtung Rumänien) besonders hervorgehoben werden. Allerdings wird auf der für kommendes Wochenende anberaumten Tagung in Esztergom […] auch der Umweltpolitik eine besondere Aufmerksamkeit geschenkt.

Das „Demokratische Forum" hat weiters angekündigt, daß ab November d.J. eine vorerst 14-tägige Zeitschrift („HITEL" = Kredit, Vertrauen), die später möglicherweise täglich erscheinen soll, zur Verfügung stehen wird.

Die ungarische Regierung hat im übrigen über ihre Regierungssprecher zur Gründung des „Forum" mit eher positiven Worten Stellung bezogen und es für bedeutsam erachtet, daß das „Forum" in seiner Gesamtheit seine Bereitschaft zur Zusammenarbeit mit der Regierung zum Ausdruck gebracht hat.

Für die Regierung sei dieser Schritt keine Überraschung gewesen, es sei selbstverständlich kein „Alarmzeichen", wenn sich eine Gruppe von Bürgern formiert, die innerhalb des geltenden gesetzlichen Rahmens ihre Ziele verfolge. […]

Dokument 239
Lage in Polen; Beurteilung durch das Auswärtige Amt
Zl. 393-RES/88, ÖB Bonn (Porias), 9. September 1988

Anläßlich eines Gesprächs zu einem anderen Thema teilte der zuständige Referent im Auswärtigen Amt zur Lage in Polen Nachstehendes mit:

Eine Beruhigung der Situation setze voraus, daß sich die Führung weiter bewußt bleibe, daß ihr „das Wasser bis zum Halse stehe"; andererseits sei es erforderlich, daß es Lech Wałęsa gelänge, die Arbeiterschaft hinter sich zu bringen. Jedenfalls bleibe die Lage potentiell gefährlich. Ein Kompromiß müsse der Arbeiterschaft eine entsprechende Repräsentation zubilligen und gleichzeitig der Regierung die Gewißheit geben, daß sie mit ihrer Reformpolitik zur Stabilisierung der Wirtschaft Polens nach innen und nach außen durchdringt.

Eine Lösung wird nur sehr schwer zu finden sein; man könne nur hoffen, daß es zu einem „polnischen Kompromiß" komme und daß sich die Frage nicht nur auf ein Ja oder Nein zur Solidarität reduzieren werde. Das Mißtrauen werde von Jahr zu Jahr größer, die Chancen der Vergangenheit seien nicht genützt worden. Ohne ein neues Vertrauensverhältnis zwischen politischer Führung und Arbeiterschaft werde es jedoch kaum möglich sein, die Arbeiterschaft zu aktivieren und motivieren.

Offen bleibe die Frage, welche Bedeutung jenen Stimmen zukomme, die das „bolschewistische System" in Polen insgesamt ausheben wollen. Sollte ihr Gewicht deutlich zunehmen, dann könnte dies zu einer höchst explosiven Situation führen.

Das derzeitige Kräftespiel in Polen wirke sich für die Stellung der Kirche sehr positiv aus. Noch nie war die polnische Kirche so einflußreich. Man müsse sich die Frage stellen, ob für die Kirche überhaupt eine Institutionalisierung ihrer politischen Mitwirkung wünschenswert sei. Eine andere Frage wäre aber jene nach dem offiziellen Status der Kirche: Ein solcher sei Voraussetzung für die Aufnahme der Beziehungen Polens zum Vatikan.

Die Bauernschaft verfüge trotz ihrer wirtschaftlichen Bedeutung in Polen über einen geringen politischen Einfluß, da sie im Gegensatz zur Arbeiterschaft nicht auf ein relevantes Streikpotential zurückgreifen könne. Allerdings müsse die Regierung aber auch darauf achten, daß die Landwirtschaft weiterhin funktionsfähig bleibe und es nicht zum Hunger in Polen komme.

General Jaruzelski sei zwar nicht beliebt, aber ungewöhnlich geachtet. Er war sicherlich bisher der integrierende Faktor. Es gebe Anzeichen, daß er der täglichen Geschäfte müde sei und sich aus der Partei in Richtung Staatspräsidentschaft bewegen will. Geeignete potentielle Nachfolger seien noch nicht genannt worden; die bisher erwähnten Namen ließen wenig Gutes erwarten. […]

Dokument 240

Gewerkschaftlicher Pluralismus in Polen

GZ 166.03.00/51-II.3/88, ÖB Warschau (Weninger), 12. September 1988

Beim ersten Zusammentreffen von Innenminister Kiszczak mit Arbeiterführer Lech Wałęsa am 31.8. d.J. seien die Gesprächspartner übereingekommen, ein weiteres Gespräch zur Vorbereitung des sogenannten „round-tables", welcher Vertreter einer breitgestreuten Opposition mit den führenden Repräsentanten der Partei zusammenführen soll, abzuhalten. Dies wird nunmehr am 14. oder 15.9.1988 geschehen.

Eines der Hauptthemen sei die Neustrukturierung der poln. Gewerkschaft in Richtung auf einen „gewerkschaftlichen Pluralismus". Am 9.9.1988 wurden alle in Polen akkreditierten Missionschefs in das Außenministerium gebeten, wo sie unter Anwesenheit des polnischen Außenministers aus dem Munde von Politbüromitglied Czyrek über den geplanten „gewerkschaftlichen Pluralismus" informiert wurden. Expressis verbis sagte Czyrek, daß man nicht an die Errichtung eines Modells denke, wie es in Italien oder Frankreich vorhanden wäre, sondern an eines, wie es in der Bundesrepublik Deutschland, im Deutschen Gewerkschaftsbund und in Österreich in Form des Österreichischen Gewerkschaftsbundes bestehe. Begreiflicherweise rief diese Aussage im hiesigen Diplomatischen Corps sofort großes Interesse hervor.

Im speziellen ist an die Schaffung einer einzigen einheitlichen landesweiten gewerkschaftlichen Dachorganisation und an einer einzigen betrieblichen Gewerkschaftsorganisation gedacht, wobei deren konkrete Zusammensetzung dem tatsächlichen Willen der Arbeitnehmer selber entsprechen solle. D.h. findet sich eine Mehrheit für die „Solidarität", dann wäre im entsprechenden Betrieb die dortige Organisation eine solche der „Solidarität" und umgekehrt.

Voraussetzung dafür wäre allerdings, daß sich die „Solidarität" auf eine echte Gewerkschaftsfunktion beschränke und nicht mehr als eine allgemein politische Organisation in Erscheinung trete [...]. Wałęsa habe dies zugesagt und sich in diesem Sinn auch gegenüber der Abordnung von ÖVP-Parlamentariern am 3.9. d.J. vernehmen lassen. In der Folge könne man über die Anerkennung der „Solidarität" als Gewerkschaft sprechen; dies habe ihm Innenminister Kiszczak versprochen.

Sowohl die diesbezüglichen Aussagen von Lech Wałęsa als auch von Politbüromitglied Czyrek sind deckungsgleich und können daher große Authentizität für sich beanspruchen.

Sollen die Verhandlungen zwischen Partei und Opposition in diese Richtung weiterlaufen, könne mit der Einführung einer Gewerkschaft nach dem Muster des ÖGB gerechnet werden. [...]

Dokument 241
Rücktritt der polnischen Regierung

GZ 166.03.00/52-II.3/88, ÖB Warschau, 13. September 1988

[…] Der Gefertigte erhielt heute eine Information aus ausgezeichneter Quelle, die direkten Kontakt zum Politbüro der PVAP unterhält.

Demnach sei der Unmut weiter Parteikreise gegen den autokratischen Führungsstil General Jaruzelskis sehr groß, insbesondere deshalb, weil Jaruzelski der Aufnahme von Verhandlungen mit dem bisher zur Unperson abgestempelten Lech Wałęsa zugestimmt habe und diesbezüglich nur die militärischen Mitglieder des Politbüros, nämlich Verteidigungsminister Siwicki und Innenminister Kiszczak, konsultiert habe.

Da die ziemlich unbefriedigende Wirtschaftslage des Landes dafür bestimmend war, daß Jaruzelski dem vorerwähnten Kompromiss zustimmte, forderten maßgebliche politische Kreise des Landes, vor allem in der PVAP, die Ablösung von Premierminister Messner und seiner Regierungsmannschaft.

Um dem Zorn und der Unzufriedenheit Rechnung zu tragen, habe sich Jaruzelski entschlossen, Premierminister Messner fallen zu lassen.

Am 9. ds. habe Politbüromitglied Czyrek eine Unterredung mit Messner gehabt, um diesen zum Rücktritt aus eigenem zu veranlassen, Ergebnis unbekannt. Heute, 13.9., findet [die] wöchentliche Sitzung des Politbüros statt, anlässlich welcher [eine] Rücktrittserklärung Messners schon möglich wäre. Auf alle Fälle werden […] im Sejm entweder die Vertrauensfrage oder der Mißtrauensantrag gestellt werden. Mit großer Wahrscheinlichkeit werde PM Messner hiebei Niederlage erleiden. ([Dem] Mißtrauensantrag könnten sich vor allem jene nicht anschließen, die einen Protest gegen die Verhandlungsaufnahme mit Wałęsa zum Ausdruck bringen möchten.)

Jaruzelski habe bereits Politbürovollmitglied Rakowski, derzeit für Propaganda zuständig, mit [der] Bildung einer neuen Regierung beauftragt. Rakowski, der kein einziges Mitglied der jetzigen Regierung mit wirtschaftlichen Kompetenzen übernehmen möchte, habe 2 Varianten. Der 1. Variante zufolge würde er der Opposition 3 Ressorts in seiner Regierung anbieten, nämlich Gesundheit, Soziales und Umweltschutz. Rakowski rechne aber damit, daß dieses Angebot von der Opposition zurückgewiesen werde, weil sich die Opposition nicht in [die] Regierungsverantwortung einbinden lassen wolle. Er werde die Ablehnung eines entsprechenden Angebotes natürlich gegebenenfalls auch der Öffentlichkeit bekanntgeben. Die 2. Variante steuere eine radikale Verjüngung der Regierungsmannschaft, ohne Teilnahme von Opposition, an. Welche Persönlichkeiten den überaus wichtigen wirtschaftl. Bereich abdecken sollten, sei noch nicht bekannt.

Die Politik Rakowskis, der kein großer Russenfreund sei, werde sich vornehmlich aus wirtschaftl. Gründen auf den Westen, in vorderster Linie auf die BRD, stützen, und die nationale Verständigung mit friedlichen Mitteln suchen.

Die Opposition werde die Betrauung Rakowskis mit der Funktion des polnischen Premierministers nicht gerne sehen. Rakowski war seinerzeit in seiner damaligen Eigenschaft als Vizepremierminister einer der Chefverhandler der Regierung mit der „Solidarität" in den Jahren 1980/81. Wegen seiner angeblich teilweisen jüdischen Herkunft sei er auch bei antisemitisch eingestellten Würdenträgern der katholischen Kirche unbeliebt. Rakowski sei ein Kommunist liberaler Prägung, der für überholte Vorstellungen kein Verständnis aufbringe.

Die Machthaber hätten Informationen, wonach die „Solidarität" derzeit die Frage berate, ob sie in der Lage wäre, wie von Wałęsa für den Fall des Falles angedeutet, eine neue Streikwelle auszulösen. Es sei ihr anlässlich der letzten Streikwelle nicht gelungen, auch nur in einem einzigen Betrieb die Mehrheit der Belegschaft zum Streik zu bewegen, die Streikbewegung als solche sei in der nach wie vor streikmüden Bevölkerung nicht populär.

General Jaruzelski habe bei der letzten Streikbewegung im Aug. d.J. in allererster Linie wegen außenpolitischen Rücksichten (überaus negative Reaktion des Westens, vor allem der USA und der von ihr beherrschten internationalen Finanzinstitutionen, auf die Polen einfach angewiesen sei) eine kompromissbereite Haltung eingenommen.

Auf keinen Fall sei Gen. Jaruzelski bereit, die „Solidarität" als völlig unabhängige Organisation zuzulassen. Die „Solidarität" könnte nur, wie bereits mehrmals einberichtet, als eine Fraktion im all-polnischen Gewerkschaftsbund OPZZ eine Rolle ausüben.

Die nächste Runde in den Round-Table-Gesprächen zwischen Machthabern und Opposition wird dieser Tage durchgeführt. Ergebnisse lassen sich nicht voraussagen. Nach Ansicht des Gefertigten mangelt es beiden Seiten an Aufrichtigkeit. Die Machthaber möchten in Wirklichkeit praktisch keine Macht abgeben, während die Opposition wiederum in Wirklichkeit die Gesamtmacht erobern möchte. Es käme deshalb darauf an, daß beide Seiten maßvolle Positionen einnehmen und allmählich zueinander Vertrauen fassen.

Einem Missionschef – eines WP-Staates – zufolge wäre für die Sowjetunion zur Aufrechterhaltung der europäischen Nachkriegsordnung unbedingt erforderlich, daß Polens System zumindest dem Namen nach als „sozialistisch" bezeichnet werde (der Spielraum für diesen heutzutage sehr vagen Begriff sei ungeheuer groß) und die Mitgliedschaft im Warschauer Vertrag. Der Gefertigte schließt sich dieser Meinung vollinhaltlich an. Es ist ihm jedoch bekannt, daß einige Oppositionelle gerade auch die Beseitigung dieser Erfordernisse letzten Endes anstreben.

Der Gefertigte hütet sich davor, Prognosen abzugeben, kann aber seine allgemein pessimistische Haltung hinsichtlich der Entwicklung in Polen für die absehbare Zeit nicht unterdrücken. […]

Dokument 242

Rumänien; „Vom Aufbruch zum Abbruch", Abschlußbericht

GZ 502.01.84/11-II.3/88, Zl. 1-POL/88, ÖB Bukarest (Berlakovich), 15. September 1988

Schlimm, aber zumeist nicht zu Unrecht urteilt heute die Weltpresse über die Situation in Rumänien und die Politik seines allmächtigen Präsidenten. Dieser treibt sein Land Schritt für Schritt in eine bisher in Europa – sieht man von Albanien ab – ungekannte Isolation.

„Enver" Ceaușescu, Europas Pol Pot, der rote Cäsar, tyrannischer Despot…. sind nur einige Namen, mit denen man ihn in den internationalen Massenmedien zuletzt bedacht hat.

Als der Conducător 1965 zum Parteichef kreiert wurde, schwebte ihm vor, aus seiner Heimat gleichsam über Nacht ein sozialistisch-kommunistisches Muster- und hochentwickeltes Industrieland zu schaffen. Er sah seine Heimat im Aufbruch zum kommunistischen Garten Eden. Doch seine gigantomanische Maßlosigkeit in der Wirtschaftspolitik, sein auch Byzanz übertreffender Personenkult, seine Despotenherrschaft und zuletzt seine das Volk zermürbende, ja vernichtende Sparpolitik und die jüngsten Systematisierungsideen (Dorferneuerung) treiben das Land an den Rand des Abgrunds.

1948 so kann man in österreichischen Zeitungen nachlesen, sandte Rumänien Hilfspakete nach Österreich mit den wichtigsten Grundnahrungsmitteln – wie sich doch die Zeiten ändern! In Europa wird es kaum Provinzen, geschweige denn ein ganzes Land geben, wo die Bevölkerung so darbt und hungert wie in der einstigen Kornkammer des Balkans, Rumänien.

Noch immer aber glaubt der Conducător, er habe für sein Land eine historische Mission zu erfüllen, auch für den Fall, daß er die Mißerfolge seiner Politik inzwischen erkannt haben sollte. Seine Lebensphilosophie, die er brutal seinem Volk aufzwingt, lautet: per aspera ad astra – Unbill und Entbehrung muß das Volk auf seinem Weg zum alleinseligmachenden Kommunismus hinnehmen und durchstehen.

Die Gattin Elena ist starke Mitregentin und noch härter als der Conducător. Alle entscheidenden Positionen in der Staats- und Parteiführung werden von der vor- und fürsorglich aufgebauten Hausmacht eingenommen. Alle diese Leute sind dem Ehepaar Ceaușescu gefügig und willenlos ergeben.

Der seinerzeitige, von Ceaușescu eingeleitete Aufbruch wird nun zu einem chaotischen Abbruch.

In den beinahe fünf Jahren meiner Mission in Rumänien hat sich die wirtschaftliche Lage des Landes weiter drastisch verschlechtert, die ideologische und politische Abkapselung verstärkte sich. Die in den letzten Monaten von Ceaușescu forciert vorangetriebene sogenannte Systematisierungspolitik hat das Land international weitgehend isoliert. Durch offizielle österreichische Stellungnahmen dazu erfuhr das bilaterale Verhältnis eine gewisse Anspannung.

Die von Staatspräsident Ceauşescu konsequent und hartnäckig verfolgte Politik der Reduzierung der rumänischen Devisenverschuldung hat seit 1981 eine Halbierung der Auslandsschulden Rumäniens bewirkt (1981: 10,5 Mrd. $, 1987: ca. 5,5 Mrd. $). Eine solche Zielsetzung bedingt eine radikale Einschränkung der Importe und eine Förderung der Exporte. Aus dem dadurch entstandenen Handelsbilanzaktivum, das in den letzten Jahren durchschnittlich 1,7 Mrd. $ jährlich betrug, konnte sodann die Schuldenabtragung finanziert werden. Die Folgen einer solchen radikalen Sparpolitik, wie Verschlechterung des Lebensstandards breitester Bevölkerungskreise, mangelnde Investitionen im Industriegüterbereich sowie Probleme bei der Energieversorgung, werden von der rumänischen Führung bewußt in Kauf genommen.

Ausgenommen von dem generellen wirtschaftlichen Restriktionskurs sind die megalomanen Bauvorhaben des Conducător, deren wirtschaftlicher Nutzen nicht unbedingt sofort einleuchten mag. Ein wirtschaftliches Kosten-Nutzen-Kalkül scheint dabei auch gar nicht die erste Rolle zu spielen; die Bauten oft pharaonischen Ausmaßes (so der Donau-Schwarzmeer-Kanal, 50 km U-Bahn-Linien in Bukarest, Regulierung des Flusses Dâmboviţa, der Verwaltungskomplex in Bukarest, Ausbau des Hafens Constanţa-Süd, Kanalverbindung zwischen der Hauptstadt und der Donau) sollen künftige Generationen an die glorreiche Epoche Nicolae Ceauşescu erinnern. Der Gegenwert aber soll dadurch bewiesen werden, daß Rumänien kraft eigener Anstrengung, ohne jegliche ausländische Mithilfe sich von einem sozialistischen Entwicklungsland zu einem sozialistischen Land mittlerer Entwicklungsstufe emporzuarbeiten fähig ist – so jedenfalls der offizielle Jargon.

Eine tragende Rolle in dieser Entwicklung kommt neben der Systematisierungspolitik, auf die später noch einzugehen sein wird, der sogenannten „Neuen Agrarrevolution" zu, die auf eine Ausweitung des bebaubaren Ackerlandes um mindesten 300.000 ha (durch die sogenannte Systematisierung) sowie auf eine Verbesserung des Bewässerungssystems und eine weitere Einengung der noch vorhandenen Reste privater Landwirtschaft abzielt. Die Rekordernte von 31 Mio. Tonnen Getreide im Jahr 1987 wurde auf die von Ceauşescu propagierte Agrarrevolution zurückgeführt und er als ihr Erfinder zugleich als „Held der sozialistischen Agrarrevolution" ausgezeichnet.

Dieses Vertrauen auf die eigene Kraft kommt auch durch den hartnäckigen rumänischen Widerstand gegen die von sowjetischer Seite gewünschte stärkere Integration im Rahmen des COMECON zum Ausdruck. Die ablehnende rumänische Haltung, die man als Relikt des in besseren Zeiten im Westen einst so viel gepriesenen, von Moskau unabhängigen Kurses Rumäniens ansehen kann, vermag allerdings die Tatsache nicht zu verbergen, daß Rumänien in den letzten Jahren gerade wegen der eigenwilligen und uneinsichtigen Wirtschaftspolitik seines Führers [in] vermehrte wirtschaftliche Abhängigkeit zur Sowjetunion, vor allem auf dem Energiesektor, geraten ist. Die politischen Eskapaden Ceauşescus haben im Grunde nur eine äußerst bescheidene materielle Absicherung.

Aber auch den Vereinigten Staaten wollte Ceauşescu durch den Verzicht auf die mit Auflagen betreffend die Minderheiten verbundene Meistbegünstigung im

Handelsverkehr deutlich machen, daß er auf niemandes Gunst angewiesen sei und er sein Land so zu regieren gedenke, wie es ihm am besten scheint.

Unter dem wirtschaftlichen Restriktionskurs litten auch die österreichischen Ausfuhren nach Rumänien, die bereits seit 1982 in einem ständigen Rückgang begriffen sind und nur mehr 3 % der österreichischen Exporte in den COMECON-Raum ausmachen, das heißt ein Drittel dessen, was die österreichischen Exporteure noch im Jahr 1979 in Rumänien absetzen konnten. Ein schwacher Trost dabei mag sein, daß [es] Österreich im Vergleich zu den anderen OECD-Ländern noch am besten gelang, seinen Marktanteil zu halten. Wegen der forcierten Exportpolitik Rumäniens waren 1983 bis 1986 Handelsbilanzpassiva im bilateralen Handelsverkehr zu verzeichnen (erst 1987 konnte wieder ein geringfügiger Überschuß erwirtschaftet werden, für das laufende Jahr stehen die Aussichten wieder schlechter). Das einzig größere Projekt, das Österreich in den letzten fünf Jahren verwirklichen konnte, war die Lieferung von zwei Erzverladeanlagen für den Hafen Constanţa-Süd im Wert von 250 Mio. ÖS.

Abgesichert wurde der Restriktionskurs, soweit dies überhaupt möglich war, durch eine noch schärfere Repression, die gelegentliche Unmutsäußerungen der Bevölkerung (wie im Herbst 1987 in Braşov= Kronstadt) binnen kürzester Zeit unter Kontrolle bringen konnte, ohne daß das Regime zu wirklichen Zugeständnissen gezwungen worden wäre. Geschichtliche Beispiele, so der Aufstand von 1848 und die große Bauernrevolution von 1907, sprechen gegen die vielfach vertretene These, wonach das rumänische Volk von seiner Mentalität her jegliche Form von Machtausübung zu akzeptieren geneigt sei. Allerdings scheint – abgesehen von den polizeistaatlichen Maßnahmen und der gelenkten Informationspolitik – der Kampf ums tägliche Brot (und das im wahrsten Sinne des Wortes) weiteste Bevölkerungsschichten physisch und psychisch derart in Anspruch zu nehmen, daß für eine eingehende Reflexion über die politischen Gegebenheiten im eigenen Lande nicht mehr allzuviel Kraft und Zeit übrigbleibt. Allgemein verbreitete Apathie, bestenfalls Zynismus sind die Folgen.

Ein Ende der Ära Ceauşescu ist derzeit noch nicht in Sicht. Wer bei einem plötzlichen Ausfall des Conducǎtors die Führung übernehmen würde, läßt sich nicht sagen. Alles deutet jedoch darauf hin, daß Frau Ceauşescu sich für den Fall der Fälle bereithält, ohne daß deshalb ihre Nachfolge als gesichert angesehen werden könnte. Es ist wegen der festen Verankerung des Ceauşescu-Clans und der mit ihm verbundenen Cliquen in allen Schichten der Führung nach einem Abgang Ceauşescus auch nicht mit einer sofortigen Kursänderung zu rechnen, vielmehr ist anzunehmen, daß in der Zeit nach Ceauşescu verschiedene Faktionen innerhalb der Führung deutlicher hervortreten werden, die außer einem dann unvermeidlich gewordenen Kampf um Machtpositionen auch unterschiedliche politische Tendenzen verfolgen könnten. Allerdings ist es noch nicht soweit! Nach wie vor arbeitet Ceauşescu, von gelegentlichen gesundheitlichen Problemen abgesehen, mit eiserner Willenskraft, Kaltblütigkeit und Verschlagenheit an der Verwirklichung seiner Version eines „modernen Rumäniens".

Als eine weitere Etappe zur Errichtung dieses „modernen Rumäniens" bezeichnet Ceaușescu die von ihm seit ungefähr einem Jahr mit Nachdruck betriebene Systematisierungspolitik, die, sollte sie in Wirklichkeit umgesetzt werden, eine völlige Umstrukturierung des Landes zur Folge [hätte]. Ihr eigentliches Ziel scheint mir weniger – wie von offizieller rumänischer Seite immer wieder vertreten – eine Steigerung der landwirtschaftlichen Effizienz und die Gewinnung neuen Ackerbodens (die Ernteerträge könnten durch fachgerechtere Nutzung des bereits vorhandenen Bodens und eine bessere Lagerung der eingebrachten Ernte noch erheblich gesteigert werden) zu sein, die eigentliche Zielsetzung dieser Politik ist meines Erachtens vielmehr eine ideologische und eine nationale, nämlich die Schaffung einer kommunistischen Gesellschaft par excellence in der die traditionellen Lebensformen mit den mit ihr verbundenen bescheidenen, individuellen Freiräumen der Vergangenheit angehören würden; die ländliche Bevölkerung soll in sogenannte agroindustrielle Zentren umgesiedelt, somit urbanisiert werden und durch das kollektive Zusammenleben eine neue Bewußtseinsstufe erreichen. Der dadurch bewirkte Assimilationsdruck auf die Minderheiten soll endlich auch den einheitlichen rumänischen Nationalstaat erstehen lassen. Betroffen von dieser Systematisierungspolitik sind sicher am meisten die Minderheiten, weil sie in ihrem Selbstverständnis angegriffen werden. Erfaßt von dieser Politik wird aber die gesamte Bevölkerung des Landes. Die endzeitlichen Heilserwartungen der kommunistischen Ideologie treffen sich hier mit einem nationalen Anliegen.

So berechtigt die internationalen Proteste gegen diese Politik sind, sie werden meiner Meinung nach Ceaușescu aber höchstens zu einem Temporisieren und einem etwas vorsichtigeren Taktieren, nicht aber zu einem Aufgeben seiner Pläne bewegen können.

Vielmehr muß das Ausland in seinen Stellungnahmen darauf achten, daß seine Sorge um den Weiterbestand der Minderheiten in Rumänien von der hiesigen Führung nicht zur Anstachelung chauvinistischer Gefühle, wofür das rumänische Volk bis zu einem gewissen Grad anfällig zu sein scheint, mißbraucht wird.

Solange Ceaușescu und sein Clan dieses Land beherrschen werden, wird mit keinen grundlegenden Reformen zu rechnen sein. Mißwirtschaft, Korruption, starrer Zentralismus, eine ausgeklügelte Unterdrückungspolitik verbunden mit einer weitgehenden Teilnahmslosigkeit der Bevölkerung werden mit der Ära Ceaușescu verbunden bleiben, ebenso werden die gigantischen Bauvorhaben des Präsidenten sowie der um seine Person angelegte byzantinische Kult weitergeführt werden.

Auch die weiteren Entwicklungen der bilateralen Beziehungen sehe ich eher pessimistisch, zwar wird man rumänischerseits von Zeit zu Zeit darauf bedacht sein, durch Entgegenkommen vor allem bei der Lösung humanitärer Härtefälle zur Auflockerung der Atmosphäre beizutragen. In unserer Politik gegenüber der deutschsprachigen Minderheit, vor allem jenen Teils dieser Minderheit, die alt-österreichischen Ursprungs ist, werden wir mit großer Vorsicht vorgehen müssen, um nicht kontraproduktive Gegenmaßnahmen Rumäniens zu provozieren. Daß die von uns auch in Zukunft zu leistende materielle Hilfe nur ein Tropfen auf dem heißen

690

Stein bleiben wird, muß hingenommen werden. Wir sollten jedoch jenen Angehörigen dieser sich seit jeher sehr stark mit Österreich verbunden fühlenden Minderheiten, welche nach Österreich auswandern wollen, offener gegenüberstehen. Hier folgt bedauerlicherweise die Praxis nicht immer den gerade in letzter Zeit wohl gut gemeinten Stellungnahmen und Vorschlägen offizieller Persönlichkeiten.

Wenn auch die Aussichten für die absehbare Zukunft pessimistisch ausfallen müssen, wird Österreich wegen seiner geographischen Nähe in Rumänien präsent bleiben müssen, um in einer Zeit nach Ceaușescu umso leichter wieder eine verstärkte Zusammenarbeit auf allen Gebieten aufnehmen zu können. […]

Dokument 243
Situationsbericht Polen am 19. September 1988

GZ 166.03.00/53-II.3/88, ÖB Warschau (Somogyi), 20. September 1988

Nicht unerwartet hat Premierminister Messner heute im polnischen Parlament den Rücktritt seiner Regierung erklärt. In den frühen Abendstunden soll im Parlament darüber abgestimmt werden, ob Rücktritt angenommen wird. Bei eher unwahrscheinlicher Nichtannahme würde PM Messner vermutlich nicht ungern in seinem Amt verbleiben. Im Falle der Annahme des Rücktritts müsste das polnische Parlament über Empfehlung der PVAP eine Persönlichkeit mit der Regierungsbildung beauftragen. Diese müsste die neue Regierung am 28.9. dem Sejm vorstellen, der über eine neue Regierung abzustimmen hätte.

Wie bereits einberichtet, wird mit großer Sicherheit Mieczysław Rakowski mit Regierungsbildung betraut werden. Es ist damit zu rechnen, daß die gesamte Wirtschaftsmannschaft ausgetauscht wird, die Hauptverantwortung für wirtschaftliche Angelegenheiten wird in der neuen Regierung vermutlich Ireneusz Sekuła, derzeit Minister für Arbeit und Sozialpolitik in der Funktion eines stellvertretenden Premierministers, innehaben.

Am 15. und 16. September wurden zwischen Machthabern und Opposition vorbereitende Gespräche zur Aufnahme von Round-Table-Gesprächen durchgeführt. Regierungsseitig waren anwesend: Innenminister Kiszczak, Politbüromitglied Ciosek sowie ein stellvertr. Vorsitzender der offiziellen Gewerkschaften OPZZ Romuald Sosnowski, nicht jedoch deren Präsident Miodowicz. Opposition: Lech Wałęsa, dann Frasyniuk, Merkel, Mazowiecki, Orszulik (Pressesprecher des rk. Episkopats) sowie 5 junge, namentlich nicht bekannte Arbeiter. Der Gefertigte hatte heute die Gelegenheit, mit Mgr. Orszulik zu sprechen.

Hauptthema der jeweils mehrstündigen Gespräche war, ob die Machthaber in der Lage seien, die politische Absicht zu erklären, daß innerhalb einer bestimmten Zeit der Gewerkschaftspluralismus bzw. die „Solidarität" zugelassen werde. Die Machthaber hätten sich hiezu außerstande erklärt und hiebei auf Schwierigkeiten in Partei und OPZZ sowie in Armeekreisen hingewiesen. Hingegen habe ein Vertreter der Machthaber bezeichnenderweise erklärt, daß es in Wirklichkeit um die Destalinisierung des im Staat noch immer bestehenden stalinistischen Systems ginge.

Die anwesenden 5 jungen Arbeiter, die aus der Streikbewegung im August d.J. hervorgegangen seien, hätten sich sehr maßvoll und konstruktiv verhalten. Sie hätten erklärt, keine Revolutionäre sein zu wollen.

Mgr. Orszulik zufolge sei die Rolle seiner Kirche der Aufbau des Dialogs zwischen Machthabern und Opposition.

Der sogenannte „Round Table" soll dem Vorerwähnten zufolge 5 Arbeitergruppen umfassen, nämlich

– Politik,

– Gewerkschaftspluralismus,

– Gesellschaft (Vereine, Assoziationen usw.),

– Wirtschaft,

– die 5. Gruppe fiel dem Gesprächspartner nicht ein.

Es bestehe die Möglichkeit, daß diese Arbeitsgruppen noch weiter unterteilt würden.

Während des Gesprächs mit dem Gefertigten wurde Mgr. Orszulik vom Politbüromitglied angerufen, der sich bitter darüber beschwerte, daß Frasyniuk Massenmedien gegenüber nicht den Tatsachen entsprechend erklärt habe, daß die Zulassung der „Solidarität" bereits beschlossen sei. Um die auf beiden Seiten bereits heißen Gemüter nicht mehr aufzuheizen, lehnte es Mgr. Orszulik ab, gegenüber den Medien eine Richtigstellung abzugeben. Diese werde vielmehr durch einen den Machthabern nahestehenden Politologen der Universität Warschau erfolgen.

Eine Aussendung der polnischen Nachrichtenagentur PAP zufolge würden die Round-Table-Gespräche u.a. folgendes umfassen:

„The model of functioning of the state and public life, the acceleration of the development and modernization of the national economy, the shape of the Polish trade union movement."

Diese Gespräche sollen, da die Opposition vorher nicht in der Lage ist, entsprechende Experten für die oberwähnten Untergruppen zu benennen, Mitte Oktober beginnen. Bis dahin wird es in Polen vermutlich keine Arbeitskonflikte geben. Auf die Wahrscheinlichkeit der Ernennung Rakowskis zum Premierminister angesprochen, reagierte Mgr. Orszulik äußerst negativ. Rakowski sei unglaubwürdig und habe mindestens die Hälfte des Volkes gegen sich.

Die angebliche Unbeliebtheit Rakowskis im polnischen Volk und beim poln. Klerus, die möglicherweise auch etwas mit seiner angeblich jüdischen Abstammung zu tun hat, ist nach Ansicht des Gefertigten ein Hinweis dafür, daß General Jaruzelski gegenüber den eigenen Gefolgsleuten ein Zeichen setzen will, daß er keineswegs gewillt ist, voll und ganz auf die Linie der Opposition einzuschwenken.

Anschließend verwies Mgr. Orszulik mit Recht darauf, daß der Regierungswechsel an sich keinerlei Garantie für die Gesundung des politischen und wirtschaftlichen Klimas in Polen böte. Hiezu seien wohl Systemänderungen notwendig. Hinsichtlich des

Ergebnisses der Round-Table-Gespräche zeigte sich der Gesprächspartner vorsichtig optimistisch, ein Optimismus, dem sich der Gefertigte, ebenso vorsichtig, anschließt, verwies aber darauf, daß dies die letzte Chance für Polen darstelle. Dieser Ansicht pflichtet der Gefertigte nicht bei, da Polen, was auch immer in der nächsten Zukunft geschehen möge, sicherlich nicht untergehen wird. […]

Dokument 244

Die polnische Opposition; Versuch eines Überblicks und einer Wertung

Zl. 5-POL/88, ÖB Warschau (Somogyi), 21. September 1988

In Anbetracht der Rolle, die nunmehr auch seitens der hiesigen Machthaber der Opposition eingeräumt wird, bemüht sich der Gefertigte seit geraumer Zeit, eine Definition für die hiesige Opposition zu erstellen. Bisher gelang sie ihm nicht. Der hiesige belgische Botschafter tat sich gegenüber dem Gefertigten zu diesem Punkt sehr leicht, indem er „tout le monde" als Opposition bezeichnete. Auch wenn er dies scherzhaft gemeint haben sollte, trifft sie zwar in einem wesentlichen Prozentsatz der Bevölkerung zu, aber doch nicht auf alle. Erstens gibt es, auch wenn man das im Westen nicht immer glauben will, echte, wenn auch nicht zahlreiche Kommunisten in Polen und zweitens gibt es eine nicht mehr so geringe Zahl von Mitläufern.

Von Vertretern der römisch-katholischen Kirche wird als Opposition bezeichnet: Eine von der Parteimacht und Parteibürokratie unabhängige, anti-„sozialistische" Bewegung. Diese Definition ist aber auch unzutreffend, weil der „Solidarität" auch Persönlichkeiten angehören, z. B. Kuroń und Michnik, die ideologisch viel weiter links stehen als die derzeitigen Machthaber und sohin nicht als anti-„sozialistisch" bezeichnet werden können.

Nicht unrealistisch erscheint auch im Lichte der obigen Ausführungen die Meinung von Religionsminister Loranc, daß 94 % der polnischen Bevölkerung als nicht „sozialistisch" fundiert anzusehen wären.

Die nachstehenden Angaben, die an sich lückenhaft sind und keinen Anspruch auf Vollständigkeit erheben, wurden von BR Dr. Michael Weninger zum Großteil in direkten Gesprächen mit den betreffenden Protagonisten gesammelt. Offizielle Angaben über oppositionelle Kreise gibt es verständlicherweise kaum. Selbst wenn es welche gäbe, wären sie natürlich unglaubwürdig. Andererseits ist auch nicht allen Angaben Oppositioneller immer Glaube zu schenken.

Die bedeutendsten oppositionellen Bewegungen in Polen sind:

1. Verbotene Gewerkschaft „Solidarität": Noch heute seien rund 20 % der Bevölkerung unmittelbare Anhänger der „Solidarität". Fast im ganzen Land soll es eine im Untergrund tätige Organisationsstruktur geben (nicht aber z. B., wie dem Gefertigten der dortige Bischof bestätigte, in der Region Białystok, weil es dort starke nicht-polnische Minderheiten gibt, aber wenig Industrie). Eines der Ergebnisse des 1. Gespräches zwischen Innenminister Kiszczak und Wałęsa Anfang September d. J. sei die angebliche oder eher scheinbare Bereitschaft

Wałęsas, die „Solidarität" in eine echte Gewerkschaft umzuwandeln, d. h. nur mit Zielsetzungen, die direkt Arbeitnehmerinteressen berühren. Wäre dies geschehen, so könne man nach Kiszczak über eine Anerkennung der Gewerkschaft „Solidarität" sprechen. Nicht nur der Gefertigte, sondern auch Weihbischof Dąbrowski, die rechte Hand des Primas, ist der Auffassung, daß Wałęsa diese Absicht, sollte er sie auch ehrlich meinen, nicht in die Wirklichkeit umsetzen können wird.

2. Der OPZZ (gesamtpolnischer Gewerkschaftsverband): v.a. der Warschauer Zweig, der WPZZ, hat in den vergangenen Monaten sehr stark Stimmung gegen die Regierung und ihre Arbeit gemacht. Er hat offen den Rücktritt der Regierung Messner verlangt und dies auch durchgeführt.

3. Ruch Młodej Polski (Bewegung für ein junges Polen): katholisch orientiert, moderat, verfolgt eine demokratisch populistische Politik; sehr stark vertreten im Norden Polens und in den großen Städten.

4. Gruppe um die Herausgeber der oppositionellen Zeitschrift „Res Publica". Es handelt sich dabei um Neo-Konservative mit elitärem autoritärem Gedankengut.

5. Klub Czekania: Diese Bewegung ist v.a. der polnischen Kultur und ihrer Tradition verpflichtet, national eingestellt und verfolgt eine demokratisch-katholische Gesellschaftspolitik.

6. WIP (Wolność i Pokój): Die polnische Bewegung der Grünen und Pazifisten. Anhängerschaft v.a. unter den jungen Menschen und jungen Intellektuellen. Treten v.a. für Belange des Umweltschutzes und für Pazifismus ein, dürften sich mit der Neufassung des Soldateneides in Polen abgefunden haben. Dieser nimmt zwar nicht mehr auf das Bündnis mit der Sowjetunion Bezug, erwähnt aber die „verbündeten Armeen". Im Gegensatz zum Umweltschutz ist Pazifismus in Polen nicht populär.

7. Bewegung der Neo-Liberalen: Zentrum dieser Bewegung ist Krakau, eine zahlenmäßig zwar kleine Gruppe, die aber aufgrund der Qualität ihrer Mitglieder, Universitätsprofessoren, Wirtschaftstreibenden, Journalisten, großen Einfluß hat.

8. Konfederacja Polski Niepodległej (KPN): Eine Gruppe, die wesentlichen potentiellen Einfluß in Polen besitzt. Sie steht in der Tradition Piłsudskis. Tritt für freie Wahlen ein, für ein unabhängiges Polen und hat sich dem Kampf gegen die UdSSR verschrieben. Ihr Leiter ist Leszek Moczulski.

9. PRON (Patriotische Bewegung für Nationale Wiedergeburt): Versteht sich auch als oppositionelle Bewegung, findet jedoch kaum Widerhall im Volk. Ist mit der Struktur der Macht affiliiert. PRON könnte einmal im geplanten Rat für Nationale Verständigung aufgehen. Diesem sollen dem Vernehmen nach maßgebliche Vertreter der Opposition, aber auch der PVAP angehören.

10. Bedeutsam sind weiters:

a) Die Polnische Soziologische Gesellschaft: Sie besteht vorwiegend aus Wissenschaftlern, versteht sich als politisch unabhängig, d.h. sowohl von der Partei als auch von der kath. Kirche, u.a. gehört ihr der frühere Rektor der Uni

Poznań, Sylkowski, an. Sie will eine Veränderung auf der Grundlage von objektiven wissenschaftlichen Kriterien, welche in der Praxis umgesetzt werden sollen. Es handelt sich mehr oder weniger um weltanschaulich indifferente Technokraten.

b) Die Polnische Ökonomische Gesellschaft, Präsident ist nach wie vor der bisherige Stvtr. Regierungschef Sadowski; es handelt sich auch hier v.a. um Wissenschaftler, um Wirtschaftstechnokraten, die sich zwar z. T. auch als Opposition verstehen, jedoch wenig Unabhängigkeit von Seiten der Partei für sich in Anspruch nehmen können.

11. Die neben der PVAP im Parlament bestehende Bauernpartei und die Demokratische Partei können im eigentlichen Sinn nicht als Opposition angesehen werden, da sie mit der PVAP aufs Engste verknüpft sind.

12. Der Konsultativrat beim Staatsrat: beratendes Organ des Staatsrates, besteht aus 56 Persönlichkeiten, davon 1/3 römisch-katholische Kirche, 1/3 PVAP und 1/3 Sonstige, darunter auch der bedeutende oppositionelle Rechtsanwalt Siła-Nowicki. Prof. Gieysztor, ehemaliger Präsident der polnischen Akademie der Wissenschaften und jetziger Direktor des Warschauer Königsschlosses, gehört ebenfalls dem letzten Drittel an und bezeichnet sich als Andersdenkenden. Die bisherigen Sitzungen haben eine sehr kritische Haltung gegenüber der Partei gezeigt.

Begrifflich gesehen wären natürlich auch die Kirchen in Polen, v.a. die römisch-katholische, als Opposition anzusehen, da Kommunismus und Religion in einem diametralen Gegensatz zueinander stehen. In Polen laufen jedoch die Uhren auch in dieser Beziehung etwas anders. General Jaruzelski zufolge ist der polnische Staat zwar areligiös, nicht aber atheistisch. Sicher beabsichtigt auch die römisch-katholische Kirche, den sogenannten „Sozialismus" in Polen zu beseitigen. Kardinal Primas Glemp setzt jedoch realistische Maßstäbe (Erklärung dem Gefertigten gegenüber im Frühjahr 1987: „Wir wissen, daß es zu einer kommunistischen Regierung in Polen keine Alternative gibt."). Wie mehrmals berichtet, ist Primas Glemp ein Befürworter der Kooperation mit den Machthabern und spricht sich gegen Konfrontation aus, was vielen seiner Bischofsbrüder und vielleicht auch dem Papst in Rom mißfällt.

Die führenden Vertreter der oppositionellen Gruppierungen dürften in der Regel lautere Motive haben, nämlich Verbesserung der Lebensbedingungen für das polnische Volk und Beseitigung der sichtbar kaum mehr ausgeprägten Fremdherrschaft u.ä. Es läßt sich jedoch nicht abstreiten, daß gewisse Exponenten sich durch die ausländischen Zuwendungen (bisher für die „Solidarität" 3 Mio. US-$ des US-Senats zugesagt und zum Großteil bereits flüssig gemacht) ein angenehmes Leben leisten. V.a. wäre hier zu erwähnen der von Primas Glemp ungeliebte, der eigenen Publizität nicht abholde Beichtvater Lech Wałęsas, Henryk Jankowski. Dieser ließ sich von der westdeutschen Bischofskonferenz einen Mercedes schenken und fährt mit ihm auch herum, weiter wohnt er, wenn er nach Warschau kommt, nachweislich im teuersten Hotel des Landes, nämlich im Hotel Viktoria-Intercontinental.

Der Gefertigte wagt es sehr zu bezweifeln, ob alle oppositionellen Gruppen bzw. Exponenten grundsätzlich für Polen eine westliche Demokratie anstreben. Vielen Oppositionellen ist das, was eine westliche Demokratie darstellt, eigentlich gar nicht bekannt, außerdem ist dem polnischen Volk ein gewisser anarchistischer Zug nicht fremd, d.h. zerstören und dann wird man weitersehen. Bedenklich stimmt jedoch, wenn ein sehr geachteter Oppositioneller, Trzeciakowski, der auch in der katholischen Kirche hohe Positionen bekleidet, überdies Universitätsprofessor ist, dem Gefertigten gegenüber die Zeit der Adelsrepublik als eine lange demokratische Tradition Polens hinstellt. In der Adelsrepublik gab es für 8 % der Bevölkerung, das waren die Adeligen und die Kleinadeligen, tatsächlich demokratische Einrichtungen. 92 % des Volkes waren jedoch völlig rechtlos. Der Gefertigte konnte auch nicht umhin, dem Gesprächspartner gegenüber zu erwidern, daß eine solche Demokratie nach unseren Vorstellungen keine Demokratie darstellt.

Von den obigen Gruppierungen vertritt nur die unter 8. erwähnte [Gruppierung] offen anti-sowjetische Auffassungen. In Wirklichkeit dürften aber solche Auffassungen in allen oppositionellen Kreisen vorhanden sein und von diesen im polnischen Volk vielleicht sogar noch geschürt werden. Gründe für die Ursachen des Anti-Sowjetismus und des Anti-Russismus wird irgendeinmal der Gegenstand eines gesonderten Berichtes werden. Vorerst aber nur zur Tatsache des Bestehens.

Noch ist die Anzahl derjenigen, die den Anti-Sowjetismus predigen, relativ gering. Lech Wałęsa gibt zumindest nach außen hin vor, die geopolitische Lage Polens vor Augen zu haben. Seine Hauptberater Mazowiecki und Giermek dürften ebenfalls Realisten sein, was jedoch nicht von allen anderen Beratern gesagt werden kann. Es stellt sich sohin die Frage, inwieweit es den gemäßigten Oppositionellen gelingen wird, die anti-russischen bzw. anti-sowjetischen bzw. […] anti-bolschewistischen Elemente im Zaum zu halten. Sollte dies nicht möglich sein, könnte Polen wieder einmal für Europa oder gar die Welt zu einem gefährlichen Faktor werden. Das leicht von Demagogen beeinflußbare polnische Volk könnte nämlich durch anti-sowjetische Extremisten dazu aufgehetzt werden, zu verlangen, daß das „sozialistische" System in Polen auch dem Namen nach abgeschafft wird und Polen aus dem Warschauer Vertrag austritt. Nach Ansicht des Gefertigten und auch anderer politischer Beobachter könnte dies wieder zur Anwendung der nach wie vor lebenden Breschnew-Doktrin mit all den sich ergebenden Konsequenzen führen.

Ebenfalls gefährlich wäre es, die polnische Ostgrenze in Frage zu stellen, wofür insbesondere in oppositionellen Kreisen genug Tendenzen bestehen (Lemberg ist unser!).

Zum Abschluß sei noch berichtet, daß es nach Ansicht des Gefertigten kein Zufall ist, daß unter den vorerwähnten Gruppierungen keine mit sozialdemokratischer Tendenz vorhanden ist. Dies wohl deshalb, weil die Machthaber seit 1945, die vorgaben, den Sozialismus aufbauen zu wollen, das Wort „sozialistisch" so in Verruf gebracht haben, daß es wohl für die meisten Polen auch im sozialdemokratischen Zusammenhang für lange Zeit nicht akzeptiert [werden würde]. […]

Dokument 245

Zum Sturz der Regierung Messners

GZ 166.03.00/57-II.3/88, Zl. 184-RES/88, ÖB Warschau (Somogyi), 26. September 1988

Zum rubrizierten Thema beehrt sich der Gefertigte […] einen einschlägigen Artikel, der am 22.09.1988 in der „NZZ" erschienen ist […] zu kommentieren.

Der Gefertigte schließt sich im Großen und Ganzen den Ausführungen des Artikels an. Auch er ist der Ansicht, daß die Ablösung PM Messners vorwiegend das Ziel hatte, auf die rebellische Stimmung im Volk besänftigend zu wirken.

Eine unwesentliche Ungenauigkeit des Artikels stellt nur die Behauptung dar, daß der Schwarzkurs des Złotys sich in den letzten Jahren zwischen 1600 und 1900 Zl für 1 US-$ bewegt habe. Tatsächlich war dieser Schwarzkurs noch Beginn 1987 erheblich geringer.

Die im Artikel erwähnte Sonderkommission hat zwar eine verheerende Kritik ausgesprochen, lediglich aber die Umbildung der Regierung und nicht expressis verbis den Rücktritt des bisherigen Premierministers verlangt.

PM Messner hat auch nicht vorgehabt zurückzutreten, ist aber von General Jaruzelski fallen gelassen worden. Es ist kein Zufall, daß PM Messner seinen Rücktritt im Parlament zweimal bekanntgab, offensichtlich wollten ihm ergebene Abgeordnete noch eine Rettungsaktion einleiten.

Es sei noch einmal erwähnt, daß bei der Ablösung der Regierung Messner der allpolnische Gewerkschaftsverband „OPZZ", dessen Vorsitzender, MIODOWICZ, Vollmitglied des Politbüros ist, eine entscheidende Rolle gespielt hat. In Gesprächen mit dem Gefertigten forderte MIODOWICZ schon seit geraumer Zeit die Ablösung der Regierung Messner, die er schlicht und einfach der Unfähigkeit bezichtigte.

Der neue polnische Premierminister wird am 27. d.M. vom Sejm mit der Regierungsbildung betraut werden. Er wird mit sehr großer Wahrscheinlichkeit Mieczysław RAKOWSKI heißen.

Hiesige politische Beobachter sprechen von einer Übergangsregierung, wobei die Absicht bestehen könnte, den ambitiösen RAKOWSKI zu verheizen. Dies ist jedoch nach Ansicht des Gefertigten nicht sehr wahrscheinlich. Es trifft zwar zu, daß 1989 Sejm-Wahlen durchgeführt werden, es ist jedoch mit Sicherheit anzunehmen, daß die PVAP und die mit ihr verbündeten Parteien, nämlich die Bauernpartei und die Demokratische Partei, auch auf Grund des neuen Wahlsystems die Mehrheit behalten werden. Es stünde somit nichts im Weg, daß der Premierminister, sollte er einige materielle Erfolge erzielen können, was aus heutiger Sicht allerdings nicht gesichert erscheint, auch 1990 mit der Bildung einer neuen Regierung beauftragt wird. Sollte die Wahl auf M. RAKOWSKI fallen, wäre festzustellen, daß RAKOWSKI zu General

JARUZELSKI ein ausgezeichnetes Verhältnis hat und General JARUZELSKI noch wohl für einige Zeit die Geschicke dieses Landes leiten wird. [...]

Dokument 246

Unterredung von Botschafter Wotava mit dem Mitglied des Politbüros der poln. Vereinigten Arbeiterpartei M. Rakowski vom 22.9.1988

Zl. 1601.0208/3-I.6/88, ÖB Warschau (Wotava), 26. September 1988

Anlässlich eines dienstlichen Aufenthaltes in Warschau wurde ich auch von dem mir von meiner früheren Tätigkeit in Polen bestens bekannten Politbüro[mitglied] M. Rakowski zu einer längeren Unterredung empfangen, von der schon mit Rücksicht darauf, daß der Genannte am 27.9. vom polnischen Parlament zum Ministerpräsidenten gewählt wurde (was die österr. Botschaft bereits mit Telex vom 13.9. vorhergesagt hat) bzw. Ende November 88 zu einem offiziellen Besuch nach Österreich kommen wird, folgende Punkte berichtenswert erscheinen:

Zu den in Gang kommenden Kontakten zwischen Regierung (unter der Führung von Innenminister General Kiszczak) und Opposition (unter der Führung von Arbeiterführer Wałęsa), die ab Mitte Oktober d.J. in substantielle Round-Table-Gespräche münden werden, erklärte Herr Rakowski, daß das polnische Regime stets bemüht gewesen sei, neue Wege zu beschreiten, um eine innere Befriedung zu erreichen. So sei auch der Dialog mit der Opposition, insbesondere aber mit der Solidarität, in Gang gesetzt worden. Obwohl er gegenüber der Solidarität und insbesondere Wałęsa starke Vorbehalte habe, müsse er doch eingestehen, daß Wałęsa an politischer Statur gewonnen habe und sich heute wie ein Politiker verhalte. Aber auch das Regime hätte in den letzten Jahren, was die gesellschaftspolitische Szene in Polen anlange, etwas dazugelernt. Dennoch schließe er die Zulassung der Solidarität, insbesondere auf nationaler Ebene, aus. Auf betrieblicher Ebene könne man allenfalls über eine Legalisierung der Solidarität reden. Es sei vielleicht auch möglich, die Solidarität in einigen Jahren auf nationaler Ebene zuzulassen, angesichts der überaus prekären wirtschaftlichen Lage in Polen sicherlich aber nicht jetzt.

Auf meinen Einwand, ob nicht ein Pakt zwischen Regierung und Opposition (Legalisierung der Solidarität gegen Streikverzicht für einige Jahre) vorstellbar sei, erklärte mir R., daß eine solche Abmachung seitens der Solidarität angesichts der negativen Streikerfahrungen mit ihr sicherlich nicht eingehalten werden würde (der einflussreiche Sekretär der Bischofskonferenz, Erzbischof Dąbrowski, bezeichnete jedoch in einer Unterredung mit mir die Einhaltung einer derartigen Abmachung durch die polnische Arbeiterschaft durchaus für möglich).

Der neue MP werde die Opposition zur Beteiligung an der neuen Regierung einladen, doch hätten bereits jetzt ausgestreckte Fühler zur Opposition ergeben, daß sie dieses Angebot ablehnen werde (meine Unterredung mit einflussreichen Oppositionellen ergaben, daß die Annahme Rakowskis zu Recht besteht). Natürlich werde der neue MP diese Weigerung der Opposition öffentlich bekanntgeben. Ich äußerte in diesem Zusammenhang die Meinung, daß das Angebot, die Opposition möge einige

Ministerien übernehmen (laut österr. Botschaft Gesundheit, Soziales und Umweltschutz), sicherlich seitens der Opposition nicht für befriedigend angesehen werde, noch dazu, wie R. zugab, [weil] in der polnischen Regierung kaum das Einstimmigkeitsprinzip herrscht.

R. sagte mir, daß anlässlich der nächsten Wahlen und der darauf folgenden Bildung des neuen Parlaments der Opposition bis zu 35 Prozent der Parlamentssitze zur Verfügung gestellt werden würden (Anmerkung: angesichts der Intensivierung des Parlamentarismus in Polen sicherlich ein interessantes Angebot). Er hoffe, daß seitens der Opposition wenigstens dieses Angebot angenommen werden würde.

An der Regierung des zurückgetretenen Prof. Messner kritisierte R. insbesondere die Tatsache, daß sie so wie die Regierungen der Vergangenheit, insbesondere auch in der Ära Gierek, die Schwerindustrie, und zwar auch die stark defizitären Betriebe, massiv gefördert habe, statt sich der Mittelbetriebe anzunehmen und vor allem die für ein landwirtschaftliches Land wie Polen wichtige Agroindustrie aufzubauen. Viele maßgebende Vertreter des polnischen Regimes seien in der Vergangenheit bis heute stets von einer von ihm als „Magnitogorsk-Philosophie" infiziert gewesen, der insbesondere aus Schlesien stammenden ⋅ Politiker (Gierek, Messner, Vizeministerpräsident Szałajda) anhängen.

Es spricht für die Aufgeschlossenheit Herrn Rakowskis, daß anhand eines konkreten Falles sich auch ein Gespräch über die polnische Geheimpolizei entwickelte, wobei R. die Umtriebe der polnischen Geheimpolizei mitunter mit scharfen Ausdrücken kritisierte (die negative Haltung Rakowskis zur Geheimpolizei war mir schon früher bekannt). Laut R. glaubten die Angehörigen der Geheimpolizei, bei ihren Handlungen jeweils im Interesse des Landes zu handeln, in Wirklichkeit fügten sie dem Land jedoch mitunter schwersten Schaden zu. Er gab Innenminister General Kiszczak und MP Messner die Schuld daran, daß der Apparat der Geheimpolizei nicht unter die Kontrolle der Regierungsstellen gekommen sei (!).

Die von mir in Gesprächen mit kirchlichen (Primas Glemp, Erzbischof W. Dąbrowski, Bischof J. Dąbrowski und Pater Orszulik) und oppositionellen Vertretern erörterte Möglichkeit, daß Rakowski MP werden könnte, löste bei meinen Gesprächspartnern größtes Unbehagen aus (R. sprach hingegen von der Rolle der Kirche zur Erzielung einer innenpolitischen Befriedung, insbesondere von Primas Glemp, mit größter Hochachtung). R. gilt als Gegner der Solidarität und ist bei aller Nüchternheit, die ihn ansonsten auszeichnet, bei der Erörterung von Angelegenheiten, die mit [der] Solidarität in Verbindung stehen, nicht frei von Emotionen. Überdies wird R. von den Intellektuellen und liberalen Elementen Polens abgelehnt, weil er früher als liberaler Journalist (langjähriger Chefredakteur der einflussreichen Publikation „Polityka") galt und sodann das Kriegsrecht, die Zerschlagung der Solidarität und der demokratischen Errungenschaften der Solidaritätsepoche vehement verteidigte. Die Bestellung Rakowskis zum MP stößt daher bei vielen in Polen auf Unverständnis, da er eine zu kontroversielle Persönlichkeit sei, die für Polen in der derzeitigen Phase der innenpolitischen Entspannung nicht angemessen sei. Andererseits ist R. ein so flexibler und ideenreicher Politiker, der es nicht ausgeschlossen erscheinen lässt, daß er allenfalls auch für die Kirche und Opposition bei den bevorstehenden Round-Table-Gesprächen auch positive Überraschungen bringen könnte.

Vermutlich betrachtet der ehrgeizige Politiker auch die Position des MP nur als eine Übergangslösung, denn seine wahren Ambitionen dürften auf die Stellung eines Parteivorsitzenden hinauslaufen. Diese Ansicht könnte verwirklicht werden, wenn Jaruzelski aufgrund der wahrscheinlichen Verfassungsänderung zum Staatspräsidenten bestellt werden wird, wobei er den Parteivorsitz aufgeben müsste. [...]

Dokument 247
Zentralkomitee-Tagung der USAP vom 27. September 1988

GZ 222.03.00/33-II.3/88, Zl. 339-Res/88, ÖB Budapest, 29. September 1988

Das Zentralkomitee hat in seiner Tagung am 27.9. eine weitere Unterstützung und Fortführung des Reformprozesses beschlossen, eines Reformprozesses allerdings, der die führende Rolle der Partei nicht in Frage stellen soll. Hiezu heißt es im Kommuniqué dieser Tagung: „...ein auf die führende Rolle der Partei aufbauender sozialistischer Pluralismus bildet die Voraussetzung für die Durchsetzung und Praxis der Volksmacht. Das Zentralkomitee betrachtet dies [als] den Maßstab der Erneuerung des politischen Institutionssystems... Das Zentralkomitee initiiert und unterstützt weiterhin die Reform des politischen Institutionssystems und der Wirtschaft sowie die Schaffung eines sozialistischen Pluralismus. Die Mitglieder und Organisationen der Partei müssen sich darauf vorbereiten, ihren Platz in dem sich entfaltenden vielseitigen politischen Leben zu finden. Das Zentralkomitee hält die politische- und Handlungseinheit der Partei für unumgänglich, doch müsse man sich von zahlreichen Vorurteilen im Hinblick auf den Begriff der Einheit befreien. Erneut leidet die Partei unter den Bedingungen eines spezifischen 2-Fronten-Kampfes, sie könne weder jene Richtung akzeptieren, die die Beschlüsse der Landesparteikonferenz für zu weitgehend betrachtet, noch jene, die jedes Element der Politik einer Revision unterziehen möchte. Auch innerhalb der Partei müsse man sich an unterschiedliche Ansichten und sich daraus ergebende Diskussionen gewöhnen."

Dieses Kommuniqué fasst mehr oder weniger den vom ZK-Sekretär und Politbüromitglied János LUKÁCS vorgelegten Bericht über die Lage der Partei und innenpolitische Fragen zusammen, ein Bericht, der von den Reformern als zu wenig progressiv, und von den konservativen Kadern als zu weitgehend empfunden würde. Die Partei selbst scheint nunmehr in eine Sackgasse gelangt zu sein, es geht von ihr weder Dynamik noch Attraktivität aus, die Spannungen innerhalb der Führungsgarnitur nehmen zu. Allein in den letzten Monaten ist die USAP um über 8 % geschrumpft, ihr Mitgliederstand liegt bei etwa 748.000 Personen.

In Bezug auf die dem Zentralkomitee ebenfalls vorliegenden internationalen Themen wurden die Reise von MP GS Károly GRÓSZ nach Nord-Amerika und in die DDR positiv bewertet. Zum Arader Treffen von GRÓSZ und CEAUȘESCU stellte das Zentralkomitee fest, daß die getroffenen Vereinbarungen ihren praktischen Wert erst

700

unter Beweis stellen müssen. In den ungarisch-rumänischen Beziehungen werde man sich bemühen, die Zusammenarbeit zu entwickeln und Fragen von zentraler Bedeutung auf der Tagesordnung zu halten (vor allem eine Garantie der individuellen und kollektiven Nationalitätenrechte, eine Regelung der Flüchtlingsfrage sowie eine Überprüfung des sogenannten Systematisierungsplanes). Die Neuausrichtung der bilateralen Beziehungen zu Israel und Süd-Korea wurden vom Zentralkomitee als Ausdruck einer pragmatischen Außenpolitik begrüßt. [...]

Dokument 248

Sowjetunion; Personal- und Ämterrochaden vom 30.9./1.10.1988

GZ 225.03.00/53-II.3/88 BMAA Wien (Sucharipa), 4. Oktober 1988

I n f o r m a t i o n

Kurzcharakterisierung:

Ein ZK-Plenum am 30.9. und eine ao. Sitzung des Obersten Sowjets am 1.10.1988 beschlossen weitgehende personelle Veränderungen, die insgesamt zu einer wesentlichen Stärkung der Position Gorbatschows in Partei- und Staatsfunktionen führten (eine unmittelbare Besserung der wirtschaftlichen Probleme des Landes ist mit den nachstehend skizzierten Personal- und Ämterrochaden noch nicht absehbar; wie schon im Herbst 1987 wird jetzt neuerlich ein schwieriger Übergangszeitraum von „2 bis 3 Jahren" genannt).

Gründe und Überraschungsmomente:

– Zu langsames Tempo des Reformprozesses (GS Gorbatschow noch am 28.9.1988 zu Erich Honecker).

– Wachsende soziale Unzufriedenheit in breiten Schichten der Bevölkerung.

– Versuche gewisser – von Gorbatschow nicht näher spezifizierter – „Kräfte", die Perestroika als politische Fehlentwicklung darzustellen, die nur Nachteile bringe.

– Entscheidung über Einberufung des ZK-Plenums und des Obersten Sowjets dürfte (beinahe überfallsartig) erst am 26. oder 27.9. getroffen worden sein (möglicherweise ohne Mitwirkung der abwesenden „Nummer 2" Ligatschow). Daher praktisch Ausschluß der Möglichkeit der Organisierung eines Widerstandes.

– Die beiden Sitzungen sind mit präziser Regie und äußerster Rasanz (nur etwa 60 bzw. 40 Minuten!) abgeführt worden.

– Der „Coup" hat gezeigt, daß Gorbatschow den Apparat beherrscht und seine personellen und organisatorischen Ideen durchziehen konnte. Die Tatsache, daß er dies fast überfallsartig geplant hat, läßt jedoch den Umfang des Widerstandes erahnen, den er offenbar bei „routinemäßiger" Vorbereitung dieser „Umgestaltung" gewärtigen hätte müssen, was wiederum nicht unbedingt ein Zeichen von Stärke ist.

Beschlüsse:

- Gorbatschow übernimmt vom abtretenden Staatsoberhaupt (und Politbüro-Mitglied) Gromyko die Position des Vorsitzenden des Präsidiums des Obersten Sowjets (damit schon ein halbes Jahr früher als [die] von der XIX. Allunions-Parteikonferenz in Aussicht genommene personelle Union der Staats- und Parteiführung).

- Deklarierte Anhänger des Gorbatschowschen Reformkurses bilden nunmehr eine 7:5-Mehrheit im Politbüro.

- Der als Gorbatschows Hauptkontrahent geltende Ligatschow behält zwar seinen Politbüro-Sitz, wird aber als bisher für Ideologie und Kaderfragen zuständiger ZK-Sekretär mit dem als „Himmelfahrtskommando" geltenden Aufgabenbereich Landwirtschaft betraut. (Die – neue – ZK-Hauptkommission für Landwirtschaft stellt einerseits infolge der kritischen Versorgungslage der Bevölkerung ein extrem wichtiges und – bei erfolgreichem Agieren – Prestige und Karriere förderndes Tätigkeitsgebiet dar, ist andererseits aber gerade wegen der problematischen Konsumgüterproduktion eine Art „Schleudersitz": Wird Ligatschow an der Vorherrschaft der „sozialistischen Wirtschaft" festhalten oder das Privatbauerntum fördern? Im übrigen wird ihm offenbar ein „progressiver Überwacher" in der Person des – schon bisher für Agrarfragen mitzuständigen – Politbüro-Mitglieds Nikonow beigegeben, welcher seine Stellung als ZK-Sekretär behält.)

- Ein anderer „Bremser" im Politbüro, Tschebrikow, verliert die KGB-Führung (sein Nachfolger Krjutschkow ist nicht im Politbüro vertreten), wird aber zum ZK-Sekretär (für Rechtspolitik) bestellt.

Drei prononcierte Gorbatschow-Anhänger besetzen Schlüsselpositionen:

- ZK-Sekretär Medwedjew übernimmt die Bereiche Ideologie und Kaderfragen und wird Mitglied des Politbüros. (Er könnte künftig die „Nummer 2" der KPdSU werden.)

- ZK-Sekretär Lukjanow wird Erster Stellvertreter Gorbatschows als Staatsoberhaupt und Politbüro-Kandidat. (Er dürfte mit der Reform der Sowjets betraut werden.)

- ZK-Sekretär Jakowlew wird mit der Leitung der Kommission für Fragen der internationalen Politik betraut (als Nachfolger des ausgeschiedenen Dobrynin); er wird damit entscheidend zur Umsetzung des „Neuen Denkens" auf außenpolitischem Gebiet beizutragen haben. Als „Vater der Glasnost" wäre er zwar für die Übernahme von Medwedjews neuem Tätigkeitsbereich prädestiniert gewesen, hätte aber dabei die „Geduld" der Konservativen wahrscheinlich überfordert. In diesem Lichte erhält die Betrauung Medwedjews einen gewissen Kompromißcharakter.

- Im ZK-Apparat zeichnet sich mit der Einrichtung von sechs Hauptkommissionen (jeweils unter der Leitung eines ZK-Sekretärs/Politbüro-Mitglieds) eine beginnende Umstrukturierung in Richtung größerer Arbeitseffizienz ab.

– Es gibt Anzeichen, daß der <u>KGB</u> geteilt werden könnte (in einen „Inneren" und einen „Äußeren Ast"). [...]

Dokument 249

Erich Honecker, Vorsitzender des Staatsrates der DDR; Arbeitsbesuch in der Sowjetunion (27. bis 29. September 1988)

Zl. 225-RES/88, ÖB Berlin (Graf), 6. Oktober 1988

Über Einladung des ZK der KPdSU hat der Vorsitzende des Staatsrates der DDR und Generalsekretär des ZK der SED, Erich Honecker, der UdSSR in der Zeit vom 27. bis 29. September 1988 einen Arbeitsbesuch abgestattet. Er wurde am Dienstagabend, dem 27. September 1988, <u>von Nikolai Sljunkow</u>, Mitglied des Politbüros und Sekretär des ZK der KPdSU, sowie von weiteren sowjetischen Persönlichkeiten <u>brüderlich empfangen</u> und <u>herzlich willkommen geheißen</u>.

Bei seinem Besuch in Moskau war Erich Honecker – wie bei ähnlichen Auslandsreisen – begleitet vom Mitglied des Politbüros und Sekretär des ZK der SED, Günter Mittag, Stellvertreter des Vorsitzendes des Staatsrates, von den Mitgliedern, Gerhard Beil, Minister für Außenhandel, Staatssekretär Frank-Joachim Herrmann, Leiter der Kanzlei des Vorsitzenden des Staatsrates, und Gerd König, Außerordentlicher und Bevollmächtigter Botschafter der DDR in der UdSSR.

Beide Seiten bezeichneten als Grundlage der Beziehungen zwischen der DDR und der UdSSR den Vertrag über Freundschaft, Zusammenarbeit und gegenseitigen Beistand vom 7. Oktober 1975. Laut gemeinsamer Pressemitteilung [...] schätzen beide Staaten die wachsende Dynamik der bilateralen Beziehungen und die Vereinbarungen für ein <u>qualitativ neues Niveau der Zusammenarbeit</u> hoch ein. In der Pressemitteilung wird darüber hinaus der brüderliche und <u>gleichberechtigte</u> Charakter der <u>Beziehungen</u> zwischen beiden Parteien zum Ausdruck gebracht.

Am Mittwoch, dem 28. September 1988, kamen beide Staatschefs zu einem freundschaftlichen Treffen zusammen, bei dem die <u>Erfahrungen über den sozialistischen Aufbau in der DDR und in der Sowjetunion ausgetauscht</u> wurden. Bei dieser Begegnung kam – selbstverständlich auch – die internationale Lage zur Sprache.

Gorbatschow betonte, daß die <u>weitere Demokratisierung</u> der sowjetischen Gesellschaft <u>und</u> die Verwirklichung seiner <u>Reformen</u> des politischen Systems <u>entscheidend</u> für die Beschleunigung der sozialistischen Entwicklung in der UdSSR seien. Die derzeit in der UdSSR vor sich gehende Umgestaltung finde in der Partei und im Volk breite Unterstützung. Erich Honecker äußerte sich zu den Entwicklungen in der Sowjetunion dahingehend, daß diese in der DDR „mit nicht nachlassender Aufmerksamkeit" verfolgt werden. Die <u>Kommunisten der DDR wünschen</u> den sowjetischen Freunden <u>Erfolg</u> bei der Fortsetzung dieses historischen Prozesses.

In der gemeinsamen Pressemitteilung wurde zu dem Stand der bilateralen Beziehungen auf den Gebieten von Wirtschaft und Technik lediglich auf zusätzliche

Anstrengungen verwiesen. Schon deutlicher ist der Hinweis auf das Erfordernis der Erhöhung des technischen Niveaus und der Qualität der gegenseitigen Lieferungen. Zu den brüderlichen Beziehungen stellte Gorbatschow in seiner Tischrede dezidiert fest, daß es ihm angenehm sei festzustellen, daß diese jetzt reifer werden. Elemente deklarativen Charakters und des Formalismus gehören der Vergangenheit an. Noch konkreter wurde Gorbatschow, als er auf seinen Besuch anlässlich des Parteitages der SED in Berlin vor zwei Jahren verwies und erinnerte, daß bei dieser Gelegenheit die Herstellung direkter Beziehungen zwischen Betrieben und Forschungszentren beider Länder beschlossen wurde. Er räumte in seiner Tischrede – die im „Neuen Deutschland" vom 29. September 1988 im vollen Wortlaut veröffentlicht wurde – weiters noch ein, daß seither viel getan worden sei. Darüber hinaus schätzt er mit „Genossen Honecker" die geleistete Arbeit (auch noch) positiv ein. Dessen ungeachtet kamen jedoch beide zur Schlussfolgerung, daß das Erreichte noch weit hinter den Möglichkeiten und den Bedürfnissen (beider Länder) liegt. Die Zusammenarbeit werde unter anderem durch ungenügendes Stimulieren und durch verkrustete Verwaltungsmechanismen gebremst.

In dem Teil der Tischrede, in dem Gorbatschow auf die sowjetische Umgestaltung zu sprechen kommt, stellt er klar und deutlich fest, daß die Sowjetunion und die Bruderländer ein gemeinsames Schicksal haben. Und dieses gemeinsame Schicksal sei keine leere Redensart: Tausende Fäden verbinden die Sowjetunion mit den Bruderländern und große Wandlungen in jedem Land wirken sich so oder so auf die Lage der Freunde und Verbündeten aus. Es sei lebensnotwendig, kompromisslos die Vergangenheit zu analysieren, um durch die Lehren aus der Vergangenheit eine Wiederholung der Fehler, die mit der Abkehr vom Leninismus (durch Breschnew?) verbunden sind, auszuschließen. Den Tenor seiner Wortwahl beibehaltend, spricht Gorbatschow in der gegenwärtigen akuten Problemsituation von der Notwendigkeit radikaler Wandlungen. Diese radikalen Wandlungen sind vor allem im Bewusstsein der Menschen, in ihrer Einstellung zur Arbeit, in ihrem Verhältnis zueinander, zu sich selbst vonnöten.

Die Sowjetunion verhehle weder vor ihren Freunden noch vor der übrigen Welt, daß die Umgestaltung viele Schwierigkeiten in sich birgt. Mit Befriedigung habe er jedoch auf seiner jüngsten Reise in die Krasnojarsker Region feststellen können, daß sich immer breitere Massen (der Werktätigen) dem Prozeß der Gesundung und der Erneuerung des Lebens anschließen.

In den internationalen Beziehungen seien bereits Ergebnisse des neuen politischen Denkens feststellbar (Mittelstreckenraketen-Vertrag). Vorläufig gebe es jedoch (noch) keine Garantien, daß die eingeleiteten positiven Prozesse unumkehrbar seien. Zu den Verhandlungen in Wien hielt er fest, daß das Mandat der Verhandlungen über die Reduzierung der konventionellen Rüstungen nahe sei und daß es (gute) Voraussetzungen dafür gebe, daß die Wiener Verhandlungen eine qualitativ neue Etappe für den KSZE-Prozeß eröffnen werden.

Im Unterschied zu den kritischen Äußerungen Gorbatschows zeichnen die Worte Honeckers ein Bild der Genugtuung und Zufriedenheit über das Erreichte. Beide

Seiten hätten erneut ihre Entschlossenheit bekräftigt, beim sozialistischen Aufbau auch künftig auf das Engste zusammenzuarbeiten. Honecker spricht von vertrauensvoller Zusammenarbeit auf allen Ebenen und ersprießlichen Arbeitskontakten zwischen den Werktätigen. Auf wirtschaftlichem Gebiet stellte Honecker fest, daß die UdSSR seit Jahrzehnten der bedeutendste Außenhandelspartner der DDR ist und daß höchste Maßstäbe für das weitere Zusammenwirken auf diesem Gebiet gesetzt sind. Er konstatierte weiters, daß die DDR mit größtem Interesse und aufrichtiger Sympathie die schöpferischen Anstrengungen der sowjetischen Menschen verfolge, die sozial-ökonomische Entwicklung der UdSSR zu beschleunigen, das Lebensniveau der Menschen zu heben, den Sozialismus (in der UdSSR) zu stärken und attraktiver zu machen. Der ErneuerungsProzeß in der UdSSR habe daher die Sympathie und Unterstützung der DDR.

Mit Blickrichtung auf den 40. Jahrestag der Gründung des ersten sozialistischen Arbeiter- und Bauernstaates auf deutschem Boden stellt Honecker mit Genugtuung fest, daß aufopferungsvoller Fleiß und Schöpferkraft mehrerer Generationen bewirkt haben, daß die DDR zu einem stabilen Staat geworden ist. Bei der weiteren Gestaltung der sozialistischen Gesellschaft verstehe es sich von selbst, daß die DDR mit der UdSSR und den anderen Bruderländern die Erfahrungen austauschen und von den Erfahrungen der anderen lernen wird. Honecker vermerkte mit einigem Stolz, daß die DDR mit berechenbarer und konstruktiver Politik die jüngste ermutigende Entwicklung auf dem Gebiete der Abrüstung und Rüstungsbeschränkung initiativreich mitgestaltet hat. Er erinnerte daran, daß die DDR an der Trennlinie von NATO und Warschauer Pakt ein Eckpfeiler des Sozialismus im Herzen Europas sei.

Im Hinblick auf den für Ende Oktober vorgesehenen Besuch von Bundeskanzler Kohl in der DDR war es für die DDR eine Notwendigkeit, gemeinsam mit der UdSSR die territorialen und politischen Realitäten zu bekräftigen und darauf hinzuweisen, daß Souveränität und territoriale Integrität der Staaten in Europa grundlegende Bedingung für die Wahrung des Friedens und der Sicherheit (in Europa) sind. Beide Seiten sprachen sich für eine weitere Entwicklung der Zusammenarbeit mit der BRD auf Grundlage der bestehenden (Ost-)Verträge aus. Eine weitere Verbesserung der Lage um Westberlin sei auf der Grundlage der „dort bestehenden Realitäten" und der strikten Beachtung des Vier-Mächte-Abkommens vom 3. September 1971 (wohl in der durch die UdSSR und die DDR praktizierten Interpretation) möglich.

Oberflächlich betrachtet, erscheint auch nach diesem Besuch Honeckers in Moskau das bisherige Bild bestätigt: Die DDR anerkennt die Notwendigkeit der Umgestaltung in der Sowjetunion und begrüßt die Reformbestrebungen Gorbatschows in der Sowjetunion zur Stärkung des Sozialismus und der Sowjetmacht. Da die DDR Umstrukturierungen bereits seit dem VII. Parteitag (Beginn der Ära Honecker) unternommen habe und die (wirtschaftliche) Lage der DDR zufriedenstellend sei, ergeben sich für die DDR keine Notwendigkeiten, zum jetzigen Zeitpunkt Wandlungen à la Gorbatschow durchzuführen.

Dieses Bild trügt jedoch. Bei näherem Hinsehen muss festgehalten werden, daß Gorbatschows deutliche (Selbst-)Kritik, sein vehementes Eintreten für radikale Wandlungen im krassen Gegensatz stehen zur selbstgefälligen Selbstdarstellung der Erfolge der SED und der DDR. Gorbatschow hat bei diesem Besuch zum ersten Mal (auch direkt) und öffentlich Kritik an der DDR geäußert; zwar nicht an den Verhältnissen in der DDR selbst, wohl aber an der Form und Güte der Zusammenarbeit zwischen beiden Staaten. Die vor zwei Jahren vereinbarten Direktbeziehungen hat Gorbatschow einer Prüfung unterzogen und festgehalten, daß die in diesem Zeitraum gemachten Fortschritte ungenügend seien. Deutlich ausgesprochen hat er auch, daß sich die Veränderungen in der Sowjetunion so oder so auf die Verbündeten auswirken werden. Honecker hat demgegenüber in Moskau nicht mehr betont, daß sich der Sozialismus in jedem Staat unterschiedlich entsprechend den jeweiligen Gegebenheiten entwickeln soll.

Durch die nachdrücklich gewordenen Forderungen der Sowjetunion nach vermehrten Lieferungen und nach höherer Qualität dieser Lieferungen in die UdSSR wird sich die Wirtschaft der DDR aus dieser Richtung weiterem Druck ausgesetzt sehen. Hinzu kommen könnte auch – das bleibt abzuwarten –, daß die Forderungen nach Offenheit, Umgestaltung und vermehrten Chancen in der DDR selbst zunehmen könnten. Zum jetzigen Zeitpunkt und beim jetzigen Führungsteam der DDR unter Honecker ist jedoch keine Änderung des Weges abzusehen. Unter den gegebenen Voraussetzungen muss davon ausgegangen werden, daß Honecker seine Linie bis zum (vorgezogenen) XI. Parteitag im Jahre 1990 beibehalten wird. […]

Dokument 250
Vorschau auf die Round-Table-Verhandlungen
GZ 166.03.00/63-II.3/88, Zl. 195-RES/88, ÖB Warschau (Somogyi), 10. Oktober 1988

Wie schon berichtet, sollen Mitte Oktober Round-Table-Gespräche zwischen den hiesigen Machthabern und der sogenannten Opposition […] stattfinden. Eifersüchtig wird das Datum des Beginns der Gespräche geheimgehalten, dem Vernehmen nach sollen sie am 17. ds. beginnen.

An Querschüssen gegen diese Verhandlungen fehlt es auf beiden Seiten nicht. So habe der 1. Sekretär der VPAP, General Jaruzelski, vor kurzem den Parteisekretären der Bezirksorganisationen mit aller Entschiedenheit klargemacht, daß die Wiederzulassung der „Solidarität" nicht in Betracht käme. Nun ist aber gerade diese Forderung – für den Gefertigten nach der Wichtigkeit unberechtigt, weil in Polen, weiß Gott, noch andere wichtige Probleme zu lösen wären – vor allem unrealistisch. Die Erklärung General Jaruzelskis hat auch prompt eine äußerst radikal abgefasste Gegenerklärung der „Solidarität" zur Folge gehabt.

Am 6. Oktober gab Leszek MOCZULSKI, Leiter der „Konföderation für ein unabhängiges Polen", eine Erklärung ab, die u.a. auch die folgende Passage enthielt:

„When the trade unions` pluralism is achieved in Poland, struggle for political pluralism will start. And then, third in turn, will be activities to liberate (Poland) from Soviet hegemony, stamp out totalitarianism and restore an independent state."

Herr Moczulski bezeichnet sich, in Rivalität mit dem bekannten Oppositionellen Stanisław STOMMA, als Nachfolger der vor dem 2. Weltkrieg in Polen vorhandenen „Nationalen Partei", die im Gegensatz zur „Sozialdemokratischen Partei" PIŁSUDSKIs den Ausgleich und die Zusammenarbeit mit der Sowjetunion suchte.

Umso erstaunlicher ist die oben wiedergegebene, antisowjetische Aussage Moczulskis. Im übrigen hat Stomma vor kurzem einen politischen Klub gegründet, dem, wie in der Presse verlautbart, auch Persönlichkeiten angehören könnten, die für die Freundschaft und Zusammenarbeit mit der Sowjetunion eintreten. Für einen so bekannten und angesehenen Oppositionellen wie Stomma ist diese Feststellung auch etwas überraschend, weil zu ihr in Anbetracht der sehr antisowjetischen Haltung im polnischen Volk wohl Mut gehört.

Es ist klar, daß die oben wiedergegebene Aussage Moczulskis von den Machthabern in der Absicht verlautbart wurde, die Opposition zu diskreditieren. Westliche Diplomaten, die als sehr „Solidaritäts-"freundlich eingestuft werden können, haben sofort nach Bekanntwerden der Erklärung Moczulskis hervorgehoben, daß die „Solidarität" nicht solche radikalen Standpunkte teile. Gleichzeitig wurde aber auch zugegeben, daß Moczulski selbst keine unbedeutende Figur der Opposition sei.

Es scheint in der Tat so, daß die gemäßigten „Solidaritäts"-Vertreter, insbesondere Wałęsa, Geremek und Mazowiecki, nicht offen solche Forderungen erheben, wenn auch der Gefertigte davon überzeugt ist, daß diese in ihrem Innersten sehr wohl solche Ideen haben. Der Gefertigte nimmt jedoch an, daß für die Ideen Moczulskis eine sehr große Anzahl von „Solidaritäts"-Anhängern zugänglich wäre. Es steht sogar zu befürchten, daß diese früher oder später auch in die „Solidarität" Eingang finden und somit ihre gemäßigten Führer vor ein Dilemma stellen.

Die Vorzeichen stehen somit nicht günstig, eben weil sich beide Seiten aufheizen. Auf alle Fälle wird mit einer langen Dauer der Verhandlungen gerechnet. Offensichtlich auch deshalb wurde mit der Bildung einer neuen polnischen Regierung nicht noch mehr zugewartet.

Der Gefertigte ist nicht feig genug, um sich einer kurzfristigen Prognose zu enthalten. Vor allem wäre festzuhalten, daß die Machthaber keineswegs zerstört auf dem Boden liegen, allerdings sind sie auch auf Verhandlungen mit der Opposition angewiesen. Wenn er auch nicht unbedingt der Ansicht ist, daß alle Vertreter der Round-Table-Gespräche geeignete, kompromißbereite und vor allem realistische Persönlichkeiten sind, glaubt er dennoch, daß sie allesamt polnische Patrioten sind. Es ist anzunehmen, daß alle erkennen werden, daß eine Einigung zwecks Vermeidung von Unruhe, Chaos und damit verbunden weiterem wirtschaftlichen Niedergang unvermeidlich ist. Die vom Gefertigten prognostizierte Einigung dürfte jedoch nicht sehr lange anhalten, da letzten Endes die jetzigen Machthaber immer bestrebt sein werden, möglichst wenig oder gar keine echte Macht abzugeben, die sogenannte Opposition hingegen in Wirklichkeit die gesamte Macht erobern und letzten Endes das „sozialistische"

System beseitigen möchte. Daß letzteres kein ungefährliches Unternehmen wäre, liegt wohl auf der Hand. […]

P.S.:

Die Machthaber verunglimpfen nach wie vor die sogenannte „unkonstruktive" Opposition, mit der sie Kontakt ablehnen. Zu dieser unkonstruktiven Opposition zählen vor allem die Ex-Kommunisten Kuroń und Michnik, wobei der erstere überhaupt, d.h. lange vor Entstehen der „Solidarität", Initiator des organisierten Wiederstandes in Polen war (Gründung von KOR = Komitee zur Verteidigung der Arbeiter). Einige rezente Veröffentlichungen der polnischen Presseagentur PAP betreffend Kuroń werden anverwahrt vorgelegt. Soweit ho. bekannt, zählt Adam Michnik auch zu den zahlreichen Beratern Lech Wałęsas. Auch Kuroń hat sich seinerzeit der „Solidarität" angeschlossen. In der letzten Zeit sind jedoch Tendenzen erkennbar, daß sich die „Solidaritäts"-Führung von Kuroń und Michnik, den beiden prominenten Linksstehenden in der Bewegung, lossagt. Hierfür dürfte auch der Einfluss der katholischen Kirche maßgeblich sein. […]

Dokument 251

Sowjetunion; Kommentare westlicher Experten zur GORBATSCHOWschen Reformpolitik

GZ 225.03.00/57.II.3/88, Zl. 368-Res/88, ÖB Brüssel, 11. Oktober 1988

Die Botschaft hatte dieser Tage Gelegenheit, an zwei im geschlossenen Kreis stattfindenden und dem Thema „Sowjetunion" gewidmeten Vortragsveranstaltungen teilzunehmen. Unerwartete Wertungen wurden dabei nicht getroffen. In Hinblick auf die Funktion vor allem des einen Vortragenden mag es aber nicht uninteressant sein, zur Abrundung bzw. Bestätigung des Wissensstandes die wichtigsten Aussagen zu skizzieren.

Nach Meinung des früheren deutschen Botschafters in Teheran, Moskau, Brüssel (NATO) und nunmehrigen Präsidenten des Bundesnachrichtendienstes, Hans-Georg WIECK, sind die jüngsten Entwicklungen in der Sowjetunion als der Versuch zu sehen, der von GORBATSCHOW angestrebten Verlagerung der Entscheidungsbefugnisse von den Partei- zu den Staatsinstanzen zum Durchbruch zu verhelfen.

GORBATSCHOW habe erkannt, daß die geringe internationale Aktivität des kommunistischen Systems, die auch durch fehlende Eigeninitiative und -verantwortung mitverursachte geringe Produktivität der sowjetischen Wirtschaft, die schlechte Versorgungslage der Bevölkerung und die mangelnde Lebensqualität sowie das Aufbrechen des Nationalitätenproblems nur durch eine Zurückdrängung des übermächtigen, die Staatsstrukturen duplizierenden Parteiapparates überwunden werden können. Die ideologischen Vorstellungen entsprächen nicht den Realitäten der entgegen den MARXschen Voraussagen prosperierenden kapitalistischen Welt, das vorhandene Instrumentarium sei zur

Lösung der anstehenden Probleme ungeeignet. Nur der Staat könne im Wege eines „sozialistischen Pluralismus" auch andere Faktoren als lediglich die Interessen der Partei berücksichtigen.

Da aber diese Machtverlagerung noch nicht stattgefunden hat, hätten die bisherigen Reformmaßnahmen bzw. die neue Politik auch noch kaum greifen können. Dies gelte insbesondere für den Militärbereich, wo die auch ideologisch begründete Hochrüstungspolitik bei gleichzeitiger bedeutender qualitativer Verbesserung des militärischen Managements insbesondere in den westlichen Militärbezirken der UdSSR (Marschall OGARKOV) unvermindert anhalte. Zu den wenigen positiven Elementen gehörten in diesem Zusammenhang die offenere bzw. interessantere Haltung gegenüber der EG, dem IMF und dem GATT.

Angesichts dieser Situation und des für ihn nicht allzu günstigen Verlaufes der Allunionskonferenz habe GORBATSCHOW Ende September unter Berufung auf LENIN („Alle Macht den Sowjets"!) den „Überraschungscoup" der überfallsartig einberufenen Sitzung des ZK, des Politbüros und des Obersten Sowjet inszeniert, um den Widerstand gegen seinen Versuch zu brechen, das Sowjetsystem von der auf ihm in manchen Bereichen seit Jahrzehnten lastenden Stagnation zu befreien.

Wenn man die theoretische Möglichkeit eines Umsturzes nicht ausschließe, sei der GORBATSCHOWsche Reformkurs natürlich jederzeit reversibel. Ein Sturz GORBATSCHOWs wäre aber gleichbedeutend mit einem Rückfall in das überkommene System und könne daher aus den bereits erwähnten Gründen die bestehenden Probleme sicher nicht lösen.

Auch nach Ansicht des niederländischen, für das NATO-Sekretariat arbeitenden Sowjetologen, Professor FELDBRUGGE, sei eine nachhaltige Reform und Modernisierung der sowjetischen Gesellschaft ohne Zerstörung des noch sehr präsenten stalinistischen Systems nicht möglich. GORBATSCHOW sei zwar ein Produkt dieses Systems, sei aber intelligent genug, dessen Fehlentwicklungen zu erkennen. Der Redner charakterisierte GORBATSCHOW wie folgt: pragmatisch, initiativenreich, geschickt und kompetent, energisch und impulsiv. [...]

Dokument 252
Österreich-Ungarn; Meinungsaustausch der Politischen Direktoren, Budapest, 7. Oktober 1988; internationale Themen

GZ 502.16.36/7-II.SL/88, ÖB Budapest (Schmid), 13. Oktober 1988

Amtsvermerk

Im Rahmen des Meinungsaustausches der Politischen Direktoren am 7.10.1988 in Budapest wurde auch folgende internationale Themen erörtert:

1. Ungarische Außenpolitik im allgemeinen

VAM Kovács wies auf die Parallelen zwischen der neuen Politik der SU und der ungarischen Reformpolitik hin, wenn auch die verschiedenen nationalen Traditionen in Rechnung gestellt werden müssen. Jedenfalls sei es heute möglich, auch im

Verhältnis zu den anderen sozialistischen Ländern echte Interessensunterschiede ans Tageslicht zu bringen. Neben der Perestroika sieht er auch Parallelen zur Reformpolitik in China und Polen.

Gegenüber den Entwicklungsländern habe Ungarn früher wie eine „globale Macht" agiert und die Unterstützung der lokalen marxistischen Parteien als Leitlinie seiner Außenpolitik betrachtet. Heute stünden in dieser Relation wirtschaftliche Fragen im Vordergrund. Auch die Aufnahme der Beziehungen zu Südkorea müsse unter diesem Aspekt gesehen werden.

Der Prozeß der Öffnung gegenüber dem Westen habe sich seit Ende der 60er Jahre ständig verstärkt. Heute sei der Besuchsaustausch in dieser Relation in einem Jahr größer als früher in einem Jahrzehnt. Der Umstand, daß die SU heute eine rationale und nicht mehr eine ideologische Außenpolitik betreibe („Interdependenz, nicht Klassenkampf"), erleichtere es auch kleinen Staaten, einen Betrag zu leisten.

Auf der anderen Seite sei es bemerkenswert, daß beide Präsidentschaftskandidaten in den USA die amerikanisch-sowjetischen Beziehungen weiter ausbauen wollen – bei früheren Wahlkämpfen sei die Konfrontation zur SU als wahltaktisches Argument verwendet worden. Diese einmalige internationale Konstellation muss genützt werden.

Regionale Konflikte wurden nur kurz gestreift, wobei VAM Kovács die graduelle Wiederaufnahme der Beziehungen zu Israel wie folgt begründete:

a) Wenn Ungarn im Nahostkonflikt überhaupt eine Rolle spielen will, dann muss es gegenüber allen Seiten Gesprächsbereitschaft dokumentieren.

b) Die Annahme, daß der massive Abbruch der diplomatischen Beziehungen (Ostblock, 3. Welt) im Jahr 1973 zu einer Kurskorrektur der israelischen Regierung beitragen könnte, hat sich als Illusion erwiesen. („Nicht einmal die USA können Israel entscheidend beeinflussen.")

c) In Israel leben über 200.000 ehemalige ungarische Staatsbürger, Ungarn beherbergt die größte jüdische Gemeinde Mittel- und Osteuropas, auch dadurch habe sich ein Handlungsbedarf ergeben. Eine volle Wiederherstellung der diplomatischen Beziehungen sei jedoch erst nach Anlauf eines echten Verhandlungsprozesses zu erwarten. Im übrigen spiele Ungarns Politik gegenüber Israel nicht die Rolle eines Versuchsballons für die SU (?).

2. Entwicklungen innerhalb des sozialistischen Lagers

a) UdSSR:

VAM Öszi sieht das Endziel der Reformpolitik Gorbatschows in einer völligen Umgestaltung der Rolle der Partei. Statt eines Parallelapparates zur staatlichen Verwaltung soll sie in Hinkunft nicht mehr operativ tätig sein, sondern als Avantgarde der Gesellschaft lediglich die großen Zielsetzungen vorgeben.

Dabei soll die Partei der Kontrolle des Volkes unterworfen werden (echte Wahlen für Funktionäre, zeitliche Begrenzung der Mandate etc.). Die Entwicklung in den baltischen Republiken sei nicht notwendigerweise in jedem Detail Vorbild für die gesamtsowjetische Entwicklung, zeige aber die Richtung der Reformen an. Die neuen demokratischen Methoden werden eben dort erprobt, wo die Bedingungen am günstigsten sind (demokratische Tradition, zum Unterschied vom alten Rußland). Die Zwischenfrage des Gefertigten, ob eine funktionsfähige Demokratie in einem Einparteiensystem möglich sei, beantwortete er dahingehend, daß dies nicht nur theoretisch möglich sei, sondern auch in den antiken Stadtstaaten funktioniert habe. Die Methoden, diese Demokratisierung in der modernen Welt zu realisieren, seien aber noch nicht ausgereift. Ausgelöst wurde die Reformbewegung zweifellos durch wirtschaftliche Aspekte, doch gehe sie heute darüber weit hinaus.

Die kürzlichen personellen Umwälzungen an der Partei- und Regierungsspitze seien ein wichtiger Schritt, doch sei das Endziel (ein unter den neuen demokratischen Zielsetzungen funktionsfähiger politischer Apparat) noch nicht erreicht. Wichtig sei die Rolle Medwedews. Es sei kein Zufall, daß ein Wirtschaftsfachmann zum ZK-Sekretär für Ideologie gemacht worden sei. Die Ablösung Dobrynins begründe er damit, daß Jakowlew nicht nur wie jener ein „Mitläufer der Perestroika", sondern einer der Hauptinitiatoren der Umwandlung sei.

Zum Unterschied von Kovács („sollte Gorbatschow wirklich scheitern, käme nach ihm ein anderer Reformer") hält Öszi die Reformpolitik in der SU noch nicht für absolut irreversibel.

b) Polen

Am Beispiel Polens zeige sich, daß auch darüber nachgedacht werden kann, ob die Partei immer in allen Gremien die Mehrheit behalten müsse. Der Weg Polens (Sondersituation – großer Einfluss der Kirche) sei aber nicht notwendigerweise Vorbild für die anderen sozialistischen Länder, so vielversprechend die Öffnung dort auch sei. Er zeigte sich enttäuscht, daß die Reformpolitik der polnischen Führung nicht die notwendige internationale Unterstützung (auf wirtschaftlichem Gebiet) gefunden habe. Auch die polnische Opposition spiele keine besonders konstruktive Rolle.

c) ČSSR

VAM Öszi bestätigte einen kürzlich eingegangenen Bericht der Botschaft Prag, wonach mit radikalen personellen Änderungen zu rechnen sei; Štrougal werde nicht nur sein Amt als Ministerpräsident verlieren, sondern vielleicht sogar aus dem Politbüro ausscheiden. Auch Chňoupek dürfte ausscheiden. Öszi sieht darin keinen Rückschlag für die Reformer, da Štrougal keine echten Reformen zustande gebracht habe und die tschechoslowakische Partei im wesentlichen noch in den ideologischen Positionen von 1969 verharre. Aus einer defensiven Position heraus können keine „explosionsartigen" Änderungen in der ČSSR [geschehen].

d) DDR

In der DDR sei die Frage der Reformen einfach nicht aktuell, was nicht so sehr auf die deutsche Mentalität als auf die offene Frage der Existenz von 2 deutschen Staaten zurückzuführen sei. Dies sei die Existenzfrage des dortigen Systems und daher viel wichtiger als eine Umgestaltung der Politik.

e) Bulgarien

Dort seien die wirtschaftspolitischen Imperative weniger spürbar, da Bulgarien noch immer von den Impulsen der 50er und 60er Jahre (Verstädterung, Industrialisierungssprung) zehre. Aber auch die bulgarische Partei werde von der Forderung des Volkes nach höherem Lebensstandard nicht verschont bleiben.

f) Rumänien

Breiten Raum nahm die Entwicklung in Rumänien und hier insbesondere das ungarisch-rumänische Verhältnis ein. VAM Öszi betonte vor allem, daß es sich für Ungarn nicht alleine, ja nicht einmal in erster Linie, um das Problem der Minderheiten handle, sondern um den Zusammenprall zweier grundlegend verschiedener Politiken.

Während die ungarische Politik auf systematische Annäherung an den Westen ausgelegt sei, praktiziere Rumänien eine systematische Abkapselung. Die rumänische Politik bestehe darin, „die utopischen Gedanken eines Führers in drastischer Weise zu verwirklichen". Die Folge davon sei der Versuch, die Menschen gewaltsam (gegen ihren Willen) „glücklich zu machen". Eine solche Politik habe sich beim Treffen von Arad deutlich gezeigt. Für Rumänien sei die ungarische Reformpolitik inakzeptabel, es handle sich hier um zwei grundsätzlich verschiedene Konzeptionen der sozialistischen Gesellschaft und der Teilnehmer an internationalen Leben.

Selbstverständlich sei auch die Behandlung der Minderheiten für Ungarn inakzeptabel (Vergleich mit der israelischen Besatzungspolitik!). Hinsichtlich der weiteren Entwicklung gab sich Öszi pessimistisch. Das Programm der Dorfzerstörung habe in Siebenbürgen noch gar nicht richtig begonnen, daher seien auch Spekulationen über eine Verlangsamung dieser Aktion müßig. Die Situation Ungarns sei schwierig: Es müsse vermeiden, daß das Problem international als bilateraler Konflikt gesehen werde. Ungarn müsse daher das allgemeine Menschenrechtsproblem in den Vordergrund stellen und betonen, daß es sich hier um ein europäisches Problem handle. Eine Annäherung der beiden Teile Europas sei ohne Anerkennung eines Minimums an gemeinsamen Grundsätzen unmöglich. Das Problem müsse daher auf der Tagesordnung bleiben, ohne zu einer bilateralen Konfrontation oder zur Isolierung Rumäniens zu führen. Die rumänische Partei müsse zur Einsicht gebracht werden, daß auch sie eine Verantwortung für Europa trägt.

Über konkrete Maßnahmen im Rahmen der UN und der Spezialorganisation (auch UNESCO) wollte sich VAM Öszi nicht auslassen, wies aber auf die Schaffung einer speziellen Menschenrechtskommission der Warschauer-Pakt-Staaten über ungarischen Antrag hin.

g) Jugoslawien

Die Lage in Jugoslawien betrachtet er trotz „wachsender Besorgnis" weniger dramatisch als erwartet; er zeigte bei aller Kritik an den Methoden der serbischen Führung (Erweckung von Emotionen – unvorhersehbare Konsequenzen – „Zauberlehrling") ein gewisses Verständnis für die Ziele: Es sei einfach notwendig, die staatliche Ordnung wiederherzustellen, um die Wirtschaft in den Griff zu bekommen. Im übrigen habe Jugoslawien Routine bei der Behandlung von Krisen, er sehe derzeit keine Gefahr einer Eskalation über die Grenzen der Republik Serbien hinaus, umso mehr als die Armee und die Zentralverwaltung nicht groß-serbisch, sondern jugoslawisch eingestellt seien. [...]

Dokument 253

ČSSR; Personelle Veränderungen in den Parteispitzengremien und in der Regierung (11./12. Oktober 1988); Charakterisierung und erste Wertung

GZ 35.03.00/32-II.3/88, BMAA Wien (Sucharipa), 14. Oktober 1988

I N F O R M A T I O N

– Das ZK der KPTsch hat zum zweiten Mal (erstes Mal im April d. J.) seit Amtsantritt GS Jakeš' (Dezember 1987) personelle Veränderungen in den Parteispitzengremien und in der Föderalregierung durchgeführt. (Daneben kam es auch zu weitreichenden Umbesetzungen in beiden Landesregierungen.)

– Signifikantester Abgang ist jener des langjährigen Ministerpräsidenten <u>Štrougal</u> (64) aus Regierungs- <u>und</u> Parteiämtern „aus gesundheitlichen Gründen" (was nur zum Teil zutreffen dürfte; auch ein gewisses Gefühl der Frustration – abzuleiten aus vereinzelten Äußerungen westlichen Politikern und Journalisten gegenüber –, private/familiäre Motive und sein gespanntes Verhältnis zu Jakeš – Rivalität bei der Bewerbung um den Parteivorsitz im Dezember 1987 – dürften eine Rolle gespielt haben). Štrougal hat die Nach-Prager-Frühling-Säuberungen ohne Beeinträchtigung seiner Karriere überstanden und anschließend mit Pragmatismus (und – wie manche sagen – Opportunismus) fast 19 Jahre die Föderalregierung geführt. In den letzten Jahren galt er als prominentester (und einziger?) echt reformorientierter Spitzenpolitiker der Prager Führung.

– Der neue Ministerpräsident Ladislav <u>Adamec</u> (62) war zuletzt 1 ½ Jahre stv. Regierungschef (und zugleich Vorsitzender der tschechischen Landesregierung, davor langjähriger Vizevorsitzender derselben). Er gilt als Technokrat (ehemaliger Direktor eines Chemie-Betriebs), der bisher jedenfalls kaum als besonders reformfreudiger Politiker in Erscheinung getreten ist. Seine Betrauung ist ein Zeitgewinn für Jakeš. (Kalkulation: Die zum Einarbeiten erforderliche Zeit kann auch zu gewissen Akzentuierungen des künftigen Kurses dienen.)

– Von den insgesamt 20 Mitgliedern der <u>neuen Föderalregierung</u> sind zehn neu im Kabinett, sechs verbleiben in ihren bisherigen Funktionen, vier sind mit anderen Kompetenzen betraut.

Ausgeschieden sind u.a. der erst im Februar d. J. auf offiziellem Besuch in Österreich weilende (Gespräch mit HVK!) Innenminister <u>Vajnar</u> und (der aus der Slowakei stammende) AM <u>Chňoupek</u> (seit Dezember 1971), der zwar keine hohen Parteifunktionen innehatte, durch sein langes Wirken aber eine gewisse personelle Konstante im österreichisch-csl. Verhältnis darstellte (und dabei – trotz oft großer bilateraler politischer Differenzen – stets eine vernünftige, maßvolle Gesprächsbasis aufrechterhielt.)

Der neue AM Jaromír Johanes, ein Tscheche, zuletzt Erster Stellvertreter Chňoupeks, kommt aus der „Mannschaft" des Außenministeriums und war z. B. viele Jahre Vorsitzender des csl. Teils der österr.-csl. Allgemeinen Gemischten Kommission; er ist mit den Besonderheiten des Verhältnisses Prag-Wien somit bestens vertraut. (Andere, für die Beziehungen mit Österreich maßgebende Regierungsmitglieder bleiben im Amt, sodaß insgesamt hinsichtlich der Kontinuität der Beziehungen keine Änderung zu erwarten ist.)

–   Für die politische Ausrichtung der csl. Führung sind freilich die Veränderungen im Parteipräsidium (entspricht dem Politbüro anderer KPs) wesentlich maßgebender als die stark erneuerte Regierungsmannschaft. Die fünf neuen Mitglieder sind zwar – relativ gesehen – jung an Lebensjahren (Jahrgänge zwischen 1932 und 1945), gelten aber – einer ersten Einschätzung nach – mit einer Ausnahme (Pitra) nicht als besonders reformbewußte, sondern eher „pragmatische" Persönlichkeiten (neues Durchschnittsalter im Parteipräsidium: ca. 50 Jahre).

–   Zusätzlich erscheint mit dem Verbleib der als besonders orthodox-dogmatisch geltenden Politiker Biľak (71), Indra (67) und Hoffmann (64) im Parteipräsidium die ideologische Straffung der KPTsch-Führung noch mehr akzentuiert. Inwieweit dies etwa zu einer Verlangsamung der ohnehin nur sehr vorsichtigen Reformpolitik (Přestavba) führen könnte, ist derzeit noch nicht abzuschätzen. Es ist aber festzuhalten, daß Biľak in Hinkunft nur mehr für auswärtige Beziehungen zuständig sein wird, während er den Ideologie-Bereich (nach ZK-Kritik an seiner Arbeit) an Fojtík (60) abgeben mußte (und somit seine Machtfülle als „Nr. 2" klar reduziert wurde). Fojtík verfügt zumindest über gute Kontakte zum Westen (u.a. BRD): Auf „wirtschaftsideologischem" Gebiet ist er ein klarer Verfechter des Vorrangs einer zentral gelenkten Planwirtschaft vor der „kleinbürgerlichen Psychologie des privaten Unternehmertums".

–   Der Eindruck einer ideologischen Straffung wird auch durch die jüngsten Äußerungen GS Jakeš unterstrichen, in denen „antisozialistische politische Strukturen" angegriffen werden; unabhängige Menschenrechts-, Umwelt- oder andere Gruppen würden nicht toleriert, sondern strafrechtlich verfolgt. (Ein Charta-77-Aktivist wird von Agenturen mit der Äußerung zitiert: „Für uns wird jetzt alles nur noch schlimmer.")

Andererseits hat Jakeš die personellen Veränderungen mit der „Notwendigkeit" begründet, „neue führende Kader einzusetzen, um die „drängenden Aufgaben einer wirtschaftlichen und gesellschaftlichen Umgestaltung zu meistern". Dieser offensichtliche Widerspruch ist nur ein scheinbarer, da – nach dem Verständnis der Führung – die Inhalte dieser Umgestaltung von der Führung selbst vorgegeben und „verordnet" werden und keineswegs von „unabhängigen Gruppen" ausgehen dürfen.

Zusammenfassende Wertung

– Die personellen Änderungen bringen zweifellos eine beträchtliche Machtstärkung für GS Jakeš schon innerhalb des ersten Jahres seiner Parteiführung (Demonstration von Durchsetzungsfähigkeit).

– Die Parteispitzengremien sind in ihrer ideologischen Zusammensetzung relativ homogen; für den ausgeschiedenen „liberalen" Štrougal könnte Pitra als Teil-„Kompensation" angesehen werden. Die „Pragmatiker" von Jakeš haben eine klare Mehrheit.

– Die Machtfülle Biľaks wurde eingeschränkt (und auch das slowakische Element zugunsten des tschechischen zurückgedrängt: Föderalregierung: 16 Tschechen – 4 Slowaken; Parteipräsidium: 10 Tschechen – 5 Slowaken gegenüber 7:5 vorher).

– Das Bekenntnis zur Reform bleibt aufrecht, die Inhalte der Reform werden von der Spitze und ohne „Anstoß" von unten festgelegt (etwa „Perestroika ohne Glasnost").

– Die Zurückdrängung bzw. Nichtberücksichtigung stärker reformorientierter Kräfte so kurz nach der Zurückdrängung von Reformgegnern in den sowjetischen Führungsgremien ist ein klares Anzeichen dafür, daß die Autonomie der kleinen Länder im WP wächst (kein Kopieren des sowjetischen Weges). [...]

Dokument 254

Ungarn; Demokratisierungsbestrebungen; Neuordnung des Vereins- und Versammlungswesens

GZ 1000.82/59-I.2/88, BMAA Wien (Winkler), 14. Oktober 1988

1. Über Vermittlung der hiesigen ungarischen Botschaft sprach am 13. Oktober 1988 Herr András Simonyi, Mitglied der Internationalen Abteilung des Zentralkomitees und zuständig für Analyse und Planung, beim Gefertigten vor. Er wurde vom 2. Sekretär der ungarischen Botschaft, Maklári, begleitet.

2. Zweck des Besuches von Herrn Simonyi in Österreich war ein Meinungsaustausch über Fragen des Versammlungs- und Vereinswesens, wo Ungarn angesichts bevorstehender diesbezüglicher Gesetzesvorhaben daran interessiert ist, die österreichischen Vorschriften und Erfahrungen kennenzulernen. Vor dem Gespräch im BMA führte Somogyi einen Gedankenaustausch im Bundesministerium für Inneres. An dem Gespräch im VRB nahm auch Dr. Handstanger vom BKA-VD teil.

3. Einleitend verwies der ungarische Gesprächspartner auf die ernsthaften Demokratisierungsbestrebungen der Regierung, Endziel sei die gesetzliche Absicherung eines rechtsstaatlichen Systems, in dem die klassischen Grund- und Freiheitsrechte entsprechend verankert wären. Um dieses Ziel zu erreichen, wären eine Reihe von gesetzlichen Maßnahmen, einschließlich einer Verfassungsreform, notwendig. Auch die Schaffung einer dem österreichischen Verfassungsgerichtshof ähnlichen Einrichtung gehöre dazu. Mit Genugtuung verwies Simonyi darauf, daß Ungarn erst kürzlich das Fakultativprotokoll zum Menschenrechtspakt der Vereinten

Nationen ratifiziert habe, womit in Hinkunft Individualbeschwerden gegen Ungarn ermöglicht werden. Überhaupt trachte man ungarischerseits danach, die in den UN-Pakten festgeschriebenen Grund- und Freiheitsrechte auch in der ungarischen Rechtsordnung zu verankern.

4. Ein wesentlicher Bestandteil der Demokratiereform sei die Verankerung der Versammlungs- und Vereinsfreiheit. Dies sollte gesetzlich verankert sein, Entscheidungen der Behörden sollten überprüfbar sein. Allerdings müssten gewisse Grundprinzipien des ungarischen Staatsverständnisses unangetastet bleiben. Dazu gehöre insbesondere die „internationale Stellung" Ungarns, konkret die Mitgliedschaft im Warschauer Pakt und die Beziehungen zur Sowjetunion. Die dominierende Rolle der Kommunistischen Partei sei dagegen kein Tabuthema. Es entstand der Eindruck, daß man ungarischerseits die Liberalisierung des Vereinswesens als einen ersten Schritt zu einer pluralistischen Gesellschaft sieht, in der auch das Nebeneinanderbestehen mehrerer Parteien nicht ausgeschlossen wäre. Simonyi betonte jedenfalls das leninistische Grundprinzip, wonach „nichts für alle Zeit Gültigkeit habe". Die Verwirklichung einer sozialistischen Gesellschaft sei – theoretisch – auch in einem Mehrparteiensystem möglich. Allerdings werde man Geduld haben müssen – sowohl im Inneren als auch seitens des Auslandes. Die Gefahr extremistischer Strömungen – von links und rechts – bestehe, das neue Vereinsgesetz müsse daher dem Staat die Möglichkeit in die Hand geben, derartige radikale Bestrebungen im Keime zu ersticken. Wesentlich sei der Grundkonsens in der überwiegenden Mehrheit der Bevölkerung. Dieser werde in Ungarn „innerhalb des Systems" (d.h. nicht durch freie Wahlen) herbeigeführt werden.

5. Worum es dem ungarischen Besucher insbesondere zu gehen schien, waren die – seiner Meinung nach – in der österreichischen Rechtsordnung vorgesehenen Mechanismen, um sicherzustellen, daß politische Überlegungen bei der Genehmigung von Vereinen berücksichtigt werden können. Spezifisch darum, welche Möglichkeiten (rechtlicher oder faktischer Natur) das Außenministerium hat, um auf die Genehmigung von Vereinen Einfluß zu nehmen. Der Gesprächspartner war sichtlich enttäuscht, als ihm gesagt wurde, bei der Genehmigung von Vereinen seien nur rechtliche Kriterien (Gesetzmäßigkeit) maßgebend, dementsprechend sei eine politische Einflußmöglichkeit des BMA praktisch nicht gegeben. Auch die Funktion des BKA-VD dürfte sich Herr Simonyi anders vorgestellt haben, nämlich in Richtung einer politischen Kontrolleinrichtung zur Wahrung der – ideologischen – Grundprinzipien der österreichischen Verfassungsordnung. Immerhin dürfte der Gesprächspartner aus seiner Sicht nützliche Anregungen mit nach Hause nehmen, wenn ihm auch klar geworden sein dürfte, daß ein Rechtsstaat westlicher Prägung letztlich doch nicht so ohne weiteres in das ungarische System umsetzbar sein dürfte. [...]

Dokument 255

Polen; neue Regierung unter MP Mieczysław Rakowski (14.10.1988)

GZ 166.03.02/4-II.3/88, BMAA Wien, 17. Oktober 1988

– Das polnische Parlament hat am 14. ds. die von MP Rakowski präsentierte Ministerliste bestätigt.

– Von der Regierung Messner hat Rakowski zehn Mitglieder (u.a. die Minister für Inneres, Verteidigung, Äußeres, Kultur) und den im Ministerrang stehenden „unabhängigen" Regierungssprecher Urban übernommen.

– Im (vorläufig) 22 Mitglieder umfassenden Kabinett stellen die Vereinigte Arbeiterpartei (PVAP) 16 und die beiden übrigen zugelassenen Parteien (Bauernpartei und Demokratische Partei) je zwei Minister; zwei Ressortchefs sind Unabhängige. Vier Posten bleiben vorerst vakant (für Angehörige der „konstruktiven Opposition", sollten sich diese zur Mitarbeit in der Regierung doch noch entschließen; folgende Persönlichkeiten wurden in diesem Zusammenhang genannt: Trzeciakowski, Paszyński, Micewski und Auleytner).

– Da MP Rakowski kein Wirtschaftsfachmann ist, kommt den mit wirtschaftspolitischen Agenden im weiteren Sinne betrauten Regierungsmitgliedern besondere Bedeutung zu:

– Am auffälligsten ist die Berufung des 56-jährigen M. Wilczek (PVAP) zum Industrieminister; er ist bisher einer der reichsten Privatunternehmer Polens gewesen. Er wird mit folgenden Worten zitiert: „Ich werde die kranken Unternehmen eliminieren und nur das unterstützen, was ökonomisch gesund ist."

– Der erst 38-jährige bisherige stv. Industrieminister A. Wróblewski (PVAP) wird Finanzminister; er gilt als enger Mitarbeiter des Politbüromitglieds und ZK-Sekretärs für wirtschaftliche Angelegenheiten W. Baka.

– Baka, der neue „Motor" der Wirtschaftsreform, wird weiterhin einen maßgeblichen Einfluß auf die Formulierung der Wirtschaftspolitik ausüben, deren ausgeprägte Reformtendenz beibehalten werden soll. Der früher als „Vater" der sogen. zweiten Etappe der Wirtschaftsreform bezeichnete stv. MP Z. Sadowski ist wegen der mangelnden Fortschritte dieser „Etappe" nicht mehr in der Regierung vertreten.

– Vizeministerpräsident J. Patorski dürfte für die Koordination der Wirtschaftspolitik innerhalb der Regierung vorgesehen sein.

– Auch die übrigen mit Wirtschaftsfragen betrauten Minister gelten als sehr reformfreudig und auf die Konsolidierung der Wirtschaft ausgerichtet.

– MP Rakowski selbst hat angekündigt, daß seine Regierung von der Bevorzugung der Schwerindustrie abgehen und stattdessen der Landwirtschaft, dem Wohnungsbau und dem Umweltschutz Vorrang geben werde.

– Rakowski hat namentlich „antisozialistische und antikommunistische Elemente" und diejenigen, die „die Allianz mit der UdSSR schwächen wollen", ausdrücklich vor der Entschlossenheit der Regierung zur erforderlichen Härte gewarnt: „Ich bin ein glühender Anhänger der Demokratie und ein fester Gegner der Anarchisierung des sozialen Weges!"

Vorläufige Bewertung:

- MP Rakowski ist es (vorerst?) nicht gelungen, Angehörige der „konstruktiven Opposition" in die Regierungsarbeit einzubeziehen.

- Die Zusammensetzung des Kabinetts zeigt aber doch einen deutlichen Zug hin zur Verbreiterung der Basis der Regierungstätigkeit (stärkere Berücksichtigung der anderen erlaubten Parteien und Unabhängiger).

- Primäre Ziele der Regierung sind die Reform der Wirtschaft (die damit unmittelbar befaßten Regierungsmitglieder gelten als sehr reformfreudig und auch unkonventionellen Methoden gegenüber aufgeschlossen) und die damit eng verknüpfte nationale Aussöhnung (Dialog mit der „Solidarität").

- Die Art der Lösung der Forderung nach Gewerkschaftspluralismus wird nicht nur bestimmend sein für die Aufrechterhaltung des sozialen Friedens, sondern damit letztlich auch für Erfolg oder Mißerfolg der Wirtschaftsreform und in der Folge des Kabinetts Rakowski selbst. [...]

Dokument 256

VR Polen; Innenpolitische Situation; Anlass zu Pessimismus

GZ 166.03.00/65-II.3/88, Zl. 205-RES/88, ÖB Warschau (Weninger), 20. Oktober 1988

Rund 4 Wochen nach Bestellung von Mieczysław RAKOWSKI zum polnischen Ministerpräsidenten und einer Woche der Arbeit der neugebildeten Regierung gibt die innenpolitische Situation keinen Anlass zu Optimismus.

Premierminister RAKOWSKI hat die Enttäuschung darüber, daß es ihm trotz persönlichen Einsatzes nicht gelungen ist, oppositionell eingestellte Persönlichkeiten in die Regierung aufzunehmen, noch immer nicht überwunden. Die diesbezüglichen Bemühungen setzt er unvermindert fort. Die Aussicht auf Erfolg [ist] äußerst gering.

Alle kontaktierten oppositionellen Persönlichkeiten hätten dem Vernehmen nach eine Zusammenarbeit mit dem Hauptargument abgelehnt, daß mit dem neu bestellten Ministerpräsident der Fortgang des durchaus optimistisch begonnenen Dialoges unsicher geworden sei und die Mehrheit des polnischen Volkes eine Involvierung der genannten Politiker zum gegenwärtigen Zeitpunkt nicht verstanden hätte. Man habe sich nicht vereinnahmen lassen wollen.

Die Befürchtung mancher oppositioneller Kreise, vereinnahmt zu werden, und überdies als Keil zur möglichen Aufspaltung der Opposition missbraucht zu werden, kann nicht zur Gänze zurückgewiesen werden. Immer deutlicher wird, daß MP Rakowski mit dem von Innenminister KISZCZAK initiierten Dialog mit der Opposition nicht sehr einverstanden ist. Zum gegenwärtigen Zeitpunkt kann höchstens von einer Duldung, aber kaum von einer Unterstützung des Dialogs gesprochen werden. Er befindet sich damit nicht alleine. Innerhalb der PVAP hat sich gerade in der mittleren und niederen Funktionärsschicht großer Unmut gegen einen Dialog mit der Opposition breitgemacht. Darüber hinaus wurde von einzelnen lokalen Parteiorganisationen, darunter auch Warschau, der Ruf nach einer mehr am Marxismus orientierten PVAP erhoben. Die innerparteilichen Auseinandersetzungen über den nun weiter einzuschlagenden Weg sind bis heute nicht nur nicht an ein Ende gekommen, sondern es besteht der Eindruck, daß sich die innerparteilichen Fronten eher verschärft haben.

Ursprünglich war nach den 3 stattgefundenen Treffen zwischen Lech WAŁĘSA und Innenminister Czesław KISZCZAK die Aufnahme der „Round-Table"-Gespräche mit Vertretern von Partei und Regierung mit einer breitgefächerten Opposition für den 17. Oktober d.J. geplant. Diese wurden nun auf einen nicht näher bestimmten Zeitpunkt gegen Ende Oktober d.J. verschoben. Die Verschiebung könnte damit im Zusammenhang stehen, daß einerseits die polnischen Bischöfe, die einen maßgeblichen Einfluss auf den Dialog haben, erst für die Zeit nach dem 24. Oktober aus Rom zurückerwartet werden, wo sie sich zu den Jubiläumsfeierlichkeiten des 10-jährigen Pontifikats aufhalten. Sie werden gewiss neue Direktiven des Papstes mitbringen. Überdies ist MP Rakowski am 20.ds. zu einem Arbeitsbesuch in Moskau abgereist. Die Frage, ob und in welcher Form der eben begonnene Dialog fortgesetzt werden wird, wird zweifellos von der Entscheidung in Moskau abhängig sein. Die Verhandlungsposition der PVAP hat sich überdies insofern verhärtet, als man nicht bereit sei, die „Solidarität" als Gewerkschaft, wie sie bis zur Verhängung des Kriegsrechts bestanden hat, anzuerkennen. Lech WAŁĘSA und die gesamte „Solidaritäts"-Führung bestehen hingegen vehement darauf, als Gewerkschaft anerkannt zu werden; allerdings hat Wałęsa mehrmals glaubhaft versichert, daß er alles in seiner Macht Stehende tun würde, um eine wiederzugelassene „Solidarität" als „reine" Gewerkschaftsorganisation, was immer das konkret dann heißen möge, zu etablieren. Dieser Position Wałęsas gegenüber opponieren vor allem die radikalen und nach eigenen Aussagen „links" stehenden „Solidaritäts"-Funktionäre Adam MICHNIK und Jacek KUROŃ. Beide sind nicht nur seit Wochen fortgesetzten Angriffen in den Medien seitens der Partei ausgesetzt, sondern wurden auch innerhalb der „Solidarität" an den linken äußeren Rand gedrängt, und hinter vorgehaltener Hand wird sogar davon gesprochen, sie von dieser Organisation auszuschließen. Daß die beiden auf Grund ihrer angeblich atheistischen Weltanschauung keinen Rückhalt bei der katholischen Kirche finden, ist bekannt. Die Positionen der Gesprächspartner am Runden Tisch haben sich unvorteilhaft verhärtet.

Die Gespräche am Runden Tisch, so muss bedauerlicherweise festgestellt werden, unterliegen der Gefahr, zu scheitern. Maßgebliche Persönlichkeiten der Opposition, welche der katholischen Kirche nahestehen und als anerkannt gemäßigte Politiker gelten, äußern sich diesbezüglich durchaus pessimistisch. Im Falle eines tatsächlichen Scheiterns schließen diese Persönlichkeiten auch die Möglichkeit von gewaltsamen Zusammenstößen und Blutvergießen nicht aus.

Wie bereits früher einberichtet, sind auch maßgebende Vertreter des polnischen Episkopats mit der Bestellung von MP Rakowski nicht unbedingt glücklich. Man befürchtet ein Eindämmen des Dialoges mit der Opposition und eine ideologische Intensivierung der Parteiarbeit. Offensichtlich um die Bedenken auf Seiten der katholischen Kirche zu zerstreuen, gibt sich der Regierungschef den Anliegen der Kirche gegenüber in öffentlichen Erklärungen auffallend betont konziliant.

Es stellt sich zum gegenwärtigen Zeitpunkt die innenpolitische Situation also so dar, daß keine der maßgeblichen gesellschaftlichen Kräfte wirklich Optimismus zeigt. Der von General JARUZELSKI und General KISZCZAK eingeschlagene Weg zur „Nationalen Versöhnung" scheint noch steiniger geworden zu sein. Der polnischen Bevölkerung steht jedenfalls ein harter Winter bevor. […]

Dokument 257

UdSSR; innenpolitische Lage nach der XIX. Allunions-Parteikonferenz (28.6.–1.7.1988) und den Personalrochaden in den Führungsgremien (30.9./1.10.1988)

ohne GZ, 4207i, BMAA Wien (Litschauer), 24. Oktober 1988

[…] Ausblick:

Was Gorbatschow für die Zukunft anstrebt, ist offenbar – neben seiner eigenen neuen Doppelposition als Partei- und Staatschef – eine Allianz aus Parteisekretären und Volksdeputierten zur Bekämpfung des Apparats. Ob es ihm gelingt, der Leninschen Forderung „Alle Macht den Sowjets" zum Durchbruch zu verhelfen, bleibt fraglich. Auch läßt sich bezweifeln, ob die örtlichen Parteichefs durch die Übernahme der Funktion des Vorsitzenden in „ihren" Sowjets wirklich einer stärkeren „Kontrolle durch die Öffentlichkeit" unterworfen werden. In manchen Gegenden (z.B. Zentralasien) dürften die neuen „Parteichefs-Präsidenten" durch die Ämterverbindung nur noch stärker werden.

Für die bevorstehenden Wahlvorgänge bleiben folgende offene Fragen:

– Wie wird das neue Wahlsystem funktionieren?

– Inwiefern wird die „Volkswahl" die Autorität von Funktionären festigen?

– In welchem Ausmaß wird die Trennung von Partei und Staat gelingen?

– Wie wird sich die Rolle des ZK in der Praxis durch Ausweitung von Delegierungen an die Basis verkleinern lassen?

– Die Einschränkung der Amtszeiten aller gewählten Funktionäre wird sich jedenfalls auf die Nachfolgeregelungen positiv auswirken, an deren Stelle der Sowjetstaat bisher 70 Jahre lang nur in undurchschaubaren Machtkämpfen erzwungene Entscheidungen gekannt hat.

– Die wesentliche Stärkung der Position und der Machtbasis Gorbatschows läßt die immer wieder gestellte Frage nach der Unumkehrbarkeit der „revolutionären Umgestaltung" etwas leichter – und zwar im affirmativen Sinn – beantworten. Eine unmittelbare Besserung der wirtschaftlichen Probleme des Landes ist mit den Personal- und Ämterrochaden ohnehin noch nicht absehbar; wie schon im

Herbst 1987 wird jetzt neuerlich ein „schwieriger Übergangszeitraum" von „2 bis 3 Jahren" genannt. […]

Dokument 258

Noch Unklarheit in Polen (Info)

GZ 166.03.00/66-II.3/88, ÖB Warschau (Somogyi), 28. Oktober 1988

Bekanntlich hätten die Verhandlungen zwischen den hiesigen Machthabern und oppositionellen Gruppen am Runden Tisch wahrscheinlich schon am 17. ds. beginnen sollen.

Der Beginn verzögerte sich wegen zweier Bestemm-Standpunkte. In die Delegation der „Solidarität" sollen nämlich die zwei links stehenden und kirchenfernen Berater Wałęsas, nämlich Jacek Kuroń und Adam Michnik, eingeschlossen werden.

[Die] Machthaber betrachten insbesondere die beiden vorgenannten als sogenannte „unkonstruktive Opposition" und wollen offensichtlich unter allen Umständen sie von der Teilnahme am Round-Table-Gespräch [abbringen].

Wałęsa besteht hierauf aus Gründen, über die in einem in der nächsten Zeit abgehenden Schriftbericht Überlegungen angestellt werden.

Das neuerliche Zusammentreffen General Jaruzelskis mit Kardinal Glemp in Gnesen (der ältesten Hauptstadt Polens) soll Oppositionellen zufolge und vom hiesigen US-Botschafter triumphierend festgestellt (er sprach von einer Wallfahrt Jaruzelskis) dazu gedient haben, um Glemps Intervention bei Wałęsa zu erreichen. Glemp soll sich jedoch geweigert haben. – Offizielle Persönlichkeiten, wie ZK-Sekretär Closek und ZK-Abteilungsleiter Kucza bestreiten nicht die Zusammenkunft, wohl aber den Zweck derselben.

Es scheint derzeit ein echtes „dead-lock" zu existieren, die Gespräche werden aber wohl in nicht zu ferner Zeit aufgenommen werden.

Hilfreich hiezu sind freilich jedoch nicht die starrköpfigen Haltungen der „Solidarität", die vorbehaltlos Wiederzulassung (d.h. nicht als Fraktion im Rahmen eines Gewerkschaftsverbandes) verlangt, was von den Machthabern kategorisch abgelehnt wird. Zumindest auf diesem Gebiet sollte den Gesetzen der Logik zufolge ein Kompromiss möglich sein.

Oppositionelle behaupten, daß derzeit unter Machthabern große Auffassungsunterschiede hinsichtlich Zweckmäßigkeit der Abhaltung der Round-Table-Gespräche bestehen. Jaruzelski und Innenminister Kiszczak sollen für diese Gespräche sein, PM Rakowski – von der Opposition nach wie vor bestgehasst – und andere Politbüromitglieder sollen gegen diese Gespräche sein. Oppositionellen zufolge soll die Linie Rakowskis eine Perestroika ohne Glasnost sein. Staatsratsvorsitzenderstellvertreter Barcikowski, ebenfalls Politbürovollmitglied, bestritt dies heute gegenüber dem Gefertigten. Barcikowski gab aber auch bekannt, daß der Beginn dieser Gespräche noch nicht absehbar sei. Er gab sich jedoch optimistisch hinsichtlich deren Durchführung, weil letzten Endes die Bevölkerung auf beiden Seiten Druck ausübe. Übrigens sei die röm.-kathol. Kirche, auch wenn sie dies nicht mit völliger Offenheit sage, für die Durchführung der Round-Table-Gespräche.

Heute werde Barcikowski zufolge Kardinal Glemp wieder nach Rom fliegen, um sich offensichtlich Instruktionen des Papstes zu beschaffen.

Äußerst konstruktive Haltung der röm.-kath. Kirche unter Kardinal Glemp (andere Bischöfe unterstützen diesen nicht unbedingt) in Richtung Vermeidung einer Konfrontation und Herstellung des Dialogs muss hervorgehoben werden. [...]

Dokument 259
Gespräch des Missionschefs mit der „unkonstruktiven" Opposition am 27.10.1988

GZ 166.03.00/68-II.3/88, Zl. 209-RES/88, ÖB Warschau (Somogyi), 31. Oktober 1988

Wie aus der vorhergehenden Berichterstattung hervorgeht, unterscheiden die polnischen Machthaber zwischen der sogenannten konstruktiven und unkonstruktiven Opposition. Mit der ersten Kategorie, zu denen auch zu Recht und Unrecht Lech WAŁĘSA gehört, aber auch katholische Gruppen und andere Organisationen, ist die Regierung bereit, in Gespräche an einem Round-Table einzutreten. Unter unkonstruktiver Opposition wären jene Persönlichkeiten bzw. Kreise angesehen, die offen das Bestehen des sogenannten „sozialistischen" Systems und womöglich auch noch die Bündnisverpflichtungen Polens in Frage stellen. Mit diesen verfassungsunkonformen Elementen könne es keine Gespräche geben. Namentlich werden zu diesem Kreis Jacek Kuroń und Adam Michnik gezählt. Gegen diese läuft schon seit geraumer Zeit, wenn auch in der letzten Zeit stark intensiviert, eine Verleumdungskampagne in den offiziellen Medien.

Um Näheres über Ideen und Vorstellungen der Genannten sowie über ihre angebliche „Gefährlichkeit" für das Regime zu erfahren, lud sie der Gefertigte am 27. ds. zu einem Mittagessen in die ho. Residenz ein, bei dem ansonsten nur eine ho. Funktionärin als Dolmetscherin anwesend war.

Der um etliches ältere Kuroń wird von Michnik als Lehrmeister angesehen, wenn sie auch nicht in allen Punkten Einigkeit demonstrieren. Die gesamte Unterredung verlief überhaupt in einer sehr angeregten, etwas chaotischen Weise, und der Gefertigte hatte Mühe, sie einigermaßen zu steuern.

Kuroń war bis zum Endes des Stalinismus, d.h. bis 1953, eigenen Angaben zufolge Kommunist und auch Parteimitglied. Michnik sei nie Parteimitglied gewesen, habe aber kommunistische Ideen gehabt, von denen er sich 1968 (Invasion der ČSSR) losgesagt habe.

Auf die gegen die beiden laufende o.e. Massenmedienkampagne angesprochen, meinten sie, daß sie von den beabsichtigten Gesprächen am Runden Tisch ausgeschlossen werden sollen [...]. Dies sei eine Wiederholung des regierungsseitigen Verhaltens im Jahre 1981. Weder damals noch heute sei Lech WAŁĘSA bereit, sich von seinen oberwähnten beiden Beratern loszulösen. Sie würden deshalb von den Machthabern so gehasst, weil die Machthaber links ausgerichtete Persönlichkeiten (die beiden bezeichnen sich selbst als Sozialdemokraten) nicht als Partner akzeptieren wollten. Hingegen seien die Machthaber bereit, die Rechte anzuerkennen, weil die Rechte weniger gefährlich für den Bestand des Systems sei. Die Linke bestreite nämlich die Legitimität der Machthaber offen (die Rechte ebenfalls, wenn auch nicht so offen, Anmerkung des Gefertigten). Ursprünglich hätten zu den beiden noch andere liberale Persönlichkeiten, wie z.B. Onyszkiewicz, gehört, der sich jedoch in der Folge völlig Lech WAŁĘSA zugewandt habe (übrigens wird auch gegen Onyszkiewicz in der letzten Zeit wegen seines Auftretens in den Vereinigten Staaten ausreichend in den Massenmedien polemisiert).

Da dem Gefertigten das reservierte Verhalten Primas GLEMPs zu atheistischen Kreisen in der „Solidarität" (gemeint waren offensichtlich schon damals Kuroń und Michnik) bekannt war, sprach der Gefertigte die Gesprächspartner auf ihr Verhältnis zur allmächtigen katholischen Kirche an. Sie ließen keinen Zweifel daran, daß sie insbesondere von Primas Glemp nicht geliebt würden. Dies deshalb, weil sie sich von den polnischen Bischöfen keine Befehle hätten geben lassen, was übrigens auch auf Wałęsa zutreffe. Auf die Frage des Gefertigten, ob Wałęsa einem Befehl bzw. einem Wunsch des Papstes in jedem Fall […] Folge leisten würde – was der Gefertigte glaubt –, legten sich die Gesprächspartner nicht fest. ließen jedoch erkennen, daß Wałęsa wahrscheinlich absolut dem Papst gefügig sei. Auf alle Fälle seien die meisten Vertreter des Episkopats gegen die Linke in der „Solidarität", d.h. die Reaktion habe sich gegen die Linke vereinigt. Die Linke sei in der „Solidarität" in der Überzahl (der Gefertigte glaubt dies nicht), sie habe sich jedoch nie organisieren können. Die Rechte habe auch nach Ausrufung des Kriegsrechts im Dezember 1981 erklärt, daß die „Solidarität" erledigt sei, nur die Linke habe den Kampf weitergeführt (auch dieser Aussage schließt sich der Gefertigte nicht an).

Grundsätzlich sei die gewerkschaftliche Bewegung eine Erfindung der Linken, und in der „Solidarität" gebe es starke linke Tendenzen.

In den letzten 40 Jahren habe jedoch die katholische Kirche der Opposition und somit auch der oppositionellen Linken Obdach und Schutz geboten. Insbesondere die positive Haltung des niedrigen Klerus werde durch die Gläubigen erzwungen.

Am 26. ds. habe sich General JARUZELSKI nach Gnesen, der ältesten Hauptstadt Polens, begeben, um Kardinal GLEMP zu ersuchen, auf Lech Wałęsa in dem Sinn einzuwirken, daß dieser Kuroń und Michnik aus der Abordnung der „Solidarität" beim Runden Tisch ausnimmt. Kardinal Glemp habe allerdings General Jaruzelski keine diesbezügliche Zusage gemacht, weil er sich vor dem Zorn seiner Gläubigen gefürchtet hätte. Wałęsa hätte auch einem Ersuchen Glemps nicht entsprochen. Wałęsa gehorche wahrscheinlich vorbehaltlos und blind nur dem Papst, nicht aber Glemp oder anderen Bischöfen. Der Papst erteile Wałęsa keine Instruktionen. Der Papst sei auch dagegen, daß die „Solidarität" aufgesplittert wird in Katholiken und Nichtgläubige. Der Papst sei auch gegen den politisierenden Klerikalismus. Der politisierende Klerikalismus werde von Primas Glemp und Erzbischof Stroba und anderen Bischöfen vertreten – Kardinal MACHARSKIs Stellung sei diesbezüglich etwas unklar –, gegen den politisierenden Klerikalismus richte sich eindeutig der Erzbischof von Przemyśl, TOKARCZUK.

Der gegenwärtige Konflikt zwischen Machthabern und Opposition hinsichtlich der Teilnahme der beiden Gesprächspartner am Runden Tisch richte sich nicht wirklich gegen diese 2 Personen. Vielmehr finde in der polnischen Führung derzeit eine Auseinandersetzung statt, ob die Round-Table-Gespräche überhaupt begonnen werden sollten. Für das Gespräch sprächen sich General Jaruzelski und General Kiszczak aus, gegen dasselbe vor allem Premierminister RAKOWSKI. (Anmerkung des Gefertigten: Angeblich gehöre zu den Gesprächsbereiten im Politbüro neben den Generälen Jaruzelski und Kiszczak auch Verteidigungsminister SIWICKI, alle anderen Mitglieder des Politbüros seien gegen die Gespräche [mit] der Opposition.)

Die beiden Gesprächspartner führten auch aus, daß ohne vorbehaltlose Anerkennung der „Solidarität" die Round-Table-Gespräche keinen Sinn hätten. Allerdings müsste die „Solidarität" nicht schon vor Aufnahme der Gespräche anerkannt werden. Die von den Machthabern vorgeschlagene Variante, nämlich Bildung eins neuen all-polnischen Gewerkschaftsbundes nach dem Muster ÖGB oder DGB mit der „Solidarität" als Fraktion, käme für die „Solidarität" nicht in Betracht. Erstens würden dies weder die Bevölkerung, noch insbesondere die sehr streikfreudigen, radikalen Jungarbeiter verstehen. Als Fraktion eines all-polnischen Gewerkschaftsbundes müsste die „Solidarität" mit dem OPZZ, dem derzeitigen Verband der offiziellen polnischen Gewerkschaften, konkurrieren. Der OPZZ habe, weil er ja legal sei, ausgebildete Machtstrukturen, die „Solidarität" müsste sie erst schaffen, wodurch keine Chancengleichheit gegeben wäre. (Anmerkung des Gefertigten: Anderen Informationen zufolge sei Wałęsa gezwungen, in Anbetracht der radikalen Jungarbeiter, über die er kaum Kontrolle habe, eine sehr harte und kompromisslose Sprache zu führen. In Wirklichkeit könnten er und seine engeren Berater für eine [vielleicht nur provisorische] Lösung à la ÖGB oder DGB gewonnen werden.)

Auf die Frage des Gefertigten, ob die „Solidarität", in welcher radikalen Form auch immer, sich mit der Rolle einer reinen Gewerkschaft begnügen würde, antworteten die Gesprächspartner, daß dies davon abhänge, welche politischen Tätigkeiten den Vereinen auf Grund des noch vom Parlament zu verabschiedenden Vereinsgesetzes erlaubt sein werden. Jedenfalls könnte die heutige Situation nicht mit der der Jahre 1980/81 verglichen werden, weil ja heute grundsätzlich bei den Machthabern die Bereitschaft zur Reform bestünde. Grundsätzlich sei jetzt eine Chance für die nationale Verständigung gegeben.

Jedenfalls sei der Kommunismus jetzt schon am Ende. Entweder komme es zur Rückkehr zum Stalinismus und in der Folge darauf zu einer blutigen, aber siegreichen Revolution oder der Kommunismus entwickle sich evolutiv zum Pluralismus. (Eine unrealistische Beurteilung, der sich der Gefertigte nicht anschließen kann.) Derzeit gebe es nur mehr den Kampf der Interessen, die Nomenklatura verteidige ihre Interessen. Teile der Nomenklatura, in der Sowjetunion GS GORBATSCHOW, seien an sich schon mit der Reform einverstanden.

Nach Auffassung der beiden Gesprächspartner sei Perestroika ohne Glasnost nicht möglich (auch da vermag der Gefertigte nicht zu folgen). Am Nationalitätenproblem könnte Gorbatschow scheitern. Sein Erfolg sei ohnehin nicht sicher.

Überaus realistisch und wahrscheinlich im Gegensatz zu vielen anderen Oppositionellen beurteilten die beiden Gesprächspartner die Konsequenzen, die sich aus der geopolitischen Lage Polens ergeben. Sie gaben zu, daß an der Mitgliedschaft im Warschauer Vertrag nicht gerüttelt werden könnte. Außenpolitisch gesehen, wären sie schon glücklich, wenn Polen irgendeinmal eine Stellung wie die Finnlands, d.h. eines Landes mit beschränkter Souveränität (der Gefertigte widersprach), erreichen könnte. Österreichs Status wäre für Polen nur ein Traum. Ansonsten sehen die Gesprächspartner die unumgängliche Funktion Polens auf der Achse SU-Polen-DDR ein. Gegen Glasnost in Polen seien vor allem PM RAKOWSKI, Regierungssprecher URBAN und Gewerkschaftsvorsitzender MIDOWICZ.

Michnik bezeichnete die Tendenz um den ungeliebten Rakowski als „Pinochetisierung", d.h. Herrschaft der Polizei und Nomenklatura unter gleichzeitiger Vornahme von Wirtschaftsreformen. In Polen sei der Ausgang des Kampfes um mehr Pluralismus und Demokratie für die nähere Zukunft sehr unsicher und nicht voraussehbar.

Beide Gesprächspartner zögen die Entwicklung des Kommunismus in Richtung Pluralismus auf evolutivem Wege vor. Die von ihnen gewünschte Endform sei eine parlamentarische Demokratie. Es sei für sie ohne weiters vorstellbar, sich zu diesem Zweck auch mit reformwilligen Kommunisten zu verbünden.

Vom Gefertigten auf einige andere Elemente in der sogenannten Opposition, z.B. auf die „Kämpfende Solidarität" […] angesprochen, meinte KUROŃ, daß er die von der erwähnten Gruppierung, insbesondere deren Vorsitzendem MORAWIECKI, vertretenen wahnwitzigen Ansichten, z.B. sofortig Beseitigung des Kommunismus in Polen, verurteile, sich von diesen Ansichten jedoch nicht öffentlich distanzieren könne. Er würde jedoch auch die öffentliche Distanzierung vornehmen, wenn sich die Reformkommunisten ihrerseits von den Reformunwilligen distanzierten. In Polen gehe es jetzt um die endgültige Entstalinisierung. Die beiden Gesprächspartner sprechen RAKOWSKI nicht den Willen ab, entsprechende Wirtschaftsreformen durchzuziehen. Es genüge jedoch nicht für den Pluralismus, den Oppositionellen 4 Regierungssitze anzubieten und einen Kapitalisten zum Industrieminister zu ernennen.

Wie schon bei einzelnen Punkten aufgezeigt, kann sich der Gefertigte vielen Aussagen und Thesen der Mitredner nicht anschließen. Zusammenfassend kann gesagt werden, daß die Auffassungen der beiden Mitredner hinsichtlich Ende des Kommunismus nicht realistisch sind. Europa muss nach Ansicht des Gefertigten noch viele Jahre lang mit dem Kommunismus leben. Es wird allerdings von führenden Exponenten dieser Ideologie, in Polen z.B. RAKOWSKI und ORZECHOWSKI, eingesehen, daß der Kommunismus reformierbar ist und auch reformiert werden muss. Hinsichtlich der geopolitischen Lage und der sich daraus ergebenden Konsequenzen war bei beiden Gesprächspartnern ein bemerkenswerter Realismus festzustellen. Dieser Realismus geht insbesondere den stark nationalistisch eingestellten Kreisen der Opposition vielfach ab. Der Gefertigte konnte bei den beiden Gesprächspartnern nicht die sonst bei vielen anderen Mitrednern gewohnten, dem Gefertigten sehr unliebsamen nationalistischen oder gar chauvinistischen Töne feststellen. Die Gesprächspartner bejahen, wie auch die polnischen Machthaber, das Zweckbündnis mit der katholischen Kirche. D.h. jedoch keinesfalls, daß sie sich mit dieser Kirche und ihren Lehren in allen Punkten identifizieren. (MICHNIK ist übrigens kein Christ. Er hält sich jedoch nicht für einen schlechteren Polen als viele andere, ist sich jedoch dessen bewusst, daß in Polen vielfach die idiotische Auffassung besteht, ein guter Pole müsse auch ein guter Katholik sein.)

Wenn auch nicht unbedingt zu diesem Bericht gehörig, so soll doch nicht unerwähnt bleiben, daß auch den beiden Gesprächspartnern zufolge Lech WAŁĘSA von der gesamten polnischen Opposition, d.h. nicht nur von der „Solidarität", vorläufig als Führer anerkannt ist. Dieser Tatsache musste letzten Endes auch seitens der Machthaber Rechnung getragen werden, allerdings war zuverlässigen Quellen zufolge bei der Aufnahme des Dialogs mit WAŁĘSA auch vor allem der Umstand maßgeblich, daß die Machthaber die jungen, streikwütigen, äußerst radikal eingestellten Arbeiter nicht selber unter Kontrolle bekommen konnten und sie deshalb sozusagen unter die Fittiche der „Solidarität" schoben. Daß WAŁĘSA mit diesen Elementen auch seine Schwierigkeiten hat, ist bekannt. So ist er z.B. angeblich gezwungen, in der letzten Zeit eine wesentlich härtere Tonart anzuschlagen, als von ihm eigentlich beabsichtigt. Übrigens findet derzeit, so komisch das auch klingen mag, ein Kampf um die Vereinnahmung Wałęsas durch praktisch alle größeren politischen Faktoren, einschließlich Machthaber, statt. Wałęsa konnte jedoch bisher, wenn man von der wiederholt einberichteten Manipulierung seitens der USA absieht, im wesentlichen seine Unabhängigkeit beibehalten. Wie oben angeführt, ist er nicht einmal der von ihm offensichtlich so geliebten katholischen Kirche zur Gänze gefügig, vermutlich aber dessen Oberhaupt. […]

Dokument 260

Arbeitsbesuch des polnischen Premierministers Mieczysław RAKOWSKI am 21. Oktober in Moskau

GZ 166.18.09/1-II.3/88, Zl. 214-RES/88, ÖB Warschau (Somogyi), 31. Oktober 1988

Der neue polnische Premierminister Mieczysław RAKOWSKI hat am 21. Oktober d.J. einen eintägigen Arbeitsbesuch in der Sowjetunion durchgeführt. Wie vor allem vom Gefertigten nicht anders erwartet, führte den neuen Premierminister die erste Auslandsreise nicht nach Österreich, sondern in die Sowjetunion, d.h. zum wichtigsten Verbündeten und bedeutsamsten Handelspartner Polens.

Hiezu konnte aus absolut erstklassiger Quelle folgendes in Erfahrung gebracht werden.

Für die Durchführung dieser Reise seien zwei Gründe maßgeblich gewesen. Erstens weil über die Verhältnisse in Polen und um den eingeschlagenen Kurs der Machthaber bei gewissen Verbündeten Polens, insbesondere bei der DDR und Rumänien, eine gewisse Skepsis zu erkennen war und weil man auch in den sowjetischen Massenmedien gewisse Reserven zu erblicken glaubte. Zweitens wollte die polnische Führung auch GORBATSCHOW darum ersuchen, beim kommenden Besuch Bundeskanzler Kohls auf diesen einzuwirken, gegenüber Polen eine flexiblere Haltung, insbesondere für Polens Kreditwünsche, einzunehmen (Polen will von der BRD einen Kredit von 7 Milliarden D-Mark, derzeit bewegen sich die Verhandlungen bei 4-5 Milliarden DM).

PM Rakowski habe mit Ministerpräsident RYSHKOW eine dreistündige Unterredung geführt, bei der die bilateralen Beziehungen, der Besuch Bundeskanzler Kohls in der Sowjetunion und die Erhöhung der sowjetischen Erdöllieferungen nach Polen besprochen worden seien.

Mit Staats- und Parteichef Gorbatschow traf PM Rakowski zu einer zweistündigen Unterredung zusammen, wobei diese Begegnung möglicherweise überhaupt die erste zwischen den beiden erwähnten Persönlichkeiten darstellte.

Rakowski habe Gorbatschow einen Überblick über die Lage in Polen gegeben, habe den eingeschlagenen Kurs der polnischen Machthaber erklärt und außerdem über Tendenzen und Absichten in der Opposition Auskunft erteilt.

Gorbatschow habe für die Darlegungen Rakowskis Verständnis gezeigt. Sein Interesse für die polnischen Probleme sei auch deshalb groß, weil Perestroika und die polnische Reform schicksalhaft miteinander verbunden seien, von ihnen sogar wechselseitige Wirkungen ausgehen. Für die Perestroika sei auch maßgeblich, wie die Entwicklung beim größten Verbündeten und Freund (?), der Sowjetunion, verlaufe.

Gorbatschow habe Rakowski die Situation in der Sowjetunion mit großem politischen Realismus geschildert. Der Kampf um die Perestroika müsse Gorbatschow zufolge von oben und an der gesellschaftlichen Basis geführt werden. Gegen die Perestroika seien vor allem die mittleren Schichten sowohl im Staats- wie auch im Parteiapparat. Die Unterstützung des Volkes für die Perestroika hänge vom Erfolg der wirtschaftlichen Reformen ab. Wir haben nicht viel Zeit – soll Gorbatschow gesagt haben. Im Laufe der Unterredung habe Gorbatschow auch einige ideologische Ansichten geäußert, die noch vor einigen Jahren als reinster Häresie verdammt worden wären.

Gorbatschow zufolge sei das größte Versäumnis des Sozialismus die Entfremdung des Menschen. Statt des Menschen entscheide jetzt die Bürokratie, die von der Partei geschützt werde. Der Sozialismus und somit die Partei müssten jetzt um den Menschen kämpfen. Dieser Kampf sei wegen des Mißtrauens der Menschen, der ungenügenden Informationsmöglichkeiten und der Deviationen im Sozialismus nicht leicht. Gorbatschow habe diese Mängel besonders bei seinem Besuch in Krasnojarsk gespürt. Bei der Entwicklung der sozialistischen Demokratie sei Jugoslawien am weitesten fortgeschritten, habe aber schwerwiegende Fehler begangen und daher jetzt große Probleme.

Als gravierende Fehlentwicklung sei von Gorbatschow die Tatsache bemängelt worden, daß 70 % des wissenschaftlichen und Forschungspotentials der Sowjetunion für die Militärindustrie eingesetzt sei. Diese wiederum sei nicht für die Entwicklung der Volkswirtschaft eingeschaltet. Im Laufe der Unterredung habe Gorbatschow auch lachend zugegeben, daß in der DDR und Rumänien und auch in der ČSSR über ihn selbst schlecht geredet werde, und nicht nur dort. Gorbatschow habe CEAUŞESCU als einen Paranoiker bezeichnet.

Rakowski sei von Gorbatschow sehr beeindruckt gewesen, wegen dessen Realismus und Mut und seinem mangelnden Respekt für ideologische Dogmen. [...]

Dokument 261

Antrittsbesuch des neuen tschechoslowakischen MP Adamec in Moskau

GZ 35.18.18/1-II.3/88, ÖB Moskau (Grubmayr/Vukovich), 2. November 1988

Der neue tschechoslowakische MP Ladislav Adamec hat der UdSSR am 1.11. d.J. einen Antrittsbesuch abgestattet, in dessen Verlauf er mit GS Gorbatschow und MP Ryschkow Gespräche führte.

Der sowjet. Staats- und Parteichef wünschte der tschechosl. Führung gutes Gelingen bei der Lösung „der anstehenden Probleme der sozio-ökonomischen Entwicklung" der ČSSR. Gorbatschow wörtlich:

„Ich möchte, daß unseren tschechoslowakischen Freunden alles so gelingt, wie sie es sich vorstellen. Ich bin überzeugt davon, daß das auch der Fall sein wird. Bei ihnen gibt es Probleme, aber die ČSSR ist eines der entwickeltsten sozialistischen Länder und verfügt über große Möglichkeiten. Gegenwärtig finden in der sozialistischen Gemeinschaft Prozesse statt, die es noch nie in einem solchen Umfang und einer solchen Tiefe gegeben hat. Dabei handelt es sich nicht um einzelne erleuchtete Personen, sondern um objektive Prozesse."

Gorbatschow hat damit in bisher deutlichster Form auf innertschechoslowakische Probleme hingewiesen und Reformen im gesamten Ostblock quasi als einen unaufhaltsamen objektiven Prozeß bezeichnet, der unabhängig von den jeweiligen Spitzenpolitikern der osteuropäischen Staaten voranschreite. Gleichzeitig hat er aber auch mit der Formulierung – „wie sie sich das vorstellen" – die nationalen Besonderheiten der Reformen der einzelnen osteuropäischen Staaten anerkannt.

Der spezifischen politischen Situation in der ČSSR ist man sich in Moskau wohl bewusst. Die „Prawda" hat am 30.10. d.J. über die Zwischenfälle bei einer Demonstration am Prager Wenzelsplatz aus Anlass des 70. Jahrestages der Proklamation der Unabhängigkeit der ČSSR berichtet und dabei die Version der tschechoslowakischen Behörden übernommen, daß diese Protestkundgebung von inneren und äußeren Feinden des Sozialismus organisiert worden sei. Die Feinde des Sozialismus würden kein Hehl daraus machen, daß sie die „Perestroika" zur Rehabilitation politisch abgewirtschafteter Personen benützen wollen, schreibt die „Prawda" unter Zitierung der „Rudé právo". Demokratie, Glasnost und Kritik möchten jenen nützen, die glauben, daß ihre Zeit gekommen sei; sie würden sich jedoch sehr irren.

Bei einem Essen, das MP Ryschkow zu Ehren seines tschechoslowakischen Amtskollegen gegeben hat, äußerte sich Adamec kritisch über den „gegenwärtigen politischen und wirtschaftlichen Mechanismus" in der ČSSR. Dieser Mechanismus sei schuld dran, daß das nicht unbedeutende wirtschaftliche und menschliche Potential, über das die ČSSR verfüge, keinen entsprechenden Effekt zeitige. Bei der Schaffung neuer wirtschaftlicher und wissenschaftlich-technischer Strukturen, bei der Bewältigung von Umweltschutzproblemen und bei der Anhebung des Lebensstandards der Bevölkerung werde die ČSSR die „wertvollen Ideen" der UdSSR in immer größerem Maße nützen. Die Ideen der 19. Allunionskonferenz der KPdSU (Anmerkung der Botschaft: Reform des politischen Systems) [...] betrachte man in der ČSSR als Aufruf, einen Beitrag zur Theorie und Praxis der „Perestroika" zu leisten. Die tschechoslowakische Führung will diese „inspirierenden Ideen" – laut Adamec – unter den tschechoslowakischen Bedingungen schöpferisch nutzen.

Ryschkow meinte in seiner Tischrede, daß die Übereinstimmung des Kurses der KPdSU und der KPČ, welche auf eine tiefgreifende Umgestaltung des wirtschaftl. und politischen Lebens auf der Basis einer allseitigen Entfaltung der sozialistischen Demokratie ausgerichtet sei, neue Perspektiven für die Zusammenarbeit zwischen der UdSSR und der ČSSR eröffne. (Anmerkung der Botschaft: Auf soziopolitischem Gebiet ist diese Übereinstimmung wohl nur eine verbale, da Adamec so wie auch schon Parteichef Jakeš bei seinem Moskau-Besuch im Jänner d.J. [...] im Zusammenhang mit politischen Reformen auf die spezifischen tschechoslowakischen Bedingungen hingewiesen hat.)

Auch Probleme der wirtschaftl. Integration im Rahmen des RGW waren ein wichtiges Thema der jüngsten sowjetisch-tschechoslowakischen Gespräche. MP Ryschkow sprach von negativen Prozessen, die die wirtschaftl. Integration der RGW-Länder behindern. MP Adamec hat seinerseits erklärt, daß die ČSSR die Beschlüsse der 44. RGW-Ratstagung (Prag, Juli 1988) unterstütze und für die Schaffung eines „einheitlichen Marktes" der RGW-Staaten eintrete.

Der tschechoslowakische Regierungschef hat MP Ryschkow vorgeschlagen, zur Erörterung der zahlreichen Probleme, die sich aufgrund der wirtschaftl. Veränderungen ergeben, mindestens 2 x jährlich Arbeitstreffen durchzuführen. Das nächste Treffen soll bereits Anfang 1989 stattfinden. [...]

Dokument 262

Besuch des csl. Außenministers Dr. Jaromír JOHANES in Wien

GZ 35.18.01/44-II.3/88, ÖB Prag, 2. November 1988

[…] INTERPRETATION NACH DER LAGE IN DER ČSSR NACH DEM REGIERUNGSWECHSEL

Aus österreichischer Sicht erscheinen zwei Aspekte vorrangig:

- gesellschaftspolitisch (Menschenrechte, z.B. im Hinblick auf die Ausschreitungen in Prag aus Anlaß des csl. Nationalfeiertages am 28.10. d.J. und die Zwangspsychiatrierung des religiösen Aktivisten Navratil)

- wirtschaftspolitisch (Aufgeschlossenheit gegenüber österr. Wirtschaftsprojekten; Bestätigung des bisherigen Kurses einer langsamen, aber doch stetigen Öffnung zugunsten erweiterter Kooperation mit Österreich)

1. ČSSR, Innenpolitik

Die innenpolitische Lage der ČSSR der letzten 12 Monate ist von der Bewegung geprägt, die durch die Wahl des neuen GS der KPČ, Miloš JAKEŠ, sowie zwei Regierungsumbildungen unter seiner Ägide im vorher erstarrten Machtgefüge eingetreten ist.

I. Beim Plenum des ZK der KPČ 17./18.12.1987 wurde StP Gustáv Husák in seiner Funktion als GS der KPČ von <u>Miloš JAKEŠ</u> abgelöst. Ausschlaggebend für diese Entscheidung dürften u.a. ideologische Differenzen in der sowj. bzw. csl. KP und der seit einiger Zeit schwelende „Schulenstreit" zwischen csl. „Reformern" und Dogmatikern in der Frage der Wirtschaftsreform zu nennen sein. In beiden Fragen wird Jakeš eine stärkere, richtungsweisendere Funktionserfüllung als Husák zugetraut.

Jakeš verbindet eine genaue Kenntnis der realpolitischen Gegebenheiten, insbesondere des Parteiapparates, mit langjährigen Erfahrungen im Bereich der Wirtschaft (er war seit 1981 u.a. auch Vorsitzender der ZK-Wirtschaftskommission und bereits in den 70er-Jahren im Parteipräsidium für die Landwirtschaft, später für die Industrie zuständig).

Die Wahl von Jakeš ist als Mittelweg zwischen den traditionellen Flügeln der „Dogmatiker" und „Reformer" zu verstehen. Die innenpolitische Entwicklung des Jahres 1988 zeigt, daß sich Jakeš als neuer GS offensichtlich durchgesetzt hat:

Eine erste Umbesetzung im KP-Präsidium und –Sekretariat sowie in der Regierung wurde beim ZK-Plenum vom 8./9. April d.J. beschlossen. Durch die Zusammenlegung einiger Ministerien wurde eine Straffung des Regierungsapparates erreicht.

Noch wichtiger sind die beim 10. ZK-Plenum (10.–11.10. d.J.) beschlossenen, weitreichenden <u>personellen Änderungen</u> mit insgesamt 10 neuen Regierungsmitgliedern in der Föderalregierung. Lubomír Štrougal und Peter Colotka wurden von ihren Funktionen als MP […] der ČSSR bzw. der Slowakei sowie von ihren Mitgliedschaften im Präsidium der KPČ enthoben. Ins Präsidium wurden fünf neue Mitglieder aufgenommen, die der engeren Umgebung Jakeš zuzuordnen sind. Neuer MP der ČSSR wurde der bisherige MP der ČSR, Ladislav ADAMEC, neuer MP der ČSR ist František PITRA, MP der SSR wurde KNOTEK. AM Bohuslav CHŇOUPEK wurde durch den bisherigen 1. Stellvertreter AM Jaromír JOHANES ersetzt.

Der als Dogmatiker geltende, im ZK-Präsidium für Ideologie und Außenpolitik zuständige Vasiľ Biľak behielt seinen Posten im Präsidium, wurde in seiner Zuständigkeit für ideologische Fragen jedoch von Jan Fojtík abgelöst und ist nur mehr für außenpolitische Fragen zuständig.

Die Ablöse Štrougals dürfte in erster Linie aufgrund dessen persönlicher Differenzen mit Jakeš erfolgt sein. Ein weiterer Hinweis könnte jedoch auch in der von Adamec in seiner Regierungserklärung unmißverständlich gegen Štrougal gerichteten Äußerung, den Wirtschaftsumbau in Zukunft „nicht nur mit Worten, sondern auch mit Taten" betreiben zu wollen, zu finden sein.

Mit Štrougal verliert der Reformerflügel seinen auch im Ausland profilierten Exponenten. In seiner 18 Jahre währenden Ministerpräsidentschaft konnte er allerdings nur Teilerfolge erreichen, offenbar weil er sich gegen den orthodoxen Flügel trotz Unterstützung aus Moskau nicht durchsetzen konnte. Sein Verdienst ist die Einleitung von Wirtschaftsreformen (Gesetze über den Umbau des Wirtschaftsmechanismus). Der im Vergleich zu Štrougal als Hardliner erscheinende, aber pragmatisch agierende Adamec wird die Politik der kleinen Schritte, über die Štrougal auch nicht hinausgekommen ist, fortsetzen, sodaß insgesamt keine wesentliche Änderung des bisherigen Kurses zu erwarten ist.

Gegenüber der Moskauer Perestroika und Glasnost betont die csl. Führung ihre Eigenständigkeit unter Hinweis auf die „besonderen Bedingungen" infolge der Erfahrungen von 1968. Eine Neubewertung des „Prager Frühlings" ist weiterhin nicht in Sicht.

II. Die seit Anfang 1987 in Gang befindliche csl. Wirtschaftsreform trat mit Inkrafttreten von vier wichtigen Wirtschaftsgesetzen am 1.7. d.J. in die erste entscheidende Phase.

Durch die Novelle des „Gesetzes über die Wirtschaftsbeziehungen mit dem Ausland" wird das bisherige Außenhandelsmonopol der Außenhandelsunternehmen durchbrochen. Das „Gesetz über die Staatsunternehmen" stellt deren Tätigkeit unter die Prinzipien der Selbstverwaltung, Selbstfinanzierung und wirtschaftlichen Rechnungslegung. Mit 1. Juli d.J. wurden bereits 412 Staatsunternehmen gegründet, die nunmehr direkt dem zuständigen Ministerium (unter Ausschaltung der bisher dazwischen nach Branchen koordinierten Generaldirektionen) unterstellt sind.

Im Einklang mit diesem Gesetz stehen auch das „Gesetz über die Wohnbau-, Konsum- und Produktionsgenossenschaften".

Per 1.1.1989 wurde die Einführung eines einheitlichen Wechselkurses beschlossen. Nach einer erstmaligen Festlegung durch die Föderalregierung sollen die laufenden

Anpassungen des Wechselkurses in Zukunft nach vorgegebenen Richtlinien und unter Berücksichtigung des ausländischen und inländischen Preisniveaus durch die csl. Staatsbank erfolgen.

Der Widerspruch zwischen der programmatisch laufend geforderten, weiteren Stärkung des Machtzentrums (KP und Regierung) und dem durch die Wirtschaftsreform entstehenden, erweiterten Entscheidungsrahmen auf der Ebene des betrieblichen Managements dürfte eines der Kernprobleme bei der weiteren Realisierung dieser Reformmaßnahmen darstellen.

2. ČSSR, Außenpolitik

Die ČSSR vertritt den sowjetischen Standpunkt im wesentlichen in internationalen Fragen ohne Modifikationen. Daran wird sich nach der jüngsten Regierungsumbildung vom Oktober 1988 kaum etwas ändern.

2.1. Csl. Initiativen zur Schaffung einer Zone des Vertrauens und der Zusammenarbeit zwischen WP und NATO

Ein markanter Faktor der aktuellen csl. Außenpolitik ist eine Initiative, die die Schaffung einer Zone des Vertrauens und der Zusammenarbeit zwischen WP und NATO bewirken soll und von GS JAKEŠ persönlich anlässlich des 40jährigen Jubiläums der kommunistischen Machtübernahme in der ČSSR im Februar 1988 vorgelegt wurde.

Der Vorschlag sieht die Schaffung einer Zone der militärischen Verdünnung vor, wodurch die Voraussetzungen für eine umfassende Zusammenarbeit auf militärischem, politischem, wirtschaftlichem, ökologischem und humanitärem Gebiet geschaffen werden sollen. Die einzubeziehenden Länder sollen Norwegen, Sowjetunion, BRD, DDR, Griechenland, Türkei, ČSSR, Bulgarien sowie ferner Dänemark, Polen und Rumänien sein.

Die Initiative wurde im Gefolge der Erklärung von GS JAKEŠ von den csl. Vertretern bei den VN in New York und Genf sowie beim WFT präsentiert. Es wurden auch Sonderbotschafter in mehreren Staaten, darunter auch Österreich, entsandt.

Die JAKEŠ-Initiative entspricht inhaltlich über weite Strecken traditionellen österreichischen Anliegen und kann daher zu deren Förderung gegenüber der ČSSR verwendet werden. In diesem Sinne erscheint eine weiterhin grundsätzlich positive österreichische Haltung angezeigt. Zusätzliche neue institutionelle Strukturen, wie z.B. auf Grund eines Zusammenarbeitsprotokolls zwischen den Außenministerien, wären allerdings nicht im österreichischen Interesse.

Auch der HBK wurde bei seinem Besuch in der ČSSR (26.–28.6. d.J.) sowohl vom damaligen MP ŠTROUGAL als auch von GS JAKEŠ auf die Initiative angesprochen und betonte dabei die „grundsätzlich positive österreichische Haltung" hiezu.

Während der letzten Wochen war ein gewisses Nachlassen des Drängens der csl. Diplomatie um Unterstützungserklärungen ausländischer Repräsentanten erkennbar. Allerdings wurde die JAKEŠ-Initiative von der ČSSR bei der jüngsten UN-Generalversammlung zur Sprache gebracht.

Es ist nicht auszuschließen, daß der Herr Vizekanzler auf dieses Thema angesprochen werden wird.

2.2. Die ČSSR und das „europäische Haus"

Die ČSSR hat GORBATSCHOWs Gedanken vom „Gemeinsamen Europäischen Haus" aufgenommen und sich gerade in der letzten Zeit zunehmend darauf eingestellt.

Die Beweggründe hierfür gehen über den Wunsch, eine Moskauer Richtlinie nachzuvollziehen, hinaus und stehen auch mit der hier erkannten Notwendigkeit, wirtschaftlich nicht völlig den Anschluß an Westeuropa zu verlieren, in engem Zusammenhang.

Die verstärkten csl. Bemühungen um Gesamteuropa zeigen sich somit auf mehreren Ebenen: von der Initiative von GS JAKEŠ zur Schaffung einer Vertrauenszone bis zum Abschluß eines Handelsvertrages mit der EG und bis zu vermehrten politischen Kontakten.

2.3. Übersicht der csl. Außenpolitik nach politisch-geographischen Bereichen:

A) Osten

Im Verhältnis zur Sowjetunion wird ungeachtet des unterschiedlichen Tempos beim „Umbau" auf allen Ebenen eine weitere Verflechtung, insbes. wirtschaftlicher Natur, angestrebt. Für die csl. Seite ist zunehmend eine Verbesserung der csl.-sowjetischen Außenhandelsstruktur, die derzeit von sowjetischen Rohmaterial- gegen csl. Industriegüterlieferungen geprägt ist, bedeutsam. Ob der neue MP ADAMEC bei seinem Antrittsbesuch in der Sowjetunion in dieser Frage einen Vorstoß unternommen hat, ist bisher nicht bekannt geworden.

Die Beziehungen zu den benachbarten RGW-Staaten sind nicht frei von Belastungen.

Gegenüber der DDR sind es nicht zuletzt die deutsch-deutschen Beziehungen, die in der ČSSR mit einem gewissen Mißtrauen verfolgt werden. Die Bemühungen um eine noch engere wirtschaftliche Zusammenarbeit werden seit dem Besuch von GS JAKEŠ in der DDR Anfang d.J. fortgesetzt.

Gegenüber Ungarn ist das Problem der großen ungarischen Minderheit in der Slowakei latent. Dazu treten das Unbehagen über den Wirtschaftskurs Ungarns und die dort herrschende politische Stimmung, ferner einzelne konkrete Probleme, z.B. im Zusammenhang mit dem Donauausbau.

Auch das Verhältnis zu Polen ist nicht friktionsfrei: Die dortige Entwicklung in den Jahren 1980/81 ist mit besonders großer Sorge verfolgt worden (Reminiszenzen an 1968!), und die dortige Stellung der römisch-katholischen Kirche wird äußerst kritisch beobachtet. Über den Regierungswechsel Messner/Rakowski wurde in den csl. Medien relativ offen und ausführlich berichtet.

B) Westen

Die Beziehungen der ČSSR zum Westen, die nach 1968 eher gespannt waren, wurden in den letzten Jahren vor allem durch die aktive Besuchsdiplomatie des langjährigen Außenministers CHŇOUPEK, verbessert.

1. Das <u>Verhältnis zur BRD</u> wird zunehmend besser. Die BRD ist der wichtigste Wirtschaftspartner im Westen und der wichtigste wesentliche Partner im Reiseverkehr. Es bestehen seit langem Kontakte zwischen KPČ und SPD (die u.a. zu deren gemeinsamer Initiative „Errichtung einer chemiewaffenfreien Zone in Mitteleuropa" geführt haben) sowie zwischen den tschechischen und slowakischen Republiken und einzelnen deutschen Bundesländern (insbesondere Nordrhein-Westfalen und Baden-Württemberg). Seltener und in schwächerer Form als in früheren Jahren wird von csl. Seite der Revanchismus und gelegentlich auch der Militarismus in der BRD hervorgestellt.

Die Visite von BK KOHL (26. Jänner 1988) stellte den bisherigen Höhepunkt der bundesdeutschen Besuchsdiplomatie in der ČSSR dar und verlief außerordentlich positiv. Dem Vernehmen nach soll ein Besuch von Bundespräsident Weizsäcker im kommenden Jahr zur Diskussion stehen. Ein Besuch des ehemaligen MP ŠTROUGAL in der BRD hätte Anfang 1989 stattfinden sollen. Ob bzw. wann MP ADAMEC die BRD besuchen wird, ist noch nicht bekannt.

Von deutschen Landes-Spitzenpolitikern hielten sich Ministerpräsident RAU, Nordrhein-Westfalen, im April d.J. und Ministerpräsident Lothar SPÄTH, Baden-Württemberg, im September d.J. in der ČSSR auf. Die Kontakte KPČ-SPD wurden zuletzt von SPD-Präsidiumsmitglied Hans-Jürgen WISCHNEWSKI in Prag (Sept. d.J.) und KPČ-Präsidiumsmitglied Jan FOJTÍK in Bonn (Oktober d.J.) weitergeführt.

2. Sonstige <u>NATO-Staaten</u>.

Die Beziehungen <u>Frankreich-ČSSR</u> wurden durch den erfolgreich verlaufenen Besuch von AM DUMAS (15.–17.9. d.J.) deutlich aktiviert. Vom 8.–12.12. d.J. ist ein Besuch von StPr. MITTERRAND vereinbart.

Auch im Verhältnis zu <u>GB</u> sind in letzter Zeit Fortschritte zu verzeichnen. So besuchte Ende Oktober eine Delegation brit. Parlamentarier die ČSSR. Der Schaden für die bilateralen Beziehungen, der durch die jüngst erfolgte gegenseitige Ausweisung von Diplomaten entstand, wurde bewußt beschränkt.

Der <u>holländische</u> Außenminister van den BROEK hat der ČSSR im Mai d.J. einen offiziellen Besuch abgestattet.

Mit den <u>Neutralen</u> Schweiz, Schweden und Finnland gibt es nicht sehr häufige Besuchskontakte (Präsident KOIVISTO war 1987, der finnische Kulturminister im Mai d.J. in der ČSSR).

<u>Italien</u> wird, wenn auch nicht allzuoft, in der csl. Presse meist positiv präsentiert (insbesondere ANDREOTTI). Es gibt aber nur relativ wenige Berührungspunkte (am ehesten in der Wirtschaft und der Kultur).

Dies gilt in noch stärkerem Maße für Spanien, Portugal und auch Griechenland.

Mit den <u>USA</u> ist im Gefolge der amerikanisch-sowjetischen Gipfelkontakte ebenfalls eine grundsätzliche Klimaverbesserung eingetreten. Ob die Mißtöne, die bei der kürzlichen Visite von Under Secretary of State Whitehead aufgetreten sind (Behauptung „Rudé právos", daß Whiteheads Besuch zur Ausgabe von „Instruktionen" an Regierungsgegner für die Ausschreitungen am csl.

Nationalfeiertag genützt worden sei), nur Ausdruck einer csl. Nervosität oder ernsthafter Natur waren, wird sich allerdings erst in der Zukunft zeigen.

3.) Bilaterale Beziehungen Österreich-ČSSR seit 1986

Seit 1986, vor allem aber seit dem offiziellen Besuch des HVK im Juli 1987, ist eine stetige Aufwärtsentwicklung festzustellen.

Die csl. Haltung beim jüngsten Grenzzwischenfall vom Oktober d.J., als csl. Grenzsoldaten flüchtenden DDR-Staatsbürgern nachfeuerten, als sich diese bereits auf österreichischem Territorium befanden, unterschied sich wohltuend von jener bei ähnlichen Zwischenfällen in der Vergangenheit. Durch ihre Entschuldigung machte die csl. Seite deutlich, daß sie an einer Aufrechterhaltung des dzt. Niveaus der gegenseitigen Beziehungen interessiert ist.

Auch die auf csl. Seite mit gewissem Aufwand betriebene Polemik gegen den OGH-Beschluß vom März d.J. über die Zuständigkeit österreichischer Gerichte für die Beurteilung von Klagen gegen die Errichtung von Kernkraftwerken in der ČSSR hat die Beziehungen nicht ernsthaft berührt.

Von österreichischer Warte aus ist ein Verhalten der csl. Seite zu erkennen, das sich gegenüber österreichischen Anliegen aufgeschlossener als in früheren Jahren zeigt. Von maßgeblichen Stellen wird der Wille und Wunsch nach engerer Zusammenarbeit, vor allem im wirtschaftlichen Sektor, aber auch im kulturellen Bereich betont.

Csl.-seits wird mit Befriedigung vermerkt, daß die Bundesregierung die Nachbarschaftspolitik als eines der vorrangigen Ziele der österreichischen Außenpolitik ansieht.

Die Intensivierung der bilateralen Besuchsdiplomatie setzte sich nach dem Besuch des HBK 1987 im Laufe d.J. fort und erreichte ihren Höhepunkt beim offiziellen Besuch des HBK (26.–28.6. d.J.).

Auf Ministerebene fanden in diesem Jahr zum ersten Mal Besuche der csl. Minister für Inneres (Vajnar) und für Verteidigung (Václavík) in Österreich statt. Umgekehrt besuchten Bundesminister Blecha und Riegler, der Präsident des Bundesrats, Köstler, Bürgermeister Zilk sowie Bundeskammerpräsident Sallinger die ČSSR. Besuche von Bundesminister Lichal Anfang 1989 und von GTI Tauschitz im Dezember l.J. sind geplant. […]

Dokument 263
Anzeichen für „Neues militärisches Denken" in der UdSSR?

GZ 225.05.00/2-II.3/88, Zl. 722-RES/88, ÖB Moskau (Grubmayr), 8. November 1988

Verteidigungsminister Jasow hat Anfang August d.J. in der sowjetischen Armeezeitung „Krasnaja Swesda" die Grundzüge einer neuen sowjetischen Verteidigungspolitik skizziert, die der „defensiven Militärdoktrin" der UdSSR, den „konkreten Bedingungen der gegenwärtigen Phase der internationalen Beziehungen" sowie den Zielen der Perestroika entsprechen soll […]. Die neue sowjetische

Verteidigungspolitik kann mit der Formel „weniger Quantität, dafür mehr Qualität" umschrieben werden.

In letzter Zeit hat es Anzeichen gegeben, daß eine Diskussion über die zahlenmäßige Stärke der sowjetischen Streitkräfte, über deren Organisationsstruktur und sogar über die Zweckmäßigkeit der Beibehaltung einzelner Waffenkategorien in der UdSSR nicht mehr tabu ist.

Bei einer Festveranstaltung zum 70. Jahrestag der Gründung der sowjetischen Jugendorganisation „Komsomol" (31.10. d.J.) hat ein Schüler Kritik daran geübt, daß sowjetische Studenten nach dem ersten Hochschulstudienjahr zu einem 2- bis 3-jährigen Militärdienst einberufen werden. Der Schüler wollte vom sowjetischen Staats- und Parteichef wissen, weshalb die UdSSR eine „so große Armee" benötige.

Gorbatschow erklärte dazu, daß er in der Fragestellung einen „rationalen Kern" sehe. Die Dauer des Militärdienstes könnte verringert werden, allerdings nur im Rahmen eines Prozesses, der auch die „Freunde und Partner" der UdSSR einbezieht. Die UdSSR könne nicht ihre Armee auflösen, wenn gleichzeitig alle andere Staaten ihre Armeen beibehalten oder sogar aufrüsten. Die UdSSR werde jedoch gemeinsam mit anderen Staaten den Weg der Reduzierung von Streitkräften und Rüstungen beschreiten.

Zwei interessante Diskussionsbeiträge zur Frage der künftigen Organisationsform und Struktur der sowjetischen Streitkräfte sind kürzlich in der sowjetischen Presse erschienen. [...]

Die beiden vorerwähnten Artikel sind vermutlich mehr als bloße Gedankenspiele im Vorfeld der Wiener Konferenz über konventionelle Rüstungskontrolle (KRK). Eine tiefgreifende Umstrukturierung ihrer Streitkräfte könnte sich für die UdSSR aus innenpolitischen Gründen als notwendig erweisen. Eine Modernisierung des zivilen Sektors der sowjetischen Wirtschaft, eine beschleunigte Entwicklung der sowjetischen Nahrungsmittel- und Konsumgüterindustrie sowie eine vermehrte Berücksichtigung der lange Zeit vernachlässigten sozialen Bedürfnisse der sowjetischen Bevölkerung (Gesundheitsbetreuung, Ausbau der Bildungs- und Erholungseinrichtungen) läßt sich wohl ohne schrittweise Umschichtung von Ressourcen vom militärischen zum zivilen Sektor der sowjetischen Wirtschaft kaum verwirklichen. Im kommenden Jahr soll die Erzeugung von Gütern der „Gruppe B" („Konsumgüter") um zweieinhalbmal schneller zunehmen als die Erzeugung von Gütern der „Gruppe A" (Güter der Schwer- und Rüstungsindustrie). In diesem Zusammenhang wurden kürzlich mehrere Ministerien des militärindustriellen Sektors von der sowjetischen Führung mit der Produktion von Gütern des zivilen Bedarfs beauftragt. (So hat bei der kürzlichen Krisensitzung über die landwirtschaftliche Produktion auch der Minister für den „mittleren Maschinenbau", Herr Rjabin, teilgenommen, der nun neben der Produktion von Atomsprengköpfen für Raketen auch Molkereibetriebe modernisieren soll.)

Das für 1989 mit 58 Mrd. Rubel präliminierte Budgetdefizit der UdSSR (nach westlichen Schätzungen dürfte es noch höher ausfallen) könnte ein weiterer Grund dafür sein, daß dem Wachstum der sowjetischen Militärausgaben ein Riegel vorgeschoben wird. Budgetdefizite (erstmals wurde ein solches von offizieller sowjetischer Seite zugegeben) werden in der UdSSR in erster Linie durch einen Druck auf die Notenpresse abgedeckt, was die Gefahr einer inflationären Entwicklung in sich birgt. (Westliche Kredite könnten allerdings die Einnahmen-/Ausgabenschere des Sowjetstaates etwas verkleinern, weshalb die USA davor warnen, daß durch die Gewährung umfangreicher Kredite durch westeuropäische und japanische Banken die Entscheidung der sowjetischen Führung zwischen „Gulasch oder Kanonen" hinausgeschoben werden könnte.)

Durch eine Reorganisation der sowjetischen Streitkräfte könnten die knapper werdenden budgetären Mittel der UdSSR effizienter verwendet werden und das sowjetische Militärpotential durch Übergang von quantitativen zu qualitativen Maßstäben auf dem „erforderlichen Niveau" aufrechterhalten werden. AM Schewardnadse hat Ende Juli d.J. bei einer außenpolitischen Konferenz in Moskau erklärt, daß die Verteidigung der UdSSR durch militärisches Können und nicht durch zahlenmäßige Stärke, durch Qualität und nicht durch Quantität, durch ein entsprechendes wirtschaftliches und wissenschaftlich-technisches Entwicklungsniveau und nicht durch „Brutto-Denken" bei Rüstungen und Streitkräften sichergestellt werden müsse. Er zitierte dabei eine Feststellung von GS Gorbatschow, die dieser schon im Mai 1986 vor den Funktionären des sowjetischen Außenministeriums getroffen hatte: Die (hier früher gängige) Theorie, daß die Sowjetunion so stark sein müsse wie jegliche feindliche Koalition zusammen, sei absolut unhaltbar. Solche Ansichten widersprächen dem nationalen Interesse.

Durch den Übergang zu einer „Kader-Miliz-Armee" könnte überdies dem immer stärker werdenden Wunsch der sowjetischen Jugend nach einer Verkürzung der Militärdienstzeit (dzt. zwei Jahre bei Land- und Luftstreitkräften und drei Jahre bei Marine) entsprochen werden. Miliz-Soldaten könnten schneller und aufgrund ihrer Verwendung im Rahmen der Territorialverteidigung in der Nähe ihrer Wohngebiete ausgebildet werden (ein weiteres Anliegen der sowjetischen Jugend). Aber auch die demographische Entwicklung in der UdSSR – einer bestenfalls stagnierenden Bevölkerungszahl im europäischen Teil der UdSSR steht ein andauernd hoher Geburtenüberschuß in den asiatischen Teilen des Landes gegenüber – könnte die Einführung eines „Kader-Miliz-Systems" angebracht erscheinen lassen. In den hochtechnisierten Einheiten der sowjetischen Armee wird der Anteil der in der Regel weniger gut ausgebildeten, oft nur gebrochen russisch sprechenden und möglicherweise auch als weniger zuverlässig geltenden nichtslawischen Nationalitäten gering gehalten. Die aus der zuvor geschilderten demographischen Entwicklung resultierenden Probleme wären möglicherweise am einfachsten gelöst, indem in den hochtechnisierten Verbänden in Zukunft nur noch Berufssoldaten verwendet werden.

Im Grundsatzreferat aus Anlaß des 71. Jahrestages der Oktoberrevolution hat das für Wirtschaftsfragen zuständige Politbüromitglied Sljunkow am 5.11. d.J. erklärt, daß die internationale Stellung der UdSSR vor allem durch ein auf modernste Erkenntnisse der Wissenschaft und Technik sowie auf ein solides wirtschaftliches Fundament gestütztes Militärpotential bestimmt werde.

Es erhebt sich die Frage, ob eine solche Perspektive auf den Westen beruhigender wirkt als die derzeitige zahlenmäßige Überlegenheit der Streitkräfte und Rüstungen des WP in Europa. […]

Dokument 264
BRD, Ostpolitik
Zl. 481-Res/88, ÖB Bonn, 10. November 1988

Die Bundesregierung (v.a. AM Genscher) bemüht sich seit spätestens Ende 1986 intensiv und beständig, bei ihren westlichen Verbündeten mehr Verständnis – nicht Entgegenkommen – für die Reformbemühungen Gorbatschows zu wecken, da eine offenere Sowjetunion ein verläßlicherer, berechenbarerer und weniger bedrohlicher Zusammenarbeitspartner für den Westen wäre; außerdem würden dadurch mittelbar die anderen osteuropäischen Länder mehr außerpolitischen Spielraum erhalten. Der Bundeskanzler hat zunehmend die innenpolitische Bedeutung erkannt, die sich aus der Faszination Gorbatschows für die bundesdeutsche Öffentlichkeit ergibt, und daher seine Besuche und Kontaktfreudigkeit gegenüber Osteuropa beträchtlich intensiviert; dabei unterscheidet er weiterhin – auch wegen des latent vorhandenen Mißtrauens eigener Verbündeter – zwischen den von der SU geweckten positiven Erwartungen und den Realitäten (wie etwa dem weiterhin unveränderten sowjetischen Militärpotential).

Da die „Ostpolitik" im ureigensten außenpolitischen Interesse der BRD liegt, gibt es darüber in der Bundesregierung keine Auseinandersetzung: Nur in öffentlichen Reden und Erklärungen erscheinen Nuancen – AM Genscher wirkt etwas werbend für Gorbatschow, BK Kohl betont die unverrückbare Einbindung der BRD in das westliche Bündnis.

Die Bundesregierung (im wesentlichen AM Genscher) hat sich mit ihrem Eintreten für Gorbatschows Reformkurs bei den westlichen Verbündeten nicht nur Freunde gemacht: Zwar gibt es keine Kritik von offizieller Seite, aber wiederkehrende Medienäußerungen über „Genscherismus", „incertitudes allemandes", deutsches Abdriften in den Neutralismus zwecks Erlangung der Wiedervereinigung usw. deuten noch auf Skepsis in einigen wichtigen westlichen Ländern.

Das AA hat sich v.a. während der bundesdeutschen Präsidentschaft, aber auch sonst, in EPZ (und NATO) sehr bemüht, die übrigen Partnerstaaten auf eine offenere Linie gegenüber der SU und ihren osteuropäischen Verbündeten zu bringen, und durch gemeinsam verabschiedete EPZ-Arbeitspapiere damit auch einigen Erfolg erzielt, selbst wenn die Formulierungen sich häufig durch Kompromisse und „einerseits – andererseits" auszeichnen. Genscher selbst versäumt lt. AA keine Gelegenheit, die westlichen Verbündeten zu einer initiativeren eigenen Ostpolitik zu ermutigen, um damit die BRD bei dieser Aufgabe zu entlasten (und sicher auch, um keine Eifersucht oder Befürchtungen über eine vorrangige Stellung der BRD im Osten aufkommen zu lassen).

Zu den westeuropäischen Bremsern zählten v.a. <u>Frankreich</u> („double vigilance" Raimonds: Durch Wachsamkeit gegenüber neuen Entwicklungen in der SU, aber auch durch nicht nachlassendes Mißtrauen) und <u>Großbritannien</u>.

Hier rechnet die BRD nun mit einer Entlastung, weil Mitterrand nach den französischen Parlamentswahlen deutlich auf eine <u>aktivere Ostpolitik</u> eingeschwenkt ist. Die Gründe dafür sind nach Einschätzung des AA u.a.:

1. Der Wegfall der Reibungen in der „cohabitation": Chirac und Raimond hätten der SU gegenüber eine negative Erwartungshaltung eingenommen; Dumas (und die Regierung Rocard) hätte zwar die Skepsis über die weiteren Entwicklungen in der SU nicht aufgegeben, hegte aber keine negativen Vorurteile, sondern stünde den Aussichten der sowjetischen Reformpolitik offen gegenüber;

2. die Mitterrand auferlegten innenpolitischen Rücksichtsnahmen auf die Wählerstimmungslage in Frankreich („keine Ostanfälligkeit"!) – seine frühen Kabinette hatten auch kommunistische Minister umfaßt („union des gauches") – was ihm zunächst keine aktive Ostpolitik erlaubte;

3. die Einsicht in die nun gegebenen Möglichkeiten verbesserter Ost-West-Beziehungen, die Frankreich mit seinen „weltweiten Interessen" nicht übersehen und stärker pflegen muß – ohne allerdings den Eindruck zu erwecken, damit im Schlepptau der BRD zu liegen.

Das AA zeigt sich über diese Veränderung der französischen Außenpolitik hoch erfreut, weil es damit einen wichtigen Verbündeten für seine eigenen ostpolitischen Notwendigkeiten gewinnt; die Gefahr einer ostpolitischen Konkurrenz wird nicht gesehen (Sorgen im bilateralen deutsch-französischen Bereich macht eher das wachsende bilaterale Handelsdefizit – 1987: DM 16,2 Mrd. – , was sich dem zuständigen Referatsleiter im AA zufolge die Franzosen auf die Dauer nicht bieten lassen würden).

Vor diesem allgemeinen Hintergrund ist das <u>EG-Außenminister-Treffen in Ioannina</u> zu sehen, wo die Minister lt. Zeitungsberichten die Ausarbeitung eines gemeinsamen Strategiepapiers für ihre Beziehungen zu Osteuropa vereinbart hätten. Dies schien der Botschaft zunächst unverständlich, weil solche Papiere ohnedies in der EPZ-AG „Osteuropa" gerade im letzten Jahr ausgearbeitet worden waren.

Ein enger Mitarbeiter Genschers meinte dazu, in Wirklichkeit ginge es darum, den <u>Druck für eine offenere Ostpolitik</u> aufrecht zu erhalten. In Ioannina sei die BRD – nach dem Besuch De Mitas in Moskau und unter dem Eindruck des neuen französischen Ost-Interesses – mit diesem Bemühen nicht mehr allein an vorderster Front gestanden. Die Ausarbeitung gemeinsamer Positionen oder Papiere sei nur ein <u>Mittel im „ostpolitischen Erziehungsprozeß"</u>, denn wer würde sich schon an diese „kleinsten gemeinsamen Nenner" der EPZ halten?!

Nun sperre sich nur noch <u>Großbritannien</u>. MP Thatcher glaube nämlich, durch ihr Beharren auf dem Status quo sowohl in der Ostpolitik wie gegenüber dem weiteren Ausbau der EG den britischen Interessen (Sonderbeziehungen zu den USA; wesentlicher Einfluß oder Vormachtstellung auf dem europäischen Kontinent) zu dienen; daher auch das Drängen auf eine rasche Kernwaffenmodernisierungsentscheidung (weil Kernwaffen-Verhandlungen letztlich auch das britische Großmachtsymbol eigener Kernwaffen erfassen würden) und der Widerstand gegen die vorherige Ausarbeitung eines NATO-Gesamtkonzeptes. Jede Veränderung dieses Status quo würde nach Thatchers Überzeugung zu Lasten Großbritanniens gehen. Und der Gesprächspartner räumte ein, daß tatsächlich umgekehrt die BRD aufgrund ihrer zentralen Lage wesentliche Gewinne aus den Veränderungen ziehen würde, gegen die sich Großbritannien stemme. Dennoch hielt er diese Politik Thatchers für in sich widersprüchlich und zum Scheitern verurteilt: Sie wolle sich nämlich durch die Schaffung eines industriellen Wohlfahrtsgürtels in Südengland eine dauerhafte konservative Stimmenmehrheit sichern, doch wüßten gerade diese Industriellen um die Bedeutung und Chancen einer aktiven Mitarbeit in einem ausgebauten Europa (das der britische MP behindere).

Aus dieser Interessenslage ließen sich auch die „feindliche Rede" Thatchers in Brügge und ihr Widerstand gegen eine Menschenrechtskonferenz in Moskau ableiten. Andere Gesprächspartner im AA verweisen aber auch auf den deutlichen Unterschied zwischen verbalen harten Attacken und der tatsächlichen Politik Großbritanniens z.B. gegenüber der SU. London sei keineswegs grundsätzlich gegen Ostkontakte, nur sollten sie eine möglichst ausschließliche Domäne Großbritanniens bleiben: Denn dem Ansehen von MP Thatcher sei es z.B. wenig zuträglich, wenn sie Großbritannien zwar wirtschaftlich hochbringe, Gorbatschow dann aber an London vorbei zu Besuchen nach Bonn und Paris reise. Aus denselben Erwägungen habe sich Frau Thatcher deshalb zur Stärkung ihrer eigenen Position so sehr bemüht, einen möglichen NATO-Gipfel nach London zu bringen.

Einem engen außenpolitischen Berater von Bundeskanzler Kohl zufolge sei jedoch die Zeit vorüber, wo ein Land in der EG eine Führungsrolle übernehmen und als Sprachrohr gegenüber Moskau und den USA auftreten könne; eher gebe es noch eine Art deutsch-französisches Kondominium in den EG. London sei in zentralen Europafragen letztlich stets einer deutsch-französischen Absprache gefolgt; umgekehrt hätten sich deutsch-britische Übereinkommen in Paris nicht immer durchsetzen können. Dieser Experte beurteilt daher die starken Erklärungen Thatchers in Brügge als kurzsichtig und rein innenpolitisch motiviert: Denn sie werde mit ihrer Haltung letztlich in den EG isoliert und dann doch früher oder später zum Nachgeben gezwungen sein.

Der Mitarbeiter Genschers äußerte persönliche Besorgnis darüber, daß Gorbatschow in seinen Reformbemühungen von seinen eigenen Verbündeten behindert werde (was wiederum negative Rückwirkungen auf die bundesdeutsche Ostpolitik haben könnte), und verwies auf die Verhärtungen in der DDR und ČSSR. Dabei handelt es sich seiner Ansicht nach nicht in erster Linie um die zu erwartende, dosierte Repression gegen zu weitgehende Liberalisierungswünsche der Bevölkerung, sondern v.a. um einen internen Machtkampf über die weitere Entwicklung. AM Genscher sei z.B. bei der Anreise zur Tagung des Institute for East-West Security Studies in Potsdam (11.6.1988) – für dessen Zustandekommen sich die DDR-Führung „zerrissen" hätte – offensichtlich über Weisung gewisser Stellen 20 Min. an der Grenze zurückgehalten worden, und die sichtbare Anordnung der „Greifergruppen" der Stasi um Genscher herum während seines Aufenthaltes in Ostberlin sei offenkundig provokativ gewesen; der Minister habe deshalb Ostberlin verlassen und stattdessen ein „Bad in der Menge" in Sanssouci genommen. In der ČSSR wiederum konnten sich Biľak und Indra halten, während Štrougal (der von sich aus alle zusätzlichen Funktionen zurückgelegt habe) und Chňoupek gehen mußten. Beide ließen allerdings eine heitere Gelassenheit erkennen, daß sie sich für die künftige Entwicklung und eine mögliche Rückkehr frei und unbelastet von der gegenwärtigen Repressionsphase halten wollten.

Dieser Machtkampf könnte aber Rückwirkungen auf Gorbatschows Ansehen und die Einschätzung seiner Erfolgschancen im Westen haben, meinte der Gesprächspartner: Denn obwohl der Westen wenigstens verbal immer darauf gedrungen habe, daß die „Satelliten" von Moskau nicht gegängelt werden dürften, würden nun Stimmen im Westen die Reformunlust einiger Verbündeter dem fehlenden Durchsetzungsvermögen einer Moskauer Zentrale anlasten und daraus Rückschlüsse auf Gorbatschows eigene Stellung (und damit wiederum auf die vom Westen zu führende Ostpolitik) ziehen. Tatsächlich beschwerte sich das AA im Vorbeigehen über britische Ansichten in der EPZ, wonach es für Entwicklung und Stabilität in Europa günstiger wäre, wenn die SU angesichts der Gefahr nationalistischer Unruhen ihre Verbündeten stärker zügele. [...]

Dokument 265
Osteuropa im Wandel? Zur innenpolitischen Bewegung in den WP-Staaten und Jugoslawien

GZ 701.03/19-II-3/88, BMAA Wien (Sucharipa), 11. November 1988

1. Allgemein:

Seit etwa drei Jahren ist die innen- (gesellschafts- und wirtschafts-) politische Situation in den meisten (nicht allen!) osteuropäischen Staaten deutlich in Bewegung geraten. Diese Tendenz wurde durch das Wirken GS Gorbatschows zwar nicht eigentlich ausgelöst, aber jedenfalls markant beschleunigt bzw. erleichtert.

Das Aufbrechen alter Verkrustungen und das Einsetzen von Reformprozessen bringt Mobilität und Veränderung für Osteuropa. Die weitere Entwicklung kann bei positivem Verlauf stabil (d.h. Veränderungen erfolgen systemkonform) aber auch instabil sein. In jedem Fall muß sich Österreich auf das Bild sich beschleunigender Veränderungen (mit ungewissem Ausgang) einstellen.

Die osteuropäischen Staaten sehen sich einer Reihe von Herausforderungen gegenübergestellt, die im wesentlichen für sie alle – wenn auch in verschiedener Intensität – maßgebend sind. Die Art der Bewältigung (oder Nicht-Bewältigung) dieser Herausforderungen ist unterschiedlich und wird unterschiedlich bleiben. Eine entsprechende übersichtsartige Detailanalyse erfolgt in Punkt 3.

2. Herausforderungen:

2.1. Dringende Notwendigkeit wirtschaftspolitischer Reformen: In zunehmendem Maße wird die Unmöglichkeit anerkannt, mit rein planungswirtschaftlichen Methoden eine ausreichende Versorgung der Bevölkerung sicherzustellen bzw. nicht total von der wirtschaftlichen Entwicklung in den westlichen Industriestaaten abgekapselt zu werden. Relativ hohe wirtschaftliche Zuwachsraten bis Anfang der 70er Jahre wurden von wirtschaftlicher Stagnation abgelöst. Die Einführung marktwirtschaftlicher Elemente soll hier Abhilfe schaffen. Die Frage bleibt offen, inwieweit dies ohne tiefgreifendere gesellschaftspolitische Veränderungen möglich sein wird.

2.2. Fast alle osteuropäischen Staaten stehen (oder standen bis vor kurzem) vor dem Problem einer zur Aufrechterhaltung der Glaubwürdigkeit notwendig gewordenen Generationenablöse in der politischen Führungsmannschaft, wobei es vor allem auf eine „geistige" Verjüngung ankommt, bei der die erhöhte Flexibilität und Bereitschaft zu neuen Lösungsansätzen nicht notwendigerweise (nur) am Lebensalter gemessen werden kann.

2.3. Das „Phänomen Gorbatschow" kann auf Dauer keinen der in Betracht kommenden Staaten (auch nicht Rumänien) unberührt lassen. In einigen erleichtert der sowjetische Reformkurs eigenständige Reformbewegungen (Polen, Ungarn), in anderen zwingt er zu zumindest zaghaften und (zunächst aufs Wirtschaftspolitische) beschränkten Reformmaßnahmen (ČSSR, Bulgarien), in wieder anderen fördert er den Widerspruch zwischen äußerer Stabilität (=Stagnation) und Druck zum Wandel [mit] bislang unklarem Ausgang (Rumänien, aber auch DDR). Insgesamt geht es um gesellschaftspolitische Veränderungen, die mit den wirtschaftspolitischen Reformmaßnahmen (notwendigerweise) einhergehen müssen. Auch in Polen und Ungarn bleibt – ebenso wie letztlich in der SU selbst – vorderhand offen, ob das Konzept eines „sozialistischen Pluralismus" unter Aufrechterhaltung des Anspruches auf den Primat der kommunistischen Partei ausreichen wird, um diese Entwicklung aufzufangen. Hinzu kommen Einflüsse der modernen (zunächst westlichen) Informations- und Kommunikationsgesellschaft, der sich auch die osteuropäischen Staaten immer weniger entziehen können (grenzüberschreitende Ausstrahlung moderner Medien, Computertechnik, Notwendigkeit wissenschaftlicher Zusammenarbeit).

2.4. Letztlich ist auch in einzelnen osteuropäischen Staaten ein rasches Anwachsen der Minderheiten- und Nationalitätenproblematik unverkennbar. Akzentuiert wird diese Entwicklung durch die durch Wirtschaftsreform, gesellschaftspolitische Liberalisierung und „neues Denken" gewachsenen Freiräume.

3. Einzeldarstellungen:

3.1. Sowjetunion:

– Von den vier skizzierten Herausforderungen hat die SU die generationsmäßige (altersstrukturelle) Herausforderung in mehreren Phasen bewältigt. Die

Spitzenrepräsentanten in Partei und Regierung sind zwischen 1920 und etwa 1940 geboren, Gorbatschow selbst ist mit 57 nach wie vor der jüngste Parteichef im WP. Wenn auch einige seiner maßgeblichen Gefolgsleute an die 60 oder darüber sind, so verbindet sich mit deren Namen (mit relativ wenigen Ausnahmen) das wesentlich stärkere Element der geistigen Verjüngung und der größeren Glaubwürdigkeit.

- Die wirtschafts- und gesellschaftspolitischen Fehlentwicklungen und Versäumnisse der Vergangenheit hat Gorbatschow von Anfang an klar angesprochen und sie damit erst „offiziell" zu Herausforderungen an die sowjetische Gesellschaft gemacht. Sichtbarste Erfolge sind bisher auf dem Sektor der geistigen Herausforderung zu verzeichnen: Informations- und Medienpolitik, Geschichtsdebatte, Mobilisierung zu größerer Entscheidungsfreiheit, erste Schritte zur „Demokratisierung" von Wahlvorgängen auf unterer Ebene, legistische Vorbereitung eines „sozialistischen Rechtsstaates", Entkrampfung des Verhältnisses zu Religionsgemeinschaften, Enthaftung eines Großteils der politischen Gefangenen, großzügigere Handhabung der Vereinsgesetzgebung (betreffend Gruppierungen außerhalb der KPdSU-dominierten Organisationen).

- Mehr als langsam und von großen Widerständen begleitet sind bisher wirtschaftliche Reformmaßnahmen angelaufen. Die Effizienz vorhandener gesetzlicher Instrumentarien muß sich erst in der Praxis beweisen (z.B. „individuelle Tätigkeit" im Agrar- und Dienstleistungsbereich; Joint Ventures). Auffallend ist das späte Einsetzen von Versuchen zur Agrarreform.

- Erst durch das Eingehen auf gesellschafts- und wirtschaftspolitische Herausforderungen ist die lange „ruhig gestellte" Nationalitätsproblematik virulent geworden, die auch vom reformorientierten Teil der Führung als potentielle Gefährdung von Perestroika und Glasnost charakterisiert wird (vgl. Nagorno-Karabach). Größere Chancen auf Verwirklichung bestimmter national gefärbter Aspirationen scheinen jene Bewegungen zu haben, die unter Einbindung der jeweiligen Parteiführung und konform mit dem Reformprogramm der Moskauer Zentrale vorgehen (vgl. die neuen „Nationalen Fronten" in den drei baltischen Republiken).

3.2. Tschechoslowakei:

- Seit Anlaufen des Gorbatschowschen Reformkurses in der SU besteht bezüglich der ČSSR der Eindruck, daß sie „Herausforderungen" an ihre politischen und wirtschaftlichen Strukturen kaum als solche erkannt oder gar als solche bezeichnet hat. Unter Zitierung der Worte des sowjetischen Parteichefs wurde stets auf den „eigenen Weg" des und zum Sozialismus sowie auf ein relativ starkes Ausmaß der Konsolidierung der csl. Wirtschaft (geringe Auslandsverschuldung, ausreichender Konsumgüter-Versorgungsgrad) hingewiesen. Die nach langem Zögern erst am 1.7.1988 in Kraft gesetzten zwei wesentlichen Wirtschaftsreformgesetze (staatliche Unternehmen, landwirtschaftliche Kooperativen) wirken eher als Alibihandlung denn als Zeichen tiefgreifender Reformgesinnung. Bestärkt wird dieser Eindruck durch jüngste Äußerungen des Spitzenpolitikers Fojtík, der durch wirtschaftliche Veränderungen keine Schwächung der zentralen Planungen und Aufgaben dulden möchte. Die am 10./11. Oktober d.J. durchgeführten personellen Änderungen in den Parteispitzengremien und in der Regierung (Ablösung MP Štrougals) lassen keinen neuen Wirtschaftsreform-Impetus erkennen (journalistisches Schlagwort: „Reform ohne Reform").

- Die altersmäßige Verjüngung an der Parteispitze (Jakeš) erfolgte erst im Dezember 1987; auch die letzten, oe. Personalrochaden ließen einige jüngere Kräfte in Führungspositionen nachrücken und eine Straffung der Führungsmannschaft um Jakeš erkennen.

- Die gesellschaftspolitische Herausforderung an das Regime ist nach wie vor von den Ereignissen und Erfahrungen des Jahres 1968 geprägt. GS Jakeš verurteilte erst jüngst wieder „antisozialistische politische Strukturen" und erklärte, daß unabhängige Menschenrechts-, Umwelt- u.a. Gruppen (Anm.: z.B. religiöse Aktivisten) nicht toleriert, sondern strafrechtlich verfolgt würden. Dementsprechend eindeutig gestaltet sich die Reaktion der csl. Führung auf die Demonstrationen oppositioneller Kreise am (neu eingeführten) Nationalfeiertag. Die jüngsten personellen Veränderungen in den Spitzengremien können somit auch als ideologische Straffung („Perestroika ohne Glasnost") interpretiert werden.

- (Noch?) Relativ unbedeutend – im Vergleich zu anderen WP-Staaten – ist die Nationalitätenfrage in der Slowakei (etwa 600.000 Ungarn).

3.3. Ungarn:

- Traditionell eigenständige Wirtschaftspolitik; Modell für Reformen in anderen WP-Staaten; zu wenig flexible Politik Kádárs ab Ende der 70er Jahre (versuchte Begrenzung der Auslandsverschuldung) traf vor allem den Import von hochwertigen Investitionsgütern, verschlechterte Situation der ungarischen Industrie. Reformpolitik Gorbatschows eröffnet größeren Spielraum, den Ungarn wohl am stärksten nützt. In dieser Konstellation wurde Kádár, der personifizierte Status quo mit der SU seit 1956, ersetzlich. Generationswechsel endet mit deutlichem Übergewicht der Reformer (Monate vor anderen WP-Staaten). Ungarn setzt von Beginn an auch auf politische Reformen; trotz relativ hohem Grad von Liberalität eindeutige Grenzen: Vorherrschaft der USAP muß unangetastet bleiben. Diskussion um Nagymaros hat gezeigt, daß diese Grenzen – wenn auch unter Vorwänden – immer deutlicher in Frage gestellt werden. Zur Frage der Grenzen der ungarischen Reformpolitik werden von offizieller ungarischer Seite die Zugehörigkeit zum WP und die Beibehaltung eines sozialistischen Systems genannt (wobei der Begriff „Sozialismus" einen inhaltlichen Wandel unterliege). Ein Mehrparteiensystem sei wohl möglich, wenn es organisch wachse, derzeit fehlten jedoch die wirtschaftlichen Voraussetzungen dazu.

- Es entsteht der Eindruck, daß die ungarische Politik unter einem doppelten Zeitdruck (Ruf nach weitgehenden Reformen im Inland; günstige Entwicklung der sowjetischen Politik als noch nicht wirklich irreversibel angesehen) bemüht ist, eine möglichst gute Ausgangsposition zu erreichen: wirtschaftlich durch einen möglichst hohen Devisenzufluß und Weiterführung der Reformen, außenpolitisch durch bewußtes Beschreiten von Neuland (Verdichtung des Beziehungsnetzes: Südkorea, Israel, EG-Vertrag, Weltausstellung 1995), nicht jedoch – trotz Duldung eines beschränkten Pluralismus – durch eine grundsätzliche Änderung des politischen Systems. Hingegen ist der Versuch offensichtlich, durch einen Rückgriff auf die ungarische Geschichte und nationalistische Gefühle dem Regime eine stärkere Legitimität zu verschaffen.

- Ungarn hat wohl die beste Ausgangslage für eine günstige Entwicklung, dennoch erscheint kaum vorstellbar, daß sich der angestrebte Wandel auch langfristig systemkonform verwirklichen läßt.

3.4. Jugoslawien:

- Die wirtschaftliche Situation in Jugoslawien bleibt auch nach dem IMF-Beistandsabkommen vom Sommer 1988 sehr kritisch (US-$ 20 Mrd. Staatsverschuldung; 200 % Inflationsrate laut inoffiziellen Angaben). Als prioritäre Aufgabe werden die Schaffung eines einheitlichen Kapital- und Arbeitsmarktes sowie eines von staatlicher Regulierung befreiten Unternehmertums gesehen. Eines der prinzipiellen Probleme der jugoslawischen Wirtschaft liegt im bisher offensichtlichen Nichtfunktionieren des Selbstverwaltungssystems begründet. Die prekäre Situation Jugoslawiens war zuletzt auch von höchsten jugoslawischen Staatsfunktionären warnend angesprochen worden. So wies der jugoslawische Staatspräsident Dizdarević anläßlich einer gemeinsamen Sitzung des Staatspräsidiums und der Bundesregierung sehr drastisch auf die Gefährlichkeit der aktuellen Krise hin und nannte erfolgreiche wirtschaftliche Reformen als Voraussetzung für eine Eindämmung der politischen und sozialen Unzufriedenheit des Volkes. Es bleibt fraglich, ob die Ende Oktober d.J. nach langwierigen Diskussionen zunächst von einer der beiden Kammern des Bundesparlaments beschlossene Verfassungsänderung auf der Basis des „kleinsten gemeinsamen Nenners" in der Lage sein wird, die notwendigen Wirtschaftsreformen gesetzlich abzustützen.

- Das seit Titos Tod verfassungsmäßig vorgesehene Rotationssystem und der dadurch bewirkte dauernde Wechsel der obersten Staats- und Parteifunktionäre haben es bislang keinem Politiker ermöglicht, sich als Führungspersönlichkeit zu präsentieren. Der Titosche Versuch, durch verfassungsmäßige Festschreibung die Macht auf sämtliche Teilrepubliken aufzuteilen, hat zu einem Machtvakuum an der Spitze des Staates geführt und ist als gescheitert anzusehen.

- Diese „Autoritätslücke" kann, neben der sich verschärfenden Wirtschaftskrise, als einer der Gründe für das Wiederaufflammen der Nationalitätenkonflikte gesehen werden, die freilich unter Titos Herrschaft eher zugedeckt als beigelegt waren.

- Der serbische KP-Führer Milošević, der in den letzten Wochen sehr gezielt die serbischen Aggressionen gegenüber den Albanern im Kosovo genützt hat, könnte versucht sein, seine offensichtliche Popularität auszunützen, um sich selbst als neue Führungsfigur, eventuell auch außerhalb Serbiens, aufzubauen. Allerdings dürften diese Aspirationen nach den ZK-Plenartagungen Ende Oktober zumindest fürs erste gestoppt sein. Trotzdem bleibt die Gefahr einer Destabilisierung des jugoslawischen Völkergleichgewichts mit potentiell gefährlichen Auswirkungen auf die Umwelt aufrecht.

– Jede jugoslawische Führung wird mit dem gleichen gesellschaftspolitischen Grundproblem konfrontiert sein, das offensichtlich und durchaus nicht nur auf wirtschaftliche Fragen begrenzte „Auseinanderdriften" der wesentlich weiter entwickelten nördlichen Teilrepubliken Slowenien und Kroatien – die engere Kontakte mit dem westeuropäischen Wirtschaftsraum anstreben – und der traditionell dem Balkan verhafteten südlichen Teile des Bundesstaats unter Kontrolle zu behalten.

– Inwieweit die Herausforderung durch Milošević als eine Art Schocktherapie die jugoslawische Führung zu nunmehr entschiedenerem Vorgehen vor allem auch in wirtschaftlichen Fragen veranlassen wird, bleibt abzuwarten.

3.5. Polen:

– Wirtschaftspolitische Herausforderungen an das Regime in „demonstrativer" Form gab es schon lange vor der Gorbatschow-Ära (1970, 1976, ab 1980). Die seit Mitte der 80er Jahre verordneten Reformmaßnahmen sind – auf dem Papier – für ein kommunistisches System durchaus beeindruckend, haben aber bisher wegen des Fehlens auch echter gesellschaftspolitischer Reformen zu keinen nachhaltigen Erfolgen geführt. Die Beobachtung von mehr als 10 Jahren sozialer Unrast in Polen läßt die Aussage gerechtfertigt erscheinen, daß erst eine gesellschaftspolitische Befriedigung der Bevölkerung die Voraussetzungen für eine durchschlagende Wirtschaftsreform schaffen kann.

– Dabei verfügt Polen über ein Ausmaß an „geistiger Liberalität", die es diesbezüglich weit über viele (wenn nicht gar alle) seiner WP-Verbündeten stellt. Die Staats- und Parteiführung ist bei Einsetzung „liberaler" Mittel dabei bisher durchaus originell und erfindungsreich vorgegangen: regelmäßige Meinungsforschungen und -umfragen, Volksabstimmung, ständiger Dialog mit der Kirche, Kontakte mit „gemäßigten" Oppositionellen, stillschweigende Duldung der Strukturen der verbotenen Gewerkschaft „Solidarität", Förderung der Ansätze zu Meinungspluralismus auf parlamentarischer Ebene, recht freizügige Ausreisebestimmungen u.v.a. Mit der Berufung Rakowskis zum Ministerpräsidenten scheint allerdings eine härter Gangart gegenüber den Forderungen der „Solidarität" eingeschlagen worden zu sein. Die damit verbundene Polarisierung hat zumindest bisher die Aufnahme eines Dialogs Regierung – „Solidarität" („round table") verzögert.

– Die generationsmäßige Herausforderung hat sich schon in der Vergangenheit nie in einem solchen Ausmaß gestellt wie in anderen WP-Staaten: Gomułka und Gierek waren bei ihrem Abtreten etwa so alt wie Jakeš (ČSSR) zur Zeit seiner Funktionsübernahme, und auch Jaruzelski (65) gehört noch zu den an

Lebensjahren „mittleren" Parteichefs in den WP-Staaten. In geistiger, reformorientierter Hinsicht gehört die polnische Führung jedenfalls zu den flexibelsten WP-„Mannschaften" und könnte – bei befriedigender Lösung der gesellschaftspolitischen Herausforderung („nationale Versöhnung") – durchaus erfolgreich ein wirtschaftspolitisches Reformprogramm „durchziehen".

- Polen kennt <u>kein Nationalitätenproblem</u> im international „üblichen" Sinn. Die sogenannte deutschstämmige Minderheit ergibt sich mehr aus BRD-Staatsbürgerschaftsregelungen und hat auch nur für die Beziehung Polen – BRD eine bestimmte Relevanz.

3.6. <u>DDR</u>:

- Die <u>wirtschaftliche Situation</u> der DDR hat auf Grund verschiedener Faktoren unter allen Staaten Osteuropas die positivste Entwicklung genommen, wobei in letzter Zeit verstärkt Probleme auftreten (Rückgang des Wirtschaftswachstums; Erstarrung der Kombinationsverfassung; Fehlen zukunftsweisender Konzepte).

- Trotzdem ist nach wie vor ein Superioritätsgefühl gegenüber den „Bruderländern" festzustellen, das die DDR auf die „<u>Herausforderung Gorbatschow</u>" – neben Rumänien – am <u>zurückhaltendsten</u> reagieren läßt.

- Während <u>GS Gorbatschow</u> im Zusammenhang mit der sowjetischen Umgestaltung ausdrücklich das <u>gemeinsame Schicksal</u> der Sowjetunion mit seinen Bruderländern betont und sich über die <u>Fehler der Vergangenheit</u> sehr kritisch äußert, hebt die DDR-Führung immer wieder ihre <u>Zufriedenheit mit dem Erreichten</u> hervor.

- Die Problematik, in absehbarer Zeit einen <u>Generationswechsel</u> durchführen zu müssen, ist evident und hat in letzter Zeit zu verstärkten <u>Ablösespekulationen</u> um die Person Honeckers geführt. Dabei ist derzeit völlig offen, ob sich ein „<u>Hardliner</u>" oder ein <u>Vertreter</u> einer <u>liberalen Linie</u> in der Nachfolgerfrage durchsetzen wird.

- Diese Frage ist nicht zuletzt auf Grund eines kontinuierlichen <u>Zunehmens an Protestpotential</u> unter den DDR-Bürgern von größter Relevanz. Die <u>evangelische Kirche</u>, der spätestens seit dem 1978 getroffenen „modus vivendi" zwischen Staatsführung und Kirchenleitung seitens des Staates offensichtlich die Aufgabe zugedacht war, auf kritische Kreise besänftigend einzuwirken, ist immer weniger in der Lage oder auch willens, diese Funktion zu erfüllen.

- Trotz der Unzufriedenheit weiter Kreise der Bevölkerung wird die DDR ihre <u>Stabilität beibehalten</u>. Hierfür sorgen das stark entwickelte Realitätsbewußtsein der DDR-Bürger wie auch der im Vergleich zu anderen RGW-Ländern noch immer hohe Lebensstandard. Die grundsätzlich prekäre Situation der DDR, die sich aus ihrer Position an der Systemgrenze ergibt, bleibt freilich bestehen. Sie wird durch die Gorbatschowsche Reformpolitik und auch durch eine weitere Ost-West-Annäherung keineswegs aufgehoben.

3.7. Bulgarien:

–   Bulgarien folgt traditionell eng der sowjetischen Linie. Die schon 1985 in ersten Ansätzen begonnenen Reformen (im Wirtschaftsbereich) wurden nach Einsetzen der Gorbatschowschen Reformpolitik intensiviert und auf andere Gebiete ausgedehnt. Nach gesellschaftspolitischen Experimenten ohne nachhaltige Ergebnisse möchte die Staatsführung den Reformprozeß nunmehr offensichtlich wiederum auf wirtschaftliche Fragen konzentrieren, wenn nicht sogar beschränken. Die Erfolgsaussichten werden von Beobachtern bisher eher zurückhaltend beurteilt. Schiwkow selbst spricht von einem „nach vorne offenen Langzeitprozeß".

–   Die Nachfolgefrage könnte daher möglicherweise der Schlüssel zu einem echten Reformprozeß werden. Schiwkow, der älteste Staats- und Parteichef im WP, scheint jedoch bislang nicht gewillt, auch nur eine Nachfolgediskussion zuzulassen. Anläßlich einer ZK-Sitzung im Juli d.J. verlor der als reformfreudig bekannte Tschudomir Alexandrow – der wiederholt als möglicher Nachfolger Schiwkows genannt worden war – sowohl seinen Sitz im Politbüro der BKP als auch seine Funktion als ZK-Sekretär.

–   Forderungen nach Glasnost im gesellschaftspolitischen Bereich (speziell in den Bereichen Medien, Kultur, Wissenschaft und Bildung) werden seitens der bulgarischen Führung konsequent abgelehnt. Verschiedene Reformschritte (neue Territorialordnung mit Selbstverwaltung auf lokaler Ebene, Wahlgesetznovelle mit Mehrfachkandidaturen) haben nur Scheinpluralismus gemacht.

–   Probleme mit der türkisch-islamischen Minderheit, deren Existenz seitens Bulgariens vehement bestritten wird, haben trotz internationaler Kritik (Islamische Konferenz, Europarat) echte Bedeutung nur im bilateralen Verhältnis zur Türkei, aber keine gesellschaftspolitische Dimension.

3.8. Rumänien:

–   Dominante Rolle Ceauşescus verhindert jeden Ansatz zu einer neuen Politik. Sendungsbewußtsein und Überzeugung von der Richtigkeit seiner Politik lassen ein Abgehen von dieser Linie nicht erwarten. Hat Rumänien seine „Selbstständigkeit" gegenüber Moskau früher auf außenpolitischem Gebiet demonstriert (und durch eine stalinistische Innenpolitik erkauft), hat sich das Verhältnis durch die neue sowjetische Außen- und Innenpolitik umgekehrt. Dies stößt in zunehmendem Maß auf den Unwillen Gorbatschows. Ceauşescu stützt die völlig gegen den Trend verlaufende Innenpolitik auf das Gorbatschowsche Zugeständnis der „eigenständigen Wege zum Sozialismus" und betrachtet das „Neue Denken" offenbar als vorübergehende Phase.

–   Vorerst stellt sich daher auch nicht das Generationsproblem: Es gibt keine Anzeichen für einen gesellschaftspolitische Wandel, der einen Wechsel an der Spitze erzwingen könnte. Die innenpolitische Situation stellt sich daher – um den Preis der Stagnation und größter Opfer der Bevölkerung – derzeit stabil dar. Nationalismus (Rumänisierung, „Systematisierung") dient zur versuchten Immunisierung vor der ideologischen Ansteckung aus den „Bruderstaaten".

– Rumänien hat auf die <u>bedeutenden Wirtschaftsprobleme</u> mit einem völlig anderen Ansatz reagiert: Austeritätspolitik und Versuch, wirtschaftlichen Fortschritt aus eigener Kraft (und mit Großprojekten von zweifelhaftem Wert) zu schaffen. Dies erscheint auch angesichts der bedeutenden Abhängigkeit auf einzelnen Gebieten (v.a. Energie aus SU) kaum möglich.

– <u>Gefahr für das rumänische System</u> droht, wenn sich die „neue Politik" innerhalb des WP in einem solchen Ausmaß konsolidiert hat, daß der <u>paktinterne Anpassungsdruck</u> auch in Rumänien einen Wandel unausweichlich macht. Die allumfassende Kontrolle der <u>Staatssicherheitsorgane</u> dürfte hingegen weiterhin jegliche Formierung einer innerrumänischen <u>Opposition unmöglich</u> machen.

4. <u>Schlußfolgerungen für die österreichische Politik:</u>

4.1. <u>Grundsätzliche Haltung:</u>

Die konstatierte oder allenfalls zu erwartende stärkere innenpolitische Bewegung in den osteuropäischen Ländern stellt auch für Österreich eine <u>doppelte Herausforderung</u> dar: <u>Weder</u> wäre eine Art <u>blinder Optimismus</u>, d.h. ein Nichterkennen der mögliche Krisen verursachenden Wirkungen dieser Entwicklungen, angezeigt <u>noch</u> aber ein <u>Sichverschließen vor dem vielfältigen Potential</u> in wirtschafts- und gesellschaftspolitischer Hinsicht, das sich aus den eingeleiteten Reformprozessen ergibt oder zumindest ergeben kann: Die Vision eines demokratisch legitimierten und auch wirtschaftlich interessanten Osteuropas darf nicht aus den Augen verloren werden. In diesem Sinn hat Instabilität auch eine durchaus positive Bedeutung und könnte auch für den Westen die Vision vom Gemeinsamen Europäischen Haus erst „richtig" interessant machen.

4.2. <u>Beobachtungen der Entwicklung:</u>

Die erste Anforderung an Österreich besteht daher in einer <u>genauen Beobachtung</u> der sich abzeichnenden Entwicklungen. Wenn diese Forderung mehr sein soll als die Wiederholung eines Gemeinplatzes, ist sie <u>mit konkreten Inhalten</u> zu erfüllen: zumindest punktuell <u>verstärkte Berichterstattung</u> der Vertretungsbehörden; <u>intensivierte Zusammenarbeit der BMfaA mit anderen Institutionen</u> (z.B. BMfLV, Institut für Internationale Wirtschaftsvergleiche etc.) bei der jeweiligen Analyse (Ansätze hiefür vorhanden, budgetäre und personalpolitische Engpässe bekannt).

4.3. <u>Individuelle Gestaltung der Beziehungen:</u>

Die obige Detaildarstellung (Punkt 3.) verdeutlicht die Unterschiedlichkeit des Herangehens der einzelnen Staaten an die gegebenen Probleme: Daraus resultiert die <u>Bestätigung der von Österreich traditionell praktizierten Politik der individuellen Gestaltung</u> der bilateralen Beziehungen. Das gilt auch für die jeweilige Kernfrage nach der Möglichkeit/Wahrscheinlichkeit eines systemkonformen Wandels.

4.4. <u>Vorgehen auf internationaler Ebene:</u>

Österreich kommt aber auch ein Rolle zu, die über jene eines – angesichts der eingeleiteten Entwicklungen sympathieerfüllenden oder beunruhigten – Beobachters hinausgeht: Die eigene Stabilität und allseits anerkannte feste Verankerung im Gefüge westlich-pluralistischer Staaten sowie die bewährte dauernde Neutralität ermöglicht

Österreich <u>konkrete Maßnahmen der Hilfestellung</u>. Dies gilt für den politischen Bereich ebenso wie für den wirtschaftlich-finanziellen und humanitären im weitesten Sinne.

In politischer Hinsicht bedeutet dies eine bewußte <u>Betonung gesamteuropäischen Gedankenguts</u> (KSZE-Initiativen systemüberschreitenden Charakters). In wirtschaftlich-finanzieller Hinsicht wird auch in Zukunft eine Politik zu führen sein, die – selbstverständlich in dem für Österreich vertretbaren Ausmaß – sich an Maßnahmen der <u>Unterstützung wirtschaftlicher Reformen</u> orientiert und ein Heranführen der osteuropäischen Staaten an die westeuropäischen Integrationsräume erleichtert.

In humanitärer Hinsicht muß Österreich auch in Zukunft ein <u>Platz der Begegnung</u> zwischen einzelnen Menschen über die bestehenden Grenzen hinweg bleiben.

4.5. <u>Vorkehrungen für den Fall negativer Entwicklungen</u>:

Schließlich darf sich jedoch die österreichische Beurteilung nicht nur an einem „best case scenario" (reformorientierte evolutive Entwicklung oder „instabile", sprunghafte Entwicklung <u>ohne</u> negative Auswirkung auf das politische Umfeld) orientieren, sondern muß auch ein mögliches „<u>worst case scenario</u>" in Rechnung stellen, bei dem eine negativ verlaufende instabile Entwicklung zu entsprechenden Auswirkungen auf Österreich führt (plötzlich stark anwachsende Flüchtlingsströme, Unterbrechung von für Österreich wichtige Warenlieferungen und von Teilen der österreichischen Energieversorgung etc. bis hin zum akuten Neutralitätsfall). [...]

Dokument 266
Gespräch mit zwei führenden „Solidaritäts"-Beratern
GZ 166.03.00/73-II.3/88, Zl. 224-RES/88, ÖB Warschau (Somogyi), 17. November 1988

In Anbetracht der derzeit stattfindenden innenpolitischen Entwicklung hielte es der Gefertigte für angebracht, wieder einmal ein substantielles Gespräch mit führenden Oppositionellen durchzuführen. Aus diesem Grund und um auch den hiesigen jugoslawischen Botschafter, mit dem der Gefertigte hinsichtlich der politischen Berichterstattung bestens zusammenarbeitet, die Gelegenheit zum Kennenlernen zu geben, lud der Gefertigte zwei Berater Lech Wałęsas, nämlich Tadeusz MAZOWIECKI (Ausrichtung christlich-sozial, sehr starke Verbindung zur r.k. Kirche und angeblich auch zum Papst) und Prof. Bronisław GEREMEK (Ausrichtung eigenen Angaben zufolge sozialdemokratisch) zu einem Mittagessen am 15.11.1988 ein, an welchem neben dem jugoslawischen Botschafter auch BR Dr. Weninger teilnahm. Über die bei dieser Gelegenheit geführten konzentrierten Gespräche darf wie folgt berichtet werden.

Die Beantwortung von 3 Fragen scheint für den Fortgang eines Dialoges zwischen den Machthabern und der Opposition von großer Bedeutung:

1. Fordert die „Solidarität" den Austritt Polens aus dem Warschauer Pakt?

2. Wird der Primat der Partei in Frage gestellt?

3. Anerkenne die „Solidarität" öffentliches Eigentum an wichtigen Produktionsmitteln?

ad 1.

Eine solche Forderung werde nicht erhoben, darüber gebe es keine Diskussion. Daß Rulewski in Bromberg 1981 solche Forderungen erhoben habe, sei unmaßgeblich. Warum sich Lech Wałęsa derzeit nicht von solchen und anderen antisowjetischen Äußerungen distanziere, wurde damit – unzureichend – begründet, daß seine bisherigen Aussagen klar genug seien.

ad 2.

Dieser wird anerkannt, v.a. hinsichtlich der Vertretung Polens nach außen und als Repräsentantin des Staates. Aber, so wurde richtigerweise hinzugefügt, die Partei selber würde vom absoluten Primat abrücken, indem sie zu einer gewissen Teilung der Macht mit anderen Parteien und parteifreien Institutionen bereit sei.

ad 3.

Dies wird grundsätzlich anerkannt, aber auch hier entwickle sich die Partei selber weiter und verkünde einen Sozialismus in Richtung mehr Privateigentum an Produktionsmitteln.

Aufgrund dieser konstruktiven Haltung der „Solidarität" stünde einem Dialog grundsätzlich nichts entgegen. Warum dann die Aufnahme der Gespräche am Runden Tisch noch nicht stattgefunden haben? – Weil die Partei intern selber noch keine klare Position für einen Dialog gefaßt und v.a. aber keinen Willen zur Anerkennung der „Solidarität" erkennen lassen habe. Auch wenn man solche Anerkennung – so Prof. Geremek – nicht als Vorbedingung für einen Dialog ansehe, so müsse sie aber ein wesentliches Gesprächsthema mit dem Endziel der Legalisierung sein.

Das von der Regierung ins Gespräch gebrachte Beispiel einer Gewerkschaftsorganisation ähnlich dem ÖGB oder DGB sei nach Meinung der Gesprächspartner kein geeignetes Beispiel für Polen, da eine solche Konstruktion nur in einem Mehrparteiensystem funktionieren könne. In Polen selber müsse es bei einer solchen Konstruktion zu einer unproduktiven Wettbewerbssituation und zu einem Kampf innerhalb der Gewerkschaft kommen.

Gegenwärtig bestünden sehr gute Aussichten für einen konstruktiven Dialog, da Gorbatschow hiefür der VPAP grünes Licht gegeben habe, auch habe er nichts gegen die Anerkennung der „Solidarität" einzuwenden. Für Gorbatschow sei er an einem befriedeten Polen interessiert, die SU könne naturgemäß ein ständig unruhiges und konfliktbeladenes Nachbarland nicht brauchen. Sollte es nicht zu irgendeiner Einigung zwischen den Opponenten in Polen kommen, so sehen Geremek und Mazowiecki nicht nur eine Gefahr für Polen, sondern auch für Europa. Es müsse zu einem Pluralismus in Polen kommen, da auf die Dauer das Regieren einer großen Minderheit des Volkes über die überwiegende Mehrheit ohne deren Mitspracherecht am Gesellschaftsprozeß nicht gutgehen könne. Innerhalb der „Solidarität" sei man mit dem immer stärker werdenden Problem konfrontiert, daß v.a. die Masse der jungen Arbeiter immer unzufriedener werde und damit immer radikaler. Um diese nicht alle und unbedingt zur „Solidarität" zählenden Arbeiter in den Griff zu bekommen, sei die Legalisierung der „Solidarität" als Gewerkschaft unabdinglich. Außerdem müsse Wałęsa offiziell anerkannt werden, solle seine Stimme Gewicht und damit mäßigenden Einfluß auf die junge Generation gewinnen. Innerhalb der gesamten von der „Solidarität" beeinflußten Arbeiterschaft gebe es ca. 15-20 % links eingestellte Arbeiter und einen ebenso hohen Prozentsatz an eher nach „rechts" tendierenden Arbeitern. Die Mehrheit sei christlich-nationalistisch, besser katholisch-nationalistisch, ausgerichtet. Das Wort „christlich" wird in Polen praktisch nicht verwendet.

Auf die Frage des Gefertigten, wie man die Forderung von Streikenden verstehen sollte, derzufolge eine staatliche Preisfestsetzung für Grundwaren nötig sei und Wałęsa gleichzeitig eine liberale Wirtschaftspolitik fordere, gab. Prof. Geremek zur Antwort, man dürfte nicht jede Äußerung Wałęsas auf die Goldwaage legen. (Dies hat in der Vergangenheit schon Onyszkiewicz gegenüber dem Gefertigten verlauten lassen. – Die Glaubwürdigkeit Wałęsas wird sohin von seinen eigenen Leuten in Frage gestellt.)

Die Grundschwierigkeit – auch eine solche psychologischer Natur – sei, daß der Kommunismus per definitionem für sich das Proletariat beanspruche, in Polen es jedoch aber so sei, daß sich das Proletariat unter dem Banner der „Solidarität" versammle. Dies sei eine Realität, die die Partei nolens volens anerkennen müsse. Daher könne es keine echten Wirtschaftsreformen geben, wenn sie nicht gleichzeitig von politischen Reformen begleitet würden. PM Rakowski sei hier gegenteiliger Ansicht. Nach Ansicht der Gesprächspartner würde man Rakowski mit den Ereignissen 80/81 identifizieren, was nicht nur für ihn selber ein psychologischer Hemmschuh sei, sondern auch der Grund für seine große Unbeliebtheit bei den breiten Bevölkerungsschichten sei. Sein politischer Kurs sei lediglich eine Art Wiederholung von früher, sodaß er eigentlich nichts Neues bringe, sondern Altes aufwärme.

Sollte es zu keinem Dialog und damit zu keiner gemeinsamen Lösung der Probleme kommen, gebe es nach Meinung der Gesprächspartner nur zwei Alternativen, entweder eine offene kommunistische Diktatur oder eine allgemeine antikommunistische Bewegung. Beides wäre eine Katastrophe für das Volk und niemand habe daran Interesse. So müsse man eine Lösung in der Mitte finden. Auch aufgrund der geopolitischen Situation Polens werde Polen zumindest in absehbarer Zukunft weiterhin ein „sozialistischer" Bruderstaat bleiben müssen. Es müßte jedoch eine Art gesellschaftlichen Pluralismus – und sei es auch unter dem Deckmantel einer „sozialistischen Demokratie" mit echter Mitentscheidungsmöglichkeit des Volkes – zulassen.

Daß die Frage der Wiederanerkennung der „Solidarität" als bei weitem wichtigster Konfliktpunkt zwischen der „Solidarität" und den Machthabern anzusehen ist, erhellt aus der Tatsache, daß Geremek zufolge bei zufriedenstellender Erledigung dieses Punktes die beiden anderen noch strittigen Punkte, nämlich Rückgängigmachung der Schließung der Lenin-Werft in Danzig und Teilnahme der Wałęsa-Berater Michnik und Kuroń an den Round-Table-Gesprächen, praktisch eine Nebensächlichkeit darstellen und problemlos beigelegt werden könnten. Auf den Hinweis des Gefertigten, daß er über Anzeichen verfüge, wonach Gorbatschow gegen die Wiederzulassung der „Solidarität" größte Bedenken habe [...], entgegnete Geremek, er wiederum sei überzeugt, daß Gorbatschow die Wiederzulassung der „Solidarität" akzeptieren würde.

Auf die scherzhafte Bemerkung des jugoslawischen Kollegen, der sich übrigens an dem Gespräch sehr aktiv beteiligte, daß die „Solidarität" in der letzten Zeit Vorliebe für die Militärs entwickelt habe, reagierten die beiden Oppositionellen ebenfalls lächelnd, in der Substanz aber bejahend. Der Hintergrund [ist] darin zu sehen, daß im Politbüro angeblich nur die drei Generäle, nämlich Jaruzelski, Innenminister Kiszczak und Verteidigungsminister Siwicki, für den Dialog mit der Opposition eintreten, während alle anderen Mitglieder, darunter v.a. auch PM Rakowski, gegen diesen Dialog seien. Seine Dialogfeindlichkeit bestreitet Rakowski übrigens [...]. Für den Gefertigten sehr überraschend, nämlich erst 2 1/2 Stunden nach Beginn der intensiv geführten Gespräche, fiel erst das erste Mal das Wort „Kirche". Wahrscheinlich wäre es überhaupt unerwähnt geblieben, wenn BR Dr. Weninger nicht die Frage gestellt hätte, inwieweit der polnische Episkopat die „Solidarität" unterstütze. Geremek antwortete dahingehend, daß die „Solidarität" sich auf die unbedingte Unterstützung des Papstes verlassen könne (hierüber wurde schon wiederholt Bericht erstattet) und es sohin der „Solidarität" nicht viel ausmachen müsse, wenn der Primas von Polen, Kardinal Glemp, in seiner Unterstützung restriktiv sei. (Das reservierte Verhältnis Glemps zur „Solidarität" ist bekannt, und hierüber wurde schon wiederholt berichtet.) Dies trifft aber nicht auf den gesamten polnischen Episkopat zu. Dieser hat erst am 16. d.M. eine Erklärung abgegeben, die eine starke Unterstützung für die „Solidarität" bedeutet. Die Botschaft wird diesen Text beschaffen und ihn nach Möglichkeit vorlegen.

Abschließend zeigten sich die beiden Gesprächspartner nicht gänzlich pessimistisch, was den Dialog anbelange. In irgendeiner Form müsse und werde es weitergehen.

Das gesamte Gespräch verlief in einer animierten, aber höflichen Atmosphäre. Der Gefertigte kann nicht die Möglichkeit ausschließen, daß das Gespräch wegen der Anwesenheit des jugoslawischen Botschafters nicht in jener Aufrichtigkeit geführt wurde, als wenn nur BR Dr. Weninger und der Gefertigte anwesend gewesen wären. Insbesondere fehlten die für Gespräche mit Oppositionellen an sich unvermeidlichen antisowjetischen und nationalistischen Untertöne. Solche hätte sich der Gefertigte von Herrn Mazowiecki erwartet[1], vom internationalistisch eingestellten Prof. Geremek allerdings weniger.

Zu bemerken wäre, daß die beiden Gesprächspartner, die in der „Solidaritäts"-Führung sehr hoch rangieren, als so ziemlich die gemäßigtsten Elemente der „Solidarität" bekannt sind. Der Gefertigte zweifelte daran, daß die – wie oben wiedergegeben – gemäßigten und, mit Ausnahme der Wiederzulassung der

---

[1] Mazowiecki soll aber nicht antisowjetisch eingestellt sein. (Diese Fußnote ist vom Akt übernommen.)

„Solidarität", auch realistischen Standpunkte von der Mehrheit der „Solidaritäts"-Anhänger geteilt werden.

Zum Abschluß noch eine Aussage Prof. Geremeks in seinem Artikel „Opposition 1991" in der kritisch-meinungsbildenden Zweimonats-Zeitschrift „Res Publica" vom Oktober d.J., in welchem er seine Prophezeiung hinsichtlich der Opposition im Jahre 1991 wie folgt bekanntgibt: „I believe that the development of Polish civil society pluralism is accompanied by an overall resignation from political pluralism." [...]

Dokument 267

(K)Ein Mehrparteiensystem in Ungarn

GZ 222.03.00/38-II.3/88, Zl. 412-Res/88, ÖB Budapest (Schmid), 18. November 1988

Im Gegensatz zu den euphorischen Meldungen westlicher – vor allem auch österreichischer – Medien kann die Einführung eines echten Mehrparteiensystems in Ungarn in absehbarer Zeit nicht erwartet werden, die Tolerierung verschiedener politischer Gruppierungen, die sich in den letzten Monaten etabliert haben (s. beil. Aufstellung), ist eher einem „divide et impera" zuzuordnen, als der Suche nach einem neuen gesellschaftlichen Konsens. Die Politik von Partei und Regierung ist auf Zeitgewinn abgestellt; auch angesichts der sich rasch verändernden Rahmenbedingungen wird diese Politik – wenn nicht wirtschaftliche Katastrophen weitere politische Öffnungen erzwingen – noch geraume Zeit zu halten sein.

Dem ungarischen Parlament wird Anfang Dezember d.J. ein Gesetzesentwurf, ein neues Vereins- und Versammlungsrecht vorliegen; dieser Entwurf anerkennt grundsätzlich, daß es sich hiebei um unveräußerliche Menschenrechte handelt, die vom Staat garantiert werden müssen. Eingeschränkt könnten diese Rechte nur werden, wenn damit Rechte bzw. Freiheiten anderer verletzt würden.

Die Gründung politischer Parteien, von Gewerkschafen, Interessensvertretungen etc. scheint auf der Basis dieses Entwurfs grundsätzlich möglich. Wie der ungarischer Justizminister KULCSÁR jedoch hierzu erläuterte, gibt es in der Praxis noch keine Möglichkeit einer Parteiengründung, denn eine Klausel im Gesetzentwurf besagt, daß über politische Parteien (auf der Grundlage der derzeitigen Verfassung) ein gesondertes – jedoch noch nicht vorbereitetes – Gesetz befinden müsse. Es gelte die Zeit abzuwarten, in der politische Parteien geschaffen werden können, ohne eine politische Destabilisierung herbeizuführen. Diese Äußerungen des ungarischen Justizministers decken sich mit den Aussagen anderer ungarischer Spitzenpolitiker. Ministerpräsident und Generalsekretär GRÓSZ äußerte sich etwa zuletzt in einem Anfang November im „TIME"-Magazin erschienenen Interview zur Frage des Mehrparteiensystems dahingehend, daß „...ein solches in der gegenwärtigen politischen Phase nicht zweckdienlich wäre, sondern Anarchie auslösen würde".

Auch Politbüro-Mitglied und ZK-Sekretär BERECZ hat die Grenzen der gegenwärtigen Entwicklung ziemlich klar abgesteckt; künftige Gesetze müssten nicht nur Garantien, sondern auch die Grenzen der verfassungsmäßigen Rechte beinhalten.

Als eine solche Einschränkung nannte BERECZ hinsichtlich der Gründung von gesellschaftlichen Organisationen die „Verletzung des gemeinschaftlichen Interesses" und verwies im übrigen auf den bekannten Standpunkt in der USAP, den Pluralismus – zumindest in nächster Zukunft – lediglich im Rahmen des Einparteiensystems zu verwirklichen (im „sozialen Pluralismus").

Die Frage des allfälligen Mehrparteiensystems in Ungarn wurde auch dem vor kurzem hier weilenden und für internationale Fragen zuständigen Sekretär des ZK der KPdSU, Alexander JAKOWLEW, gestellt, der hiezu lediglich lakonisch feststellte, daß diese Frage in die Kompetenz der ungarischen Führung fiele. Auf eine Zusatzfrage, wann es denn in der Sowjetunion ein Mehrparteiensystem geben werde, antwortete JAKOWLEW mit einem kleinen Vortrag und führte aus, daß es seiner Meinung nach auch in den USA nur eine Partei gebe.

Die oben erwähnte, beiliegende Aufstellung der Oppositionsgruppierungen erhebt keinen Anspruch auf Vollständigkeit, speziell im Alternativen/Grünbereich wäre der Vollständigkeit halber noch eine erhebliche Zahl kleiner und kleinster Komitees anzuführen. Wenn auch Regierung und Partei an einer Aufsplitterung des oppositionellen Spektrums interessiert sind und diese auch tatkräftig unterstützen, ist aus der Vielzahl der „Parteien" doch auch ein starker historischer Bezug ablesbar, beispielsweise gab es nach dem 2. Weltkrieg bis zur Machtergreifung durch die Kommunisten mehr als 50 politische Parteien und über 50 verschiedene Fachgewerkschaften in Ungarn.

Dokument 268
Fragmente von Gesprächen mit PM RAKOWSKI

GZ 166.03.00/74-II.3/88, Zl. 242-RES/88, ÖB Warschau (Somogyi), 30. November 1988

Einleitend wäre festzuhalten, daß der Gefertigte mit dem nunmehrigen polnischen PM RAKOWSKI schon eine gute Gesprächsbasis noch vor der Bestellung des Genannten in seine Funktion gehabt hat. Dies ist zweifellos auf das ausgezeichnete bilaterale Verhältnis Österreich-Polen zurückzuführen, aber vielleicht auch darauf, daß der Gefertigte – wie eben auch PM RAKOWSKI – die Ursache der polnischen Krise in erster Linie im wirtschaftlichen und nicht im politischen Bereich ansiedelt. Zahlreiche westliche Beobachter sehen dies umgekehrt.

Während des offiziellen Besuches von PM RAKOWSKI in Wien hat der Gefertigte mit ihm zahlreiche, oft auch nur ganz kurze bzw. fragmentarische Gespräche geführt.

Über die wichtigsten Punkte glaubt der Gefertigte berichten zu müssen, und zwar wie folgt:

– Auf den Hinweis des Gefertigten, daß im bilateralen Verhältnis insbesondere wirtschaftliche Projekte zu beiderseitigem Vorteil betrieben werden und weitergehen müssen, da man von der Freundschaft zwischen den beiden Völkern allein nicht leben könnte, reagierte RAKOWSKI absolut zustimmend und fügte hinzu, er vertrete wiederum in seiner Partei die Ansicht, daß man auch von der Ideologie allein nicht leben könne.

–   Der rumänische Staats- und Parteichef Ceaușescu sei eine Schande für den Kommunismus (der Gefertigte stellt eine Parallele zu Kim Il-sung her, der RAKOWSKI beipflichtete) und sei von Gorbatschow als Paranoiker bezeichnet worden. Auf die Bemerkung des Gefertigten, er habe um die „Perestroika" und Gorbatschow Angst, erwiderte RAKOWSKI mit ominöser Stimme: „Ich auch".

–   RAKOWSKI gab zu, daß in der VPAP oft Diskussionen über den Sinn von Gesprächen mit der Opposition stattfänden und daß es in seiner Partei auch tatsächlich Gegner solcher Gespräche gebe, bestritt aber, daß bei einer jüngsten Konferenz der Ersten Sekretäre der VPAP sich ein Abstimmungsverhalten 39 : 10 zugunsten der Gegner der Gespräche mit der Opposition ergeben habe […].

–   RAKOWSKI betonte immer wieder, daß er keine Zeit habe und rasche und vor allem sofort spürbare Erfolge benötige. Er zeigte sich diesbezüglich allerdings sehr (vielleicht zu) optimistisch.

–   Er sei der festen Überzeugung, daß im polnischen Volk nach wie vor keine große Streikbereitschaft bestehe, und habe vor einem Generalstreik, den die Opposition dem Vernehmen nach im Frühjahr 1989 organisieren wolle, keine Angst. Ein solcher Streik sei zum Scheitern verurteilt, allerdings unter der Voraussetzung, daß er bis dahin dem polnischen Volk konkrete Ergebnisse betreffend die Besserung der Wirtschaftslage präsentieren könne (viele ausländische Beobachter, allerdings nicht der Gefertigte, sind der Auffassung, daß das polnische Volk mit bloß wirtschaftlichen Reformen nicht zufriedenzustellen sei. Der Gefertigte ist nicht dieser Ansicht, was aus seiner eingangs einberichteten Auffassung über die Ursache der polnischen Krise resultiert).

–   Er werde seinen persönlichen Lebensstil wegen der Übernahme seiner jetzigen Funktion nicht ändern, d.h. er werde am Samstag selbst, wie eben schon früher, in Geschäfte gehen, um seine Einkäufe zu machen, und das Schwimmbecken, das er täglich aus Gründen der Ertüchtigung in der Früh aufsucht, nicht für die Öffentlichkeit sperren lasse, wie dies z.B. Ceaușescu mit Sicherheit täte.

–   Polen, die Sowjetunion und Ungarn seien fest entschlossen, die Integration im RGW auch ohne Mitarbeit der anderen Mitgliedsstaaten voranzutreiben. Dies werde RAKOWSKI zufolge jedoch Jahre brauchen.

–   Seitens der Opposition sei es unklug gewesen, die von ihm angebotenen vier Regierungsposten, darunter den eines Stellvertretenden Premierministers, nicht anzunehmen. Wären die vier Posten von Oppositionellen besetzt gewesen, hätte RAKOWSKI nie die Schließung der Danziger Schiffswerft verfügen können.

–   Er freue sich sehr darüber, daß seine Popularität und die der von ihm geführten Regierung im Steigen begriffen sei. Dies deshalb, weil das Volk den Eindruck habe, es geschehe etwas.

–   Er werde sich auch zu gegebener Zeit um die Spezialabteilungen des Innenministeriums kümmern, um ungerechtfertigte Übergriffe abzustellen. Er müsse jedoch vorsichtig vorgehen, da die Rolle des Innenministeriums im Jahre 1981 nicht vergessen werden dürfe.

– Die Einschätzung Kardinal GLEMPs durch den Gefertigten, wonach GLEMP auf Kooperation und nicht auf Konfrontation ausgerichtet sei, könne RAKOWSKI vollinhaltlich unterschreiben.

– Er sagte dem Gefertigten erforderlichenfalls auch tatkräftige persönliche Hilfe bei der Bewältigung von Schwierigkeiten im Zusammenhang mit der Errichtung eines neuen Österreichischen Kulturinstitutes in Warschau zu (wie gesondert berichtet, hat General JARUZELSKI i.G. bereits auf Ersuchen von Präsident GRATZ tatkräftig interveniert). […]

Dokument 269
Zusammenfassung Gespräch Kohl-Gorbatschow

GZ 221.830/3-II.3/88, Zl. 283-RES/88, BMAA Wien, 1. Dezember 1988

Entsprechend der Vereinbarung zwischen M.S. Gorbatschow und H. Kohl fand vom 24. bis zum 27. Oktober 1988 der offizielle Besuch in der Sowjetunion des Bundeskanzlers der BRD statt. Er wurde vom Außenminister H.-D. Genscher, vom Verteidigungsminister R. Scholz, vom Bundesminister für wissenschaftliche Forschung und Technologie H. Riesenhuber, vom Bundesminister für Umwelt K. Töpfer, vom Bundesminister für Ernährung, Landwirtschaft und Forsten I. Kiechle begleitet.

Die Erörterung der Hauptfragen, die sowohl zu bilateralen Beziehungen als auch zur gegenwärtigen internationalen Lage insgesamt gehören, fand im Laufe der Gespräche unmittelbar zwischen M.S. Gorbatschow und H. Kohl statt.

Indem M.S. Gorbatschow beim ersten unter vier Augen verlaufenden Gespräch H. Kohl begrüßte, sagte er, daß der Besuch des Bundeskanzlers ein großes, unordinäres Ereignis darstellt, sowohl vom Standpunkt der bilateralen Beziehungen als auch dem der europäischen Politik und der Weltpolitik aus. Bereits die Tatsache des Gipfeltreffens selbst spricht von jener Bedeutung, die beide Seiten den Beziehungen zu einander beimessen. Wir möchten, daß sie auf dem Vertrauen und Realitäten basieren, d.h. dem Zeitgeist und seinen Imperativen entsprechen würden.

H. Kohl hob hervor, daß er dem Verknüpfen der persönlichen gegenseitigen Beziehungen mit den Vertretern der höchsten Führung der Sowjetunion außerordentliche Bedeutung beimißt. in diesem Sinne ist er sowohl „als Bundeskanzler" als auch „als Staatsbürger H. Kohl" in Moskau eingetroffen.

Wir, unsere Parteien, sagte H. Kohl, haben unterschiedliche Ideologien und Auffassungen. Man muß sie nicht unterschätzen, das ist eine Realität und es hat sicherlich keinen Sinn, die Zeit für den Streit darüber zu verlieren, welche Ideologie besser ist. Ohne Versuche einander zu eigenem Glauben zu bekehren, müssen wir darüber denken, wie wir die Herzen und Verstand der Menschen in unseren Ländern zueinander näher bringen könnten. Darin sieht H. Kohl eine gemeinsame, höchst menschliche Verpflichtung.

H. Kohl stellte fest, daß die in der Sowjetunion verwirklichte Umgestaltung, tiefgreifende Reformen, die breitesten Möglichkeiten für die sowjetisch-bundesdeutschen Beziehungen eröffnen. Er betonte, daß es unter den gegenwärtigen Bedingungen besonders wichtig ist, reguläre Kontakte zwischen führenden Repräsentanten beider Länder zu unterhalten. In dieser Hinsicht betrachtet er, H. Kohl, seinen Besuch in der Sowjetunion und den Gegenbesuch von M.S. Gorbatschow in der BRD als das Ganze, und er ist bereit, sowohl auf der ersten als auch auf der zweiten Etappe tüchtig zu arbeiten. Die Bundesregierung erklärte, H. Kohl, hat festen politischen Willen, der Entwicklung der Beziehungen zwischen der BRD und der UdSSR neue Qualität zu verleihen.

Auf das Problem der Abrüstung eingehend, räumte H. Kohl ein, daß die BRD auch weiterhin beabsichtigt, zu seiner Lösung beizutragen. Im nuklearen Bereich sind die Möglichkeiten der BRD einigermaßen begrenzt, weil die BRD über die Nuklearwaffen nicht verfüge und nicht verfügen werde. Was aber die konventionellen Rüstungen anbetrifft, so kommt, den Worten von H. Kohl nach, die BRD darin den USA gleich und ist ihr „wichtigster Partner und Verbündeter, und dies bedeutet, daß die USA uns Gehör schenken".

Dem Stand der wirtschaftlichen Entwicklung nach nimmt die BRD auch den ersten Platz in Europa ein, und alles läuft darauf hinaus, sagte H. Kohl, daß wir auch in der Zukunft diese führende Position behalten werden, ohne besondere Anstrengungen zu unternehmen. Die geplante Schaffung eines gemeinsamen Binnenmarktes im Rahmen der EG bis zum Jahre 1992 wird, seiner Meinung nach zu keiner Abkoppelung der Teilnehmer dieser Gruppierung vom restlichen Europa führen. Dies würde für die EG einfach keinen Nutzen bringen, und niemand will es auch, daß zwischen dem Westen und dem Osten erneut irgendeiner [den] Vorhang herunterläßt.

In diesem Zusammenhang hält er, H. Kohl, auch die Idee des Aufbaus eines gesamteuropäischen Hauses für annehmbar. Und zwar bei der Auslegung, daß es in diesem Haus viele Fenster und Türen geben wird, daß die Menschen miteinander frei Kontakte aufnehmen können und niemand den Austausch von Waren, Ideen, Errungenschaften der Wissenschaft und Kultur verhindern wird. Er möchte, daß sich in dieselbe Richtung, einschließlich, selbstverständlich, der Frage der Sicherheit und der Abrüstung, auch die Zusammenarbeit der BRD mit der Sowjetunion – ihrem wichtigsten Nachbarn im Osten – entwickelt.

Auf die Perspektiven der wirtschaftlichen Zusammenarbeit eingehend, betonte H. Kohl, daß eine große Gruppe führender Repräsentanten der Geschäftskreise der BRD nicht zufälligerweise nach Moskau mitgekommen ist. Sie alle sind stolz darauf, sagte H. Kohl, daß sie die wichtigsten westlichen Partner der Sowjetunion sind und die Palme des Sieges niemandem überlassen wollen. H. Kohl hat es zu verstehen gegeben, daß die BRD gerade im wirtschaftlichen Bereich über die größte Handlungsfreiheit verfügt und auf vieles, einschließlich neuer Kooperationsformen, eingehen kann. Er, Bundeskanzler persönlich, tritt aber dafür ein, daß man „durch viele kleine Schritte" vorankommt, ohne irgendwelche grandiosen Pläne zu reklamieren. Er schlägt deswegen vor, „möglichst viele Bäume zu pflanzen, damit daraus ein großer, dichter Wald aufwächst".

M.S. Gorbatschow legte das sowjetische grundsätzliche Herangehen an die weitere Entwicklung der bilateralen Beziehungen zur BRD dar. Es ist erforderlich, betonte er, hier solche Beschlüsse zu fassen, die die Interessen von niemandem – weder der Verbündeten, der Partner, noch die der dritten Länder überhaupt – beeinträchtigen, sondern der Sache der europäischen und der allgemeinen Sicherheit, der mannigfaltigen internationalen Zusammenarbeit dienen würden unter Berücksichtigung der natürlichen Unterschiede in der sozialen und politischen Ordnung und der in Europa historisch entstandenen Realitäten sowie bei strikter Einhaltung der abgeschlossenen Verträge. Tatsächlich sind jetzt alle Voraussetzungen dafür vorhanden, unsere Beziehungen auf ein neues Niveau zu bringen und in diesen ein neues Kapitel zu eröffnen. Die sowjetischen Menschen und, wie wir es uns vorstellen, die breiten Bevölkerungsschichten der BRD stehen dem aufgeschlossen [gegenüber] und wollen dies.

In der Welt haben sich große Veränderungen vollzogen. Die Politik ist dynamischer und energischer geworden. Deswegen können frühere, alte Formen des Herangehens an die bilaterale und die internationale Zusammenarbeit weder die UdSSR, weder die BRD, weder Europa und noch auch jene, die außerhalb seiner Grenzen sind, bereits nicht mehr zufriedenstellen.

M.S. Gorbatschow sagte, daß die Versetzung der sowjetisch-bundesdeutschen Beziehungen auf ein qualitativ neues Niveau ein Prozeß ist, für den eine Zeitperiode erforderlich ist.

Bei der Vertiefung der Idee über eine strategische Wende in den Beziehungen zwischen der UdSSR und der BRD hat M.S. Gorbatschow erneut bekräftigt, daß dabei der Eindruck nicht entstehen darf, als ob die Sowjetunion und die BRD versuchen, einander irgendwohin hineinzulocken. Es geht um eine offene, ehrliche Politik, die nicht nur den Völkern unserer, sondern auch anderer Länder zugänglich und verständlich ist.

Unsere Länder gehören zu den unterschiedlichen gesellschaftspolitischen Systemen, sie sind Bestandteile verschiedener militärisch-politischer Blöcke, jedes von ihnen ist seinen eigene Idealen und Werten zugetan. Niemand soll deswegen an unserer Treue gegenüber den Verbündetenverpflichtungen Zweifel hegen. Aber im Vordergrund steht auch im Bereich der bilateralen Beziehungen eine überaus komplizierte Aufgabe – die Gewährleistung des Friedens und der Sicherheit in Europa und in der ganzen Welt. Dies ist möglich nur auf dem Wege des Ausbaus aller Sphären der Zusammenarbeit und der Einführung – in diese Bereiche – der Elemente des zunehmenden gegenseitigen Verständnisses und Vertrauens.

H. Kohl versicherte, daß all das vollständig auch den Absichten seiner Regierung entspricht.

Bei der weiteren Entwicklung seines Gedankens betonte M.S. Gorbatschow, daß die Zeit jetzt reif geworden ist, um große Umwandlungen in den Beziehungen zwischen dem Westen und dem Osten Europas in Angriff zu nehmen und mit dem Aufbau des gesamteuropäischen Hauses zu beginnen. Wir beabsichtigen dabei keine Fusion aller europäischen Staaten in einen Staat, wir denken an die Notwendigkeit der Vereinigung ihrer Anstrengungen im Namen der Schaffung einer sicheren Welt.

Europa wird diese Aufgabe bewältigen können. Ihre Lösung ist nicht nur für die UdSSR, die BRD, sondern auch für die USA, Kanada und andere Staaten notwendig. Wir laden alle ein, bei der Einrichtung unseres Kontinents aktiv mitzuwirken.

Wir sind der Meinung, daß man all das zusammen mit dem neuen Konzept unserer gegenseitigen Beziehungen in einem gemeinsamen politischen Dokument zum Ausdruck bringen sollte, das während des Gegenbesuches in der BRD im Jahr 1989 angenommen würde. Der Bundeskanzler erklärte, daß er diesen Vorschlag unterstützt. Er versicherte auch, daß die BRD ihrerseits beabsichtigt, einen „ehrlichen und offenen Kurs" durchzuführen, und daß sie nicht vorhat, jemanden in irgendwelche Fallen hineinzulocken. Das Wichtigste besteht darin, sagte H. Kohl, das Vertrauen wiederherzustellen.

Auf eigene Initiative hat H. Kohl die sogenannte deutsche Frage angeschnitten. Angefangen hat er aus der Ferne, mit den Überlegungen darüber, daß zwischen der UdSSR und der BRD „schwere Realitäten" existieren, darunter psychologischer Art. Zu diesen zählt auch die Tatsache, daß nach dem Krieg die Staatsgrenzen verschoben wurden. Jetzt besitzt die BRD nur einen Teil des Territoriums des Reiches, und Deutschland ist geteilt. Aber auch der Moskauer Vertrag ist eine Realität sowie die Verträge, die mit anderen sozialistischen Ländern unterzeichnet wurden, die eingehalten werden müssen.

Es gibt Probleme, setzte H. Kohl fort, wo wir keinen Konsens haben, und diese Tatsache müssen wir zur Kenntnis nehmen. Wir, die Deutschen, sagen, daß die Teilung nicht das letzte Wort ist. Aber Krieg und Gewalt können nicht mehr Mittel zur Politik sein. Deswegen sind Änderungen, über die wir sprechen, nur auf friedlichem Wege zulässig. Das Erwarten wird, vielleicht, sehr lange dauern. Man muß aber sehen, daß es kein Rezidiv des Revanchismus ist. Wenn wir darüber sprechen, daß die Nation einheitlich ist, haben wir eine Chance im Auge, die sich erst den zukünftigen Generationen bieten kann.

Zu der West-Berlin-Frage erklärte H. Kohl, daß diese bei einer gebührenden Berücksichtigung des vierseitigen Abkommens vollständig in den Prozeß der Entwicklung der bilateralen Beziehungen zwischen der UdSSR und der BRD einbezogen werden muß.

M.S. Gorbatschow antwortete H. Kohl, er habe einen wichtigen Teil des aufgenommenen Dialoges angeschnitten ohne dessen Aufklärung es kaum möglich sei, ein neues Kapitel in den gegenseitigen Beziehungen zu eröffnen. Wir sind bereit, über alles ehrlich und offen zu sprechen.

Die Sowjetunion hat die engsten freundschaftlichen Verbündeten-Beziehungen zu der DDR. Wir sind für gute Beziehungen auch zum anderen deutschen Staat – zur BRD – […] auf einer gesunden langfristigen Grundlage. Was aber die Zukunftspläne anbetrifft, über die der Bundeskanzler gesprochen hat, so wäre es besser, sich der

Versuche zu enthalten, die Geschichte umzuschreiben. Hier, wie man so sagt, ist nichts zu machen. Wir haben den Moskauer Vertrag, die Schlußakte von Helsinki sowie eine Reihe von anderen Verträgen, die [die] territorial-politische Realitäten der Nachkriegszeit verankert haben. Sie bestimmen den Weg in die Zukunft der gutnachbarlichen Zusammenarbeit. Die Tatsache, daß man sich an die Konzeptionen der 40er- und 50er-Jahre anklammert, zieht die Aufrichtung der Politik der BRD in Zweifel, wobei nicht nur gegenüber dem Osten, sondern auch [gegenüber] dem Westen. Die heutige Situation ist das Ergebnis der Geschichte. Die Versuche, die durch die Geschichte geschaffenen Realitäten zu revidieren, sind ihren Folgen nach eine unvoraussagbare und sogar gefährliche Sache. Man kann nicht umhin zu berücksichtigen, daß sowohl wir als auch Sie Verbündete haben, denen es nicht gleichgültig ist, auf welchen Grundlagen wir unsere Beziehungen entwickeln werden. Ich werde daraus kein Hehl machen, daß der Standpunkt der Sowjetunion zu dieser Frage für die Vertreter aller Staaten in Europa sowohl im Osten als auch im Westen sehr interessant ist. Viele von ihnen fragen direkt, ob man einer Regierung vertrauen kann, die gegenüber ihren Nachbarn Ansprüche erhebt und diese von Zeit zu Zeit bestätigt.

Was West-Berlin anbelangt, ist die Sowjetunion für seine breiteste Teilnahme an dem europäischen und internationalen Verkehr, hat es nicht vor, West-Berlin in eine tote Stadt zu verwandeln und ist bereit, die spezifischen Interessen West-Berlins im wirtschaftlichen und kulturellen Bereich zu berücksichtigen. Dies alles aber unter der Voraussetzung, daß das im vierseitigen Abkommen verankerte besondere Statut der Stadt unveränderlich bleibt. Die Versuche, dieses Statut zu erschüttern und diese Realität zu revidieren, werden unsere Beziehungen [beeinträchtigen].

Wir treten dafür ein, betonte M.S. Gorbatschow, daß es zwischen uns keine Verschweigungen gibt, weil sie der Entwicklung der Beziehungen auf der Basis des Vertrauens im Wege stehen. Die Vergangenheitsnostalgie erweckt nur Mißtrauen […] überall in Europa. Die Regierung der BRD ist kaum daran interessiert. Die Völker Europas [dürfen nicht den] Eindruck gewinnen, daß die Westdeutschen früher oder später wieder ins Feld ziehen werden.

In seinen öffentlichen Reden in Moskau versuchte H. Kohl nicht, die Sache so darzustellen, als ob die sowjetische Seite ihren Standpunkt zu sogenannten nationalen Frage oder zur West-Berlin Frage ändern kann. Er sprach darüber, daß die Stellungen der beiden Seiten hier gegenüberstehen, daß der Streit über diese Frage keinen Sinn hat und alles durch die Geschichte entschieden wird. Das aber [darf] die Entwicklung der breiten Zusammenarbeit in den Bereichen nicht stören, wo es möglich und nützlich ist.

Zu den Fragen der Abrüstung unterstrich M.S. Gorbatschow, es sei nicht selten aus Bonn zu hören, daß vor allem die UdSSR und andere Staaten des Warschauer Vertrages abrüsten sollen. Was die Bundeswehr betrifft, sollen die Abrüstungsmaßnahmen hauptsächlich einen symbolischen Charakter haben, obwohl sie zahlenmäßig die größte Armee in Westeuropa ist.

H. Kohl behauptete, daß die BRD in dieser Hinsicht eine Umgestaltung durchführt. Als Beispiel führte er den Verzicht auf 72 Raketen „Pershing-1A" an. M.S. Gorbatschow erinnerte den Bundeskanzler daran, daß in Bonn neben der Billigung des INF-Vertrages die Idee über die Schaffung „der europäischen Streitkräfte" vorhanden ist. Für uns bleibt bis jetzt auch die Position der BRD bezüglich der Modernisierung der taktischen Atomwaffe unklar.

H. Kohl erklärte, daß er ein überzeugter Anhänger des Abbaus der strategischen Angriffswaffen ist und daß man in der NATO diese seine Auffassung berücksichtigt. Dasselbe gilt auch für die Position der BRD zu chemischen Waffen. Die BRD tritt entschieden dafür ein, daß sie vollständig vernichtet werden sollen, obwohl einige ihrer westlichen Freunde, laut H. Kohl, bestimmte Probleme [damit] haben. Zum Abschluß des Gesprächs sagte aber H. Kohl, daß es nicht richtig anzunehmen wäre, daß die BRD nicht abrüsten und viele Waffen besitzen will sowie bei den Abrüstungsverhandlungen irgendwelche Tricks ausheckt.

Wegen ihrer geographischen Lage muß sie mehr als die anderen an der Abrüstung interessiert sein. In diesem Sinne spricht sie sich angeblich auch in der NATO aus.

Außenpolitische Probleme, Abrüstungsfragen wurden während der Gespräche zwischen E.A. Schewardnadse und H.-D. Genscher eingehend erörtert. Es wurde die bestehende Möglichkeit festgestellt, das Wiener KSZE-Folgetreffen in der kürzesten Zeit erfolgreich abzuschließen. Das würde den Weg zur Aufnahme noch im laufenden Jahr der Verhandlungen über die Reduzierung der konventionellen Waffen in Europa freimachen. Solche Meinung vertrat auch H. Kohl.

E.A. Schewardnadse brachte seine Hoffnung zum Ausdruck, daß die BRD alle bei ihr vorhandenen Möglichkeiten nutzen wird, um einen konstruktiven Einfluß auf die USA und einige anderer NATO-Verbündete auszuüben, die immer noch bestimmte Schwierigkeiten auf der abschließenden Etappe des Wiener-Treffens schaffen.

H.-D. Genscher erklärte, daß die BRD hinsichtlich unserer Vorschläge über die Einberufung „eines europäischen Reykjavíks" für die Gründung eines Zentrums für Verminderung der Kriegsgefahr und Abwendung eines Überraschungsangriffes offen steht. Seiner Meinung nach muß man aber in diesen Fragen vorsichtig und schrittweise handeln.

Es wurde vereinbart, daß Anfang nächsten Jahres das Außenministertreffen stattfindet, um den Besuch M.S. Gorbatschows in der BRD vorzubereiten und vor allem ein gemeinsames politisches Schlußdokument dieses Besuches zu erörtern.

Im Laufe der Gespräche zwischen H. Kohl und M.S. Gorbatschow und N.I. Ryschkow sowie auch der Gespräche auf Ministerebene der entsprechenden Bereiche wurde von beiden Seiten die Frage der wirtschaftlichen Zusammenarbeit ausführlich erörtert. Von beiden Seiten wurde die Bedeutung dieser Aspekte für die fortschreitende Entwicklung der gesamten Beziehungen unterstrichen. Es wurde betont, daß die Unterzeichnung der zahlreichen Verträge in Moskau ein guter Anfang für eine breite Entwicklung der Zusammenarbeit, Gründung der gemeinsamen Unternehmen, für Ausarbeitung der Vereinbarungen über große Projekte ist. Es wurde auch festgestellt, daß die UdSSR und die BRD als Initiatoren der großen und für den gesamteuropäischen Raum wichtigen Vorhaben, zum Beispiel auf dem Gebiet des Umweltschutzes, Transportwesen, Fernmeldewesen etc. auftreten könnten.

Die stattgefundenen persönlichen Kontakte zwischen den Verteidigungsministern der UdSSR und der BRD haben sich als nützlich erwiesen. Im Großen und Ganzen unterstützte R. Scholz das Dreistufenprogramm des Warschauer Vertrages über eine Reduzierung der konventionellen Waffen in Europa, das er als ganz logisches Programm betrachtet.

Im Mittelpunkt muß aber seiner Meinung nach die Abschaffung der Ungleichgewichte und der Asymmetrien sowie [D]islozierung der Streitkräfte stehen. Gleichzeitig lehnte er es nicht ab, daß die Beseitigung der Ungleichgewichte auf dem Gegenseitigkeitsprinzip und unter Berücksichtigung nicht nur der quantitativen, sondern auch qualitativen Komponenten basieren soll. Der Verteidigungsminister der BRD äußerte sich in dem Sinne, daß die Erörterung dieser Frage bereits jetzt auf der bilateralen Grundlage zwischen dem Generalstabschef der Streitmächte der UdSSR und dem Generalinspektor der Bundeswehr beginnen könnte. Wir haben uns damit einverstanden erklärt. R. Scholz trat gegen die volle Abschaffung der Kernwaffen in Europa auf und verteidigte die Konzeption der nuklearen Abschreckung.

Im Großen und Ganzen sind wir der Meinung, daß die Gespräche nützlich, vielseitig und inhaltsreich waren. Sie zeigten, daß bei der Erhaltung unterschiedlicher Auffassungen in einer Reihe prinzipieller Fragen die BRD an der Entwicklung der Beziehungen zur UdSSR interessiert ist. Es wurden gute Voraussetzungen für den bevorstehenden Besuch M.S. Gorbatschows in der BRD geschaffen. Wenn die Ergebnisse des Moskauer Gipfeltreffens gründlich berücksichtigt werden, kann dieser Besuch bilaterale Beziehungen auf eine neue Etappe bringen und den gesamteuropäischen Prozeß fördern. Die Abwicklung der Dinge in diese Richtung wird aber in großem Maße auch davon abhängen, wie konsequent die Regierung der BRD und persönlich der Bundeskanzler H. Kohl weiter handeln werden. Es wird auch von der Lage innerhalb der NATO und von politischen Einstellungen der neuen US-Administration abhängig sein. […]

Dokument 270
Popularität der Regierung RAKOWSKI

GZ 166.03.00/46-II.3/88, Zl. 247-RES/88, ÖB Warschau (Somogyi), 5. Dezember 1988

Premierminister RAKOWSKI behauptet immer wieder, so auch anlässlich seiner jüngsten Gespräche in Wien, daß er und die von ihm geführte Regierung immer mehr an Popularität gewinnen. Als Quelle führt er hiebei das polnische Meinungsforschungsinstitut unter Leitung eines Professors KWIATKOWSKI an, den Rakowski selbst als absolut seriöse Persönlichkeit bezeichnet. Nichtsdestotrotz ist festzustellen, daß auch dieses Meinungsforschungsinstitut ein Werkzeug in den Händen der Machthaber ist und seine Analysen daher noch weniger Vertrauen verdienen als Analysen mancher westlicher Meinungsforschungsinstitute.

Vor wenigen Tagen hat Prof. KWIATKOWSKI in der Tageszeitung „Zycie Warszawy" einen Artikel verfasst, dem verschiedene ggstl. Daten seines Institutes zu entnehmen sind. Die Kernaussauge ist, daß am 13. November 1988 72,4 % der befragten erwachsenen Polen erklärt hätten, daß sie der neuen Regierung Vertrauen entgegenbrächten. Im August d.J. habe der einschlägige Prozentsatz betreffend die Regierung MESSNER nur ca. 33 % betragen, sodaß zwischen der alten und der jetzigen Regierung ein Anstieg von 40 % zu verzeichnen sei.

Im September d.J. hätten 57 % der Bevölkerung die politische Situation als schlecht bezeichnet, jetzt nur mehr 37 %. Hinsichtlich der wirtschaftlichen Aussichten gebe es nach wie vor nur einige wenige Optimisten, insgesamt nur einige Prozent, doch sei diese Gruppe im Wachsen begriffen. Der Prozentsatz der Pessimisten sei um 6 % gesunken. Schon während des ersten Monats der Tätigkeit der neuen Regierung sei der Prozentsatz der Pessimisten von 32 auf 18 % gesunken. Nur 8 % der Befragten hätten erklärt, daß die politische Situation schlechter werde, verglichen mit 28 % jener, die auf eine Besserung hofften, um 40 %, die diesbezüglich keine Änderung sehen.

Eine Volksbefragung im August d.J. habe ergeben, daß für die Ursache für die in dem Monat stattgefundenen Streiks vorwiegend der schwierige Alltag (insbesondere das Schlangenstehen), der Lebensstandard und der Zustand der Volkswirtschaft angeführt wurden. Die Befragten hätten auch die Behörden und die staatlichen Maßnahmen hiefür verantwortlich gemacht. Die Streiks seien die einzige Möglichkeit gewesen, um die Unzufriedenheit mit den Maßnahmen der offiziellen Wirtschaftspolitik zu demonstrieren. Im September hätten auch von 3 Polen 2 den Rücktritt der Regierung verlangt.

Die Regierungserklärung Premierminister RAKOWSKIs habe einen sehr hohen Grad von Billigung gefunden. Insbesondere seien vom überwiegenden Teil der Bevölkerung die von der Regierung gesetzten Prioritäten (Landwirtschaft, Wohnbau, Umweltschutz) gebilligt worden. Die meisten Fragebeantworter seien zuversichtlich gewesen, daß die polnische Gesellschaft die harten Regeln der Wirtschaftsreform als Voraussetzung für die Besserung der Lage akzeptieren würde.

Das Institut KWIATKOWSKI habe auch eine Gruppe von Personen befragt, deren Angehörige alle im öffentlichen Sektor tätig sind. Diesen Menschen zufolge sei ihre wichtigste Sorge die Bewältigung der Krise und die Gesundung der Wirtschaft gewesen. Als Priorität für die Regierung seien genannt worden: bessere Versorgung mit Konsumgütern, Wohnbau, Lebensstandard, stabile Preise, Bremsung der Inflation, bessere Bedingungen für die Landwirtschaft und „Law and Order".

Praktisch jede befragte Person habe mindestens eines der wirtschaftlichen Probleme genannt, die dringend von der Regierung zu lösen wären. Von zweien […] habe [einer] auch Wohlfahrtsdienste erwähnt. Nur einer von sechs habe politische Probleme als die wichtigsten genannt, die von der Regierung in Angriff zu nehmen seien.

Die meisten Befragten hätten die Schließung unrentabler Betriebe befürwortet, insbesondere 58 % die Schließung der Lenin-Schiffswerft in Danzig, wogegen sich 26 % ausgesprochen haben.

Die neue Regierung werde von der Bevölkerung als reformfreudig (76 %); bereit zum Kampf gegen den Versuch, das System zu beseitigen (52,5 %); entschlossen, Vorschriften und Beschränkungen, die gegen die Vernunft gerichtet seien, zu beseitigen (70 %); entschlossen und bestimmt in ihren Aktionen (63 %); unabhängig in der Beschlussfassung (49 %) und die öffentliche Meinung in Betracht ziehend (37 %) bezeichnet.

42 % der Personen aus dem öffentlichen Sektor betrachteten RAKOWSKI als klugen und gebildeten Mann, 72 % als starken Führer, 78 % als geschickten Politiker, 61 % als entschiedenen Befürworter der politischen und wirtschaftlichen Reform, 58 % als vernünftigen Mann mit guten Kontakten sowohl im Westen als auch im Osten (46 %), einen Vorkämpfer für Dialog und Wiederversöhnung (45 %) und als Befürworter von tiefgreifenden Reformen im Sozialismus (42 %).

Bei Amtsantritt RAKOWSKIs hätten 35 % der Befragten aus dem öffentlichen Bereich ihre Zustimmung erklärt. Bis Mitte November jedoch sei die Anzahl seiner Anhänger dramatisch gewachsen. 70,5 % aller erwachsenen Polen vertrauten dem Premierminister und 49,5 % fänden ihn sympathisch. 18 % der befragten Personen hätten behauptet, daß sie ihn nicht mögen, 13 %, daß sie ihm nicht vertrauten und 4 %, daß sie seine Feinde seien.

Es dürfte keinen Zweifel daran geben, daß die obigen Daten frisiert sind, das Ausmaß der Manipulation kann jedoch ho. nicht überprüft werden. Gesprächen mit einfachen Polen entnimmt jedoch der Gefertigte, daß die anfangs sehr niedrige Popularität RAKOWSKIs tatsächlich gestiegen ist. Insbesondere hätten die Gesprächspartner des Gefertigten den Eindruck, daß nunmehr etwas weitergehe und nicht, wie früher, zur Bewältigung eines Problems zuerst einmal Kommissionen oder Komitees eingesetzt würden, die letzten Endes nichts zusammenbrächten.

Die Tendenz der Meinungsbefragung ist eindeutig auf wirtschaftliche und nicht auf politische Komponenten ausgerichtet.

PM RAKOWSKI hat auch seine Prioritäten eindeutig auf wirtschaftliche Ziele ausgerichtet. Er bestreitet zwar immer wieder, gegen den Dialog mit der Opposition zu sein oder zumindest für ihn nichts übrig zu haben. Er glaubt jedoch offensichtlich, mit wirtschaftlichen Maßnahmen, die bis zum Frühjahr 1989 auch von der Bevölkerung tatsächlich gespürt werden, das Auslangen finden zu können. Es erscheint jedoch fraglich, ob er bis zum Frühjahr n.J. für das polnische Volk so viel wird erreichen können, daß es in der Hoffnung auf noch einschneidendere Besserungen ruhiggestellt werden kann. Zweitens scheint RAKOWSKI auch die Macht und die Leidenschaft oder gar den Fanatismus von gewissen oppositionellen Gruppierungen zu unterschätzen, die mit aller Gewalt – keineswegs unlegitim [sic!], jedoch nicht sehr realistisch – Anteil an der Macht haben wollen. Der Gefertigte hat auch den unbestimmten Eindruck, daß gewissen Kreisen, nicht jedoch den

Machthabern, Blutvergießen zupass käme, damit wieder neue Mythen entstehen können.

Die innenpolitische Lage ist nach wie vor blockiert. Vereinfacht gesagt, geht es derzeit um die Frage, ob und in welchem Ausmaß die verbotene Gewerkschaft „Solidarität" anerkannt wird. Wie wiederholt einberichtet, schlagen die Machthaber für die „Solidarität" eine Form à la DGB oder ÖGB vor, worunter zu verstehen sei, daß die „Solidarität" eine Fraktion in einer noch zu gründenden polnischen Gewerkschaftsföderation innehaben sollte. In einzelnen Betrieben könnte sie, sollte sie dort die Mehrheit der Stimmen der Belegschaft bekommen, ohne weiteres als einzige Gewerkschaft dominieren. WAŁĘSA besteht jedoch, wahrscheinlich unter stärkstem Druck seiner radikalen Anhänger, auf vorbehaltloser Anerkennung der „Solidarität" auf allen Ebenen, auch mit zentraler Leitung. Die Führung der „Solidarität" glaubt über Informationen zu verfügen, daß die SU die Wiederzulassung der „Solidarität" hinnehmen würde. Sie sieht deshalb nicht ein, warum die Machthaber nicht endlich nachgeben. Diese wiederum glauben, daß die Wiederzulassung der „Solidarität" sie nicht nur mit der SU, sondern auch mit den direkten Nachbarn DDR und ČSSR in größte Schwierigkeiten brächte. Die Machthaber wollen auch unter allen Umständen die chaotischen Zustände der Jahre 1980/81 und die sich daraus ergebenden bekannten Folgen vermeiden.

Rezenten Informationen des Gefertigten zufolge sind sie daher nach wie vor nicht bereit, die „Solidarität" in vollem Umfang zuzulassen.

Die weitere Entwicklung auf innenpolitischem Gebiet bzw. die Überbrückung des derzeitigen, nicht ungefährlichen Stillstandes im politischen Dialog hängt daher in erster Linie von der Lösung dieser Frage ab. [...]

Dokument 271

Besuch des csl. AM Johanes in Österreich (4.–6.12.1988); Delegationsgespräch mit VK Mock (5.12.) + Résuméprotokoll

GZ 35.18.01/47-II.3/88, BMAA Wien, 6. Dezember 1988

[...] Résuméprotokoll

Delegationsgespräch HVK – csl. AM Johanes in Wien, 5.12.1988 [...]

III. Aussagen zur gegenwärtigen Entwicklung in der ČSSR

AM Johanes: „Prozeß der Beschleunigung der sozialen Entwicklung, des Umbaus, der Demokratisierung." Die neue Regierung legt den Schwerpunkt ihrer Tätigkeit auf Wirtschaftsreform, auf den Umbau des Wirtschaftsmechanismus, auf die Befreiung der Wirtschaft von langfristigen Disproportionen. Die Wirtschaftsreform wird von der Demokratisierung „begleitet" (Reaktivierung der Nationalen Front: Ihre einzelnen Organisationen werden immer mehr in den Entscheidungsprozeß eingebunden werden.)

IV. Internationale Fragen

1) WFT

HVK: Die Dynamik in den internationalen Beziehungen hat sich beim WFT noch nicht durchgesetzt. Hoffen auf Lösungsbeiträge durch bevorstehende Besuche Gorbatschows in einigen NATO-Staaten. Appell an ČSSR, ihr Gewicht im WP auszunützen und damit zur WFT-Beendigung beizutragen. Darlegung der österreichischen Haltung zu Moskauer Menschenrechtskonferenz und zur Verknüpfung der 23er- mit den 35er- Verhandlungen.

AM Johanes: Jeder Staat muß seinen Beitrag leisten. Die ČSSR ist besonders an der Abhaltung eines Wirtschaftsforums in Prag interessiert und unterstützt die Abhaltung einer Menschenrechtskonferenz in Moskau.

2) Abrüstung

HVK: Österreich hat sich bei der „chemischen Abrüstung" sehr engagiert (Rede vor der Genfer Abrüstungskonferenz; Angebot der Zurverfügungstellung von Kontrollmaßnahmen und Wiens als Sitz einer Kontrollagentur – Nutzbarmachung der praktischen Erfahrungen der IAEA an Ort und Stelle; Teilnahme an Pariser CW-Konferenz im Jänner 1989 auf AM-Ebene).

AM Johanes: Abrüstungsschwerpunkte des WP in folgender Reihenfolge:

nukleare, chemische, konventionelle. Auch ČSSR wird auf AM-Ebene an Pariser Konferenz teilnehmen. – Wiederholung zweier WP-Vorschläge:

a. Errichtung eines Zentrums für Verringerung der militärischen Gefahr in Europa (Beitrag zur schrittweisen Erstellung von Sicherheitsstrukturen)

b. Europäisches Reykjavík

Endziel: „Gemeinsames Europäisches Haus"

Österreich und ČSSR haben viele Gemeinsamkeiten in der Substanz (im Ziel), doch Unterschiede im Herangehen.

3) Jakeš-Initiative

HVK: Wir haben die Initiative sorgfältig studiert und dazu positiv Stellung genommen.

AM Johanes: Wir schätzen die positive österreichische Bewertung. Nach csl. Kontakten mit einigen NATO-Staaten ist eine Ausgestaltung des Vorschlags in Ausarbeitung.

4) Gemeinsames Europäisches Haus (GEH)

HVK: Alle österreichischen Vorschläge sind auf Schaffung von Vertrauen gerichtet. Realistisch hinsichtlich der Vision des GEH ist es vorerst, den „Zugang zu den Wohnungen zu erleichtern".

AM Johanes: Ja, aber „die Wohnungen sollen gegenseitig nicht umgemodelt werden."
[…] […]

Dokument 272

Gorbatschows Ankündigung einer unilateralen Reduktion der sowjetischen Streitkräfte

GZ 225.02.02/54-II.3/88, ÖB Moskau (Grubmayr/Vukovich), 9. Dezember 1988

Die unilateralen Abrüstungsmaßnahmen, die der sowjetische Staats- und Regierungschef Gorbatschow in einer vielbeachteten Rede vor der 43. UN-GV am 7. Dezember 1988 in New York angekündigt hat, waren bereits seit längerem in irgendeiner Form erwartet worden. In der Vergangenheit hatte es Gerüchte über einen sowjetischen (Teil-) Truppenabzug aus der ČSSR und aus Ungarn gegeben (zuletzt vor dem Moskau-Besuch des ungarischen Parteichefs Grósz Anfang Juli 88). Diese Gerüchte dürften zum Teil auf seit längerem bestehende Bestrebungen reformfreudiger Kräfte in der UdSSR, zum Teil aber auch auf westliche Hoffnung auf sowjetische Vorleistungen zur Erleichterung des Beginns von Verhandlungen über konventionelle Rüstungskontrolle in Europa zurückzuführen gewesen sein. In der Woche vor der New-York-Reise Gorbatschows verdichteten sich diese Gerüchte neuerlich, wobei „Nowosti"-Mitarbeiter von einer einseitigen Reduktion der sowjetischen Streitkräfte um 1–1,5 Mio. Mann sprachen.

Das von Gorbatschow mittlerweile überreichte „Weihnachtsgeschenk" nimmt sich allerdings im Vergleich zu diesen Vorankündigungen eher bescheiden aus. Bis 1991 sollen die sowjetischen Streitkräfte um 500.000 Mann (etwa 1 Zehntel ihrer Gesamtstärke) reduziert werden. Die sowjetische Truppenpräsenz in der DDR, ČSSR und in Ungarn soll um 50.000 Mann vermindert werden, im europäischen und asiatischen Teil der UdSSR sowie beim Kontingent der sowjetischen Streitkräfte in der Mongolei sollen insgesamt 450.000 Mann eingespart werden, wobei die regionale Aufschlüsselung nicht bekannt gegeben wurde.

Mit diesem Truppenabbau soll eine Reduzierung konventioneller Rüstung einhergehen. Laut Gorbatschow werden in den nächsten 2 Jahren im europäischen Teil der UdSSR und bei den in den 3 vorerwähnten osteuropäischen Staaten stationierten sowjetischen Streitkräften die Zahl der Panzer um 10.000, der Geschütze um 8.500 und der Kampfflugzeuge um 800 verringert werden. (Laut dem Ende November d.J. von der NATO erstellten Streitkräftevergleich verfügt der WP über ein Übergewicht von 35.000 Kampfpanzern, 29.000 Artilleriegeschützen und 4.300 Kampfflugzeugen.)

Im Rahmen dieser Reduktion sollen

– 6 sowjetische Panzerdivisionen, die derzeit in der DDR, ČSSR und in Ungarn stationiert sind, aufgelöst werden,

– Luftlandeeinheiten und Pionierstoßtruppen aus diesen 3 osteuropäischen Staaten abgezogen werden und

– die in diesen 3 WP-Staaten verbleibenden sowjetischen Streitkräfte eine defensive Struktur erhalten.

Ein gut informierter Mitarbeiter des Instituts für Weltwirtschaft und internationale Beziehungen (IMEMO) hat dazu gegenüber der Botschaft erklärt, daß die sowjetischen Streitkräfte ohne weiteres in wesentlich größerem Ausmaß unilateral hätten verringert werden können, ohne daß es zu einer westlichen Überlegenheit gekommen wäre. Die Verkleinerung der sowjetischen Streitkräfte um 500.000 Mann sei ein Anfang; weitere Reduktionen sollten im Rahmen der KRK bzw. mit asiatischen Nachbarstaaten ausgehandelt werden. Wie der Gesprächspartner weiters ausführt, erfolge diese Reduktion primär aus einer wirtschaftlichen Notwendigkeit heraus.

Erst in zweiter Linie sei sie als Geste gegenüber dem Westen gedacht. Das Budgetdefizit werde aller Voraussicht nach im Jahr 1989 statt der ausgewiesenen 35 Mrd. Rubel an die 100 Mrd. Rubel betragen. In dieser Situation seien militärische Einsparungen unvermeidlich geworden.

Auf die Frage allfälliger Widerstände der sowjetischen Militärs gegen diese unilateralen Truppenreduktionen angesprochen (am Tage der UNO-Rede Gorbatschows bestätigte der Pressesprecher des sowjetischen Außenministeriums den bevorstehenden Rücktritt des sowjetischen Generalstabschefs Achromejew; über eine Ablöse VM Jasows durch den derzeitigen ZK-Sekretär für Rüstungsfragen, Baklanow, gibt es Gerüchte), meinte der IMEMO-Vertreter, daß die geplanten quantitativen Reduktionen durch mehr Qualität wettgemacht würden und daher nicht zu Lasten der „Verteidigungsfähigkeit" der UdSSR gehen würden. (Siehe dazu die Ausführungen von VM Jasow in der „Krasnaja Swesda" am 9.8. d.J. […].) Außerdem werde die Verringerung des Mannschaftsstandes der sowjetischen Armee um 500.000 Mann vor allem durch eine Reduzierung der Zahl der Wehrpflichtigen und nur in einem geringen Maße durch Demokratisierung von Kaderpersonal erfolgen. Der Gesprächspartner fügte hinzu, daß viele junge Leute, die heute zu einem 2- bis 3-jährigen Militärdienst eingezogen werden, in der Wirtschaft fehlen […].

Was die von Gorbatschow in seiner UNO-Rede ebenfalls angekündigten Maßnahmen zur Umstellung der sowjetischen Rüstungsindustrie auf zivile Produktion betrifft, meinte der IMEMO-Experte, daß es sich dabei vorläufig nur um ein „Experiment" in einigen wenigen Rüstungsbetrieben handle. Dieses „Experiment" werde unter Mitwirkung zahlreicher wissenschaftlicher Institute, darunter auch das IMEMO, durchgeführt werden. Eine Umstellung der sowjetischen Wirtschaft von militärischer auf zivile Produktion […] könne in größerem Umfang nur im Zuge der Abrüstungsvereinbarungen mit dem Westen erfolgen.

Die zum „Weihnachtsgeschenk" hochstilisierte Ankündigung einer unilateralen Reduktion der sowjetischen Streitkräfte ist vor allem ein Signal zur Verwirklichung des von der 19. KPdSU-Parteikonferenz Ende Juni d.J. proklamierten Zieles, daß sich die sowjetischen Streitkräfte im Sinne der „Perestroika" mehr nach qualitativen als nach quantitativen Maßstäben orientieren müssen. Aber von einer echten Demobilisierung, wie sie unter Chruschtschow stattgefunden hat (Damals wurde der Mannschaftsstand um 1/3 vermindert), noch von einer radikalen Neuorientierung der sowjetischen Wirtschaft hin zu ziviler Produktion kann vorläufig die Rede sein. Eine Reallokation der Ressourcen vom militärischen zum zivilen Sektor der Wirtschaft würde bedeuten, daß Rüstungsprogramme eingestellt werden. Statt die Produktion neuer Waffensysteme zu stoppen, scheint man sich jedoch im Augenblick damit zu begnügen, antiquiertes Rüstungsmaterial auszuscheiden (wovon es, vor allem bei der Panzerwaffe, sehr viel gibt).

Westliche Militärexperten würdigen jedoch die beabsichtigte Auflösung von 6 der 15 im Augenblick in der DDR, ČSSR und Ungarn stationierten sowjetischen Panzerdivisionen. Dadurch würde sich die Fähigkeit des WP, aus dem Stand anzugreifen, vermindern.

Die angekündigte militärische Reduktion der sowjetischen Streitkräfte wird die konventionelle Überlegenheit des WP in Europa reduzieren, aber nicht beseitigen. Die bevorstehenden Wiener Verhandlungen über konventionelle Rüstungskontrolle in Europa haben jedoch durch die UNO-Rede Gorbatschows zweifellos eine wertvolle Initialzündung erhalten. […]

Dokument 273
Die Vorschläge Gorbatschows vor der UN-GV, Reaktionen im Westen
GZ 225.02.02/57-II.1/88, BMAA Wien (Plattner), 15. Dezember 1988

Information

Der NATO-Ministerrat hat die Vorschläge Gorbatschows in einem Kommuniqué vom 9. Dezember d.J. als ermutigende Perspektive für das Ost-West-Verhältnis bezeichnet. Die angekündigten sowjetischen Maßnahmen stellten einen ersten Schritt zur Reduzierung des militärischen Ungleichgewichtes in Europa dar und seien ein wertvoller Impuls für die KRK-Verhandlungen. Die NATO sei zur engen Zusammenarbeit mit der SU bereit. Die bisher gültigen Doktrinen und Zielsetzungen der Allianz (Harmel-Bericht, Strategie der Abschreckung) würden auch in Zukunft gelten.

Großbritannien: Hat die Gorbatschow-Vorschläge begrüßt, jedoch auf das weitere Bestehen der konventionellen militärischen Überlegenheit des Warschauer Paktes und auf die Notwendigkeit der Modernisierung der nuklearen Kurzstreckenraketen hingewiesen.

BRD: BK Kohl hat festgestellt, daß der Abzug von 6 sowjetischen Panzerdivisionen der westlichen Forderung nach Reduzierung der Offensiv-Kapazität des W.P. entspreche. AM Genscher sprach von einem neuen Kapitel in der Abrüstungsgeschichte.

Frankreich: Präsident Mitterrand nannte die Vorschläge eine nützliche Initiative für das angestrebte Kräftegleichgewicht und ein gutes Vorzeichen für die KRK.

USA: Präsident Reagan stellte echte Fortschritte in den amerikanisch-sowjetischen Beziehungen fest, warnte aber vor Illusionen und ermahnte zur Aufrechterhaltung der militärischen Stärke. AM Shultz wies in einer sehr vorsichtigen Stellungnahme auf das Weiterbestehen der „konventionellen Asymmetrie" und der Interessensgegensätze zwischen Ost und West hin. (Symbol: Berliner Mauer)

Der Zusammenhalt der westlichen Allianz, ihre Einigkeit über die wesentlichen verteidigungspolitischen Zielsetzungen und ihre Solidarität in der Verteidigungsbereitschaft stehen außer Zweifel. Angesichts der sich veränderten öffentlichen Meinung im Westen zu Gunsten Gorbatschows (die SU als Friedensmacht!) wird es für die westlichen Regierungen allerdings sehr schwierig sein, bestimmte verteidigungspolitische Maßnahmen (z.B. Modernisierung der nuklearen Kurzstreckenraketen) durchzuführen. Ob durch die Gorbatschow-Initiative auch die Diskussion über weitere, die westliche Verteidigungsbereitschaft schmälernde Maßnahmen (Reduzierung des Atomschildes, Verringerung der US-Truppenstärke in Europa) neu belebt werden wird, bleibt abzuwarten. Möglicherweise hat Gorbatschow durch seine Vorschläge auch den Weg für wirtschaftliche Unterstützung durch den Westen freigemacht. Die Tatsache, daß der Kreml-Chef die sowjetischen Reduktionsmaßnahmen auf militärischem Gebiet vor Beginn der KRK bekanntgegeben hat, zeigt, daß er sich von der Beeinflussung der öffentlichen Meinung im Westen durch Beibehaltung der „Friedens-Initiative" weiterhin Vorteile verspricht.

Nach Ansicht westlicher Regierungen wird die Konzessionsbereitschaft Gorbatschows bei den KRK-Verhandlungen einem ersten echten Test unterzogen werden. […]

Dokument 274
Bewegung in der polnischen Innenpolitik; Partei und Regierung im Zugzwang

GZ 166.03.00/80-II.3/88, Zl. 262-RES/88, ÖB Warschau (Weninger), 20. Dezember 1988

Am Sonntag, den 18. Dezember 1988, trafen sich auf persönliche Einladung Lech WAŁĘSAs und unter dessen Vorsitz 128 herausragende Persönlichkeiten der Opposition in einer Warschauer Innenstadtkirche. Organisiert wurde diese Zusammenkunft vom Generalsekretär des Klubs der Katholischen Intelligenz WIELOWIEYSKI. Zwei Themenbereiche standen im Vordergrund der Beratungen, nämlich eine generelle Bewertung der gegenwärtigen innenpolitischen Situation Polens und die Gründung des „Bürgerlichen Komitees beim Gewerkschaftsvorsitzenden Lech WAŁĘSA".

Im Schlusskommuniqué wurde festgehalten, daß es keinen Fortschritt im Dialog zwischen Regierung/Partei und Opposition gebe, ferner wurde betont, daß man jederzeit bereit sei zu einer Intensivierung des Dialogs und zu konkreten Sachverhandlungen über die wirtschaftliche und gesellschaftliche Krise. Außerdem wurde die Notwendigkeit der Legalisierung der Gewerkschaft „Solidarität" wiederholt und klar herausgestrichen, daß es ohne eine vorhergegangene Legalisierung zu keinem Gespräch am Runden Tisch kommen könne. Der Partei hat man insofern eine goldene Brücke zu schlagen versucht, indem man die Vertreter der Opposition zum gemeinsamen Kampf gegen die noch stehenden „stalinistischen

Reste" aufgerufen hat. Erst vor kurzem hat die Partei dasselbe erklärt, sodaß man hier eine gemeinsame Sprache finden könnte.

15 Kommissionen wurden von den Anwesenden ins Leben gerufen, nämlich die Kommissionen für gewerkschaftlichen Pluralismus, politische Reformen, Justiz, Soziales und Arbeit, Wirtschaftsreform, Landwirtschaft, Wohnbau, Gesundheit, Wissenschaft und Bildung, Massenmedien, Umweltschutz und Naturschätze, gesellschaftliche Vereinigungen, Zusammenarbeit mit nationalen Minderheiten, Jugend und Kommunale Selbstverwaltung. Als Vorsitzender jeder Kommission fungiert eine sehr prominente Persönlichkeit der Opposition. Die Namen und Adressen der einzelnen Vorsitzenden sind dem Berichterstatter bekannt und können auf Weisung jederzeit einberichtet werden. Es handelt sich um ständige Kommissionen, die beauftragt wurden, Lösungsvorschläge in ihrem konkreten Sachbereich auszuarbeiten und so vorzubereiten, daß sie als substantielle Beiträge für das erwartete Round-Table-Gespräch dienen können. Gleichzeitig wurde ein permanentes Generalsekretariat unter Führung eines prominenten Warschauer „Solidaritäts"-Mitgliedes gegründet, dem zwei Stellvertretende Generalsekretäre, beide prominente Mitglieder des Klubs für Katholische Intelligenz „KIK", zur Verfügung stehen. Das oberwähnte Bürgerliche Komitee besteht aus den Vorsitzenden der einzelnen Kommissionen, den Mitgliedern des Generalsekretariats und dem Großteil der bei der Sitzung am 18.12. d.J. anwesenden Persönlichkeiten. Die Mitgliederzahl ist nicht festgelegt, kann jederzeit erweitert oder reduziert werden. Es soll viermal im Jahr zu einer Plenarversammlung zusammenkommen.

Beachtenswert bei dieser Initiative ist vor allem, daß diesem Komitee nur wenige „Solidaritäts"-Funktionäre und Mitglieder angehören, dafür jedoch Persönlichkeiten aus allen übrigen repräsentativen Kreisen der polnischen Opposition (Wissenschaft, Kunst, Kirche etc.). Es handelt sich dabei ausschließlich um Intellektuelle, kein einziger Arbeiter ist vertreten. Dieses Bürgerliche Komitee ist daher auch keine Gründung der „Solidarität", sondern eine Lech WAŁĘSA persönlich entstammende. Folgende Ziele werden damit verfolgt: eine politische Bewegung ins Leben zu rufen, die die Basis einer zukünftigen Partei darstellen könnte. Wie erinnerlich, hat PM RAKOWSKI der Opposition das Angebot unterbreitet, anlässlich der im Jahr 1989 stattfindenden allgemeinen Wahlen 40 % aller Abgeordneten des Parlaments zu stellen. Es scheint nun, daß dieses Angebot aufgegriffen und akzeptiert wurde. Außerdem sei es definitiv Absicht Lech WAŁĘSAs, die „Solidarität" als authentische Gewerkschaft neu zu gründen. Ihm zufolge könne sich die „Solidarität" nunmehr auf echte gewerkschaftliche Aufgaben beschränken, da das geschaffene Komitee den allgemeinen politischen Aufgaben nachkommen und damit die „Solidarität" davon entlasten werde. Überdies hat sich damit aber auch die von der Partei bisher vehement geforderte sogenannte „Konstruktive Opposition" formiert, denn ohne Ausnahme gehören dem Komitee gemäßigte, allseits bekannte und von den Machthabern im einzelnen akzeptierte Persönlichkeiten an. Kein einziger der von den Machthabern angefeindeten „linken" „Solidaritäts"-Führer, aber auch kein einziger radikaler oder Vertreter der „Kämpfenden Solidarität" ist in ihm vertreten.

Die Initiative und die Vorbereitung zu deren Realisierung sind den Machthabern natürlich nicht verborgen geblieben. Entgegen früherer Übung war die Abhaltung der Versammlung nicht durch kurzfristige Anhaltung einzelner Personen etc. zu verhindern oder zu stören versucht worden, ja noch mehr, am selben Tag noch hat das polnische Fernsehen ohne negativen Begleitkommentar über dieses Treffen berichtet ebenso wie am folgenden Tag verschiedene Tageszeitungen. Die Partei scheint die Herausforderung offensichtlich aufgegriffen zu haben, da das polnische FS Lech WAŁĘSA und Expertenteams (höchstwahrscheinlich Vorsitzende der oberwähnten Kommissionen) zu weiteren Fernsehdiskussionen eingeladen hat. WAŁĘSA hat diese Einladung bereits angenommen, der Vorsitzende der offiziellen Gewerkschaft OPZZ hat sich noch nicht dezidiert geäußert, aber auch er wird aller Voraussicht nach zustimmen. Tage und Uhrzeiten für die weiteren Diskussionsrunden wurden noch nicht festgelegt. Die positiven Kommentare Józef CZYREKs [...] über WAŁĘSA passen hier in das Mosaik des möglichen Neubeginns eines echten Dialogs.

Interessant ist in diesem Zusammenhang festzuhalten, daß WAŁĘSA und führende Persönlichkeiten der Opposition die Arbeit der Regierung RAKOWSKI bisher in einzelnen Bereichen durchaus als effizient bezeichnen, so z.B. hinsichtlich der Bemühungen um mehr Freiraum für wirtschaftliche Privatinitiativen, einer flexibleren Reisepasspolitik etc.

Partei und Regierung sind durch die Initiative WAŁĘSAs nunmehr in Zugzwang geraten. Das 10. Plenum des Zentralkomitees, welches für den 20./21.12.1988 und 10.–14./15.1.1989 angesetzt ist, wird entscheiden, ob die radikalen oder gemäßigten Kräfte innerhalb der Partei die Oberhand gewinnen und damit einen konstruktiven Dialog verhindern oder ermöglichen werden. Das Motto des ZK-Plenums lautet: „Die Partei in der Umgestaltung, die Umgestaltung in der Partei". [...]

Dokument 275
Angekündigte unilaterale Reduktion der sowjetischen Streitkräfte; Präzisierungen

GZ 414.26/32-II.3b/88, Zl. 810-RES/88, ÖB Moskau (Vukovich), 21. Dezember 1988

Hiesige westliche Beobachter sind sich darüber einig, daß der sowjetische Staats- und Parteichef Gorbatschow mit der von ihm angekündigten unilateralen Reduzierung sowjetischer Streitkräfte und konventioneller Rüstung den Beginn der Verhandlungen über konventionelle Rüstungskontrolle in Europa wesentlich erleichtert hat. Indem die UdSSR die für die nächsten zwei Jahre in Aussicht gestellten unilateralen Reduktionen mit einer Reorganisation ihrer Streitkräfte (Vorrang qualitativer vor quantitativer Kriterien) und einer neuen Militärpolitik (basierend auf dem Prinzip des „vernünftigen Mindestmaßes an Verteidigungsvorbereitung") erklärt, erspart sie sich weit überproportionale Reduktionen am Verhandlungstisch.

Wenngleich westliche Experten der Auffassung sind, daß die angekündigten unilateralen Reduktionen insgesamt gesehen eine Straffung der sowjetischen Streitkräfte und keine Verminderung ihrer Kampfkraft bedeuten, so würdigen sie gleichzeitig die stabilisierende Wirkung, die diese Reduktionsmaßnahmen – falls verwirklicht – an der Schnittlinie zwischen NATO und WP haben werden. Die Auflösung von 6 der 15 zur Zeit in der DDR, ČSSR und Ungarn stationierten sowjetischen Panzerdivisionen, der Abzug von 5000 sowjetischen Panzern aus diesen drei WP-Staaten (2000 Kampfpanzer gehören zu den aufzulösenden Panzerdivisionen, die übrigen 3000 Panzer sollen aus anderen Einheiten herausgenommen werden), der Abzug von Luftlandeeinheiten und Pionierstoßtruppen für Flußüberquerungen sowie schließlich die geplanten strukturellen Veränderungen bei den in den drei genannten WP-Staaten verbleibenden sowjetischen Truppen werden nach Meinung westlicher Experten eine Verminderung der sowjetischen Offensivkraft in Mitteleuropa um ca. 20 % und damit eine deutliche Verlängerung der Vorwarnzeit im Falle eines Angriffs zur Folge haben.

Die hiesige BRD-Botschaft hat erfahren, daß daran gedacht sei, aus Ungarn und der ČSSR je eine und aus der DDR vier sowjetische Panzerdivisionen abzuziehen. Damit würde sich die Zahl der sowjetischen Divisionen in der DDR von 20 auf 15 reduzieren.

Der erst vor einigen Wochen zum Vizeaußenminister beförderte Leiter der Abrüstungsabteilung im sowjetischen Außenministerium, Viktor Karpow, hat am 15.12. d.J. bei einer Pressekonferenz in Moskau mitgeteilt, daß gegenwärtig ein Zeitplan für die angekündigte Reduktion der sowjetischen Streitkräfte und konventionellen Rüstung erstellt wird. Diese unilateralen Reduktionsmaßnahmen sollen unter Bedingungen maximaler Offenheit und Glasnost verwirklicht werden (Bekanntgabe der Fristen für einzelne Reduktionsschritte, Einladung ausländischer Beobachter). Das abgebaute Rüstungsmaterial soll vernichtet werden, mit Ausnahme der volkswirtschaftlich nutzbaren Teile (z.B. Dieselmotoren). Wie Vizeaußenminister Karpow weiters mitteilte, sei beabsichtigt, den Mannschaftsstand der sowjetischen Streitkräfte in erster Linie durch eine Verkürzung des ordentlichen Präsenzdienstes zu verringern. (Angeblich ist daran gedacht, den Wehrdienst bei den Land- und Luftstreitkräften von derzeit zwei auf eineinhalb Jahre zu verkürzen, wodurch die Zahl der Wehrpflichtigen von 2 Mio. auf etwa 1 1/2 Mio. Mann sinken würde.)

Der erste Stellvertretende Generalstabschef, Generaloberst Władimir Łobow, hat in einem dieser Tage in der „Prawda" erschienen Artikel […] darauf hingewiesen, daß der sowjetische Generalstab über einen detaillierten Plan zur Verwirklichung des Reduktionsbeschlusses der sowjetischen Regierung verfüge, bei der Freisetzung von Berufssoldaten (das Verhältnis zwischen Kaderpersonal und Wehrpflichtigen soll bei der Reduktion ca. 1 zu 5 betragen) würden die unter Chruschtschow Anfang der 60er Jahre begangenen Fehler vermieden werden. Abgebaut werde vor allem jenes Kaderpersonal, das zur Pensionierung anstehe. In einem Beitrag für die Wochenzeitung „Moskowskie Nowosti" hat Łobow betont, daß sich die „ungerechte Behandlung", die sowjetischen Berufssoldaten in den frühen 60er Jahren widerfahren sei, diesmal nicht wiederholen werde. Für freigesetzte Armeeangehörige sei materiell vorgesorgt. Die Mehrheit der Offiziere besitze übrigens heute ein Ingenieurdiplom, sodaß ihre Weiterverwendung im zivilen Sektor der Industrie ohne materielle Einbußen möglich sein sollte.

Wie Łobow in der „Moskowskie Nowosti" weiters ausführte, werde die sowjetische Bevölkerung in 2–3 Jahren die positiven Auswirkungen des Transfers der durch die unilateralen Abrüstungsmaßnahmen freiwerdenden Ressourcen zum zivilen Sektor der sowjetischen Wirtschaft zu spüren bekommen. Das Verteidigungsministerium habe bereits Berechnungen über die zu erwartenden Einsparungen im Militärhaushalt angestellt (Zahlen nannte Łobow allerdings keine). Die durch den INF-Vertrag möglich gewordene Umstellung von militärischer auf zivile Produktion habe der sowjetischen Volkswirtschaft 300 Mio. Rubel erspart.

Die am 15.12. d.J. erfolgte Ernennung des erst fünfzigjährigen Generaloberst Michail Moissejew zum sowjetischen Generalstabschef (er war zuletzt Kommandant des Militärbezirks Fernost) gilt als eine typische Personalentscheidung Gorbatschows. Unter Umgehung prominenter Anwärter, wie etwa des ersten Stellvertretenden Generalstabschefs Łobow, hat Gorbatschow einen Außenseiter in diese Spitzenposition befördert. (Auch Jasow kommandierte bis zu seiner Ernennung zum Verteidigungsminister im Frühjahr 1987 den Militärbezirk Fernost.) Zum Unterschied von seinem Vorgänger Achromejew (der angeblich so wie Dobrynin und Sagladin ein Konsulent Gorbatschows wird) fehlen Moissejew Fachkenntnisse auf dem Gebiet der strategischen Rüstungskontrolle. Dieser Bereich dürfte in Zukunft prioritär im Außenministerium (VAM Karpow) bearbeitet werden. Das Verteidigungsministerium dürfte hingegen in Fragen der konventionellen Rüstungskontrolle, ein Bereich, in dem Militärs zweifellos über größere Fachkenntnisse verfügen als Diplomaten, federführend sein. […]

Dokument 276

Beachtenswerte Erklärung des poln. Regierungschefs vor dem 10. ZK-Plenum der VPAP

GZ 166.03.00/82-II.3/88, ÖB Warschau (Weninger), 23. Dezember 1988

PM Rakowski hielt vor dem 10. ZK-Plenum eine auch in westl. Medien aufsehenerregende Rede, in der er eingehend das Verhältnis der Partei zur Opposition darlegte. Entgegen westl. Pressemeldungen kann trotz der äußerst versöhnl. Töne von keiner Legalisierung der Gewerkschaft „Solidarität" gesprochen werden. Eine solche kann in Zukunft jedoch nicht ausgeschlossen werden.

Im Wesentlichen führte er aus,

– er habe den erklärten Willen, gemeinsam mit der derzeit offiz. Gewerkschaft OPZZ und mit den gemäßigten Vertretern der „S." über das zukünftige, von dem jetzigen sehr unterschiedlichen Modell der Gewerkschaftsbewegung zu sprechen. Grundlage dafür wäre die im Gewerkschaftsgesetz von 1982 niedergelegte Absicht der Verwirklichung des gewerkschaftl. Pluralismus;

– 90 Prozent der Gesellschaft haben die FS-Debatte Miodowicz-Wałęsa für notwendig gehalten. In der Folge sei das Bild Wałęsas in der öffentl. Meinung bedeutend besser geworden und es habe sich in der Bevölkerung die Unterstützung für die Wiederzulassung der „S." verstärkt;

- die FS-Diskussion habe Wałęsa ein neues Profil gegeben, das, anders als im Herbst 1981, Wałęsa als Befürworter der Verständigung und des Kompromisses wie auch als Befürworter der Legalisierung der „S." gezeigt habe, welche jedoch anders sei als in den Jahren 80/81;

- die neue „S." müsse rein gewerkschaftl. Charakter haben und sich auf das genannte Gewerkschaftsgesetz 1982 stützen;

- die zur Verständigung, zu Kompromiss und politischem Realismus veränderte Persönlichkeit Wałęsas habe sich erneut in seinen Aussagen während seines Pariser Aufenthaltes anlässl. der Jubiläumsfeierlichkeiten zur allgemein. Erklärung der Menschenrechte gezeigt;

- er, Rakowski, glaube, daß man nunmehr mit einer beständigen versöhnlichen Einstellung Wałęsas und der ihn umgebenden Leute rechnen könne. Dies vor allem aus 3 Gründen:

1. Wałęsa und seine Berater wissen, daß es keine Zeit mehr für Abenteuertum und Anarchie gebe und daß auch sie nicht vergessen hätten, welche Umstände das Volk 1981 auf eine Tragödie zusteuern haben lassen.

2. Die innenpolitische, internationale politische Situation heute sei von der von 1981 gänzlich unterschiedlich. Auch der Westen habe Interesse, daß es zu keinem politischen Konflikt in Polen komme, da dies die Reformlinie Gorbatschows schwächen und dies nicht den Interessen der realistischen westl. Politiker entsprechen würde.

3. Die Kirche unterstütze eine Politik der Veränderung in Polen auf dem Weg der Verständigung und Versöhnung, und man könne sich nicht vorstellen, daß eine der Kirche so nahestehende Persönlichkeit wie Wałęsa der Kirchenpolitik entgegenstehen würde.

Die Diskussion über die Erklärung PM Rakowskis wurde zwar noch nicht abgeschlossen, Betrachter können jedoch festhalten, daß sie mit den öffentl. geäußerten Thesen Politbüromitglied CZYREKs vom 16.12. und verschiedenen Äußerungen Regierungssprecher URBANs korrespondieren. Es könnte sich damit die dialogbereite Gruppe der Führungspersönlichkeiten der Partei zugunsten des „Runden Tisches" durchgesetzt haben. Die Voraussetzungen auf beiden Seiten der Opposition für den „Runden Tisch" wurden mit der Schaffung des sogenannten „Bürgerkomitees" […] weiter vorangetrieben. Als einziger strittiger Punkt blieb damit die Frage, ob eine Legalisierung der „S." als Vorbedingung für den „Runden Tisch" oder als Ergebnis desselben zu betrachten wäre. […]